西安城市轨道交通
设计与创新

雒继锋 等　编著

中国铁道出版社有限公司

2021 年·北　京

内 容 简 介

本书共分10篇，主要从总体设计、车站建筑及城市融合设计、结构与轨道设计、特殊工况下的工程设计、车辆与车辆基地、设备系统、控制（指挥）中心与主变电所、工程筹划与工程概算、设计管理等方面系统地总结了西安轨道交通设计的经验和创新成果，并对下一步工作进行了思考与展望。

本书是基于西安轨道交通设计创新为主要内容的技术专著，内容丰富、适用性强，具有很强的参考与借鉴价值，可供从事城市轨道交通建设的技术人员、管理人员及高等院校相关专业师生参考。

图书在版编目（CIP）数据

西安城市轨道交通设计与创新/雒继锋等编著．—北京：中国铁道出版社有限公司，2021.12
ISBN 978-7-113-28563-0

Ⅰ．①西… Ⅱ．①雒… Ⅲ．①城市铁路-轨道交通-设计-西安 Ⅳ．①U239.5

中国版本图书馆CIP数据核字（2021）第237396号

书　　名：西安城市轨道交通设计与创新
作　　者：雒继锋 等

策　　划：陈小刚
责任编辑：陈小刚　黎　琳　梁　雪　　**编辑部电话：**（010）51870265　　**电子邮箱：**cxgsuccess@qq.com
编辑助理：杨宣津
封面设计：崔丽芳
责任校对：孙　玫
责任印制：樊启鹏

出版发行：中国铁道出版社有限公司（100054，北京市西城区右安门西街8号）
网　　址：http://www.tdpress.com
印　　刷：三河市兴博印务有限公司
版　　次：2021年12月第1版　2021年12月第1次印刷
开　　本：880 mm×1 230 mm　1/16　印张：42　插页：2　字数：1 264千
书　　号：ISBN 978-7-113-28563-0
定　　价：268.00元

编审委员会

策划与管理人员

总 策 划：宋　扬

策　　划：雒继锋　祁国俊　宁春林　王　超　马　钢　杨　军[1]　李建莉

统　　筹：雒继锋　康　佐

协　　调：杨　军[2]　高虎艳

编审人员

主　　编：雒继锋

副 主 编：康　佐　侯久望　李团社　尹　静　李宇东　高虎艳

编写人员：（以下人员按姓氏笔画排列）

马　侃　王　震　王永州　左　佳　兰　明　刘　剑　刘增民
许敬辉　孙振岳　李　萍　李文博　李勇伶　杨宏林　杨智国
余　海　沈增涛　宋冰晶　张　宁　张　旭　张麦云　张建平
张泉艳　陈　宁　邵　莹　罗俊忠　贾少春　夏　瀛　夏付炳
顾晏齐　钱春宇　郭永桢　黄永安　黄晓琳　曹　原　曹　薇
麻剑侠　康　华　扈慧娜　强士盎　谭永庆

统　　稿：雒继锋　康　佐

审　　核：雒继锋

---

① 杨军，1971 年 1 月出生，西安市轨道交通集团有限公司党委委员、副总经理。

② 杨军，1966 年 11 月出生，西安市轨道交通集团有限公司总工程师室主任。

序言

西安城市轨道交通建设取得了骄人的成绩，已形成 8 条线路、160 座车站、长度 259 km 的运营线网。对西安城市轨道交通的建设与发展，我始终关注，并多次到现场进行技术研讨。在建设十五周年、运营十年之际，西安市轨道交通集团有限公司组织编写了《西安城市轨道交通设计与创新》，于书籍将要付梓之际，邀我作序，我欣然应允。

西安在历史上是一座悠久的城市，她有着 5000 年的文明史、3100 多年的建城史和 1100 多年的建都史，是著名的"十三朝古都"，是黄河流域文化的发祥地，是中华民族的历史灯塔，也是历史悠久的天然博物馆，拥有众多不可再生的古建筑、遗址、地上地下文物。在这样一座处处是宝的世界历史文化名城修建城市轨道交通，除了要克服常规的技术难题外，还面临着如何保护这些文物古迹，减少轨道交通建设、运营过程中对古城的影响，促进现代文明与传统文化的融合等一系列难题，其难度可想而知。面对这些曾经的困扰，作者在书中都一一列举，并在实践中多措并举，让古风今韵相得益彰，打造了极具内涵的"文化轨道、人文轨道"，向西安市民交出了一份满意的答卷，也为其他城市提供了示范和借鉴。

西安在地质上是一座特殊的城市，她地底下下垫的是近百米厚的黄土层，黄土孔隙发育，结构松疏，遇水和受力后易湿陷、流变和软化，在这样的土层中修建地铁隧道和车站，必然面临一系列技术难题；更具挑战的是，西安地下发育着 14 条持续活动的地裂缝，几乎所有地铁线路都要与这些地裂缝相交会，地铁隧道面临着被这些地裂缝错断的风险。不言而喻，湿陷的黄土和活动的地裂缝大大增加了西安地铁工程的施工建设难度和安全风险。采取什么样的工程结构措施，以保障地铁隧道安全穿越湿陷性黄土和安全通过地裂缝带，成为西安地铁建设必须破解的重大技术难题，也赋于西安地铁工程独具技术特色的风彩。

在建设历程中，西安市轨道交通集团有限公司牵头开展了多项科研攻关与专题研究，探索出了一套技术创新体系，并在地裂缝处理、湿陷性黄土地层修建技术、文物保护与监测、车站与城市融合设计等方面形成了一批国际领先、具有地方特色的轨道交通科研成果，创新性地解决了一系列关键技术难题，填补了多项技术空白，荣膺多个大奖。与此同时，西安轨道交通还结合行业的发展趋势，率先在扫码过闸、人脸支付、智慧车站、智能装备等方面进行尝试，以满足乘客不断提升的交通体验需求。

该书主编雒继锋同志是享受国务院特殊津贴专家、全国轨道交通行业资深专家、西安地铁的总设计师，牵头研究和决策了西安地铁绝大部分重大技术问题；6 位副主编都是西安轨道交通领域的专家，在业内很有建树；编写人员都是从事西安城市轨道交通技术管理、设计的工程技术人员，具有丰富的实践经验。作者在繁忙的工作中，搜集整理资料，对技术难点深刻剖析，不断思索，总结提炼，集结成逾百万字的专著。这本凝结了作者心血与汗水的书籍，全面系统地总结了西安城市轨道交通设计的经验和创新成果，并对下一步工作进行了思考与展望，可指导后续的设计工作，对其他城市类似工程实践也有所裨益。

在西安地铁建设过程中,我和我的团队与雒总领导的技术团队有过十余年的科研合作,他们那种执着的事业心、高度的责任感、敏锐的洞察力和深厚的技术功底,给我们留下了深刻的印象,也鞭策着我们团队年轻人成长。十余年的科研合作,成就了我和我的科研团队,借此机会特向西安地铁公司的历界领导和技术人员致以深切的谢意!

“他山之石,可以攻玉。”希望本书的出版能够促进我国城市轨道交通工程技术交流与进步,也祝愿西安城市轨道交通事业蒸蒸日上,再创佳绩!

是为序。

中国科学院院士: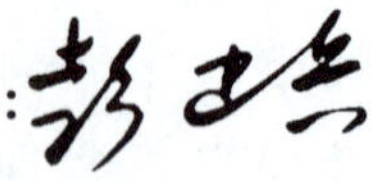

2021 年 10 月

前言

城市现代化交通要先行。习近平总书记指出，“城市轨道交通是现代大城市交通的发展方向。发展轨道交通是解决大城市病的有效途径，也是建设绿色城市、智能城市的有效途径”。这一重要论断为我国大城市建设和城市轨道交通发展指明了方向，提供了重要依据。

作为国家中心城市的西安，20 世纪 90 年代初即开始谋划城市轨道交通建设。自 2006 年首条线路开工建设以来，西安城市轨道交通始终坚持“只留精品、不留遗憾”的使命感和荣誉感，以建设“全国一流地铁”为目标，破局创新，砥砺前行，先后破解了文物保护、湿陷性黄土和地裂缝等一系列技术难题，斩获了“FIDIC”“国家优质工程奖”等多项殊荣。尤其是 2017 年以来，西安城市轨道交通进入了高速发展新阶段：5 年内连续建成开通 6 条线路，新增运营里程 163 km；三期规划的 7 个项目 150 km 线路全面落地实施。截至目前，西安城市轨道交通运营里程 259 km，居全国第十位，客流强度和客运总量、车公里成本等关键指标长期居于全国前列。经过风雨兼程的十五载建设，十载运营，西安城市轨道交通逐步从单线建设、单线运营迈向了多线共建、多线运营的高强度建设、网络化运营新阶段。

西安城市轨道交通已经实现了从无到有、从少到多的转变，正在响应国家高质量发展的号召，进行从多到好的深刻变革，而设计作为高质量发展的关键和重要抓手，对轨道交通建设、运营和可持续发展都是有举足轻重的作用。为加快推动西安城市轨道交通高质量发展、创新发展和可持续发展，西安市轨道交通集团有限公司组织编写了《西安城市轨道交通设计与创新》一书。本书以西安前三期建设项目实践为背景，在系统总结经验和创新成果的基础上编写而成。全书理论联系实际，以深入浅出、通俗易懂的文字，通过概述、总体设计、车站建筑及城市融合设计、结构与轨道设计、特殊工况下的工程设计、车辆与车辆基地、设备系统、控制（指挥）中心和主变电所、工程筹划与工程概算、设计管理十篇，系统介绍了西安地铁“建地铁就是建城市”“以人为本、绿色可持续发展”“精细化”“网络化运营和资源共享”以及“智慧化”的设计理念和一套系统的设计总体总包管理制度和创新举措。希望本书的出版能指导后续西安城市轨道交通的设计工作，也为国内类似工程提供可资借鉴的经验和技术。

最后，感谢本书的作者，以及为西安城市轨道交通付出艰辛劳动的所有建设者！感谢支持西安城市轨道交通发展的各位领导！感谢关心、关注西安城市轨道交通的各位专家、学者、同行！

西安市轨道交通集团有限公司
党委书记、董事长、总经理：

2021 年 10 月

目录

第1篇 概　　述

第2篇　总体设计

第 3 篇 车站建筑及城市融合设计

第 4 篇　结构与轨道设计

第 7 篇　设备系统

第 8 篇　控制(指挥)中心和主变电所

第 9 篇　工程筹划与工程概算

第10篇　设计管理

第 1 篇

概　　述

第1章　设计工作概述

城市轨道交通功能主要为引领城市发展，助力经济提速，方便居民出行等，要实现上述目标，取得良好的效果，优秀的设计是前提和关键。正确认识设计工作，深刻理解设计工作，把握设计工作的内在规律，厘清设计工作与其他各项工作的关系，明晰设计阶段、设计工作的主要内容及特点，是做好设计工作、铸造精品工程的前提与基础。

1.1　设计工作的重要性

设计工作是城市轨道交通项目建设成败的关键，是项目建设的灵魂，是项目运营的基础。从城市轨道交通的宏观功能来看，其实践的效果如何，主要取决于项目的功能定位是否明晰，技术标准是否合理，工程方案是否科学，工程概算是否准确，而这些内容都取决于设计的系统性与科学性。

轨道交通项目的功能要通过土建工程与设备系统一起实现，土建工程与设备系统需要依据设计提出的标准、参数、技术方案和技术要求来确定，因此，设计是决定轨道交通项目使用功能的关键。

城市轨道交通项目一般位于中心城区，多采用地下或高架敷设方式，项目实施存在较大的工程风险，设计过程中必须对工程风险分层分级进行控制并专项设计，通过强化风险评估工作，采取合理的设计方案与工程措施有效降低工程风险，确保工程顺利完成。由于轨道交通工程具有规模大、投资高、难更改的特点，工程质量作为运营安全的基础，重视设计是保证质量和安全的重要环节。

初步设计概算是确定轨道交通项目投资的依据，受技术标准、工程规模、工程方案、设备系统以及工期安排等因素影响较大，这些因素都是设计工作研究的主要内容。因此，项目的投资往往取决于设计工作，施工对项目投资的影响程度相较设计而言要小很多。

轨道交通作为城市重要的基础设施工程，需要从城市设计的角度统筹考虑与其他基础设施的协调与配合，在轨道交通项目建设时，需统筹考虑行人过街、停车场以及与公交接驳等因素，协调好与综合管廊以及各种管线的关系，重视轨道交通项目在装修、导向标识、建筑风貌等方面与城市风貌的协调统一以及站城一体化规划设计。这些新理念、新要求需要在设计中不断探索、研究和落实。

城市轨道交通项目对经济发展和城市建设具有较大的推动作用，发挥着显著的社会效益与经济效益。作为投资巨大的公益性基础设施项目，要实现轨道交通的可持续发展，既要抓好节流，要严控建设投资、人工成本和运营能耗等，也要重视开源，加强沿线综合物业开发、一体化衔接等。无论节流或者开源，都需要科学合理的设计作为支撑，有些内容还需要纳入设计进行研究。因此，要实现轨道交通的可持续发展，就必须及时更新设计理念，不断提高设计质量。

1.2　设计与规划、施工及运营的关系

设计工作不是自成体系独立存在的，与规划、施工及运营均存在不可分割的密切关系，它们之间既存在支配与被支配的逻辑关系，也存在作用与反作用的辩证关系，正确认识与处理好这些关系，对轨道交通的规划、施工和运营具有非常重要的意义。

1.2.1　设计与规划的关系

城市规划、综合交通规划、轨道交通线网规划及建设规划等各类规划作为城市轨道交通项目的上位

依据,与设计工作存在密切的关系,这些规划都应作为设计中的重要边界条件予以考虑。

城市轨道交通项目的设计应做到依据城市规划,支持城市规划,引导城市规划,最后回归城市规划,支持城市规划与超前城市规划体现在宏观层面、线网层面和指导思想上,依据城市规划、回归城市规划则体现在线路层面、站点层面和设计原则上。设计依据控制性详细规划进行方案研究,但随着方案的深化,有时也会引起控制性详细规划的局部优化,两者之间存在互动并不断优化的关系。

城市综合交通体系构成繁杂,是城市交通发展的规划指引,各种交通方式之间既要明确分工,又要密切协调与配合,综合交通规划及相关专项规划对此提出了一系列具体原则与指导意见。城市轨道交通项目作为体系中的一个分支,应在设计中提出具体的实施方案以实现规划目标。轨道交通项目建成运营后,会对城市交通格局产生影响,特别是对公交系统影响较大,需要进行认真研究与评估,并在此基础上对公交线路进行优化调整,以取得最佳的综合交通实施效果。

城市轨道交通线网规划是轨道交通项目设计的基础依据,任何一条线路的设计思想与设计原则都应依据线网规划来确定,工程方案的合理性也应结合轨道交通全网进行评价。同时,结合设计阶段方案研究,还应对线网规划进行反馈,提出布局优化意见,以弥补线网规划阶段因工作深度限制而没有明确或不太合理的内容。

轨道交通近期建设规划是项目建设最直接的依据和程序,它决定了项目的规模与主要技术标准,对工程方案及投资控制具有重要的指导作用。轨道交通项目的设计工作必须按照轨道交通近期建设规划和批复意见开展,同时在设计过程中,对技术标准与工程方案进一步深化研究,提出更加科学、系统、合理的工程方案,工程规模在规定许可的范围内可进行适当调整。

1.2.2 设计与施工的关系

设计文件具有法律层面的约束力,是项目施工的依据。施工单位、监理单位必须认真研究、理解设计文件,在施工过程中严格按照设计文件实施。设计交底是理解设计文件、领会设计意图的重要环节,勘察单位、设计单位、施工单位和监理单位都应对此高度重视,认真准备,规范务实地开好设计交底会,将设计交底作为工程开工的前置性程序,严禁流于形式。

设计单位现场服务与变更设计是设计工作的延续,也是设计工作的重要组成部分。建设、勘察、设计、施工、监理各方都可根据具体情况提出设计变更建议。建设单位应组织设计单位进行定期技术巡检,确保设计文件得到有效落实,对施工中出现的各种状况进行及时研究,组织设计单位科学高效地解决实施中的问题。设计单位也应不断梳理设计过程中的重要风险源,与施工单位共同定期研判,指导施工单位制定应急预案,有效回避风险。配合施工人员应常驻现场,及时解答施工单位对设计文件的疑问,与施工、监理单位共同研究解决现场出现的问题,重大疑难问题可提请行业专家进行专题论证。

施工阶段是设计完善的最后环节,应强化精品意识,充分利用好这个环节,尽可能地将缺憾消除,设计单位和建设单位应认真听取施工单位和监理单位的优化意见,认真听取并慎重研究不同意见,这是作为优秀设计人员和设计团队应该具备的素质。

1.2.3 设计与运营的关系

设计工作一定要树立为运营服务的理念。如果说一条轨道交通线路是一个产品,运营单位就是产品的使用者,是建设单位的服务对象,建设单位应从设计阶段开始,强化为运营服务的理念,以对乘客负责的高度开展设计管理工作,以精品意识为指导交出精品工程,不应让运营单位被动接受一个低品质的产品。

设计应高度重视技术的前瞻性和先进性,不应因循守旧,建设一条崭新却落后的线路交给运营单位;设计应从线网的角度研究问题,以线网资源共享为指导,为运营单位开展网络化运行、降低运营成本创造条件;设计还应从运营实际出发,充分考虑特殊工况下的运营效率与安全问题,为故障情况下线网正常运营提前谋划;同时设计还应与运营单位进行常规化沟通交流,深度理解运营,了解运营的特殊需求与痛点，在设计阶段有针对性地予以考虑和解决。

运营单位应从可行性研究阶段就积极参与建设项目的技术交流与技术研讨，提出明确合理的技术需求，通过业主用户需求书和技术指导书让设计单位在设计文件中研究落实；运营单位应积极参与设计阶段的专题研讨和成果初审工作，并组织相关人员事先研究，以求取得良好效果；运营单位还应高度重视设备用户需求书编制工作，充分反映用户的需求，给后期运营打好基础；运营单位不仅要重视常规设计工作中的问题，更要重视建设过程中的变更设计，避免在这个过程中出现因减小施工难度、压缩施工周期而降低技术标准、弱化使用功能的现象。

设计管理部门和设计单位都应客观科学地对待运营提出的建议。设计管理部门需组织设计单位认真研究运营单位提出的建议，既不能不以为然一概否定，也不能不加思考照单全收。运营单位提出的意见仅仅是用户的建议，而非强制性要求，设计管理部门和设计单位应以科学合理为准则进行研究，既要考虑运营安全、运营效率、运营成本与劳动强度，也要控制投资，考虑性价比，促进轨道交通的可持续发展。运营管理单位也应在认真研究、充分理解设计内容的基础上提出建议，不能抛开投资和性价比而一味地要求高标准；也不能把单方面的所有想法都强制性地要求在设计中落实；还要注意工作方法，抓住有利时机，在可行性研究和初步设计开展初期就提出意见和建议，否则在初步设计批复后受上报审批意见的约束，很难得到执行。

1.3 设计阶段的划分

1.3.1 项目阶段的组成

城市轨道交通项目都需要经历规划、设计、建设、运营等阶段，称之为项目全生命周期。按照我国城市轨道交通建设程序，规划与设计阶段包括线网规划、近期建设规划、可行性研究、总体设计、初步设计、施工图设计等主要环节。城市轨道交通项目全生命周期构成如图 1.1 所示。

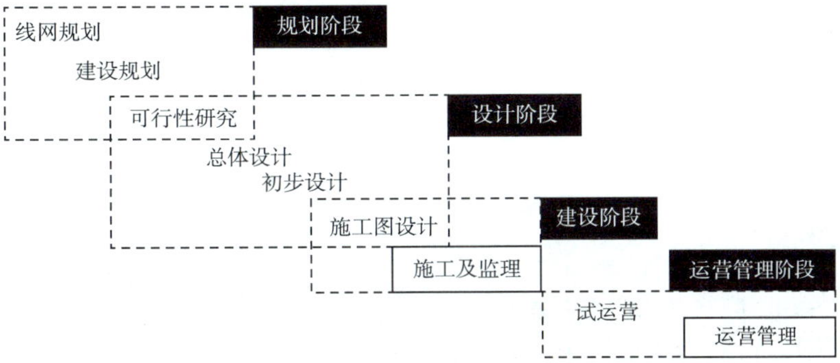

图 1.1 城市轨道交通项目全生命周期构成

规划与设计阶段各环节之间具有很强的关联性，工程项目可行性研究是规划与设计之间承上启下的环节，既是规划阶段成果的落地，也是设计阶段工作的开始。建设与运营阶段之间则是以由建设方主导的试运行和由运营方主导的试运营为分水岭，这对于明确相关各方的责任具有重要意义。

1.3.2 设计阶段的划分

工程可行性研究具有承上启下的作用，受工期安排的影响，可研的上报审批和修改完善多与初步设计阶段重叠，相关工作可同步推进，因此，一般将可研纳入广义的设计范畴进行系统安排，统筹管理。

城市轨道交通是一个复杂的系统工程，为保障设计质量，有必要增加总体设计环节。总体设计是指工程可行性研究之后，初步设计之前的一个设计环节。总体设计并非法定要求：对于已经具备几条线路建设运营经验的城市来说，一般的项目可以不开展总体设计，而是作为初步设计的一部分，将其纳入初步设计工作之中;非常复杂或有特殊要求的项目则有必要完成单独的总体设计。对于首次建设城市轨道交通项目的城市,有必要在初步设计阶段前开展总体设计工作,做到更加系统全面地稳定设计方案。

招标图设计也是一个非法定的设计阶段,它是在初步设计批复后以初步设计及其批复意见为依据,为施工招标提供依据而开展的设计工作,可以理解为施工图设计的子阶段,仅为施工招标服务,不能代替施工图进行现场施工。

综上所述,城市轨道交通项目法定的设计阶段包括初步设计和施工图设计两个阶段,广义的设计阶段包括工程可行性研究、总体设计、初步设计、招标图设计和施工图设计五个阶段,其中总体设计也可以理解为初步设计的子阶段,招标图设计可以理解为施工图设计的子阶段。

1.4 各设计阶段的主要内容

1.4.1 可行性研究阶段

工程可行性研究是国家规定的城市轨道交通项目必备的程序和固定资产项目必不可少的基础性工作,依据国家批复的近期建设规划开展研究,在对项目有关的技术、经济等情况调查、研究、分析的基础上,对各种建设方案进行比选论证,并对项目建成后的企业财务效益、社会经济效益、社会影响进行预测及评价。以选择技术先进实用、建设方案合理可行、财务经济及社会效益可行、投资风险较低的工程建设方案,为项目审批提供可靠依据,其结论也是国家进行投资决策的重要依据。可行性研究是项目前期工作的最后一环,也是设计阶段开始的依据。工程可行性研究报告编制时间一般为 6 个月到 8 个月左右。

1.4.2 总体设计阶段

总体设计是对建设项目技术标准、工程规模、重大原则、重大技术方案等进行的全面性系统性的研究。总体设计的目标是落实外部条件,稳定线路站位;明确功能定位,确定运营规模;理顺纵向关系,明确横向接口;统一技术标准,分割工程单元;筹划合理工期,控制投资总额。总体设计文件是指导下阶段设计的基础和控制性文件。总体设计阶段要完成工程全局性战略部署,特别是总体方案对初步设计和施工图设计有决定性影响。

总体设计工作必须由总体单位独立或以总体单位为主体来进行。组织完成总体设计阶段的设计任务,编写总体设计文件,是总体设计的重要工作内容之一。单独设置的总体设计时间一般为 3 个月左右。

1.4.3 初步设计阶段

初步设计阶段,各专业应提出相应的设计方案或重大技术问题的解决方案并进行综合技术经济比较,论证技术上的适用性、可靠性和经济上的合理性。初步设计文件应符合已批准的可行性研究报告、审定的设计方案及落实的接口条件,进一步明确工程规模、确定拆迁、征地范围和数量,提出设计中存在的问题、注意事项及有关建议,其深度应能控制工程投资,满足编制施工图设计、主要设备订货、招标及施工准备的要求。另外,还应在保证工程切实可行的条件下,对造价进行控制,进而顺利获得审查机构对项目建设的批复。

初步设计经上报审查批复后,作为后续施工图的依据,也是招标、验收、运营以及审计等的基本遵循,具有重要的地位,设计、施工、监理、运营及政府各部门都应严肃认真地对待初步设计,按要求开展各项工作。鉴于初步设计的重要性,必须保证合理的设计周期,独立开展总体设计的初步设计周期一般为 6 个月左右,未独立开展总体设计的设计周期一般为 9 个月左右。

1.4.4 施工图设计阶段

施工图设计根据批复的初步设计进行编制,设计文件需满足施工、安装、加工及编制施工图预算的要求。它是工程进入实际建设阶段的具体性文件,同时也是工程实施完成后进行工程审计的重要依据。城市轨道交通施工图设计，自开始后一直持续至工程实施完成。

工程实施过程中的变更设计也是施工图设计的重要组成部分，与施工图一样具备法律效力。施工图必须以初步设计及批复意见为依据，如有重大变化，必须按程序上报备案，或者编制补充初步设计文件，按程序审批后方可在施工图设计中落实。施工图设计工作量巨大，且受到各种因素限制，难以在短时间内完成全套施工图，可根据工程进度要求分批完成施工图文件，但必须考虑其系统性，并按规定完成施工图强审工作。

1.5 设计的主要特点

1.5.1 城市轨道交通的特点

城市轨道交通具有运量大、速度快、准时、安全、舒适、环保、占地少等优点，同时还具有高投入、高风险、高密度、高技术及不可更改性的特点。

1. 高投入

建设投入大，地铁B型车6列编组、A型车6列编组、A型车8列编组平均每公里造价已达到7亿～10亿元；后期运营费用高，每公里运营补亏达1 200万～1 500万元，每条线平均每年达5亿元。以西安为例，平均每公里投资约7亿元，按照远景约1 000 km的线网规模，直接投资将达到8 000亿元，加上60%建设贷款的利息，总投资约12 000亿元，资金投入量巨大。

2. 高风险

一是包括地质风险、管线风险、工程风险在内的建设风险。轨道交通施工多在地下，由于地质条件复杂、各类管线众多、施工难度大存在巨大的工程建设风险。二是包括大客流风险和行车风险在内的运营风险。在运营过程中存在因为大客流带来的运营组织困难和易发生站台踩踏等方面的风险。三是反恐风险。近年来反恐形势严峻，轨道交通作为市民大量聚集的场所和城市重要的交通基础设施，易成为恐怖袭击的主要目标，需要加强安检和采用先进技术降低反恐风险。

3. 高密度

轨道交通与高铁的主要区别在于轨道交通的高密度和高铁的高速度。城市轨道交通最小发车间隔90 s，与高铁高速度条件下的技术路线相比，轨道交通高密度发车带来的系统技术，车辆追踪等运营组织难度突出。

4. 高技术

轨道交通技术日新月异，包括智慧工地、环保工地、多层大断面盾构、装配式轨道交通等土建新技术，全自动运行、智慧轨道交通、云平台、智能运维等系统新技术，地铁、轻轨、云轨、云巴、有轨电车等制式的多样性等。

5. 不可更改性

轨道交通一旦建成后，区间隧道不可更改；车站更改难度大，仅能做小规模优化；系统设备可以更改，但对运营有影响且造价较高。

1.5.2 设计的主要特点

城市轨道交通项目设计工作具有系统性强、技术复杂、强度高、工作量大、设计时段长、配套专题多、风险程度高、协调难度大以及与运营结合紧密等特点。

城市轨道交通涉及三十多个专业，系统复杂，专业间协调与接口多，具有很强的系统性；轨道交通项目要以城市规划为指导，轨道交通线网规划为依据，以线路的功能定位与技术标准为技术边界条件来确定站点和系统的设计方案，要有大局意识，要进行系统思维；轨道交通项目设计工作要与城市设计相融合，系统考虑建设、运营与开发工作，为轨道交通可持续发展打好基础。

作为城市内部以地下敷设方式为主的工程项目，受地质情况以及地下管线、既有建筑物等的影响，技术极为复杂;项目不单纯以土建为主,还涉及车辆、通信、信号、供电等十几个专业的设备系统,复杂程度高;新一代轨道交通还融入了全自动运行和智慧城轨等新理念,技术的先进性和复杂性进一步增加。

设计工作量大,仅一个项目的可行性研究报告就包含十几册,一套初步设计文件包含一百多册,一套施工图包含两三千册,除了这些成果之外,项目设计周期内进行的方案论证、专题研讨、现场调查以及大范围多层次的协调工作量更是巨大。同时,项目设计周期较长,从可行性研究到完成技术总结一般需要7~8年时间。

城市轨道交通项目在工程可行性研究和初步设计阶段还要开展四五十项配套专题,这些专题有些需要上报备案,有些则需要审查批复,对设计周期有很大的影响,需要高度重视,在安排计划时统筹考虑,并在专题开始编制之初做好与相关部门的沟通协调。

城市轨道交通项目具有高风险性的特点,设计工作具有技术复杂程度高、系统性强等特点,这就必然导致设计工作的风险程度较高,因此在设计过程中应进行风险评估与控制,通过合理的设计降低风险。

城市轨道交通项目是一个城市中心的线性工程,涉及大量与政府部门、企事业单位的协调,为落实边界条件,设计出优秀作品,应认真细致地开展协调工作;项目的设计还涉及建设、运营、开发等方面,也需要设计单位和建设单位及其各部门进行沟通协调,各部门之间进行沟通协调;有些轨道交通项目设计工作由几个设计单位共同完成,设计单位之间、设计与设备厂家以及施工、监理单位也需要大量的沟通协调。总体来说,设计工作的协调工作量非常大,只有把大量的精力放在协调、调查和落实边界条件及解决存在问题上,才能质量良好、高效快速地完成设计任务。

与运营单位密切相关也是轨道交通项目的一个突出特点,设计单位必须认真分析运营单位的需求,以运营过程中的痛点为设计改进完善的方向,将技术规范与运营的实际紧密结合才能拿出切合实际的设计方案。

第2章　西安城市轨道交通设计与创新概况

2.1　发展历程

20世纪90年代初期,西安市政府开始系统性策划、研究发展城市轨道交通项目。1999年4月西安市成立了西安轨道交通前期准备工作领导小组。2005年11月,西安市地下铁道有限责任公司成立,城市轨道交通规划发展进入了快车道,先后编制完成了《西安市城市快速轨道交通线网规划》《关中城市群都市区城市轨道交通线网规划》,分别纳入《西安市城市总体规划(2008年—2020年)》、《西安市城市总体规划(2008年—2020年)》(2017年修订)等相关规划,并据此完成了三期城市轨道交通建设规划及调整工作。2018年7月,西安市地下铁道有限责任公司更名为西安市轨道交通集团有限公司(以下简称"西安轨道集团")。

2011年9月16日开通试运营第一条轨道交通线路2号线,西安成为我国西北地区第1座开通城市轨道交通的城市。截至2021年6月,西安市开通运营轨道交通线路共有8条,分别为1号线(一期、二期)、2号线(一期)、3号线(一期)、4号线、5号线(一期、二期)、6号线(一期)、9号线和14号线,运营里程长度共计259 km,共设车站160座,其中换乘车站14座,场段14处,控制中心3处。线网最高日客运量为448万人次(2021年5月),客流强度位居国内轨道交通运营城市前列。截至2021年6月,西安城市轨道交通共有8条(段)在建线路,分别为1号线三期、2号线二期、6号线二期、8号线、10号线一期、15号线一期和16号线一期,在建线路总长度为163 km。

伴随国内外城市轨道交通规划设计理念与设备技术的不断进步、成熟、创新与快速发展,纵观西安市城市轨道交通的规划设计发展,亦历经起步、逐步成熟与创新发展三个阶段。

2.1.1　起步阶段

2005年,西安市以主城区范围(即西安中心城区)为重点研究区域,主要包括城六区和长安区,在已经形成的九宫格局功能布局基础上,依据当时正在实施的《西安市城市1995—2010年总体规划》,完成了《西安市城市快速轨道交通线网规划》(以下简称"2005版线网规划"),如图2.1所示,后将其纳入《西安市城市总体规划(2008年—2020年)》。

线网由6条主线和1条支线组成,呈棋盘+放射式结构,总规模为251.8 km。其中1号、2号、3号线为骨干线,4号、5号、6号线为辅助线,1号线两端分别连接咸阳和临潼,有利于城际客流及城市内部客流的集散,扩展城市东西向发展空间。主城区范围内线网覆盖密度为0.338 km/km^2,三环以内区域线网密度为0.375 km/km^2,中心城区和明城墙区线网密度分别为0.796 km/km^2 和1.146 km/km^2。

依据2005版线网规划编制完成了《西安市城市快速轨道交通建设规划(2006—2015年)》(第一期),并于2006年9月通过国家发展改革委的批准,如图2.2所示。

根据城市现状及规划发展对轨道交通的阶段性需求和城市经济条件,规划用十年时间完成1号、2号线的建设,并形成"十"字形城市快速轨道交通主骨架。线路总长50.3 km,工程总投资179.49亿元。1号、2号线的建成,将有效缓解城市中心日益严重的地面交通供需矛盾,提高居民出行服务品质,促进城市空间布局的实施和历史文化名城的保护,有机配合城市新区建设、疏解旧城、行政中心外迁以及铁路北客站的建设。

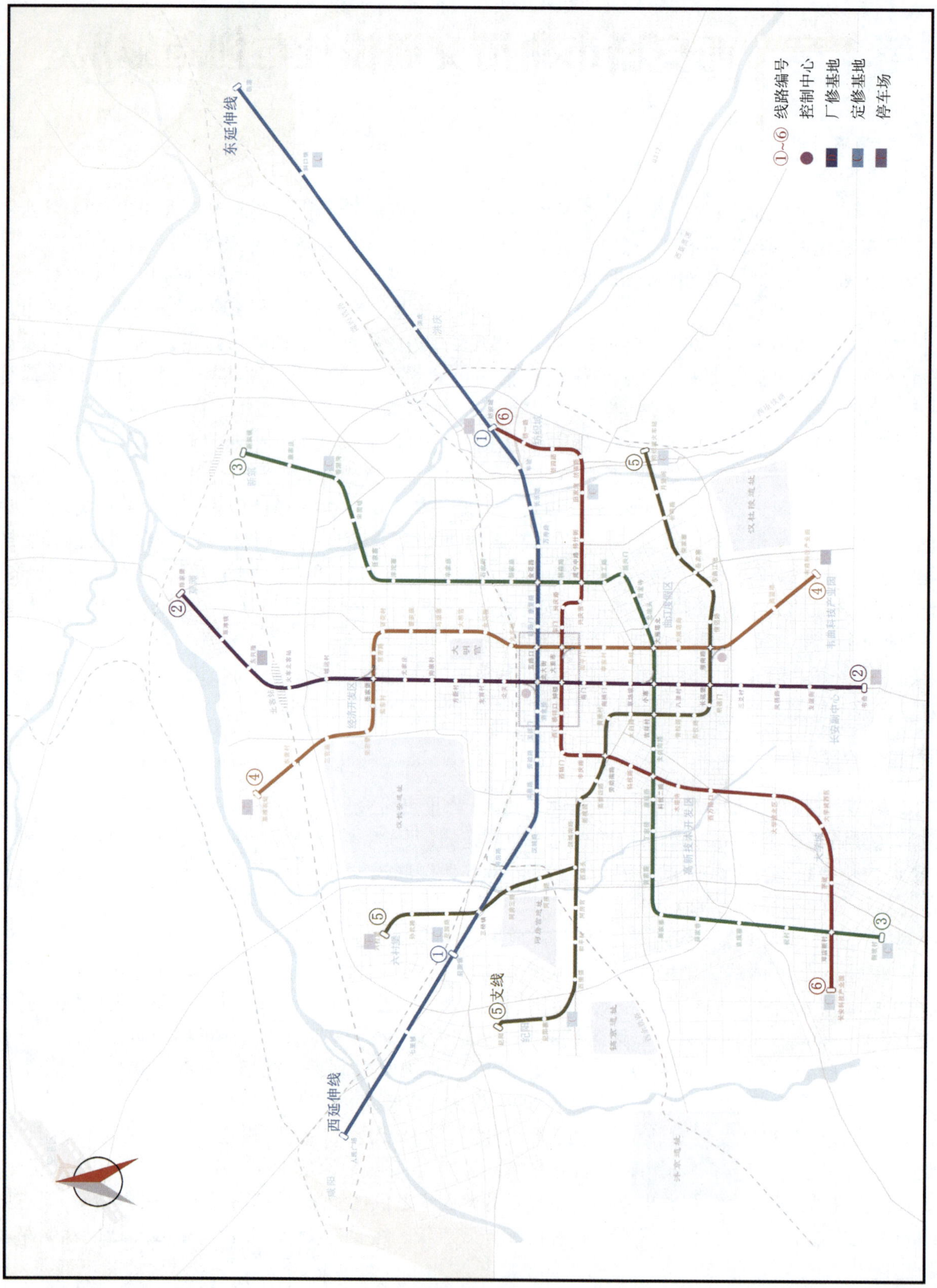

图 2.1 西安市城市快速轨道交通线网规划(2005 版)

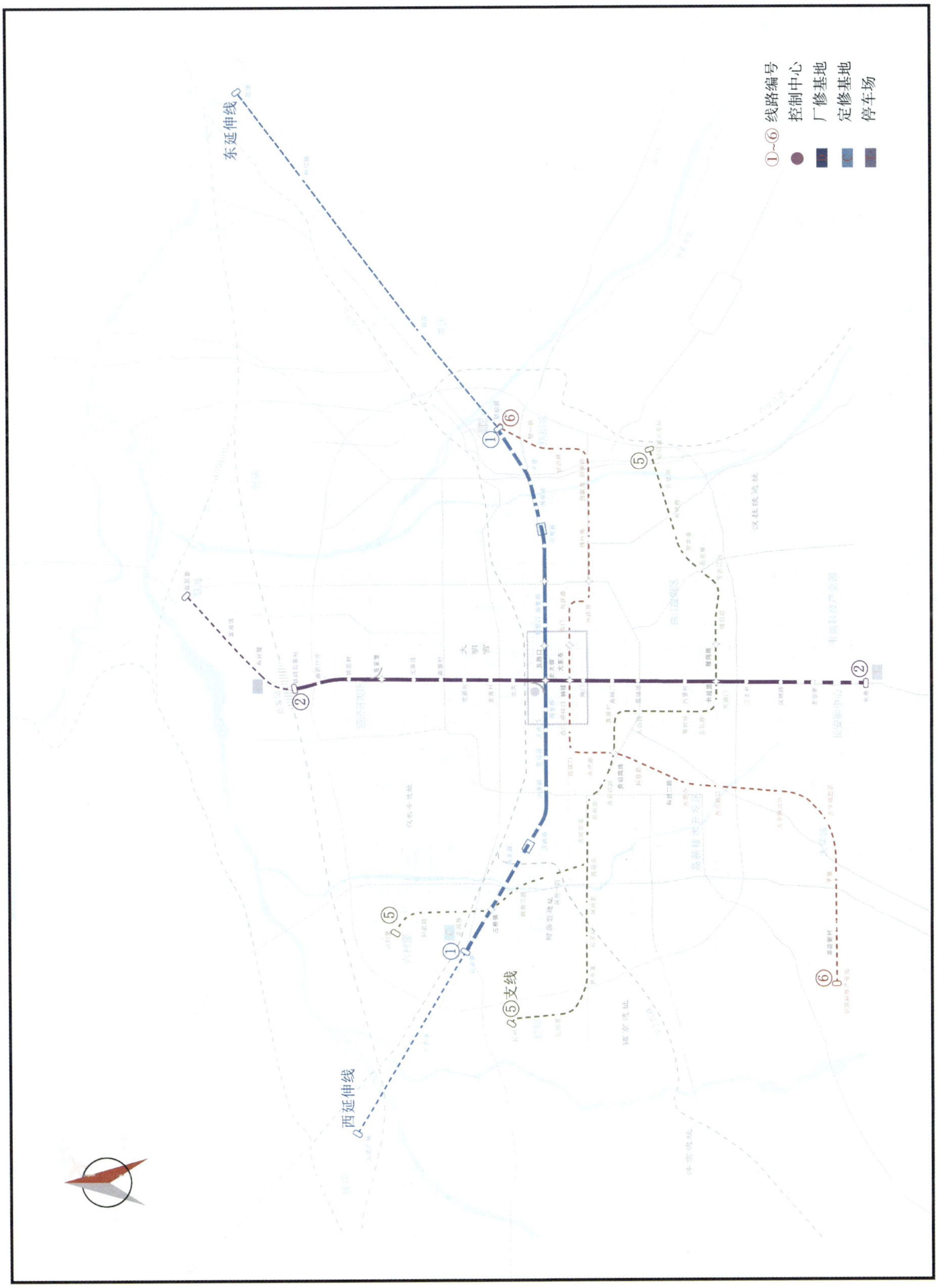

图 2.2　西安市城市快速轨道交通建设规划(2006—2015年)

2007 年 7 月、2008 年 12 月国家发展改革委分别批复了 2 号线一期工程、1 号线一期工程可行性研究报告。2006 年 9 月 2 号线试验段开工建设,2007 年 8 月全线开工,2011 年 9 月首通段北段开通试运营,2014 年 6 月南段开通试运营。2008 年 10 月 1 号线试验段开工建设,2009 年 3 月全线开工,2013 年 9 月全线开通试运营。

为了更好地适应西安市经济社会发展的需要,更好地符合城市规划的发展目标要求,更好地与城市发展需求相协调,加快西咸一体化进程,2009 年 8 月西安市编制完成了《西安市城市轨道交通近期建设规划调整方案(2006—2016 年)》(第一期调整),于 2010 年 1 月获国家发展改革委批复,如图 2.3 所示。调整报告在原建设规划的基础上新增了 3 号线一期和 1 号线二期工程,规划年限延长至 2016 年,建设规模调整为 94.6 km,投资总额为 456.50 亿元。

2012 年 5 月,国家发展改革委批复了 3 号线一期工程可行性研究报告。2012 年 8 月 3 号线一期工程全线开工,2016 年 11 月开通试运营。

第一期城市轨道交通建设规划,实现了西安市城市轨道交通从无到有,初步建设完成了线网规划中的三条骨干线路,作为轨道交通建设发展的起步阶段,形成了西安市中心城区轨道交通基本的主骨架网络。

通过第一期建设规划项目的逐步落地实现,西安轨道交通从规划设计、施工管理到通车运营基本形成了一套有自身特色的轨道交通建设运营管理体系。表现为:一是高度重视三体系建设,通过建章立制,规范和不断提高建设管理水平;二是通过特聘国内知名轨道交通专家长期咨询,广开渠道吸纳人才,完善管理队伍,培养并提高了管理与决策能力;三是确立了基本的设计与施工技术管理组织架构;四是稳定了一支强大的敢闯敢拼的设计研究团队,文物保护、地裂缝、湿陷性黄土等重大关键技术难题的科研攻关相继取得突破;五是掌握了西安轨道交通总体设计的特点、重点与难点,建立了工程建设与项目管理的方法与体系,积累了较为丰富的设计、施工技术与管理经验。西安轨道交通 2 号线修建关键技术研究荣获 2012 年度陕西省科学技术一等奖,轨道交通 2 号线工程荣获 FIDIC 2014 年度"全球杰出工程"大奖,成为中国以及亚洲地区唯一获此殊荣的工程项目,也是全球第一个获 FIDIC 大奖的轨道交通工程。

2.1.2 逐步成熟阶段

在第四轮城市总体规划的统一指引下,西安市社会经济发展势头迅猛。"四区一港两基地"建设成效显著,城市发展空间拉大,用地规模进一步拓展,土地利用强度不断提高,外围组团与中心城区的联系愈加密切。为适应城市建设的新情况、新变化,更加有效地支持城市规划发展,2012 年 5 月,西安市组织完成了对 2005 版线网中局部网络结构及线路路由的调整规划,如图 2.4 所示。调整后的轨道交通线网规划形成了"2 纵 2 横 2L"型骨架网络,同时将 4 号、5 号、6 号线的功能定位由辅助线路提升为骨干线路。线网在充分覆盖城市核心区、缓解核心区交通压力的同时,向城市外围区域延伸,适应城市空间转移,支持城市新区的开发建设,同时也为城市空间发展和线网规划的优化修编预留了充分的空间和弹性。

为了适应城市规划发展与轨道交通发展的需要,依据 2005 版线网规划调整,西安市编制完成了《西安市城市轨道交通近期建设规划(2013—2018 年)》(第二期),于 2013 年 12 月获得国家发展改革委批复,如图 2.5 所示。本期建设规划由 4 号线、5 号线一期、6 号线一期共 3 个项目组成,总长约 78.9 km,投资估算约 475.01 亿元。

2012 年 5 月 4 号线试验段开工建设,2014 年 5 月全线开工,2018 年 12 月开通试运营。2015 年 11 月 5 号线一期工程开工建设,2020 年 12 月开通试运营。2016 年 3 月 6 号线一期工程开工建设,2020 年 12 月开通试运营。

随着西安市城市建设规模逐步扩大,城市经济实力进一步加强,结合加快临潼副中心城市的建设需求,西咸新区作为国家级新区的设立等基础条件及城市发展重点的变化,以及"西安轨道交通 6 号线运营振动对钟楼影响评估""西安钟楼振动监测、影响分析及本体现状评估"等钟楼文物保护的突出研究成果,西安市适时编制了《西安市城市轨道交通第二期建设规划调整(2013—2021 年)》(第二期调整),于 2016 年 2 月获得国家发展改革委批复,如图 2.6 所示。第二期调整规划新增建设临潼线、5 号线二期和 6 号线二期工程,新增加建设项目长度约 65.06 km,增加投资约 388.73 亿元。调整后本期建设规划总规模为 145.77 km,总投资估算为 958.62 亿元。

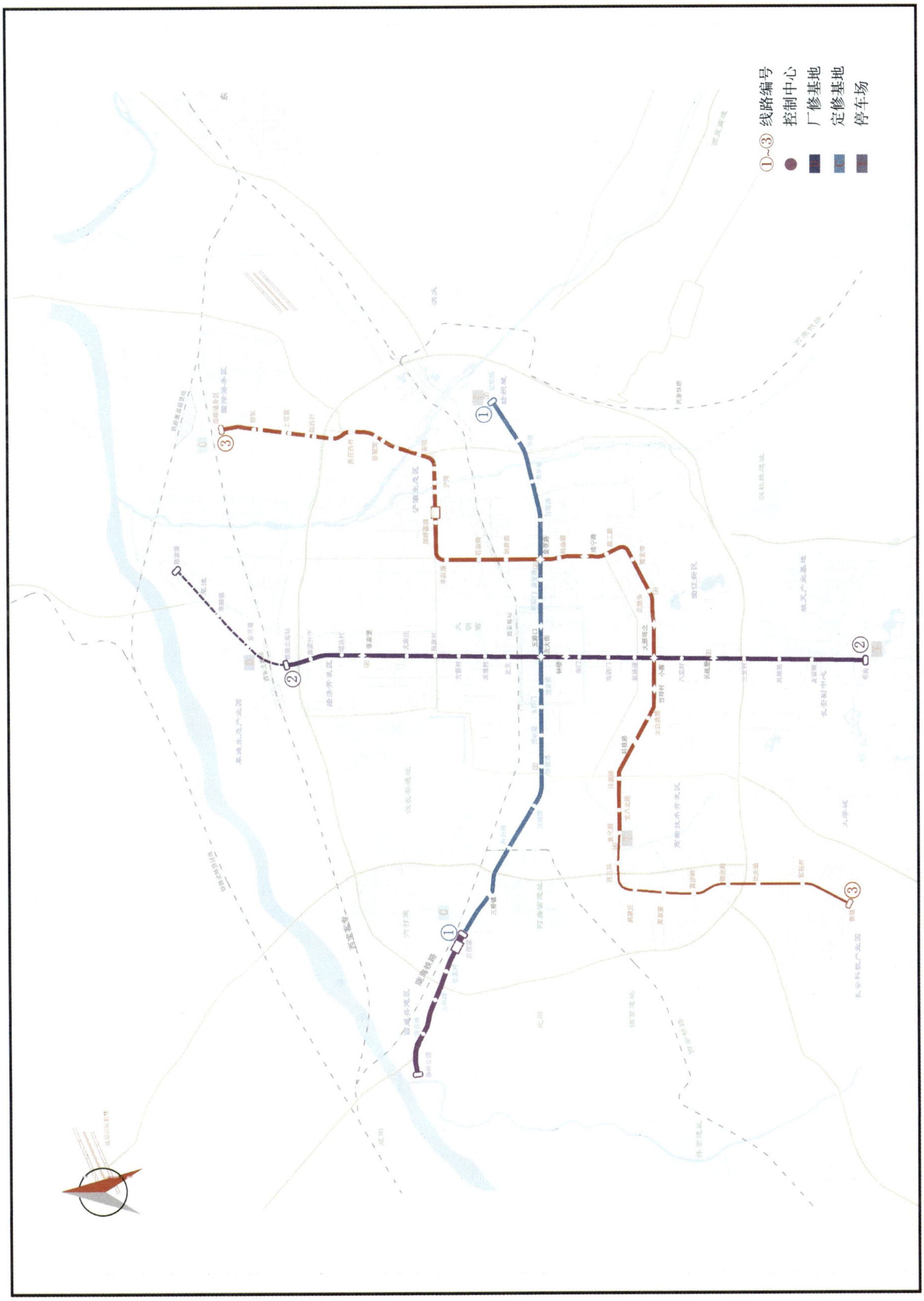

图 2.3　西安市城市轨道交通近期建设规划调整（2006—2016 年）

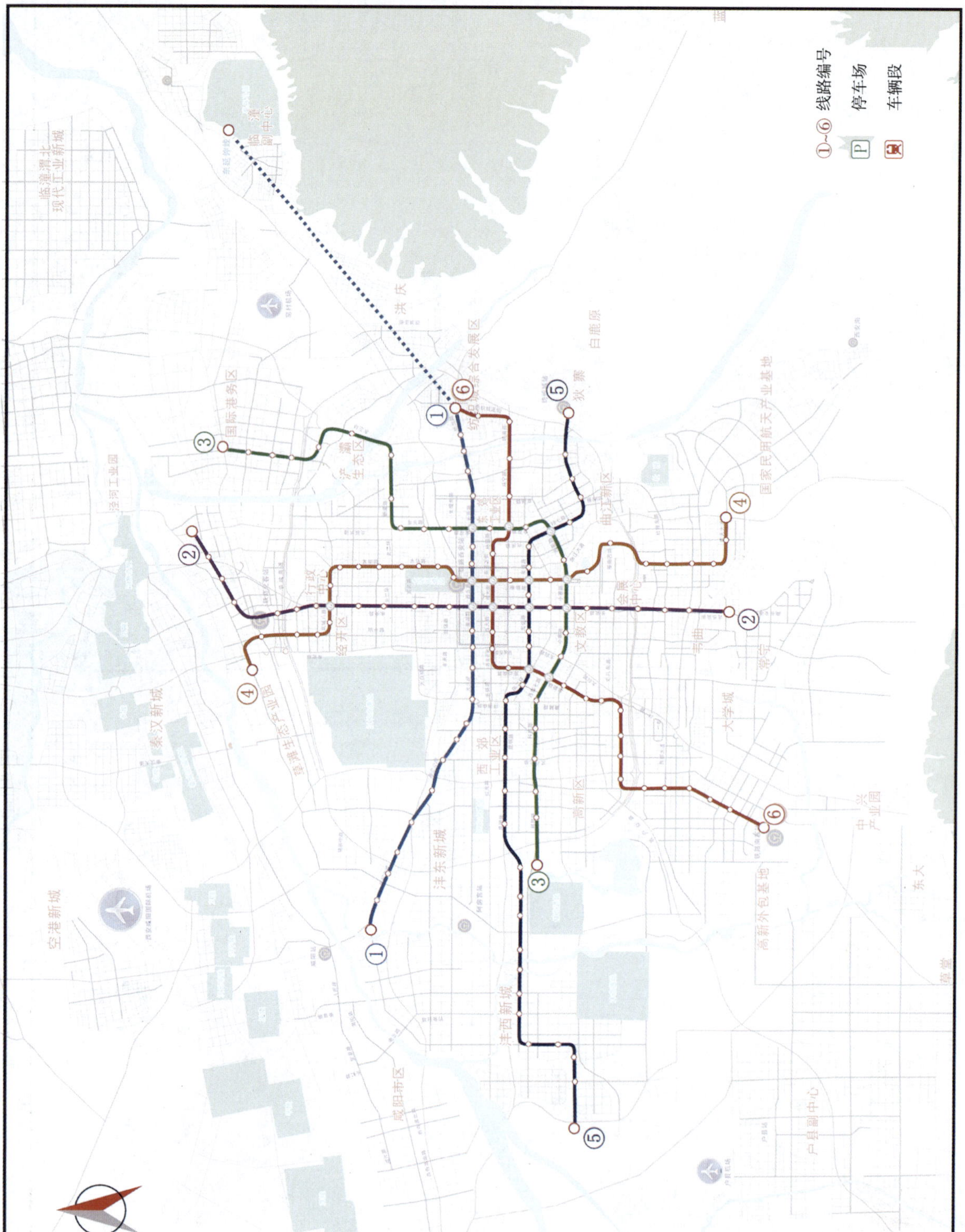

图 2.4　西安市城市轨道交通 2005 版线网规划调整

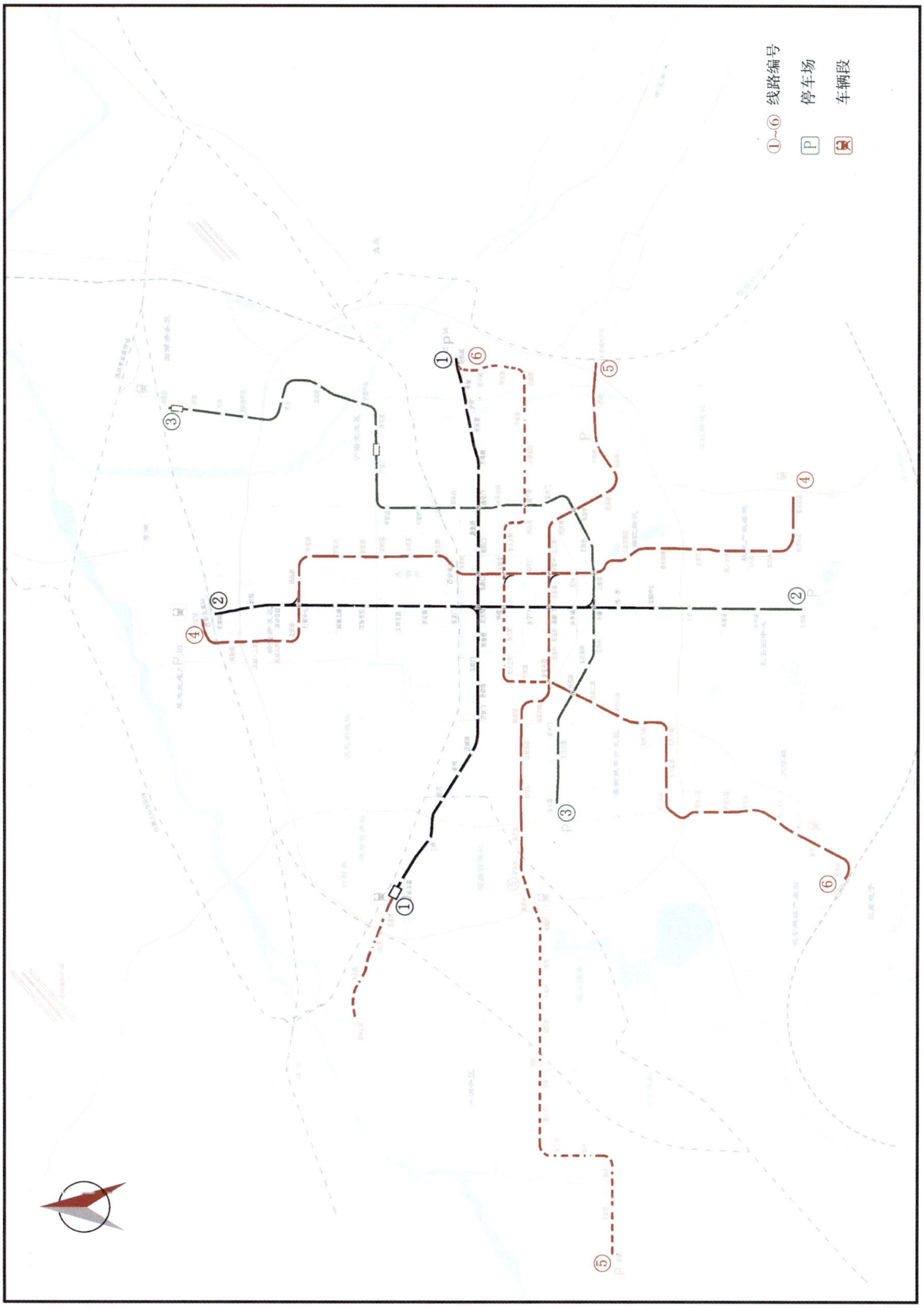

图2.5 西安市城市轨道交通近期建设规划(2013—2018年)

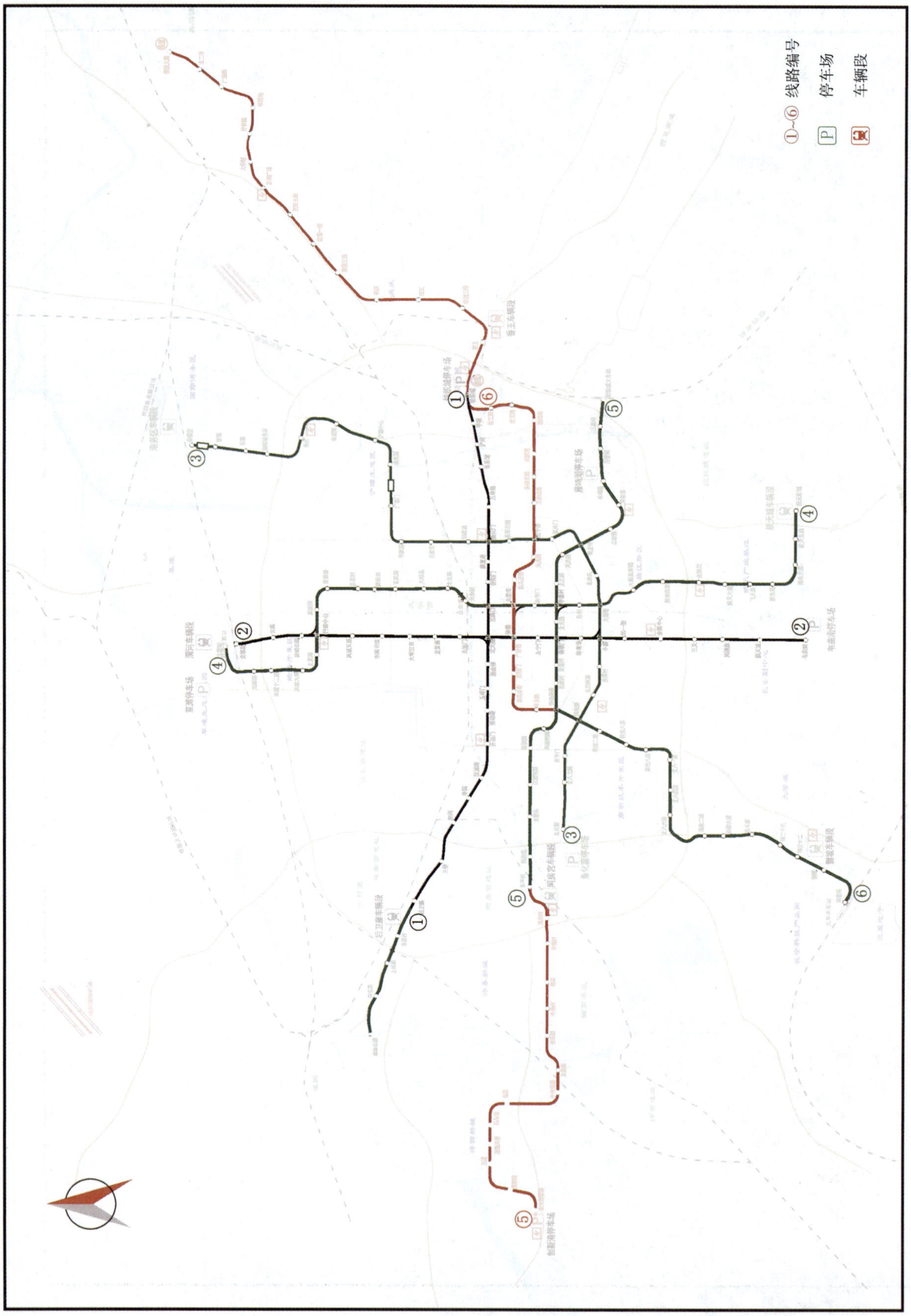

图 2.6 西安市城市轨道交通第二期建设规划调整(2013—2021年)

2017 年 1 月临潼线开工建设,2020 年 12 月开通试运营。2017 年 2 月 5 号线二期工程开工建设,2020 年 12 月与一期工程同期开通试运营。2017 年 3 月 6 号线二期工程开工建设,计划于 2022 年 6 月开通试运营。

随着第二期轨道交通建设规划项目的逐步实现,轨道交通建设进一步促进了西安市城市总体规划的加速实现,引导了城市发展方向,支持了城市近期建设重点,对带动城市各功能组团开发和促进经济社会发展起到了显著的引领作用。进一步加快了城市综合交通体系发展,有效缓解了主城区日益严重的交通瓶颈问题,轨道交通逐渐成为公共交通出行的重要方式,形成了城市交通的基本骨架,同时对历史文化名城的保护起到了积极作用,也为轨道交通建设的健康持续发展创造了良好条件。轨道交通规划与设计、施工与运营管理能力不断成熟和完善,技术创新与解决各种关键技术问题的能力日趋自信和成熟。

相对第一期建设规划,第二期建设项目在设计与技术管理上得以进一步提升和完善。

首先是科研攻关坚持不懈,进一步解决和完善了项目建设中系列关键技术难题。期间,建设单位联合 8 家科研院所,投入科研经费近 2 000 万元,开展了 20 多项轨道交通工程技术研究和课题攻关,如扁铲侧胀试验及旁压测试技术在黄土地区的应用研究、地裂缝近距离平行和小角度穿越活动地裂缝带的性状及防治措施研究、黄土地区轨道交通深基坑支护形式与基坑稳定性研究、黄土地区轨道交通施工对管线的影响及风险控制研究等。完成了地方规范《城市轨道交通隧道穿越地裂缝段技术规范》(DBJ 61/T 113—2016),系统性编制了《黄土地区区间隧道施工方法专题研究报告》《黄土地区地下车站施工方法专题研究报告》,创建了黄土地区轨道交通盾构隧道、浅埋暗挖和深基坑修建关键技术,保证了结构施工的安全性,填补了该领域的技术空白。

其次是文物保护工作包括规划设计、保护措施、审批流程等方面进一步深化和完善。轨道交通 2 号、1 号和 4 号线分别成功下穿明城墙南门、北门、钟楼,朝阳门、玉祥门,解放门、和平门。针对国家级重点文物保护单位钟楼,在 2 号线开通运营后,先后开展了钟楼本体现状勘测评估报告、2 号线运营后钟楼振动影响监测报告、2 号线运营两年后钟楼振动监测报告、6 号线运营振动对钟楼影响评估等专项研究工作,为轨道交通建设做好文物保护工作积累了丰富的经验,受到了国家发展改革委和国家文物局的好评。

第三是大力推行标准化设计,降低了车站、区间隧道、高架桥梁等土建工程投资,提高了设计质量,缩短了建设周期,节省了使用成本。

第四是进一步促进西咸一体化发展,跨西安、咸阳两个行政区域规划建设了大运量城市轨道交通工程。通过 1 号线二期、5 号线二期线路把西安、西咸、咸阳紧密联系在一起,以轨道交通形成一体化发展态势,为真正建成轨道上的都市圈核心区奠定了基础。

第五是完成了西北首例采用政府购买公共服务模式进行融资的轨道交通项目。临潼线采用 PPP 项目建设,实现了以较低融资成本获取长期银团贷款的目的,积累了丰富的轨道交通 PPP 采购、建设与运营的工作经验。

2.1.3　创新发展阶段

随着国家战略对陕西不断聚焦,陕西在继续承接西部大开发、关中—天水经济区发展规划、省市共建大西安的政策叠加效应的基础上,迎来了国家“一带一路”倡议和“系统推进全面创新改革试验”两大历史机遇。围绕“以西安(咸阳)为核心的大都市”的构建、《关中城市群核心区战略规划(2015)》的落实,紧密结合未来都市区空间发展,发挥城市轨道交通的功能和作用。2016 年 11 月西安市编制完成了《关中城市群都市区城市轨道交通线网规划》(图 2. 7),线网由 23 条线组成,西安市境内线路长 691. 1 km,西咸新区境内线路长 232. 8 km,咸阳市境内线路长 62. 1 km,总规模为 986 km。其中 1 号 ~8 号线、11 号线为都市区骨干线,主要服务西安市中心城区、咸阳市主城区、西咸新区核心区;9 号、10 号、12 号 ~23 号线为都市区区(市)域线,各条线路均与都市区骨干线形成多点换乘,强化骨干线的对外辐射功能,同时各条线覆盖了都市区外围的主要功能区,有效支撑了外围各区域、各组团的规划与发展,并极大地提高了主要对外交通枢纽(西安咸阳国际机场、铁路“四主一辅”客运站)的可达性。

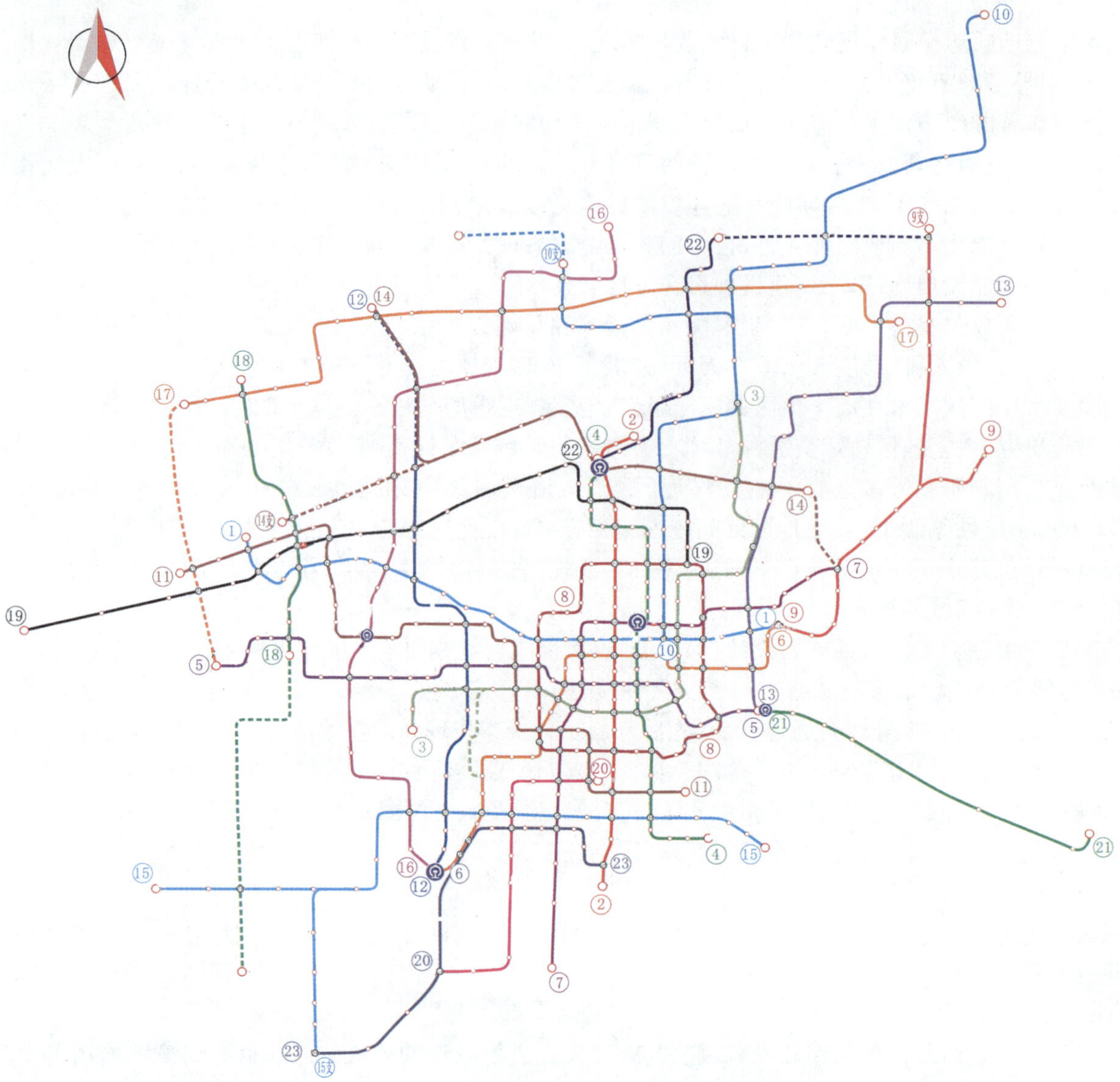

图 2.7　关中城市群都市区轨道交通线网规划方案(2016)

《关中城市群都市区城市轨道交通线网规划》于 2016 年 11 月通过陕西省住建厅审查,并纳入《西安城市总体规划(2008—2020 年)》(2017 年修订)和《咸阳市城市总体规划(2011—2030)》。

根据西安市、咸阳市和西咸新区的相关规划,西安未来城市空间将形成“三带多轴多中心”的空间格局。西安都市圈核心区将以此布局为基础,带动和辐射整个区域经济快速发展,并以此助力西安市推进国家中心城市建设,早日建设成为国际化大都市。

为进一步加强轨道交通对西安重要建设区域的覆盖,引导促进其规划发展,建设轨道上的大西安,以智慧轨道助力智慧城市建设。2017 年西安市启动编制了《西安市城市轨道交通第三期建设规划(2018—2024 年)》,于 2019 年 6 月获国家发展改革委批复,如图 2.8 所示。规划在 2019—2024 年期间建设轨道交通 1 号线三期工程、2 号线二期工程、8 号线、10 号线一期工程、14 号线、15 号线一期工程、16 号线一期工程共 7 个项目,线路总长 150 km,总投资 968.5 亿元。其中 8 号线、15 号线采用 A 型车,8 号线、10 号线、15 号线、16 号线采用全自动运行系统。

2019年10月开始,各项目均已陆续开工建设,其中:14号线于2021年6月开通试运营;计划2号线二期工程于2022年建成,1号线三期工程、8号线、16号线一期工程于2023年建成,10号线一期工程于2024年建成,15号线一期工程于2025年建成。

前两期建设规划均立足于西安市中心城区,致力于解决中心城区的交通需求和交通拥堵问题;第三期建设规划立足于共建大西安、发展国际化大都市以及国家层面纵深推进"一带一路"建设、"国家中心城市"建设、推进西咸一体化进程、支撑西安都市圈核心区发展和产业布局、完善优化综合交通体系和交通枢纽衔接等方面。第三期规划项目将为西安都市圈核心区发展带来全新的发展和机遇。至第三期轨道交通建设期末,西安将形成建设和运营里程423 km的轨道交通网络,届时综合交通网络体系进一步完善,轨道交通由西咸新区进一步拓展覆盖咸阳市中心城区,轨道交通的交通骨干地位进一步提升,交通区域供给与出行更加丰富和便捷。

第三期建设规划项目在技术标准、车辆选型、全自动运行、智慧车站、5G技术、云平台、资源共享、物业开发、多网融合等方面均有大幅度的技术创新,尤其通过本期致力于深度打造面向乘客、面向服务的智慧轨道交通研究,将有助于强化轨道交通技术创新引领,进一步提升西安轨道交通行业服务管理水平和高质量发展,对于促进轨道交通与城市发展有机结合,实现城市的可持续发展具有非常重要的意义。

近两年来,西安轨道交通不断尝试利用先进的技术手段提升对外服务和对内管理。在互联网+出行领域,已实现"刷脸"进站、全线网闸机支付宝或微信扫码过闸、所有票亭电子化支付功能;为提高车站管理效率,创建了智慧车站综合运管平台、智慧客服、智慧安检等智慧车站功能;在智慧列车方面实现了车地无线传输系统 & 同车不同温、智能运维等功能,其中弓网在线检测系统、电客车运行数据在线监测系统、车载转向架在线监测系统、接触网可视化接地操作系统、智慧机电和供电设备智能运维系统等研究成果将在第三期在建项目中予以实现;另外在乘客导向服务领域、乘车安全领域、车站环境监测、节能管理等方面正在不断进行智慧化建设尝试。

2.2 设计概况

2.2.1 工作概况

西安城市轨道交通勘察设计工作,自轨道交通2号线开始主要采用了设计总体总包管理模式,近年来随着西安轨道集团设计管理水平的逐步成熟完善,先后对2号线二期、14号线采用了勘察设计总承包模式,西咸新区轨道交通投资建设有限公司对5号线二期及16号线一期采用了勘察设计总承包模式。

设计总体总包管理模式是一种双轨制的纵向管理体系,建设单位分别招标设计总体总包单位和工点(系统)设计单位,设计总体单位全面负责工程项目的设计总体和总包管理工作,项目的各单项设计由工点设计单位完成,建设单位和设计总体总包单位对参与设计的各单项设计单位实施管理与协调,单项设计单位和建设单位存在合同关系。

勘察设计总承包管理模式由设计总承包单位全面负责整个项目的勘察设计工作,并直接承担主要设计任务。也可直接进行设计分包,总承包单位将各分包单位有机结合起来,形成一种自上而下的、严密的纵向合同管理体系。设计总承包管理模式与勘察设计总承包模式类似,不包含勘察工作。

经过多年积淀与总结,西安轨道集团在项目建设的不同设计阶段均已形成了一套成熟完善的勘察设计技术服务体系与管理流程,并针对各服务阶段制定了明确的工作重点与要求。具体设计阶段主要包括工程可行性研究、总体设计、初步设计、招标设计、施工图设计、设计施工配合、设计竣工验收及设计技术总结等勘察设计内容。西安城市轨道交通各建设项目的设计工作均严格按步骤落实了各阶段的工作内容,并随着项目的逐步运营将不断进行完善与提升。

目前已参与西安轨道交通的总体设计单位有铁一院、广州院、铁二院、北城院等;工点设计单位有铁一院、铁二院、铁五院、铁六院、广州院、北城院、中铁上海院、上海隧道院、西北建筑设计院、中交一院、中铁隆、中交轨道院、中铁大桥院、深圳广田、深圳杰恩、陕西省电力设计院、众源电力设计院等。

设计咨询单位由建设单位公开招标确定，根据工程不同的标段划分，分别承担设计总体咨询和工点咨询任务，协助建设单位进行设计过程管理。参与西安轨道交通的设计咨询单位有北城院、广州院、铁五院、铁六院等。

施工图审查单位是指建设主管部门认定的施工图审查机构，按照有关法律、法规，对施工图涉及公共利益、公众安全和工程建设强制性标准的内容进行审查。参与西安轨道交通的施工图审查单位有铁一院、北城院、广州院等。

2.2.2 工作特点

西安轨道交通从建设伊始，勘察设计工作一直秉承以人为本、安全可靠、功能合理、经济适用、技术先进、低耗高效、节约集约资源和土地、保护环境和文物古迹、充分体现地区特色、力争实现项目生命周期内价值最大化的设计宗旨。充分理解和紧紧抓住西安轨道交通设计工作的主要特点，有助于在设计中贯彻并实现其设计理念与思想，有助于体现规划设计在项目建设过程中的重要地位。

1. 工程规模大

从西安轨道交通三期建设规划项目的实施情况来看，第一期建设规划（含调整）共 3 条线，总长 97.2 km，总投资 499.6 亿元，综合经济指标为 5.14 亿元/km；第二期建设规划（含调整）共 4 条线，总长 145.4 km，总投资 975.6 亿元，综合经济指标为 6.71 亿元/km；第三期建设规划 7 个项目，总长 150 km，总投资 968.5 亿元，综合经济指标为 6.46 亿元/km。虽然西安轨道交通综合经济指标相对于国内其他建设轨道交通的城市处于较低水平，但作为城市基础设施项目，轨道交通建设无疑成为城市建设中工程规模最大的城建基础设施项目。

2. 建设周期长

轨道交通建设自前期研究、线网规划开始，历经建设规划、工程可行性研究、总体设计、初步设计、施工图设计等规划设计工作，到施工、试运营、正式运营，时间跨度较长。从目前西安市的规划建设进程来看，其时间周期均达 10 年甚至更长，尤其针对西安市文物保护、地裂缝、黄土地质等特殊情况，更需要在整体推进过程中加强科研攻关、统一协调、高效管理、确保质量，对设计单位与建设单位均提出了较高的要求，以保证在长时间的项目建设周期内高效、有序推进。

3. 关键技术难

作为国内首次在黄土地质条件下修建的轨道交通工程，在建设及运营过程中需要克服穿越沉降凹槽、地裂缝及湿陷性黄土等西安地区独有的特殊地质技术难题。西安轨道交通在规划建设过程中，重点针对三大技术难题（地裂缝、文物保护、湿陷性黄土），采用调查勘探和试验、技术方案论证、数值模拟分析、大型物理仿真模型试验、理论分析、施工信息反馈、现场试验监测等综合手段，形成了地下工程穿越地裂缝及黄土地区浅埋暗挖、盾构隧道、车站基坑设计施工等轨道交通综合修建技术。

4. 文物保护要求高

西安有 5 000 年的文明史、3 100 多年的建城史和 1 100 多年的建都史，历史上 13 个朝代在西安建都，文化遗产和文物古迹遍布城乡，地上地下文物资源非常丰富，西安是黄河流域文化的发祥地，也是中华民族悠久历史的天然博物馆，与雅典、罗马、开罗同被誉为世界四大著名古都。目前登记在册的不可移动文物点 3 246 处，各级文物保护单位 432 处，其中全国重点文物保护单位 58 处，省级文物保护单位 107 处，市（县）级文物保护单位 267 处。中心城区轨道交通不可避免涉及国家级重点文物明城墙和钟楼，这就要求西安轨道交通规划建设应深刻认识西安文物保护工作的重要性，切实增强做好文物保护工作的责任感、使命感和紧迫感，必须从规划到各设计阶段高度重视文物保护工作，加强对沿线文物的详细普探，认真编制文物保护专项研究报告，总结一套文物保护的方法、思路、措施与工作体系，严格履行审查、审批程序。

5. 历史文化厚重

高速发展的城市化充实着大量的现代元素和高科技产物，历史文化、“乡愁”的感受和传承成为人们现代生活的向往与渴求。城市轨道交通不仅是一种快捷、绿色、节能的崭新生活理念，更是一种文化载体，既继承城市文脉，又能满足人们使用时无法割舍的生活体验。如何将轨道交通空间绘入古城的历史文脉和现代发展的长卷中，成为轨道交通规划设计建造中的重要课题。车站装修设计既能准确传承古城历史讯息又能反映古都发展的现代气息，倡导崇尚健康、和谐、生态的思维理念，在便捷的交通出行中感受西安历史文化的厚重和时代的新风、生活的美好。

6. 强调网络思维

随着西安都市圈在关中城市群核心地位与功能的不断强化和提升，西安、咸阳及西咸新区作为都市圈核心区范围，其规划发展必将要求城市轨道交通在支撑城市功能与产业经济布局协同发展上发挥强大的促进作用，西安多层次融合发展的轨道交通网络规划随城市国土空间规划不断提高和完善。对于规划线网规模近 1 000 km 的轨道交通网络，在建设初期就重点进行网络化运营与资源共享研究工作，建立线网规划与建设规划并重的思想观念，加强多层次网络化规划布局、点线面统筹规划、不同制式科学配置、多种资源共享、网络化运营组织、线路功能定位明晰等。同时轨道建设与城市发展呼应匹配，强化大型设施共享、共址、共建，地上地下空间资源综合共享利用，以构筑完善的不同交通方式一体化的城市综合交通网络体系。

7. 设计管控严格

为确保工程质量，建设百年精品工程，西安城市轨道交通项目在设计流程中特别重视初步设计环节的管控，设计周期通常制度性安排至少 100 d 时间，主要为强化初步设计文件质量，提高技术方案的合理性、经济性、可实施性，减少施工图变更，降低工程风险，控制工程投资。基本上按照“三个一”步骤开展工作，即：一个月收集摸清基础资料，掌握各种边界条件；一个月集中研究讨论方案，确定主要推荐方案；一个月专心设计出图，加强图纸校核。过程中加强技术方案确定的流程管控，总体设计单位先后组织至少两轮设计方案的全面研究讨论，咨询单位对成果方案集中进行咨询审查，最后提交建设单位技术委员会讨论审定。通过多轮多层级把关逐步收敛确定最终设计推荐方案，大幅度减少设计方案的工作反复，显著提高了设计工作效率与设计质量。

2.2.3 发展新趋势

随着“中国制造 2025”、5G、智慧交通、云计算、大数据等新兴技术的应用，轨道交通行业也迎来了新一轮技术变革。西安轨道交通在规划设计过程中，也逐渐融合了新领域的技术发展，以提高轨道交通规划、建设、运营水平，加强轨道交通对西安都市圈综合交通、经济发展的带动与引领作用。

1. 多网融合

我国的轨道交通处于高速发展阶段，已形成涵盖高速铁路、城际铁路、城市轨道交通、新型轨道交通等多层次、多模式的综合轨道交通系统。但各层次网络之间不同程度存在规划重复、功能定位模糊、层次分工交叉、衔接不尽合理、系统选型考虑因素单一等，不利于综合交通运输体系一体化发展以及综合交通资源的合理配置。

《国家发展改革委关于培育发展现代化都市圈的指导意见》（发改规划〔2019〕328 号）和《国务院办公厅转发国家发展改革委等单位关于进一步做好铁路规划建设工作意见的通知》（国办函〔2021〕27 号）指出：打造轨道上的都市圈。统筹考虑都市圈轨道交通网络布局，构建以轨道交通为骨干的通勤圈。在有条件地区编制都市圈轨道交通规划，推动干线铁路、城际铁路、市域（郊）铁路、城市轨道交通“多网融合”、资源共享、支付兼容。

按照系统制式及服务目标，关中城市群内轨道交通可分为两类四层：第一类是铁路类，包括国铁干线和城际铁路，其中城际铁路主要服务于城市群一体化发展区域内各城镇间的长距离快速出行，国铁干线主要服务于全国范围内跨省市的长距离出行；第二类为城轨类，包括市域轨道和地铁（轻轨），其中市域轨道主要服务于都市圈同城化区域内的中长距离快速出行，地铁（轻轨）主要服务于城市中心区范围内的中短距离高强度客流。四网融合规划则以城市群空间为载体，充分发挥两类四层不同轨道制式的功能特点和技术经济优势，统筹使用廊道、资金等资源，形成功能明确、搭配合理、配合紧密的轨道交通体系，适应城市群多层次、多模式的客运需求。

在西安轨道交通线网规划过程中，统筹考虑了“米”字形高铁网、关中城市群城际铁路网规划、关中城市群都市区城市轨道交通线网规划、大西安中小运量轨道交通线网规划等研究成果，将通过互通互联、共轨运输、立体换乘、安检互信、票制互通等运营管理方法，考虑不同层级轨道交通线路在都市圈经济发展中的地位及作用，提出轨道交通融合发展的策略体系：规划统筹研究策略、线网融合布局策略、枢纽立体衔接策略、运输服务共享策略、项目推进互补策略、综合开发一体策略，提升轨道交通对西安都市圈的支撑保障力和与区域发展规划的符合性。

西安轨道交通高度重视四网融合建设工作。一是对交通枢纽建设力求同步规划、同步建设、同步运营。西安北站、纺织城综合交通枢纽规划伊始便践行“无缝衔接”理念，规划、设计阶段统筹考虑，使得国铁、轨道交通、公交换乘流线清晰、衔接顺畅。结合西安机场三期以及西安东站建设，西安轨道交通提前筹划融合方案，将轨道交通车站与机场、西安东站有效衔接，力争打造便捷的交通枢纽系统。二是对市域铁路、城轨，在有条件的地方采用跨线运营模式，便捷乘客需要。三是结合国办函〔2020〕116 号文，启动西户铁路升级改造项目，有利于发挥中心城市辐射带动作用，推进新型城镇化发展。

2. 智慧城轨

随着城市客运业务压力不断增大、乘客需求和行业发展不断变化，为进一步提升乘客服务水平、运营管理效率、转变维保工作模式和思路、优化建设过程管理能力，智慧城轨技术应运而生，国家政策层面相继提出了轨道交通智能化、人性化、便捷化，尤其是 2019 年 9 月 26 日，习近平总书记在北京大兴机场开通时的讲话，为轨道交通的发展指明了方向。

西安轨道集团在《中国城市轨道交通智慧城轨发展纲要》的指引下，结合新技术发展趋势、行业发展热点以及近年来自身的探索实践，开展了智慧城轨体系研究并编制形成了《西安智慧城轨发展纲要（2021—2035 年）》，在分析西安城轨交通面临的新形势、新挑战以及智慧化建设必要性的基础上，提出了西安智慧城轨的建设思路与目标，构建了以智慧服务、智慧运行、智慧运维和智慧管理为核心业务的“12411”体系架构，明确了各业务体系的功能规划和技术发展路径，确定了重点建设任务以及保障措施，以此作为指导西安智慧城轨发展的纲领性文件，促进城轨智慧化建设稳步前进。

3. 资源共享与互联互通

轨道交通网络资源共享是一个多方面属性的问题，涉及车辆资源共享、维修基地资源共享、控制中心资源共享、供电系统资源共享等方面。资源共享是通过场段、控制中心、主变电所、培训中心等设施共用、功能互融，同时通过构建线网云平台和大数据平台，进一步提高线网资源利用效率。互联互通是通过车站换乘、资源共享和跨线运输等方式，实现轨道交通系统内各线间或不同轨道交通系统之间的良好衔接，为旅客提供便捷的运输服务，满足旅客的差异性出行需求，构建一体化的轨道交通系统。

按照西安未来将发展大都市圈定位目标，需要将新发展理念贯穿西安轨道交通发展全过程，宜统筹考虑多网合一，充分利用既有资源，加强多种制式轨道交通的衔接换乘、互联互通和资源共享，以实现最高的经济效益和运营效益。

4. 交通一体化衔接

近年来，西安市快速发展轨道交通、优化加速常规公交、同步跟进慢行交通，推进多方式网络融合衔接，打造一体化城市公交出行链，初步构建起“轨道交通 + 常规公交 + 慢行”一体化公共交通体系。

轨道交通的衔接往往需要通过枢纽实现，所以衔接枢纽的规划水平将直接影响到后续衔接功能的发挥。国内外衔接枢纽的建设理念正在向着立体化、综合化、智慧化的方向发展，大型综合交通枢纽往往聚集了多种交通形式，其中轨道交通枢纽衔接是现代化城市综合交通体系中的关键节点，同时也是其他各种交通方式间换乘的依托。

大型交通枢纽衔接提升以土地利用一体化和使用衔接一体化、智轨枢纽构建为重点。土地利用一体化主要表现在将轨道交通站点、换乘设施与周边用地、建筑相结合考虑，统一规划统一建设，同时通过优化轨道交通、公交等换乘设施吸引客流，引导城市土地开发。交通衔接一体化主要表现在对轨道交通站点与地面公交、非机动车、人行等设施进行一体化规划、建设，提高轨道交通与其他交通方式换乘的方便性、舒适性，逐步实现无缝衔接。智慧枢纽是未来的发展方向，枢纽引入“互联网 +”理念，采用人工智能、大数据等技术，提升枢纽智慧化、一体化水平。

5. 站城一体化

贯彻“站城一体化”设计理念，发挥综合交通服务优势，实现运营补亏，促进轨道交通可持续发展。利用轨道交通工程特点，提出车站本体物业开发、车站附属与周边一体化衔接、车站与周边新建项目结合、场段综合开发等相关设置原则。

下一步，物业开发与城市建设将以西安市可持续发展为总体目标，以轨道交通车站为中心，通过车站空间的合理构建与功能系统的协调整合，在确保交通功能良好运作的同时，与城市功能有机整合，构建以车站为主体的城市综合体，满足城市化发展与经济建设需求；同时，通过土地资源的高效开发与合理利用，提高车站空间的综合利用率，减少资源消耗、修复城市空间、改善城市环境。

6. BIM 技术应用

近年来，西安轨道交通在设计工作中引入了 BIM 技术。BIM 技术是一种应用于工程设计建造管理的数据化工具，通过参数模型整合各种项目的相关信息，在项目策划、运行和维护的全生命周期过程中进行共享和传递，使工程技术人员对各种建筑信息作出正确理解和高效应对，为设计团队以及包括建筑运营单位在内的各方建设主体提供协同工作的基础，在提高生产效率、节约成本和缩短工期方面发挥重要作用，在后续设计工作中将进一步强化、提高和完善。

7. 全自动运行系统

城市轨道交通全自动运行系统（Fully Automatic Operation）在运营安全、运输效率等方面具有明显优势，为城市轨道交通运营服务质量的持续提升提供了强大的技术支撑，具有较强的社会意义和经济效益。据有关资料统计，到 2023 年，预计我国将拥有 40 余条全自动运行线路。在西安市近期在建项目中，8 号线、10 号线一期、15 号线一期均已采用全自动运行系统。

2.3 技术创新

西安轨道交通在建设、运营、管理过程中，结合自身建设环境与城市特点，通过开展多项科研攻关与专题研究，逐渐探索出了一整套技术创新体系，形成国内领先、具有地方特色的轨道交通科研成果，创新性地解决了一系列关键技术难题。

2.3.1 克服地裂缝、湿陷性黄土等地质难题方面的创新

西安具有国内罕见的独特城市地质灾害——地裂缝，目前发现有 14 条。

西安地裂缝成因是以隐伏断裂构造的发育为基础，20 世纪 70 ~ 90 年代中期长期过量开采深层承压水为诱因，即西安地裂缝是构造作用和抽取深层地下水共同作用的结果。多年来，地裂缝活动对西安城市规划建设影响较大，根据相关地方标准规范，民用建筑均以避让地裂缝为主，但轨道交通工程不同于工业与民用建筑，必须穿越这些地裂缝带，并且不允许建成后出现影响运营安全的事故。如果不能很好地解决地裂缝的处理问题，将会造成轨道交通结构破坏、渗漏水、轨道不均匀沉降等影响运行安全的一系列问题，直接影响轨道交通线路的建设、运营。

在地裂缝段进行轨道交通建设，尚无规范、规程可循，国内外也无在此类场地建设的先例。通过科研攻关，全面系统地揭示了西安轨道交通沿线地裂缝分布规律及活动特征；科学准确预测了每条地裂缝的百年设计位移量，确定了地裂缝地段总体处理措施与方案。针对地裂缝的活动特征，首次提出了“防”与“放”相结合，以结构适应地裂缝的变形为主、“局部加强、预留净空、分段处理、柔性接头、先结构后防水”的地裂缝段轨道交通隧道结构处理措施。在国内首次利用锚段关节将地裂缝设防段接触网机械隔离并

采用独立小锚段，地裂缝设防段内接触网采用可调吊柱垂直悬挂方案；考虑地裂缝的活动特征，研制了“且”形及U形橡胶止水带、可调式框架板系统、预应力混凝土长岔枕系统，填补了国内空白。近两年经进一步深化科研课题研究，创造性地提出了西安地裂缝活动性分级标准，选择在轨道交通8号线活动性弱（百年预测沉降量100 mm）的地裂缝段采用盾构通过，取得了地裂缝处理技术的重大突破。

针对西安地区特有的黄土地质，提出了一整套在湿陷性黄土地层区间盾构、浅埋暗挖，车站深基坑支护、降水的设计施工技术；首次在黄土地层引入盾构技术，并对黄土地区盾构施工沉降及对周围地层的影响规律、计算理论和方法、盾构设计参数进行研究，填补了黄土地质条件下盾构技术研究的空白。

2.3.2　文物保护与重大设施方面的创新

在西安轨道交通规划及建设过程中，国家文物局和省市文物局对文物保护问题给予了高度关注，多次到西安调研并提出了具体要求和指导意见。西安作为历史文化名城，对文物保护保持高度关注，原则以避让为主，辅助以相关工程措施，确保文物保护工作万无一失。结合项目建设形成了对文物保护的技术体系和报批流程、工作体系。

钟楼是西安的标志性建筑。为了切实有效保护文物古迹，西安轨道交通在线路设计上采取尽量远离钟楼基座，左、右线分别以距钟楼基座不小于16 m绕行通过的方式。此外，要求线路纵断面尽量加大埋深（过钟楼段隧道顶埋深不小于13 m），避让地下8 m“文化层”，降低施工对文物的影响。在区间隧道工法选择上采用对环境影响最小、沉降控制最有效的盾构法施工，并提前对钟楼周边加固处理，以减少施工过程中对钟楼的影响。

盾构穿越钟楼台基最大沉降－3.28 mm，远小于设计要求的数值。钟楼各监测点在各个运营工况下的振动速度幅值均满足国家标准《古建筑防工业振动技术规范》（GB/T 50452—2008）中的振动限值0.15～0.2 mm/s的要求。

对于西安明城墙，线路设计上尽量远离城墙的变形敏感区，城墙段左、右线线路中心距瓮城城墙最近距离不小于10 m，同时尽量加大线路埋深，以避让地下8 m深的“文化层”，降低振动对文物的影响。工法与处理措施同于钟楼。经过工程实时监测，城墙南门、北门段盾构穿越后，地表和洞内最大沉降均不超过10 mm，并随着时间逐渐趋于稳定。

将监测结果与前期理论计算结果进行对比，评估理论计算结果的科学性和准确性，并用实测结果去校正计算模型参数。在城墙变形敏感点设置监测断面及监测点，绘制城墙变形影响实测值和理论计算值典型比较图后，可以看出，实际监测结果与理论计算值基本一致。

综合上述已建成轨道线路经过文物遗存的工程实践，前期专题研究对工程建设涉及文物影响的分析定论，所提出的文物沉降控制标准的相关指标符合工程实际。在工程建设阶段合理采取施工保护方案措施后，经多次监测和测试，针对工程施工形成的沉降控制效果良好，使文物本体安全得以保障。

2.3.3　弘扬历史文化方面的创新

作为世界历史文化名城，西安有深厚的历史积淀、恢宏的都城气度，独特的文化内涵。依托西安历史文化名城特色，充分发挥历史、文化、文物、自然地理、生态、旅游等资源优势打造具有内涵的“文化轨道、人文轨道”。

西安轨道交通重点车站各设计了一面巨型文化墙诠释西安的历史文化和地方特色。文化墙的设计都表现了各站地域特色，在材料应用上综合传统材料和现代材料，从不同角度体现“人文西安”“科技西安”“生态西安”“活力西安”“和谐西安”等主题。

西安轨道交通1号线提炼元素“斗拱”，其主题为“盛世华章”；2号线提炼元素“九宫格”，其主题为“汉唐新韵”；3号线提炼元素“八水润长安，关中帝王都”，其主题为“水润长安”；4号线提炼元素“一带一路、汉唐文化、经济科技”，其主题为“丝绸之路”；5号线概念主题为“传承与交融”，标准站将车站公共区两端楼扶梯部分即乘客视线集中区域作为特色装饰区，根据站点周边人文环境提炼艺术造型加以点缀，其余区域遵照同一装修手法、同一装修材料、同一装修模数进行标准化设计；6号线是最后一条穿越明城墙的轨道线路，概念主题为“古今长安”，在保证标准化、模块化的基础上，打破传统吊顶低平的感观，借鉴中国传统建筑屋脊结构形态，注重梁柱构造，最大化抬升空间，还原建筑空间本质；9号线概念主题为“时空穿梭”，标准站用极简装饰手法分段表现古韵文字的魅力，重点站运用古建文化元素及动感表现形式，彰显西安大气恢宏的秦风古韵。

西安轨道交通在行政中心站、奥体中心站采用天窗结构设计的玻璃穹顶，顶部圆洞上设玻璃采光穹顶，在站厅与站台之间设置通透的天井，蕴含“天圆地方”的立意。采光穹顶和天井的设置，将自然光线引入室内，给人强烈的视觉冲击效果。

作为城市公共交通出行工具和城市窗口，西安轨道交通充分体现了独特的历史传承和文化魅力，同时还表现出简洁明快、安全耐用、朴实大方、彰显特色的轨道交通车站特点。在确保乘客安全健康、易于市民辨识和定位的基础上，凸显城市人文、地域特色，使轨道交通车站处处透露出传统文化符号和现代元素的和谐共生，成为城市的文化看点。

2.3.4 消防安全方面的创新

城市轨道交通建设对城市发展的带动作用日益凸显，其沿线的土地价值升值较快。传统的城市轨道交通车辆基地存在占地面积大、建筑密度低、用地强度小、对周边地块严重分割等明显弊端，使车辆基地上盖物业开发的建设意义及经济价值越发突出，同时也契合我国集约用地的发展理念。

西安轨道交通在加强车站消防安全的同时高度重视车辆基地上盖开发的消防设计工作。为保障上盖开发车辆基地的运营功能与安全，防止和减少火灾危险，保护人身和财产安全，做了大量的科研、试验以及调研工作。参考国内外的先进经验、结合西安市的实际情况，制定了《轨道交通上盖车辆基地消防设计技术指南》（DB 6101/T 3102—2021）（以下简称《指南》）。

《指南》的内容主要有火灾危险性分类、耐火等级、总平面布局、防火间距、消防车道、防火分区、防火分隔、安全疏散、消防设施等，涵盖了由于加建上盖进行综合开发利用而引起的现行防火规范、标准及管理规定中未涵盖或不明确的内容，旨在解决由于车辆段综合开发而产生的特殊性消防设计问题。《指南》可为西安市此类项目的消防设计、审批及验收提供重要的参照依据。

2.3.5 提高服务质量方面的创新

随着社会经济发展、居民生活水平提高，人们的出行次数和出行距离也随之增长，城市客运交通工具逐步从解决有无问题向高质量、提升服务水平迈进。旅客对运输服务质量的要求从过去“走得了”的低层次需求向“走得好”的高层次需求转变。

为此，西安轨道交通编制了《西安轨道交通与城市融合设计导则》《西安智慧城轨发展纲要（2021—2035年）》。《西安轨道交通与城市融合设计导则》结合西安轨道交通建设中遇到的经验教训，提出了针对性的原则意见，有效提高轨道交通服务质量。一是结合工程经验对车站附属建筑设计、轨道交通与公共设施的统筹等设计原则进行细化，便于各行政主管部门审查有据可循，提高建设单位与行政管理部门之间的协调效率。二是提出在交通接驳、与市政过街系统的衔接、与公共设施的处理关系，站点及场段综合开发等方面与轨道交通工程需要统筹规划、一体化设计，理清相互间的接口关系、要求，便于相关行政主管部门把握此类市政工程和市政设施与轨道交通工程同步规划、同步设计、同期或分期实施。三是结合“站城一体化”设计理念，发挥综合交通服务优势，实现运营补亏，促进轨道交通可持续发展。利用轨道交通工程特点，提出车站本体物业开发、车站附属与周边一体化衔接、车站与周边新建项目结合、场段综合开发等相关设置原则，策划研究指导意见，便于各行政主管部门制定相应的应对政策，解决设计、报批、审查缺少相关政策支撑的问题。四是提出轨道交通站点与各类交通设施统筹规划、设计、实施的原则和要求，提高城市综合交通服务水平，满足便捷换乘、市政过街需求。五是重视乘客行为心理设计，重视人性化服务功能设计，提高服务设施标准，导向标识便于引导和识别，体现城市人文关怀。

《西安智慧城轨发展纲要(2021—2035年)》提出西安智慧城轨发展将以关中平原城市群核心区轨道交通线网建设、运营以及多元化开发为载体,围绕西安智慧城市建设目标以及西安轨道集团创新发展的新使命、新要求,结合新兴技术的创新应用,以项目化方式大力推进生产、服务、建设、管理各业务系统的智慧化升级,通过"四步走"战略的实施,使建设、运营、管理和技术装备的智慧化程度总体达到全国先进水平,实现企业的数字化转型。第一阶段(2021年)为策划、研究及试点阶段。第二阶段(2022—2025年)策划和推动全自动运行、云平台建设、BIM基础平台应用等一批项目的实施,制定一批智慧化改造技术规范,开展智慧城轨关键技术科研攻关。到2025年基本形成西安智慧城轨雏形。第三阶段(2026—2030年)实现西安轨道交通基于线网的多业务系统智慧化,丰富完善各业务系统智慧化功能场景,提升各板块智慧化程度,形成可复制推广的经验和标准,出台完备的配套政策与规范,建立相应企业标准体系,包含技术标准和管理标准,到2030年部分业务系统的智慧化达到国内先进水平。第四阶段(2031—2035年)通过建设和既有线路大修,持续提升线网智慧化等级,打通不同系统间数据,使轨道交通与其他交通系统高效协作、互联互通。基本实现西安轨道交通全方位、全系统的智慧化,线网整体的智慧化程度达到国内先进水平,部分系统达到国内领先水平。目前,西安轨道交通在扫码过闸、人脸支付、智慧车站、智能车辆等技术的落地与推广方面敢于"第一个吃螃蟹",均取得显著的使用效果。

第2篇

总体设计

城市轨道交通是一项特大型的综合性系统工程,涉及三十多个专业。为确保项目设计的系统性、协调性和完整性,需高度重视总体设计。总体设计依据上位规划、技术标准,贯穿可研、初步设计、施工图等各个设计阶段,直至开通运营。总体设计的核心是总体性思维:一是通过对国土空间规划、综合交通规划以及线网规划的分析,对项目在线网中的功能定位、与其他线路的关系进行深入研究,确定主要技术标准;二是通过对沿线环境保护、文物保护、地形地质及道路条件的研究,确定总体性方案,并指导各子系统顺利开展相关设计工作。

总体设计以制定技术标准、稳定工程规模和设计边界条件、完成系统功能配置为目标。秉持创新、协调、绿色、开放、共享的发展理念,推动社会经济高质量、可持续发展。注重安全可靠与科技创新相协调、经济适用与技术先进相协调、轨道交通建设与市政工程相协调、以人为本与服务水平相协调、文物保护与工程建设相协调、社会效益与经济效益相协调。

总体设计应紧扣系统性研究,包括客流预测、制式选择、主要技术标准及限界、线站位与敷设方式、行车与运营组织等内容。

一是依据城市国民经济和社会发展规划、城市发展战略规划、国土空间总体规划及控制性详细规划、城市综合交通体系规划、包含居民出行调查的城市交通综合调查等开展客流预测。对预测结果进行分析论证,确定项目标准、规模。

二是依据国土空间总体规划、综合交通体系规划、线网规划等上位规划和建设规划及批复、工程可行性研究及批复等上阶段研究成果,研究论证项目功能定位。

三是在充分研究城市自然地理与地形地貌、地形图、红线图、工程地质与水文地质以及环境影响报告书、文物影响评估报告、社会稳定风险分析报告书等资料的基础上,结合客流预测确定项目系统制式和主要技术标准。

四是遵循上位规划、功能定位和主要技术标准，结合沿线交通枢纽、客流密集点、建设条件等因素，先宏观后具体的研究线站位布设和敷设方式，并取得规划部门认可。

五是结合线站位布设和敷设方式、客流预测等，开展行车与运营组织方案研究，最终形成包括制式标准、线站位布设和敷设方式、运营方案、大宗用地选址等内容的总体性方案。总体性方案基本确定后，应理顺纵向系统，明确横向接口，统一技术标准，分割工程单元，统筹开展相关专业的设计工作。

总体设计是确保项目设计系统性、协调性和完整性的重要手段，是整体项目建设的关键。应以系统工程学的思想为指导，加强总体性工作，注重接口设计和系统优化，精心设计，协同各方。高度重视专业间的内部接口与政府部门、产权单位的外部协调，线站位分布与城市规划的协调以及与其他交通方式的衔接，历史文物和环境保护，充分考虑地形地貌和地质条件、设计运能与客流预测的匹配、车辆配置数量与基地规模的匹配等方面。

另外，经国家批准的城市轨道交通建设规划应严格执行，原则上不得变更，规划实施期限不得随意压缩。在规划实施过程中，因城市规划、工程条件、交通枢纽布局变化等客观因素确需调整的，调整幅度需符合相关政策规定，并履行相关程序。

第3章　客流预测

客流预测是城市轨道交通建设的一个十分重要的环节，是各项规划、设计和运营工作的基础，预测结果的可靠性与否直接关系到建设方案、建设投资、运营效率和经济效益。

城市轨道交通客流预测是指在城市的社会经济、人口、土地使用以及交通发展等条件下，利用交通模型等技术手段，预测各目标年限轨道交通网络、线路或车站相关客流指标的过程。

城市轨道交通线网规划、建设规划、工程可研、初步设计、运营前及运营等各个阶段都涉及客流预测，而且在不同阶段对客流预测要求、深度和作用也不尽相同，因此需针对不同阶段，开展客流预测工作。

3.1　客流预测的基础与方法

3.1.1　客流预测的依据和基础

1. 客流预测的主要依据

(1)城市规划

城市规划包括城市发展战略规划、城市总体规划、城市土地利用规划及控制性详细规划等。

(2)城市国民经济和社会发展规划

(3)国家公共交通发展政策

(4)城市综合交通体系规划

城市综合交通体系规划包括综合枢纽、城市道路、公共交通、轨道交通、公交场站、停车系统等。

(5)包含居民出行调查的城市交通综合调查

城市总体规划、城市综合交通规划是客流预测的重要依据。

城市总体规划确定的城市结构形态、用地性质、城市建设发展方向、城市人口及其分布、城市就业岗位及其分布等，是客流预测的基础数据。城市居民和流动人口的出行强度及出行总量、城市交通结构方式构成及其比例、城市公共交通的出行总量及轨道交通所分担的比例等，是客流预测的重要参数。这些参数的选择和确定均需依据城市规划和城市综合交通规划。只有将城市总体规划和城市综合交通规划的内容转换成数据，让数据说话，才能反映出轨道交通客流与城市规划布局、城市交通结构的密切关系，使轨道交通与城市发展相协调。

2. 客流预测的基础数据

客流预测的基础数据主要包括基础年数据和预测年数据，主要有城市基础数据，城市社会经济数据，城市交通基础设施、现状交通需求和交通运行状况等城市交通数据。预测年数据需要根据规划或通过现有数据预测得到。

(1)城市基础数据与社会经济数据

基础年城市基础数据与社会经济数据主要来源官方发布或提供的统计资料，具体如下：

城市基础数据：人口及分布、就业岗位及分布、就学数据及分布，分车型的机动车保有量及分布等。

城市社会经济数据：地区生产总值、人均可支配收入等。

(2)城市交通数据

基础年城市交通数据应采用5年内的城市交通综合调查或专项调查数据，具体如下：

城市交通设施数据指城市道路交通网络、常规公交网络、轨道交通网络及对外交通枢纽等相关数据。

城市现状交通需求:不同出行目的、出行方式、出行距离、出行空间和时间分布出行量。

城市交通运行状况:城市道路、常规公交、城市轨道交通、出租车和对外交通枢纽的运行状况。

3. 客流预测的交通小区划分

交通小区划分的目的在于定义出行起讫点的空间位置,并且是分析交通特性的基础单元。理论上分区应是一个相同土地使用活动且使用强度均匀的用地。但事实上此条件并不容易符合,因为土地使用在各区均呈某种程度的混合发展,且其各类用地使用强度亦不均匀。故交通区的划分,虽有若干可遵循的原则,但实际划分仍需要依靠经验与判断。

(1)划分交通小区的目的

①将交通需求的产生、吸引与一定区域的社会经济指标联系起来。

②将交通需求在空间上的流动用交通小区之间的交通分布图表现出来。

③便于用交通分配理论模拟道路网上的交通流。

④全面了解交通源与交通源之间的交通流。

(2)划分交通小区的原则

①保持小区的同质性,区内土地利用、经济、社会等特性尽量使其一致。

②以铁路和河川等天然屏障作为分区的界限。

③分区的过程应考虑道路网的构成。

④分区时应估计到轨道线网上站点的分布状况。

⑤尽量结合行政区的划分。

⑥在工作量允许的条件下,尽可能地将交通区划分得细一些。

⑦根据分析研究工作的需要,将交通区按不同层次界面进行划分。

3.1.2 客流预测的方法和模型

城市轨道交通网络、线路及车站的客流量级会受到多种影响因素的干扰。由于各种因素之间相互影响、作用复杂,在预测时往往需要对轨道交通沿线、全网甚至城市整体进行分析,从而提取待求线路或车站的客流预测结果。早期的客流预测模型以集计模型为主,即以交通小区为分析单位,对数据进行统计分析,进而进行交通预测的模型。其中,四阶段法因其模型对交通的可解释性较强,成为交通预测的常用方法之一,且逐步形成了较为成熟的客流预测方法。四阶段法由一系列相互关联的模型构成。1962 年芝加哥使用四阶段法进行交通预测标志着该交通预测方法体系的诞生。

20 世纪 50 年代初,国外的出行生成预测主要采用增长系数法、线性回归模型进行。20 世纪 60 年代末期,有学者采用交叉分类法进行出行生成预测,并建立了用来预测商务出行、家庭出行的专用模型等。出行分布预测中最常见的是增长系数法及重力模型法,分别由 Furness 及 Casey 提出。除此之外,Stouffer 提出了介入机会模型,其后 Schncider 对该模型进行了改进。交通分配预测中常见模型为均衡分配模型和非均衡分配模型。最早多采用以最短路径的全有全无分配法和容量限制分配法,其后出现平衡模型,而平衡模型中常见的是 F-W 算法模型。

非集计模型是继集计模型之后出现的一种新的交通预测模型方法。非集计模型以家庭或个人的出行行为为基本单位,从而建立针对家庭或个人的交通预测模型。该模型主要强调出行者的个人出行选择,以追求“效用最大化”理论为基本原理。1974 年 McFadden 对 Logit 模型进行了详细研究,其后逐渐形成了非集计模型的理论体系。在 20 世纪 70 年代后期,此模型开始应用在实际的预测工作中。1985 年,Ben-Akiva 和 Lerman 研究了非集计选择模型在交通规划领域进行预测中的适用性。McFadden 和 Train 于 2000 年对采用合适的分布函数和变量进行研究。目前国内许多学者对非集计模型进行相关研究,如理论体系、模型建立和参数标定等,并将其应用于出行方式的选择、出行路径选择、公交票价制定、线路客流量预测等多个领域。

表 3.1 四阶段法中常用的数学方法和模型

阶　段	常用数学方法和模型
出行生成	交叉分类法、出行率法、回归分析法、离散选择模型
出行分布	重力模型法、增长系数法
方式划分	固定份额模型、回归模型、交叉分类模型、离散选择模型
交通分配	全有全无分配法、增量分配法、用户平衡分配法、容量限制法、随机用户平衡分配法、STOCH 分配法、系统最优分配法

四阶段法以城市总体客流预测、分布及线网流量和交通方式为基础，既从宏观上研究交通系统的总体客流，又从微观上深入研究轨道交通线路的客流情况。由于此方法对目前轨道交通的复杂度分析不够，各阶段相对独立导致预测的客流量大于实际客流量；后又在传统的四阶段客流预测的方法上，提出“扩展四阶段客流预测方法”。该方法在交通产生、交通分布、交通方式划分和交通分配四个阶段的总体框架下，增加了“时段划分”和“反馈”修正。四阶段法步骤如图 3.1 所示。

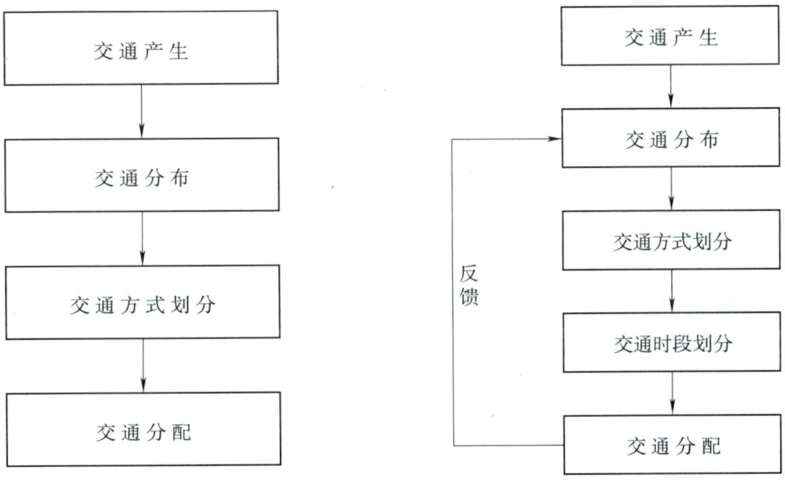

（a）传统四阶段法　　（b）扩展四阶段法

图 3.1 四阶段法步骤图

1. 出行生成预测

交通产生包括出行产生和出行吸引。前者以出行者的社会经济特征为主，与其出行强度关系最大；后者以土地利用的布局为重，与土地利用的性质和开发程度相关。按照出行发生和吸引率预测小区的出行产生 G_i 和出行吸引 A_i，表示为

$$G_i = \beta_i \cdot \mathrm{pop}_i + \alpha_1 \tag{3.1}$$

$$A_i = \sum_{k=1}^{m} S_{ik} \cdot \gamma_{ik} \cdot u_{ik} + \alpha_2 \cdot \mathrm{pop}_i \tag{3.2}$$

式中　G_i——交通小区 i 的发生量；

A_i——交通小区 i 的吸引量；

pop_i——交通小区 i 的人口数；

β_i——交通小区 i 的平均出行概率；

$S_{ik}, \gamma_{ik}, u_{ik}$——交通小区 i 的第 k 类用地的面积、开发强度和单位建筑面积的出行吸引率；

m——交通小区 i 的总用地类型；

α_1, α_2——回归系数。

2. 出行分布预测

在交通分布中，多应用双约束重力模型，对全方式出行进行分布预测。该模型假设：交通小区 i、j 之

间的分布交通量，与小区 i 的产生交通量及小区 j 的吸引交通量成正比，而与两小区之间的交通阻抗成反比。出行量 T_{ij} 可以表示为

$$T_{ij}=a_i\cdot G_i\cdot b_j\cdot A_j\cdot f(d_{ij}) \tag{3.3}$$

式中 $T_{ij}(i、j=1,2,3\cdots)$——交通小区 i 到交通小区 j 的出行量；

a_i,b_j——模型平衡系数，$a_i=\dfrac{1}{\sum\limits_j b_jA_jf(d_{ij})}$，$b_j=\dfrac{1}{\sum\limits_i a_iG_if(d_{ij})}$；

$f(d_{ij})$——交通阻抗函数，该函数一般为负指数形式；

d_{ij}——交通小区 i 和交通小区 j 之间的最小效用(出行距离或时间)。

3. 方式划分预测

交通方式的多样化增加了交通方式划分的复杂度。一般的多项离散选择方法由于有不相关替选方案独立性的理论缺陷，会产生"红蓝公交"问题，无法适应方式细分后的方式划分，因此须采用嵌套式离散选择方法。该方法将特性类似的交通方式组合成类，各类按相似性多次组合，然后通过条件概率，实现先大类后小类的方式选择，从而避免了多项离散选择方法的不相关替选方案独立性缺陷。

轨道交通和地面常规公交两种交通方式出行效用差，考虑步行到站时间、步行出站时间、等车时间、车内时间、换乘时间、换乘次数的影响，建立 Logit 公交子方式划分模型，预测轨道交通出行矩阵。轨道交通出行概率 P_{metro} 表示为

$$P_{\mathrm{metro}}=\frac{\mathrm{e}^U}{1+\mathrm{e}^U} \tag{3.4}$$

式中 U——出行效用差。

4. 交通时段划分

利用时间序列分析方法，预测未来阶段的客流量，在此基础上，将客流量划分为若干个时间节点。交通线路客流的时段分布是线路客流在全日各个时间段上的流量大小分布。

5. 交通分配及反馈修正

交通分配是将已经预测的起讫点之间的出行分布数据(OD 矩阵)，按照一定的准则分配到线网中的各条路段上，并且求出各条路段上的交通流量。交通分配模型包括道路网络机动车交通分配模型和公交网络轨道交通客流分配模型。

根据交通分配模型得到的交通流量，对路段通行时间进行更新，并且改变交通分布模型中的各 OD 对之间的最小效用 d'_{ij}，并以此重新计算交通分布 $T'_{ij}=a_iG_ib_jA_jf(d'_{ij})$。根据两次 OD 矩阵的相似度，判断是否收敛。收敛准则采用总方差根，其计算公式为

$$\mathrm{RSE}=\left[\sum_{ij}\left(\frac{T_{ij}-T'_{ij}}{T_{ij}}\right)^2\right]^{0.5}\leqslant\varepsilon \tag{3.5}$$

式中 ε——用户设置的反馈收敛精度目标，当 ε 不满足式(3.5)时，需要对 OD 结果进行修正，采用连续平均法，将前后两次出行分布的结果进行加权平均，权重随迭代次数的增加而减少。

$$\boldsymbol{T}'_k=\left(1-\frac{1}{k}\right)\cdot\boldsymbol{T}_{k-1}+\frac{1}{k}\cdot\boldsymbol{T}_k \tag{3.6}$$

式中 $\boldsymbol{T}'_k$——调整后的 k 次循环出行矩阵；

k——循环次数；

$\boldsymbol{T}_{k-1}$——$k-1$ 次循环所用的出行矩阵；

$\boldsymbol{T}_k$——k 次循环得到的出行矩阵。

3.2 客流预测的主要内容和要点

3.2.1 客流预测的阶段划分

城市轨道交通项目都需要经历规划、设计、建设、运营等阶段，称之为项目全生命周期，其中规划、设

计和运营阶段都涉及客流预测。

在不同阶段对客流预测的要求、深度和作用都不尽相同，因此需针对不同阶段，开展客流预测工作。其中线网规划、建设规划、工程可研、初步设计阶段须分别进行专项客流预测并编制客流预测专题报告；运营前及运营阶段宜根据实际需要进行客流预测，为分析新开通线路或已运营线路对轨道交通网络的影响、线路的运营组织、购置车辆等提供基础依据。

3.2.2 客流预测的内容

城市轨道交通客流预测的内容主要包括不同预测年限运输需求总量、流量流向、时空分布特征及客流敏感性分析。

1. 需求总量指标

城市轨道交通运输需求总量指标主要包括客运量、客运强度、平均运距、平均乘距、客运周转量和换乘系数等。

(1)客运量

客运量主要分线路和线网两个层面。线路客运量是指单位时间内线路运送乘客的总量；线网客运量是指单位时间内城市轨道交通网络中各线的客运量之和。客运量是评判线网或线路方案的一项直接指标，是制定运营计划、计算运营效率、核算运营成本的一项重要指标。

(2)客运强度

客运强度又称"客流强度"或"负荷强度"，分为线路客运强度和线网客运强度，分别指线路或线网的日客运量与运营长度的比值，常用单位为万人次/(km·d)。其中，线路运营长度是指按始发站站中心到终点站站中心、沿正线线中心测得的长度。客运强度是评判轨道交通网络或线路运营效率的一项重要指标。

(3)平均运距

平均运距是指单位时间内，某一线路上所有乘客一次乘车的平均距离，单位为km。

(4)平均乘距

平均乘距是指单位时间内，轨道交通线网内平均每位乘客乘行的距离(完成一次出行的平均距离)，单位为km。

(5)客运周转量

客运周转量是指单位时间内，运营线路(线网)乘客乘坐距离的总和。客运周转量等于客流量乘以平均运(乘)距，单位为人次·km。客运周转量是制定运营计划、计算运营效率、核算运营单位成本的一项重要指标。

(6)换乘系数

换乘系数是指单位时间内城市轨道交通线网客流量与进站客流量之比。换乘系数是衡量城市轨道交通线网设计便捷性的一项重要指标。

2. 流量流向指标

城市轨道交通运输需求流量流向指标主要包括站间(区域)起讫点(OD)矩阵、站点乘降量、进(出)站量、换乘客流量等。

(1)站间(区域)起讫点(OD)矩阵

站间(区域)起讫点(OD)矩阵是指单位时间内，线路中各车站之间的起讫客流量，即各站(区域)之间的客流交换量，通常用一个二维表格表示。

(2)站点乘降量

站点乘降量是指单位时间内，轨道交通站点上车和下车乘客数量之和。站点乘降量是确定车站规模及相关设施设备容量规模、确定列车停站时间的一项重要指标。

(3)进(出)站量

进站量是单位时间内,进入并乘坐城市轨道交通的乘客数量,包括车站进站量、线路进站量和线网进站量等。

出站量是单位时间内,乘坐城市轨道交通后离开车站的乘客数量,包括车站出站量、线路出站量、线网出站量等。

进、出站量是确定车站进出口通道规模及相关设施设备容量规模的一项重要指标。

(4)换乘客流量

换乘客流量包括换乘站换乘客流量、线路换乘客流量、线网换乘客流量。换乘站换乘客流量是指单位时间内,某一换乘站,各城市轨道线路相互之间的换乘总人次;线路换乘客流量是指单位时间内,由其他城市轨道交通线路直接换入本线的人次;线网换乘客流量是指单位时间内,城市轨道交通线网内各线路换乘客流量之和。

车站换乘客流是确定换乘站规模及换乘设施容量规模的一项重要指标。

3. 时空分布特征指标

城市轨道交通运输需求时空分布特征指标主要包括线路各区间断面客流分布、最大断面客流量等空间分布特征和客流量高峰小时系数、车站超高峰小时系数等时间分布特征。

(1)线路各区间断面客流分布

线路各区间断面客流分布是指单位时间内,线路某一方向上相邻两车站间通过的客流量,可按上下行分方向区分,包括全日、早、晚高峰断面客流分布。断面客流分布反映了线路不同站间/区间断面客流量的大小及特征,对于城市轨道交通系统能力的设计与计算具有重要参考价值,也是确定行车运营组织设计的一个重要依据。

(2)最大断面客流量

最大断面客流量指线路单/双向流量最大的某两个相邻车站间的区间断面客流量,包括全日、早、晚高峰最大断面客流量。线路控制期高峰小时最大断面客流量是确定线路设计能力的重要依据。

(3)客流量高峰小时系数

客流量高峰小时系数是指高峰小时客流量占全日客流量的比,包括线路客流量早、晚高峰小时系数,车站客流量早、晚高峰小时系数。客流量高峰小时系数主要反映人员出行的时间分布,与用地布局密切相关。高峰小时系数是确定线路行车开行计划,系统、场段、车站设施设备启用计划的一项重要指标。

(4)车站超高峰小时系数

车站超高峰小时系数是用来描述车站高峰小时内客流量的不均衡性的指标。常用的超高峰小时系数包括5 min、10 min和15 min的客流量超高峰小时系数,是指采用给定时分(5 min、10 min和15 min)内最大客流量与高峰小时内相应时分的平均乘降量的比值。车站超高峰小时系数是确定车站规模的一项重要指标。

4. 客流敏感性分析

客流敏感性分析是针对影响客流指标的不确定性因素,找出几项最重要的因素,分析、测算其对客流指标的影响程度和敏感性程度,进而判断客流预测结果波动范围的一种分析方法。

一般来说,敏感性分析的测试指标重点涉及全日客流量、高峰小时单向最大断面客流量及其出现位置等。主要的不确定性因素需要根据相关城市及项目本身的具体情况来选择确定,如城市人口规模、交通政策、土地开发时序、轨道交通建设进程、换乘衔接便利性、与地面公交的票价和服务水平、出行者的时间价值等主要因素。

针对客流敏感性分析的预测结果,在设计中要采取相应的抗风险设计,且在运输能力设计中要制订相应的适应性或突破性方案措施。

3.2.3 客流预测的要点

1. 线网规划阶段

城市轨道交通线网规划阶段客流预测的目的是为论证轨道交通建设必要性、确定线网总体规模、评价线网规划方案、安排线网中各线建设时序、研究分期发展方案、控制城市轨道交通设施用地等提供依据。

此阶段客流预测的要点包括预测年限确定，城市交通需求分析和线网客流预测。线网客流又包括比选方案的线网客流预测和推荐方案的线网客流预测。

(1)预测年限确定

客流预测年限与线网规划年限保持一致，即线网规划年限一般应与城市总体规划的年限保持一致，分为远期和远景两个年限。

(2)城市交通需求分析

城市交通需求主要分析交通出行总量、出行时空分布、交通方式结构、客流走廊及量级等，开展有无轨道交通对城市交通系统的影响分析，包括对出行方式构成和出行时间构成的影响，及对道路网络负荷、车公里数、车小时数、平均运行速度的影响预测。

(3)比选方案的线网客流预测

预测各比选方案的出行总量、出行分担率，线网的日客流量、负荷强度、平均乘距、换乘客流量和换乘系数，主要走廊高峰小时断面客流量及分布等指标。

通过预测各比选方案的轨道交通出行总量、出行分担率来判断城市轨道交通线网规模的合理性；从线网的日客流量、负荷强度、平均乘距、换乘客流量和换乘系数、主要客流走廊高峰小时断面客流量及分布等客流指标分析论证线网构架的准确性。

(4)推荐方案的线网客流预测

推荐线网各条线路的全日客流量、平均运距、负荷强度、高峰小时客流量、高峰小时单向最大断面客流量等主要客流指标。

通过分析推荐线网各条线路的客流特征指标，为线网按功能层次结构划分、各条线路功能定位及系统运量等级提供参考依据。

此外，线网规划修编或调整时，应重新进行线网规划专题客流预测。

2. 建设规划阶段

建设规划阶段客流预测的目的是为确定近期建设规模、项目选择与建设时序安排提供依据，是制定运营组织方案和车辆配置的基础，为建设方案的财务分析提供支持。

此阶段客流预测要点包括预测年限确定、城市交通需求分析、建设规划比选及推荐方案的网络客流预测、推荐方案各线路客流预测、敏感性分析等内容。

(1)预测年限确定

此阶段客流预测年限分为网络的客流预测年限和各具体项目的客流预测年限：比选方案网络客流预测年限为建设规划的末期年，推荐方案网络客流预测年限为建设规划的末期年和远景年；推荐方案中安排建设的各线路客流预测年限应含初期、近期、远期三期，初期为建成通车后第3年、近期为第10年、远期为第25年。

(2)城市交通需求分析

城市交通需求分析与线网规划阶段基本相同，即主要分析交通出行总量、出行时空分布、交通方式结构、客流走廊及量级等，开展有无轨道交通对城市交通系统的影响分析，包括对出行方式构成和出行时间构成的影响，以及对道路网络负荷、车公里数、车小时数、平均运行速度的影响预测。

(3)建设规划比选及推荐方案的网络客流预测

建设规划比选及推荐方案的网络客流预测主要包括线网客流量、负荷强度、换乘系数、平均乘距、公共交通在全方式中的出行分担率、轨道交通在公共交通中的出行分担率等指标。

(4)推荐方案各线路客流预测

推荐方案各线路的客流预测主要包括平均运距、全日及高峰小时客流量、换乘客流量、高峰小时单向最大断面客流量等指标。

此外,建设规划修编或调整时,应重新开展建设规划专题客流预测。

3. 工程可行性研究阶段

工程可行性研究阶段客流预测目的是为项目(线路)系统选择和各子系统规模确定、线站位方案比选、车辆配置数量、运营组织设计、财务分析和经济费用效益分析等提供基础和支持。

当线路分期建设时,若两期项目相差3年以上,各期工程均应开展客流预测工作,对于延伸线的客流预测应给出全线线路客流指标、本延伸段的线路客流指标与车站客流指标。

此阶段客流预测要点包括预测年限确定,各预测年对应的线网及线路客流指标,还包括车站客流预测、车站间OD预测、换乘客流预测、敏感性分析等。

(1)预测年限确定

工程可行性研究客流预测的年限包含初期、近期、远期三期,初期为线路(项目)建成通车后第3年、近期为第10年、远期为第25年。

(2)城市交通需求分析

城市交通需求分析主要包括交通出行总量、出行时空分布、交通方式结构等。

(3)线网客流预测

线网客流预测主要包括远期线网客流量、负荷强度、平均乘距、换乘客流量和换乘系数,远期各线路客流量、负荷强度、平均运距、高峰小时单向最大断面客流量。

(4)线路客流预测

线路客流预测主要包括开通年至远景年客流成长曲线,初期、近期和远期全日及早、晚高峰小时的客流量、客流周转量、换乘客流量、平均运距、单向最大断面客流量,负荷强度,客流时段分布曲线,全日各级运距的客流量;若线路的客流高峰不出现在常规的早、晚高峰时段时,应预测分析该线路高峰客流出现时段及线路客流指标。

(5)车站客流预测

车站客流预测主要包括初期、近期和远期全日及早、晚高峰小时各车站乘降客流量、站间断面客流量、换乘站分方向换乘客流量;当车站的客流高峰不出现在早、晚高峰时段时,应预测分析该车站高峰客流出现时段及车站乘降客流。另外,对于衔接大型旅游景点、体育场馆、会展场馆等会出现突发大客流的车站,要结合大型活动,单独做特殊的预测和分析,以确定合理的车站规模和特殊的布局。

(6)车站间OD预测

站间OD预测主要包括初期、近期和远期各站点全日及高峰小时站间OD矩阵、分区域OD矩阵,以及不同运距的客流量分布等指标。

(7)换乘客流预测

换乘客流预测应包括预测线路与其他线路之间的全日及高峰小时换乘客流。

另外,在工程可行性研究阶段,当影响客流的因素发生重大变化,对原有预测结果产生颠覆性影响时,导致原有结果无法满足需要,应重新进行专题客流预测。

4. 工程初步设计阶段

工程初步设计阶段的客流预测目的是满足线路、车站、场段、换乘设施、行车组织、设备设施布局安装等工程设计的要求。

此阶段客流预测应在延用(采用)工程可行性研究阶段客流预测成果的基础上,还要考虑为站点出入口、步行通道、检票闸机或闸门、楼扶梯等设施规模和布局提供依据,故应预测下列内容:

(1)换乘车站高峰小时出现时段及高峰小时分方向的换乘客流量。

(2)站点高峰小时出现时段及高峰小时分方向乘降量。

(3)全日及高峰小时站点各出入口进站客流量和出站客流量。

(4)全日及高峰小时站点不同接驳交通方式进站客流量和出站客流量。

(5)各出入口分方向的超高峰系数。

此外,在初步设计阶段,如果前提发生重大变化,或工程可行性研究阶段的客流预测结果不满足工程初步设计阶段要求,应重新进行客流预测。

5. 运营前及运营阶段

运营前及运营阶段客流预测的目的是为轨道交通安排运力、制定列车开行计划、组织日常行车和分析运营效果提供基础和支持。

项目开通运营前客流预测,更多的是对项目从初步设计后、开工建设到投入运营前这段时间项目沿线规划及实施情况的变化,对原预测的初期客流进行验证和修订,并预测开通运营半年或1年内的客流情况,为新线制定可行的行车组织及运营管理服务,其预测方法和预测体系不能套用正常的四阶段法。

运营阶段的客流预测,其预测方法和预测体系亦不能套用正常的四阶段法,主要是采用调查、统计、趋势分析等方法,对已运营(他线)或正在运营(本线)线路的客流成长作趋势分析和预判,为短期内制定或修正行车组织及运营管理方案提供基础。

3.2.4 客流预测数据框架

城市轨道交通客流预测的数据框架见表3.2。

表3.2 城市轨道交通客流预测的数据框架

项目		主要数据
预测基础		城市交通现状分析
		城市总体规划、综合交通规划、交通发展战略和城市轨道交通线网
		各预测年限的社会经济资料
		各预测年限的线网供给状况
		交通需求预测的技术路线和交通总量、客运交通系统结构
		客流预测的技术路线各主要的参数
交通需求分析		交通出行总量
		出行时空分布
		交通方式结构
客流预测结果		三期站间OD表
		三期全日、高峰小时断面客流表
		三期换乘站全日、高峰小时各方向之间的换乘量
		全日客流量的时段分布
		各项指标计算结果
敏感性分析		用地敏感性分析
		票价敏感性分析
		人口敏感性分析
		服务水平敏感性分析
其他内容和主要指标	运量指标	全日客运量
		高峰小时客运量
		各站全日和高峰小时乘降量
		换乘站各方向的换乘量

续上表

项　　目	主　要　数　据	
其他内容和主要指标	流量指标	全日单向最大断面客流量
		高峰小时单向最大断面客流量
		客流密度
		客流周转量
		客流强度
		平均运距
	交通系统指标	该线承担的出行量占全市出行量的比例(%)
		该线客运量占全市公共客运量的比例(%)

3.3 客流预测成果分析及应用

3.3.1 客流预测成果分析

1. 对客流预测成果进行验证与分析

客流预测成果是通过预测模型得到的,成果出来后,要从以下几个方面进行验证与分析,以提高预测成果的可信度和可靠性。

(1)对预测结果进行初步校验分析

一般来说,城市轨道交通线路初期多为客流培育期,当线网规模不大时,新线客流增长较缓慢;网络化运营阶段,新开通线路由于会与既有线形成换乘衔接,初期客流量一般较高。对于已经有轨道交通运营线路的城市,做后续项目的客流预测时,要根据已运营线路的实际运营客流数据和特征进行验证分析。

(2)判断不同类型线路的客流特点

根据线路在城市中所处的位置与承担的功能不同,判断不同类型线路的客流特点。比如,大部分城市轨道交通线路的平均运距会随着换乘站数量的增加而减少,郊区线的平均运距通常高于市区线;主要服务于通勤通学等出行时间较为集中的线路高峰小时系数较大,市区环线高峰小时系数相对较小;郊区线路的断面客流不均衡性往往大于市区线,放射线路的不均衡性往往大于环线。

沿线土地利用与功能定位的不同致使城市轨道交通车站的客流特征有所不同。以服务通勤客流为主的居住型(办公型)车站呈现早(晚)高峰峰值明显的单峰型进站客流规律;城市中心区主要轨道交通线路的换乘站、环线上的换乘站、郊区线进入市区的第一个换乘站一般具有换乘客流量较大的特征。

(3)线路客运量级分析

在线网客运总量控制下,线网中各条线路的日客运量与线路长度、经过位置、换乘站数量及平均运距有关。因此,线路与线网之间的客流必定在全网中达到动态平衡,每一条线路的客流走势与不同阶段的线网规模形态相关,且客流断面大小与位置会发生动态变化。

客流预测数据是一个定性、量化的数字,应注重数字的量级和精度分析。"量级"是指运能设计的定位,根据选用车辆、编组长度、定员和发车密度确定;"精度"是指对"量级"有多大影响,精度为0.1万人次即可。例如,车站上下车人数预测数据分析为:6辆A型车、单侧30车门、高峰时段运行30对/h,若按每车门上车数差1人则为900人,差2人则为1 800人。因此,可以认为预测高峰小时断面客流误差1 000~2 000人次/h是可以接受的,即此误差分散到每个车门后是可以忽略的。

(4)客流增长趋势分析

根据客流预测数值的增长规律,绘制客流增长曲线:若曲线趋近水平,则属远期客流发展趋势稳定,可以采用;若曲线为上升趋势,则客流发展趋势尚未稳定,不可采用。对各线路从初期到远期逐年客运量增长趋势进行分析判断,可能出现三种线形:①凸形抛物线,增长曲线呈平缓趋势,远期客流具有可控性,风险较小；②凹形抛物线，增长曲线呈上升趋势，远期客流不可控制，风险较大；③S 形抛物线，近期客流增长先缓后快，远期客流增长呈平缓趋势，远期客流具有可控性，风险较小。

(5)线路平均运距分析

一般情况下，线路平均运距应为全程运行长度的 1/3，不宜小于 1/4，否则应进行特殊性分析。平均运距的大小也影响客流断面，应注意预测分析。

2. 客流预测的特点分析

(1)预测时间跨度长

客流预测工作在线网规划阶段就开始启动了，而城市轨道交通的远期预测年份按照规定为线路开通后第 25 年、远景年指城市规划的远景年(城市规划的远景年为 2050 年，甚至更远)，做出客流预测基年(一般为预测当年)与所预测年份的时间跨度很长。

(2)预测的基础数据广泛

多数城市以往的基础数据有的很难获取，特别是我国大中城市目前正处于快速发展期，更难获取，而且有些基础数据变化也很大，没有规律可循。

(3)预测涉及因素繁多

预测涉及因素包括土地规划及实施进程、交通政策的影响、运营服务水平的影响以及各种交通方式间的运营协调程度的影响。

(4)预测具有动态性

由于依据的条件在不断变化，预测的结果也可能发生变化，如线路分期建设时，各期工程均应做客流预测，在这个过程中，沿线条件会发生很大变化，后边的预测又要对前面的预测结果进行修正。

(5)预测结果具有相对性

城市轨道交通系统建设是百年大计，城市作为一个随机性和可控性并存的系统，远期或远景预测实际上非常困难。

由于城市轨道交通客流预测工作具有以上特点，导致客流预测成果会出现一定的偏差。

3. 客流预测成果与实际运营之间产生较大偏差原因分析

一般来说，导致客流预测成果出现较大偏差主要包括以下几方面的原因：

(1)采用的基础在项目实施及运营过程中发生较大变化

城市规划是客流预测的重要依据。客流预测一般要依据已批复的城市总体规划、综合交通规划、轨道交通线网规划等，模型输入的城市经济、社会、交通等基础数据都是依据以上规划来确定的，一般在项目工程可行性研究阶段就要进行相对完善的客流预测专题工作。

而城市轨道交通项目从启动可行性研究到建成运营，时间跨度基本在 10 年左右。这个过程中，由于我国大多数城市都正处在大发展大建设时期，各项规划都处在不断迭代更新的变化过程中，不能保证客流预测依据的所有规划都是最新的，即使有些规划是新批复的，但其他规划也可能在调整过程中，致使项目运营后的实际情况与当时预测采用的基础之间存在巨大差异，特别是项目的初期、近期预测结果与现实运营结果存在很大偏差。表 3.3 是我国部分城市轨道交通建设项目客流预测与实际运营偏差表，可以看出早期建设的项目客流预测普遍偏高，而后期建设的项目客流预测又普遍低，有些偏差高达 100% 以上。

表 3.3 我国部分城市轨道交通建设项目客流预测误差分析表

建设项目	上海	广州		西安	重庆
	轨道交通 1 号线(2000 年)	轨道交通 1 号线(1998 年)	轨道交通 3 号线(2010 年)	轨道交通 2 号线(2014 年)	跨座式单轨 3 号线(预测 2032 年)
预测客运量(万人次)	60.9	29	20	31.34	1.6(高峰小时高断面)
实际客运量(万人次)	30	18	40	46.50	3.8(实际 2019 年)
误差(%)	−50.7	−37.9	+100	+48.4	+138

另外，由于预测时间跨度长，客流预测本身就采用大量的基于城市规划、交通、线网等预测数据，这些预测数据能否达到预期与城市发展密切相关，城市规划实施过程中如与原规划发生较大变化，直接导致采用的预测数据与后续的城市实际发展建设存在较大偏差，必然会导致客流预测结果产生较大偏差。

(2)预测软件及模型很难完全适应我国多数城市建设发展特点

目前国内城市轨道交通客流预测使用的软件均为国外引进的软件，其预测方法和预测模型能够较好地预测城市客流与城市发展的关系。但国外城市发展已经进入成熟和稳定阶段，城市变化相对较慢；而我们各大城市均处于开发发展和变革期，城市的变化日新月异，很难稳定。基于国外城市发展提出的客流预测软件、预测方法和预测模型很难与我国现状甚至今后几十年的城市发展建设的特点相匹配。

另外，客流预测的模型参数的标定对预测结果的精度也有一定影响。针对城市轨道交通的参数标定方法虽然有一定的研究，但尚未成熟，而且参数的标定很大程度上亦受预测者的认知和经验影响，预测结果必然会与实际发生的结果存在一定的偏差。

4. 提高客流预测准确性的措施

虽然客流预测成果受诸多因素影响，其结果难免会存在一定偏差。但是客流预测又是城市轨道交通项目规划、设计及运营等各阶段的重要基础和依据，无法被任何其他手段所取代。

(1)应尽可能保持城市规划、综合交通规划、线网规划等上位规划的持续性和一致性，规划的修编和调整应不断迭代着向前发展，以保证基础数据与资料收集的全面性和准确性。

(2)进一步完善预测理论和模型参数标定方法，提高交通建模和居民出行行为数据的获取技术；对于长期客流预测，要建立客流规划理念，进行滚动规划。

(3)加强客流预测的敏感性和特征分析，进一步提高客流预测的准确性，为城市轨道交通系统规划设计提供可靠的基础和依据。

3.3.2 客流预测成果应用

城市轨道交通客流预测成果主要应用在网络规划、工程设计和运营三个阶段，其中网络规划包括线网规划和建设规划，工程设计包括工程可行性研究和初步设计阶段，运营阶段包括新线开通运营阶段及后期正常运营阶段。

运营前及运营阶段客流预测是临时性的或短期性的，可根据线路的实际运营情况，随时进行客流预测分析或预估工作，以便更精准地指导运营。主要用于制定或修正行车组织，为轨道交通安排运力、编制列车开行计划、组织日常行车、组织系统设备设施的日常运行和管理等服务。

1. 预测成果在网络规划中的应用

规划阶段客流预测更注重网络总量控制，体现在确定线网规模、比选和评价规划方案、研究分期方案以及初步确定线路系统制式、技术标准和工程方案等方面。

(1)确定线网规模

线网规划的客流预测要强调全市性、宏观性战略指标，预测年限相对较长，客流预测结果具有弹性，应有多个比选方案。通过预测各比选方案的轨道交通出行总量、出行分担率来判断城市轨道交通线网规模的合理性。

(2)规划方案比选及评价

在城市轨道交通线网规划所覆盖的范围内，以城市总体规划为依据，城市轨道交通客流总量应按城市客运交通结构比例确定，轨道交通线网确定后，线网的客运总量就基本确定。

从线网承担的客流量、负荷强度、客流的直达性和均衡性、平均乘距、换乘客流量和换乘系数等客流指标分析论证线网构架的准确性。

①承担的客流量和负荷强度：从城市轨道交通本身而言，其线路是否可行，实施后能否取得较高的运营效率和较好的经济效益，主要取决于线路未来客流量和线路负荷强度。

②客流的直达性和均衡性：客流直达性可由线网客流的平均换乘系数反映，换乘系数越低，说明客流

的直达性越高；线网客流的不均衡系数反映出线网各条线路客流的均衡情况，不均衡系数越小，说明线路承担的客流越均衡，运营也就越容易组织，运营效率也就越容易发挥，从另一个角度说，线网线路的选线就越合理，反之，运营组织就不太有利。

③平均乘距和在乘时间：线网的修建必然使城市交通的可达性提高，平均乘距和在乘时间的增长意味着城市轨道交通服务水平的提高和城市交通的改善。

(3)确定建设顺序

轨道交通线网的建设是一项长期、庞大的工程。城市轨道交通线网规划不仅要做到科学合理，同时要考虑规划实施可能性。线网规划应分步实施，实施规划的重点是近期。近期实施的线网应注重需求因素和综合实力分析，优先选择客流需求大、缓解交通拥堵明显的线路，拟建地铁初期负荷强度不低于0.7万人次/(km·d)，拟建轻轨初期负荷强度不低于0.4万人次/(km·d)。

(4)初步确定系统制式、技术标准和工程方案

城市轨道交通系统制式主要依据客流规模，系统制式的选择直接决定技术标准。

《城市轨道交通工程项目建设标准》(建标104—2008)规定新建线路的运营规模，按线路远期单向高峰小时客运能力，划分为高运量、大运量、中运量三个量级。高运量，高峰小时单向断面客流量4.5万~7万人次/h；大运量，高峰小时单向断面客流量2.5万~5万人次/h；中运量，高峰小时单向断面客流量1万~3万人次/h。

根据《轨道交通分类》(T/CAMET 00001—2020)，城市轨道交通按照系统制式划分为地铁系统、市域快轨系统、轻轨系统、中低速磁浮交通系统、跨座式单轨系统、悬挂式单轨系统、自导向轨道系统、有轨电车系统、导轨式胶轮系统、电子导向胶轮系统十类，各系统制式适应的运输能力见表3.4。

表3.4 不同系统制式适应的运输能力

系统制式	运输能力(人次/h)	设计最高速度(km/h)	系统制式	运输能力(人次/h)	设计最高速度(km/h)
地铁系统	≥30 000	80~120	悬挂式单轨系统	5 000~15 000	60~80
市域快轨系统	≥10 000	120~200	自导向轨道系统	5 000~20 000	60~80
轻轨系统	15 000~30 000	80~120	有轨电车系统	5 000~12 000	60~70
	10 000~15 000	70	导轨式胶轮系统	5 000~12 000	60~80
中低速磁浮交通系统	10 000~30 000	80~200	电子导向胶轮系统	5 000~12 000	60~70
跨座式单轨系统	10 000~30 000	80~120	—	—	—

在线网规划阶段，主要从城市交通需求的特征出发，按照运行速度、运量等级划分线网各线路的功能层次，初步确定不同层级线路的系统制式选型，以满足城市多层次、多元化的客运需求。

系统制式确定后，技术标准的选择，要依据线路的功能定位、客流特征、运量等级等。主要技术标准直接决定项目的工程方案。

2. 预测成果在工程设计中的应用

确定城市轨道交通项目的主要技术标准，研究各设计年度的行车组织与运营管理方案，包括行车运营交路、列车编组、列车配属、全日开行计划等都需要以线路的客运量、全日及高峰小时断面客流量、客流分布特征、平均运距、大区及车站的OD分布特征等客流预测成果为基本依据；建筑车站设计需要以每个车站的全日及高峰小时上下车客流、换乘客流、分方向客流、断面客流、车站超高峰系数等客流成果为依据；车辆段场等综合基地的规模设计、供电系统、通风空调系统、售检票系统等的系统容量设计也需要直接使用或者间接使用客流预测成果。

(1)确定主要技术标准

城市轨道交通技术标准主要包含速度目标值和车辆选型及列车编组。

①确定速度目标值

速度目标值主要与线路长度、客流特点、站间距离以及服务水平密切相关，直接影响土建工程规模及

设备系统的选择。

影响速度目标值选择的主要客流指标包括客运量的运距分布及线路的平均运距。中心城区的轨道交通线路长度一般在 30 km 左右，出行距离大多在 5 ~ 10 km，线路的平均运距基本在 10 km 以下，一般线路采用 80 km/h 的速度目标值；对于连接城市中心与外围组团的线路，线路长一般超过 40 km，且出行距离大多在 10 km 以上，平均运距较长，要选用较高的速度目标值(100、120 km/h 及以上)来满足乘客出行需求。

②车辆选型及列车编组

同一个城市的轨道交通项目建设，车辆选型的一般原则是同一客流量级规模的线路尽量选用相同的车型和合理的编组，以便于各线之间车辆的调度，以及车辆维修等接口设备的统一、共享。

但是轨道交通线网和城市的发展都是一个动态过程，车辆和编组选择在一定时期都有其时代背景。比如北京地铁，最初整个线网规划全部线路规划采用 B 型车：从 1969 年最早开通的北京地铁 1 号线，到后续开通的 2 号、4 号、5 号、13 号线，都采用 B 型车。但后来随着北京地铁票价政策的触底(全程 2 元单一票价)，再加上超大规模的人口数量等因素，北京地铁在车辆选型上经历了新一轮的决策，在后续规划的 12 号线、16 号线、南部 U 形线等新线均改用了 A 型车 8 辆编组列车。西安轨道交通第一轮线网规划确定全部线路采用 B 型车，已运营轨道交通 1 号、2 号、3 号、4 号、5 号、6 号、9 号线均采用 B 型车 6 辆编组，从实际运营效果看 2 号、3 号线客流量大，比较拥挤，服务水平偏低。

近年来，随着人民物质生活水平的日益提高，高品质出行成为越来越多市民的选择。适当地提高舒适度标准已经成为轨道交通行业内的热门话题。上海轨道交通率先将 5 人/m^2 的站立标准写入了地方规范。新建城市轨道交通应适当提高舒适度标准，提高服务水平，吸引更多的诱发客流，达到良性循环。

西安轨道交通在第二轮线网规划(2016 年)中将客流量级大的线路 8 号、11 号、15 号线初步确定为 A 型车。后来在建设规划和工程可行性研究过程中经过充分论证，这些线路均选用了 A 型车 6 辆编组。

(2)行车组织设计

①客流断面的空间分布特征决定行车交路的选择

线路客流的空间分布特征决定着行车交路，尤其是小交路折返点的选择，主要依托预测的客流空间出行特征及高峰小时断面客流量。

客流在空间出行特征主要表现在大区 OD 交流和断面客流空间分布上。图 3.2 所示为预测的西安轨道交通 4 号线的高峰小时断面客流空间分布图，呈现中间高两头低的“鱼骨形”分布，具备采用大小交路运行的条件。

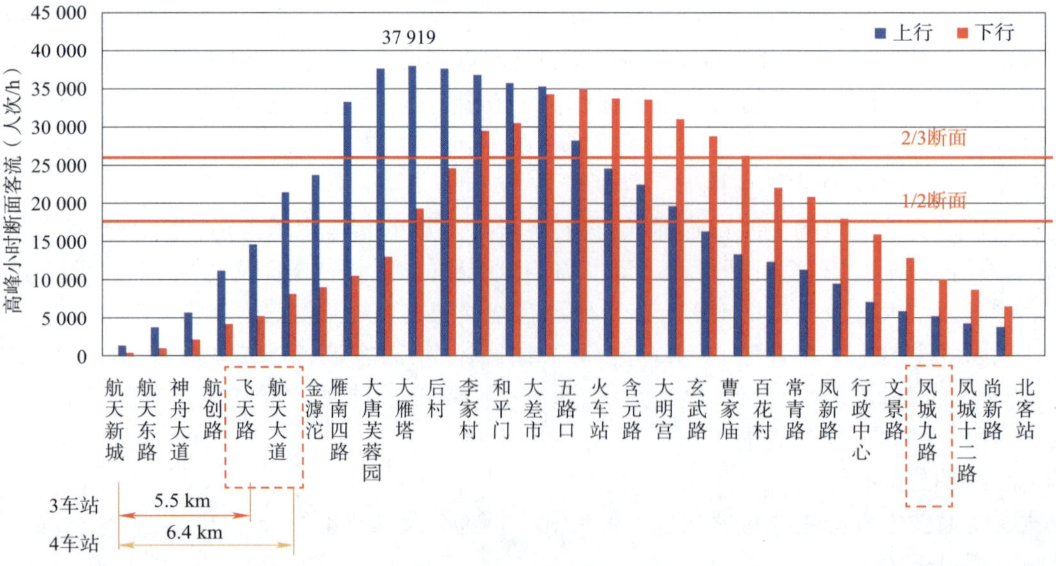

图 3.2　西安轨道交通 4 号线远期早高峰断面客流分布与交路折返点选择关系图

一般将小交路折返点选择在高峰小时最大断面客流 1/2 或 2/3 处，列车按一定比例开行，以利于在尽可能满足乘客出行方便的前提下，尽量减少运用车数，提高车辆运用效率，节省列车的购置费用，兼顾降低运营成本，提高运营效益。在客流断面变化较大的区段宜组织区段运行。

②客流断面方向不均衡分布决定不对称的列车开行方案

线路上下行两个方向断面客流空间分布如果表现出明显潮汐不均衡性，即同一时间绝大多数区间对应的断面两个方向差异较大，则在行车组织设计中要设计具有针对性的开行方案。图 3.3 所示为西安轨道交通 3 号线断面客流分布图，呈现出两个方向不均衡性特征。

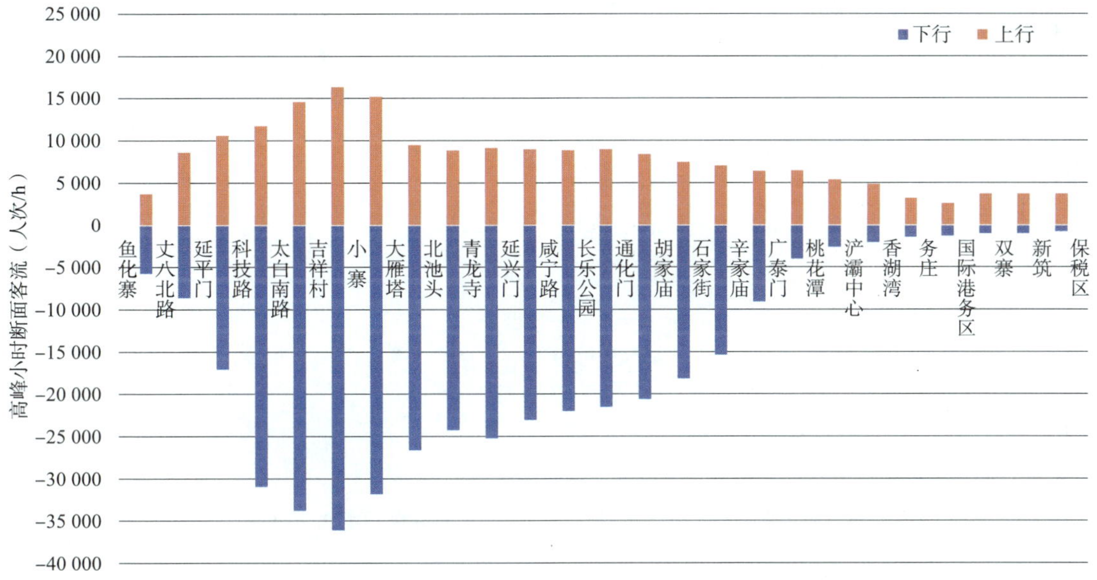

图 3.3　西安轨道交通 3 号线断面客流分布方向不均衡性特征图

如果行车按照双向对称来组织运营，那么会造成断面客流低的一侧运力浪费或断面客流高的一侧车厢拥挤，降低服务水平。基于此种客流特征，要设计双向不均衡行车组织方案，即早高峰在下行方向加开 7 列车，晚高峰在上行方向加开 7 列车，如图 3.4 所示。

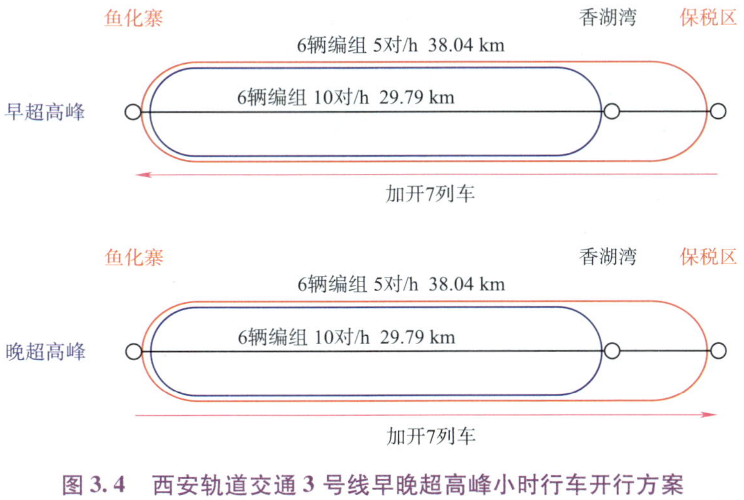

图 3.4　西安轨道交通 3 号线早晚超高峰小时行车开行方案

③客流的时间分布特征决定列车全日开行方案

客运量的时段系数 P 一般定义为各时段客运量与全日客运量之比，P 的最大值定义为高峰小时的系数 P_{max}。一般对于城市中心区以通勤为主的线路，7 时～10 时、16 时～19 时为高峰时段，其余为平峰时段。

分析全日客流量的时段分布特征，还可以具体分析线路上、下行方向，某一具体车站的客流时间分布特征。

根据对客流随时间变化均衡性的判断，制定分不同时间段的车辆上下线方案和各种设备设施的开关启用方案，直接影响车辆及各种设备设施的利用效率。图 3.5 所示为西安轨道交通 2 号线日客流随时间峰谷变化特征图，在 7:30 ~ 8:30 和 17:40 ~ 18:30 客流出现两次极端高峰，而在 5:30 ~ 6:30 和22:00 ~ 23:50 两个时段断面客流出现极端低峰，其他时间段客流基本平稳。

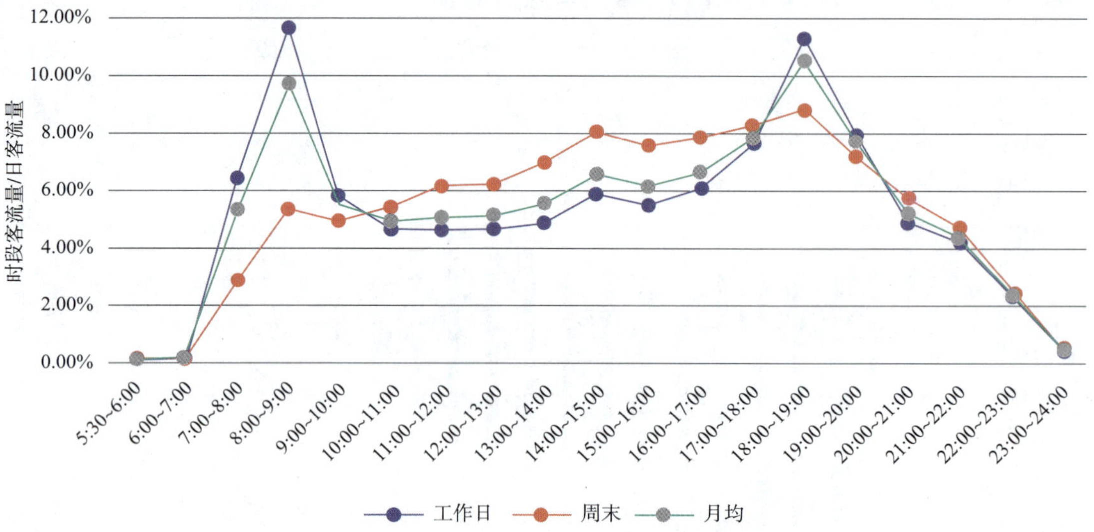

图 3.5　西安轨道交通 2 号线日客流随时间峰谷变化特征图

基于此客流特征，分超高峰、高峰、平峰、次平峰和低峰五种时段制定具体的列车上线、下线的行车组织方案，详见表 3.5。在尽可能满足乘客出行方便的前提下，尽量减少运用车数，提高车辆运用效率，节省列车的购置费用，兼顾降低运营成本，提高运营效益。

表 3.5　轨道交通 2 号线基于客流峰谷分布特征制定的列车全日开行方案（列车运行图）

信号级别	CBTC				
运营时间	5:59 ~ 00:37，共计 18 h 38 min				
运行周期	101 min 36 s				
峰期划分	超高峰	高峰	平峰	次平峰	低峰
时段划分	7:36 ~ 8:26 17:42 ~ 18:32	6:28 ~ 9:28 15:47 ~ 20:35	9:28 ~ 15:47	20:35 ~ 22:46	6:00 ~ 6:28 22:46 ~ 23:50
上线列车(列)	41	39	30	24	18
发车间隔	2′28″	2′26″	3′23″	4′14″	4′14″
断面运力(万人次)	3.57	3.39	2.60	2.08	1.56
备用车	车辆段、停车场各热备 1 列，共 2 列				

④客流成长趋势决定列车配属方案

城市轨道交通的客流一般有个培育过程：在步入网络化运营之前，线路客流量增长趋势一般较为缓慢，且开通初期客流量受票价和服务水平的影响较大；随着网络规模增加及公共交通接驳便捷性的提高，新线客流量会快速增长甚至直接进入较高的量级，但培育期过后的客流量年均增长率将有所下降。针对客流成长特征，制定初期、近期、远期不同的列车配属方案。

图 3.6 所示为西安轨道交通 2 号线运营客流成长曲线图，客流经历了培育期和逐步成网期。培育期：从 2011 年 9 月到 2013 年 9 月前，客流成长缓慢。逐步成网期：2013 年 9 月 1 号线投入运营，2014 年 6 月 2 号线南端延伸线投入运营，2016 年 11 月 3 号线投入运营，至此，2 号线客流已达到 75 万人次，随后

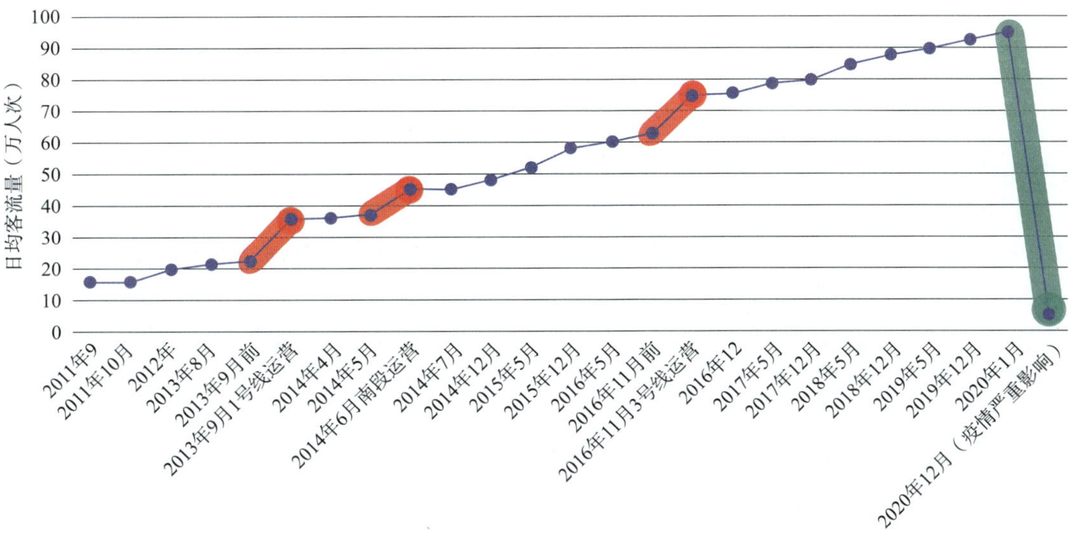

图 3.6　西安轨道交通 2 号线的运营客流成长曲线图

客流依然稳步增长，至 2020 年 1 月，2 号线客流超过 90 万人次，某些节假日极端客流高达 110 万人次以上；2020 年 1 月后受新冠肺炎疫情影响客流大幅下降。

在 2014 年 6 月南端投入运营后，客流出现了大幅增长，已经超出预测初期（2014 年）客流的 50%，原设计的初期车辆配属已经不能满足实际运营的需求，因此及时在 2015 年为 2 号线增购了一批车辆。

（3）车站设计

客流预测成果与车站的站台形式选择、站台宽度取值、疏散设施布置等密切相关，是车站设计最为基础和重要的输入资料。车站的站厅、站台、出入口通道、楼梯、自动扶梯和售检票口（机）等部位的通过能力，按照该站超高峰设计客流量确定；超高峰设计客流量应为该站预测远期高峰小时客流量或客流控制期高峰小时客流量乘以 1.1～1.4 超高峰系数。根据地铁设计防火标准，核算客流疏散时间。

另外，还要加强换乘站客流动态特征分析、突发客流预警分析、大客流车站的紧急疏散能力分析等。

①车站规模设计

轨道交通车站的规模主要根据预测的远期（控制期）高峰小时客流量、所处的位置、车辆编组、车站用房面积以及该区域的远期发展规划等因素综合确定。其中，客流量是最重要的因素，一般可参照全日和高峰小时乘降客流量来综合确定。

将车站划分为起终点站、一般站、重点站和特殊站等，利用车站高峰小时上下行方向的乘降客流，作为车站规模的设计客流。车站的高峰小时客流出现的时间段也可能不尽相同：

（a）全线高峰小时的各车站乘降客流往往发生在早晚高峰时段。在居住区，一般是早高峰，以通勤客流为主；在商业文化区，可能是晚高峰，是下班客流与休闲客流的重合。

（b）车站本身发生的高峰时段，不一定是全线高峰时段，尤其是在商业文化中心地段，属于以非上班族和流动人口为主体的客流。

（c）在双休日、节假日的高峰时段。

（d）偶然性突发客流往往发生在大型集会场所的车站。例如，在体育场馆、会展中心的车站，对客流有限时集散的要求。

车站规模设计时，从以上（a）和（b）中选取乘降客流作为规模设计的依据，若车站高峰小时的乘降客流大于全线高峰小时车站的乘降客流时，选取车站高峰小时乘降客流；同时，对于（c）和（d）中的高峰小时车站乘降客流，通过客流组织方式，校核车站设计规模的适应性。

但也不能死套客流数值，应根据线路的功能定位、车站周边现状及规划情况、线网规划的可持续性等统筹确定。

对于周边发展已经较为成熟的一般站，可以按照计算的站台宽度设计，即可满足要求；对于重点车站（包括起终点站），要从规划、投资、城市定位、乘车的舒适性等多方面考虑，在计算的站台宽度的基础上适当增加一定的余量，来满足城市发展的不确定性带来的客流增长需求；对于特殊车站，特别是旅游景点、体育场馆、会展中心、火车站、机场、城市中心的换乘站等，这类车站本身的高峰集聚系数就高，而且会发生突发客流，在条件允许的情况下，应该尽量做大，虽然一次性投资会增加，但比后期再改造要容易得多。

②换乘站的设计

换乘站规模设计，除考虑直接的进出站客流外，还要高度重视换乘客流，但是车站换乘客流的预测有很大的难度，主要有以下原因：

(a)在线路形成网络化运营后，换乘客流不一定采用理想的最短路径选择，可能按换乘形式的方便性选择，具有多点、多路径选择，因此难以判断。

(b)对于车站的换乘客流，高峰时段的最大客流，不一定是线路高峰时段，也可能是车站客流的高峰时段，目前在客流预测中尚未区分开来。

(c)两线列车运行间隔的不对称，对换乘车站的客流不均衡性影响很大。

换乘车站规模设计时，换乘客流选择客流预测中分方向的高峰小时最大换乘客流作为设计的依据。车站上车客流考虑进站客流与换乘客流之和，对于换乘客流充分考虑前后两列车下来的乘客换乘同一列车的情况，给换乘客流适当增加系数，同时换乘设施的通过能力应满足超高峰设计换乘客流量的需求。

西安轨道交通早期建设的几个换乘站，如2号线的北大街站、小寨站，受当时经济和技术条件的控制，线路整体标准偏低，致使车站规模普遍偏小；这些换乘站实际运营的客流比当时预测的换乘客流高出几倍，高峰期换乘节点或通道客流非常拥挤。

总结1号、2号线的经验和教训，在3号线设计中，特别重视换乘站的规模设计，特别是大雁塔站，不管是规模还是布局，都充分考虑了该站的区位和客流特征，从实际运营看，设计的效果非常好。

③车站的精细化设计——客流动态仿真模拟

轨道交通客流具有时间、空间、方向上的动态变化特征，换乘站客流特征更为复杂。依据地铁设计规范，车站设计为静态的能力核算，而客流的动态变化特征以及乘客的行为特性，会对设施实际使用能力产生影响。为了实现良好的轨道交通出行服务，应加强动态客流特征分析，提高轨道交通车站的精细化设计工作，分析高峰时段设施应对客流能力，设施布局对客流分布均衡性的影响，超高峰客流冲击下设施疏散能力，潮汐性客流的设施能力影响，乘客交通流相互关系对设施布局和能力的影响等内容。

西安轨道交通8号线在车站方案设计过程中，加入动态客流仿真模拟分析工作，对换乘功能进行全面深入研究，提高换乘站设计方案抵抗客流风险的能力，优化设计方案的使用功能。下面以科技六路站（后更名为“木塔寺站”）为例。

科技六路站是线网中8号、6号、11号线的三线换乘站，在6号线设计过程中已按节点换乘同步完成设计：6号线为地下三层岛式车站，站台宽度为12 m；8号线为地下三层岛式车站，站台宽度为16 m；11号线为地下两层岛式车站，站台宽度为14.5 m。

科技六路站的功能在静态设计计算中，各项指标均能够满足规范要求，但在加入动态客流模拟仿真后，凸显出的问题包括：(a)6号线站台上行能力不足，站厅南端下行扶梯前拥堵；(b)8号线南中扶梯前拥堵；(c)11号线东侧、东中下行扶梯前客流密度高；(d)11号线与6号线站厅交界处客流密度高，6号线换乘11号线和8号线换乘流量大。针对以上问题提出优化措施：(a)6号线南端电梯由两扶一楼改为三扶，南侧栏杆处外扩，增加中部楼扶梯设施；(b)8号线进站闸机，移到中间两部扶梯之间；(c)11号线中部楼梯开口改为向西开；(d)扩大6号线站厅交界处空间——采取切角改造方案。

④节假日、大型活动等突发客流预警分析

节假日、大型活动时产生的突发客流量，会对轨道交通车站运营及设施使用产生巨大压力。因此除了在运营管理中制定客流疏解应急预案之外，在轨道交通车站工程设计阶段，还应加强突发大客流影响分析和设计优化。针对旅游景点类车站、大型会展活动中心的车站应补充大客流风险分析，在车站设计中考虑风险应对空间预留，设备设施应对客流疏解的预备等内容。

例如，西安轨道交通14号线的奥体中心站，位于第十四届全国运动会主场馆会址附近，周边规划主要以体育用地、住宅及商业用地。由于客流具有突发性特征，因此车站规模设计及出入口的布置均充分考虑与体育赛事客流相匹配。根据客流预测结果，计算该站站台宽14 m，满足要求，但考虑到为体育中心赛事服务，期间存在大型突发客流冲击，将站台设置为16 m。车站西侧出入口设过街出入口，以便于吸引十字路口各个象限的客流，车站北侧设置2个出入口；考虑到体育中心在举办大型赛事时的突发型客流，应对进出站客流进行独立分流，在进站出入口外设置大型限流广场，利用等候进站及站外安检限制人流进站。

⑤大客流车站的紧急疏散能力分析

车站设计工作中，针对高客流断面的车站、带列车折返线的车站，要做车站紧急疏散能力校核，基于客流动态分布、乘客行为特征，对设备维修、设施布局等进行设计优化，以应对消防紧急疏散要求。

3. 客流预测成果应用注意事项

(1)要尊重客流预测成果

虽然客流预测成果受诸多因素影响，其结果难免会有些偏差，但是客流预测不仅是规划城市轨道交通线网、安排工程建设项目、确定线路规模等级、车站规模等级和场段、设备系统容量的基础和重要依据，也是制定列车编组及行车组织的基础，客流预测的重要性不言而喻，其作用在规划和设计中无法被任何其他的手段所取代。所以在项目规划和设计中要尊重客流预测成果，千万不能认为客流预测不准，遇到设计的临界点就随意调整客流预测成果。特别是在确定系统运输能力、列车选型和编组、小交路折返点选择、车站规模设计中，也许对客流某项指标调整了几百人或上千人的数据，对整个客流本身没有很大的变化，但可能会决定整个项目的成败。

(2)要正确使用客流预测成果

专业设计人员首先要能看懂客流预测成果，要清晰认识客流在专业中的用途；其次要认真负责，千万不能直接套用以往案例的客流数据，这样可能会延续以往的错误做法。

例如，《地铁设计规范》(GB 50157—2013)规定：车站站台公共区的楼梯、自动扶梯、出入口通道，应满足当发生火灾时在6 min内将远期或客流控制期超高峰小时一列进站列车所载的乘客及站台上的候车人员全部撤离站台到达安全区的要求。

提升高度不超过三层的车站，乘客从站台层疏散至站厅公共区或其他安全区的时间应按下式计算：

$$T = 1 + \frac{Q_1 + Q_2}{0.9[A_1(N-1) + A_2 B]} \leqslant 6(\text{min}) \tag{3.7}$$

式中 Q_1——客流预测远期或控制期中超高峰小时一列进站列车的最大客流断面流量，人；

Q_2——客流预测远期或控制期中超高峰小时站台上的最大候车乘客，人。

A_1——一台自动扶梯的通过能力，人/(min·m)；

A_2——疏散楼梯的通过能力，人/(min·m)；

N——自动扶梯数量；

B——疏散楼梯的总宽度，m，每组楼梯的宽度应按0.55 m的整倍数计算。

据调查，在以往的设计过程中，绝大多数设计单位计算的Q_1=高峰小时线路断面客流量Q×本车站的超高峰小时系数。这里Q_1的计算方法是错误的，不应该再乘本站的超高峰小时系数。以往执行的消防疏散规范规定了6 min的疏散时间，因此即使在Q_1计算错误的情况下，绝大多数车站设计也能够满足当时消防疏散规范的要求；《地铁设计防火标准》(GB 51298—2018)规定：站台至站厅或其他安全区域的疏散楼梯、自动扶梯和疏散通道的通过能力，应保证在远期或客流控制期中超高峰小时最大客流量时，一列进站列车所载的乘客及站台上的候车乘客能在4 min内全部撤离站台，并应能在6 min内全部疏散至站厅公共区或其他安全区域。若 Q_1 继续采用原来错误的计算方法,绝大多数车站设计的规模就很难满足现行的消防疏散规范要求。最近在北京、西安、兰州、南京等城市轨道交通项目的消防设计审查中均暴露出这个的问题。

(3)要进行合理的分析和认知,灵活使用

客流预测成果表现的是具体的数值,其合理性和准确性表现出来的主要是预测的量级和特征规律,在工程设计中要灵活使用,不能死套死抠某个具体的数值,而要结合实际或规划情况具体把握,才更能体现设计师的专业水准。例如,在车站规模设计中,根据客流预测成果先初步计算出站台宽度,然后要根据线路的功能定位、车站周边现状及规划情况、考虑车站使用的可持续性等,合理分析后统筹确定。

3.4 西安轨道交通客流预测与实际运营效果对比分析及启示

2021 年 6 月 29 日,西安轨道交通 14 号线建成运营,届时西安轨道交通运营的轨道网里程达到 259 km,初步形成了覆盖西安主城,辐射机场、西咸新区、临潼的轨道网络。轨道交通运营逐步进入网络时代,目前共开通运营 8 条线路,车站 160 座,其中换乘站 14 座,如图 3.7 所示。

西安轨道交通 2 号线刚开通运营时还没有显现出客流的优势,当 1 号线于 2013 年投入运营后,与 2 号线形成"十"字线网骨架,客流快速成长,凸显了网络的作用,2015 年在全国运营两条地铁线路的城市中客流量最大,客流强度仅低于广州排在第二位;2016 年 3 号线投入运营、2018 年 4 号线投入运营,客流进一步增长,网络效应进一步凸显,2018 年客流强度冲到全国第一,2019 年继续保持全国第一;2020 年受新冠肺炎疫情影响,客流大幅度下降,后随着疫情好转,客流逐步回升,2020 年底 5 号、6 号、9 号线投入运营,网络客流量继续增长达 340 万人次/d,随着城市越来越多的外围线路的投入运营,客流强度有所下降,降至全国第五;2021 年初再次受新冠肺炎疫情影响,客流又大幅下降,目前网络客流还在逐步上升中,2021 年 5 月最高日客流突破 448 万人次,网络客流强度接近 1.73 万人次/km。

3.4.1 预测成果与实际运营效果对比分析

截至 2021 年 7 月 31 日,西安市已运营的 8 条线路中,2 号线于 2011 年建成运营,已经历了运营初期和近期,正迈入运营远期;1 号线于 2013 年建成运营,已经历了运营初期,目前正处于运营近期;3 号线于 2016 年建成运营,已经历了运营初期,目前正处于运营近期;4 号线于 2018 年底建成运营,正处于运营初期。机场城际线(14 号线建成后与机场城际线合并成 14 号线)于 2019 年 9 月底建成运营,5 号、6 号、9 号线于 2020 年底建成运营,14 号线于 2021 年中建成运营。在此,对 2 号线按照近期效果对比分析,1 号、3 号、4 号线按照初期效果对比分析,5 号、6 号、9 号、14 号线客流还处于培育期,客流还没有稳定,不作对比分析。

1. 轨道交通 2 号线

2 号线是西安市城市轨道交通建设的第一条线路,其建设规划于 2006 年 9 月获国务院批复,线路长 26.64 km,设站 21 座。其中北客站—会展中心段,于 2011 年 9 月 16 日开通运营;会展中心—韦曲南段,于 2014 年 6 月开通运营。二期工程(包含北延工程和南延工程两段),线路总长 7.0 km,设站 4 座,于 2019 年 3 月已开工建设,计划于 2022 年底建成运营。

2 号线是运营线网中客流成长最好的一条线路,从建成至今运营整 10 年时间,日均客流已接近 100 万人次/d,客流强度高达 3.7 万人次/km,运营效果十分突出。

实际运营与预测对比:总体上看,客流总量、高峰小时单向最大断面客流量、客流强度等指标实际运营值均高于预测值;全日客流的时间分布、高峰小时客流高断面的分布位置、高峰小时客流断面空间分布形态实际运营与预测基本一致;换乘站的换乘客流实际运营值普遍高于预测值,特别是北大街站和小寨站,换乘客流差距很大。

(1)主要客流指标对比

2 号线客流指标实际运营值与预测值对比见表 3.6。

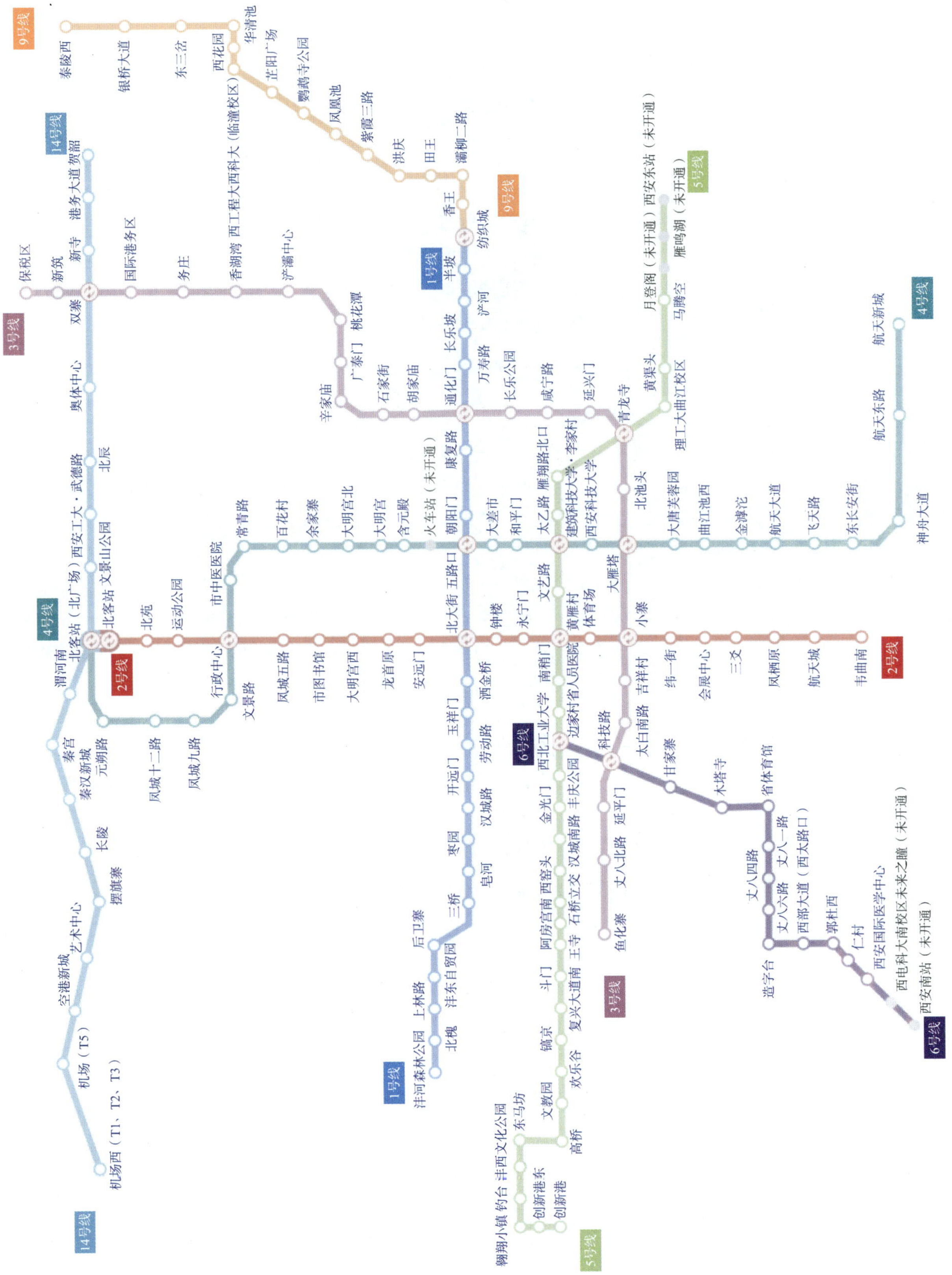

图 3.7 西安轨道交通现状运营线路网络图

表 3.6 2 号线客流指标实际运营值与预测值对比表

项　目	初期(2014 年)		近期(2021 年)	
	预测值	实际值	预测值	实际值
线路全长(km)	26.240		26.240	
车站数(个)	21		21	
高峰小时单向最大断面客流量(人次/h)	10 503	16 800	25 983	28 000
全日客运量(万人次)	31.34	46.50	76.48	97.50
客流强度(万人次/km)	1.19	1.78	2.91	3.71

运营初期、近期实际运营各项指标均高于预测值。初期:全日客运量实际值高出预测值约50%、高峰小时单向最大断面客流量实际值高出预测值60%、客流强度实际值高出预测值约50%。近期:全日客运量高出预测值约30%、高峰小时单向最大断面客流量高出预测值10%、客流强度高出预测值约30%。直接导致运营第3年上线车辆需求已超出购置数,故2号线在运营第3年就启动了车辆增购方案研究,并于2015年增购了一批车辆。

(2)实际运营和预测客流主要特征对比

①客流时间分布特征

在预测和实际运营中,全日客流均存在明显的早、晚高峰峰值特征。预测初期、近期早高峰时段7:30~8:30高峰比例为13%、13.4%;实际运营早高峰时段也为7:30~8:30,高峰比例约为11.8%。预测初期、近期晚高峰时段17:30~18:30高峰比例9.7%、9.5%;实际运营高峰时段也为17:30~18:30,高峰比例9.5%。预测的早高峰比例略高于实际运营值。

②客流空间分布特征

客流预测中近期高峰小时断面客流形态上下行基本呈对称的中间高两端低的“鱼骨形”分布特征,实际运营中高峰小时断面客流形态呈上下行不对称的中间高两端低的“鱼骨形”分布特征,最大断面位置不变。图3.8所示为近期实际运营与预测的高峰小时客流断面分布图。

③大客流车站的客流特征

2号线近期预测与实际运营车站高峰小时客流断面对比如图3.9所示。近期预测的大客流车站主要为北客站、行政中心、安远门、北大街、钟楼、体育场、小寨7座车站高峰小时超过1万人次/h;实际运营中大客流车站主要为北客站、行政中心、北大街、钟楼、南稍门、小寨、会展中心7座车站,高峰小时超过1万人次/h,而安远门和体育场两座车站客流量比较低,详见表3.7。

表 3.7 2 号线预测与实际运营大客流车站客流集散量对比表　　单位:人次/h

大客流车站		预测值(近期2021年)			实际运营值(近期2021年)		
		全日	早高峰	晚高峰	全日	早高峰	晚高峰
北客站		89 394	12 317	8 736	133 502	18 690	16 020
北大街	—	129 715	18 620	13 174	298 664	32 786	30 104
	其中换乘量	84 314	11 172	9880	207 444	23 306	21 523
钟楼		187 179	26 271	18 857	127 169	17 804	13 989
永宁门		86 545	11 553	8 130	69 808	9 773	7 679
南稍门		56 241	7 134	5 023	151 398	18 168	14 383
小寨	—	122 296	16 372	11 565	311 482	31 148	34 263
	其中换乘量	85 607	10 642	7 517	159 750	20 156	18 471
会展中心(长延堡)		71 977	9 421	6 655	80 109	11 215	8 812

从表3.7可以看出,北客站、北大街、南稍门、小寨、会展中心5座车站的运营客流大于预测客流,钟楼、永宁门两座车站的运营客流低于预测客流;北大街和小寨两座换乘站客流量最大,全日和早晚高峰客

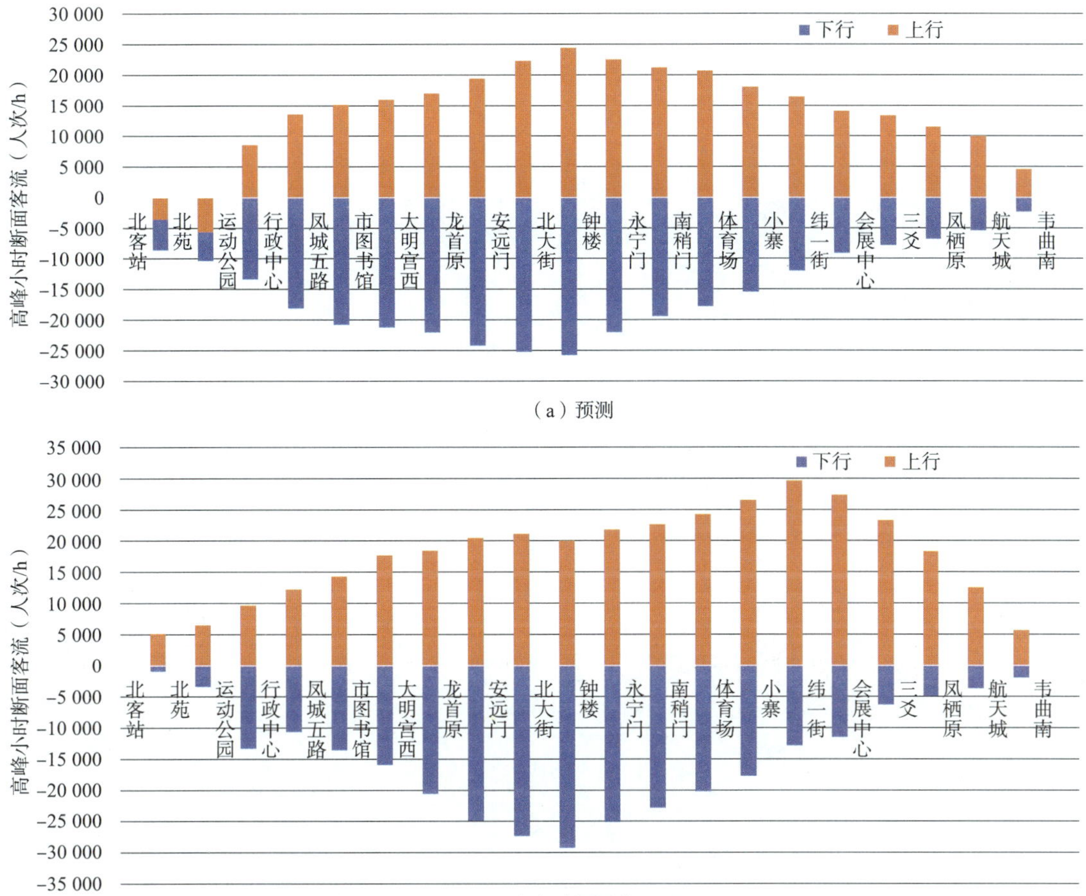

（a）预测

（b）实际运营

图 3.8　2 号线近期预测与实际运营车站高峰小时断面客流分布对比图

流实际运营值都远远超过预测值，个别节假日北大街和小寨站全日客流量高达 45 万人次以上，这两座车站的换乘客流实际运营值是预测值的 2 倍以上，这也是运营中小寨和北大街两座车站客流特别拥挤的主要原因。钟楼站客流实际运营值低于预测值主要原因是 6 号线二期建设比当时预测滞后，目前还没有建成；南稍门站客流实际运营值高于预测值主要原因是当年预测是按一般站预测的，后由于轨道交通 5 号线局部路由通道调整，该站变成与轨道交通 5 号线的换乘站，随 5 号线建设对南稍门车站也进行了相应的改造。

2. 轨道交通 1 号线

1 号线是西安市城市轨道交通建设的第二条线路，其建设规划于 2006 年 9 月获得国务院批复。其中一期工程（后卫寨—纺织城），线路长 25. 36 km，设站 19 座，于 2009 年全线开工建设，2013 年 9 月开通运营；二期工程（沣河森林公园—后卫寨），线路长 6. 09 km，设 4 座车站，于 2015 年 12 月开工建设，2019 年 9 月 26 日建成运营。1 号线三期工程（秦都站—沣河森林公园），线路长 10. 5 km，设站 7 座，于 2020 年 3 月已开工建设，计划于 2023 年 6 月建成运营。

1 号线是运营线网中客流成长最平稳的一条线路，从建成至今运营 8 年时间，日均客流从 25 万人次增长至目前的 67 万人次，客流强度达 2. 10 万人次/km，运营效果亦非常好。

实际运营与预测对比：总体上看，初期客流总量、高峰小时单向最大断面客流量、客流强度等指标实际运营值略高于预测值；全日客流的时间分布、高峰小时客流高断面的分布位置、高峰小时客流断面空间分布形态实际运营与预测基本一致；大客流车站及换乘站客流实际运营值与预测值基本一致。

（1）主要客流指标对比

1 号线客流指标实际运营值与预测值对比见表 3. 8。

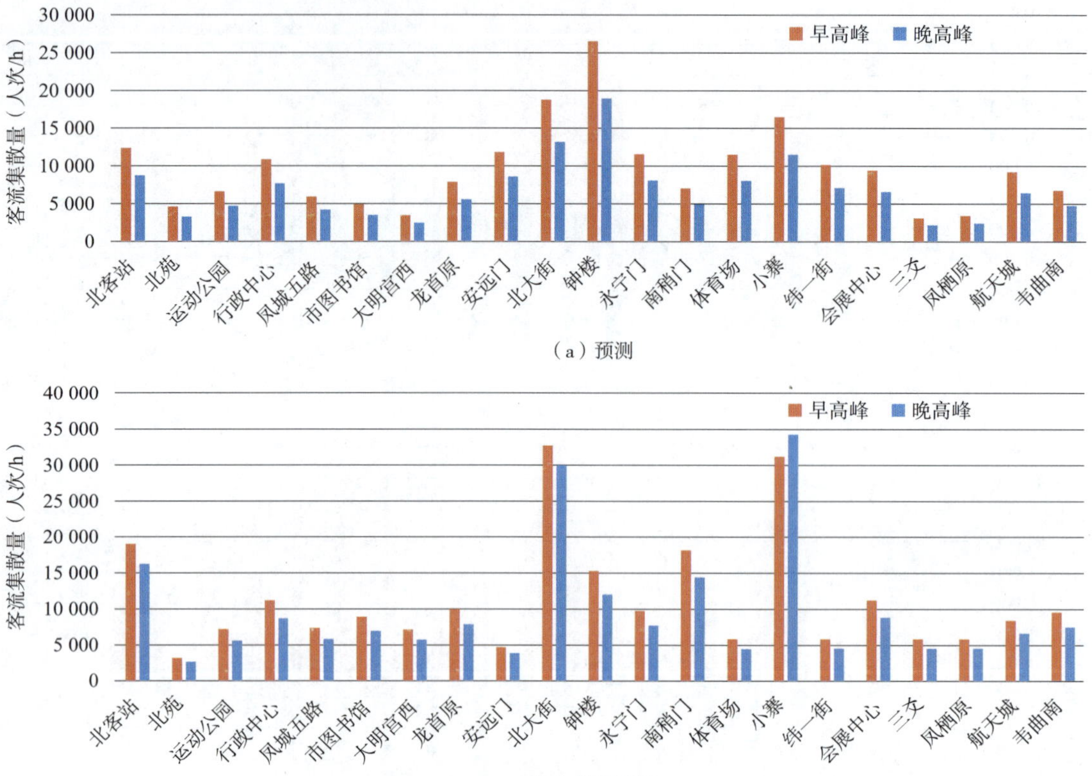

（a）预测

（b）实际运营

图 3.9　2 号线近期预测与实际运营车站高峰小时客流集散量对比图

表 3.8　1 号线客流指标实际运营值与预测值对比表

项　　目	初期(2016 年)		近期(2023 年)	
	预测值	实际值	预测值	实际值(2021)
线路全长(km)	25.30		31.84	
车站数目(个)	19		23	
高峰小时单向最大断面客流量(万人次/h)	1.47	1.55	2.81	2.39
全日客运量(万人次)	28.70	44.17	59.45	67.00
客流强度(万人次/km)	1.13	1.75	1.86	2.10

1 号线运营初期已过,还没有达到近期(2023 年)。初期:全日客运量实际值高出预测值约 54%、高峰小时单向最大断面客流量实际值高出预测值 5%、客流强度实际值高出预测值约 55%。1 号线预测的初期各项指标低于实际运营值,特别是全日客运量比实际低很多,高峰小时单向最大断面客流量预测与实际基本相同。

(2)实际运营和预测客流主要特征对比

①客流时间分布特征

在预测和实际运营中,初期全日客流均存在明显的早、晚高峰峰值特征。预测早高峰时段 7:30～8:30 高峰比例为 17.4%;实际运营早高峰时段也为 7:30～8:30,高峰比例约为 10%。预测晚高峰时段 17:30～18:30 高峰比例为 13%,实际运营晚高峰时段也为 17:30～18:30,高峰比例为 9%。预测的早高峰比例远高于实际运营值,晚高峰比例略高于实际运营值。

②客流空间分布特征

客流预测中初期高峰小时断面客流形态呈上下行基本对称的中间高两端低的“鱼骨形”分布特征;实际运营中高峰小时断面客流形态呈上下行不对称的中间高两端低的“鱼骨形”分布特征,最大断面位置不变。图 3.10 所示为初期预测与实际运营高峰小时客流断面分布对比图。

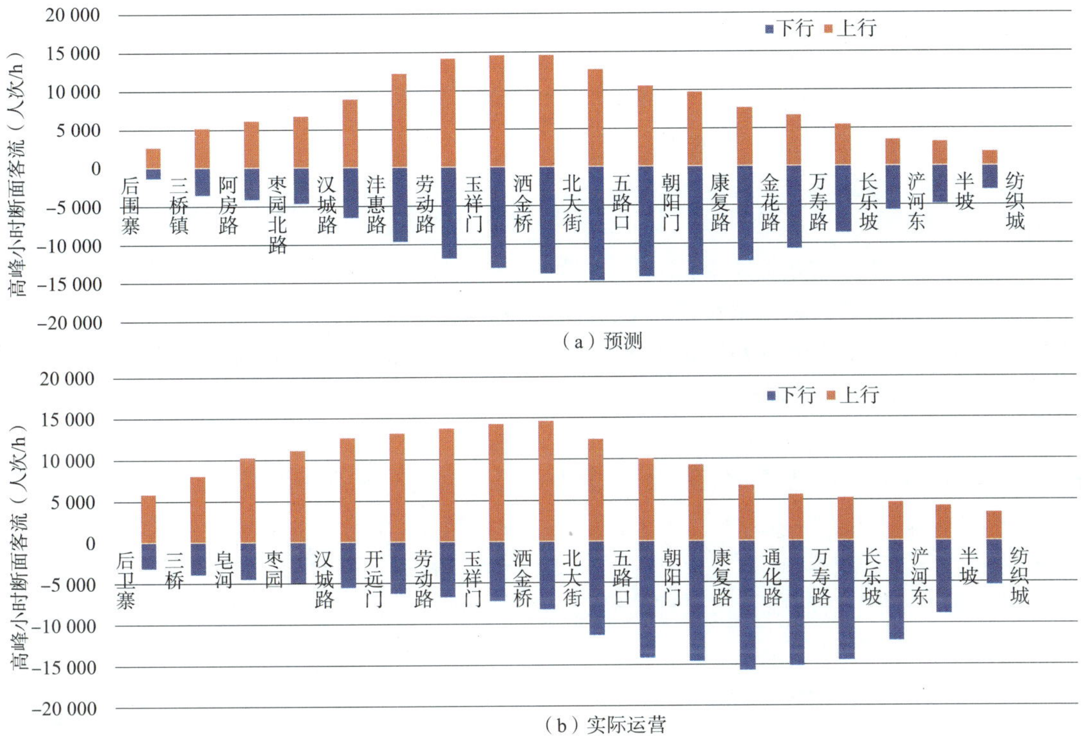

图3.10 1号线初期预测与实际运营高峰小时断面客流分布对比图

依据初期预测的高峰小时客流断面分布特征，设计采用一个交路，即后卫寨—纺织城。实际运营的行车组织方案与原设计的方案一致，全线开行一个交路。

3. 轨道交通3号线

3号线是西安市城市轨道交通建设的第三条线路，其建设规划于2010年1月获得国务院批复，其中一期工程（鱼化寨—国际港务区），线路长38.40 km，设站24座。2012年一期工程全线开工建设，2016年11月8日开通运营。二期工程还在规划研究中。

3号线是运营线网中客流成长最快的一条线路，客流基本没有经历培育期，2016年一开通，日均客流就高达50万人次，后随着网络的进一步形成，客流在稳步增长，至今已运营接近5年时间，日均客流达66.15万人次，客流强度达1.72万人次/km，运营效果亦非常好。

实际运营与预测对比：总体上看，初期（2019年）客流总量、高峰小时单向最大断面客流量、客流强度等指标实际运营值均高出预测值很多；高峰小时客流断面空间分布形态、高峰小时客流高断面位置实际运营均与预测发生很大变化；全日客流的时间分布、大客流车站及换乘站客流实际运营值与预测值基本一致。

（1）主要客流指标对比

3号线客流指标实际运营值与预测值对比见表3.9。

表3.9 3号线客流指标实际运营值与预测值对比表

项　目	初期（2019年）		近期（2025年）
	预测值	实际值	预测值
线路全长（km）	38.40		38.40
车站数目（个）	24		24
高峰小时单向最大断面客流量（万人次/h）	1.69	3.45	3.08
全日客运量（万人次）	39.0	66.15	74.76
客流强度（万人次/km）	1.02	1.72	1.95

3 号线运营初期为 2019 年，还没有达到近期（2025 年）。初期：全日客运量实际值高出预测值约 70%；高峰小时单向最大断面客流量实际值高达 3.45 万人次/h，高出预测值 104%，亦超出预测的近期指标；客流强度实际值高出预测值约 69%。3 号线初期的实际运营各项指标均高出预测值，特别是高峰小时单向最大断面客流量是预测值的 2 倍还多。

（2）实际运营和预测客流主要特征对比

①客流时间分布特征

在预测和实际运营中，初期全日客流均存在明显的早、晚高峰峰值特征。预测早高峰时段 7:30～8:30 高峰比例为 15.3%；实际运营早高峰时段也为 7:30～8:30，高峰比例约为 11%。预测晚高峰时段 17:30～18:30 高峰比例为 10.4%；实际运营晚高峰时段也为 17:30～18:30，高峰比例为 10%。预测的早高峰比例高于实际运营值，晚高峰比例与实际运营值基本一致。

②客流空间分布特征

客流预测中初期高峰小时断面客流形态呈上下行基本对称的中间高两端低的“鱼骨形”分布特征；实际运营中高峰小时断面客流形态呈上下行方向不均衡性明显，特别是辛家庙—科技路段下行方向的高断面客流基本是上行方向的 2～3 倍，北端的广泰门—保税区段整体断面客流低于预测值，且上下行的客流断面与预测亦相反：即上行断面客流高而下行低，最大断面位置不变。图 3.11 所示为初期预测与实际运营高峰小时客流断面分布对比图。

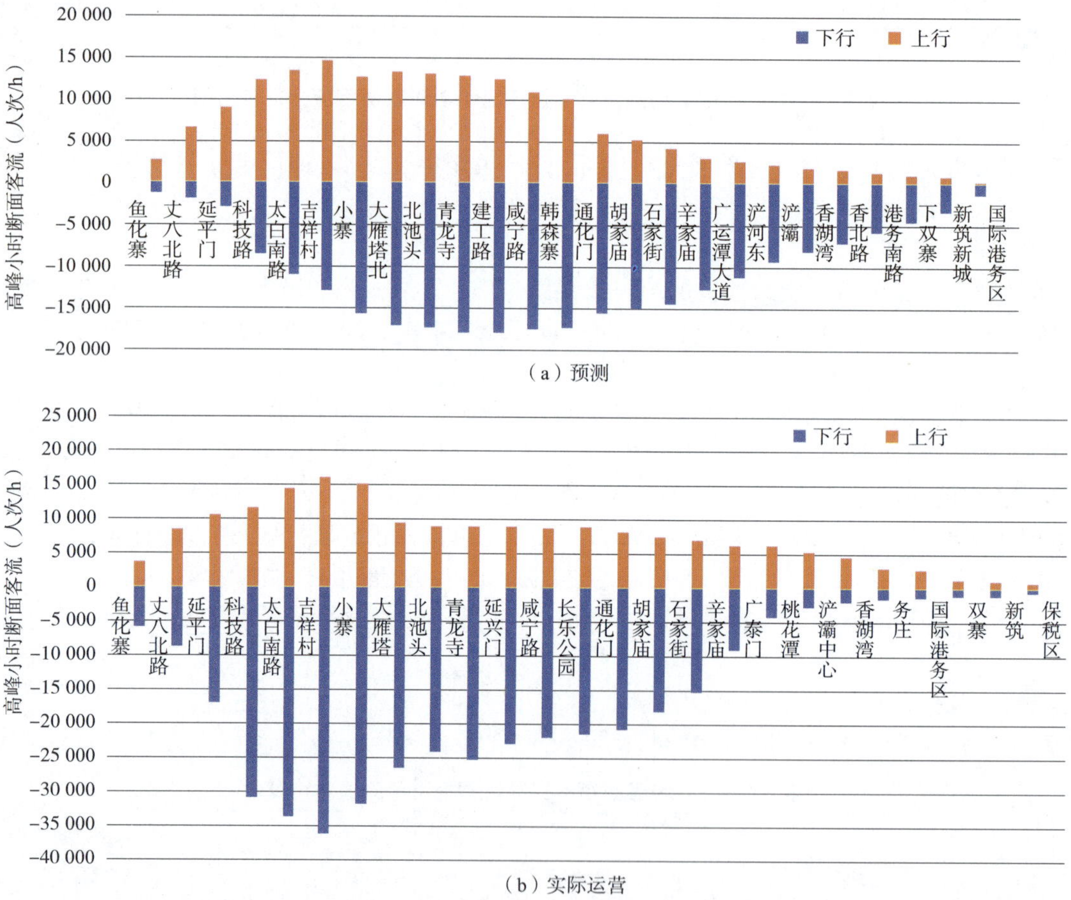

图 3.11　3 号线初期预测与实际运营高峰小时断面客流分布对比图

依据初期预测的高峰小时客流断面分布特征，设计采用大小交路，小交路鱼化寨—石家街。

4. 轨道交通 4 号线

4 号线是西安市城市轨道交通建设的第四条线路，其建设规划于 2013 年 12 月获得国务院批复，全线一次建成，线路长 35.2 km，设 29 座车站，于 2014 年全线开工建设，2018 年 12 月 26 日开通运营。

4号线是运营线网中客流成长比较缓慢的一条线路。2018年底开通运营，至2019年底，日均客流基本稳定在40万人次；随后经历2020年新冠肺炎疫情，客流量起起浮浮，2020年底随着5号、6号、9号、14号线投入运营，客流量有小幅增长，至今运营接近三年时间，日均客流量在50万人次左右，客流强度达1.43万人次/km，运营效果相比于1号、2号、3号线要差一些。

实际运营与预测对比：总体上看，初期(2021年)客流总量、客流强度指标实际运营值略高于预测值，高峰小时单向最大断面客流量实际运营值略低于预测值；高峰小时客流断面空间分布形态实际运营与预测发生很大变化，高峰小时客流高断面位置实际运营与预测基本一致；全日客流的时间分布、大客流车站及换乘站客流实际运营值与预测值基本一致。

(1)主要客流指标对比

4号线客流指标实际运营值与预测值对比见表3.10。

表3.10　4号线客流指标实际运营值与预测值对比表

项　目	初期(2021年)	
	预测值	实际值
线路全长(km)	35.20	
车站数目(个)	29(实际28座，火车站站在建设中)	
高峰小时单向最大断面客流量(万人次/h)	2.17	1.94
全日客运量(万人次)	42.2	53.35
客流强度(万人次/km)	1.22	1.72

4号线运营初期(2021年)实际运营全日客运量53.35万人次，高出预测值约26%；客流强度实际运营值高出预测值约41%；高峰小时单向最大断面客流实际运营值为1.94万人次/h，低于预测值11%。

(2)实际运营和预测客流主要特征对比

①客流时间分布特征

在预测和实际运营中，初期全日客流均存在明显的早、晚高峰峰值特征。预测早高峰时段7:30～8:30高峰比例为16.92%；实际运营早高峰时段也为7:30～8:30，高峰比例约为12%。预测晚高峰时段17:30～18:30高峰比例为12.54%，实际运营晚高峰时段也为17:30～18:30，高峰比例为9%。预测的早晚高峰比例高于实际运营值。

②客流空间分布特征

客流预测中初期高峰小时断面客流形态呈上下行基本对称的中间高两端低的“鱼骨形”分布特征；实际运营中，高峰小时断面客流形态上下行不对称，南端航天城—金滹沱区间、北端余家寨—北客站区间客流断面形态和预测相差较大。全线上行方向断面客流除处于城市核心区的后村—大明宫区间实际运营值低于预测值，其余区间都高于预测值；下行方向断面实际运营基本与预测一致。图3.12所示为预测与实际运营高峰小时客流断面分布对比图。

依据初期预测的高峰小时客流断面分布特征，设计采用大小交路，小交路航天大道—凤城九路。实际运营全线采用一个交路。

通过以上对1号、2号、3号、4号线的实际运营与预测各项客流指标和客流特征进行对比分析可知，从整个运营网络来看，客流预测相对较准确，仅个别车站客流出现了量级上的差异，依据客流预测开展的各条线设计均能够适应网络运营需求。

3.4.2　对后续项目客流预测的启示

基于对西安轨道交通已运营的1号、2号、3号、4号线的实际各项客流指标和客流分布特征等与当时预测的客流数据进行对比分析，对后续项目客流预测有以下几点启示：

(1)针对2号线的北大街和小寨两座换乘站的换乘客流实际值与预测值存在量级上的差异问题，后

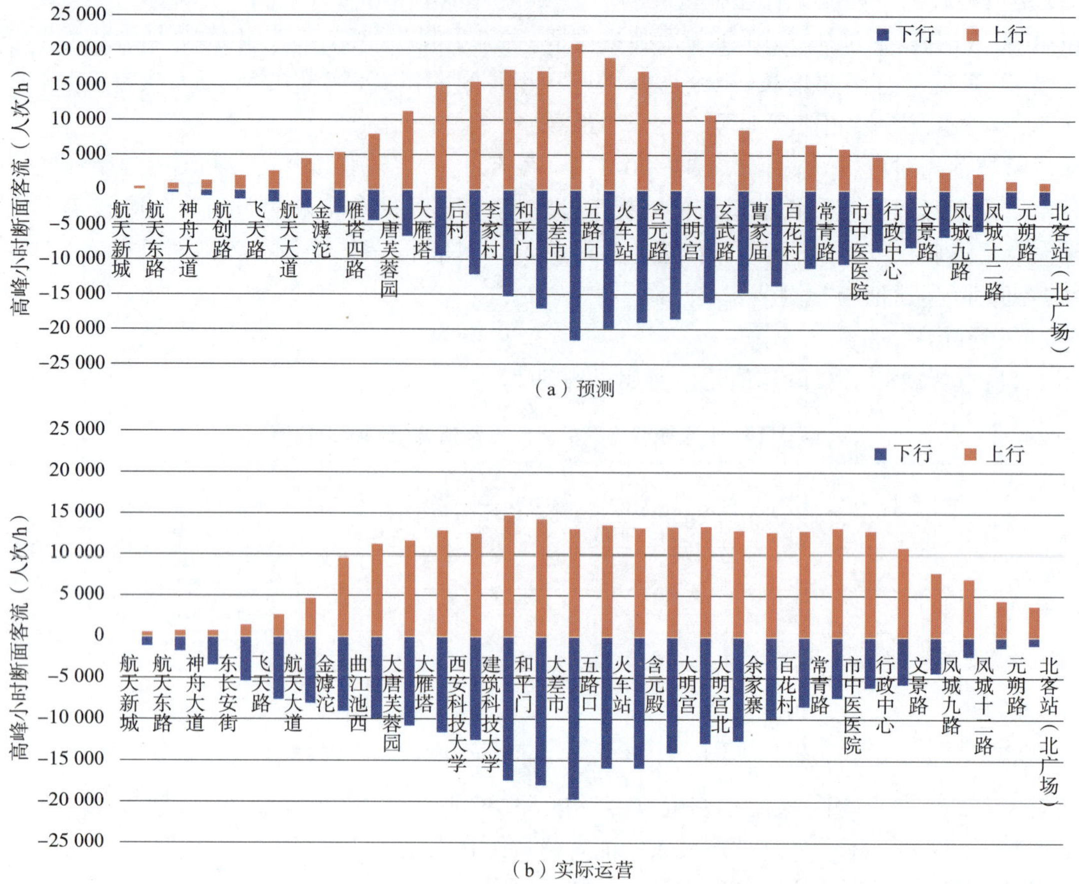

图 3.12 4 号线初期预测与实际运营高峰小时断面客流分布对比图

续项目客流预测要加强网络结构分析，辨析换乘节点在网络结构中的功能地位，合理估计换乘客流规模；后续随着网络结构演化，需推演换乘节点换乘客流的变化。

(2) 对轨道交通 3 号线北端国际港务区、4 号线南端航天城片区等线路端头的城市新区，在使用城市规划资料的基础上，要充分考虑城市建设进程和轨道交通建设之间的时序关系，注重城市发展未成熟区线路的客流风险分析。

(3) 从分析的 1 号、2 号、3 号、4 号线全日运营客流量看，预测的全日客流量低于实际运营值，这 4 条线的共同特点都经过中心城区。对于主要覆盖城市中心区的线路，包括骨干线和辅助线，当轨道交通网络基本成熟时，考虑网络效应，一般初期的客流量不应小于 40 万人次/d，高峰小时断面客流量不应低于 1.5 万人次/h。

(4) 从分析 2 号、3 号线的实际运营中高峰小时断面客流分布特征，线路在经过就业岗位特别密集的区域，如 2 号、3 号线的小寨片区，高峰小时断面客流表现出特别明显的方向不均衡性，尤其是 3 号线早高峰小时下行方向是上行方向的两倍还高。对于类似这种特点的线路在客流预测中要加强客流方向不均衡性的预估和分析，为后续的设计提供更准确的依据。

第 4 章　系统制式、技术标准与限界

4.1　系统制式

4.1.1　轨道交通层级划分

系统制式是指综合反映轨道交通功能、性能、技术参数和支撑导向方式的标准。

按照系统制式及服务目标，轨道交通可分为两类五层，两类指的是铁路类和城轨类。

第一类是铁路类，包括国铁干线和城际铁路两层，均为铁路制式。其中，国铁干线主要服务于全国范围内跨省市的长距离出行；城际铁路主要服务于城市群一体化发展区域内各城镇间的长距离快速出行。

第二类为城轨类，包括市域快线、城区普线及中低运量线路三层。其中，市域快线主要服务于都市圈同城化区域内的中长距离快速出行；城区普线主要服务于城市中心区范围内的中短距离高强度客流；中低运量线路一般为城轨骨干网的接驳、加密线，主要服务于社区居民“最后一公里”出行。

本书系统制式研究聚焦第二类城轨类即城市轨道交通系统制式的研究。

4.1.2　各层级适宜的车型与速度

在城市轨道交通系统中，车辆是直接为乘客服务的设备，是整个系统的核心，不同的车辆会导致整个系统经济、社会与环境效益的很大差异。车辆类型的选择在很大程度上就是系统制式的选择，直接影响建设规模和工程投资。城市轨道交通包含的三个层级，由于功能定位、服务目标不同，各层级适宜的车型及速度也各不相同。

1. 市域快线

市域快线为城市中心城区特别是都市圈中心城区与周边城镇组团及城镇组团之间提供快速度、公交化、大运量交通服务的轨道交通系统，是城市综合交通体系的重要组成部分。车型主要有市域 A、B、D 型车，设计速度一般分为 100 km/h、120 km/h、140 km/h 和 160 km/h 四个等级。

目前 100～160 km/h 市域 A 型车和市域 D 型车应用广泛，采用市域 A 型车的典型城市为成都，采用市域 D 型车的典型城市主要有北京、广州、温州。

市域 A 型车：车辆基本宽度为 3 000 mm，基本长度为 22 000 mm。

市域 B 型车：车辆基本宽度为 2 800 mm，基本长度为 19 000 mm。

市域 D 型车：车辆基本宽度为 3 300 mm，基本长度为 22 000 mm。

2. 城区普线（地铁和轻轨）

城区普线是为中心城区通勤客流提供公交化、大运量交通服务的轨道交通系统，也是城市综合交通体系的重要组成部分，包含地铁系统和轻轨系统，设计速度一般分为 80 km/h、100 km/h 两个等级。

（1）地铁系统

地铁系统是一种大运量的轨道交通运输系统，运能大于 3 万人/h，采用钢轮钢轨体系，标准轨距为 1 435 mm，主要在大城市地下空间修筑的隧道中运行，当条件允许时，也可穿出地面，在地上或高架桥上运行。车型主要有 A、A_s、B、L_b 型车四种。

A、B 型车为普通钢轮钢轨系统，导向与支承合一，轮轨黏着驱动，旋转电机牵引。A、B 型车从技术上来说是一样的，没有优劣之分，A 型车定员比 B 型车大，相同编组时其输送能力大。6 辆编组 A 型车比 B 型车土建费用高 8%～10%，车辆费用高 15%，运营成本约高 10%。A 型车输能大，抗风险能力强，在相同运量和密度下 A 型车舒适度高。这两种车型在国内均应用广泛，产生了选型之争，2008 年以前国家批复

建设规划的城市选用B车较多,目前客流大于3.5万人/h一般考虑选用A型车。

A_s型列车是介于A、B型地铁之间的钢轮钢轨系统新车型,采用A型车的宽度(3 m)、B型车的长度(20 m),属国内首创,融合了两种车型的优点,并拥有独特的技术优势,具有爬坡能力强、转弯半径小、载客量大等特点,爬坡能力与标准A、B型地铁相比,爬坡性能提升50%,适用于山地、丘陵环境,该车型为适应重庆的特殊地形应运而生,目前主要应用于重庆轨道交通线路。

L_b型车为直线电机系统,电磁力驱动,直线电机牵引,车辆轮轨提供竖向支撑和导向。L_b型车具有转弯半径小,非黏着驱动,爬坡能力强,车辆结构简单,维修简便,重量轻、噪声低、震动小,隧道断面小(直径4.3 m)等优点,但同样也具有电机功率因数小、效率低、能耗大,载客量小、运输能力小,气隙控制技术复杂,我国产业体系尚未形成,国产化率低等缺点。广州地铁4号、5号、6号线引进了日本的直线电机系统技术。日本线网后期建设的线路由于受空间条件限制,而产生并采用了这种小运量的直线电机制式车辆,其要求的洞径小,土建规模小,综合成本低;而我国引进上述技术后为了满足客流加大了车辆尺寸,提高了载客量,导致其优势特点无法发挥,且其电机功率因数小、效率低、能耗大、气隙控制技术复杂等缺点明显,后来我国基本上没有再应用于线路。

(2)轻轨系统

轻轨系统一般也采用钢轮钢轨体系,运能为1万~3万人/h,标准轨距为1 435 mm,主要在城市地面或高架桥上运行,遇繁华街区也可进入地下。车型主要有B、C、L_c型车。B型车不再赘述。

C型车为普通钢轮钢轨系统,导向与支承合一,轮轨黏着驱动,旋转电机牵引,最高运行速度一般为70 km/h。C型车具有转弯半径小、爬坡能力强、高架及地面占比较高、造价较低等优点,同时也具有噪声、振动较大,机械、轮轨磨损大,维修量大,运能较小等缺点。目前该车型主要应用于长春轻轨3号、4号线。

L_c型车同L_b型车一样,为直线电机系统,其外形尺寸等参数较L_b型车小。通常可由2辆、4辆或6辆组成,站台长度小于100 m。当前,采用直线电机L_c型车组成的轻轨系统,在我国尚无应用实例。

目前轻轨系统概念不太明晰,存在较多争论。城轨协会近几年公布的统计公报相关数据,也存在去年将某城市某条线纳入轻轨统计范畴,今年又不纳入的现象;中国一些欠发达城市按轻轨申报建设规划的过程中,针对B型车4辆编组是否属于轻轨系统也存在较大争议。行业里默认轻轨有四个条件:①单向运能1万~3万人次/h;②敷设方式以高架为主(占比80%以上);③轴重9~11 t;④列车长度不超100 m。按上述划分标准严格意义上的轻轨只有长春3号、4号线。

3. 中低运量线路

中低运量顾名思义其运能相对较低,一般在2万人/h以下,适用的系统制式主要有中低速磁浮交通系统、跨座式单轨系统、悬挂式单轨系统、自导向轨道系统(APM)、有轨电车系统、导轨式胶轮系统(云巴)、电子导向胶轮系统(智轨)等,各系统制式的技术特征宜符合表4.1的规定。

表4.1 中低运量城市轨道交通各车型技术特征表

分类名称	技术特征					
	运输能力(人次/h)	设计最高速度(km/h)	路权形式	敷设方式	车辆类型	列车最大长度(m)
中低速磁浮交通系统	10 000~30 000	80~200	全封闭	高架为主	短定子直线异步电机磁浮车辆	120
					长定子直线同步电机磁浮车辆	
跨座式单轨系统	10 000~30 000	80~120	全封闭	高架为主	单轨A、单轨B、市域单轨车	120
悬挂式单轨系统	5 000~15 000	60~80	全封闭	高架为主	悬挂式单轨车辆	75
自导向轨道系统	5 000~20 000	60~80	全封闭	高架为主	自导向轨道车辆	75
有轨电车系统	5 000~12 000	60~70	开放式或部分封闭	地面为主	钢轮钢轨低地板车辆	75
					胶轮车辆	60
导轨式胶轮系统	5 000~12 000	60~80	全封闭	高架为主	胶轮车辆	75
电子导向胶轮系统	5 000~12 000	60~70	开放式或部分封闭	地面为主	胶轮车辆	60

（1）中低速磁浮交通系统

中低速磁浮交通系统是一种利用电磁力使列车悬浮于轨道上运行的新型轨道交通系统，车辆与轨道间无接触。其优点有转弯半径小、爬坡能力强、抗风能力强、平稳舒适、静音环保、造价低、维护费用低等，同时缺点有运量低、牵引耗电量高、国内应用案例少等。长沙机场线、广东清远磁浮旅游专线采用此车辆制式，是一种与城市公共交通需求相吻合的新型轨道交通。

（2）跨座式单轨系统

跨座式单轨系统是胶轮车辆与特制轨道梁组合成一体运行的中运量轨道交通系统，通过单根轨道梁来支承、稳定和导向，车体骑跨在轨道梁上运行的轨道交通，适合高架敷设方式。其优点有转弯半径小、爬坡能力强、轨道梁窄、结构简单、节省土地、噪声低、造价低等。其缺点有：道岔结构复杂而笨重，道岔转换时间长；速度低、运能低；发生故障时，疏散和救援工作比较困难；胶轮寿命短，更换率高，成本高等。目前规划建设的跨座式单轨新线路大多拟采用庞巴迪生产的车型。重庆引进日本的跨座式单轨车辆，建成 2 号、3 号线，但后续线路均采用钢轮钢轨车辆。目前为了维持单轨车辆制造产业的发展，重庆市新规划的几条线路拟采用单轨车辆，从客流适应性来说，对于重庆的大客流线路，跨座式单轨系统并不适用。运量较小的三、四线城市可以采用其作为轻轨，目前安徽芜湖采用的是庞巴迪与铺镇厂合资的车型，规划采用该制式的城市还有柳州、济宁、菏泽、邯郸、汕头等。

（3）悬挂式单轨系统

悬挂式单轨系统运行轨道位于列车上方，是列车悬挂在半空中运行的一种中运量轨道交通系统。车辆除走行轮外，在转向架的两侧尚有导向轮和稳定轮，始终在箱形轨道内部，保证车辆沿轨道安全平稳地行驶。其优点有：转弯半径小；爬坡能力强；轨道梁及墩柱均采用钢结构形式，可拆卸、可移动；建设周期短；占地小；造价较低等。其缺点有：道岔结构复杂而笨重，道岔转换时间长；速度低、运量小；发生故障时，疏散和救援工作比较困难等。悬挂式单轨国内目前尚未有投入运营的线路，在青岛四方厂有建成的试验线，成都、开封等地也都建成有试验线。

（4）自导向轨道系统（APM 系统）

自导向轨道系统（APM 系统），是一种车辆采用橡胶轮胎在专用轨道上运行的中运量旅客运输系统。其列车沿着特制的导向装置行驶，可以实现全自动和无人驾驶。其优点有转弯半径小、爬坡能力强、噪声低、震动小等，同时缺点有水平晃动明显、道岔故障率高、速度低、运量低等。国内目前投入运营的广州地铁 APM 线（全称广州市珠江新城核心区市政交通项目旅客自动输送系统）、上海地铁浦江线均采用自导向轨道系统（APM 系统）。

（5）有轨电车系统

有轨电车系统是采用模块化车辆，具有多种路权方式，与地面交通以平交为主，介于轻轨与常规公交间的低运量轨道交通系统。其优点有：工程条件灵活，可充分利用现有道路资源，适应性强；转弯半径小；爬坡能力强；噪声低；震动小；造价较低等。其缺点有：与道路交通混行，相互干扰大；速度低；运能小等。根据走行系统的不同，主要可分为钢轮钢轨和胶轮 + 导轨两种制式。综合而言，钢轮钢轨有轨电车车内空间、载客量比胶轮 + 导轨有轨电车大；但钢轮钢轨有轨电车受转向架、钢轮—钢轨摩擦性能限制，在爬坡、转弯、加速、减速方面性能不如胶轮 + 导轨有轨电车。两种制式车内、外噪声实际比较接近，差距在检测允许误差内（±2 dB）；钢轮钢轨有轨电车技术比较成熟，单列列车成本比胶轮 + 导轨有轨电车低。国内目前投入运营及在建的有轨电车线路较多。截至 2020 年 12 月 31 日，中国运营有轨电车线路 30 余条，在建有轨电车线路 29 条，其中云贵川地区的在建长度居全国前列。

（6）导轨式胶轮系统（云巴系统）

云巴系统是一种不占用道路资源、具有独立路权的小运量胶轮有轨电车系统。车辆搭载了无人驾驶系统、多功能深度集成的综合调度系统、人脸识别等高科技配置。其优点有转弯半径小、爬坡能力强、车体轻巧、桥梁结构简洁、占地面积小、造价低、建设周期短等；同时缺点有运营实例较少，运营速度、运营平稳性等有待实例检验，审批流程尚不明确等。云巴系统国内目前投入运营的线路为重庆璧山云巴示范线，西安高新有轨电车（西安有轨电车 1 号线）采用云巴模式建设。

(7)电子导向胶轮系统(智能轨道交通系统)

"智能轨道交通系统"又简称为"智轨"。通过车载各类传感器识别路面虚拟轨道线路,将运行信息传送至列车"大脑"(中央控制单元),根据"大脑"的指令,在保证列车实现牵引、制动、转向等正常动作的同时,能够精准控制列车行驶在既定"虚拟轨迹"上,实现智能运行。其优点有:基础设施投资小(整体线路的投资约为现代有轨电车的1/5);转弯半径小(15 m)、爬坡能力强(10‰),地形适应性较好;建设周期短(一般为一年)等;其缺点有:速度低,设计最高时速为70 km;运量小等。国内目前投入运营的"智轨"线路为宜宾智轨T1线,宜宾智轨T2、T4线目前在建,预计在2022年12月底前投入运营;西咸新区中低运量线网拟采用该制式。

4.1.3 西安轨道交通制式选择

西安市第一期轨道交通线网规划基于当时的城市土地和人口规模,结合总体规划,规划了1号~6号线共6条线路。当时6条线均推荐采用地铁B型车,根据当时各条线路预测的客流规模和设计规范及建设标准的要求,采用B型车是合理的。

考虑线网中1~6条主骨架线路已采用了B型车,为便于车辆维修等资源共享,原则上后续线路应按轮轨B型车考虑。但近几年西安市社会经济发生了巨大变化,城市总体规划进行了调整,城市土地和人口规模扩大,西安将建设成为国家中心城市、国际性综合交通枢纽、具有历史文化特色的国际化大都市。且从目前已运营的2号线客流来看,已经远远超过原设计时的预测客流水平,高峰小时车厢拥挤度较高,按B型车6辆编组确定的车站规模、系统规模略显不足。

后续建设的线路,从提高乘车舒适度、提高运营服务水平角度考虑,车辆选型及编组方案研究时采用较为舒适的站立标准去校核。《地铁设计规范》(GB 50157—2013)规定站立标准为6人/m^2或5人/m^2,后续建设的项目站立标准不再采用6人/m^2,可适度超前,根据其功能定位,建议普线按5人/m^2考虑;对于机场线、市域快线等特殊功能的线路,可根据客流出行特征、平均乘距等因素适当放宽至每平方米站立4.5~4人。

在此基础上,第三期建设规划项目即目前在建的项目重点对轮轨系统的A、B型车进行了深入研究。经研究原则上预测高峰小时断面客流超过3.5万人/h的线路选用A型车,未超过的延用B型车。最终确定8号、15号线按5人/m^2站立标准、A型车实施,目前已在建。

对于主要衔接中心城区与外围组团、具有市域快线功能的规划线路,建议在后续研究中站在线网及多网融合的角度,根据客流预测情况、功能定位、资源共享、互联互通等因素,在市域A、B、D型车中进行重点研究比选。

西安中低运量系统制式的选择也应立足于整个城市轨道交通网。中低运量网是对城市轨道交通大网络的衔接和补充,中低运量网应与综合交通规划相互融合。鉴于西咸新区中低运量网已明确采用智轨系统、西安高新云巴在建,建议西安后续建设的中低运量线路系统制式重点在智轨、云巴和技术成熟可靠、应用广泛的有轨电车三种之间进行重点研究比选。

4.2 主要技术标准

城市轨道交通项目技术标准的选择确定,直接决定了该项目的工程建设规模、运营规模和效益规模。技术标准的选择,要依据建设线路的功能定位、客流特征、运量等级等,经技术、经济比选研究后慎重确定。

城市轨道交通技术标准一般分为两大类:第一类为基础类标准,主要包括速度目标值、系统制式;第二类为专业类标准,主要包括线路、建筑、供电等专业涉及的主要技术标准。

4.2.1 基础类技术标准

1. 速度目标值

速度目标值为设计的最高运行速度,是指在正常运行状态下,车辆技术条件可以满足列车在区间连续使用的运行速度,并在实际运行过程中可以作为正常运行的速度。速度目标值与线路长度、客流特点、站间距离以及服务水平密切相关,直接影响土建工程规模及设备系统的选择。

超长地铁线或市域快线一般都会将速度目标值作为重要技术标准进行专题研究。首先应从线路功能定位、客流出行特征、时间目标及车站分布对旅速的要求,确定重点比选方案;然后从与站间距的适应性、与线路平面条件的适应性、与时间目标的适应性、经济性(包括车辆购置费、运营能耗、土建投资等)等方面对几个重点方案进行全面分析比较,得出推荐方案。

站间距离对列车速度目标值选取具有较大的影响,列车速度目标值的大小必须结合站间距大小来考虑。《城市轨道交通工程项目建设标准》(建标 104—2008)对不同站间距离的旅行速度做了统计,见表 4.2。

表 4.2　不同站间距离的旅行速度表

车辆最高速度(v_{max})	1.0 km	1.5 km	2.0 km	2.5 km	3.0 km	3.5 km	5 km
70(动力 50% ~75%)	30 ~33	35	—	—	—	—	—
80(动力 50% ~75%)	—	38	40	45	50	—	—
100(动力 50% ~75%)	—	40	45	50	55	—	—
120(动力 75% ~100%)	—	—	50	55	60	65	—
140(动力 75% ~100%)	—	—	—	—	65	70	75

平均站间距与速度目标值具有一定的关联性。速度目标值与平均站间距的推荐匹配关系见表 4.3 和图 4.1。

表 4.3　速度目标值与平均站距的推荐匹配关系

站间距速度方案	1.5 km	2 km	3 km	4 km	5 km	6 km	7 km
80 km/h	√						
100 km/h		√					
120 km/h			√	√			
140 km/h					√	√	
160 km/h							√

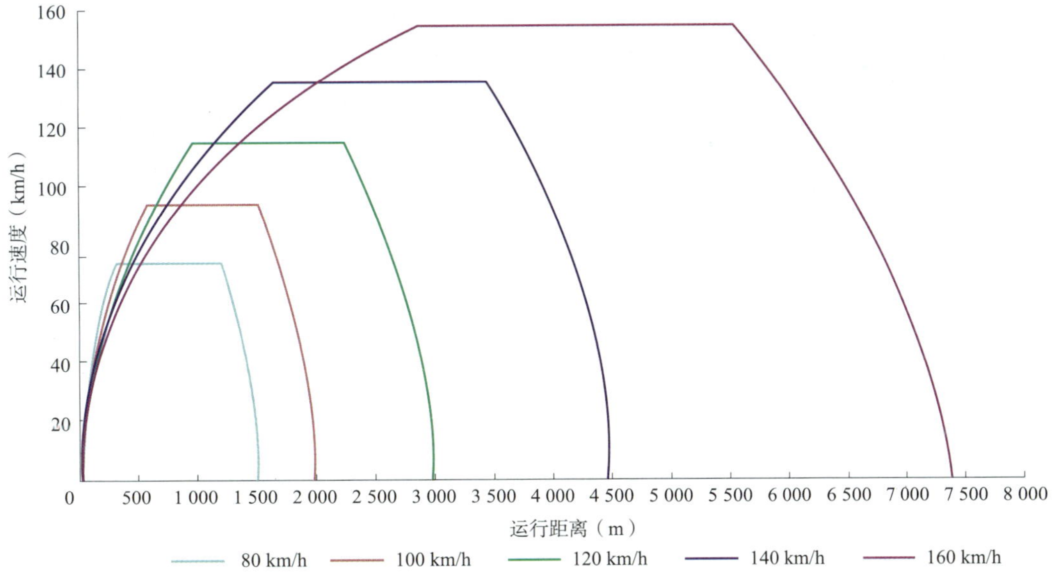

图 4.1　站间距与速度适应关系图

2. 车辆选型及列车编组

在城市轨道交通系统中，车辆是直接为乘客服务的设备，是整个系统的核心，不同的车辆会导致整个系统经济、社会与环境效益的很大差异。车辆类型的选择在很大程度上就是系统制式的选择，直接影响建设规模和工程投资；与实际运营相匹配的列车编组方案不仅可以节省项目的工程投资、降低运营成本，而且还可以优化运输组织方案、提高系统的服务水平。确定合理的车辆类型以及列车编组方案对整体方案设计具有重要意义。

(1)车辆选型

车辆选型应根据线路的功能定位和特点，结合客流需求及特点，既要满足国产化率、安全可靠、经济性的要求，又要兼顾乘客的舒适性、技术先进性等因素。

《地铁设计规范》(GB 50157—2013)第4.1.5条规定，车辆类型应根据当地的预测客流量、环境条件、线路条件、运输能力要求等因素综合比较选定。

《市域(郊)铁路设计规范》(TB 10624—2020)第6.1.5条规定，车辆类型应根据线路设计速度、客流量、运输组织、供电制式等因素综合比较选定。

一个城市的首条轨道交通线路的系统制式决定了线网后续建设的其他线路的系统制式，一般会将车辆选型作为重要技术标准进行专题研究；同时，目前城际铁路、市域(郊)铁路、城市轨道交通快线的界限越来越模糊，面对这样界限模糊的线路，车型的选择也是一个重点。首先应结合线网相关规划情况，并结合项目线路概况、功能定位、预测客流特征分析及国内相同定位线路的车辆类型及使用情况等，确定项目车辆选型的重点比选方案。然后再从主要技术参数比较、与预测客流的适应性分析、与运输组织方案的适应性分析、线网资源共享分析、与线路平面的适应性分析及经济性综合比较等方面对几个重点方案进行全面分析比较，得出推荐方案。

(2)列车编组

轨道交通是解决城市主要交通干道、大客流需求区段乘客出行的便捷交通工具，具有快捷、安全、环保的特点。乘客舒适度作为轨道交通"以人为本"的最主要衡量指标之一，当车辆选型及列车运行间隔一定时，列车编组辆数就成为最直接的影响因素。列车编组方案的核心是列车的编组辆数。列车编组辆数又受多种因素的制约，其中最主要的因素有预测的客流量、列车行车间隔时间、车辆定员等。

列车编组必须满足单向高峰小时断面客流量的需要。预测客流量是指一条线未来的客运需求，是轨道交通系统能力配置的主要依据。按地铁设计规范要求，通常以高峰小时单向最大断面客流量作为规划设计的依据，设计运能应能满足未来高峰小时高断面点的客运需求，并适当预留发展余量。当列车运行间隔无法进一步缩小时，预测的客流量越大，列车编组辆数就越多。

列车行车间隔时间是一个综合性技术指标，行车间隔时间与系统运输能力成反比。行车间隔时间越短，每小时通过的列车对数越多，运输能力也就越大。行车间隔时间的确定，取决于信号系统、车辆性能、折返能力、停站时间、列车间距、司机延误时间、乘客乘车素质等诸多因素。行车间隔时间可分为区间行车间隔时间、车站行车间隔时间及折返站折返时间等。

车辆定员是车辆设备的一项技术指标，车辆定员数为车辆座位数和空余面积上站立乘客数之和。在客流量一定情况下，增加定员数，能减少列车的编组辆数。车辆定员与车厢面积、座位数、车厢内可站立面积等因素均有密切的关系。

一般来说，初期、近期预测客流量较小，采用较短的编组方案就能满足客流需求，且能保证较高的发车密度，但远期预测客流量较大，初期、近期的短编组方案不能满足远期预测客流需求，远期需采用长编组方案。地铁设计规范也要求根据客流逐步增加的规律，列车应相应采用初期、近期、远期不同的编组方式。但单元编组的列车拆解拼装不方便且费用较高，为了减少对列车编组的频繁改造，一般都不会将初期、近期、远期选择成各不相同的编组方案，尤其是初期运营期较短，在轨道交通设计中一般和近期选择相同的编组。

信号控制技术的不断进步，为短编组改长编组及长短编组混跑提供了有利条件，例如车站站台门开关控制技术、虚拟联挂等技术的进步，将缓解及解决一直以来长短编组方案面临的运营组织压力及列车改扩编的问题。

4.2.2 专业类技术标准

1. 线路

线路的主要技术标准的确定与系统制式密切相关，也与速度目标值等其他技术标准密切相关。一般对应的设计标准、规范中会有明确规定，设计过程中，应严格按相关设计标准、规范执行，确有困难的，应专题进行研究，经技术经济比选后确定。线路涉及的主要技术标准包括线路平面、线路坡度和竖曲线半径。

(1)线路平面

线路平面重点关注的主要技术标准包括：

①正线数目；

②轨距；

③最小曲线半径；

④夹直线最小长度；

⑤圆曲线最小长度。

(2)线路坡度

线路坡度重点关注的主要技术标准包括：

①区间正线最大坡度；

②联络线、出入线的最大坡度；

③区间隧道的最小坡度；

④车站站台范围内的线路坡度；

⑤车场线的坡度、最短坡长。

(3)竖曲线半径

竖曲线半径重点关注的主要技术标准包括：

①正线区间的最小竖曲线半径；

②车站端部的最小竖曲线半径；

③联络线、出入线、车场线的最小竖曲线半径。

2. 车站建筑

车站建筑关注的主要技术标准为有效站台长度、站台宽度。

(1)有效站台长度

有效站台长度为列车最大编组数的有效长度和停车误差之和。最大编组数的有效长度和停车误差应符合相关设计标准、规范的要求。

(2)站台宽度

相关设计标准、规范有站台宽度详细的计算公式，在此不再赘述。

站台宽度重点关注的主要技术标准包括：

①岛式站台

a. 无柱岛式站台宽度

b. 单柱岛式站台宽度

c. 双柱岛式站台宽度

d. 岛式站台侧站台宽度

②侧式站台

a. 侧式站台(长向范围内设梯)的侧站台宽度

b. 侧式站台(垂直于侧站台开通道口)的侧站台宽度

3. 供电制式

牵引供电制式是指供电系统向电动车辆或电力机车供电所采用的电流制、电压等级和供电方式。主要分为以下三种：

(1)单相工频25 kV交流制

单相工频25 kV交流制一般适用于运量大、负荷重、速度高、运输距离长的干线电气化铁路，如普速客货共线铁路、200～250 km/h客货共线铁路或客运专线、300 km/h及以上高速铁路或客运专线。

(2)直流牵引供电制式

直流牵引供电制式适用于列车功率不大、供电半径较小、列车密度高且启动频繁的城市轨道交通。中国各城市的城市轨道交通基本均采用直流牵引供电制式。

(3)双制式/多制式供电

双制式/多制式供电是根据不同区段的列车运行最高速度，采用不同的牵引供电制式时，为适应行车组织决定的列车跨线运行和直通需要，供电系统设置不同制式之间实现转换的过渡段或系统分离区，实现对具备双制式或多制式受电功能的同一车辆进行供电。

采用何种供电制式主要取决于线路功能定位、速度目标值、车辆选型、站间距、投资等多方面因素。目前国外采用双制式供电的线路虽然有但是占比较低，且都是由于一些特殊原因导致最终选择采用双制式供电方式，并非主动采用。而国内并无双制式线路的运营经验；采用双制式供电方式，供电系统、车辆等专业的投资较大；根据调研，目前国内也无已运营的双制式车辆，仅有双制式的样车下线。因此国内采用单制式供电方式更为合理。

AC 25 kV制式与DC 1 500 V制式有各自的优缺点。两种供电制式的对比详见表4.4。

AC 25 kV制式的主要优点在于电压等级高，供电半径能够达到80 km；供电设施相对较少，供电系统本身的投资较直流制式少。主要缺点在于线路中需要设置电分相，电分相对于列车的速度有较大的损失，此种供电制式会产生三相不平衡和少量谐波，对电力系统有一定的影响，并且交流电气化轨道交通会对沿线的通信设施设备产生一定的影响，需要进行相应的电磁干扰防护。

DC 1500制式的主要优点在于电压等级低，对隧道的净空要求低，对于常规地铁线路而言隧道较多，可以节省土建的投资。

表4.4 两种供电制式比较表

项 目	单相工频25 kV交流制	直流1 500 V供电制
供电形式	单边供电	双边供电
变电所供电范围	电压等级高，变电所供电范围为30～80 km	电压等级低，变电所供电范围为2～4 km
牵引变电设施	变电设施数量少，各种接线结构简单	变电设施数量多，各种接线结构复杂；供电工程投资较大
电分相	有电分相，电分相的设置对列车速度有较大损失，可能引起过分相时接触网过电压	无电分相，弓网关系更好，不会损失列车速度
牵引网结构	在相同功率前提下，其电流比直流供电要小，牵引网截面积小，结构简单	复杂，牵引电流大，牵引网为满足载流量要求，截面积大
设计速度目标值	可适应较高的列车速度，国内目前设计最高运营速度可达350 km/h	采用接触轨或架空接触网，国内目前已运营最高速度不超过120 km/h
供电安全性	牵引网电压等级高，所要求的安全防护距离较大	牵引网电压等级低，所要求的安全防护距离较小
对隧道净空的影响	电压等级高，爬电距离大，对净空要求稍大	电压等级低，对净空要求小，采用相同的车辆，在盾构施工条件下，开挖直径小
对电力系统的影响	产生三相不平衡和少量谐波，对系统电能质量会有一定影响	产生少量谐波，对电力系统电能质量影响较小
防护处理	需进行电磁防护，全线可通过增加架空回流线进行防护，处理相对简单	需进行杂散电流防护，全线需设监测系统，进行全面防护，防护复杂
运营费用	变电设施少，需工作人员少；电压等级高，电能损耗也少	主变电所多，需工作人员多；牵引变电所数量大，电能损耗大；电压等级低，电能损耗也大
适用范围	各种速度等级均能适应	一般不超过120 km/h

4.2.3 西安轨道交通技术标准运用情况

1. 基础类技术标准运用情况

(1)速度目标值

目前已运营的线路为1号、2号、3号、4号、5号、6号、9号、14号线,共计8条线。其中,1号、2号、3号、4号、5号、6号、9号线7条线最高运行速度均为80 km/h;14号线为机场线,最高运行速度为100 km/h。

在建项目为1号线三期、2号线二期、8号线、10号线一期、15号线一期、16号线一期。其中1号线三期、2号线二期为已运营既有线的延伸线,速度目标值延用80 km/h标准。8号线、10号线一期、15号线一期、16号线一期,根据各线功能定位、车站分布、线路条件、资源共享等因素,最终确定8号线速度目标值采用80 km/h,10号线一期、15号线一期、16号线一期速度目标值采用100 km/h。

对于规划线路,速度目标值的研究确定,应从线路功能定位、客流出行特征、与站间距的适应性、与线路平面条件的适应性、与时间目标的适应性、经济性等方面对速度目标值方案进行全面分析比较,得出推荐方案。

(2)车辆选型及列车编组

①车辆选型

目前已运营的1号、2号、3号、4号、5号、6号、9号、14号线,共计8条线,均采用B型车。

在建的1号线三期、2号线二期延用既有线标准,仍采用B型车。

在建的8号线为线网中唯一环线,采用A型车;15号线一期采用A型车;在建的10号线一期和16号线一期均采用B型车。

规划线路的车辆选型,应首先根据线路功能定位,确定车厢每平方米站立标准,在此基础上,再根据线路客流需求及特点、远期高峰小时预测客流规模等因素确定车辆选型方案。

②列车编组

目前西安已运营的线路及在建线路,无论车型是A型车还是B型车,初期、近期、远期均推荐采用6辆编组。

在建的16号线在设计过程中,考虑初近期客流较小、远期发展前景又较好,曾提出过初近期采用4辆编组、远期采用8辆编组的方案,由于受审批程序及建设进度的限制,最终该方案未被采纳,但提供了较好的解决思路。建议后续建设的机场线、市域快线等特殊功能的线路,针对初近期客流较小采用短编组、远期客流较大采用长编组的方案进行深入研究比选。

2. 专业类技术标准运用情况

(1)线路

西安市地形、地貌较好,无论是已运营线路还是在建线路,线路平面及纵断面设计过程中均未突破现行相关规范的要求。

(2)车站建筑

①有效站台长度

已运营的1号、2号、3号、4号、5号、6号、9号、14号线均采用6B编组,车站有效站台长度均为118 m。

在建的8号、15号线采用6A编组,车站有效站台长度均为140 m。

在建的10号线、16号线采用6B编组,车站有效站台长度均为118 m。

后续规划线路应根据最大编组辆数的上线运营列车长度合理确定有效站台长度,尤其是互联互通、跨线运营的市域线,有效站台长度应具有包容性,要满足跨线列车对有效站台长度的要求。

②站台宽度

标准站台宽度:已运营的一期建设规划线路1号线一期、2号线一期车站地下二层标准站站台宽度为10 m;3号线为10.5 m;1号线二期开通较晚,为11 m。已运营的二期建设规划线路(4号、5号、6号、9号线)双柱标准岛式站台宽度均采用12.5 m。在建的三期建设规划线路双柱标准岛式站台宽度大部分采用13 m。

换乘站站台宽度:2号线一期为12～14 m,1号线一期为12 m,1号线二期及3号线一期均采用14 m。二期建设规划线路(4号、5号、6号、9号线)换乘节点车站普遍采用14 m站台宽度,大客流换乘车站采用16 m站台宽度,与一期建设规划线路(1号、2号、3号线)相比较大幅度提升了换乘车站的乘车条件。三期建设规划线路(8号、10号、15号、16号线)换乘节点车站普遍采用14 m站台宽度,大客流换乘车站采用16 m、17 m站台宽度。三期车站更注重精细化设计,根据线路功能定位不同,站台宽度更多结合线路走行区域及站点周边规划综合确定,根据区域形成层级分类,形成一条线出现多种站台宽度形式的情况。

后续规划线路站台宽度应做到与时俱进,更加注重乘客体验和服务理念,与发展趋势相匹配,满足社会进程中的城市服务需求。

(3)供电制式

目前西安已开通运营的线路及在建线路均采用DC 1 500 V牵引供电制式,后续建设的市域快线建议结合速度目标值、车辆选型等因素,对AC 25 kV与DC 1 500 V制式进行深入研究比选。

4.3 限　界

限界是保障轨道交通安全运行、限制车辆断面尺寸、限制沿线设备安装尺寸及确定建筑结构有效净空尺寸的图形。它和车辆、线路、轨道、隧道、桥梁、路基、车站建筑与结构、通信、信号、供电、给排水及消防、通风空调、站台门、人防隔断门等专业存在接口关系。

按照轨道交通层级划分,其中铁路(包含国铁、城际铁路)限界执行现行标准《标准轨距铁路限界》(GB 146)统一的标准体系,城市轨道交通中市域铁路、地铁及轻轨限界体系类似,但在速度目标值、车辆特性、供电制式等方面存在差异。本节主要对钢轮钢轨地铁限界设计进行介绍。

4.3.1 限界的功能及分类

制定合理的限界是保障行车安全和控制土建投资的重要环节。根据不同的功能要求,限界分为车辆限界、设备限界和建筑限界。

1. 计算车辆及其轮廓线

计算车辆是制定限界时假定的车辆,包括各项构造参数、横断面轮廓尺寸及水平投影轮廓尺寸等,均是车辆限界设计计算的依据。《地铁限界标准》(CJJ/T 96—2018)和《地铁设计规范》(GB 50157—2013)中的计算车辆是根据国内实际使用的车辆作为雏形,考虑到目前车辆发展中可预见的变化和优化,通过对其合理修正,设定的一种假设车辆,既代表现有车辆,又考虑了地铁车辆将来的发展方向。工程项目实际的车辆轮廓线由车辆供应商提供,允许与计算车辆轮廓线存在差异。

2. 车辆限界

地铁车辆限界是计算车辆不论是空车或重车在平直线的轨道上按区间最高速度等级并附加瞬时超速、规定的过站速度运行,计及了规定的车辆和轨道的公差值、磨耗量、弹性变形量、车辆振动、一系或二系悬挂故障等各种限定因素而产生的车辆各部位横向和竖向动态偏移后形成的动态包络线。《市域(郊)铁路设计规范》(TB 10624—2020)中,市域铁路未在车辆限界中考虑故障工况,车辆限界仅为正常状态下车辆运行产生的动态包络线。工程项目中的车辆限界在车辆招标之前,可参照规范规定的车辆限界进行工程设计,车辆招标后进行校核。

3. 设备限界

地铁设备限界是基准坐标系中为控制沿线设备安装,并在车辆限界外加安全余量而形成的界线,是从车辆安全运行角度考虑允许固定设备安装离开车辆最小距离的边界。市域铁路设备限界安全余量中考虑了车辆一系或二系悬挂故障状态因素的影响。

4. 建筑限界

建筑限界是位于设备限界外考虑了沿线设备安装后的最小有效界线。建筑限界按线路敷设方案可分为隧道建筑限界、高架建筑限界、地面建筑限界。隧道建筑限界可按工程结构形式分为矩形隧道建筑限界、马蹄形隧道建筑限界和圆形隧道建筑限界等。市域铁路建筑限界拟定时还应考虑空气动力学影响。

4.3.2 制定限界的主要技术参数

1. 计算车辆主要参数

西安既有和在建地铁线路，车辆采用架空接触网受电的 A 型车和 B 型车。现以 A_2 型和 B_2 型车辆摘录数据为例说明，见表 4.5。

表 4.5 地铁 A_2 型和 B_2 型车辆参数表

名　　称		A_2 型车	B_2 型车
车辆最大高度(mm)	受电弓车(落弓高度)	≤3 810	≤3 810
	受电弓工作高度	3 980 ~ 5 800	3 980 ~ 5 800
计算车辆长度(mm)		22 100	19 000
车辆定距(mm)		15 700	12 600
车体外侧最大宽度(mm)		3 000、鼓形车小于 3 100	2 800、鼓形车小于 2 900
地板面距轨面高(mm)		1 130	1 100
固定轴距(mm)		2 500	2 200 ~ 2 300
车轮新轮直径(mm)		840	840
受电弓宽度(mm)		1 550 ~ 1 700	1 550 ~ 1 700

市域铁路将为都市圈中心城市城区连接周边城镇组团及其城镇组团之间提供公交化、大运量、快速便捷服务，其限界设计相关车辆参数详见表 21.2。

2. 线路、轨道及接触网参数

限界设计除车辆基础资料外，还应考虑线路、轨道及接触网等控制性参数，见表 4.6。线路平面曲线半径、轨道超高是确定全线控制性曲线设备限界的主要因素，也是曲线地段建筑限界计算的依据。接触网导线高度是确定顶部限界的主要参数，其和接触网结构方案决定了隧道净空最小高度要求。

表 4.6 线路、轨道及接触网参数表

<table>
<tr><th>线路、轨道、接触网参数</th><th>A_2 型　车</th><th>B_2 型　车</th><th colspan="2">市　域　车</th></tr>
<tr><td>正线平面曲线最小半径(m)</td><td>350，困难 300</td><td>300，困难 250</td><td colspan="2">按设计速度等级及限速地段要求确定</td></tr>
<tr><td>辅助线平面曲线最小半径(m)</td><td>150</td><td>150</td><td colspan="2">市域 A、市域 B、市域 D:150
市域 C:200</td></tr>
<tr><td>轨道最大超高值(mm)</td><td colspan="2">120，当 120 km/h 速度等级线路时为 150</td><td colspan="2">150</td></tr>
<tr><td>轨道超高设置方式</td><td colspan="2">半超高:内轨降低半超高，外轨抬高半超高
全超高:外轨抬高一个超高</td><td colspan="2">宜采用全超高</td></tr>
<tr><td rowspan="2">接触网导线高度(mm)</td><td colspan="2" rowspan="2">隧道内:4 040
隧道外:4 400
车辆段:5 000</td><td>DC 1 500 V</td><td>隧道内:4 040
隧道外:4 400
车辆段:5 000</td></tr>
<tr><td>AC 25 kV</td><td>结合车辆参数、受电弓工作范围、空气绝缘距离、线路养护维修等综合确定</td></tr>
</table>

4.3.3 限界设计的主要内容

1. 确定最小线间距

地铁区间最小线间距应结合设备限界、线路条件、施工工法等因素综合确定，A、B 型车最小线间距参考值见表4.7。

表4.7 地铁最小线间距参考值表

适用工况	最小线间距参考值(mm)	
	A型车	B型车
两线间无墙、柱、管线、设备时	3 800	3 600
两线间有墙柱无管线设备时(无轨旁疏散平台)	(1 900×2)+中柱厚+100(施工误差)	(1 800×2)+中柱厚+100(施工误差)
两线间有墙柱有管线设备时(无轨旁疏散平台)	(2 100×2)+中墙厚+100(施工误差)	(2 000×2)+中墙厚+100(施工误差)
明挖区间设置轨旁疏散平台时	(2 400×2)+中墙厚+100(施工误差)	(2 300×2)+中墙厚+100(施工误差)
高架区间两线间设置轨旁疏散平台时	(1 700×2)+疏散平台宽度	(1 600×2)+疏散平台宽度
交叉渡线	一般为5 000,依据道岔参数确定	

市域铁路最小线间距除了考虑设备限界及安全余量外,还应考虑不同速度目标值下会车压力波影响,《市域(郊)铁路设计规范》(TB 10624—2020)提出了最小线间距标准,见表4.8。

表4.8 市域铁路最小间距

车辆类型	市域A型车	市域B型车	市域D型车
最小线间距(m)	3.8	3.6~3.8	4.0

2. 设备管线空间布置要求

(1)在建筑限界以内,设备限界以外的空间,用来安装各种设备管线。任何设备及管线在宽度方向上距离设备限界应留出不小于50 mm的安全间隙。

(2)各种设备管线的安装位置,一经确定,不得随意调换或侵占其他工种的安装位置,必须变更时,需经多方协商、确认,方可进行相互调整。

(3)管线布置应考虑安装、养护的便利和空间。

(4)区间地面线、高架线采用电缆支架时应考虑防盗措施占用空间。

(5)地下线需布置的管线及设备主要有电力电缆、电源箱、通信信号电缆、照明电源箱、漏泄同轴电缆、照明灯、扬声器、消防给水管、排水管、FAS和BAS管线、信号机等,布置原则如下:

①一般情况下,以列车行车前进的方向为准,电力电缆、照明灯安装在行车方向左侧,通信信号电缆、漏泄同轴电缆、扬声器、消防给水管、排水管、FAS和BAS管线、信号机等安装在行车方向右侧。

②若特殊情况下,电力电缆与通信、信号电缆需要同一侧设置时,应协商确定,并考虑抗干扰距离。

③漏泄同轴电缆可安装在隧道顶部。

④道岔区管线顶部过轨需考虑道岔区限界加宽影响,合理选择过轨位置。

(6)地面线需要布置的设备及管线主要有电力电缆、通信信号电缆、防护栏等,布置原则如下:

①电力电缆宜布置在线路外侧路基边坡下电缆沟内。

②通信信号电缆布置在两线外侧路肩电缆沟内。

③防护栏一般布置在用地界上。

(7)高架线需要布置的设备及管线主要有电力电缆、通信信号电缆、声屏障、疏散平台等,布置原则如下:

①以行车方向为准,电力电缆布置在线路右侧,通信信号电缆布置在线路之间(双线)或线路左侧(单线)。

②声屏障可布置在桥梁两侧。

③疏散平台宜设于两线之间(双线)。

3. 车站建筑限界

(1)车站站台应满足车辆限界要求。车站站台面与车厢地板面高差、站台边缘距车辆轮廓横向间隙、站台门距车辆轮廓横向间隙等设计值既影响行车安全,也影响乘客乘降安全,须严格执行。车站站台限界依据站台高度处车辆限界和车辆车门形式确定，工程设计阶段，车辆车门形式往往不能稳定，站台按塞拉门条件预留，后期可采用防踏空胶条进行优化调整。当车站有越行模式时，站台限界宜按车辆限界加不小于 10 mm 的安全间隙确定。曲线站台限界应在直线车站的基础上根据曲线半径和超高因素按规范要求精确求解，并满足站台边缘与车厢地板面高度处车辆轮廓的水平间隙不大于 180 mm。各种车型站台限界值见表 4.9。

表 4.9 直线站台限界值表　　单位：mm

限界要求		A 型车	B 型车	市域 A	市域 B	市域 D
站台横向建筑限界	塞拉门	1 600	1 500	1 600	1 500	1 750
	内藏门、外挂门	1 570	1 470			
站台面距轨面高度		1 080 ± 5	1 050 ± 5	1 100 ± 5	1 070 ± 5	1 250 ± 5

（2）当车辆采用塞拉门时，站台门的滑动门体至车辆轮廓线（未开门）之间的净距不应大于 130 mm；当车辆采用内藏门或外挂门时，宜采用 100 mm；站台门顶厢与车站车辆限界之间，应保持不小于 25 mm 的安全间隙。当车站有越行模式时，站台门限界应按最大过站速度条件下车辆限界外加安全余量确定。

（3）有效站台长度范围外的非有效站台边缘至线路中心线距离宜按设备限界另加不小于 50 mm 安全间隙确定。

（4）如果道岔前端及曲线头、尾的内外侧偏移量已影响到站台边缘时，必须对站台边缘进行限界加宽切削处理。

（5）车站有效站台外范围和站台对侧建筑限界宜与区间建筑限界设计原则一致。

4. 区间建筑限界

区间建筑限界按施工工法可分为矩形、圆形、马蹄形等。建筑限界与设备限界之间的空间应根据设备和管线且包含变形预留值后所需的安装尺寸、安装误差值、测量误差值确定。同时，建筑限界和设备限界之间的最小间距不宜小于 200 mm。任何沿线永久性固定建筑物，包括施工误差值、测量误差值及结构永久变形量在内，均不得侵入建筑限界。

（1）区间疏散平台限界

当区间设置纵向疏散平台时，单线临空侧最小平台宽度不宜小于 700 mm，困难条件不小于 600 mm；双线设置于两线之间的平台宽度不宜小于 1 000 mm，困难条件不小于 800 mm。疏散平台高度按曲线地段不高于车厢地板面确定，疏散平台上方净空高度不得小于 2 000 mm。

（2）地铁隧道建筑限界

①矩形隧道建筑限界

矩形隧道水平方向建筑限界考虑隧道侧壁设备及管线安装空间、安全余量（与设备限界之间不小于 50 mm）确定；垂直方向考虑轨面以上设备限界、接触网安装要求以及轨面以下轨道结构高度确定。A_2 型和 B_2 型车辆直线段单线矩形隧道建筑限界参考值见表 4.10。西安轨道交通 5 号线、8 号线矩形隧道建筑限界如图 4.2 和图 4.3 所示。

表 4.10 A_2 型和 B_2 型车直线段矩形隧道建筑限界表　　单位：mm

车辆类型		A_2 型车	B_2 型车
轨面上建筑限界高度		4500	4500
左侧建筑限界宽度	有疏散平台	2 400	2 300
	无疏散平台	2 100	2 000
右侧建筑限界宽度		2 200	2 100

曲线地段矩形隧道建筑限界，应依据设计规范中曲线限界加宽办法结合线路曲线要素、轨道超高等参数进行限界加宽设计。

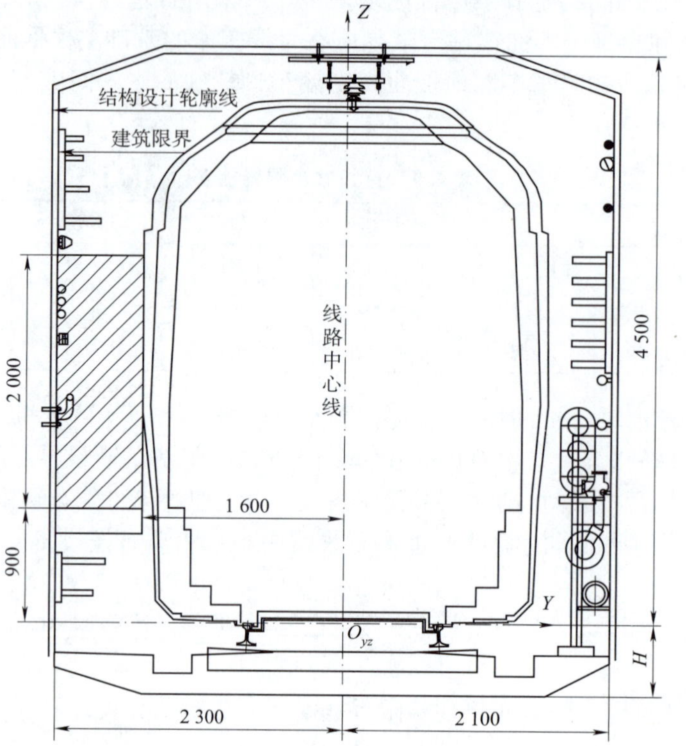

图 4.2 西安轨道交通 5 号线 B 型车矩形隧道建筑限界图(单位:mm)

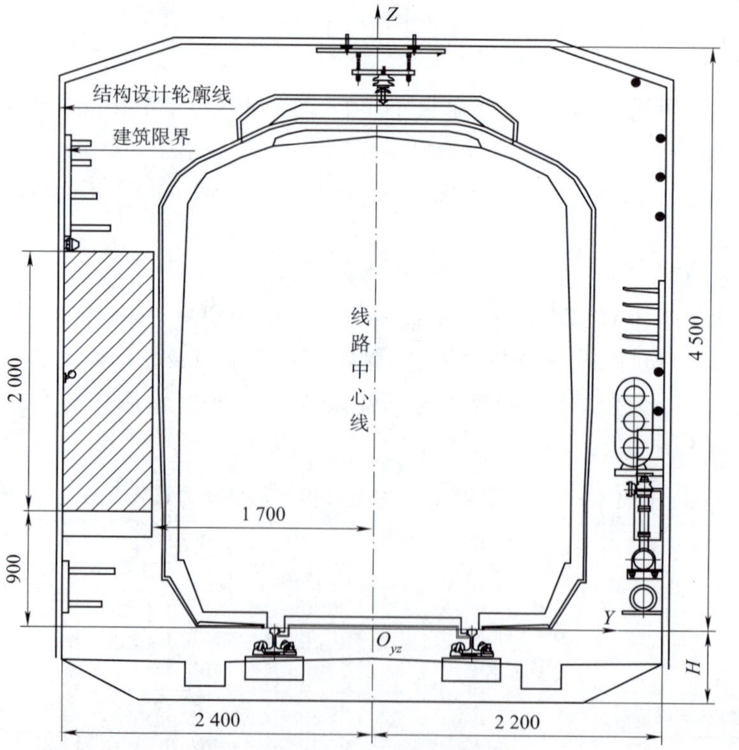

图 4.3 西安轨道交通 8 号线 A 型车矩形隧道建筑限界图(单位:mm)

②圆形隧道建筑限界

单线圆形隧道建筑限界应按全线或工程单元区间盾构施工地段的平面曲线最小半径和最大轨道超高确定。一般道床地段区间圆形隧道建筑限界直径最小应为 5 200 mm，减振道床地段最小应为 5 300 mm。西安轨道交通 5 号线、8 号线圆形隧道建筑限界如图 4.4 和图 4.5 所示。

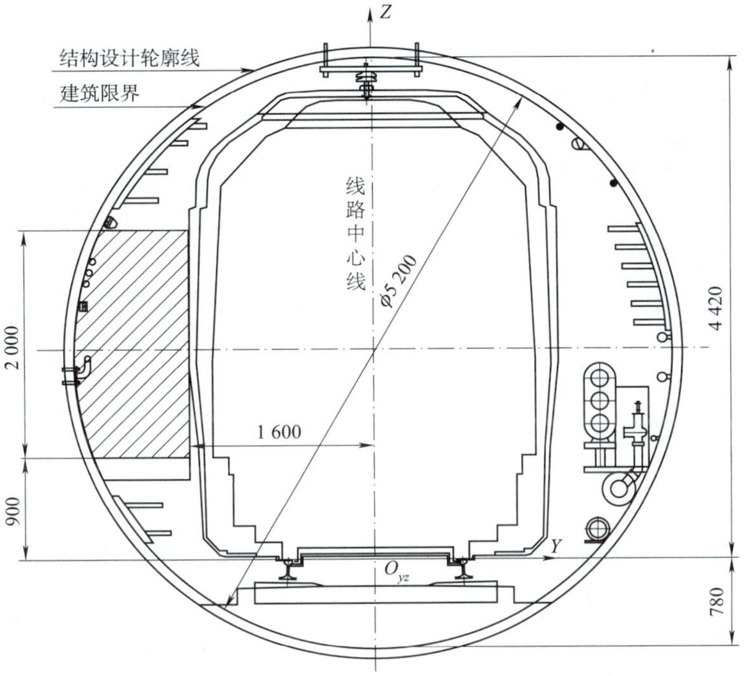

图 4.4　西安轨道交通 5 号线 B 型车圆形隧道建筑限界图(单位:mm)

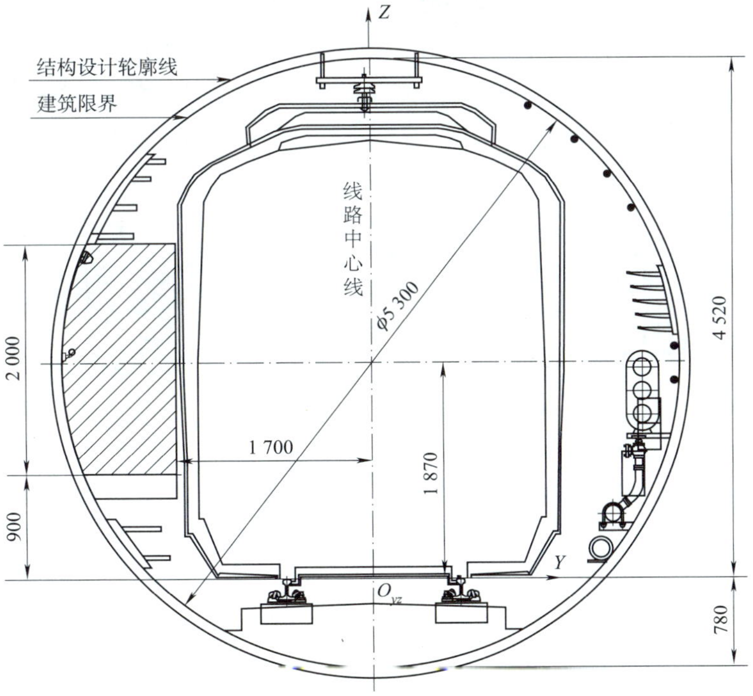

图 4.5　西安轨道交通 8 号线 A 型车圆形隧道建筑限界图(单位:mm)

单线圆形隧道在曲线超高地段，采用隧道中心向线路中心线内侧偏移的方法解决轨道超高造成的内外侧不均匀位移量。偏移量计算公式(内轨降低半超高)为

$$Y' = h_0 \sin\alpha \tag{4.1}$$

$$Z' = -h_0(1-\cos\alpha) \tag{4.2}$$

$$\alpha = \arcsin(h/1\ 500) \tag{4.3}$$

式中 Y'——隧道中心线对线路基准线内侧的水平位移量，mm；

Z'——隧道中心线竖向位移量(忽略不计)，mm；

α——轨道超高角度，rad；

h——轨道超高值，mm；

h_0——隧道中心至轨顶面的垂向距离。

③马蹄形隧道建筑限界

区间马蹄形隧道建筑限界宜按全线采用矿山法施工地段的平面曲线最小半径确定，单线马蹄形隧道建筑限界宜由五心圆弧构成，A_2 型和 B_2 型车辆单线马蹄形隧道建筑限界参考值见表 4.11。西安轨道交通 5 号线、8 号线马蹄形隧道建筑限界如图 4.6 和图 4.7 所示。

表 4.11 A_2 型和 B_2 型车马蹄形隧道建筑限界表

车 辆 类 型	A_2 型车	B_2 型车
拱顶圆弧半径(mm)	*R*2550 及 *R*2850	*R*2400 及 *R*2700
腰部曲率半径(mm)	5 300	7 500
拱顶高度(mm，自轨面起)	4 650	4 500

单线马蹄形隧道在曲线超高地段，采用隧道中心向线路中心线内侧偏移的方法解决轨道超高造成的内外侧不均匀位移量。偏移量计算公式与单线圆形隧道相同。

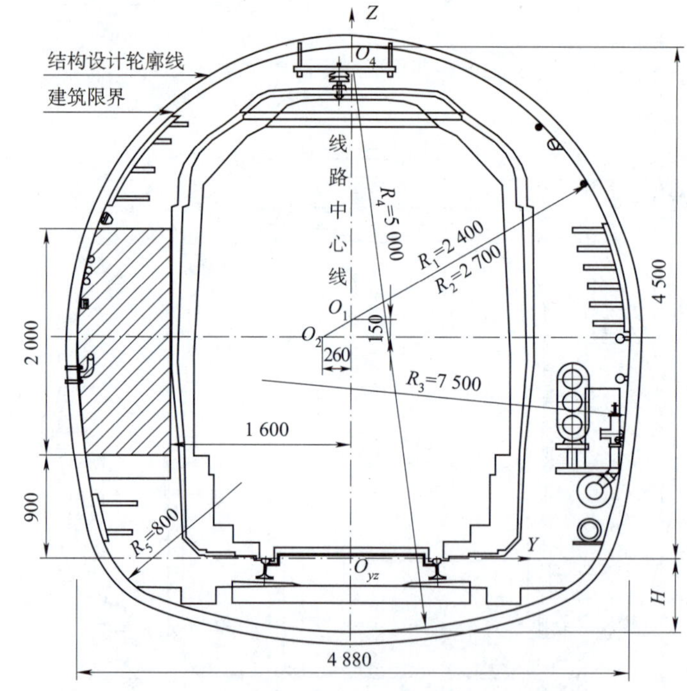

图 4.6 西安轨道交通 5 号线 B 型车马蹄形隧道建筑限界图(单位：mm)

(3)市域铁路隧道建筑限界

市域铁路主要是指最高运行速度在 120 ~ 160 km/h 范围内的钢轮钢轨系统制式，车辆包括市域 A 型车、市域 B 型车及市域 D 型车。其隧道建筑限界除了考虑区间设备管线安装空间外还应重点分析空气动力学影响。由于车辆运行速度较高，限界断面制定时，一是要加大设备限界与建筑限界的安全余量，二是要结合车辆的密闭性能，考虑车辆的会车压力波和乘客的舒适性。《市域快速轨道交通设计规范》

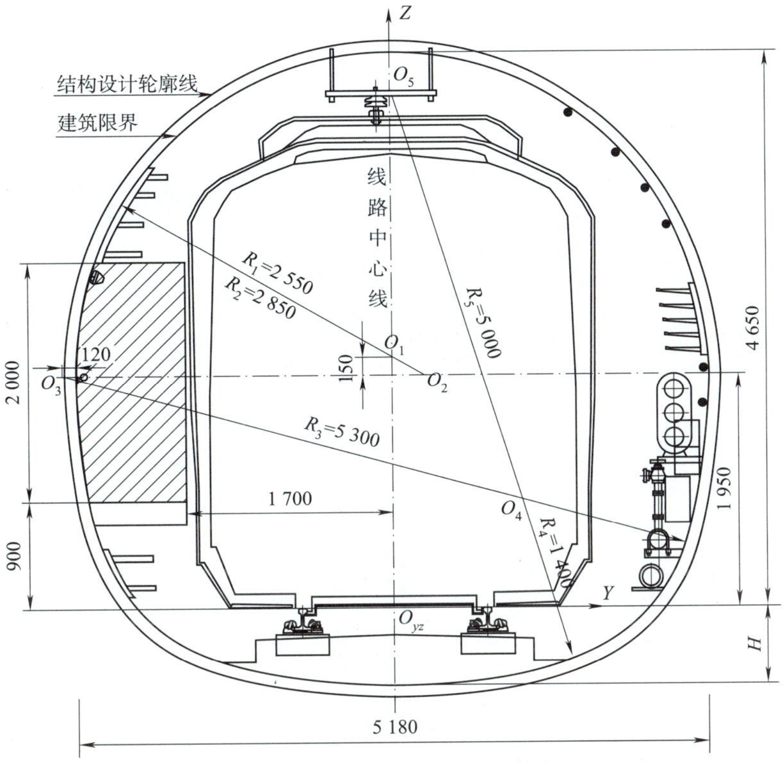

图 4.7 西安轨道交通 8 号线 A 型车马蹄形隧道建筑限界图(单位:mm)

(T/CCES 2—2017)依据国内相关的车—隧阻塞比专题研究报告对于 120 ~ 160 km/h 等级的市域轨道交通,提出了车—隧阻塞比要求,见表 4.12。

表 4.12 车—隧阻塞比表

车 辆 类 型	120 km/h	140 km/h	160 km/h
密闭性车体	—	小于 0.35	小于 0.289
非密闭性车体	小于 0.4	小于 0.27	—

(4)高架区间建筑限界

高架区间建筑限界应结合疏散平台设置方案、接触网立柱布置方案及区间管线布置方案综合确定,顶部限界按接触网导线高度及其结构高度确定。西安轨道交通 14 号线高架区间建筑限界如图 4.8 所示。

5. 车辆基地建筑限界

(1)车辆基地库外连续建筑物至设备限界的净距不得小于 200 mm,当设有人行便道时取 1 000 mm。

(2)车辆基地库外非连续建筑物(其长度不大于 2 m)至设备限界的净距不得小于 200 mm,当设有人行便道时取 600 mm。

(3)车辆基地内检修平台不得侵入车辆限界,高平台及安全栅栏与车辆轮廓线之间应留有 80 mm 至 120 mm 的安全间隙,低平台与车站站台建筑限界相同。

(4)车辆基地车库大门最小高度应按车辆高度加不小于 400 mm 的安全间隙。受电弓车辆升弓进库时,车库大门按受电弓限界设计。

4.3.4 特殊地段限界设计

1. 地裂缝地段建筑限界

地裂缝是西安地区典型的地质灾害,均分布在黄土梁洼地貌交界延伸分布部位,且由北向南依次呈

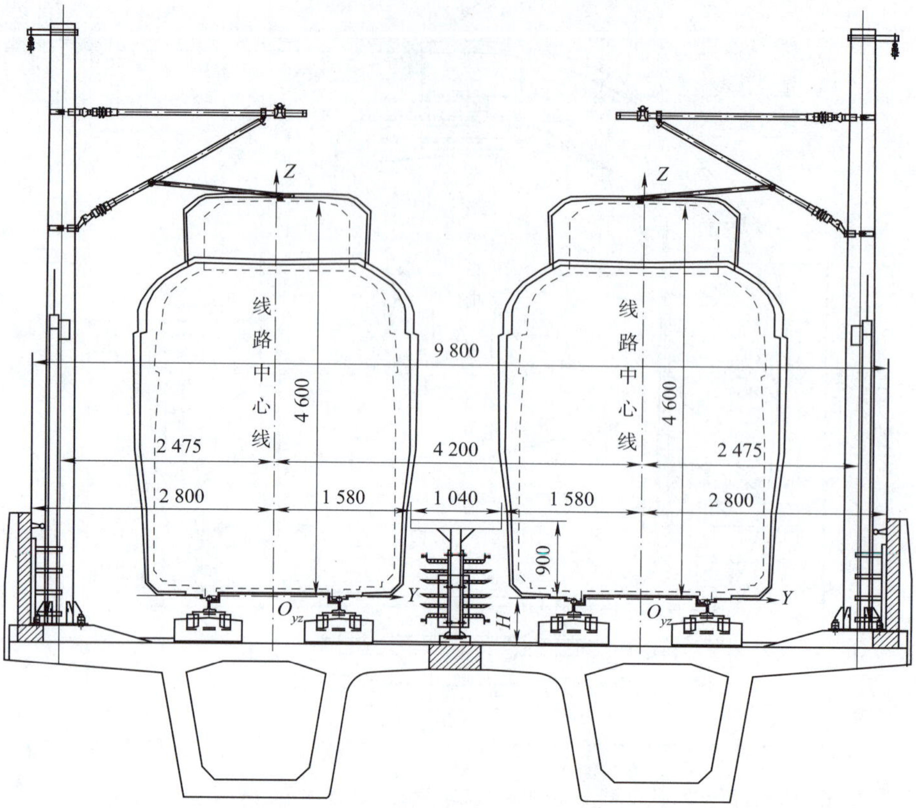

图 4.8　西安轨道交通 14 号线高架区间建筑限界图(单位:mm)

南倾排列。西安轨道交通多条线路以不同角度穿越了数条地裂缝,地裂缝活动将对轨道交通施工和安全运营产生不利影响。根据西安地裂缝的形成机理与活动变形特点,在轨道交通线路穿越地裂缝时进行隧道及建筑限界的特殊设计,按地裂缝预测沉降变形量结合线路调坡预案,必要时进行建筑限界加高和加宽处理,以保证地裂缝未来的活动不会对后期运营安全产生影响。西安轨道交通 5 号线地裂缝地段建筑限界如图 4.9 所示。

2. 联络通道建筑限界

隧道连贯长度大于 600 m 的两条单线区间隧道之间设有联络通道,在通道内设并列反向开启的甲级防火门,其布置方案应考虑门扇的开启不得侵限。按照区间疏散模式,联络通道处疏散平台布置有两种方案:一种是以区间道床疏散为主,疏散平面为辅,疏散平台在联络通道处断开,联络通道底部与轨面基本齐平;另一种是以疏散平台疏散为主,联络通道底部与疏散平台齐平。西安轨道交通项目多采用第一种方案,如图 4.10 所示。

3. 其他特殊地段

(1)人防门处建筑限界应考虑区间与车站管线穿越人防门敷设路径,尽量避免各种管线交叉打架。地铁人防门门框及附件至设备限界应有不小于 100 mm 横向安全间隙,高度与区间矩形隧道相同,可按全线曲线地段人防隔断门建筑限界包容设计,以便统一门体规格尺寸。市域铁路人防门门框及附件至设备限界应有不小于 200 mm 横向安全间隙,当车辆通过速度超过 100 km/h 时,其门框内净空面积还应考虑空气动力学影响。此外,考虑人防门处车辆故障停车工况,人防门宽度宜满足车辆与人防门间疏散通道要求。

(2)道岔区域应根据道岔、车辆参数进行限界计算和加宽处理,并预留道岔转辙机安装位置和检修空间。

(3)隧道内安装接触网隔离开关位置应考虑隔离开关设备占用空间和相邻管线敷设条件,进行限界加宽处理,隔离开关优先布置在盾构井端头等建筑限界富裕地段,以减少土建工程量。

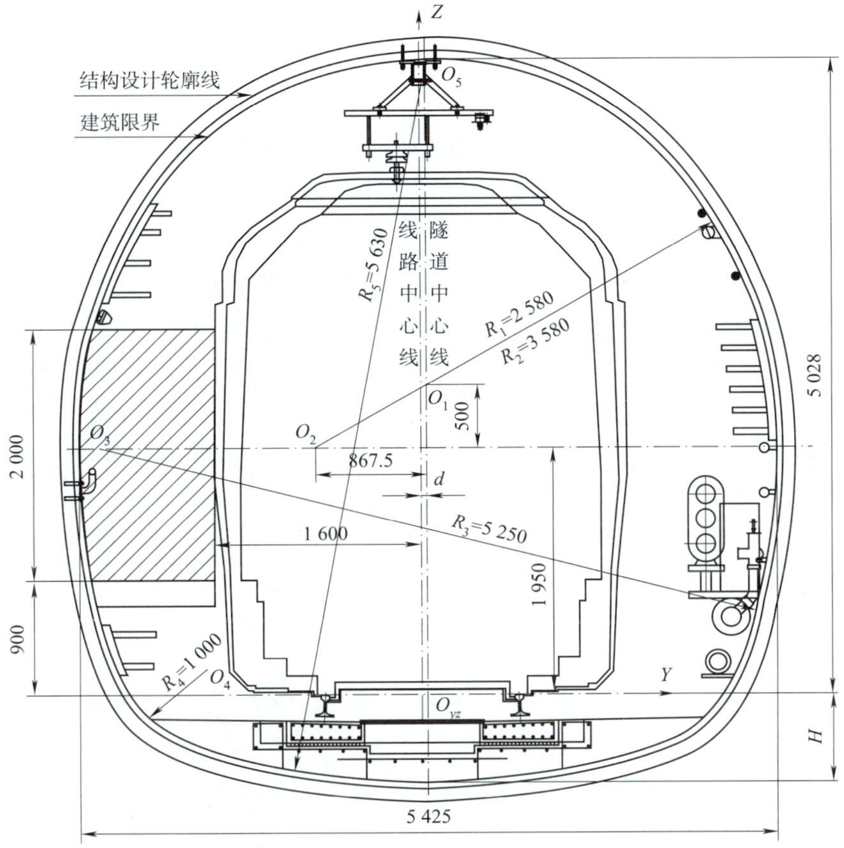

图 4.9 西安轨道交通 5 号线地裂缝地段建筑限界图(单位:mm)

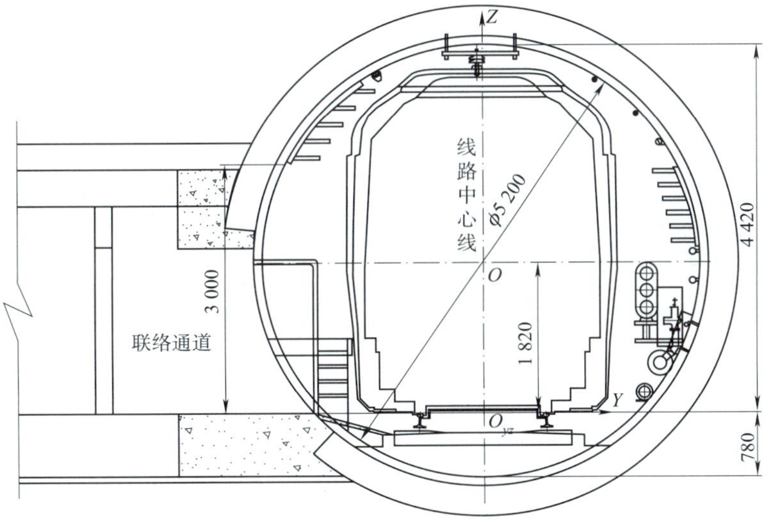

图 4.10 西安轨道交通 5 号线联络通道建筑限界图(单位:mm)

(4)区间射流风机地段建筑限界应结合射流风机安装方案确定。采用侧装方案和顶装时隧道建筑限界应分别进行限界加宽和加高处理,处理范围满足射流风机安装及通风系统设计要求。

第 5 章　线站位与敷设方式

在国土空间规划、综合交通规划等上位规划指导下，依据城市轨道交通线网规划、建设规划、线路的功能定位及相关边界条件，线站位与敷设方式研究的首要工作是要做好项目的总图规划布局，确定线路总体布局方案，并在此基础上开展线路工程设计。具体内容体现在两个维度：一是线路的总体布局方案，主要包括线路的起终点与路由、车站布设、敷设方式等；二是线路的具体工程设计，主要包括平面、纵断面及横断面设计、辅助线设计等。做好线站位与敷设方式研究，必须厘清研究依据，认清研究目标，把握各阶段研究重点。

建轨道就是建城市，建城市要靠规划引领。线站位与敷设方案必须依据国土空间规划、综合交通规划、轨道交通线网规划、建设规划等上位规划，注重与上位规划的符合性分析，响应规划理念和要求，支撑、引领城市发展。

线路总体布局方案承接上位规划，明确线站布局，线路工程设计注重落地实施，确定线站位置，采用规划布局与工程设计相结合的手段，形成规划符合性好、与主客流廊道一致、响应线路功能定位、可实施性高的线站位方案。

线网规划、建设规划阶段应统筹相关专业，重点围绕线路起终点与路由、车站分布与换乘、敷设方式、建设时序等线路总体布局方案展开研究，确保线路方案"走得通"；工程可行性研究、总体设计阶段承上启下，以稳定具体线站位布设方案为重点，确保线路"走得稳"；初步设计、施工图设计阶段重在精确设计，锚定与相关控制因素的空间关系，确保线路"走得准"。

5.1　线路起终点与路由

5.1.1　线路起终点研究

线路起终点方案是以线网规划、建设规划为依据，结合分期建设方案、线路起讫区域的规划与建设情况及工程环境与建设条件等因素，科学合理地确定起终点车站及预留工程，目标是约束线路范围、工程规模和基本走向。分期建设方案、线路起讫区域的规划与建设情况、换乘与衔接、场段接轨与综合开发、区域工程环境与建设条件五个方面是影响起终点方案的主要因素。

1. 分期建设方案

分期建设的根本目的是协同轨道建设与城市发展，保障客流效益，节省近期投资。一般情况下，当沿线城市规划分期实施、线网规划确定了分期时序或者建设规划阶段控制建设规模与投资时，应考虑分期建设方案。

2. 线路起讫区域的规划与建设情况

在线路分期建设范围确定后，结合线路起、终点区域规划及现状建设条件，系统分析区域用地性质、规划及现状客流集散点，选择合适的起、终点站位。主要考虑道路路口、岗位和人口分布以及其他交通方式的接驳，以最大限度覆盖区域客流集散地，便捷居民出行。

3. 换乘与衔接

当起终点车站位于线网中相关运营、在建或近期建设线路附近，或者综合交通枢纽等其他必须进行衔接的交通设施附近时，宜将线路适当延伸，与相关线路形成有效换乘或衔接。外围线路在进入主城区后，应尽量与线网中多条线进行多点换乘。

4. 场段接轨与综合开发

起终点站的设置应便于场段接轨，同时尽量在场段用地邻近区域设站，最大限度提升场段综合开发价值。

5. 区域工程环境与建设条件

起终点车站应充分考虑车站周边的工程环境与建设条件对站位方案的影响,主要有自然地形地貌、工程地质与水文条件、环境敏感点及重大基础设施等,综合确定起终点站的站型、配线形式、场段接轨及预留工程设计。

5.1.2 线路路由研究

线路路由研究体现在总体布局方案和工程设计两个维度:总体布局方案以线网规划、建设规划为依据,研究明确大的通道与走向,主要在可研阶段完成;工程设计确定具体线位,通过可研、初步设计、施工图等阶段的研究逐步深化。

1. 指导原则

一是响应上位规划原则。严格按照相关的总体性规划、专项规划等上位规划所要求的客流通道选择路由,满足线路功能、客流需求和速度目标要求。二是环境协调原则。线路尽可能沿城市主干道行进并在道路规划红线范围内布置,与相近建(构)筑物距离应符合城市环境、风景名胜和文物保护等要求。三是可实施性原则。在顺直、通达的基础上,尽量选择工程可实施性强、风险较低的方案,在实现线路功能定位和可实施性之间保持科学的平衡。

2. 主要影响因素

沿线用地性质与规模、道路规划条件、场站用地、控制性建(构)筑物、工程地质与水文条件、环境与景观六个方面是影响路由方案的主要因素。

一是沿线用地性质与规模、道路规划条件、场站用地对路由方案的影响主要体现在城市规划自身及城市发展的不确定性。一般情况下,可研阶段应继承线网规划,建设规划阶段依据上位规划和落地研究确定主要路由,但在城市规划、城市发展发生变化时应结合新的城市规划确定的用地性质与规模,或者城市发展实际情况进行局部路由的比选研究。同样,由于道路红线的宽度、纵坡及横断面形式影响工程可实施性以及场段用地有特定的接轨要求,当道路规划条件发生变化或未按规划条件实施,以及线网规划、建设规划阶段控制的场段用地发生变化时,应结合新的规划条件开展局部路由方案研究。

二是文物古迹、水源地、风景名胜区、市政桥梁、高层建筑、河道水系、地下管线等建(构)筑物影响线路路由通达和自由。需要随着基础资料的逐步翔实和实测数据,妥善处理好线路与建(构)筑物的关系,尤其是涉及文物古迹、水源地、风景名胜区等建设控制地带时,应根据国家及行业管理要求,或绕避,或采取措施保护,必要时开展专项研究并报主管部门审批。

三是工程地质与水文条件影响工程可实施性和工程投资。初步设计、施工图阶段,应严格继承前序阶段确定的总体布局方案,但随着地勘工作的开展,新的地质和水文条件不适合工程建设时,应对路由方案进行调整研究,但应注意履行调整程序和规划符合性分析。

四是环境与景观因素对路由方案的影响体现在技术和社会两方面。通过减震降噪、景观设计等措施解决工程引起的震动、噪声、景观等影响,重视社会稳定风险分析及相关措施研究,消除不利的社会影响。

3. 研究要点

做好路由研究,工作要点在于把控重点段落路由方案、注重协调相关方利益、方案调整的规划及程序合规三个方面。

第一,把控路由转换、敏感建设控制地带等重点段落路由方案。一条几十公里的线路路由方案的成败得失往往体现在几处重点段落。一般情况下,路由转换的段落往往会切割地块、穿越建(构)筑物群,带来工程风险、运营风险、环境风险等一系列风险。同样,当线路穿越风景名胜区、自然保护区、历史文化遗迹、饮用水源保护区、湿地公园时,应重点结合核心保护区和建设控制地带开展专项研究,这些方案审控级别高,往往具有“一票否决权”。

第二,及时对接,征求、协调利益相关方意见。技术边界条件更为刚性,相对可控;社会边界条件更为弹性、多变,需重点关注。加强与不同的利益相关方展开对接,求同存异,寻求各方接受的最优方案。

第三,注重方案调整的规划合规性和程序合规性。调整后方案应重新审视与上位规划、国家及行业政策文件的符合性,当变化超过限定的要求时,应按要求履行调整程序。

5.2 车站布设

车站布设包含站点布置和站点设计两个方面。站点布置是总体布局方案的重要内容。线网规划、建设规划阶段明确全线站点数量及各站点分布区域,锚固换乘站;可研阶段需聚焦到“站位”,明确车站具体位置、换乘站方案。站点设计属于工程设计维度,通过可研、初步设计、施工图设计逐步深化、精确设计,锚定站点坐标、埋深及与控制性建(构)筑的空间距离关系。

5.2.1 指导原则

一是符合线路功能定位原则。站点布置应符合线路功能定位,符合用地规划,满足客流出行要求,利于发挥运营速度,避免抛开线路功能定位谈设站,无原则地随意增减车站。

二是重点覆盖原则。车站应重点覆盖交通枢纽、线网换乘站、区域中心、商业网点及学校、医院等客流集散点,抓大放小,避免盲目追求完全均衡覆盖所有客流点。

三是综合交通衔接原则。站位应靠近客流集散点,做好交通衔接及一体化设计,提高城市公共交通体系的服务水平。

四是兼顾车站功能与可实施性原则。既不要盲目追求车站功能效果而不顾建设风险和经济性,也不要为了简化工程而舍弃必要的车站功能效果。

5.2.2 主要影响因素

线路功能定位、地形地貌、工程地质与水文条件、环境与景观、道路条件、控制性建(构)筑物、地下管线七个方面是影响车站布设的主要因素。

一是线路功能定位主要影响站点数量和分布。线网规划、建设规划确定的线路功能定位是站位分布的基础,当局部路由或沿线规划用地性质、规模调整引起加减车站时,局部不能影响整体,改变或影响全线的功能定位。同时,锚固换乘点是基本要求,无论路由调整还是非换乘站的布置,均不得影响换乘布局。

二是地形地貌、工程地质与水文条件关系工程可实施性,主要影响具体站位和工程设计。功能再好,无法落地都是空谈,车站应尽量选在地形平坦区域、避开不良地质,降低工程风险,节省工程投资。

三是环境与景观主要影响地下站附属设施设置、高架车站的站位选址和景观造型。

四是道路条件、控制性建(构)筑物、地下管线影响站点的工程设计方案。道路红线的宽度、纵坡及道路与地块的横断面形式(建筑物是否退红线)决定车站及竖井位置与埋深,影响临时交通疏解;车站及出入口、风亭等附属设施应避让各类控制性建(构)筑物,保持合理的安全距离,无法避让时考虑拆迁;地下管线主要影响车站和竖井的实施方案,对于难以绕避、埋深大、易受损、迁改难度大、迁改社会影响大的控制性管线,应在与产权单位对接的基础上,妥善考虑工程处理措施。

5.2.3 研究要点

车站布设有众多的社会边界条件,需要高度重视与利益相关方的对接,寻求各方接受的最优方案,当增减车站时,需要关注规划符合性和程序合规性。除此以外,做好站点布设工作,还需要高度重视站城一体化设计、统筹协调布线设站、把握重点站研究三个方面。

第一,站城一体化是提升轨道交通建设效益,保障轨道交通可持续发展的重要手段,从规划阶段的布线设站到工程落地实施、项目开通运营,均应贯彻站城一体化理念。车站区位是基础,站城融合是关键,需要站位与用地紧密结合,通过推行站城一体化,打破就站论站的局限性,从轨道建设、城市发展、城市生活方式的供应和引领角度,围绕轨道站点,重塑城市用地、开展城市设计、促进城市更新,构建全新的区域城市空间，真正实现建轨道就是建城市。

第二，线站位是系统性工程，布线、设站有高度的关联性。站点调整必须考虑三站两区间甚至是五站四区间，同样，线路局部线位的调整要从网络上考虑站点布设方案及其客流吸引效果。站点布设与路由调整需统筹兼顾，避免顾此失彼。

第三，把控起终点站、换乘站、综合枢纽站、综合开发车站、配线站等各类重点站设置和实施方案。起终点站、换乘站、综合枢纽站事关综合交通体系的构建和网络化运营效果，实施边界条件众多，方案难度也相对较大。除了要关注工程实施方案以外，还要关注交通衔接设施及用地保障、换乘便捷性、与周边商业的连接、综合交通枢纽构建等问题。

5.3 敷设方式

敷设方式是线站位方案的重要内容，直接影响城市景观、工程造价和后期运营成本，深层次影响沿线土地开发策略和长远的城市规划发展。线网规划、建设规划阶段，结合城市规划发展要求和道路条件，布局敷设方案；可研阶段以线网、建设规划为依据，明确过渡段位置和高架线、地面线段落的道路横断面关系；初步设计、施工图设计阶段开展相关的线路工程设计，不宜改变敷设方案。

5.3.1 各种敷设方式的适用条件

轨道交通有地下线、高架线和地面线三种形式，不同的敷设方式有不同的特点和适用场景。

地下线适用于旧城中心区、高建筑密度区、高人口聚集区、规划重点区域以及对环境要求高的地段或区域。地下线对城市景观基本无影响，节约土地，利于土地开发；缺点是造价高，运营费用高，工期长，建设期对城市交通环境影响较大。

高架线适用于城市次中心区域或外围区域，对道路红线宽度要求较高，一般要求不小于 60 m，需统筹协调好与沿线用地性质与功能、道路规划、市政交通设施的关系。高架线造价和运营成本相对较低，工期短，工程相对简单；缺点是建筑体量、噪声、振动会对沿线城市环境及土地利用造成影响。

地面线适用于城市外围或市郊区域，或具备条件的特定区域（如城市绿化隔离带）。地面线节省工程投资和运营成本，但占用道路、土地资源多，对道路两侧形成分割，不利于交通组织和区域开发。城市建成区一般较少采用地面线。

5.3.2 研究原则

一是规划性原则。从线路功能或城市规划的角度选择适应性更好的敷设形式，如在不良地质地段，高架线在工程建设和运营方面均有更好的适应性，以及穿江过河工程集约化利用通道资源时，可考虑公轨合建，采用统一的敷设方式，协调推进城市基础设施建设。

二是环境性原则。对环境的不利影响是制约高架线广泛采用的主要因素之一，应综合判断线路所处的运营环境，避免采用明显不利于周围环境的敷设方式，造成不利的社会影响。

三是经济性原则。建设和运营的经济性是轨道交通可持续发展的基本保障，也是采用高架线的根本出发点和落脚点，宜高架则高架，提高经济性。

四是景观性原则。高架线和地下线景观各不相同，地下线的景观取决于出入口的景观造型和与周边建筑物的融合性，高架线景观则取决于车站建筑与桥梁体量、色彩、形态以及与周围建筑的空间尺度关系和风格协调。

5.3.3 主要影响因素

地理区位、城市规划、道路条件、环境与景观、控制性建（构）筑物、工程地质及水文条件、地下管线七个方面是影响敷设方式选择的主要因素。

一是地理区位、城市规划决定了线路所处的规划和现状建设环境。一般来说，城市中心区往往建设成熟度高、道路拥挤、建筑物密集、人口集聚度高，用地往往以金融、商业、居住用地为主，高端性明显；外围区往往建设成熟度、开发强度和人口密度相对较低，土地可塑性较强。这就决定了中心区更适合采用地下线，而外围区往往具有采用高架线的基础条件，当采用高架线时，要重视沿线规划用地调整，提升轨道建设与土地开发的协调性。

二是道路资源是布线设站的载体，道路条件对敷设方式影响主要体现在道路红线宽度和绿化分隔带设置两方面。道路红线宽度决定了线路与两侧建筑物的距离，绿化分隔带的设置决定了高架线墩台的布置条件、过渡段设置及道路交通组织。从环评的角度，规范及标准建议红线宽度不小于60 m，并采取相应的减振降噪措施；但在工程实践中，红线宽度大于60 m并不是布设高架线的充要条件，特殊情况下，在采取足够的减振降噪工程措施的基础上，条件可适当放宽。高架线墩台应首选设置于道路分隔带内，分隔带的宽度应满足桥梁基础及其安全防护空间的需求。

三是环境影响主要体现在运营噪声和振动影响，景观影响主要体现在高架桥梁和车站空间通透性及与周边建筑的风格协调统一问题。高架线宜选择轻巧、明快的桥梁形式，融入城市景观，与周边建筑、地形及相邻环境协调、融合；当与建筑物的距离不满足要求时，应通过设置减震道床、声屏障、植树、植草等措施，降低噪声、振动方面的不利影响。

四是控制性建(构)筑物、地下管线、工程地质及水文条件主要影响工程可实施性和经济性，也是线路工程设计必须要考虑的影响因素。沿线建(构)筑物和地下管线主要影响线路横断面关系，无论是高架线还是地下线，设计过程中均应考虑对控制性建(构)筑物和地下管线的避让或拆改。若与既有或规划市政高架桥、铁路高架桥并行时，应结合两侧用地规划、建(构)筑物性质、防护距离等因素，选择桥梁两侧布置或结合用地开发一侧布置；当遇到横跨线路的高架桥时，应结合高程、净空等因素，选择上跨或下穿的布置形式。工程地质和水文地质条件不仅影响线路敷设方式的选择，在很大程度上也决定了地下线的埋置深度和施工方法。在选择线路敷设方式时，要充分考虑地形、地貌和地质条件，尽量避让不良地质地段和重要的地下管线等构筑物，以利于工程实施和降低工程造价。

5.3.4 研究要点

做好敷设方式选择，重点把握以下三个方面。

第一，敷设方式的选择应充分考虑国家或行业政策对不同城市和城市的不同区位建设不同类型的轨道交通的相关要求，响应行业管理，规范建设体系。轨道交通是一项耗资巨大的系统工程，国家、行业从可持续发展的角度，在对轨道交通规划、建设及运营的各项基础条件广泛调研的基础上，对轨道交通的敷设方式提出了相关要求，例如轻轨应以地上线为主，国办函〔2020〕116号文规定市域(郊)铁路以地面线为主等。需要注意的是，这些要求与敷设方式的其他普适性原则并不冲突，当设计阶段对敷设方式的调整幅度超出法定要求时，应注意履行调整程序。

第二，不能局限于轨道建设谈敷设方式，要从城市角度算经济性的总账。避免为了节省少量轨道投资却丧失更大的土地增值，影响城市发展。高端规划区域或环境影响敏感区域要慎重选择高架线，开展高架线经济比选工作时，要统筹考虑沿线土地价值，从城市发展角度算总账。

第三，高度重视过渡段的规划和设计工作。过渡段是各种敷设形式转换的关键段落，断面宽，占地大，环境与景观友好性差，道路条件要求高，是敷设方式规划和设计的难点和重点。要综合考虑两侧用地性质、地形地势、城市防涝、道路条件、交通组织等各种因素，宜借助有利的地形地势设置过渡段，宜避开商业、居住等环境与景观敏感地段设置过渡段，宜在道路分割带中设置过渡段，最大限度降低对地块开发、道路交通等方面的不利影响。

5.4 线路设计

线路设计是总体布局方案的落实环节，主要包括线路平面设计、纵断面设计、横断面设计、辅助线设计(联络线、出入线、折返线、停车线、单渡线等)及换乘线路设计等内容。

线路设计主要涉及可研、初步设计和施工图设计阶段,不同的阶段任务和目标有所不同。可研阶段,线路设计工作的主要目标是稳定线路总体布局方案,初步确定线路线形、站点的位置;初步设计、施工图设计阶段通过精准设计,锚定线路与控制因素的空间关系,形成科学、合理、精准的线站位设计成果,供各专业开展设计工作。

5.4.1 设计思路与方法

1. 线路平面设计

线路平面设计包括车站站位设计、线形设计、辅助线设计等。首先,在满足曲线设置技术标准的基础上,优先保证车站站位,确保车站功能及可实施性;其次,结合行车运行组织、土建、信号等综合确定辅助线位置和线形,满足运营需求;再者,协调处理车站及区间施工工法,保证工法可行,降低施工风险;最后,合理确定最小曲线半径、线间距、夹直线等线形标准,满足工程落地及运营需求。

2. 线路纵断面设计

纵断面是由坡段和连接相邻坡度的竖曲线组成,不同敷设方式纵断面设计的理念不尽相同。

地下线纵断面设计时,一是根据道路、管线等安全距离要求及地下空间条件,结合换乘车站的竖向衔接关系,合理确定车站及区间埋深;二是应尽量绕避各类控制因素及不良地质,无法绕避时,应采取相应的工程措施;三是在满足于相关竖向净距的基础上,尽可能采用节能坡理念,高站位、低区间,降低车辆能耗;四是应与施工工法相匹配,暗挖及盾构段线路尽可能深埋,降低施工风险,明挖段线路应尽量浅埋,降低工程造价;五是合理布设联络通道位置,废水泵房与联络通道尽量合设。

高架线纵断面设计时,一是保证合理的桥下净空,一般为 8 ~ 10 m,视觉通透,对横向相交道路无干扰;二是坡度宜平稳均衡,不宜大起大落,保证景观连续性和运营平稳性;三是考虑纵向、横向排水要求,区间最小纵坡不宜小于3‰。

3. 横断面设计

横断面设计的本质是协调处理轨道交通结构与邻近建(构)筑物、道路断面的关系,确保工程可实施性,降低施工风险。在平、纵断面设计中,地下线应考虑线路与各项控制因素的横断面关系,精确控制安全距离;高架线对既有道路断面进行改造时,应进行专项横断面设计及交通渠化设计,必要时还要开展交通影响评价工作。

4. 辅助线设计

辅助线是为了保证列车正常运营,实现列车合理调度,并满足在事故、故障、灾害等非正常情况下组织临时运行及维修作业所设置的线路,主要包括车辆基地出入线、联络线、折返线、停车线、渡线以及安全线。

车辆基地出入线设计根据接轨站与场段的空间方位、高差关系,重点关注出入线与正线立交、一度停车位及信号转换段设置需求及最大坡度、最小曲线半径等。联络线依据城市轨道交通线网规划资源共享、换乘站各象限实施条件等因素综合确定,在平行换乘车站优先以渡线形式设置,降低工程规模。折返线、停车线、渡线以及安全线的设置,需综合考虑行车运营需求及线站位工程方案确定。

5. 换乘线路设计

换乘线路设计主要针对换乘线路的三站两区间(或多站多区间)进行平纵断面设计,稳定换乘方案,科学合理地确定预留工程。

5.4.2 线路设计要点

线路设计系统性、总体性较强,各类控制因素千差万别,配线设置、车站、区间及各系统诉求各不相同,需线路专业整体把控。线路设计应重点把控以下几个方面:

1. 平纵横联动,多专业协同

线路的平面、纵断面、横断面以及辅助线设计是相辅相成的,需要结合城市空间、特定的地质地层、各类建(构)筑物控制性要素,统筹考虑运营组织、信号、轨道、车站、区间、限界等各专业接口关系,联动开展平、纵、横断面设计。应特别重视土建方案与线路方案互动,在基本不改变车站站位及施工风险等级的条件下,通过适当微调车站位置及区间隧道等手段,尽可能缩短线路长度、减少线路曲线设置、增大线路最小曲线半径,提高线路平顺性,改善运营条件;同样,线路方位角的微小变化也可能较大程度优化车站主体或附属、区间工程与相关控制因素的距离关系,降低工程风险,减少拆迁,降低投资。

线路与行车、车站、区间、地质、信号、车辆、轨道、给排水等专业的接口均为线路设计的要点,主要有:充分考虑辅助线设置的原则、标准和道岔选择、辅助线的长度设计;充分考虑车站主体站位、附属工程的选址和施工风险规避需求,以及征占地可操作性,做到功能最优,拆迁量最小;充分考虑区间对各类风险点的绕避距离和工程处理需求;充分考虑对不良地质(地裂缝、湿陷性黄土、采空区等)的避让和处理要求;合理考虑信号设置要求(出入线转换轨区段等);合理考虑正线高速试车、轮轨磨耗等需求;合理考虑联络通道与废水泵房设置及排水相关要求等。

需要强调的是,线路总图设计是轨道交通三十多个专业设计的基础,其变化涉及面较广,原则上线路资料稳定的过程也是多专业协同稳定边界条件的过程,线路资料一经下发,在外界控制因素没有变化的情况下不应随意调整。

2. 综合权衡各类控制因素比重,抓大放小

线路沿线建(构)筑物众多,一段线路可能受多种因素控制,设计过程中,应综合权衡各类控制因素比重,抓大放小。一般可以将控制因素分为四个层次:

一级控制因素主要是功能性、政策性的控制因素,如文物、饮用水源地及自然保护等各类建设控制地带等。这类控制因素若没有底线把控,动辄有损线路功能,或者易受政策限制,造成方案反复,应予以高度关注。

二级控制因素主要是带有行业垄断性或者对工程实施难度或运营有重大不利影响的控制性因素,比如军事设施、下穿高铁、高压走廊、机场限高区域及不良地质(地裂缝、湿陷性黄土)等。行业垄断性控制因素的应对策略是应加强沟通对接,取得对方许可;对工程实施难度或运营有重大不利影响控制因素的应对策略是应首选绕避,无法绕避时强化工程处理措施。

三级控制因素主要是处理起来有较大难度或较高造价的控制性因素,如控制性建(构)筑物(高层建筑、桥梁基础、重力流管线)、深基坑工程等,主要应对策略是绕避或加强工程处理措施。

四级控制因素是对工程有一定影响的控制因素,如过街天桥、低矮房屋等,主要应对策略是绕避、加强工程处理措施或拆改。

需要说明的是,上述各层次的控制因素为多数情况下的权衡次序,在特定的场景下,某些控制因素可能会特别突出,成为制约工程推进的关键因素。

3. 立交设计

立交设计是线路自身设计的难点和重点,一般情况下,线路有以下几种立交场景:出入线与正线立交,双岛四线平行换乘车站的进、出站端,多条线路汇聚的枢纽还可能出现多层立交,通道狭窄或上下叠落换乘时,线路左右线叠落等。立交工程自身设计难度大,建设条件复杂,受控因素众多,应结合站址选择、站位周边建(构)筑物环境、道路条件、换乘线路走行方向、配线设置、施工工法等因素,妥善研究线路的立交问题。比如,双岛四线换乘方案在车站两端各存在一次立交,当立交点靠近车站时,需通过"剪刀坡"的方式创造立交条件,结合换乘线路三站两区间范围平纵线形条件,一般情况下,需下穿建(构)筑物的线路置于立交下层,剖面控制因素较少的线路置于立交上层。

4. 精细化设计

在实际工作中,一些微小的线路设计变量都可能对工程实施造成不小的影响,应强化精细化设计工作,主要有以下几个方面:

预留工程设计:预留远期建设线路接口应尽量选择于平纵断面直线线形段,便于后续工程衔接;衔接既有线路时,应以实测数据及接口竣工图纸为依据,精准对接预留工程,确保线路平滑接续。

横断面关系：对施工空间、临时措施甚至拆迁、托换工程均有影响。

最小曲线半径：审慎使用400 m以下小半径曲线，考虑避让控制因素的基础上，以5 m、10 m为档，精细化设计最小曲线半径，最大限度改善轮轨关系。

线间距：对联络通道长度或基坑宽度、工法有影响，关系工程投资。

纵坡最低点：联络通道与泵房的合设。

线路方位角：对车站主体或附属结构与邻近建筑物的距离等产生影响，影响拆迁和投资。

节能坡设计：通过牵引计算与纵坡设计的互动，选择最优节能坡度组合，采用最合理的纵坡设计，实现运营能耗最小化。

5.4.3 西安轨道交通线路设计特色

截至2021年6月29日，西安轨道交通14号线北客站（北广场）站至贺韶站开通试运营，西安轨道交通已运营8条线259 km，在建164 km，规划、设计、建设及运营经验丰富。结合西安城市特点和西安轨道交通特点，线路设计逐步形成一系列的宝贵经验和设计特色。

1. 高度重视各阶段线路工作

为了确保方案的稳定性，避免后续方案调整引起网络、线路功能调整，影响工程合理性、经济性，西安轨道交通高度重视线网规划、建设规划阶段由“走得通”向“走得好”过渡，可研、总体设计阶段由“走得稳”向“走得准”过渡，初步设计、施工图设计阶段由“走得准”向走得更加科学合理深化。截至目前，西安轨道交通规划、建设、运营有条不紊，未出现一起重大线路方案调整工作。

2. 线路设计与文物保护

西安市作为著名的历史文化名城，规划设计中，严格按照国家、省、市文物主管部门要求，制定了完善的文物保护方案。

首先，从规划源头为文物留出足够的保护空间，线网规划阶段对线网研究区域进行详细的文物调研及普查，提出“近而不进”的文物保护规划理念，线路路由避开了重要遗址及古建筑的核心保护区。其次，线路采用平面避让、加大埋深、隔离保护、特殊减振和长期监测、采用最小沉降工法等措施，构建轨道交通文物保护体系，形成文物保护成套关键技术，创新建设运营与文物保护和谐发展理念。

3. 线路设计与湿陷性黄土处理

面对湿陷性黄土这一世界级技术难题，西安轨道交通通过十余年工程建设的技术总结及科研攻关，对湿陷性黄土提出了适合于西安轨道交通工程的处理原则和工程措施。线路设计一般采用平面绕避的原则，无法绕避时，结合工程风险及工法优化纵断面设计，尽可能使隧道结构基地位于湿陷性黄土以下。

4. 线路设计与地裂缝处理

西安共有14条地裂缝（自北向南编号依次为$f_1 \sim f_{14}$）和4条次生地裂缝（f'_5、f'_6、f'_9和f'_{11}），总体走向均为NEE向，具有三维运动的特征，即垂向位移、水平拉张和水平扭动三个方向的活动。其中地裂缝的水平位移量很小，不具备位移量随时间单项累计的特征，轨道交通工程可以不考虑地裂缝水平活动的影响；而垂直位移量具有随时间单项累计的特征，断距随深度的增大而增大，主地裂缝变形特征为上盘整体相对下降，次生地裂缝表现相反。地裂缝对地表及地下建筑物产生的破坏相当于缓慢的地基失效，其变形活动对轨道交通工程的施工及运营均有不同程度的影响。

2号线、3号线东段、4号线以及8号线幸福林带及西二环段等南北走向线路平面基本采用大角度斜交或近似正交穿越地裂缝，地裂缝对隧道影响范围相对较短，线路设计主要考虑纵断面预留调线调坡条件；而东西向线路存在与地裂缝走向基本一致的情况，区间段以小角度斜穿或是近距离平行地裂缝带，例如3号线吉祥村f_7地裂缝地段、1号线长乐路f_6地裂缝段以及8号线大兴路f_2地裂缝段。当线路近距离平行地裂缝带时，平面首选设置于相对稳定的下盘，隧道应避开地裂缝的最小避让距离为24 m；但受控于周边建（构）筑物，线路位于地裂缝上盘时，隧道应避开地裂缝的最小避让距离为40 m。当线路以小角度斜穿地裂缝时，斜交角度越小地裂缝活动对隧道影响越大，结构受力越复杂需要设防的长度也越长，对轨道交通隧道非常不利。长安大学与中铁一院编制的《地铁隧道近距离平行和小角度穿越活动地裂缝带的性状及防治措施研究》表明，在线路与地裂缝相交角度为20°时，结构变形破坏特征显示斜交裂缝整体式马蹄形隧道衬砌结构发生了扭转、弯曲、剪切变形破坏。应调整线路局部走向，使得线路与地裂缝交叉角度不小于30°。

纵断面设计时，根据百年预测垂直位移量，预留纵断面调线调坡条件，调线调坡范围内，区间采用马蹄形断面加大建筑限界，轨道、接触网采用可调式框架板轨道、可调式接触网支架，后期通过技术处理保证正常运营条件。首先调坡段长度不宜小于远期一列车长度，并应满足相邻竖曲线的夹直线长度不小于50 m的要求。其次调坡后的坡度 i_1 不应大于设计最大坡度和不应小于设计最小排水坡度的要求，应预先考虑纵断面调整后，其前后两相邻坡段长度应符合《地铁设计规范》（GB 50157—2013）及相关规范的规定；同步考虑调坡时不影响车站，车站主体位置若处于地裂缝下盘，则站端部距地裂缝应大于24 m；若车站位于地裂缝上盘时，车站主体距离地裂缝不小于40 m，并应满足地裂缝线路调坡长度的要求。

当地裂缝上盘发生垂直位移量 A_{max} 时，多数情况从地裂缝处开始向上盘方向调坡，调整的坡段长度如图5.1所示，也可根据式（5.1）计算。

$$L = A_{max}/(i_1 - i_0) \tag{5.1}$$

式中 L——纵坡调整长度；

A_{max}——地裂缝垂直位移量；

i_1——调整后纵坡的坡度；

i_0——线路原设计纵坡的坡度。

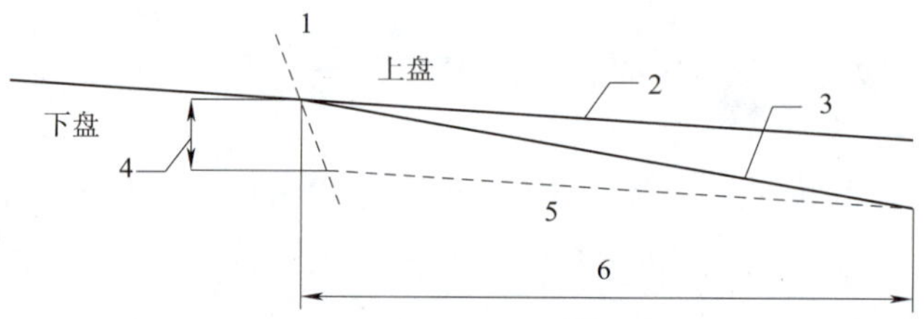

图5.1 地裂缝上盘调坡段长度示意图

1—地裂缝；2—原设计轨顶纵坡；3—调整后轨顶纵坡

4—地裂缝垂直位移量；5—轨道下沉；6—轨道纵坡调整长度

对于同时穿越主次地裂缝段落，由于次生地裂缝主要表现为下盘（北盘）相对下降，上盘（南盘）相对上升，线路平面设计及车站站位应满足穿越角度及设防长度，区间及车站结构工程进行设防，线路纵断面不再考虑调线调坡，例如，3号线科技路、8号线的唐延路穿越的 f_6、f_6' 地裂缝段以及8号线丈八东路段 f_9、f_9' 地裂缝段等。

目前，西安轨道交通穿越地裂缝段实时进行监测，部分变形较强段落通过轨道及接触网的适当调整，均可确保正常运营。

第6章　行车组织

6.1　车辆选型及列车编组研究

在城市轨道交通系统中，车辆是直接为乘客服务的设备，是整个系统的核心，不同的车辆会导致整个系统经济、社会与环境效益的很大差异。车辆类型的选择在很大程度上就是系统制式的选择，直接影响建设规模和工程投资。

目前国内轨道交通系统制式及车辆选型的主要依据是客流规模。客流规模也是社会经济发展水平、城市规模、城市规划等因素的体现。设计规范和建设标准对于系统制式及车辆选型没有强制性要求。

《城市轨道交通工程项目建设标准》（建标 104—2008）规定城市快速轨道交通新建线路的运营规模，按线路远期单向高峰小时客运能力，划分为四个类别、三个量级，各级线路相关技术特征见表 6.1。

表 6.1　各级线路相关技术特征表

线 路 运 能 分 类	Ⅰ	Ⅱ	Ⅲ	Ⅳ
	高运量	大运量	中运量	
	（钢轮钢轨）		（钢轮钢轨/单轨）	
线路形式	全封闭型			部分平交道口
列车最大长度（m）	185	140	100	60
单向运能（万人次/h）	4.5～7	2.5～5	1.5～3	1～2
适用车型	A	B 或 L_b	B、C、L_b 及单轨	C 或 D
最高速度（km/h）	80～100			60～80
平均站间距（km）	1.2～2			0.8～1.5
旅行速度（km/h）	35～40			20～30
适用城市城区人口规模（万人）	≥300		≥150	

根据团体标准《轨道交通分类》（T/CAMET 00001—2020），城市轨道交通按照系统制式划分为地铁系统、市域快轨系统、轻轨系统、中低速磁浮交通系统、跨座式单轨系统、悬挂式单轨系统、自导向轨道系统、有轨电车系统、导轨式胶轮系统、电子导向胶轮系统十类，且不同系统制式对应的车辆类型也在该团体标准中有所体现，见表 6.2，本章不再赘述。系统制式相关内容详见本书第 4.1 节。

表 6.2　按系统制式划分的城市轨道交通分类及技术特征表

分 类 名 称	技 术 特 征					
	运输能力（人次/h）	设计最高速度（km/h）	路权形式	敷设方式	车 辆 类 型	列车最大长度（m）
地铁系统	≥30 000	80～120	全封闭	地下或地上	A、A_s、B、L_b 型车	185
市域快轨系统	≥10 000	120～200	全封闭	地上为主	市域 A、市域 A_s、市域 B、市域 D 型车	185
轻轨系统	15 000～30 000	80～120	全封闭	地上为主	B、C、L_c 型车	100
	10 000～15 000	70	部分封闭	地上为主	C、L_c 型车	75
中低速磁浮交通系统	10 000～30 000	80～200	全封闭	高架为主	短定子直线异步电机磁浮车辆	120
					长定子直线同步电机磁浮车辆	

续上表

分类名称	技术特征					
	运输能力（人次/h）	设计最高速度（km/h）	路权形式	敷设方式	车辆类型	列车最大长度（m）
跨座式单轨系统	10 000 ~ 30 000	80 ~ 120	全封闭	高架为主	单轨A、单轨B、市域单轨车	120
悬挂式单轨系统	5 000 ~ 15 000	60 ~ 80	全封闭	高架为主	悬挂式单轨车辆	75
自导向轨道系统	5 000 ~ 20 000	60 ~ 80	全封闭	高架为主	自导向轨道车辆	75
有轨电车系统	5 000 ~ 12 000	60 ~ 70	开放式或部分封闭	地面为主	钢轮钢轨低地板车辆	75
					胶轮车辆	60
导轨式胶轮系统	5 000 ~ 12 000	60 ~ 80	全封闭	高架为主	胶轮车辆	75
电子导向胶轮系统	5 000 ~ 12 000	60 ~ 70	开放式或部分封闭	地面为主	胶轮车辆	60

6.1.1　车辆选型主要原则

（1）车辆选型应符合线路的运营条件，运输能力满足远期高峰小时的运量要求。综合考虑系统的服务水平和运营成本，并保证远期线路运能有适当的储备。延伸线及支线的车辆选型应结合与前几期工程的运营组织交路关系，合理确定本期工程的车辆选型。

（2）车辆选型应综合考虑整个城市线网车辆选型的规划和协调，实现线网资源的最大共享和利用。

（3）车辆应适应当地的线路特征、地理及自然环境的要求，符合城市的特点。

（4）列车最高运行速度应满足运输规划速度、时间目标要求，并考虑经济运营的需要。

（5）车辆应符合技术成熟、安全可靠、外形美观、乘坐舒适的要求，取得技术先进和经济合理的最佳平衡，并便于使用和维修。

（6）车辆选型应满足《城市轨道交通工程项目建设标准》（建标 104—2008）及《地铁车辆通用技术条件》（GB/T 7928—2003）的要求。

（7）车辆选型应充分考虑我国的国情，根据地铁车辆国产化要求，在引进关键技术设备的同时逐步提高国产化率，满足国家对城市轨道交通车辆国产化率的要求，国产化率应达到75%以上；同时要注重车辆自主创新的程度。

6.1.2　列车编组方案研究

列车编组数与高峰小时最大断面客流量、车辆载客标准等有关。列车编组辆数将直接关系到系统输送能力和服务水平，并影响车站规模，应综合考虑多方面因素研究确定。

地铁设计规范要求根据客流逐步增加的规律，列车应相应采用初期、近期、远期不同的编组方式。但单元编组的列车拆解拼装不方便且费用较高，为了减少对列车编组的频繁改造，一般都不会将初期、近期、远期选择成各不相同的编组方案，尽管它是理论上运用车数最少的方案，尤其是初期运营期较短，在轨道交通设计中一般和近期选择相同的编组。

应首先明确站立标准，然后在确定的车型基础上，根据各年度高峰小时最高断面流量，对各种可能的编组方案组合进行比选。

1. 车辆定员标准的确定

车辆定员是车辆设备的一项技术指标，它是车辆选型、列车编组、运输能力和车底配置的计算依据。车辆定员与车厢面积、座位数、车厢内可站立面积等因素均有密切的关系。车辆定员数为车辆座位数和空余面积上站立乘客数之和。

（1）相关设计规范、标准对定员标准的规定

《地铁设计规范》（GB 50157—2013）第1.0.15规定："在确定地铁系统运能时，车厢有效空余地板面积上站立乘客标准宜按每平方米站立5名~6名乘客计算。"

《城市轨道交通工程项目建设标准》(建标 104—2008)第 37 条:

每辆车的定员,应符合下列规定:

①定员:每辆车的定员,由座席位和站席位的总和确定,为正常情况下载客能力的计算依据。

②坐席:车辆的座位数宜占总定员的 15% ~20%。当全程线路大于 35 km,平均运距大于 12 km 时,根据客流性质,宜适当降低车辆定员。

不同站席密度、拥挤情况及评价标准见表 6.3。

表 6.3　车内乘客站立人员密度评价标准

站席密度	乘客拥挤情况	评价标准
3 人/m^2	乘客可以自由流动,十分宽松	舒适
4 人/m^2	平均每位乘客占有 0.5 m×0.5 m 的空间,有较大宽松度,乘客可以看书报	良好
5 人/m^2	平均每位乘客占有 0.5 m×0.4 m 的空间,有一定宽松度,部分乘客可以看书报	良好
6 人/m^2(AW2)	平均每位乘客占有 0.5 m×0.33 m 的空间,感到不宽松、不拥挤,稍可活动,是舒适度的临界状态	临界状态(定员标准)
7 人/m^2	平均每位乘客占有 0.5 m×0.3 m 的空间,感到有些拥挤,站席范围有些突破	有些拥挤
8 人/m^2	平均每位乘客占有 0.47 m×0.3 m 的空间,身体有接触,需错位排列,并突破站席范围,感到比较拥挤	比较拥挤
9 人/m^2(AW3)	平均每人占有的空间非常拥挤,需突破站席范围,挤入座区,此情况偶有可能出现(车辆制造强度必须满足)	非常拥挤(超员标准)
10 人/m^2	乘客突破站席范围,挤入座区,极为拥挤,难以忍受,影响上、下车行为和总时间,属极端情况	难以忍受

注:表中乘客占有面积是立席区分配的计算面积。

(2)现状轨道交通定员

目前,国外对单位面积上的站立人数也没有统一的标准,各国根据国情有较大出入。如法国、德国的一些城市单位面积站立人数采用 4 人/m^2,日本的地铁、意大利的轻轨等采用 6 人/m^2。

根据广州、上海、南京的实际运营统计,站立标准均很难实现 6 人/m^2。据了解,高峰时段的站立人数广州为 5.12 人/m^2,上海为 5.4 人/m^2,西安为 5.1 人/m^2。南京地铁采用的是 A 型车,当一列车人数达到 1 500 人,站立人数仅为 4.6 人/m^2 时,旅客普遍反映太拥挤,乘车感受不佳。实施加车措施后,一列车人数降至 1 400 人,站立人数为 4.2 人/m^2 时,乘客感觉可以接受。

目前降低车厢站立标准(拥挤度),提供较为舒适的乘车环境已成为趋势。设计阶段,在遵循相关设计规范、标准要求的前提下,可根据线路功能定位、客流出行特征等,合理确定车厢站立标准。例如,连接中心城区与机场的轨道交通线路,考虑旅客出行一般会携带大件行李且平均乘距较长,可降低站立标准。

西安已运营的线路大多采用 6 人/m^2 的站立标准,《地铁设计规范》(GB 50157—2013)规定站立标准为 6 人/m^2 或 5 人/m^2,西安在建的新建线路如 8 号、10 号、15 号、16 号线均采用了 5 人/m^2 的站立标准。西安后续建设的线路,从提高乘车舒适度、提高运营服务水平角度考虑,建议车辆选型及编组方案研究时采用较为舒适的站立标准进行校核,可适度超前,根据其功能定位,建议:普线按 5 人/m^2 考虑;对于机场线、市域快线等特殊功能的线路,可根据客流出行特征、平均乘距等因素适当放宽至每平方米站立 4.5 ~4 人。

2. 列车编组方案

以 B 型车为例,按 5 人/m^2 站立标准,不同编组方案的相关指标见表 6.4。

表 6.4　B 型车不同编组方案载客量及列车长度表

项　　目	载客量(人/列)	列车长度(m)
3 辆编组列车	612	58.6
4 辆编组列车	828	78.1
5 辆编组列车	1 044	97.6
6 辆编组列车	1 260	117.1

根据初期、近期、远期各研究年度预测的高峰小时断面客流量，核算不同编组方案与预测客流对应的开行对数及行车间隔。按照初期、近期、远期逐步提高服务频率等原则，确定合理的编组方案。

一般来说，初期、近期预测客流量较小，采用较短的编组方案就能满足客流需求，且能保证较高的发车密度；但远期预测客流量较大，初、近期的短编组方案不能满足远期预测客流需求，远期需采用长编组方案。

初期、近期短编组，远期长编组的方案在一些线路上有应用先例。例如广州地铁 3 号线，原设计初期、近期为 3 辆编组，远期为 6 辆编组，但该线开通运营后，客流增长迅猛，很快全线就按 6 辆编组运营，中间经历了 3 改 6 的艰难抉择及实施过程。

随着信号控制技术的不断进步，为短编组改长编组及长短编组混跑提供了有利条件，例如车站站台门开关控制技术、虚拟联挂等技术的进步，将缓解及解决一直以来长短编组方案面临的运营组织压力及列车改扩编的问题。

6.2 列车运行交路研究

6.2.1 列车交路功能及分类

1. 列车交路功能

列车交路规定了列车的运行区段、折返车站和按不同列车交路运行的列车对数。设置行车交路的主要目的是在满足客运需求、方便运营的同时合理分配运能，节省车辆设备，降低运营成本，提高运输能力和车辆的运用效率。

2. 列车交路分类

行车交路一般可分为单一交路模式、衔接交路模式、大小交路嵌套模式等几种。

(1)单一交路模式

全线单一交路模式(图 6.1)是指列车在线路的起终点站间运行，为全线提供服务。这种交路模式，列车运行组织简单，适用于全程客流均匀、无明显客流回落点的情况。

(2)衔接交路模式

衔接交路模式(图 6.2)是指列车在线路的某一区段内运行，在线路中间车站折返。它能够适应不同客流区段的运输需求，运输组织方便，但要求中间折返站具备两个方向或一个方向的折返能力和便捷的换乘条件。

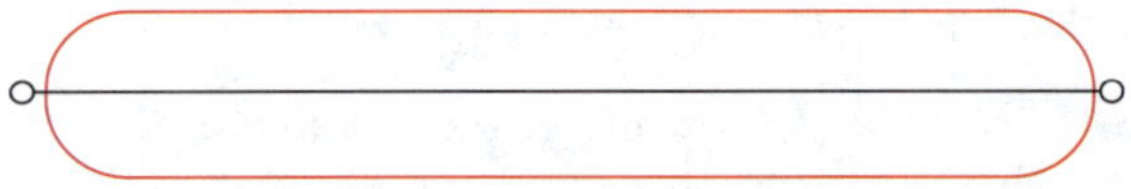

图 6.1 单一交路模式示意图

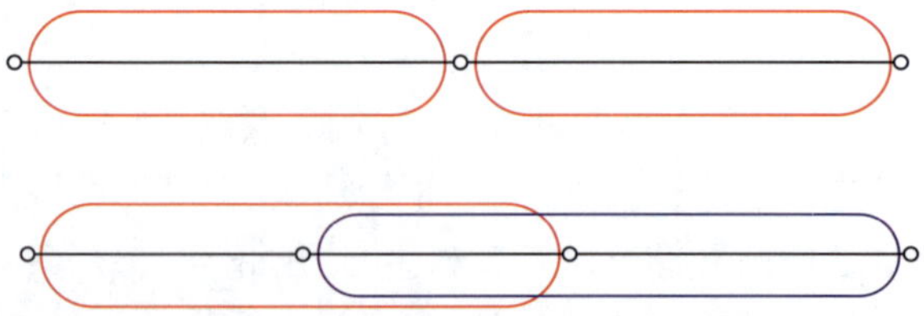

图 6.2 衔接交路模式示意图

(3)大小交路嵌套模式

大小交路嵌套模式(图 6.3)是指线路上的某些区段内大小交路列车共线运行的形式，小交路列车在线路中间车站折返。这种组织方案适用于各区段客流量不均衡程度较大、有明显客流回落点的情况。

图 6.3 大小交路嵌套模式示意图

全线开行一个交路不仅管理方便，而且服务水平高，是最简单且理想的运营方案。

但随着客流量的不断增长，行车密度增加，如果预测客流具有“中间大、两头小、呈纺锤型分布”的特征,继续运行一个交路是不经济的。所以为了减少运用车数,降低列车购置费用,提高满载率和运营效益,宜考虑在高峰时段开行小交路。

在实际运输组织中,根据客流需求以及配线条件,可灵活采用以上三种基本的列车开行交路形式,也可以几种模式组合,在同一线路上既有相互衔接的交路,也有大小交路的嵌套,形成多种交路组合的模式。

6.2.2 列车交路确定原则

(1)交路设置以预测客流为依据,结合客流分布及乘客出行特点,方便乘客在不同时间段、不同区段的出行要求,考虑"以人为本,服务至上"的原则,保持适当的服务水平。同时结合线网规划,方便换乘客流。

(2)在尽可能地满足乘客出行方便的前提下,尽量减少运用车数,提高车辆运用效率,节省列车的购置费用,兼顾降低运营成本,提高运营效益。

(3)初期、近期、远期的交路设置应尽可能地保持连续性,在兼顾运营管理的可操作性和运营组织灵活性的同时,考虑辅助线分布的合理性,工程实施的可行性与经济性,尽量减少或避免工程废弃。

(4)对于分期建设的线路,应统筹考虑既有配线设置及延伸工程新增车站配线设置方案,研究确定全线交路方案。

(5)小交路点尽量避开大客流集散车站,大小交路折返点尽量分开,以提高线路通过能力。

6.2.3 线网不同层次线路列车交路应用策略

城市轨道交通线网功能层次一般分为市区线和市域线两个层次,其中市区线又可分为市区普线和市区快线。

1. 市区普线

市区普线以承担通勤客流为主,客流一般为大运量等级,且线路长度较短,速度目标值多为 80 km/h 及以下,一般为单条线独立运营模式,多采用单一交路或大小交路嵌套交路模式。

采用一个交路要注意交路折返点(起终点)车站的配线布置形式,应满足折返能力要求。采用大小交路套跑的线路要注重小交路折返点的选择,满足客流需求,且应为实际运营留有灵活调整的条件。

2. 市区快线

城市轨道交通快线按旅行速度可划分为快线 A 和快线 B 两个等级,不同速度等级的技术特征指标宜符合表 6.5 的规定。

表 6.5 城市轨道交通不同速度等级技术特征指标表

速度等级	旅行速度(km/h)	服务功能
快线 A	>65	服务于区域、市域,商务、通勤、旅游等多种目的
快线 B	45~60	服务于市域城镇连绵地区或部分城市的城区,以通勤为主等多种目的

市区快线一般为快线 B,速度目标值多为 100 km/h 及 120 km/h,直流供电制式。

市区快线以承担通勤客流为主,客流一般为大运量或中运量等级,且线路长度相对普线较长,线路末端客流回落更为明显,建议采用大小交路嵌套模式或衔接交路模式等。

3. 市域线

市域线一般为快线 A,速度目标值多为 120~160 km/h、140 km/h 及以上,需采用交流供电制式。

速度目标采用 120 km/h 及以下的市域线,在车型及供电制式一致的前提下,根据客流需求可考虑与市区快线互联互通跨线运营,两条线的运行交路方案交织在一起比较复杂,应充分结合客流出行需求特征及工程条件,选择合理的运行交路方案,可采用大小交路嵌套模式、衔接交路模式等交路方案或组合交路方案,以实现安全、快速、便捷、经济运送旅客的目标。

6.3 车站配线研究

6.3.1 车站配线功能及分类

车站配线是在轨道交通运行过程中为列车提供收发车、折返、联络、安全保障、临时停车等功能服务，通过道岔与正线或相互联络的轨道线路，包括折返线、停车线、渡线、联络线、出入线、安全线等。车站配线分类见表6.6。

表6.6 车站配线分类表

序号	配线类型	配 线 功 能	示意图	应用案例
1	折返线	用于组织列车临时及永久折返，包括起终点站和中间小交路折返	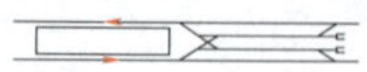	3—香湖湾
2	停车线	①用于列车夜间停放和技术检查，以便早晚按运行图收发列车，或为具有突发客流的车站备用列车停放，减少列车空走距离。 ②用于运行中故障列车临时停放，减少对正常行车的干扰		4—大唐芙蓉园
3	渡线	配合折返线、停车线或联络线设置，主要用于线路故障时便于组织临时交路和夜间工程车折返		14—贺韶
4	联络线	是两条线路之间连通的配线，承担车辆临时调度，运送厂、架修车辆，以及工程维修车辆、磨轨车等	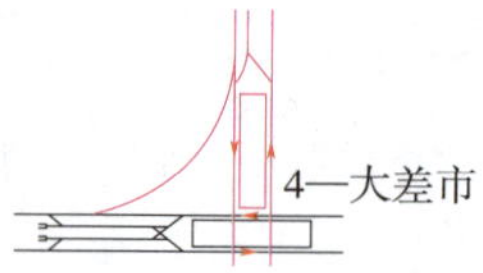	4—大差市(与6号线)
5	出入线	是车辆进出正线与车辆段之间联系的配线	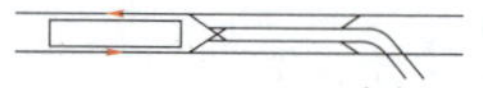	9—香王
6	安全线	是列车运行进路的隔开设备之一，主要功能是防止出入线、折返线或岔线(支线)上运行的列车在未经许可的情况下进入正线，确保正线列车安全、正常运行	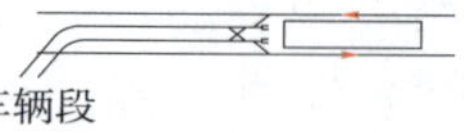	6—西安国际医学中心
7	越行线	为实现线路上同时开行快慢两种列车，满足慢车停站避让快车，快车不停车快速通过的要求	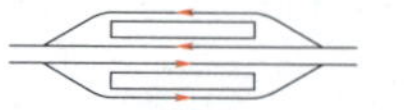	暂无
8	支线接入线	为支线接入正线的配线	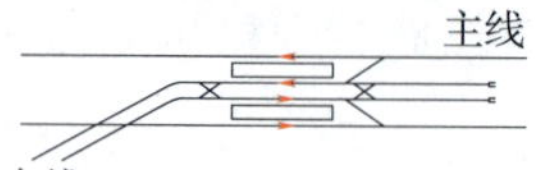	10—桑家村

6.3.2 车站配线设置原则

1. 折返线、停车线

(1)折返线应根据行车交路确定，起终点站和中间折返站应设置列车折返线。最高运行速度为80～100 km/h的线路，正线应每隔5～6座车站或8～10 km设置停车线。对易发生突发客流的车站，应统筹考虑设置停车线，用以停放备用车，应对大规模突发客流。如3号线北池头站、4号线大唐芙蓉园站。

(2)停车线应具备故障车待避和临时折返功能。停车线设在中间折返站时，应与折返线分开设置，尾端设置单渡线与正线贯通。单停车线一般只与一个方向正线连通，为了提高故障列车救援推送的便捷性，根据单停车线位于车站的不同侧连接不同正线。如3号线胡家庙站、太白南路站，如图6.4所示。

图6.4 两种停车线方案示意图

(3)折返线布置应结合车站站台形式确定，在满足列车折返能力要求的前提下，起终点可采用站前折返或站后折返形式，中间站则以站后折返为主，避免与正线行车产生敌对进路。当预测车站乘降量较大，停站时分延长影响后续列车进站时，可考虑站前折返方式，采用两岛三线或一岛一侧式(图 6.5)，列车在停站过程中完成换向。

图 6.5　两岛三线、一岛一侧式停车线方案示意图

(4)远离车辆段或停车场的尽端式车站配线，除应满足折返功能外，还应满足故障列车停车、夜间存车和工程维修车辆折返等要求。9 号线秦汉大道站及 15 号线韩家湾站采用站前单渡线、站后双停车线的设置形式(图 6.6)，夜间利用正线及停车线停放列车，夜间工程车可利用站前单渡线折返。

图 6.6　9 号线秦汉大道站、15 号线韩家湾站配线方案示意图

(5)在靠近隧道洞口或邻近江河岸边的车站，应根据非正常运营模式和行车组织要求，确定车站配线形式。6 号线田家湾—穆将王站区间下穿浐河，在区间邻近河道设置有防淹门，在卫星测控中心站及穆将王站均设置有折返功能的配线(图 6.7)，在防淹门关闭后可实现线路分段运营。

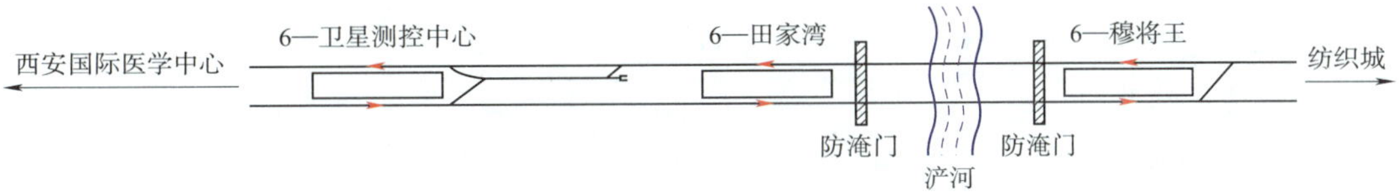

图 6.7　6 号线配合防淹门配线方案示意图

(6)《中国城市轨道交通智慧城轨发展纲要》提出“在实现车辆、供电、信号和轨道桥隧智能运维的前提下，开展正线停车，取消或减少列车专用停车场，大幅降低土地占用”。随着智能运维技术发展，设施设备修程修制将逐步增大，可通过对同一区段所有设施设备运维组织协同化管理，充分利用正线资源开展夜间正线停车，降低场段土地空间占用，提高运营组织效率和灵活性。

2. 渡线

(1)在停车线之间每相隔 2 ~ 3 座车站或 3 ~ 5 km 应加设渡线，一般中间站的单渡线道岔，宜按顺岔方向布置，设置在车站端部。单渡线与其他配线组合布置时，应按功能需要，可按逆向布置。

① 渡线常与其他功能配线组合(如联络线、主支线接轨站)。在 1 号、2 号、3 号线中，配合联络线设置的单渡线设置在联络线外侧，取送车过程中行车顺畅，无需折角。但单渡线基本都位于区间中部，土建规模较大，道岔离车站较远，维修养护有一定不便，后续线路单渡线与联络线主要采用“八”字形布置。配合联络线设置单渡线形式如图 6.8 所示。

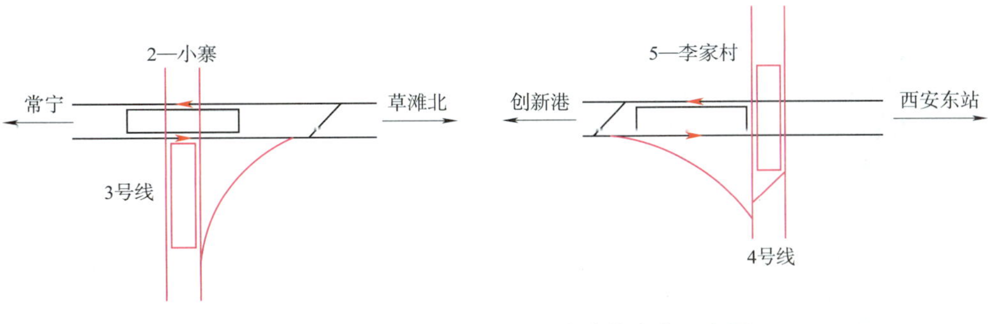

图 6.8　两种配合联络线设置单渡线方案示意图

② 对于有高架段的线路，结合全线配线设置情况，在地下、高架分界站设置单渡线（或其他具有折返功能配线），在恶劣天气（如大风、大雾、大雪及沙尘暴等）高架段列车停运时，组织地下段开行临时交路。如10号线未央湖站小里程端逆岔单渡线，配线方案及临时交路如图6.9所示。

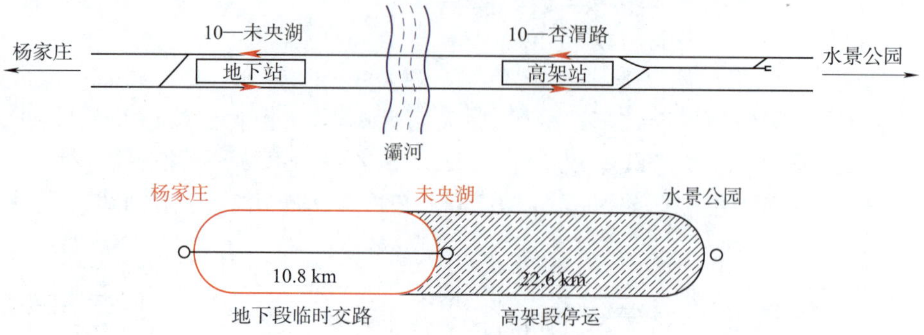

图6.9 10号线未央湖站配线方案及恶劣天气临时交路示意图

③ 10号线高陵车辆段出入线与高架正线接轨，配合设置有逆岔单渡线（图6.10），可实现主城区方向收车。

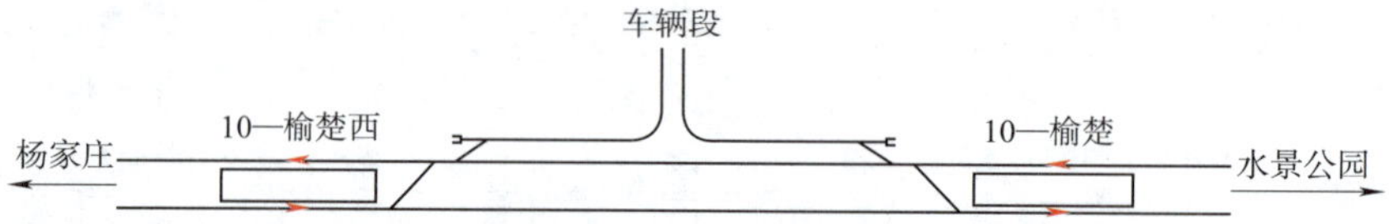

图6.10 10号线高陵车辆段出入线方案示意图

（2）在采用站后折返的尽端站，宜增设站前单渡线，并按逆岔布置，初期、近期行车对数不多时可采用站前折返。同时可利用单边站台到发和折返列车，节约列车能耗，另一条正线可作为临时停车。

（3）对于线路一期工程起终点站，在满足一期折返能力的条件下，根据全线配线设置情况，可利用单渡线或交叉渡线实现临时折返（如15号线细柳站、16号线沣东小镇站，配线方案如图6.11所示）。采用站前单渡线折返可减少一期工程投资，在二期建成后全线配线设置均衡，但对于二期工程规划建设的不确定性适应能力相对较差。若二期工程规划调整较大，一期终点单渡线可能无法满足延伸后配线设置需要，二期将增设部分配线，造成配设的冗余。若二期工程建设时序推迟，一期终点站站前单渡线折返能力可能无法满足客流需求，影响服务水平。

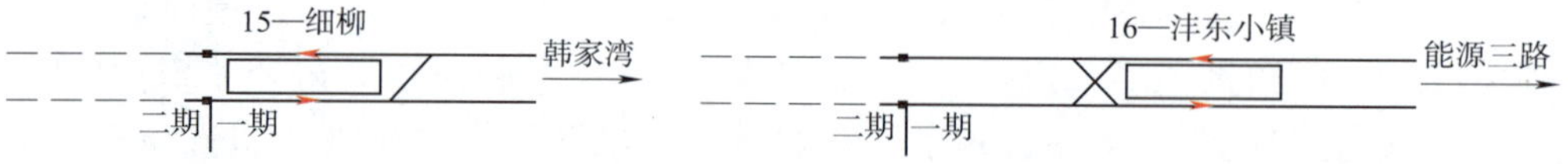

图6.11 15号线细柳站、16号线沣东小镇站配线方案示意图

3. 联络线

（1）为减小工程规模，联络线应与全线配线统筹考虑，尽量与有配线的车站结合设置。联络线与正线的接轨点宜靠近车站，在两线同站台平行换乘站，宜设置渡线。8号线王家坟站与7号线采用双岛四线，在车站北端设置渡线连通7号线与8号线，实现线网资源利用，配线方案如图6.12所示。

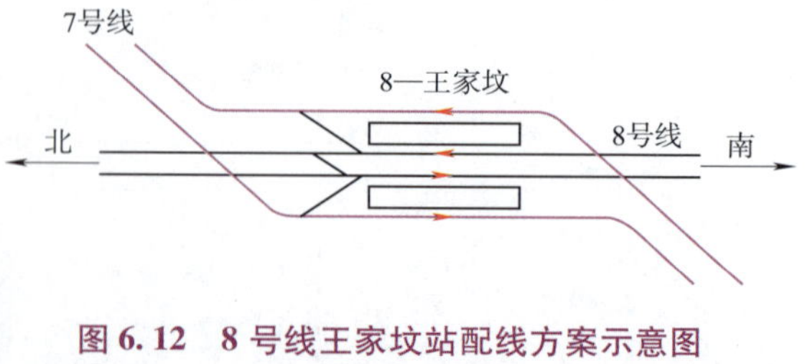

图6.12 8号线王家坟站配线方案示意图

（2）凡设置在相邻线路间的联络线，承担车辆临时调度，运送大修、架修车辆，以及工程维修车辆、磨轨车等运行的线路，应设置单线；相邻两段线路初期临时贯通且正式载客运行的联络线,应设置双线。目前西安市轨道交通在建及运营线路的联络线均为单线。南京地铁1号、10号线在安德门站初期贯通运营至小行方向,后1号线拆分向南,10号线向东各线独立运营。图6.13中红色虚线部分线路仍保留作为两条线路的联络线使用。

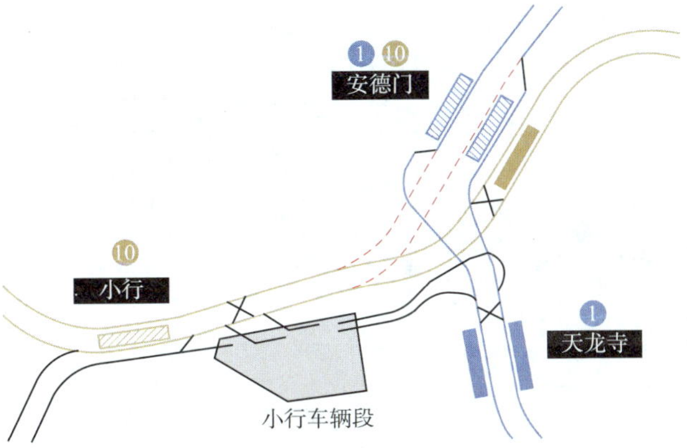

图6.13 南京1号、10号线拆分示意图

4. 出入线

(1)出入线宜在车站端部接轨,尽端式车辆基地出入线应按双线双向运行设计,确保在其中一条线路发生故障时,另一条线路仍可保证列车收发车作业。

(2)出入线应能连通上下行两条正线,尽量设置于两条正线之间,收发车作业应减少折角作业,避免与正线列车出现敌对进路。在条件允许时,出入线接轨方向宜朝向城区中心客流主要方向,保持较大灵活性,对正线干扰最小。

(3)车辆基地若位于两车站之间,有利在两座相邻车站分别接轨,且距离适当,可考虑将出入线设置为“八”字形,提高双方向收发车效率,并实现车辆调头换边运行,减少偏磨。8号、10号线采用了“八”字线接轨形式,如图6.14所示。

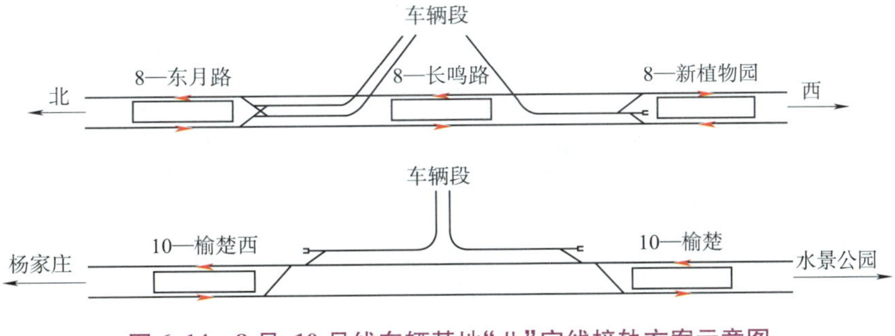

图6.14 8号、10号线车辆基地“八”字线接轨方案示意图

(4)车辆出入线的接轨形式,要综合考虑车站配线与列车运营组织,满足折返能力和出入线收发车能力需求,减少列车收发车作业的空走距离。

① 接轨站采用岛式站台时,主要采用站后双出入线,折返及收发车效率高,具备线路延伸条件。1号线后卫寨站及2号线韦曲南站配线方案如图6.15所示。

② 接轨站侧式站目前采用有两种形式(图6.16):

a. 正线外侧接入,如3号线保税区站、14号线艺术中心站。出入线收发车功能分明,折返作业与发车作业无影响,线路具备延伸条件。但土建规模较大,一条出入线需与两条正线立交。

b. 正线直接接入,如6号线纺织城站。该方案土建规模较小,但折返作业与发车作业存在一定影响,高峰小时可能会利用收车线进行发车作业,线路不具备延伸条件。

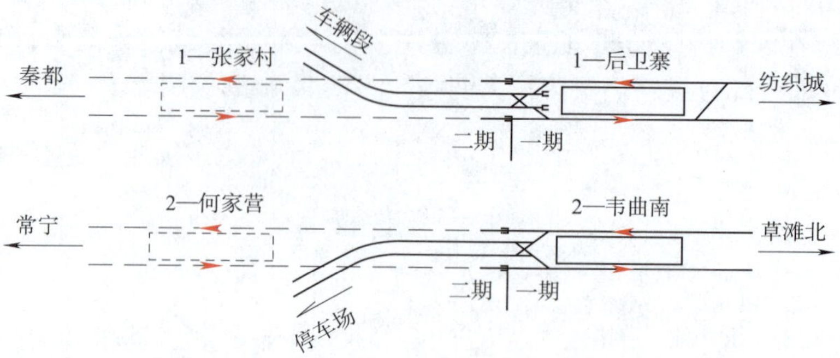

图 6.15 1 号线后卫寨站、2 号线韦曲南站配线方案示意图

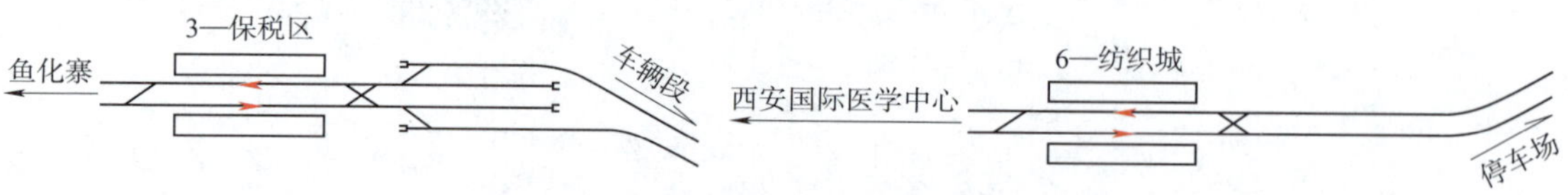

图 6.16 3 号线保税区站、6 号线纺织城站配线方案示意图

5. 安全线

支线或出入线与正线的接轨点宜设在站端，并具备站外一度停车的条件。如果在接入正线前不能保证信号安全距离的要求，或线路处于大下坡地段，对停车安全条件不利，应设置安全线。

(1)支线与主线接轨车站，在出站方向接轨点道岔处警冲标至站台端部距离小于 50 m 时，应设安全线。

(2)出入线在车站接轨点前若不具备一度停车条件，或停车信号机至警冲标之间小于 50 m 时，应设置安全线。出入线采用“八”字形布置在区间与正线接轨时，应设置安全线。不同安全性设置方案如图 6.17 所示。

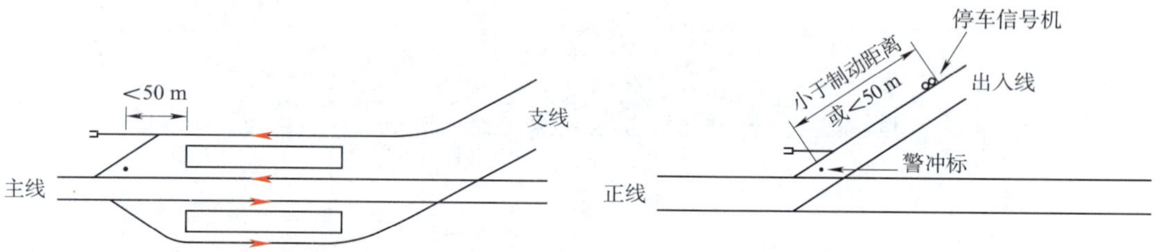

图 6.17 主支线及出入线安全线设置方案示意图

(3)折返线与停车线末端均应设置安全线，如图 6.18 所示。

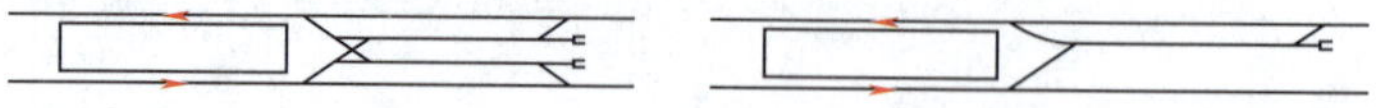

图 6.18 停车线末端安全线设置方案示意图

6. 越行线

最新线网规划中有 7 条市域轨道交通线路，行车组织多采用“快慢车”运行模式，在增加轨道覆盖的同时满足快速联系外围组团与中心城区的要求。快慢车模式下配线设计需在部分越行站设置越行线，以供慢车停站待避快车，达到快车不停车快速通过的目的，主要配线设置原则如下：

(1)在满足快慢车模式功能需求的前提下，结合全线停车线的设置需求，尽量精简越行线布置，越行站配线应尽量设置于非地下段或埋深较浅、地质条件较好的地下段，以降低工程实施代价。

(2)为提高“站站停”待避列车侧向进出站的效率,会让线宜配置12号及以上号数的道岔,其余配线的道岔号数应根据实际功能需要进行配置。

(3)为了简化配线方案,兼顾考虑工程实施代价及运营灵活性,部分越行站的越行线在发生列车故障的情况下,可兼做故障列车停车线。

(4)辅助配线的设置应充分考虑运营管理上的灵活性,尽量兼容常规地铁运营模式的需求。

越行站辅助配线的设计应满足慢车停站避让快车、快车不停站快速过站的要求,一般有四种基本形式,如图6.19所示。

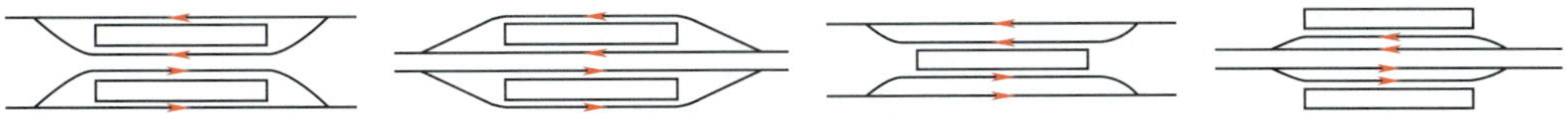

图6.19 越行站四种基本配线方案示意图

方案一:双岛正线外侧方案。该方案可根据客流实际发生情况选择是否采用快慢车运行组织方案。如果本站不采用快慢车组织,则所有列车均可直向进出车站,并且故障车停在越行线时有站台供乘客下车,运营灵活性强。该方案正线间线间距大,常用于地下车站,出站即可使用盾构法施工。但快车越行过站需限速,“站站停”列车进站时需侧向过岔,车站土建规模较大。

方案二:双岛正线内侧方案。该方案与方案一功能及优缺点基本一致,正线间线间距小,常用于高架车站,有利于桥墩布置和高架景观。

方案三:单岛正线外侧方案。该方案快车可高速越行过站,车站不限速;正线间线间距大,常用于地下车站,出站即可使用盾构法施工。但如果此站在运营后不采用快慢车组织模式,则所有列车均需要侧向进出站,故障车停在越行线时没有站台供乘客下车。

方案四:侧式正线内侧方案。该方案与方案三功能及优缺点基本一致,但正线间线间距小,常用于高架车站,有利于桥墩布置和高架景观。

假定相同的基本前提,四种设置会让线车站的建设指标估算见表6.7。

表6.7 四种设置会让线车站的建设指标估算对照表

建设指标	高架车站				地下车站			
	方案一	方案二	方案三	方案四	方案一	方案二	方案三	方案四
	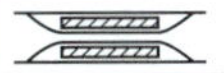	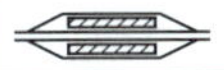	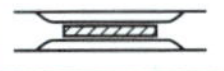			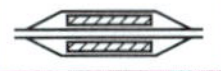	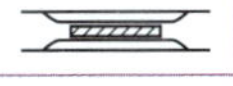	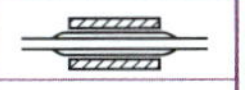
车站长度(m)	120	120	120	120	490	490	300	300
标准段宽度(m)	37	37	29	34	37	37	29	34
层数	2	2	2	2	2	2	2	2
总建筑面积(m^2)	11 000	11 000	8 000	10 000	44 000	44 000	21 000	24 000

注:1. 面积计算中,列车编组采用B型车6辆编组,岛式站台宽度为10 m,侧式站台宽度为7 m,均采用12号道岔。
2. 高架车站因为建筑顶棚仅覆盖有效站台范围,因此在计算车站面积时长度一般取列车长度,即120 m,有效站台之外的道岔区计入区间工程规模。
3. 车站附属面积统一按主体面积的20%计算。

方案一、方案二运营功能较优,但地下车站工程代价较大(方案一、方案二的地下车站规模约为方案三、方案四地下车站规模的2倍);方案三、方案四运营功能较差,但工程代价较小,从确保运营功能的角度出发建议优先选用方案一和方案二。

7. 支线接入线

支线接入线为支线接入正线的一种配线形式,在接轨站设置平行进路,保证两线列车进站时各行其道,一般情况下可采用一岛一侧站台的三线式布置,或双岛四线形式。目前西安轨道交通10号线规划有支线,且支线具备与主线贯通及支线独立折返运营条件,采用双岛四线布置形式,支线设置于站台内侧,如图6.20所示。

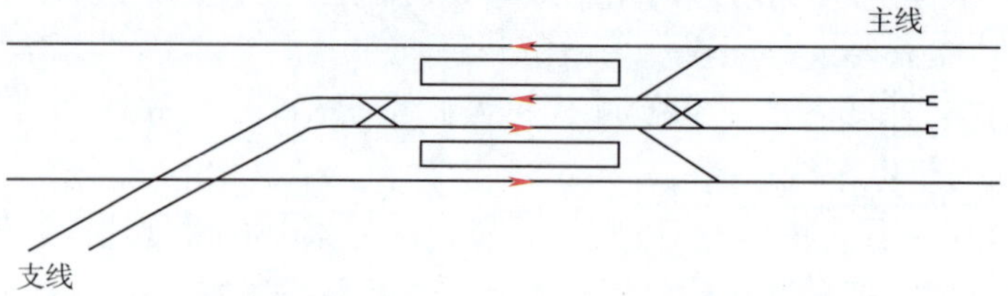

图 6.20　10 号线支线接轨站配线方案示意图

6.3.3　特殊车站配线应用实例

1. 起终点站折返线及停车线

轨道交通起终点站主要采用岛式站站后双折返线或侧式站站后折返形式，结合工程建设条件、线路分期实施等因素，起终点站也可考虑采用其他配线形式，满足运营需求的同时减少工程投资。

(1)1 号线森林公园站

森林公园站为 1 号线二期起点站，设置站后双停车线，如图 6.21 所示。由于二期施工时未预留折返线末端与正线连通条件，在三期延伸后，森林公园站停车线末端无法与正线设置单渡线，停车线功能有所减弱，可满足列车折返，但故障及备用列车停放与取出需在车站内掉头，增加了作业时间，对正线行车有一定影响。对于分期建设线路，末端站线路应结合车站配线形式预留延伸条件，保证线路延伸后不影响车站配线功能。

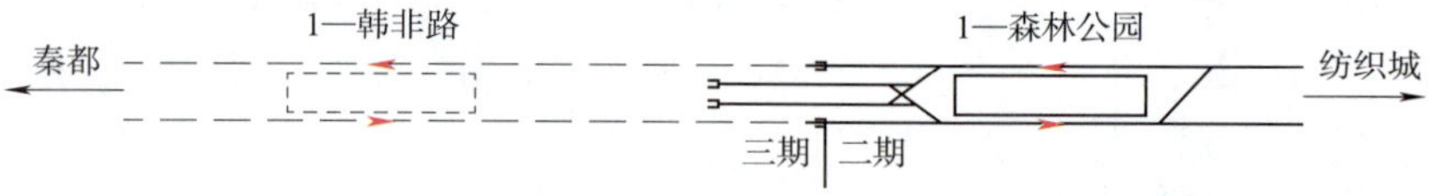

图 6.21　1 号线森林公园站配线方案示意图

(2)10 号线杨家庄站

杨家庄站为 10 号线一期起点站，站后设置单停车线，列车可利用停车线(Ⅲ道)及上行正线(Ⅳ道)折返。同时上行正线向南延长一列位(Ⅴ道)，具备立车停放功能，如图 6.22 所示。在 10 号线二期延伸之前，杨家庄站具备折返及列车停放条件，且故障列车与救援列车可直接停入上行方向停车线中(Ⅳ道与Ⅴ道)，节省救援时间。在二期延伸后，杨家庄站配线为单停车线功能。

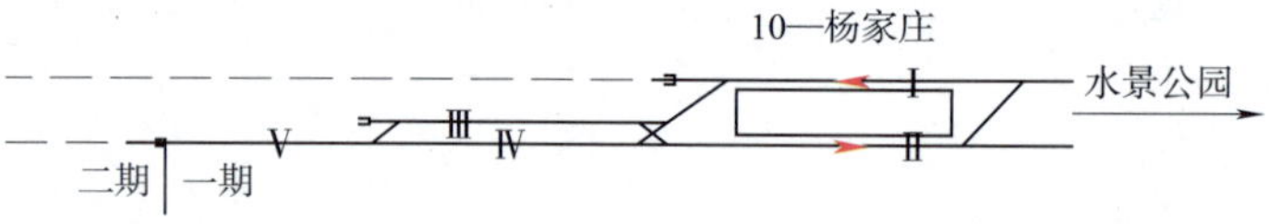

图 6.22　10 号线杨家庄站配线方案示意图

(3)14 号线贺韶站

贺韶站为 14 号线一期工程(北客站至贺韶)的终点站，站前站后均设置单渡线，预留向东延伸条件。为了节省本期工程投资，站后采用单渡线，保留一条正线，正常情况下可满足折返要求，如图 6.23 所示。但折返进路单一，站后配线若被占用只可利用站前折返。

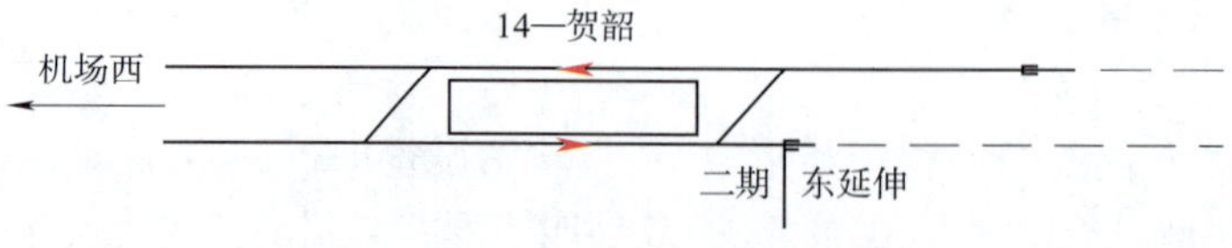

图 6.23　14 号线贺韶站配线方案示意图

14 号线东延伸时机尚不明确,贺韶站应按永久折返点考虑。目前方案站后仅一侧正线用于折返,不具备故障列车停放条件。考虑到由于贺韶站紧邻车辆段接轨站港务大道站,间隔约 1 km,故障列车可直接下线,不在车站停放。

(4)16 号线沣东小镇站

沣东小镇站为 16 号线一期工程起点站,采用站后交叉渡线(图 6.24),可满足一期列车折返。由于沣东小镇站以南紧邻二期停车场接轨站,间隔约 3.8 km,从全线配线分布情况来看,采用站后交叉渡线方案折返能力高,可节省一期工程投资,线路延伸后全线配线分布均匀。

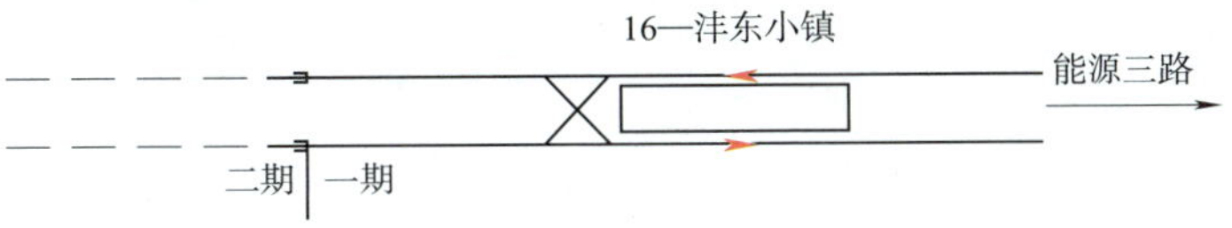

图 6.24 16 号线沣东小镇站配线方案示意图

2. 中间站折返线及停车线

中间站在工程条件允许时一般设置为双停车线,满足车辆折返及停放,并具备开行备用交路条件,运营组织灵活。在设计过程中结合工程建设条件,还可采用一线两列位等其他停车线形式。

① 8 号线电子正街—东仪路站

电子正街至东仪路站间距约 800 m,具备一线两列位停车线实施条件,并可取消电子城站单渡线。设置一线两列位后,尽管电子正街站与东仪路站车站整体规模较大,但两站均具有存车功能,车辆故障后恢复运营速度快,运营组织灵活。配线方案如图 6.25 所示。

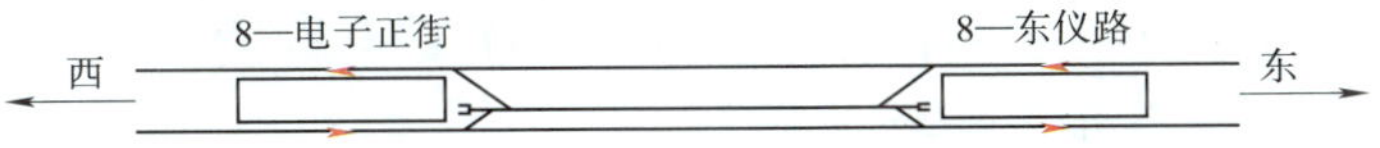

图 6.25 8 号线电子正街—东仪路站一线两列位停车线示意图

② 14 号线尚贤路站

由于 14 号线一期工程(北客站至贺韶)与 14 号线(机场至北客站)(原机场城际线)贯通运营,北客站不再具备故障列车停车功能,停车线就近布设于延伸后的第一个站尚贤路站。受建设条件影响,车站设置为下两层侧式站,两正线之间设单停车线,如图 6.26 所示。

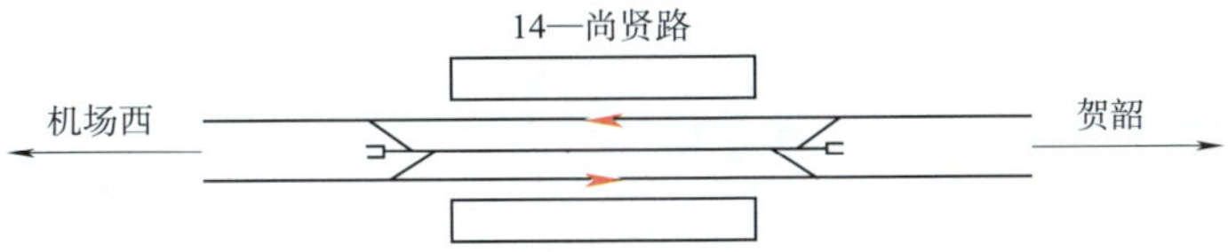

图 6.26 14 号线尚贤路站配线方案示意图

3. 出入线

出入线接轨站主要采用岛式车站,由正线内侧接入正线,可避免收发车对正线行车的影响,并兼顾列车折返。在设计过程中,结合车辆基地选址、接轨站在全线位置以及工程实施条件等,可采用其他接轨形式。

① 4 号线草滩停车场[接轨北客站(北广场)]

4 号线草滩停车场选址位于尚稷路与光明路交叉口西北象限,根据停车场选址与车站位置关系,出入线由车站西侧接入 4 号线北客站(北广场)。车站采用侧式站,站前站后均设置交叉渡线,如图 6.27 所示。

目前 4 号线均采用北侧出入线收发车,工作日最小行车间隔为 3 min 55 s,未来若要提高行车密度,可考虑采用南侧出入线发车至上行站台进入站后折返线,再发车至下行站台,减少与正线行车的影响。

② 5 号、9 号、14 号线车辆段

5 号线和平车辆段位于线路中部,为了提高运营灵活性,在出入线远端设置两处单渡线与上下行正

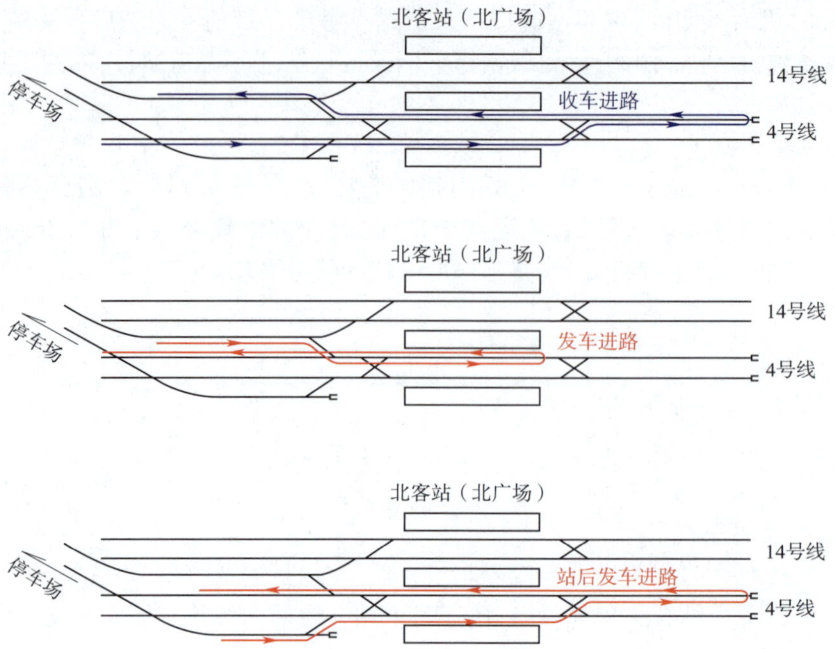

图 6.27　现状收发车进路及站后发车进路示意图

线连通，实现反向收发车功能。9 号线香王车辆段由于咽喉区朝向香王站，全线主客流方向为线路东侧，因此出入线远端设置单渡线，具备反向收发车功能。14 号线骏马停车场接轨于港务大道站（东端倒数第二站），考虑到 14 号线未来将继续向东延伸，停车场需反向收发车，因此出入线远端也设置两处单渡线。5 号线与 9 号线车辆段出入线方案如图 6.28 所示。

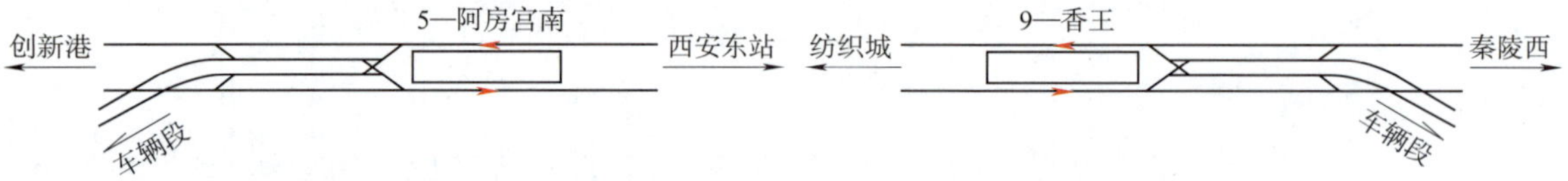

图 6.28　5 号、9 号线车辆段出入线方案示意图

③ 6 号线纺织城停车场（接轨纺织城站）

6 号线纺织城站为地下侧式站，正线直接接入停车场。正常情况下，Ⅲ道作为发车线兼折返线使用，Ⅳ道作为收车线，Ⅲ道和Ⅳ道使用功能可灵活互换。当高峰时段前停车场向正线加车时，已上线列车可利用Ⅳ道进行折返作业，避免与Ⅲ道加车产生敌对进路。当高峰结束正线部分列车需要下线时，Ⅳ道可用于收车作业，Ⅲ道用于折返作业。该方案车站规模较小，可满足车站的折返及收发车能力，但列车折返作业无法与出入线作业隔开，作业之间存在一定的干扰。因此对该方案还可进一步优化，增设单独折返线，分隔折返作业与收发车作业，但车站规模会有一定增加。接轨方案如图 6.29 所示。

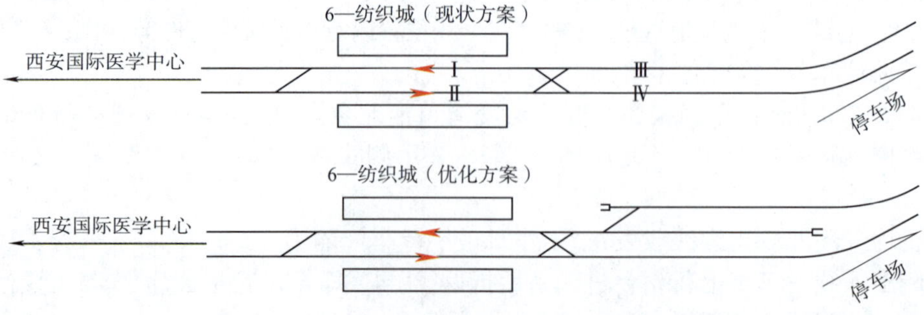

图 6.29　6 号线纺织城停车场接轨方案示意图

4. 其他配线

纺织城站配线方案如图6.30所示。纺织城站为1号、6号、9号线换乘站，设计时将9号线置于1号、6号线之间，同时9号线区间正线在进站前交叉一次，可以实现1号线与9号线（由西向东）及9号线与6号线（由东向西）的同台换乘，提高换乘效率。根据9号线行车方向，站前设置逆岔单渡线。

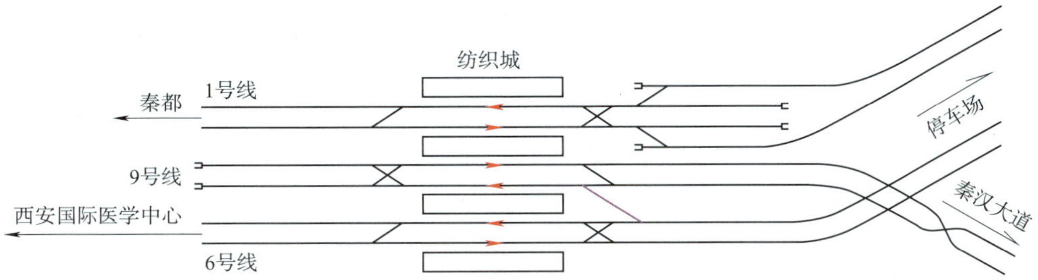

图6.30 纺织城站配线方案示意图

6.4 互联互通研究

6.4.1 互联互通概述

1. 互联互通的概念

互联互通是指通过车站换乘、资源共享和直通运输等方式，实现轨道交通系统内各线间或不同轨道交通系统之间的良好衔接，为旅客提供便捷的运输服务，满足旅客的差异性出行需求，构建一体化的轨道交通系统。

2. 互联互通的意义

随着城市群、都市圈的形成和发展，城市空间结构的重构，为满足旅客出行的便捷性和实现出行的差异性需求，需要构建多层次、一体化的轨道交通系统。我国的轨道交通体系主要由国铁干线、城际铁路和城市轨道交通等层次构成，要保证各层次轨道交通系统服务的连续性和高效率，必须整合多种制式轨道交通，构建针对不同服务范围和特征需求的轨道交通功能层次，实现互联互通、融合一体的轨道交通体系。

3. 互联互通的分类

从运输途径和服务方式上分析，各线间采用换乘衔接和直通运输均可实现乘客到达目的地的需求，实现资源和信息共享也可显著提升旅客出行的便捷性。因此，广义上的“互联互通”不仅是“列车过轨运行”，而且是以提供资源和信息共享、发挥各级轨道网络技术优势、满足不同旅客差异性出行为目标，实现不同轨道系统间的良好衔接。

（1）轨道交通各层级内部的互联互通

轨道交通各层级内部的互联互通主要指国铁、城际和城市轨道交通各自内部间各线的联通。对于城市轨道交通，以往线路由于不同线路间信号系统、车辆制式和屏蔽门等方面的差异，各线基本采用独立运营模式，客流采取换乘方式，仅考虑了资源共享、信息共享、安检互信和一卡通制度等，没有考虑跨线运营的条件。

（2）轨道交通各层级间的互联互通

① 基于车站换乘的互联互通

基于车站换乘的互联互通主要通过车站的站内客运设施和站外接驳设施，依靠流线设计、换乘导引、公共区域管理、票制和票价配合等，实现客流的换乘和集散，是目前轨道交通系统间最常使用的联通方式。

② 基于资源和信息共享的互联互通

随着信息化技术发展，轨道交通系统间已经在实现资源和信息共享方面取得了良好的效果，如不同线路间通过客流信息、列车正晚点等基础信息共享，旅客可通过统一渠道获取出行所需的时刻表、正晚点、天气等信息；在不同交通系统间搭建统一的一卡通互联互通平台，实行交通一卡通制度，减少乘客买票支付的时间，提高运输便捷性；不同交通制式间实现安检互信，避免二次安检，减少乘客排队等候时间；不同线路间可进行移动设备养护维修点的综合设置，实现检修资源的共享。

③ 基于跨线运营的互联互通

基于列车跨线运行的互联互通将客流上有互联互通需求、技术上有互联互通条件的线路进行跨线运营设计，通过不同列车运营交路组织实现乘客的无换乘、直达运输，该方式从物理网络和运营上实现了互联互通，也是互联互通的高层级目标模式。

6.4.2 “零换乘”互联互通

“零换乘”互联互通是基于车站换乘的互联互通。

车站换乘的主要方式包括站外换乘、通道换乘、站厅换乘、阶梯换乘和同台换乘等。站外换乘，在付费区以外进行换乘，乘客须增加一次进出站手续，步行距离长，客流混合，一般是由路网规划的系统缺陷造成；通道换乘，通过专用的通道换乘，换乘间距、步行距离长，换乘能力有限，但布置灵活；站厅换乘，通过共线共用站厅换乘，或将各站厅相互连通进行换乘，乘客须上下楼梯，其客流组织简单，但引导标志设置重要；阶梯换乘，通过一次上下楼梯或自动扶梯，在站台与站台之间直接换乘，客流方便但存在交叉客流；同台换乘，某些方向在同一站台平面内换乘，其他方向通过连接系统换乘，其换乘直接、换乘量大，但部分客流换乘距离仍会增加。

分析可知，采用合理的换乘方式，可以实现旅客在不同交通方式间的有效集散和便捷换乘，在车站实现“零换乘”是解决不同层级间或同一层级间无法实现跨线直通运营线路间互联互通的有效手段。应从以下几方面做好“零换乘”：

(1)各交通方式间运输能力需协调，以较快地完成换乘客流的转运和疏散，避免在换乘车站范围滞留而引起网络运营效率的下降。

(2)各交通方式列车在换乘站到发时刻需协调，以减少乘客换乘等待时间。

(3)交通组织方式、管理和票制协调，实现各交通方式的综合调度、协调管理。

6.4.3 相同制式互联互通

2018 年，中国城市轨道交通协会发布了团体标准《城市轨道交通　基于通信的列车运行控制系统(CBTC)互联互通系统规范》(T/CAMET 04010.1—2018)，实现了系统层面的标准化、接口层面的统一化、测试层面的规范化和工程层面的场景化。在信号互联互通的基础上，为相同制式、不同线路间组织互联互通跨线运营提供了可能。2020 年 9 月，重庆环线(6 节编组 A_s 型列车)和 4 号线(6 节编组 A_s 型列车)成功实现跨线载客试运营。这是国内首次实现了基于统一标准体系的不同信号厂商装载各自车载设备的列车在不同线路共线和跨线运行的工程示范应用。但跨线运营的“直快列车”发车间隔达 30 min，开行密度较低，提高跨线车开行密度是否仍存在技术上的难题，是目前大家重点关注的问题，将决定相同制式互联互通跨线运营的成败。

截至 2020 年底，西安轨道交通开通运营的 8 条和在建的 2 条线路，分别采用不同信号厂家设备，见表 6.8。

表 6.8　西安轨道交通线网信号系统现状

序号	线　路	信　号　系　统	开　通　时　间
1	1 号线	采用德国 SIEMENS 的 ATP/ATO 和通号城轨的联锁、ATS 的 CBTC 信号系统	2013 年 9 月 15 日开通运营
2	2 号线	采用由众合机电引进的 USSI 的 CBTC 信号系统	2011 年 9 月 16 日一期北段开通运营
3	3 号线	同 1 号线	2016 年 11 月 8 日开通运营
4	4 号线	采用卡斯柯的(URBALIS 888)CBTC 信号系统	2018 年 12 月 26 日开通运营
5	5 号线	采用交控科技 CBTC 信号系统	2020 年 12 月 28 日开通运营
6	6 号线	采用众合机电全国产化(BiTRACON)CBTC 信号系统	2020 年 12 月 28 日一期开通运营

续上表

序号	线　路	信　号　系　统	开　通　时　间
7	9号线	采用通号城轨全自主 CBTC 系统	2020年12月28日一期开通运营
8	14号线	采用通号城轨全自主 CBTC 系统	机场至北客站段2019年9月29日开通运营。 北客站至贺韶段2021年6月底开通运营
9	16号线	采用卡斯柯的(URBALIS 888)全自动 CBTC 信号系统	预计2023年4月开通

西安轨道交通正在运营的线路及不久将开通的线路存在4家信号公司的6种信号系统设备。对于西安轨道交通线网内的互联互通,从信号系统层面分析存在如下几方面问题:

(1)不同线路采用不同信号系统厂家的设备,即便是同一厂家的设备,仍存在不同代际的产品,这些线路间的互联互通实施难度高。

(2)新建延伸线为了与既有线贯通运营,兼容既有线系统制式是基础,但不能完全照搬,还需要预留技术升级空间,以便既有线在达到寿命周期后,更新改造的系统可以使用比较新型的技术。

(3)新建线路必须按中国城市轨道交通协会发布的《城市轨道交通　基于通信的列车运行控制系统(CBTC)互联互通规范》(T/CAMET 04010—2018)执行,从系统架构、功能分配、电子地图、接口协议等多方面进行标准统一,才有可能实现单个设备层级的互联互通。

6.4.4　不同制式互联互通

目前针对不同制式互联互通的研究,粤港澳大湾区相关城市(广州、深圳)走在前列。粤港澳大湾区提出大湾区轨道交通将在多网融合、互联互通、跨线运营方面进行深化研究,构建大湾区轨道规划技术体系,发展最高速度160 km/h和200 km/h两个速度等级、兼容CTCS-2级的CBTC系统、采用新型高性能市域列车的大湾区轨道交通系统。借鉴大湾区互联互通初步研究成果,不同制式互联互通跨线运营未来将可能主要存在于市区快线和市域(或城际)线间,建议重点从以下几方面进行研究:

(1)隧道衬砌内轮廓等限界差异性问题;

(2)牵引供电制式问题;

(3)不同信号系统兼容问题;

(4)对配线设计的影响问题;

(5)站台门设置问题。

以上问题理论上可以解决,但落地实施困难。现阶段不同制式的互联互通建议按基于车站换乘的互联互通及基于资源和信息共享的互联互通为主,后续可借鉴粤港澳大湾区实施效果与代价,再进行相关具体研究与决策。

6.5　中低运量轨道交通相关研究

中低运量轨道交通作为城市公共交通系统的补充和大容量快速轨道交通的接驳延伸,应依据城市国土空间总体规划、综合交通体系规划、轨道交通线网规划及城市公共交通系统规划等编制相应的中低运量轨道交通规划,统筹考虑制式选择、建设标准等,并与城市轨道交通线网规划充分融合,形成层次丰富、空间集约、资源共享的轨道交通网络,做到有据有序的规划与建设。

中低运量轨道交通的制式丰富多样、选线灵活、工程体量小,但部分制式与其他交通方式可共用路权,因此与轨道交通的换乘接驳应按常规公交系统考虑,在非付费区换乘并按轨道交通标准进站安检,保障运营安全。

6.5.1　车辆选型及列车编组研究

根据中国城市轨道交通协会发布的《城市轨道交通分类》(T/CAMET 00001—2020)中"运输能力"及

“系统制式”划分标准，中低运量系统为运输能力在2.0万人次/h以下的轨道交通系统。本节重点介绍悬挂式单轨系统、有轨电车系统、导轨式胶轮系统和电子导向胶轮系统。

1. 悬挂式单轨系统

(1)车型概述

悬挂式单轨是列车悬挂在半空中运行的一种轨道交通系统，最高运行速度为60~80 km/h，其运行轨道位于列车上方，主要用于中小城市的公共交通干线、大城市中大运量轨道交通的补充，以及旅游景区、主题乐园、大型商务区内部观光通勤线等。该制式在欧洲、日本已有所应用，国内有中车青岛四方试验线、成都试验线，尚无投入商业运营线路。

(2)车辆编组及运输能力

悬挂式单轨可实现2~6辆灵活编组，目前国外运营以及国内设计的线路主要为2~3辆编组，采用长编组车辆自重、载客量增加，对运营稳定性、轨道梁结构等有更高的要求，运营安全性、运营效果等仍有待检验。

根据目前国内设计的线路编组情况，悬挂式单轨采用4~5人/m^2站立标准，定员为60~70人/辆，系统能力一般为20~24对/h，适应的客流量级约为0.5万人/h，采用6辆编组时系统运输能力可达到1.0万人/h以上。

2. 有轨电车系统

(1)车型概述

现代有轨电车采用模块化编组，主要承担中小城市公交骨干和大城市轨道交通衔接、补充的功能。有轨电车最高运行速度一般为60~70 km/h，可采用多种路权方式，主要以公交化的网络共线运营方式。由于造价低、审批相对容易等优势，有轨电车在我国中小城市和大城市的郊区得到迅速发展。

(2)车辆编组及运输能力

国内运营有轨电车线路编组形式主要有3、4、5模块，列车长32~35 m，按5人/m^2站立标准，定员数量约为260人/列。

由于有轨电车可采用半独立及混合路权，系统能力会受到路口信号灯及其他社会车辆影响，通常按20~24对/h考虑，系统运输能力约为0.5万人/h；当采用连挂方式或更多模块时，如长春3号线采用6模块，列车长55 m，列车定员为530人/列，系统运输能力可达到1.2万人/h。

3. 导轨式胶轮系统

(1)车型概述

导轨式胶轮系统主要车型为比亚迪生产的云巴，该系统通过轨道支撑电动大巴在空中行驶，采用电池+储能式供电，最高运行速度为60~80 km/h，适用于小区内部或商业街区内的短距离运输，解决学校、医院、商场、园区等最后一公里交通问题。国内重庆云巴于2021年4月开通运营，线路全长15.4 km，共设车站15座。

(2)车辆编组及运输能力

云巴系统采用5人/m^2站立标准，列车定员为60~70人/辆，系统可采用2~6辆编组形式，系统能力按30对/h考虑，系统运输能力为0.5万~1.2万人/h。目前国内已运营及试验线最大编组为3辆，更长编组列车的运营安全性及可靠性等有待进一步验证。

4. 电子导向胶轮系统

(1)车型概述

电子导向胶轮系统主要车型为中车株洲电力机车研究所有限公司生产的智能轨道快运系统，简称“智轨列车”(ART)。智轨列车最高运行速度为60~70 km/h，车辆不依赖钢轨行驶，可根据客流灵活调整，支持多种供电方式的特性。2018年5月8日株洲示范线开通运营，2019年6月10日宜宾智轨T1线开通试运营。

(2)车辆编组及运输能力

智轨系统可采用3～6模块,目前国内已运营及在建线路均采用3模块,定员约230人/列。宜宾智轨预留远期扩编至5模块条件,定员约390人/列。

由于智轨系统采用半独立及混合路权,开行列车对数越多对道路交叉口交通影响越大,系统能力通常为20～24对/h,系统运输能力为0.5万～1.2万人/h。

6.5.2 列车运行交路研究

中低运量轨道交通多采用高架及地面敷设方式,其中:有轨电车及电子导向胶轮系统(智轨)主要采用地面敷设方式,多为半独立及混合路权形式;悬挂式单轨及导轨式胶轮系统(云巴)主要采用高架敷设方式,为独立路权形式。采用不同的敷设方式及路权形式,各类型中低运量轨道交通列车运行交路也有所不同。

1. 以地面为主的制式:有轨电车、智轨

借鉴国内外现代有轨电车的运营经验,有轨电车及智轨运营宜重点体现出"公交化"的运营理念,共轨或共通道运行现象较为普遍,同一通道往往具有复合的功能,运行路线非常灵活。在行车运行交路上,有轨电车及智轨可以组织全线运营,也可以结合客流分布特征组织大小交路运行形式。线网上不同线路之间,通过道岔或地面标线的联系,可以开行跨线列车,充分发挥网络化运营的优势。目前国内浑南新区有轨电车、松江有轨电车已实现共线运行。

2. 以高架为主的制式:悬挂式单轨、云巴

考虑到悬挂式单轨和云巴线路多用于二三线城市以及旅游观光区域,或作为城市大运量轨道交通的延伸,线路规模一般较短,行车密度较低,线路周边环境要求相对较高。同时两种制式道岔及停车线规模较大,正线设置停车线体量较大,对周边景观有一定影响,因此两种制式线路主要采用单一交路形式,与其他轨道交通线路采用站外换乘方式。

6.5.3 车站配线研究

1. 悬挂式单轨系统

考虑到悬挂式单轨交通功能定位,以及道岔系统的特殊性、造价高等因素,总体上应在保证运营安全及基本需要的基础上,尽量减少配线的设置。

(1)停车线

根据《悬挂式单轨交通技术标准》(征求意见稿),当故障列车推送速度取20 km/h,故障车停车线的分布间距约为15 km。国内尚无在建的商业运营的线路,悬挂式单轨线路设置停车线的必要性及合理性仍需论证。悬挂式单轨停车线如图6.31所示。

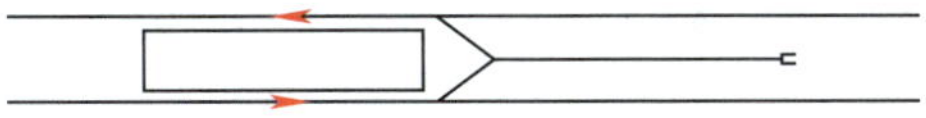

图6.31 悬挂式单轨停车线示意图

(2)渡线

悬挂式单轨正线单渡线主要设置在起终点站或配合出入线,其他可根据车站及停车线分布适当设置单渡线。起终点站可采用站前、站后"八"字单渡线,或站前折返单站台等形式。由于悬挂式单轨系统能力相对较低,三种配线方式均可满足要求,其中方案二较方案三具备延伸条件,便于后期延伸改造。悬挂式单轨不同渡线方案如图6.32所示。

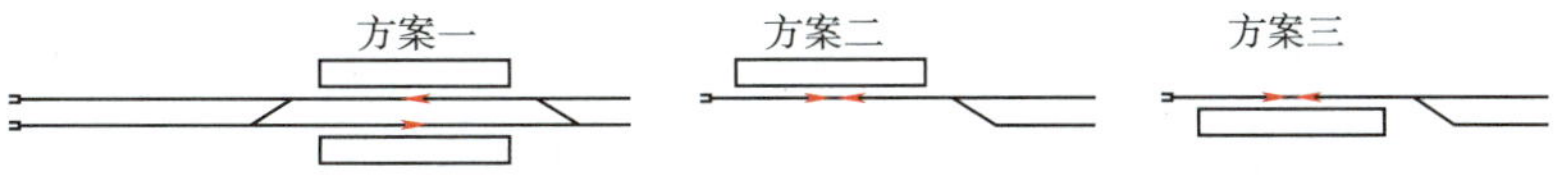

图6.32 悬挂式单轨渡线示意图

(3)出入线

当场段位于线路末端时,可由正线直接接入;位于线路中部时,可采用“八”字线或由正线外侧引出出入线,其中一条出入线需与正线立交。不同出入线方案如图 6.33 所示。

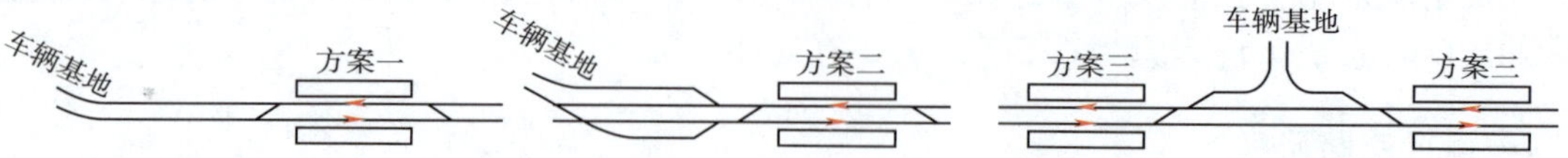

图 6.33 悬挂式单轨出入线示意图

2. 有轨电车系统

现代有轨电车的配线设置不仅需要考虑列车正常运行以及故障运行的运营功能需求,还应考虑社会车辆和交叉口的影响,同时满足有轨电车网络化运营模式的需求。

(1)起终点站折返线

起终点站的配线设置主要有站前折返、站后折返和灯泡线折返三种形式(图 6.34)。岛式车站一般采用站前折返形式,侧式车站一般采用站后折返形式,而灯泡线折返形式一般在较大广场或终点道路宽度受限的条件下采用。从减少有轨电车与地面道路交通的干扰考虑,有轨电车的起终点的位置更应结合城市建筑(如交通枢纽、大型商圈和人流密集区等)的布局统筹规划,车站配线应结合站位综合等因素进行合理选择。

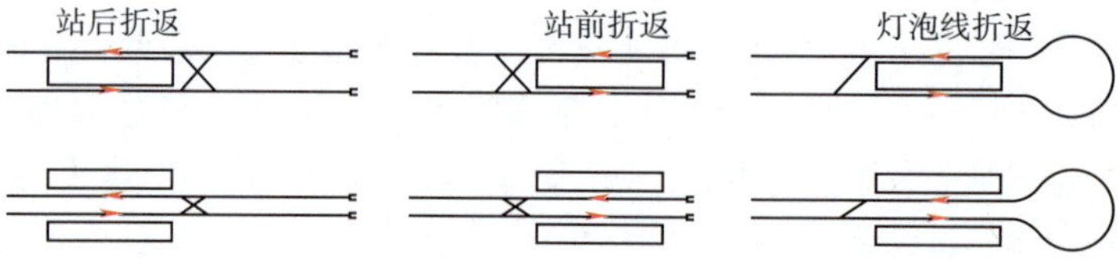

图 6.34 有轨电车折返线示意图

(2)出入线

有轨电车系统可采用多种供电方式,采用超级电容供电列车无需下线充电,可利用列车停站及折返过程实现快充,车辆基地接轨位置较为灵活;而采用动力电池供电的车辆,由于充电时间长,需下线在基地内进行充电,为了避免下线列车在中间站提前清客,车辆基地宜接轨在线路的起终点。

根据车辆基地分布位置,当位于线路末端时,在满足折返需求及运营安全的前提下,推荐采用站后正线直接接入场段方式;若无法实现站后接轨,经分析论证后可采用站前接入方式。当车辆基地位于线路中部时,在工程条件满足情况下,应采用“八”字接轨形式,并应在满足道路工程等要求时配合设置单渡线或交叉渡线,或采用互通道岔,同时连通正线上下行双方向(图 6.35)。当有轨电车在路中敷设时,出入线将切割道路断面,车辆进出停车场对道路交通影响较大,因此建议将出入线设于道路车流量较小路段或交叉口,并做好交通组织设计。

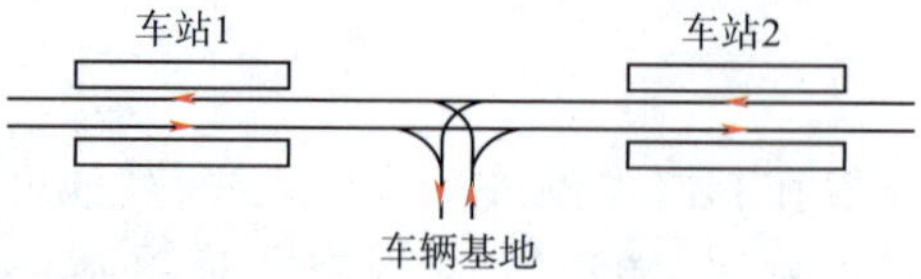

图 6.35 有轨电车双“Y”出入线接轨形式示意图

(3)渡线

根据国内外有轨电车实际运营情况以及相关规范,一般在线路沿线每隔 2 ~ 3 km 设置单渡线。当单渡线设于道路路段时,临时折返单渡线以顺岔设置为主;当单渡线设于交叉口时,临时折返单渡线应结合车站形式,以不超过交叉口折返为原则进行设置,如图 6.36 所示。

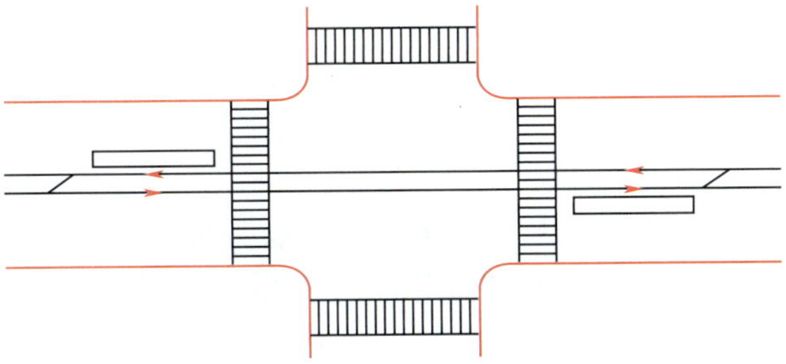

图 6.36　有轨电车交叉口单渡线设置方式示意图

(4)联通线

有轨电车要实现网络化运营,需在联通运营的线路之间设置联通线。联通线宜采用互通道岔连接,一般有单“Y”和双“Y”两种接轨形式。根据远期网络运行交路需求来选择具体的接轨形式,接轨形式见表 6.9。

表 6.9　联通线接轨形式表

接 轨 形 式	功　　能	示 意 图
单“Y”渡线	可满足有轨电车单方向贯通运行需求	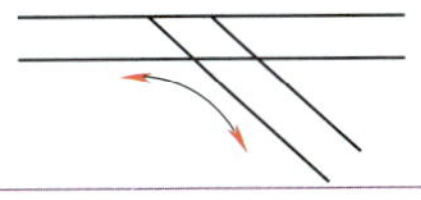
双“Y”渡线	可满足有轨电车双方向贯通运行需求	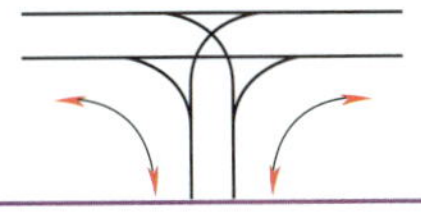

(5)停车线

由于有轨电车停车线占有道路资源较大,相关规范并无强制性要求设置停车线,但在道路条件允许的情况下,应根据车站形式和线路敷设方式设置停车线。不同停车线方案如图 6.37 所示。若车站采用岛式站台,停车线可采用方案一;若车站为侧式站台,并且线路在路侧敷设,在道路条件允许的情况下停车线可采用方案二进行布置。

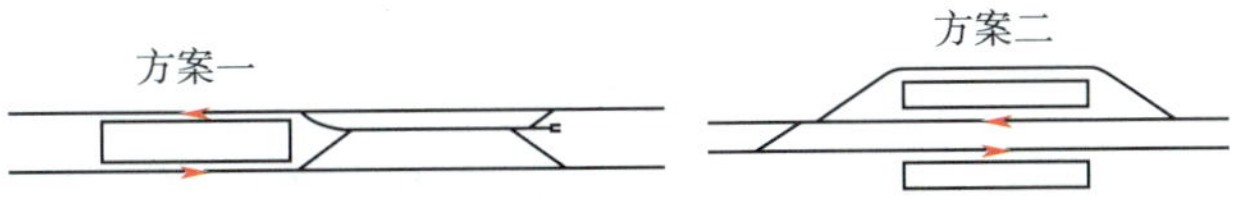

图 6.37　有轨电车停车线方案示意图

3. 导轨式胶轮系统(云巴)

云巴系统线路一般较短,系统为轻量化小巧设计,配线不宜设置过密。根据各地方编制的《胶轮有轨电车交通系统设计规范》,线路应结合非正常运营状态的需求,设置必要的渡线或停车线,并在沿线不大于 10 km 处加设渡线。

车辆基地出入线宜在车站接轨,并设置为双线;当综合车场规模较小,出入线设置条件困难时,可采用单出入线。云巴系统目前主要采用超级电容供电,停站过程中可完成充电,未来若采用动力电池供电则需下线充电,车辆基地则宜选择在线路的起终点,避免下线列车在中间站清客。导轨式胶轮系统(云巴)车站配线方案如图 6.38 所示。

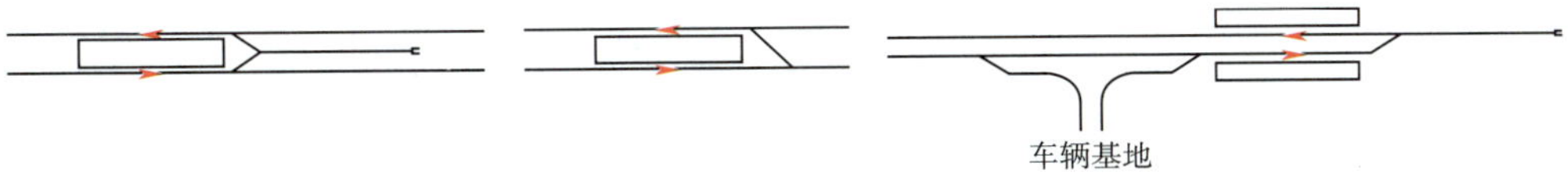

图 6.38　导轨式胶轮系统(云巴)车站配线方案示意图

4. 电子导向胶轮系统(智轨)

目前国内尚无智轨设计规范,结合智轨系统特征,配线设置应根据站点分布、车站间距、近远期行车交路及联络线设置等全线统筹考虑。

(1)单渡线

每隔3~5座车站加设渡线,提高故障状态下列车运营组织的灵活性,并应尽量减小对既有道路交通的影响。在实施条件允许时,应与其他规划线路预留设联络线及渡线条件,提高跨线作业的灵活性。

(2)停车线

在距离停车场或终点站较远的区段,根据线路条件设置停车线(图6.39),尽量避免智轨列车停车线占用社会车辆行车道。由于智轨列车在车辆故障时可直接路边停车,因此正线上可不单独设故障停车线;但应根据车辆充电要求,若线路首末站站台充电无法满足运营要求,则需要在其他地方设置专门的停车充电线。

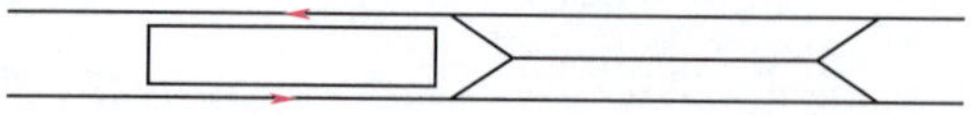

图6.39 电子导向胶轮系统(智轨)停车线示意图

(3)出入线

根据车辆基地选址及线路条件,出入线应通过渡线与上下行正线接轨,满足双向收发车,提高车站通过能力。电子导向胶轮系统(智轨)出入线示意如图6.40所示。

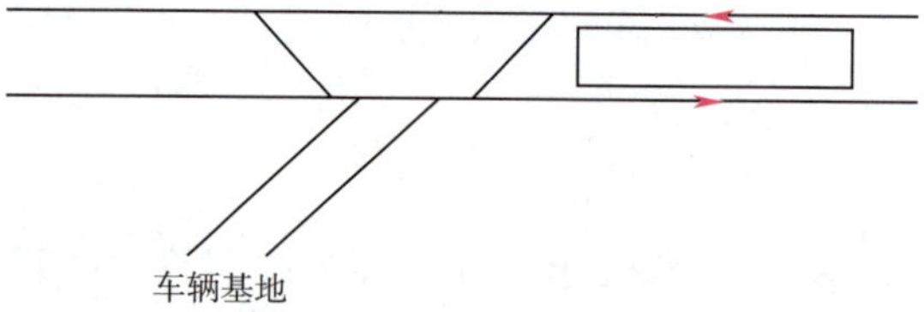

图6.40 电子导向胶轮系统(智轨)出入线示意图

第3篇

车站建筑及城市融合设计

第7章　轨道交通车站设计

轨道交通车站是轨道交通工程重要的组成部分，是轨道交通线网的基础节点，是轨道交通各类功能的核心体现，是展示城市风貌和城市服务的窗口，是城市发展建设的重要交通节点。伴随着我国轨道交通发展建设，其规划设计理念跟随着时代发展的步伐，与社会经济和科学技术发展与时俱进，不断更迭。

7.1　车站功能

轨道交通车站的功能在发展进程中不断被挖掘和重视，成为从学术至实践的重要研究对象，形成了以车站为核心的一系列的规划、设计及建设成果。车站的功能从单一的交通功能向多种功能综合多元化的方向发展，从关注自身设计建设向着与城市融合一体化的方向发展，从服从城市总体规划向着引导城市规划和建设的方向发展。

7.1.1　交通功能

迄今为止，我国城市轨道交通建设已走过半个世纪的发展历程。20世纪五十年代，北京地铁1号线开始规划，1965年10月1日正式通车，标志着我国城市轨道交通建设的时代正式拉开序幕。

随着我国城市建设和经济建设飞速发展，城市化进程逐步加快，城市人口急剧增加，城市内部人员出行交流频繁。城市交通是保持城市活力最主要的基础设施，是城市生活的动脉。发展多层次、立体化、智能化的交通体系，将是城市建设发展中普遍追求的目标。而发展大、中、低客运量相互匹配的多种形式相结合的客运交通工具，将是实现上述远景目标的一项重大技术决策措施。

无论是轨道交通建设早期阶段，还是多种理念指导蓬勃发展的现阶段，其交通功能都是轨道交通车站的基础属性和核心功能。因此，轨道交通站点密度、站位选址、站型选择、交通接驳、换乘方式、客流乘降等交通属性是轨道交通车站设计的重中之重，都具备其自身设计特点和标准。

7.1.2　城市服务功能

随着轨道交通建设在我国大范围展开，轨道交通作为一类新兴的交通类基础设施出现在城市总体规划中，其与原有的城市建设之间有着众多适应性问题。一些建设启动较早的城市在自身城市与轨道交通建设过程中积累了大量的经验和教训，从而开始研究如何避免城市建设与轨道交通建设的矛盾，避免废弃工程和重复工程，实现两者可持续发展的共赢局面，提出了"建地铁就是城市"的站城融合理念。轨道交通车站与城市的融合设计是从建设到功能的深度考量。从建设角度来看，是车站主体与城市空间的融合规划、设计及修建，是车站出入口与城市建筑、景观等一体化设计和建设。从功能角度来看，是为了配合城市发展的需要，轨道交通车站也逐渐摆脱单一的交通功能，转而拓展出多元化的城市功能。

1. 人民防空功能

轨道交通工程在设计时就统筹考虑了人民防空工程。车站是战时人员掩蔽的主要场所，一座车站一般具备1 000人同时掩蔽的能力，同时还设置有人防连通口与站位周边的其他人防工程相连通。

2. 市政服务功能

轨道交通车站出入口应在主要交叉路口周边的四个象限内设置，方便乘客进出车站的同时兼顾市政过街功能，充分利用有限地下空间资源，节省市政工程投资。

作为提供公共服务的主体，轨道交通车站还可以利用站内公共卫生间，兼顾城市公共卫生间的功能需求，优化整合地面公共卫生间资源，将地上空间还给城市景观和绿化。

3. 城市文化展示功能

公共区装修体现了城市文化特征和站点周边的重要印记，体现在车站文化墙、柱面、墙面、天花的设计中，形成统一主题的城市文化呈现集合，加强了车站空间特色的同时，也强化了乘客对站点的印象，延续了城市文化脉络。

4. 商业服务功能

轨道交通车站与商业的结合是车站功能迈向多元化的重要标志，从最初的站内售卖机、出入口与商业衔接，发展至配线空间上方的商业开发、多层深埋车站的整层商业开发、主体与商业综合体一体化建设等众多类型和形式，车站功能也随着与商业的融合不断拓展。

5. 共享空间功能

随着共享经济理念的流行，利用车站配线空间、夹土体空间、扩大公共区空间设置文化展示区和公共宣传，展示的内容多种多样，如轨道交通发展建设宣传展、党建宣传展、片区发展纪实、文创作品展、高等院校优秀毕业设计等。此类功能拓展充分发挥了轨道交通的公共属性，创造社会精神文明价值。

7.1.3 带动周边区域发展

近年来我国城市化进程的加速、城市范围的扩大、城市人口的增多与城市轨道交通的发展密不可分。特别是在轨道交通刚起步建设的城市以及已经开始建设外围线路的城市，城市轨道交通的作用尤为显著。通过大运量、高效率的交通方式，削弱了城市范围扩大的边际成本，是典型的“用速率换时间，用时间换空间，用空间换收益”良性城市化发展模式。

城市规划与轨道交通的关系也在这样的效应下发生着微妙的变化，从最初单一的城市规划指导轨道交通线网规划，逐渐转变为轨道交通线网规划引导城市规划，在发展进程中形成了互动式优化、修正合作关系，两者相辅相成。国家层面也出台了相关上位指导文件，特别是住房和城乡建设部下发的《城市轨道沿线地区规划设计导则》，为城市和轨道交通提供了调节机制和支撑依据。

运用 TOD 理念进行站点周边综合开发，合理配置周边地区的产业结构和土地利用，实现区域功能的复合化，使站点和城市构成“共同结构体”。将城市生活融入站点的交通出行空间中，一体化解决站点与城市建设中的各类问题是站城融合发展的重要特征和主要实践方式。通过调整并优化周边土地利用使得枢纽站点的职能多样化，不仅体现了对土地的集约利用，同时也提升了城市交通运行系统的效率，使得“站”与“城”得到很大程度的融合。

7.2 车站类型

轨道交通车站类型繁多，可以按照轨道交通制式、线路敷设方式、运营组织方式、结构横断面、车站站台形式、车站换乘形式等性质进行分类。

7.2.1 按轨道交通制式分类

按轨道交通制式分类，轨道交通车站可划分为地铁系统、市域快轨系统、轻轨系统、中低速磁浮交通系统、跨座式单轨系统、悬挂式单轨系统、自导向轨道系统、有轨电车系统、导轨式胶轮系统和电子导向胶轮系统十类。

1. 地铁系统车站

地铁系统适用于大城市城区、客流需求较大的骨干线路，采用全封闭线路、专用轨道、专用信号且独立运营。

2. 市域快轨系统车站

市域快轨系统是指采用钢轮钢轨体系的市域轨道交通系统。

3. 轻轨系统车站

轻轨系统是指采用钢轮钢轨体系的中运能的、以地上敷设为主的城市轨道交通系统。

4. 中低速磁浮交通系统车站

中低速磁浮交通系统是以最高设计速度划分的，在标准推荐的速度范围内，无论采用长短定子，均为中低速磁浮交通系统。

5. 跨座式单轨系统车站

单轨系统是一种车辆与特制的轨道梁组合成一体运行的中运能或低运能胶轮—导轨系统。跨座式单轨为单轨的一种。

6. 悬挂式单轨系统车站

悬挂式单轨系统也是单轨的一种。与跨座式单轨系统的区别在于其所依靠的轨道位于列车的上方。

7. 自导向轨道系统车站

自导向轨道系统属于胶轮—导轨系统，一般用在高架线上为多。

8. 有轨电车系统车站

有轨电车系统是一种以低运能为主的城市轨道交通系统，包括采用钢轮钢轨，单厢、模块化或铰接式车辆的有轨电车和采用胶轮车辆的导轨式有轨电车系统。

9. 导轨式胶轮系统车站

导轨式胶轮系统是随着新技术的发展涌现出来的新的轨道交通方式，以高架敷设为主，是基于传统胶轮导轨系统进行小型化研发而产生的新型的低运能胶轮导轨轨道交通系统。

10. 电子导向胶轮系统

电子导向胶轮系统指电子控制的导向式胶轮系统。

7.2.2　按线路敷设方式分类

按线路敷设方式分类，轨道交通车站可分为高架车站、地面车站、地下车站，见表 7.1。

1. 高架车站

车站轨面位于地面高架结构上，视其与道路的相对关系，又可分为路中设置和路侧设置两种。

2. 地面车站

车站轨面和结构设置位于地面，称为地面车站。地面车站采用岛式或侧式站台均可。其中路堑式车站是地面车站的特殊形式。

3. 地下车站

车站轨面和结构设置位于地面以下的岩层和土层之中，称为地下车站。地下车站按其顶板覆土厚度又可将其分为浅埋车站和深埋车站。

表 7.1　按线路敷设方式划分车站类型

站　型	示　意　图
高架车站	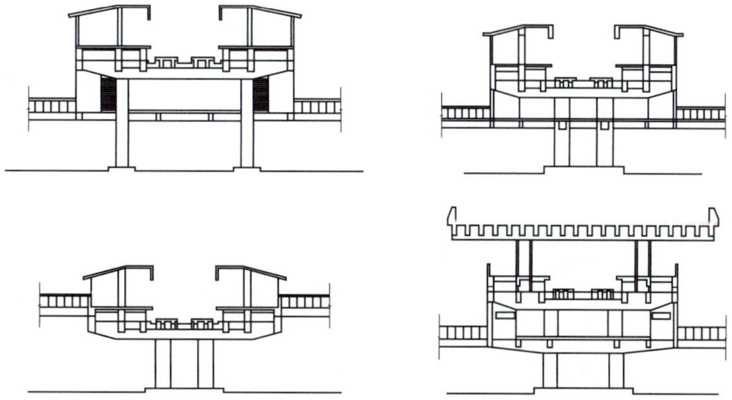

续上表

站　　型	示　意　图
地面车站	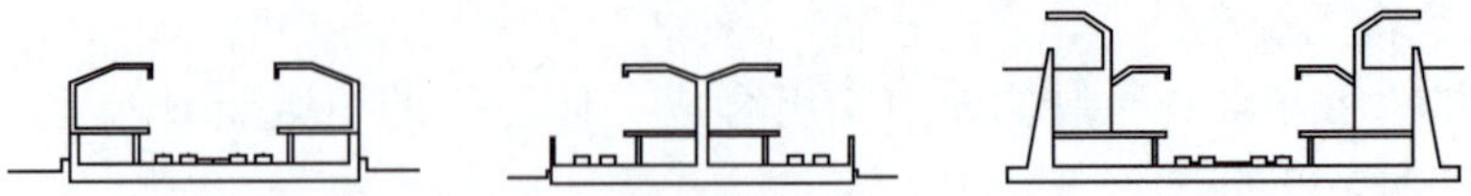
地下车站	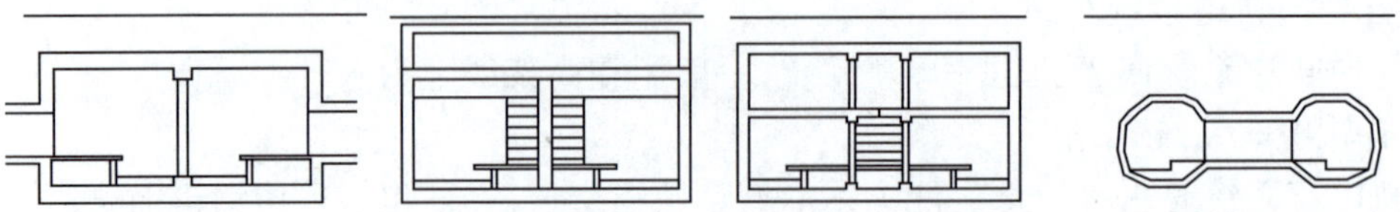

7.2.3 按运营组织方式分类

按运营组织方式分类，轨道交通车站可分为中间站、区域站、换乘站、枢纽站、联运站和终点站，如图 7.1 所示。

1. 中间站

中间站仅供乘客上、下乘降用，功能单一，是轨道交通车站中最常用，也是一条线中数量最多的车站形式。

2. 区域站（中间折返站）

在一条轨道交通线中，由于各区段客流的不均匀性，行车组织往往采取长、短交路（亦称大、小交路）的运营模式。设于两种不同行车密度交界处的车站，称之为区域站（中间折返站）。

3. 换乘站

换乘站是位于两条及两条以上线路交叉点上的车站。

4. 枢纽站

枢纽站是由此站分出另一条线路的车站。该站可接、送两条线路上的列车。

5. 联运站

联运站是指车站内设有两种不同性质的列车线路进行联运及客流换乘。联运站具有中间站及换乘站的双重功能。

6. 终点站

终点站是设在线路两端的车站。就列车上、下行而言，终点站也是起点站（或称始发站）。

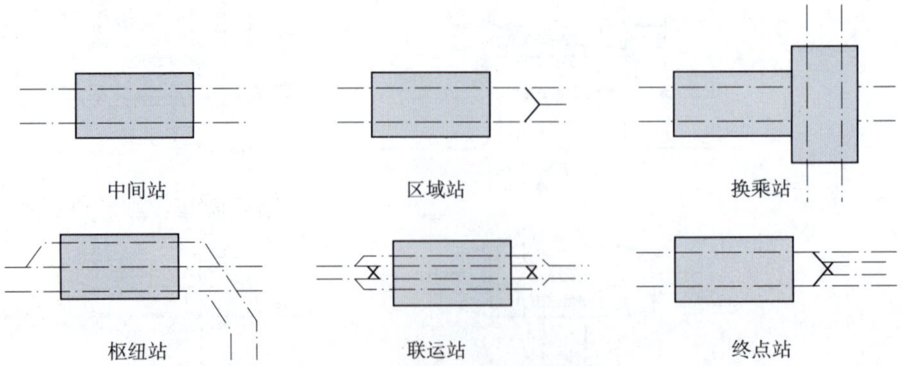

图 7.1　按车站运营性质划分示意图

7.2.4 按结构横断面分类

车站结构横断面形式主要根据埋深、工程地质和水文地质条件、施工方法，以及站台形式等因素确定。就地下车站而言，主要形式如下（表7.2）：

1. 矩形断面

矩形断面是车站中常选用的形式。一般用于浅埋、明挖车站。车站可设计成单层、双层或多层，跨度可选用单跨、双跨、三跨及多跨形式。

2. 拱形断面

拱形断面多用于深埋或浅埋暗挖车站，有单拱和多跨连拱等形式。单拱断面由于中部起拱较高，而两侧拱脚相对较低，中间无柱，因此建筑空间显得高大宽阔。

3. 圆形断面

圆形断面是盾构法施工时常见的形式。其覆土厚度一般采用1 d（d 为所采用的盾构直径）以上。

4. 其他断面

其他断面如马蹄形、椭圆形等。

表7.2 按结构横断面划分车站类型

站　型	示　意　图
矩形断面	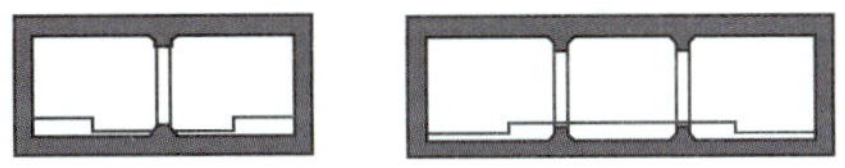
拱形断面	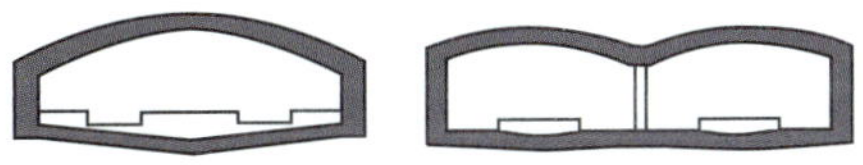
圆形断面	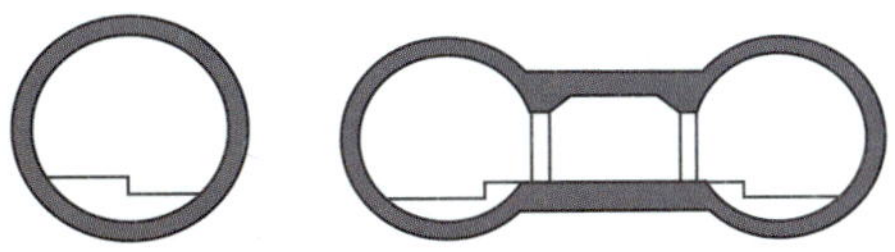
其他断面	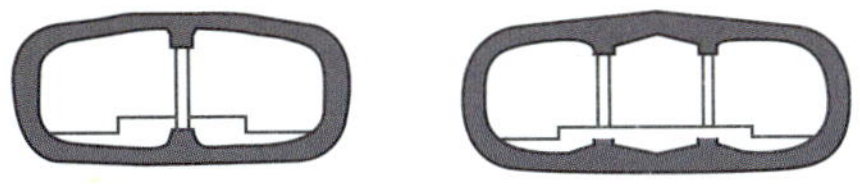

7.2.5 按车站站台形式分类

按车站站台形式分类，轨道交通车站主要分为岛式站台、侧式站台、混合式站台，见表7.3。

1. 岛式站台——站台位于上、下行线路之间

岛式站台车站是常见的一种形式；具有站台面积利用率高，提升设施共用，能灵活调剂客流，使用方便，管理较集中等优点；常用于客流量较大的车站。

2. 侧式站台——站台位于上、下行线路的两侧

侧式站台车站也是常见的一种形式。虽然其站台面积利用率偏低，调节上、下行线客流及乘降联络等均不如岛式车站，但侧式站台的高架车站能使高架区间断面更趋合理。所以，此种形式常见于客流不大的地下车站和高架车站的中间站。

3. 混合式站台——将岛式站台及侧式站台同设在一个车站内

常见的有一岛一侧或一岛两侧形式。此种车站可同时在两侧的站台上、下车。共线车站往往会采用此种形式，设有存车和折返线的车站也往往采用此种形式。

表 7.3　按站台形式划分车站类型

<table>
<tr><th>站　型</th><th>示 意 图</th></tr>
<tr><td>岛式站台</td><td>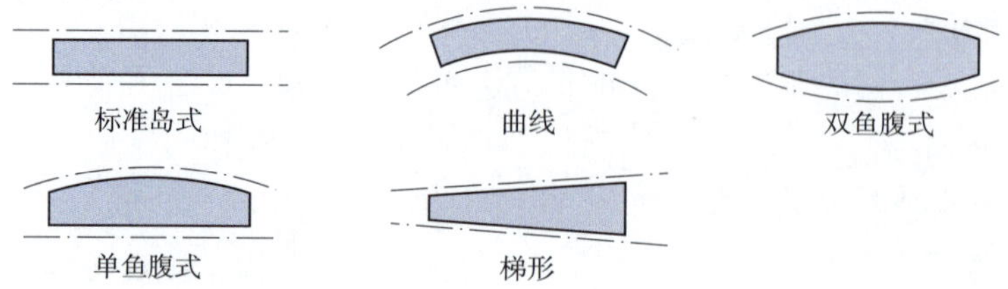
</td></tr>
<tr><td>侧式站台</td><td>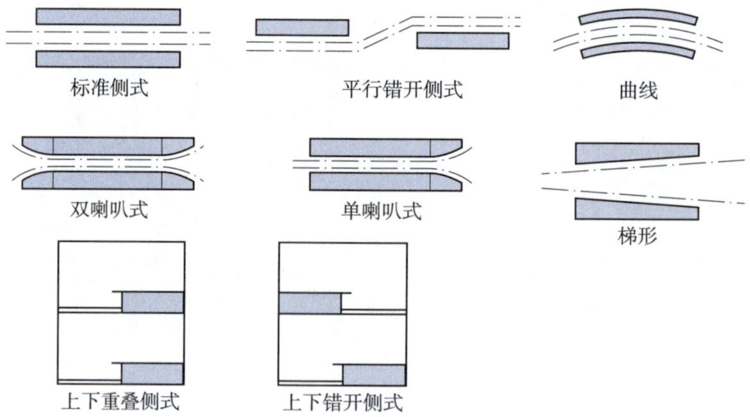
</td></tr>
<tr><td>混合式站台</td><td></td></tr>
</table>

7.3　组成要素

轨道交通车站属于交通类公共建筑。轨道交通车站由车站主体建筑（站厅、站台、设备和管理用房）和车站附属建筑（出入口及通道、风道及风亭）两大部分组成。地下车站这两部分必须同时具备，高架车站一般由车站、出入口及通道组成，地面车站可以仅设车站和出入口。

7.3.1　车站主体建筑

车站主体可分为两大主要部分：一是为乘客提供服务的公共空间，称为车站公共区；二是涉及车站运

营的管理办公用房和设备用房空间,称为设备管理区。

车站公共区一般包括站厅层公共区和站台层公共区,其具有供乘客集散、候车、上下车及实现换乘功能。站厅公共区应有足够的区域面积,以满足高峰时段乘客的集散,同时配备足够的 AFC 设备和其他公共设施。站台公共区主要供乘客上下车,具有足够列车编组停靠的有效站台长度和候车站台面积,同时均匀地分布楼梯、扶梯等,以满足乘客通行及消防疏散要求。

设备管理区可以分为有人值守的管理办公用房区及无人值守的设备用房区,是轨道交通运营设备的设置中心和办理运营业务的场所。可根据不同制式的轨道交通运营需求和车站类型配置用房,保证轨道交通的安全运营并营造适宜的车站使用环境。

7.3.2　车站附属建筑

车站附属建筑主要包括出入口及通道、通风道及风亭两部分。

1. 出入口及通道

出入口是供乘客进出车站的口部建筑设施,通道是车站出入口与公共区的连接通道。出入口及通道每座车站不小于 2 个,具有兼顾市政过街通道的作用。车站出入口的设置原则应分布合理,开口宜朝向主客流方向,设施布置方便乘客进出车站及安全疏散,造型上简洁大方,能起到体现城市轨道交通的标识性作用,与周边建筑物协调。

2. 通风道及风亭

轨道交通车站风亭一般包括新风亭、排风亭和活塞风亭。其主要作用是保证车站具有一个良好的空气质量和使用环境,同时具备事故状态下的补风及防、排烟功能。

7.3.3　车站室外设备、设施

为满足车站环境及使用需求,车站的一些室外设备、设施(冷却塔或其他设备、室外垂直电梯等)由于重要性、占地及对环境影响较大等因素,其具体设置也成为车站设计需要考虑的主要因素。

室外垂直电梯是在轨道交通建筑中解决无障碍通行的一种主要设备,兼顾携带大件行李及带小孩的乘客乘坐,位置宜设置在靠近路口且客流较大一侧。冷却塔或其他相当设备为空调系统热交换设备,担负地下车站空间制冷系统与室外热交换,主要设置于地面,占地较大,需考虑与敏感建筑的环评距离。

轨道交通车站出入口、风亭、冷却塔或其他设备、室外垂直电梯等附属工程的出地面部分设计不但要满足轨道交通车站的功能需求,还要与城市风貌、街区环境相融合,达到和谐统一。

7.4　车站设计的主要原则

车站建筑设计应遵循符合规划、满足客流需求、换乘便捷、无障碍通行、适度装修、安全疏散、防火防涝、兼顾人防、车站融合开发等原则,力求做到站位合理、功能优异、布局紧凑、结构安全、经济美观、节能环保、以人为本。具体内容分述如下:

(1)符合规划:车站总体布置应符合城市规划、城市综合交通规划、环境保护和城市景观的要求,特别是地下车站的风亭及高架车站和高架区间。要处理好与地面建筑(规划建筑)、地下管线(规划管线)的相互关系。

(2)强化与城市的融合:车站设计与城市用地开发、市政设施、地域文化、城市风貌及环境景观等方面有机结合,有效地促进站域周边土地的升值及高强度开发,反哺轨道交通建设,推进城市发展进程;实现轨道交通与城市市政设施的一体化设计、施工及建设,节约投资,方便市民出行;重点车站的造型及装修设计体现城市地域文化特色,作为展示城市风貌与城市文化的窗口,提升城市形象;出地面建筑与城市风貌及环境景观融合设计,实现轨道交通建筑与城市环境和谐共生。

(3)满足客流需求:车站规模需满足远期或控制期客流的需要,车站通过能力应按该站远期或客流控制期超高峰客流量确定。超高峰设计客流量等于该站预测远期高峰小时客流量乘以1.1～1.4超高峰系数,但同时也要考虑客流预测的不确定性。设计时根据车站周围的规划与现状条件,进行系统性分析,经多专业深入配合研究方案后,合理确定站位和车站方案,最大限度地吸引客流,使乘客安全、方便、有序递进的进出车站,并保证良好的乘车环境,满足乘客需求。

(4)换乘便捷:轨道交通车站作为交通规划网中的一个节点,轨道交通线路之间的客流换乘优先选择付费区内换乘,换乘时间与换乘距离在不会产生拥堵的前提下尽量缩短,方便乘客,同时也要做好与其他交通形式的立体换乘与接驳。

(5)无障碍通行:轨道交通车站应考虑残疾人乘坐地铁的无障碍通行设施。当采用垂直电梯时,应兼顾考虑老、弱、病、孕者及内部工作人员兼用,站外垂直电梯设于路口及较多客流一侧,站内宜设在付费区,车站内还应设置盲道、宽闸机、无障碍卫生间等保证无障碍通行和无障碍设施的使用。

(6)适度装修:轨道交通车站是交通性建筑,乘客在车站内停留时间是短暂的。所以车站装修应以简洁明快、美观大方为原则。车站装修应以线网为基础,每条线整体的装修风格应体现出线路的识别性和沿线的地域文化。高架线路的车站造型宜采用“一线一景”,能与周边环境或城市景观相互协调,造型体现交通建筑特点及文化内涵。

(7)安全疏散:按照《地铁设计防火标准》(GB 51298—2018)的相关要求执行。一条线路、一座换乘车站及其相邻区间的防火设计按同一时间内发生一处火灾考虑。车站公共区按客流需要设置足够宽度的人行通道及出入口,每座车站的人行通道及出入口数量至少有2个能直通室外。车站站台至站厅或其他安全区域的疏散楼梯、自动扶梯和疏散通道的通过能力,应保证在远期或客流控制期中超高峰小时最大客流量时,一列进站列车所载乘客及站台上候车乘客在4 min内全部撤离站台。设于公共区的付费区与非付费区的栅栏设疏散门,在火灾时与检票机均呈开启状态,满足付费区乘客的安全疏散。

(8)防火防涝:车站的站台、站厅、人员出入口、疏散楼梯及楼梯间、疏散通道、避难走道、联络通道等人员疏散部位和消防专用通道及设备管理区用房,除架空地板的燃烧性能等级可为B_1级外,其墙面、地面及顶棚的装修材料均采用不燃A级材料。广告灯箱、导向标志、座椅、电话亭和售检票亭(机)等所用材料的燃烧性能等级均不应低于B_1级。地下车站出入口平台及风亭开口、地面车站、高架车站的地面高程应高于防洪涝水位,一般高出该处室外地面300～450 mm;当此高程未满足防涝水位高度时,应加设防淹闸槽或其他措施满足相应防淹要求。

(9)兼顾人防:地下车站与地下区间利用其结构自身的强度,应积极考虑兼顾人防的要求。车站考虑平战结合,按相应防护等级进行平战转换的要求设计,并尽可能与附近的人防工事连通,或在适当部位预留连通口,待后期连通。

7.5 技术标准与规模控制

轨道交通设计技术标准需满足国家现行有关规范、标准的规定,在满足使用的前提下应尽量控制车站规模,节省工程投资。结合设计实践,本节重点对车站本体设计主要技术标准的确定和规模控制进行阐述。

7.5.1 车站技术标准的确定

车站根据选用的轨道交通制式和预测客流,结合客流组织、运营管理及系统需求,明确车站功能空间技术标准及服务标准,包括站厅和站台公共区、设备和管理用房区、出地面建(构)筑物等。

1. 公共区主要技术要求

(1)车站站厅根据客流流线和管理划分为非付费区和付费区。非付费区之间宜留一条净宽不小于1.5 m的联络通道连通,公共区的面积需满足客流集散需求,流线组织顺畅尽量减少交叉。

(2)站厅付费区内设置通往站台层的楼梯、自动扶梯及电梯等,满足远期或客流控制期超高峰客流使用需求及消防疏散需求。

(3)车站有效站台长度根据车辆制式及编组进行确定。站台宽度应以各车站远期或控制期设计客流量计算确定,站台宽度由站台乘降区计算宽度、梁(柱)宽、楼梯及自动扶梯宽度等部位组成。可根据各条线的功能定位及沿线规划、现状条件、预测客流等综合确定车站的站台宽度。

(4)在公共区内,车站通常设置智能客服中心、乘客公共卫生间及第三卫生间、母婴室、便民服务用房等。各城市对上述房间的设置位置有所不同,西安轨道交通将智能服务中心靠近出站闸机设置,将便民服务用房靠近出入口设置,地下车站将公共卫生间及第三卫生间、母婴室设置于站台端部,地面及高架车站将上述房间布置于站厅付费区,体现以人为本的服务理念。

2. 设备和管理用房区主要技术要求

(1)设备和管理用房区相对独立,同类型及联系紧密的房间集中布局,方便各系统管线敷设,并有效控制车站规模。一般车站布置分大小端,将主要管理用房、与管理用房联系较紧密的系统用房、为主要负荷服务的系统用房集中设置在站厅大端,站台层的站台门控制室、变电所等用房与站厅层主要设备与管理用房同侧,其他设备与管理用房根据功能要求及具体情况布置。地面及高架车站站台层设备区除必须设置的用房外,均布置在站厅层,保持站台空间的通透性。

(2)设备管理用房有人房间通常集中布置在站厅层大端,有人值守的设备管理区的防火分区至少设置一个通向室外的安全出口,可兼顾消防出入口。其他无人值守的设备用房区的每个防火分区设置2个通向相邻防火分区的安全出口。

3. 出地面建(构)筑物主要技术要求

(1)轨道交通出地面建(构)筑物包括出入口、垂梯、风亭、安全出口等。地面设备主要为冷却塔或相当设备。

(2)车站出入口的布置与客流方向一致,数量根据吸引和疏散客流的要求,同时处理好与地面道路、人行过街设施(地道、天桥)的关系。垂梯可结合车站出入口或新风井布设,也可独立设置。一般每座车站至少设置一部垂梯,满足无障碍人士、携带大件行李以及带小孩乘客的出行需求。

(3)地下车站一般按照通风空调要求设置风亭及冷却塔或相当设备。风亭口部之间、冷却塔或相关设备与其他建筑之间需满足防火及环保要求。

(4)出地面建(构)筑物的设计应符合城市规划、城市景观设计、全线景观设计的要求,体现交通建筑的特点,富有时代气息,建筑的比例尺度、造型色彩与周围环境匹配。

7.5.2 规模控制

一般来讲,轨道交通车站线网规划、现状边界条件(现状建筑、管线、桥梁等)及周边规划、文物保护等是影响车站规模的主要外在因素。轨道交通线路制式、车辆编组、线路敷设条件、客流预测、系统选型和设备管理用房配置是确定车站规模的主要内在因素。

从具体设计的角度,宜结合城市定位、轨道交通沿线的周边规划及线路的功能定位等因素,将沿线车站分类,一般分为重要交通枢纽、换乘站及普通车站。

车站长度根据有效站台长度、行车配线、区间工法、车站周边条件、设备及管理用房配置等综合确定。车站宽度一般为站台宽度和轨行区所需宽度之和,站台宽度通常根据车站周边规划性质,匹配车站类型,同时结合初期、近期、远期预测客流量和行车密度综合确定。结合设计实践,普通车站岛式站台宽度不宜小于11 m,节点换乘车站和重要枢纽车站站台宽度不宜小于14 m。车站各层高度的控制对车站公共区空间的营造至关重要,地下普通车站站厅层(站台层)装修后高度宜控制在3 m以上,而对于枢纽车站、换乘车站以及特色城市地域文化展示的车站可结合实际需求适度加大公共区净高,提升整体空间环境。地面及高架车站站厅层(站台层)装修后高度宜控制在3.5 m以上,并充分利用自然采光通风条件,营造舒适轨道交通车站空间。

综合考虑车站长度、宽度、站内空间高度、楼扶梯及电梯设置、装修标准、服务设施设置、设备及管理用房配置等,确定出合理的车站规模。

7.6　车站总平面布局

轨道交通车站的总平面布局主要反映了车站与城市道路、地块的关系，以及车站自身工程之间的相对关系。布局差异的形成主要是由线路敷设方式造成的，而周边控制性边界条件起到了次要的特性化影响，见表7.4。

表7.4　车站总平面布局类型表

车站类型	与道路纵向关系	与交叉路口关系	与地块衔接关系
地下车站	路中/路侧	跨/偏路口	出入口衔接/一体化开发
地面车站	路侧	偏路口	站前广场＋过街工程
高架车站	路中	偏路口	出入口衔接
	路侧		站前广场＋过街工程

7.6.1　车站与道路纵向的关系

按照线路的敷设方式车站可以划分为地下线、地面线（含地下站台、地上站厅的浅埋车站）及高架线。根据线路工程对道路、地块的契合性和影响度，车站与道路的纵向关系如下：

1. 地下线路（路中/路侧敷设）

线路在穿越主城区时通常采用地下敷设方案，车站和区间工程设置于道路正下方，沿道路纵向敷设，为了不影响沿线土地开发利用尽量避免侵入道路两边的用地范围内，如图7.2所示。

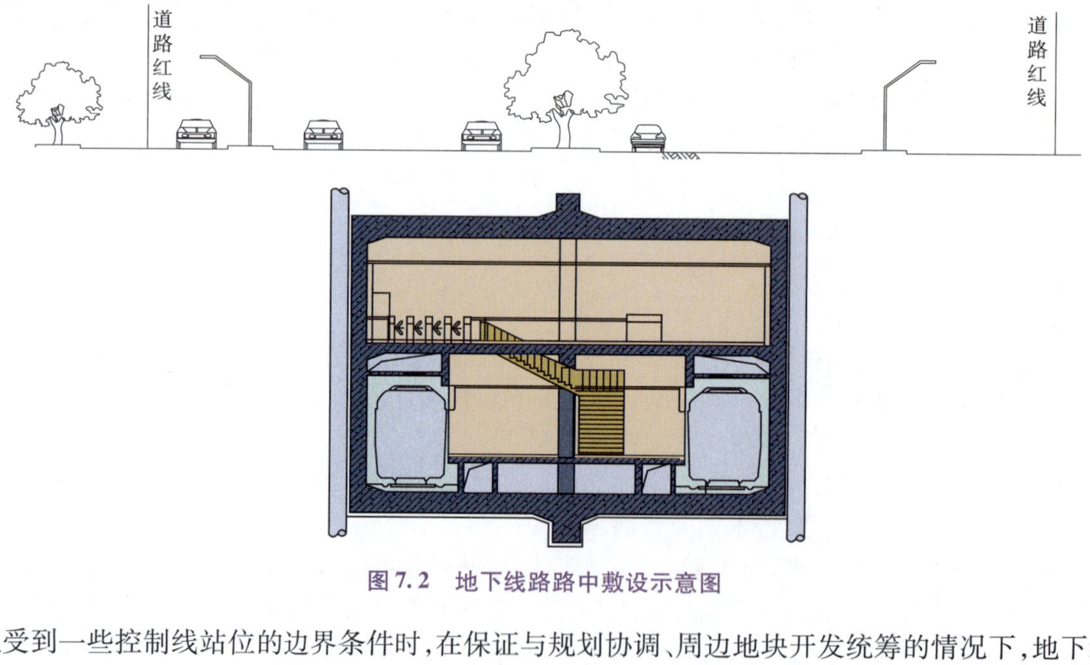

图7.2　地下线路路中敷设示意图

但受到一些控制线站位的边界条件时，在保证与规划协调、周边地块开发统筹的情况下，地下线路也有侵入地块敷设情况。

2. 地面线路（路侧敷设）

此类线路敷设方案较为特殊，常见于轨道交通线路与既有铁路、高速公路、河道等类似带型控制条件并行时采用。因城市规划受到原铁路、高速公路、河道的影响及限制，形成了沿带型控制工程的城市道路和保护带，轨道交通地面线利用城市道路与带型控制工程之间的用地纵向敷设，如图7.3所示。

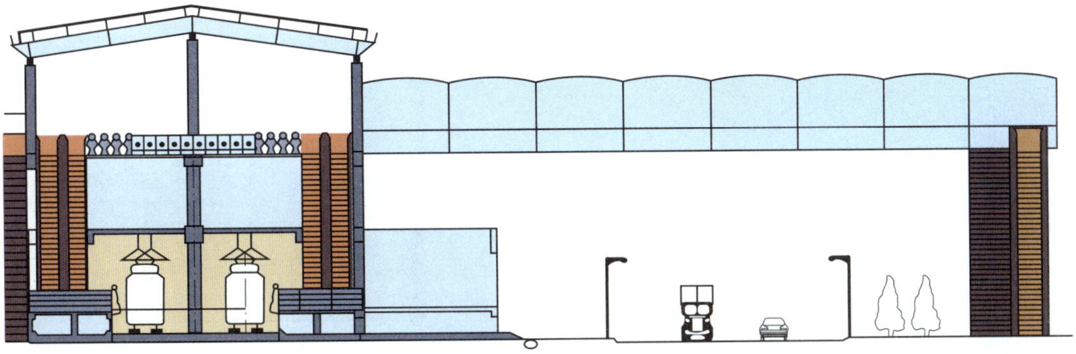

图 7.3　地面线路路侧敷设示意图

3. 高架线路(路中/路侧敷设)

线路在走行于城市郊区时,结合建设开发的片区发展规划,轨道交通工程为节省投资采用高架线路敷设。高架线受道路断面形式、轨面高度、运营功能的影响,与道路纵向关系分为路中敷设和路侧敷设。为了削弱交通工程对城市建设的影响,避免轨道交通工程侵占建筑的临街界面,降低轨道交通工程对周边地块的噪声影响,应首选路中敷设方案。

路中敷设:当满足道路红线较宽,路中规划了能设置桥梁和车站墩柱的绿化带,且轨面较高,车站站厅能设置于高架层,站厅与出入口过街天桥平接等规划和工程条件时,可采用路中敷设方案,如图 7.4 所示。

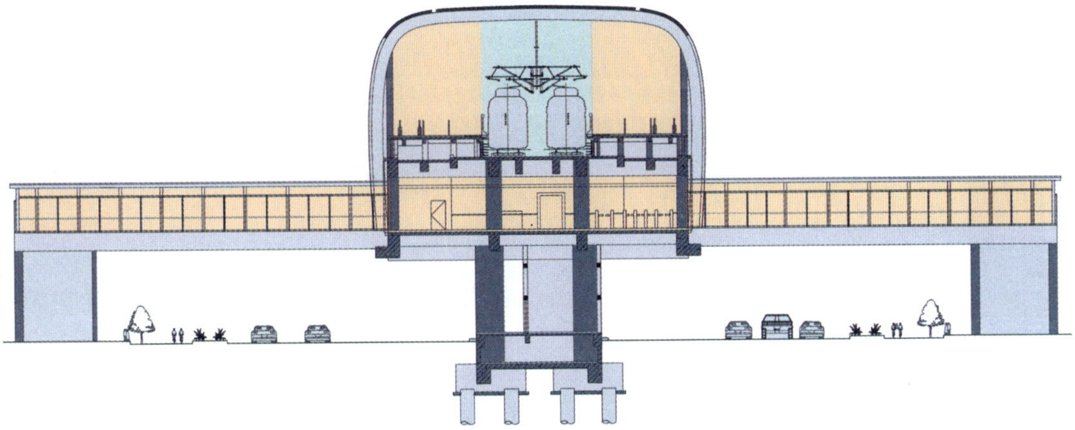

图 7.4　高架线路路中侧敷设示意图

路侧敷设:当道路红线宽度不足,但道路两边规划有较宽的绿地,或轨面高度不足以使站厅与过街天桥平接时(如:地面层为站厅层,地上二层为站台层的两层高架车站),可根据规划和工程条件,并结合工程投资效益进行分析后,采用路侧敷设方案,如图 7.5 所示。

7.6.2　车站与交叉路口的关系

决定车站与交叉路口的关系的首要因素是敷设方案,其次是周边控制性边界条件。

1. 地下车站(跨路口/路口一侧)

地下车站从客流吸引、交通衔接的角度考虑,站位应跨路口布置。但在实际工程中从受控因素考虑,如跨路设置城市高架桥、下穿路工程及迁改难度大、费用高、周期长的地上和地下综合管廊、管线等,都可能成为车站无法跨路设置的不可抗力。在经过规划条件、设计方案、工程实施、投资费用综合分析后,可偏路口一侧设置,但还应充分考虑对路口另一侧的象限的服务覆盖措施,如利用埋深浅、工程规模小的过街地下通道等工程接入轨道交通车站,如图 7.6、图 7.7 所示。

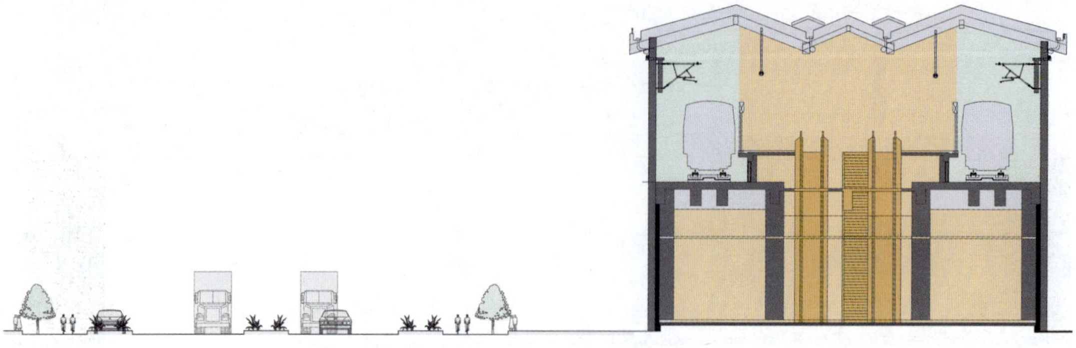

图 7.5 高架线路路侧敷设示意图

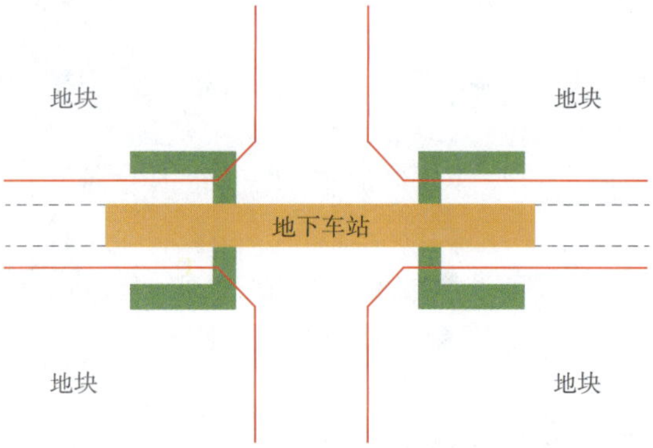

图 7.6 地下车站跨路口设站示意图

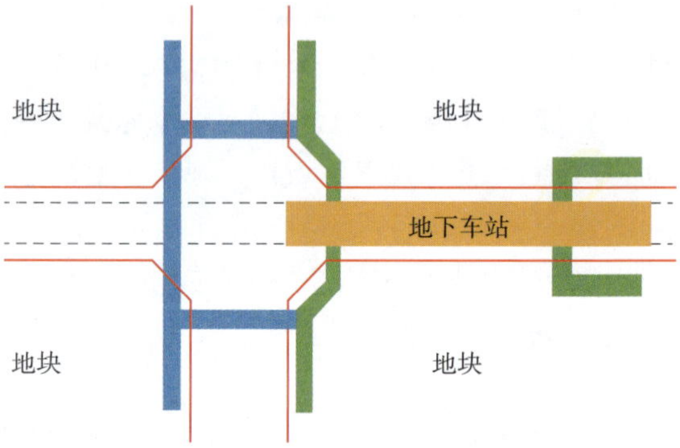

图 7.7 地下车站路口一侧设站示意图

2. 地下站台,地上站厅的浅埋车站(路口一侧)

车站站厅设置在地面层,站台层设于地下。车站主体需避开城市道路设置,此类车站不跨路口,可设置在靠近路口的用地内,如图 7.8 所示。

3. 地面车站(路口一侧)

车站站台设置在地面层。车站主体需避开城市道路设置,此类车站不跨路口,可设置在靠近路口的用地内,如图 7.9 所示。

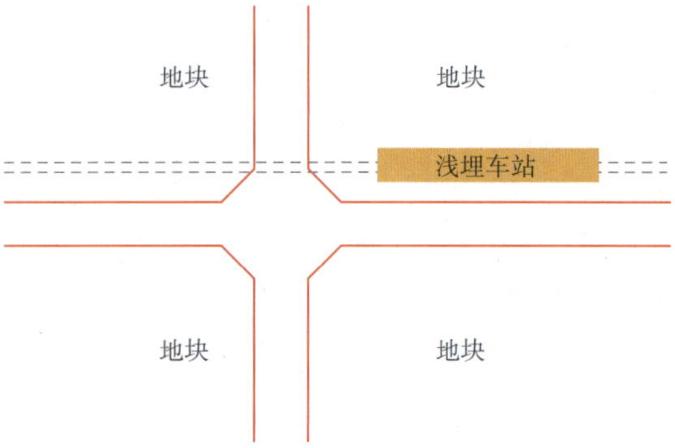

图 7.8 浅埋车站路口一侧设站示意图

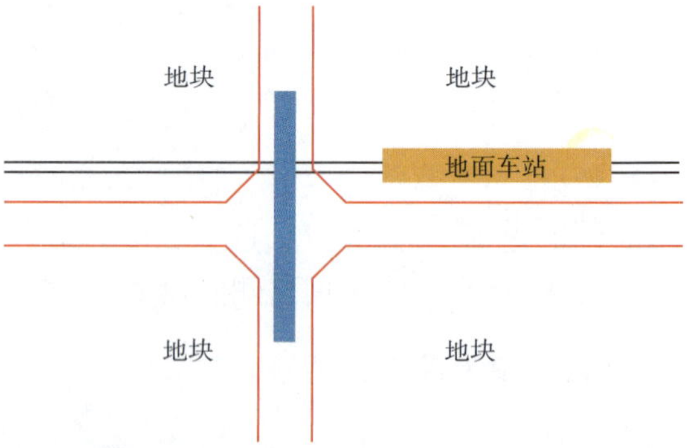

图 7.9 地面车站路口一侧设站示意图

4. 高架车站(路口一侧)

高架车站从工程角度上有条件跨路口设置,但高架车站部分的墩柱及巨大的空间体量对交叉路口的行车安全和城市空间视野影响巨大,故高架车站多偏路口一侧设置,如图 7.10、图 7.11 所示。

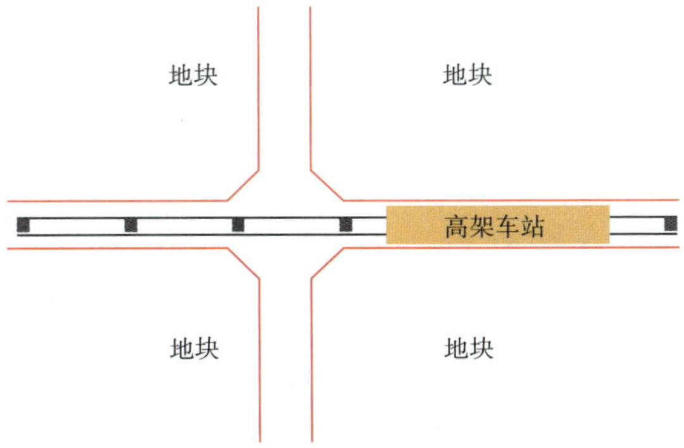

图 7.10　路中高架车站示意图

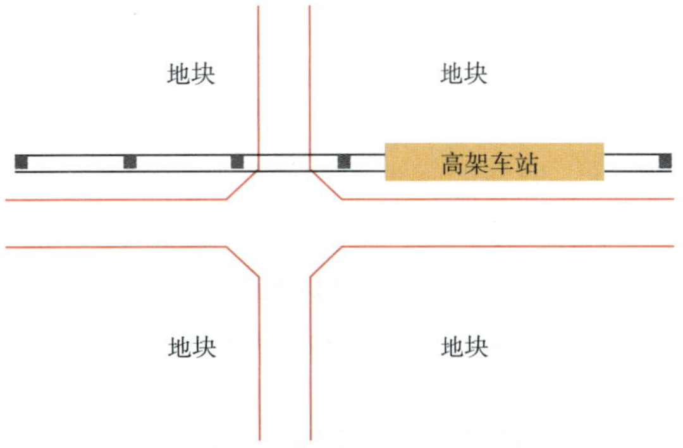

图 7.11　路侧高架车站示意图

7.6.3　车站附属与地块衔接的关系

为了不影响市政道路的通畅以及城市景观，车站附属应敷设于道路红线以外，并与道路红线留有一定距离，且尽量与周边建筑、景观进行一体化设计。当工程方案受现状条件控制无法设置在道路红线外，附属方案应经过相关部门认可后方能实施。

1. 地下车站

路中地下车站采用地下出入口通道及出地面的出入口与地块衔接，出入口的形式多种多样，既有最为常见的独立设置方案，也有与地块建筑、下沉广场、景观绿化结合的一体化方案。

路侧地下车站一般为车站主体、附属等工程与地块内开发项目或景观绿化一体化建设。

2. 地面车站及地下站台、地上站厅的浅埋车站

车站主体设置于路口一侧的地块内，车站为地上建筑，站前设置进出站广场与城市道路衔接。跨路需要设置独立的过街设施。

根据轨道层在地上或地下浅埋方案的不同，站厅与地面的相对高度有所不同。

(1)地面一层站台、地上二层站厅车站采用站前广场接驳道路同侧客流，站厅与过街条件一体化设置接驳道路对侧客流。

(2)地下一层站台、地面一层站厅车站采用站前广场接驳同侧客流，当站前市政道路宽度较小时(红线宽度不大于 40 m)，可利用平交人行横道实现道路对侧与站前广场的接驳；当道路红线宽度较大时，可独立设置过街工程。

3. 高架车站

高架车站与地块的衔接关系分为路中高架车站和路侧高架车站两种情况，而路侧高架车站又可按照站厅与地面的相对关系分为地面站厅和高架站厅两种形式。

(1)路中高架车站

路中高架车站的站厅高于地面，可以与跨路过街进出站天桥平接，车站出入口分设在道路两侧，亦可接入地块开发项目或路口环形过街天桥等，扩大客流吸引范围，提高车站服务水平。

(2)路侧高架车站

路侧高架车站当轨面高度较低时，地上二层为站台层，地上一层为站厅层，其与地块衔接方式采用站前广场和独立过街设施的组合方式。当轨面较高时，可将站厅设置于地上二层，使站厅与过街天桥平接，采用站前广场和过街天桥的组合方式。

7.7　车站功能布局

7.7.1　地下车站

地下车站是轨道交通线路较为常见的车站形式，地下车站需结合周边规划、线路条件、地下管线、周

边道路及建(构)筑物等因素综合考虑布局形式。地下车站平面功能空间主要包括乘客交通空间、服务设施占用空间、管理人员使用及设备系统需求空间、风道所需空间等,竖向按功能组成主要有站厅层、站台层、设备层、物业开发层等,可根据车站的控制条件进行灵活布局。地下车站根据不同的地质条件和周边控制条件,选择的施工工法主要有明挖、暗挖、明暗挖结合的三种主要形式。

1. 明挖车站

明挖车站是地下车站优先选用的一种结构施工工法形式,施工方法及工序相对安全、快速、经济。明挖车站的主要形式按线路敷设条件分为岛式及侧式车站。

(1)岛式站台车站

岛式车站的站台位于上下行线路之间,岛式车站是最常用的一种地下车站的站台形式,具有站台面积利用率高、空间宽阔、车站管理集中、方便乘客上下车、有利于区间采用盾构工法等优点。岛式车站根据线路埋深、地下管线、水系、建(构)筑物地下结构等制约条件,在竖向关系布局中主要类型有地下二层、地下三层或多层车站。

①地下二层岛式站台车站

地下二层岛式站台车站是地下车站最常见的形式,一般作为整条线路的标准车站进行布置研究。车站的布局基本是公共区设置于车站中部,用栅栏分为付费区、非付费区,付费区位于中间,非付费区位于两侧并采用一条通道连通;公共区两侧分别布置设备管理区,分为大小端,主要管理设备用房集中设置在大端;竖向关系中站厅层位于地下一层,站台层位于地下二层,如图 7. 12、图 7. 13 所示。

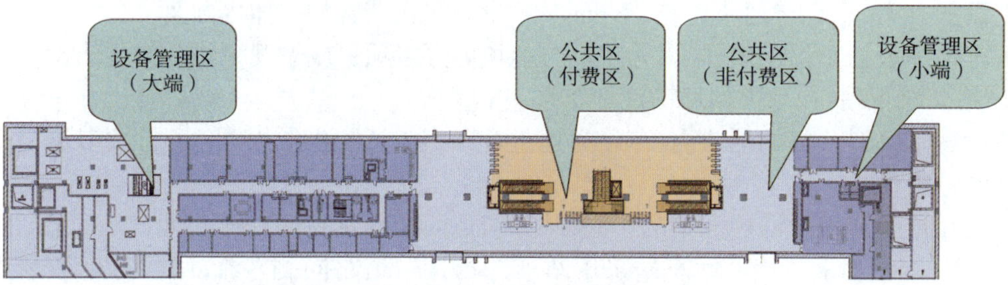

图 7. 12　地下二层岛式站台车站站厅布局示意图

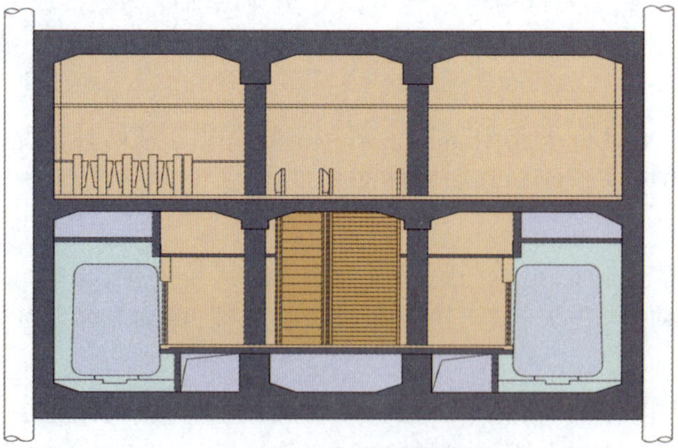

图 7. 13　地下二层岛式站台车站竖向布局示意图

②地下三层及四层车站

地下三层及四层车站一般是由于线路敷设受到控制条件的影响,站位处轨面埋深加大,站台层以上的覆土空间为提高利用率设置为二层或三层。车站站厅平面布局与标准二层布置基本一致,地下三层或多层车站一般设置设备层,车站长度较短。竖向关系中,地下三层车站存在常见的两种剖面布局关系:第一种,站厅层位于地下一层、设备层位于地下二层、站台层位于地下三层,如图 7. 14 所示;第二种,当车站出入口通道受到管线影响时，设备层需设置在地下一层、站厅层需设置在地下二层、站台层位于地下三层，此种方式可使出入口通道从站厅接出后避开管线，如图 7.15 所示。

当轨面受控，线路埋深继续加深时，会在站厅层上方增加一层或多层空间，即车站层数增加至四层或以上。从车站的整体利用率提高的角度出发，该层空间一般会结合站城一体化开发进行研究，作为城市开发空间加以利用，如图 7.16 所示。

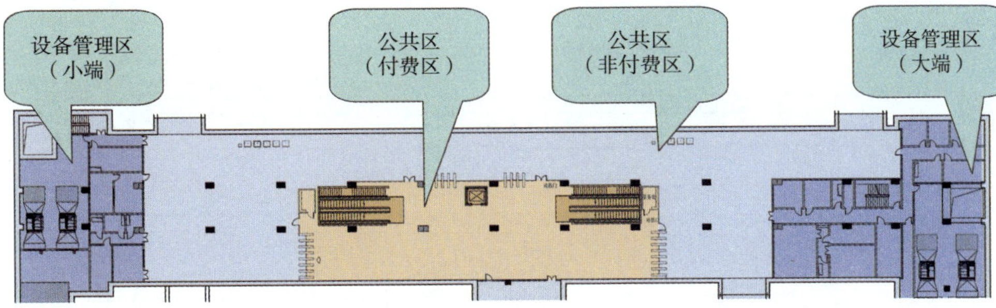

图 7.14　地下三层（多层）岛式站台车站站厅布局示意图

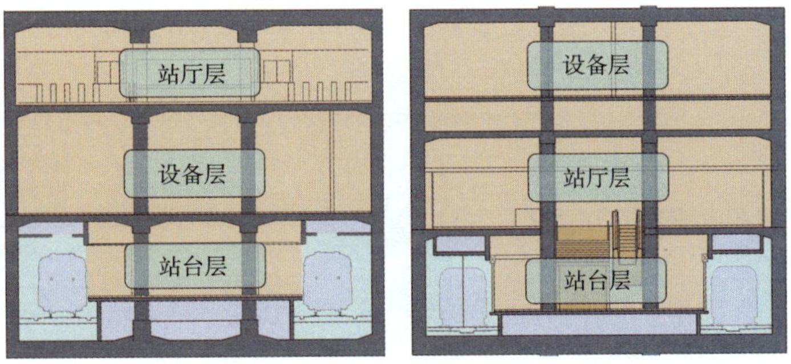

图 7.15　地下三层岛式站台车站剖面竖向布局示意图

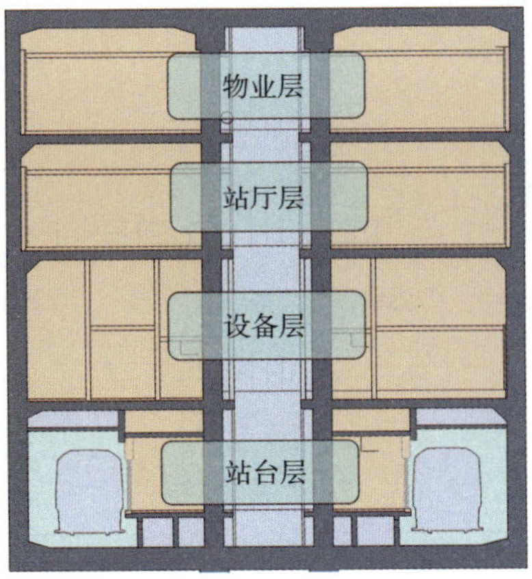

图 7.16　地下四层岛式站台车站剖面竖向布局示意图

（2）侧式站台车站

侧式车站的站台位于上下行线路两侧，综合考虑线网规划、客流集散、工程投资等因素，侧式站台车站常用于线路的起点或终点站。线路在起终点位置一般埋深较浅，所以侧式站台车站通常采用地下一层或地下二层的设置方式。

①地下一层侧式站台车站

地下一层侧式站台车站的整体平面布局通常采用集中式布局，由于车站站台位于线路两侧，所以两侧站台均设置公共区，并分别设置非付费区与付费区。设备管理区集中在一侧站台、分为大小端布置，这样可以减小规模、便于运营管理；竖向关系中站厅与站台位于同层，如图 7.17、图 7.18 所示。

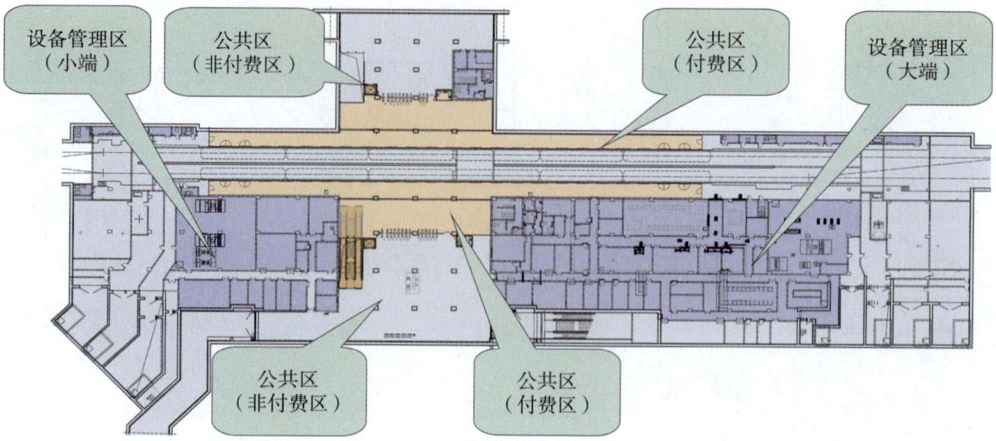

图 7.17　地下一层侧式站台车站站厅布局示意图

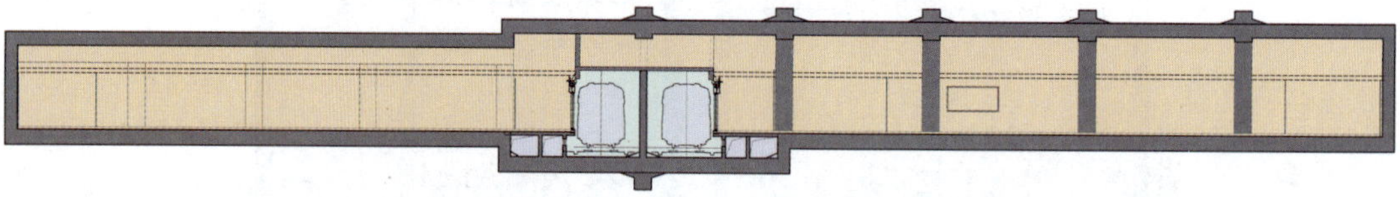

图 7.18　地下一层侧式站台车站竖向布局示意图

②地下二层侧式站台车站

地下二层侧式站台车站站厅平面布局类似于地下二层岛式站台车站的站厅布局，但由于侧式站台位于线路两侧的特点，非付费区无法连通，需外挂通道实现连通功能；公共区两侧分别布置设备管理区；竖向关系中站厅层位于地下一层、站台层位于地下二层，如图 7.19、图 7.20 所示。

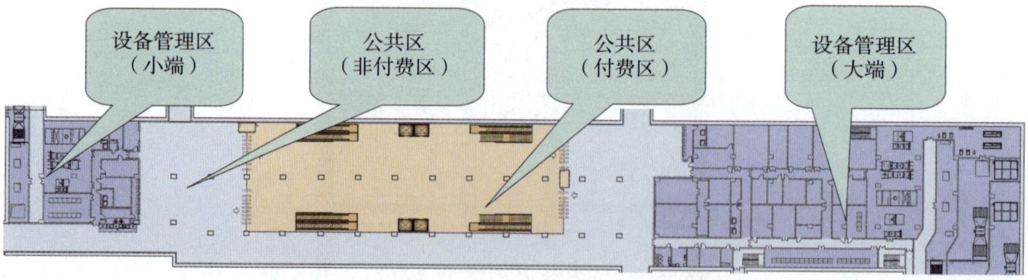

图 7.19　地下二层侧式站台站厅布局示意图

2. 暗挖车站及明暗挖结合车站

在城市轨道交通工程建设过程中，受管线迁改、交通疏解、地形坡度、线路条件及周边建（构）筑物等因素制约，一些地下车站会结合地质条件选择暗挖或明暗挖结合的施工方式。此种施工方法会减小对地面道路交通及地块的影响，施工时对城市整体环境的影响较小，但相对明挖法施工工期较长，造价较高。

（1）全暗挖车站

当轨道交通线路走行区段的地形坡度较大、线路埋深大，或线路穿越区域处于城市核心区，建筑物密

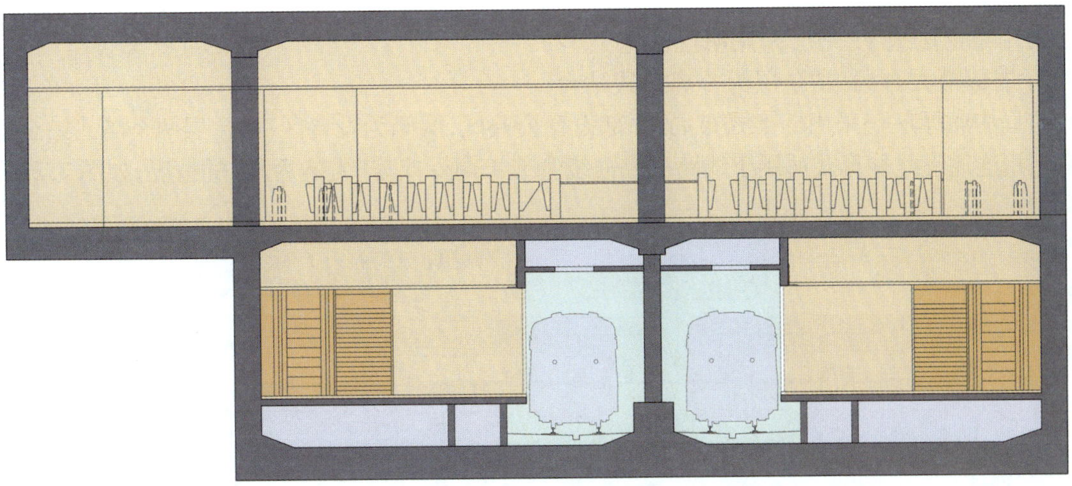

图 7.20 地下二层侧式站台车站竖向布局示意图

集、施工场地条件较差、地面交通量过大时，在地质条件允许时，可选择全暗挖车站，即车站的站厅层、站台层全部采用暗挖法施工。一般为地下二层岛式站台车站，布局同相应的明挖车站，纵向柱距较小，如图 7.21、图 7.22 所示。

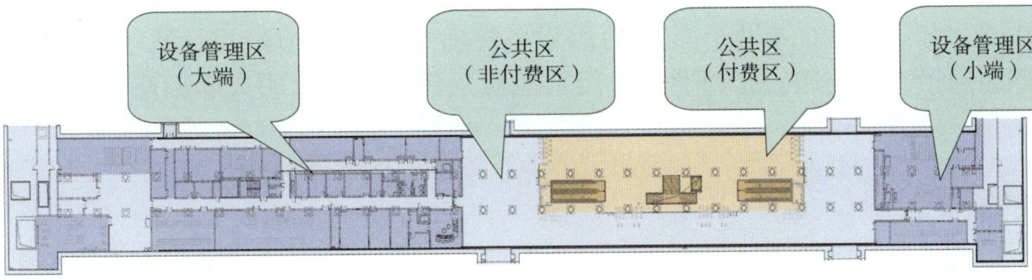

图 7.21 全暗挖岛式站台车站站厅布局示意图

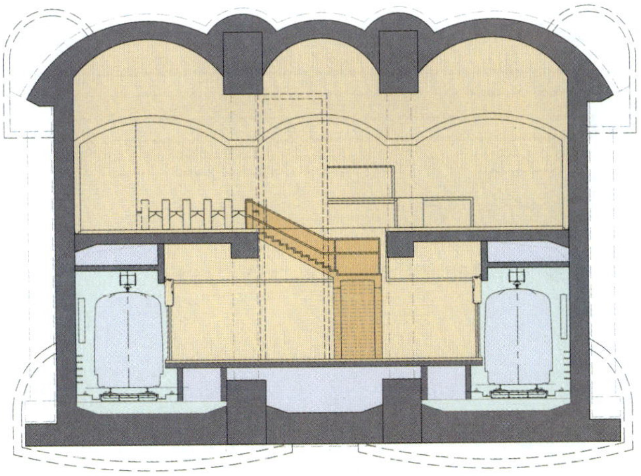

图 7.22 全暗挖岛式站台车站竖向布局示意图

（2）明暗挖结合车站

当车站位于上述全暗挖车站的环境条件下，但地质条件不允许采用大断面暗挖时，或线路受文物、立交桥、管廊等控制条件影响，需绕避导致线间距过大时，则选用明暗挖结合的车站形式。

①明暗挖分离岛式站台车站

站台采用暗挖法施工，站厅采用明挖法施工。

a. 站厅层标准式布局，站台层为分离岛式站台

平面布局中站厅层仍采用标准式布局，中部设置公共区，两侧为设备区；站台层两个岛式站台通过暗挖联络通道互相连通。此种形式适用于线路受控需绕避或工期受控需“先隧后站”的情况，如图 7. 23 所示。

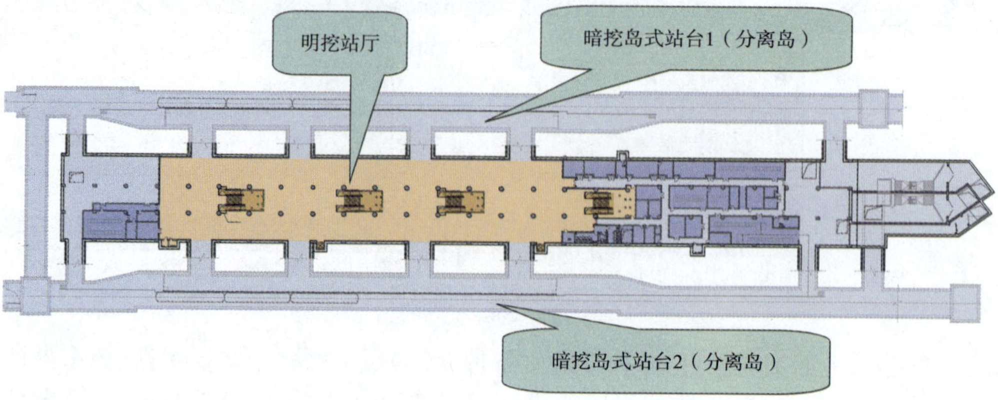

图 7. 23　明暗挖结合分离岛式站台车站功能布局示意图(站厅集中式布局)

b. 站厅层分离式布局，站台层为分离岛式站台

平面布局中设置分离的一个或两个明挖站厅，设备管理用房结合站厅设置，站厅与站台、两个站台之间均通过暗挖联络通道互相连通。此种形式适用于地质条件不允许采用大断面暗挖的情况，如图 7. 24 所示。

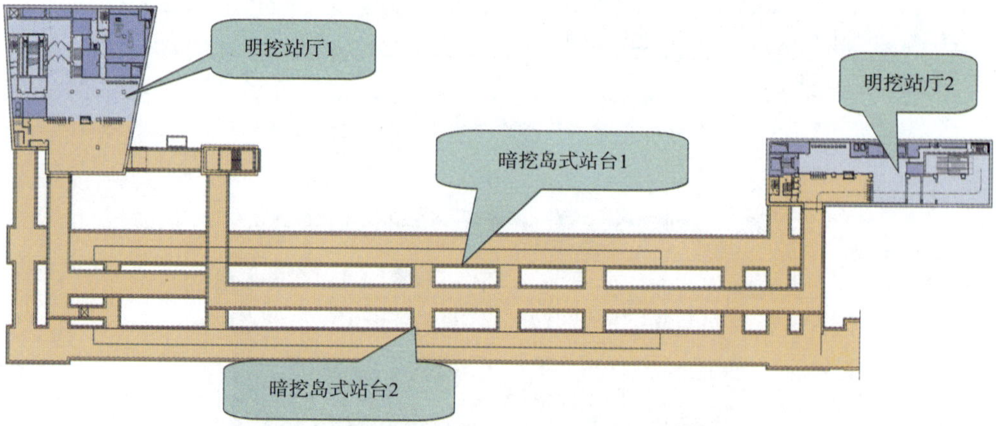

图 7. 24　明暗挖结合分离岛式站台车站功能布局示意图(站厅分离式布局)

②马鞍形端厅车站

当轨道交通线路通过城市主干道路口时，常会在客流集中的交叉路口设站。若路口处存在深埋管线且不易迁改或受下穿路阻隔时，车站中部区域需要避让管线形成 U 形管廊。在平面布局中管廊区域将车站站厅层分隔为左右两个独立站厅，各站厅分别独立进出站。竖向关系中，车站中部形成马鞍形布局，管廊下方的站台层局部空间为暗挖施工。此种布局形式主要的问题在于，站厅公共区不连通，乘客需要在站台选择方向导致使用不便捷，因此一般不推荐采用此种站型方式，如图 7. 25 所示。

3. 西安轨道交通地下车站形式

西安轨道交通目前已运营线路主要车站形式为岛式车站。大多数地下车站布局为明挖岛式二层车站，一些采用明挖岛式三层及多层的车站，主要受线路条件、管线、地质条件控制，如 1 号线万寿路站由于

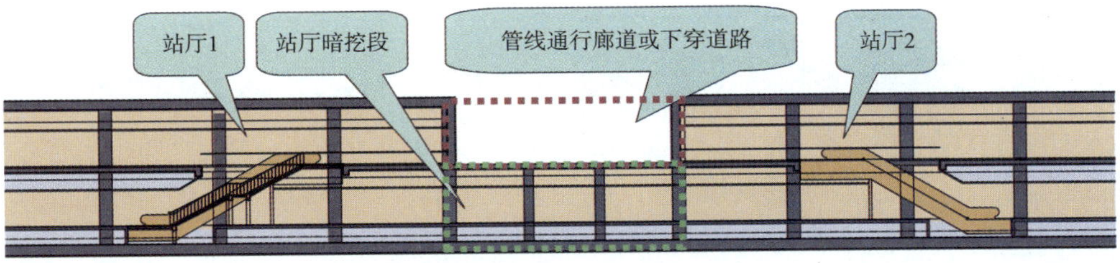

图7.25　马鞍形车站竖向布局示意图

区间需避开湿陷性黄土设置为明挖四层车站,4 号线常青路站受管线影响设置为站厅层位于地下二层的明挖三层车站;个别采用暗挖或明暗挖结合的车站,主要受文物、地下管线、施工工期及线路埋深等条件制约,如2 号线钟楼站,由于区间需避让钟楼,采用明暗挖结合分离岛式站台形式;4 号线火车站站,由于主体位于国铁站场下方,与国铁客运站站场扩容工期不同步,设置为明暗挖结合分离岛式站台形式以满足“先隧后站”的要求;6 号线二期在建的广济街站受控于深埋管线及交通疏解影响,设置为全暗挖岛式车站。西安市第三期建设规划线路地下车站形式仍以明挖岛式站台为主,结合控制条件和施工条件部分采用暗挖站台车站。

7.7.2　高架及地面车站

高架及地面车站因其建筑特性,车站通风排烟系统配置较地下车站简化很多,公共区部分及临外墙的管理用房可以采用自然排烟通风,且没有区间活塞风系统,车站的布局方案灵活度很高。

1. 平面布局

公共区可以与设备管理用房集中布置,也可采用分离式布置方案。一般情况为了节省投资、便于运营建议采用集中设置,布局方案可根据公共区组织方案灵活变化,常见的形式有以下几种:

(1)集中布置形式

①单端进站

适用于编组较小(站台长度小于 120 m)的靠路口车站,公共区靠近路口一端设置,设备管理区设置于远离路口的一端,如图 7.26 所示。

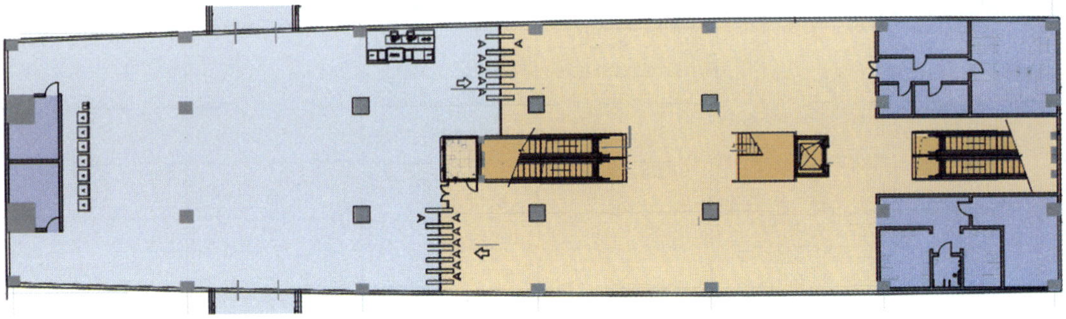

图7.26　单端进站布局示意图

②中部进站

适用于编组较大(站台长度大于 120 m)的车站,车站有较大的站前广场,需要有较为对称协调的建筑形象。车站中部为公共区,两端设置设备管理区,如图 7.27 所示。

③双端进站

此类型车站较为特殊,一般用于车站横向用地范围狭长,没有线路侧线的站前广场,站前站后均设置有等级相近的市政道路的情况。车站公共区分设在车站两端,中部设置设备管理用区,如图 7.28 所示。

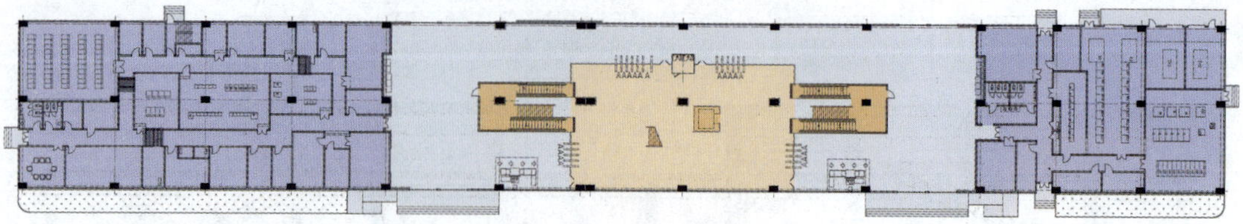

图 7.27 中部进站布局示意图

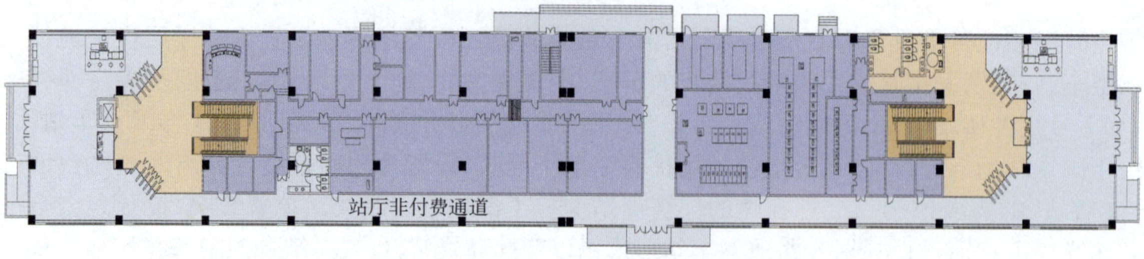

图 7.28 双端进站布局示意图

(2)分离布置形式

对于高架车站,因工程条件受限或者为了实现车站功能和更优的城市空间效果,可以采用分离方案。分离布置因其受控条件的不同可分为厅台分离、公共区和设备分离两种类型。

①厅台分离

当线路受控需设置沿路中敷设,且线路高度受限,站厅因路中道路通车限界及公共区最小净高限制,无法设置于路中站台下方时,可采用路中站台、路侧站厅的分离站型方案。路侧站厅、设备用房、出入口集中设置在路侧,利用跨路天桥实现人流和管线的联通,根据岛侧站台形式设置过轨通道,如图 7.29、图 7.30 所示。

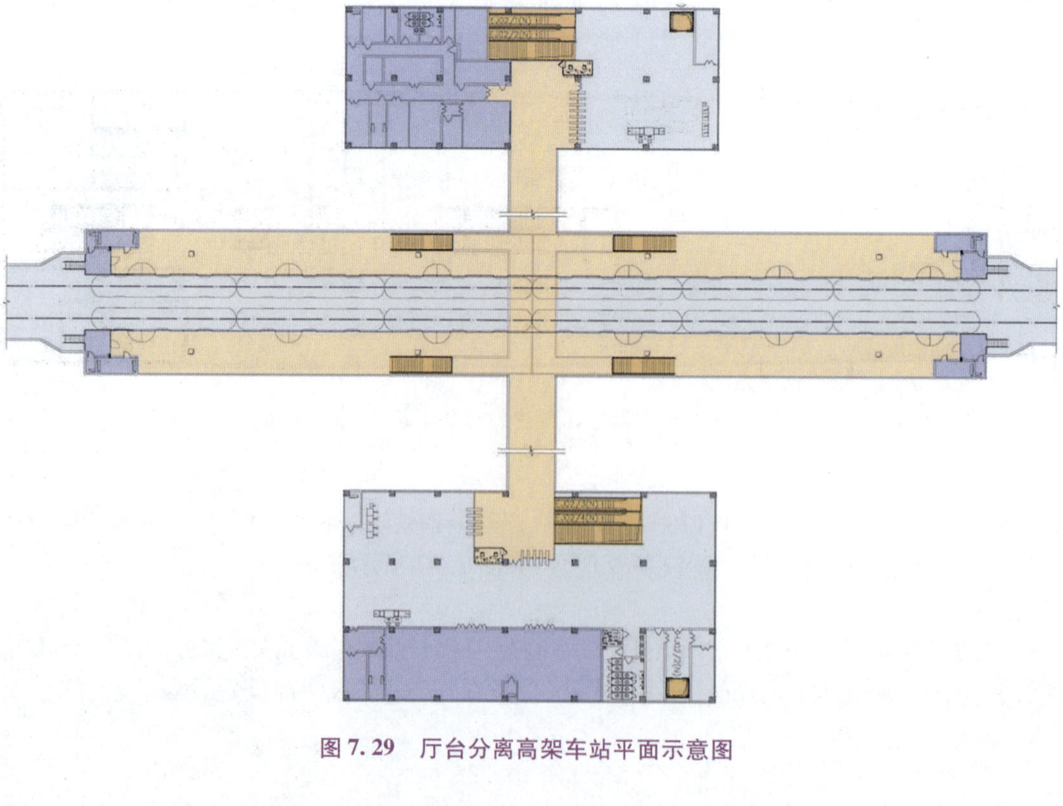

图 7.29 厅台分离高架车站平面示意图

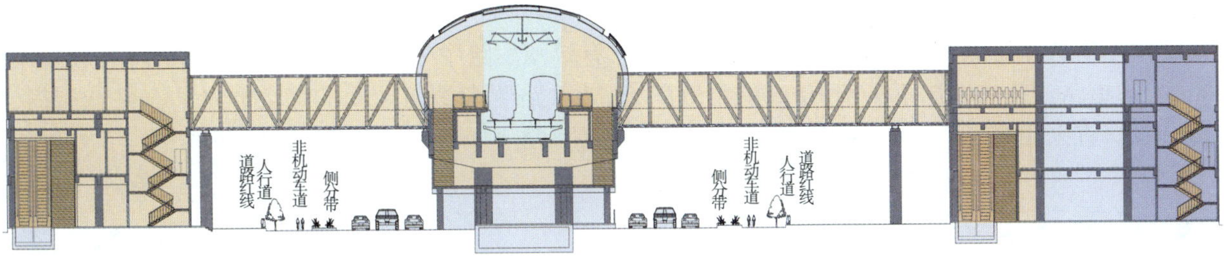

图 7.30　厅台分离高架车站剖面示意图

②公共区和设备区分离

当线路沿路中敷设且线路高度较高时，有条件在路中设置站厅，但为了缩小路中车站建筑体量，削弱城市空间压抑感，可将设备管理用房与出入口设置于道路一侧地块内或与路侧建筑合建，利用跨路天桥实现人流和管线的联通，如图 7.31 所示。

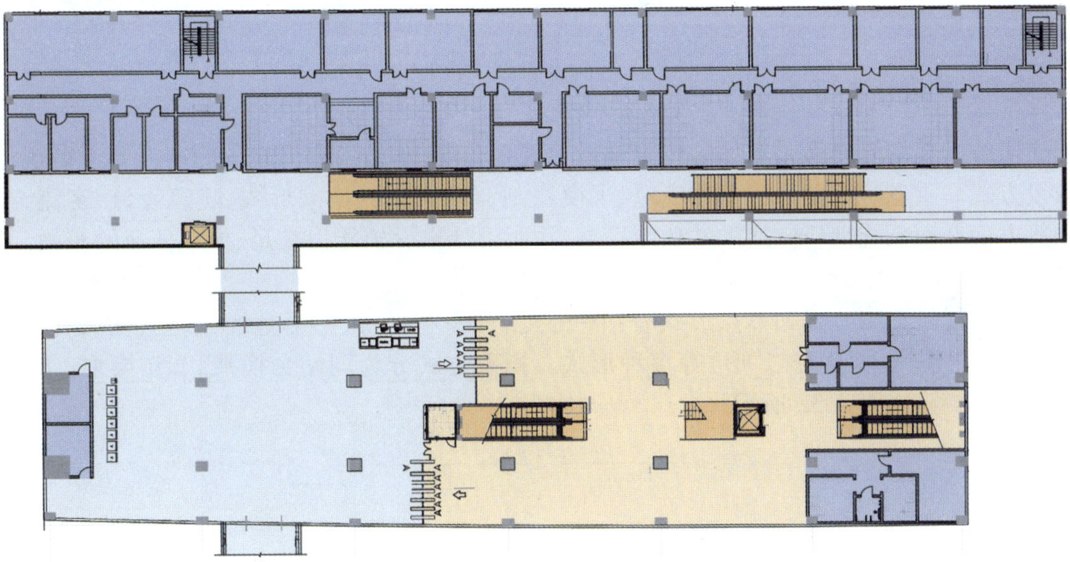

图 7.31　公共区和设备区分离高架车站示意图

2. 纵向布局

高架和地面车站纵向布局可按功能划分为站厅层、站台层、设备层、物业开发层等，车站根据其工程条件、车站功能、一体化开发、空间效果、建筑形象等因素灵活组织。

高架车站常见的布局形式为“上台下厅”，地面车站常见的布局形式为“上厅下台”。较为特殊的布局形式有“厅台同层”和“上厅下台”的高架车站或地面车站。

3. 西安轨道交通高架及地面车站形式

西安市地铁在 3 号线一期、14 号线(机场线)、5 号线二期、10 号线一期工程中设置有高架及地面车站。3 号线与 14 号线均采用侧式站台形式及集中布局，5 号线二期和 10 号线一期高架车站多数采用岛式站台(优先采用鱼腹岛式)形式及分散布局。在经历了近 15 年二轮建设规划的设计建设，高架车站的设计理念也在不断地更新完善。

一是站台形式的变化。车站站台形式的选择更加注重乘客体验，一般优先选用乘客使用方便的岛式站台形式。在区间线路受地段、配线条件控制时，则采用侧式车站布局形式。如 3 号线 5 座高架车站均采用了侧式站台，后期建设的 5 号线二期 8 座车站中 6 座采用了岛式站台，在交路折返站和受区间穿越西成高铁控制的 2 座车站采用了侧式站台。

二是更加注重与城市环境的协调,减少对城市景观的影响。岛式站台车站也由标准直线岛式发展为兼顾线路线型、区间工程及车站功能的鱼腹岛式,减少区间墩柱数量。路中高架车站有条件时将大部分设备管理用房置于路侧的地块内或与周边建筑合建,有效减少路中车站体量。路侧高架车站一般采用两层布局,与道路红线宜留出不小于10 m的集散广场,减少路侧车站与区间的综合体量。车站造型简洁、通透、现代,宜采用“一线一景”或“一区一景”,以浅色系为主。

7.8 换乘车站设计

轨道交通换乘车站是位于轨道交通两条或多条线路交叉的站点,用于实现线路之间的相互换乘。多线交会的换乘站在城市交通体系中往往处于枢纽地位,位于城市的中心或区域范围的中心,对城市交通可以起到快速疏导的作用,对城市发展可以起到引导开发、促进城市商业活力的作用。换乘站的建设为城市创造了良好的交通接驳条件,通过便捷的换乘,优化了城区与城区、城区与外围区域的联系,增强城市的通达性。换乘站是城市轨道交通网络化运营的关键控制点,其服务水平直接关系到城市交通网络运行效率。因此设计出设施能力充足、换乘便捷、舒适、人性化、安全的换乘车站是十分必要的,也是非常有意义的。

7.8.1 换乘车站的设计原则

轨道交通线网规划时对换乘车站的位置进行了规划布局,车站换乘形式的确定需要遵循规划线路的走向及敷设方式。重点从车站边界条件应对、规模控制、车站布局、换乘形式、建筑设计、客流组织、设施设备布局等方面全面系统地研究换乘站功能需求,从而设计出设施能力充足、换乘便捷的车站。

1. 换乘方式

一般常见的线路交织方式和节点形式有:平行交织(左右平行、上下叠线)、垂直交叉(“十”字形、T形、L形)、斜交(“十”字形、T形、L形)等多种形式。换乘方式分为同站台换乘、节点换乘、站厅换乘、通道换乘、组合换乘等,如图7.32所示。

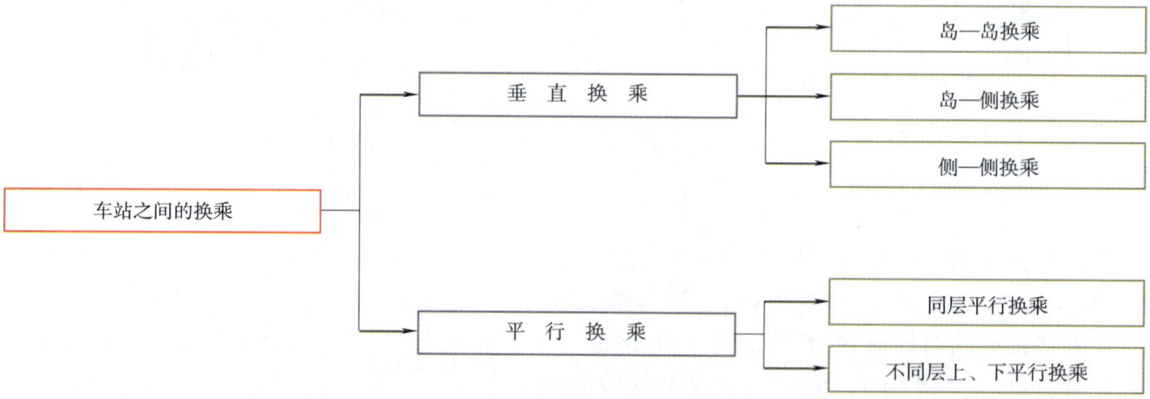

图7.32 换乘关系分析图

2. 换乘车站设计原则

(1)换乘车站以乘客换乘便捷、安全舒适为目标进行研究设计。在方案研究深化过程中,需要结合各条线路的走向和埋深、换乘点上线路的建设时序和交通制式、预测客流量、用地规划、周边环境、道路交通、地下管线等因素合理选择车站换乘类型。

(2)同一建设规划期内,且建设时序在5年内的规划线路与在建车站土建同步实施。非同一建设规划期内的规划线路,可根据线网规划和交通规划进行判断,原则上在路由稳定的主干道的车站,预留节点换乘条件,否则预留通道换乘条件。

(3)换乘车站应对换乘节点上线路的建设时序和运量等级,换乘线路的三站二区间的稳定性分析,换乘客流量,规划条件,地质条件及周边施工条件等因素进行综合分析,合理确定预留接口条件。

(4)车站换乘设施(楼、扶梯及通道)的设置应满足远期或客流控制期换乘客流量的需要。宜留有改、扩建的余地。

(5)车站换乘应尽量采用付费区换乘。

(6)换乘站的换乘方式应根据车站客流尽量组织为单向循环换乘,换乘客流宜与进、出站客流分开,避免人流交叉干扰。换乘流线设计在满足客流集散需求的前提下应尽量缩短换乘距离,做到路线明确、简捷、方便乘客。

(7)对于因线网调整一般站改为换乘站后,对既有站改造方案在满足便捷换乘的前提下要结合运营、施工改造难度及施工安全等方面的可接受程度进行评估,选择综合最优的方案。

7.8.2 换乘车站研究因素分析

1. 换乘车站网络定位

换乘车站的规模及标准在一定程度上取决于线路本身的定位,比如是否为骨干线换乘、骨干线和一般线路换乘、均为非骨干线换乘,就换乘车站在网络中的定位继而影响换乘站的相关标准,结合以上因素的同时需要延展考虑以下要素。

(1)换乘节点的网络功能定位在原则上应该是以线路在网络中的功能定位为依据的。

(2)线网结构总是处于一个动态调整的过程,节点在网络中的定位与站点所处的地理位置有着密切的关系。因此对于部分非换乘车站是否预留换乘条件应综合线网规划、车站所在的道路等级、用地规划及周边的具体情况进行分析。

(3)换乘节点的网络功能定位并不是孤立的,而是与邻近其他换乘节点功能定位密切相关的,统筹考虑可以起到平衡换乘客流、合理控制工程投资、有效维护网络运行效率的作用。

2. 客流规模风险与应对

客流预测规模对车站规模及换乘方式的选择起决定性作用,因此要充分估计客流规模风险。可能产生较大运营冲击的风险源主要包括:大型交通枢纽的转乘、大规模集体活动、大规模假日休闲活动、人口高密度功能区、线网建设时序以及换乘站运能不匹配。针对以上风险源的应对措施,在进行换乘站设计时,换乘车站的规模和客流风险的应对应考虑以下具体措施:

(1)车站规模及站台宽度首先应满足换乘车站设计原则标准,并应满足客流规模情况下的设施设备、公共空间的匹配及预留,同时结合车站所在网络功能定位、周边环境及规划、换乘形式进行综合分析判断。

(2)考虑远期或客流控制期运能匹配及各线运能的条件下,换乘车站规模设置和设施设备能力验算时,应考虑每座车站两列车同时到站的情况作为验算的基础条件。

(3)在和已经运营车站或已实施车站进行换乘时,已经运营车站应首先考虑运营时期车站客流状况,作为换乘站设计或运营车站改造的基础数据,并结合远期客流数据的综合分析,确定车站规模和设备设施的能力;和已实施车站进行换乘设计时,应对已实施车站规模及换乘设施设备能力是否与新线换乘客流相适应进行研究,作为已实施车站进行改造的基础。

(4)建议在车站建筑设计中增加客流规模风险分析,并结合客流模拟分析成果,提出合理的运营组织建议。在此基础上,形成全线的客流风险评估报告,作为行车组织设计与建设计划决策的参考依据。

3. 车站建设时序

车站之间的换乘形式需要结合建设时序统筹考虑,见表7.5。

表 7.5 换乘车站建设时序与换乘形式关系表

序号	线路性质	是否预留换乘条件	换乘形式	换乘效果
1	已运营线路	未预留换乘条件	改造后采用通道换乘形式	平均换乘距离较长、实施条件困难
		预留换通道乘条件	采用通道换乘形式	平均换乘距离较长
		预留节点或平行换乘条件	节点或平行换乘	换乘便捷
2	在建线路	预留节点或平行换乘条件	节点或平行换乘	换乘便捷
		预留通道换乘	通道换乘	平均换乘距离较长
3	同一建设规划期内	同期实施	节点或平行换乘	换乘便捷
4	非同一建设规划期内	路由稳定预留节点或平行换乘条件	节点或平行换乘	换乘便捷
		路由不稳定预留通道换乘条件	通道换乘	平均换乘距离较长

4. 周边控制因素

随着城市化进程的发展与人民生活水平的提高，换乘站的设计需要与城市规划、地下空间开发以及周围的地形条件、城市环境相协调，人们对交通出行的要求也越来越高，希望能方便、快捷、舒适地到达目的地。但换乘形式的选择往往受限于车站站位周边规划与现状控制条件的影响，这些因素包括道路条件，工程地质水文条件，周边地下、地上构筑物，综合管廊及管线，周边规划等。因此在进行轨道交通车站换乘形式的选择时，要充分考虑上述因素影响。同时，坚持与环境的可持续发展相协调，最大化地做到人性化设计。

7.8.3 换乘车站的研究路线

换乘车站研究技术路线如图 7.33 所示。

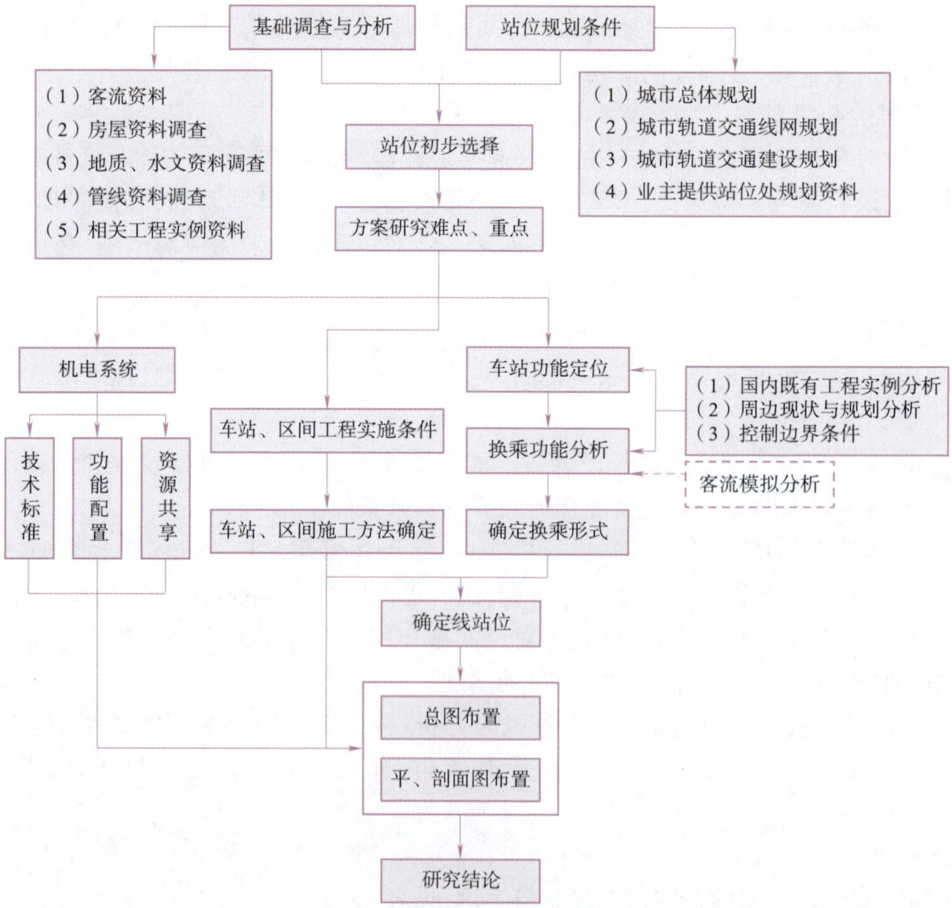

图 7.33 换乘车站研究技术路线图

7.8.4 换乘车站的建筑设计

1. 换乘车站技术标准的确定

换乘车站的主要设施布置与技术标准需根据轨道交通线路性质、运营制式、列车编组、预测客流、线路敷设形式等因素综合确定。本节结合西安轨道交通的设计实践进行经验总结，确定出6A、6B类型的车站的相应技术标准和主要设施布置。

(1)公共区平面布置

西安轨道交通目前在建及已运营线路均采用6A、6B型。当车辆选用A型车时，纵向柱距为9.12 m。车辆选用B型车时，纵向柱距为9.75 m。公共区楼梯宽的标准采用单向楼梯净宽不小于1.8 m，双向楼梯净宽不小于2.4 m。

对于通道换乘车站，换乘通道的宽度应根据客流控制期高峰小时换乘客流量计算确定，单向换乘通道装修后的最小净宽不小于5 m；双向换乘通道装修后的最小净宽不应小于10 m。

对于节点换乘车站，T形、L形岛式换乘车站节点处换乘楼梯总净宽不小于5.6 m；楼梯下端距站台门端门的距离不小于6 m；两线站台脱开距离，建议按照不小于10 m控制。

(2)空间高度控制

换乘站的空间相对较为宽敞，其高度控制宜与平面空间匹配协调。从正常换乘站的整体布置分析，站厅层吊顶下净高不宜低于3.5 m。站台层为通过性客流，空间影响相对较小，从空间感受及人性化角度考虑，站台层层高宜为5.25 m，吊顶下净高不小于3.2 m。

(3)站台宽度标准

通过对换乘车站设计要点及设计标准进行分析研究，站台宽度建议采用如下标准：节点换乘车站站台宽度宜采用不小于14 m的标准；通道换乘站，可根据不同的换乘量、客流量及车站埋深，采用站台宽度不小于13 m的标准。岛式站台侧站台宽度采用不小于3 m的标准。

2. 换乘站客流组织

换乘站应根据不同的换乘方式，在客流组织上采用不同的方法，为在后期运营过程中更好的组织换乘客流，缩短换乘路径，减少换乘客流与进出站客流的交叉、干扰奠定基础。结合西安轨道交通的设计实践和运营情况，总结出以下几个方面的设计原则保证客流组织的顺畅。

(1)根据车站所处位置、地理环境和换乘规模分析不同车站的客流特点，根据客流特点具体分析客流组织形式，尽量减少交叉，避免混行。

(2)三层站站台邻近换乘节点的第一组交通设施，应与换乘节点脱开必要的缓冲距离，同时在本组交通设施中部预留一定宽度的通道，便于换乘客流在不影响侧站台的情况下，到站台中部乘车，减少端部拥堵。

(3)根据早晚高峰时段的上、下车客流特点，设置扶梯运行方向。下车出站客流相对集中，下车客流较大的一侧设置上行扶梯减少客流交叉。

3. 导向标识设计

乘客在进入轨道交通车站乘车时，通过一系列导向标识来引导乘客乘车。对于换乘站而言，在进行换乘时由于不同方向的通道相互交错，站台、站厅等人流相互交织，就必须依靠轨道交通车站导向标识，引导乘客在轨道交通系统内进行活动，引导标识起着安全、高效、方便的指南和导向作用。换乘车站应结合各种流线组织合理布设导向标识，在信息内容有更换需求部位宜采用电了导向标识。

7.8.5 辅助软件分析

换乘车站使用状况是关系网络运营效率，乘客出行安全的关键。换乘客流具有方向不均衡性、瞬时冲击性等复杂特征；换乘站高峰时段客流集中，设施承担压力大。从换乘站自身特点来说，除了后期运营组织管理，在前期更应关注换乘站的设计合理性问题。因此在设计阶段对换乘站的功能进行合理的评价,尤为重要。

换乘车站功能评价主要的手段为动态客流模拟。动态客流模拟评价方法区别于以往换乘站设计主要考虑通行能力的设计思路,在充分研究换乘客流心理和行为特性的基础上,预测客流风险、客流动态的行为特征,兼顾换乘安全性、便捷性和舒适度等要求,同时把握换乘客流并非静态、均衡,而是存在时间和方向不均衡性、短时冲击性等特点,对换乘车站的功能及服务水平进行综合评价。

评价方法的核心是指标体系,主要基于交通功能从四大方面考核七项指标,并给出相应的评价标准。借助仿真软件输出评价指标,反映动态、复杂的车站运行情况和客流服务水平。评价体系的七项指标见表7.6。

表7.6 评价体系指标表

评价内容	指　　标	评　价　范　围	评　价　标　准
设施能力适应性	超高峰饱和度	所有换乘设施	必须小于1,宜小于0.8
	设施利用均衡性	换乘路径中所有楼扶梯设施	设施利用能力匹配均衡
短时冲击性	端部设施最大拥堵人数	换乘路径端部设施(站台楼扶梯)	小于200人
	两端站台的人流密度	换乘路径各端站台	小于1人/m^2
换乘便捷性	换乘时间	所有换乘方向	小于3 min
	换乘流线顺畅性	站台及站厅的付费区内的所有流线	主流线不存在交叉
运能匹配性	计算站台滞留人数	相交线路各方向断面富余能力与换乘客流需求的匹配性	宜小于列车20%超载能力与列车定员运输能力的差值

通过仿真模型主要的输出结果为车站空间利用率、空间人流密度、设施前拥堵人数、线路之间的换乘距离和换乘时间。线路之间的换乘距离和换乘时间取的是平均换乘距离和平均换乘时间,反映动态客流特征下的实际换乘时间。静态评价计算不含拥堵等待的影响,采用3 min的评价标准,动态模拟考虑拥堵,最大换乘时间不宜超过5 min。

动态客流仿真在确定换乘车站方案时发挥重要的辅助作用。结合大量的实际调查标定参数,建立模型,对换乘车站运行情况进行动态模拟,依据输出的评价指标图表、视频等结果,客观评价换乘车站布局方案、设施规模、流线组织等,通过动态模拟与换乘方案互动,达到方案不断优化完善的效果。

7.9 交通接驳

城市公共交通是城市的重要交通基础设施之一,人们的生产、生活和社会交往都离不开城市公共交通。为缓解城市交通的紧张局面、优化城市客运系统结构,推进城市和交通的可持续发展,西安已全面进入城市轨道交通建设阶段。轨道交通与其他交通方式衔接的合理性对整个城市公共交通网络的高效运行起重要作用,轨道交通客运骨干地位的实现也离不开地面常规公交系统等其他交通方式的配合。因此,做好轨道交通车站交通接驳变得尤为重要,同时也是轨道交通取得预期社会经济效益的关键。

车站交通接驳方案需在尊重城市总体规划理念的前提下,对轨道交通车站交通衔接功能划分、交通衔接原则、车站周边交通设施需求等进行全面系统研究,并结合城市综合交通规划、城市轨道交通沿线规划设计导则、用地条件、道路交通、交通组织方案等,提高车站建设的合理性和换乘便捷性,提高轨道交通的客流效益,发挥公交骨干作用,实现城市交通一体化接驳。

交通接驳设计所遵循的主要思路是土地集约及公交一体化设计。

通过建设以轨道交通为骨干,以常规公共交通为主体,各种交通工具协调发展的立体化、高效、安全、经济的城市客运公共交通体系,有利于加强轨道交通与地面交通,特别是常规公交的协调配合,使常规公交与轨道交通形成有机的整体,体现城市公共交通发展的整体性、协调性、便捷性、合理性和政策性,可以充分发挥整个公共交通网络的整体运输能力。

7.9.1 交通接驳原则

城市轨道交通与地面公交网络一体化是城市交通一体化的核心，是解决城市客运交通矛盾的重要举措，是实现客运交通良性发展和“个体交通向公共交通转移，公共交通向轨道交通转移”的根本途径，是引导城市交通健康有序发展的重要手段。在轨道交通网络化建设时期，形成一体化的客运交通体系，强化不同交通方式的紧密衔接，优化整合资源，完善与城市交通发展相适应的体制和机制，努力实现公共交通“以人为本”的宗旨，是城市交通发展的必由之路。

做好轨道交通与其他交通系统的换乘，能方便人们出行、有效吸引客流、缓解地面交通压力，具体设计遵循的主要原则如下：

(1)总体布局应符合城市规划、城市交通规划、环境保护和城市景观的要求。

(2)轨道交通系统应统筹考虑与公交系、出租车、自行车、摩托车以及社会车辆的换乘关系。

(3)遵循轨道交通与各种交通方式衔接的接驳顺序，一般情况下按小运量交通适应大运量交通的原则。

(4)车站周边应保证舒适而顺畅的步行空间。

(5)同步建设与轨道交通相配套衔接的站点基础设施。

(6)轨道交通出入口与其他交通形式的接驳路线应顺畅且尽量缩短接驳距离。

(7)“P+R”设施的选址应尽量设置在城市外围区轨道交通站点附近。

7.9.2 交通接驳类型

1. 与城市对外交通之间的衔接

轨道交通与城市对外交通(包括机场、铁路客运站、长途汽车站等)之间的衔接换乘，应在充分了解轨道交通车站与对外交通站点的客流特点和站点周边环境条件的情况下，合理确定轨道交通车站与对外交通站点之间的换乘方式。

从平面和空间上尽量缩短乘客的换乘距离和高度损失；合理组织客流流线，尽量减少换乘客流之间的交叉干扰；合理确定换乘大厅的规模，以满足大客流之间的换乘需求；同时兼顾与其他交通方式的合理换乘方式。

2. 与城市内部交通的衔接

(1)与常规公交之间的衔接

常规公交与轨道交通车站之间的换乘，需结合公共汽车的行车路线、车辆的班次等方面综合考虑。公共汽车停靠站与车站出入口的距离应控制在50~150 m，宜采用深港湾式站台，站牌上站名位置要有轨道交通的标识。轨道交通车站内也要有清晰的导乘信息。

(2)与自行车之间的衔接

轨道交通车站出入口结合交通一体化研究专题成果及周围的用地条件，同步进行自行车停车场的设置，方便乘客。

(3)与其他交通方式的接驳换乘

全线站点附近的出租车及网约车落客停靠站应采用港湾式站台，其与车站出入口的距离应控制在50~100 m。

结合交通一体化研究专题成果设置的P+R停车场，其与车站出入口的距离应控制在100~200 m。

优化车站周边步行系统，设置适合的人行指示标志，形成通达性强、指向明确、环境舒适、安全便捷、空间园林化的步行接驳系统。

7.9.3 交通接驳方式

1. 区域交通接驳

非机动化交通衔接：步行、自行车。

机动化交通衔接：公交、出租车、小汽车，如图7.34所示。

(1)步行衔接服务强区:以轨道交通站点为中心约500 m范围。

(2)自行车衔接或公交服务强区:以轨道交通站点为中心约1 500 m范围。

(3)小汽车或公交衔接强区:以轨道交通站点为中心2 km以外的区域。

2. 站点功能层级化

(1)站点分级原则

根据轨道交通车站客流特征,针对各站的特点需分析服务的客流是换乘接驳客流为主还是片区集散客流为主,并考虑轨道网络与常规公交线网接驳的布局结构以及轨道沿线各车站的交通衔接模式及服务范围,从交通衔接功能上将轨道交通车站分为综合枢纽站、大型接驳站、一般接驳站三类,见表7.7。

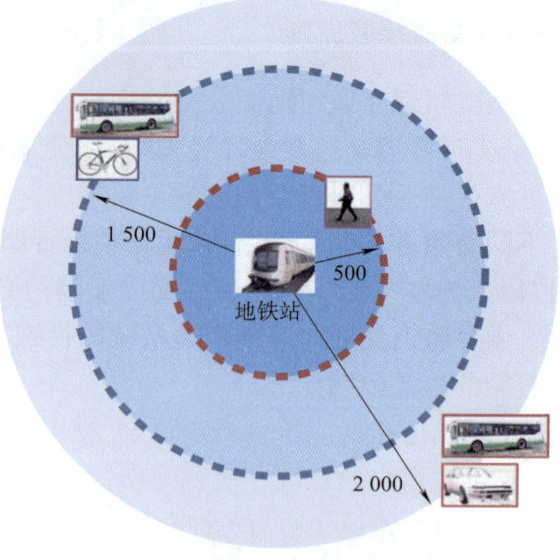

图7.34　区域交通衔接概念图(单位:m)

表7.7　站点分级

等　级	站点区位指标	换乘方式指标	客流量指标
综合枢纽站	为市级对外交通门户	(1)机动化衔接方式不低于4种。 (2)衔接方式至少包括铁路、公路、航空3种方式其中之一。 (3)轨道交通可达性较强,通常连接不少于2条轨道线路	站点日均地面集散客流量通常不小于7.5万人次
大型接驳站	(1)为城市CBD地区、城市副中心、重点发展片区中心等,能辐射市域某个或多个方向。 (2)或位于城市郊区、外围区进出中心区的主要出入口,为外围交通进入中心区的主要节点	(1)机动化衔接方式不低于2种。 (2)衔接方式中以常规公交为主导。 (3)或衔接方式中小汽车P+R换乘突出。 (4)轨道交通可达性较强,通常连接不少于2条轨道线路	(1)站点日均地面集散客流量通常不小于7.5万人次。 (2)站点日均地面集散客流量为5万~7.5万人次,同时常规公交换乘客流量不小于2.5万人次。 (3)站点日均地面集散客流量为5万~7.5万人次,同时日均停车换乘小汽车数不小于600辆
一般接驳站	(1)站点区位一般。 (2)辐射能力有限	(1)机动化衔接方式低于3种。 (2)衔接方式以慢行交通方式为主	站点日均地面集散客流量通常小于7.5万人次

(2)站点布局模式

综合枢纽站、大型接驳站布局分别如图7.35、图7.36所示。

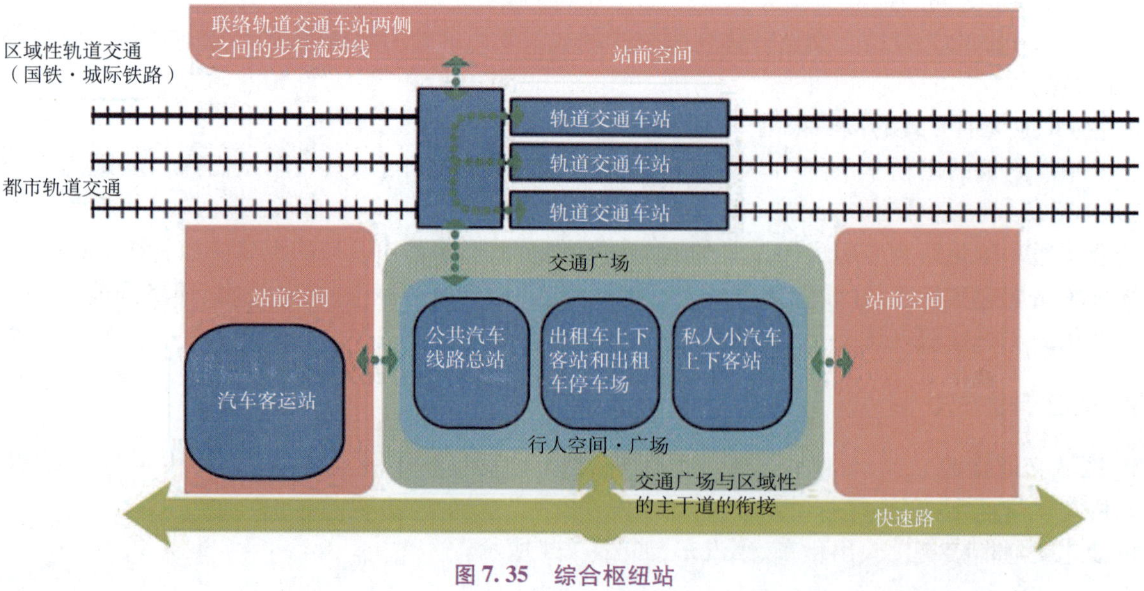

图7.35　综合枢纽站

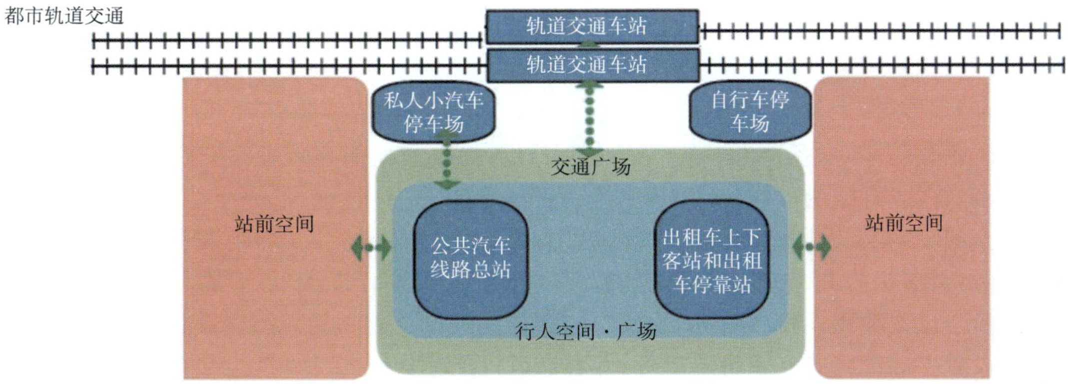

图 7.36　大型接驳站

7.10　车站人防、防灾及无障碍设计

7.10.1　车站人防

人防工程的主要意义是保护人民生命财产安全，抵御战争灾害，各个地区政府十分重视人防工程建设，要求人防工程必须贯彻“长期准备、重点建设、平战结合”的方针，坚持与经济建设协调发展、与城市建设相结合的原则。

轨道交通作为城市人防总体规划的重要组成部分，战备效益显著，在建设时应结合人防功能综合考虑。轨道交通车站人防的战时功能定位是确保战时疏散干道和战时城市人防系统连接线两个功能的实现，设防车站战时功能可作为紧急人员掩蔽部、物资储备库。轨道交通车站兼顾人防工程需结合城市建设具体情况，合理确定轨道交通人防的防护等级。西安轨道交通车站人防设防标准一般抗力等级按防核武器抗力级别 6 级，防常规武器抗力级别 6 级进行设计。每个防护单元的划分原则上一个车站加一个相邻区间隧道为一个防护单元，车站一般选取对角线的两个出入口设置战时主要人员进出口，其余出入口及安全出入口战时封堵。在车站两端风道中，选择一端新风道设置战时进风井，另一端排风道设置战时排风井，其余风道均为战时封堵。

7.10.2　车站防灾

城市轨道交通车站具有载客量大、快速、安全、准确、舒适等特点，是解决城市交通拥堵的重要交通工具，已成为城市人民出行的重要交通方式。我国轨道交通事业正在蓬勃发展，运行里程逐年增加，防灾问题也越发受到重视。

轨道交通工程针对火灾、水淹、风灾、地震、冰雪和雷击等灾害设置了系列预防措施，车站建筑主要以预防火灾和防淹为主。

车站防火设计按同一时间站点与相邻区间发生一处火灾考虑。车站防火设计应符合相关规范要求。地下车站主体及附属出入口通道、风道耐火等级为一级，出地面附属建筑、地面车站及高架车站的建筑防火等级不低于二级，出地面建筑应满足与周边建筑的防火间距要求。车站应结合具体布置合理划分防烟分区及防火分区，应具备完善的消防系统，合理布置安全疏散出入口，参与疏散的楼扶梯数量，保证人员在火灾情况下安全撤离。车站装修材料根据功能分区、装修特点、材料特性进行选用，并按规范要求选用 A 级不燃材料 或 B1 级难燃材料。

出地面建筑开口处的高程应高于百年防洪水位，在有条件的情况下应高于站点处防涝设防水位，否则应采取其他相应防涝措施。

7.10.3 无障碍设计

无障碍设计强调在科学技术高度发展的现代社会，一切有关人类衣食住行的公共空间环境以及各类建筑设施、设备的规划设计，都必须充分考虑具有不同程度生理伤残缺陷者和正常活动能力衰退者(如残疾人、老年人)的使用需求，配备能够应答、满足这些需求的服务功能与装置，营造一个充满爱与关怀、切实保障人类安全、方便、舒适的现代生活环境。

城市轨道交通车站是公共性交通建筑，其无障碍设计应符合残疾人、老年人及其他社会成员的实际需要，与社会基本需求相协调，与社会经济发展水平相适应，遵循实用、易行、广泛受益的原则。

车站需同步建设无障碍设施，并在车站各项公共功能的设计中满足无障碍设计的要求。每座车站出入口通道至少设置一部无障碍电梯直通室外，并宜靠近人流较大场所、医院、老年公寓等区域设置。车站内部在公共区一般设置一部联系站厅至站台层的无障碍电梯。闸机采用宽通道，方便乘坐轮椅进出。车站盲道设置需保证站内与站外盲道的连续性，在出入口处与市政盲道相接，通过站内设置连续的盲道引导到达各个功能区域。车站公共区卫生间设置独立的第三卫生间，内部配置无障碍设施。车站内配置完善的室内外无障碍标识系统。垂直电梯室外地面处设置无障碍坡道及扶手，各出入口上下楼梯位置设置无障碍扶手等。

7.11 装修与导向

7.11.1 装修设计

轨道交通车站作为一个有大量人流集散的公共交通建筑，它的装修设计除了应创造一个供乘客合理流动，具有一定建筑艺术效果的室内空间环境，还应满足乘客在精神方面的需求，体现建筑对人的关怀，为乘客创造一个快速、便捷、安全、舒适的乘车环境。与其他公共建筑物的室内装修设计有所不同，由于所处的特定环境、特有的功能要求和特定的结构形式，而使轨道交通车站的装修逐渐形成了独特的建筑风格和形式。车站装修设计应根据线路走行的环境特色、历史背景和车站形式，采用适宜的艺术构思手法，使用先进的技术和装饰材料，体现出城市的特征、沿线的地域特色以及线路的装修特色，同时消除地下空间的压抑感和沉闷感。

车站装修设计方案应从“全面化造价控制、突出个性化特色、统一标准化设计、有利于后期维护”四个方面协同考虑。

车站装修风格应结合所处地理环境，通过对历史文化元素的提炼，结合城市发展特点进行确定。各线路的车站应选取部分重点车站作个性化装修，其余车站可采用标准化、模块化装修设计，既保证整条线路车站装修在统一的风格主题下突出亮点，又合理控制了装修投资。

车站装修材料应选择绿色环保无污染材料，应当具有耐久性、防腐性和不燃性、易清洁等特征。在保证装修效果的前提下应尽量采用通用性易于采购的原材料，满足交通建筑的各项使用需求。

车站装修设计应按标准化、尺寸模数化、系列化为基础，满足施工装配要求，降低建造成本和运营成本；局部装修的细部构造、节点造型、文化艺术品展示均应考虑运营阶段的维护成本，应做到美观坚固、便于检修、易于更换；装修设计与系统接口应采用简单、容易实施、安装方便的方式，以保证设备检修的便捷性。

7.11.2 导向标识系统

导向标识系统可以为乘客提供及时、合理的信息，通过可视化的文字、图形符号合理呈现在多个空间或复杂相互转换的地方，让乘客无论身处何处，都能知道自己所在位置，方便乘客出行。轨道交通导向标识系统包括站外和站内两部分。

站外导向标识系统在车站周边 500～800 m 范围内单独布置或者与公交站牌、市政导向设施结合设置，宜设置在道路交叉口、大型商业综合区、重要建筑物出口、公交场站、交通枢纽等人流聚集地。其主要作用是引导乘客快速准确进入轨道交通车站乘车。站外标识版面信息应反映行车方向、线路编号及站点名称、线路色等内容。

站内导向标识系统是保证乘客快速进出车站、准确选择方位、识别换乘通路、安全疏散的重要系统，是影响乘客乘车体验的关键因素。在站内导向设计中，要遵循"人性化、可识别性、安全性"原则，达到秩序化、易识别、通行通畅的效果。车站进站方向应设置乘车导向、售票导向、线路信息、线网信息等；出站方向设置出入口引导标识、周边信息、出入口名称等。一般车站宜采用静态式导向标识系统模式，对于换乘车站，宜采用静态与电子导向相结合的标识系统模式。

站内导向标识牌的尺度、造型、材料、色彩要与车站的装修风格匹配，并全线统一。标识符号宜遵照国际规范设计，方便各国乘客。标识牌类型有贴附式、悬吊式、站立式等形式，结合车站的空间条件和乘客需求进行合理采用。

7.12 车站开发及一体化设计

车站开发及一体化设计是当前轨道交通车站建设尤为关注的部分，对于有效利用站内空间、整合车站周边零碎城市空间、提高城市土地综合利用率、带动轨道交通车站周边地区的整体建设等方面有着重要的作用。

车站开发主要涉及主体公共区范围、夹土体空间、配线车站配线上方空间开发等内容。主体公共区范围、夹土体空间可以布置便民服务设施（单间面积小于 30 m^2，总建筑面积不超过 100 m^2），可以为站内乘客提供更便捷更人性化的服务；地下带配线车站施工较多选择明挖工法，经过研究，一般配线上方不采用直接回填的做法，而是将其上方空间加以利用，并根据周围地块、建筑的规划布局，尽可能与周边地块地下空间连通设置，融入轨道交通站区域周边组团。

车站一体化设计对于统筹轨道交通车站周边城市建筑布局及市政功能，协调城市景观风貌，体现城市地域特征和时代风貌，延续城市文脉，塑造城市特色，提升城市环境品质方面有重要意义。通常根据其边界条件及周边特色，有针对性地进行开发设计，包括车站与上部或周边商业、综合交通枢纽的一体化设计及互联互通，与周边市政交通设施的接驳、与城市景观融合等内容。对于周边为商业组团的车站，常采用车站主体（附属）与商业综合体紧密结合的开发模式，商业布局与车站功能统筹考虑，实现轨道交通与商业的双赢。对于位于城市交通干道及地面交通量较大区域的车站，车站的出入口通道应与市政设施衔接或代建；结合不同的车站类型，布置合理的接驳设施和接驳场地，实现城市交通一体化的设计理念，提升城市服务品质。对于与高铁等大型综合交通枢纽接驳的车站，应突出其交通功能的综合便捷性，一般采用同步研究及设计、同步或分期建设的形式，确保枢纽内各种交通流线的便捷流畅，同时辐射带动周边地块有序发展的设计模式；车站出地面建筑设计中，出入口的造型设计应能体现城市特色和时代特点，并宜融于周边环境，垂直电梯宜与出入口结合设置。风亭及冷却塔等设置要进行消隐设计，尽量设置为低风井。对于历史文物景点周边的车站，车站设计和实施在满足文保要求的前提下，车站出地面建筑造型应减少对文物的影响，与周边景观协调；站内艺术环境设计，应能体现城市特色和地域文化特点，彰显车站与周边历史文化的一体化设计。

第 8 章　西安轨道交通车站总体设计实践与演进

西安市是陕西省省会，是全省的政治、经济、文化中心，是国家中心城市和科技、商贸、金融中心与交通、通信枢纽，是国家级历史文化名城和重要的旅游中心。近几年西安市轨道交通工程建设速度不断加快，轨道交通 1 号线一期及二期、2 号线一期及南延段、3 号线一期、4 号线、5 号线、6 号线一期、9 号线一期及 14 号线已开通运营，运营状况良好，目前西安市已形成较为完善的轨道交通网络。后续线网规划将规划 23 条线的轨道交通网络，总规模为 986 km，对于改善城市交通环境具有重要的意义。

随着城市轨道交通建设的发展，我们有必要对西安轨道交通已运营的一期、二期、三期建设规划线路车站进行总结，总结各期轨道交通车站设计的得与失，并在车站设计标准、服务理念、设计接口、与城市的融合设计等方面进行调研，及时对西安轨道交通车站的设计认识进行更新，以使设计理念和设计水平与时俱进，不断提升。

8.1　一期建设规划线路车站设计

8.1.1　设计概况

西安轨道交通一期建设规划线路主要包含 2 号线一期，1 号线一期、二期，3 号线一期，目前均已开通运营，见表 8.1。

表 8.1　一期线路概况表

线路名称	起　始　点	线路长度（总长度及地下线长度，km）	车站个数/地下站/高架站（或地面站）/换乘站（座）	线路性质/列车选型	建　设　时　间
2 号线一期	韦曲南—北客站	26.3（均为地下线）	21/21/0/6	骨干线/B 型车	2 号线北段 2007 ~ 2011 年，2 号线南段 2009 ~ 2014 年
1 号线一期	后卫寨—纺织城	25.36（均为地下线）	19/19/0/7	骨干线/B 型车	2009 ~ 2013 年
1 号线二期	沣河森林公园—后卫寨（不含）	6.1（均为地下线）	4/4/0/2	骨干线延伸线/B 型车	2015 ~ 2019 年
3 号线一期	鱼化寨—保税区	39.15（其中地下线 27.13）	26/19/7/10	骨干线/B 型车	2011 ~ 2016 年

8.1.2　车站设计特点

1. 车站设计标准

1 号、2 号、3 号线车站均采用 6B 编组，有效站台长度 118 m，除 3 号线有 7 座高架车站外，其余车站均为地下车站。地下车站均以岛式站台为主，部分换乘车站及线路两端车站采用侧式站台形式，如 1 号线北大街站、纺织城站。3 号线高架车站以侧式站为主，如浐灞中心站、双寨站等。特殊车站例如钟楼站为分离岛式站台。1 号线一期、2 号线一期车站地下二层标准站站台宽度为 10 m，3 号线为 10.5 m，1 号线二期开通较晚为 11 m。

(1) 各线车站站台形式及站台宽度设计，见表 8.2。

表 8.2　车站站台形式汇总表　　单位：m

线路名称	标准站站台宽度		标准站侧站台宽度		换乘站站台宽度	换乘站侧站台宽度	单柱柱距	双柱柱距	站台长度及列车选型
	单柱	双柱	单柱	双柱					
2 号线一期	10	12	2.6	3	12 ~ 14	3 ~ 3.3	8.40	9.00	118/6B
1 号线一期	10/ 7 （侧式）	12	2.6/ 2.75 （侧式）	3	12	3.0	9.00	9.75	118/6B
1 号线二期	11	无	3.1	无	14	3.3	9.00	9.75	118/6B
3 号线一期	10.5 （地下站）/ 8.2 （高架侧式站）	12/ 10.4 （高架岛式站）	2.8 （地下站）/ 3.35 （高架侧式站）	3.2 （地下站）/ 2.8 （高架岛式站）	14	3.3	8.40	9.75	118/6B

从站台宽度方面可以看出，随着轨道交通建设的推进，车站的站台宽度逐步有所加大，侧站台宽度有所加大，双柱车站的柱跨避开站台门开启扇设置，更加有利于乘客乘车。

（2）各线车站设计标准，见表 8.3。

表 8.3　车站设计标准汇总表　　单位：m

线路名称	标准站站厅层净高（地下站/高架站）	标准站站台层净高（地下站/高架站）	换乘站站厅净高	出入口宽度及扶梯设置标准	站内无障碍设施	站外无障碍设施
2 号线一期	3/ （无高架站）	3/ （无高架站）	3	一扶一楼≥4.6。大部分车站均采用一扶一楼	站内非付费区设置 1 部无障碍电梯；站台层设置无障碍卫生间	标准站及换乘站设置 1 部无障碍电梯
1 号线一期	3/ （无高架站）	3/ （无高架站）	3	一扶一楼≥4.6。大部分车站均采用一扶一楼	站内非付费区设置 1 部无障碍电梯；站台层设置无障碍卫生间	标准站设置 1 部无障碍电梯；换乘站设置 2 部无障碍电梯（对角设置）
1 号线二期	3（单柱），3.2（双柱）/ （无高架站）	3/ （无高架站）	3.2	一扶一楼≥5.6；双扶一楼≥6.1。大部分车站均采用双扶一楼	站内非付费区设置 1 部无障碍电梯；站台层设置无障碍卫生间	标准站设置 1 部无障碍电梯；换乘站设置 2 部无障碍电梯（对角设置）
3 号线一期	3（单柱），3.2（双柱）/ 4.4（高架）	3/（高架站站台无装修吊顶）	3.2	一扶一楼≥5.6；双扶一楼≥6.1。大部分车站均采用双扶一楼	站内设置 1 部无障碍电梯；站台层设置无障碍卫生间	标准站设置 1 部无障碍电梯；换乘站设置 2 部无障碍电梯（对角设置）

随着轨道交通车站，结合车站内综合管线布设、站内的功能布局、车站内及出入口服务标准、人文关怀等因素，后期建设的车站相应的设计标准均有不同程度的提升。

2. 车站公共区典型布置

车站公共区典型布置见表 8.4 和图 8.1 ~ 图 8.8。

表 8.4　标准站公共区典型布置梳理表　　单位：m

线路名称		站厅付费区宽度	站厅非付费区长度	楼扶梯布置形式	公共区楼梯净宽度
2 号线一期		44 26	26.3	两组"楼梯 + 扶梯"	楼梯净宽度≥3.6
1 号线一期		46	28	两组"楼梯 + 扶梯"	楼梯净宽度≥3.6
1 号线二期		52.5	34	中部为 T 形楼梯，两侧为双扶梯	T 形楼梯净宽度≥3.6
3 号线一期	地下站	48.2	31.6	中部为 L 形楼梯，两侧分别为双扶梯 + "楼梯 + 扶梯"	楼梯净宽度≥4.2
	高架站	24.8	25	侧式站台两侧分别为双扶梯 + "楼梯 + 扶梯"、中间一部转折楼梯	楼梯净宽度≥3.6

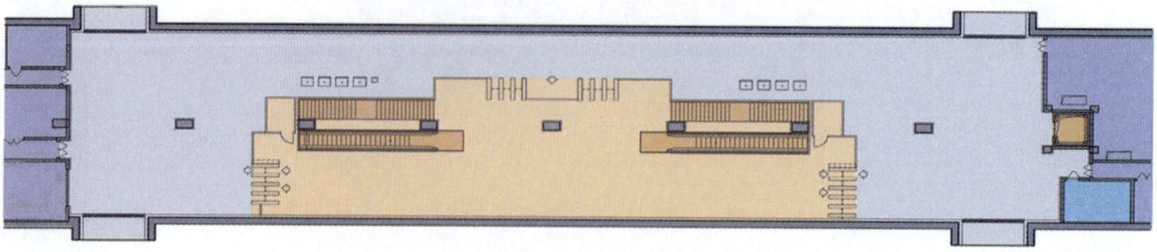

图 8.1 2号线车站站厅层标准布置图

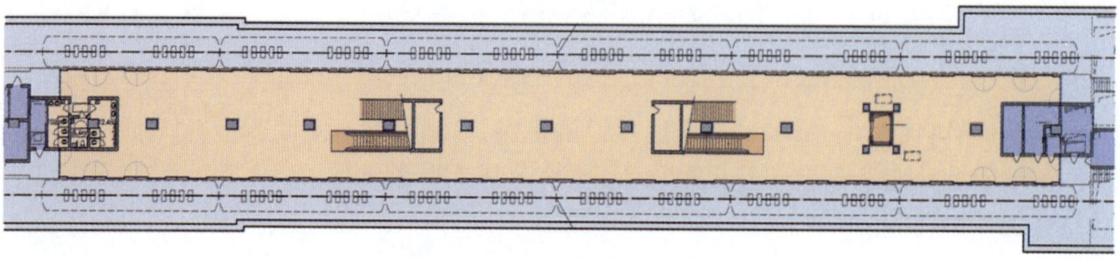

图 8.2 2号线车站站台层标准布置图

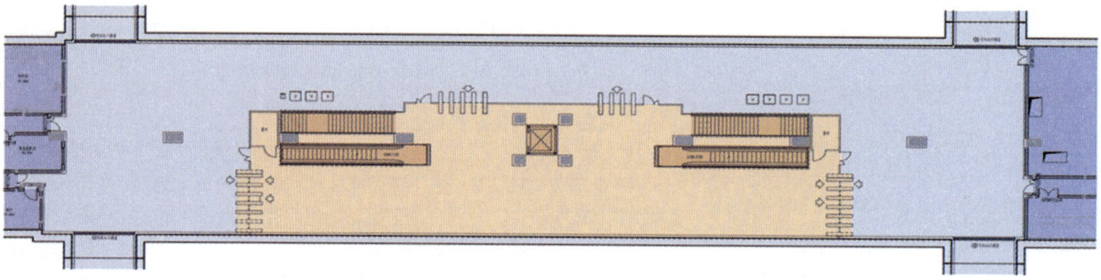

图 8.3 1号线车站站厅层标准布置图

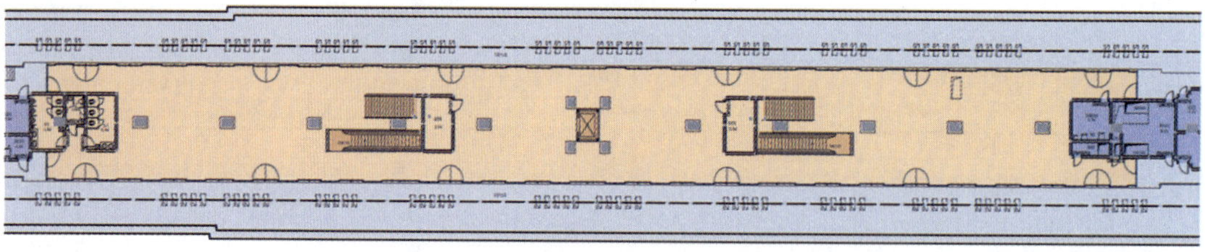

图 8.4 1号线车站站台层标准布置图

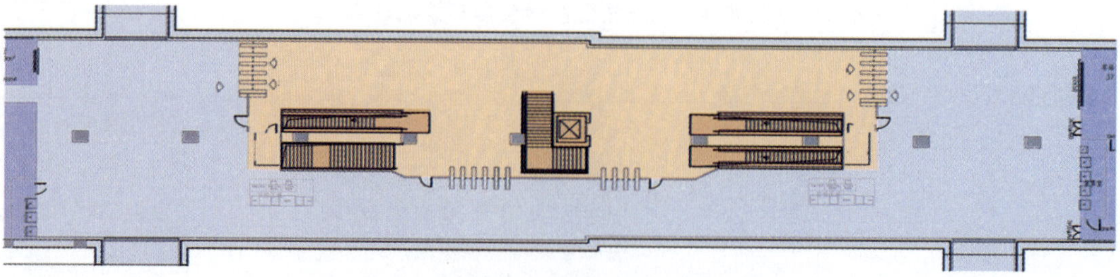

图 8.5 3号线地下车站站厅层标准布置图

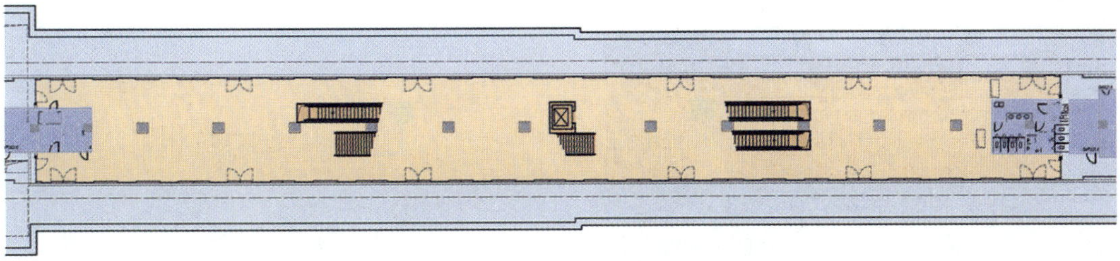

图 8.6　3 号线地下车站站台层标准布置图

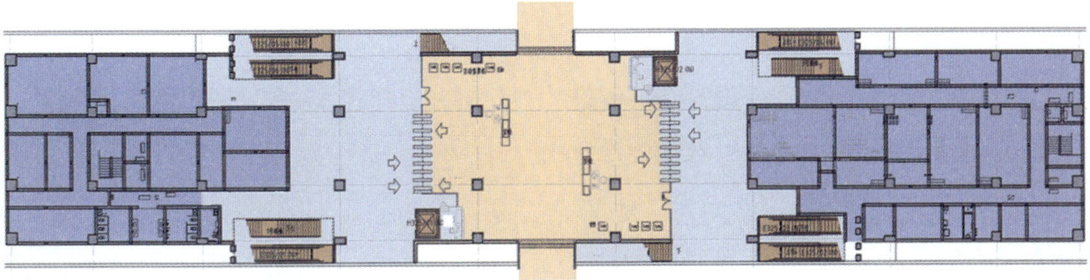

图 8.7　3 号线高架车站站厅层标准布置图

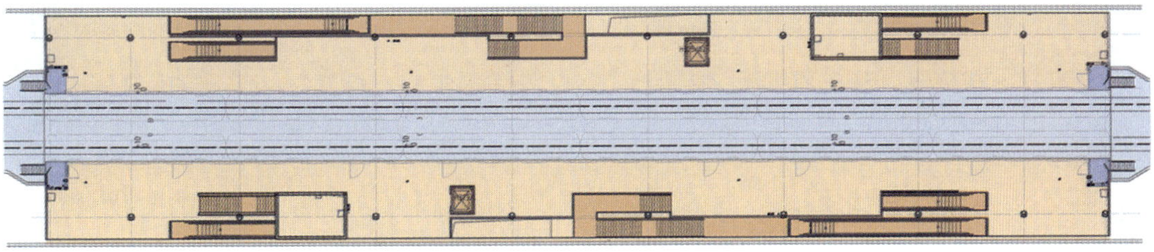

图 8.8　3 号线高架车站站台层标准布置图

3. 公共区装修设计特色

西安轨道交通一期建设规划线路装修概念设计基于西安轨道交通线网规划，提出了“线网整体装修概念”的思路。以线路作为装修基本单位，提炼城市、线网与线路的特点，标准站要体现线路在线网中的识别性，重点站体现站点处的西安古都地域特色。以现代的手法进行处理，古风新唱，简练古拙，形成了西安轨道交通车站的空间特色。

2 号线线路穿越古城区，纵贯唐代长安城的中轴线，车站装修设计结合城市历史文化背景，从汉唐古建元素中提炼概括出装饰选型方案，全线装修概念设计主题为“龙行长安、汉唐流韵”，如图 8.9 所示。1 号线贯穿周秦汉唐明等不同城市中心区域，时间跨度较 2 号线更为长久，设计以中国建筑最具有代表性的“斗拱”作为贯穿全线的设计标志性符号，使全线车站保持装修中心思想统一，如图 8.10 所示。3 号线线路沿线以高新科技产业区、工业区、商业为主，周边人文古迹相对少，设计风格定位为现代、时尚，车站装修设计以“水润长安”为主题，借鉴了中国传统的符号及汲取“水系曲线”的概念应用于设计，与 3 号线带型发展走向吻合，表现“动态感、韵律感、曲线美、现代的、灵动的、特色的”特点，凸显 3 号线的动态与活力，如图 8.11、图 8.12 所示。

1 号、2 号、3 号线在公共区中部均设置了反映站点地域特色的文化艺术墙，柱子均采用雕刻中国文化纹样的石材柱式，体现出古城轨道交通车站特有的文化特色。

图 8.9　2 号线钟楼站公共区装修

图 8.10　1 号线玉祥门站公共区装修

图 8.11　3 号线大雁塔站公共区装修

图 8.12　3 号线太白南路站公共区装修

4. 导向标识设计

西安轨道交通一期建设规划线路导向标识设计依据国际规范，结合西安独特的文化、历史、内涵，设计出别具一格的、代表西安特色的导向标识。标识牌体颜色提炼了“唐三彩”中的花青蓝色，牌体采用回纹造型设计，传达西安特有的人文气息，增强 2 号线导向标识的地域性语言。每个站点以独有的地域建筑和历史遗存为元素进行导向标识的图形设计，展现出地域性的文化特征，图形标识已成为西安轨道交通车站独一无二的标识设计体系。站名字体设计沿用颜真卿的“颜体”，苍劲有力，潇洒脱俗，既满足了识别的功能性需求，又为西安轨道交通增添一抹亮色，如图 8.13、图 8.14 所示。

图 8.13　导向标识图

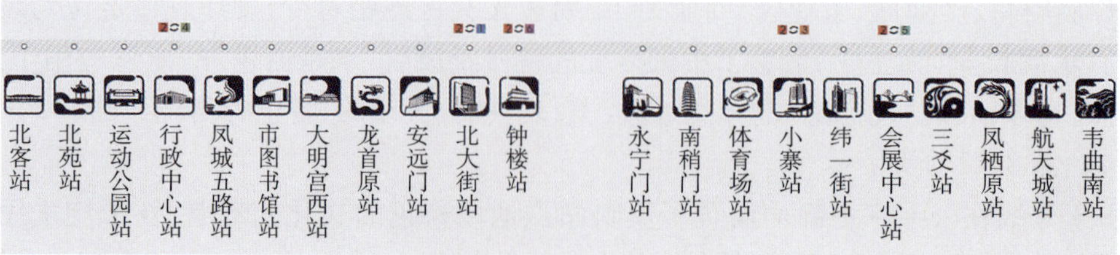

图 8.14　站名 LOGO 图

5. 车站附属设计

1 号、2 号、3 号线轨道交通站点出入口的建筑方案紧密联系西安的历史文化元素，体现了一个文明、开放、现代与充满活力的西安形象。在城墙区域内，与古城区过街通道、地下盘道等出入口雨棚造型统一，既不破坏古城区原有城市风貌，又满足轨道交通出入口使用功能。其余地区采用红色或砖灰色门架与玻璃幕墙组合，局部玻璃丝网印万字纹图案，现代与古典结合，透明与厚重虚实对比，形成了对立统一，极具个性特征，既具有轨道交通建筑现代化特征，又极富西安古城韵味，如图 8. 15 所示。

图 8. 15　出入口造型设计

风亭设计原则应尽量采用低风井并尽可能地消隐，融入环境，或与周边建筑结合建设，如五路口站、朝阳门站。如受控采用高风亭，可处理成城市雕塑，或结合垂直绿化、广告牌、候车亭等多种处理方式，如图 8. 16 所示。

图 8. 16　风亭造型设计

8. 1. 3　对一期建设规划车站设计的认识

1. 对一期建设规划车站设计的认识

一期车站设计在当时的时代背景下以尽量减小车站规模，降低造价为目标进行设计。为降低投资，同时保证 2 部楼梯进行消防疏散，付费区内两组楼扶梯由一部上行扶梯及一部宽度为 2 m 的楼梯组成，出入口在不超过 12 m 时，设置楼梯和一部上行扶梯；2 号线设计时为降低运营成本，卫生间为乘客与工作人员合用；1 号、2 号线车站标准站站厅公共区空间相对紧凑，基于当时的客流条件、装修安装要求，车站层高高度基本符合人体空间尺度设计。针对本期车站与后续线路换乘条件预留设计，2 号线行政中心站从客流预测出发，将 2 号线站台设计为 16 m，为后期 4 号线设计预留了较好的条件。

在 3 号线设计时，随着城市经济水平的提高，设计及服务标准有了较大提升，在付费区、出入口增加了下行扶梯的设置，独立设置工作人员卫生间，体现了人性化设计理念。同时对车站站厅公共区规模、站厅的净高、换乘车站站台宽度结合客流进行了适当加大，使乘客乘车和换乘体验得到显著提高，为装修和管线布设及检修提供了更加有利的条件。

一期建设规划车站结合设计和运营实践,也存在一些需完善的方面。对于换乘车站和大客流车站空间尺度可进一步优化,并完善相应的换乘设施应对客流增长。一些未跨路口车站可考虑进行一定改造,增设过街通道;利用有条件出入口预留出与周边规划商业接口,出入口口部可扩充接驳场地,加强与城市功能的衔接。

2. 提升建议

随着城市发展要求和人性化设计要求的不断提升,应在有条件的出入口位置适当增设垂直电梯或扶梯,提升一期车站的服务水平;西安轨道交通客流强度较大,结合标准站改造为换乘车站的契机,建议可能的情况下增加站内楼扶梯的数量,以减缓客流拥堵的情况,提升通行效率;后续线路设计,应更注重结合人性化设计理念,进一步提升站内设施的服务水平,对于骨干线路,在有条件的出入口均考虑设置上下行扶梯,站内公共区应考虑两处下行扶梯;无障碍卫生间提升为第三卫生间,换乘车站及枢纽站增加母婴室设置等;后续线路在3号线付费区L形楼梯设计基础上改为T形楼梯,增加站台客流集散点,缓解站台客流压力,利于乘客疏散;对于换乘车站和大客流车站空间尺度应适当优化,达到空间与高度相匹配,楼扶梯设施应结合客流量及流线进行合理设置,并深入分析规划等边界条件做好充分的冗余;后续线路应注重与周边建筑一体化设计,加强与市政过街设施的衔接或代建,完善交通接驳设计,逐步从单一的轨道交通功能转化为与城市功能融合的设计,更好地为城市和乘客服务。

8.2　二期建设规划线路车站设计

8.2.1　设计概况

西安轨道交通二期建设规划线路的建设周期为2013～2018年,主要包含4号线、5号线一期、5号线二期、6号线一期、9号线,目前均已开通运营,二期线路概况见表8.5。

表8.5　二期线路概况表

线路名称	起　始　点	线路长度 (总长度及地下线长度,km)	车站个数/地下站/高架站(或地面站)/换乘站(座)	线路性质/列车选型	建设时间
4号线	航天新城—北客站(北广场)	35.2 (均为地下线,无高架线)	29/18/0/11	骨干线/B型车	2014～2019年
5号线一期	纺织城火车站—和平村	25.36 (地下线24.16, 高架线1.2)	21/20/1/8	骨干线/B型车	2015～2020年
5号线二期	和平村—交大创新港	19.9 (地下线7.24, 高架线12.66)	13/5/8/2	骨干线延伸线/B型车	2017～2020年
6号线一期	南客站—劳动南路	20.13 (均为地下线,无高架线)	15/15/0/7	骨干线/B型车	2015～2020年
9号线	秦陵西—纺织城	25.36 (地下线24.16, 地面线1.2)	15/13/2/2	市域线/B型车	2017～2020年

8.2.2　车站设计特点

1. 车站设计标准

(1)各线车站站台形式及站台宽度设计,见表8.6。

表 8.6 车站站台形式汇总表 单位:m

线路名称	标准站站台宽度		标准站侧站台宽度		换乘站站台宽度	换乘站侧站台宽度	单柱柱距	双柱柱距	站台长度及列车选型
	单柱	双柱	单柱	双柱					
4号线	10.5	12.5	2.8	无	14	3.3	9.15	9.75	118/6B
5号线一期	11	12.5（地下站）/11（岛式高架站），8.5（侧式高架站）	2.8（地下站）	3.1（地下站）/3（高架站）	14～16	3.3～4.3	9.00	9.75	118/6B
5号线二期	11（地下站）	11（岛式高架站），8.5（侧式高架站）	2.8（地下站）	3（高架站）	14	3.3	9.00	9.75	118/6B
6号线一期	11	12.5	2.8	3.1	14～16	3.5	9.00	9.75	118/6B
9号线	11	12.5	2.8	3.1	14	3.3	8.00	9.75	118/6B

从以上各线车站对单、双柱及换乘车站站台设计的优化提升可以看出，二期建设规划车站较一期车站而言，双柱标准岛式站台宽度均采用12.5 m，换乘节点车站普遍采用14 m站台宽度，大客流换乘车站采用16 m站台宽度，较大幅度提升了换乘车站的乘车条件。

(2)各线车站设计标准，见表8.7。

表 8.7 车站设计标准汇总表 单位:m

线路名称	标准站站厅层净高（地下站/高架站）	标准站站台层净高（地下站/高架站）	换乘站站厅层净高	出入口宽度及扶梯设置标准	站内无障碍设施	站外无障碍设施
4号线	3/（无高架站）	3/（无高架站）	3.2	一扶一楼≥4.6，双扶一楼≥6.6。大部分车站均采用双扶一楼	站内设置1部无障碍电梯；卫生间内设置无障碍厕位	标准站设置1部无障碍电梯，在重要路口或跨快速路时对角设置2部
5号线一期	3（单柱），3.2（双柱）/3.2～3.5	3/6.2～6	3.5	一扶一楼≥5.6，双扶一楼≥6.1。大部分车站均采用双扶一楼	站内设置1部无障碍电梯；设置第三间卫生间	标准站设置1部无障碍电梯，在重要路口或跨快速路时对角设置2部
5号线二期	3（单柱），3.2（双柱）/3.2～3.5	3/6.2～6	3.5	一扶一楼≥5.6，双扶一楼≥6.1。大部分车站均采用双扶一楼	站内设置1部无障碍电梯；设置第三间卫生间	标准站设置1部无障碍电梯，在重要路口或跨快速路时对角设置2部
6号线一期	3（单柱），3.2（双柱）/（无高架站）	3/（无高架站）	3.5	一扶一楼≥5.6，双扶一楼≥6.1。大部分车站均采用双扶一楼	站内设置1部无障碍电梯；设置第三间卫生间	标准站设置1部无障碍电梯，在重要路口或跨快速路时对角设置2部
9号线	3（单柱），3.2（双柱）/（无高架站）	3/（无高架站）	3.2	一扶一楼≥5.6，双扶一楼≥6.1。大部分车站均采用双扶一楼	站内设置1部无障碍电梯；设置第三间卫生间	标准站设置1部无障碍电梯，在重要路口或跨快速路时对角设置2部

二期建设规划各线换乘车站加大公共区装修净高，空间尺度更加合理；具备条件的车站出入口均采用双扶一楼的设计标准，提升了服务水平；各线各站结合西安轨道交通“厕所革命”的相关要求及《西安轨道交通与城市融合设计导则》中的相关要求，将无障碍卫生优化调整为第三间卫生间，服务更多特殊需求乘客。

2. 各线标准地下车站公共区典型布置，见表 8. 8。

表 8. 8 标准站公共区典型布置梳理表

单位：m

线路名称	站厅付费区长度	站厅非付费区长度	楼扶梯布置形式	公共区楼梯净宽度
4 号线	45. 75	18. 3	中部为 T 形楼梯，两侧为双扶梯	T 形楼梯净宽度≥2
5 号线一期	55	18. 5	中部为 T 形楼梯，两侧为双扶梯	T 形楼梯净宽度≥2
5 号线二期	50. 75	18. 5	中部为 T 形楼梯，两侧为双扶梯	T 形楼梯净宽度≥2
6 号线一期	52	18. 2	中部为 T 形楼梯，两侧为双扶梯	T 形楼梯净宽度≥2
9 号线	50	16. 2	中部为 T 形楼梯，两侧为双扶梯	T 形楼梯净宽度≥2

地下单柱岛式车站公共区布局采用中间进站、两端出站的模式布置进出闸机设备。付费区中部采用两组两部上下行扶梯组加一部 T 形楼梯的方式，并与电梯组合，三组楼扶梯间距布置合理，人流分布均匀，双向上下行扶梯提升车站服务水平。站厅非付费区长度一般为 18 m 左右，付费区长度为 45 ~ 55 m，如图 8. 17、图 8. 18 所示。

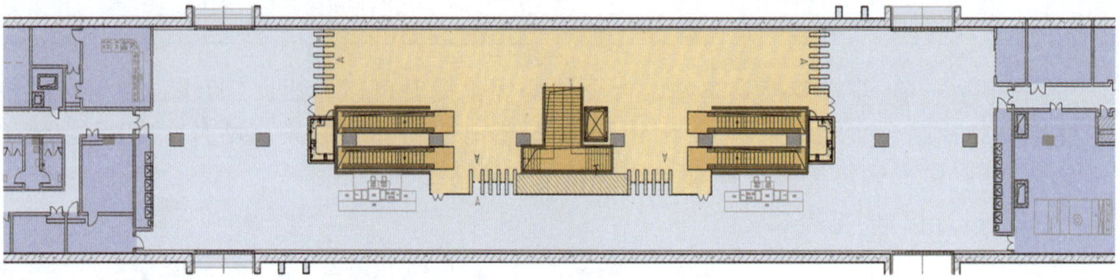

图 8. 17 地下标准车站站厅公共区布置图

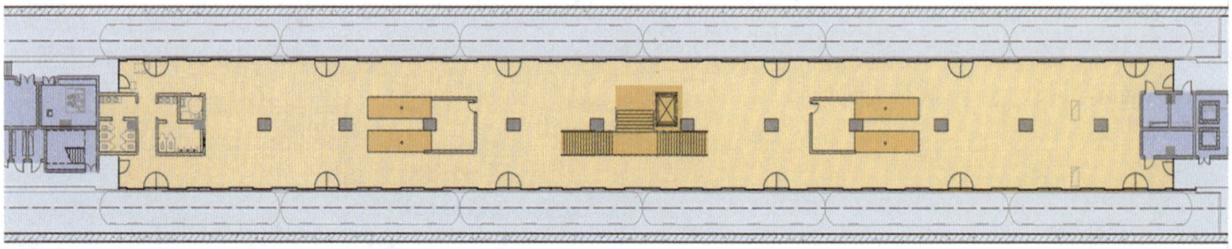

图 8. 18 地下标准车站站台公共区布置图

3. 公共区装修设计特色

西安轨道交通二期建设规划线路装修概念设计延续了一期建设规划线路装修设计的理念，延用“线网整体装修概念”的设计思路，基于西安作为国家中心城市的总体发展规划，结合西安作为国际化大都市的城市定位，深入挖掘西安的历史文化底蕴，各线整体装修体现出“科技创新、古风今韵”的设计特点。

4 号线串联国家民用航天产业基地、曲江新区、经济技术开发区，途经西安火车站、大唐芙蓉园等大型客流集散点，其装修创作来源为西安历史上丝绸之路起点，响应国家“一路一带”建设目标，体现西安作为中心城市、国际化大都市的城市定位，体现品质西安、时尚西安的设计理念，全线装修概念设计主题为“丝路长安”，如图 8. 19 所示。5 号线一期穿越西安古城区、西安重点高校区，并连通西咸新区，将西安从古至今的文化、科技变化发展完美的串联起来，使得古今文化在这条线路中交相辉映、相辅相成、各具特色。全线装修概念主题是“传承与交融”，是核心科教力量与大唐盛景的古今对话，如图 8. 20 所示。5 号线二期穿越西咸新区的生态居住区、科教文化区、传统工业区，概念主题为“千年古都新机遇，翼展宏图筑新梦”，在设计手法和定位上延续一期的飞椽的设计风格并融入现代处理手法，体现大西安新中心“现代、时尚、国际化”的特点，如图 8. 21、图 8. 22 所示。6 号线一期是一条穿过西安明城墙的线路，装修构架采用中国传统建筑形式屋脊的结构，充分体现古都西安的特色，装修概念主题为“古今长安”，如图 8. 23 所示。9 号线是以旅游交通为主的轨道交通线路，通过城东综合交通枢纽连接临潼景区，以“今风秦韵、回溯盛唐、时空穿梭”的概念作为全线设计主题，浓墨重彩的呈现西安的秦韵唐风，营造出古与今的强烈对比，如图 8. 24 所示。二期建设规划线路各线线路走行区域已避开西安主城区，故仅选择重点区域站点设置人文景观墙。景观墙的创作以站点周边历史文化元素为基础，以生动有趣的造型元素、丰富多变的空间形态，展现出以站点为核心的城市文化及古城特色。4 号线公共区柱式延用 3 号线一期车站均采用雕刻中国文化纹样的石材柱式，表现西安独特文化特色；5 号线一期、5 号线二期、6 号线、9 号线公共区柱式采用铝板装饰，简洁明快，以体现交通建筑的功能性为主。

图 8. 19　4 号线北客站公共区装修

图 8. 20　5 号线一期边家村公共区装修

图 8. 21　5 号线二期王寺站（地下车站）公共区装修

图 8. 22　5 号线二期高桥（高架车站）公共区装修

图 8. 23　6 号线一期省体育馆站公共区装修

图 8. 24　9 号线纺织城站公共区装修

4. 导向设计特色

二期建设规划线路公共区导向标识设计基本延续一期规划各线设计理念，导向牌保留轨道交通LOGO标志，并结合运营需求和乘客反馈对站内导向、站外导向设计均作出进一步优化。站内导向设计优化了站内吊挂式导向牌体造型，牌体体量加大，增大信息面板的可识别面积，满足乘客的识别需求。站外导向标识增加了线路名称及车站站名，增加距离显示，出入口采用左边门匾右边LED电子屏的设置模式进行设计。以上改进有效满足了乘客的识别需求。

5. 车站附属建筑设计

车站附属结合城市规划、站点周边建筑物、车站本体形式、城市地下空间开发等方面进行城市融合设计。首先，通过分析站点周边的规划情况，调研预留空地或在建项目于车站的连通可行性，并进一步研究车站与周边地块开发互联互通的必要性。其次，结合车站形式，分析互联互通预留形式。目前西安轨道交通车站的地下空间综合利用主要以多层车站站厅上部空间利用、配线上部空间利用、站厅侧墙预留、出入口通道预留与商业连通条件为主。如3号线吉祥村站，车站位于地块内，与商业同步设计及实施，车站站厅位于地下二层，车站北侧两个出入口之间与车站主体南侧设置MOMOPARK地下二层商业，与车站出入口通道进行同层衔接，商业开发利用车站覆土层设置一层商业；2号线小寨站出入口通道侧墙设置连通口与西安赛格国际地下一层商业接驳；9号线地面车站紫霞一路站与周边区域综合考虑，营造街区型休闲广场。

二期建设规划线路车站出入口造型与一期车站出入口造型有较大区别。

4号线、5号线一期、5号线二期、6号线一期出入口造型提取关中民居建筑元素，采用细柱承托飞檐的轻盈形式，将青砖、飞檐以及雕窗用现代手法进行重组，并结合交通建筑的特点，融入线路色和标识元素，如图8.25所示。9号线出入口整体形态与其余线路基本一直，增加秦文化元素，屋面采用弧形飞檐形态，体现古风韵味，如图8.26所示。

图8.25　4号线出入口效果图

图8.26　9号线出入口效果图

二期车站低风亭均采用绿化遮挡消隐设计；高风亭外立面均考虑与周边城市景观、建筑物色彩及造型的相互融合，尽量减小体量，如图8.27所示。

图8.27　高、低风亭与城市融合设计示意图

8.2.3　对二期建设规划车站设计的认识

1. 对二期建设规划车站设计的认识

二期线路各站在设计标准方面体现出求同存异的特点，更加注重人性化设计，更加重视乘客的体验感、舒适感，将一期线路各线各站在运营后需要完善之处均重点进行研究并改进提升。

二期规划线路各线各站大部分出入口均设置双扶加一楼的形式，优化了 1 号线、2 号线车站出入口仅设置一扶一楼的形式，提升了出入口服务水平；车站站内垂直电梯均位于付费区，提升了特殊群体乘客及无障碍人士的乘坐体验感。车站设计重点优化了站厅层非付费区空间，适当增加非付费区面积，结合站台宽度及客流特点优化加宽侧站台宽度。各线车站设计从人性化角度出发，逐步推行独立的母婴室，无障碍卫生间提升为第三卫生间，服务更多有特殊需求的乘客。各线车站装修深入挖掘走行城区的历史文化，结合西安国际化都市的发展定位，形成一线一主题，在大西安的历史文化底蕴下，迎合国际化都市发展的脚步，古今结合，打造了现代感更加强烈的古城文化名片。车站逐步完善与城市的融合设计，车站主体及附属出入口均在设计阶段考虑与周边商业、公共空间预留接驳条件或一体化开发研究。车站地面建筑造型更加重视与城市环境和景观融合，出入口注重与公交、自行车、步道系统的衔接，逐步向公交一体化的方向迈进。

二期建设规划车站结合设计和运营实践，也存在以下方面需进一步完善。针对大客流换乘车站在换乘节点楼梯处客流较为集中拥挤的问题，应结合车站具体情况进行布局优化；部分车站出入口与周边公交站点等市政设施距离稍远，应进一步考虑车站与其他交通方式的快速接驳；车站的高风亭应结合规划及城市融合要求细化设计，尽量减小规模，并注重美化外观设计。

2. 对二期建设规划线路车站优化提升的建议

二期建设规划线路各线车站较一期车站在车站功能布局、内部空间尺度、交通衔接、城市融合、地面建筑造型等方面有了较大优化及提升，但仍存在需进一步改进完善之处。后续应结合运营情况、乘客使用情况等方面对换乘车站节点处空间、楼扶梯布局进行优化，使换乘路径顺畅，避免形成拥挤。建议应逐步引入客流模拟概念指导大客流换乘车站公共区布局设计，尤其在大型综合交通枢纽类换乘车站、大客流换乘车站。车站设计应进一步做好与周边地块的衔接，完善出入口与慢行系统、其他公共交通形式的衔接，加快实现一体化开发及公交一体化的设计理念。位于特殊区域的车站，应在建筑方案研究时充分考虑留出个性装修空间，为打造城市及线路名片创造条件。车站的地面建筑应进一步研究结合城市景观及城市融合设计的要求，优化出地面建筑的外观造型设计，与城市环境更加和谐。

8.3　三期建设规划线路车站设计

8.3.1　设计概况

西安轨道交通三期建设规划线路的建设周期为 2019 ~ 2024 年，主要包含 1 号线三期、2 号线二期、8 号线、10 号线一期、14 号线，15 号线一期、16 号线一期，目前均已开工建设。三期线路均为骨干线及骨干线的延伸线，8 号线和 15 号线为 A 型车，其余线路均采用 B 型车。目前三期线路除 14 号线外，其余线路正在进行主体土建施工，附属及装修施工均未开始，见表 8.9。

表 8.9　三期线路概况表

线路名称	起　始　点	线路长度（km）		车站个数/地下站/高架站（或地面站）/换乘站（座）	线路性质/列车选型	建 设 时 间
		总长度	其中地下线长度			
1 号线三期	秦都站—森林公园	10.6	10.6	7/4/7/0	骨干线延伸线/B 型车	2020 ~ 2025 年
2 号线二期	北客站—草滩北	3.5	3.5	2/1/2/0	骨干线延伸线/B 型车	2019 ~ 2023 年
	韦曲南—常宁	3.4	3.4	2/0/2/0		

续上表

线路名称	起 始 点	线路长度(km)		车站个数/地下站/高架站(或地面站)/换乘站(座)	线路性质/列车选型	建 设 时 间
		总长度	其中地下线长度			
8 号线	环线	49.9	49.9	37/18/37/0	骨干线/A 型车	2019～2024 年
10 号线一期	杨家庄—水景公园	34.6	15.6	17/6/7/10	骨干线/B 型车	2020～2025 年
14 号线	北客站—贺韶村	13.7	13.7	8/3/8/0	机场线延伸线/B 型车	2018～2021 年
15 号线一期	细柳—韩家湾	19.5	19.5	11/6/11/0	骨干线/A 型车	2020～2025 年
16 号线一期	沣东小镇—能源三路	15.1	15.1	8/4/8/0	骨干线/B 型车	2020～2025 年

8.3.2 车站设计特点

1. 车站设计标准

(1)各线车站站台形式及站台宽度设计,见表 8.10。

表 8.10 车站站台形式汇总表

单位:m

线路名称	标准站站台宽度		标准站侧站台宽度		换乘站站台宽度	换乘站侧站台宽度	单柱柱距	双柱柱距	站台长度及列车选型
	单柱	双柱	单柱	双柱					
14 号线	11	无	2.8	无	14～16	3.3～3.75	9.00	9.75	118/6B
2 号线二期	11/8(侧式)	13(暗挖)	2.8/3.5(侧式)	3	无	无	9.00	6.50(暗挖)	118/6B
8 号线	12(暗挖)	13	2.8	3	14～16	3.3～3.75	6.70(暗挖)	9.12	140/6 A
10 号线一期	11(地下站)	9.2～12(高架,站厅双柱)	2.8(地下站)2.6～3.0(高架站)	无	15(高架)	3.2	9.00	9.75	118/6B
1 号线三期	11	无	2.8	无	14	3.3	9.00	9.75	118/6B
16 号线一期	11	13	2.8	3	14～17	3.3～4	9.00	9.75	118/6B
15 号线一期	11	13	2.8	3	13～16	3～3.75	9.00	9.12	140/6 A

从站台宽度的设计可以看出,本期车站更注重精细化设计,根据线路功能定位不同,站台宽度更多结合线路走行区域及站点周边规划综合确定。根据区域形成层级分类,形成一条线出现多种站台宽度的情况。一、二期线路延伸线的车站,虽然车站站台有效长度不变,但是站台宽度设计做到与时俱进,与现在的发展趋势相匹配。

(2)各线车站设计标准,见表 8.11。

表 8.11 车站设计标准汇总表

单位:m

线路名称	标准站站厅层净高(地下站)/高架站	标准站站台层净高(地下站/高架站)	换乘站站厅层净高	出入口宽度及扶梯设置标准	站内无障碍设施	站外无障碍设施
1 号线三期	3.2	3	3.5	一扶一楼≥4.6,双扶一楼≥6.6。大部分车站均采用双扶一楼	站内设置 1 部无障碍电梯;设置第三间卫生间;换乘站设置的母婴室	标准站设置 1 部无障碍电梯,在重要路口或跨快速路时对角设置两部
2 号线二期	3.2	3	无换乘站	一扶一楼≥5.6,双扶一楼≥6.1。大部分车站均采用双扶一楼	站内设置 1 部无障碍电梯;设置第三间卫生间	标准站设置 1 部无障碍电梯,在重要路口或跨快速路时对角设置两部

续上表

线路名称	标准站站厅层净高（地下站）/高架站	标准站站台层净高（地下站/高架站）	换乘站站厅层净高	出入口宽度及扶梯设置标准	站内无障碍设施	站外无障碍设施
8号线	3.2	3.2	3.5	一扶一楼≥5.6，双扶一楼≥6.1。大部分车站均采用双扶一楼	站内设置1部无障碍电梯；设置第三间卫生间；换乘站设置母婴室	标准站设置1部无障碍电梯，在重要路口或跨快速路时对角设置2部
10号线一期	3.2(地下站)/3.2(高架站)	3(地下站)/6~7(高架站)	4.2（高架站）	一扶一楼≥5.6，双扶一楼≥6.1。大部分车站均采用双扶一楼	站内设置1部无障碍电梯；设置第三间卫生间；换乘站设置母婴室	标准站设置1部无障碍电梯，在重要路口或跨快速路时对角设置2部
14号线	3.2	3	3.5	一扶一楼≥5.6，双扶一楼≥6.1。大部分车站均采用双扶一楼	站内设置1部无障碍电梯；设置第三间卫生间；换乘站设置母婴室	标准站设置1部无障碍电梯，在重要路口或跨快速路时对角设置2部
15号线一期	3.2	3.2	3.5	一扶一楼≥5.6，双扶一楼≥6.1。大部分车站均采用双扶一楼	站内设置1部无障碍电梯；设置第三间卫生间；换乘站设置母婴室	标准站设置1部无障碍电梯，在重要路口或跨快速路时对角设置2部
16号线一期	3.2	3.2	3.5	一扶一楼≥5.6，双扶一楼≥6.1。大部分车站均采用双扶一楼	站内设置1部无障碍电梯；设置第三间卫生间；换乘站设置母婴室	标准站设置1部无障碍电梯，在重要路口或跨快速路时对角设置2部

从各线对于车站关键部位设计标准的规定方面可以看出，设计标准加强了人性化、精细化理念的落实。各线车站特别是换乘车站均增加了站厅公共区及站台层层高，空间感受更佳。车站附属在有条件的车站均设置双扶一楼出入口，提升轨道交通服务水平；在道路红线超过60 m的重要路口及跨快速路的标准车站均对角设置2部垂直电梯，兼顾无障碍的过街功能。三期线路车站均考虑设置第三卫生间，服务更多特殊需求乘客；更加注重卫生间的私密性设计；在换乘站考虑设置母婴室。

2. 各线车站公共区典型布置，见表8.12。

表8.12　标准站公共区典型布置梳理表　　单位：m

线路名称	车型	站厅付费区长度	站厅非付费区长度	楼扶梯布置形式	公共区楼梯净宽度
8号线、15号线	A型车（地下站）	45.75~55.65	44~45.75	(1)中部为T形楼梯，两侧为双扶梯。(2)中部为一楼一扶加垂直电梯，两次为双扶一楼	(1)T形楼梯净宽度≥2.4 (2)楼梯净宽度≥4.8
1号线三期、2号线二期、10号线、14号线	B型车（地下站）	44~55.45	42~45.12	中部为T形楼梯，两侧为双扶梯	T形楼梯净宽度≥2.4
1号线三期、2号线二期、10号线、14号线	B型车（高架站）	32.5~40.1	29.6~29.9	两组对向布置的两扶一楼	楼梯净宽度≥1.8

从表8.12中可以看出，三期线路已结合运营使用要求，对付费区的长度进行优化，提高公共区的空间利用率。在内部设置时，也进行了精细化设计。如楼梯的客流调节性较强，对于客流较大的8号线车站内部空间布局设计时，加宽了公共区楼梯的宽度，提高站内设施利用率，增加了客流的通行效率。以下是各线车站典型公共区布置简介。

(1)A型车地下车站标准布置

三期线路中8号线和15号线为A型车。8号线除暗挖站外均为双柱车站，15号线标准站分为单柱和双柱车站，因此布置形式不同。

8号线地下车站标准布置为付费区位于中部，非付费区位于两端，进出站闸机、自动售检票机、票务处均匀设置在公共区的两端。公共区中部采用两组两部扶梯加一部T形楼梯的方式，提高公共区楼、扶梯的服务水平，在两组楼、扶梯的中间设置无障碍电梯，如图8.28、图8.29所示。

15号线布置为付费区位于中部，非付费区位于两端，进出站闸机、自动售检票机、票务处均匀设置在公共区的两端。公共区中部采用两组两部扶梯加一部T形楼梯的方式，提高公共区楼、扶梯的服务水平，在两组楼、扶梯的中间设置无障碍电梯，如图8.30、图8.31所示。

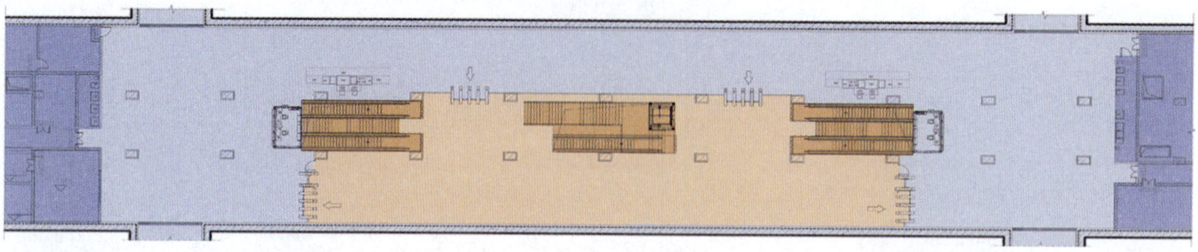

图8.28　8号线站厅标准车站公共区布置图（A型车双柱）

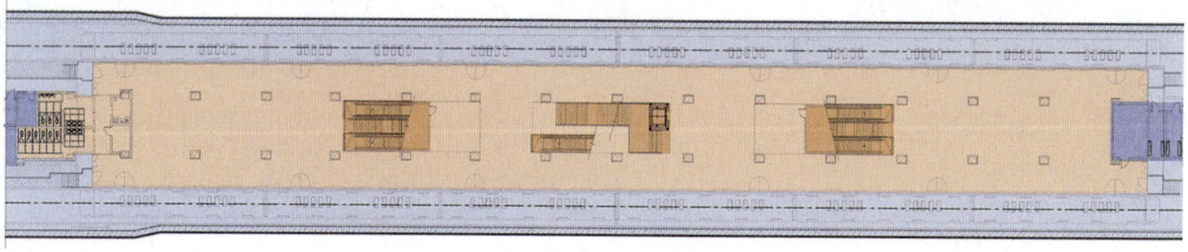

图8.29　8号线标准车站站台公共区布置图（A型车双柱）

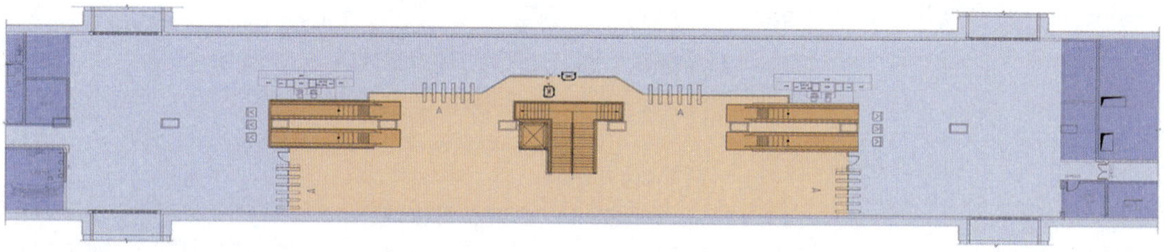

图8.30　15号线标准车站站厅公共区布置图（A型车单柱）

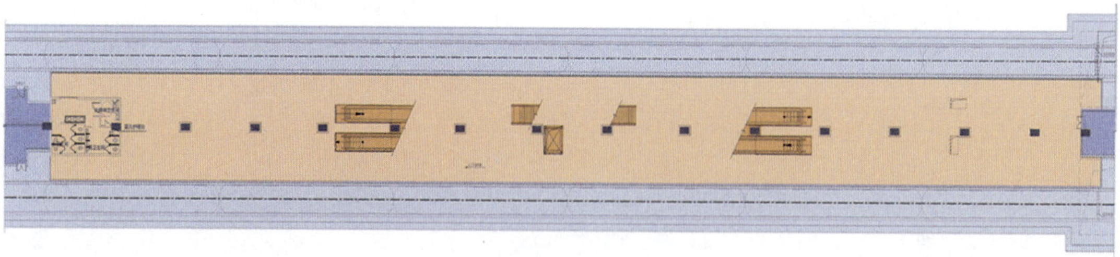

图8.31　15号线标准车站站台公共区布置图（A型车单柱）

（2）B型车地下车站标准布置

三期线路中延伸线路及14号线、10号线、16号线均为B型车。车站形式主要为地下车站和高架车站，地下车站主要采用单柱11 m的布置，高架车站主要采用路中三层岛式站台布置形式，如图8.32～图8.35所示。

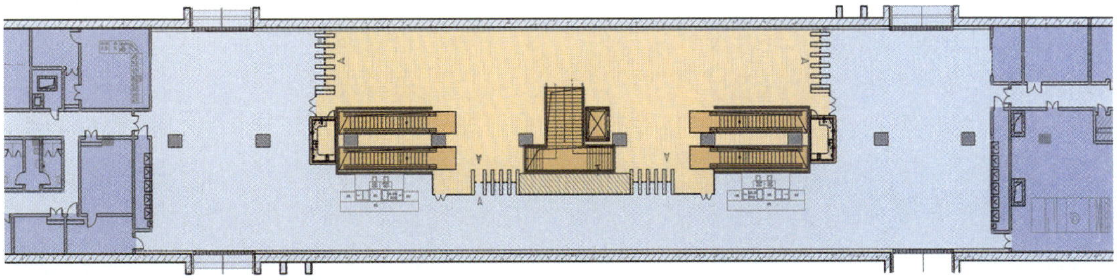

图 8.32　地下标准岛式站台车站公共区布置图(B 型车)

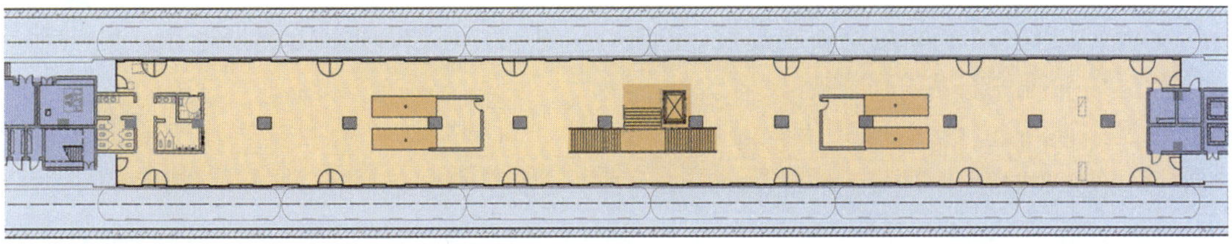

图 8.33　地下标准岛式站台车站公共区布置图(B 型车)

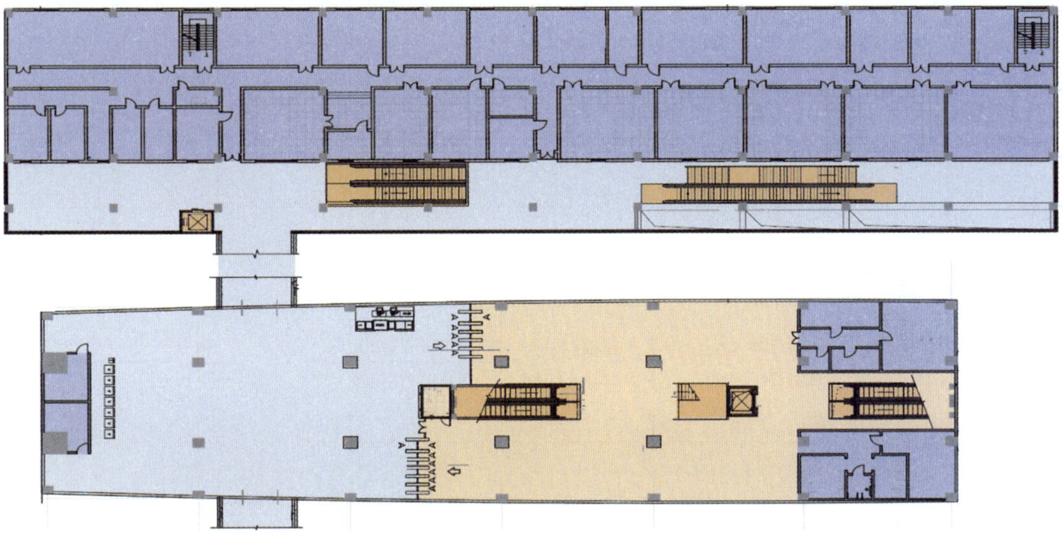

图 8.34　路中高架标准岛式站台车站站厅层布置图(B 型车)

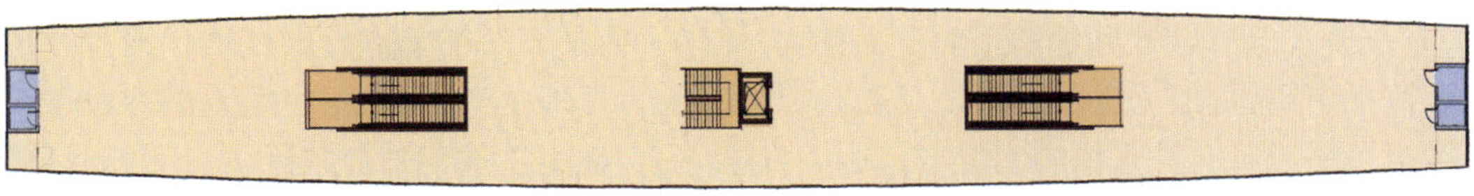

图 8.35　路中高架标准岛式站台车站站台层布置图(B 型车)

8.3.3　对三期建设规划车站设计的认识

三期线路整体遵循建轨道交通就是建城市的设计理念,进行站点一体化设计,与城市融合。各车站更加注重人性化、智能化及精细化设计。

三期线路车站在建设初期就对站点周边的用地进行梳理,并且综合考虑城市规划、城市景观及城市交通接驳的要求,逐步加强了城市融合设计方面的内容,充分考虑站城一体化设计,如8号线杨家庄站、科技六路站等,在初步设计阶段已经进行站点一体化专题研究,并形成报告。

城市建设与轨道交通车站的交通衔接的理念在二期线路实施时已经提出,在三期线路阶段基本实现落地。三期线路建设初期已经开始统筹考虑市政交通设施与轨道交通车站的交通衔接,部分公交站点已结合车站出入口重新布设;同时也考虑了"P+R""K+R"停车场及停车点的设置,考虑了公共自行车停车位的布设,这些改变都极大地方便了公共交通的互相换乘,实现交通接驳。

本期线路在设计开始之初,就更加注重运营要求及乘客需求,更加人性化,提升了整体的服务水平。所有出入口在有条件的情况下均设置上下行扶梯,方便乘客进出站,同时兼顾过街功能;在换乘车站和跨快速路及重点路口的标准站均设置两部垂直电梯,完善了无障碍的过街功能;进一步加大站厅公共区空间和侧站台宽度,适当抬高了车站公共区高度,空间尺度更加合理,空间感受更为舒适。更注重卫生间的私密性设计和运营管理用房的布局和尺度等。

三期线路换乘车站设计更注重智能化及精细化设计。通过总结分析西安轨道交通已运营及在建换乘车站设计,车站换乘形式主要以T形换乘为主。针对T形换乘车站节点处站厅、站台的空间以及楼扶梯布置结合客流模拟进行了充分的研究分析,对换乘节点处的空间及设施布局提出改进措施,解决了换乘节点处的局部客流拥堵问题。车站设施更注重智能化设计,设置智能导向,更好地引导客流,方便运营管理。

车站出地面建(构)筑物与城市空间的融合设计方面,三期线路的14号线各站已经从城市空间一体化设计、城市交通一体化设计、景观一体化设计等方面进行了设计与实施,并达到了预期的效果。虽其他线路目前附属还未实施,但是14号线的设计成果已经充分体现了三期线路的设计理念,其他各线将遵循该原则进行设计。

8.4 对西安轨道交通车站设计的总体认识

8.4.1 车站设计标准的发展趋势

西安轨道交通一、二、三期的车站设计标准随着城市经济水平的提高和人们对空间舒适度要求的提升,在空间尺度、楼扶梯设置、服务设施、装修与导向设计、设备管理区设置等方面的标准更加注重乘客体验和服务理念,注重设备设施用房的资源共享和集约化设计,注重运营管理用房的完善和使用需求等,做到了与同期国内发达城市轨道交通设计理念和设计标准同步,为提升西安整体城市服务水平、提升城市形象等方面奠定了良好的基础。

在乘客使用的公共区及出入口通道的空间尺度上,从长度、宽度、高度上进行了加大和抬高,并结合车站规模对车站高宽比和柱网进行细化,如平行换乘车站,每座车站采用单柱设计,使共用大厅更加宽敞舒适;节点或平行换乘车站,站厅高度按不小于3 500 mm设计等。在公共区和出入口的楼扶梯及垂直电梯设置上,在重要进出节点处尽量采用上下行扶梯;优化了换乘车站在节点处的楼扶梯设置,有效避免了节点处的客流拥堵问题;根据道路等级及交通状况增加设置站外垂直电梯,站内垂直电梯设于付费区,在枢纽等大客流车站提升内外垂梯的容量等。服务设施方面,逐步注重车站公共区卫生间的私密性和设施数量按车站需求设置,换乘车站增加母婴室设置,无障碍卫生间提升为第三卫生间,并采用电动推拉门。导向设计更加清晰准确,在重要节点结合乘客习惯增加贴敷式导向及电子导向牌引导乘客快速集散。车站装修设计以每条线作为设计单位体现线路沿线的城市风貌和地域文化特点,出地面建筑更注重与城市环境及景观融合。设备管理区布局更加精细化,按管线敷设最短、联系最方便的原则分区设置,设备用房体现资源共享和集约化布局理念,管理用房和运营对接,按各站需求完善,房间尺度更加人性化。

随着城市的经济、科技的发展,西安轨道交通车站设计标准会不断地更新和完善,满足社会进程中的城市服务需求。

8.4.2 车站功能设计更趋于人性化、智慧化

西安轨道交通车站的功能设计与国内其他城市一样，是随着城市经济、科技水平的提升，人们的生活水平显著提高，设计理念、设计手法也与时俱进，与时代和科技相匹配，打造更趋向于人性化、智慧化的功能空间。

车站功能的人性化设计主要面向对轨道交通乘客的人性化设计及服务方面。主要体现在与城市的融合设计方面和车站内的空间尺度、使用环境和服务设施方面。本节主要针对西安轨道交通站内功能的人性化设计趋势进行阐述。

车站内部功能的人性化设计主要体现在空间尺度与空间环境、楼扶梯及电梯等服务设施、无障碍设施、引导标识等方面的设计水平、服务标准及服务的完善度、引导标识的清晰度、车站空间环境的舒适度需求及艺术环境塑造等方面。西安轨道交通为逐步完善人性化设计要求，在新一轮的车站设计中，在设计前期针对上述几个方面进行充分调研和经验总结、与运营管理部门对接，制定出相关设计标准，做到了站内功能空间和环境设计、标识系统设计、服务设施及无障碍设施设置标准以人为本、与时俱进，达到了逐步趋向更加人性化设计的目的。

车站的智慧功能主要从乘客导向服务领域、乘车安全领域、车站环境监测、节能管理等进行尝试，利用互联网及便捷的支付形式以及人脸识别过闸、智慧安检、一键开关站、扶梯智能检查、智能厕所显示等科技形式提升整体的车站服务标准，使车站功能更加智慧化。

对于西安轨道交通车站而言，智慧地铁建设主要分为以下三个阶段：

(1)智能化的初阶智慧车站——在西安轨道交通5号线(汉城南路)、6号线(郭杜西站)工程中，各选取1座试点车站进行初阶智慧车站的研究和建设，实现了智能客服中心、出入口一键开关、设备管家等初级功能，2020年底已投入试运营，对智慧化功能进行实际验证，达到了预期服务便捷的效果，设备运行稳定。

(2)服务精准化智能化的高阶试点线路——西安轨道交通14号线是全国第一个线路级智慧车站，本着“提升乘客服务的智能与便捷”“提升运营管理的高效与集约”“提升设备维修的稳定与可靠”，以科技促服务，设置了智能交互式乘客咨询终端、电子导引、智能客服中心(无人自助客服中心系统)、掌静脉识别装置(奥体中心站)、智慧安检、AI人脸识别乘车过闸系统、智慧厕所、站台门集成PIS显示(奥体中心站、双寨站)、全线客流拥挤度检测、全线设备维保功能、全线环境检测，由单一车站智慧化提升为全线智慧化，2021年6月投入试运营，对线路级别的智慧化功能进行了试点。

(3)服务精准化智能化的高阶智慧车站——在8号线、10号线、15号线在建第三轮新线建设中更进一步推广，全自动驾驶、云平台也将引进，将于2023年底实现高阶智慧车站，同时对开通线路进行全面升级改造。

(4)智慧车站阶段性建设目标，见表8.13。

表8.13 智慧车站阶段性建设目标

业　务	常规车站	初阶智慧车站	高阶试点线路	高阶智慧车站
客运组织	以人工为主，协同性差	智能化、加强协同	全线智能化、加强协同	全自动、云平台、客运组织智慧化，实现辅助决策
设备运管	车站设备运管人工或半自动	车站设备运管自动化	全线车站设备运管自动化	车站设备态势全感知，运管智能化
乘客服务	以人工为主，被动式服务，形式单一	服务自主化、多元化	全线服务自主化、重点车站多元化、智能与便捷	服务精准化、智能化、强调乘客体验
人员管理	人员管理制度化	人员管理信息化	人员管理高效与集约	人员管理精细化

8.4.3 站内空间环境的塑造具有鲜明的城市特征

西安是世界四大古都之一，中国历史上十三朝古都，历史悠久，文化特色突出。1981年联合国教科

文组织把西安确定为“世界历史名城”。“挖掘城市的历史内涵，传承历史文脉，突出古城的文化特色”是西安城市建设文化体系概念规划的主要内容。轨道交通建筑环境艺术是城市文化的浓缩和提炼的一种表达形式，纵观发达国家较成熟的轨道交通建筑环境艺术设计，可以看出在轨道交通建筑环境中蕴含着浓郁的城市文化气息，是展示城市的文明的长卷。因此西安轨道交通的建筑环境设计应该呈现出古城特有的文化特色，成为展示西安历史文化的窗口。

二期西安轨道交通建筑环境设计在上述思想指导下，结合轨道交通的多线路、多车站的特点，研究确定了西安轨道交通的建筑环境装修原则为：强调以线路为基本设计单位，线网内的每一条线路充分展现各自的时代特色，体现线路间的识别性。重点站强调车站个性，与周边环境、地域文化协调统一，体现线路所经区域的文化特征。标准站强调车站共性，全线风格统一，局部变化，突出线路的可识别性。

二期各轨道交通线路车站的建筑环境设计由于线路所经区域及站点周边的地域文化不同，在整体创作思路上也有所不同，但针对位于古城风貌区及历史文化区域的站点，在站内空间环境的塑造上都做到了与周边文化和环境融合设计，使其具有鲜明的西安古城文化特征。如 2 号线纵贯唐长安城中轴线，全线装修概念设计主题为“龙行长安、汉唐流韵”，通过藻井天花、雕刻传统纹饰的石材柱式以及文化艺术墙呈现汉唐文化特点；1 号线贯穿周秦汉唐明等不同城市中心区域，设计以中国建筑最具有代表性的“斗拱”作为贯穿全线的设计标志性符号；3 号、4 号、5 号、6 号线线路沿线多以高新科技产业区、文教区、商业区为主，局部穿越历史文化风貌区，线路整体空间环境设计则体现出“科技创新、古风今韵”的设计特点，塑造手法简洁明快，以体现交通建筑的功能性为主。但在历史文物景点附近如大雁塔站、大唐芙蓉园站、南稍门站等站点则结合周边历史文化对站内建筑环境设计进行塑造，达到内外环境的和谐统一。

8.4.4 土建和系统的接口设计更趋于精细化

随着设计、建设和运营等各方面经验的积累，轨道交通车站与各系统专业的接口预留位置和数量越来越趋于准确，预留条件越来越趋于合理，给施工工序的衔接、管线安装及装修设计提供了有利条件。

环控系统及管线综合专业精细化体现在车站主体与附属出入口接口部位，整体调高设置，更有利于后期的管线敷设及装修造型设计，车站主体上、下翻梁的位置及后期检修路径预留更加精准、轨顶风道与中板一同浇筑、站台邻近轨行区混凝土隔墙一体化实施，缩短了后期施工工期；给排水系统消火栓箱体和出户水管预留条件，落水管、地漏穿管位置及集水坑设置更加合理；低压照明专业预留土建接地位置以及地面防雷接地条件更加准确；人防系统防护单元穿管数量、位置实现标准化，减小了后期封堵数量，有效降低成本；供电系统电缆路由走向及过轨检修条件更加人性化及便捷化；弱电系统对于通信手井设置条件、站台门及绝缘区域实施已实现区域模块化。

土建和系统各个接口之间的细化对接，使后期设计及施工衔接更加精准，优化了接口条件，提高了整体施工工效。

8.4.5 逐步重视与城市的融合设计

轨道交通建设重视与城市的融合设计，可以更好地为乘客服务，提高城市品质，与城市建设取得和谐双赢，促进轨道交通的可持续发展。

西安轨道交通在与城市融合设计方面分为与周边商业的一体化开发及衔接、与周边市政设施的互联互通、与其他交通形式的接驳、与城市环境和景观的融合等四个方面。

通过三个建设规划周期的设计实践，西安轨道交通从重视单一的交通功能模式逐步向重视车站与城市融合的模式方向转化。如吉祥村站与 MOMOPARK 的一体化设计和建设，打造出多功能城市综合体，成为区域商业核心，实现商业和轨道交通的共赢；车站出入口通道与周边地下市政设施的互联互通或轨道交通同步代建市政设施，方便乘客过街及进出车站；车站出入口结合需求同步实施慢行接驳场地和设施，扩大客流吸引范围；部分公交站点已结合车站出入口重新布设等。

西安轨道交通三期建设规划对车站及其周边区域和城市的融合提出了更高的要求，在前期方案设计阶段就紧密与规划、市政、文保等部门结合，对站点周边的用地进行梳理，车站设计综合考虑城市规划、城市景观及城市交通接驳的要求；重点车站编制一体化设计专题研究报告，并结合成果文件指导车站的一体化设计。通过与城市的融合设计达到集约化利用城市土地、提升周边地块商业价值、提升城市综合交通功能、协调城市环境景观的积极作用。

第 9 章　西安轨道交通典型车站设计实践与分析

随着西安市轨道交通建设的发展，线网规划和工程设计中的线网节点设计变得越来越重要，所以我们有必要对典型车站进行研究及归纳，提出交通枢纽类车站、特殊区域车站、一体化设计车站、与既有线换乘车站、其他典型换乘车站等不同类型车站的研究思路和设计要点，对后续相应类型的车站设计予以指导。

9.1　交通枢纽类车站

9.1.1　北客站站

1. 项目概况

西安北站综合交通枢纽位于西安市城区北部中轴线上未央区正北部，距西安市中心钟楼12 km、西安市行政中心 3 km、西安咸阳国际机场 20 km。

西安北站是中国铁路西安局集团有限公司管辖的铁路车站，是西北地区最重要的铁路客运枢纽，是西安“四主一辅”铁路综合交通枢纽之一，如图 9.1 所示。

根据国家铁路网的建设规划，西安北枢纽的建设整体分为两个阶段，初期阶段南站场最先投入使用，此阶段仅开放站房南侧和南广场。第二阶段随着西成高铁、银西高铁的建设开通，北站场逐步投入使用，此阶段开放站房北侧和北广场。南北站房和广场均投入使用后，加之枢纽配套设施的逐步落成，形成西安北站综合交通枢纽的完整形态。

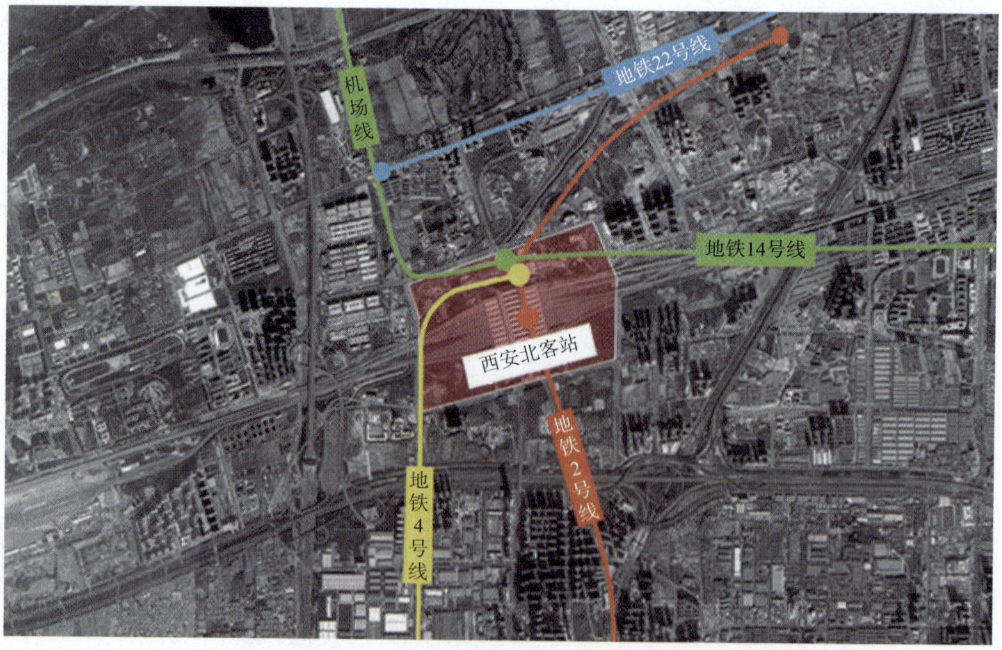

图 9.1　地铁线路引入西安北站示意图

西安轨道交通经历了多轮线网规划和建设规划，先后有 2 号线、4 号线、14 号线三条地铁线路引入北客站，现阶段均已开通运行。北客站为 2 号线、14 号线一期终点站，为 4 号线全线终点站。

地铁2号线为西安建设的首条轨道交通线路，线路沿西安市南北中轴线敷设，在北客站站房内设置一期终点站。2号线车站与国铁站房一体化设计，同步建设、投运。线路南北向从国铁站房中心贯穿而过，车站整体偏南站场设置，站台形式采用岛式，其中心里程与国铁郑西客专中心重合。车站站厅层位于地下国铁出站通道（南北广场市政通道）内，各种旅客可以在本层方便地双向换乘。站台层设置下层，岛式站台宽度14.5 m，站后设置折返线和出入段线。2号线与国铁出站通道关系平面、剖面示意分别如图9.2所示。

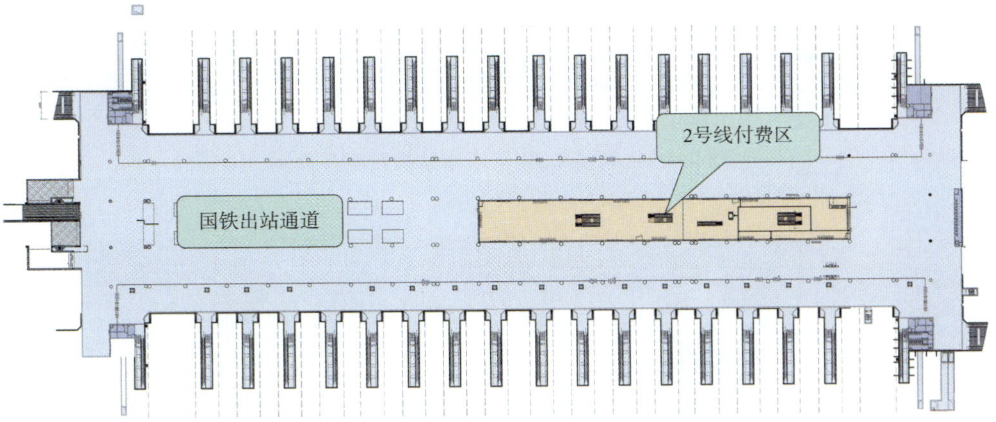

图9.2　2号线与国铁出站通道关系平面示意图

4号线为西安市第二轮建设规划首条开工建设的轨道交通线路，线路走行于西安市南北向主要通道，终点平行站场至北客站北广场。14号线一期工程为西安北至机场段，串联了航空、国铁两大重要枢纽，带动了西咸新区的发展，线路平行于国铁站场引入站房北广场，地铁车站与国铁站房平面平行分布式布局方案，采用地下通道与国铁站房实现衔接换乘，两线车站采用"一岛两侧"站型实现两线地铁间进入主城区方向的同台换乘。

4号线与14号线两线路东西向平行于国铁站场设置于北广场下方，两线车站与国铁站房北广场一体化设计。结合线路走向及行车组织配线需求，两线均采用侧式站台形式，其中4号线线位偏南靠近国铁站房，14号线线位偏北靠近市政道路，两个侧式车站拼接构成一座"一岛两侧"换乘车站。车站受控于2号线区间及北广场标高，采用了"上台下厅"的布置方案，站前浅埋区间上跨2号线后设置"厅台倒置式"地下车站，站位偏站房中心轴线的东侧。地下一层为站台层，4号线侧站台宽8 m，机场线站台宽8 m，中间共用岛式站台宽16 m，站后设置折返线。地下二层为站厅层，站厅公共区西南角设置非付费区换乘通道与国铁站房出站通道（南北广场市政通道）衔接，实现客流交换。4号线与14号线车站站台层平面图、站厅层平面图分别如图9.3、图9.4所示。

2号线与4号、14号两线车站相距约200 m，未实现付费区换乘，换乘乘客须在地铁结费出站，二次进行安检进站，换乘效率低，乘客体验差。在14号线北客站至贺韶段开通前对换乘车站进行了改造。将4号线、14号线付费区向西扩大，将2号线付费区向北扩大，在既有换乘通道处架设廊桥，将两线付费区连通，形成付费区无缝换乘，如图9.5所示。

2. 设计思想

（1）地铁车站的设置方案应契合北客站枢纽规划和布局，满足客流疏解和换乘的需求。

（2）地铁的建设实施方案应与北客站的建设实施计划采取分阶段的一体化统筹。

（3）统筹处理好地铁与枢纽一体化工程的消防疏散问题。

3. 设计特点

（1）一体化设计

结合高铁枢纽、轨道交通线网及城市的规划设计、建设发展，西安北站综合交通枢纽的建设跨越了四

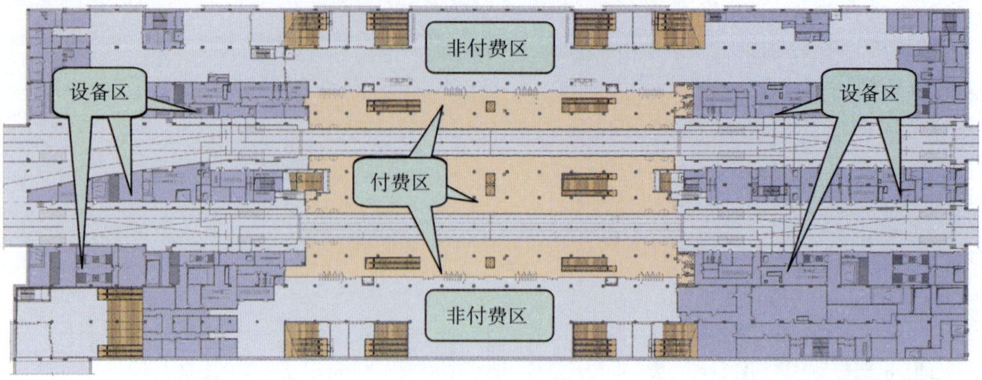

图 9.3 4 号线与 14 号线车站站台层平面图

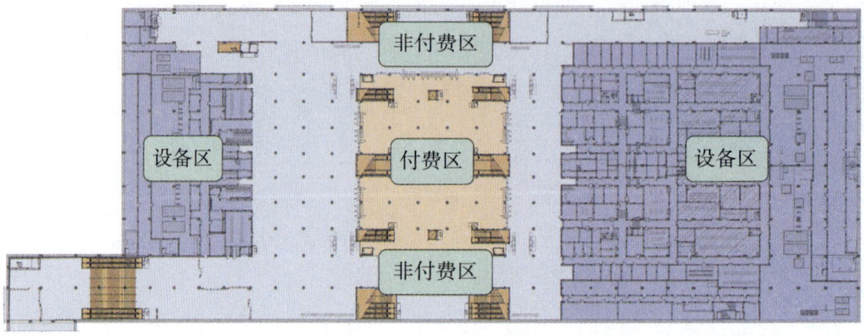

图 9.4 4 号线与 14 号线车站站厅层平面图

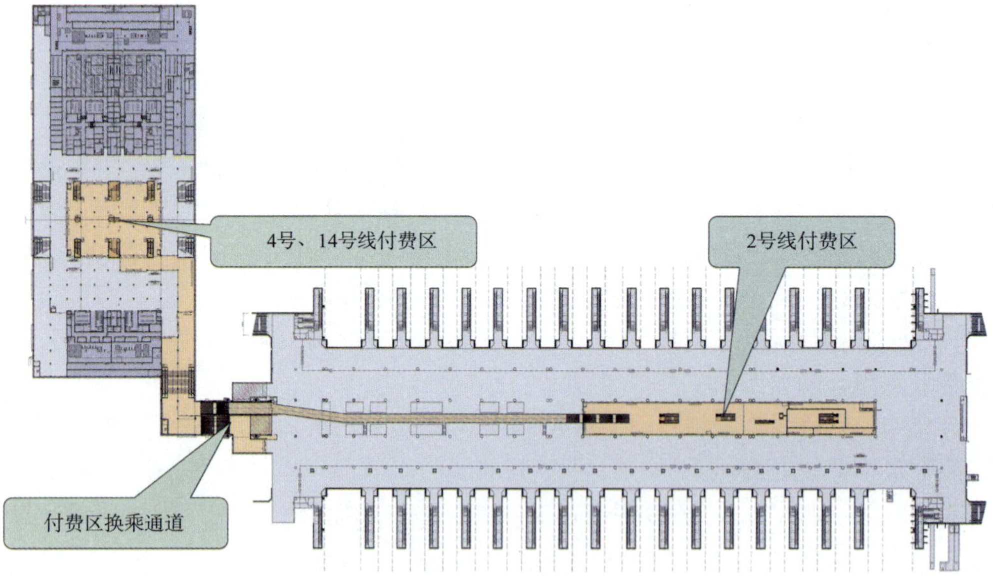

图 9.5 2 号线与 4 号、14 号线付费区换乘平面图

个“五年计划”，历经了不同的时期和阶段，引入枢纽的轨道交通工程与枢纽规划建设步步相随，始终坚持一体化设计理念，实现了宏观与微观两个层面的一体化。

从宏观层面来看，随着国铁枢纽开通的线路越来越多，从最初的郑西高铁与西宝客专，到西成高铁和银西高铁相继的开通，再到未来关中城际的引入，西安北站的旅客发送量逐年增高，需要有大运量城市轨道交通与之接驳。西安市轨道交通线网经过多轮规划和修编，先后分两次将三条线路引入西安北站，分别为联系主城区的2号、4号线，以及联系航空枢纽和城北片区的14号线。一方面强化了外部交通与城市核心区交通的衔接，另一方面通过轨道交通联系了渭河南北岸的航空和国铁枢纽，强化了大西安交通枢纽的整体布局。

从微观层面来看，轨道交通与西安北站分两个阶段实现一体化。第一阶段为2号线车站与站房、站场、南广场一体化建设，与南站房、南广场同步投运。第二阶段为4号、14号线与北广场同步建设，与北站房、北广场同步投运。

(2)消防疏散统筹

对于一体化、立体化程度高的枢纽的建筑消防疏散设计，其大体量、多层级的交通设施布局，与防火规范的规定存在一些冲突，而调和此类冲突一般都要通过消防特殊化设计及论证。西安北站在设计阶段专门就国铁站房和地铁2号线车站的防火相关设计进行了特殊消防设计（原称“消防性能化设计”），明确了“国铁出站通道与站前南北广场及国铁站台为开敞式连接，处于国铁出站通道内的地铁付费区视为安全区。从消防疏散方面，站台公共区的乘客（设备区工作人员）通过楼扶梯到达付费区（出站通道），即已疏散至安全地带。”4号、14号线由于平面布局为脱离北客站独立设置，其消防专项设计主要针对共用公共区面积超标和倒厅疏散问题进行论证。

4. 小结

2号、4号、14号线在北客站实现了不同时期、不同阶段的枢纽一体化建设，为枢纽提供了大运量的交通疏解能力。同时通过轨道交通强化了航空枢纽、铁路枢纽之间的联系，方便了城市外部交通与内部交通客流交换。

9.1.2　火车站站

1. 项目概况

西安火车站位于新城区，丹凤门以南。根据《西安火车站综合交通枢纽规划》及《西安火车站详细规划方案》，西安市政府对西安火车站进行改造及扩建。该改造工程由北向南依次为“西安火车站北广场综合改造项目”及“西安铁路枢纽西安站改扩建及配套站房工程”。

根据现西安市轨道交通网规划和西安站综合交通枢纽规划，枢纽有两条地铁线路引入，分别为南北向斜穿国铁站场的地铁4号线，以及东西向平行于国铁站场北侧的7号线。枢纽规划明确了各交通设施的布局关系，确定了地铁线站位的平面关系、立体层级关系、衔接换乘关系及一体化建设等重要内容。

地铁4号、7号线火车站站作为西安市火车站改扩建工程的重要组成部分，是衔接多种现代公共交通的客运综合体。处理好各种交通设施与国铁的换乘，保证枢纽的快速集散，是地铁车站设计的重点内容。

4号线线路自解放路至太华北路斜穿国铁站场，车站设置于站场正下方，车站站厅位于地下二层，与国铁出站通道、南北市政通道同层设置，地下三层为站台层，采用分离岛式站台。由于4号线工程整体先于站改工程，采用了“先隧后站”的建设策略，车站中部明挖主体部分待站改启动后一体化统筹实施，如图9.6所示。

7号线线路沿自强东路平行于国铁站场敷设，车站设置于北广场下方综合交通枢纽下方，车站站厅位于地下四层，较4号线站厅层深一层，地下五层为站台层，区间下穿4号线。

两线车站在夹角处设置“厅—台”和“厅—厅”的双向错层换乘通道，实现L形付费区换乘。两线车站与国铁出站通道所夹的三角区中部设置缓冲进站厅，在出站通道南北两端设置出站口，车站的风亭、地面出入口、冷却塔等设施结合枢纽空间和广场景观设置。

2. 设计思想

(1)两线车站建筑与西安站改工程同步推进，地铁的建设实施方案应与站改工程一体化统筹。

(2)国铁与地铁之间换乘客流量大，地铁应采取科学合理的空间布局方案，高效组织换乘流线，引导换乘客流，应对平日和节假日高峰大客流冲击，提高客流疏解能力。

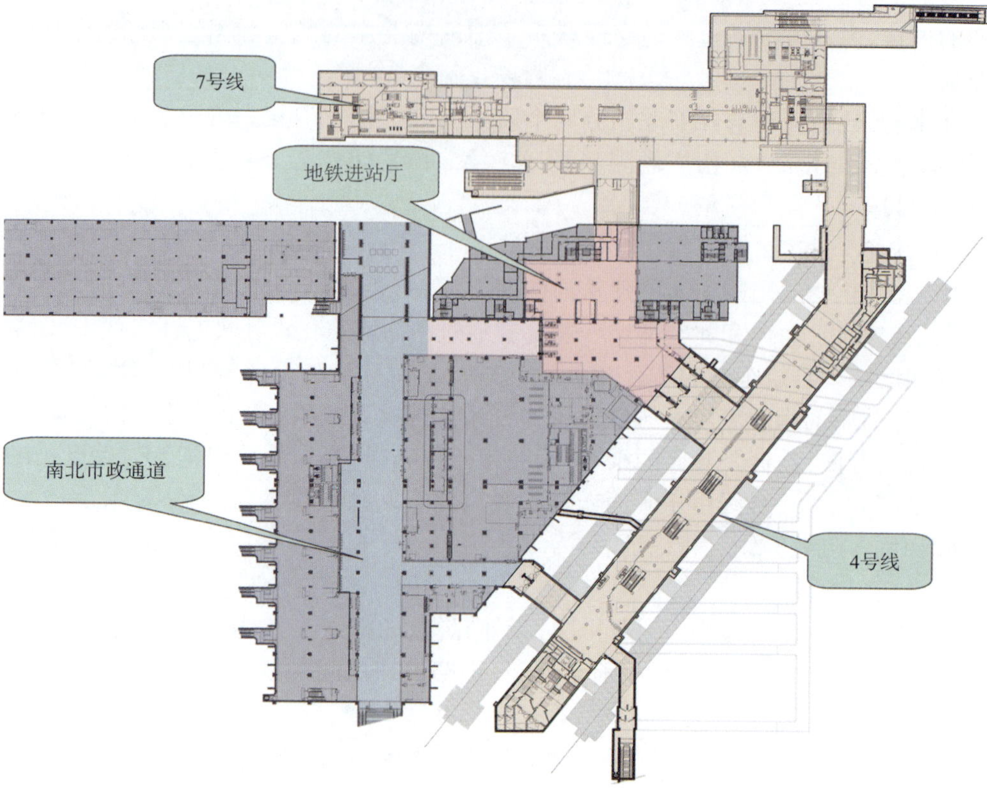

图9.6　车站平面示意图

(3)车站周边的环境景观要求较高,出地面四小件充分考虑与周边景观融合设计。4 号、7 号线站位示意如图 9.7 所示。

图9.7　4 号、7 号线站位示意图

3. 设计特点

(1)枢纽建设一体化

4 号线火车站站与国铁站房、站场及东配楼一体化建设,结合站场改造进度,分南北两段实施,与国铁雨棚柱、行包通道等配套设施共柱共板设计建设。

7号线火车站站预留土建工程与西安火车站北广场综合改造项目一体化设计，同步实施，统一组织施工，减少施工工期和投资，如图9.8所示。7号线火车站站与北广场综合交通枢纽采用一体化合建设计，结构共板，局部共柱。

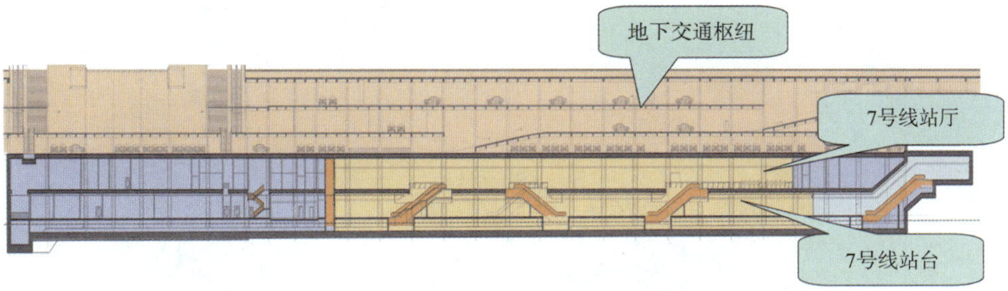

图9.8 一体化建设剖面示意图

(2)换乘问题与挑战

地铁在整个枢纽中相较于国铁而言悬殊，整个枢纽换乘方案组织上存在巨大挑战：

①国铁运量大，单位小时内换向地铁客流量大；地铁运量小，单位小时内能够疏解的客流有限，且4号、7号线均为主城区内的中间站，两线在本站列车满载率较高，进一步加剧了运量不匹配的矛盾。

②国铁空间大，市政过街通道、三角区、站房(含南北站房及高架候车厅)等工程总面积约17.08万 m^2。地铁空间有限，两线公共区面积总和约1.6万 m^2，空间规模悬殊。

③乘客多携带大件行李，对公共区及列车空间需求较大；外地乘客较多，对西安站及地铁不熟悉，进出站流程较长，占用公共区资源。

(3)应对措施与方案

针对换乘问题与挑战，地铁采用了“缓冲客流，慢进快出”的设计策略，创新性提出换乘流线“单向循环”的设计理念：

①设置缓冲厅(地铁进站厅)，控制进入地铁公共区的客流数量，减小国铁大客流对地铁公共区的冲击。

②安检前置，将地铁安检设置于地铁进站厅与市政通道接口位置，通过安检控制、稀释国铁大客流，减小国铁大客流对地铁公共区的冲击。

③地铁出站位置提高宽通道闸机比例，加快携带大件行李乘客的出站速度，减少客流在公共区的堆积。

④将进站客流、出站客流、换乘客流分开，使公共区内的乘客走行流线方向单一，避免乘客因多流线交叉重叠在公共区内辨识方向，减少了乘客在公共区内的滞留时间，如图9.9所示。

(4)地铁出地面建筑融合设计

地铁7号线设置于西安站北广场，北广场与丹凤门广场融为一体，广场对文化景观要求很高，车站的风亭、出入口、冷却塔等出地面建筑与景观融合设计，风亭和冷却塔均做了消隐设计。

其中出入口地面厅避开丹凤门正面广场，与广场风雨连廊融合一体化建设。冷却塔采用全下沉式设置于广场集中绿化内，在地面下沉洞口周边种植乔木和灌木的组合绿化进一步做消隐处理。7号线车站西侧风亭与交通枢纽地下换乘大厅景观文化墙合建，枢纽利用风道侧墙作为基层，在风道侧壁上干挂石材拼接艺术浮雕画，如图9.10所示。

4. 小结

4号、7号线在火车站与站改工程一体化建设，为火车站枢纽提供了大运量的交通疏解能力。“先隧后站、先站后线、慢进快出、单向循环”的设计理念得到了从理论到实践的检验，为城市内的老枢纽改造、提升提供了较好的样板和经验。

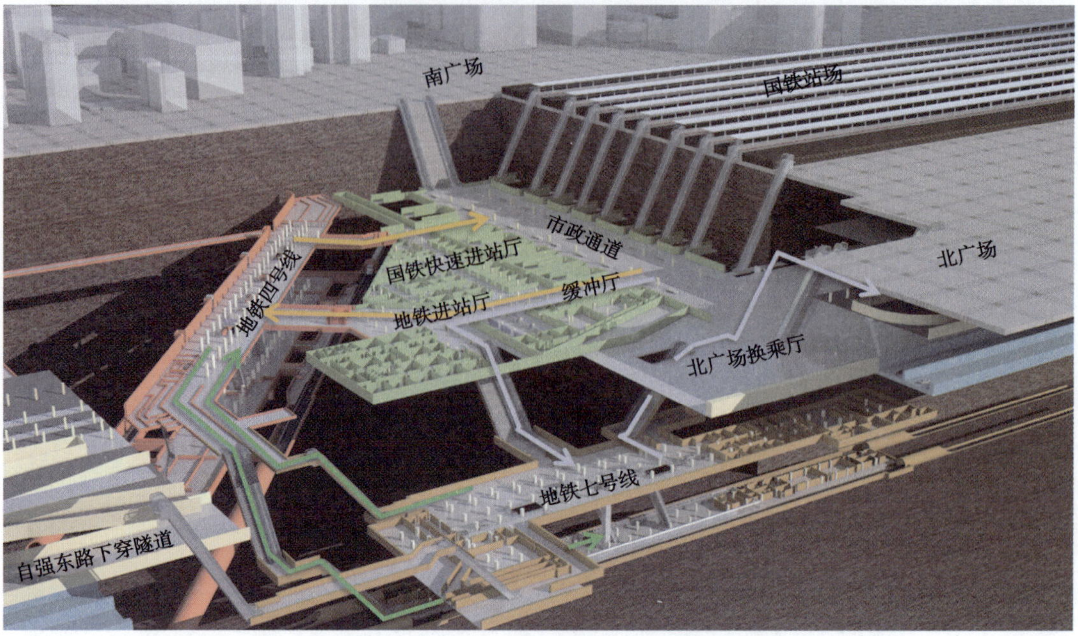

图 9.9　4 号、7 号线与国铁车站关系剖透图

图 9.10　西安站北广场景观设计效果图

9.2　特殊区域车站

9.2.1　钟楼站

1. 项目概况

钟楼站是西安轨道交通 2 号线与 6 号线的换乘车站,2 号线车站沿北大街南北向布置于路口以北,6 号线车站(在建)沿东大街东西向布置于路口以东。站址西侧路口正中为国家重点文物保护单位——钟楼。钟楼是我国保存最完整的明代建筑之一,是古城西安的标志建筑。钟楼站附近分布了省重点文物保护单位钟楼邮局及省文物保护单位新华书店,周边商业林立,地下有环形过街盘道与周边各地块连接,如图 9.11 所示。

图9.11 钟楼站剖透视图

2. 设计思想

(1)结合对钟楼的避让研究车站站型及换乘形式

钟楼站所处位置为西安市商业中心,在东西及南北大街交会处为国家级文物保护单位钟楼,钟楼为砖木结构,基础深度约 15 m。根据文保部门要求,2 号线距离钟楼基座 17 m,6 号线距离钟楼基座 30 m 范围为其保护范围,线路在通过钟楼处尽可能以绕避为主。因此 2 号、6 号线钟楼站站型受线路避让钟楼的条件限制,结合线路敷设条件和地面交通,需采用特殊的车站形式,两线采用通道换乘。

(2)地下空间的衔接

钟楼地下过街盘道通道宽 10 m,高 3.6 m,顶板覆土埋深约 1 m,是实现行人东西南北大街过街功能的唯一通道。车站由于避让文物,远离路口,需借助盘道实现周边各地块的人流进出车站。

(3)车站主体与出地面建筑设计

由于钟楼站所处位置为古城风貌区及商业核心区,周边商业林立,车站主体和附属应重视与周边地块的衔接,出地面建筑设计及造型需考虑与古城风貌的融合。

3. 车站方案

西安轨道交通 2 号线钟楼站南北向沿北大街布置,位于钟楼以北,为地下二层明挖分离岛式车站,目前已投入运营。6 号线钟楼站东西向沿东大街布置,位于钟楼以东,为全明挖地下三层梯形岛式站台车站,两站为通道换乘。换乘通道位于钟楼邮局前广场下方、钟楼地下盘道外侧,两线车站出入口通道均与钟楼地下通道相接,如图 9.12 所示。

4. 设计特点

(1)两线车站的站型设计

结合 2 号、6 号线线路绕避钟楼的线路条件制约,2 号线车站站厅与站台采取明暗挖分离形式,明挖站厅规模摆脱轨行区的限制,站厅层具有完整的乘客乘降空间,空间宽敞,客流组织流线明晰;站台层采用两个分离岛式暗挖站台,设置联络通道相接,暗挖站台施工有效避让北大街两侧建筑物,暗挖隧道的明挖竖井也兼顾了隧道通风的功能需求,功能整合性较好。2 号线车站采用地下二层岛式曲线车站形式,有利于线路大角度绕避钟楼及钟楼饭店,站台结合线路条件采取楔形站台。

(2)与市政工程的有效衔接

2 号线车站一座出入口接入既有钟楼地下盘道,6 号线车站两座出入口分别从车站地下一层、地下二层接入既有钟楼盘道中。车站乘客可通过钟楼地下盘道及八个方位出入口进出车站,极大方便了乘客,实现了与市政设施的融合设计。

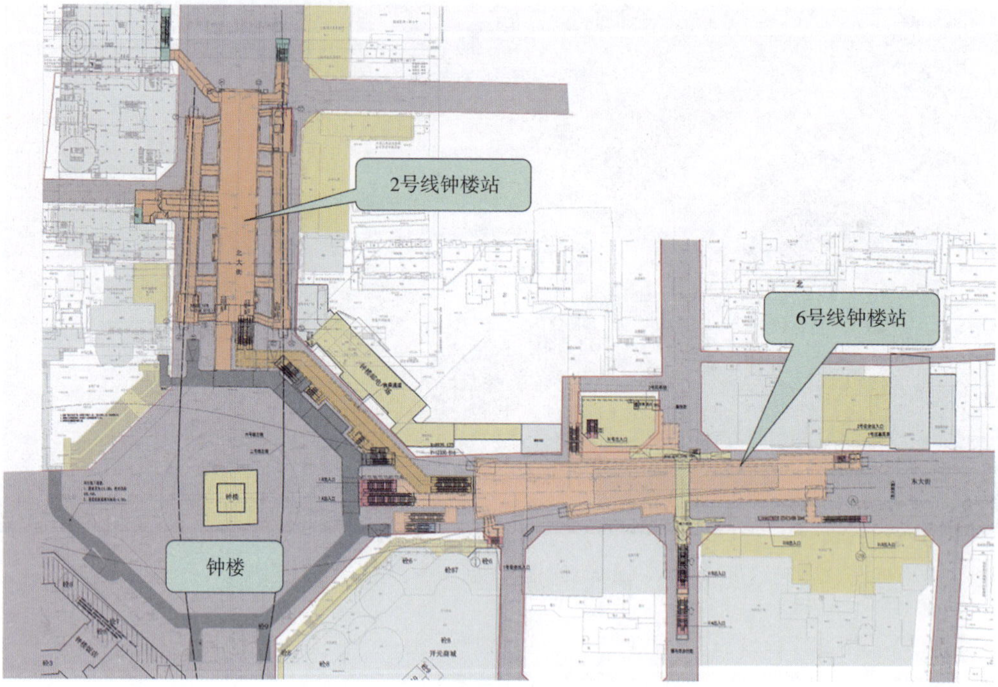

图9.12 钟楼站2号、6号线总平面图

(3)车站与城市的融合设计

2号线两座出入口分别与北大街西侧洲际广场地下室、海林大厦地下室接建。6号线车站地下一层设过街通道区域,可直接接入兴正元商场、骡马市步行街;地下二层为站厅层,设四个出入口,西接换乘通道,南接骡马市步行街,东通过楼扶梯上到地下一层后至兴正元广场出入口。钟楼站2号、6号线通过对地下空间的有效利用,做到与周边地块的互联互通,提升了地铁车站的可达性。

由于钟楼是西安市重点文物保护单位及重要旅游景点,钟楼站地面出入口、风亭的设计以尊重古城历史风貌为原则,优先考虑与周边建筑物结合建设。独立出入口采用与市政通道造型一致的全玻璃形式进行弱化处理,风井与周边市政设施结合设置,有效减小了对钟楼周边文保建筑及城市景观的影响。

钟楼站室内装修设计高度体现出了地域文化性,具有别具一格的装修艺术特色。车站装修吊顶采用古建"藻井"的构架形式进行设计,十三个藻井,寓意西安十三朝古都。柱面采用石材柱面镶嵌唐三彩纹饰,艺术墙主题为"大秦腔",充分彰显出古都盛唐文化底蕴,体现出陕西独有的文化特色,如图9.13所示。

图9.13 2号线钟楼站室内环境

5. 小结

钟楼站所处位置为西安古城文化核心,车站站型设计充分考虑站位所处特殊区域的条件,有效避让文物;车站设计时合理利用地下空间,各部分衔接合理有序,增强了地铁车站与周边地块的互联互通;车站出入口、风亭与周边建筑风貌很好地融合,公共区装修充分展现历史文化名城特色,将钟楼站打造为西安核心区的文化名片。

9.2.2 奥体中心站

1. 项目概况

作为第十四届全运会最便捷的交通配套工程,奥体中心站位于迎宾大道路与向东路交叉口以东,沿向东路东西向敷设,向东路北侧地块为第十四届全运会主场馆会址,西侧为灞河,如图9.14所示。

图9.14 奥体中心站站址环境鸟瞰图

2. 设计思想

(1)车站与奥体中心场馆毗邻,车站设计应充分考虑赛事期间超大客流的疏导。

(2)车站站位周边围绕奥体中心开发项目众多,车站重点结合周边建筑考虑地下预留衔接条件。

(3)车站结构与市政工程紧密结合,考虑一体化设计,同步实施、同期开通。

(4)车站出地面四小件充分考虑与周边景观融合设计,如图9.15所示。

3. 车站方案

本站为地下两层站,局部地下三层(地下一层预留物业开发空间、地下二层为站厅层、地下三层为站台层)车站,顶部与下穿灞河隧道一体设计,同期实施,结合结构形式,设置站厅层挑高9 m高空间。

车站总长247.9 m,标准段宽度24.9 m,站台宽度16 m。车站共设置5个出入口(含1个物业口)和3组风亭,车站出入口兼顾东西向道路市政过街,附属与周边绿化景观及广场结合设置,与周边地下空间连通。

图 9.15 奥体中心站与周边关系航拍图

4. 设计特点

(1)多种客流组织设计

车站设计可按平时使用和赛时使用两种工况进行客流组织。

在赛事期间,充分考虑了散场大客流对车站的冲击,在北侧出入口外设置连廊及限流广场,组织客流有序排队进站、站外安检限流,缓解客流对车站的冲击。客流北进、南出,站厅层安检仅通过不检测,为站内空间组织客流留出余地,如图 9.16、图 9.17 所示。

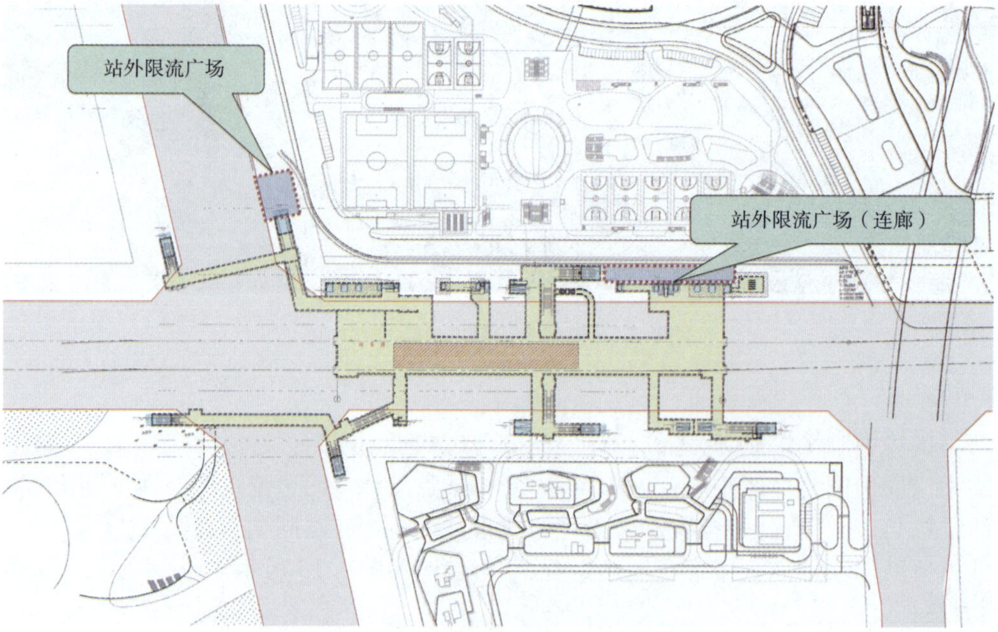

图 9.16 奥体中心站赛事期间站外限流示意图

(2)与周边空间衔接设计

利用车站交通特性,将进出奥体中心区块人流引导整合,通过车站串联起周边地块商业、文化交流、奥体中心光影文化公园等空间,达到资源互补、共享,相互利用、依托的目的,实现车站与周边地下空间的融合建设,如图 9.18 所示。

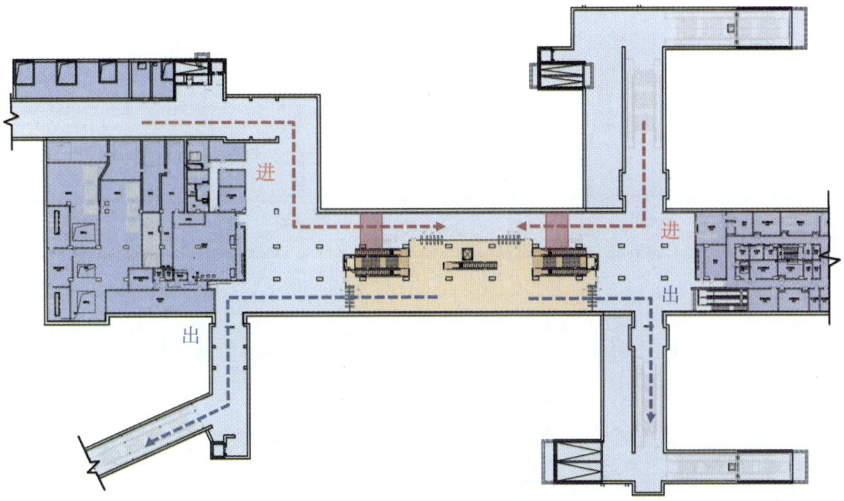

图 9.17 奥体中心站赛时期间散场大客流站内进出站示意

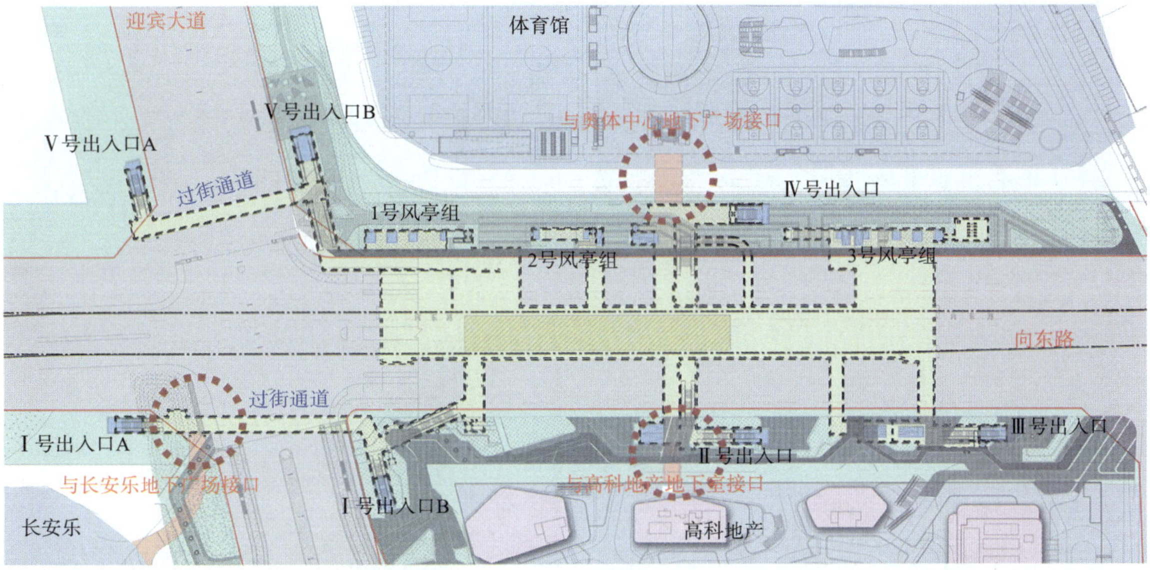

图 9.18 奥体中心站附属与周边商业预留接口位置

(3)车站与市政工程一体设计——结构与室内空间的结合

车站主体顶部预留下穿灞河公路隧道的建设条件与其一体化设计,同步建设,站内空间结合结构条件,核心区域利用中部高空间形成开放的穹顶,顶面和局部形态采用动态显示技术,两块屏幕分级控制动态切换不同的文化主题,以现代科技的装修手法,更好地烘托出奥体中心片区现代体育的文化元素,如图 9.19、图 9.20 所示。

(4)周边景观融合设计

从站点周边接驳、景观提升、便民设施三个层面开展提升,标准出入口“体育之窗”意在体现全运会线的韵律、动感,凸显西安全民健身、科技信息时代交流、对话、融合的特征。

邻近奥体主场馆通过出入口连廊有序连接形成风雨廊道,使奥体中心站附属单体建(构)筑物在统一的与场馆协调呼应的环境下形成整体,出入口外立面与车站公共区装修主体、奥体场馆设计整体风格相呼应,体现刚与柔之美,如图 9.21 所示。

5. 小结

奥体中心站站位的选择兼顾平时、赛时客流服务水平的均衡性,车站的出入口布置采用南北分区的

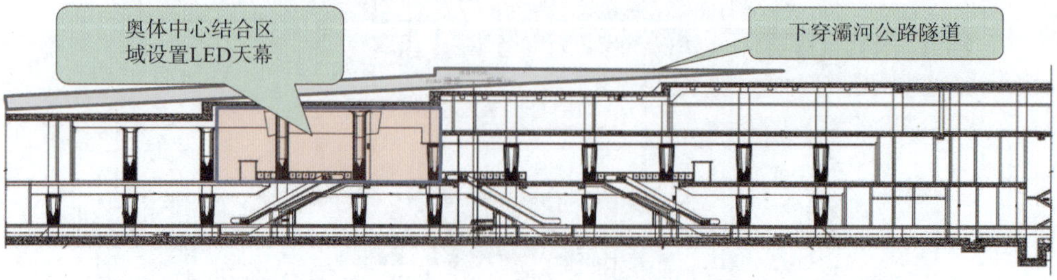

图 9.19　奥体中心站与下穿灞河公路隧道空间关系示意图

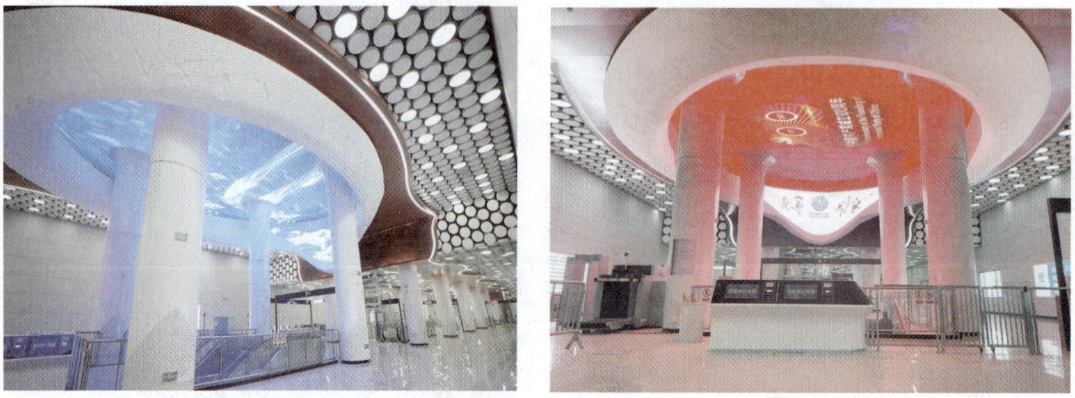

图 9.20　奥体中心站站厅 LED 穹顶图

图 9.21　附属与绿化景观融合实景图

布置形式可实现平时、赛时两种不同的客流组织方式，在赛时及重大活动期间分区组织进出站的客流形式，可有效缓解突发客流的冲击；车站附属与周边地下空间有效衔接，同时预留灞河公路隧道的建设条件一体化设计，同期建设，创设城市“微中心”——车站附属建筑与城市及奥体中心场馆建筑有机融合，形成区域性口袋景观公园。

9.2.3　行政中心站

1. 项目概况

西安轨道交通行政中心站，是骨干线 2 号、4 号线的换乘车站，两线岛侧“十”字换乘，目前均已开通运营。车站位于未央广场下方，是西安轨道交通开工建设和开通的第一座车站，周边分布着西安市政府、市人大、市委、市政协等重要行政机构。

车站设计构思巧妙，在顶板开设圆洞上覆采光穹顶，在中板开设方洞增加通透性，体现了“天圆地方”的设计理念。顶部的采光穹顶将自然光引入车站，形成了开敞、明亮、通透、舒适的站内候车环境，在国内地铁车站设计中独树一帜。同时车站与周边的过街通道形成连通，可便捷地到达周边各个地块，如图9.22所示。

图9.22 行政中心站实景鸟瞰图

2. 设计思想

(1)车站位于行政中心未央广场下方，车站设计应结合广场绿地条件进行设计，实现车站与城市广场的和谐共生。

(2)车站为骨干线2号、4号线的换乘车站，4号线实施时应保证既有2号线的正常运营，结合2号线预留换乘条件打造便捷的换乘空间体系。

(3)车站周边建筑物密集，包含众多商业开发项目，路面交通流量大，车站出入口通道应考虑与车站外部商业及市政过街系统进行良好衔接，实现与城市功能的融合设计。

3. 车站方案

行政中心站是2号线和4号线的换乘车站，2号线修建时预留了与4号线的“十”字换乘节点。2号线(岛式)在上，4号线(侧式)在下，两线岛侧“十”字换乘；两线在站厅层共用一个付费区，非付费区通过周围的夹土体物业开发空间形成环状连通，同时带动商业开发氛围。公共区两侧为设备管理用房区，如图9.23所示。

地下二层中部为2号线站台层与轨行区，轨行区两侧依次为站厅层开发区域的设备用房、4号线站厅层和站台层公共区的转换厅、4号线设备管理用房区，如图9.24所示。

地下三层为4号线站台层，中部外扩区域为两线换乘区域。4号线为侧式站，每个侧式站台宽度均超过10 m。站台层中部为改造后的八部换乘扶梯，非常高效便捷的形成台—台换乘，如图9.25、图9.26所示。

4. 设计特点

(1)内外环境的完美融合

车站设置在中心广场绿地下方，采用“天圆地方”的设计理念，车站中央顶部设圆形玻璃采光穹顶，

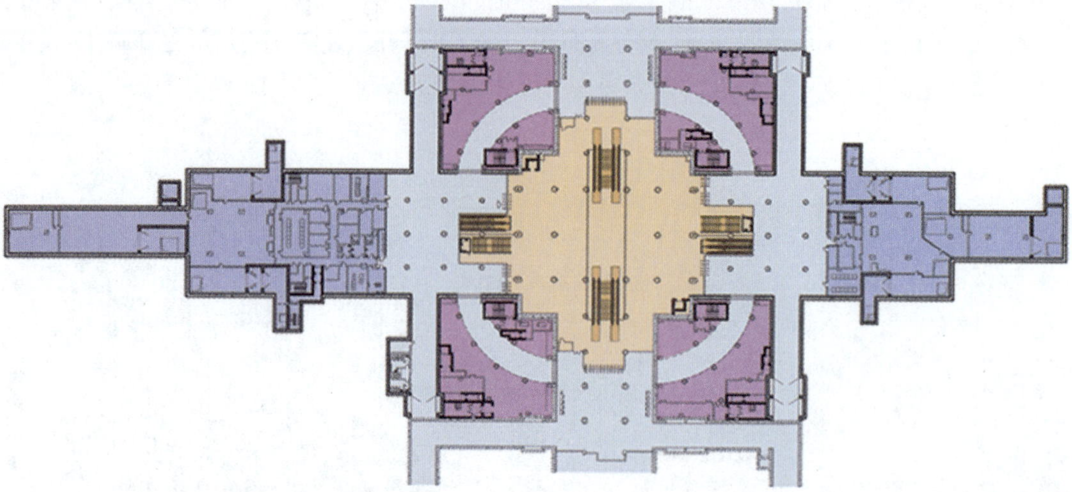

图 9.23　行政中心站地下一层(两线站厅层)公共区平面图

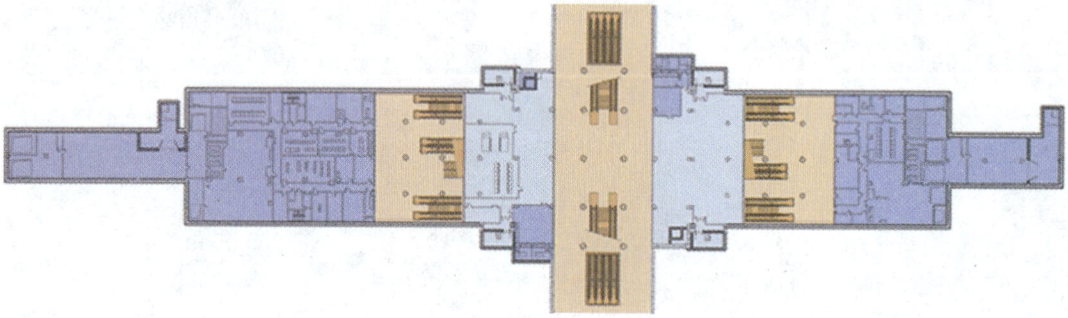

图 9.24　行政中心站地下二层(2 号线站台层和 4 号线转换厅)平面图

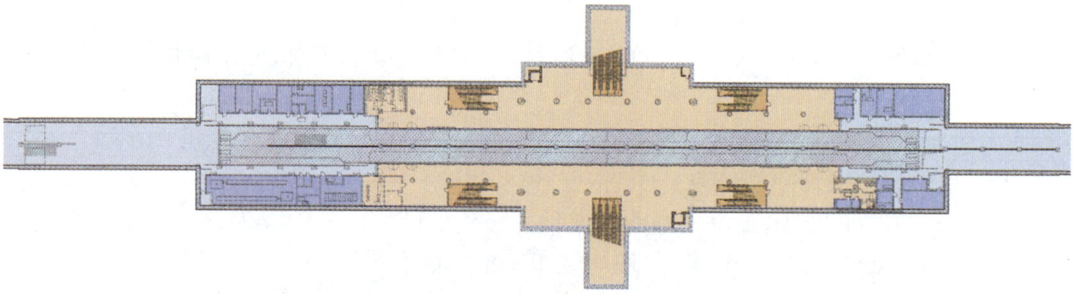

图 9.25　行政中心站地下三层(4 号线站台层)平面图

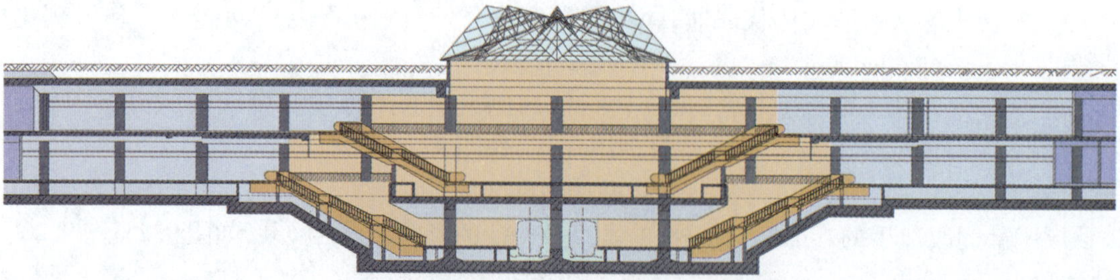

图 9.26　行政中心站换乘节点处剖面图

在站厅与站台之间设置方形天井。利用室外绿地条件将自然光线及外部景观引入地下，使相对沉闷的地下空间豁然开朗，创造了舒适的候车环境。车站中部的采光穹顶和西安的南北中轴线相呼应，造型新颖，充分考虑采光和排水功能，与周边城市广场规划和谐共生，相得益彰，如图 9.27 所示。

图 9.27　行政中心站站内站外实景图

(2)两线便捷换乘

结合线网条件、站址条件、换乘客流进行充分分析后，2 号、4 号线采用岛侧“十”字换乘形式。利用八部双向扶梯台一台换乘，换乘距离短，效率高，极大方便了乘客。

(3)城市融合设计

①夹土体空间开发利用

行政中心站利用出入口通道与车站之间的夹土体空间进行了商业开发，节约了开挖成本，发掘了城市空间资源价值。2020 年 11 月，行政中心站商业街荣获中国城市轨道交通协会资源经营专业委员会颁发的“城轨交通商业特色街(区)”称号，体现了该空间的商业价值和社会效益，满足了市民出行乘车过程中的商业服务需求，成为地铁的成功案例，如图 9.28 所示。

②与外部商业无缝衔接

车站 B 号和 C 号口连通通道分别接入西南角熙地港购物中心和东南角大融城商业综合体，与商业形成无缝衔接，地铁客流与商业客流互补，提高了运营及经济效益，如图 9.29 所示。

③与市政设施的融合设计

两线出入口与未央广场的市政过街通道形成一个完整的过街体系，能够便捷高效地到达广场周边的各个地块，为进出站人流，广场休闲、娱乐、周边商业综合体的人流提供便捷的通道，实现了地铁车站与市政过街设施的融合设计理念。

图 9.28　行政中心站站内与商业接口照片

图 9.29　行政中心站通道与商业接口照片

5. 小结

行政中心站结合自身区位优势和特点，在实现本体高效便捷换乘的同时，强化车站与周边的互联互通，体现了城市融合的设计理念，真正意义上实现了提高出行效率、带动周边商业、以人为本的目的。

9.3 一体化设计车站

9.3.1 吉祥村站

1. 项目概况

吉祥村站位于西安市南二环外的小寨西路与含光路相交十字路口，地处西安城南文化教育区，是城市第二大商圈小寨商圈的西门户。车站站位受到路口的西北侧 f_7 地裂缝的影响，设置于小寨西路南侧地块内。车站设置四座直出地面的出入口，结合地面建筑及广场布局，风亭分成四组设置，如图 9.30所示。

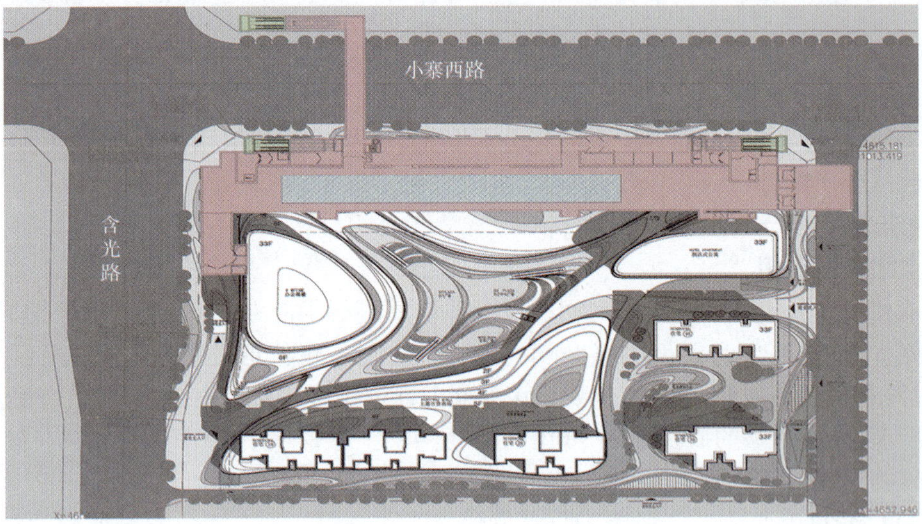

图 9.30 吉祥村站总平面图

2. 设计思想

(1)对地块的综合利用

结合吉祥村站站位位于地块内，车站周边主要为居住、商业规划用地的先决条件，以优化提升站点土地开发利用率，带动吉祥村商圈经济发展为前提，车站考虑在其上部地面空间进行开发设计。

(2)车站结合开发空间的特殊结构设计

吉祥村站为西安轨道交通 3 号线标准车站，全线采用 B 型车。一般车站公共区采用纵向柱距 9.75 m 柱跨，考虑本车站主体上部地下一层及地面物业开发的结构体系与地铁有所不同，经过结构方案比选确定车站公共区统一采用 9 m 柱跨，以满足物业开发空间及地下停车场功能要求。

(3)车站地面建筑与城市环境的融合设计

3 号线全线出入口、风亭均执行统一标准，MOMOPARK 商业综合体前规划景观休闲广场。为保证车站出入口与广场景观的协调统一，车站出入口、风亭造型结合商业主楼外立面风格统一设计。

3. 车站方案

3 号线吉祥村站位于雁塔区的小寨西路和含光路的交叉路口东南侧，车站沿小寨西路东西向布置，车站受北侧 f_7 地裂缝影响而进入南侧地块内。车站总长 241.40 m，为地下二层 14 m 岛式车站。车站形式结合物业开发一体化设计。车站共设置 4 个出入口指出地面兼顾过街，4 组风亭分别结合广场和地面建筑设置。

4. 设计特点

(1)上盖开发设计

吉祥村站利用位于商业地块的站位条件,秉承集约用地、一体化开发设计理念,将车站与物业开发同步研究。地块内上盖 MOMOPARK 商业开发综合体,由高层和超高层组合而成,占地 58 亩,总建筑面积 30 万 m^2。车站上部物业开发项目为四层商业裙房,商业裙房北侧距离道路红线为 15 m,裙房南侧布置住宅楼,为两栋公寓及三栋 21 层住宅楼。

(2)车站空间设计及 TOD 理念的运用

地铁车站与地块开发一体化研究设计,充分体现了 TOD 设计理念,使其成为吉祥村商圈的核心,商业效益显著。车站地下部分与商业同步设计及实施,站厅位于地下二层,车站北侧两个出入口之间与车站主体南侧设置 MOMOPARK 地下二层商业,与地铁车站出入口通道进行同层衔接,商业开发利用车站覆土层设置一层商业。地上四层裙房为商业用房,局部设置结构转换层。本站站位结合地上的集散广场和地下商业及停车空间统筹设计,退道路红线 15 m 设置,车站柱跨结合车站使用功能、商业、停车等功能设置为 9 m,方便各功能分区的合理布局。在地下一层利用 15 m 空间形成地铁商业街,为地铁带来效益,在站厅层非付费区设置 2 个通道与 MOMOPARK 地下二层商业空间相连通,达到土地集约利用、交通与商业空间互动连通,方便乘客的同时提升地块商业价值,如图 9. 31 所示。

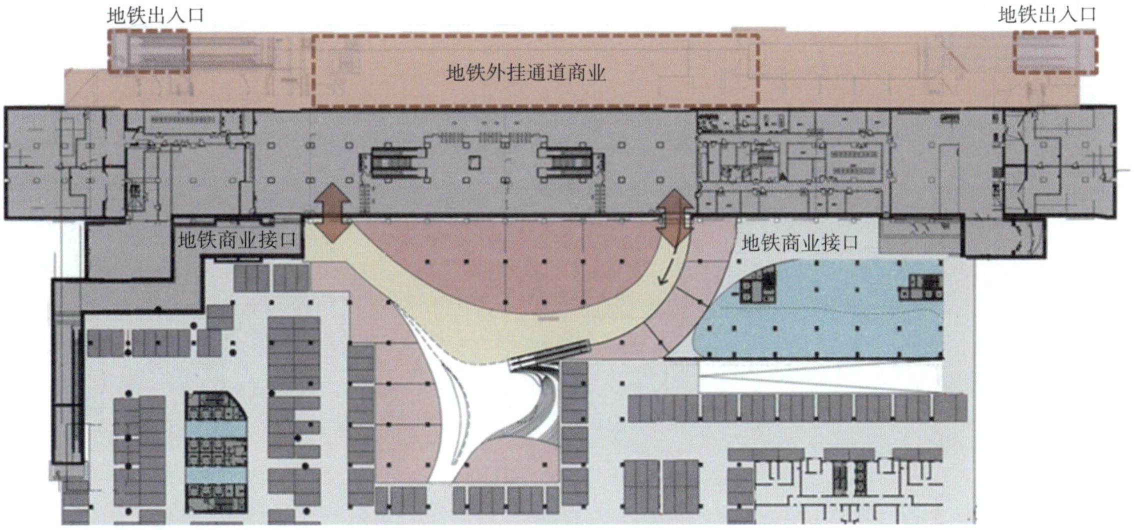

图 9. 31　吉祥村站车站与物业缝合平面布置示意图

(3)车站附属与 MOMOPARK 广场景观的结合设计

车站在 MOMOPARK 商业广场上共设置 2 个出入口,4 组风亭。出入口造型结合商业体外观及材质进行设计,与周边环境融合较好。其中 1 组风亭与商业合建,其余 3 组均设置在商业广场上,风亭外表皮结合广场小品进行美化,周边设置绿化,达到了景观融合并消隐的效果,如图 9. 32 所示。

图 9. 32　吉祥村站出入口、风亭与 MOMOPARK 广场结合实景

5. 小结

吉祥村站是车站与商业一体化设计的成功范例，车站基于本体位于地块内的前提条件，结合站位所处的优越地理位置，运用 TOD 设计理念，合理组织交通、商业、其他设施、地面广场等空间，进行一体化设计，不仅营造出各类功能互通的功能空间，更是对带动片区经济发展起到了重要作用。

9.3.2　泾渭站

1. 项目概况

泾渭站是 10 号线的高架车站，车站位于泾河与渭河之间的泾渭分明生态半岛，串联渭河桥与泾河桥；车站位于两河三岸的中间位置，承前启后，成为合建桥及泾渭半岛的重要景观节点。车站东西两侧为半岛人工湖，南北向规划桑军大道上跨西阎快速路，与西安轨道交通 10 号线共廊道，如图 9.33 所示。

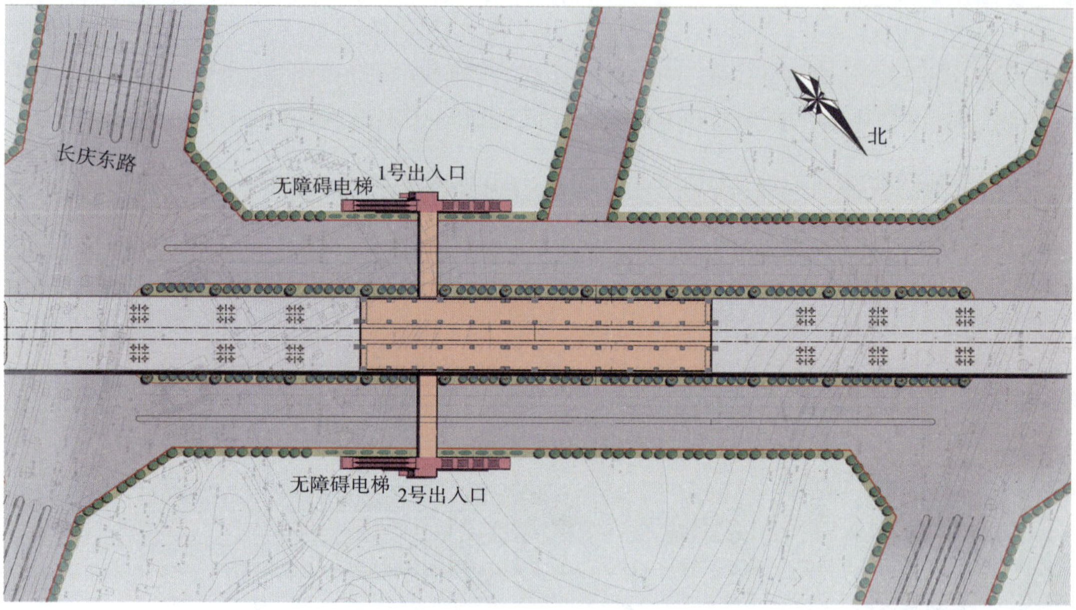

图 9.33　泾渭站总平面图

2. 设计思想

(1)特殊线路条件下的站型确定

10 号线高架段由未央湖至杏渭路站区间爬升至地面，跨渭河前地铁线路与西阎快速路共路径跨河，并且共用同一个通行廊道，公路在上，地铁在下过渭河。受此条件制约，泾渭站考虑公路与轨道线路一体化设计。

(2)城市景观的融合设计

《诗经 · 邶风 · 谷风》有云："泾以渭浊，湜湜其沚。"泾河、渭河桥在桥型选择理念上彰显泾渭分明的文化特点，泾渭站作为渭河桥与泾河桥的中间纽带，设计应结合桥梁整体造型，彰显城市之美。

(3)与规划融合的设计理念

泾渭半岛通过泾河、渭河与西安主城区、高陵城区分隔，成为相对孤立的半岛，岛内现状交通通道资源稀缺，10 号线泾渭站成为未来岛内居民主要出行方式，同时考虑生态保护区后期开发，未来站点周边将形成一定的旅游客流。站点应结合周边规划、客流、开发充分考虑开发衔接及交通接驳。

3. 车站方案

泾渭站位于规划的西阎快速路与长庆东路路口以北，沿规划道路的路中位置敷设，车站总长度为 130.8 m，采用三层 15.5 m 岛式站台车站布局，车站总高度 20.8 m，总宽度 25.20 m，车站设置两个出入口及过街天桥。

4. 设计特点

(1)车站特殊站型设计——公轨一体

车站结合线路通行廊道与公路共用的优先条件,车站与上跨路合建,区间位于上跨路之下,采用四柱三跨三层岛式站,如图9.34所示。

(2)站桥高度契合的外观设计

泾渭站在外立面设计时,结合渭河及泾河桥型,做到刚柔并济,承前启后的过渡作用。选择理念彰显泾渭分明的文化特点,车站景观方案为“穿越古今,展翅腾飞”,设计采用流线型一体金属线条配以三角形钢桁架结构,如图9.35所示。

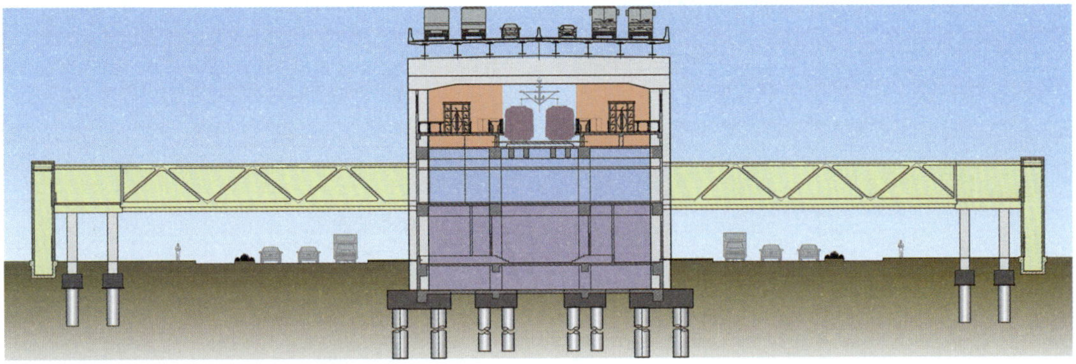

图9.34 泾渭站公轨一体化设计剖面示意图

图9.35 泾渭站立面效果图

(3)站点与周边地块衔接设计及交通接驳

考虑车站西侧和东侧客流较大,在规划路靠近车站出入口处设置无障碍过街天桥。过街天桥端部预留外部物业、环形过街通道的接入位置,未来车站出入口天桥、站台非付费区与周边开发形成空中商业交通连廊,可便捷实现商业和过街通道的对接。车站周边客流吸引范围内的居住用地较多,故考虑在车站站厅层南端布置物业开发区域。

在车站南北端区间桥梁下设置P+R停车场,方便私家车与公共交通的衔接;结合车站对公交站点进行调整,集中设置港湾式公交站。车站出入口均考虑设置自行车停车位,并设置出租车停靠点,如图 9. 36 所示。

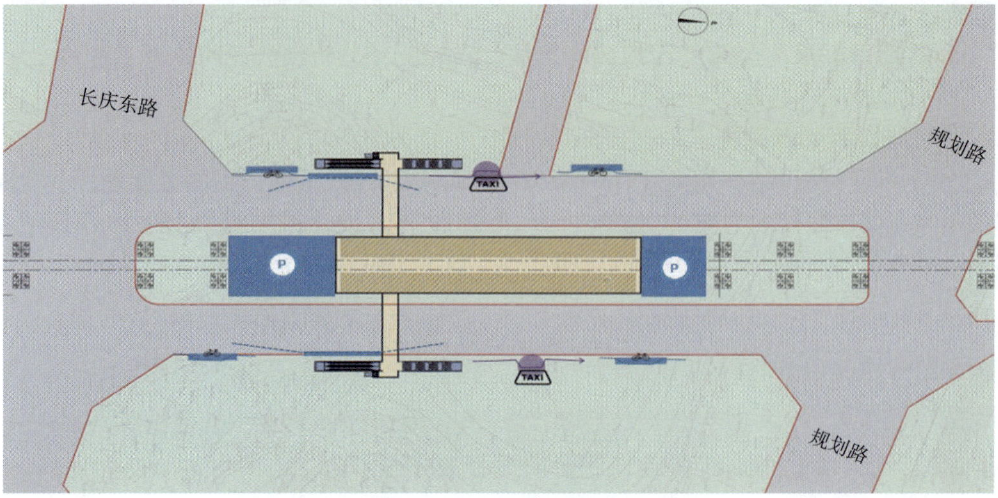

图 9. 36　泾渭站周边衔接及交通接驳示意图

5. 小结

泾渭站基于其独特的公轨合一结构体系,使公路系统与轨道交通完美契合。车站将桥梁串联,形成优美富有韵律的外观造型;车站所处位置周边地块有待开发,轨道交通的引入有利于地块间的衔接及后续交通接驳设计的开展。

9. 4　与既有线换乘车站设计

9. 4. 1　南稍门站

1. 项目概况

南稍门站为西安轨道交通骨干线 2 号、5 号线的换乘车站,2 号线车站位于长安南路南侧,呈南北向布置,为地下二层 10 m 标准岛式站台,未预留换乘条件,已于 2011 年 9 月开通运营。5 号线车站位于友谊西路西侧,呈东西向布置,鉴于 2 号线车站未预留节点,两线采取通道换乘方式。5 号线在此条件下开展与 2 号线标准站南稍门站的换乘设计。车站周边规划主要以住宅、商业用地为主,如图 9. 37 所示。

2. 设计思想

(1)5 号线车站与未预留节点的 2 号线车站进行换乘,需充分考虑两线便捷舒适的换乘,并尽量减少换乘客流对 2 号线车站的冲击。

(2)2 号线南稍门站站台宽度为 10 m,5 号线站台宽度为 14 m。据南稍门站客流预测分析显示,5 号线开通后,该站进出站与换乘客流量将呈明显上升趋势,但现有的设施设备在设计和使用上已不能满足快速增长的客流需求。因而需要对南稍门 2 号线部分车站规模、设备进行扩能改造方案研究。

(3)2 号线需在不中断运营的情况下短时完成改造,改造方案应统筹考虑设计、施工、运营的合理可行性,并做好已运营南稍门站改造的全过程把控。

(4)5 号线车站西侧为国家重点文物保护单位——小雁塔,公共区装修设计应能融入地域文化元素,体现与周边文化的高度融合。

3. 车站方案

由于 2 号线沿长安南路南北敷设,5 号线走行于 2 号线区间下方,设计充分考虑下穿既有线区间工程风险,采用盾构工法下穿 2 号线,因此将 5 号线车站设于路口西侧地下三层岛式站台车站。车站总长 178. 75 m,标准段宽度 22. 9 m,站台宽度 14 m。车站共设置四个出入口(含一个 2 号、5 号线共用出入

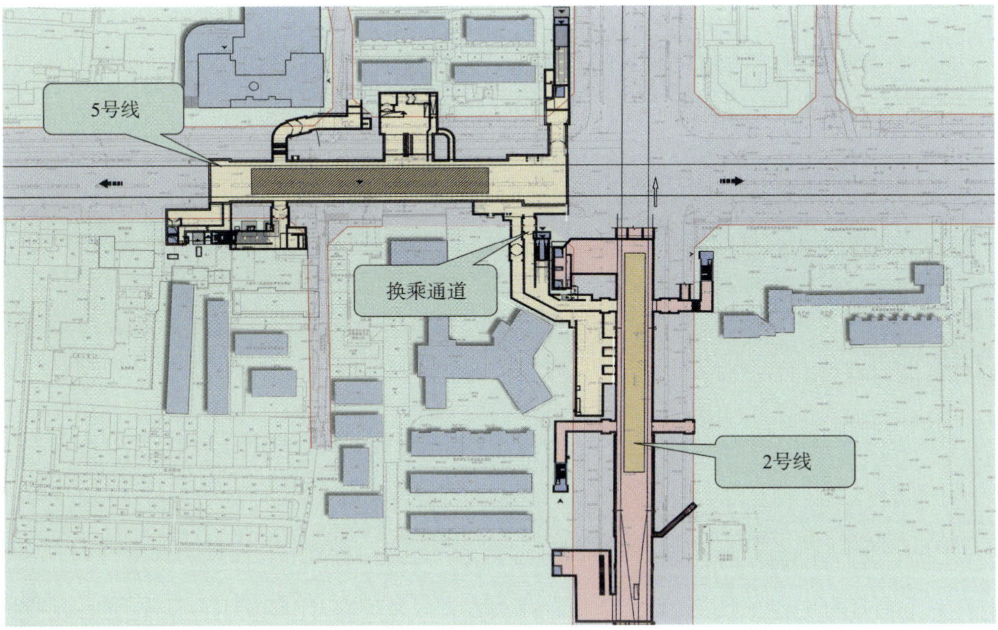

图 9.37 南稍门站总平面图

口）和三组风亭。鉴于周边建筑建设时序与车站不同步，车站出入口已预留与周边商业、地下空间的接驳条件，后期可实现地下空间相互连通。

在分析轨道线网的基础上，明晰车站性质，结合客流预测数据计算并核对换乘客流在两线的换乘比例，同时根据客流模拟软件优化公共区楼扶梯设置。根据模拟结果设计或改造两线站厅至站台分别采用三组楼扶梯服务乘客，两线换乘集中区域在站厅进行适当扩大或扩容，采用单循环流线组织换乘，如图 9.38 ~ 图 9.40 所示。

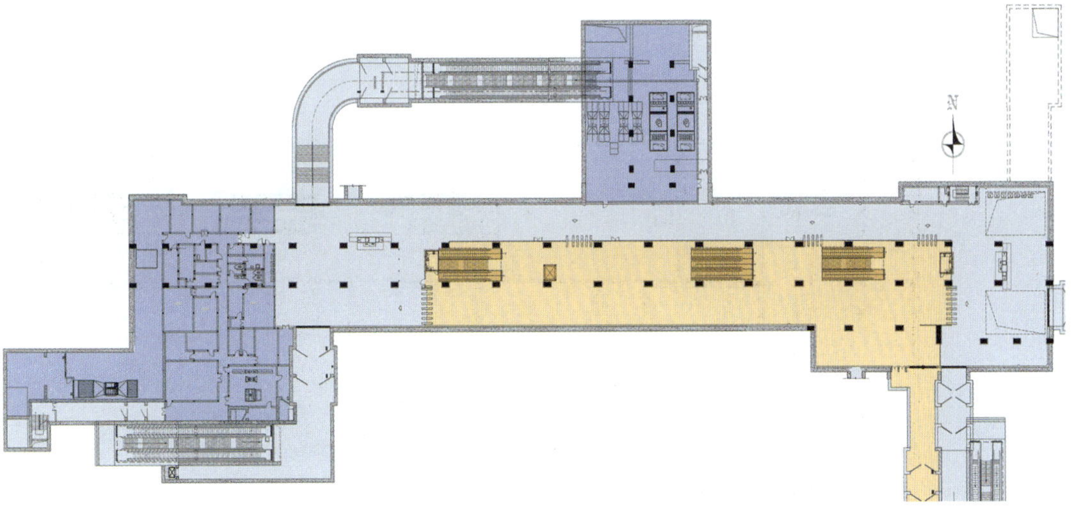

图 9.38 5 号线车站站厅层平面图

4. 设计特点

（1）两线车站换乘空间营造及流线考虑

两线车站换乘采用共享换乘厅模式 + 单向换乘流线，营造舒适的换乘氛围。

考虑到两线换乘客流将对既有 2 号线标准站南稍门站带来较大的客流冲击，设计中在 2 号线站厅西侧增设换乘厅。新增换乘厅的设计手法可减缓换乘客流对于既有标准站的冲击，同时减弱换乘长通道给

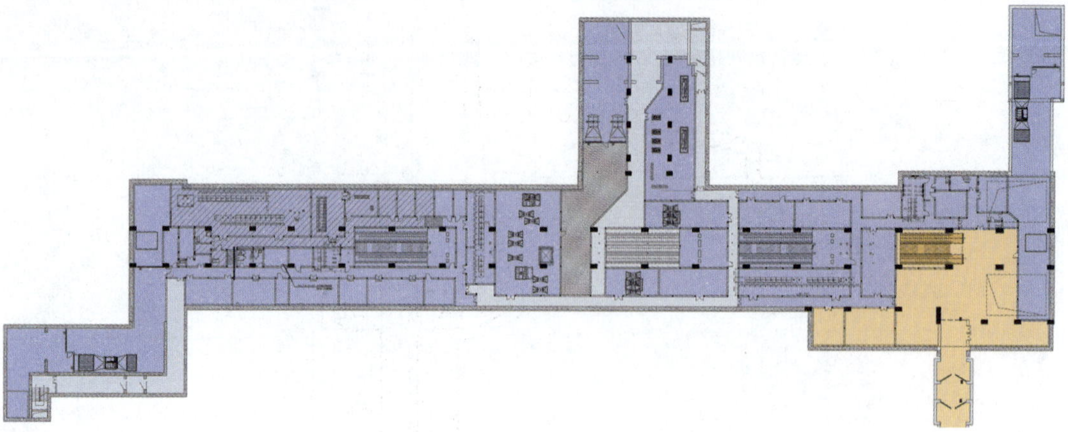

图 9.39　5 号线车站设备层平面图

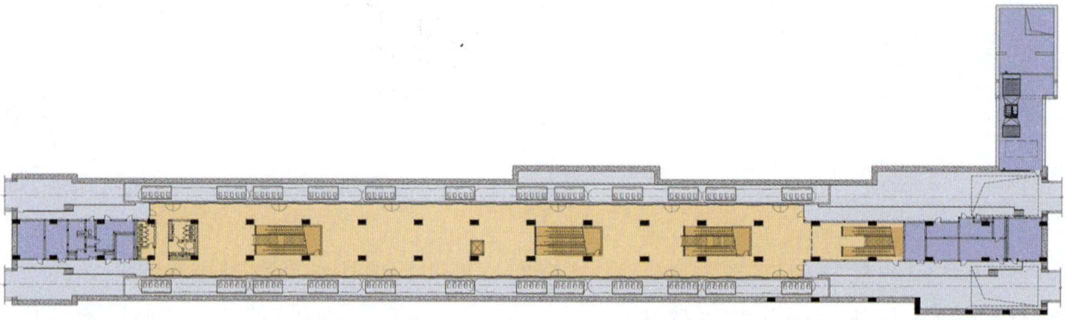

图 9.40　5 号线车站站台层平面图

乘客在行进过程中带来的不适感，从而营造两站舒适便捷的换乘空间。同时结合客流模拟结果，统筹考虑新增换乘客流对原进、出站客流的影响，避免流线冲突，选择单向换乘流线，避免客流交叉拥堵，如图 9.41所示。

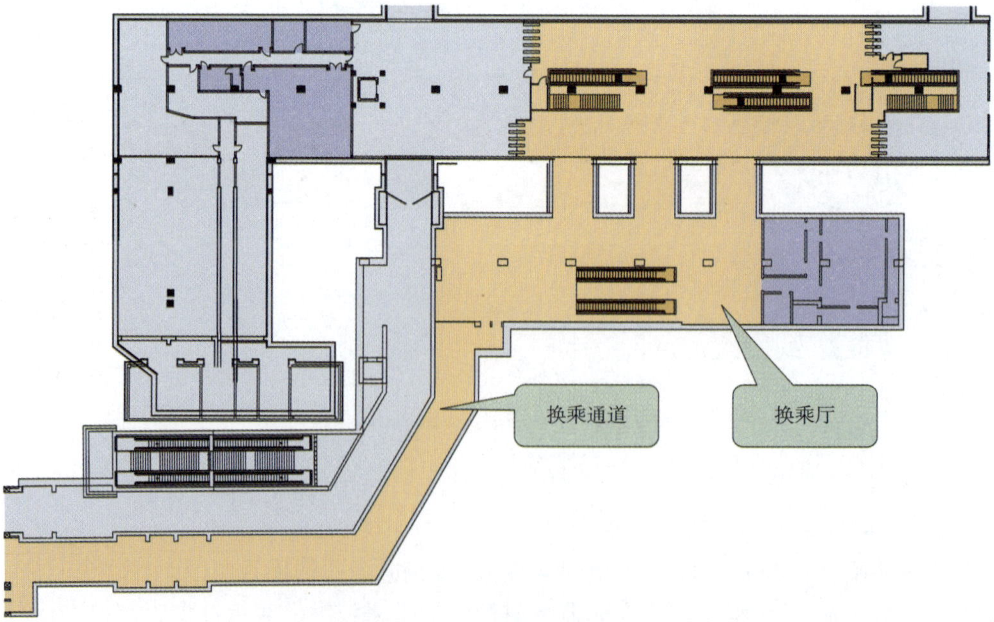

图 9.41　换乘厅平面图

两线换乘流线为：5号线站台人流经由上行扶梯进入站厅，通过两线新增换乘厅，进入2号线站厅，经北侧楼梯下至2号线站台，实现厅—厅同层换乘。2号线站台人员经由上行扶梯上至站厅，通过换乘厅内换乘通道进入5号线设备层，并通过楼扶梯进入5号线站台进行换乘，如图9.42、图9.43所示。

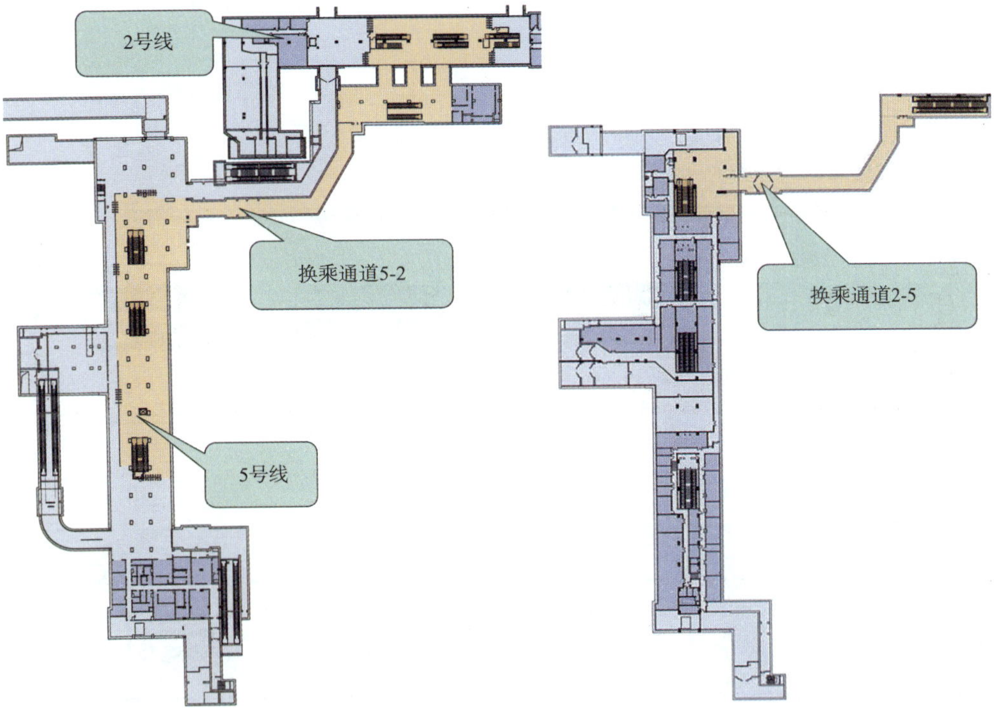

图9.42 南稍门站换乘流线

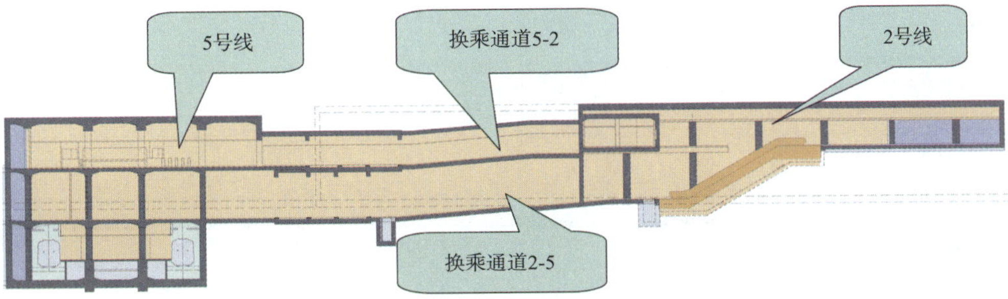

图9.43 换乘通道单循环流线图剖面

(2)既有车站扩能改造研究

由于2号线南稍门站为标准站，站内设置两组扶梯+楼梯由站厅通向站台，呈“八”字形设置。结合客流预测分析与模拟，如与5号线换乘，2号线车站原有的楼扶梯能力难以满足换乘客流的需求。因而需要对2号线南稍门车站楼扶梯组数进行扩能改造。

结合流线分析，将原2号线车站公共区南侧楼扶梯组南移一跨后，中部增加两部交叉扶梯，形成站厅到站台3组楼扶梯布置形式，满足2号线及两线换乘客流需求，如图9.44～图9.47所示。

(3)既有车站改造全过程把控

与运营部门充分沟通，全面核查站内管线，研究工筹，从执行标准、总体原则、风险评估、改造方案、运营保障等五方面对已运营南稍门站的改造进行全过程把控。

改造工程充分利用天窗期，结合运营实际情况组织专项设计，做好行车及消防应急组织预案，优化施工措施，经统筹安排，各改造工序穿插有序进行，改造总工期98 d，为车站正常运营提供了坚实保障。经

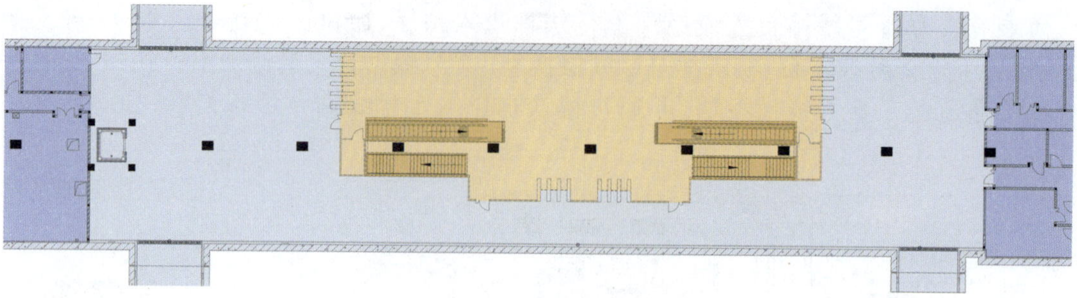

图 9.44 原 2 号线站厅公共区楼扶梯布置平面图

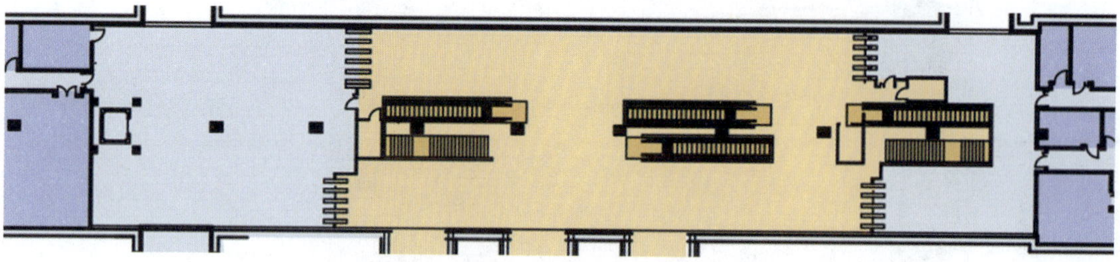

图 9.45 2 号线公共区楼扶梯改造后站厅层平面图

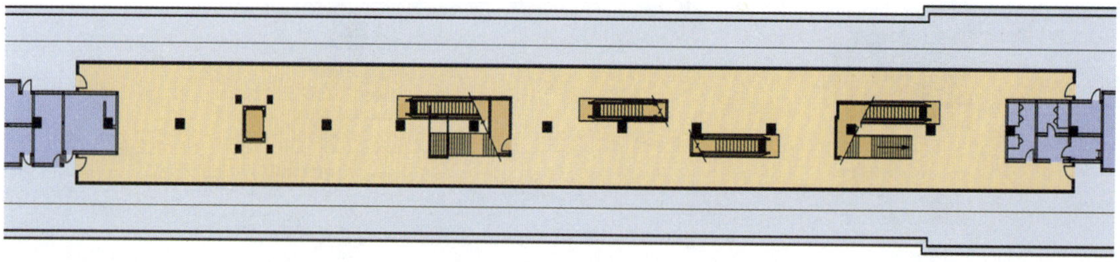

图 9.46 2 号线公共区楼扶梯改造后站台层平面图

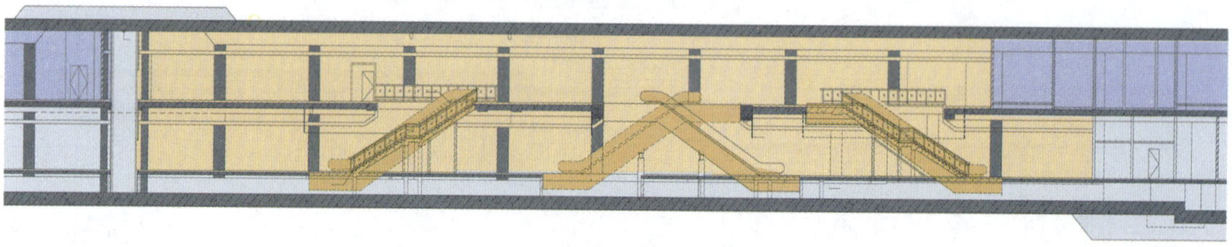

图 9.47 2 号线公共区楼扶梯改造后剖面图

改造后，车站设施能力与远期换乘客流实现匹配、换乘便捷、舒适、安全。

(4)车站装修与周边文化的融合设计

南稍门站公共区装修设计灵感始于诗句“漏尽钟声动，星稀鹤梦残。巍然古塔耸，千载壮长安。”设计采用“小雁塔”作为元素进行空间体块创作，从天花造型延续至艺术墙、柱身，整体天花与墙面打造一体化设计，简洁大气，呼应设计主题，彰显出车站的设计特色，如图 9.48 所示。

5. 小结

南稍门站是西安既有标准站改造换乘车站的首例，其改造模式和效果取得了广泛认可。在不越站的前提下，结合站内运营管理的措施，既有标准站实现了运营期间的扩能改造，这为西安轨道交通后续同类项目提供了相关经验和技术支持。

9.4.2 会展中心站

1. 项目概况

会展中心站为西安轨道交通骨干线 2 号、8 号线的换乘车站，车站位于长安南路与丈八东路的交叉

图 9.48　南稍门公共区装修效果图

口，2 号线车站沿长安南路呈南北向布置，8 号线车站沿丈八东路呈东西向布置，2 号线车站已预留了 T 形换乘节点，并于 2011 年 9 月开通运营。鉴于 2 号线车站预留节点标准较低，不满足 8 号线车站站台宽度及 A 型车的标准，因此需要对 2 号线预留节点进行改造，8 号线在此条件下开展 2 号线会展中心站的换乘设计。车站周边主要以商业、市政设施以及居住为主，如图 9.49 所示。

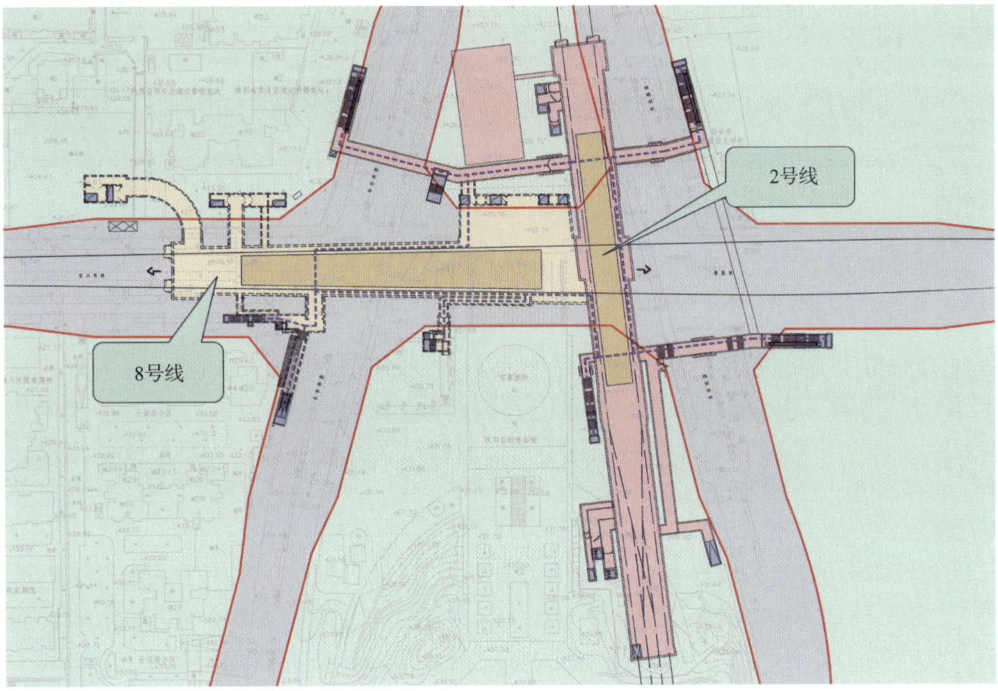

图 9.49　会展中心站总平面图

2. 设计思想

(1)2 号、8 号线会展中心站为骨干线换乘线路，两线进出站客流及换乘客流巨大，换乘客流为 22 510 人次/h，占到车站的设计客流量的 60% 以上，其中，车站规模及换乘设计应充分考虑满足客流需求，满足换乘空间和换乘流线的便捷舒适。

(2)2 号线会展中心站站台宽度为 12 m，地下三层为 8 号线预留 B 型车、限界 12 m 宽岛式 T 形换乘节点，而8号线站台宽度根据客流预测分析结果为14 m，且8号线采用A型车，2号线预留的限界及站台宽度均不能满足8号线的需求，需要对换乘节点进行合理改造，如图9.50所示。

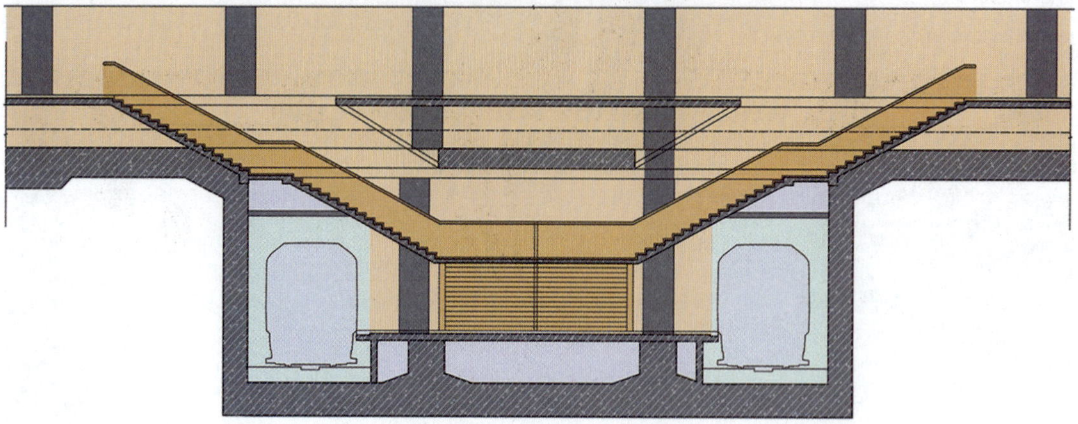

图9.50 2号线预留节点剖面图

（3）8号线开通后，2号线现有的设施设备和换乘节点在能力上已不能满足快速增长的客流及8号线站台宽度需求。因而，需要对2号线车站公共区楼扶梯及相关设备以及换乘节点的扩容改造进行研究；且应考虑2号线的改造在不中断运营的情况下快速完成及统筹考虑设计、施工、运营的合理可行性，做好全过程把控，如图9.51所示。

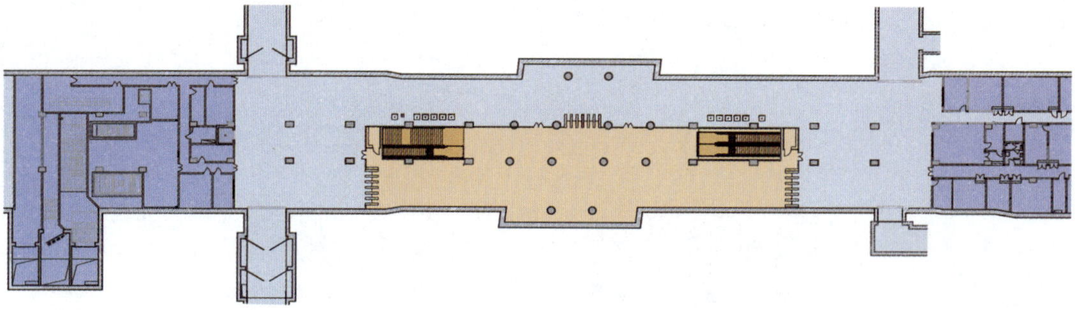

图9.51 2号线既有公共区站厅层楼扶梯布置

（4）会展中心站位于丈八东路与长安南路的交叉口处，丈八东路为东西向城市主干道，道路红线宽度为40 m，长安南路为城市南北向主轴线，在站位处围绕陕西省自然博物馆分叉后形成两侧单向通行，道路宽路均为30 m。长安南路与丈八东路交通繁忙，车流量及人流量较大，行人过街困难，目前市政过街功能不完善，8号线建设需要实现与城市市政交通的一体化。

3. 车站方案

8号线车站总长216.01 m，左线穿越2号线预留的换乘节点，右线采用暗挖工法走行于2号线车站底板下方，为地下三层楔形岛式车站，站台宽度为14～16.80 m，左右站台高差为0.2 m。车站共设置3个出入口（含1个2号、8号线共用出入口）和2组风亭。鉴于周边建筑建设时序与车站不同步，车站出入口预留与周边商业、地下空间的接驳条件，后期可实现相互连通。为满足客流需求，在2号线公共区中部增加一组楼梯，两线换乘集中区域在站厅进行适当扩大，采用单循环流线组织换乘，如图9.52、图9.53所示。

4. 设计特点

（1）对预留换乘节点改造，满足限界及客流需求

本站采用楔形站台，左线利用2号线预留线路，右线从2号线底板下穿过，扩大了换乘节点处的站台宽度，站台宽度为14～18.65 m，满足8号线限界及客流需求。上述线路穿行条件引起两线站台之间高度相差200 mm，形成高低站台的问题，设计采用1:8坡度在柱间进行处理，消除站台高差为乘客带来的负面心理感受，如图9.54所示。

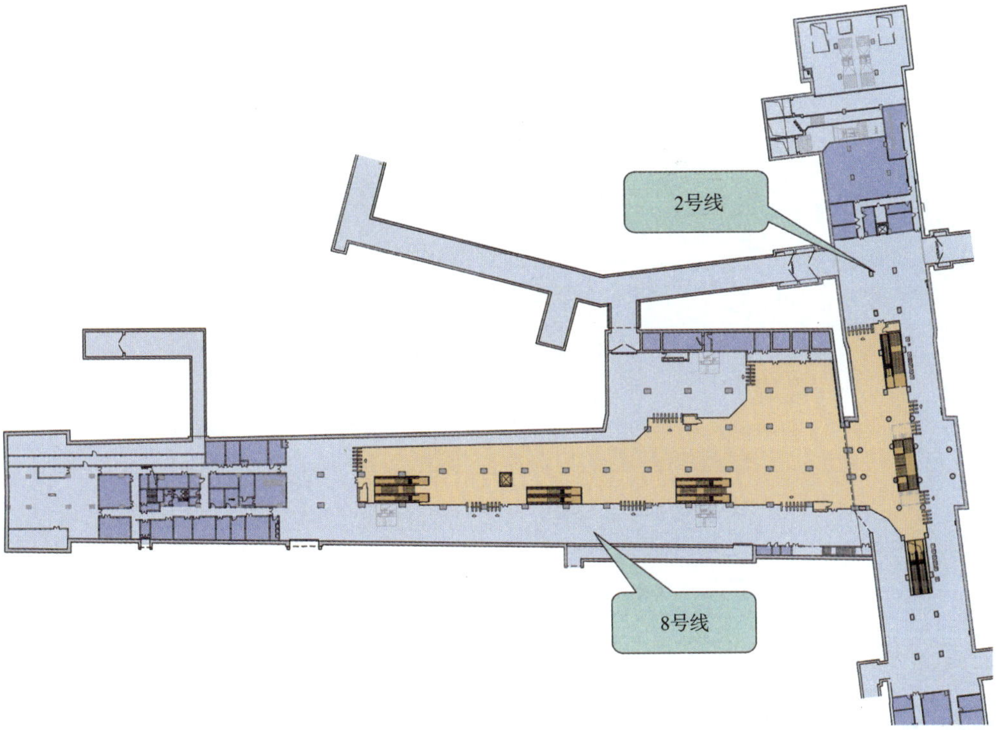

图 9.52　站厅层平面图

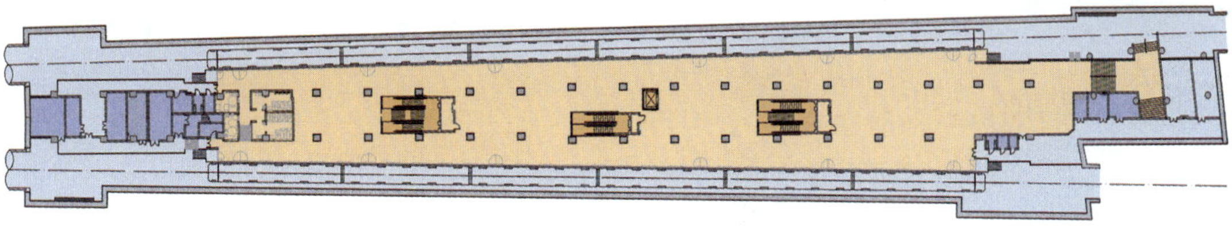

图 9.53　站台层平面图

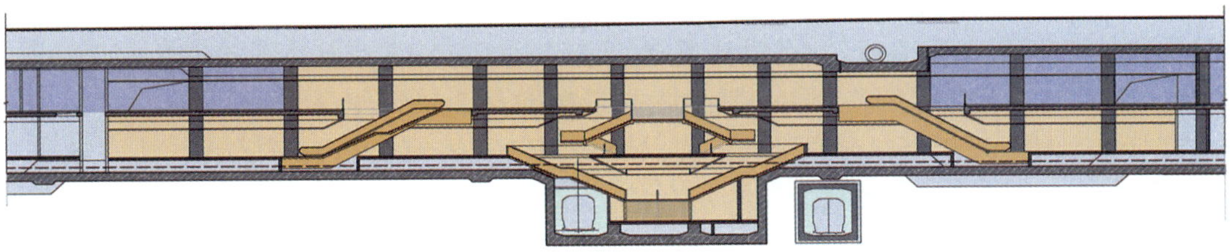

图 9.54　换乘节点处横剖面图

(2)既有车站扩能改造研究

由于2号线会展中心站的服务标准较低,站内设置两组扶梯+楼梯由站厅通向站台,呈"八"字形设置。结合客流预测分析与模拟,如与8号线换乘,2号线车站原有的楼扶梯能力难以满足客流需求。因而需要对2号线会展中心站的楼扶梯组数进行扩能改造。结合流线分析及既有公共区的布置,在公共区的中部增加一组楼梯,满足2号线及两线换乘客流需求,如图9.55所示。

(3)采用单循环换乘,扩大换乘节点处空间布局,营造舒适便捷的换乘条件

①2号、8号线会展中心站为骨干线换乘线路,换乘客流占到车站设计客流量的60%以上,瞬时换乘客流容易堆聚,设计中采用在站厅拉大两线楼扶梯之间的距离,在站台层扩大地下三层换乘楼梯口部空间,达到为乘客营造舒适的换乘空间的目的,如图9.56所示。

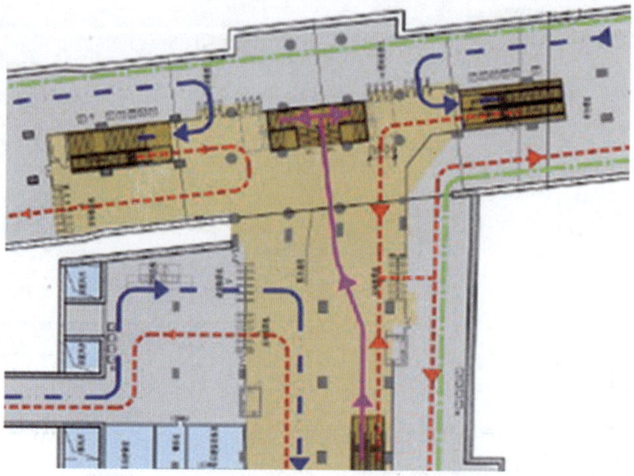

图 9.55　2 号线公共区楼扶梯改造(站厅)

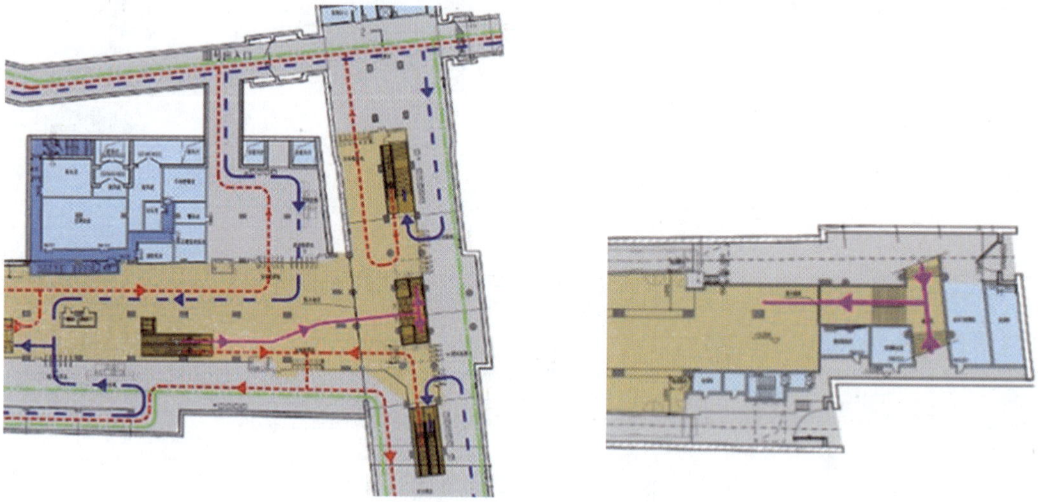

图 9.56　站厅及站台层换乘空间布局平面图

②8 号线换乘 2 号线采用台—厅—台的换乘模式，延长换乘距离，减小换乘客流在 2 号线的公共区的堆聚，同时在设计中考虑将 8 号线换乘 2 号线的扶梯设置在与 2 号线交会点端，避免与进出站客流流线冲突。2 号线换乘 8 号线采用台—台的换乘模式，尽快分流 2 号线站台换乘及出站客流，从而营造两站舒适便捷的换乘空间，如图 9.57 所示。

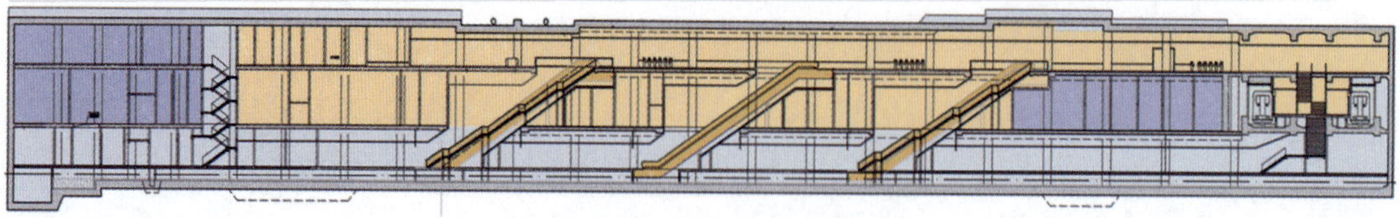

图 9.57　8 号线纵剖面图

(4)实现与城市市政交通一体化，形式完善的地下过街系统

会展中心站处于丈八东路与长安南路交叉口处，且在此处长安南路被陕西省自然博物馆一分为二为单行车道，且车速较高，行人过街困难。8 号线的建设，兼顾完善了城市市政交通功能，解决了行人过街不便问题，消除了行人过街的安全隐患。

(5)既有车站改造全过程把控

设计方案充分考虑了车站改造对运营带来的影响，梳理需进行改造的土建和设备系统，合理安排工筹，做好改造期间运营管理预案，利用天窗期，在不越站及保证乘客安全的前提下完成改造。

5. 小结

会展中心站是预留换乘条件不满足换乘需求的代表性车站。此类型的换乘车站需充分考虑既有线路的预留条件及站点周边规划和现状条件，对既有线路预留条件有效合理利用及改造，满足车站换乘功能及规模需求，保证既有线路运营及施工安全。

9.5 其他典型换乘车站

9.5.1 科技六路站

1. 项目概况

科技六路站为6号、8号和11号线的三线换乘车站。6号、8号、11号线均为轨道交通线网的主骨架线路，其中8号线为线网中的环线线路。该工程位于西安市高新区的重要节点位置。站点周边规划主要为居住用地、金融用地和公共绿地。站址周边主要为商业、商务办公、住宅等既有建筑及唐城墙遗址公园，如图9.58所示。

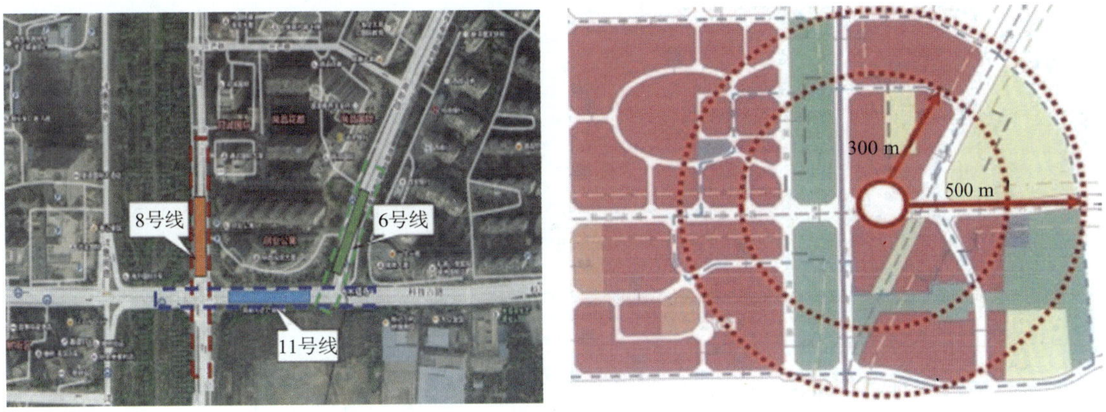

图9.58 车站站位与规划示意图

2. 设计思路

(1)三线换乘方式的选择

根据最新的线网规划分析8号线与6号线在科技八路站同台换乘，且两站线间距为1 km。所以本站主要解决11号线与8号线和11号线与6号线的换乘。由于6号线与11号线站位均已稳定且车站层数均已确定，本次主要研究8号线的站位和8号线与11号线的换乘形式。

(2)客流模拟及优化

科技六路位于高新区的重要位置，周边遍布高密度写字楼、大型商业及高密度住宅，人流密度非常大。从客流数据显示，该站的设计客流达到34 882人次/h，三线换乘客流达到65 192人次/h，本站换乘客流较大，客流组织较复杂，应结合客流模拟辅助软件检验及优化三线换乘车站规模及车站设施的布置，满足车站客流需求。

(3)车站内部设施的精细化设计及换乘流线的组织

车站内部设施如何设置，如何组织换乘流线，从而有利于大客流的运营组织管理，体现区域交通核心的作用是本站研究的重点。

(4)附属设置分析

车站周边商业密集且地面路口较多、交通繁忙，车站出入口通道应充分考虑兼顾过街功能及与周边地块的连通条件；唐延路以西为唐城墙遗址公园，宽度 115 m。城墙位于街心遗址公园中线地下，遗址文物高度约 1.3 m，宽度 21 m，埋深约 0.7 m，为矩形砖砌结构。科技六路现状道路宽度 30 m，主要控制性管线有路中埋深 10.80 m DN2400 污水管线、埋深 8.42 m DN3000 雨水管线、埋深 4.2 m DN800 污水管线。车站附属设置在满足车站功能的前提下，减少管线迁改，满足唐城墙遗址保护距离要求，是本站需要考虑的重点。

3. 车站方案

6 号线科技六路站位于高新路与科技六路丁字路口北侧，沿高新路呈南北向布置，为地下三层岛式站，站台宽度 14 m；8 号线位于唐延路与科技六路十字路口北侧，沿唐延路呈南北向布置，车站为地下三层岛式站，站台宽度 16 m；11 号线位于高新路与科技六路丁字路口西侧，沿科技六路呈东西向布置，车站为地下二层岛式站，站台宽度 14.5 m；6 号线车站现阶段已经通车运营，6 号线实施阶段已预留 11 号线车站 L 形节点换乘条件，为减少管线迁改，8 号线与 11 号线采用 L 形节点换乘。三线形成 U 形两两节点换乘条件。三线共设置 10 个出入口，7 组风亭，分别位于高新路西侧、科技六路北侧地块及唐延路西侧唐城墙遗址公园，如图 9.59 所示。

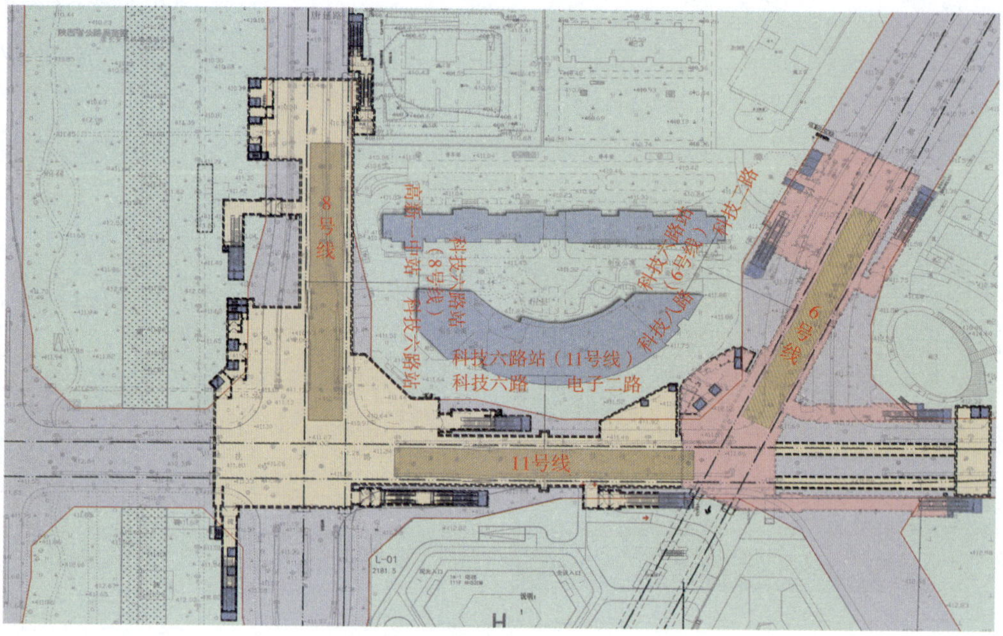

图 9.59　科技六路站总平面图

4. 设计特点

（1）三线便捷换乘

秉持着换乘顺畅、减少客流交叉的目的，三线之间组织单向循环换乘。6 号线与 11 号线之间，11 号线换 6 号线通过 11 号线站台东端的换乘楼梯下到 6 号线南端站台，另一方向通过站厅换乘；11 号线与 8 号线之间，通过 8 号线南端的换乘楼扶梯上到 11 号线西端站台，另一方向通过站厅换乘；以上台—台换乘流线组织避免了在 11 号线站台的流线交叉。6 号线与 8 号线通过 11 号站厅付费区进行换乘。通过上述换乘客流组织，达到三线便捷换乘的目标，其中 8 号线与 11 号线由于是单向上行换乘，采用了扶梯代替楼梯，充分体现了人性化设计理念。

（2）通过动态仿真模拟优化站内布局满足客流需求

通过动态仿真模拟，优化了三线换乘车站规模及车站设施的布置。站厅层在两两车站衔接处进行外扩，对连接两线的 11 号线车站采用站厅外扩及减少楼扶梯宽度以加大通道通行宽度，以上设计措施保证了站厅多种客流的交换集散空间；8 号线及 11 号线公共区分别设置四组和五组楼扶梯组满足客流快速集散；在两个换乘节点处，靠近节点的第一组扶梯与中柱之间留出人行通过空间，可使换乘节点处人流避开侧站台到达站台中部，避免了节点处人流拥堵。

(3)车站附属设置的特点

三线车站出入口的分布统筹考虑周边所有地块,实现了各个地块的环通,方便周边乘客进出各线车站,同时兼顾了市政过街功能。11 号线车站出入口分别与万达商业综合体及公交枢纽预留接口,实现地铁与周边地块有效衔接,提升了地铁车站的可达性,体现了交通核心的作用,实现站城交通一体化设计。

车站附属工程在满足车站功能的前提下,尽量压缩规模,将工程范围控制在唐城墙遗址文物本体的核心保护范围20 m 以外,满足文保要求。地面建(构)筑物与遗址公园的景观融合设计,减少对遗址保护范围和城市景观的影响。

5. 小结

科技六路站是西安首个三线节点换乘车站,该站所处位置为交通的核心区,客流量较大,在车站西侧有文物保护单位唐城墙遗址。车站的站位布局及换乘方式结合周边控制条件合理确定,其内部的流线组织在客流模拟的辅助验证下,达到综合最优效果。为西安轨道交通后续多线换乘车站提供了相关经验和技术支持。

9.5.2 双寨站

1. 项目概况

双寨站为西安轨道交通 14 号线与已运营 3 号线的换乘车站,站位位于西安市国际港务区向东路与港务西路交会处。3 号线沿港务西路南北向敷设,14 号线沿向东路东西向敷设。站位周边规划以商业为主,居住为辅。站点北侧规划有第十四届全运会步行景观轴,如图 9.60 所示。

图 9.60 既有 3 号线与 14 号线双寨站换乘厅鸟瞰图

2. 设计思想

(1)既有 3 号线的换乘改造思路

本站与西安第十四届全运会场馆站——奥体中心站相邻,靠近国际港务区全运会体育场馆景观轴中心节点。结合线路方向及站位布局分析,本站 3 号线承担着体育赛事举办时的短时大客流冲击,同时由于原3 号线高架车站未预留换乘条件,本次设计重点解决的问题有地下—高架的换乘,既有 3 号线运营过程中实现短时高效改造,改造方案应满足赛事大客流的要求。

(2)重视与城市的融合设计

车站站位邻近全运会景观轴,周边地块围绕车站规划开发项目众多,地面道路宽阔车流量大。因此,车站设计应考虑兼顾过街及与周边开发建筑的互联互通,重视出地面建筑的造型设计与城市景观协调。

3. 车站方案

3 号线双寨站为路中地上三层高架侧式车站，设于交叉路口北侧，车站总长 118 m，标准段宽 21.6 m，侧站台宽 7.2 m，设置天桥与两侧地块相连。14 号线双寨站车站为地下二层 13 m 岛式车站，跨路口设置，车站总长 496.87 m，标准段总宽 21.7 m。车站共设置 6 个出入口，8 个安全疏散口和3 组风亭（含 2 个物业出入口、5 个物业疏散口、1 组物业风亭）。两线车站采用地面厅加通道的换乘形式，如图 9.61 所示。

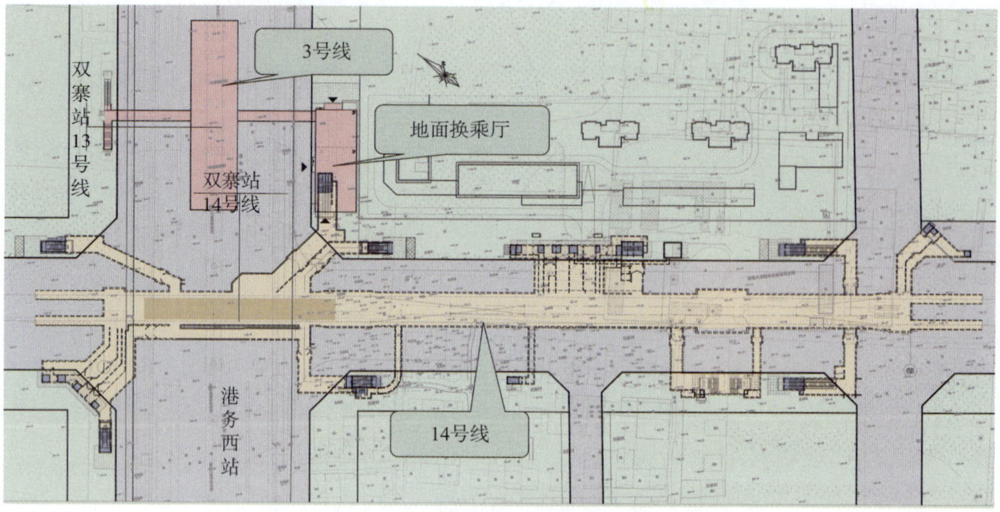

图 9.61 双寨站总平面

4. 车站特色

(1)高架车站与地下车站的便捷换乘

对既有 3 号线的站厅付费区及东侧进出站天桥进行改造，将之前分离的两线付费区连通，东侧天桥功能转化为付费区通道，并在站位东北角市政绿带内设置一处地面厅，兼顾进出站及换乘功能。大厅内部付费区设置通向地下 14 号线与通向二层高架 3 号线的楼扶梯组，实现两线付费区的便捷换乘，如图 9.62 ~ 图 9.64 所示。

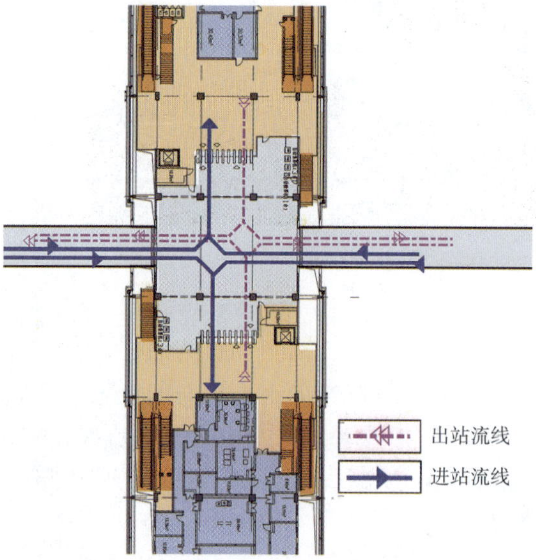

图 9.62 3 号线站厅改造前客流组织

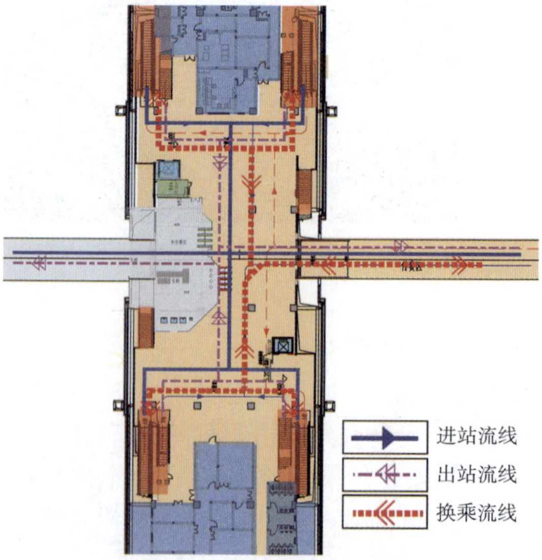

图 9.63 3 号线站厅改造后客流组织

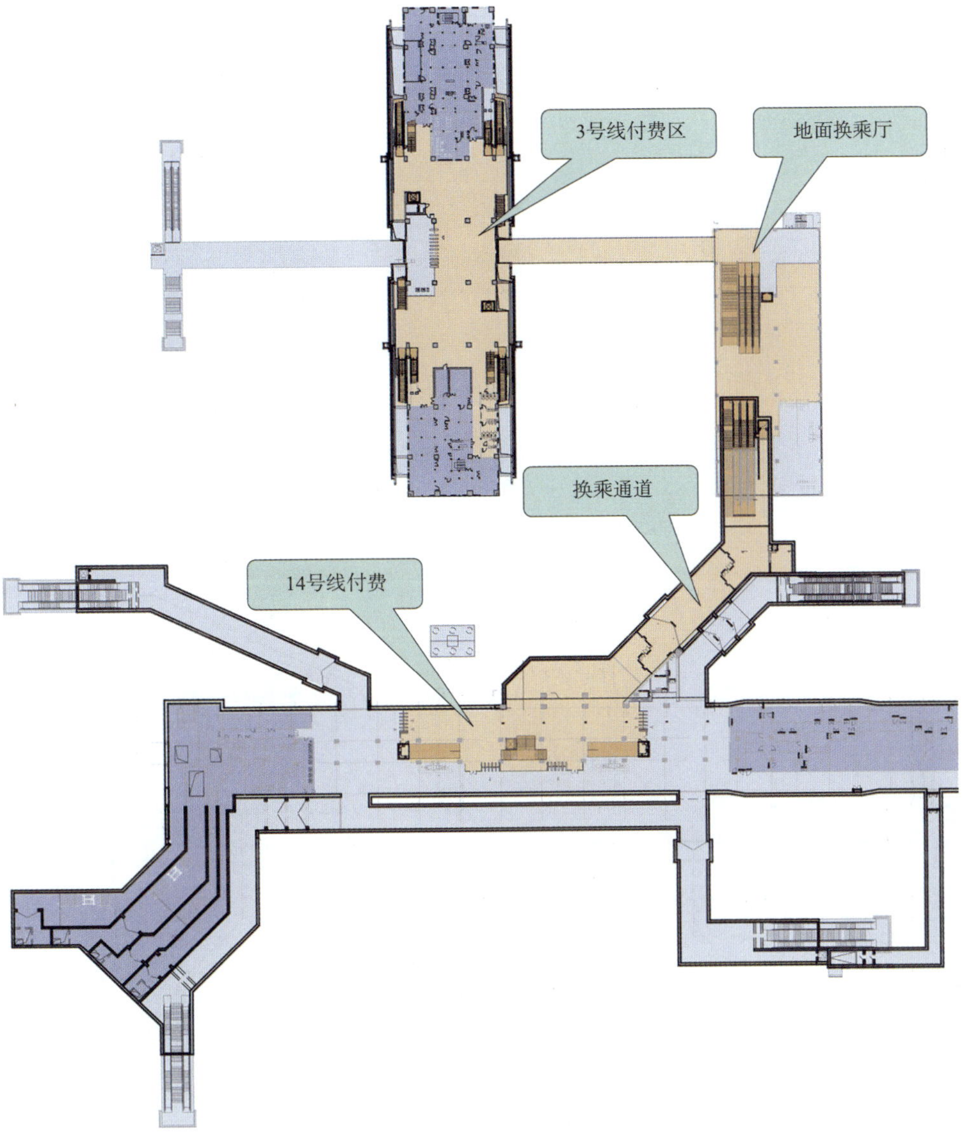

图 9.64　换乘关系平面图

(2)对既有 3 号线改造方案合理高效

在尽量减小对 3 号线运营影响、保证改造期间乘客的安全及尽量缩短改造工期的原则指导下制定出改造期间的工筹方案。

首先为保障 3 号线双寨站具备 2 个疏散口的消防要求，先施工换乘厅北侧楼梯及天桥延伸平台，施工期间车站东侧天桥口处需封闭，仅用作紧急情况下的消防疏散通道。新建疏散楼梯及天桥延伸平台施工完成后，再行施作换乘厅主体框架梁柱体系、混凝土屋面，进行扶梯、电梯等设备安装，最后施作换乘厅外立面，如图 9.65 所示。

3 号线公共区改造方案通过分析客流大小、换乘客流走行流线确定相应设备位置及改造后付费区围合形式。改造完成后，实现了区域内各种流线交叉干扰降到最低。改造期间为保证 3 号线正常运营，利用夜间调整闸机布置，采取既有闸机成组转换方向的改造思路，缩短施工时间，保障了第二天运营的无缝衔接，如图 9.66 所示。

(3)采用多种设计措施应对大客流需求

第十四届全运会期间，为应对赛时大客流，3 号线车站届时会调整为单向客流组织模式，即邻近比赛场馆的西侧出入口只出不进，东侧地面换乘厅承担起进站及换乘任务；将东侧高架通道转变为付费区通道，地面厅体量可容纳客流量加大，地面厅外设置限流场地，拉长进站距离，将客流有效控制在外部空间；

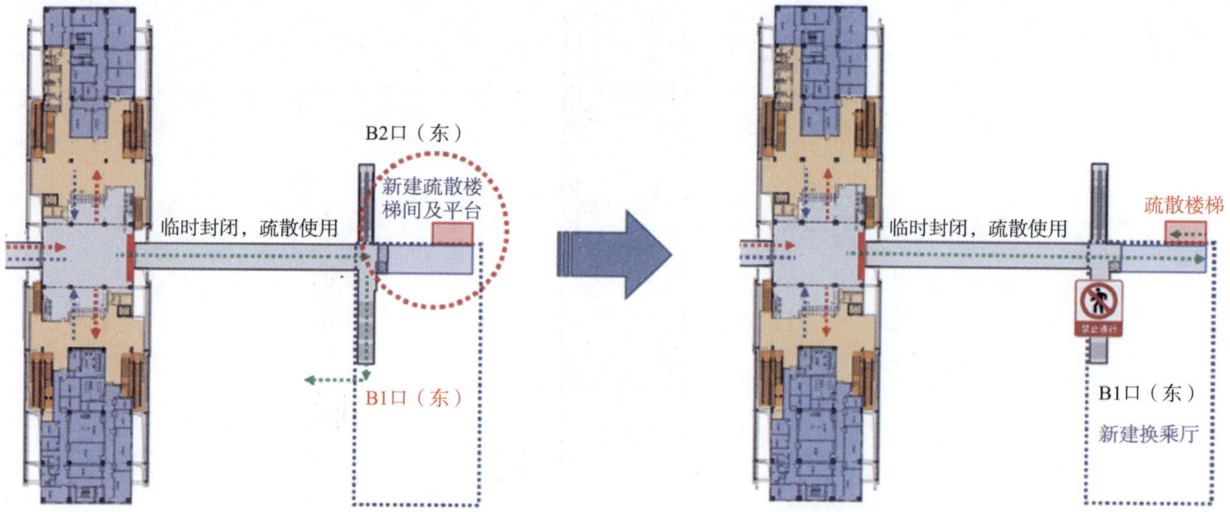

图 9.65 既有 3 号线双寨改造期间疏散转换布置图

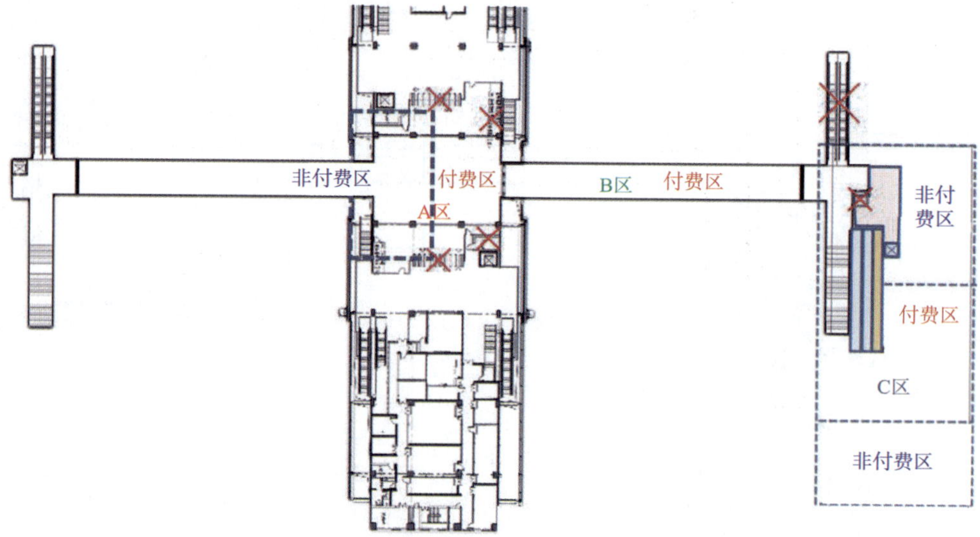

图 9.66 3 号线公共区改造方案

地面厅内至天桥和地下换乘通道均配备三部扶梯一部电梯加一部楼梯，提升客流运载效率。以上设计措施有效地缓解了大客流对站内的冲击，保证了赛事期间的运营效率和运营安全。

(4)基于扩大付费区的消防设计

随着 3 号线的东侧出入口天桥改造，3 号线东侧出入口的疏散空间也整合进换乘厅建筑空间中，但此二者的防火分区、防烟分区需要严格区分。在换乘厅内部火灾状况下必须保证 3 号线天桥疏散的安全性，且同时要满足东侧天桥为 3 号线安全区的室外通风对流要求。装修阶段需结合外立面造型明确天桥通风形式，疏散导向设计也需引导 3 号线乘客至独立疏散口，不要进入换乘厅进行疏散，FAS、综控、消防给水、环控各专业均需紧密配和完成换乘厅的消防设计。

(5)与城市的融合设计

14 号线车站站位跨路口设置，能够同时兼顾站位周边客流的使用要求和市政过街需求，同时车站出入口通道预留了与周边开发建筑的接口条件。车站出地面附属与城市绿化统筹设计，地面换乘厅整体采用玻璃幕墙，面向城市界面，弱化了整体建筑体量，与城市功能及城市景观做到了很好的融合，如图 9.67 所示。

图 9.67　车站出地面建筑与周边地块结合设计

5. 小结

双寨站为西安市既有地铁线路中唯一一个采用高架—地下换乘方式的车站，在前期线未预留换乘条件的情况下，设计结合周边条件合理设置地面站厅解决两线的衔接换乘，同时避免了赛时大客流对既有线的冲击。改造工程对既有线运营影响秉持不中断运营、最短改造时间的原则。

9.5.3　幸福林带内车站

1. 项目概况

幸福林带项目是全国最大的城市林带工程、陕西省重点工程，西安市最大市政工程、生态工程和民生工程，被誉为“世纪工程”。项目位于幸福路和万寿路之间，林带景观宽 140 m，两侧市政道路均宽35 m，南起新兴南路、北至华清路，长 5. 85 km，由西影路为界南北地块分两期建设，北侧为一期建设范围。整体项目跨越西安市新城区、雁塔区、灞桥区，如图 9. 68 所示。

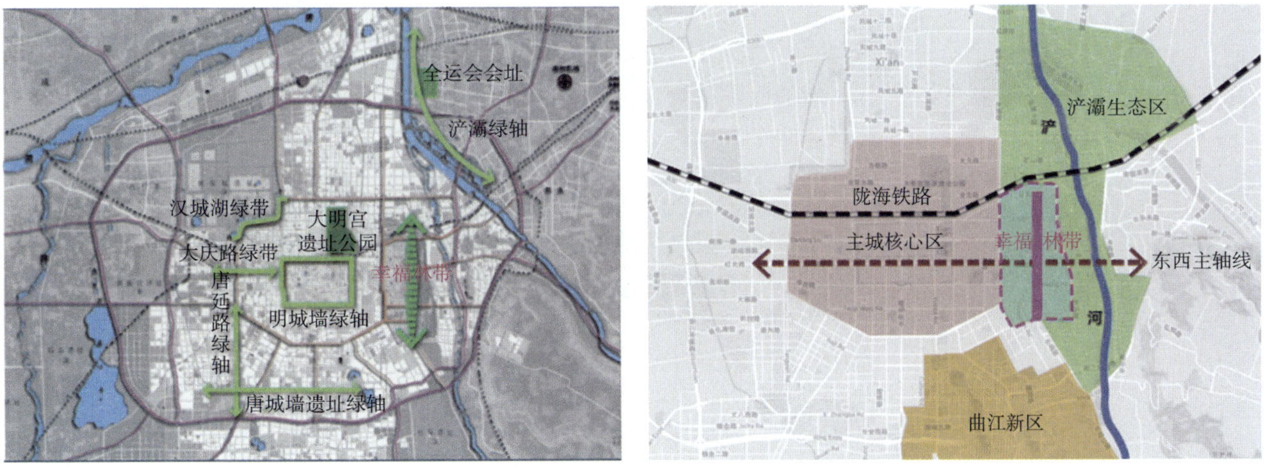

图 9.68　幸福林带区位图

幸福林带主要包括地上景观、市政道路、地下空间、综合管廊和地铁配套五项内容。其中地上景观 70 万 m^2，绿化覆盖率 85%。地下空间建筑夹在西安轨道交通 8 号线及两条城市管廊中间，地下两层，局部地面 1 层，地下一层为综合商业、冰球馆、游泳馆、篮球馆、电影院、健身房、非物质文化遗产展示中心、智能图书馆、市民活动中心、超市、餐饮等公共建筑，靠西侧为地铁站厅等公共服务配套；地下二层为停车场、综合管廊和地铁轨行区，部分为核六常六及更高等级人员掩蔽所，如图 9. 69 所示。

幸福林带建设涉及西安轨道交通 1 号、6 号、7 号、8 号线共 4 条线路。其中，8 号线为环线，纵贯林带下方，有五站五区间。其中万寿路站在长乐路与运营 1 号线换乘，王家坟站与远期 7 号线采用双岛四线

图 9.69　幸福林带鸟瞰图

平行换乘。除王家坟车站为地下三层车站外，其余车站均为地下二层岛式站台车站。

2. 设计特点

(1)轨道交通与城市发展的完美融合

8 号线车站与幸福林带工程一体化研究设计、共建衔接、结合互通、同槽开挖，实现了地铁、林带地下空间及周边地块的互联互通，增加了商业开发面积，减少了工程投资，充分发挥轨道交通 TOD 功能，引领西安东部城区发展，实现了国家倡导的城市融合及城市一体化设计，如图 9.70 所示。

图 9.70　幸福林带各功能区剖透视关系图

(2)交通为先，空间融合

所有车站本着站厅空间效果最优化、商业效益最大化、周边互联互通最高效的理念开展设计，商业空间和地铁空间相互渗透、融合，达到整体功能最优和价值最大化。等驾坡站和韩森路站将设备区设置于轨行区，地下一层空间尽可能留给商业，并通过下沉广场和采光中庭实现地面绿化、地下商业和地铁的相互连通，创造立体交通、安全便捷、上下贯通、内外有景的人行主观感受和高效通行的设计理念。

(3)换乘便捷、互联互通

结合车站与整个林带空间的平面和竖向关系及地铁线路走向、周边控制条件对三座换乘车站进行研究分析，实现了地铁车站之间、车站与林带开发空间之间的换乘便捷、互联互通的交通需求。

①王家坟站设置为地下三双岛四线换乘车站，与远期 7 号线形成平行换乘形式。地下一层为商业层，地下二层、三层分别为两线站厅和站台，地下一层东侧通过下沉广场及通道的形式与商业空间连接，

达到地铁与商业的无缝衔接，打造现代、开放、高品质的人行空间，如图9.71、图9.72所示。

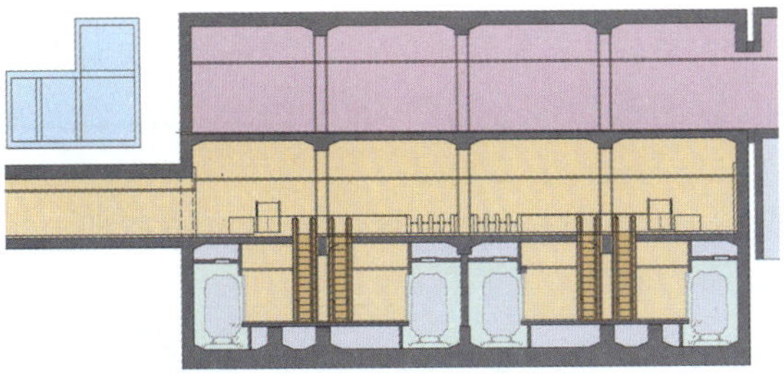

图9.71 车站地下一层结合平面图

图9.72 下沉广场夜景图

②地铁改造换乘与外部商业的融合

万寿路站与已运营地铁1号线通道换乘，设置于长乐路与万寿路路口东侧，利用新建的换乘大厅与改造后的原1号线地下一层商业空间，形成流线清晰、空间宽敞的进站大厅，并与北侧地块的开发项目无缝衔接。此项目设置地下和空中连廊连通车站和林带，实现了轨道交通与周边地块的互联互通。

(4)景观融合，幸福林带

地铁所有出地面建筑在保证功能和安全的前提下，本着缩减体量、融型于景、消隐于林的原则与林带景观绿化统筹设计与施工，实现与林带景观的完美融合，为生活在此的人民提供现代、开放、高品质的绿化开敞空间，提升人居品质，如图9.73所示。

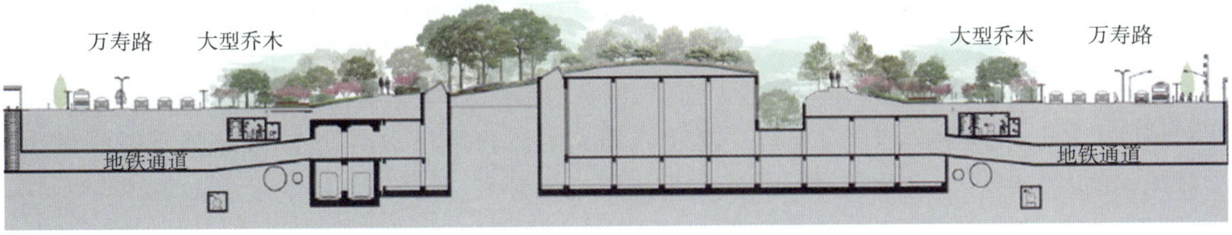

图9.73 车站设置与地面景观融合示意图

3. 小结

本项目是轨道交通车站与林带地下功能空间和地面景观融合的典范。充分考虑轨道交通与周边功能区块的衔接和连通，将车站站厅、地下商业、下沉广场、景观以及人防功能进行统筹整合，对相互的连通方式进行仔细研究推敲，探索实现了设备用房设置于轨行区的要求。利用改造双站厅和地块融合的方式解决了长距离通道换乘车站的空间效果，车站出地面建筑及设备与林带景观融合设置，使地铁与周边商业、林带地下商业及景观有机结合到一起，共同实现了本区域城市肌理重组，引领西安东部城区发展。

9.6 典型车站的设计要点

9.6.1 枢纽车站设计要点

交通枢纽类核车站的设计与其他类型车站在设计理念、设计思路和设计方法上有较大区别。不同于其他车站设计关注于自身工程的适应性和合理性，交通枢纽类车站的设计核心是服务枢纽规划、服从枢纽布局、完善枢纽功能、强化枢纽效率。

1. 研究枢纽规划及定位

枢纽的定位影响着轨道交通车站的设置形式，枢纽从功能定位上可以分为三个级别：

第一级：国际性和全国性枢纽。此类换乘枢纽主要承担远距离、长途客流进出城市内部，主要为商务、旅游、休闲，换乘枢纽的客运量与衔接的对外枢纽量级关系较大，客流中的行李较多，且没有明显的高峰。如以航空为核心的西安咸阳国际机场综合交通枢纽，以国铁为核心的西安站、西安北站、西安东站综合交通枢纽。

第二级：区域型和城际型枢纽。此类换乘枢纽主要承担区域内的客流，部分承担长距离快速通勤客流。如纺织城综合交通枢纽。

第三级：城市内部换乘枢纽。此类换乘枢纽主要承担城市内部的客流出行需求，换乘量级与站点所处的位置、衔接的轨道交通线路有关，高峰小时客流主要以通勤客流为主，客流中的行李较少，有明显的高峰。如西安轨道交通 6 号、8 号、11 号线三线换乘车站科技六路站。

2. 研究枢纽换乘需求及功能布局

综合交通枢纽的功能综合，交通设施的种类丰富，各工程接口界面繁多，应综合考量城市规划、城市建设、交通功能、建设时序、工程风险、规模投资等因素做好两个一体化统筹规划和设计。一个是枢纽与城市建设的一体化，另一个是枢纽自身功能和工程的一体化。

根据国家对枢纽规划建设发展的趋势和指导意见，枢纽规划设计是以“以人为本、公交优先、整体布局、站城融合”为理念。根据功能定位，分析梳理出枢纽交通设施的构成和客流特征，从宏观与微观两个层面明确换乘需求。宏观层面是从区域和线网的角度分析换乘量和强度的大小；微观层面是着眼于各交通设施自身工程特点，采用符合枢纽换乘需求的工程方案。

枢纽布局应集中紧凑，形式上应尽量采用“立体化”布局，可有效集约利用土地，缩短换乘距离，便于枢纽立体流线组织。但当枢纽中交通设施自身工程的特殊性无法实现立体布局时，可采取立体 + 平面的“混合式”布局方式。

由于交通功能是枢纽的核心功能，其他如商业、商务、展示、共享等属于辅助功能，穿插布置在核心功能内部和外围。枢纽中换乘功能应尽量以交通功能和人的体验为根本出发点，实现换乘时间最小化、换乘质量最优化的“零换乘”。主要换乘流线应尽量采用立体分流、单循环等流线组织方案。

3. 提出枢纽中的轨道交通车站设置方案

根据枢纽规划、枢纽定位及枢纽布局等要素，在枢纽划定的框架下提出针对性的轨道交通站位、站型和公共区布局方案。车站的设计还要考虑自身工程特点，包括轨道交通线路之间的换乘合理性、工程可实施性、接口界面准确性等。

大型综合交通枢纽中地铁车站从换乘主体的角度可分为外部换乘和内部换乘。其中外部换乘主要是针对枢纽核心交通设施（航空、国铁）以及其他交通设施（长途、公交）的换乘关系；内部换乘是枢纽中多条轨道交通线路之间的换乘关系。

外部换乘主要由轨道交通线站位方案确定：车站方案首先要复核枢纽的整体布局和线路的大体走行方向，常见的设置方式有“贯穿叠落式”和“平行分离式”。两种设置形式在换乘距离、换乘便捷度、接口界面问题、设计施工统筹等方面各有利弊。在实际工程中因为引入枢纽的轨道交通线路数量多，往往两种形式并存，需要根据各线工程特点、换乘量比例等因素合理排布。一般在竖向布局中，与枢纽主体联系紧密的城市轨道交通垂直布置主体下方；在水平布局中，换乘量大的轨道交通靠近枢纽主体设施，换乘量小的轨道交通可置于稍远的位置，实现换乘总人数和总时间最小。

内部换乘主要由轨道交通站型方案确定：从线路的交叉关系可分为多线平行换乘、多线交叉换乘。根据线与线之间的工程方案可实施性、换乘量、工程规模、建设时序等进行轨道交通换乘车站站型细部方案研究。

由于枢纽的换乘流向多、换乘客流大、轨道交通车站疏解能力有限、地铁车站与枢纽空间大小悬殊的特点和问题，在轨道交通车站公共区内应采用“缓冲客流、慢进快出、单向循环，独立流线”的设计思路和相应的设计方案。

4. 应体现站城融合设计理念

现代社会的客运枢纽不再仅仅是城市对外的交通场所，更应该发挥对城市经济发展的引导带动作用，引领城市和客运枢纽向集约绿色人文一体化发展的方向。

通过站城融合的发展模式，一方面达到满足经济效益的目的，以物业商务收益弥补枢纽建设成本和运营支出；另一方面使城市空间发展的战略向构建全新的交通引导的方向发展。对于站城融合的一体化客运枢纽，城市功能高强度、复合化开发有利于构建集约型城市格局，并且充分利用枢纽带来的交通便利和大规模客流开发物业，提高枢纽经济效益，同时兼顾促进对旅客的服务。

枢纽中轨道交通线路走向和车站布局在满足高效换乘等交通功能的同时，应统筹考虑与枢纽站域范围内高强度开发项目的衔接，有效串联起枢纽核心和开发板块，促进站城融合设计理念的实现。

9.6.2 特殊区域车站设计要点

结合西安轨道交通的设计实践，对于位于重要的文物保护区、文化旅游风景区、比赛场馆等有突发大客流建筑区域的车站，在设计中需要采取相应的应对措施，比较典型的有钟楼站、大雁塔站、奥体中心站等站点。

1. 站位

对于位于重点文物附近的车站，结合文物区域特殊性，着重对周边控制区域文物类型及环境梳理。结合文物保护专题和主管部门要求，厘清文物保护控制范围（核心区、控制区）。在满足文物退让距离及其他周边控制条件的基础上选择站位，确保车站站位的稳定，如钟楼站2号线要求距离钟楼17 m、6号线要求避开30 m的保护距离进行线路站位布置。

对于大雁塔站文化旅游风景区、奥体中心等大客流车站，站位及出入口布置距离人流聚集点有一定的缓冲距离，缓解大客流的瞬时冲击，并在相应出入口处预留出集散空间，便于组织疏导，确保乘客安全、有序进出车站。

2. 车站空间尺度

位于文物、旅游文化风景区附近站点的车站空间形式需结合文保等单位要求、线路敷设条件及其他控制因素综合研究分析，采取合理的车站空间形式，既满足文保、客流等各方面需求，又为体现站点的地域文化特色创作创造条件。

如钟楼站2号、6号线由于绕避钟楼2号线车站采用了明挖站厅、暗挖站台分离形式；6号线车站采用了明挖楔形形式；6号线安定门站受线路绕避安定门及下穿护城河采用了明挖三层楔形形式；8号线寒窑站下穿南湖线路埋深较大，结合该站位于曲江南湖文化风景区的重要区位，车站站厅采用通高二层无柱空间形式，营造出特色鲜明的车站空间。

位于体育场馆、大型剧院及展览馆、著名文化旅游区等区域，存在突发大客流情况的站点，车站空间尺度在满足规范计算的基础上，应结合客流模拟等辅助软件的模拟成果对内部需要进行客流疏导的重点区域进行适当加大，使其具备组织赛事期间等有集中客流时，调整为单向组织进出站的条件。车站空间高度结合平面尺度和客流量进行适度抬高，降低客流较大时站内空间较低造成的压抑感，营造一个有序、便捷、舒适的空间环境。

3. 服务设施

位于有突发客流站点的车站，一般位于比赛场馆和旅游景区位置，具有乘客组成多样化、外地乘客较多的特点。该站点的人性化服务设施的设置对一个城市的形象有一定的影响。因此，车站内外的服务设施要有特点，楼扶梯设施应在满足规范和无障碍要求的基础上，结合客流特点及客流模拟成果进行分析确定，车站内外的垂直电梯的载客量标准及站外垂直电梯数量结合需要提高标准和增加数量，每座车站均设置母婴室，公共卫生间内的卫生设备数量适当提高，增设专门的客服中心，充分体现城市公共交通的人性化关怀。

4. 与城市融合设计

结合车站站位和使用人群的特殊性，车站应重视与周边城市空间互连互通，服务乘客，互惠互利。出地面建筑应结合不同的特殊区域周边环境，实现区域特色、景观、环境融合设计，为城市创设“微景观中心”，提升城市区域品质。如位于5A级景区附近的4号线大唐芙蓉园站的出入口采用了适应区域文化环境的特殊造型设计，与周边环境、景观形成完美的融合。

9.6.3 一体化设计及开发车站设计要点

轨道交通站点一体化设计及开发与城市规划、站点周边现状、片区资源以及站点规模联系密切。在设计阶段，需充分研究车站自身及站点周边各项条件，同时结合土地开发价值确定开发业态及强度，对站点一体化开发采取因地制宜的合理设计。通常从研究边界条件着手，对车站本体、站域空间一体化设计及开发、与市政设施的一体化设计与提升、站城文化和风貌的融合等方面进行设计。

1. 边界条件

根据车站周边现状及规划条件，梳理站点周边区域资源，如规划或现状为轨道交通与枢纽、商业综合体、历史古迹、自然景观、城市广场、居住区等，需结合不同区域特点整理车站一体化设计及开发思路。

2. 车站本体开发设计

一般在主体内部公共区布置便民服务设施，在车站配线或多层车站上方空间根据周围地块规划，合理布置业态，并与周边地块便捷衔接，实现本体的开发设计，如鱼化寨站的站后配线上方空间开发。

3. 站域空间一体化设计及开发

结合西安轨道交通的设计实践，轨道交通站域空间一体化开发设计研究包括枢纽类、商业类、城市广场类三种类型。通过前期的统筹研究，可集约使用城市土地，为站域范围开发项目带来交通便利和大规模客流，提高开发项目的经济效益。同时开发项目客流也可以反哺轨道交通，实现双赢。

(1)枢纽类一体化设计：对于与轨道交通与枢纽结合的站点，需提前进行综合交通一体化规划研究，在规划成果的指导下统筹分析枢纽之间的换乘关系和流线组织，实现便捷换乘。现代城市综合交通枢纽设计满足交通功能会同时融合商业、服务等功能，形成交通综合体，更好地为城市和乘客服务，如西安火车站站综合交通枢纽的一体化设计。

(2)商业类一体化设计：对于毗邻商业综合体的车站，这类开发在地铁结建中较为常见，但地铁与周边建筑在开发时序上大多不一致，设计前期要与周边地块开发商及业主充分沟通，提前进行一体化开发方案研究，预留出合理可行的接口条件，如吉祥村站与商业综合体 MOMOPARK 的一体化开发设计，车站在规模、柱网、接口等方面与周边商业实现了高度融合。

(3)城市广场类一体化设计：对于结合广场、公园绿地等综合开发的车站，车站与地下开发商业之间采用下沉广场、小品景观、地势错落等方式相互渗透，车站出地面建筑与地面景观融合设计，如西安幸福林带区域地铁车站充分利用地铁轨行区上方空间与毗邻商业、地面景观一体化设计。

4. 与市政设施的一体化设计与提升

轨道交通车站在设计时应充分考虑出入口通道能兼顾过街功能，或与既有过街设施衔接及代建；出入口位置结合交通衔接需求，在不影响乘客进出站的前提下，与停车场、公交站、出租车站、共享单车停放点、书吧、早餐售卖点等公共配套设施紧密结合。如行政中心站出入口通道与周边市政通道实现了互联互通；车站出入口用地周边同时考虑共享单车所需用地，同步建设和实施等。

5. 站城文化和风貌的融合

车站与城市的文化和风貌融合也是一体化设计考虑的内容。在地域特色鲜明的车站公共区及出入口通道可通过室内环境艺术设计及设置人文艺术展示的形式，将城市地域文化元素融入地铁车站公共空间环境艺术设计，彰显城市文化特色，体现人文关怀，如钟楼站、大雁塔站的室内环境艺术设计及文化艺术墙设计。车站出地面建筑应充分与城市风貌、区域环境相融合，达到和谐统一，兼具地域文化特色，如大唐芙蓉园站C出入口造型。

9.6.4 既有换乘车站改造设计要点

在城市和轨道交通的快速发展中，换乘车站是城市轨道交通网络化运营的关键控制点，换乘车站的服务水平直接关系到轨道交通网络运行效率。在轨道交通网络逐步完善的过程中，原有线网规划已跟不上城市的发展，从而导致已建成车站不能满足新的客流需求。

由于线网规划的完善，对于已建成的标准站变换乘车站后，未预留换乘条件的车站，或者由二线换乘车站调整为多线换乘车站。根据新的预测客流进行核算后，站内空间及楼扶梯或换乘楼扶梯等设施设备的能力已无法满足客流便捷换乘的需求，尤其是不能满足远期客流疏散要求的情况下，需要对存在上述问题的既有车站进行改造或功能提升。

总体来说，既有车站的改造应遵循的原则包括：一是要根据周边规划研究客流规模，研究车站现状，梳理存在问题，提出解决方案，解决瓶颈问题；二是要结合运营现状，合理组织实施，保障运营安全。

车站改造量因站而异，改造过程中均会对既有线运营造成一定影响。改造前应对既有站进行分析，结合运营实际情况提出合理可行的改造设计及实施方案，并组织专项评审。改造工程的实施期间，应加强与运营单位协商，加强监控，编制应急预案，将对既有线的不良影响降到最低。

换乘车站改造重点研究以下几方面：

1. 客流规模风险与应对

客流预测规模对改造车站至关重要，充分估计客流规模风险是设计首先考虑的内容。

针对和既有线换乘车站设计时，综合考虑换乘客流及远期客流确定出本站作为换乘车站后的客流数据，再对换乘车站规模及换乘设施设备能力进行验算，确定出改造后车站规模和重要节点的能力，作为既有线车站改造设计的基础。在换乘改造站设计中增加客流规模风险分析，提出合理的运营组织建议，作为行车组织设计与建设计划决策的参考依据。

2. 消防安全

根据《地铁设计防火标准》(GB 51298—2018)的要求，扩建工程消防疏散应满足规范要求，改建工程可以根据项目的实际情况进行分析，有困难时可以执行原设计标准，但需要征得本市消防部门的认可。车站改造期间，应做好消防专项预案，保证乘客和国家财产的安全。

3. 风险评估及对策

地铁改造工程相对复杂，社会影响大，在进行地铁车站改造时应进行必要的风险分析和评估工作。从项目前期、施工、运营等各个阶段可能对外产生的负面影响，全面、动态、全程识别判断可能影响项目总体目标顺利实现的各种风险因素。

4. 结构安全及施工措施

改造过程中应尽量减少对运营的干扰，接驳施工时应在接口部位进行围挡设置，并设置防尘网布及安装排风筒，防止灰尘及电焊烟雾流入运营区域内。为保证改造期间的运营安全与设备运转，主要设备设施可以遵循以旧换新，先建再拆的改造原则。

9.6.5 换乘车站设计要点

换乘车站的设计根据客流、线路高程、工程条件、站址环境并结合地下管线及城市规划等因素确定，在设计时需重点对以下几个方面进行研究。

1. 站位

换乘车站的站位和换乘形式密切相关，应将整个换乘车站作为一个整体来看，车站站位应能让车站在主要道路各个象限均可设置出入口，方便乘客乘降，同时兼顾市政过街功能。出入口及通道应尽量与附近的商场、公共场所、路口市政过街设施、人行天桥等结合，并考虑与公交站点、其他交通设施的衔接换乘。

车站站位布置也需充分考虑施工期间对市区交通干扰小，对站址周围既有建筑拆迁少，管线迁改量小，出地面建筑与周边环境融合，车站施工工期短、投资省、结构形式合理等综合因素。

2. 换乘设计

结合线网规划、线路敷设条件、站址周边规划及现状条件、客流量等因素，以换乘便捷为目标，进行换乘形式的比选研究。换乘设施（楼扶梯及通道）的通行能力应满足预测的远期或客流控制期换乘客流的需要，宜留有扩、改的余地。换乘车站的换乘方式在允许的条件下应为付费区换乘，并在满足客流集散的前提下尽量缩短换乘距离和换乘高差。换乘设计流线应简洁明确、与进出站客流分开，避免交叉干扰。结合换乘的便捷性优先考虑站台—站台的换乘，其次为站厅—站台、站厅—站厅的换乘，最后为通道换乘。

通过分析总结，西安轨道交通的换乘车站主要有T形节点、“十”字节点、L形节点及通道换乘四种形式，尤其以T形节点换乘为主。针对T形换乘车站节点处站厅、站台的空间以及楼扶梯布置结合客流模拟需进行充分的研究分析，为后期的运营组织及换乘的便捷性提供较好的条件。

3. 辅助软件分析

多线及大客流换乘车站，需根据客流的负责特征，对换乘车站的换乘方式、设施能力及换乘车站的功能是否合理，需利用客流仿真模拟进行反复模拟，通过评价指标进行综合评价，以实现在设计阶段换乘车站方案功能最优。

4. 车站规模

车站规模应以远期或客流控制期超高峰小时客流量为依据，满足列车长度和限界要求、乘客集散和乘降的安全要求、换乘要求、各种设备安装和运营管理的要求、各场所的合理面积及其相互位置关系的要求，同时应根据车站所处地理位置的重要性、车站的性质等综合因素进行车站总体布局，最终确定车站规模。

5. 车站的功能与组成

在充分考虑平时客流的疏导和集散，在紧急情况下便于乘客疏散、确保乘客安全的前提下，站内空间布置应合理紧凑，乘客使用的各种设备、设施的选用应安全、经济适宜，管理及系统用房的布置分区应明确，布置紧凑，便于运营管理，从而保障车站运营的设备系统技术先进、经济合理。

第 10 章　车站与城市融合设计

随着我国城市化进程的不断加快，以地铁为代表的城市轨道交通作为一种大运量的交通方式正在飞速崛起。现代的客运交通方式由单一封闭型向多种交通工具综合运营型转化，地铁车站也突破单一交通服务功能的建筑模式，发展成为既是城市重要的交通节点，也是构成高效率、快节奏的多功能城市综合体的重要元素。同时，轨道交通的迅速发展也带动了城市的演变进程。

以轨道交通车站与城市融合设计为契机，分析整合利用站点周边的城市空间，实现车站与城市的融合，对轨道交通及其周边空间进行点—轴—网络的综合性开发，成为现阶段轨道交通车站设计的重要方向。车站与城市融合可以更好地将零碎的城市空间和低效能的城市土地综合利用结合起来，以车站建设带动周边地区的整体建设；同时，车站周边地区一体化的开发又会吸引大量的人流，并进一步发展成新的中心区，从而产生区域效应，带动整个城市的发展。国内外车站与城市融合建设的实例证明，这是一个“多赢”的发展模式，车站与城市融合设计也是提升土地容量，解决城市交通、功能等问题的重要途径，已成为很多大城市解决部分城市问题的重要理论支撑。

10.1　国内外轨道交通与城市融合概述

现代都市与轨道交通关系紧密，从东京、伦敦，到香港、北京、上海、深圳、成都，无一不展示了轨道交通与城市融合发展已成为现代都市文明的象征和城市国际化的标志。本节概述了美国 TOD（Transit-Oriented Development，以公共交通为导向的发展模式）理论，分析了东京轨道交通与卫星城、大都市圈的发展关系，细分了伦敦 TOD 的城市类型，聚焦了目前国内香港、北京、深圳等地铁与城市建设的发展。

10.1.1　国外轨道交通与城市融合现状

国外发达国家如美国、日本、法国等在站域空间开发利用的领域，已经发展得相当成熟，其规模和水平也从早期的单体建筑向地下延伸，发展到与轨道交通系统结合的商业综合体等更为复杂的层次。综合化、分层化以及深层化的城市轨道交通已经成为国外地铁与城市空间开发的发展方向。

国外研究 TOD 最早最深入的当属美国。20 世纪 90 年代初，美国的小汽车出行方式占主导地位，城市经历了向郊区蔓延的大规模空间扩展过程。基于对郊区蔓延的深刻反思，彼得 · 卡尔索尔普在 1992 年提出以 TOD 替代郊区蔓延的发展模式，并为基于 TOD 策略的各种城市土地利用制订了准则。1994 年，他进而提出用 TOD 将用地功能划分为办公、就业区、核心商务区、居住区和辅助区域等，还提出了著名的宜人空间设计、土地混合开发和高密度建设的 3D 设计原则，并率先在全国开始了多层次的 TOD 发展规划，如图 10.1 所示。

随后美国的交通与发展政策研究所提出了包括紧凑、连接、密集、公共交通、转换、混合、步行、自行车在内的八大 TOD 设计原则，并以此建立了 TOD 评价指标体系。

从 20 世纪末至 21 世纪初期，TOD 经历了 20 多年的理论与实践探索，由初期同公共交通相关联的土地开发，到公共交通为导向的土地开发，再到 21 世纪初以公共交通为导向的城市综合发展，经历了多个发展阶段。截至 2011 年底，美国已在 53 个城市和地区开展了 TOD 规划项目。其中华盛顿大都市区轨道交通沿线的城市建设与发展被看作是美国 TOD 模式的代表，实现了地铁站点的土地高密度开发，鼓励站点地区土地的混合使用，同时创造了高质量的步行环境和开放空间，并在 2005 年赢得了美国环境保护署颁发的“精明增长”奖项。

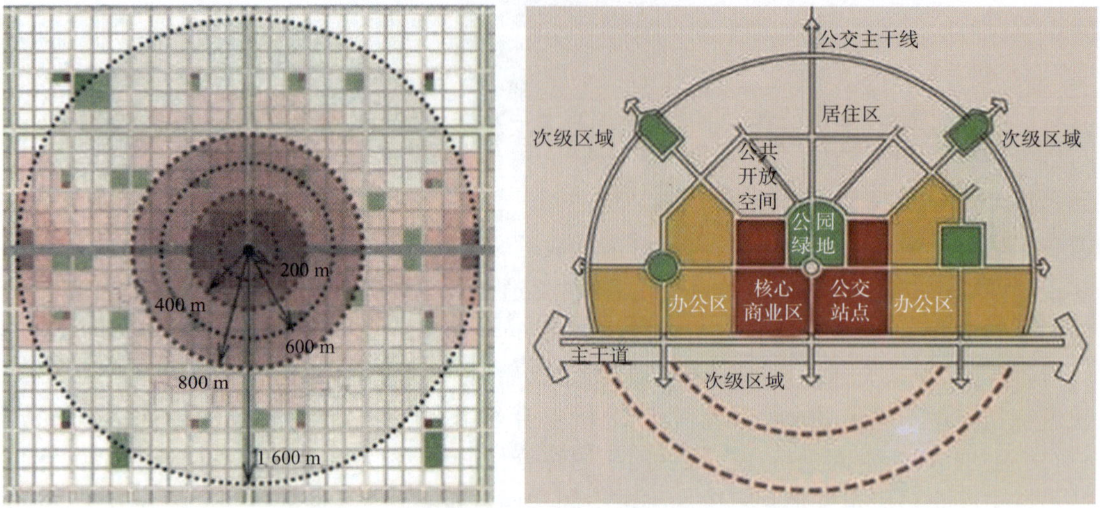

图 10.1　TOD 模式示意图

经历了 20 世纪 70 年代中期的石油危机，日本以小汽车交通为导向的城市交通发展策略随之发生变化。政府决策者为了提高公共交通服务水平，提升公共交通的吸引力，提出城市化地区道路交通设施的建设需与城市的土地利用发展保持充分协调。

在此背景下，东京将轨道交通定位为城市交通的主导模式，对沿线土地开发与轨道交通一体化建设进行统筹安排，高效地将轨道交通、快速铁道、地面公交、汽车停车、自行车和商业开发、商业街区、大型综合体组织在一起，方便了乘客的同时也促进了城市的发展。城市轨道交通网络整体呈“环形 + 放射状”模式，实现了卫星城区域间的便捷连通，依靠轨道交通干线把大城市及其影响地区组合成为一种多中心组团式的网络结构体系。东京都市圈就是该体系的典型代表，依托于多系统、多层次、规模巨大的轨道交通网络建设，已成为全球都市圈发展的典范。

作为世界上最早的地铁系统，伦敦地铁已经运行了一个半世纪。伦敦地铁线网密集，各线换乘便捷有序，不同的车站有各自的特点风格。伴随着伦敦城市建设，轨道交通、社区公交、轻轨等城市公共交通体系不仅为城市带来活力，增加了各区域的可达性，而且加速了伦敦老城更新，促进了新城建设，从而形成了城市交通导向下的城市发展模式，如城市中心型、城市枢纽型、新城建设型、社区建设型等。

以伦敦中心的牛津街站为例，站点位于老城区，周边建筑密集，出现高楼会影响街区体验，因此车站周边重视步行街道规划、扩大街道公共活动节点，同时引入新的办公区域和复合商业，促进车站与周边城市的融合。考文特花园站根据周边的城市形态，形成了低密度的广场和创意市场，彰显车站开发的特色，这种与高密度开发站点的差异性，对周边的商业发展非常有利，成为社区建设型发展模式的代表。

10.1.2　国内轨道交通与城市融合现状

地铁的产生与发展已有较长的历史，相较国外，我国地铁建设起步略晚——第一条地铁于 1969 年在北京开通，与伦敦地铁相隔将近一个世纪。但是在这短短的 50 多年里，随着我国社会、经济的快速发展，到 20 世纪末，上海、广州、深圳等城市的地铁都相继开通。尤其是进入 21 世纪后，我国更是进入了轨道交通建设的高峰时期，越来越多的城市开始了地铁建设，各城市建设也愈发意识到轨道交通与城市融合的重要性，其在拉大城市骨架、优化城市布局、促进土地合理高效利用方面起到至关重要的作用。因而在城市发展策略、政策引导、城市管理方面均有不同程度的调整。

我国 TOD 模式最早在香港轨道交通中得以体现，香港轨道交通切实发挥其在城市空间布局和资源配置中的先导作用，从技术导向、政策保障、市场驱动三个方面分析实现轨道主导的 TOD 可持续发展路径。且“港铁”兼具轨道运营者和物业开发者的双重身份，其“轨道 + 物业 + 土地”的开发融资模式在轨道交通及周边城市建设中的应用相当成功，该模式在各地轨道交通得到不同程度的推广，如图 10.2 所示。

伴随着城市快速建设,北京轨道交通发展迅速,地铁站域周边开发采用一体化统一规划、同步设计实施的开发模式,对地铁站域类型进行分级,通过分析站域土地利用模式,提出站域空间多种开发体系。《北京市国民经济和社会发展第十四个五年规划和二〇三五年远景目标纲要(草案)》中提出,北京将加快构建圈层式、一体化轨道交通网络,扎实推进干线铁路、城际铁路、市郊铁路、地铁"四网融合",实现轨道交通与城市协调融合发展。

截至 2021 年 1 月,上海地铁已运营线路达 19 条,其沿线站域开发分为三类:以交通功能为主导、以商业功能为主导、交通和商业并重。通过站域开发,上海提高了城市的土地利用率,优化了城市的空间布局,弥补了部分轨道交通建设成本。

深圳地铁也在不断推进各城市站点周边一体化的进程,基本形成"轨道 + 物业"开发模式和规划、设计、建设"三同步"的总体思路,并对车辆段上盖用地和投资体制等进行研究,但受限于国家、省、市对于地铁上盖物业开发方面尚无相应法规可依。在同步开展用地征收、规划设计、办理项目建设手续过程中,用地出让方面也存在系列问题。

图 10.2 "轨道 + 物业"示意图

近年来,成都着眼于可持续发展战略,将 TOD 模式作为全面落实公园城市理念的重要途径。根据《成都市轨道交通场站综合开发专项规划》和《成都轨道交通站场一体化城市设计导则》的相关规定,成都以城市功能与轨道交通功能为主要分级影响因素,将轨道交通站点分为四级——城市级、片区级、组团级、一般站点。主要内容包括:在轨道站点周边核心区集聚产业、公共交通、公共服务设施;在外围辐射影响区布局居住及公共服务设施;结合城市功能与慢行通道布局城市开敞空间。将重大产业功能向站点核心区集聚,在外围布局服务于本地社区的产业功能;紧邻轨道站点立体化布局公共交通设施,公交场站紧邻轨道站点进行一体化建设,在枢纽内部实现无缝换乘;城市公共服务设施宜向站点集聚,将 TOD 与 SOD(Service-Oriented Development,服务引导开发)紧密结合,从而推动城市转型升级和永续发展。

10.1.3 西安轨道交通概况

目前,西安跻身国家中心城市、"一带一路"核心城市,成为中国向西开放的战略支点。包括在陆续推出的新一轮西部大开发、黄河流域生态保护和高质量发展、构建国内国际双循环等国家战略中,西安均扮演着重要角色。城市地位显著提升的同时,西安的基础设施、城市管理、营商环境、人才环境、对外贸易、文化活力、产业质量等维度也实现了快速升级。城市结构与轨道交通的融合发展,给西安的发展带来了深刻变革。

西安市不断加快推进地铁三期建设规划项目全面落地,2020 年 12 月 28 日,5 号、6 号、9 号线三线齐通,新增运营里程 83 km,创下一次性开通最高纪录,运营里程达到 215 km。西安轨道交通 1 号线三期、2 号线二期、8 号线、10 号线一期、14 号线、15 号线一期、16 号线一期等 7 个项目 150 km 线路全部开工建设,创造了历史最快纪录。"十四五"期间西安轨道交通运营里程将再翻一番,形成 12 条运营线路、总长为 422 km 的轨道交通运营网络,开通运营里程从过去平均每年 10 km,全面提速到平均每年约 50 km。

根据西安综合交通规划，预计到2030年，西安将建立与国际化大都市要求相适应的多方式、一体化的现代综合交通体系，打造国家级综合交通枢纽和西部地区门户枢纽，构建起主城区半小时通勤圈、都市区一小时交通圈，西安轨道交通将在城市公共交通体系中起到关键作用。

西安轨道交通事业迈入“快车道”，2020年11月14日，西安轨道集团联合《财经》杂志社成功举办“2020城市发展与轨道交通（西安）圆桌论坛”。邀请国家信息中心首席经济学家范剑平，深圳地铁集团有限公司技术委员会主任陈湘生，株式会社日建设计执行董事陆钟骁等，以及地方政府、金融、商业等相关机构代表一道，围绕宏观经济形势、TOD模式等话题，进行深入交流。

西安站点一体化开发已融入地铁线网规划及设计，小寨站与赛格购物中心，钟楼站商圈，行政中心站与熙地港的结合，吉祥村站与MOMOPARK的同步建设，均充分展示了西安轨道交通与周边城市建设的和谐双赢，如图10.3、图10.4所示。目前针对车站及其周边区域和城市的融合，我们提出了更高的要求，对于在建轨道交通8号线，重点站一体化设计需做相关专题研究。10号线车站与TOD项目要进行统筹考虑，未来将以串珠式发展，并引入开发商，加入西安轨道交通TOD建设中来。

图10.3　西安小寨站与赛格购物中心现状图

图10.4　西安吉祥村站与MOMOPARK现状图

纵观国内外，城市建设与地铁发展密不可分，在此背景下，西安如何做好城市发展与轨道交通融合，进一步优化城市空间结构，提升都市圈的活力和带动能力，乃至能否为中西部城市推进TOD模式探索出一条示范性道路，值得我们深思。

10.2　车站建筑与城市融合设计研究要素

由国内外城市建设与轨道交通融合现状可看到两者息息相关，研究探索出TOD模式下城市区域板块的发展模式，对于未来城市建设有深远的意义。因此，本节从轨道交通站域空间需求分析着手，通过分析站点区域演变过程，归纳总结车站建筑与城市融合设计研究要素。

10.2.1　轨道交通站域空间开发需求分析

站域空间是以地铁车站为核心，与周边地上、地下建筑形成一体化、功能集约、系统整合的综合型城市设施。与传统建筑空间相比，站域空间具有多层次、多要素、动态开放等特点，是城市轨道交通点状空间迈向城市发展网络的重要途径。从宏观层面，轨道交通站域空间开发具备提高沿线土地利用价值、平衡调控城市区域功能、实现城市空间立体化协调发展的作用；从微观层面，对提高轨道交通客流承载力，连通站点周边城市空间也有重要的作用。

1. 提高轨道沿线土地利用价值

轨道交通站域空间开发可以实现土地高效益，有效提升地面环境，使土地的高强度开发具有可持续性，同时改善部分轨道沿线由于土地高强度开发造成的城市空间拥挤和环境恶化等问题。由于地下空间不计入规划容积率，且不用另外支付地价或只需支付相对地面地价较少的费用，因此高地价地区开发地下空间可以有效转移地面建筑空间所承担的高额地价，也意味着投资开发后的高效益。例如建于20世纪90年代的日本新干线，总投资约7万亿日元，给周边近7万公顷的土地带来的增值达17.77万亿~24.59万亿日元。中国广州地铁建成后，坐落于地铁车站周边的商服业租金的增长幅度为40%~500%。在高地价地区开发轨道交通空间不仅降低了空间总开发成本，同时增加了高质量空间的规模，提升了土地利用效率和价值，符合土地集约化利用的原则。

2. 平衡调控城市区域功能

轨道交通站域开发定位依托于城市区域现有功能的结构和配置，是城市功能的一个延伸和补充，对调整城市功能、提高土地利用率起到一定作用。在商业价值和地价较高地区站域空间设置商业经营性设施，可以有效平抑高昂的地价，同时获得良好的经济效益。在地价相对较低的居住区站域空间开发，主要进行市政设施的更新和交通条件的改造。对于旧城中心来说，通过站域空间的开发改善原有商业定位不合理的问题，让收益较低零售商业逐渐转移到地下，将地面空间进一步转让给收益更高、服务更为综合、环境要求更高的产业中去。对于新城中心或副中心来说，将更多的停车功能转移到地下从而提升地面环境质量，围绕轨道站点开发的地下空间主要可以更多地弥补地上功能的短缺，如公共交通服务枢纽、景观下沉广场、人防功能等，形成丰富的功能层次，优化引导新城中心的发展。

3. 城市空间立体化协调发展

随着城市轨道交通的建设，轨道交通站域空间由单一的交通空间逐渐发展成复杂的地下街开发、商业综合体开发，打造大型综合交通枢纽，进而形成站域空间联合开发的网络式结构，以及城市CBD片区立体开发，这种城市空间立体化整合对协调城市区域发展的作用也越来越突出。

4. 提高轨道交通客流承载力

由于轨道交通站域范围内有大量的城市公共建筑，其中包含数量不菲的商业建筑，大多数能直接把轨道交通人流引入商场内部，从而激活人气拉动消费。如上海徐家汇站，站点建设之初没有考虑对周边商业建筑的连通，后来商场为了吸引人流纷纷自发的修建地下通道与轨道站点取得联系。同时商业客流也可以促进轨道交通的客流增长，进一步提高轨道交通客流承载力。

5. 连通站点周边城市空间

在站域空间的开发早期，站点周边建筑往往仅地下一层用于商业开发，地下二层及以下多用于停车场和设备用房，轨道站点一般与其地下一层连通。当站点周边建筑地下二层也用于商业、公共活动等功能时，车站可与地块内的地下二层空间相连通。从经济的角度来讲，与地铁车站直接相连的一层，人流最集中，相当于商场的“地面层”，也就具备了很高的商业价值。轨道交通与周边建筑和公共设施的连通，提倡轨道交通与周边地块做整体开发利用规划，也是城市区域开发的重要需求。地铁的准时、大运量、高效的特性也会在极大程度上带动周边地块的开发，促进城市的快速发展。

10.2.2 轨道交通车站站域空间发展阶段

根据“点—轴”理论，不同发展阶段的站域空间开发模式具有明显差异，特别是在轨道交通站点发展到一定阶段后，沿线土地的开发价值被激发，站点周边孤立分散的空间成为吸引力的“点”，并沿着轨道交通线路这根“轴”开始引导站点与之相连，站域空间也由此产生。我们通过分析轨道交通站域空间的四个发展阶段，进而探索车站建筑与城市融合设计研究要素。

1969年10月1日，第一条地铁线路在北京建成通车，北京成为中国第一个拥有地铁的城市；1976年1月，天津轨道交通新华路至海光寺段（现属天津轨道交通1号线）试通车；上海轨道交通建设始于1990年初，之后随着城市的发展，广州、长春、重庆、西安等多个城市也步入了地铁时代。地铁随着时代的变迁，也发生了日新月异的变化。地铁与周边环境的融合方面，可总结为以下四个进程，如图10.5所示。

第一代轨道交通车站功能较简单，与周边接驳形式较单一。

第二代轨道交通车站各出入口与市政过街通道联系紧密，出入口或主体部分与周边商业衔接。

第三代车站的主要特征是“站城融合”，轨道交通站引入城市其他功能，成为以交通为中心的城市综合体。

第四代轨道交通车站的重要特征是线网形成多层次规划，在对外交通节点均规划多条轨道交通线路，辐射多方位城市片区，强化一体化交通衔接。

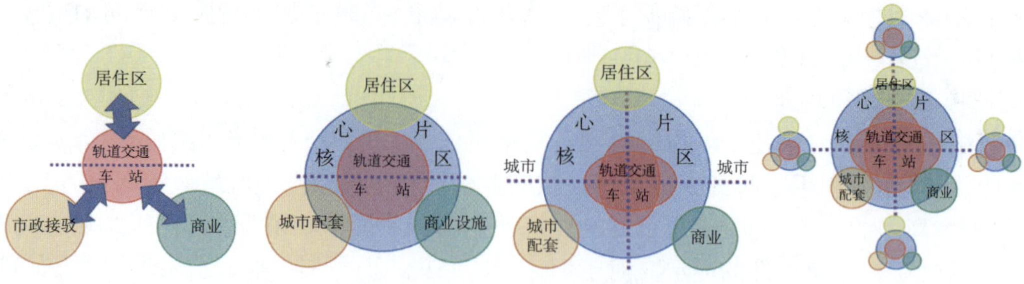

图 10.5　轨道交通车站与周边一体化设计阶段演变示意图

由轨道交通与周边一体化四代演变可看出，车站由原来单一功能逐渐演变为以城市发展为导向的交通中心，成为城市综合体的一分子，而枢纽地区则由其交通功能进而发展成城市的经济中心，其大运量、准时、高速的特性对沿线土地开发具有较强带动的作用，吸引了办公、商业、休闲娱乐、居住等更多的城市功能向其周边集聚，成为站城融合区的核心，目前正在成为城市发展的新增长极。

按照 TOD 圈层布局规律，站点周边划分为核心区和辐射影响区，其中枢纽换乘车站核心区域为 500 m，一般站核心区域为 300 m，实际可根据道路、河流等自然阻隔具体划定。

站域空间开发演变过程如图 10.6 所示：第一阶段，以城市中心区换乘车站形成区域轨道交通核心，站间距约 1 km；第二阶段，以各车站为中心，形成城市人流汇集，车站核心区域带动周边圈层发展；第三阶段，核心区继续扩张，并带动邻近核心区域商业、办公、居住等配套设施逐渐同步发展，形成辐射区域；第四阶段，城市轨道交通核心区与辐射区域融合发展，呈轨道交通车站与城市融合发展之势，达到创造高品质的城市空间，提升城市吸引力，最终实现推动片区经济快速发展的目的。

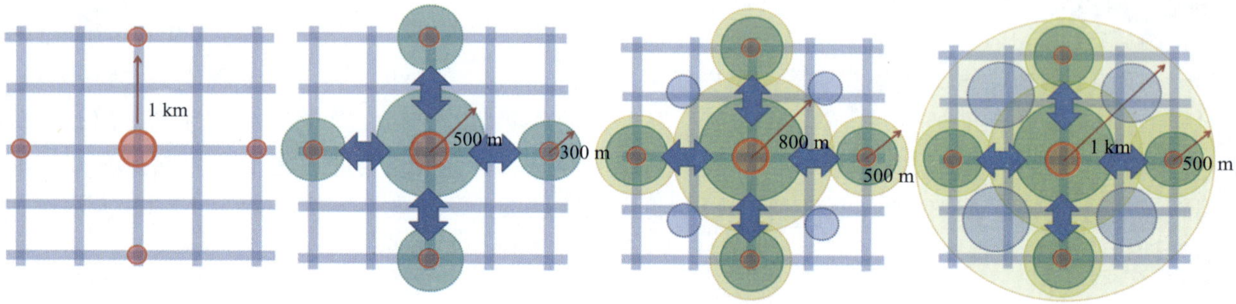

图 10.6　站域空间开发演变过程示意图

10.2.3　车站与城市融合设计研究要素

由轨道交通车站建设及其发展演变可发现，站点与其周边现状、城市规划、片区资源以及站点规模发展密不可分，而站域空间的开发演变则进一步揭示了多个车站形成轨道交通组团后，对城市区域的辐射带动作用，如图 10.7 所示。

1. 周边现状建设条件分析评价

通过对站点区域内自然条件、建设条件、土地利用条件、道路、交通、管线条件、人文历史条件等基础条件进行综合分析，为站点及周边区域因地制宜的合理设计做好前期工作。

2. 相关城市规划分析

规划分析主要包括城市总体规划、控制性详细规划、综合交通规划、轨道交通线网规划等，规划条件

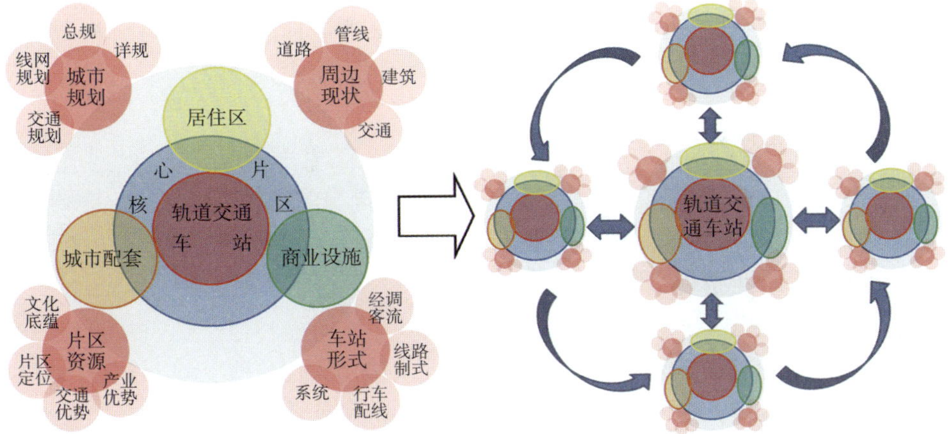

图 10.7 车站建筑与城市融合设计研究要素示意图

是站点设计及周边开发建设的重要边界条件。城市规划是规范城市发展建设，研究城市的未来发展、城市的合理布局和综合安排城市各项工程建设的综合部署，具有指导和规范城市建设的重要作用，是城市管理的龙头。城市综合交通规划作为空间规划体系的重要组成部分，随着城市发展，城市交通的建设既要应对需求的变化引导城市发展，还要促进交通方式转型、提升交通服务品质。西安市轨道交通线网规划以"西安市总体规划""西安各区总体规划"为上位规划，根据建设时序及远期客流要求、工程分期实施的条件，匹配城市综合交通规划，对各条线路走向及线网形态进行统筹规划，是轨道交通线站位设计的重要依据。

车站设计在分析城市规划、轨道交通线网规划的基础上，根据远期客流预测，兼顾把握城市土地合理利用。轨道交通地下空间站点区域对周围区域的辐射和吸引对城市用地产生积极影响，进而带动周边枢纽、商业、社区的一体化建设，同时优化城市空间结构，为轨道交通与城市融合发展创造条件。

3. 片区资源

城市区域的片区定位、产业优势、交通优势、文化底蕴等内容均为片区资源的呈现，车站与城市的融合设计需与城市片区资源密切结合。

4. 站点规模

站点总体规模主要受到接入站点的轨道交通线路数量的影响，单个线路车站规模主要受控预测客流、线路制式、行车配线、各系统规模以及车站形式和功能的制约。站点在线网中的级别、规模也对站城融合设计有一定影响。

5. 轨道交通组团

单个轨道交通站点对周边城市开发带动效果有限，而组团效应则会大大增强。

总体来说，周边现状分析是基础条件，站点规模与其辐射片区互相匹配，规划分析对站点开发有指导意义，并为其指引方向。而片区资源则是站点开发的大环境，轨道交通的发展同时也对引导城市空间结构优化、促进区域协作有着重要作用，对于促进站城一体化融合设计具有重要的意义。轨道交通组团则是由城市片区的中心车站带动相邻车站，形成站点组团，对于拓展站域空间，加强和带动区域城市建设有着强大的推动作用。

10.3 站城空间开发融合设计

在归纳车站建筑与城市融合设计研究要素基础上，结合各城市站城空间形态表现，不难发现国外已进入到轨道交通组团的发展阶段，呈现竖向立体化、横向网络化、功能复合化等空间表现形式。而国内城市站城空间开发更多表现为根据车站具体特征，结合周边空间形态特质，辐射带动城市片区，进而提升空间品质,使城市轨道交通与城市融为一体。本节结合各城市案例,分别对国外、国内轨道交通站域空间融合模式做出归纳阐述,并结合西安轨道交通站点站城空间开发融合具体情况进行分析,从而对后续轨道交通功能与城市功能融为一体做相关研究,最终实现站城融合、多元复合。

10.3.1　国外轨道交通站城空间融合模式

国外轨道交通建设起步较早,轨道交通车站开发本质上是充分利用其地下空间,提高土地利用效率,扩大城市空间容量,进而带动城市片区发展,形成圈层式、网络化的发展形式。站域综合开发在空间形态上的表现为:竖向立体化、横向网络化,功能复合化。

1. 竖向立体化

即集约式开发。通常指地铁站与城市其他功能分布于不同的层面上,地上地下多种功能相互之间采用了垂直联系,从而形成建筑综合体。竖向立体化模式产生的前提大多是城市建筑在有限的土地资源的限制下,将建筑交通空间、使用空间、城市公共空间,在垂直方向上相互叠加,形成高效、紧凑、有序的功能组织模式,实现了功能的集聚效应。同时,除了建立地下步行系统外,还可以增加空中步行系统相互补充。

例如,新加坡新大巴窑镇车站将办公、商业、地铁和公交总站集成开发,实现公交与地铁之间的换乘,也提供了多种功能的组合开发,集聚了大量的人流。在土地稀缺的中心地区,此种开发模式值得借鉴。

东京地铁的换乘中心通常也是几条地铁与干线铁路、市郊铁路的换乘中心。同时,还将公共汽车站、出租车站、地下停车场与商店、银行、地下商业街等布置在一起,从而可以形成地下、地面和地上的立体换乘中心。每个车站的进出口少则十几个,多的达数十个之多。发达的换乘系统有助于合理组织交通,缩短乘客换乘时间,保证交通安全,方便了乘客的活动,也促进了物业的开发。位于东京副都心的新宿站,是8条轨道线路的大型换乘中心,周围联络39条公共汽车路线。地下一、二层连接了新宿歌舞伎町等5条地下商业街,地下二层及更深的空间开辟为大规模的地下停车场。车站地面层是小田急快车线、山手线和中央线;二层以上是京王百货店、食品店、饭店和书店等;地下一层是小田急线停靠站;地下二层是京王线停靠站;地下三层是丸之内地铁线车站;地下四层是JR国铁线车站;地下五层是京王新线和地铁都营线车站。

从大巴窑镇车站、东京地铁新宿站可看到,竖向立体化最大优点是有效地解决了城市用地紧张的状况,高效发挥地铁交通的作用,促进土地的高效利用和城市空间的集约化。

2. 横向网络化

该模式主要针对地铁车站开发所引导的城市平面空间的开发拓展。以地铁车站作为催化媒介点,在城市中心区和次中心区,将商业、交通、休闲等多种城市功能综合布置在综合开发区域中。同时,由于城市立体化发展,这些区域共同形成了综合体。若干个这样的综合体,通过地铁以及地下步道相连接,就形成了规模更大的网络式综合群体。其覆盖区域可以包括整个地铁站域的步行合理区。

例如,加拿大多伦多伊顿中心。多伦多拥有北美最完善的地下步道,它几乎覆盖了市中心的所有地块。地下环城轨道线在中心区域设有6个换乘地铁站,地下步道系统将这些换乘车站相连接,并通过中心区的重要公共广场、建筑、综合体与城市地面系统相连接。同时地下步道系统的空间设计借鉴了美国凯文·林奇教授的城市设计理论,路径、区域、节点、标志相互结合,打破了地下广场沉闷的弊端,成为中心区公共活动空间的有机组成部分。伊顿中心是多伦多市最大的商业综合体,其内部空间组织综合运用步行商业街和室内中庭相结合的手法,其南北两端分别连接着杨格街下部的两个地铁站。地下综合体的中庭贯通地面层与地下一、二层,且上部为拱形玻璃顶,透过玻璃顶,地下一层甚至二层都能自然采光,解决了地下空间封闭阴暗的弊端,营造了良好的空间环境。

3. 功能复合化

功能复合化模式一般根据城市功能的整合需求,分析与地铁站域空间形成整合的基本条件。地铁站域空间整合的城市功能通常有商业、交通、文化娱乐、市政、防灾等,多功能复合化发展。其中最主要的是交通、商业两大功能。

(1)与城市商业功能结合——通过交通空间将地铁设施及商业、停车等设施整合为立体综合体,带动周围商业空间的整体化和立体化。

例如位于大阪市中心部,日本最大规模的地下街——长堀地下街,全长 750 m 的空间连接了四条地铁线路车站,并将商业、停车、人行过街等设施整合为一体,成功实现地区性人车立体分流。其地下分为四层:一层是集商业、饮食和人行公共步道为一体的地下步行商店街,二三层为地下车库,四层为换乘系统,最深处达 50 m,总建筑面积约 8 万 m^2,店铺 100 个,地下停车场可容纳 1 030 个车位。由于将太阳光大量引进地下,能使人感觉到地上的自然和时间,形成了让人忘记身处地下的“地上地下相互影响的立体城市”。

(2)与城市交通功能结合——主要指与周围公共交通,对外交通站点或者枢纽结合,以提高交通工具之间的换乘效率为目的,使地铁站与其他交通工具换乘之间趋于整体化与立体化。

例如,日本东京八重洲地下街开发项目。东京铁路始于 20 世纪 60 年代末,由于线路不断增多和“新干线”高速铁路的建设,原有车站已经不能满足铁路客流增长的需求。20 世纪 60 年代初,政府决定在丸之内车站的另一侧新建八重洲车站,定名东京站。同时对两个车站附近区域进行立体化再开发——在八重洲站前广场去往银座方向的八重洲大街一段,开发了著名的八重洲地下街项目。八重洲大街拓宽之后两侧为车行道,中间设有街心花园,地下停车场的出入口与地下街的进、出入口皆组织在沿街高大建筑物内,东京另外还有八条地铁线通过附近。这些地铁站大部分都位于以东京站为中心的几十米到几百米半径内,均由地下步行通道网络互相连通。此外,4 号高速公路通过地下街的二三层,公用停车场可从两侧进入地下。尽管东京站日客流量高达 100 万人,但站前广场和主要街道依旧交通井然,步行与车行相分离,行车顺畅,停车方便。

(3)多种功能并重结合——美国伊利诺伊州中心建成于 1985 年,地处芝加哥中心高层密集区,是一个集商业、办公、交通和公众集会为一体的多功能建筑。中庭垂直贯穿整栋建筑,并在地面层与入口广场连成一个整体,二层平面与莱克街轻轨相接,中庭空间深入地下层,与地铁站相连。伊利诺伊州中心的内庭的城市化,使建筑内庭成为支持市民公众聚会活动的重要场所,同时也是城市交通体系的关键性环节。

10.3.2 国内轨道交通站城空间融合模式

国内地铁建设相对较晚,地铁站域综合开发模式借鉴国外经验,已逐渐朝着集约化、网络化、复合化发展。本研究从上海、深圳、广州、西安等城市的站城空间融合案例分析着手,综合考虑车站在轨道网络中的通达条件、自身定位、周边城市功能、车站特色等内容,同时紧密结合轨道交通与枢纽、城市特色区域、自然景观等周边条件,经归纳梳理,目前站城融合主要呈现交通枢纽型、商业汇聚型、历史文脉型、人文关怀型、景观渗透型等模式。

1. 交通枢纽型站城融合——以交通融合为主导

交通枢纽型站城融合一般与城市大型铁路、机场、口岸、城市汽车站、公交等客运交通枢纽结合建设,客运流线复杂,与周边建筑结合呈现多样化特征。如上海虹桥综合枢纽、深圳北站、深圳罗湖口岸交通综合体等。

上海虹桥综合枢纽从西往东分别为西交通广场、高铁站、磁悬浮车站、东交通广场、虹桥机场。整个枢纽竖向分为五层,12 m 标高为出发层,分布有高铁站候车大厅、航站楼办票大厅、磁浮车站;6 m 标高为到达换乘廊道层,可在此换乘公交与社会车辆;0 m 标高为地面层,包括机场行李厅、高铁、磁悬浮轨道及其站台、巴士东站及停车区、巴士西站及停车区;-9 m 标高与地下换乘大通道相接;-16 m 标高是地铁轨道及站台层,枢纽可实现机场、高铁、地铁、磁浮的一体化换乘,如图 10.8 所示。

深圳北站枢纽分为高铁站房、东广场和西广场。其中,高速铁路呈南北方向,站房设于轨道上方;深圳地铁 4 号线、6 号线在深圳北站东广场高架,与高铁基本平行穿过车站大屋顶。留仙大道、玉龙路经高架桥上跨高铁股道,深圳地铁 5 号线、平南铁路自东向西横穿整个车站。整个枢纽分为地上四层和地下二层,地上一层为城市换乘厅和铁路站台,二层为高架车场和候车室,三层为地铁 4 号、6 号线的站厅,四

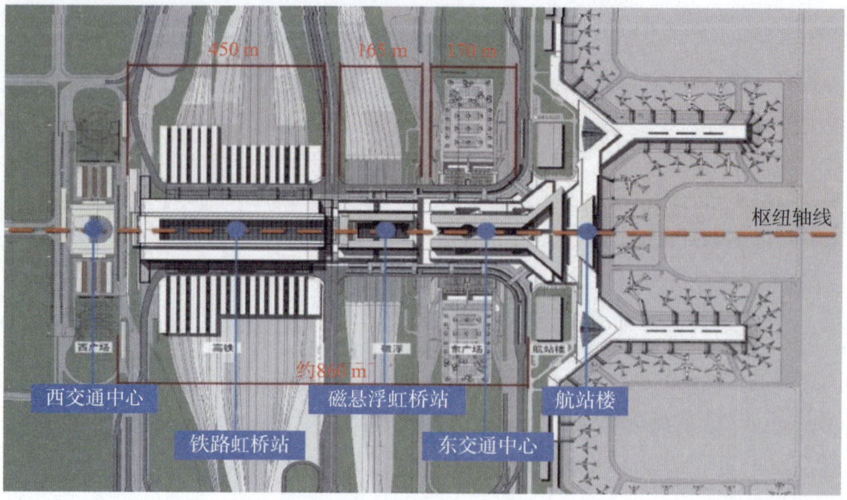

图 10.8　上海虹桥综合枢纽总图

层为地铁 4 号、6 号线的站台，地下一层为平南铁路和 5 号线站台，地下二层为新区大道。国铁和地铁可以通过直接通道，实现无缝衔接换乘，如图 10.9 所示。

图 10.9　深圳北站枢纽鸟瞰图

本类型站城融合核心区需充分考虑轨道站点与枢纽的衔接，通常将轨道交通与地下停车、公共交通设施地下化统筹设计，对交通接驳进行仔细研究推敲，同时满足城市形态、片区产业发展等相关要求。

西安火车站改造扩建枢纽工程由北向南依次为“西安火车站北广场综合改造项目”及“西安铁路枢纽西安站改扩建及配套站房工程”。枢纽规划明确了各交通设施的布局关系，确定了地铁线站位的平面关系、立体层级关系、衔接换乘关系及一体化建设等重要内容。地铁 4 号线火车站站与国铁站房、站场及东配楼一体化建设，地铁 7 号线火车站站与北广场综合交通枢纽采用一体化合建设计，同步实施。

在此枢纽中，轨道交通与火车站及周边区域衔接有序，站区环境与城市有机交织在一起，地铁与西安站、北广场、丹凤门、配套工程等融合设计。考虑轨道交通与其他交通之间的密切联系，将各类交通统筹设置，充分利用地下空间发挥了枢纽的作用，促进了车站的高效运营，也提升了区域地块综合效益，彰显了交通融合城市发展的特色，如图 10.10 所示。

2. 商业汇聚型站城融合——以商业融合为主导

本类型通过分析站域周边建筑特色，与周边物业融合，结合地铁建设修建集商业、娱乐、地铁换乘等

图 10.10 西安火车站枢纽鸟瞰图

多功能为一体的地下综合空间,与地面广场、汽车站、过街地道等有机结合,形成多功能、综合性的站域开发空间,如上海的中山公园站、虹口足球场站,这一类开发最为普遍,但开发难度也比较大,在开发时序上很可能不一致,要与周边地块开发商及业主有良好的沟通,预留连接空间。比如中山公园枢纽站(2 号、3 号、4 号线换乘枢纽),周边是龙之梦购物中心和众多甲级办公楼,借助于换乘枢纽以及周边区域环境支撑,逐步发展为区域级的城市副中心商圈。中山公园站地下通道出入口有 8 个,其中很多通道都和周边商厦相衔接,逐步发展成为有地铁特色的地下商业部分,其中,最具代表性的是龙之梦地下、上海小马路这两段。2 号线中山公园站地下 2 号出口与龙之梦地下一层相连处,由于地铁站台出入口庞大的人流量,主要以快速消费、外带西点、甜品饮料类主体业态为核心,符合地铁过往消费者的快速消费,易于携带,品种时尚,与龙之梦购物中心地面业态形成错位补充的格局。

西安吉祥村站位于城南科技路与含光路交会处东南角,是城市第二大商圈小寨商圈的西门户。由于该地段商业价值较高,遵循沿线土地最大开发的理念,建设者将车站与物业结合综合设计开发。地铁与商业开发同步设计、施工,整个综合体占地 58 亩,总建筑面积 30 万 m^2,由高层和超高层组合而成,分三期开发建设,地下一层地铁商业街与站厅层非付费区 2 个通道相连通,实现地块高效利用、交通与商业空间互联互通,同时地上的集散广场和地下商业及停车空间统筹设计,地铁出入口造型结合商业体外观及材质进行设计,与周边环境实现了较好的融合,如图 10.11 所示。

商业汇聚型站城融合考虑通过产业功能布局引导,以站点为核心,加强产业集聚,实现轨道交通支撑产业发展。核心区宜布局服务于区域的现代服务产业为主(如商业中心、商务办公、现代金融)及相应的产业配套(如会议、酒店、娱乐配套)等功能。

3. 历史文脉型站城融合——以文化融合为主导

轨道交通各系统设施是车站的共性,唯有其所处的地理环境与独特的地方人文特色方能凸显各车站的识别性,车站毗邻历史文物古迹,是车站与城市的文化融合设计考虑的内容。本类型通常结合站点周边历史文化背景、文物古迹遗址、文物保护等内容,进而综合考虑站址位置、施工工法、装修等内容。

为了保护历史建筑周边的氛围,尽量将保护建筑周边的商业、餐饮等设施整合放入地下,改善地面环境,达到保护历史古迹的空间需求。如上海的静安寺地铁站,南京的夫子庙。静安寺地区的地下空间的布局以轨道交通 2 号、7 号、14 号线三座车站交通枢纽为核心,联系周边开发地块,将现有地下空间纳入地区地下空间的整体系统。通过下沉式广场将地铁站与地下商场组织在一起。地下商场开发两层,由于商场顶板和地面不在同一标高,在其上覆土、绿化、种植乔木,使公园形成高差达 5 m 的起伏地形,给公园地貌景观注入勃勃生机。

图 10.11 西安吉祥村站上盖物业开发图

西安是联合国教科文组织于 1981 年确定的“世界历史名城”，历史上先后有十多个王朝在此建都。西安轨道交通 2 号线钟楼站位于西安市莲湖区钟楼盘道以北，是西安轨道交通的中心坐标。钟楼为国家级文物保护单位，如图 10.12 所示，根据周边既有建筑、文物分析，钟楼站的站型受线路穿越钟楼限制，采用分离岛式站台形式的站型。钟楼站周边为商圈中心，车站出入口通道与地下人行环形通道相连，实现和周边核心区域的连通和过街问题，乘客通过地下通道进入车站也便捷有序，如图 10.13 所示。

图 10.12 西安钟楼

图 10.13 西安 2 号线钟楼站站厅实景图

大雁塔站为轨道交通 3 号、4 号线的换乘车站，采用 T 形换乘方式。由于车站地处大雁塔北广场，人流密集，车站出入口充分考虑景点周边客流集散需求，均设置出口疏散空间。车站站厅在满足全线换乘车站净高要求之上，实现吊顶下净高 4.0 m 的设计。公共区造型与大雁塔呼应，装修铝板分层向中部抬高，装饰颜色与造型神韵实现了与大雁塔的文化融合，如图 10.14、图 10.15 所示。车站出入口与风亭设置于北广场之上，出入口采用玻璃材质，有现代感韵味但通透灵巧；风亭采用深褐色格栅装饰，做到了低调消隐，与周边环境进行了有效融合。

历史文脉型站城融合在西安轨道交通建设中可谓是浓墨重彩的一笔。丰镐都城、秦阿房宫、兵马俑，汉未央宫、长乐宫，隋大兴城，唐大明宫、兴庆宫等处处勾勒出西安人民的“长安情结”。已运营地铁线路在装修设计方面不同程度体现了西安城市历史文化，形成特有的空间气质，如：1 号线装修主题为“盛世华章”，2 号线为“汉唐新韵”，3 号线为“水润长安”，4 号线为“丝路长安”，5 号线为“翼展宏图”，6 号线为“古今长安”，9 号线为“时空穿梭”。

图 10.14 西安 3 号、4 号线大雁塔站站厅实景图

图 10.15 西安大雁塔

4. 人文关怀型站城融合——以人文融合为主导

人文关怀型站城融合考虑通过与市政交通的接驳，实现地铁与市政交通一体化设计，特别对城市特定区域(如医院、养老院、幼儿园等)的地铁车站，加强人文关怀的设计。核心区需与周边市政配套、特定建筑结合设置，必要时同期施工。如西安行政中心地下过街通道、黄雁村站出入口与省人民医院的结合设置等。

5 号线黄雁村站受控管线，不能跨路口设置，但站厅层左端全部打开为公共区，与西侧出入口相连，乘客出站后可以通过四个象限的出入口到达地面，站位西侧为省人民医院，该象限出入口在路口两侧均设置无障碍电梯，满足人员就医特殊需求，极大方便了市民，如图 10.16 所示。

西安轨道交通 2 号线与 4 号线的换乘车站——行政中心站在未央广场下方，车站主体呈“十”字形布置。广场周边是未央路和凤城八路形成的环形路，西安市政府，规划展览馆、熙地港购物中心，大融城购物中心围绕环形路设置。目前将车站周边独立市政过街通道与行政中心站出入口通道连通，实现车站与周边区域的进一步融合，如图 10.17 所示。

图 10.16 黄雁村站结合医院设置无障碍电梯

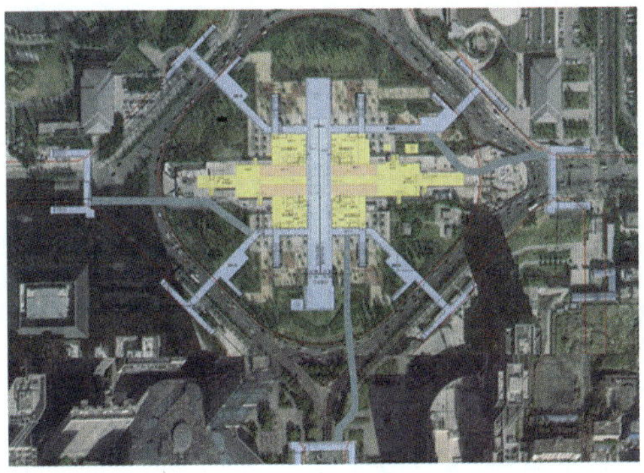

图 10.17 西安行政中心站通道连通方案总平面

此外，轨道交通车站外部空间与公交站、出租车站、共享单车停放点等公共配套设施紧密结合。车站内部充分利用地下空间，在公共区域布置座椅、少量商业及便民设置等，如在车站条件允许的情况下，采用非付费区设置卫生间(含第三卫生间)、客流量较大的车站设置母婴室、高架车站设置空调候车室等措施提升车站服务品质，充分体现了车站的人文关怀。

5. 景观渗透型站城融合——以景观融合为主导

景观渗透型站城融合与城市片区规划及地铁周边区域环境密不可分，环境与地铁建筑相得益彰。结合广场、公园绿地、道路综合开发，也可集商业、文化娱乐、停车等公共设施于一身。结合地铁的建设综合开发利用广场、绿地空间，增加城市容量，补充商业、停车功能，缓解城市中心区的停车难问题。同时，结合绿地公园的应急避难功能，也可将广场绿地改造为平战结合、平灾结合的防灾公园，增强城市防护抗灾能力，如上海人民广场，杭州武林广场、庆春广场地下综合体，广州烈士陵园站等。

上海人民广场是上海最大的园林广场，是融文化、绿化、美化为一体跨世纪的活动中心，也是上海最为重要的地标之一。广场中心有 320 m^2 的音乐喷泉以及大面积广场绿地，两侧各设 17 m 宽的绿化带，人民大道南侧是三个大型地下建筑，分别是地下商场、亚洲最大的地下变电所、上海最大的地下停车场。地铁站位于广场东北侧，周边建筑为历史博物馆、市政府、大剧院、博物馆等，是上海地铁 1 号、2 号、8 号线的换乘车站，总建筑面积 17.61 万 m^2，换乘大厅地下一层面积 8 565 m^2，地下二层面积 1 113 m^2。人民广场站共有 18 个出入口，与周边环境结合设置，极大程度上方便了乘客，如图 10.18 所示。

核心区需与周边文化、景观、市政配套设置，必要时同期施工，如西安幸福林带区域与 8 号线车站的融合设计。幸福林带融合王家坟站、万寿路站、韩森路站、万寿南路站等地铁车站，车站建筑与林带景观采用下沉广场、小品景观、地势错落等方式相互渗透，地铁和城市建设较好地实现了景观融合，如图 10.19 所示。

图 10.18　上海人民广场

图 10.19　西安幸福林带与 8 号线车站示意图

基于站城空间融合理念的研究，国内外依托轨道交通站点，因地制宜地在站域空间范围建成枢纽、商业综合体、与周边环境高度融合的高品质新型轨道交通空间体系，体现了轨道交通与城市建设融合的多种类型：交通枢纽型的集约高效、商业汇聚型的整合带动、历史文脉型的城市人文特色、人文关怀型的以人为本、景观汇聚型的相得益彰，同时也反映了站城融合还需要结合时代特点，与时俱进，使城市和轨道交通共同进步和发展。

10.4　车站出地面建筑与城市融合设计

城市轨道交通既是公共交通体系的一个重要组成部分，也是城市公共空间的形象要素，是呈现交通建筑活力和魅力的窗口。车站出地面建筑包括高架及地面车站、区间以及地下车站的出入口、风亭等内容，是轨道交通系统的重要元素。由于轨道交通具有多线路、多车站的特点，成网运行后，其出地面建筑的数量众多、分布广泛，因此对于既能展示轨道交通建筑风貌，又能与城市环境、文化和景观完美融合等方面的研究至关重要。

10.4.1　高架及地面车站、区间与城市融合

高架车站及地面车站是轨道交通与城市空间的结合点，车站及区间外观呈线性建筑体量，站点周边的地理环境多为城市新区，车站的造型既要与现代交通和现代城市风貌的特点契合，又需要融合线路途经区域的文化特色。车站建筑及造型设计不单单是艺术形式的体现，更是城市空间功能化与人性化需求的反映，对站点区域发展起到带动作用，甚至会对所在城市的空间形态、城市风貌带来显著影响。高架及地面车站、区间与城市融合通常需考虑遵循全线造型要求、保持适宜体量、融合城市周边景观等内容。

在城市开放空间中，轨道交通沿线的高架车站、地面车站及区间构成显要的城市节点，因此全线造型一般采用"一线一景"的设计手法，形成区域的线性秩序和序列的标识。通常在考虑高架车站、地面车站及区

间所属区域的特性、规划要求、周边建筑的前提下,推敲全线车站造型,体现轨道交通建筑的特点,形体通透轻巧、简洁明快、造型美观并富有时代气息。车站造型在不同的区域可与周边景观、建筑进行适当呼应,使全线车站既有统一性又有识别性。如西安轨道交通5号线二期工程是东西方向的第二条客运交通走廊,是城市向西发展、促进西咸一体化的空间纽带。外立面以“丝路纽带”为元素,构建“但见巨龙呼啸过,丝路纽带映天红”的主题。车站三段叠落曲线的屋面,分别比喻文化、产业和自然三个纽带,而整个造型则象征疾驰的车头,寓意新区锐意进取的精神,也是高架车站融合西咸新区场所精神的具体体现,如图10.20所示。

在满足全线造型要求的前提下,高架车站、地面车站及区间需要保持适宜的体量,车站建筑的比例尺度与周围环境、规划道路红线宽度相适宜。根据线路敷设及控制条件,一般分为路中车站和路侧车站,同时分析周边具体条件,将车站设置为岛式站台或者侧式站台。鉴于路中设置区间及高架车站对于城市景观有一定影响,一般应尽量减少双线桥墩的长度,因此岛式车站尽量采用鱼腹岛式站台的布局,可大幅度减少区间墩柱数量,削弱车站体量,避免造成城市空间压抑不适的感觉。受控线路敷设条件,车站及区间也可采用路侧高架车站、地面车站的形式,路侧站对于道路及城市的影响相对路中站较小,但会占用部分城市地块,有条件可以采用与周边建筑合建的模式。如西安轨道交通5号线二期文教园站,区间受控下穿西城高铁,上跨沣河的条件,只能考虑设置为二层路侧地面车站,并与周边环境和谐统一,如图10.21所示。

图10.20 西安轨道交通5号线二期高架车站

图10.21 西安轨道交通5号线二期文教园站

高架车站、地面车站及区间需综合考虑城市区域因素,处理好与周围建筑、地面道路、高架道路、人行过街设施、城市景观的关系,并结合该区域详细规划和环境特色,实现融合设计。西安轨道交通3号线穿越了陇海铁路,跨越浐河、灞河,全线设置了26座车站,其中7座为高架车站(桃花潭、浐灞中心站、香湖湾站、务庄站、国际港务区站、双寨站、新筑站)车站及其周边高架区间与沿途风景交相呼应,乘客乘坐地铁可居高临下俯瞰浐灞,观赏湿地公园、世博园的魅力风光,如图10.22所示。

西安轨道交通机场线横跨西咸新区,穿越秦宫汉塬,是连接西安北站与西安咸阳国际机场的一条地铁线路,全线10座车站,其中6座为高架车站。在建设时,机场线采取架桥方式穿越建设控制地带,科学、合理布设桥桩位置,并采用新型轨道减震技术减少对沿线遗迹的损伤,实现了与周边环境的融合,如图10.23所示。

图10.22 西安轨道交通3号线区间

图10.23 西安轨道交通机场线区间

10.4.2 地下车站出地面建筑与城市融合

地下车站中附属建筑虽体量不大，但数量较多，主要包括出入口、风亭、冷却塔或相同功能设备、垂直电梯等。地铁出入口是城市与地铁车站联系的纽带；风亭是地铁内外空气循环流通的媒介，包括新风亭、排风亭和活塞风亭；冷却塔或相同功能设备则对空调系统起到冷却降温的作用。附属建筑通常位于道路的两侧，其造型和布局对城市景观有很大影响，是地下车站在地面的建筑形象展示，也极具特色地体现了不同时代下地铁建筑的特点。

1. 地铁出入口

地铁出入口一般以线路(网)展开设计，突出其线路(网)的特色，并反映城市风貌，具有醒目、识别性强的特点，也是所在城市的特色名片。出入口分布位置与站位、边界条件有关；出入口造型一般与线路建造时代、城市地域风貌、特殊环境风貌有较大关系。

通常根据地下车站位置、主客流方向以及周边环境条件来确定出入口方向和位置，一般有独立式、合建式、下沉广场结合式等形式。独立出入口通常设置在道路两侧，布局简单，需与周边建筑满足防火和环评距离。合建式包括两种类型，一种类型是结合本体其他功能空间形成综合出入口，另一种类型是具备与周围建筑合建的条件，与其他建筑同期设计、施工建造，则为合建式出入口。地铁出入口周边有下沉广场，并满足结合条件，可由地铁通道直接连接下沉广场，再通过广场楼扶梯设施到达人行便道，同时广场的群聚效应也增强了出入口的标识性。

出入口的变化历程也是城市发展的缩影。20 世纪 80 年代，国内最初的地铁站的出入口建筑设计式样较简单，大部分是盒子式的砖混建筑，各种设施相对较简陋，如：北京轨道交通 1 号线车站出入口大多没有设置自动扶梯或垂直电梯，东单站的出入口从候车厅到地面有 102 级台阶，乘客出行不便捷，但这种情况在后续线路中得到了改善；北京轨道交通 2 号线车站的出入口已增加了上行扶梯，总体以经济、实用、满足功能为主。后续线路的出入口以线为单位，各条线之间以不同造型来区分，整体灰色调为主，强调地下地上呼应，以简洁、现代风格为主，如图 10.24 所示。

进入 21 世纪以来，随着经济的发展和轨道交通的国际接轨，地铁附属建筑从选址、接驳、功能，到外在形象，无一不展示了地铁与城市融合的日新月异的变化。地铁出入口的建筑设计也一改传统形象，开始注重建筑的艺术造型，有现代简约风格设计、抽象的几何形体造型设计、尽可能地体现城市历史与文化特点的设计等。如：上海的出入口运用了几何元素，各线有不同的造型风格；而苏州的地铁出入口就是较强的地域文化特点展示的代表，出入口采用了当地白墙灰瓦的建筑色彩，运用了苏州园林借景处理手法，于细微处体现了苏州建筑神韵，如图 10.25 所示。

图 10.24 北京地铁出入口

图 10.25 苏州地铁出入口

西安作为古都城市，地铁线路贯穿了老城区与新兴经济开发区，车站出入口作为城市交通特有符号建筑，其造型既需要具有城市特色，又要融于环境，同时紧密结合西安的历史文化元素，体现深厚的古城文化底蕴，彰显文明、开放、现代与充满活力的西安形象。出入口类型分为传统文化类、现代简约类、特殊设计类。

在老城区域内，建筑形式以传统建筑风格为主，体现了别具一格的古城特色，在此区域内的地铁出入口弱化了体量，设计与周边建筑结合，不破坏古城风貌，钟楼站出入口就是此类设计的代表。该出入口与钟楼周边过街通道出入口采用统一流线形式，透明玻璃材质，尽量减少对钟楼古建筑的景观影响。在新城区，城市规划以现代建筑为主，展现出西安的现代化进程，如图 10. 26 所示；在文化重点区域，采用特殊个性设计，保持文化景观的完整性，保持景点周边景观序列感，出入口的材料、立面造型、色彩等整体造型均与周边环境协调，体现了较好的融合性，如大唐芙蓉园站等，如图 10. 27 所示。

图 10. 26　西安 2 号线钟楼站出入口

图 10. 27　西安 4 号线大唐芙蓉园站出入口

2. 地铁风亭

地面风亭是轨道交通建筑的通风道在地面口部的建筑物，实现地下车站及区间内部空气环境与外界通风换气功能。地面风亭布置形式具有多样性和灵活性的特征，一般采用消隐原则按敞口低矮风亭设计，减少对环境影响，也可与周边建筑结合设计。在城市中心区、居住密集区及对景观要求特别高的地区，风亭一般采用地面低风亭形式，并在周围密植植被，通过植物的遮景作用，引导和控制观景者的视线，将风亭与绿化巧妙结合，使地铁风亭与周边环境和谐统一，如图 10. 28 所示。

风亭设置在城市道路附近，临道路侧可布置长青植物，综合考虑低风亭与周围广场或景观绿地的融合设计。西安轨道交通 2 号线小寨站风亭，与街边绿地融合设计，采用景观植物、休憩小品结合的方式消隐风亭。如果风亭与建筑物具备结合设置条件，是较为推荐的设置形式，既不影响城市景观，又可以减少附属建筑占地，如西安轨道交通 4 号线西安科技大学站风亭，如图 10. 29 所示。

图 10. 28　西安 2 号线小寨站风亭

图 10. 29　西安 4 号线西安科技大学站风亭

10.4.3 地下车站出地面设备与城市环境融合

地下车站出地面设备包括垂直电梯及冷却塔或相同功能设备,其与车站出入口、风亭统称为地面四小件。在对车站与城市融合的研究中,将出地面数量较多、体量较大的垂直电梯和冷却塔或相同功能设备进行同步研究,体现全面性。

1. 垂直电梯

为了减少对城市景观的影响,一般情况下,垂直电梯与地铁出入口采取结合设置的方式,如图 10.30 所示,也可与周边建筑、下沉广场结合设置。当受条件控制需独立设置时,则与周边环境结合设置,由于其体量较小,相对来说较易实现融合设计,如图 10.31 所示。

图 10.30 结合出入口垂梯

图 10.31 独立设置垂梯

2. 冷却塔或相同功能设备

在场地条件、规划条件较好的情况下,一般采用地面式冷却塔或相同功能设备。冷却塔或相同功能设备可设置在路边绿化带内,用乔木与灌木组合方式进行遮蔽。同时在冷却塔相同功能设备周边设置深色格栅,尽量弱化冷却塔或相同功能设备机械造型。在地势较为空旷的广场,以及对建(构)筑物高度敏感的场地时,可采用半下沉式方式设置。在景观要求高、噪声敏感度高、场地受限的区域,也可选用在地下空间内设置蒸发冷凝机组,取消地面冷却塔或相同功能设备,减少对景观的影响,如图 10.32、图 10.33 所示。

图 10.32 地面式冷却塔

图 10.33 半下沉式冷却塔

从地下车站的出入口、风亭到高架(地面)车站及区间,出地面建筑被赋予了多重意义。在体现全线统一性的前提下,着重对区域个性设计元素的提炼,这需要在充分分析城市周边环境及其与车站形态之间的相互影响基础上,多视角地对造型设计进行研究,使出地面建筑造型与城市呈现更为和谐的整体融合效果。

第 11 章　轨道交通车站的发展趋势展望

11.1　轨道交通车站的发展趋势

城市轨道交通自诞生至今已有 200 多年的历史，从最初的有轨公共马车到有轨蒸汽汽车，从地上有轨电车到地下铁道，从轮轨系统到磁浮系统，从简易月台式车站到大型综合交通枢纽，从独立售票系统到互通式电子售检票系统。作为一种服务城市的公共交通设施，随着社会、科技的发展其牵引装置、轮轨系统、动力系统、乘降方式、设备系统、运营管理等也在不断地变化和更迭。

世界轨道交通的发展经历了一个曲折的过程，大致分为四个阶段：

1. 初步发展阶段

20 世纪初期，欧美发展较快，期间十余个城市修建了地铁，许多城市建设了有轨电车。美国、日本、印度和中国在这一阶段有轨电车有了很大发展。

2. 停止萎缩阶段

20 世纪中期，一方面，二战爆发和汽车工业发展，导致了轨道交通停滞萎缩，汽车成为新宠儿；另一方面，因投资大、建设周期长，轨道交通一度失宠。

3. 再发展阶段

20 世纪后期，汽车过度增加导致了道路拥堵，严重时会导致交通瘫痪，加之空气噪声污染、大量耗费石油资源、停车位紧缺等问题，人们重新认识到城市客运交通必须依靠电力驱动的轨道交通。于是轨道交通重新得到重视，并逐步扩展到日本、中国、巴西、韩国、伊朗、埃及等国家。

4. 高速发展阶段

进入 21 世纪，世界各国都确立了优先发展轨道交通的方针，立法解决城市轨道交通的资金来源。城市化趋势导致人口高度集中，需要高速发展的轨道交通来适应日益增加的客流运输，各种技术发展也为轨道交通奠定了良好基础。

我国的现代轨道交通进入迅速发展期，在这短短的 20 年时间内，发展出一套符合我国自身特点的设计理念、技术标准和建设体系。车站类型趋向多元化，车站功能趋向复合化，乘客需求趋向多样化，这些趋势是轨道交通继续发展更新的内源性驱动力。

11.1.1　车站类型趋向多元化

车站类型多元化主要体现为：近年来不同种类的轨道交通在市场中并存，随着科技的发展和需求的细化，轨道交通的类型还在不断更迭、丰富。在这样的格局下，为了响应交通强国的战略，加强国家交通一体化的理念，多网融合与网络化运营成为未来轨道交通的发展趋势和机遇挑战。

1. 轨道交通系统类型多元化

越来越多的轨道交通系统出现在城市中，其主要目的是满足不同运量、不同建设条件和财政承担能力的多样化需求，这其中也有政策导向和产业布局的因素。车站因其系统不同在规模、形式、乘降等方面有所区别。常见的轨道交通系统类型有以下十类：地铁系统、市域快轨系统、轻轨系统、中低速磁浮交通系统、跨座式单轨系统、悬挂式单轨系统、自导向轨道系统、有轨电车系统、导轨式胶轮系统、电子导向胶轮系统。

2. 多网融合与网络化运营的设计管理需求

多种系统类型并存，形成了关系复杂、组合灵活的换乘车站，车站设计需协调各种类车站的工程需求，合理选择换乘关系，实现不同制式，不同票制，不同建设主体，不同运营管理模式的车站高效换乘，打破类型壁垒和固有条块。

3. 车站类型的多元化

根据轨道交通系统不同类型各种特征和技术要求，车站的样式、布局、规模也有所区别。对于同一系统类型，也会因为其建设理念、设计标准、系统标准、敷设方式、客流要素、控制性工程要素等众多方面的差异，而塑造出各式各样的车站类型。多网融合与网络化运营的发展促进对换乘节点车站的站位、规模、进出站乘降流程和换乘流线组织，设备管理用房布局，设备系统的资源共享等方面做出适应性调整，从而塑造出更加多元化的车站类型。

随着先后三轮建设规划的发展，目前西安市轨道交通线网中以地铁系统为主，随着主城区线路的地铁线路相继建成，逐步开始建设联系主城区和外围组团的市域快线，服务于城市组团的有轨电车，以及不同建设主体的跨座式单轨系统，其中快线设计已植入了越行站设计理念。西安轨道交通系统的多样化以及网络化运营的开展促进了车站类型的多元化发展。

11.1.2 乘客对交通体验需求增强

我国第一条轨道交通线路在北京正式对外开放运营以来，至今轨道交通行业已经走过了半个世纪，已成为全球轨道交通运营里程数最长的国家。最初的轨道交通仅仅停留在满足通行的基本需求。随着“新基建”浪潮的来临，国内轨道交通发展迎来了从追求“量”到追求“质”的转变，越来越多的城市轨道交通企业也意识到改善乘客乘车体验的重要性。

1. 轨道交通在城市中扮演的角色改变

(1)轨道交通成为居民出行首选公共交通工具：城市轨道交通具有运量大、速度快、班次密、安全舒适、准点率高、全天候、环保、节能等特点，已被越来越多的城市居民所认可，并将其作为出行的首选公共交通工具。随着城市轨道交通建设的加快，不断有新的线路投入运营，轨道交通运营日益完善，车站数量不断增多，城市居民出行也越来越高效、便利。同时也使得城市居民出行时，对轨道交通这种交通形式依赖性不断地增强。

(2)轨道交通与城市关系更加密切：伴随着城市的发展与城市线网的日趋完善，TOD 等理念的不断普及与实践，轨道交通与城市的关系变得更加紧密，人们对轨道交通的认识也不断地发生变化。“建地铁就是建城市”，轨道交通不再仅仅是一种交通工具，它与城市发展息息相关，与每个人的生活息息相关。

(3)乘客组成更加复杂多样：在轨道交通带来了巨大的社会及经济效益的同时，也暴露出形形色色的问题，如乘客们所受教育、文化背景、生活习俗、脾气性格都各不相同，他们对于乘坐轨道交通出行体验的要求也不尽相同。当面临出行要求各不相同，个体禀性千差万别的庞大客流时，对于轨道交通车站服务提供者来说确实是一个挑战。

2. 乘客体验提升改善措施

乘客乘车体验已经成为反映城市轨道交通技术水平、城市文明水平、城市服务水平的一面镜子，从一定程度上对城市经济、城市形象具有重要的影响。因此，轨道交通车站就需要采取一系列措施不断改善乘客的乘车体验，并引导乘客参与其中共享乘车体验提升的成果。

对城市轨道交通乘客乘车体验的提升，可以从车站硬件设施提升和“软件”服务提升两个主要方面着手。

硬件设施提升大体上包含车站整体环境提升(包括空间尺度、物理环境、环境艺术设计等方面)、基础设施人性化设置、导向标识系统的完善、信息化与智能化技术的应用等。“软件”服务提升则主要体现在人员服务上，包括票务服务、安检服务、客流组织疏导、特殊人群服务等。

轨道交通是一座城市的名片，良好的乘车体验也不仅仅需要轨道交通企业工作人员的努力，还需要广大乘客的积极参与和配合。让城市公共交通出行越来越安全、越来越文明、越来越高效是我们共同的前进方向。

11.1.3 从单纯的交通功能趋向复合功能

随着乘客对公共服务的需求一直在不断升级，轨道交通作为一种具有公益属性的交通工具，乘客要求轨道交通车站提供的服务也在逐渐分化、丰富。轨道交通车站正在朝着功能复合化的方向发展，集成和导入高层次的功能与业态，如市政通道、便民设施等城市服务功能，社区生活服务、商业配套等城市站域开发功能，文化交流和观光、创意产业服务等文化展示功能，从而创建高品质、人性化、集约化、便捷化、可持续的城市空间。

以车站为中心，轨道交通车站以提供各种服务的多功能形式出现，将极大丰富车站的服务功能。车站的发展方向是结合城市规划、周边建筑、片区资源统筹考虑交通功能、商业功能、城市服务功能等，形成提供多种服务的多功能车站。

复合功能的轨道交通车站能灵活结合规划的需求、城市发展的需求、综合交通的需求、乘客的需求。车站自身在满足交通功能的同时，可以兼顾市政过街通道并提供城市公共卫生间等公共设施，也可在站厅内设置 ATM 机等便民服务设施，可以是品牌外展活动的临时展厅，从而进一步完善城市服务功能。轨道交通车站可以是与国铁及周边片区开发统筹形成站城一体化综合枢纽的形式，如图 11.1 所示；也可以是与城市 CBD 统筹规划及设计建设成为主要组成要素，带动片区产业与经济发展。轨道交通车站是城市文化输出的窗口，西安轨道交通因其古今相融的整体车站艺术环境塑造、反映城市地域文化的精美的巨幅文化墙、独一无二的站名 LOGO 设计，很好地体现了西安这座城市的历史文化和现代交通车站的融合，西安轨道交通室内环境艺术设计具有鲜明的城市与地域文化特色，如图 11.2、图 11.3 所示。

图 11.1 站城一体化剖面示意图

图 11.2 西安轨道交通 4 号线大雁塔站文化墙“雁塔秀色”

图 11.3 西安轨道交通 5 号线阿房宫南站站内环境

车站功能的高复合性是今后轨道交通车站的发展趋势，车站空间不应单纯作为连接服务于轨道交通工程的空间场所，更应该作为城市生活服务的综合功能空间。同时结合轨道交通的区域互联互通，在城市生活中扮演着更重要的角色。城市轨道交通车站作为交通网络“节点”和城市“场所”的双重功能，将会担负起成为交通、商业、商务、文化等社会活动的载体的重任。

11.2 轨道交通车站设计重点方向

党的十九大报告指出“我国经济已由高速增长阶段转向高质量发展阶段”，在经济高质量发展的宏观要求下，交通运输产业必须同样实现自身的高质量提升，才能满足经济发展的基本所需。习近平总书记指出：“城市轨道交通是现代大城市交通的发展方向。发展轨道交通是解决大城市病的有效途径，也是建设绿色城市、智能城市的有效途径。”要继续大力发展轨道交通，构建综合、绿色、安全、智能的立体化、现代化城市交通系统。结合国家层面对交通产业和轨道交通的指导意见，结合行业的发展和人民群众的需求分析，提出轨道交通车站设计的七个重点发展方向。

11.2.1 体现“建地铁就是建城市”的设计理念

城市发展，交通先行。城市轨道交通是具有公益属性的重要基础设施，其线网连接了城市中心区和重点城市组团，并向城市各个方向辐射，与城市发展密不可分。地铁建设对于城市发展的带动影响，体现在提高城市交通服务水平、优化城市资源配置、推动城市发展、催生先进建设理念等方面。

城市轨道交通正从建设运营的高速增长向高质量发展转型、从单一的交通运输功能向综合服务的城市地铁网络转型。轨道交通为了更好地缓解交通压力、方便百姓出行，尤其重视线路(网)之间以及与其他公共交通方式之间的“零换乘”与“无缝衔接”关系。轨道交通线网呈融合之势，将与干线铁路、城际铁路、市域(郊)铁路融合发展，构建便捷顺畅的城市群一体化交通网，实现更深层次的网络化运营，推动都市圈轨道交通一体化发展，充分发挥整个公共交通体系的组合优势与综合竞争力。

轨道交通的开通运行，进一步将城市物流、商流、信息流等资源进行集聚配置，进一步增强中心城市的集聚力，优化城市环境，形成推动城市发展的新动能，进而对城市的区域性发展起到重要的推动作用。地铁承载的不仅仅是交通，还有更多的经济发展、城市扩容、就业机会、社会治理等，地铁对于城市发展支撑作用不可或缺。作为国内第四座地铁网络化运营的城市，深圳创新设计理念和建设模式，通过轨道交通建设引领城市发展，带来了巨大变化——从 2004 年开通第一条地铁，到 2016 年开通 8 条地铁，再到 2020 年深圳建成 11 条地铁线路，采用规划先导、强化城区辐射力；创新合作、打造示范样本；跨境衔接、促城市群发展的策略,实现了城市的飞速发展。

西安是全国第十三个开通地铁的城市。2011 年以轨道交通 2 号线开通为标志,西安向世人宣告进入“地铁时代”,2 号线的开通,不仅把韦曲、小寨、长安路、钟楼等商业街区“串联”起来,而且也使安远门以北的未央大道“活跃”起来,坐上地铁从南到北仅用时半小时左右。后续轨道交通 1 号、3 号、4 号、5 号、6 号线的开通,进一步完善了西安轨道交通在城市的网络覆盖,拓宽了人民的出行范围,而轨道交通 9 号线的建成进一步缩短了临潼副中心城市与西安主城区的时空距离,促进临潼经济社会转型发展,在秦始皇陵、兵马俑大景区建设及渭北现代工业新城发展等方面发挥了积极作用。同时,轨道交通在发展进程中诠释的是“安居乐业、衣食住行”的民生需求,促进的是“生产空间的集约高效、生活空间的宜居适度、生态空间的山清水秀”的发展理念的落实。

在推动城市发展方面,轨道交通建设也不断被赋予新的内涵,由疏解交通为主的功能,演变为引领和推动城市发展的责任和使命。在盘活商业、拉动地产、激活郊区、城市片区发展、提高沿线土地利用价值、平衡调控城市区域功能促进区域协作、拓展站域空间,加强和带动区域城市建设等方面有着强大的推动作用。

此外,体现城市先进性的轨道交通也展示了其日新月异的建设理念。智慧化、信息化发展体现了城市建设的先进性;文化墙、环境艺术设计等内容反映轨道交通文化与城市文化的高度融合;同时,建设轨道交通也是城市创新发展的重要方面,轨道交通作为绿色、环保、节能、高效、大运量的公共交通产品,为人们出行提供了极大的便利,也积极促进了城市交通运输行业的碳达峰、碳中和实践。

轨道交通不仅缩短了时空距离,其本身也是城市的风景线和魅力名片,体现了城市文化和现代生活方式。从人们出行方式的转变、都市现代生活圈的打造、智慧地铁绿色城市建设理念的实践、地铁人工智能的普及等方面,我们可以感受到地铁带给城市、带给都市人的各种变化。

从上述城市规划、城市空间发展格局、城市发展乃至人们的生活方式来看,地铁建设与城市建设息息相关,密不可分,从某种意义讲,“建地铁就是建城市”。这一前瞻性理念对于地铁建设及城市发展极具研究意义,将这一理念充分运用至地铁及城市建设当中,提高城市区域土地利用率,协调城市空间立体化发展,引导城市空间结构优化,促进都市圈建设及卫星城的有效连接,实现轨道交通与城市深层次融合,值得我们进一步探索。

11.2.2 体现“以人为本、绿色可持续发展”的设计理念

随着城市的快速发展,当代人的社会生活呈现出高频率、快节奏、多样化的特点。人们开始注重日常生活中所接触产品的人性化设计,并将此主体诉诸产品的“便利性、舒适性、安全性”当中。国家也越来越重视各行各业的人性化设计,提出了“以人为本,创建和谐社会”的理念。习总书记也提出“城市是人民的,城市建设要坚持以人民为中心”的发展理念。地铁作为城市最重要的公共交通,体现“以人为本”的设计理念,不仅能提升自身的服务品质、改善乘坐体验,而且对展现城市文明、提升城市形象、展示城市魅力具有重要的意义。

1. 重视轨道交通车站与城市功能的融合设计

轨道交通车站作为汇集各种城市公共功能并向其周边地区辐射的核心,本身具有吸引大量人流和集聚各种城市资源的优势,在满足自身交通功能需要的前提下,更是成为联系城市各个空间的纽带。轨道交通站点可作为城市内部公共交通的核心,与其他交通形式便捷接驳,从而构建一体化城市交通运输系统;可结合站点进行一体化开发或以站点为核心与周边的商业、文化场所等功能空间紧密联系,打造互联互通的城市空间;可兼顾市政服务设施的功能,方便市民过街等;通过挖掘站点与城市功能的融合点,进行一体化研究设计,可满足人们便捷、多样化的使用需求,体现了人性化设计理念。

2. 重视站内空间与服务设施的精细化设计

车站建筑内部的人性化设计不断提升是城市文明发展的体现,也是设计师永恒追求的目标。作为大客流集散的轨道交通车站,除应重点考虑车站功能的设计要素外,在资金投入许可的情况下,还更应从人

性化角度出发来考虑设计标准。如车站公共区空间尺度、车站装修风格、自动扶梯数量的配置、无障碍设施的设置、环控的设置、导向标识的设置及车站内各种服务设施（自动售票机、卫生间、母婴室、座椅、垃圾桶）的设置等。同时，在设计中还需制定一些环境方面的标准，例如温度、湿度、噪声分贝、灯光照度等；在客流集中的重要部位也要制定一些设计标准，例如人均站立面积、通道最小宽度、公共区楼扶梯设置数量、楼扶梯容量、进出站闸机的容量等。不断为乘客创造一个良好的乘车环境，真正实现让乘客出行更安全、更便捷、更舒适的目标。

3. 重视运营服务与科技技术的协同发展

随着5G技术的普及，人脸识别、智能安检等技术实现"无感乘车"能极大地提高乘客的乘车效率和舒适度。"软件"服务提升则主要体现在人员服务上，包括票务服务、安检服务、客流组织疏导、特殊人群服务等。在交通一体化和多网融合的理念指导下，轨道交通车站可与制定票务规章的相关部门沟通、协商，针对轨道交通和其他交通实施之间的票务融合和清分制定相关票务规章，简化票务操作流程，提升换乘效率；同时在枢纽站实现阶段性或区域性的安检互认，在确保安全的情况下简化安检次数和安检流程，提高乘客出行体验，整体实现票务融入及安检互认。借助科学技术的发展，与时俱进，提高人们乘车效率，服务更便捷，体现以人为本的设计理念。

4. 重视绿色可持续发展设计

现阶段城市轨道交通已不再是单纯的公共交通系统，在融合车站周边区域开发、带动周边地块升值、完善城市功能、促进城市发展方面起到了非常重要的作用，轨道交通与城市一体化开发的收益也可以反哺地铁的可持续发展建设。借鉴绿色建筑理念，城市轨道交通在规划、设计、施工、运营的全寿命周期内均体现了绿色理念。在规划、设计阶段充分考虑建设边界条件，因地制宜采用绿色节能技术措施，如采用再生逆变制动能量吸收技术、智能照明等，同时重视绿色地铁全寿命周期建设，最后在运营阶段为乘客提供节能环保低碳的出行方式，这也是目前城市轨道交通在全球"碳达峰""碳中和"举措中的积极响应。

城市轨道交通车站建设依托于城市融合设计及精细化设计理念，协同现代科技技术，从功能、服务、便捷度上最大限度地满足乘客的需求，从而真正实现人性化设计，体现以人为本的设计理念。绿色城市轨道交通后续将进一步建立健全相应的评价体系，推动轨道交通与城市的协调共生可持续发展。

11.2.3 体现"精细化"设计理念

随着轨道交通事业的发展，参与其中的相关建设方、设计方已经逐渐认识到过去那种陈旧、粗放式的传统设计、管理模式已无法满足当今工程建设的需要，必须通过精细化设计降低成本、提升效益、增强核心竞争力。实施精细化设计既是新时期轨道交通建设的需要，也是轨道交通车站设计、建设水平提升的必经之路。

1. 轨道交通车站"精细化"设计的必要性

新时代的轨道交通建设即将告别过去大干快上、粗狂式发展，告别只注重通车里程而忽略实际工程使用体验的阶段。在当今这样一个各行各业都在愈发重视用户体验的时代，地铁乘客、工作人员的使用体验已经越来越多地被重视起来，已成为轨道交通车站设计的重要考虑因素，而精细化设计正是一个可以将"以人为本"设计理念准确贯彻并落实的手段。

当前的轨道交通工程建设，在设计、施工等各个环节均已有了一套相对成熟且稳定的固定模式，设计更是趋于同质化，轨道交通车站设计领域的技术进步已趋于停滞。精细化设计理念的提出，既是对现有设计工作的一个重要补充，同时也将在轨道交通车站设计领域开辟出一片新的领域，提升设计的品质以及呈现工程作品的精细度，助力轨道交通车站设计技术的进步。

精细化设计既是对细节的把控、对品质的追求，同时也是对工程浪费的有效控制手段。当前轨道交通工程相对粗犷的设计、施工过程，形成的差错漏碰、后期补错等工程浪费，其原因是缺少一套有效贯穿整个建设环节的质量控制体系。精细化设计可以凭借其对细节的掌控，在设计方案、施工工艺等多个角度验证工程方案的准确性、合理性、经济性以及可实施性，为精品工程的呈现提供技术保障。

轨道交通的发展立足于城市，且作为城市公共交通体系的一个重要组成部分，发挥着无可替代的作用。城市市政、交通等各项公共服务设置的建设都已进入到了一个追求品质的阶段，轨道交通工程也理应跟随城市发展的脚步，提升工程细节、改善使用体验，从而带动整个城市市政工程的精细化发展。

2. 轨道交通车站"精细化"设计的重点

(1)轨道交通车站的精细化设计，是一种设计流程精细化思想的展现，一种以设计内容精细化呈现作为目标的设计理念。它是轨道交通设计领域内分工的精细化，设计服务质量的精细化是当代轨道交通设计的必然要求，轨道交通工程要提升品质，在设计环节需要通过设计流程、设计方法这两个核心环节的精细化转变来得以实现。

轨道交通车站精细化设计应当贯穿项目的前期规划、设计工作管理以及设计方案的落地与执行等全过程，在设计流程的每一步都做到真正的"精细化"。

①精细化的规划：是容易被设计参与者忽视的一个问题，但精细化的规划是推动设计成果精细化呈现的一个关键点。通过事前精细化的分析与总结，做出判断，提出合理的目标。而这一目标最终的呈现，也正是来自以上的精细化环节的保障。

②精细化的管理：是精细化设计的一个重要方面。它对设计流程有着精细化的要求，设计流程中应有计划、审核、执行和回顾的过程。精细化的管理和流程控制，可以显著减少设计失误，杜绝部分设计漏洞，同时增强流程参与人员的责任感。

③精细化的执行：设计环节中的每一个行为都有对应的规范和要求。每一位设计参与人员都应遵守这种规范，从而让设计文件正规化、规范化和标准化，为设计成果的拓展提供可推广性、可复制性。

(2)设计方法的精细化同样重要，设计的核算与分析总结作为验证设计合理性、提升设计水平的重要方法，对这二者的精细化要求同样是轨道交通车站精细化设计的有效方法和有力保障。

①精细化的核算：是参与设计人员清楚认识自身设计质量及合理性的必要条件和最主要的工具。通过精细化的核算去发现设计中的漏洞和不足，减少设计引起的投资浪费。

②精细化的分析：是建设方、设计方取得核心竞争力的有力手段，是进行精细化规划的依据和前提。精细化分析主要是通过现代化的手段，将设计中存在的问题由多个角度去分析、研判、总结，去研究提高设计水平和质量的方法。

没有小处的精益求精，就不会有大处的历久弥新。良好的设计品质感要靠整体和谐、局部精细来保证。轨道交通车站的精细化设计是以"精确、细致、深入、规范"为特征的现代化、全面化设计模式。精细化设计是轨道交通建设领域的一种新理念，提出了轨道交通设计工作的一种"精细"境界。同时，精细化设计又是轨道交通各参建方提升设计水平的重要方法和途径，对指导今后的轨道交通设计工作以及促进轨道交通建设的发展有着深远意义。

11.2.4 体现"网络化运营和资源共享"的设计理念

网络化运营根据运营能力和服务水平，可分为三个阶段。

第一阶段的网络化运营指的是城市轨道交通的线路成网，运营里程达到一定规模，但各线路之间独立运营，轨道交通网络化主要指乘客通过换乘车站进行不同线路之间的换乘。目前我国大多数城市轨道交通网络化运营处于本阶段。

第二阶段网络化指的是各线路间达到互联互通，不仅实现列车运营在线路间的互联互通，还能实现线路设施设备的互联互通。考虑中长距离通勤客流出行，市区地铁线路和市域地铁线路实行贯通运营模式，开行跨线列车来减少乘客换乘时间和换乘车站的压力，所以第二阶段的网络化运营也叫作互联互通的网络化运营。

在第二阶段的实现后，第三阶段为更深层次的网络化运营。2019 年 9 月发布的《交通强国建设纲要》指出，推进城市轨道交通与干线铁路、城际铁路、市域(郊)铁路融合发展，构建便捷顺畅的城市群一体化交通网，推动都市圈轨道交通一体化。

在未来“网络化运营和资源共享”“多网融合”的大背景下，轨道交通车站主要是以上述理念研究换乘车站的设计。

1. 公交化、一体化运营及管理是网络化运营实现高效便捷的前提条件

目前地铁、市域轨道交通、城际轨道交通等运营及管理的模式各不相同，存在着客流特征不同导致的制式的线路开行频次差距大、票制不统一以及购票渠道不一致导致清分难度大、安检流程差异导致安检无法互认等问题，使得目前网络化运营的可行性仅停留在理论上。

网络化运营应从旅客便捷化运输服务的角度出发，构架大西安城市群的综合轨道交通网，市域、城际线路“小编组，高频次”的公交化运营，各种制式的轨道交通都实现随时购票、即到即走的服务理念。采用多元化票制，如单程票、一卡通、二维码进站等形式，以适应公交化运营的需求。从管理角度，统一安检修成，不同制式、不同线路间的安检互认，才能做到乘客不出站换乘或者不下车换乘，实现真正意义上的网络化运营。

因此，公交化、一体化的运营及管理模式的建立，才能有效落实深层次的网络化运行理念，为旅客提供便捷化运输服务，为深度融合、高质量协同发展提供前提条件。

2. 以枢纽思路研究多网融合的换乘节点是车站适应网络化运营的核心

随着市域D型车以及CRH6和谐号城际动车组等各类车型逐步投入轨道交通市域线和城际铁路，原来的换乘枢纽车站，在多网融合的网络化运营背景下，城市轨道交通、市域轨道交通、城际轨道交通等不同客流特征的车站，逐步从车站与车站换乘发展为同一站台停靠不同制式的列车。车站的一个站台可以一侧停靠城市轨道交通，另一侧停靠市域（郊）铁路；在车型参数相近的情况下，更可以一侧站台同时满足城市轨道交通的列车和市域（郊）铁路的列车的停靠。在多网融合的更深层次网络化运营的趋势下，当一个站台停靠多种制式列车时，以往轨道交通车站的站台宽度、楼扶梯能力、车站服务设施、站厅站台的层高标准等内容难以满足城际铁路以及市域（郊）铁路的需求。因此多网融合的换乘节点应以枢纽的思路进行设计，研究如何提高设计标准，适应不同运量需求的轨道交通制式，才能更好地适应更深层次的网络化运营。

3. 城市核心区换乘节点是网络化运营的基础保证

我国大部分城市地铁运营都处于第一阶段网络化运营，换乘车站仍是运营中的重要一环，因此在相当长的一段时间内，换乘车站仍是确保网络化运营的基础。同时，结合日本、法国等实现第二阶段或者更深层次网络化运营的情况，部分位于城市核心区的线路由于客流密度大，一条线路的系统能力已经趋于饱和，在城市的各核心区内的换乘车站，依旧是连接各线路的重要节点。因此，继续做好城市核心区重要换乘节点的设计，是未来保证网络化运营的基础条件。

4. 研究网络化运营的管理模式优化车站布局，为网络化运营的关键环节

网络化时代，信号、供电、车辆等硬件以及运营、调度等软件之间的互联互通的体系形成，是网络化运营提供基础条件。各系统设备的标准统一，变相解决了传统地铁建设中，由于设备标准不统一导致的资源共享率低的问题，网络化运营也为设备系统的资源共享提供了良好的先决条件。

网络化运营与传统运营相比，某座车站或某段线路属于固定的×号线列车使用和管理的时代已经成为过去。新的运营、管理、维护的需求，结合GoA 4级无人驾驶的广泛应用、城轨云技术的逐步成熟、自动售检票系统的日新月异以及智能安检的不断推广，必定带来线网级别管理模式的巨大变化，管理模式的变化同时带来车站管理用房布局、规模甚至车站形态的变化。

因此结合新技术应用及网络化，对新的运营模式提前研究，并以此研究优化车站布局，是提前为网络化运营布局的关键环节。

5. 车站应充分考虑适应规划变化引起的网络变化的弹性设计

在网络化运营实现后，部分车站的换乘组织方式发生了根本改变，原来乘客需下车→步行换乘→重新候车，才能实现一条线路向另一条线路的换乘。在网络化运营的模式下，换乘方式由原来的“人换乘”过渡为“车换乘”，对车站的换乘设施压力减轻，对单线车站的规模可能有所减少，但同时对车站设计时

是否预留了合适的“车换乘”条件提出了更高的要求。结合我国一些城市如上海、北京、成都互联互通网络化运营的设计实践中，能满足互联互通网络化运营的车站，均进行了适应性改造或预留了工程实施条件。

因此，在单线工程建设的过程中，除了在已经确定的节点将线路换乘条件一次实施或预留工程外，还应提前从城市规划及线网层面提前分析研究。在城市规划层面，城市群的发展和新区的规划建设，一般会领先于线网规划的修编及调整。因此应结合城市规划，提前研判从规划角度可能会新增的换乘节点以及可能在新一轮线网规划中新增的轨道交通线路，并结合既有线网规划，在需求量高或可能性大的换乘节点预留弹性设计内容，减少日后改造的难度及风险，避免因城市规划调整导致换乘节点增加，因工程建设原因留下遗憾。

11.2.5 体现“智慧化”的设计理念

2020 年 3 月，中国城市轨道交通协会发布了《中国城市轨道交通智慧城轨发展纲要》，提出了“交通强国，城轨担当”的使命感，从行业层面对智慧城轨建设的发展战略、建设目标、重点任务、实施路径、体制机制和保障措施等进行了统筹规划和顶层设计，为城轨行业的智慧发展提供了指导。

2019 年 1 月，西安市发布了《中共西安市委关于加快推进新型智慧城市建设的决定》，西安市大数据资源管理局将从多方面着手，把西安打造成“四城一中心”，即新零售之城、智慧管理之城、移动支付之城、移动办公之城和智慧物流中心，全力推进智慧西安、数字名城建设。

建设智慧城市，智慧交通要先行，其不仅作为智慧城市的重要组成部分，还起着引领发展方向的关键作用。在加速推进智慧城市建设的浪潮下，轨道交通智慧化转型迫在眉睫，智慧城轨的建设作为先导工程应落到实处，在此背景下建设的智慧车站具有以下几个主要特点：

1. 智慧车站的客运服务能够随机应变，各个站点在网络化运营模式下具备协同能力

智慧车站利用先进的智能技术和感知手段，优化站内指示标识，使得信息服务及站内导航更加人性化，提升了乘客进出站及线间换乘的便捷性和效率，弥补传统标志标识及 PIS 技术不具备的弹性；将无感支付、无感通行、人机交互等数字经济下的前沿科技应用到车站运营服务当中，能大幅度提升乘客的通行效率与使用体验，减少传统服务的沟通障碍；车站利用设备系统的环境感知能力与视频系统的结构分类特点，将捕获的环境信息与特定区域的人群密度进行分析判断后及时上传城市大数据终端，能有效预防多种公共危险的发生；在当今网络化模式运营的趋势下，智慧车站相较传统轨道交通客站具有更强的站间协同及主动学习的能力，车站将采集的客流数据及拥挤度等客运信息实时上传城轨云平台，结合对于往期数据的学习，线网的核心计算机能够自行判断并及时调整行车组织，进而有效疏解站内客运压力，同时联动站内环境控制设备提升乘客舒适度。

2. 智慧车站在后期运维管理更加集约高效，节省了后期成本的同时减少了失误风险

智慧车站通过架构综合管理平台，充分整合各个设备系统的控制方式及数据差异，将各个终端的运转参数协同上传，利用先进的可视化技术实现对整座车站的统一调配，实现了早间运营、晚间关站的一键远程控制功能，简化了操作流程，在管理方面能有效减少人力成本的浪费；利用智能机器人和提前安装在车站关键部位的传感器，能预判设备的运转状况并对发生故障的设备或土建构件进行远程维修，其过程通过视频系统进行远程监控，结果最终实时上传车站的管理终端，相比传统的维护维修方式，提升了精确性的同时也能大大降低人为操作失误带来的隐患。智慧车站通过对于运维管理的革新，显著提升了在安全质量、成本效益、能力效率、乘客服务水平方面的表现。

3. 智慧车站在建设阶段的资本投入与远期收益趋于科学可控，减轻了建设期的负担与难度，提升了车站完成度与适应性

轨道交通的建设是个涉及多专业全领域的系统性工程，建设过程难度大，周期长，涉及的管理部门较多。智慧车站的建设过程充分发挥 BIM 技术的应用特点，通过将工程信息进行数据化和可视化，结合 GIS 技术及“智慧城市”大数据库提供的地理信息、地质情况、规划布局、建(构)筑物等外部条件，在建设

前期对车站实施的风险及方案的经济效益做出科学评估，利用客流仿真和结构力学模拟等附加手段来优化实施方案，满足车站自身功能的同时保障结构安全和规划适应性，另外此举能有效减少各专业间各参建方间的冲突点，大幅度缩短建设周期，减少不必要的成本投入，提高了车站及全线网的完成度。

4. 智慧车站使周边的土地利用及功能布局更加统一完善，加速推进了城市更新与区域一体化发展

智慧车站建设过程中充分利用线网所在区域的产业结构数据，结合本线的功能特点及其枢纽中的功能定位，使得车站能够较好得适应国土空间规划及综合交通规划，将轨道交通的建设同区域的整体发展紧密结合，推动"站城一体化""城市更新""轨道上的都市圈"尽快落地；有效提高沿线的土地利用率，挖掘潜在的商业价值，维护区域公共利益，满足人们出行需求的同时提高生活质量。建成后将日常客流数据及人群行为活动统计上传智慧城市数据中心，不仅可以作为今后发展方向制定的基础资料，在"数字经济"蓬勃开展的现如今，智慧车站采集的数据能为其提供庞大的数据样本，为大数据应用及其他经济活动带来新鲜血液，推动了数字经济的发展与繁荣。

总体来看，智慧车站的建设，其重点在于将轨交建设科学化、将客运服务智能化、将人群出行自由化、将成本管理集约化、将区域发展协调化。车站的智慧化转型，能大幅度提升车站的运转效率，不仅节省了建设管理维护的成本，更对乘坐体验产生了全方位的积极影响；在车站智能化的架构下，线网的运能得以全面释放，城市间的时空距离无形间被大大缩短，从而加快了沿线经济的发展与社会生产力的提升；同时轨道交通在新构型中能够与城市信息数据紧密联系，对于城市的总体管理和布局规划产生深远的影响。城市与轨道交通将更为紧密，都市圈和经济带将依存智慧车站智慧城轨的存在迅速成长。

11.2.6 打造轨道交通车站的城市特色

轨道交通的城市特色主要体现在建筑造型和室内的环境艺术设计。城市文化是轨道交通建筑艺术设计的源头和设计依据，轨道交通建筑艺术是城市文化的浓缩和提炼的一种表达形式。纵观发达国家较成熟的轨道交通建筑艺术设计，可以看出在其设计中蕴含着浓郁的城市文化气息，展示了城市的文明的长卷。

1. 打造轨道交通车站的城市特色的重要性

轨道交通建筑环境艺术是城市文化的组成部分，是城市活力和灵魂的具体体现。在城市的发展建设中，轨道交通建筑环境艺术作为城市文化的一部分将逐步沉淀成了一种精神，彰显着一个城市的魅力。

在关中城市群轨道交通建设的同时，建筑环境艺术也在同步建设。轨道交通设计充分利用西安的文化资源，打造出独特的地铁建筑环境艺术，促进西安的城市文化的完善和发展，使其成为展现西安城市文化的新窗口，展示城市风貌的名片，为城市和轨道交通自身带来难以估量的社会、经济效益。

2. 打造轨道交通车站的城市特色的现实意义

城市轨道交通是现代经济、科技的产物，是解决城市拥堵的重要的交通模式。轨道交通建筑也成为一种新的建筑类型，以建筑的"眼波"来剖析、审视轨道交通，其空间具有独特的空间属性、贯通城市空间的范围广泛。自1863年以来，国内外涌现出了很多经典的轨道交通设计案例，有些轨道交通环境艺术设计成为国家的文化标志和旅游热点。因此，在当今世界可用土地资源锐减，能提供给交通设施的地上空间有限的情况下，着重设计好地铁环境设计与站域环境、行人出行行为心理之间的关系，对于轨道交通建筑及空间设计的发展具有较高的现实意义。

3. 打造轨道交通车站的城市特色的主要设计内容

轨道交通空间的地方特色设计是把抽象的环境艺术设计概念落实到具象的地铁空间系统中来，该系统从功能空间层面上关注空间序列的组织、空间氛围的营造及空间界面的塑造；从感官视觉层面上关注传达导引的明晰、灯光照明的适度、室内温湿度的适宜、材质色彩的和谐；从行为心理层面上关注本土化设计、无障碍设计等。就构成要素而言，城市轨道交通空间环境系统包括室外空间环境与室内空间环境两个层级。室外空间环境系统包括城市轨道交通站域空间环境及其空间出入口建筑单体两个子系统；室内空间环境包括地铁交通空间和地铁站台空间两个子系统。

城市轨道交通的类型多种多样，以车站造型特色及室内环境研究的内容为出发点，结合工程分类方法和研究内容侧重点，大致可划分为高架及地面车站、地下车站两种类型。高架及地面车站类似于一般地上民用建筑，车站直接设置于地面之上，车站有明显的空间体量，其研究的主要内容偏重于车站主体和附属的立面造型、车站的室内装饰装修设计，同时还应注意站点周边的环境空间设计和进出站集散广场设计。地下车站主要设计内容重点是地下室内空间环境艺术设计，出地面建筑与城市环境、城市景观的融合设计。

4. 打造轨道交通车站的城市特色的方法

打造轨道交通车站的城市特色是一项系统性的研究课题，不仅仅聚焦于轨道交通工程本身，其自身亦是城市景观风貌的一部分，两者相容相生，一脉相承。研究轨道交通工程对城市特色和文化的体现首先要对所在城市、所处区域、所临街区的文化、历史、特色进行探源。

在充分探究了线路所经区域的城市文脉后，结合线路功能定位和自身特点，提出城市与地铁相契合的理念。设计理念是打造轨道交通车站的城市特色精神核心和灵魂，是线路与城市文化、规划、现状的融合对话，结合设计理念推进车站特色和室内装修设计的有序开展和实现。如西安轨道交通车站室内装修设计基于西安轨道交通线网总体规划，提出了“以线路作为装修基本单位”的设计思路，通过提炼线路所经区域的城市文化、城市风貌特点，提出线路整体设计理念，形成每条线路特有的装修风格。

世界各国优秀的轨道交通建筑造型和环境设计，都离不开本国文化的渊源。如果在一个城市中每一段轨道交通都与地上的城市文化发展相融合，做出超前的设想，城市文化就会在轨道交通建筑艺术的影响下得到进一步的发扬。

11.2.7 强化“车站消防疏散设计”

随着我国城市化进程的提速，越来越多城市发展轨道交通的基础建设。但随着轨道交通线路长度与客运量的不断增长，地铁火灾事故不断发生。据相关数据统计，自 1969 年我国地铁投入运营以来，因设备故障、操作故障等引起的火灾有 100 余起，因此地铁车站消防疏散显得尤为重要。结合“十四五”的指导方针和主要目标，城市基础建设更应顺应社会发展趋势，准确把握新时期国家对消防安全提出的新目标，通过各个环节提高防火、减灾能力。轨道交通车站作为现代化城市最大的城市客运交通基础设施之一，其建设造价高昂、环境因素复杂、事故风险大，在地铁的运营中，最引起人们关注的当属安全问题。由于轨道交通处在地下空间内，封闭、复杂、高压电网密布、人员和设备高度密集，一旦发生火灾，疏散救援十分困难，地铁火灾中的伤亡比率和财产损失都是地面火灾中的数倍或数十倍，因此轨道交通消防安全设计至关重要。

强化车站消防疏散设计，是轨道交通建筑设计的重中之重，结合西安轨道交通线路车站消防设计、消防审查、消防验收的经验总结，我们应从以下方面加强轨道交通消防安全建设。

1. 强化设计阶段与消防主管部门的沟通

轨道交通车站是一个构成组织相对复杂的综合性交通建筑，目前其消防设计及验收所依据的主要规范有《地铁设计防火标准》(GB 51298—2018)、《城市轨道交通技术规范》(GB 50490—2009)、《地铁设计规范》(GB 50157—2013)、《建筑设计防火规范(2018 年版)》(GB 50016—2014)。规范中对地铁工程防火设计方面均有所要求，但部分条款的指向性、针对性不强，部分规范条文需结合轨道交通工程的特殊性进行商榷。因此应在设计环节加强与消防主管部门的沟通交流，结合轨道交通车站消防实践经验和规范要求，对设计工作提出有效的指导意见。

2. 完善细节设计以构建安全的地下生命通道

轨道交通的疏散系统设计直接关系着火灾时乘客及工作人员的生命安全。在轨道交通设计阶段应充分考虑车站远期或控制期客流量，结合规范相关规定，完成满足疏散距离和疏散宽度、安全出口数量等的消防设计。应合理规划防火分区及防烟分区，设置有效的防火分隔措施。车站各部分消防设施均应在火灾时联动，保证人员快速疏散。换乘车站要合理规划并区分换乘通道和疏散通道，避免人流出现拥堵；

在疏散或救援流线上不应设置阻碍疏散或救援的障碍物。加强车站内各部位的防火封堵，封堵措施应安全有效。按规范要求严格控制疏散距离，尽量减小疏散长度，保证火灾情况下人员的快速撤离。通过以上全方位的消防细节设计，为人民群众构建一条安全的地下疏散通道。

3. 重视与轨道交通融合场所的整体疏散研究

轨道交通与城市功能的融合设计多种多样，为保障乘客在火灾状况下的安全疏散，对场所的整体疏散研究至关重要。比较典型的主要是轨道交通与商业开发融合，轨道交通与其他交通形式的融合形成的两种场所。

基于地下空间的综合开发利用的理念，在轨道交通车站引入商业开发。商业开发形式多种多样，站内开发以零星商铺、配线区物业开发、独立物业开发层为主，轨道交通站内的商业应作为独立的防火单元，与车站公共区形成有效的防火分隔；轨道交通站内出入口通道内严禁设置商铺等服务设施。站外开发以车站上盖物业层、出入口通道与相邻商业接驳为主，上盖物业层应与车站本体形成各自独立防火分区，并各自设置独立的安全出口直通地面；出入口通道与周边商业接驳时，应注意商业空间与车站公共区不能相互疏散，应设置有效的防火分隔措施将其分离。与车站相关联的站内站外商业开发空间打破了车站本体防火分区的完整性，增大了引发地铁火灾的可能性。在保证车站安全运营的前提下，利用站内空间进行商业开发或与开发空间互联互通才更值得提倡。

随着各地城市以构建一体化交通运输系统为出发点，以及打造城市现代化综合交通枢纽站的设计理念的落实。大型交通枢纽站是将铁路、地铁、公交、机场等多种交通功能进行衔接的综合性交通建筑，主要目的是为乘客提供便捷换乘，将各种交通功能在同一综合立体化空间场所中实现，使得该场所功能分区及客流组织复杂，出现较多共享空间，因此对消防设计提出更高的要求。一般需进行消防专项设计，以保证大客流集散区域在火灾情况下的安全快速疏散。

轨道交通防灾重点就是预防火灾，在进行消防设计时，应借鉴以往线路成功经验，贯彻“预防为主，防消结合”的工作方针，正确理解和严格执行消防法规，提出合理的消防设计方案，做好轨道交通与城市地下空间的安全接驳，最大限度地降低轨道交通火灾风险与减小火灾危害，保证轨道交通工程建设和运营安全。

4. 结语

“十四五”期间，西安市轨道交通建设三期规划项目将全面建成，形成由 12 条总长为 422 km 线路组成的运营网络格局，迈入到全国轨道交通建设先进城市的行列。城市轨道交通车站系统设施也在不断优化提升，呈现智能绿色、高效实用、安全可靠趋势，充分体现“以人为本、绿色可持续发展”“精细化”“网络化运营和资源共享”以及“智慧化”的设计理念，并进一步强化“车站消防疏散设计”，确保乘客的安全。同时轨道交通车站建筑与城市的协同融合将对更新城市发展、优化城市结构、带动卫星组团等方面起到举足轻重的引领效用，充分体现“建地铁就是建城市”的设计理念，并结合区域城市设计，打造轨道交通车站的城市特色。我们深信，轨道交通车站将成为西安这座历史文化国际化都市的魅力名片。

第 4 篇

结构与轨道设计

第12章　地下车站结构

12.1　设计概论

城市轨道交通地下车站多位于人口稠密的城市，且多为浅埋，地下车站结构的设计与施工是密不可分的，结构设计应根据具体的施工工法进行确定。施工方法的选择受地质条件、结构形式以及周围建(构)筑物的影响，主要施工方法有明挖法、盖挖法和暗挖法。

明挖法施工技术简单、快速、经济，在周围环境允许的条件下通常作为地下车站施工方法的首选。盖挖法施工是地下结构的顶板或临时路面盖板下修建地下结构其他部分的半明挖施工方法，其通过合理组织施工及交通疏导，对城市交通的干扰较小。暗挖法是在距离地表较近的地下进行各种类型地下洞室暗挖施工的一种方法，采取超前支护、注浆加固等改良地层辅助措施来完成隧道及地下工程建造，该方法可减少地下管线迁改，对地面交通基本不影响，但是对地质条件要求较高，工期较长，造价较高。

综合考虑场地地质条件、工程周边环境、地下建(构)筑物、施工场地、车站形式等因素，选择合理的施工工法是地下车站结构设计与施工首先考虑和确定的问题，其对车站工程安全、周边环境影响、工期及土建投资具有重要影响。

西安轨道交通经过前三期建设规划共约270余座车站的工程实践，地下车站主要采用明挖法施工；位于交通流量较大区域的部分地下车站采用局部盖挖法施工；另外有5座车站考虑线路深埋较大、路面开挖不具备条件等因素采用暗挖法施工。

12.1.1　设计内容与方法

地下车站结构设计内容包括基坑支护、主体结构、结构防水、结构耐久性、杂散电流、结构抗震专项、安全风险专项等。初步设计阶段含管线迁改、交通导改等内容。

采用盖挖法施工的车站，尚需进行铺盖结构体系设计；采用暗挖法施工的车站，尚需进行竖井及横通道等设计。

地下车站结构设计采用以概率理论为基础的极限状态设计方法，以可靠指标度量结构构件的可靠度，采用分项系数的设计表达式进行设计。

12.1.2　设计原则及主要技术标准

1. 设计原则

(1)结构设计应根据沿线不同地段的工程地质和水文地质条件及城市总体规划要求，结合周边既有建(构)筑物、管线及道路交通状况，通过对技术、经济、施工工艺、环境影响、使用功能等方面的综合评价，合理选择施工方法和结构形式。

(2)结构设计应考虑施工中和建成后对周边环境的不利影响。

(3)结构的净空尺寸应满足建筑限界和设备安装及施工工艺的要求，并考虑施工误差、测量误差、结构变形及后期沉降的影响。

(4)地下车站应根据结构类型、使用条件、荷载特性、施工工艺等条件进行结构设计，结构构件应满足强度、刚度、稳定性和耐久性要求，并满足防水、防火、防杂散电流的技术要求。

(5)车站结构设计在满足安全可靠、功能合理的前提下，应做到经济适用、节能环保。

2. 主要技术标准

(1)主体结构及其相连的重要构件,其安全等级应为一级,按可靠度理论设计时,设计基准期为50年,结构耐久性设计应符合结构设计使用年限100年的要求。

(2)结构中主要构件与人群荷载密集构件的安全等级为一级,按荷载效应基本组合进行承载能力计算时重要性系数取 $\gamma_0 = 1.1$,并按设计使用年限为100年的要求进行耐久性设计(含车站内部的钢筋混凝土楼板、站台板、楼梯等)。

(3)西安地区工程抗震设防烈度为8度,车站结构抗震设防类别为重点设防类(乙类)。主体结构抗震等级为二级,出入口等附属结构为三级,断面大小接近车站断面的地下结构应按车站的抗震等级设计,当地下结构上部有整建的地面结构时,地下结构的抗震等级不应低于地面结构的抗震等级。

(4)地下结构设计按核6级、常规武器6级人防的抗力标准进行验算,并设置相应的防护设施。防化等级按丁级设计。

(5)基坑支护结构设计应按《建筑基坑支护技术规程》(JGJ 120—2012)选用相应侧壁安全等级及重要性系数。

12.2 结构设计

12.2.1 地下车站结构类型

根据不同的施工方法决定车站采用不同的结构形式,以围护结构为临时支护主体的明挖法和盖挖法等方法施作的地下车站常采用矩形框架结构;以浅埋暗挖法施工的地下车站常采用拱形结构;以洞桩法施工的地下车站常采用大跨度或小间距的连拱结构。

1. 明、盖挖法施工的车站

(1)矩形框架结构

明、盖挖法施工的地下车站主体结构一般为长条形多层多跨框架结构,地下两层、地下三层单柱或双柱的框架结构形式;当建筑使用功能上有特殊要求时,车站有时需要局部加宽,采用三柱四跨,甚至四柱五跨结构形式。图12.1所示为地下两层双柱三跨结构。

(2)拱形结构

对于埋深较大的明挖车站,结合建筑空间需求,可采用拱形结构形式,拱形大跨车站在地下一层不设置结构柱,形成通透整洁的空间,且层高较高,从而达到较好的视觉空间效果。图12.2所示为拱形车站结构。

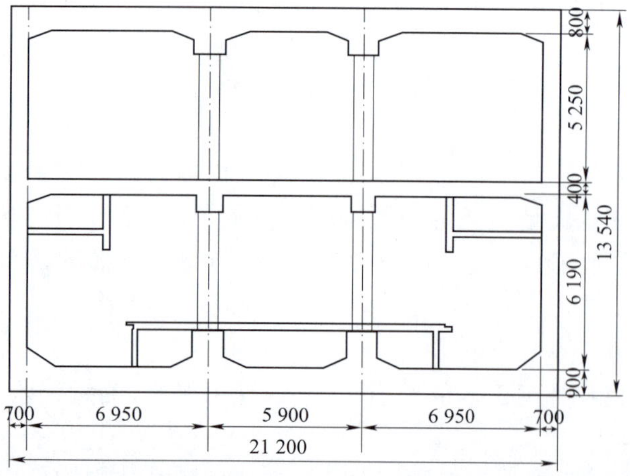

图12.1 地下两层双柱三跨车站结构图(单位:mm)

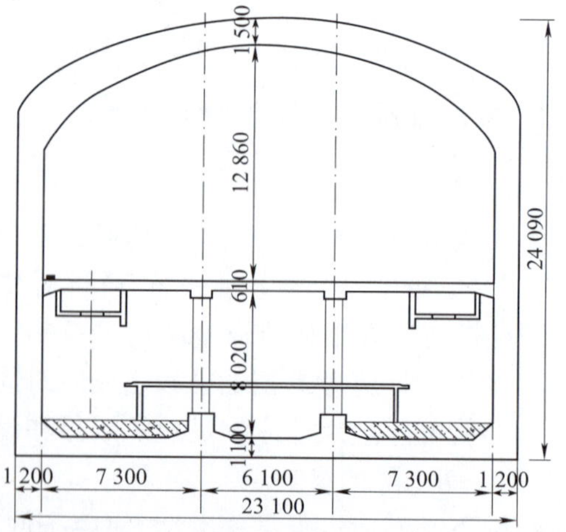

图12.2 拱形车站结构图(单位:mm)

2. 暗挖法施工的车站

暗挖地铁车站断面形式的确定应综合考虑围岩条件、使用要求、施工工艺、结构受力及环境保护等方面。结合西安地区地质条件，暗挖车站主要考虑采用 PBA 暗挖工法。PBA 暗挖工法是在小导洞内完成桩、梁、柱及拱等施工，形成强有力的支撑体系后，再施工车站的顶板、中板和底板的暗挖施工工法，具有施工组织方便、安全可控和沉降相对较小的特点，是暗挖车站的主要施工工法，在国内主要城市地铁建设中广泛应用。

目前西安轨道交通在建 5 座暗挖 PBA 工法车站，小白杨站及丰禾路站采用上三导洞（边桩基 + 中桩基）的工法，结构横断面如图 12.3 所示；广济街站采用上三下一共四导洞（边桩基 + 中条基）的工法，结构横断面如图 12.4 所示；何家营站及新植物园站采用上四下二共六导洞（条基 + 筏板）的工法，结构横断面如图 12.5 所示。

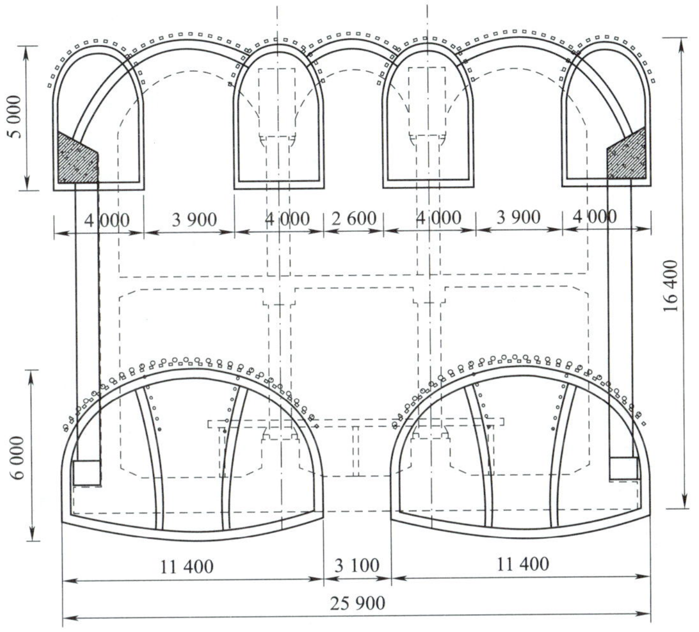

图 12.3　小白杨站及丰禾路站结构图（单位：mm）

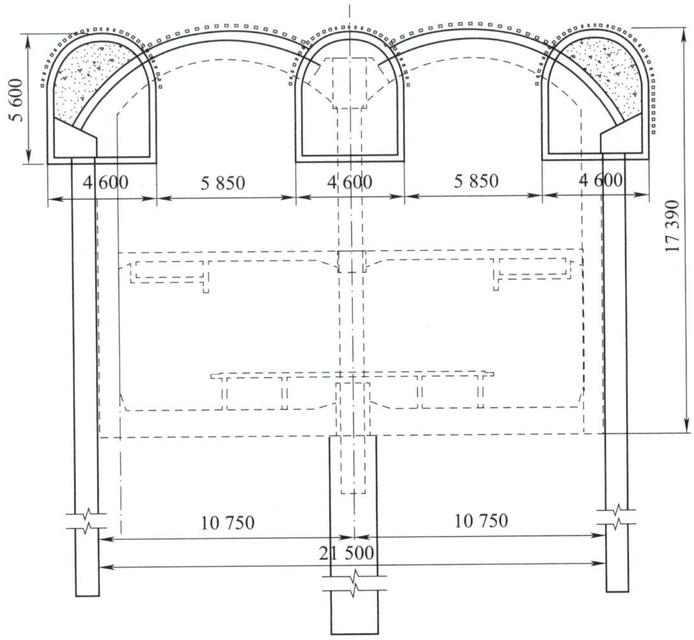

图 12.4　广济街站结构图（单位：mm）

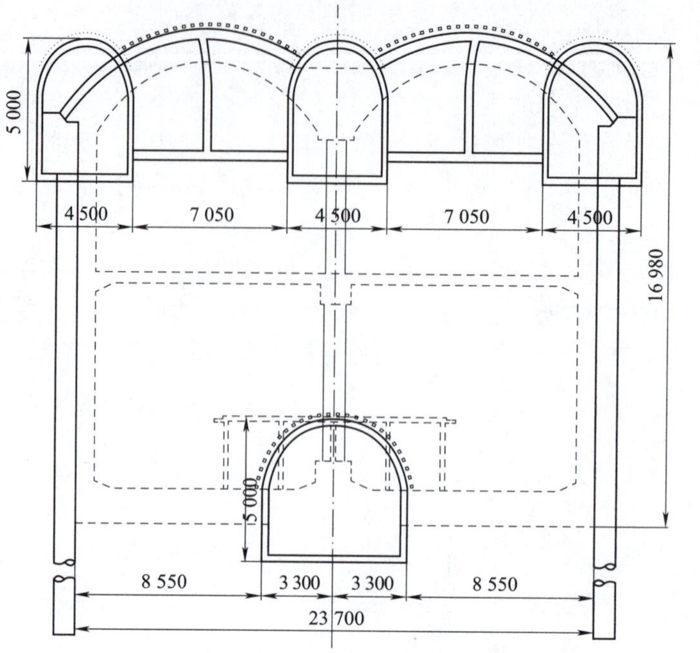

图 12.5　何家营站及新植物园站结构图(单位:mm)

3. 明暗挖结合结构形式

除上述外,受到外部环境、建设时序等因素影响,地下车站还可以采用分离式明暗挖结合结构形式。西安轨道交通 2 号线钟楼站、4 号线火车站站采用双线分离岛式结构,结构横断面如图 12.6 所示,两侧站台采用了 2 个单洞马蹄形断面,中间站厅采用明挖双层结构;西安轨道交通 3 号线石家街站采用单线分离岛式结构,结构横断面如图 12.7 所示,右线站台采用了 1 个单洞马蹄形断面,左线站台及车站站厅合设采用明挖双层结构。

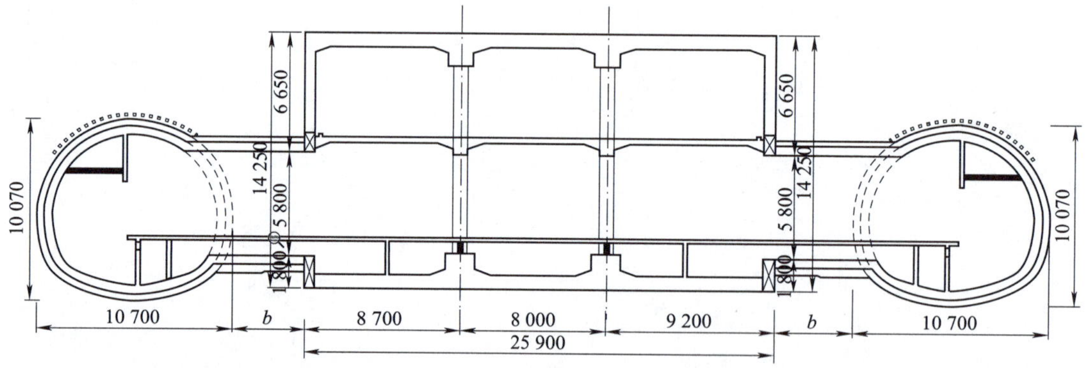

图 12.6　西安轨道交通 2 号线钟楼站暗挖站台分离式车站(单位:mm)

12.2.2　明挖车站结构设计

1. 支护结构设计

明挖车站结构首先要进行主体和附属的基坑支护结构设计,基坑支护设计要坚持保证支护体系安全可靠、保护环境、方便施工和经济性的原则,综合考虑地质条件、基坑周边环境要求、地下结构要求、施工季节变化及支护结构使用期等因素,因地制宜、合理选型。

(1)基坑支护结构选型与设计

基坑支护结构选型是基坑支护设计的重点,应综合考虑工程水文地质条件、周边环境条件、基坑安全等级、基坑特性等因素进行选择。总结西安轨道交通明挖基坑实施的成功经验,主要基坑支护结构形式有排桩或

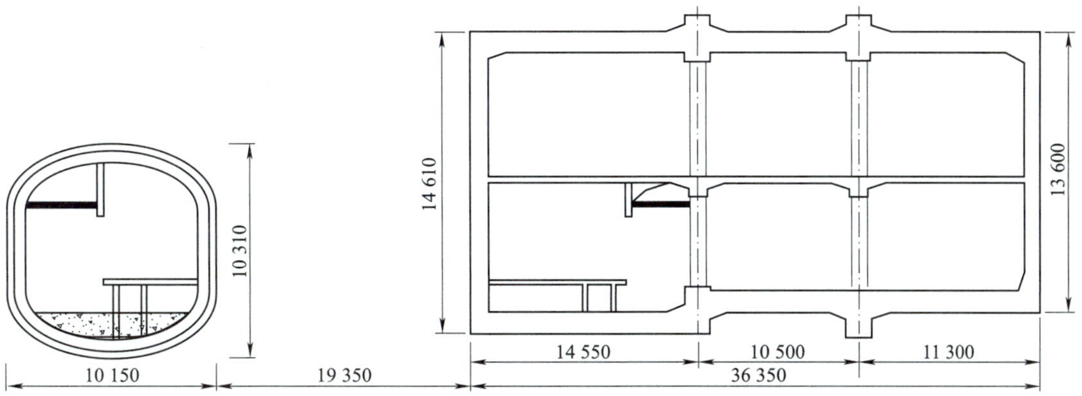

图 12.7　西安轨道交通 3 号线石家街站暗挖站台分离式车站(单位:mm)

地连墙＋内支撑体系、排桩＋锚杆体系、土钉墙、放坡开挖等形式,各类支护结构适用条件按表 12.1 选择。

表 12.1　各类支护结构的适用条件

<table>
<tr><th colspan="2" rowspan="2">结构类型</th><th colspan="3">适用条件</th></tr>
<tr><th>安全等级</th><th colspan="2">基坑深度、环境条件、土类和地下水条件</th></tr>
<tr><td rowspan="5">支挡式结构</td><td>排桩、地下连续墙、咬合桩等桩锚式或支撑式结构</td><td rowspan="5">一级、二级、三级</td><td>适用于较深的基坑</td><td rowspan="5">(1)排桩适用于可采用降水或截水帷幕的基坑;
(2)地下连续墙宜同时用作主体地下结构外墙,可同时用于截水;
(3)锚杆不宜用在软土层和高水位的碎石土、砂土层中;
(4)当邻近基坑有建筑物地下室、地下构筑物等,锚杆的有效锚固长度不足时,不应采用锚杆;
(5)当锚杆施工会造成基坑周边建(构)筑物的损害或违反城市地下空间规划等规定时,不应采用锚杆;
(6)由于钢板桩打入和拔除对周边环境影响较大,邻近对变形敏感建(构)筑物的基坑工程不宜采用。不适用于中、微风化岩层</td></tr>
<tr><td>排桩、地下连续墙等悬臂式结构</td><td>适用于较浅的基坑</td></tr>
<tr><td>双排桩</td><td>当锚拉式、支撑式和悬臂式结构不适用时,可考虑采用双排桩</td></tr>
<tr><td>支护结构与主体结构结合的逆作法</td><td>适用于基坑周边环境条件很复杂的深基坑</td></tr>
<tr><td>钢板桩</td><td>适用于开挖深度不大于 7 m、周边环境保护要求不高的基坑工程</td></tr>
<tr><td rowspan="4">土钉墙</td><td>单一土钉墙</td><td rowspan="4">二级、三级</td><td>适用于地下水位以上或经降水的非软土基坑,且基坑深度不宜大于 12 m</td><td rowspan="4">当基坑潜在滑动面内有建筑物、重要地下管线时,不宜采用土钉墙</td></tr>
<tr><td>预应力锚杆复合土钉墙</td><td>适用于地下水位以上或经降水的非软土基坑,且基坑深度不宜大于 15 m</td></tr>
<tr><td>水泥土桩垂直复合土钉墙</td><td>用于非软土基坑时,基坑深度不宜大于 12 m;用于淤泥质土基坑时,基坑深度不宜大于 6 m;不宜用在高水位的碎石土、砂土、粉土层中</td></tr>
<tr><td>微型桩垂直复合土钉墙</td><td>适用于地下水位以上或经降水的基坑,用于非软土基坑时,基坑深度不宜大于 12 m;用于淤泥质土基坑时,基坑深度不宜大于 6 m</td></tr>
<tr><td colspan="2">放坡</td><td>三级</td><td colspan="2">(1)施工场地应满足放坡条件;
(2)可与上述支护结构形式结合</td></tr>
</table>

注:1. 当基坑不同部位的周边环境条件、土层性状、基坑深度等不同时,可在不同部位分别采用不同的支护形式。
2. 支护结构可采用上、下部以不同结构类型组合的形式。

基坑支护结构采用以分项系数表示的极限状态设计法设计,作用基本组合的综合分项系数 γ_F 不应小于 1.25,综合考虑基坑周边环境和地质条件的复杂程度、基坑深度等因素,按表 12.1 采用支护结构安全等级。对安全等级为一级、二级、三级的支护结构,其结构重要性系数 γ_0 分别不应小于 1.1、1.0、0.9。

基坑支护体系的整体设计使用期限为 24 个月,当围护桩或者地连墙兼做抗浮时,应与车站结构设计使用年限一致。支护结构设计在施工期间考虑其承载能力及变形对基坑安全和周边环境的影响，进行基坑稳定验算，满足基坑稳定要求：不产生倾覆、滑移和局部失稳；基坑底部不产生隆起、管涌；支撑系统不失稳。基坑变形控制等级根据《城市轨道交通工程监测技术规范》(GB 50911—2013)确定，一般情况下，车站主体基坑变形等级为二级，基坑支护结构最大水平位移不大于0.2H%，且不得大于30 mm，地面最大沉降量不大于0.15H%（H为基坑深度）。

支护设计参数取值原则：对地下水位以上的各类土层，土压力计算及稳定性验算时，抗剪强度指标应采用固结快剪强度指标c_{cq}、φ_{cq}或快剪指标。

对地下水位以下的黏性土、黏质粉土，采用水土合算方法，土压力计算及稳定性验算采用总应力法；土的抗剪强度指标应采用三轴压缩固结不排水剪的总应力强度指标c_{cu}、φ_{cu}，固结快剪强度指标c_{cq}、φ_{cq}。

对地下水位以下的粉土、砂土，采用水土分算方法，土压力计算及稳定性验算采用有效应力法；土的抗剪强度指标应采用三轴压缩固结不排水剪有效应力强度指标c'、φ'，固结快剪强度指标c_{cq}、φ_{cq}或快剪；对砂质粉土，缺少有效应力强度指标时，也可采用三轴固结不排水抗剪强度有效应力指标c_{cu}、φ_{cu}代替。

(2)地下水控制与结构抗浮设计

地下水控制应根据工程地质和水文地质条件、基坑周边环境要求及支护结构形式选用坑外降水、集水明排、止水等方法。地下水控制应在方案阶段进行抽水量、地面沉降计算分析，在施工阶段由具备相关资质单位进行专项设计并进行专项评审。基坑地下水控制方案应满足以下要求：①方案做到技术可行、安全可靠、经济合理；②充分考虑地铁沿线环境特点，在实施过程中对周边环境综合影响降到最低；③考虑地下水控制方案实施的可行性，施工工艺成熟，施工成本合理；④对水资源利用保护、地下水污染防治等方面进行研究分析，确保方案绿色环保。

根据西安地区地质条件，主要含水层为黄土、粉质黏土、砂土，无统一连续的相对隔水层，止水效果不明显，止水施工质量差异较大，参照西安轨道交通既有工程经验，车站及区间施工宜优先采用坑外降水。

西安轨道交通降水工程有着完备的设计和建设程序，在工可及初设阶段，首先进行针对性的水文地质勘察，开展工程降水评估专题研究，结合西安地区降水施工工程经验及实际观测资料，分析评价降水施工对沿线地下水环境及周边环境的影响，以及抽排水对于市政设施的影响，确定工程实施的地下水控制方案。施工图及施工阶段，具有降水设计资质的单位进行详细的工程降水专项设计，具有丰富工程经验的队伍进行降水井、排水管路的施工，制定详细的降水施工筹划，提前有序开展降水作业，严格控制按需降水。根据多年的地铁降水实践来看，通过专项降水设计方案和针对性的降水措施能够满足地铁无水施工需求和确保周边环境安全。一般环境下，地下车站及区间采用降水施工是必要的、经济的、合理的。

西安轨道交通线路所在地层不同，降水效果的安全性反应不同。诸如，在粉质黏土、古土壤中，降水固结后的土体架构性很好，引起的环境变形量很小，降水及开挖引起的总体沉降控制在20 mm左右，但是需要预留充足的降水时间；此外开挖过程可能会有层间滞水，但并不影响开挖安全。在中粗砂层中，降水效果较好，但降水措施要一次到位；面对富水砂层，多采取降水辅助注浆加固工艺。在饱和软黄土地层中，因失水而产生地层变形相对较大，遇到该地层时要结合周边环境和建(构)筑物情况采取经济和安全的辅助措施。另外，当车站基坑、区间隧道邻近环境敏感点，如穿越文物、铁路、大型水体等，周边环境保护要求严苛时，可采用止水措施，西安轨道交通基坑支护中常用的止水措施有地下连续墙、高压旋喷桩、水泥土搅拌桩和冷冻法等方式。

地下结构工程应满足抗浮要求，抗浮设施的耐久性不应少于结构设计使用年限。地下车站结构抗浮设计等级为甲级，施工期抗浮稳定安全系数k_W为1.05，使用期抗浮稳定安全系数k_W为1.10，当计及侧壁摩阻力时，其抗浮稳定安全系数不得小于1.15。抗浮措施优先考虑围护桩参与抗浮，当抗浮不满足时可考虑抗浮桩、抗浮压板等其他措施。

(3)排桩

根据西安地区的工程水文地质条件,西安轨道交通基坑支护形式主要采用排桩形式,排桩成桩工艺成熟、整体刚度较大、抵抗变形性能较好、施工效率高、造价较低,适用于车站主体和附属不同深度的基坑支护,排桩桩径通常采用 600 ~ 1 200 mm,并宜取 50 mm 的模数;悬臂式排桩,支护桩的桩径宜大于或等于 600 mm;对锚拉式排桩或支撑式排桩,支护桩的桩径宜大于或等于 400 mm;排桩的中心距不宜大于桩直径的 2.0 倍且排桩净距不宜小于 150 mm。结合西安轨道交通既有线及在建线工程经验,一般环境下排桩直径、间距及嵌固比参照值见表 12.2。

表 12.2 排桩直径、间距及嵌固比参照值

地质情况			车站层数	桩径(mm)	桩距(mm)	嵌固比	备注
地貌单位	土层	水位					
河阶地	〈1-1〉杂填土、〈2-2〉粉质黏土、〈2-4〉粉细砂、〈2-5〉中砂	地下水位埋深小于 12 m	一层	600	900 ~ 1 200	0.30 ~ 0.35	附属
			二层	1 000	1 300 ~ 1 600	0.35 ~ 0.40	
			三层	1 200	1 500 ~ 1 700	0.40 ~ 0.45	
		地下水位埋深大于 12 m	一层	600	1 000 ~ 1 300	0.30 ~ 0.32	附属
			二层	1 000	1 300 ~ 1 700	0.30 ~ 0.35	
			三层	1 200	1 500 ~ 1 800	0.35 ~ 0.40	
河漫滩	〈1-1〉杂填土、〈1-2〉素填土、〈3-1〉新黄土、〈3-2-1〉古土壤、〈4-1-2〉水下老黄土、〈4-4〉粉质黏土、〈4-9〉砾砂	地下水位埋深小于 12 m	一层	600	900 ~ 1 200	0.30 ~ 0.35	附属
			二层	1 000	1 300 ~ 1 600	0.35 ~ 0.40	
			三层	1 200	1 500 ~ 1 700	0.40 ~ 0.45	
		地下水位埋深大于 12 m	一层	600	1 000 ~ 1 300	0.30 ~ 0.32	附属
			二层	1 000	1 300 ~ 1 700	0.30 ~ 0.35	
			三层	1 200	1 500 ~ 1 800	0.35 ~ 0.40	
黄土梁洼	〈1-1〉杂填土、〈1-2〉素填土、〈3-1-1〉水上新黄土(具湿陷性)、〈3-1-2〉饱和软黄土、〈3-1-3〉新黄土(饱和)、〈3-2〉古土壤、〈4-1-3〉水下老黄土、〈4-4-2〉水下古土壤	有饱和软黄土	一层	600	1 000 ~ 1 100	0.30 ~ 0.35	
			二层	1 000	1 300 ~ 1 500	0.4 ~ 0.45	
			三层	1 200	1 500 ~ 1 700	0.45 ~ 0.50	
		无饱和软黄土:地下水位埋深小于 12 m	一层	600	900 ~ 1 200	0.30 ~ 0.32	
			二层	1 000	1 300 ~ 1 600	0.3 ~ 0.35	
			三层	1 200	1 500 ~ 1 700	0.35 ~ 0.45	
		无饱和软黄土:地下水位埋深大于 12 m	一层	600	1 000 ~ 1 300	0.30 ~ 0.32	
			二层	1 000	1 300 ~ 1 700	0.3 ~ 0.35	
			三层	1 200	1 500 ~ 1 800	0.35 ~ 0.40	
黄土台塬	〈1-1〉杂填土、〈1-2〉素填土、〈3-1-1〉水上新黄土(具湿陷性)、〈3-2-1〉古土壤、〈4-1-1〉老黄土、〈4-2-1〉古土壤	地下水位埋深小于 12 m	一层	600	900 ~ 1 200	0.30 ~ 0.32	附属
			二层	1 000	1 300 ~ 1 600	0.3 ~ 0.35	
			三层	1 200	1 500 ~ 1 700	0.35 ~ 0.40	
		地下水位埋深大于 12 m	一层	600	1 000 ~ 1 300	0.30 ~ 0.32	附属
			二层	1 000	1 300 ~ 1 700	0.3 ~ 0.35	
			三层	1 200	1 500 ~ 1 800	0.35 ~ 0.40	

注:1. 表中参照值仅供设计参考,实际设计中应根据车站具体情况调整。
2. 当地质情况较差、地下水位较高、周边环境复杂时,可适当调整桩距及嵌固比。
3. 当地质情况较好、周边环境简单、无地下水时应适当加大桩距、减小嵌固比。
4. 各条线可结合本线具体情况,根据桩径及桩距进行经济比较后可采用其他桩径,但全线应对桩距及插入比进行统一。
5. 表中的地下水位为常水位。

对西安轨道交通明挖基坑中的排桩支护体系含钢量进行统计,结合构件断面尺寸,其含钢量参照值见表 12.3。

表 12.3 排桩支护体系含钢量参照值

构件名称	直径或断面尺寸(mm)	混凝土计算原则	含钢量(kg/m^3)
排桩	600	算至冠梁一半位置	160~180
	800		140~160
	1 000		120~140
	1 200		120~140
	1 500		120~140
冠梁		实际长度	120~140
挡土墙		实际长度	80~100
混凝土支撑		实际长度	140~160
100 mm 厚网喷		实际长度	60~80

(4)地下连续墙

当基坑附近有河流、湖泊等大型水体区域,且存在水力联系时,基坑支护可采用地下连续墙形式,坑内降水施工。地下连续墙的墙体厚度宜根据成槽机的规格,选取 600 mm、800 mm、1 000 mm 或1 200 mm。"一"字形槽段长度宜取 4~6 m。当成槽施工可能对周边环境产生不利影响或槽壁稳定性较差时,应取较小的槽段长度。地下连续墙的转角处或有特殊要求时,单元槽段的平面形状可采用 L 形、T 形等,折线形槽段等槽段各肢宽度总和不宜大于 6 m。

地下连续墙的槽段接头一般采用圆形锁口管接头、波纹管接头、楔形接头、混凝土预制接头等柔性接头,或者"工"字形或"十"字形穿孔钢板接头、钢筋承插式接头等刚性接头。

西安轨道交通主要在邻近河流、重要建(构)筑物等复杂条件的地下车站深基坑中采用地下连续墙形式,如 1 号线浐河东站位于浐河一级阶地,地层以粗砂、圆砾、卵石为主,地下水位埋设约 5.1 m,浐河河水补给迅速,基坑深度 22.3 m,采用 800 mm 厚的地下连续墙 + 内支撑支护体系,锁口管柔性接头。6 号线钟楼站邻近国家级文物保护单位钟楼,地层以新黄土、古土壤、老黄土为主,地下水位埋深约 8 m,基坑深度 27.3 m,采用 1 000 mm 厚的地下连续墙 + 内支撑支护体系,工字钢刚性接头。

(5)内支撑

支撑优先采用 ϕ609 mm(壁厚 12~16 mm)钢支撑,如需增加格构柱,则可采用 ϕ800 mm(壁厚 16~20 mm)钢支撑。支撑水平间距:第一道宜采用 6~9 m,第二道及以下宜采用 3~4.5 m。支撑预加力值宜取支撑轴向压力标准值的 0.2~0.8 倍,且需采用防脱落措施。

混凝土支撑架设周期较长、拆除困难,原则上不采用,当基坑周边邻近高风险时,可综合考虑地质、基坑深度、安全风险控制等因素选用混凝土支撑。混凝土支撑一般设置在基坑第一层,支撑间距 6~9 m。

支撑构件的截面高度不宜小于其竖向平面内计算长度的 1/20;腰梁的截面高度(水平方向)不宜小于其水平方向计算跨度的 1/10,截面宽度不应小于支撑的截面高度。

基坑角部应设置板撑,板撑高度中心线宜与冠梁、腰梁中心线一致。

(6)竖向支承体系

当支撑稳定验算不满足要求时,需设置竖向支承体系,竖向支承体系通常采用钢立柱插入立柱桩基,水平架设钢连系梁的形式。

(7)锚杆

当无淤泥、淤泥质土、泥炭、泥炭质土等软弱或者松散填土层,周边环境变形要求不高且对地下空间利用没有限制要求时,可采用排桩 + 锚杆支护体系。锚拉结构宜采用钢绞线锚杆,当设计的锚杆抗拔承载力较低时,也可采用普通钢筋锚杆,当环境保护不允许在支护结构使用功能完成后锚杆杆体滞留于基坑周边地层内时,应采用可拆芯钢绞线锚杆。

(8)土钉墙

土钉墙适用于深度不大于 12 m,周边环境较为简单的基坑,土钉墙宜采用洛阳铲成孔的钢筋土钉。

对易塌孔的松散或稍密的砂土、稍密的粉土、填土，或易缩径的软土宜采用打入式钢管土钉。对洛阳铲成孔或钢管土钉打入困难的土层，宜采用机械成孔的钢筋土钉。

土钉水平间距和竖向间距宜为 1 ~2 m；当基坑较深、土的抗剪强度较低时，土钉间距应取小值。土钉倾角宜为 5° ~20°，其夹角应根据土性和施工条件确定。土钉长度应按各层土钉受力均匀、各土钉拉力与相应土钉极限承载力的比值近于相等的原则确定。

2. 主体结构设计

(1)工程材料

地下车站结构的工程材料应根据结构类型、受力条件、使用要求和所处环境等因素选用，并考虑其可靠性、耐久性和经济性。主要受力结构宜采用钢筋混凝土，必要时可采用金属结构或组合结构。

混凝土的原材料和配比、最低强度等级、最大水灰比和每立方混凝土的水泥用量、外加剂的性能及掺加量等应符合耐久性要求，同时要满足抗裂、抗渗、抗冻和抗侵蚀的需要。

钢筋混凝土结构及预应力混凝土结构的钢筋，其强度、变形性能指标按相应设计规范规定执行。钢筋性能和质量必须符合国家现行标准和行业标准的规定，并应有各项性能的质量证明书或检验报告。抗震构件受力钢筋还应满足下列要求：钢筋的抗拉强度实测值与屈服强度实测值的比值不应小于 1.25；钢筋的屈服强度实测值与屈服强度标准值的比值不应大于 1.3，钢筋在最大拉力下的总伸长率实测值不应小于 9%。

(2)结构设计与构件尺寸和配筋

明挖车站结构构件尺寸和配筋根据车站顶板覆土、结构埋深和结构形式、水文地质条件等因素计算确定，一般断面采用平面框架结构体系模型，分别按照施工阶段和使用阶段进行强度、变形、稳定性计算，并进行裂缝宽度验算、结构抗震作用验算、人防作用验算及抗浮稳定验算，同时满足结构耐久性要求。对于盾构井、轨排井、换乘节点等复杂结构位置，应采用三维框架结构体系模型进行计算。

主体结构内力计算时，可不考虑支护结构相应的分担；对与支承构件整体浇筑的梁端，可取支座或节点边缘的内力值进行设计。

钢筋混凝土的裂缝开展允许值应根据结构类型、使用要求、所处环境条件和防水措施等因素加以确定。一般环境中的结构，按荷载的准永久组合并考虑长期作用影响时，最大裂缝宽度允许值为：迎水面混凝土 $\delta_{max} \leq 0.2$ mm，背水面混凝土 $\delta_{max} \leq 0.3$ mm，并不得贯通。

西安轨道交通明挖车站覆土厚度及单、双柱站台宽度一定的情况下标准车站主要构件的尺寸统计见表 12.4，局部非标准及盾构过站等特殊车站尺寸断面根据计算确定。

表 12.4　车站主体结构主要结构尺寸断面参考值

车站形式	车站层数	覆土厚度(m)	顶板(m)	顶纵梁宽×高(m)	中板(m)	中纵梁宽×高(m)	底板(m)	底纵梁宽×高(m)	框架柱宽×长(m)	侧墙(m)
小于11 m单柱区	二层	3 ~3.5	0.8 ~0.9	(1 ~1.2)×(1.6 ~1.8)	0.4 ~0.5	(0.8 ~1)×(0.9 ~1.1)	0.8 ~0.9	(1 ~1.2)×至站台板底面	(0.7 ~0.8)×(1.2 ~1.3)	0.6 ~0.7
	三层		0.8 ~0.9	(1 ~1.2)×(1.6 ~1.8)	0.4 ~0.5	(0.8 ~1)×(0.9 ~1.1)	0.9 ~1.1	(1 ~1.2)×至站台板底面	(0.8 ~0.9)×(1.3 ~1.4)	0.7 ~0.9
12 ~16 m双柱区	二层	3 ~4	0.7 ~0.8	(1 ~1.2)×(1.4 ~1.6)	0.4	(0.8 ~0.9)×(0.9 ~1)	0.8 ~0.9	(1 ~1.2)×至站台板底面	(0.6 ~0.7)×1.1	0.7 ~0.8
	三层		0.7 ~0.8	(1 ~1.2)×(1.4 ~1.6)	0.4	(0.8 ~0.9)×(0.9 ~1)	0.9 ~1.0	(1 ~1.2)×至站台板底面	(0.7 ~0.8)×(1.2 ~1.3)	0.7 ~0.9
	四层		0.7 ~0.8	(1 ~1.2)×(1.4 ~1.6)	0.4	(0.8 ~0.9)×(0.9 ~1)	1.0 ~1.1	(1 ~1.2)×至站台板底面	(0.8 ~0.9)×(1.2 ~1.3)	0.7 ~0.9

结合构件断面尺寸，车站板、墙、梁、柱等主要构件，以及内部结构构件的含钢量参照值见表 12.5。

表 12.5 车站主要构件含钢量参照值

构件名称	混凝土计算原则	含钢量（kg/m^3）	备 注
顶板	扣除墙、梁、洞口等后的混凝土	180 ~ 220	纯弯构件
中板	扣除墙、梁、洞口等后的混凝土	160 ~ 180	压弯构件
底板	扣除墙、梁、洞口等后的混凝土	180 ~ 200	压弯构件
顶、中、底纵梁	扣除柱后的梁断面	200 ~ 250	
外墙	扣除洞口及梁后的混凝土	160 ~ 180	压弯构件
中柱	整个断面包括梁、板范围内的柱混凝土	300 ~ 360	
站台板	扣除墙、梁、洞口等后的混凝土	120 ~ 140	
轨顶风道	轨顶风道断面	120 ~ 140	
站台板下墙	扣除洞口、梁、柱后的混凝土	100 ~ 120	
钢筋混凝土隔墙	扣除洞口、梁、柱后的混凝土	120 ~ 140	

明挖车站结构板、墙构件和中楼板每侧暴露面上的分布钢筋的配筋率不宜低于 0.2%，同时分布筋的间距也不宜大于 150 mm。主体结构的顶、底板以及侧墙，分布钢筋宜配置在受力筋的内侧。一般情况下混凝土结构构件分布筋大小应符合表 12.6 规定。

表 12.6 板、墙分部钢筋

<table>
<tr><th>墙、板厚度（mm）</th><th>分布钢筋</th><th>配筋率（%）</th><th>备 注</th></tr>
<tr><td>150</td><td>ϕ8@150</td><td>0.235</td><td rowspan="12">当作为车站主体顶板时分布钢筋直径需根据温度应力的计算情况考虑，其他不宜小于受力方向跨中板底钢筋截面面积的 1/3</td></tr>
<tr><td>200</td><td>ϕ10@150</td><td>0.275</td></tr>
<tr><td>300</td><td>ϕ12@150</td><td>0.263</td></tr>
<tr><td>400</td><td>ϕ14@150</td><td>0.269</td></tr>
<tr><td>500</td><td>ϕ14@150</td><td>0.215</td></tr>
<tr><td>600</td><td>ϕ16@150</td><td>0.234</td></tr>
<tr><td>700</td><td>ϕ18@150</td><td>0.254</td></tr>
<tr><td>800</td><td>ϕ18@150</td><td>0.222</td></tr>
<tr><td>900</td><td>ϕ20@150</td><td>0.244</td></tr>
<tr><td>1 000</td><td>ϕ20@150</td><td>0.220</td></tr>
<tr><td>1 100</td><td>ϕ22@150</td><td>0.242</td></tr>
<tr><td>1 200</td><td>ϕ22@150</td><td>0.222</td></tr>
</table>

明挖车站结构在板与墙、板与柱连接处 1.5 倍板厚范围，拉结筋应采取加密处理。若拉结筋起抗剪作用时，需满足计算要求。其他非加密区拉结筋构造参照表 12.7。

表 12.7 拉结筋钢筋构造配置

<table>
<tr><th>墙、板厚度（mm）</th><th>人防要求时
（如顶板、底板、侧墙等）</th><th>无人防要求时（中板、站台板及轨行区混凝土隔墙等）</th><th>备 注</th></tr>
<tr><td>200</td><td rowspan="2">ϕ6@ $D \times D$ 梅花形布置，D 间距不应大于 500 mm</td><td>不设拉结筋</td><td rowspan="10">D 为拉结筋间距，根据实配受力钢筋及分布钢筋间距确定</td></tr>
<tr><td>300</td><td>ϕ6@ $D \times D$ 梅花形布置，D 间距不小于 600 mm</td></tr>
<tr><td>400</td><td rowspan="4">ϕ8@ $D \times D$ 梅花形布置，D 间距不应大于 500 mm</td><td rowspan="4">ϕ8@ $D \times D$ 梅花形布置，D 间距不小于 600 mm</td></tr>
<tr><td>500</td></tr>
<tr><td>600</td></tr>
<tr><td>800</td></tr>
<tr><td>900</td><td rowspan="4">ϕ10@ $D \times D$ 梅花形布置，D 间距不应大于 500 mm</td><td rowspan="4">ϕ10@ $D \times D$ 梅花形布置，D 间距不小于 600 mm</td></tr>
<tr><td>1 000</td></tr>
<tr><td>1 100</td></tr>
<tr><td>1 200</td></tr>
</table>

注：D 结合受力钢筋间距优先考虑接近最大允许间距；非加密区不宜小于 300 mm。

3. 既有结构改造

随着西安轨道交通线网不断加密和服务标准的不断提升,越来越多的运营车站需要进行换乘接驳或者适应性改造,既有车站结构的改造除了需要考虑力学性能满足设计要求外,还要重点考虑有限空间内的施工需求、施工期间运营服务需求、施工期间消防疏散要求以及新老结构之间防水要求等,提前做好站内管线排查和迁改方案。

既有结构改造主要遵循《混凝土结构后锚固技术规程》(JGJ 145—2013)、《混凝土结构加固设计规范》(GB 50367—2013)等规范要求,梁柱构件加固宜采用碳纤维或粘钢加固方式,板墙开洞遵循"先支撑后开洞""先形成结构体系后开凿洞口"的原则。对于邻近轨行区的区域不宜采用水钻、绳锯等带水作业的方式。

4. 相关构造要求

(1)结构缝设置

地下车站根据长度、宽度、围岩条件、施工工艺、使用要求以及运营期间地铁内部温度相对于施工时的变化等因素可设置满足伸缩变形要求的伸缩缝;伸缩缝主要有变形缝、施工缝、诱导缝、后浇带等。

变形缝:车站、通道、风道的结构突变处,非盾构区间与车站结合部位,通道、风道与车站主体的结合部位等部位应设置变形缝。车站主体结构中不宜设置用于沉降的变形缝,尤其是车站公共区范围不应设置变形缝。当结构、地基或荷载发生变化,可能产生较大的差异沉降时,宜通过地基处理、结构措施或设置后浇带、诱导缝等方式,将结构的纵向沉降曲率和沉降差控制在整体道床和地下结构的允许变形范围内。

施工缝:结构环向施工缝的分段长度宜为 16 ~ 24 m,若能控制大体积水化热分段长度可适当加长。施工缝宜沿横向贯通设置在纵向跨度的 1/3 附近,且宜避开结构受力、施工复杂部位。结构施工缝应进行凿毛、清洁处理,并应满足防水设计要求。结构水平施工缝应设于底板斜托与侧墙结合面以上 300 ~ 500 mm 处、顶板斜托与侧墙结合面以下 300 mm 处、各层楼板与侧墙结合面上下 300 mm 处,避免设置在剪力最大处或底板与侧墙的交接处。墙体有预留孔洞时,施工缝距孔洞边缘不应小于 300 mm。

诱导缝:覆土 3 m 的地下车站,一般情况下车站长度在 200 m 以内的车站可不设置诱导缝,但需结合温度应力计算适当增大分布钢筋直径。其他长度的车站根据温度应力计算确定。诱导缝的设置应避开车站公共区、侧墙开洞处、有水、有电房间及其他有特殊要求地段。

后浇带:通常设在受力和变形较小的部位,纵向间距约 40 ~ 60 m,带宽为 700 ~ 1000 mm,沿底板、侧墙及顶板环行设置。后浇带混凝土的强度等级、抗渗等级均应高于两侧混凝土,宜采用补偿收缩混凝土,其水中养护 14 d 后的限制膨胀率为 0.03% ~0.05% 。后浇带应在其两侧混凝土龄期达到42 ~60 d后再施工,后浇带两侧的接缝处理措施与施工缝相关要求相同。

(2)预留接口设计

临时性预留接口及永久性预留接口设计均按洞口周边梁柱体系,洞口封堵均采用钢筋混凝土墙封堵,临时性预留接口钢筋混凝土墙厚度为 250 ~ 350 mm;永久性预留接口钢筋混凝土墙厚度建议比原设计墙洞口少 100 ~ 150 mm;所有钢筋混凝土墙厚可根据洞口尺寸采用其他措施满足设计计算达到墙厚的控制要求。

12.2.3 盖挖车站结构设计

1. 盖挖工法结构形式和适用范围

盖挖法施工是在路面交通不能长期中断的道路下修建车站结构时,首先修筑地下结构的顶板或临时路面盖板,然后在其遮护下修建地下结构其他部分的半明挖施工方法的通称。按其主体结构的施工顺序,盖挖法可分为盖挖顺作法、盖挖逆作法等。

西安轨道交通通常采用盖挖顺作法,按路面交通所需宽度,由地表面完成基坑围护结构和桩柱后,以定型的预制标准路面覆盖结构(包括纵、横梁和路面板)置于基坑围护结构上维持交通,往下进行开挖和加设横撑,直至结构底板达到设计高程。然后由下而上施工主体结构和防水层,最后恢复道路。该方法临时路面施工周期快,占路时间短,工程造价低,对主体基坑施工影响小,其他城市也普遍采用。

盖挖逆作法施工是利用主体结构顶板作为横撑,在顶板覆盖下自上而下逐层开挖并建造主体结构直至底板,主要适用于当开挖面较大、覆土较浅、周围有邻近的建筑物时。为尽量防止因基坑开挖而引起附近建筑物的变形或沉陷,或需尽早恢复路面交通。该方法开挖工效低、施工难度大、施工工期长,相对采用较少。

西安轨道交通在4号线车站中较大范围的采用盖挖工法,位于道路狭窄、交通繁忙的雁塔北路和解放路下方的西安科技大学站、建筑科技大学·李家村站、和平门站、大差市站和五路口站等多个车站采用"临时中立柱+第一道混凝土支撑+军便梁(预制板)"组合的半铺盖法。实践证明,半铺盖法可维持原有机动车道数量,可保证道路交通能力不降低,保障了市民出行,也存在以下不利影响:受黄土地层条件限制,中立柱需承受铺盖交通及施工龙门式起重机的荷载,桩基长度较长,不够经济;半幅铺盖降低基坑出土工效,加长施工工期;同时也影响横跨车站的悬吊管线布置和顶板及顶纵梁施工。

2. 盖挖顺作法设计

盖挖顺作法施工关键是建造一个稳固、经济的临时路面系统。可重复利用的路面板应既能满足强度、刚度和稳定性要求,又满足快速安装、拆卸及经济性要求。临时路面梁有军便梁和钢筋混凝土梁两种,西安轨道交通一般优先采用六四型军便梁作为临时路面系统,军便梁不具备使用条件时,结合车站支撑布设情况可考虑钢筋混凝土梁。军便梁每榀间距根据基坑宽度计算确定,同时对军便梁上车辆进行限载限速要求。

(1)临时路面

临时路面优先考虑预制路面,考虑到现浇混凝土凝固需要周期较长、拆除比较困难,不推荐采用现浇路面。特殊情况综合考虑周边条件限制、第一道支撑情况确定。

①预制路面

路面自上向下依次为:新铺4 cm厚细粒式SBS改性沥青(AC-13)、撒布黏层油(0.3 kg/m^2)、新铺6 cm厚中粒式沥青混凝土(AC-20)、2 cm厚砂粒式沥青混凝土(AC-5)应力吸收层、加铺自黏性土工玻纤格栅(无水泥稳定碎石层时采用;当铺盖路面标高与周边既有道路相差高差较大时,用水泥稳定碎石层替代自黏性土工格栅调节高度,该层厚度最小为200 mm)、200 mm厚预制混凝土盖板(根据军便梁间距计算确定)。

②现浇路面

路面自上向下依次为:路面层(同上)、现浇钢筋混凝土盖板(现浇钢筋混凝土基层厚度工点设计根据钢便桥变形自行确定,一般控制在100~200 mm;厚度大于100 mm时采用双层钢筋网)。

(2)中立柱

若基坑过宽,军便梁一跨不能满足计算要求时需采用多跨军便梁时,中间需设置中立柱,中立柱可采用直径800~1 200 mm的钢筋混凝土钻孔灌注桩。

(3)铺盖防护体系

铺盖防护体系采用防撞墩钢筋混凝土结构,高度为路面以上500 mm,混凝土强度等级为C30,保护层厚度为20 mm。

3. 盖挖逆作法设计

采用盖挖逆作法施工的地下车站需设置中间竖向临时或永久的支撑系统,与侧墙共同承受结构封底前的竖向荷载,中间竖向支撑系统的承载能力、刚度和稳定性是关系工程成败的关键。在基坑开挖和结构自上而下形成的过程中,由于垂直荷载的增加和土体卸载的影响,会引起边墙的下沉和中桩的抬升,必须根据上部框架结构抵抗不均匀沉降的能力及节点连接的精度要求,严格控制二者的绝对升沉量及差异升沉量。

中间竖向支撑系统与基坑两侧围护桩、墙共同传递竖向力。通常中间竖向支撑系统采用临时柱与永久柱合一的方式，多采用钢管混凝土柱或 H 型钢柱，钢管混凝土柱可直接作为永久柱，H 型钢则作为永久柱的劲性钢筋，形成组合结构柱。柱下基础通常采用钻孔灌注桩桩基形式，也有采用暗挖导洞内施作的条基形式。

后浇梁与中间柱的连接节点设计与施工是盖挖逆作车站结构施工的重点，一般在中间柱的两侧设置连续双梁，由双梁承受节点弯矩，剪力则由焊接或铆接在中间立柱上的牛腿传给立柱。

另外，用逆作法施工的侧墙和立柱的混凝土施工缝，由于混凝土硬化过程中的收缩和自身下沉的影响，不可避免出现缝隙，将对结构强度、刚度、防水性、耐久性产生不利影响，必须采用特殊施工方法和处理技术。通常的处理方法是在侧墙和立柱中设置 V 形施工缝，在下部混凝土浇筑到适当高度，清除浮浆后再用无收缩或微膨胀混凝土砂浆充填密实。工程实践证明，充填法能保证结构的整体性，不会出现施工缝滑移破坏。

12.2.4 暗挖车站结构设计

采用浅埋暗挖法修建地铁车站，其基本作业程序包括地层预支护和预加固，土方开挖，初期支护及二次衬砌，监控量测指导施工组织设计等，这些与区间隧道的施工大体类似，但是车站的结构断面形式比区间隧道复杂，断面尺寸比区间隧道大，地表沉降控制相对更严。在进行地铁车站暗挖法施工时，要根据地表沉降的控制要求、地表交通状况、施工技术水平等情况，进行技术经济比较，选择相对较为合理的施工方法。

1. 暗挖工法结构形式

(1)侧洞法

这种暗挖施工方法为：大管棚超前支护→采用 CRD 法开挖左右两个侧洞，及时做好初期支护→进行防水层和二次衬砌的施工→中间洞室的开挖→封闭成环，施作底板、中柱等。这种方法中两个侧洞既可以同时对称开挖，也可以错开开挖，对于单层多跨的大断面的车站结构较为适用，如图 12.8 所示。

(2)中洞法

与侧洞法不同之处在于，中洞法是先施作中洞，然后再施作两边的侧洞，优点是地面沉降可以相对很小，但是造成的工程废弃量较大，因此造价较高，较为不经济，如图 12.9 所示。

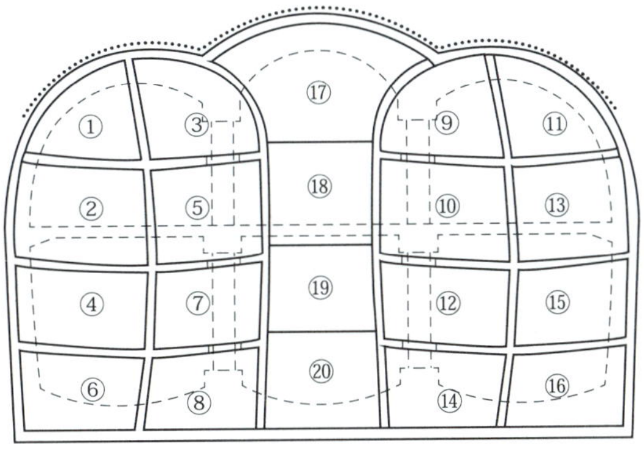

图 12.8 侧洞法工序图

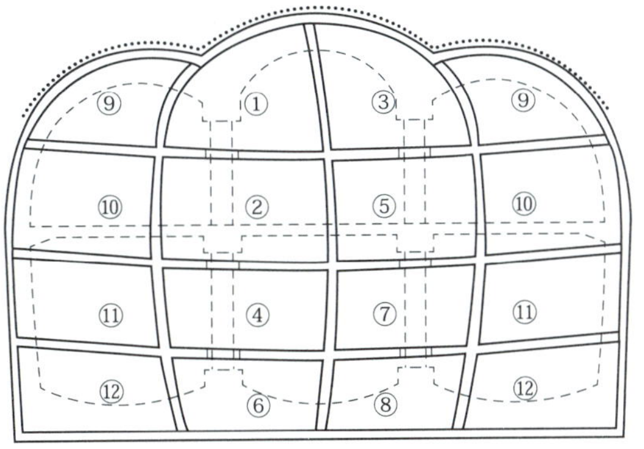

图 12.9 中洞法工序图

(3)一次扣拱法

一次扣拱法是在传统浅埋暗挖交叉中隔壁法和侧洞法的基础上提出的一种用于修建大型地下空间结构的暗挖施工新技术。该技术核心是在分离式暗挖导洞内由下至上依次施作底拱、边桩或立柱、顶拱等受力构件，一次性整体完成框架结构的主要承载体系，在其支承作用下实现隧道内大面积土体开挖和衬砌作业，如图 12.10 所示。

(4)洞桩法(PBA)

PBA 工法的含义是：P—桩(pile)、B—梁(beam)、A—拱(arc)，即由边桩、中桩(柱)、顶底纵梁、顶拱共同构成初期受力体系，承受施工过程的荷载；其主要思想是将明挖、盖挖及分步暗挖法有机结合起来，发挥各自的优势,在顶盖的保护下可以逐层向下开挖土体,然后施作二次衬砌,可采用顺作和逆作以及顺逆结合三种方法施工,最终形成由初期支护和二次衬砌组合而成的永久承载体系。洞桩法工序如图 12.11 所示。

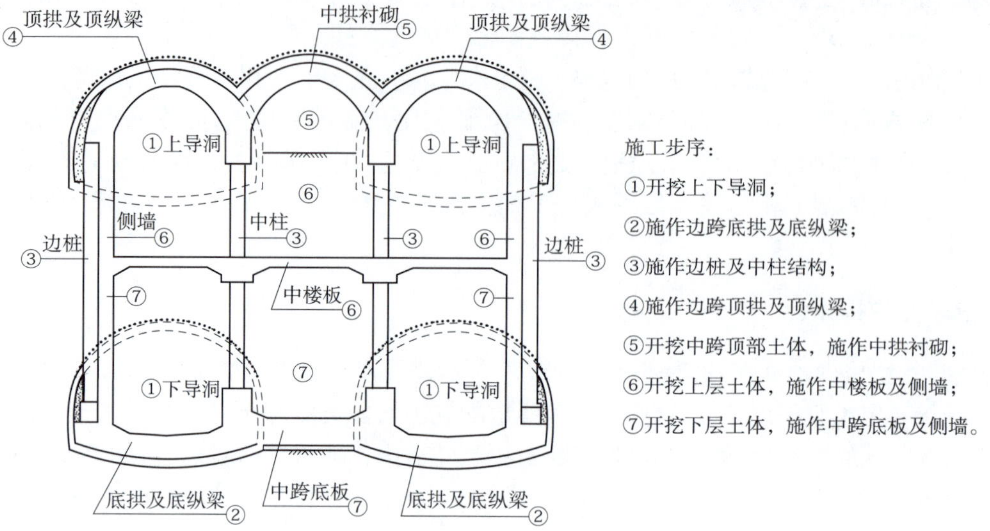

图 12.10　一次扣拱法工序图

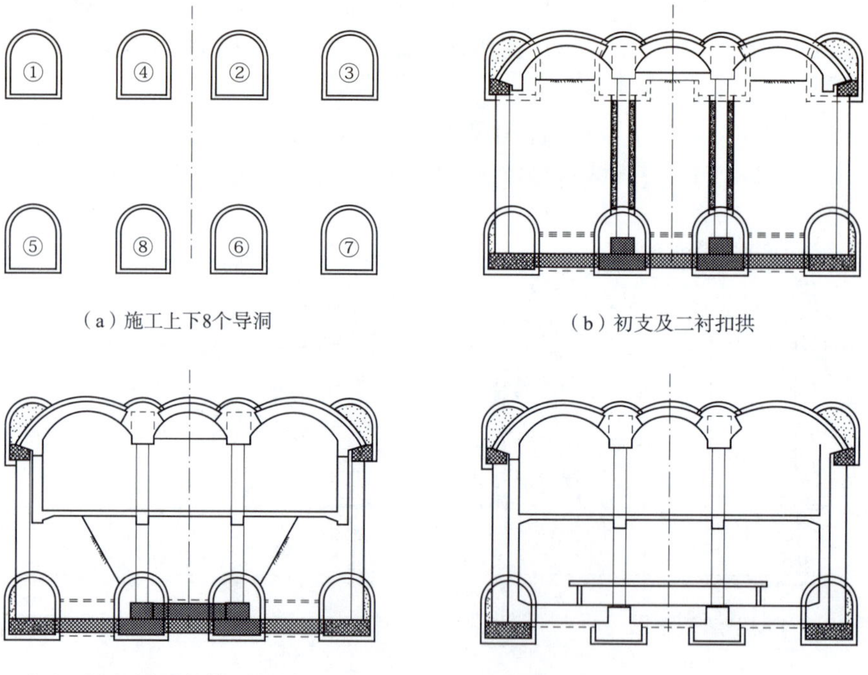

(a) 施工上下8个导洞　(b) 初支及二衬扣拱

(c) 开挖至中板并拉槽开挖站台层　(d) 开挖至底板并施工内部结构

图 12.11　洞桩法工序图

PBA 工法主要有两种不同做法,即“导洞条基法”和“导洞长桩法”。两种做法各有不同的特点:“导洞条基法”在小导洞内成桩容易,但地下水降深较大、开挖导洞数量较多、对地面沉降影响较大,工程费用较高;“导洞长桩法”由于边桩较长,导洞内成桩困难,但地下水的降深小,开挖导洞少,对控制地面变形有利且工程费用较低。

通过大量的理论数值和工程实践分析,一般一座 12.0 m 或 14.0 m 宽岛式站台标准车站,地下为二层三跨结构，为了较好地控制施工引起的地面沉降，其拱部覆土不宜小于6.0 m。随着埋深的加大，虽然地表沉降会随之减小，但由于覆土重量的增加使基础的压力急剧加大，在基底持力层的地基承载力f_a增长有限的情况下，过大的埋深将增加基础的设计难度和工程风险，设计时应根据工程地质条件、详细的计算分析后确定车站的合理埋深。在满足隧道开挖引起的地面沉降要求的情况下，洞桩（柱）法结构宜浅埋，以满足桩基础或导洞条形基础的承载力、变形以及稳定性要求。

2. 洞桩法设计

（1）小导洞

导洞是为洞内围护桩及桩顶冠梁、主拱边跨施工提供作业空间的临时结构，由导洞相对于车站主体的位置确定。导洞尺寸设计不仅与导洞与主体结构相对位置关系有关，还与洞内施工围护桩及中柱操作空间、洞室交叉结构设置等因素有关。采用机械法成孔的小导洞净空尺寸一般为4 000 mm×5 000 mm，采用人工挖孔的小导洞净空尺寸一般为3 500 mm×4 500 mm。

上导洞净空尺寸应根据边桩、中间钢管柱和顶纵梁的作业空间要求确定；下导洞的净空尺寸应根据施工期间导洞内条形基础的承载力和竖向变形要求、通过计算确定，一般情况下导洞净宽不宜大于5 000 mm。

（2）边桩及中柱

洞桩（柱）逆作法的边桩宜为钻孔灌注桩或人工挖孔桩，中间立柱宜采用钢管混凝土柱，边桩和中间立柱基础可采用桩基础或条形基础。

边桩应按临时构件设计，满足施工过程的承载力和变形要求。当其直接嵌入土中时，尚应通过竖向承载力和稳定性计算确定其入土深度。在保证桩间土体稳定的前提下，边桩设计宜采用大直径和大间距，以改善成桩的作业环境并减少对导洞支护的破坏，桩间土一般用挂网喷射混凝土封闭。

洞桩法中间立柱采用桩基础时，其设计原则和技术标准同盖挖逆作法，桩基承载力可根据计算或现场原位静载试验结果按变形要求控制。不同的是洞桩法的中间桩基是在上部小导洞内施作，由于作业环境的限制，使得桩基的应用受到极大的制约。一般情况下洞桩法结构较盖挖逆作法结构的覆土厚度大许多，单桩承载力设计值均较大，如果桩端没有很好的持力层，使得桩直径和长度都超常规大，目前在4.0 m×5.0 m大小的导洞内能施作的钻孔灌注桩直径一般不大于1.5 m，能作扩底桩的设备也很少能在大小有限的导洞内施工。另外，对于桩基础，钢管柱在导洞内的吊装和准确定位亦困难重重。因此，中间立柱基础形式应进行多方案的技术、经济比较后确定。

12.3 结构专项设计

12.3.1 结构抗震设计

1. 抗震设防要求

地下结构抗震需要满足“三水准”要求，采用两级抗震设防，即475年一遇的地震设防（ODE）和2 450年一遇的地震设防（MDE），相当于50年设计周期10%的超越概率和2%的超越概率。

依据《陕西省防震减灾条例》的要求，城市轨道交通工程应当进行地震安全性评价，并根据地震安全性评价结果确定抗震设防要求。安评报告经陕西省地震局审定，地震动参数复核结果经省地震局委托西安市地震工作主管部门对地震动参数复核结果进行审核，作为抗震设防要求。因此西安轨道交通各条线路均在工程可行性研究阶段组织开展了地震安评，并采用相应的地震动参数进行后续的抗震计算。

2. 结构抗震计算方法

抗震设计中地震效应的计算方法有惯性静力法、反应位移法、时程分析法等。

（1）惯性静力法

惯性静力法是一种从地面结构抗震设计方法类比而来的地下结构抗震设计方法，当前我国地铁隧道横断面的抗震分析多按此法进行。该方法将随时间变化的地震力用等代的静力地震荷载代替，再用静力计算方法分析地震作用下的结构内力。

惯性静力法用于下列两种情况较为适宜，一是地下结构与地面建、构筑物合建，即作为上部结构基础时；二是当与围岩的重量相比，结构自身重量较大时（如防护等级特别高的抗爆结构）。当地下结构刚度大、变形小，重量比周围土层大很多时，结构的惯性力起到支配作用，可近似采用惯性静力法进行计算。

（2）反应位移法

对于单建的以民用为主要目的的地铁隧道，由于其包括净空在内的单位体积的重量都比围岩重量轻，地震时几乎与围岩一同变形。这时，作为地震对结构的作用，随围岩一同产生的变形的影响是主要的，惯性力的影响可以忽略不计。以这一概念建立起来的抗震分析方法称为“反应位移法”或“地震变形法”，其特点是以地下结构所在位置的地层位移作为地震对结构作用的输入。

反应位移法是基于一维土层地震反应分析，在地震动作用下，结构计算变形与实测变形较为吻合，其概念清晰，可以反映土—结构间的相互作用，较为规则的普通车站结构抗震设计主要采用反应位移法进行计算。

（3）时程分析法

弹性时程方法及非线性时程方法是目前最为先进的计算方法，但其技术要求相对复杂，计算中对岩土本构关系和边界条件的选取对计算结果的影响显著。通常对于较为复杂的换乘车站、不规则结构形式车站采用时程分析法进行抗震验算。

由于地下工程的复杂性，地震作用下地下结构的动力学特征、地下结构与周围土层的地震动效应和相互作用等方面仍在深入研究中。上述抗震计算方法有其适应性，地震设计参数选取对土—结构力学模型、数值分析结果有很大的影响，应结合工程地质条件、地下结构的埋深和刚度等因素合理的选择本构模型、抗震计算方法和地震动参数。

在地震动参数选取时，场地设计地震动加速度反应谱参数、时程分析中采用的地震波参数采用安评报告确定的地震动参数成果，进行抗震计算。在抗震计算中，西安地区浅层主要以黄土地层为主，岩土类型及剪切波速相近，较为规则的普通车站宜采用反应位移法计算，惯性静力法校核；复杂车站和不规则结构宜采用时程分析法计算，反应位移法校核。根据抗震计算结果，普通车站结构构件配筋以裂缝验算控制为主，复杂车站在板墙节点、梁柱节点处配筋以地震力控制为主。

3. 相关抗震构造措施

框架抗震遵守“强柱、弱梁、更强节点核心区”，严格控制中柱轴压比，保证中柱的延性，按抗震二级要求设置箍筋加密区。

框架梁是框架结构在地震作用下的主要耗能构件，为了对节点核心区提供约束以提高其受剪承载力，梁宽不应小于柱宽的1/2，通过适当的加宽梁截面来降低梁截面的剪压比。

框架中间层中间节点处，框架梁的上部纵向钢筋应贯穿中间节点；框架柱的纵向钢筋应贯穿中间层中间节点和中间层端节点，柱纵筋接头应设在节点区以外。

在结构梁与板、墙与板交界处宜设置腋角。设置腋角后，可有效增大节点区结构构件的截面高度，提高节点的受剪承载力，提高结构的抗震性能。

12.3.2 结构耐久性及防水设计

1. 结构耐久性要求

混凝土结构应根据设计使用年限和环境类别进行耐久性设计。一般情况下混凝土耐久性按一、二类环境进行设计，迎水面混凝土按二b类环境考虑，如详勘报告出现其他环境类别需根据具体情况进行混凝土耐久性设计。

混凝土原材料（水泥、矿物掺合料、集料、外加剂、拌和水等）中引入的水溶氯离子总量，一类环境下应不超过胶凝材料重的0.3%；二a类环境下应不超过胶凝材料重的0.2%；二b环境下应不超过胶凝材料重的0.15%。

混凝土中的最大氯离子含量为0.06%；单位体积混凝土中三氧化硫的最大含量不应超过胶凝材料总

量的4%；有耐久性要求的混凝土，单位体积含碱量（水溶碱，等效 Na_2O 当量）不应超过3 kg/m³。

在保证混凝土强度和抗渗等级等其他耐久性指标的前提下，应尽量降低胶凝材料的总用量和水泥的用量，水泥用量不宜小于260 kg/m³，胶凝材料总体用量（水泥和掺合料）不应少于300 kg/m³。

2. 结构防水标准及体系

（1）结构防水设计原则和标准

地下结构的防水设计应遵循"以防为主、刚柔结合、多道防线、因地制宜、综合治理"的原则。确立钢筋混凝土结构自防水体系，即以结构自防水为根本，采取措施控制结构混凝土裂缝的开展，增加混凝土的抗渗性能；以变形缝、施工缝、穿墙管、预埋件、预留孔洞、各型接头、各种结构断面接口、桩头等细部结构等接缝防水为重点，辅以柔性外包防水层加强防水。

地下车站及附属、人行通道和机电设备集中区段的防水等级应为一级，不允许渗水，结构表面无湿渍。明暗挖区间及附属的防水等级应为二级，顶部不允许滴漏，其他不允许漏水，结构表面可有少量湿渍，总湿渍面积不大于总防水面积的2/1 000，任意每100 m² 防水面积上的湿渍不超过3处，单个湿渍的最大面积不大于0.2 m²。

（2）地下结构防水体系

地下结构防水体系主要包括结构自防水、附件柔性防水层、接缝和节点防水、分区注浆系统等内容，详见表12.8。

表12.8 防水设计体系表

防水体系	结构自防水	混凝土抗渗等级	防水等级一、二级：埋深0～20 m时，抗渗等级为P8；埋深20～30 m时，抗渗等级为P10；埋深≥30 m时，抗渗等级为P12
		裂缝控制	迎水面≤0.2 mm，背水面≤0.3 mm，且无贯穿裂缝
		耐腐蚀要求	需满足《混凝土结构耐久性设计标准》（GB 50476—2019）要求
	附加柔性防水层	明挖结构：全包防水。采用不易蹿水的防水材料并能适应相应工法的施工。 暗挖结构：结构采用复合式衬砌并考虑水压力的情况下，在初衬与二衬之间设置塑料防水板封闭式全包防水	
	接缝和节点防水	阴阳角、施工缝、变形缝、后浇带、穿墙管、桩头、主体结构与附属结构接头、车站与区间接头等变断面、接缝、接口部位需进行加强防水处理	
	分区、注浆系统	暗挖法施工的地下结构应采取防水层表面注浆系统，选择的浆液类别应视渗漏情况而定。同时在整个地下结构变形缝位置设置分区系统	

3. 防水材料选型及接缝防水做法

明挖结构、暗挖结构外包防水层方案详见表12.9。明挖结构预铺防水卷材分为1.5 mm厚塑料防水卷材（P类）、4 mm厚沥青基聚酯胎防水卷材（PY类）两种。地下水丰富段结构或衔接既有结构采用预铺防水卷材（P类）的，结构侧墙底板采用预铺防水卷材（P类）；自然水位在底板以下及其他情况结构侧墙底板采用预铺防水卷材（PY类）。

表12.9 明挖结构、暗挖结构外包防水层方案

车站工法	外包防水层方案
明挖结构	（1）结构顶板或放坡开挖侧墙： 采用单组分聚氨酯，一级设防要求时的涂层厚度为2.5 mm，二级设防要求时的涂层厚度为2.0 mm；雨季、冬季（低于5 ℃）施工期间，采用2 kg/m² 的非固化橡胶沥青防水涂料+1.5 mm厚自黏聚合物防水卷材代替聚氨酯涂料。对覆土小于2 m且顶板上方有绿化种植的顶板（包括附属结构）部分需增设根阻措施。耐根系穿刺层采用不小于1.2 mm厚的PVC防水卷材，材料的主要性能满足《聚氯乙烯（PVC）防水材料》（GB 12952—2011）及《种植屋面工程技术规程》（JGJ 155—2013）第4.3.3条要求。 （2）有围护结构侧墙和底板：采用预铺防水卷材《预铺防水卷材》（GB/T 23457—2017），P 1.5或PY 4.0
暗挖结构	一级设防要求的矿山法结构：采用2 mm厚EVA防水板进行全包防水。 二级设防要求的矿山法结构：采用1.5 mm厚EVA防水板进行全包防水

施工缝及变形缝防水方案详见表12.10、表12.11。

表 12.10 施工缝防水方案

施工方法	防水等级	环向施工缝	纵向施工缝
明(盖)挖结构	一级设防	钢边橡胶止水带+止水条	镀锌钢板止水带+止水条
	二级设防	镀锌钢板止水带	镀锌钢板止水带
暗挖结构	一级设防	双道止水胶+注浆管	双道止水胶+注浆管
	二级设防	镀锌钢板止水带	镀锌钢板止水带
盖挖板下施工缝、特殊部位施工缝、暗挖联拱结构施工缝	双道止水胶+注浆管		

注:1. 非迎水面楼板施工缝采用遇水膨胀橡胶止水条进行防水处理。
2. 施工缝表面界面剂采用水泥基渗透结晶型防水涂料,用量为 1.5 kg/m^2。

表 12.11 变形缝防水方案

施工方法	放坡开挖侧墙、顶板变形缝	有围护侧墙、底板变形缝
明挖结构、盖挖结构	迎水面密封胶嵌缝、中埋式钢边橡胶止水带、背水面密封胶嵌缝	外贴式止水带、中埋式钢边橡胶止水带、背水面密封胶嵌缝
暗挖结构	外贴式止水带+中埋式钢边橡胶止水带+背水面密封胶嵌缝	

注:变形缝衬背板采用低发泡聚乙烯板;顶板、侧墙需设置 1 mm 厚不锈钢板接水盒。

诱导缝参照变形缝设置,采用排水槽,注意遇到下翻梁时应预埋从中穿过。后浇带的防水做法均采用预埋注浆管和设置双道止水胶的方法进行加强。

根据西安轨道交通多年的运营使用情况,地下车站的主体与附属接口处、车站与区间接口处、新旧结构接口处易出现渗水现象,这些位置的结构防水是设计与施工的重点部位,应进行加强。这些特殊位置的接缝处,首先对接缝混凝土进行清理和凿毛,涂刷 1.5 kg/m^2 的水泥基渗透结晶涂料,再设置 2 道遇水膨胀止水胶条+1 道可重复注浆管,待结构强度形成后,对接缝处反复注浆填充密实,通过连续的外包防水层+接缝处加强防水措施来保证接缝防水稳定可靠。

12.3.3 风险工程设计

1. 工程风险辨识

工程风险辨识是在工程资料分析、现场踏勘和风险调研的基础上,采用检查表、专家调查、工程类比、事故树或归纳等方法,针对风险评估对象全面识别可能存在的风险因素及导致的风险事件,并编制形成风险因素辨识清单;综合针对工程地质、工程周边环境、工程技术方案等因素进行风险识别。主要包括以下方面:

(1)勘探与环境调查风险识别:重点从勘察资料深度及可靠性、不良地质、特殊性岩土、施工影响范围内的建(构)筑物的资料详细程度等方面进行分析。

(2)工程自身风险识别:根据拟采用的施工工法,从工程的规模、平面位置与尺寸、断面尺寸、埋设深度、围(支)护结构、地下水控制、土方开挖方式、岩土加固、特殊工程部位等方面进行分析。其中,明(盖)挖法工程主要有地质条件与基坑深度、围(支)护结构设计方案、地下水控制方案、地层加固措施、土方开挖方案等;暗挖法工程主要有地质条件与覆土厚度、隧道开挖方案、支护方案、近接隧道施工措施等。

(3)工程周边环境风险辨识:重点从周边环境的类型、重要程度、周边环境与新建工程的位置关系及相互影响等方面进行分析。

2. 工程风险分级标准

明(盖)挖基坑风险分级由基坑深度、地质条件、基坑周围受扰动的程度和环境对基坑变形的敏感程度四个因素确定。考虑深度影响的明(盖)挖基坑风险分级作为基坑风险的基本分级,而具体风险级别则是在基坑风险基本分级的基础上,考虑地质条件影响、基坑周围受扰动的程度和环境对基坑变形的敏感程度等必要的因素进行修正。综合各种因素后，明挖基坑风险分为Ⅰ级～Ⅳ级四个等级。

暗挖法工程风险分级，由隧道的围岩类别与不良地质条件、工法、隧道的空间状态（坡度、覆土厚度、与相邻隧道的空间距离）、地层受扰动的程度和环境对地层变形的敏感程度等因素确定。具体因素采用定性划分和定量指标两种方法综合确定。隧道的围岩类别与不良地质条件影响的风险分级作为矿山法隧道的基本分级，而具体风险级别则是在基本风险分级的基础上，考虑施工方法、隧道的空间状态、地层受扰动的程度和环境对地层变形的敏感程度等必要的因素进行修正。综合各种因素后，暗挖法工程风险分为Ⅰ级～Ⅲ级三个等级。

3. 工程风险应对措施

风险应对措施应综合风险类型及风险特征、安全风险等级、风险影响等因素针对性、合理地制定和执行，下面按施工工法提出常用的工程风险应对措施。

明、盖挖法工程：(1)选择结构刚度较大、整体性较好、抵抗侧向变形能力较强的适宜的基坑支护形式；(2)在施工过程中，充分按照“时空效应”进行基坑开挖，严格遵循“及时支撑、先撑后挖、分层开挖、严禁超挖”；(3)施工时加强基坑及周边监测；(4)制定系统、周详的应急预案，施工前准备一定数量的应急材料，做好抢险加固准备工作。

暗挖法工程：(1)结合地质条件、结构埋深、开挖断面选择合理的暗挖施工工法；(2)严格按照“先降水、管超前、严注浆、强支护、短开挖、早封闭、勤量测、并反馈”的原则进行设计和施工，确保施工及周边环境安全；(3)结合地层情况及拱顶环境，选择合理的超前支护措施，对拱顶地层进行预加固；(4)严格控制开挖步距，重视关键工序的施工工艺及施工质量，严格控制地层变形；(5)施工过程中对初支背后进行充填注浆，填充初支与土体之间的空隙，保证结构受力均匀，减小地层沉降；(6)加强施工过程中的监测工作，及时进行数据分析，信息化施工；(7)制定系统、周详的应急预案，施工前准备一定数量的应急材料，做好抢险加固准备工作。

4. 西安轨道交通安全风险管理相关要求

西安轨道集团经过多轮建设，在充分总结工程建设经验的基础上，制定和实施了多个安全风险管理办法，如《周边环境调查管理办法》《工程关键节点安全风险管控实施办法》等，结合住房和城乡建设部等国家部委下发的《城市轨道交通工程安全质量管理暂行办法》《城市轨道交通工程质量安全检查指南》《大型工程技术风险控制要点》等安全风险方面的管理指导性文件，严格执行安全风险分级管控和隐患排查治理双重机制，以达到“3+2”工程风险管理目标（以施工图设计安全风险评估报告为目标性管理文件实施安全风险管理，杜绝群死群伤、杜绝结构坍塌、杜绝过度沉降引起周边建（构）筑物破坏，减少伤亡事故、减少管线损坏事故）。

(1)安全风险管理实施方式

分阶段：不同设计阶段，如规划、可研、勘察与设计（勘察、总体、初设、施工图）、施工阶段（施工准备期、施工期、系统设备安装与调试、试运行及竣工验收）等。

分等级：根据风险评估结果将风险划分为Ⅰ级（不可接受）、Ⅱ级（不愿接受）、Ⅲ级（可接受）、Ⅳ级（可忽略）四个级别，绘制各项目或工点重大安全风险布置图；明确风险管控措施，建立“两清单”（风险管控责任清单和风险管控措施清单）。

其中，Ⅱ级及以上：根据施工图安全风险评估报告梳理确定重大安全风险点清单及管控措施，设计勘察单位进行交底，监理、施工等各参建单位根据重大风险清单及管控措施，结合自身管理能力和技术水平制定详细的有效管控措施，形成上述的“两清单”，负责具体落实并实施动态管控，定期上报重大安全风险管控情况。Ⅲ级及以下：施工单位具体负责实施落实风险管控措施，监理单位督促其落实整改，确保施工安全。

(2)工程周边环境核查或调查

设计文件、施工组织设计、周边环境现状等由项目技术负责人牵头，工程和测量人员配合，详细核查，做好记录，按要求绘制工程周边环境平面布置图，注明管线产权单位及联系人，现场管理责任人，挂牌公示,交底落实到施工一线。

(3)安全风险管控经验总结

两阶段(初设和施工图设计)安全风险评估报告及清单是安全风险管控的前提和基础,周边环境核查或调查是工点安全风险评估及应对措施编制的重要依据,严格落实重大安全风险动态管控及预警响应处置是安全风险管控的关键。

城市轨道交通工程安全风险分级管控和隐患排查治理是相辅相成、相互促进的关系。安全风险分级管控是隐患排查治理的前提和基础,隐患排查治理是安全风险分级管控的强化与深入,二者共同构建起预防事故发生的双重机制,构成两道保护屏障。

12.4 地下车站结构发展与展望

12.4.1 地下结构工程发展新趋势

目前,城市地下空间利用的形式主要有城市轨道交通、城市地下商业街、城市地下综合体、综合管廊、城市地下停车场、城市地下道路和城市地下市政工程等。城市地下空间的开发利用,技术创新是关键。在开发过程中面临的挑战,一是城市地下空间开发,往往要下穿或上跨运营地铁隧道等建筑物,易导致重大安全隐患;二是地铁等地下工程建设要面对"水、软、变形难以预测"三大难题,这是导致工程事故的主要原因。

为解决上述难题,国内地下工程主要向下列方面的创新技术发展:地铁车站施工混合工法(包括曲线管幕法、三圆盾构法和矩形顶管法等)、地铁车站绿色智能建造技术——智能化预制拼装技术、复杂添加地铁隧道沉降精细控制技术、富水软弱地层冻结技术、沉井式地下车库建造技术等。

12.4.2 预制装配式车站建造技术

我国城市轨道交通建设目前仍以现浇混凝土作业为主,尤其是地铁车站,大量工程实践表明,传统的地铁建设方式存在资源、能源利用效率低,建筑垃圾排放量大,扬尘和噪声环境污染严重等方面严重问题,亟待转型升级。

装配式混凝土结构是指主要结构构件在工厂预制,在运输至现场后通过机械化方式安装就位,并经可靠连接后形成的混凝土结构。与现浇结构相比,装配式混凝土结构具有施工速度快、节省模板和支撑、节约材料与人工、节能减排效果显著等特点。在工业与民用建筑领域,我国已开展了较为系统的装配式混凝土结构体系研发,建立了较为完善的技术标准体系,并实现了大规模的工程应用。近年来,部分城市轨道交通建设开始采用装配式地下车站形式,采用这种结构的地铁车站主要有以下两种形式:

1. 全装配式结构体系

装配式结构整体无现浇混凝土湿作业,称之为"全装配式结构"。首先将车站结构从环向和纵向拆分为标准化预制装配构件,环向的构件与构件之间、纵向的环与环之间采用干式连接形式,并在接头部位设置防水措施。目前长春地铁2号线袁家店等5座车站采用全装配式结构设计,车站主体采用单拱双层马蹄形结构,预制构件之间采用榫槽注浆接头形式。

全装配式结构体系能够实现真正意义的装配式,基本无现场的混凝土构件浇筑,只是在接头处存在少量现场灌浆;基本解决了现浇混凝土存在的主要问题,如浇筑施工质量、模板等材料废弃、噪声、空气等环境不良影响、施工进度与工期等。缺点是构件体量大,工厂预制中浇筑、养护等难度较大;构件重量大,对构件的运输、吊装、拼装等提出较高要求;不同尺寸和类型的车站的预制构件需要重新设计,设计技术难度较高。

2. 装配整体式体系

采用与地上装配式建筑相似的思路,不改变车站的建筑形式,将板墙和梁柱进行拆分,目前的主流思路是底板和底纵梁采用现浇,墙采用预制板或者叠合板,柱采用钢管混凝土预制柱,中、顶板和中、顶纵梁采用叠合板和叠合梁。板墙竖向连接：板墙之间、梁柱之间采用灌浆套筒连接方式。横向连接：合理分段后，各段之间采用现浇混凝土进行连接。北京地铁6号线西延线金安桥站采用装配整体式设计，目前已投入运营使用。

装配整体式体系不改变建筑形式，预制构件分块小，便于运输和吊装，因为与地上装配式建筑做法相似，预制厂市场较多，预制构件做法成熟。缺点是：采用半预制半现浇方式，现场仍存在较多的现浇内容；构件连接普遍采用套管灌浆方式，由于预制构件的预埋钢筋和套筒位置易产生偏差，套筒注浆质量无法验证，存在后浇带模板漏浆严重等问题；从预制装配的角度来看，现场作业量很大，导致其优势不明显。

3. 西安轨道交通装配式建造实践

2020年底，西安轨道交通14号线率先开展装配式楼梯结构应用，试点工程选取了14号线双寨站物业V号口。楼梯柱上部采用0.9 m、2.4 m固定高度模板预制，柱根采用现浇，预制和现浇构件之间采用法兰盘连接，柱内钢筋上下之间采用钢筋套筒灌浆连接技术。梯梁与梯柱分开预制。柱顶伸出梯柱纵筋，梯梁预留梯柱纵筋位置的穿孔，待梯梁、梯柱安装就位后，钢筋与穿孔之间灌浆密实，纵筋末端采用20 mm厚扣板进行穿孔赛焊。现浇柱及休息平台板混凝土强度等级为C35，梯段板采用预制，梯段板、梯梁、梯柱混凝土强度等级为C40，楼梯尺寸详见表12.12。

表12.12 楼梯结构尺寸表

单位：mm

类 型	梯段板		休息平台	
尺寸	长度	厚度	长度	厚度
出入口楼梯	300×17 = 5 100	250	1 200	250

12.4.3 大跨无柱拱顶车站建造技术

国内大部分地铁车站采用单柱双跨、双柱三跨或多柱多跨箱型框架结构，而大跨无柱拱形结构地铁地下车站结构在国内应用相对较少，大跨无柱拱形结构地铁车站具有大空间、视野开阔、客流畅通、内部造型美观等优点。但相比标准车站结构，大跨无柱拱形结构受力复杂，构件截面相对较大，土建造价提高约25%，拱结构施工难度相对较大，模板需要根据拱形定制，精度要求高，无法重复利用，在埋深浅、跨度及覆土厚度小、地基承载力高时采用相对适宜。

1. 西安轨道交通大跨拱顶结构建造实践

(1)曲江池·寒窑站

地铁8号线曲江池·寒窑站大跨无柱拱形区长92.6 m，宽23.1 m，顶板覆土厚2.5～5.2 m，底板埋深26.4～29.1 m。地下一层为无柱大跨拱形结构站厅层，层高为14.36 m，其中拱高为5.57 m；地下二层为站台层，设有梁、柱。侧墙厚度为1.2 m，拱顶为变截面厚度为1.5～2.2 m，中板厚度为0.6 m，轨行区底板采用叠合板，厚度为2 m，其中先浇部分厚度为1.1 m，后浇部分厚度为0.9 m，底板中间跨厚度为1.1 m，底板与侧墙节点设置有1.25 m×1.6 m腋角。站台层采用圆形柱，直径为0.8 m。底纵梁截面尺寸为1.2 m×2.4 m。为保证拱结构侧墙传力路径完整，出入口侧墙洞口设置在公共区外标准段，如图12.12所示。

(2)秦都站

地铁1号线三期秦都站无柱拱形区长89 m，宽23.1 m，顶板覆土厚3.5 m，底板(底板起拱)埋深25.8 m。地下一层为无柱大跨拱形结构站厅层，层高为11.05 m，其中拱高为6.9 m；地下二层为站台层，设有梁、柱。侧墙厚度为0.9 m，拱顶为变截面厚度为0.9～1.7 m，中板厚度为0.65 m，为减小板墙交界处内力，底板为下仰拱段，拱底位置0.9 m，拱脚位置1.8 m。站台层采用矩形柱，截面尺寸为700 mm×1 100 mm。底纵梁1.2～2.4 m。为保证结构抗震性能，矩形断面与拱形断面之间设置变形缝，同时拱形断面与拱形断面接口处设置加强环梁。拱结构侧墙传力路径完整，出入口侧墙洞口需设置在公共区外标准段，如图12.13所示。

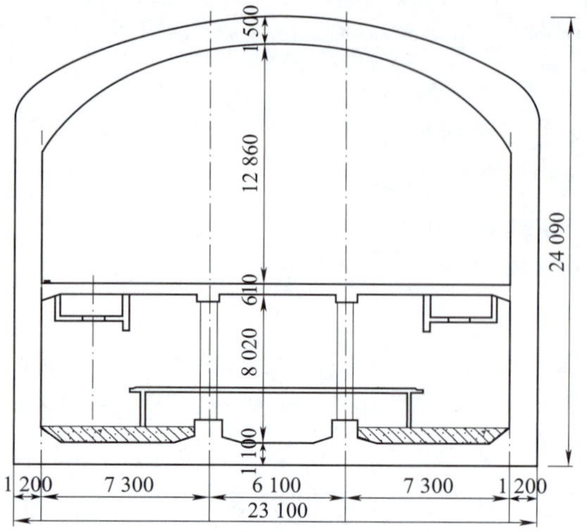

图 12.12 寒窑站结构横剖面(单位:mm)

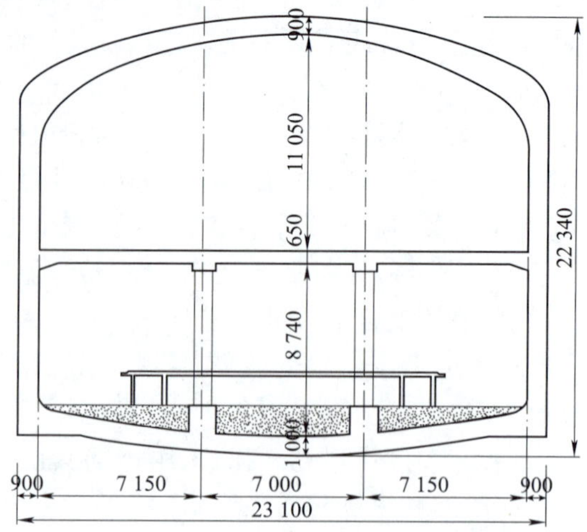

图 12.13 秦都站结构横剖面(单位:mm)

2. 结构设计重难点

受顶部管线回迁、覆土厚度、跨度及拱高的影响,如何选取合理的拱轴线将直接影响拱结构受力性能。在设计的过程中不断优化调整拱轴线,使上部拱结构以受压为主,充分发挥混凝土的抗压强度。拱脚作为拱结构与侧墙的转换节点,对拱结构受力起着关键作用,且受力较大。在设计过程中加大拱脚截面尺寸及构造配筋,确保拱脚受力安全。

受底板反力影响,中板大范围出现较大负弯矩,与侧墙相交处出现正弯矩,应适当加大中板刚度。由于拱结构将拱顶全部荷载通过侧墙直接传给底板,在地基反力作用下导致轨行区底板负弯矩较大,底板受力复杂。寒窑站采用 1.1 m 厚平直底板,同时考虑预留盾构过站条件,底板回填混凝土厚度为 1.25 m,利用该回填混凝土将轨行区底板设置为 2 m 厚叠合板,其中先浇部分混凝土厚度为 1.1 m,待盾构过站后,再浇筑剩余 0.9 m。秦都站参考暗挖区间二衬仰拱做法,采用 0.9 m 厚拱形底板,优化了底板受力形式。

12.4.4 明暗挖工法结合车站建造技术

西安轨道交通 4 号线火车站站设置在既有铁路西安火车站站场区下方,呈南北方向斜下穿既有铁路火车站站场咽喉区,与铁路枢纽进行换乘。受制于站址环境、枢纽改造建设筹划和地铁工期要求,采用双线分离岛—先隧后站方案作为实施方案。地铁车站在铁路火车站站场轨行区下,先期贯通左、右两条暗挖正线隧道,满足地铁 4 号线通车要求后,待铁路站改启动同步实施剩余的中部地下二层明挖结构。左线隧道长 267.1 m、右线隧道长 241 m(隧道开挖断面尺寸为 11.7 m × 10.16 m 和 7.22 m × 8.23 m)。车站明挖主体长 226.2 m,宽 26.6 m,为地下两层结构形式。

场区地层主要为新黄土、古土壤、粉质黏土和细砂,埋深 6 m 附近分布饱和软黄土,层厚约 2 ~ 3 m,地下水位埋深约 5 m,呈流塑,中偏高压缩性土。高地下水位和饱和软黄土的地层条件下实施较大洞径暗挖隧道,施工风险极大,也是国内首次采用大断面暗挖隧道下穿运营中的国铁站场咽喉区。主要技术创新有以下方面:

1. 建立适用于国铁有砟站场下隧道施工沉降控制体系

综合分析既有铁路轨道结构特点,依据《铁路线路修理规则》(铁运〔2006〕146 号)中对轨道变形的规定,对比轨道水平高差、轨道高低偏差对列车安全运营的影响,首次提出了适合不同等级站场铁路的最大沉降控制标准、日允许变形标准和轨道容许偏差控制值,建立暗挖施工沉降控制评价体系。

2. 创新饱和软黄土条件下暗挖隧道全断面注浆止水工艺

按照国铁站场安全运行需求,结合站场场区环境和工程地质条件,以及西安轨道交通隧道工程实践,暗挖隧道施工采用全断面注浆止水方式。根据试验段注浆质量情况，确定施工注浆参数及工艺，包括：注浆压力、注浆量、注浆孔合理数量及布置间距、注浆孔打设角度、注浆长度、浆液配比、沉降控制等。隧道开挖过程中，土层浆脉清晰，初支无明晰渗漏水，围岩加固稳定可靠，创新了适用于饱和软黄土和复合黄土等地层条件的注浆工艺。

3. 形成暗挖隧道下穿国铁站场咽喉区道岔群关键技术

在高水位无降水，且不具备对运营铁路加固的条件下，通过土工模型试验、数值分析、设置试验段等手段，对隧道开挖外扩 2 m 范围土体进行全断面深孔注浆加固，形成“压力拱”。同时采用超前大管棚及小导管，CRD 法施工辅以暗挖机器人 + 微型挖机，洞内外自动化监测联动，满足施工沉降值小于沉降控制速率5 mm/d，累计沉降控制值 15 mm 的要求，形成系统性的地铁下穿运营火车站咽喉区道岔群关键技术。

第 13 章　高架与地面车站结构

13.1　设计概论

随着城市化的不断深入发展，都市圈的概念在我国正逐步得以落地。在这一进程中，轨道交通往往担负着先行者的使命，对拉大城市骨架起到至关重要的作用。而相对于动辄每公里几亿元投资的地下轨道交通形式，在城市发展尚不完善、人口密度较低的城郊地区，高架及地面轨道交通形式，往往具备更大的优势。

西安轨道交通工程在初始阶段，建立了由 1 号、2 号线组成的“十”字形线网骨架，极大缓解了城市中心地区的交通压力。从 3 号线开始，在线路进入城郊区域后，也开始采取了高架轨道交通的形式，共设计了 7 座高架车站。14 号线、5 号线二期及 10 号线一期，因地制宜地设置了部分高架车站。这些高架及地面车站，与地下车站一起，构成了完整、便捷的轨道交通网络，方便了市民出行，推动了城市发展。

13.1.1　设计内容与方法

高架及地面车站结构设计内容包括车站基础结构设计、主体结构设计、雨棚结构设计、附属天桥及其雨棚结构设计；结构耐久性设计、杂散电流设计、结构抗震专项设计、安全风险专项设计等。另外，前期工程中还有管线迁改设计、交通导改设计等内容。对于采用特殊运架梁工筹的车站，还需增加运梁过站专项设计；对于有特殊景观要求的车站，还需增加钢结构房屋专项设计等。

高架及地面车站结构设计均采用以概率理论为基础的极限状态设计方法，以可靠指标度量结构构件的可靠度，采用分项系数的设计表达式进行设计。

对于车站主体结构构件及其基础构件，雨棚结构等空间结构，在设计分析中应采用整体分析法进行设计。

13.1.2　设计原则与主要技术标准

1. 设计原则

（1）结构设计应根据沿线不同地段的工程地质、水文地质条件及城市总体规划要求，结合周围地面既有建筑物、管线及道路交通状况，通过对技术、经济、施工工艺、环境影响、使用功能等方面的综合评价，合理选择施工方法和结构形式。

（2）结构设计应减少施工中和建成后对环境造成的不利影响，考虑城市规划引起周围环境的改变对结构的作用。结构形式和体量的确定，应充分考虑城市景观的要求和注意与周围环境的协调。

（3）结构的净空尺寸应满足建筑限界和设备安装及施工工艺的要求，并考虑施工误差、测量误差、结构变形及后期沉降的影响。

（4）结构设计应根据结构类型、使用条件、荷载特性、施工工艺等条件进行，结构、构件应满足强度、刚度、稳定性和耐久性要求，并满足防水、防火、防杂散电流的技术要求。

（5）采用建桥分离形式高架车站结构时，轨道梁与车站结构完全分开布置，形成独立轨道梁（高架）桥，其孔跨布置及结构设计一般与区间高架结构相同；车站高架结构设计应按现行建筑设计规范进行。

（6）采用建桥结合形式高架车站结构时，轨道梁、支承轨道梁的横梁、支承横梁的柱等构件及基础，应按现行标准《铁路桥涵设计规范》（TB 10002）进行结构设计。当轨道梁简支于横梁布置时，内力分析可按平面刚架假定进行；当轨道梁与横梁刚结布置时，内力分析宜按空间刚架假定进行，由活载产生的内力，应根据影响线加载计算得到。除上述构件外的其余构件，均按现行建筑结构设计规范进行结构设计。

2. 主要技术标准

(1)车站结构设计基准期为 50 年。结构的设计使用年限对于主体结构为 100 年，附属结构为 50 年。对于部分需要达到 100 年使用年限的附属结构构件，需具备可更换条件。结构安全等级为一级，相应的结构构件重要性系数 γ_0 取 1.1。

(2)结构构件的环境类别及耐久性设计，应满足设计要求的使用年限，按照现行标准《混凝土结构设计规范》(GB 50010)及《混凝土结构耐久性设计标准》(GB/T 50476)的规定执行。

(3)西安地区工程抗震设防烈度为 8 度，车站结构抗震设防分类为重点设防类(乙类)，车站主体结构抗震等级为一级。高架车站应按照现行标准《建筑抗震设计规范》(GB 50011)及《城市轨道交通结构抗震设计规范》(GB 50909)的有关规定进行抗震设计，并进行结构整体抗震计算。

(4)车站钢结构防腐体系使用年限为 20 年。

13.2 结构设计

13.2.1 高架车站结构类型

1. 高架车站结构形式

高架车站结构设计以满足使用功能为前提，结合线路、站位以及车站平面布置选择不同的结构形式。根据高架车站的结构形式、受力特点及建筑布置可分为两大形式。

(1)建桥合建

建桥合建车站结构是突破"列车动载由桥涵结构承受"的传统理念，完全用建筑构件取代桥梁构件来直接承受列车动荷载作用，从而实现真正意义上"建筑上面跑火车"或"建筑里面跑火车"的一种纯框架结构。这种形式的车站具有建筑布局不受限制、施工方便结构体系受力合理、结构整体性和稳定性好、可以有效降低车站总高度、节省投资等优点。同时由于车站的荷载与房屋建筑一般所受荷载完全不同，活载占的比重大且受载点不断变化。框架结构受载不均匀，此外当列车以一定速度通过车站时，车站也将产生振动，所以存在的不足有：①车站同区间的接口问题不好处理；②振动和噪声对环境影响较大；③设计较为复杂。西安轨道交通现有的高架车站基本上采用了建桥合建的结构形式。

建桥合建车站根据结构布局特点，又可分为双柱落地及全框架落地两类，分别如图 13.1、图 13.2 所示。

图 13.1 "建桥合建"双柱落地

图 13.2 "建桥合建"全框架落地

双柱落地类型，主要用于路中绿化带内。车站落地构件受到绿化带宽度限制，将主要承力的框架柱及框支柱直接落地，将站厅层结构构件设置在二层挑出的盖梁上，形成双侧对称大悬挑结构，悬挑段盖梁下方净空满足市政车辆通行要求。

全框架落地类型，主要用于路侧地块内。有用地条件将站厅层设置在地面，结构可以设置为全落地的普通框架结构，结构整体受力更均匀合理，但对占地面积有较大的要求。

(2)建桥分离

建桥分离是指区间高架桥在车站范围内连续贯通,并与站台和站厅的梁、板、柱及基础完全脱开,各自形成独立受力的结构体系,这种形式的结构有结构体系受力明确、传力简洁,振动和噪声对周围环境影响小、结构耐久性好,结构构造简单等优点,由于车站建筑和高架桥受力自成系统,可防止列车运行对车站的不利影响,基础的不均匀沉降和车站建筑的振动问题可得到解决。但站厅层由于存在截面较大的桥墩、建筑平面布局不灵活;而且建筑与桥梁的柱网模数不太一样,形成柱网相对较乱,影响美观;此外还存在车站内设缝较多、施工协调困难等缺点。国内采用“建桥分离”结构的高架车站有重庆轻轨较新线李子坝、佛图关车站,北京 15 号线高架站,大连轻轨 3 号线十里岗车站及上海“明珠线”部分高架车站。其中李子坝车站为高层高架车站,车站设于 19 层高层综合楼的6 层、7 层、8 层,轨道梁桥纵向穿越整栋高层综合楼。“建桥分离”车站结构形式如图 13. 3 所示。

图 13. 3　北京 15 号线“建桥分离”的车站结构形式

建桥合建与建桥分离这两种车站结构形式各有特色,也有各自的适用范围,具体区别见表 13. 1。

表 13. 1　车站结构形式比较表

比较内容	建桥合建	建桥分离
建筑布置	灵活	一般
乘车环境	舒适、美观	一般
结构受力	立柱、梁较少,结构整体受力复杂	立柱、梁较多,结构受力明确
适用条件	适用条件较灵活,路中路侧均可设置	较常见用于预留车站
设计难度	较高	较简单

2. 车站结构体系选型

(1)“建桥合建”结构体系特点

钢筋混凝土框架结构作为高架车站的主体承重结构,轨道梁即为结构框架梁,并按照车站建筑要求布置梁、板、柱等结构构件;除少量非承重构件外,承重体系不但要按照有关建筑结构设计规范进行结构设计，同时应满足铁路桥涵设计规范的设计要求。

体系优点：

①按照建筑习惯布置柱网，柱网布置整齐且能够较好地满足车站使用功能要求，能够较好地体现车站建筑风格和整体造型。

②车站结构布置合理，结构断面尺寸合理，整体刚度好，较易满足抗震等建筑结构设计规范要求。

③由于框架结构主体采用现浇钢筋混凝土，可有效降低建筑高度，充分利用空间，且车站内部空间受轨道梁的影响较小，尤其在站厅层的内部景观设计上易于处理。

体系缺点：

①列车轨道直接铺设在框架梁上，列车运行时的冲击和振动对车站影响较大，因此必须采取必要的减振降噪措施。

②列车和轨道产生的制动力、牵引力、横向摇摆力和无缝线路轨道力等，均直接作用在车站结构构件上，给车站的结构设计带来影响并需采取相应措施。

③车站结构主体设计必须同时采用“建规”和“铁规”，应满足两套规范的要求。

④在考虑区间桥梁采用架设工法时，车站对区间的干扰较大，一般需统筹建设工期，车站后建或分步建设；若考虑架桥机过站，车站主体构件承受的荷载要加大，产生一定的浪费。

(2)“建桥分离”方案结构体系特点

区间高架桥梁从车站内部或车站两侧穿过，车站结构与桥梁结构两种之间设分断缝，形成各自独立的结构体系。

体系优点：

①车站结构与桥梁结构的体系分开，结构体系受力明确、合理，可分别按照各自的结构设计规范要求进行设计。

②区间高架可以合理布跨，保证线路的连续性，结构容易处理。

③由于采用各自独立体系，列车运行产生的振动、噪声等被有效地隔绝，对车站建筑结构不产生影响，车站运营环境较好。

体系缺点：

①由于区间桥梁跨度、桥墩及轨道梁的尺寸较大，车站建筑平面和车站柱网间距及竖向布置需要考虑总体协调，难度较大，对建筑布置产生较大影响。

②建筑立面造型受到一定限制。

③车站建筑进入地块，对周边规划有一定影响。

(3) 全框架落地车站方案结构体系特点

这种车站一般在地面设置站厅层，在二层设置站台层。车站在整体结构形式上属于“建桥合建”式的一种特殊情况。除前述“建桥合建”的体系特点外，全框架落地车站尚有一些独特性：

①能够进一步按照建筑习惯布置柱网，柱间距减小的同时，柱梁等主要构件的截面尺寸也相应减小，整座车站的体量更容易和周围环境融为一体。

②全框架落地的框架结构，拥有更多道抗震防线，具有更好的抗震性能，同时取消了大跨度悬挑构件，减少了可能存在的风险点。

③因站厅设置在地面层，与市政道路平面交集，虽然方便了客流进出，但也增加了车站本身遭受车辆撞击的可能，结构设计时需考虑防撞设计。

确定车站结构形式时，需针对前述各方案的优缺点综合考量。在保证建筑功能的同时，获得较好的车站景观效果，结合车站所处的站址环境，综合考虑用地条件及城市景观要求，合理统筹桥梁施工和车站施工的工筹方案。在保证总体工期要求和施工质量前提下，进行充分的方案比选论证，确定最终的高架车站结构体系。

以西安3号线高架段为例，该段线路的前半部分位于已开发较为成熟的浐灞生态区，线路沿现状东三环道路敷设，车站有条件设置在路侧地块内。因此，这部分的高架车站采取了全框架落地的建桥合建结构形式，如浐灞中心站；该段线路的后半部分位于待开发的郊区——西安国际港务区，线路两侧当时基本为农田果园等农业用地，沿轨道交通高架段线路，规划有 60 m 宽的港务西路且道路整体较为顺直，路中规划有 10 m 宽的绿化带，对这些条件进行综合考虑后，在规划港务西路段，高架车站均在路中绿化带采用双柱落地式的建桥合建结构形式。

3. 岛侧式车站结构特点分析

高架车站选择岛式还是侧式，涉及线路、区间桥梁和整体工筹等，直接影响车站的用地、造价、运营及景观等方面。

（1）从线路条件来看，侧式站台线路顺直，线形较好。岛式站台两端有区间喇叭口段，线形略差。不同站台线形比较如图 13.4 所示。

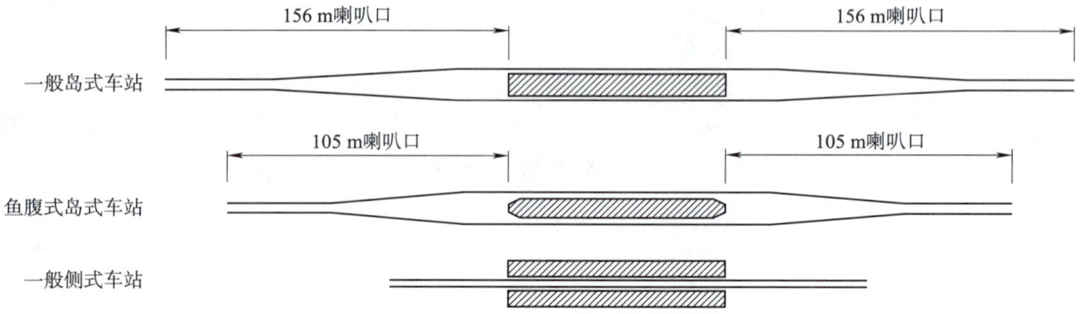

图 13.4　岛式、侧式站台线形比较图

（2）从工程可实施条件来看，需结合规划道路的绿化带宽度进行车站布置，两种车站路中布置的断面如图 13.5、图 13.6 所示。

（3）结合线路条件和区间桥梁工法统筹考虑，当区间桥梁上部结构采用大箱梁时，岛式车站需要转场架梁，侧式站台车站可过站架梁，这一点对工期和投资的影响比较大。

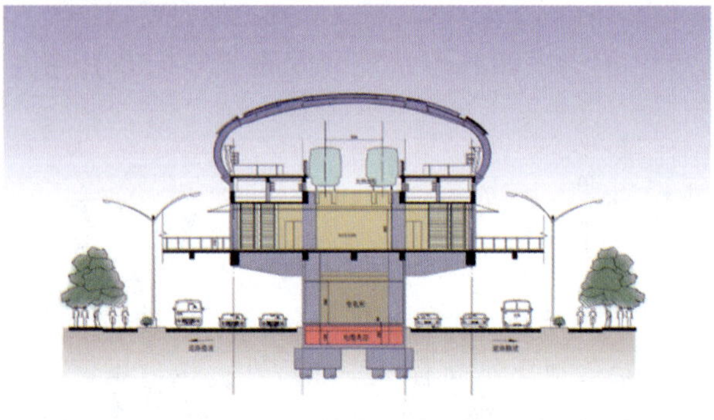

图 13.5　路中侧式站台方案

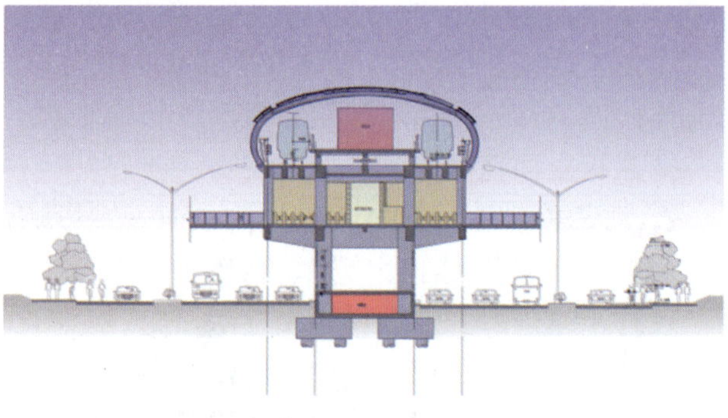

图 13.6　路中岛式站台方案

（4）从客流适应性方面看，侧式站台两站台独立设置，对潮汐效应明显的车站，容易造成单边站台拥挤而另一侧站台空旷，站台使用空间利用率低下的问题，乘客乘降感受较差；岛式站台两向站台贯通，客流强度较大的一侧可充分利用中部区域和另一侧站台实现客流灵活分步，提升运营调度灵活性和乘客乘降感受。

（5）从设备布置和运营维护角度，侧式站台如要实现和岛式站台同样的乘降标准，需增加站厅—站台的楼扶梯及垂直电梯布置。

综合以上分析，站台形式的选择，需综合考虑客流、设备布置、结构工法、道路规划条件、区间接口等各方面的因素，并结合区间桥梁工法统筹考虑。一般情况下，工程条件允许、客流量大、潮汐客流效应明显的区域适宜采用岛式站台，而客流量较小、潮汐现象不明显的城市外围车站或工程条件受限的区域，可以考虑以工程条件为优先的侧式站台车站。两种车站的综合比较详见表13.2。

表13.2 岛、侧式车站比较表

项　目	岛式站台车站	侧式站台车站
结构体量	车站整体结构体量较小，区间喇叭口桥梁体量大	车站整体结构体量较大，区间桥梁衔接平顺，体量小
与区间线路的连接	需过渡段，由此形成线路曲线，对运行、保养、机械损伤及乘车的舒适度等都会带来直接的影响。另外在线间距渐渐加宽的情况下，原双线共桥墩的结构形式，将改为2条单线桥墩，产生占地范围大的缺点	无过渡段，线路并行。轨道为直线，是较为理想的线形，对运行、保养及乘车的舒适度等都创造了良好的条件
与区间结构的衔接	采用曲线喇叭过渡到标准区间。区间连续性较差，整孔架设需要架桥机转场，不利于区间工法实施	桥梁采用与区间相同的上部结构。区间连续性美观，利于区间工法的实施，有利于运架梁过站
潮汐客流适应性	对于不均衡客流有较好的适应性，乘客可充分利用对侧站台，站台客流组织更灵活	两侧站台独立布置，不利于不均衡客流的站台客流组织
设备布置和维护	提升设备总数量较少，设备投资及运营维护成本更低	在同标准下提升设备数量多，设备投资和运营维护成本较高
乘客使用感受	乘客无需站厅选边，站立区域净空较大空间感较好	乘客需在站台提前选边，站台位置侧向景观更好
适用性	工程条件允许、客流量大、潮汐客流效应明显的区域适宜选择	客流量较小、潮汐现象不明显的城市外围车站或工程条件受限的区域可以选择

13.2.2 高架车站结构设计

1. 基础结构设计

与普通民用建筑中框架结构的基础有所不同，高架车站因承受轨道列车荷载，且结构重要性系数较高，设计阶段得出的柱底内力往往会很大，即便是只有两层框架的结构，也通常会采用桩基础类型。

根据西安地区的地质条件，土层大多为黄土、粉质黏土、砂土等，对应的桩基础往往采用摩擦桩，旋挖钻孔，灌注成桩。对于双柱落地类建桥合建车站，如3号线双寨站，主体一般采用柱下四桩或五桩，桩径1 m，桩长约为35～45 m；对于全框架落地类建桥合建车站，如3号线浐灞中心站，主体一般采用柱下两桩或三桩，桩径1 m，桩长约为20～25 m。

高架车站附属房屋，如出入口外包钢结构框架等，体量较小，受力特点与一般民用框架类似，相应的基础类型也比较类似，各种常见的基础类型如柱下独立基础、柱下或墙下条形基础、局部筏板基础等，都可能会用到，设计时需针对具体的需求和周边条件的限制来合理选用。当用地范围受限时，优先考虑自身调节刚度能力较大的，外挑尺寸相对较小的条形基础及筏板基础。

高架车站在施工桩顶承台时，可能会碰到地表存在软弱土层的情况，此时需进行局部的基坑支护设计，基坑支护设计的要求详见本书等12.2.2节相关内容。

不同类型的基础结构，均应满足相应规范的要求。独立基础、条形基础及筏板基础等浅基础，及其下卧层的地基处理，应满足《建筑地基基础设计规范》(GB 50007—2011)的相关要求；桩基础，应满足《建筑桩基技术规范》(JGJ 94—2008)的要求。另外需特别注意的是，前述各类基础结构应同时满足车站设计使用年限的要求。

2. 主体结构设计

1)建桥合建结构

当轨道梁支承或刚接于车站结构、站台梁等车站结构构件支承或刚接于轨道梁桥上，形成建桥合建结构体系时，轨道梁及其支承结构的内力计算应按《地铁设计规范》(GB 50157—2013)表10.3.1中的荷载类型进行最不利组合，并应与区间桥梁相同的方法进行结构设计；轨道梁和支承结构的刚度限值应与区间桥梁相同。车站结构体系中的其余构件应按现行建筑结构设计规范进行结构设计。

当车站结构体系按照现行建筑结构设计规范进行整体分析时，应按实际连接情况，将站台梁、轨道梁及其支承构件全部计入结构模型，进行整体分析计算，并将计算结果与前述按区间桥梁方法分析设计的结果进行比较，取不利结果进行站台梁、轨道梁及其支承构件的设计。

以西安轨道交通3号线双寨站为例，主体结构设计阶段，采用了振型分解反应谱法对整体结构进行了受力分析(包括正常使用荷载、风荷载及地震作用),并采用时程分析法进行多遇地震下的补充计算。考虑到结构存在大悬挑构件,还进行了竖向地震作用计算。

为了解决高架车站漏水的问题,西安轨道交通高架标准站尽量采用无缝车站。设计中通过调整结构刚心和质心、调整结构抗扭能力、增强构造措施来解决结构超长问题。

双柱式"桥—建"组合结构体系,应验算柱顶横向(垂直线路方向)的弹性水平位移,并应符合如下规定:

横桥方向:
$$\Delta \leqslant 4\sqrt{L} \tag{13.1}$$

式中　L——桥梁跨度,m,当为不等跨时采用相邻跨中的较小跨度,当 $L<25$ m 时,L 按 25 m 计;

Δ——墩顶顺桥或横桥方向水平位移,mm,包括由于墩身和基础的弹性变形及地基弹性变形的影响。

双柱式带长悬臂"桥—建"组合结构体系,在恒载、列车活载、人群荷载、预应力效应及风荷载最不利组合下,悬臂端计算挠度的限值应为 $L_0/600$,L_0 为悬臂构件的计算跨度。

双独柱式带长悬臂"桥一建"组合结构体系的车站,结构整体振动竖向质量参与系数最大的自振频率不宜小于 10 Hz。

轨道梁简支于车站结构横梁上时,应按《地铁设计规范》(GB 50157—2013)第 10.6.7 条的要求设置支座。

2)建桥分离结构

目前西安尚未采用此种车站结构形式,未来加站可采用此形式。本类型车站由于轨道梁与车站结构完全分开布置,形成独立轨道梁桥,车站结构设计应按现行建筑结构设计规范进行;轨道梁桥的结构设计应与区间桥梁相同。

3)叠落换乘车站(水流路站)

(1)车站概况

水流路站位于西安国际港务区货运北环线以北,东侧紧邻港务西路(西阎快速路),为地铁 3 号线(终点站)与地铁 10 号线的叠落换乘车站。车站为高架两层、地下一层的框架结构。首层为 10 号线、3 号线共用站厅层,地下一层为 3 号线站台层及设备用房,高架二层为 10 号线站台层,站台均为岛式站台。屋顶采用钢结构屋盖。车站效果图如图 13.7 所示。

图 13.7　水流路站效果图

车站主体结构轮廓为 187 m×44.75 m,地面以上结构高度约 19.5 m。横向六跨,跨度为(6.9+8.35+7.0+8.7+6.9+6.9)m。纵向 19 跨,柱距 9.75 m。车站主体结构沿纵向设两道变形缝。车站采用筏板基础,埋深 9.9 m。持力层为〈2-5〉中砂或粉砂。筏板下设置抗拔桩。

10 号线高架区间桥墩单独设置,与车站基础和主体结构脱开,桥梁与车站主体结构缝宽 100 mm。

(2)车站结构设计要点

水流车站设计除满足正常施工及运营工况的相关要求外,尚需预留架桥机及运梁车过站等限界及荷载条件。车站结构设计指标满足现行标准《混凝土结构设计规范》(GB 50010)、《建筑抗震设计规范》(GB 50011)等相关要求。车站结构的整体计算模型如图 13.8 所示。

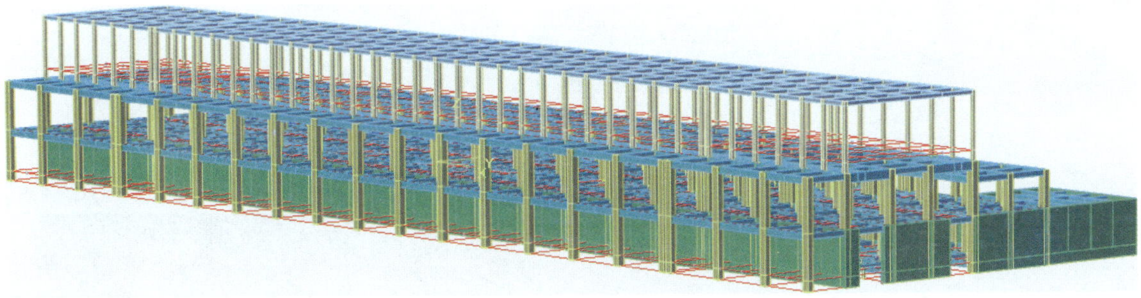

图 13.8　整体计算模型

①整体结构验算

结构整体验算的各项指标见表 13.3。

表 13.3　结构验算指标及限值表

作用方向	X	Y
楼层最小剪重比	5%	5%
有效质量系数	93.03%	90.37%

②轨道梁验算

轨道梁按影响线确定列车移动荷载下的内力，按《地铁设计规范》(GB 50157—2013)荷载组合验算。其计算工况主要考虑运营阶段和架桥机、运梁车过站两种工况。

列车竖向静活载：B 型车 6 辆编组(车辆定距 12 600 mm，固定轴距 2 300 mm，最大轴重 145 kN)。

考虑运梁车过站工况为瞬时工况，按标准组合计算。

(3)施工工法及工序

车站结构先于 3 号线地下区间和 10 号线区间桥梁施工，3 号线区间及水流路站地下部分均采用明挖，区间桥梁采用钻孔灌注桩基础，现浇钢筋混凝土承台及墩柱。

车站基础采用筏板基础，区间桥梁采用桩基，两者基础只能分设。桩基与车站主体结构地下室侧墙距离较近，必须提前安排好施工工序，方能确保实施的可行性及施工质量。

主要工序安排：车站基坑及围护结构(地下区间平行推进，预留接口段)施工→抗浮桩施工→地下一层结构施工→地面层结构(1～2 轴和 21～22 轴等与高架区间基础重叠部分梁板尚不施工)施工→基坑回填至 -0.15 m 标高→站端桥梁基础和承台施工→首层其他梁板及墩柱施工→车站主体结构及区间墩柱施工等。

4)公轨合建车站——泾渭站

(1)车站概况

泾渭站位于高陵区泾渭半岛，东临“泾渭分明”自然景区，为西阎快速路与西安轨道交通 10 号线泾渭站叠落设置的三层合建框架结构。顶层为时速 80 km 双向六车道的西阎快速路，三层为 10 号线站台层，二层为 10 号线站厅层，首层布置为设备用房，地下设置设备夹层。车站站位及横断面图如图 13.9 所示，车站及相邻区间效果图如图 13.10 所示。

泾渭站为侧式站台高架站，站台层以下为四柱三跨框架结构，站台层以上为双墩桥梁结构，其中公路梁与盖梁用抗震支座连接。

车站地上一层及地下夹层为设备用房，地上二层为站厅层，地上三层为站台层，地上四层为公路层。车站主体结构外轮廓约为 27 m×122 m，地上总高度约为 23.8 m。轨道层横向三跨，跨距为(7.4+9.0+7.4)m，公路层横向跨距为 23.8 m；轨道层纵向十二跨，跨距为 9.0 m×3+11.0 m×2+9.4 m+11.0 m×3+9.0 m×3；公路层纵向四跨，跨距为 27 m+33 m×2+27 m。车站在靠中间位置处设置一道变形缝，缝宽 100 mm。地下夹层埋深约 3.5 m。车站基础采用桩基承台，其中车站部分采用三桩承台，桩径 1.2 m。桥梁部分采用十四桩联合承台，桩径 1.5 m，均为摩擦桩。

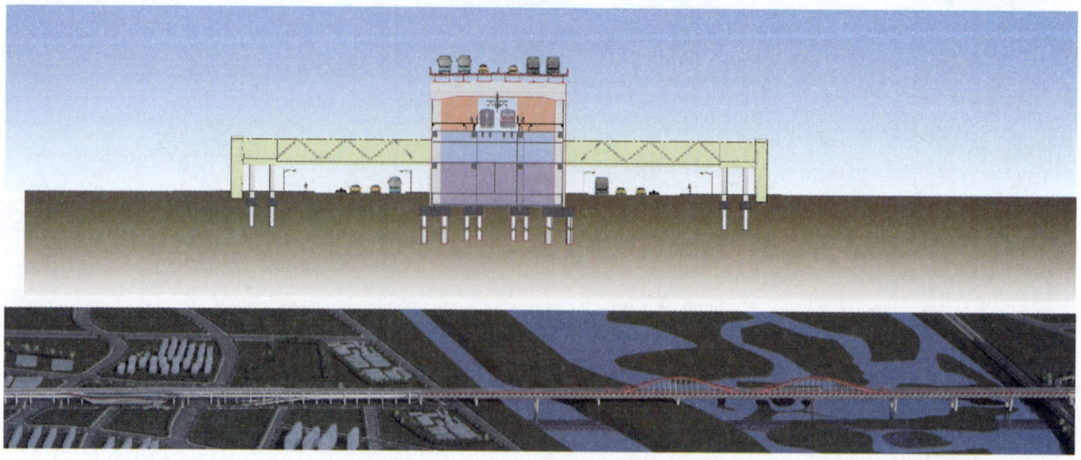

图 13.9 泾渭站站位及横断面布置图

图 13.10 泾渭站及邻近区间效果图

(2)车站结构设计要点

车站主体结构构件尺寸的拟定必须满足主体结构的受力、变形要求,满足主体结构的抗浮和稳定要求,以及满足车站功能和建筑净空的要求。基础结构构件尺寸结合上部结构荷载和地基承载情况,平衡沉降及基础刚度。结构主要构件及界面划分示意如图 13.11 所示,其中红色部分为桥梁部分。

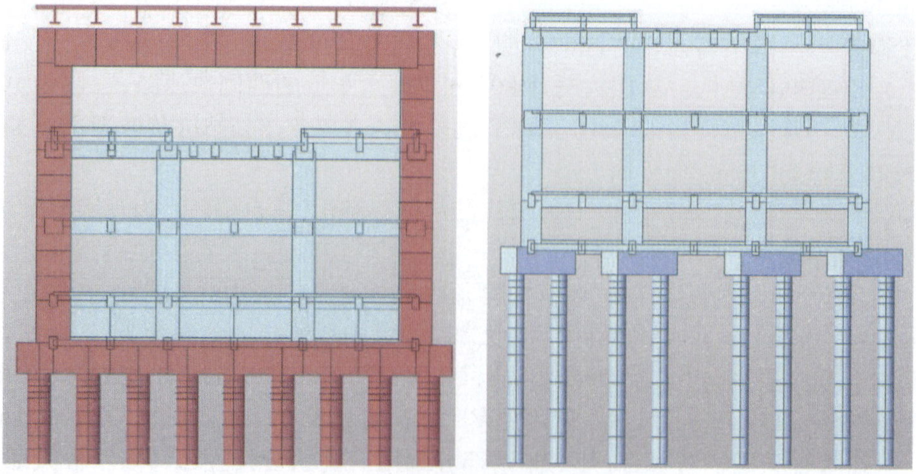

图 13.11 车站主要构件及界面划分示意图

泾渭站为地铁、公路合建项目，工程结构涉及铁路、公路、房建三个方向的体系。对于结构体系无交叉的构件来说，对应于铁路、公路、房建的各部位构件需满足相应体系规范的相关要求；对于结构体系有交叉的构件来说，应同时满足各交叉体系规范的相关要求。结构计算应分别采用 PKPM 和MIDAS Civil建立空间整体模型进行计算，两种模型分别如图 13.12 和图 13.13 所示。

图 13.12 泾渭站 PKPM 计算模型

MIDAS Civil 计算模型的建立应尽量符合工程实际情况，考虑桩土共同作用。根据工程的结构特点，PKPM 计算模型可按如下几点进行简化处理：

①公路层为型钢混凝土板组合梁，其与盖梁之间用桥梁支座连接，模型在桥梁支座处采用附加质量的做法考虑公路梁的地震作用。

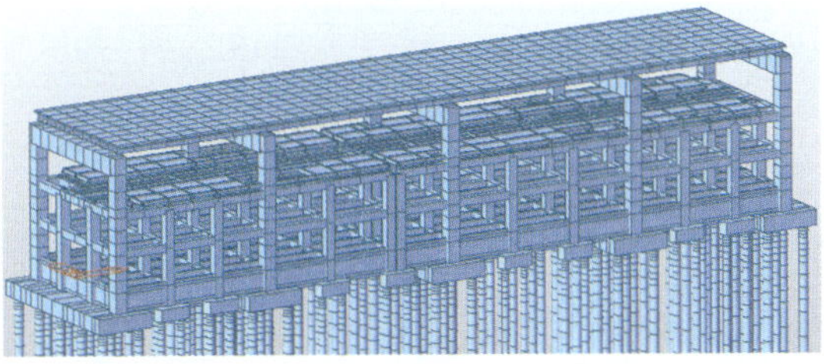

图 13.13 泾渭站 MIDAS Civil 计算模型

②站台层为车站内部构件，层高低，单独设层易造成竖向不规则，《地铁设计规范》（GB 50157—2013）第 10.6.10 条规定，站台层可只计质量影响。将内部构件分开单独建模，整体指标模型采用附加质量的做法考虑站台层的荷载和地震作用。

③根据《建筑抗震设计规范(2016 年版)》(GB 50011—2010)第 13.2.1 条规定，外立面、电梯等非结构构件对主体地震作用的影响，在模型中以附加质量的形式体现。

④根据《建筑抗震设计规范（2016 年版）》（GB 50011—2010）第6.1.14 条规定，将地下室顶板作为嵌固部位。

公轨合建车站结构相关设计指标满足现行标准《地铁设计规范》（GB 50157）、《混凝土结构设计规范》（GB 50010）、《城市轨道交通桥梁设计规范》（GB 51234）、《建筑抗震设计规范》（GB 50011）、《城市轨道交通结构抗震设计规范》（GB 50909）等的要求。

（3）施工工法及工序

车站按照由基础到上部框架结构再到公路桥梁结构的顺序施工。采用现浇法施工，公路桥梁的盖梁采用预应力混凝土后张法施工。待桥墩、盖梁施工完成后，安装减隔震支座。钢混组合梁由工厂预制，运输到现场进行两片一组整体吊装，最后浇筑桥面铺装。

3. 特殊临时结构

车站结构临时工况经常受区间梁型选型及施工方法的制约，需要对车站结构采用临时构件进行加固，待区间梁体架设完毕后拆除临时构件，施作剩余车站主体结构。

以 3 号线高架车站为例，在主体施工阶段，为了满足全线工筹要求，在周边场地条件无法满足设置施工便道的情况下，必须采用运、架梁过站的特殊工法。为了配合该工法，需针对性的增加临时结构设计。

（1）车站范围内临时支撑结构

主要措施是车站范围内设置临时军便梁，以满足运梁车过站的标高及荷载要求。待运梁过站结束后，拆除军便梁等临时设施，继续施工剩余的车站结构。车站范围内临时支撑布置如图 13.14 所示。

（2）车站端头临时支撑结构

在车站端头设置临时支撑系统，以满足运梁车过站的标高及荷载要求。待运梁过站结束后，再拆除钢支撑等临时设施，继续施工剩余的车站结构。车站端头临时支撑布置如图 13.15 所示。

临时结构设计依据运、架梁工况最不利荷载布置，按照容许应力法或者极限状态法的短暂状态进行验算。

（3）工筹配合

在实施前述的临时措施时，必须与整条高架线路的整体工筹严密配合，确保衔接顺畅，如此方能既确保运架梁顺利，又能确保临时措施的结构安全。

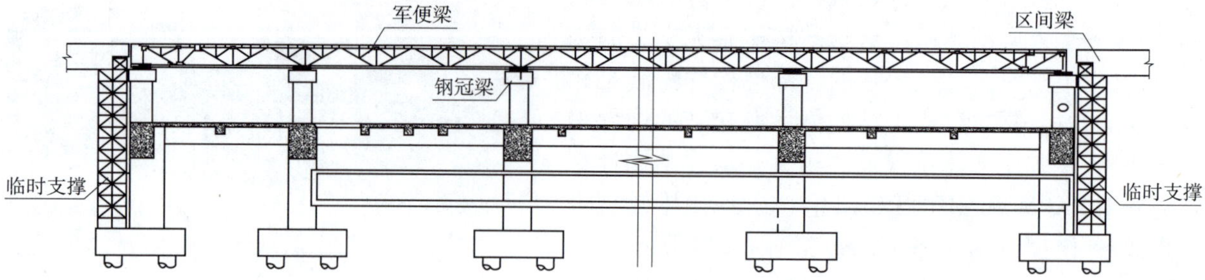

图 13.14 车站内临时支撑布置图

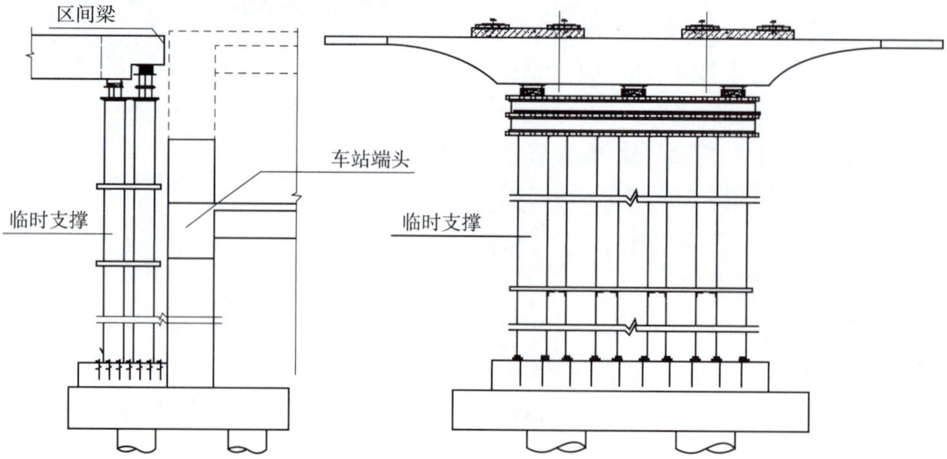

图 13.15 车站端头临时支撑布置图

13.2.3 高架车站抗震设计

1. 设计依据

车站高架结构的整体抗震设计，即整个车站框架结构体系的设计分析，以及非承受车辆荷载的结构，应按《城市轨道交通结构抗震设计规范》(GB 50909—2014)第 9 章高架车站结构的要求来执行。

2. 计算要点

①横向三柱及以上的高架车站结构应按现行标准《建筑抗震设计规范》(GB 50011)以及《城市轨道交通结构抗震设计规范》(GB 50909)的有关规定进行抗震设计及设防，抗震设防类别应划为重点设防类。计算时应计入一条线 100% 竖向静活载和 50% 站台人群荷载。

②横向单柱或双柱的高架车站墩柱结构，应按现行标准《铁路工程抗震设计规范》(GB 50111)的有关规定进行抗震设计，抗震设防类别应划为 B 类。可采用单柱或双柱的单墩力学模型，站台层、站厅层可只计质量影响；也可采用车站整体结构模型，计入站台层、站厅层的刚度影响。计算时应计入一条线 100% 竖向静活载和 50% 站台人群荷载。

材料、地基容许应力和单桩轴向容许承载力的提高，应按现行标准《铁路工程抗震设计规范》(GB 50111)的有关规定执行。横梁、结点和基础应作为能力保护构件，按能力保护原则设计。站台层、站厅层结构及与墩柱、横梁的连接，应按现行标准《建筑抗震设计规范》(GB 50011)的有关规定进行抗震设计及设防。

③轨道梁桥与车站结构完全分开布置时，轨道梁桥应按《城市轨道交通结构抗震设计规范》(GB 50909—2014)第 8 章高架区间结构的要求进行抗震设计，同时应按现行标准《铁路工程抗震设计规范》(GB 50111)进行抗震设计验算；对于抗震构造措施，则应按两者偏严要求执行。

④关于抗震设计时参数的取值，应在满足现行标准《建筑抗震设计规范》(GB 50011)的有关附录规

定的基础上，按照对应地震安评报告中根据不同超越概率给出的地震动参数来取值，确保结构构件满足抗震要求。

13.2.4 特殊设计接口

1. 区间接口设计

车站与区间梁的连接有车站与高架区间之间设置变形缝，高架区间梁简支作用于车站柱墩上两种形式。

车站与高架区间之间设置变形缝，变形缝宽度既应满足温度伸缩变形的要求，又要满足抗震变形的要求。但是区间与车站需分别设柱墩，对车站的立面造型有一定的影响。故一般采用区间梁简支于车站结构上的做法，车站的结构设计须考虑区间梁传来的荷载效应，如图 13.16 所示。车站采用框架结构体系，区间轨道梁在车站一侧采用挂孔梁，在车站端部车道层的框架横梁上设置牛腿，其上设置滑动支座，用以支撑区间轨道梁，未设置各自独立的墩柱、框架柱。区间梁与车站轨道梁间设置型钢伸缩缝以适应梁体间的温度变形。

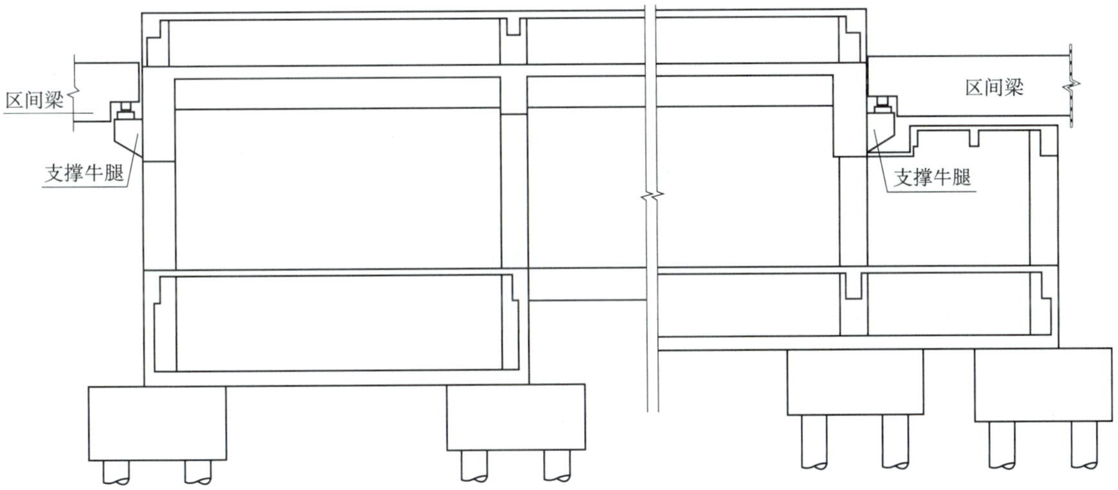

图 13.16 车站与区间接口示意图

2. 出入口天桥设计

(1)设计原则和技术标准

天桥钢结构采用的设计基准期为 50 年，设计使用年限为 50 年，钢结构的安全等级为一级。西安地区抗震设防烈度为 8 度；抗震设防分类为丙类；天桥柱及梁的抗震等级为一级，楼梯的抗震等级为三级。建筑结构耐火等级为二级。天桥箱梁耐火极限 1.5 h，桥墩及楼梯柱耐火极限 2.5 h，其他构件耐火极限不低于 1.5 h。钢结构防腐体系使用年限为 20 年。

荷载取值按照现行荷载规范取值，同时考虑装修实际情况及设备吊挂的实际情况取值。其中风荷载取值中地面粗糙度按车站实际所处区域考虑。

(2)天桥及其雨棚钢结构设计

天桥根据跨度不同，以及市政规划要求的不同，可采用钢箱梁、钢桁架等不同结构形式。具体设计分析时，应按照现行标准《钢结构设计标准》(GB 50017)和《城市人行天桥与人行地道技术规范》(CJJ 69)的要求，进行结构构件的设计和验算。

天桥雨棚采用整体分析法进行设计计算，建议结构有限元分析的几何建模通过 MIDAS 系列分析软件建立，结构的边界条件、荷载施加及结果处理均通过 MIDAS 系列软件来完成，同时辅以类似工程的设计及运营经验进行动态调整。

3. 站台雨棚设计

(1)设计原则和技术标准

雨棚钢结构采用的设计基准期为50年，设计使用年限为50年，钢结构的安全等级为二级。西安地区抗震设防烈度为8度，抗震设防分类为丙类，抗震等级为三级。

荷载取值按照现行荷载规范取值，同时考虑装修实际情况及设备吊挂的实际情况取值。其中风荷载取值中地面粗糙度车站按实际所处区域考虑。

(2)雨棚钢结构设计

雨棚采用整体分析法进行设计计算，建议结构有限元分析的几何建模通过MIDAS系列分析软件建立，结构的边界条件、荷载施加及结果处理均通过MIDAS系列软件来完成，同时辅以类似工程的设计及运营经验进行动态调整。

13.3 地面车站结构设计

13.3.1 地面车站结构类型

地面车站采用岛式或侧式站台均可。无论车站设置于路中或是路侧，均需设置立交措施穿越横向道路。这种车站相对来讲造价最低，提升高度最小，但对地面道路交通影响大，市中心区较难采用。

地面岛式或地面侧式车站，可结合建筑布局，设计为常规的单层混凝土框架结构，或单层混凝土框架剪力墙结构。对于某些横向跨度较大的地面车站，也可以考虑设计为单层多跨混凝土厂房的结构形式。对于路边有较宽绿化带，有条件设置路堑式车站时，宜采用单层框架结合半地下室的结构形式，地下室外墙可采用重力式挡墙的形式。无论采用哪种结构类型，都应尽量避免出现单跨纯框架结构形式。

13.3.2 地面车站结构设计

(1)车站结构应按现行建筑结构设计规范进行设计。当采用筏板基础支承轨道时，筏板设计应综合考虑轨道的各项荷载作用。当遇特殊地质情况导致筏板梁下可能出现悬空时，尚应按现行标准《铁路桥涵设计规范》(TB 10002)进行验算。

(2)独柱式带长悬臂的站台雨棚结构体系，尽量在另一侧设置配重，避免出现单纯的硬悬挑构件。

(3)岛式车站不宜采用独柱式带长悬臂结构体系。

(4)轨道梁简支于车站基础结构横梁上时，应同高架车站的要求设置支座。

(5)地面车站轨道梁及其支承结构不应采用钢结构。

(6)地面车站结构中，除轨道梁及其支承结构的构造要求应与区间桥梁相同外，其他构件的构造要求应按现行标准《混凝土结构设计规范》(GB 50010)和有关建筑结构设计标准的规定执行。

13.3.3 地面车站抗震设计

地面车站结构的整体抗震设计，即整个车站框架或框剪结构体系的设计分析，以及非承受车辆荷载的结构，应按《城市轨道交通结构抗震设计规范》(GB 50909—2014)第6章的要求来执行。

关于抗震设计时参数的取值，应在满足现行标准《建筑抗震设计规范》(GB 50011)的有关附录规定的基础上，按照对应地震安评报告中根据不同超越概率给出的地震动参数来取值，确保结构构件满足抗震要求。

13.4 高架与地面车站结构发展与展望

13.4.1 高架车站结构发展趋势

随着国内重点城市的骨架日益拉大，城市中心区外溢，城市轨道交通线网也随之扩大。在连接城市中心区与郊区的地段，高架车站的数量也随之日益增多。高架车站也从以前单纯的轨道交通工具载体，逐渐转变为城市景观的重要组成部分。

在东南地震烈度较低的地区，结构主框架柱梁构件截面尺寸较小，高架车站往往会设计得比较轻巧，配合上丰富的钢结构雨棚造型，成为城市街区的一个又一个文化符号。钢结构构件，也越来越多地应用到地铁车站的主体结构中。

相对而言，西安地区地震烈度高，高架车站主体结构构件截面尺寸大，车站整体视觉效果较为厚重。同时北方风沙较大，车站往往采用全封闭外包造型，这进一步加大了车站的视觉体量。鉴于此，以西安为代表的高烈度地区，可以汲取西安轨道交通 3 号线高架站的做法，采用钢结构雨棚造型装饰的方法，来丰富车站的立面层次及视觉效果，通过结构本身的厚薄对比，体现建筑的美感，如图 13. 17 所示。

图 13. 17　高烈度区车站用钢结构对比出造型

简言之，高架车站结构设计，将会更多的利用钢结构来达到更丰富的造型及视觉效果，与混凝土主体结构更深入的配合，完善车站的使用效果。

另一方面，高架车站结构将会与上盖物业开发进一步结合，将车站柱与上盖物业本身的大尺寸底层柱统一考虑，使二者有机结合为一个整体。

13. 4. 2　高架绿色车站的创新和实践

绿色建筑是未来建筑发展方向，是可持续发展思想在建筑领域的具体体现，绿色轨道交通运用绿色建筑理念，是采用合理的政策和先进的科学技术创建的。交通设施全生命周期过程中节约能源、节约土地、人力集约、清洁低碳、安静舒适的城市交通系统，为乘客和站务人员提供安全、健康、舒适、便捷和高效的换乘和工作体验的城市轨道交通车站。近年来，相继出台《国家发展改革委关于印发〈绿色生活创建行动总体方案〉的通知》《陕西省绿色建筑创建行动实施方案》《西安市绿色建筑创建行动工作方案》等政策文件，随之绿色轨道交通评价标准也陆续编制出版，绿色轨道交通的实施也是响应国家“碳达峰、碳中和”方针要求。

在上述背景下，轨道集团编制的《西安智慧城轨发展纲要》中提出“2021 年，针对国内外绿色建筑评价标准进行差异性解析，明确西安绿色建筑(车站)适应性内容，推广绿色建筑(车站)概念”“2022—2025 年，依托基础性研究，在三期建设规划线路中根据需求针对新线规划车站做试点研究，并争取获得绿色建筑(车站)星级奖项，对既有线车站改造可开展技术应用试点”。西安轨道交通 10 号线一期工程是二期建设规划中有高架敷设方式的线路，选取绳刘村站作为绿色车站设计试点，以“节能、节材、节地、节水”为基准目标，在既有设计的基础上，通过场地、交通、能源、水、材料、站内环境、运营管理和技术创新几个层面，在建筑、结构、通风空调、给排水、电气及弱电等专业设计中积极运用新技术、新设备，合理优化车站节能、智能化控制及乘客服务标准，使车站达到贯彻落实绿色发展的理念，推进可持续发展的目标，提升城市轨道交通服务环境品质，规范绿色城市轨道交通车站的管理，形成具有本地特色的绿色轨道交通线路。通过试点的效果，为西安市后续建设线路的绿色设计积累经验。

细化到土建内容中，作为建筑的主要载体，车站建筑材料的绿色化是实现绿色车站的重要途径。绿色建材应减少对天然资源的消耗和减轻对生态环境的影响，满足质量性能要求，具有节能、减排、安全、便利和可循环特征的建材产品。资源消耗低和环境影响小的建筑结构体系主要包括钢结构体系、砌体结构体系、预制混凝土结构体系等。钢结构体系的钢铁循环利用性好，而且回收处理后仍可再利用。砌体结构体系可含工业废弃物，砌块自重轻，不可再生资源消耗小，同时可形成工业废弃物的资源化循环利用体系。预制混凝土结构体系可在工厂进行装模生产，现场进行连接组装，工厂加工质量高、现场施工速度快、可有效地减少工人劳动强度、降低现场施工噪声、减少现场材料堆放场地，有利于环保；工厂化的构件和现场的标准装配，可降低工程成本，适合在车站工程中推广应用。设计过程中对地基基础、结构体系、结构构件进行优化，能够有效地节约材料用量。目前西安轨道交通高架车站绿色设计中一方面梁柱纵向受力钢筋均采用强度等级不低于400 MPa的热轧带肋钢筋，车站外立面雨棚主要采用装配预制的钢结构体系。在保证安全的前提下，鼓励提高车站的工业化率，采用工厂化生产的建筑构配件，既能减少浪费，又能减少对环境的影响，同时日后构件拆除替换后还可再利用，装配式和装配整体式是目前水平较高的体系，鼓励合理使用。后期规划线路设计中可在车站主体结构、站台板结构装配预制方面做进一步的研究和尝试。

13.4.3 消能减震技术应用

结构消能减震技术是在结构某些部位（如支撑、剪力墙、连接缝或连接构件）设置耗能装置。在主体进入非弹性状态前装置率先进入耗能工作状态，通过该装置产生摩擦、弯曲（或剪切、扭转）弹塑性滞回变形来耗散能量或吸收地震输入结构的能量，以减少主体结构的地震反应。

参考泉州市天都广场写字楼（17层）工程，该工程在基础和上部房屋结构之间设置一种特殊装置——隔震层，是由橡胶隔震支座和阻尼器组成。橡胶隔震支座由复合材料体和上、下连接件三部分组成。复合材料体是由一层钢板一层橡胶交替叠合而成，在垂直方向具有很高的强度，能支撑起建筑物重量。水平方向很轻柔，可以有效隔离地震能量向上部房屋结构的输入。模拟试验结果显示，罕遇地震时隔震支座能把房屋安全托起，效果很好。

随着轨道交通TOD模式的规划和快速发展，高架车站与周边开发建筑的结构一体化设计成为可能，对于这种复杂结构，设计中可以采用减隔震措施及弹塑性耗能装置，有效降低地震作用效应。

13.4.4 结构轻量化设计技术

结合前小节的消能减震设计，可以考虑对高架车站进行适度的结构轻量化设计。在设置隔震层装置的基础上，通过模拟试验数据进行反算，可以推断出被消耗后的地震作用效应大概降低了多少，将这个降低后的“地震效应”加到结构整体模型上，进行三水准两阶段的抗震设计，可以部分减少主体结构构件的截面尺寸。

通过调整减震装置的参数，可以达到降低结构体量又不降低安全度的目的。

第 14 章　地下区间结构

14.1　设计概论

地下区间结构指连接两个车站之间的隧道结构，主要包括区间正线、渡线、折返线、地下存车线、联络线及其他附属结构，附属结构一般包括区间风井、联络通道、盾构井、疏散平台及暗挖施工竖井等。地下区间结构的走向和埋深，受到工程地质和水文地质条件、地面和地下环境、施工方法等因素制约，直接关系到造价的高低和施工的难易。

西安是西北黄土地区首个修建地铁的城市。为此，西安轨道交通就黄土地区浅埋暗挖隧道、降水试验等专题开展研究，确立了“加大埋深避绕、提前降水固土、地基处理治理、管线风险排查”等设计施工措施。西安轨道交通开建以来，对湿陷性黄土地区地铁区间盾构和暗挖隧道修筑关键技术开展了专项研究。目前已基本解决了黄土地质条件下盾构快速掘进、饱和黄土下暗挖施工安全、湿陷性黄土地基处理、黄土地区复杂环境降水措施等诸多技术问题，为黄土地质条件下修建地铁奠定了一定的基础。

14.1.1　设计内容与方法

地下区间结构设计内容主要包括区间主体结构设计、附属结构设计、防水设计、结构抗震专项设计、安全风险专项设计等，另外，区间明挖结构还涉及管线迁改、交通导改等设计内容。地下区间结构下穿湿陷性黄土、饱和软黄土及地裂缝相关内容，详见本书第 5 篇相关内容。西安轨道集团组织相关单位就地裂缝的成因、地裂缝对地铁隧道结构与防水和轨道与道床的影响等方面展开专题研究，确定了“局部加强、预留净空、分段处理、柔性接头、先结构后防水、可调框架板”的综合防治措施。

地下区间结构设计方法一般以理论计算为基础，结合工程类比法确定结构设计参数，并采用信息化设计，根据现场监控量测反馈信息，经分析及时调整设计参数。

14.1.2　设计原则与主要技术标准

1. 设计原则

(1)地下区间的结构设计遵照“以人为本、结构为功能服务”的原则，满足城市规划、行车运营、环境保护、抗震、人防、防水、防火、防腐蚀及施工等对结构的要求，同时做到安全可靠、经济合理、技术先进。根据工程地质、水文地质及周围环境条件选择安全可靠、经济合理的施工方法和结构形式。

(2)地下区间结构的净空尺寸应满足地铁建筑限界和其他使用及施工工艺等要求，并考虑施工误差、结构变形和位移的影响。

(3)地下区间结构设计应根据施工方法、结构或构件类型、使用条件及荷载特性等，选用与其特点相近的结构设计规范和设计方法，结合工程监测采用信息化设计。

(4)浅埋暗挖法隧道结构设计，应以喷射混凝土、钢架(包括格栅钢架和型钢钢架)或锚杆为主要支护手段。根据围岩和环境条件、结构埋深和断面尺度等，通过选择适宜的开挖方法、辅助措施、支护形式，达到保持围岩和支护的稳定、合理利用围岩自承载能力的目的。围岩分级应按现行标准《铁路隧道设计规范》(TB 10003)确定。

(5)盾构法施工的单线隧道，一般采用圆形装配式钢筋混凝土管片单层衬砌。其圆环内径应依据建筑限界和综合施工误差而定。管片厚度、宽度及分块数应综合考虑线路条件、结构受力情况、防水效果、拼装等因素进行设计。选择的盾构机，必须对西安黄土地层有较好的适应性，并同时依据盾构推进速度、周围环境状况、工期、造价等各方面进行技术经济比较后确定。

2. 主要技术标准

(1)主体结构及其相连的重要构件,其安全等级应为一级。按可靠度理论设计时,设计基准期为50年,结构耐久性设计应符合结构设计使用年限100年的要求。

(2)地铁区间结构的地震作用按8度设防。盾构及明挖法区间隧道抗震等级为三级,矿山法区间隧道抗震等级为二级。地下区间结构设计按核6级、常规武器6级人防的抗力标准进行验算,并设置相应的防护设施。防化等级按丁级设计。

(3)地下区间结构中主要构件的耐火等级为一级。

(4)钢筋混凝土构件在Ⅰ-A类和Ⅰ-B类环境下,裂缝宽度不大于0.3 mm;Ⅰ-C类环境下裂缝宽度不大于0.2 mm。厚度不小于300 mm的钢筋混凝土结构可不计干湿交替作用,裂缝宽度不大于0.3 mm。盾构管片裂缝宽度不大于0.2 mm。

(5)两条单线区间隧道应设置联络通道,相邻两个联络通道之间的距离不应大于600 m,通道内设置一道并列二樘反向开启的甲级防火门,门扇的开启不得侵入限界。地下区间内应设置纵向疏散平台。

14.2 地下区间结构设计

地下区间结构设计主要包括明挖法区间结构、浅埋暗挖法区间结构、盾构法区间结构设计及附属结构设计。

14.2.1 地下区间施工方法确定

施工方法对地铁土建工程造价具有决定性的影响,同时也会对工程的难易程度、工期、运营效果等产生直接的影响。地下区间结构的施工方法应结合场地的工程地质、水文地质、环境条件、埋深、安全、交通条件和工期等因素,进行经济技术比较后确定。目前国内城市地铁区间施工较为成熟的方法有明挖法、浅埋暗挖法和盾构法。

对隧道埋深较浅,且地面有足够场地的区间,一般采用造价经济、施工快捷的明挖法施工;对埋深较大的区间,按照“能盾则盾”的原则,优先考虑盾构法施工;对包含渡线、联络线等断面变化的区间,或盾构法施工受场地、工期等因素受限制时,采用浅埋暗挖法施工;对于近距离下穿既有铁路、公路、地铁或其他城市轨道交通,以及重要和敏感性构筑物及设施的结构,应进行浅埋暗挖法、盾构法和其他工法的比选。值得一提的是,西安轨道交通在区间绕、穿文物保护技术方面,经过研究确定了“线路上绕避加深、工法上首选盾构、地层中加固隔离、城门洞围蔽支撑、轨道上无缝减振”等设计理念。

土层中的竖井结构可根据井口尺寸、地质条件及周边环境因素,选择围护结构护壁后的明挖法或倒挂井壁法施工。暗挖区间的联络通道宜采用矿山法施工,必要时应采取降水和地层加固等辅助措施。

14.2.2 明挖法区间结构设计

在场地开阔、建筑物少、交通及环境允许的地段,当线路埋深较浅时,可采用施工速度快、造价较低的明挖法施工。西安轨道交通明挖法支护结构形式主要有放坡、土钉墙、桩+内支撑及地下连续墙等,结构形式通常采用整体现浇的矩形断面。

由于明挖法区间结构与明挖法车站结构相关内容基本相似,具体内容可参考本书第12.2节相关内容。

14.2.3 浅埋暗挖法区间结构设计

浅埋暗挖法是在距离地表较近的地下进行各种类型地下洞室暗挖施工的一种方法,以改造地质条件为前提,以控制地表沉降为重点,以格栅(或其他钢结构)和喷锚作为初期支护手段,按照“新奥法”基本原理,遵循“先降水、管超前、严注浆、短开挖、强支护、快封闭、勤量测、速反馈、控沉陷”的基本原则,通过对围岩和支护体系的动态监测，优化设计和施工参数。

浅埋暗挖法在西安轨道交通一般应用于地裂缝段，停车线、折返线、渡线段、出入口过街等区段，断面形式一般为马蹄形，也可做成矩形、多跨连拱及直墙拱形断面。

1. 施工方法及断面净空

(1)施工方法

浅埋暗挖法强调采用合适的开挖方法及时支护、封闭成环，使初期支护与围岩共同作用形成联合支护体系。设计时，应综合工程地质条件、水文地质条件、地表建（构）筑物与管线情况、隧道断面尺寸、施工技术条件等因素，选择最经济、合理的施工方法。

西安轨道交通浅埋暗挖区间工程中常采用的施工方法有台阶法（环形开挖留核心土法）、台阶法+临时仰拱、中隔壁法（CD 法）、交叉中隔壁法（CRD 法）、双侧壁导坑法及中洞法等，各种工法的适用条件见表 14.1。

表 14.1 西安轨道交通浅埋暗挖区间常用施工方法适用条件

序号	施工方法	适用条件	开挖尺寸
1	台阶法（环形开挖留核心土法）	区间标准断面	开挖跨度≤8 m，开挖高度≤8 m
2	台阶法+临时仰拱法	区间标准断面穿越重要的建（构）筑物风险源；地裂缝调线调坡段	区间标准断面穿越重要建（构）筑物风险源段：开挖跨度≤8 m，开挖高度≤8 m；其余开挖跨度≤8 m，开挖高度≥8 m
3	中隔壁法（CD 法）	跨度较大但高度不高；车站出入口暗挖段	8 m≤开挖跨度≤13 m，开挖高度≤8 m
4	交叉中隔壁法（CRD 法）	断面跨度及高度较大的存车线、配线等段落；盾构过地裂缝空推段	8 m≤开挖跨度≤13 m，开挖高度≥8 m
5	双侧壁导坑法	断面跨度及高度大的存车线、配线等段落；车站分离岛暗挖断面	开挖跨度≥13 m
6	中洞法	线间距较大或多线并行等需要设置中隔墙	—

注：对于超浅埋暗挖地段的工法选择标准，可适当提高。

①台阶法

台阶法主要分为环形开挖留核心土法及上半断面临时封闭正台阶法，台阶长一般为 3～5 m，核心土长 2～3 m，核心土面积为掌子面的(1/3)～(1/2)，并留置一定的坡度。台阶法施工应在拱部初期支护、结构变形基本稳定且喷射混凝土达到设计强度的 70% 以上时方可进行下部台阶开挖，边墙应采用单侧或双侧交错开挖，不得使上部初支结构同时悬空，边墙挖至设计高程后应立即支立钢架并喷射混凝土，仰拱应根据监控量测结果及时施工。台阶法开挖横断面示意如图 14.1 所示。

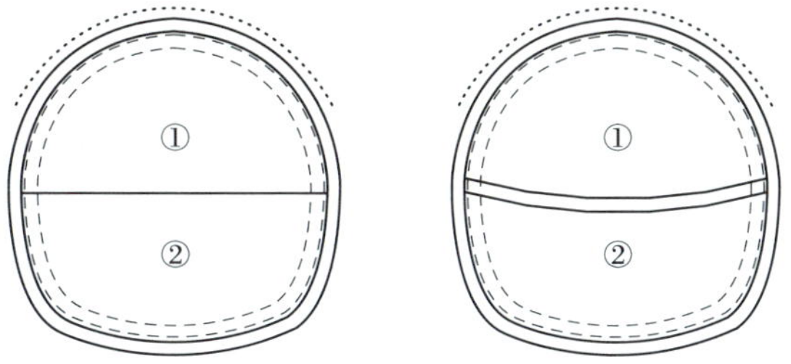

（a）台阶法　（b）台阶法+临时仰拱法

图 14.1 台阶法开挖横断面示意图

②中隔壁法（CD 法）

中隔壁法（CD 法）是将隧道分为左右两部分进行开挖，先在隧道一侧采用两部分层开挖，施作初期支护和中隔墙临时支护，再分台阶开挖隧道另一侧，并进行相应的初期支护的施工方法。中隔壁法主要适用地层较差且地面沉降要求严格的地段，西安轨道交通正线隧道采用中隔壁法相对较少，一般在车站出入口暗挖段采用。

中隔壁法以台阶法为基础，将隧道断面从中间分成左右4个部分，使上下台阶左右各分成2个部分，每一部分开挖并支护后形成独立的闭合单元。施工顺序及要求基本同交叉中隔壁法施工。中隔壁法开挖横断面示意如图14.2所示。

③交叉中隔壁法（CRD法）

交叉中隔壁法（CRD法）是分部开挖、支护，分部闭合成小环，最后全断面闭合成大环。每开挖一部均及时施作初期支护、中隔壁及临时仰拱。交叉中隔壁法施工时应自上而下，分块成环，相邻导洞掌子面开挖错开距离宜不小于15 m，同侧上、下层开挖工作面相距应保持3～5 m。

交叉中隔壁法应在先开挖导洞初期支护封闭，且喷射混凝土强度达到设计要求的70%以上方可进行后续开挖。中隔壁在浇筑仰拱前逐段拆除，一次拆除长度应根据监控量测结果确定，不宜大于6 m，临时支护拆除后应及时施作仰拱和二次衬砌。特殊情况下也可将中隔壁浇筑在仰拱中，中隔壁节点应做好永久防水措施。交叉中隔壁法开挖横断面示意如图14.3所示。

④双侧壁导坑法

双侧壁导坑法是先开挖隧道两侧导洞，及时施作导洞初期支护和临时支护，然后再根据地质条件、断面大小，对剩余部分采用二部或三部开挖的方法。双侧壁导坑法适用于地层较差、断面很大、交叉中隔壁法无法满足要求的断面。

双侧壁导坑法的侧壁导坑形状宜近于椭圆形断面，导坑断面宽度宜为整个断面宽度的1/3；侧壁导坑、中槽部位宜采用短台阶法开挖，各部距离宜根据隧道埋深、断面大小、结构类型等选取，一般台阶长度3～5 m，必要时应预留核心土。各分部开挖顺序及要求基本同交叉中隔壁法施工。双侧壁导坑法开挖横断面示意如图14.4所示。

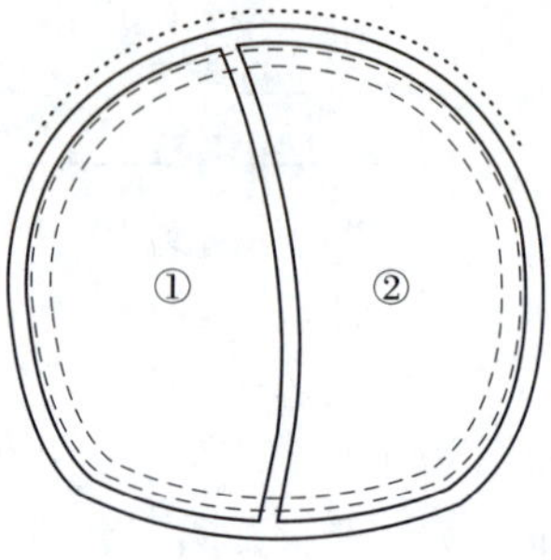

图14.2 中隔壁法开挖横断面示意图

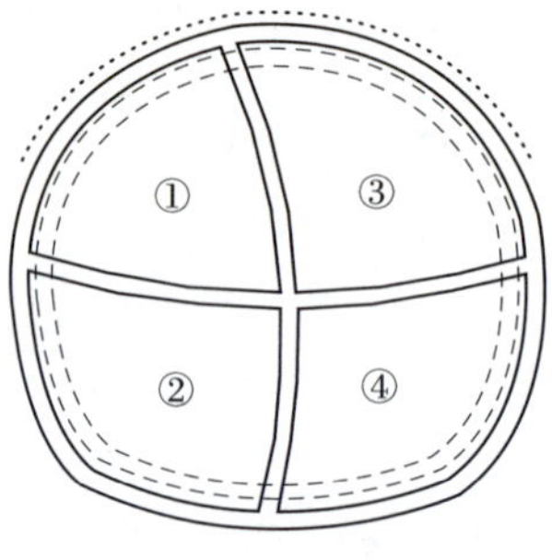

图14.3 交叉中隔壁法开挖横断面示意图

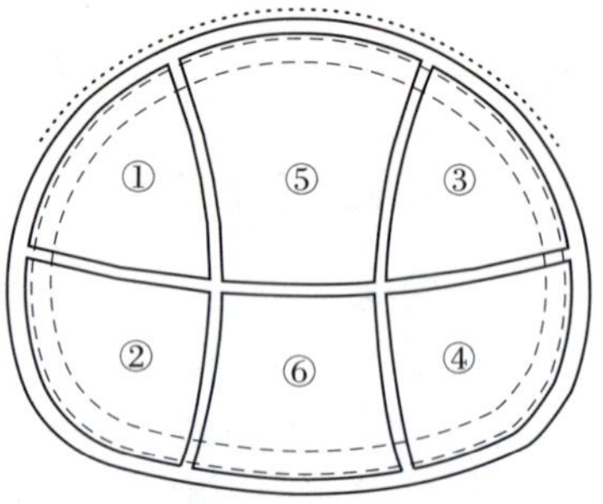

图14.4 双侧壁法开挖横断面示意图

⑤中洞法

中洞法一般适用于线间距较远或者多线并行段需要设置中间隔墙的地段，由于运营后中墙顶部V形节点处常出现漏水、开裂，近年来逐渐被近距离单线隧道或者大跨隧道代替。中洞开挖采用台阶法施工，开挖后及时施作初期支护。为了防止荷载转换而造成中隔墙偏压倾斜以及"群洞效应"对中导洞产生的附加荷载，导致较大变形，中墙两侧和中洞支护结构之间应采取横向支撑措施。中洞法开挖横断面示意如图14.5所示。

（2）断面净空

浅埋暗挖法区间隧道标准断面应根据全线车辆选型、设计速度、曲线半径等首先确定建筑限界，然后在满足隧道功能和结构受力的前提下，经济合理地确定隧道断面内轮廓。配线段断面净空尺寸应综合限界要求、施工风险、通风要求等因素确定。联络通道断面净空尺寸应综合安全疏散、防火、各种设备管线通过要求等因素确定。

地裂缝段隧道断面净空尺寸应综合考虑地裂缝预测的变形和位移、结构的变形和位移、施工误差、测量误差等因素的影响。根据运营线路地裂缝段监测数据并结合相关科研成果，目前西安轨道交通在建线

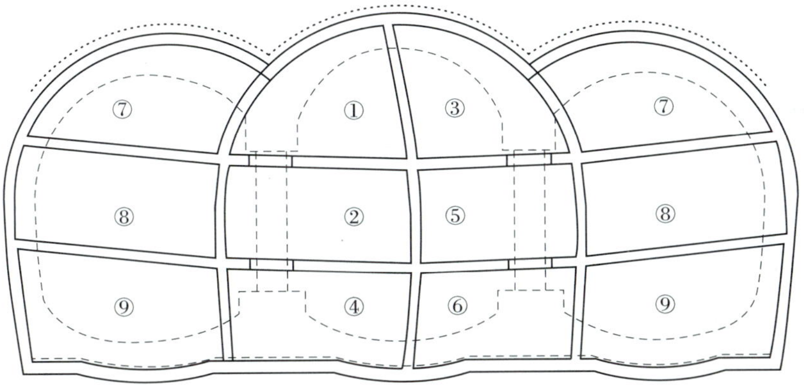

图 14.5 中洞法开挖横断面示意图

路地裂缝段最大百年预测变形量均小于 300 mm。

盾构通过地裂缝段隧道断面净空尺寸应综合考虑盾构机刀盘尺寸、空推工法、地裂缝预测的变形和位移结构的变形和位移、施工误差、测量误差等因素的影响。

2. 超前支护及地层加固

西安地区黄土、砂性土、人工填土等软弱地层自稳时间短，初期支护尚未施作，或者喷射混凝土还未获得足够强度时，拱墙的局部地层已经开始变形。因此，为控制掌子面变形，保证安全，需采用预加固技术，以稳定地层、改造地层和提高地层自稳能力。西安轨道交通浅埋暗挖法隧道中常见的有小导管、大管棚及深孔注浆等超前支护形式，地层加固一般有地面高压旋喷桩、水泥土搅拌桩等。

(1)超前小导管支护

小导管一般采用 $d=42$ mm、$t=3.25$ mm 钢焊管，管头 300 mm 长宜加工成 25°～35°椎体，在距另一端 100 mm 处焊接 $\phi6$ 钢筋箍，距钢筋箍一端 1 000 mm 不开孔，剩余部分每隔 100～200 mm 梅花形环向布设 4 个 $\phi6$～$\phi8$ 的溢浆孔。

超前小导管注浆设计应根据地质条件、周边环境、隧道断面大小及支护结构形式选用不同的设计参数。隧道拱部一般按照 120°～150°布设超前小导管，位于填土、中粗砂等土层时可按照 180°布设。对于多导洞开挖的隧道，临时中隔壁处也应打设超前小导管，打设范围为临时中隔壁从拱顶向下 1～1.5 m 左右。

超前小导管一般应采用单排小导管，环向间距一般采用 300～400 mm。当地层稳定性较差或隧道受力转换复杂时，可适当加密间距，打设仰角宜为 10°～20°，搭接长度不小于 1.0 m。西安轨道交通区间隧道超前小导管的参数可按表 14.2 选用。

表 14.2 超前小导管参数表

格栅间距(mm)	小导管设置	小导管建议长度(m)	备 注
500	每榀	2	砂卵石等不良地层，小导管宜一榀一打；Q_2 老黄土及古土壤地层，可隔两榀一打；其余地层可隔榀打设
	隔榀	2.5	
	隔两榀	3	
750	每榀	2.2	
	隔榀	3	
	隔两榀	3.5	

超前小导管应根据隧道拱部所处地层条件合理选择注浆材料，填土层、无水的粗砂、卵石地层中，宜采用单液水泥浆，但水泥浆里应掺加一定量的速凝剂；粉细砂、细中砂地层中，宜采用改性水玻璃；在有水的粗砂及砾石地层，应选择水泥—水玻璃双液浆；对无水或降水后自稳能力较强的 Q_2 老黄土及古土壤地层可不进行注浆(对于预成孔仅考虑填充注浆)。

（2）超前大管棚支护

隧道在马头门段、浅埋段、变换断面及接近风险源施工时可采用超前大管棚，超前大管棚注浆可作为超前支护措施单独使用，也可与超前小导管注浆和超前深孔注浆组合使用。

超前大管宜采用无缝钢管制作，也可采用钢焊管，必要时管棚内可放置钢筋笼。钢管直径一般为89～159 mm，相邻管棚间的间隙不宜大于250 mm，管棚外插角宜为0°～3°（不考虑线路坡度）。

超前大管棚宜沿隧道拱顶150°布设，如遇隧道偏压、侧穿风险源等特殊情况时可延伸到隧道边墙或不对称布置；管棚长度根据地层情况及开挖断面形式选用，一般宜为10～40 m，管棚搭接长度不小于3 m。大管棚在设备精度、施工条件允许时，宜采用一次性打设技术。管棚打设完成后，应在管棚内充填水泥浆或水泥砂浆。

西安轨道交通在马头门开洞范围内一般打设长度8～12 m管棚，穿越重要风险源处可通长打设管棚，如4号线火车站站下穿国铁站场区一次性打设了长度200 m ϕ159 mm管棚。

（3）深孔注浆

深孔注浆是指采用钻机打孔和注浆机进行前进或后退注浆的一种施工工艺，注浆管通常采用二重管，注浆浆液通常为水泥浆及水泥—水玻璃双液浆，根据地层条件可添加磷酸等外加剂以控制注浆扩散范围。深孔注浆一般适用于隧道拱部为填土、松散的砂层和砂砾（卵）石等自稳性较差地层；隧道近距离穿越重要环境风险工程；需要堵水施工的隧道；隧道上方管线存在渗漏情况；隧道大角度挑高段、出入口斜坡段；结构断面覆土小于一倍洞径，且地面控制变形要求较高。

深孔注浆主要分地层加固及注浆止水，注浆范围可按表14.3选用。沿隧道分段深孔注浆情况下，每循环分段长度根据不同地层内的成孔长度确定，但加固地层时应考虑2 m长的搭接，止水时应考虑不小于隧道外注浆厚度的搭接；注浆孔端部间距宜为0.6～0.8 m，采用多排成孔注浆时，应选择梅花形布孔。填土、砂卵石地层中，注浆压力宜控制在0.5～1 MPa，其余地层中，注浆压力宜控制在1～2 MPa，扩散半径按照0.4～0.6 m考虑。

西安轨道交通一般在无法降水或沉降敏感地段采用深孔注浆措施，如4号线火车站站下穿国铁站场区、5号线太乙路—兴庆路区间穿越饱和软黄土等地段，取得了成功的经验。

表14.3 深孔注浆适用条件

序号	适用条件	注浆范围	备注
1	无水或者局部有管线渗漏地段	隧道初支轮廓线内0.5 m，初支轮廓线外1.5 m，总厚度2 m	超前支护
2	堵水施工	位于地下水位以下的土体沿隧道初支轮廓线外3 m及隧道掌子面进行深孔注浆	存在承压水时，注浆厚度及掌子面注浆长度尚应根据抗突涌稳定性另行验算确定
3	隧道斜坡段仰挖施工	拱部和边墙深孔注浆厚度为隧道初支轮廓线外1.5 m，初支轮廓线以内0.5 m，拱部开挖掌子面范围内土体采用深孔注浆弱加固	根据地层及其他边界条件确定是否采用
4	变断面或接口扩挖、反掏施工	对扩挖或反掏部分外扩一定范围	

采用深孔注浆加固地层时，优先选择单液水泥浆；采用深孔注浆止水时，宜选择水泥—水玻璃双液浆。采用深孔注浆加固的土体不宜同时采用超前小导管预加固措施。深孔注浆施工前应设置止浆墙，止浆墙宜选择喷射混凝土，厚度200～300 mm，内设单层钢筋网片，止浆墙沿掌子面设置范围，应结合断面开挖方式、加固范围等确定。

隧道开挖前应检验注浆效果，主要检验指标包括注浆后土体无侧限抗压强度、渗透系数的定量指标和开挖面稳定的定性指标。采深孔注浆加固隧道周围地层时，注浆后土体无侧限抗压强度为0.5～0.8 MPa，可不检验其渗透系数，并需保证土体开挖后至完成初期支护期间的开挖面稳定；采用深孔注浆止水时，注浆后土体无侧限抗压强度为0.5～0.8 MPa，渗透系数不大于1×10^{-6}cm/s，并需保证土体开挖后至完成初期支护期间的开挖面稳定。

（4）超前支护选择原则

西安轨道交通浅埋暗挖隧道正常段落一般地段仅考虑超前小导管支护，降水后自稳能力较强的 Q_2 老黄土及古土壤地层可不进行注浆（对于预成孔仅考虑填充注浆）。对于进洞马头门、浅覆土、大断面、下穿特殊风险源段落时，应选用大管棚支护。近距离穿越重要风险源或拱部处于较大范围稳定性差的地层，或隧道洞身存在地下水需要止水时，宜采用深孔注浆加固地层或止水。各工法断面的超前支护措施可参考表 14.4 选择使用。

表 14.4　超前支护建议选择表

开挖工法	适用条件	超前支护措施	超前支护参数	备注
台阶法（标准区间隧道、暗挖疏散通道、较窄的暗挖出入口通道等）	非穿越风险工程段，拱顶为 Q_2 老黄土、古土壤或粉质黏土地层且无水	小导管	隧道格栅间距为 0.75 m，拱部 120°打设，可不注浆（对于预成孔仅考虑填充注浆）	
	拱顶位于填土、粉细砂、细砂等易坍塌地层	小导管	拱部 150°～180°范围布设	
	穿越风险源段	深孔注浆	拱部 150°～180°范围内采用深孔注浆，隧道初支轮廓线内 0.5 m，初支轮廓线外 1.5 m，总厚度 2 m	
CD 法、CRD 法及中洞法（主要指出入口人防段、较宽换乘通道、风道、区间配线段较大断面等）	一般段	小导管	拱部 120°布设（对起拱较平坦的直墙拱按照 150°范围布设），临时中隔壁在拱顶向下 1 m 左右打设超前小导管	
	穿越风险源段	小导管	拱部 180°及临时中隔壁在拱顶向下 1.5 m 左右打设	
		小导管＋大管棚	拱部 150°小导管＋150°大管棚措施	
		深孔注浆	拱部 150°范围内采用深孔注浆，隧道初支轮廓线内 0.5 m，初支轮廓线外 1.5 m，总厚度 2 m	
	拱部位于易坍塌的填土、砂层，或上方有渗漏的雨污水管线等	小导管＋大管棚	拱部 150°小导管＋150°大管棚措施	
		深孔注浆	拱部 180°范围内采用深孔注浆，隧道初支轮廓线内 0.5 m，初支轮廓线外 1.5 m，总厚度 2 m	
双侧壁导坑法（主要指区间配线段大断面等）	一般段	小导管	拱部 150°及临时中隔壁在拱顶向下 1.5 m 左右打设，钢架间距 0.5 m	
		小导管＋大管棚	拱部 150°大管棚＋180°小导管注浆	具备管棚施作条件
	拱部位于易坍塌的填土、砂层时	小导管＋大管棚	拱部 150°大管棚＋180°小导管注浆	具备管棚施作条件
		深孔注浆	拱部 150°采用深孔注浆，隧道初支轮廓线内 0.5 m，初支轮廓线外 1.5 m，总厚度 2 m	不具备管棚施作条件
	拱部上方存在渗漏的雨污水管线时	管棚＋深孔注浆（根据隧道与雨污水管距离关系综合考虑）	管棚按照 150°布设；拱部 180°范围采用深孔注浆，隧道初支轮廓线内 0.5 m，初支轮廓线外 1.5 m，总厚度 2 m	具备管棚施作条件
		深孔注浆	拱部 180°范围采用深孔注浆，隧道初支轮廓线内 0.5 m，初支轮廓线外 1.5 m，总厚度 2 m	不具备管棚施作条件
平顶直墙断面隧道（主要指上方受限于既有构筑物、重大市政管线等而无法起拱的暗挖隧道，顶板受力较差，坍塌风险较大）	一般段	小导管＋大管棚	管棚仅在顶板上方打设，小导管沿管棚之间打设，侧壁及临时中隔壁在拱顶向下 1 m 左右打设超前小导管	具备管棚施作条件
		深孔注浆	顶板上方、侧壁及临时中隔壁向下 1.5 m 左右范围内进行深孔注浆	不具备管棚施作条件
	上方存在渗漏的雨污水管线	管棚＋深孔注浆	管棚仅在顶板上方打设，顶板上方、侧壁及临时中隔壁向下 1.5 m 左右范围内进行深孔注浆	具备管棚施作条件
		深孔注浆	注浆范围可适当加大；也可采取顶板上方打设小型管幕超前支护，管幕范围可沿侧壁向下延伸一定范围	不具备管棚施作条件
仰挖断面	暗挖出入口通道斜坡段，或者施工横通道挑高段（坡度≥25°）	深孔注浆	拱部和上台阶边墙可采用深孔注浆，隧道初支轮廓线内0.5 m，初支轮廓线外 1.5 m，总厚度 2 m；拱部掌子面开挖范围采取深孔注浆弱加固	

(5)地层加固

浅埋暗挖法隧道施工时,应综合考虑地层条件、地下水位、覆土深度、地面施工环境条件等因素,并经过技术经济比较,选用合理的地层加固方案。地面有条件时应优先采用地面加固方案,如地面高压旋喷桩、水泥土搅拌桩等。当地面交通繁忙、地下管线密集、周边环境复杂且地面实施条件受限的情况时,宜采用洞内注浆加固。

旋喷桩加固适用于淤泥、淤泥质土、一般黏性土、粉土、砂土、黄土、素填土等地层加固,旋喷桩施工根据工程需要和土质条件,可分别采用单管法、双管法和三管法,可参照表 14. 5 选用。

表 14. 5　旋喷注浆加固适用条件

加固工艺	适 用 条 件
二重管	黄土加固深度≤20 m
	砂土加固深度≤15 m
三重管	黄土加固深度 20 ~ 25 m
	砂土加固深度 15 ~ 20 m

水泥土搅拌桩适用于处理淤泥、淤泥质土、素填土、软—可塑黏性土、松散—中密粉细砂、稍密—中密粉土、松散—稍密中粗砂和砾砂、黄土等土层。邻近既有线等旋喷或注浆压力对既有结构影响较大时,可选用水泥土搅拌桩加固。

浅埋暗挖法隧道洞内注浆方式应根据地质条件、周边环境、施工工法及造价等因素综合分析确定,一般应采用洞内深孔注浆并注水泥浆或水泥水玻璃双液浆。对于水头较高、含有砂层的情况考虑采用全断面深孔注浆加固;水头位于隧道洞身范围的一般地层考虑采用袖阀管全断面注双液浆;对于无水条件的可考虑袖阀管全断面注水泥浆。

3. 初期支护

本节描述的浅埋暗挖法隧道初期支护,主要包括喷射混凝土、钢架、连接筋、钢筋网、锁脚锚管及初支背后注浆。

浅埋暗挖法隧道初期支护应按承受施工期间全部荷载的承载结构设计,有类似成熟经验或成功案例时,其设计参数以工程类比法为主确定,施工中通过监测进行修正,并应通过理论验算;当无经验可以类比及超浅埋、大跨度、围岩或环境条件复杂、形式特殊的结构,宜通过理论计算进行检算。浅埋暗挖法隧道初期支护喷射混凝土应采用湿喷混凝土。

隧道初期支护设计参数可采用工程类比确定,并通过理论分析进行验算,根据现场围岩监测信息对设计参数作必要的调整。

(1)喷射混凝土

初期支护厚度宜根据隧道分部开挖断面的大小控制在 250 ~ 350 mm 之间,大断面隧道分部开挖各洞室前后相互错开跟进施工时,同主体初期支护结构相比,临时仰拱与中隔壁厚度宜减少 50 mm。喷射混凝土强度等级不宜低于 C25,采用湿喷工艺。

喷射混凝土的抗渗等级不应小于 P6,当设计有特殊要求时,可通过调整材料的配合比,或掺加外加剂、掺合料配制出高于 P6 的喷射混凝土。喷射混凝土相关设计参数可按《岩土锚杆与喷射混凝土支护工程技术规范》(GB 50086—2015)执行。

喷射混凝土应分片依次自下而上进行,每次喷射厚度边墙为 70 ~ 100 mm,拱顶应为 50 ~ 60 mm。喷射混凝土 2 h 后应养护,养护时间不宜少于 14 d。当气温低于 5 ℃时,不得喷水养护。

(2)钢架

初期支护中的钢拱架宜选用钢筋格栅,临时仰拱或中隔壁也可采用型钢拱架,标准段隧道钢拱架间距可采用 0. 75 m;过风险源段或有特殊设计要求时,间距可采用 0. 5 mm。格栅钢架应采用 HRB400 钢筋,主筋直径不宜小于 18 mm,不应大于 25 mm,4 根主筋宜采用正方形布置,格栅钢架放不下 Z 形架立筋的地方，应采用U形架立筋代替。

型钢钢架、型钢支撑、节点连接板凳宜选用Q235B钢材，节点连接板厚度不宜小于10 mm，节点板上螺栓孔孔径比螺栓公称直径大1～2 mm。

初期支护各分段间钢架应采用可靠的连接，钢架节点位置应与开挖方法和步序紧密结合，宜避开受力较大的部位，为方便现场施工，钢架分节长度一般宜控制在2.0～4.0 m。先期施工的钢架应考虑后期施工的钢架预留节点连接条件，有条件的情况下，前后相邻两榀钢架的节点位置错开布置。钢架节点连接应满足受力要求，宜做到等强连接；当钢架节点连接不满足受力要求时，节点位置优先选择一根与主筋等直径加强钢筋，无法采取帮焊节点可以采取节点板间围焊措施。

(3)连接筋

钢拱架之间内外应设置纵向连接筋，宜内、外通长布置，随开挖随接长，可采用焊接或机械连接。纵向连接筋应采用HRB400钢筋，直径宜为18～22 mm，环向间距宜为1.0 m。考虑隧道纵向刚度和变形影响时，纵向连接筋的直径及间距宜适当加强。

(4)钢筋网

钢筋网应采用HPB300钢筋，钢筋直径宜为6～8 mm，网格间距宜为150～250 mm，搭接长度宜为1～2个网格。钢筋网应设置于钢架的迎土侧，当初期支护厚度大于300 mm时，可在钢架内外侧设置双层钢筋网片。

(5)锁脚锚管

隧道开挖过程中，为控制初支钢拱架下沉，在隧道台阶、临时仰拱脚部位置，下部土体开挖之前，在钢拱架两侧各打设两根锁脚锚管，锁脚锚管长度一般采用2～3 m，当遇到卵石地层、打设困难情况时，长度可采用1.5～2 m。锁脚锚管与水平面夹角宜为40°～50°，注浆相关要求同超前小导管。

(6)回填注浆

初期支护施作完毕后，应及时进行初期支护背后填充注浆，注浆浆液应采用结石率高、不分解的浆液，可根据初支背后地层孔隙大小或压水试验情况选择水泥砂浆、普通单液水泥浆或超细单液水泥浆。回填注浆应跟随开挖工作面，并距开挖工作面5 m的地方进行。初期支护背后填充注浆应沿隧道拱部及边墙梅花形布设，环向间距宜为1.5～2.5 m，纵向间距宜为2.5～3.5 m，注浆深度宜为初期支护背后0.5 m。

4. 二次衬砌

浅埋暗挖法施工的结构断面形状和衬砌形式，应根据围岩条件、使用要求、施工工法及断面尺寸等，从受力、围岩稳定和环境保护等方面综合分析确定；隧道断面应采用封闭的曲线形衬砌结构，衬砌断面周边外轮廓宜圆顺，特殊情况下也可采用直墙拱或平顶直墙结构。

二次衬砌结构设计应根据其施工时间、施工后荷载变化情况、工程地质和水文地质条件、埋深和耐久性要求等因素综合考虑。当初期支护强度及刚度足够时，应在初期支护的位移收敛稳定后施作二次衬砌。但在有地面较大荷载、支护结构开口等原因使支护承载力不足时应提前施作二次衬砌，并适当提高二次衬砌承载能力。初期支护结构稳定应具备下列条件：隧道周边收敛速度有明显减缓趋势；收敛量已达总收敛量的80%以上；收敛速度小于0.15 mm/d或拱顶位移速度小于0.15 mm/d。

(1)结构设计

二次衬砌厚度应根据隧道开挖跨度、埋深、工程地质及水文地质条件，使用阶段的荷载情况等确定。二次衬砌厚度一般为隧道开挖跨度的0.04～0.06。

混凝土的原材料和配比、最低强度等级、最大水胶比和单方混凝土的胶凝材料最小用量等，应符合耐久性要求，满足抗裂、抗渗、抗冻和抗侵蚀的需要。一般环境条件下浅埋暗挖法隧道的混凝土强度等级不得低于C35。

(2)构造要求

地下结构应设置温度变形缝，缝的间距可根据施工工艺、使用要求、围岩条件以及运营期间地铁内部温度相对于结构施工时的变化等，参照类似工程的经验确定，一般为60～80 m。施工缝则可根据模板、施工技术水平和施工条件综合考虑,一般为 6 ~ 12 m。

二次衬砌施工缝位置及间距应结合结构形式、受力要求、施工方法、气象条件及变形缝的间距等因素,按类似工程的经验确定。

一般环境下浅埋暗挖法结构二次衬砌最外侧钢筋保护层厚度为 35 mm,当厚度大于 500 mm 时,钢筋保护层厚度为 40 mm。

(3)初期支护与二次衬砌之间填充注浆

初期支护与二次衬砌之间填充注浆应在二次衬砌混凝土强度达到设计强度的 75% 以后进行,可采用注浆导管法或防水板焊接注浆底座法。注浆孔应在隧道拱顶梅花形布设,注浆孔环向间距宜为 3 m,纵向间距宜为 5 m。注浆管应在二次衬砌时预埋,注浆管用 ϕ42 钢管制成,长度等于衬砌厚度加 200 mm(外露),注浆顺序从两端拱脚开始向拱顶压注。注浆压力不应大于 0. 2 MPa,注浆影响半径宜为2 ~ 3 m,注浆速度不大于 30 L/min。

初期支护与二次衬砌之间的填充注浆材料应采用强度较高的具有微膨胀水泥砂浆,有特殊要求的地段可采用微膨胀、强度高、流动性好的自流平(硫铝酸盐为主的 TGRM、HSC)水泥浆。

5. 特殊条件下的设计

(1)工法转换段设计

工法转换通常涉及开挖断面大小变化。当由大断面向小断面变化时,宜采取大断面封端后,再由封端墙处进行小断面马头门破除施工;当由小断面向大断面变化时,应由小断面逐渐扩大过渡至大断面施工,且过渡段需在小断面施工里程范围内,避免大断面结构侵限。常见的工法转换有台阶法向交叉中隔壁法转换及交叉中隔壁法向双侧壁导坑法转换,如图 14. 6、图 14. 7 所示。

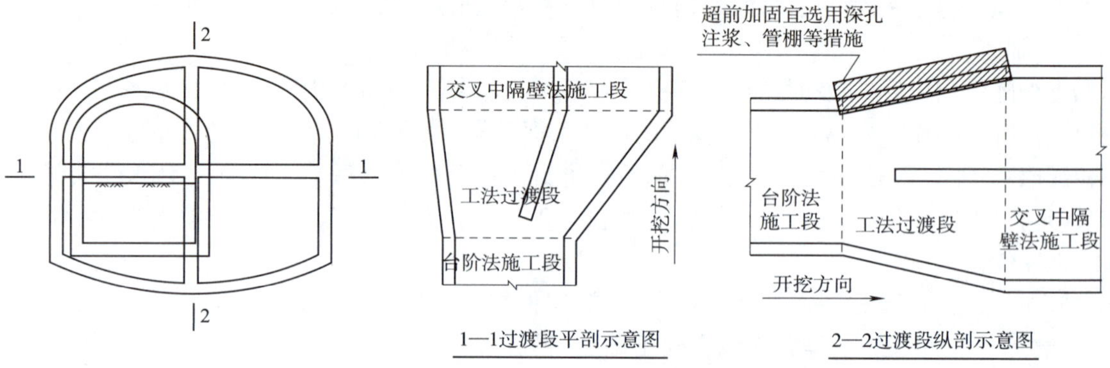

图 14. 6 台阶法向交叉中隔壁法过渡示意图

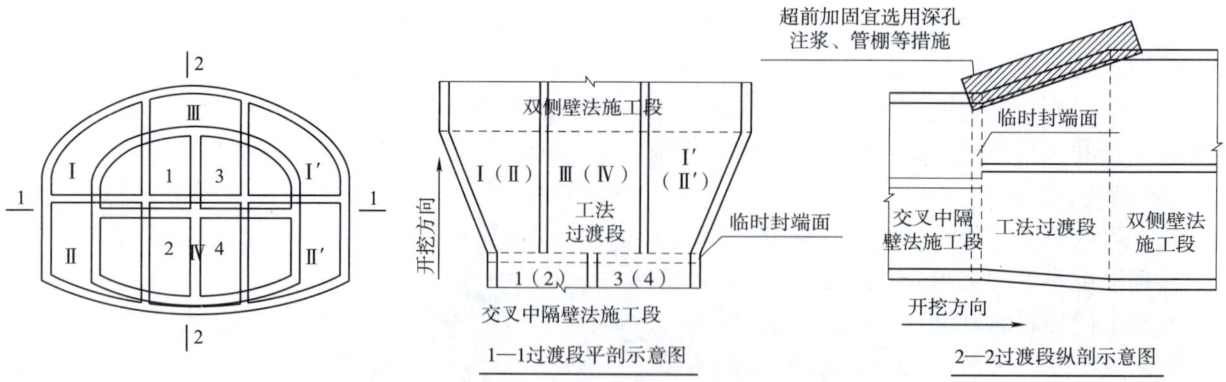

图 14. 7 交叉中隔壁向双侧壁法过渡示意图

工法转换施工前,应根据现场地质条件、开挖支护参数等确定工法过渡段长度,即每循环开挖进尺外扩尺寸。

由于顶部开挖多为向上仰挖施工，超前加固宜选用深孔注浆或全程管棚等可一次完成的加固措施，保证仰挖超前加固效果。过渡段挑高仰挖角度宜控制在20°左右，最大不宜超过30°，工法过渡段的临时中隔壁及临时仰拱的设置宜早不宜晚。

(2)反掏开挖设计

如因特殊原因，断面变化时，在小断面里程内无法提前逐步扩大断面，则需在大断面里程内逐渐扩大断面，待完成断面扩大并稳定后，对过渡段进行反掏开挖施工。断面变化反掏开挖设计如图14.8所示。

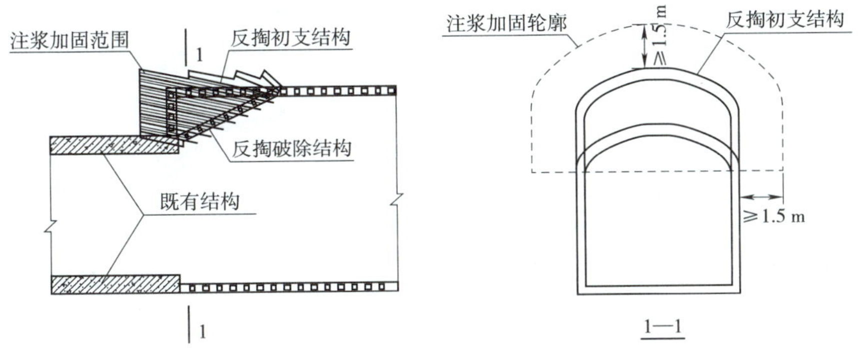

图14.8 断面变化反掏开挖设计示意图

反掏施工需提前对反掏部位周边围岩进行预加固，对既有过渡段初支结构逐榀破除并开挖支护，严禁一次多榀破除过渡段初支结构。

(3)马头门开挖设计

施工横通道破正线隧道马头门开洞，应根据工程水文地质、周边环境影响及破洞风险等方面进行综合考虑，原则上应在横通道开马头门范围二衬施工完成后才能施工正线初支。马头门开洞方式应采取对角破除原则，待一侧马头门进洞15 m后再施工对角一侧马头门。

因特殊原因(如暗挖车站横通道开小导洞马头门)未施作二衬的前提下需开马头门，应提前做好通道自身加强支护。通道侧墙开马头门施工开挖设计如图14.9所示。

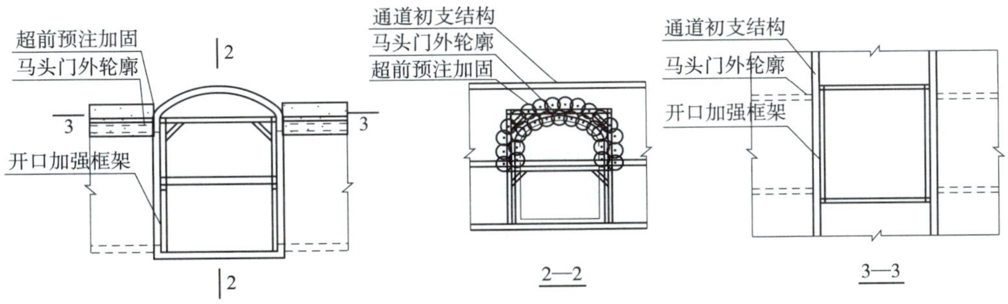

图14.9 通道侧墙开马头门施工示意图

通道侧壁破口前，开口加强框架与通道侧墙间进行联系并填充密实，对破口部位围岩进行超前预加固，一般选用小导管注浆加固、深孔注浆加固、管棚超前加固等超前预加固方法。

通道侧壁开口施工时，宜采用风镐人工破除既有侧壁初支，应预留部分侧壁初支格栅钢筋及连接筋，与开口首榀钢架连接牢固，并应连立密排三榀钢架，做好侧壁钢筋与架设格栅的连接。

(4)支护结构转向设计

支护结构转向施工前，应根据格栅间距、通道结构宽度、转弯半径等因素，提前计算好转弯段内外侧格栅钢架的进尺及偏中等参数。

由于转弯段外弧格栅间距大于内弧格栅间距，在内弧格栅密排的情况下，外弧格栅间距过大会影响开挖支护施工安全。因此，当设置中隔壁支护结构的隧道开挖时，应先行开挖外弧洞室，内弧洞室在格栅密排仍无法布置的情况下，隔榀架设格栅。支护结构转向施工钢架平面布置如图14.10所示。

当存在连续反向转向的支护结构施工时，前一个转向开挖支护完成后，封闭超前洞室掌子面，待相邻洞室开挖超出规定长度后，再行开挖。确保下次反向转向施工时，外弧洞室先行施工。支护结构连续反向转向施工钢架平面布置如图 14.11 所示。

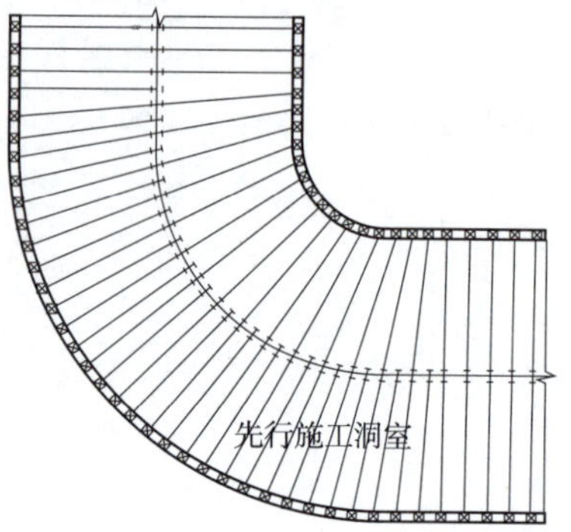

图 14.10　支护结构转向施工钢架平面布置示意图

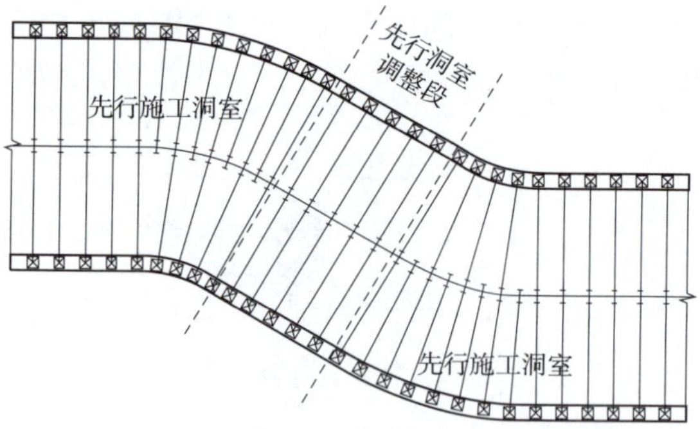

图 14.11　支护结构连续反向转向施工钢架平面布置示意图

(5)平顶直墙结构设计

平顶直墙断面隧道，主要指断面上方受限于既有构筑物、重大市政管线等无法起拱的暗挖隧道，顶板受力较差，坍塌风险较大。正常环境下不建议使用平顶直墙暗挖工法。平顶直墙暗挖隧道施工除应严格遵循浅埋暗挖“十八字”方针外；还应遵循“初支谨防坍塌，二衬合理转换”的原则。

平顶直墙暗挖隧道设计，应避免不利因素的叠加，例如平顶直墙暗挖隧道同时涉及小半径曲线施工、仰挖施工、变断面施工、多点破除马头门施工、不良地质施工、带水施工等。

对于地下平顶直墙二衬结构，首先应根据其跨度、层数及整体规模适当划分初支分部开挖断面，初支断面开挖跨度一般宜小于 4 m，总开挖跨度宜小于 12 m。初支断面开挖高度一般不大于 5 m，且应根据具体人工操作高度酌情采用一次或多次台阶法开挖。对于需密贴下穿既有结构且沉降控制严格的平顶直墙暗挖隧道工程，应根据具体情况增加竖向活动式初支结构。

与传统拱形断面隧道相比，平顶直墙暗挖隧道一般采用更强一些的超前支护。为防止上部无法成拱的土体坍塌失稳，一般采用大管棚等防塌效果较好的超前措施。设计中结合具体情况，也可灵活采用超前小导管加固、管幕棚护、深孔注浆等方式。对没有降水条件的含水地层施工，也可考虑采用全断面(或半断面)的注浆加固方式，同时兼顾防塌、防沉降、封堵地下水等目的。

平顶直墙暗挖隧道初支厚度一般不小于 300 mm，初期支护竖向中隔壁可根据具体情况灵活采取工字钢 + 网喷形式，或者钢筋格栅钢架 + 网喷形式进行支撑。初支格栅节点应设置在受力较小区域[一般为(1/4) ~ (1/3)跨度]、奇偶榀错缝，节点的强度与刚度应严格控制，满足受力要求。

(6)上下重叠及小净距隧道设计

上下重叠段隧道结构应优先施工下部隧道结构，待下部结构衬砌达到一定强度后再施工上部隧道，必要时应在下部隧道内增加临时支撑措施。新建隧道穿越既有线隧道时，应考虑新建结构与既有线结构的位置关系、影响程度、既有线结构工法等选择合适的施工工法及辅助措施。

小净距隧道施工时，一般按先大后小、先外后内的方式施工并应满足设计要求，对两者之间的夹土进行注浆加固，注浆方式可采用地面旋喷加固、洞内注浆加固及侧向导管注浆加固等。两条平行隧道包括导洞相距小于 1 倍隧道开挖跨度时，其前后开挖面错开距离不应小于 15 m；同一条隧道相对开挖，当两工作面相距 20 m 时应停挖一端，另一端继续开挖并做好测量工作，及时纠偏。

14.2.4　盾构法区间结构设计

盾构法隧道修建技术具有对周围环境影响小、自动化程度高、施工快速、优质高效、安全环保等优点。随着盾构装备水平和盾构施工技术的不断发展与成熟，盾构法越来越受到重视与青睐，尤其是在地质条件差、外部环境复杂的城市轨道交通工程中,目前西安轨道交通地下区间中约80%为盾构法隧道。盾构法区间隧道在设计时应做好盾构选型、重要风险点的加固和管片结构设计等工作。

1. 盾构机选型

盾构是根据具体工程量身定制的大型专用机械设备。盾构机的性能及其与地质条件、工程条件的适应性是盾构隧道施工成败的关键,其选型正确与否,直接影响到工程的安全、质量、进度、成本和效益。因此,盾构法隧道必须选择最佳的盾构施工方法和最适宜的盾构机。

(1)选型的原则

盾构机选型第一要保证可靠性,第二要讲究技术先进性,第三要考虑经济性,并尽量做到安全性、适用性、先进性和经济性相统一。盾构选型主要遵循的原则具体如下:

一是对水文地质、工程地质有较强的适应性,应在满足施工安全的前提下,考虑技术先进性和经济合理性。

二是要满足隧道外径、长度、埋深、施工场地、周围环境等条件和工期、造价及环保要求。

三是后配套设备的能力应与主机配套,满足生产能力与主机掘进速度相匹配,同时具有施工安全、结构简单、布置合理和易于维护保养的特点。

(2)选型的方法

盾构选型应以开挖面稳定为中心,以工程地质和水文地质为基本点;以渗透系数、地层粒径、地下水压为依据,并综合考虑具体工程实际;确保所选择的盾构满足稳得住、掘得进、排得出的总体目标。

①根据渗透系数选型

地层渗透系数对于盾构的选型是一个很重要的因素。根据国内外盾构选型经验,当地层的渗透系数小于1×10^{-7} m/s时,可以选用土压平衡盾构;当地层的渗透系数在$1\times10^{-7}\sim1\times10^{-4}$ m/s之间时,既可以选用土压平衡盾构也可以选用泥水式盾构;当地层的渗透系数大于1×10^{-4} m/s时,宜选用泥水式盾构。根据地层渗透系数与盾构类型的关系,若地层以各种级配富水的砂层、砂砾层为主时,宜选用泥水盾构;其他地层宜选用土压平衡盾构。

②根据颗粒级配选型

仅以渗透系数来进行选型是不够的,颗粒的级配也应当是一个重要的参考指标。即便土层的渗透系数很小,若土体中的颗粒较多,想要实现土体的平衡也是很困难的。因为当土体进入土仓之后,逐渐将土仓堆满以建立土压力,若粗颗粒较多,土的流塑性就较差,那么进入土仓之后虽能堆满,但内部仍然空隙较多,无法形成土塞效应。土压平衡盾构机一般适用于黏土地层,黏土进入土仓能够充满土仓的各个部位以形成土塞效应;在不进行渣土改良的情况下土压平衡盾构适用于地层粒径范围为1.5 mm以下的黏土、淤泥、砂质地层。而泥水盾构则适用于硬度较高的砾石、粗砂地质等;在不使用添加剂时,泥水盾构适宜的地层粒径范围为0.01~80 mm的淤泥、砂、砾石、卵石等多种地层。通常,当岩土体中的粉粒和黏粒的总量达到40%以上时,宜选用土压平衡盾构,否则选择泥水盾构比较合适。粉粒的绝对大小一般以0.075 mm为界。

③根据地下水压进行选型

当水压大于0.3 MPa时,宜采用泥水盾构。如果采用土压平衡盾构,螺旋输送机难以形成有效的土塞效应,在螺旋输送机排土闸门处易发生渣土喷涌现象,引起土仓中土压力下降,导致开挖面坍塌。当水压大于0.3 MPa时,若因地质原因需要采用土压平衡盾构,则需要增大螺旋输送机的长度或采用二级螺旋输送机,或采用保压泵。

(3)盾构选型结果

渗透系数、地层粒径、地下水是盾构选型最根本的依据,但在具体选型时,还应综合安全、成本、工期、场地、环保等因素,解决理论的可行性与实际的可能性之间的矛盾。

按上述选型原则和方法,土压平衡盾构和泥水盾构都可用于西安地区的复合黄土地层施工。

但由于与土压平衡盾构相比较，泥水盾构对黏土的分离较困难，施工成本高，环境保护风险大。因此，除西安轨道交通1号线三期下穿渭河区间采用了泥水盾构外，其余盾构区间均选用了土压平衡盾构。

2. 盾构始发、接收及联络通道加固

西安地区地层既有稳定性较好的黄土层，也存在稳定性差的粉砂层、砂卵石层、饱和软黄土层等不良地层，且地下水位赋存高度差异较大。

在十多年的工程建设中，针对盾构始发、接收及联络通道加固，西安轨道交通积极探索，总结积累了丰富的经验，如4号线素混凝土桩(墙)、5号线的三轴搅拌桩及14号线的冷冻法等，均取得了不错的加固效果，降低了施工风险。以此为基础，制定了适合西安地区城市轨道交通工程盾构始发、接收端头及联络通道的地层加固地方标准。

近年来，随着国内轨道交通工程的快速发展，盾构始发和接收端头加固方面出现了一些新技术和新工艺，其中包括冻结法、管棚法等，不同加固措施均有其适用性和优越性。

许多工程实践证明，当岩土工程条件较为复杂或建筑物对地层要求较高时，采用单一的处理方法加固土体，往往满足不了设计要求或造价较高，而由两种或多种处理措施组成的综合处理方法很可能是较好的选择。

盾构始发、接收加固及联络通道加固设计应结合工程地质及水文地质条件、加固深度、盾构类型及外形尺寸、施工场地条件、工程自身风险及周边环境风险等因素综合考虑，其流程如图14.12所示。

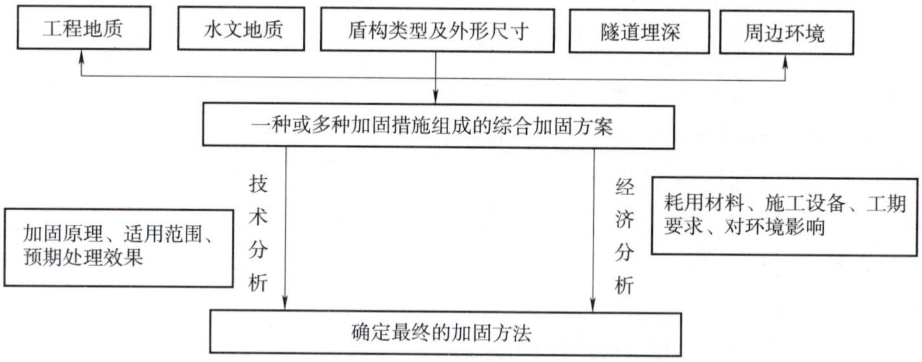

图14.12 盾构始发、接收加固及联络通道加固方法确定流程图

(1)盾构始发、接收端头加固

盾构施工一般分为始发、正常掘进和接收三个阶段，从施工安全角度讲，始发和接收是盾构法施工的两个重要阶段。为保证盾构始发和接收施工安全，对洞口土体进行加固是非常必要的。端头加固主要目的是解决盾构始发与接收施工中出现的端头土体强度、整体稳定性和地层渗透性等土工问题，使得经过加固处理后的土体能够满足强度、稳定性以及止水的要求，从而提高土体的承载力、控制地表沉降、确保周边建(构)筑物安全。

对黄土塬区域地下水位以上或降水后的古土壤、老黄土、粉质黏土等地层稳定性较好，且周边环境比较简单，盾构井端头围护结构破除过程后，掌子面前方土体无特殊情况时土体能够保持稳定，可不进行加固，如西安轨道交通14号线机场站。对采用非加固措施的，应加强地下水位监测。当采用降水措施时，降水起止时间应从盾构始发、接收前一个月持续至盾构始发、接收完成后。地层稳定性可根据勘察资料及西安轨道交通工程施工经验确定，并参考工程范围内其他建设项目资料及车站、盾构井、暗挖隧道开挖过程中类似地质条件的既有工程来预判。

对不满足非加固条件的，可参照表14.6的条件选择合适的加固方法。端头加固范围为始发、接收端头纵向8 m，隧道外侧左右各3 m，隧道上下3 m范围。加固的控制标准为28 d无侧限抗压强度≥0.8 MPa，渗透系数≤1.0×10^{-6} cm/s。

表 14.6 盾构始发、接收端头加固方法表

加固方法		适用条件		
		工程地质、水文地质条件、场地条件	选取建议	
素混凝土桩（墙）法		适用于地下水位（或降水后）位于盾构隧道底板 2 m 以下，且地层稳定性好的地层	单排	两层站
			单排或双排	三层站
旋喷桩法		适用于素填土、新黄土、古土壤、老黄土、粉质黏土、砂层等地层，加固区施工场地条件较好	双重管	黄土加固深度≤20 m，砂土加固深度≤15 m
			三重管	黄土加固深度 20～25 m，砂土加固深度 15～20 m
注浆法		适用于素填土、新黄土、古土壤、老黄土、粉质黏土、砂层等地层	水泥浆、化学浆液	
搅拌桩法		适用于素填土、黏性土（软塑、可塑）、粉土（稍密、中密）、粉细砂（稍密、中密）、中粗砂（松散、稍密）、饱和黄土等地层，加固施工场地条件较好	双轴或三轴搅拌	
冻结法		适用于周边环境不允许降水的各类含水软土、砂土		
辅助措施	管棚	适用于盾构穿越结构松散、无胶结、稳定性差的砂卵石地层		
	玻璃纤维筋桩（墙）	适用于盾构切削范围的盾构井围护结构及浅埋暗挖法隧道内堵头墙内		

注：1. 加固方案可根据周边环境、工程地质、水文地质条件等选择上述一种或多种加固方式组合的加固形式。
2. 当邻近车站或区间采用止水加固措施时，盾构始发、接收端头加固方案优先选用相同方案，并同期实施。
3. 除冻结法外，其余加固方法宜组合降水措施使用。

盾构始发、接收端头加固宜在车站、盾构井围护结构施工完成后、基坑开挖前进行施工。

(2)联络通道加固

区间联络通道一般采用浅埋暗挖法施工，通常情况下埋深较大且多数位于地下水位以下，也需要进行必要的地层加固，确保施工的安全。选取何种方法加固，满足稳定地层和止水的要求，是整个盾构隧道工程的关键环节。

联络通道加固方法应结合工程的内外部具体情况综合确定，各种方法适用条件见表 14.7。一般加固范围为联络通道处左右线隧道中心线之间，联络通道断面外不小于 3 m。加固后土体应有良好的均匀性、自立性和不透水性，要求 28 d 无侧限抗压强度≥0.8 MPa，渗透系数≤1.0×10^{-6} cm/s。

表 14.7 联络通道加固方法表

加固方法	适用条件		
	工程地质、水文地质条件、场地条件	选取建议	
降水＋超前支护	适用于降水后地层稳定性好，破除盾构管片后掌子面土体能自稳或采用超前支护后能保持稳定，周边无重要建（构）筑物、管线和道路交通干线		
旋喷桩法	适用于素填土、新黄土、古土壤、老黄土、粉质黏土、砂层等地层，加固施工场地条件较好	双重管	黄土加固深度≤20 m，砂土加固深度≤15 m
		三重管	黄土加固深度 20～25 m，砂土加固深度 15～20 m
注浆法	适用于素填土、新黄土、古土壤、老黄土、粉质黏土、砂层等地层，通过填充、压密、劈裂等方式形成增强体	水泥浆、化学浆液	
冻结法	适用于周边环境不允许降水的各类含水软土、砂土		

注：1. 采用降水＋超前支护时，地下水位应降低至联络通道底板以下不小于 1 m，降水起止时间应从管片破除前一个月持续至二次衬砌混凝土强度满足设计要求后，并监测地下水位情况。
2. 联络通道兼废水泵房时，废水泵房宜在联络通道二次衬砌施工完成后再对废水泵房周边地层进行洞内注浆等加固。当联络通道采用冻结法加固时，废水泵房应同方法、同步加固。
3. 除冻结法外，其余加固方法宜组合降水措施使用。

联络通道兼废水泵房时,废水泵房宜在联络通道二次衬砌施工完成后,再对废水泵房周边地层进行加固。当联络通道采用冻结法加固时,废水泵房应同方法、同步加固,加固方案应包含监测要求和范围,并对加固质量检验提出明确要求。

3. 盾构管片结构及构造设计

(1)管片选型

盾构管片有铸铁管片、钢管片、钢筋混凝土管片、复合管片等,其形状通常有矩形、梯形或平行四边形、六角形或翼形等。钢筋混凝土矩形管片由于通用性强,设计施工经验均很成熟,加上其造价低廉、耐久性好,已广泛应用于西安轨道交通。

钢筋混凝土矩形管片有通缝拼装和错缝拼装两种。相对于通缝拼装,错缝拼装可使接缝分布均匀,提高了管片衬砌的纵向刚度,对结构抗震、整体受力有利,且不容易累计拼装误差,是目前西安轨道交通管片首选的拼装方式。

为了满足盾构隧道在曲线上的偏转及蛇形纠偏,需要设计楔形衬砌环,目前常见的衬砌管片组合形式有表14.8的几种。西安轨道交通衬砌管片拼装采用"标准衬砌+左转弯衬砌+右转弯衬砌"的组合方式。

表14.8 衬砌管片拼装组合表

序号	拼装方法	线路拟合方式	施工难易度
1	标准衬砌+左转弯衬砌+右转弯衬砌	直线地段除施工纠偏外,多采用标准衬砌环;曲线地段可通过标准衬砌环与左、右转弯环衬砌组合使用拟合线路	拼装方便
2	左转弯衬砌+右转弯衬砌	通过左转弯衬砌、右转弯衬砌环组合拟合线路	拼装相对麻烦
3	通用楔形管片	通过一种楔形管片拟合直线、曲线及施工纠偏	拼装工艺复杂

(2)管片分块及环宽

管片衬砌分块的数量和大小应考虑预制、运输、拼装等施工因素,同时也要考虑管片衬砌结构受力情况和防水效果。西安轨道交通区间单线隧道采用6块模式,每环管片由1片封顶块、2片邻接块和3片标准块组成,其中封顶块采用纵向插入式。

管片环宽度增大可减少管片接缝的数量,从而减少防水材料和连接件的用量,并能够加快施工进度,提高施工效率。根据西安轨道交通隧道工程的具体情况、盾构机械设备性能、施工技术水平等因素,盾构管片环宽尺寸确定为1 500 mm。

(3)环纵缝构造

管片端面按平板设计,外弧侧设框形弹性密封垫槽,内弧侧设嵌缝槽。管片纵缝和环缝均设置高强弯螺栓连接(纵向螺栓10/16个、环向螺栓12个),让管片既有一定的变形适应能力,又将其变形控制在防水要求的范围内。

(4)几何尺寸

隧道内径的确定应在建筑限界的基础上,考虑施工误差、测量误差、线路拟合误差及不均匀沉降等因素,通常在隧道建筑限界外预留一定的裕量。西安轨道交通已经运营的1号、2号、3号、4号、5号、6号线采用B型车,管片内径均为5 400 mm,在建的三期规划线路8号线、15号线采用A型车,管片内径均为5 500 mm。

衬砌的厚度对隧道土建工程量以及工程造价有显著的影响。在结构安全、功能合理的前提下,应尽可能采用较经济的衬砌厚度。衬砌厚度的确定须根据隧道所处地层的条件、覆土厚度、断面大小、接头刚度等因素综合考虑确定,并应满足衬砌构造(如手孔大小等)、防水抗渗以及拼装施工(如千斤顶作用等)的要求。西安轨道交通B型车线路管片的厚度300 mm,A型车线路管片的厚度350 mm。

(5)结构计算

盾构隧道通常采用荷载—结构法进行结构计算。作用在结构上的荷载,根据《地铁设计规范》(GB 50157—2013)要求,按施工和使用阶段可能发生的变化,按可能出现的最不利情况,确定不同荷载组合时的组合系数。

一般情况下只进行横断面计算，但在小半径曲线及大坡度施工段、受到平行或交叉隧道等邻近施工影响段、地质条件较差易引起使用阶段差异沉降或横向弯曲变形段、使用阶段地震作用计算工况等条件，也要增加纵断面计算。常用的计算方法有匀质圆环法（修正惯用法）及梁—弹簧模型法。

匀质圆环法将管片简化为弹性匀质圆环，即假设管片环是弯曲刚度均匀的环。计算时，由于环向接头的存在使得圆环的整体刚度降低，圆环的抗剪刚度变为 ηEI；考虑到错缝拼装后整体补强效果，须进行弯矩重新分配。

梁—弹簧模型法在匀质圆环的基础上，将管片横断面简化为曲梁或直梁，管片间的纵向接缝按照能够承受弯矩并传递剪力和轴力的旋转弹簧模拟，管片环间接缝考虑错缝拼装的影响，按剪切弹簧模拟。

14.2.5 附属结构设计

地下区间附属结构一般包括施工竖井、盾构工作井、联络通道、区间风井及疏散平台等。

1. 施工竖井

施工竖井的位置一般根据区间的规模、工期要求，通过对技术、经济、环境影响、施工条件等方面的综合比较确定，施工竖井的选址应尽量考虑与区间附属结构结合。在不影响交通的情况下，采取加强措施后竖井也可设置于隧道顶部。

施工竖井及通道的净空尺寸应根据提升系统、土方及材料运量等要求确定，并能满足施工所需材料和最大设备的输送、人员通行、通风管道等设置的要求。当竖井利用永久结构时，其尺寸尚应满足设计要求，必要时根据情况可设置直升电梯设备。西安轨道交通竖井的尺寸变化共历经三次，1 号、2 号、3 号线的竖井净空尺寸为 4.6 m×6 m，4 号、5 号、6 号线的竖井净空尺寸为 5 m×6.5 m，三期规划线路的竖井净空尺寸为 4.6 m×6.9 m。

临时施工竖井一般采用倒挂井壁法施工，一般情况井口净空尺寸长边不宜大于 13 m，短边不宜大于 6 m。如有短边尺寸大于 7 m 的，应采用“桩—撑”支护体系。

2. 盾构工作井

盾构工作井应根据盾构机作业类型的不同确定为始发井、中间井、接收井、掉头井。盾构工作井一般结合车站设置，特殊情况下需单独设置时，宜与其他附属结构结合设置。

盾构始发、过站及接收的具体尺寸要求见表 14.9。

表 14.9 盾构始发、过站及接收具体尺寸要求

项　目	盾构始发	盾构过站	盾构接收
工作井长度(mm)	不小于 12 000	不小于 12 000	不小于 12 000
工作井侧墙与线路中心线间的净距离(mm)	不小于 4 200	不小于 4 200	不小于 4 200
中柱与线路中心线间的净距离(mm)	不小于 3 800	不小于 4 700	不小于 3 800
吊装孔尺寸(mm)	11 500(长)×7 500(宽)	车站站台层净空尺寸为 6 900(宽)×7 350(高)	11 500(长)×7 500(宽)
出土孔	始发端端头墙后约 70 m 处车站顶板及各层楼板应预留 7 500 mm(长)×5 000 mm(宽)的出土口	—	—
端墙预留盾构始发孔尺寸(mm)	ϕ 6 700	ϕ 6 700	ϕ 6 700
底板面应低于线路轨面线(mm)	h + 1 050(h 为轨道结构高度)	h + 1 050(h 为轨道结构高度)	h + 1 050(h 为轨道结构高度)
结构底板板面应低于端墙预留孔(mm)	450	450	450
施工场地面积(m^2)	4 000 ~ 5 000	—	800 ~ 1 000
临时地面超载(kN/m^2)	70	—	70
顶板超载(kN/m^2)	35	—	—

3. 联络通道

本节描述的联络通道主要指盾构区间联络通道，浅埋暗挖法区间联络通道采取马头门加强措施即可，其余同主体结构设计。

联络通道应选在工程地质、水文地质及周边环境条件较好位置，沿着隧道纵向间距不应大于600 m。净空尺寸应满足安装防火门的要求，并保证防火门安装后净宽不小于 900 mm 的要求。

联络通道应选择合适的地层加固方式（具体见本书第 14. 2. 4 节相关内容），并采取降水及洞内临时支撑辅助措施。联络通道一般采用矿山法施工，断面宜采用拱顶直墙断面，并应根据地层（或加固后）条件采用合适的超前支护措施，当地层条件较好时可采用全断面开挖。

盾构法隧道的联络通道门洞段，共设置 4 环特殊衬砌环（单线），此 4 环施工排版应满足定位拼接要求，其中中间 2 环采用通缝拼装，需对应于联络通道门洞位置作管片切割。联络通道马头门进洞应根据地层条件考虑反挑换拱施工，避免超前支护措施损伤管片。

4. 区间风井

在行车过程中由于列车的活塞效应，若两列车处于同一区间内运行，会给列车和乘客带来一系列的问题。为了满足隧道通风要求和便于运营管理，较长的区间隧道（长度大于 1. 8 km），有可能需要在区间中部设置区间风井。区间风井一般设于区间隧道长度的 1/2 处，在困难情况下，其位置可移至距车站站台端部不小于该区间隧道长度的 1/3 处，但该距离不宜小于 400 m。

5. 疏散平台

根据区间隧道防火要求，区间隧道应设置纵向疏散平台。区间安全疏散可采用应急平台疏散和道床疏散两种方式，疏散路径需保证连贯性、无障碍、平整。当列车在区间内着火等不能行使到前方车站时，乘客可通过道床或应急疏散平台步行撤离至安全区。

目前国内地铁疏散平台主要有水泥基、活性粉末混凝土（RPC）及有机复合材料三种材质。西安轨道交通 5 号线、6 号线一期及 9 号线疏散平台均采用 RPC 材质。

14. 3　地下区间结构专项设计

14. 3. 1　抗震设计

1. 抗震设防要求

抗震设防要求具体可参考本书第 12. 3. 1 节相关内容。

2. 结构抗震计算方法

抗震设计中地震效应的计算方法有惯性静力法、反应位移法、弹性时程方法、非线性时程方法等。

隧道结构抗震设计应根据设防要求、场地条件、结构类型和埋深等因素进行隧道横向地震反应计算，必要时应进行纵向地震反应计算。

地质条件及结构形式简单的隧道结构横向抗震计算可采用反应位移法或反应加速度法；周围土层均匀、断面形状标准、规则且无突变的隧道结构纵向抗震计算宜采用反应位移法；在地质条件、结构形式复杂的情况下，隧道结构宜考虑地基和结构的相互作用以及地基和结构的非线性动力特性，应采用时程分析法进行抗震计算。

3. 相关抗震构造措施

隧道结构抗震措施应提高隧道结构自身抗震性能或减少地层传递至隧道结构的地震能量。隧道不应穿越可能发生液化的地层。当绕避不开时，应分析液化对结构安全及稳定性的不利影响并采取相应抗震、减震措施。

（1）明挖法隧道

相关内容可参考本书第 12. 3. 1 节相关内容。

(2)浅埋暗挖法隧道

浅埋暗挖法隧道应及时向其背后压注硬化性浆液,加固地层并使衬砌与围岩密贴,改善其接触条件及地震时的振动状态,减少自振的影响,提高其抗震性能。

浅埋暗挖法隧道跨越活动断层,宜根据活动断层最大错位量评估值进行隧道断面尺寸扩大,并采用柔性接头。

(3)盾构法隧道

盾构隧道与车站、横通道或联络通道等结构连接处、地质条件剧烈变化段以及上覆荷载显著变化处应设置变形缝,同时需要充分考虑接头产生的转角和张开量,加强接口处的防水措施提高结构变形能力,不得使结构产生影响使用的差异沉降,同时应满足结构防水要求。环间宜采用螺栓等抗拉构造进行连接。

可采用减小管片环幅宽、加长螺栓长度、加厚弹性垫圈、局部选用钢管片或可挠性管片环等措施提高隧道结构适应地层变形的能力。可采用管片壁后注入低剪切刚度注浆材料等措施,在内衬和外壁之间、外壁与地层之间等设置隔震层。

盾构隧道不应穿越断层破裂带、地裂缝等不良地质区域。当绕避不开时,应在断层破碎带全长范围及其两侧 3.5 倍隧道直径过度区域内采取相关加强措施。

盾构隧道不应穿越可能发生液化的地层。当绕避不开时,应分析液化对结构安全及稳定性的不利影响并采取相应抗震、减震措施;可采用在盾构隧道环缝设置凹凸榫槽、局部隧道或全长进行二次衬砌等结构构造措施。

14.3.2 结构耐久性及防水设计

1. 耐久性设计

耐久性设计可参考第 12.3.2 节相关内容。

2. 防水设计

地下工程防水遵循“以防为主、刚柔结合、多道设防、因地制宜、综合治理”的原则,采取与其相适应的防水措施。防水设计应定级准确、方案可靠、施工方便、经济合理,满足《地铁设计规范》(GB 50157—2013)和《地下工程防水技术规程》(GB 50108—2008)的防水要求。

地下区间隧道及连接通道等附属的隧道结构防水等级应为二级,顶部不得滴漏,其他部位不得漏水;结构表面可有少量湿渍,总湿渍面积不应大于总防水面积的2/1 000;任意 100 m^2 防水面积上的湿渍不应超过 3 处,单个湿渍的最大面积不大于 0.2 m^2。平均渗水量不大于 0.05 L/(m^2·d),任意 100 m^2 防水面积上的渗水量不大于 0.15 L/(m^2·d)。

地下区间结构以结构自防水为主,在防水混凝土设计施工中,采取切实有效的防裂抗裂措施,保证混凝土有良好的密实性,加强钢筋混凝土结构的抗裂防渗能力并改善钢筋混凝土结构的性能,提高其耐久性。以施工缝、变形缝、诱导缝等接缝防水作为重点设防,并在结构迎水面设置柔性全外包防水层,以增强防水能力。

地下区间防水材料的选择应根据环境和地下水水质等条件,以可靠性好、耐久性高、方便施工、安全经济、保护环境为原则。卷材及其胶黏剂应具有良好的防水性、耐久性、耐穿刺性、耐腐蚀性和耐久性。

(1)明挖区间结构防水措施

可参考本书第 12.3.2 节相关内容。

(2)矿山法区间结构防水措施

采用 1.5 mm 厚 EVA 防水板进行全包防水,防水板与基层间设置 400 g/m^2 的无纺布缓冲层,底板平面部位的防水层上表面设置 400 g/m^2 的无纺布保护层,并浇筑 7 cm 厚的 C20 细石混凝土保护层。

二衬混凝土浇筑完毕后,应对拱顶部位的防水层和二衬之间进行回填注浆处理。

在区间隧道内设置防水板注浆系统,注浆系统的设置间距为 4 ~ 5 m。注浆系统包括注浆底座和注浆导管,注浆底座应热熔焊接在防水板表面。注浆导管应采用塑料螺纹管,并应具有足够的抗压强度,确保埋入筑混凝土内的部分不被压扁。

在矿山法隧道内设置分区系统,分区系统均设置在变形缝部位。分区系统包括与防水板同材质的塑料止水带,止水带宽度不小于30 cm。

(3)盾构区间隧道防水措施

盾构法施工的隧道,衬砌自身应具有良好的防水能力,管片混凝土的抗渗等级不得小于P10。

盾构区间隧道与旁通道接口的防水要重点加强,因区间隧道的联络通道采用矿山法施工,因此可按矿山法隧道的全包防水做法进行处理。

加强盾构隧道与端头井的接头防水,包括施工阶段的临时接头与竣工后的永久接头防水。临时接头主要由帘布橡胶圈及其压紧装置构成,辅以井圈注浆堵水。永久接头指盾构洞口后浇环梁与管片以及内衬混凝土结构之间的接缝,均采用双道遇水膨胀止水条和预埋可多次注浆的注浆管进行处理,注浆管引出的注浆导管间距为4 ~5 m。

盾构管片接缝的密封防水采取“多道设防、综合治理”的原则,衬砌管片外弧设置一道防水弹性密封垫,弹性密封垫在管片张开量为6 mm时应能承受0.6 MPa的水压。衬砌管片内弧侧预留嵌缝槽,管片拼装完毕后在拱部和仰拱90°范围的预留凹槽内采用密封胶进行嵌缝密封。对每一个螺栓孔、注浆孔均设置密封垫圈。衬砌管片环向密封垫圈可优先选用三元乙丙橡胶,螺栓孔密封垫圈和注浆孔密封垫圈可优先选用缓膨胀遇水膨胀橡胶。

14.3.3 风险设计

风险工程包括工程自身风险工程及受工程影响的环境风险工程。

自身风险工程:因工程本身特点和地质条件复杂性等导致工程实施难度大、安全风险高的轨道交通工程。如深度较大的基坑、矿山法大断面区间等。

环境风险工程:因轨道交通工程周边环境条件复杂,存在既有建(构)筑物,施工可能导致其正常使用功能或结构安全受到影响的轨道交通工程。如邻近管线的基坑工程、穿越铁路的区间工程等。风险等级的划分按照《城市轨道交通地下工程建设风险管理规范》(GB 50652—2011)对相关风险进行风险等级划分。

风险措施:根据不同的风险等级划分采取不同的风险措施以满足施工阶段施工安全要求。

1. 地下区间风险控制原则

地下区间风险控制必须坚持“安全第一、保护环境、预防为主”的原则,采取经济、可行、主动的处置措施来减少或降低风险。方案阶段风险工程设计一般采用定性分析的方法,主要是工程类比法,根据新建轨道交通工程及周边环境的影响程度,辅以必要的定量分析。

区间风险控制的原则应遵循“规避原则、降低原则、控制原则”。

规避原则:对重大风险工程优先对车站站位、线路走向的布置方案进行分析比较,使重要周边环境处在新建区间隧道的显著影响区外;对工程自身,在工法选择上遵从“车站能明则明、区间能盾则盾”。

降低原则:对于处在新建区间隧道的强烈影响区内的周边环境,优先考虑采取改移、拆除、补强等方式将风险降至最低;对工程自身,应针对工程的具体特点及所处的地质条件,选择安全适宜的施工工法。

控制原则:对于处在新建区间隧道的影响区内的无法规避的周边环境或者无法降低风险等级的重大风险工程,需对新建区间隧道的施工方法及施工参数进行分析比较,确定对周边环境影响较小的设计方案。另外需对周边环境的保护措施和自身风险控制措施进行技术经济分析,制定出安全、经济、合理的具体技术措施。

2. 地下区间风险源的分级标准

风险工程包括轨道交通自身风险工程及受新建轨道交通工程影响的环境风险工程。

自身风险工程:因工程本身特点和地质条件复杂性等导致工程实施难度大、安全风险高的轨道交通工程。如深度大于 25 m 的基坑、矿山法大断面区间等。

环境风险工程:因轨道交通工程周边环境条件复杂,施工可能导致其正常使用功能或结构安全受到影响的工程。如邻近管线或既有建(构)筑物的基坑工程、穿越铁路的区间工程等。

3. 工程风险应对措施

风险应对措施应综合风险类型及风险特征、安全风险等级、风险影响等因素针对性、合理地制定和执行,浅埋暗挖法风险应对措施可按本书第 14.2.3 节相关内容选择合适的超前支护及地层加固措施。盾构风险措施,主要包括选用合适的端头与联络通道加固方式,严格控制推进速度、总推力、出土量、纠偏量、盾尾与管片间隙、同步注浆量等施工参数,对于穿越高敏感风险源(如铁路、高层建筑等),可采用多孔注浆管片加强注浆。

14.3.4 地下区间敞口段防灾设计

地下区间敞口段应具有针对火灾、水淹、风雪、地震、冰雹和雷击等灾害的预防措施,并应以预防敞口段洪涝倒灌为主。地下区间敞口段应配备防灾设施,其防灾设计一般包含防内涝、防抛撒、防撞等内容。

1. 防内涝

根据《地铁设计规范》(GB 50157—2013)要求,地铁车站出入口、敞口低风井及区间敞口段等口部的防淹措施,应满足当地防洪排涝要求。敞口段雨水泵站、排水沟及排水管渠的排水能力,应按 50 年一遇的暴雨强度计算,设计降雨历时应按计算确定。

虽然现有规范对地铁站点的出入口及区间隧道敞开段均提出了相应的要求,但没有制定专门的规范指导地铁防涝安全设计。西安轨道交通各线在工可阶段均开展了防内涝专题研究,通过对各站点的实地踏勘和相关资料的收集,分析了西安市城市水系洪水倒灌对西安市及地铁内涝的风险,西安市现状排水系统存在的问题和内涝风险成因;确定了地铁内涝防治标准和风险等级;提出和验证了地铁内涝风险计算方法和地铁沿线各站点应满足的高程,提出了相应的工程与非工程化防治建议:

(1)结合西安市特大城市属性和防涝要求,地铁防涝标准确定为 100 年。

(2)地铁出入口、风口平台及区间敞口段侧墙设计要求高于设防内涝水位,并高于室外地面 300 ~ 450 mm。

(3)敞口段应避开地形低洼易形成内涝的区域,应设危险水位报警装置,并设有视频监控。

2. 防抛撒

根据《城市轨道交通技术规范》(GB 50490—2009)中第 3.0.13 条要求,城市轨道交通应明示禁入区域,并应设置阻挡外界人、物禁入区域的防范设施。地下区间敞口段防护方案一般有栏杆、防抛网及雨棚。

(1)栏杆

此防护形式多用于周边规划为空地或厂房,对环境影响不高且行人和车辆通行较少的地带。U 形槽顶部设置栏杆,立柱采用 ϕ48 钢管,高约 2 m,纵向间距 2.4 m,立柱间采用钢丝网连接,钢丝网材质为 316 不锈钢丝,网孔为 30 mm × 30 mm 编织网。

(2)防抛网方案

此防护形式多用于设在宽阔的道路中央,对环境影响不高且有行人和车辆通行的地带。结构骨架采用门式刚架结构体系,主要结构构件包括主钢架、系杆、柱间支撑及屋面水平支撑;柱底采用铰接柱脚。主钢架材质为 Q345B;支撑及系杆材质为 Q235B;钢丝网材质为 316 不锈钢丝,网孔为 30 mm × 30 mm 编织网。西安轨道交通 5 号线二期敞口段防抛网如图 14.13 所示。

(3)雨棚方案

此防护形式多用于周边规划为非住宅,对环评没有要求的地带。对此处规划融合度高或对美观性要求高的地带,具有美观、封闭和安全的特质。

图 14.13 西安轨道交通 5 号线二期敞口段防抛网防护图

3. 防撞

地下区间敞口段两侧应设有防撞墩或防撞护栏。护栏一般为现浇混凝土护栏，防撞等级为 SB，基础采用座椅式，施工时护栏基础底部以及侧面同路面、路面基层、路面底基层的接触面上应凿毛，以保证护栏基础腿部和路面结构之间的嵌锁力。

施工时先浇筑护栏基础，待基础强度达到 70% 时方可浇筑护栏墙体部分。护栏基础施工前，地基应夯实，护栏基础及上部结构采用混凝土现场浇筑，一般每隔 20 m 设一道断缝，缝宽 30 mm，断缝处钢筋应断开，并设置传力钢筋，传力钢筋及预埋钢管均采用热浸镀锌工艺进行防腐处理。沿线每隔 5 m 设一道假缝，缝宽 10 mm，深 8 mm。

14.3.5 封堵设计

1. 封堵分类定义

按照时间长短、位置不同，封堵可分为永久封堵、半永久封堵及临时封堵三种类型。

(1)永久封堵类型：结构两侧为分期建设或为某种原因预留后期接驳条件，封堵时长一般为 3 年以上或封堵时长不确定的接口；接口处为同期建设，本期接驳，但接驳时间在运营后的接口。主要包括车站与远期换乘节点接口、预留人防联通口、预留附属结构接口、预留过街通道、商业接口等。同期实施接口结构(运营后接驳)，区间与远期线路接口、预留联络线接口、横通道端头、暗挖大小断面堵头。

(2)半永久封堵类型：车站接口处结构为同期建设，本期接驳，但需分段、分部施工，封堵结构持续时间较长；区间盾构洞内始发、接收端头结构为同期建设，本期接驳，但需分段施工，封堵结构持续时间较长。主要包括车站与附属结构、区间结构接口、同期实施换乘节点结构，暗挖区间洞内始发、接收端头。

(3)临时封堵类型：工序转换界面、暗挖分台阶、分导洞掌子面封堵、暗挖分段施工分界处、暗挖对挖界面及竖井横通道马头门等。

2. 封堵风险等级

地下区间掌子面封堵风险等级应考虑周边环境等级及地质风险等级综合确定，选择合适的封堵方案及措施，见表 14.10。

表 14.10 地下区间掌子面封堵风险等级

地质风险等级	周边环境风险等级			
	Ⅰ级	Ⅱ级	Ⅲ级	Ⅳ级
一级	一级	二级	二级	三级
二级	二级	二级	三级	三级
三级	三级	三级	三级	三级

水文、工程地质风险等级确定见表 14. 11。

表 14. 11　水文、工程地质风险等级

地　　质	地　层　条　件	水文、工程地质风险等级
饱和软黄土	矿山隧道上覆或开挖地层存在饱和软黄土且不小于 1/2 掌子面存在地下水	一级
湿陷性黄土	矿山隧道上覆或开挖地层施工期间存在浸水风险的湿陷性黄土	
人工填土	符合其中一个条件：(1)开挖拱顶存在人工填土且施工期间存在浸水风险；(2)人工填土面积不小于 1/2 开挖断面且施工期间存在浸水风险	
砂层	符合其中一个条件：(1)开挖拱顶存在砂层且不小于 1/2 掌子面存在地下水；(2)砂层面积不小于 1/2 开挖断面且不小于 1/2 掌子面存在地下水	
卵石层	符合其中一个条件：(1)开挖拱顶存在卵石层且不小于 1/2 掌子面存在地下水；(2)卵石层面积不小于 1/2 开挖断面且不小于 1/2 掌子面存在地下水	
地裂缝	地层破碎严重，两侧存在较大水头差	
其他地层	介于一级和三级之间的其他地层	二级
古土壤、黄土、老黄土、粉质黏土层	矿山隧道上覆或开挖地层条件良好，施工期间无浸水风险的地层	三级

工程周边环境影响的风险分级应考虑环境影响设施重要性类别及与地铁结构相对关系综合确定，见表 14. 12。

表 14. 12　工程周边环境影响的风险分级

风险等级	环境设施分类	影响区或相邻位置关系	修　正　原　则	说　　明
Ⅰ级	邻近重要设施	强烈影响或非常接近	(1)当环境设施现状安全性较差时，可上调一级； (2)环境设施有特殊保护要求，可上调一级； (3)当环境对象在建时与新建城市轨道交通工程设计有过相关配合或预留了一定穿越条件等情况时，可下调一级； (4)当设计图纸充分考虑采取风险控制措施对环境因素风险进行处理时，环境因素风险可降低一级；设计工法为西安地区首次使用，可上调	(1)注意分析暗挖隧道穿越邻近形式； (2)需考虑现场邻近设施保护要求和特点进行具体分析； (3)风险等级可根据施工方法适当进行等级调整
Ⅱ级	邻近重要设施	显著影响或接近		
	一般设施	强烈影响或非常接近		
Ⅲ级	邻近重要设施	一般影响或较接近		
	一般设施	显著影响或接近		
Ⅳ级	邻近重要设施	不接近		
	一般设施	一般影响或较接近		

符合下列情况之一时为环境现状安全性较差：

(1)基础形式简单(浅基础)，建筑年代久远，无地基加固；

(2)经过周边工程多次重复扰动；

(3)带压、带水管道年代久远，材质抗变形能力较差。

3. 封堵措施指导原则

(1)永久封堵

区间开挖期间采用钢架 + 网喷封堵；二衬浇筑时采用钢筋混凝土墙封堵。封堵墙处防水采用全包防水，与二衬结构同时浇筑，结构设计参数、工程材料等要求同二衬结构。

车站主体开洞周边预留环框梁柱，封堵墙处防水采用全包防水，与车站结构同时(或后)浇筑，结构设计参数、工程材料等要求同车站侧墙，封堵墙厚度可根据具体情况确定。

(2)半永久封堵

区间盾构洞内接收始发端头封堵见表 14. 13。

表 14.13　区间盾构洞内接收始发端头封堵设计指导方案及相关要求

<table>
<tr><th>封堵风险等级</th><th>封堵设计指导原则</th><th>监测要求</th><th>封堵背后土体加固要求</th><th>封堵墙及临时中隔壁拆除要求</th></tr>
<tr><td>一级</td><td>(1)初支断面处:C25 喷射混凝土+双层钢筋网混凝土墙。
(2)二衬断面处:C25 喷射混凝土+型钢混凝土墙+全包防水</td><td>除一般必测项目外,增加盾构端头土体深层水平、竖向位移监测项目,端头洞内巡视 2 次/d</td><td rowspan="3">(1)地面加固:端头加固应在暗挖初支施工前完成。
(2)洞内加固:注浆加固应在初支堵头墙完成后,二衬浇筑前尽快施作完成。
(3)若加固体完成距盾构接收的时间较长,需考虑地下水的腐蚀性等因素对水泥土体强度、稳定的影响,盾构接收前需重新检测加固体强度</td><td rowspan="3">(1)封堵安全等级为一级、二级时,端头一定范围内交叉临时中隔壁宜在二衬施工完成后拆除。
(2)堵头墙加强环梁内轮廓线范围内的初支钢筋混凝土结构需待堵头墙二衬施工完成后,盾构接收前破除。
(3)盾构距离洞口 1 m 左右时,在暗挖洞内分块破除洞口环梁范围内堵头墙(不包括洞口环梁),自上而下、间隔破除,不得整体一次破除,破除过程中加强人员管理,保证人员安全</td></tr>
<tr><td>二级</td><td>初支断面处:C25 喷射混凝土+型钢混凝土墙</td><td>除一般必测项目外,增加盾构端头土体深层水平、竖向位移监测项目,端头洞内巡视 1 次/d</td></tr>
<tr><td>三级</td><td>初支断面处:C25 喷射混凝土+双层钢筋网混凝土墙</td><td>执行一般必测监测项目,端头洞内巡视 1 次/2 d</td></tr>
</table>

注:1. 当端头加固由于某种原因无法按要求及时加固时,应提高一级,特级时封堵措施应专门研究确定;
2. 本表仅就封堵方案给出设计指导原则,具体工程的封堵设计及措施应以计算为依据,且封堵措施应便于后续施工拆除。
3. 封堵期间地下水的控制和处理应严格按照设计要求执行。
4. 钢筋网钢筋推荐采用直径 12 mm、14 mm、16 mm 的钢筋,也可根据需要确定钢筋直径;型钢宜采用 I20a、I22a,也可根据需要确定型钢型号。

车站半永久封堵主要采用围护桩+网喷、围护桩+网喷+端头地层加固、围护桩+网喷+素桩、地下连续墙等。

(3)区间临时封堵(暗挖分台阶、分导洞掌子面封堵、暗挖分段施工分界处、暗挖对挖界面封堵)见表 14.14。

表 14.14　区间临时封堵设计指导方案及相关要求

<table>
<tr><th rowspan="2">封堵风险等级</th><th colspan="3">封堵施工指导原则</th><th rowspan="2">监测要求</th><th rowspan="2">封堵墙拆除要求</th></tr>
<tr><th>封堵时间≥1 月</th><th>10 d≤封堵时间≤1 月</th><th>3 d≤封堵时间≤10 d</th></tr>
<tr><td>一级</td><td>型钢支撑体系+加强型网喷混凝土+掌子面局部反压</td><td>型钢支撑体系+加强型网喷混凝土</td><td>加强型网喷混凝土</td><td>除一般必测项目外,增加掌子面前方土体深层水平、竖向位移监测项目,掌子面洞内巡视 2 次/d</td><td rowspan="3">(1)掌子面进行停工封闭时,有加固措施的掌子面前方加固体长度不应小于 3 m。
(2)洞内分块破除掌子面封堵结构时,自上而下破除,不得整体一次破除,破除过程中加强人员管理,保证人员安全</td></tr>
<tr><td>二级</td><td>型钢支撑体系+标准型网喷混凝土+掌子面局部反压</td><td>型钢支撑体系+标准型网喷混凝土</td><td>标准型网喷混凝土</td><td>除一般必测项目外,增加掌子面土体深层水平、竖向位移监测项目,掌子面洞内巡视 1 次/d</td></tr>
<tr><td>三级</td><td>型钢支撑体系+标准型网喷混凝土</td><td>标准型网喷混凝土</td><td>素喷混凝土</td><td>执行一般必测监测项目,掌子面洞内巡视 1 次/2 d</td></tr>
</table>

注:1. 当地层加固由于某种原因无法按要求及时加固时,应提高一级,特级时封堵措施应专门研究确定;
2. 本表仅就封堵施工措施给出指导原则,具体工程的封堵措施应结合实际情况确定,且封堵措施应便于后续施工拆除。
3. 封堵期间地下水的控制和处理应严格按照设计要求执行。

4. 施工期间安全保障建议

(1)封堵期间需对暗挖区间地下水位进行持续观测,降水区域需持续降水。

(2)封堵期间需对暗挖区间地面沉降、管线、洞内、掌子面及周边建(构)筑物等项目按设计要求进行正常监测,必要时增加监测点、加大监测频率。

(3)封堵期间需派专人每天进行现场巡查,发现渗水、变形较大等异常情况,需及时上报处理。

(4)施工过程中配合第三方监测做好现场封堵面稳定状态的研判。

(5)建议各线结合封堵分级核查现场封堵情况,确保停工期间封堵安全。

14.4 地下区间结构发展及展望

1. 盾构隧道扩挖建造技术

西安轨道交通运营及在建线路,穿地裂缝段基本采用浅埋暗挖法,一般通过增设竖井后进行暗挖施工。二衬结构完成后盾构空推经过,盾构过暗挖段需进行接收、空推和二次始发,需增加两处端头加固,同时盾构在车站的始发、接收受制于暗挖段不能及时提供空推条件,需要长时间的围挡,对地面交通影响较大。因此前期线路区间穿越地裂缝段具有施工复杂性强、工序转换多、成本高、工期长等多种问题。

如果能先盾构穿越地裂缝段,再采用合适的扩挖方法进行扩挖,进而满足地裂缝设防的要求,盾构可以一次性不停机施工整个区间隧道,不需要再进行端头加固和空推。盾构扩挖可在隧道内进行施工,不需要设置竖井横通道。不用盾构空推后,地裂缝设防断面可适当减小,扩挖可采用全断面机械化开挖,不需要设置临时支撑,同时可多段平行作业,施工方法简单,工序少,可大大缩短工期,降低成本。

2. 区间联络通道机械法开挖技术

城市轨道交通2条单线区间隧道之间设置有大量联络通道,联络通道是盾构施工过程中的关键部位,作业面小,不便于使用大型工具设备。目前国内联络通道施工多采用预加固+矿山法施工,预加固方式普遍采用地面垂直加固和洞内冷冻加固技术以及洞内深孔注浆加固等,存在工程造价较高、工期较长、加固质量难以保证、安全风险较高等缺陷。机械法联络通道工艺包含盾构机及其配套、始发和接收套筒、快速支撑体系三大部分。盾构机采用锥形刀盘,通过特殊设计满足狭小空间内的始发、掘进、接收;始发套筒采用分段设计并在内部设置密封刷,接收套筒内部带压灌注泥浆;始发及接收影响范围内设置一体化的内支撑台车系统,支撑系统由液压控制,通过伺服控制的千斤顶支撑,达到施工全过程隧道结构保护的目的,实现高安全、高效率、低扰动地联络通道施工。

联络通道机械法工艺可以在狭小空间内快速施工,对地层进行微加固,具有安全、优质、高效、环保等技术优势,不仅是城市轨道交通盾构隧道联络通道施工更好的技术选项,也可以拓展至地铁出入口及风井、长隧道中间风井、联络线等地下连接工程中。

3. 暗挖施工机械化

城市轨道交通传统暗挖工艺流程为超前支护,之后施工初支结构,最后在初支结构保护下施工主体结构。传统暗挖工艺多采用人工开挖,机械化程度较低,并且施工效率较低,施工大断面结构时施工风险较大。采用机械化施工能极大地降低工程风险,提高工程机械化率,推进工程标准化发展。

西安轨道交通5号线长鸣路—月登阁区间采用了暗挖台车施工,掌子面开挖、支护、喷混凝土等工序均由驾驶室司机操作,大幅提升了暗挖施工的安全性,减少施工作业人员配置,提升了暗挖施工效率,加快了暗挖施工进度。

管幕作为初支结构,具有精度高、刚度大、适用性广等特点。西安轨道交通2号线2号风亭浅埋暗挖断面采用$L=9.9$ m、直径299 mm的管幕作为超前支护,减少了对现状交通及周边商业环境的影响,取得了良好的经济效益和社会效益。

大断面矩形顶管施工,可一次性形成顶管结构,对于浅覆土、下穿重要管线等部位具有较大的优势。矩形顶管施工车站机械化程度高,通过厂家制作能做到标准化,并且节约人力物力,适用于城市轨道交通建设与发展。顶管法施工可不封路,不影响道路运行及地下管线。

机械法施工顺应了整个建筑行业向工业化、产业化发展的趋势,可极大减少人工投入,提升施工效率。

4. 倒挂井壁法竖井分区扩展通道建造技术

地铁车站附属结构明挖基坑围护结构,一般采用钻孔灌注桩和内支撑或锚索共同组成基坑支护体系。明挖基坑施工占用场地面积大,需拆改移数量大,前期专项工作周期长,拆改移费用高。

明挖基坑倒挂井壁施工竖井主要技术是将原有大断面的明挖基坑分隔成多个小的矩形或正方形断面;然后倒挂井壁法施工每个小竖井,初支施工至井底后进行竖井封底,再倒挂井壁法依次施工相邻的竖井,自下而上依次施工每个竖井二衬,破除相邻两个断面间的中隔壁,形成一个“框架结构”,快速成环,及时稳定地层,具有较好的抗压、抗变形的能力,降低施工风险。

第15章　高架区间结构及路基

15.1　设计概论

城市轨道交通建设中,高架敷设方式因其造价低、开工面多、施工便利、建设工期短、适应线路能力强、运营费用低、易于疏散救护、乘客视野开阔、乘坐舒适度高等优点,在国内外的地铁建设中发展很快。国内北京、上海、天津、南京、广州、深圳、青岛、西安等城市建设了较多的高架线路,特别是在市郊轨道交通建设中,高架线成为主要的敷设方式。目前,西安轨道交通建设中,3号、5号、10号、14号线部分路线也采用了高架线路。

15.1.1　设计内容与方法

高架区间桥梁设计内容:区间标准梁型、墩型、基础选择及设计;跨路口、跨河等特殊节点桥梁设计;桥梁附属结构设计(栏板、疏散平台、接触网立柱基础、桥面防水排水、防迷流、防雷、声屏障、承轨台及接触网预埋件、桥墩防撞设施、涂装、伸缩缝、支座等)。

轨道交通高架区间桥梁设计方法:桥梁结构设计采用容许应力法,应按现行标准《铁路桥涵设计规范》(TB 10002)、《铁路桥涵混凝土结构设计规范》(TB 10092)规定验算强度、刚度、抗裂性、稳定性。

15.1.2　设计原则与主要技术标准

1. 设计原则

(1)区间高架桥设计应在满足使用功能的前提下,遵照适用、安全、美观、经济的原则进行设计。

(2)区间高架桥设计应满足线路设计要求,并结合沿线城市总体规划、道路交通、周围环境、市政管线及工程地质、水文地质等条件,选择合理的结构形式,使高架结构融于城市建筑风格中,使轨道交通高架桥成为现代化城市的动态景观。一般地段宜采用等跨简支梁结构。

(3)桥梁结构在设计、制造、运输、安装和运营过程中,应满足强度、刚度、稳定性的同时,充分重视结构的耐久性。

(4)结构设计应力求技术先进、经济合理,构件应力求标准化,便于工厂化制造安装和机械化施工,并应满足养护、抢修、检测、维修要求,配备必需的设施设备。

(5)高架结构除满足行车功能外,设计中应充分考虑结构的防灾减灾问题及突发情况下高架桥上人员的疏散,并采取适当的工程措施。

(6)桥面布置要满足供电、通信、信号、轨道、给排水、声屏障等有关工种工艺设计及预埋件设置要求,并采取必要的构造措施,满足防水、防迷流、防锈、防雷、防脱轨等要求,以保证系统的正常运行。

(7)城市高架选用的结构形式和材料,应符合减振、降噪的要求,避免在噪声敏感点区段选择钢结构桥梁。

(8)位于道岔或渡线的桥梁,为减少道岔及温度调节器的养护维修工作,要选取合理的孔跨布置形式和梁部结构,避免梁缝设在道岔区和温度调节器前后。

(9)桥长超过3 km时,应结合地面道路条件,在线路两侧交错布置救援疏散通道。每隔约3 km(单侧约6 km)在线路两侧交错设置一处。

2. 主要技术标准

(1)桥梁设计使用年限

桥梁设计使用年限按100年,钢结构防腐体系使用年限为20年。

(2)限界

跨越城市主干道桥下净空不小于5.0 m;跨越城市其他次干道桥下净空不小于4.5 m,同时考虑桥梁后期沉降及路面翻修的富余量;城市桥梁跨越轨道交通桥梁时,桥上净空应按轨道交通建筑限界+0.2 m。

(3)设计洪水频率

跨越排洪河流时,应按1/100洪水频率标准进行设计;技术复杂、修复困难的大桥、特大桥应按1/300洪水频率标准进行检算。

(4)地震

依据《陕西省防震减灾条例》的要求,城市轨道交通应开展地震安全性评价专题的研究工作,确定场段地震活动性评价、地震动参数。地震安全性评价及地震动参数经具有相应资质单位的复核,并经国家或省地震工作主管部门审定后采用。

15.1.3 结构设计

1. 设计荷载及荷载组合

高架结构设计荷载以结构整体和结构构件可能出现的最不利工况组合,按相应设计规范进行计算。

(1)恒载

恒载包括结构自重、二期恒载、预应力、土压力、混凝土收缩及徐变、基础变位等,二期恒载考虑轨道结构、接触网及其支架、通信信号电缆、疏散平台、挡板、声屏障、桥面防水保护层等。

(2)活载

①列车竖向静活载:应按照设计线列车轴距、最大轴重、近远期最大列车编组数确定。

②列车竖向动力作用(冲击力)

地铁车辆竖向荷载应按其实际轴重和排列计算,并考虑冲击力的影响,其冲击系数取$1+\mu$,μ值按下列规定计算:

支承轮轨式轨道交通的桥梁的动力系数μ根据列车最高运行速度v应按下列规定取值,当$v=120$ km/h时,动力系数应按现行标准《铁路桥涵设计规范》(TB 10002)规定的μ取值;当$v=80$ km/h时,动力系数应按现行标准《铁路桥涵设计规范》(TB 10002)规定的取值乘以0.8;当80 km/h $<v<$ 120 km/h时,动力系数应按列车最高运行速度进行线性插值确定。

支承单轨交通轨道梁的桥梁结构的动力系数$\mu=[1+20/(50+L_1)]\times[20/(50+L_2)]$,其中$L_1$为轨道梁的跨度,$L_2$为支承单轨交通轨道梁的桥梁的跨度。

单线U形梁桥道板的动力系数μ宜取0.4,双线U形梁桥道板的动力系数宜取0.3。

③列车的离心力

位于曲线上的高架结构应考虑列车产生的离心力,其大小等于列车静活载乘以离心力率C,$C=v^2/(127R)$,其中v为计算行车速度(km/h),R为曲线半径(m)。离心力作用点位于轨面以上1.8 m处。

④列车的摇摆力:按相邻两节车四个轴轴重的15%计,以集中力形式,作用于轨顶面处。多线桥只计算任意一条线上的横向摇摆力。

⑤无缝线路纵向水平力及挠曲力:根据轨道专业计算提供值采用,伸缩力、挠曲力应作用于墩台上的支座中心处,不应计其实际作用点至支座中心的力矩影响。

(3)附加力

①制动力或牵引力:按竖向静活载的15%计算,当与离心力同时计算时,可按竖向静活载的10%计算。制动力或牵引力作用在轨顶以上2 m处,但计算桥梁墩台时移至支座中心,计算墩台顶活载的制动力时移至轨底,均不计移动作用点所产生的竖向力或力矩。

②风力:西安基本风压值取500 Pa,作用点位于结构物受风面重心处,列车风力作用点在轨顶以上2 m高度处。

③温度力

西安区域内设计合龙温度正常取值建议 15 ~25 ℃。

混凝土结构体系升温:(最热月平均温度-合龙温度下限值)℃

混凝土结构体系降温:(合龙温度上限值-最冷月平均温度)℃

温度梯度:按《城市轨道交通桥梁设计规范》(GB 51234—2017)第 5. 2. 14 条确定。

(4)特殊荷载

①地面汽车撞击力:墩柱有可能受汽车撞击无法设置防护设施时,必须考虑汽车对墩柱的撞击力。设计时仅考虑主力与一个方向的撞击力相组合,撞击力顺行车方向采用 1 000 kN,横行车采用 500 kN,作用在路面以上 1. 20 m 高度处。

②断轨力:根据轨道专业提供值采用,单线及多线桥应仅计算一根钢轨的断轨力。

③施工荷载:根据施工方案考虑,对于存在运梁车梁上运梁的情况,应考虑运梁车荷载。

④地震力:地震动参数经国家或省地震工作主管部门审定后采用。

(5)荷载组合原则

①高架结构设计应根据其结构特征按《地铁设计规范》(GB 50157—2013)荷载分类表,就可能的最不利情况进行内力组合。

②桥梁设计时,仅考虑主力与一个方向(顺桥或横桥方向)的附加力相组合。

③单线和双线高架结构,按列车活载作用于每一条线路确定。多于两线的高架结构,按下列最不利情况考虑:

a. 按两条线路在最不利位置承受列车活载,其余线路不承受列车活载。

b. 所有线路在最不利位置承受 75% 的活载。

④如杆件的主要用途为承受某种附加力,则在计算此杆件时,该附加力应按主力计。

⑤双线桥采用一线的制动力或牵引力(车站两侧与车站相邻 100 m 范围内双线桥制动力或牵引力为双线竖向静活载的 10%),三线或三线以上的桥梁采用二线的制动力或牵引力。

⑥列车横向摇摆力不与离心力、风力组合。

⑦同一股钢轨的伸缩力、挠曲力、断轨力不应相互组合;无缝线路纵向水平力不应与同线的离心力、牵引力或制动力进行组合。

⑧无缝线路断轨力及船只或汽车撞击力,只计算其中一种荷载与主力相组合,不与其他附加力组合。

⑨地震力与其他荷载的组合应按现行标准《铁路工程抗震设计规范》(GB 50111)办理。

⑩断轨力为特殊荷载,单线及多线桥只计算一根钢轨的断轨力。

2. 上部结构设计

(1)荷载组合:按“主力组合”和“主力 + 附加力组合”两种情况进行计算。

(2)竖向挠度:高架桥区间预应力混凝土梁式桥跨结构在列车静活载作用下,其竖向挠度不应超过规范限值,见表 15. 1。

表 15. 1　梁式桥跨结构竖向挠度容许值

跨　　度	挠度容许值
$L \leq 30$ m	$L/2\,000$
$30 < L \leq 60$ m	$L/1\,500$
$60 < L \leq 80$ m	$L/1\,200$
>80 m	$L/1\,000$

(3)水平挠度:在列车横向摇摆力、离心力、风力和温度力作用下,桥跨结构梁体的横向水平挠度不宜大于计算跨度的 1/4 000。

(4)转角控制:列车静活载作用下,有砟轨道桥梁梁体单端竖向转角不应大于5‰,无砟轨道桥梁梁体单端转角不应大于3‰。当无砟轨道桥梁梁体单端竖向转角大于2‰时,应检算梁端处轨道扣件的上拔力。

(5)梁体倾覆稳定性:梁式桥跨结构在最不利组合荷载作用下,横向倾覆稳定系数不应小于1.3。

(6)桥梁线形控制:预应力混凝土简支梁的徐变上拱度应严格控制,无砟桥面预应力混凝土连续梁轨道铺设后的后期徐变量,应根据轨道专业的要求控制。

(7)预应力结构的设计安全系数及各阶段容许应力应满足规范要求,见表15.2。

表15.2 预应力结构设计容许值控制表

项目	检算条件	控制条件
设计安全系数	强度安全系数(主力)	$K \geq 2.0$
	强度安全系数(主力+附加力)	$K \geq 1.8$
	抗裂安全系数(主力)	$K \geq 1.2$
	抗裂安全系数(主力+附加力)	$K \geq 1.2$
	抗裂安全系数(运梁车或架桥机)	$K \geq 1.1$
钢筋应力(MPa)	预加应力时的锚下控制应力	$\sigma_{con} \leq 0.75f_{pk}$
	传力锚固时的控制应力	$\sigma_p \leq 0.65f_{pk}$
	运营荷载下的钢筋应力	$\sigma_p \leq 0.60f_{pk}$
混凝土应力(MPa)	传力锚固时的混凝土压应力	$\sigma_c \leq 0.75f'_c$
	传力锚固时的混凝土拉应力	$\sigma_{ct} \leq 0.70f'_{ct}$
	运营荷载下混凝土压应力(主力)	$\sigma_c \leq 0.5f_c$
	运营荷载下混凝土压应力(主+附)	$\sigma_c \leq 0.55f_c$
	运营荷载下混凝土拉应力	$\sigma_{ct} \geq 0$
	运营荷载下混凝土最大剪应力	$\tau_c \leq 0.17f_c$
	抗裂荷载下混凝土主拉应力	$\sigma_{tp} \leq f_{ct}$
	抗裂荷载下混凝土主压应力	$\sigma_{cp} \leq 0.6f_c$

3. 下部结构设计

桥墩及基础设计应按《铁路桥涵地基与基础设计规范》(TB 10093—2017)进行计算,并应考虑防落梁措施、支座更换工况等,混凝土、钢筋的容许应力值按《铁路桥涵混凝土结构设计规范》(TB 10092—2017)采用。

(1)荷载组合:根据前述荷载组合原则及《铁路桥涵设计规范》(TB 10002—2017)和《地铁设计规范》(GB 50157—2013)要求,以最不利组合进行设计。

(2)简支梁桥墩纵向水平线刚度:桥上铺设无缝线路且无钢轨伸缩调节器的双线及多线简支梁桥,桥墩的墩顶纵向最小水平线刚度限值应根据梁轨共同作用计算确定,也可按表15.3的规定取值,单线桥梁桥墩纵向水平线刚度宜取用15.3表中数值的0.6倍。

表15.3 桥墩墩顶纵向水平线刚度(双线)

跨度L(m)	最小水平刚度(kN/cm)	附注
$L \leq 20$	240	不设钢轨伸缩调节器
$20 < L \leq 30$	320	不设钢轨伸缩调节器
$30 < L \leq 40$	400	不设钢轨伸缩调节器

注:表中L为梁的跨度(m)。

(3)墩顶横桥向水平位移控制:墩身尺寸除满足构造要求外,按最不利荷载组合对墩身各截面应力、位移进行验算。桥墩墩顶横桥向水平位移应满足$\Delta h \leq 4\sqrt{L}$。

(4)墩顶顺桥向水平位移控制:当桥梁跨度 $L \geq 25$ m 时,桥墩墩顶顺桥向水平位移应满足 $\Delta s \leq 5\sqrt{L}$;当桥梁跨度 $L < 25$ m 时,$\Delta s \leq 25$ mm。其中:L 为桥梁跨度(m);Δs 为桥墩顶面处顺桥向水平位移(mm),包括由于墩身和基础的弹性变形及基底土弹性变形的影响。

(5)桥墩沉降:区间桥梁墩台基础的沉降应按恒载计算,总沉降量不应大于 50 mm,对跨度 $L \leq 40$ m 的简支梁和连续梁相邻桥墩,其工后沉降量之差有砟桥面不应超过 20 mm,无砟桥面不应超过10 mm;对于超静定结构,其相邻墩台不均匀沉降量之差的容许值还应根据附加影响分析确定。

4. 耐久性设计

按《铁路混凝土结构耐久性设计规范》(TB 10005—2010)的要求进行耐久性设计。

5. 抗震设计

高架区间桥梁应按现行标准《铁路工程抗震设计规范》(GB 50111)及《城市轨道交通结构抗震设计规范》(GB 50909)的相关规定计算。桥墩应进行延性计算。

15.2 高架区间标准梁设计

轨道交通高架区间标准梁结构体系、梁型及墩型的选择及设计中,应结合轨道交通高架桥的特点,着重从功能、景观、经济、施工等因素结合项目特点选择合理的桥型及施工方案。从 2000 年我国建成地铁模式的高架轨道交通线——上海明珠线以来,我国多个城市已陆续建成了数十条轨道交通高架线,详见表 15.4。

表 15.4 全国部分城市地铁高架线设置一览表

序号	城市	项目名称	高架线长度(km)	区间标准梁梁型	桥面宽度(m)	墩型	主要施工方法
1	北京	5 号线	10.7	3×30 m 连续箱梁/30 m 简支小箱梁	8.6/9	矩形墩	现浇/预制
		13 号线	12.3	3×25 m 连续箱梁	8.6	矩形双柱墩	现浇
		15 号线	13.7	简支小箱梁	9.2	矩形墩	预制架设
		亦庄线	13.8	30 m 简支箱梁	9	矩形墩	预制架设
		大兴线	3.167	3×30 m 连续箱梁	9	花瓶墩	现浇
		房山线	21.45	30 m 简支小箱梁	9.4	T 形墩	预制架设
		昌平线	16	20~40 m 简支小箱梁	9.2	矩形墩	预制架设
		大兴机场线	16.2	32 m 简支小箱梁	11.4	花瓶墩	预制架设
		首都机场线	13.475	24~32 m 简支小箱梁	9.2	矩形墩	预制架设部分现浇
		八通线	11.05	25 m I 型简支组合梁	8.85	T 形墩	预制吊装
2	上海	6 号线	11.72	小箱梁、30 m U 形梁	10.4	矩形双柱墩	预制架设、U 梁现浇
		8 号线	6.6	30 m U 形梁	2×5.224	T 形墩	预制架设
		16 号线	45.221	25~35 m U 形梁	2×5.54	圆形墩	预制吊装
		明珠线	21.52	30 m 简支斜腹板箱梁	8.8	H 形桥墩、T 形墩	现浇
		莘闵线	16.7	30 m 简支斜腹板箱梁	8	花瓶墩	现浇
3	南京	1 号线	4.249	3×25 m 连续箱梁	9/5.2	矩形墩	现浇
		2 号线东延线	4.186	25 m U 形简支梁	2×5.205	矩形墩	预制吊装
		6 号线	16.7	30 m U 形梁	2×5.06	矩形墩	预制吊装
		宁天城际	34	30 m 简支小箱梁	8.8	花瓶墩	预制吊装

续上表

序号	城市	项目名称	高架线长度(km)	区间标准梁梁型	桥面宽度(m)	墩型	主要施工方法
4	天津	津滨轻轨	39.7	3×25 m 连续箱梁	8.9	矩形墩	现浇
		1 号线	8.743	3×25 m 连续箱梁	8.6	花瓶墩	现浇
5	重庆	较新线	8.8	25 m 简支 PC 轨道梁	0.85	T 形墩	预制吊装
6	大连	快轨 3 号线	14.21	3×25 m 连续箱梁、U 形梁	8.8	花瓶墩	预制吊装、现浇
7	武汉	1 号线	29.7	25 m 简支箱梁	8.5	菱形桥墩	现浇
		1 号线泾河延伸线	4	25、30 m 简支箱梁	9.3	矩形墩	移动支架现浇
8	深圳	3 号线	19.128	3×30 m 连续箱梁	8.5	花瓶墩	现浇
9	广州	4 号线	28.7	30 m 简支箱梁		花瓶墩	预制吊装、节段拼装
		5 号线	2.1	30 m 简支箱梁	9.3	矩形墩	现浇
		6 号线	16	3×40 m 连续刚构	9.3	双薄壁桥墩	节段拼装
		14 号线	32.5	4×40 m 连续刚构	10.2	单薄壁桥墩	节段拼装
		21 号线	11.7	4×40 m 连续刚构	10	单薄壁桥墩	节段拼装
10	青岛	R3 线	49.28	30 m 简支 U 形梁	2×5.55	圆端形 T 形墩	预制架设
		蓝色硅谷线	47	30 m 简支 U 形梁	2×5.55	圆端形 T 形墩	预制架设
		13 号线	51.46	30 m 简支 U 形梁	2×5.55	圆端形 T 形墩	预制架设
11	苏州	2 号线	6.633	30 m 简支箱梁	9.3	花瓶墩	现浇
12	宁波	1 号线	26.45	30 m 简支箱梁	10.4	花瓶墩	现浇
13	成都	10 号线	16.7	30 m 箱梁	10.4	花瓶墩	现浇
		2 号线东延线	5.294	30 m 简支箱梁	9.1	花瓶墩	预制架设
14	贵阳	1 号线	3.13	30 m 简支箱梁	10	花瓶墩	支架现浇
15	西安	3 号线	11	30 m 简支箱梁	10	矩形墩	预制架设
		5 号线	13.26	30 m 简支小箱梁	10.3	花瓶墩	预制架设
		14 号线	12.98	30 m 简支小箱梁	9.4	花瓶墩	预制架设
		10 号线(在建)	19	30 m 简支小箱梁	10.3	矩形墩	预制架设

15.2.1 结构体系的选择

目前已建及正建的轨道交通高架区间标准梁的结构体系主要为简支梁与连续梁。

1. 简支梁结构

简支梁属静定结构,受力明确,设计、施工简单,是梁桥中应用最为广泛的一种桥型。其结构特点主要表现在:

(1)构造简单,受力明确,最易设计为标准跨径的预制装配式结构。

(2)施工简单,工序少,易于实现标准化、工厂化、机械化施工,利于施工质量控制,降低施工费用。

(3)利于后期维修养护,简化施工管理工作。

(4)简支结构对无缝线路长钢轨纵向力的适应性较好,简支结构各墩受力较均匀,其相邻桥墩的不均匀沉降不会对上部结构产生附加内力。

(5)简支梁桥墩各墩受力均匀,桥墩尺寸易于统一,下部整体景观易于协调。

2. 连续梁结构

连续梁结构属于超静定结构,其结构特点主要表现在:

(1)由于支点负弯矩的存在,使得跨中正弯矩与同跨径简支梁的跨中弯矩相比要小得多,主梁的截面高度比同跨径简支梁的截面高度小。

(2)连续结构接缝少,线条流畅,景观效果好;连续梁结构整体刚度大,竖向变形小,动力性能好,有利于改善行车条件,舒适性指标高,减小列车运行产生的噪声和振动。

(3)对温度及支座不均匀沉降反应比简支体系要敏感;另外每联设置一个纵向制动墩来承受纵向水平地震作用和车辆制动力等纵向水平作用产生的效应,制动墩结构尺寸较大,对全线的整体景观效果造成影响。

(4)连续梁构造较简支梁复杂,建造技术要求高,工期一般较简支梁长,且经济指标略高。

连续刚构作为连续体系的一种,在广州地铁建设中得到了应用,广州地铁6号线首次将双薄壁连续刚构作为区间标准梁,施工采用节段拼装的施工工法。该高架线的亮点是做到了高架区间全线无支座,无需更换支座,降低运维期桥梁维养成本及更换支座对地面交通的影响,这是结合免维护设计理念进行创新的一种桥梁结构,从而实现"节能环保"的建设目标。在广州地铁14号、21号线得到发展,将双薄壁连续刚构优化为单薄壁连续刚构。

3. 西安轨道交通桥梁结构体系选型

在西安轨道交通高架桥建设中,简支梁相比连续梁有如下优势:

(1)西安地处8度地震区,连续结构水平地震力由制动墩一墩承担,增大了制动墩的截面尺寸,影响整体景观效果,简支结构各墩受力均匀,下部结构可做到最大限度的优化,整体景观效果好。

(2)简支结构,其相邻桥墩的不均匀沉降不会对上部结构产生附加内力,特别对湿陷性黄土等不良地质适应性较强;连续结构,其基础的不均匀沉降对梁产生附加应力,增加了墩身及基础的结构尺寸。

(3)西安地区存在多条地裂缝,由于地裂缝存在长期蠕变变形,表现为上盘下降,下盘相对上升,沉降差对于连续梁产生附加力,影响结构安全。因此跨越地裂缝的桥梁宜布设为简支结构,并建议桥墩基础的避让距离满足《西安地裂缝场地勘察与工程设计规程》的要求,见表15.5。

表15.5 地裂缝场地建筑物最小避让距离 单位:m

结构类别	构造位置	建筑物重要性类别		
		一	二	三
钢筋混凝土结构、钢结构	上盘	40	20	6
	下盘	24	12	4

注:1. 桥墩基础的避让距离,单孔跨径大、中、小桥按三类建筑物避让距离确定,单孔跨径特大桥按二类建筑物的避让距离确定。
2. 桩基础计算避让距离时,地裂缝倾角统一采用80°。
3. 跨越地裂缝的桥梁上部结构应采用静定结构,特大桥宜选用柔性桥型。

针对西安地区的特点,区间标准梁结构体系的选择,原则上宜采用简支梁结构。

15.2.2 梁型、墩型及基础的选择

1. 梁型选择

综合国内建成的高架桥来看,常用地铁高架桥梁型有箱梁、T形梁、U形梁,如图15.1所示,国内已建成地铁高架桥以箱梁为主,西安轨道交通3号线采用了整体箱梁,14号线和5号线采用了小箱梁。

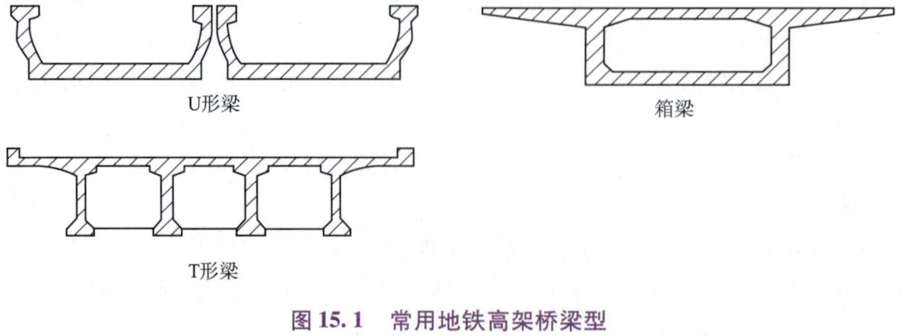

图15.1 常用地铁高架桥梁型

1)箱梁

箱梁特点:箱形截面抗弯、抗扭刚度大,整体受力性能和动力稳定性好,外观简洁,在区间直线段、曲线段、变宽段、道岔区段等处均可采用,适应性强,但箱形梁的梁高及梁重较大。箱梁由于其良好的受力性能,应用最为广泛。基于景观、施工的方便,演化出不同的外观造型,主要有直腹板箱梁、斜腹板箱梁、鱼腹箱梁、三角形箱梁、蝙蝠箱梁、小箱梁等,如图15.2所示。

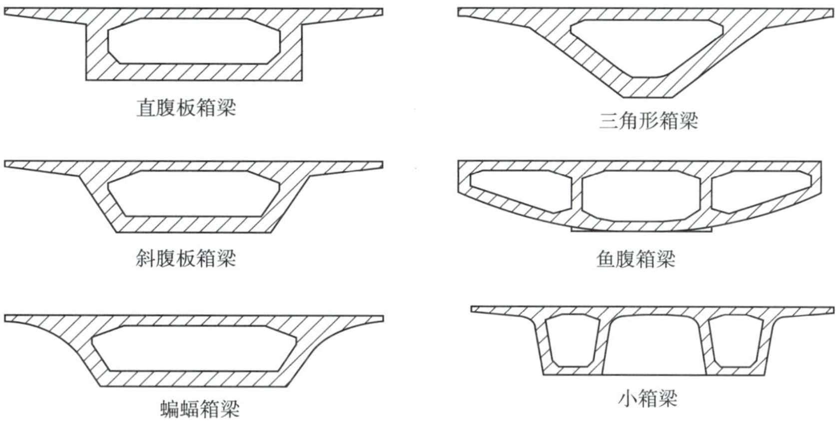

图15.2 常用地铁高架桥箱梁梁型

施工工法:预制架设、支架现浇、节段预制拼装、移动模架。

支架现浇法:是应用最为广泛的一种施工工法,是在墩柱施工完成后,在地面搭设支架,在支架上铺设模板进行梁体浇筑、张拉、压浆。支架法施工对分段施工等较为灵活,可分段平行施工,除跨河或跨路外,一般地段均可采用该工法。

预制架设法:该工法需在梁场预制箱梁,通过桥上或地面运梁通道运梁至桥位,通过架桥机架设或龙门吊架设。该工法最大优势为工厂化生产,质量易于保证,同时桥墩与梁可平行施工,工期易于保证。但该工法需满足具有梁场设置、具备运梁通道、具有足够量的需预制梁等条件,一般桥梁长度小于3 km,该工法经济性较差。

节段预制拼装法:是将梁体分段预制、分段运输、分段吊装拼接、张拉钢束,最后成桥的一种施工方法。各节段间采用湿接缝或干接缝连接,干接缝采取齿接,湿接缝采用后灌混凝土的方式。一般干接缝施工速度快于湿接缝。各节段的节长按吊装设备的起吊能力、运输设备的运输能力及施工的难易程度确定。

梁场位置的选择及梁场规模应根据沿线周边地形及环境条件、梁型、运架梁距离、预制梁数、工期综合选择。建成实例如图15.3、图15.4所示。

图15.3 北京地铁房山线高架桥

图15.4 西安轨道交通3号线高架桥

2）T 形梁

T 形梁特点：结构可由几片 T 梁相互联结而成，建筑高度为同跨度梁型中较高的一种，不便于城市道路立体交叉。T 形梁具有施工速度快、对既有道路交通干扰少和工程造价相对较低等优点。但其横向抗扭刚度小，梁的高度较大；T 形梁桥梁底部呈网格状，外观欠美观，因此，我国城市轨道桥梁中很少采用。但由于其受力明确、吊装重量较轻、施工方便、构件容易修复或更换，在景观性要求不高的市域线上的桥梁选择中，仍然为可选梁型之一。

施工方法：T 形梁一般采用预制架设法施工。

建成实例：北京地铁八通线。

3）U 形梁

U 形梁建筑高度较小，与箱形梁、T 形梁的上承式梁相比，因为是下承式，最大优点是桥面结构建筑高度可以做到很低，且两侧腹板可兼作声屏障。但其结构受力复杂，抗扭刚度小。

（1）U 形梁特点

①由于结构是开口截面，整体性不如箱梁好，抗扭刚度和腹板稳定性相对较弱。

②建筑高度低：双线结构一般采用一线一槽形式，U 形梁底板厚 25 cm，相对于 25 m 箱梁 1.4 ~ 1.8 m 的梁高，可减小建筑高度 1.15 ~ 1.55 m。

③结构满足功能之需：由于列车在 U 形槽内行驶，列车车门下缘与 U 形梁腹板上缘自然相接，腹板顶面可兼作紧急疏散和检修通道。

④改善建筑外观，降噪效果好：轨道交通上承式桥梁的视觉高度除结构本身的梁高外，还含有栏板及声屏障的高度。采用双 U 形梁并置形式时，由于每侧腹板均靠近行车轨道，噪声衍射高度较小，其侧向视觉高度只有结构高度本身，在城市中心区穿过具有轻巧美观的造型。

⑤对可能出现的脱轨情况有预防作用：两道腹板可确保列车安全行驶，可防止翻车事故。

⑥U 形梁底板宽度较大，需采用 T 形墩支撑，顺桥向视觉效果稍差。

（2）U 形梁施工

目前，国内采用 U 形梁建设的高架线路，单片 U 形梁重量基本控制在 200 t 以内，均是采用梁场集中预制。桥下运梁时，采用地面道路通过运梁车运至桥位，然后采用吊装设备吊装架设；桥上运梁时，运梁车左右轮分别走行在左右两片梁上，运至桥位后通过架桥机架设。也可采用节段拼装法施工，如迪拜地铁线高架线一期工程（红线）全长 52 km，其中高架线 42 km，采用双线 U 形梁结构，预制节段法施工。

（3）建成实例

南京地铁 2 号线东延线、南京地铁机场线、青岛蓝色硅谷城际轨道交通工程、青岛轨道交通 13 号线、青岛轨道交通 11 号线、上海轨道交通 16 号线等。

2. 墩型选择

高架墩台除应有足够的强度和刚度，满足承载梁部荷载外，其造型应能使上部结构与下部结构协调一致，轻巧美观，与城市环境和谐、匀称。在墩台选型上，一般应服从梁部形式，同时，要充分考虑少占地、减小道路交通影响、通视等要求。地铁高架桥常用墩型通常有双柱墩、门形墩、花瓶墩、矩形墩等基本形式及其变形，如图 15.5 所示。

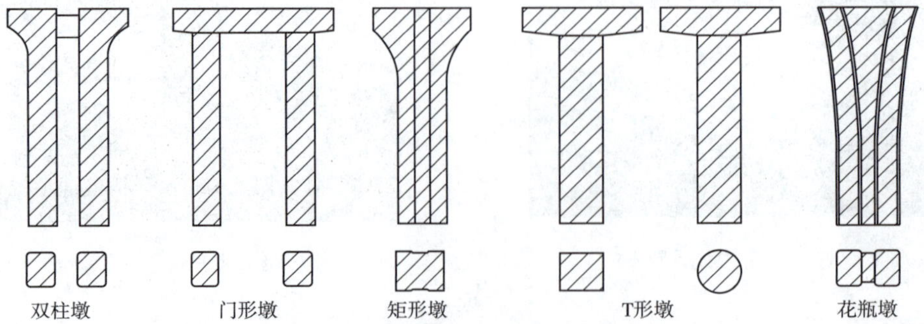

图 15.5 地铁高架桥常用墩型图

3. 基础选择

西安轨道交通桥梁基础均采用桩基础。

15.3 节点桥梁设计

随着国内轨道交通的不断发展，越来越多的高架线被修建。在高架线跨越道路、铁路、河流以及景观要求比较高的地段，常会采用特殊桥梁（节点桥）跨越，相对于区间标准桥梁来说，节点桥的设计和施工难度相对较大。

目前，国内轨道交通特殊桥梁从梁型来区分主要有预应力混凝土连续梁桥/连续刚构、钢—混凝土组合梁、梁—拱组合梁、斜拉桥等；从功能区分有轨道交通专用桥、公轨合建桥等。

1. 预应力混凝土连续梁/连续刚构

（1）结构特点

预应力混凝土连续梁/连续刚构为轨道交通特殊桥梁采用最多的一种梁型，其设计理论比较完善，竖向及横向刚度都较大，比较符合轨道交通对结构刚度要求较高的特点。目前建成的轨道交通连续梁/连续刚构桥以三跨为主，也有多跨连续梁，如西安轨道交通 14 号线跨渭河桥采用 10 孔一联，联长达到 900 m。大跨连续梁/连续刚构收缩徐变引起的长期下挠会对线路的平顺性造成一定的影响。因此，当跨度大于 120 m 时，可考虑与其他桥型做比较。

连续梁桥主要梁型以混凝土箱梁为主。近些年，出现了连续 U 形梁等新结构，比较代表性的有深圳地铁 6 号线跨越龙大高速路桥，该桥采用(45 +65 +45)m 连续 U 形梁，顶推法施工；青岛地铁 13 号线跨越人民路桥，该桥采用(30 +40 +30)m 连续 U 形梁，支架现浇法施工，取得了较好的技术成果及景观效果。

（2）施工方法

目前，国内该桥型主要采用满堂支架现浇的施工方法，当跨越既有铁路、航道、河流、高速公路时也常采用悬臂浇筑/悬臂节段拼装、转体或顶推的施工方法。

悬臂节段拼装除对交通影响较小外，还有施工质量较易保证、后期徐变变形较小、工期短等优点。广州地铁 6 号线较大规模地采用了节段拼装的施工方法。

由于转体施工时间要远短于现浇及悬臂施工方法，也不需要太多的维护措施，因此转体施工方案成为跨越既有铁路线、高速公路常采用的一种施工方法。北京地铁 14 号线在跨越丰沙铁路时就采用该施工方案，取得了较好的效果。

（3）注意事项

①对于梁式桥，当结构自重、预加力、前期收缩徐变及静活载引起的竖向挠度大于 15 mm 或跨度的 1/1 600 时，应设置预拱度。预拱度曲线应与结构自重、预加力、前期收缩徐变及静活载所产生的挠度曲线基本相同，但方向应相反。

②地铁线路纵断面凹曲线不宜设置在连续梁上。

③道岔区桥梁因对梁的变形要求更高，在整个道岔范围内，梁部均应采用连续结构，梁缝与岔尖安全距离应满足轨道专业相关要求。

（4）典型实例

国内地铁高架连续梁桥典型实例见表 15.6、图 15.6 和图 15.7。

表 15.6 国内地铁高架连续梁桥典型实例

序号	孔径式样	联长(m)	所属地铁线	跨越河沟/构造物	施工方案
1	(50 +8 ×100 +50)m 连续梁	900	西安轨道交通 14 号线	渭河	悬臂灌注
2	(60 +111 +94 +100 +60)m 连续梁	425	西安轨道交通 14 号线	渭河北河堤及兰池大道	悬臂灌注
3	(60 +100 +61)m 连续梁	221	西安轨道交通 14 号线	西安机场高速	悬臂灌注

续上表

序号	孔 径 式 样	联长(m)	所属地铁线	跨越河沟/构造物	施工方案
4	3×(50+80+50)m 连续刚构	180	西安轨道交通 3 号线	灞河	悬臂灌注
5	(55+88+55)m V 撑连续刚构	198	西安轨道交通 3 号线	浐河	悬臂灌注
6	(49.264+80+50)m 连续梁	179.264	西安轨道交通 5 号线	沣河	悬臂灌注
7	(84+84)m T 构	168	北京地铁 14 号线	丰沙铁路	转体
8	(45+75+45)m 连续梁	165	北京亦庄线	南五环	转体
9	(3×40)m 连续刚构	120	广州地铁 6 号线	区间标准梁	节段拼装
10	(30+40+30.95)m 连续 U 形梁	100.95	青岛地铁 13 号线	人民路	支架现浇
11	(45+65+45)m 连续 U 形梁	155	深圳地铁 6 号线	龙大高速	顶推施工
12	(80+138+80)m 连续梁	298	无锡地铁 2 号线	沪宁高速	悬灌转体
13	(28+39+48+138+252+110)m 连续刚构桥(混凝土+钢梁)	615	重庆 9 号线	嘉华嘉陵江轨道专用桥	悬灌+吊装

图 15.6　西安轨道交通 3 号线跨越浐河桥

图 15.7　北京地铁 14 号线跨越丰沙铁路桥

2. 钢混组合梁

(1)结构特点

钢混组合桥梁把钢梁与混凝土桥面板二者紧密连接成为整体,充分发挥了钢和混凝土各自的优势,因此越来越得到广泛的应用。钢混组合梁桥可设计为简支梁,也可设计为连续梁,连续体系整体刚度较大,梁高较小,但支点负弯矩区域的混凝土板受力处理较为麻烦,通常需要配置一定数量的钢绞线。从截面形式来讲,早期的北京地铁八通线多采用钢板梁与混凝土板结合,后期轨道交通桥梁多采用 U 形或箱形钢梁与混凝土板结合,后者整体刚度大,可适用于直线或曲线地段;从桥面板形式来讲,目前以现浇桥面板为主;从保证施工质量及减小后期徐变效应的角度来讲,可采用预制桥面板。

(2)施工方法

目前,组合梁主要采用在钢梁厂分段预制钢梁,运输至桥位后搭设支架吊装拼接钢梁,钢梁拼接完毕后再在其上浇筑混凝土桥面板,最后拆除支架的施工方法。在西安轨道交通 3 号线跨越北绕城高速的施工中,"工"字形钢梁分三次吊装就位,每次吊装从封路至钢梁就位均在一小时内完成,对高速的运营影响较小,取得了较好的效果。

对于钢混组合梁常规施工方法,由于现浇混凝土桥面板在达到一定强度后才能发挥作用,之前其重量完全由钢梁承受,没有发挥结合梁的整体作用。在首都机场线、北京昌平线中,对施工工法进行了改进,具体为:钢梁在钢梁厂加工完毕后运至标准梁预制梁厂,在梁厂浇筑混凝土桥面板,待桥面板达到设计强度后,采用架桥机将整孔组合梁架设到位。这样完全避免了钢梁拼接临时支架对道路交通的影响;另外全部荷载均由钢和混凝土整体承受,受力也较合理。目前,轨道交通标准梁越来越多地采用预制工法,因此这种整体架设的简支钢混组合梁有较大的推广前景。

(3)注意事项

针对钢混连续梁负弯矩区桥面板受拉开裂问题,可采取以下措施予以解决:

①负弯矩区施加预应力:在负弯矩区段混凝土面板内布置一定数量的钢绞线(根据计算确定),当负弯矩区段的混凝土面板达到设计容许强度后,张拉这部分预应力钢绞线,从而达到给负弯矩区段的混凝土面板施加预压应力的目的。可以保证在各种计算工况下,使负弯矩区段的混凝土面板始终处于受压状态,达到防止混凝土开裂的目的。

②利用预加静荷载法给混凝土面板施加预应力:钢梁架设后,先浇筑正弯矩区段混凝土面板,待达到设计强度后在其上堆放重物。堆放重物后,浇筑负弯矩区段混凝土面板,待其达到设计强度后将正弯矩区段混凝土面板上堆放的重物搬掉,使梁回弹,从而达到给负弯矩区段混凝土面板施加预压应力的目的。

③通过降低中支点给混凝土面板施加预应力:在施工前将中支点的标高提高(高于设计标高,提高高度由计算确定)。在混凝土面板浇筑完成并达到其设计强度后,将中支点降到设计标高,以达到给负弯矩区段混凝土面板施加预压应力的目的。

(4)典型实例

钢—混凝土组合梁在北京地区使用频率较高,北京地铁八通线、13 号线、首都机场线和北京昌平线都有采用,深圳地铁 4 号线、长春地铁 1 号线等多条线路也都采用了该桥型。国内地铁高架钢混组合桥典型实例见表 15.7。

表 15.7 国内地铁高架钢混组合桥典型实例

序号	孔 径 式 样	钢梁形式	(钢+混)梁高(m)	所属地铁线	跨越河沟/构造物	施工方案
1	50 m 钢混简支梁	6 片 I 型钢梁	3.0+0.4	西安轨道交通 3 号线	西安北绕城高速	吊装架设
2	(42+70+42)m 钢混连续梁	钢箱梁	(1.8~3.15)+(0.18~0.3)	北京地铁 5 号线	北苑路	吊装架设
3	50 m 钢混简支梁	开口双箱单室	2.9+0.3	天津津滨轻轨	京山铁路	顶推施工
4	(45+82+45)m 钢混连续梁	开口单箱双室	(2.15~4.15)+(0.25~0.35)	天津地铁 1 号线	城防河、微山路	吊装架设
5	(52+85+82)m V 撑钢混连续刚构	钢箱梁	(1.8~3.2)+0.38	北京地铁大兴线	京开高速	吊装架设

3. 梁拱组合桥

当桥梁主跨超过 120 m 或桥下净空高度受控的地段,梁拱组合桥是有竞争力的结构形式之一。预应力混凝土梁拱组合体系桥梁在轨道交通中数量较多,适用跨度(主跨)一般在 60~200 m。

(1)结构特点

与连续梁相比,预应力混凝土梁拱组合结构具有结构刚度大、后期徐变小且主梁变形可调、建筑高度小、景观优美等优点,是大跨轨道交通桥梁较为适宜的一种结构形式。目前,轨道交通中预应力混凝土梁拱组合结构主要采用下承式系杆拱或连续梁拱组合结构。

(2)施工方法

梁拱组合结构多采用先梁后拱的施工方案,连续梁通常采用悬灌法施工,系杆拱系梁可结合实际情况采用满堂支架或少支架现浇施工方案。

(3)注意事项

①梁拱组合体系存在的主要问题是后期吊杆更换。由于轨道交通停运时间较短,因此前期设计时要充分考虑吊杆更换问题,避免由于吊杆更换造成长时间停运。

②拱脚钢筋布置密集,宜考虑施工振捣的要求。

(4)典型实例

梁拱组合体系桥梁在上海、长春、宁波等轨道交通中都有应用。西安轨道交通 14 号线跨渭河南河堤及河堤路采用105 m的系杆拱桥；宁波轨道交通1号线一期工程跨甬金高速连接线采用了主跨220 m的简支提篮拱；武汉地铁1号线跨越京汉铁路货场受净空限制，采用(50+105+50)m的U形连续梁钢管混凝土拱桥，均取得了较好的效果。国内地铁拱桥典型实例见表15.8、图15.8和图15.9。

图15.8 西安轨道交通14号线跨南河堤桥

图15.9 广州地铁6号线白沙河大桥

表15.8 国内地铁拱桥典型实例

序号	桥 名	孔径式样	拱肋形式	矢跨比	桥宽(m)	所属地铁线
1	南河堤路大桥	105 m系杆拱桥	哑铃形钢管混凝土拱	1/5	13	西安轨道交通14号线
2	赵家沟大桥	88 m系杆拱桥	矩形混凝土拱	1/5	51.6	上海地铁6号线
3	漕溪路大桥	(54+128+54)m梁拱组合桥	钢管混凝土拱	1/8	13.1	上海地铁明珠线
4	苏州河大桥	(25+64+25)m飞鸟式拱桥	圆端形钢管混凝土拱	1/4	12.5	上海地铁明珠线
5	白沙河大桥	(40+40+150+40+40)m刚构钢箱组合单面系杆拱	钢箱拱	1/5	11.2	广州地铁6号线
6	甬金高速大桥	220 m提篮拱	箱型拱肋	1/5	18.846~19.4	宁波地铁1号线
7	京汉铁路货场桥	(50+105+50)m的U形连续梁钢管混凝土拱桥	钢管混凝土拱	1/5	14.1	武汉地铁1号线
8	大运路大桥	(35+130+35)单拱肋梁拱组合桥	钢箱拱肋	1/6.5	12.2	宁波地铁2号线

4. 斜拉桥/矮塔斜拉桥

斜拉桥由于跨越能力大、外形优美，在地铁桥梁建设中被广泛应用。轨道交通斜拉桥适用跨度(主跨)一般在90~300 m，当跨度较大或公路与轨道交通合建时，主梁往往采用桁架结构。

(1)结构特点

斜拉桥主要由梁、索、塔三大部分组成，各个构件刚度及相互连接方式的不同都会导致整个结构受力发生较大的变化，因此设计时必须针对各构件进行合理的规划。另外，作为轨道交通斜拉桥，设计时还应考虑拉索及主塔布置对限界、轨道、供电等系统的影响。

矮塔斜拉桥又称部分斜拉桥，具有经济、美观、刚度大、施工方便的优点，尤其适合于对刚度要求较高的铁路或地铁桥梁。

(2)施工方法

结合现场情况，主梁可采用满堂支架现浇、悬臂施工、转体等施工方案。

(3)注意事项

与梁拱组合体系结构类似，斜拉桥同样存在后期斜拉索更换对运营产生影响的问题，因此应尽量采用防腐性能较好的拉索体系。

(4)典型实例

国内地铁高架斜拉桥/部分斜拉桥典型实例见表15.9。

表 15.9 国内地铁高架斜拉桥/部分斜拉桥典型实例

序号	桥　　名	孔 径 式 样	联长(m)	所属地铁线	跨越河沟/构造物
1	大治河大桥	(80 + 140 + 80) m 矮塔斜拉桥	300	上海地铁 16 号线	大治河
2	仙林大桥	(75 + 100) m 曲线斜拉桥	175	南京地铁东延线	仙林大道
3	清河大桥	(108 + 66 + 36) m 曲线斜拉桥	210	北京地铁 5 号线	清河
4	重庆蔡家嘉陵江大桥	(60 + 135 + 250 + 135 + 60) 斜拉桥	640	轨道交通 6 号线二期工程	嘉陵江
5	伊通河大桥	(31 + 44 + 130) m 无背索斜拉桥	205	长春快轨交通净月线	伊通河

5. 公轨合建桥梁

随着轨道交通高架桥的增多,从节约土地资源、减少环境破坏、高效利用宝贵的走廊资源、不同交通方式功能互补、减少交通网络对地块的分割、节约建设成本等方面考虑,出现了公路与轨道交通合建的桥梁。上海市共和新路高架工程是国内首条建成(2002 年 12 月)的城市高架道路与城市轨道交通高架桥合二为一的双层高架系统。该高架工程从汶水路站至共富新村站,地面为城市主干路,高架二层为轨道交通 1 号线,高架三层为城市快速路,一次设计一次建成,节约土地,造型美观,功能完善,是城轨与城市道路共线非常成功的实践。

(1)结构特点

该类桥梁多出现在跨江、跨河以及交通走廊带资源紧张的条件下,其桥梁结构受力复杂,设计施工难度大。城市道路与轨道交通合建桥常用结构布置方式可分为四类:共梁双层、共梁单层、分梁共墩、分梁分墩共基础。

公轨合建桥梁要承受轨道列车、道路车辆、非机动车、人群荷载、风载等动力作用,是一个复杂的结构体系,其风—车—桥耦合振动分析要比道路、轨道分建桥梁的振动分析复杂得多。它涉及多种荷载动力作用下的耦合以及乘客舒适度评价标准等诸多问题。选择合理的分析方法进行多种荷载作用下的车桥耦合振动分析是公轨合建桥设计的重要工作。

(2)典型实例

重庆江津粉房湾长江大桥主桥为(60.5 + 156 + 464 + 156 + 60.5) m 双塔双索面半飘浮体系公轨两用钢桁梁斜拉桥,钢桁梁上层为公路桥面,双向 6 车道,下层为双线轨道交通桥面(轨道交通 5 号线)。

共和新路一体化高架桥以跨度 30 m 为主线布置的基本跨径,道路布置在桥梁上层,地铁高架线布置在下层,以 Y 形墩作为一体化高架桥墩的主要结构形式,是分梁共墩布置形式的典型代表。

国内公轨合建桥梁部分实例见表 15.10、图 15.10 和图 15.11。

图 15.10　上海共和新路公轨合建桥

图 15.11　重庆鱼洞长江大桥

表 15.10 国内公轨合建桥梁部分实例

序号	桥名	孔径式样	所属道路、地铁线	布置形式	桥面总宽(m)	备注
1	西安渭河公轨合建桥	(120+132+132+172+300+172+132+132+120)m 上加劲连续钢桁梁桥	上:城市 6 车道主干道(西阎快速路) 下:西安轨道交通 10 号线	共梁双层	32.5	待建
2	西安泾河公轨合建桥	(80+120+120+80)m 钢桁梁桥	上:城市 6 车道主干道 下:西安轨道交通 10 号线	共梁双层	32.5	待建
3	重庆江津粉房湾长江大桥	(60.5+156+464+156+60.5)m 双塔双索面半飘浮体系公轨两用钢桁梁斜拉桥	上:城市 6 车道主干道 下:重庆轨道交通 5 号线	共梁双层	37	建成
4	重庆菜园坝长江大桥	(88+102+420+102+88)m 刚构—桁架—系杆拱桥	上:城市 6 车道主干道 下:重庆轨道交通号线	共梁双层	30.5	建成
5	重庆朝天门长江大桥	(190+552+190)m 中承式连续钢桁拱桥	上:城市 6 车道主干道 下:重庆轨道交通环线	共梁双层	36.5	建成
6	重庆鱼洞长江大桥	(145+2×260+145)m 预应力混凝土连续刚构桥	中间:重庆轻轨号线 两侧:城市 4 车道主干道	共梁单层	2×20.3	建成
7	重庆东水门长江大桥	(222.5+450+190.5)m 双塔单索面部分斜拉桥	上:城市 4 车道次干道 下:轨道交通 6 号线	共梁双层	24	建成
8	重庆曾家岩嘉陵江大桥	(135+270+135)m 刚性悬索加劲钢桁连续梁桥	上:城市 6 车道主干道 下:重庆轨道交通 10 号线	共梁双层	31.4	建成
9	重庆千厮门嘉陵江大桥	(88+312+240+80)m 斜拉桥	上:4 车道公路 下:轨道交通 6 号线	共梁双层	24~37	建成
10	重庆土湾大桥	(95+90+690+90+95)m 的斜拉—自锚式悬索协作体系桥	上:城市 6 车道主干道 下:轨道交通 21 号线	共梁双层	35	待建
11	上海闵浦二桥	(251.4+147+38.25)m 独塔双索面钢板组合梁斜拉桥	上:沪闵路 4 车道 下:上海地铁 5 号线莘奉段	共梁双层	23.04	建成
12	上海长江大桥	(92+258+730+258+92)m 双塔双索面分离式钢箱梁斜拉桥	中间:G40 高速公路(6 车道) 两侧:轨道交通 9 号线	共梁单层	45	建成
13	共和新路公轨共建桥	道路:30mT 梁;地铁:30 m 箱梁	上:共和新路双 6 道路 下:上海地铁 1 号线	分梁共墩	25.5	建成
14	宁波北环快速路公轨合建桥	道路:30 m 小箱梁;地铁:30 m 整体箱梁	上:宁波北环 6 车道快速路 下:宁波地铁 4 号线	分梁共墩	25.5	
15	东平水道特大桥	(35+260+51.5+66+62.5)m 钢箱梁独塔斜拉桥	中间:广佛环城际铁路 两侧:双 6 道路	共梁单层	44.1	建成
16	钱塘江公轨两用大桥	(73.4+122+4×240+122+73.4)m 悬链形上加劲连续钢桁梁桥	上:沪杭甬高速公路(双 8 车道) 下:机场轨道快线	共梁双层	36.8	正建

随着轨道交通桥梁的快速发展,相信还会有新的桥型不断出现。在实际工程设计中,采用哪种结构形式,应依据每条线路的实际情况,因地制宜地选择。

15.4 附属结构设计

轨道交通桥梁附属工程主要集中在桥面,如栏板、疏散平台、接触网基础、声屏障等,另外桥下临路桥墩需考虑桥墩防撞设施,同时应考虑桥面防水、防雷、防迷流、防灾措施。

1. 防雷接地

桥梁桥墩主筋、桩基主筋分别与承台顶、底缘主筋进行焊接。地面以上 50 cm 引出接地端子板用以接地,墩顶以上 50 cm 引出接地端子板用以与梁体钢筋收集网做电气可靠连接。

2. 轨道承轨台

无砟轨道高架桥梁部设计中应考虑承轨台预埋筋。

3. 接触网基础

高架桥按照接触网专业要求于桥面设置接触网中间柱、锚柱、拉线基础和硬横跨支柱基础。

4. 疏散平台

疏散平台需于桥面内预埋钢筋。

5. 声屏障

目前国内外在轨道交通线路上采取安装无缝钢轨、浮置板道床、减振橡胶垫、采用低噪声设备等各种减振降噪措施缓解噪声影响,但在线路两侧加装声屏障是国内外专家学者公认的降低线路噪声的最有效措施。

声屏障的设置是根据环评报告对未满足《声环境质量标准》(GB 3096—2008)规定的相应声环境功能区标准的学校、医院、集中居民区采取的降噪措施;同时设计时可以根据沿线规划待建区域性质预留声屏障设置条件。根据目前国内轨道交通已实施的声屏障工程,比较常用的有如下三种声屏障:

(1)直立式声屏障:此形式在预制挡板顶通过法兰盘方式连接,采用H型钢插装吸隔声板方式,整体高度为桥面板顶起以上2~5 m。该形式对桥梁及附属设施结构影响较小,一般降噪效果理论上在5~10 dB(A)。

(2)折臂式声屏障:此形式在预制挡板顶通过法兰盘方式连接,采用H型钢插装吸隔声板方式,顶部向线路内侧作弧度弯折,加大声屏障降噪效果,整体高度为桥面板顶起以上4~6 m。一般降噪效果理论上在8~15 dB(A)。

(3)全封闭式声屏障:此形式在预制挡板顶通过法兰盘方式连接,采用H型钢门式全封闭钢结构形式,内插或外挂吸隔声板,整体高度为桥面板顶起以上6~10 m。设计时应考虑通风、消防、防雷、外观清洗、乘客疏散等诸多因素。声屏障外观可采用多种景观装饰设计,可成为城市标志性建筑物,一般整体降噪效果理论上可达15 dB(A)以上。

西安轨道交通3号线针对不同环境保护目标的具体特点及降噪要求,采用不同的声屏障设计方案。敞口段结合防抛需求设置全封闭声屏障;邻近的高层建筑设置4.5 m高声屏障;中低层建筑设置3.5 m高声屏障。

6. 桥墩防撞设施

桥墩防撞设施的作用在于缓冲效能,减小撞击力,从而防止桥墩因撞击力超过其承受能力而遭破坏。桥墩防撞设施没有统一的样式。但综合考虑道路等级、桥梁高度以及经济因素,目前国内采用较多的防撞设施有防撞护栏、防撞岛、防撞墙,其设置应满足交通安全设施的相关规定。

7. 防迷流措施设计

采用直流电力牵引和走行轨回流的地铁高架结构,应根据现行标准《地铁杂散电流腐蚀防护技术规程》(CJJ/T 49)采取防止杂散电流腐蚀的措施。利用桥梁顶层结构钢筋和轨道梁内结构钢筋的可靠电气连接,建立杂散电流收集网,收集由钢轨泄漏出来的杂散电流,同时,在梁端焊接连接端子,通过电缆连接使所有梁片中作为收集网的结构钢筋实现电气连通。梁、墩柱间可通过对支座进行绝缘处理,实现两者钢筋的非电气连接。

8. 栏板设计

轨道交通高架桥梁所设置的挡板既具有遮挡各种管线、确保施工安全的作用,又能发挥声屏障和设置电缆支架基础等作用,且其结构形式的选择对高架桥景观设计影响较大。西安轨道交通高架桥设计为预制钢筋混凝土结构,可大大减少高处作业时间,同时预制质量较易保证。高架结构的挡板设计,除考虑其自重及风载外,尚应考虑0.75 kN/m的水平推力和0.36 kN/m的竖向压力,该项荷载作为附加力可与风力组合,水平推力作用在桥面以上1.2 m高度处。

9. 防水排水设计

高架桥面应设防水层,并设置相应的排水坡,桥面防水材料需满足铁路桥梁混凝土桥面防水层相关技术性能的要求。桥面排水应通过管道排至城市排水系统,西安地区考虑冰冻因素,排水管沿墩身凹槽布设,排水管径应根据当地雨强、桥面集水面积等计算确定。防水排水设计是城市桥梁设计的重要部分,处理不当,宜造成雨水流挂,形成冰柱,既影响景观,又容易造成安全隐患。

10. 支座

桥梁支座宜采用盆式橡胶支座,支座计算应符合现行标准《铁路桥涵混凝土结构设计规范》(TB 10092)

的有关规定。

11. 伸缩缝

高架桥伸缩缝的设置应满足接缝两侧结构差异沉降和伸缩的要求，还应有效防止桥面水渗漏。

12. 防落梁措施

西安地区位于8度区，应设置纵横向防落梁支挡措施，在西安轨道交通3号线设计中，采用隐挡块设计，既满足纵横向防落梁措施，同时减小了外露挡块对城市景观的影响。

15.5 路　　基

15.5.1 设计概论

1. 路基设计内容和方法

路基设计内容：路基面形状和宽度、路基基床、边坡形式及坡率、填料、沉降控制标准、过渡段、边坡防护工程、支挡工程、地基处理工程等。

路基设计方法主要有：边坡稳定性采用圆弧滑动法、平面滑动法或折线滑动法等进行计算；支挡结构的抗滑、抗倾覆稳定性是采用总安全系数法计算；支挡结构基底压应力采用容许应力法计算；钢筋混凝土结构的承载力极限状态设计包含抗弯、抗剪和抗拉计算。路基沉降量一般按照分层总和法计算，具体应按照现行标准《地铁设计规范》(GB 50157)、《铁路路基设计规范》(TB 10001)、《铁路路基支挡结构设计规范》(TB 10025)、《铁路工程地基处理技术规程》(TB 10106)执行。

2. 设计原则和主要设计标准

(1)设计原则

①路基工程应按照土工结构物进行设计，确保满足强度、稳定性和耐久性的要求，并符合环境保护、水土保持、文物保护等相关要求。

②路基边坡防护应注重绿化和美化设计，绿色植物选择应与周围市政设施植被相协调。

③路基支挡结构物应尽量选择轻型结构，便于施工，安全可靠。

④路基工程的地基应满足承载力和路基工后沉降的要求，地基处理措施应根据轨道类型、地质资料、路堤高度、填料、建设工期等通过检算确定。

⑤路基面上的预埋设备和基础比较多，应重视接口设计，统筹规划，系统设计，分步实施，保证路基强度、稳定性及防排水性能。

⑥路基工程应有完整、系统、通畅的排水设施，并与桥涵、隧道、站场及市政排水系统合理衔接。

⑦路基工程设计应因地制宜、合理选用工程材料，并应符合路基工程的应用条件和使用要求。路基填料应作为工程材料进行勘察设计，合理确定土石方调配方案。

(2)主要设计标准

①路基支挡及承载结构的设计使用年限为100年。路基防护结构及排水结构设计使用年限为60年。电缆槽、防护砌块、栏杆等可更换的小型构件结构设计使用年限为30年。

②路基的抗震稳定性和支挡结构物的抗震强度及稳定性应按设计地震设防。水平地震作用可采用静力法计算。

15.5.2 路基工程设计

1. 路基填料设计

路基填料对路基本体的安全和稳定起着至关重要的作用。路基填料设计是路基工程设计的重要组成部分，主要包括填料的选择、压实标准的确定两方面的内容，

路基填料分类根据对原土料的使用方法或加工工艺，可分为普通填料、物理改良土、化学改良土和级配碎石。普通填料又分为A、B、C、D组填料。

(1)填料设计一般原则

路基本体的不同部位应根据轨道类型选择不同的路基填料。路基填料应通过地质调绘和勘探、试验工作,查明料源岩土性质、分布和储量,确定填料来源、分类、分组名称、调配方案、改良措施等。填料的选择从安全稳定、经济合理、节约投资等方面综合确定。路基填料分为路基基床填料和路堤基床以下填料两部分,基床填料又分为基床表层填料和基床底层填料两部分。根据现行标准《地铁设计规范》(GB 50157)和《铁路路基设计规范》(TB 10001),按照无砟轨道和有砟轨道分别详述路基不同部位的填料设计。

①无砟轨道

基床表层采用级配碎石填筑。级配碎石主要特性为:黏土团及有机物含量不应超过2%;级配特性应满足不均匀系数 C_u 不小于15,曲率系数 C_c 为1~3;最大粒径不应大于60 mm。基床底层采用砾石类、砂类土中的A、B组填料或化学改良土。细粒土含量不应超过5%;最大粒径不应大于60 mm。基床以下部分填料应采用砂类土及细砾土、碎石类及粗砾土中的A、B、C1、C2组填料或化学改良土。无砟轨道各部位填料的压实标准见表15.11。无砟轨道路基填料标准横断面示意如图15.12所示。

表15.11 无砟轨道各部位填料的压实标准

路基各部位名称	填料		压实系数 K	地基系数 K_{30}(MPa/m)	7 d饱和无侧限抗压强度(kPa)	动态变形模量 E_{vd}(MPa)
基床表层	级配碎石		≥0.97	≥190		≥55
基床底层	A、B组	砂类土(粉砂除外)细砾土	≥0.95	≥130		≥40
		碎石类、粗砾土	≥0.95	≥150		≥40
	化学改良土		≥0.95		≥350	
基床以下	A、B、C1、C2组	砂类土、细砾土	≥0.92	≥110		
		碎石类、粗砾土	≥0.92	≥130		
	化学改良土		≥0.92		≥250	

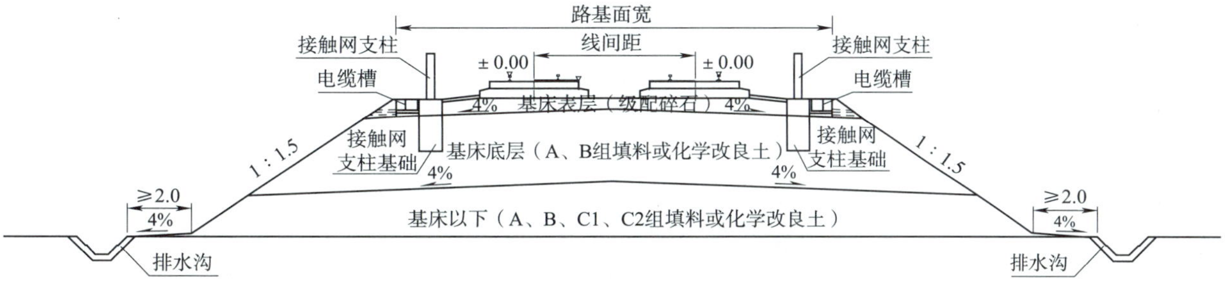

图15.12 无砟轨道路基填料标准横断面示意图(单位:m)

②有砟轨道

基床表层填料应采用A、B组填料或化学改良土;基床底层填料可选用A、B、C组填料或化学改良土。当采用C组填料时,在年平均降水量大于500 mm的地区,其塑性指数不应大于12,液限不应大于32%。基床以下部分填料可采用A、B、C组填料或化学改良土。有砟轨道各部位填料的压实标准见表15.12。有砟轨道路基填料标准横断面示意如图15.13所示。

表15.12 有砟轨道各部位填料的压实标准

路基各部位名称	填料		压实系数 K	地基系数 K_{30}(MPa/m)
基床表层	A、B组	砂类土(粉砂除外)	≥0.93	≥110
		砾石类、碎石类	≥0.93	≥140
	化学改良土		≥0.93	≥100

续上表

路基各部位名称	填　　料		压实系数 K	地基系数 K_{30}（MPa/m）
基床底层	A、B、C 组	细粒土、粉砂	≥0.91	≥90
		砂类土（粉砂除外）	≥0.91	≥100
		砾石类	≥0.91	≥120
		碎石类	≥0.91	≥130
	化学改良土		≥0.91	≥90
基床以下	A、B、C 组	细粒土、粉砂	≥0.9	≥80
		砂类土（粉砂除外）	≥0.9	≥80
		砾石类	≥0.9	≥110
		碎石类	≥0.9	≥120
	化学改良土		≥0.9	≥80

注：当路堑基床表层土质不满足规范要求时，可用化学改良土。

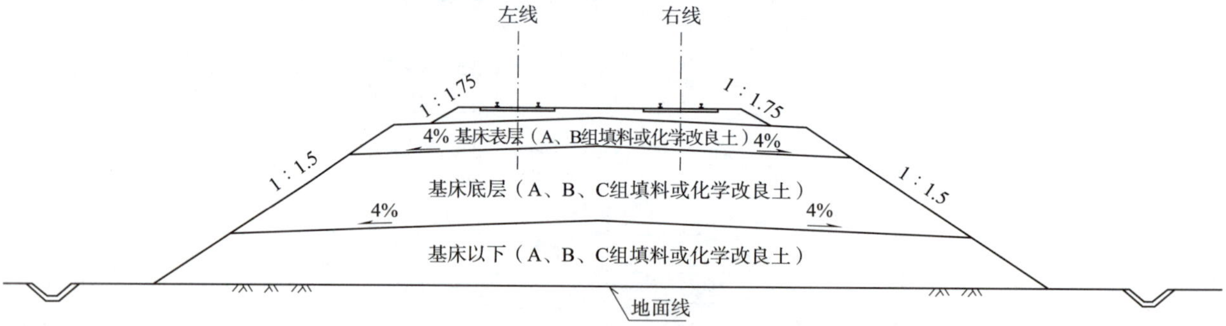

图 15.13　有砟轨道路基填料标准横断面示意图

（2）西安地区填料设计原则

西安地区的地貌单元主要有山前洪积平原、黄土台塬和黄土丘陵、渭河及其支流的冲洪积平原，广泛分布着第四系地层，主要为粉质黏土、黄土状土、新黄土、老黄土、古土壤等地层，这些地层均属于 C 或 D 组填料，D 组填料不能用作路基填料。C 组填料用于无砟轨道路基填料时，不能直接用作基床底层或基床以下填料，如果要采用，需要进行化学改良，一般在 C 组填料中掺 3%～5% 水泥或 6%～10% 石灰，其压实标准按照无砟轨道路基对应各部位的压实标准进行压实。C 组填料用于有砟轨道路基填料时，可以用作基床以下填料，不能直接用作基床表层或基床底层填料，如果要采用，需要进行化学改良，一般在 C 组填料中掺 3%～5% 水泥或 6%～10% 石灰，其压实标准按照有砟轨道路基对应各部位的压实标准进行压实。级配碎石需要商业购买。A、B 组填料可以商业购买，可以利用区间和车站的弃方，也可以集中取土。西安地区地震烈度为八度，为了满足抗震要求，不宜采用粉砂、细砂做路基填料。如果填料缺乏，粉砂、细砂经过改良后可用于路基填料。

路基填料应与全线区间和车站的土石方统一调配，尽量利用区间和车站符合要求的弃方做填料，以节约投资。如果区间和车站的弃方不满足填料要求，通过改良后可以再利用，应与集中取土进行综合比选，确保经济合理。

2. 路基过渡段设计

路基与桥涵、隧道，路堤与路堑，无砟轨道与有砟轨道路基的连接处均应设置过渡段。过渡段设计包括过渡段形式、长度、填料及压实标准、地基处理措施等内容。

路基与桥台、涵洞过渡段宜采用沿线路纵向倒梯形过渡形式，如图 15.14 所示。当过渡段施工先于邻近路基时，可采用沿线路纵向正梯形过渡形式，如图 15.15 所示。

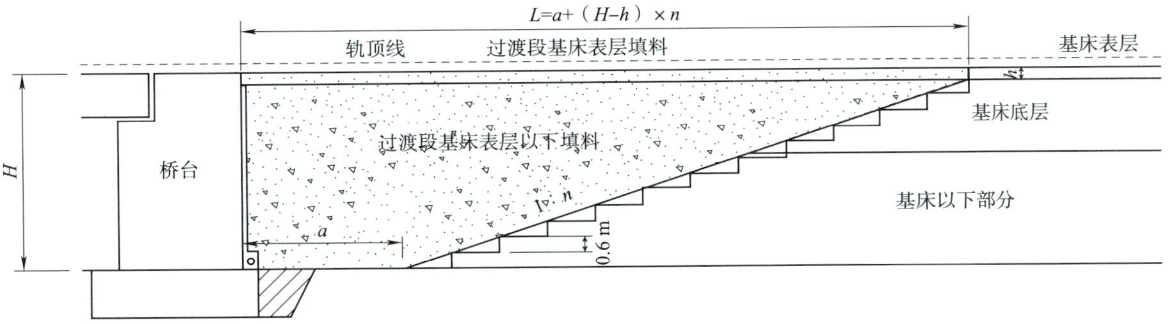

注：L—过渡段长度（m），无砟轨道路桥过渡段长度不小于20 m。
H—后台路堤高度（m）。
h—基床表层厚度（m）。
a—梯形底部（或顶部）沿线路方向长度（m），路桥过渡段无砟轨道取3~5 m，有砟轨道取3 m，路涵过渡段取2 m。

图 15.14　路基与桥台倒梯形过渡段设置示意图

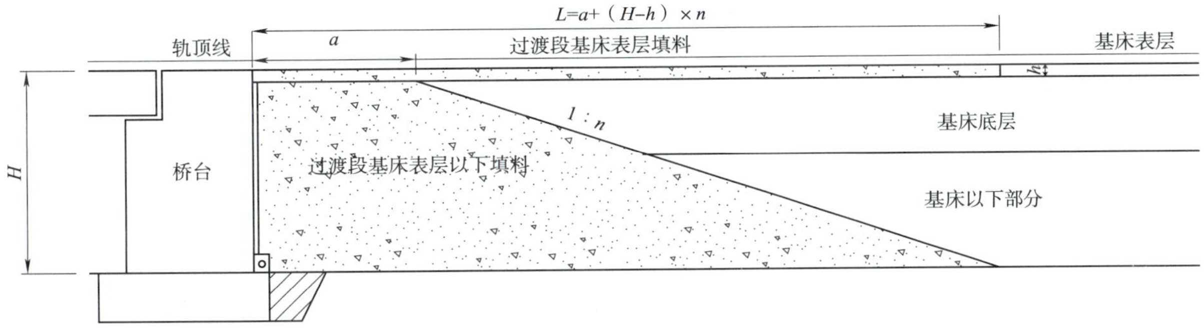

图 15.15　路基与桥台正梯形过渡段设置示意图

无砟轨道路桥过渡段长度不应小于 20 m。路桥、路涵过渡段路基基床表层填料采用掺入不小于 5% 水泥的级配碎石，压实标准同相邻路基基床表层的压实标准。基床表层以下梯形部分的填料为掺入不小于 3% 水泥的级配碎石，压实标准应符合压实系数 $K \geqslant 0.95$、地基系数 $K_{30} \geqslant 150$ MPa/m、动态变形模量 $E_{vd} \geqslant 50$ MPa。有砟轨道路桥、路涵过渡段路基基床表层填料及压实标准应与相邻基床表层相同。基床表层以下梯形部分的填料应选用 A、B 组填料，压实标准同基床底层的压实标准。过渡段地基处理措施应满足工后沉降控制要求，并应考虑与桥台及相邻路基地段沉降变形协调，必要时可在桥台后设置钢筋混凝土搭板。

路基与隧道过渡段宜采用沿线路纵向倒梯形过渡形式，如图 15. 16 所示。过渡段路基填料、压实标准与上述路桥过渡段的填料及压实标准相同。

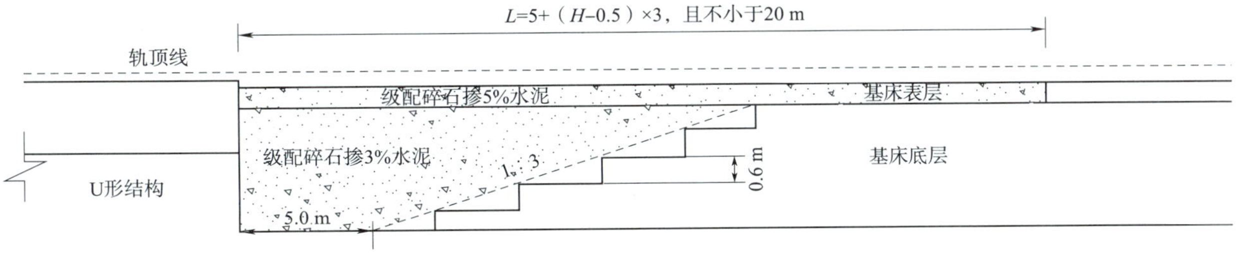

图 15.16　路基与 U 形结构过渡段设置示意图

路堤与土质路堑连接时，应顺原地面纵向开挖台阶，每级台阶宽度不小于 1. 0 m，如图 15. 17 所示。开挖部分填筑要求与路堤相应位置相同。

无砟轨道与有砟轨道路基连接处应在有砟轨道范围内设置过渡段，过渡段长度应与整体道床与碎石道床轨道过渡段长度一致，填料、压实标准应与无砟轨道的相应部位一致，地基处理措施应满足轨道过渡段的工后沉降要求。

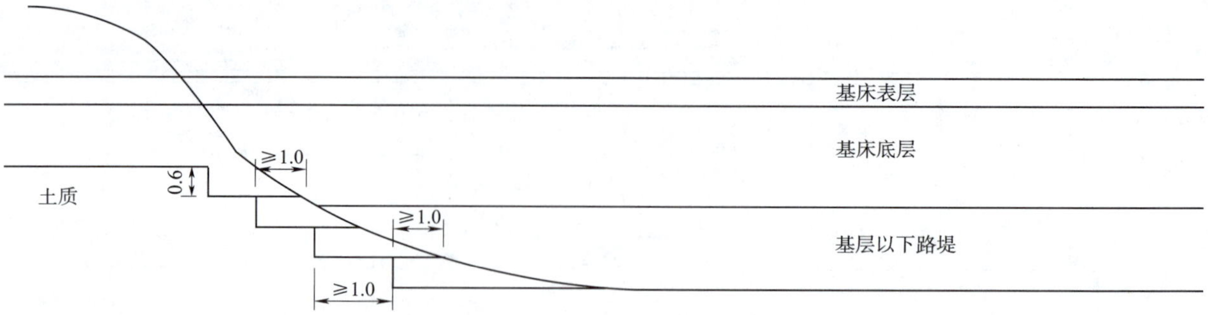

图 15.17 路堤与土质路堑过渡段设置示意图(单位:m)

3. 路基工后沉降控制标准设计

地基的总沉降量计算应包括瞬时沉降、主固结沉降及次固结沉降。主固结沉降宜采用分层总和法计算。路基工后沉降量按下式进行计算:

$$S_r \leqslant C_d$$
$$S_r = S - S_T$$

式中 S_r——工后沉降量,m;

C_d——工后沉降控制限值,m;

S——总沉降量或称最终沉降量,m;

S_T——路基竣工铺轨完成已经发生的沉降量(或称施工期沉降量),m。

地基压缩层计算深度应考虑路堤高度、地层结构及地基土特性等因素综合确定。无砟轨道计算深度按照附加应力等于 0.1 倍自重应力确定;有砟轨道计算深度按照附加应力等于 0.2 倍自重应力确定。

无砟轨道路基工后沉降量不应超过扣件允许的调高量,一般在 15 ~ 20 mm 之间;路桥或路隧交界处差异沉降不应大于 10 mm,过渡段沉降造成的路基和桥梁或隧道的折角不应大于 1/1 000。

有砟轨道路基工后沉降量不应大于 200 mm,路桥或路隧过渡段工后沉降量不应大于 100 mm,沉降速率均不应大于 5 cm/年。

无砟轨道与有砟轨道过渡段路基工后沉降应按照轨道要求进行控制。

4. 边坡防护工程设计

边坡防护工程设计包括路基边坡坡率、边坡形式及边坡防护形式等内容。

路堤边坡形式及坡率应根据路堤填料、边坡高度、轨道、列车荷载、地基工程地质条件、水文地质条件、地震设防烈度等综合分析确定。一般情况下,当边坡高度≤8 m 时,采用直线形(一坡到顶),边坡坡率为 1∶1.5;当边坡高度 >8 m 时,采用折线形或阶梯形(在边坡高度 8 m 处或边坡中部设 2 ~ 3 m 的边坡平台),边坡坡率为 1∶1.75。

路堑边坡形式及坡率应根据工程地质和水文地质条件、边坡高度、防排水措施、施工方法,并结合自然稳定山坡和人工边坡的调查及力学分析等综合确定。西安地区路堑边坡主要为黄土边坡,边坡形式及适用条件、边坡坡率见表 15.13 和表 15.14。

表 15.13 黄土边坡形式及适用条件

边坡形式	适用条件
直线形(一坡到顶)	(1)均质土层:Q_4、Q_3 黄土边坡高度 $H\leqslant12$ m,Q_2、Q_1 黄土边坡高度 $H\leqslant15$ m。 (2)非均质土层:边坡高度 $H\leqslant10$ m
折线形(上缓下陡)	非均质土层:边坡高度 $H\leqslant15$ m
阶梯形 (2.0 ~ 2.5 m 小平台)	(1)均质土层:Q_4、Q_3 黄土边坡高度 12 m$\leqslant H\leqslant$25 m,Q_2、Q_1 黄土边坡高度 15 m$\leqslant H\leqslant$25 m。 (2)非均质土层:边坡高度 15 m$\leqslant H\leqslant$25 m
阶梯形 (4.0 ~ 6.0 m 大平台)	边坡高度 $H>25$ m

表 15.14　黄土边坡坡率

黄土名称	边坡坡率	
	$H\leqslant 10$ m	10 m$\leqslant H\leqslant$20 m
全新世、晚更新坡积黄土（Q_4^{dl}、Q_4^{dl}）	(1∶1)～(1∶1.25)	(1∶1.25)～(1∶1.5)
全新世、晚更新世冲积、洪积、风积黄土（$Q_4^{al、pl}$、$Q_4^{al、pl、eol}$）	(1∶0.75)～(1∶1)	(1∶1)～(1∶1.25)
早更新世、中更新世黄土（Q_1、Q_2）	(1∶0.75)～(1∶1)	

当路堤边坡高度大于15 m、路堑边坡高度大于20 m时，应进行边坡稳定检算，检算方法宜采用圆弧法，稳定安全系数不应小于1.25。西安地区抗震烈度为8度，边坡稳定检算还应考虑地震力的影响，根据路基工程类别，稳定安全系数应为1.1～1.15。当不满足规范要求时，应采用加固措施进行处理。

路基边坡防护形式的选择应遵循因地制宜、安全可靠、经济适用、易于养护、兼顾景观的原则，常用的有植物防护、空心砖防护、骨架防护、路堑边坡锚杆框架梁防护等边坡防护形式。

5. 地基处理工程设计

西安地区普遍分布有人工填土、湿陷性黄土、饱和软黄土、饱和砂土液化等不良地质和特殊性岩土，以路基形式通过这些地段时，需要进行地基处理。

(1)人工填土地基处理

人工填土包括杂填土、素填土。

杂填土中含有生活垃圾或工业废料时，应全部挖除换填。杂填土中只含有建筑垃圾时，如果厚度$h\leqslant 3$ m，也应全部挖除换填。如果遇到范围较大，厚度$h>3$ m的杂填土，且不含生活垃圾和工业废料，以建筑垃圾为主，这种杂填土可采用挖除换填，通过挖除、破碎、筛分等措施进行部分或全部再利用、加固桩等措施进行处理。建议根据实际情况，从安全可靠、经济合理、便于施工等方面进行综合比选，选取最优方案。

素填土一般采用重型机械碾压、冲击(振动)碾压、挤密桩等措施进行处理，改善土的密实度和承载力。处理后地基承载力或压实系数应满足设计要求。

(2)湿陷性黄土地基处理

西安地区新近堆积的黄土状土、上更新世新黄土、中更新世老黄土一般具有湿陷性，湿陷性黄土最大的特性是遇水湿陷，发生地基下沉变形，变形量大，对工程危害大，是西安轨道交通建设中普遍存在的地基处理问题。

湿陷性黄土地基处理应从加强防排水及地基处理措施等多方面进行综合治理。

湿陷性黄土地段，路堤坡脚应设置排水沟；路堑堑顶应设置天沟；多级边坡平台上应设置截水沟，确保排水通畅，将地表水引排，避免冲刷坡面。

除了拦截、引排地表水外，还应进行封水防渗处理。路堤基底可设置为灰土或水泥土进行封水，路堑基床底层铺设防渗土工膜进行封水。坡脚至水沟间及水沟底部应进行防渗加固，防渗宜采用灰土或水泥土封闭层、复合土工膜、防水卷材等。

根据路基工后沉降标准要求，结合黄土地层总湿陷量来进行路基沉降分析计算，确定具体的地基处理措施，全部或部分消除湿陷。

湿陷性黄土地基处理厚度小于3 m时，采用冲击碾压或挖除换填(水泥土或石灰土)处理；3～6 m时可采用挖除换填(水泥土或石灰土)处理，也可采用灰土或水泥土挤密桩处理。应结合具体情况，从安全可靠、节约投资、便于施工等方面进行综合选取；超过6 m时采用灰土或水泥土挤密桩、柱锤冲扩桩、长短桩、桩板结构等加固处理。复合地基的桩顶应设厚度不小于0.5 m的灰土或水泥土垫层，垫层中应铺设一层或两层土工格栅。

(3)饱和软黄土地基处理

饱和软黄土埋深5.5～13.0 m，局部地段略深，厚度一般为0.5～6.5 m，局部大于8 m，有时呈透镜体分布。饱和软黄土常呈软塑～流塑状态，承载力低，压缩性高，强度低。对路基工程的影响表现为不均匀沉降、沉降变形大。

一般情况下，采用水泥土搅拌桩、碎石桩、CFG 桩或长短桩进行饱和软黄土处理。桩间距和桩长通过检算确定，桩布置形式采用正三角形或矩形。复合地基的桩顶应设厚度不小于 0.5 m 的灰土或水泥土垫层，垫层中应铺设一层或两层土工格栅。

（4）饱和砂土液化地基处理

西安地区饱和可液化砂土、粉土在渭河漫滩及一级阶地前缘，皂河中、下游主河槽及两侧漫滩区，浐河、灞河下游漫滩及一级阶地区呈星点状分布，其液化等级属轻微到中等液化，液化深度多不超过 10 m。饱和砂土、粉土在地震作用下发生地震液化后，土体会丧失抗剪强度，承载力降低，地基失效、结构破坏。

应根据液化土的性质、厚度、埋深、地表非液化层厚度及路堤高度等因素综合分析计算确定，采用碎石挤密桩或碎石挤密桩与 CFG 桩组合等措施进行加固。

6. 支挡工程设计

（1）设置原则

应在下列段落设置支挡工程：

①为了节约用地，保护重要的既有建筑物地段。

②边坡较高，避免大量土方工程，加强边坡稳定的地段。

（2）荷载及安全系数

支挡结构荷载力系应包括主力（墙背土压力、墙身重力、墙顶上的恒载、轨道和列车荷载）和特殊力（地震力）。轨道和车辆荷载应根据采用的轨道结构及车辆轴重、轴距等参数计算，并应用换算土柱高度代替。需设置照明灯杆、电缆支架、声屏障立柱和围墙等设施时，荷载力系中应考虑上述设施结构荷载及风荷载等附加荷载。

一般情况下，抗滑稳定安全系数 K_c 不应小于 1.3，抗倾覆稳定安全系数 K_0 不应小于 1.6，整体稳定安全系数 K 不应小于 1.25。西安地区位于八度地震区，挡土墙检算应考虑地震力的作用。地震情况下，抗滑稳定安全系数 K_c 不应小于 1.1，抗倾覆稳定安全系数 K_0 不应小于 1.3，整体稳定安全系数 K 不应小于 1.15。

（3）支挡工程主要类型

常采用的支挡结构类型有重力式挡土墙、悬臂式挡土墙（L 形悬臂式挡土墙）、扶壁式挡土墙、桩板墙等。

① 重力式挡土墙：一般为仰斜式，墙胸、背坡坡率为 1:0.25，采用不低于 C30 素混凝土现场浇筑。墙高不宜大于 10 m（满足抗震需要：地震区 C 类不大于 6 m，D 类不大于 8 m）。优点是造价相对低，施工简单，施工速度快。缺点是墙体较厚，不轻便，没有直立式挡土墙收坡效果明显。

②悬臂式挡土墙：由立臂板和底板组成，墙高不宜大于 6 m。采用不低于 C35 钢筋混凝土现场浇筑。优点是墙体薄，轻型构造，直立式收坡效果显著，施工工艺成熟，是较常用的挡土墙类型。为了最大化利用土地，不突破用地红线，将常规的悬臂式挡土墙改良为 L 形悬臂式挡土墙；取消底板中趾板，适当加长踵板，同样能起到收坡的效果。

③扶壁式挡土墙：由立臂板、底板和扶壁组成，墙高不宜大于 10 m。采用不低于 C35 钢筋混凝土现场浇筑。优点同悬臂式挡土墙，墙体更高，收坡效果更加显著。

④桩板墙：由支挡桩和桩间挡土板组成，支挡桩桩截面可采用矩形或圆形，矩形短边长度不宜小于 1.25 m，桩间距宜为 5 ~ 8 m；圆形桩截面直径不宜小于 1.0 m，桩间距宜为 2 ~ 5 m。采用不低于 C35 钢筋混凝土现场浇筑。桩悬臂段长度不宜大于 10 m。必要时桩上可设置一到二排锚杆或预应力锚索。桩板墙结构稳固，收坡效果明显。施工工艺相对复杂，难度大，造价相对高。在高边坡地段经常采用。

支挡结构类型的选择应从安全可靠、经济合理、技术先进和便于施工养护等方面进行综合比选。同时兼顾美观，与周围环境相协调。

7. 其他路基工程设计

西安地区还有人为坑洞等不良地质现象。

人为坑洞:主要分布在黄土塬、黄土梁洼区及河流三级阶地的上部,在河流一级阶地、二级阶地的部分段落也有少量分布。主要为湿陷性黄土层中形成的陷穴,部分为人类活动留下的窑洞、渗井、古墓、地窖等,局部可能分布有土洞等,大小一般为0.5~2 m,形状不规则,埋深一般为1~8 m,部分段落可达10 m,一般不超过15 m,空洞及洞穴一般无充填或充填一般,稳定性差。

埋深浅的人为坑洞,可直接按照一定的临时边坡坡率将上部覆土挖开,分层回填C组填料或改良土,回填土压实系数不小于0.9。如果人为坑洞埋较深,不具备开挖条件,可采用灌浆进行处理。沿着人为坑洞走向线性布置钻孔,钻孔按照一定间距布置,通过钻孔向人为坑洞内灌注黄土泥浆或者水泥浆液,处理范围端头采用水泥砂浆封洞。

15.5.3 接口设计

路基接口设计主要有以下几方面的内容:

(1)路基面上应预留电缆槽、电缆井、接触网支柱基础、声屏障基础、疏散平台基础等系统设备。

(2)路基工程与区间隧道、桥梁、结构等工程平顺衔接。

(3)应考虑安全防护设施和养护维修条件。

路基面上的各种预埋设备及基础的施工应与路基填筑系统设计、统筹规划、同步实施,避免进行二次开挖,造成路基及排水系统的损害,影响路基强度及稳定。

路基工程在设计过程中,应与区间隧道、桥梁、结构专业互提缺口资料,加强沟通,保证工程平顺衔接。路基排水工程也应与相邻工程平顺衔接,保证排水通畅。

路基工程地段的围墙设计应与全线的围墙相一致。与市政道路并行地段应设置防护栅栏或防撞墩(墙)等安全防护措施。路基边坡防护工程设计时,每间隔一定距离设置了踏步台阶,方便养护人员进行边坡养护。

15.6 高架区间结构发展及展望

15.6.1 城市轨道交通高架桥装配式施工技术

在我国的城市轨道交通建设中,高架桥上部结构已大多采用预制工法,但下部结构的施工多以传统的现浇工法为主,现场施工时间长,同时往往占压部分既有道路,容易造成交通堵塞情况。在高架桥施工中使用预制装配式施工是一种潜在的解决方案。

采用预制钢筋混凝土构件进行装配式施工主要有以下优势:

(1)缩短工期。高架桥墩帽、墩柱预制有效减少了现浇施工时的钢筋绑扎、脚手架安拆、模板安拆、浇筑混凝土、养护等工序的作业时间,大大缩短了工期。不仅能够缩短道路占用时间,并可快速恢复原有交通。

(2)减小交通干扰。因城市交通拥堵,道路情况复杂,存在较大的安全隐患。如墩帽、墩柱采用预制厂制造,减少场地占用时间,减少混凝土运输车的频繁驶入及占道情况,利用夜间集中装配,将施工对交通产生的干扰降到最低。

(3)质量和耐久性有保证。高架桥墩帽、墩柱采用定型钢模板在工厂进行标准化生产,构件质量能够得到保障,相对于现场浇筑施工工艺,各种随机因素更加可控,混凝土构件的耐久性更好。

(4)减少周转料使用。减少了脚手架搭拆、模板安拆等部分工序,即减少了钢管、模板等周转材料使用。

(5)综合效益高。工期缩短后,不仅减少工程管理费及部分人工费,还能够减少因交通管制、交通导改的直接成本和对民众出行、货物运输的延误等情况的间接成本。

(6)环境污染小。墩帽、墩柱采用预制装配后,工地现场作业量明显减少,粉尘污染、噪声污染显著降低,低碳、和谐,符合绿色发展理念。

轨道交通高架桥梁部采用预制装配式施工方案已比较普遍,但桥梁下部结构墩帽、墩柱采用装配式施工还较少。从节约工期、施工质量保证、交通干扰、环保等因素,装配式墩帽、墩柱的施工是城市轨道交通发展的一个方向,并在部分城市轨道交通桥梁施工中已进行了尝试,如京雄城际铁路实现了管桩、墩柱、墩帽、梁、桥面系的全预制装配式施工,为全装配式桥梁的发展起到了很好的引领作用。

15.6.2 路基发展及展望

路基工程是承载着轨道和列车荷载的土工结构物,它的强度、稳定性和耐久性是保证列车安全、舒适平顺运行的前提条件,是地铁工程中不可缺少的一项工程。地铁路基工程主要遵循铁路路基工程的设计理念和规范规定。铁路路基工程在我国铁路建设的七十多年的发展历程中,广大路基工作者从我国实际出发,学习和引进国外先进技术,刻苦钻研,反复实践,从科研、设计、施工等各方面形成了一套科学、系统、完善的路基工程技术体系和管理制度。路基本体、边坡防护与加固、支挡结构、地基处理等方面都有详细、成熟、可行的设计内容和方法体系。随着铁路、地铁建设的不断发展,路基工程的内容和方法不断地完善和更新。

西安轨道交通在十几年的建设发展中,路基工程发挥了重要作用,也出现了一些新问题。需要进一步进行研究:

1. 建筑垃圾再利用和杂填土加固处理的研究

目前西安轨道交通场段还未遇见大范围的杂填土,遇到的杂填土埋深比较浅,规模不大,一般采取挖除换填进行处理。在后期地铁建设中,场段地区很可能遇到挖除换填数量巨大的杂填土的问题。杂填土中建筑垃圾是否可以再利用,减少弃方量和取土量,这是一个新课题。另外,还有可能遇到埋深较深,规模大的杂填土地基,显然挖除换填不可行,需要研究新的加固方法进行处理。

现行规范中没有关于建筑垃圾再利用的规定。有些地方已有一些实际应用实例,取得了不错的效果。现在各方面正在加快研究,形成一套科学、安全、系统的建筑垃圾再利用的技术规定。杂填土加固处理的新方法也是将来需要解决的课题。

2. 装配式挡墙研究

挡土墙墙体一般需要立模后灌注混凝土,施工工序多,施工工期长。装配式挡土墙施工便捷、迅速,安全环保,这是在城市地铁建设中一个新趋势。

建筑垃圾再利用、装配式挡土墙应用等都是未来路基工程中需要研究解决的新课题,后期还会出现更多的路基填料、挡土墙类型、地基处理等方面的问题,希望有更多的新技术、新工艺、新材料应用到路基工程,使路基工程更加稳定、完全、轻型、美观、环保。

第 16 章　轨道设计

16.1　设计概论

轨道结构是地铁运营行车的基础，它直接承受地铁列车荷载，并引导地铁列车运行。一般由钢轨及接头联结件、扣件、道床、道岔、钢轨伸缩调节器、减振轨道结构、附属设备等组成。

16.1.1　设计内容

轨道结构设计包括轨道设备（含钢轨、扣件、轨枕、道岔、道床、减振轨道结构、附属设备）选型设计、无缝线路设计、与各专业接口配合设计、排水设计等。

16.1.2　设计原则

城市轨道交通具有行车密度大、运营时间长、维修时间短、夜间维护和环境保护要求高的特点。轨道结构是地铁运营行车的基础，在确保地铁运营安全、舒适、快速、环保等方面起着十分重要的作用，其主要设计原则为：

（1）在满足运营要求的基础上，兼顾规划线路的需求，尽量采用通用的设备类型，并根据线路特点进行优化，实现“标准化设计”，以方便施工、建设管理和运营维护。

（2）轨道结构应具有足够的强度、稳定性、耐久性、绝缘性和适量弹性，并应符合质量均衡、弹性连续、结构等强、合理匹配的原则。

（3）轨道结构设计应外观整齐、施工方便，并充分考虑检测、养护、维修，满足各相关专业的接口技术要求。

（4）根据环保的要求，轨道结构应分段采用相应的减振结构，并采用综合性措施使振动和噪声控制在国家标准允许的范围内。

（5）轨道结构应具有良好的电气绝缘性，满足轨道信号传输及杂散电流防护要求。

（6）道床面应平整、连续、无障碍，在紧急情况下方便乘客通过道床面进行疏散。

16.1.3　主要技术标准

1. 轨距

采用 1 435 mm 标准轨距。小半径曲线地段适当加宽，轨距加宽在缓和曲线范围内递减，无缓和曲线或缓和曲线长度不足时在直线内递减，递减率≤2‰。

2. 轨底坡

在西安地铁 2 号线设计前期，通过对不同轨底坡与磨耗型车轮理论匹配与实际磨耗效果的对比分析，正线整体道床采用 1/30 的轨底坡，改善了轮轨关系及减少轮轨磨耗。目前西安地铁运营线路除 14 号线采用 1/40 的轨底坡，其余线路均采用 1/30 轨底坡，钢轨顶面的磨耗“光带”基本居中，效果良好。

3. 曲线超高

（1）超高值：曲线超高值由列车通过该曲线的平均速度计算，最大超高值为 120 mm；车站站台有效长度范围内曲线超高≤15 mm。未被平衡超高允许值≤61 mm，困难条件下≤75 mm；配线和车场线岔后附带曲线应避免出现反超高。超高设置时应注意，当同一曲线跨越地面线和地下线时，应采用全超高。

（2）超高顺坡：在缓和曲线顺坡，若未设缓和曲线或缓和曲线长度不足时，在直线段顺坡，顺坡率一般≤2‰,困难条件下≤2.5‰。

4. 轨枕铺设数量

西安轨道交通正线铺设数量为1 600~1 680对(根)/km,配线轨枕铺设数量为1 600对(根)/km。场段库外线为1 440根/km;库内线结合工艺要求配置轨枕。

5. 无缝线路

正线及出入线的地下段采用整体道床,铺设温度应力式无缝线路,道岔与区间长轨条之间插入一根25 m标准轨进行过渡,地裂缝地段采用局部长轨条。

6. 轨道结构高度

轨道结构高度为考虑钢轨、扣件及轨枕的安装高度,道床的稳定性、耐久性、可施工性及一定的结构施工误差包容性,减振轨道结构的减振效果要求等确定的轨顶下最小高度值,具体要求详见《地铁设计规范》(GB 50157—2013)。

16.2 轨道结构设计

16.2.1 轨道设备

1. 钢轨

钢轨是轨道结构的直接受力部分,它引导车辆前行,承受车轮的冲击力并将从车轮传来的力传递给扣件、轨枕及轨道基础。同时,做牵引供电回流及轨道电路之用。

(1)钢轨类型和材质:国内地铁一般正线、配线和试车线采用60 kg/m钢轨,车场线采用50 kg/m钢轨,50 kg/m钢轨与60 kg/m钢轨之间通过50~60 kg/m异型钢轨衔接。西安轨道交通除2号线钢轨材质采用U71Mn外,其余线路采用U75V。车场线采用U71Mn钢轨材质。经多年使用,运营效果良好。

(2)钢轨接头:正线一般采用焊接接头;道岔前后为消除接头轨缝且便于道岔的钢轨、辙叉更换采用冻结接头。车场线一般设置有普通接头、绝缘接头。其中绝缘接头由信号、供电专业提出具体位置,应注意出入线、试车线、场段主要道岔和运用库前绝缘接头为保证接头的平顺性、整体性等一般采用胶接绝缘接头。

按照左右钢轨接头相关位置关系可以分为对接和错接方式,直线地段钢轨接头采用对接方式;小曲线地段钢轨接头采用错接方式,其错接距离大于等于3 m。

(3)钢轨预打磨:为减少磨合期内轮轨的异常磨耗,优化轮轨关系,西安轨道交通在运营开通前对钢轨进行预打磨。

2. 扣件

扣件是连接钢轨和轨枕的重要设备,扣件结构与轨下基础的形式关系密切。

(1)扣件的设计参数是各部件制造验收的依据,主要设计参数包括:节点垂向刚度、节点抗横向水平力、弹条扣压力、节点抵抗钢轨纵向爬行能力、抗疲劳荷载能力、轨距调整量、高低调整量以及绝缘部件的电气绝缘能力。

(2)西安轨道交通正线及车场线主要扣件类型、零部件结构、性能及适用地段,见表16.1。

表16.1 扣件结构、性能及适用地段表

序号	扣件名称	扣件类型	扣压件	扣件结构	主要性能	适用地段
1	DTⅥ2型扣件	弹性分开式结构	DI弹条(ϕ18 mm)	无挡肩式,采用T30螺旋道钉及单层重型弹簧垫圈;轨下设12 mm厚弹性垫板,板下设16 mm厚的弹性垫板	垂向静刚度20~40 kN/mm;钢轨爬行阻力11 kN/组;轨距调整量$^{+8}_{-12}$ mm;钢轨调高量30 mm	60 kg/m钢轨地下、地面线整体道床

续上表

序号	扣件名称	扣件类型	扣压件	扣件结构	主要性能	适用地段
2	弹条Ⅲ型扣件	弹性分开式结构	采用国铁Ⅲ型弹条（ϕ20 mm），单个弹条的初始扣压力为10～13 kN	扣压力大，对轨下垫板弹性发挥不利	钢轨爬行阻力大于12 kN/组；垂向静刚度40～50 kN/mm；轨距调整量$^{+14}_{-18}$ mm；钢轨调高量20 mm	60 kg/m钢轨地下线整体道床
3	DTⅦ2型扣件	弹性分开式结构	ω弹条（ϕ13 mm），单个弹条扣压力为4 kN	无挡肩式；采用T30螺旋道钉	单个弹条扣压力为4 kN，钢轨爬行阻力6 kN/组；垂向静刚度30～50 kN/mm；轨距调整量$^{+8}_{-16}$ mm；钢轨调高量30 mm	60 kg/m钢轨高架线整体道床
4	弹条Ⅰ型扣件	弹性不分开式结构	国铁Ⅰ型ω弹条（ϕ13 mm）	国铁定型扣件，有挡肩式；设轨距挡板和挡板座调整轨距；为通用和增加扣件弹性，轨下弹性垫板采用地铁常用扣件的轨下弹性垫板	单个弹条扣压力8～9 kN；用于50 kg/m钢轨，轨距调整量$^{+16}_{-8}$ mm；用于60 kg/m钢轨，轨距调整量$^{+12}_{-8}$ mm；钢轨调高量10 mm	50 kg/m钢轨、60 kg/m钢轨混凝土枕碎石道床
5	DJK5-1型扣件	弹性分开式结构	国铁Ⅰ型ω弹条（ϕ13 mm）	设M22 T形螺栓，绝缘轨距块，2个T24螺旋道钉	扣件扣压力较大，钢轨爬行阻力大于11 kN/组；轨距调整量为$^{+8}_{-12}$ mm，钢轨调高量为30 mm	50 kg/m钢轨检查坑及一般整体道床
6	Ⅲ型检查坑扣件	弹性分开式结构	国铁Ⅰ型ω弹条（ϕ13 mm）	设M22 T形螺栓，绝缘轨距块，2个T24螺旋道钉	扣件扣压力较大，钢轨爬行阻力大于11 kN/组；垂直静刚度30～50 kN/mm；轨距调整量为$^{+8}_{-12}$ mm，调高量钢轨调高量为30 mm	60 kg/m钢轨检查坑（宽1.2 m）及一般整体道床
7	地裂缝框架板专用扣件	弹性分开式结构	国铁Ⅰ型ω弹条（ϕ13 mm）	无挡肩式，采用T30螺旋道钉及锯齿垫圈	长钉孔设计，水平横向调整量－13～93 mm。配合特制垫板，调高量50 mm	地裂缝框架板地段

（3）扣件防腐：地铁对扣件防腐蚀日益重视，为延长扣件零部件的使用寿命，要求对扣件的零部件进行防腐处理。铁垫板采用静电喷涂处理，其余铁件均采用达克罗加封闭层的防腐工艺。

3. 轨枕

轨枕安装于钢轨、扣件之下，支承钢轨并通过扣件承受来自钢轨的动应力，将荷载传递给道床。同时，与扣件共同有效地保持轨距等轨道几何尺寸。轨枕有钢筋混凝土短轨枕、预应力混凝土长枕、木枕、梯形轨枕等。

西安轨道交通1号、2号、3号线采用短轨枕，部分碎石道床地段采用预应力混凝土长枕。钢筋混凝土短轨枕为梯形断面，结构简单，制作容易，造价便宜，用于地下线时排水沟可灵活设置在道床中心或道床两侧，且水沟排水面积大。但相较于长轨枕，钢轨轨底坡易出现较大偏差。

西安轨道交通4号线及后续线路地下线以预应力混凝土长轨枕为主，但为减少桥梁的二期恒载，高架线仍采用短轨枕。预应力混凝土长轨枕方便轨排法施工，施工进度更快，轨底坡和轨距等轨道几何形位的精度控制受施工进度影响小，轨枕预留5个圆孔，设纵向钢筋贯穿，增加了道床的整体性。但相较于短轨枕，占用的轨道结构高度大。

轨枕设计时，以下特殊工况建议采用短轨枕：

（1）在钢弹簧浮置板道床因浮置板受力因素、轨下净空要求及道床结构自身特点，推荐采用钢筋混凝土短轨枕。为更好地适应浮置板地段的要求，将轨枕减薄至130 mm，下部伸出钢筋钩以加强与道床混凝土的联结，轨枕采用C50混凝土，应在工厂预制。

（2）在地下线废水泵房、集水坑、减振段排水过渡段（特殊减振与普通道床过渡段）等需要设置中心水沟的地段推荐采用短轨枕，能更好地适应隧道施工误差。

（3）隧道施工误差大，经调线后无法满足长枕铺设的地段可采用短轨枕。

4. 道床

道床是轨道框架的基础,西安轨道交通道床类型有整体道床和碎石道床两类。地下线、地面线、高架线、场段库内线主要采用整体道床;车场库外线、特殊地段采用碎石道床。

(1)地下线短枕式整体道床:采用C40混凝土现浇,道床设置双层钢筋网,道床钢筋与排流筋相结合布置。为便于运营后养护维修,钢轨底至道床顶面间垂直距离大于等于70 mm。

道床块长度一般为12.5 m、U形结构段及隧道洞口内50 m范围设置为6.25 m左右。道床块间通过20 mm宽的道床伸缩缝分隔,结构变形缝处亦设道床伸缩缝,伸缩缝以沥青木板或泡沫塑料板形成,表面30 mm范围以沥青麻筋封顶。道床设置中心水沟,矩形断面,宽度为400~500 mm,加盖盖板。

(2)地下线长枕式整体道床:与短枕式道床不同,长枕式道床设置两侧水沟。道床中间为平坡,使道床中心形成一个较宽的行走平台,直线段两侧向水沟方向设3%的排水横坡,曲线段道床表面坡度一致。

(3)高架线短枕式整体道床:两条带状纵向道床块,根据梁长,一般情况下道床块长6.25 m或6 m,宽800 mm;道床块之间设宽200 mm的横向缝以便于梁面排水。道床块采用C40钢筋混凝土,道床设双层构造钢筋,道床钢筋与排流筋相结合布置并满足杂散电流专业的钢筋联结要求。

为加强道床混凝土与梁面的联结,梁面上预埋了竖向道床联结筋。

(4)减振垫整体道床:适用于高等减振地段,其减振原理是在轨道钢筋混凝土道床板和基础之间设置减振垫隔离层,构成浮置板道床,较普通整体道床,减振效果可达10 dB左右。

道床板采用C40现浇钢筋混凝土或预制板,设置横向限位的挡墙、排水明沟,道床板下基底内可设置排水暗沟。

(5)梯形轨枕道床:适用于高度减振地段,该减振轨道结构由梯形轨枕、弹性支墩、混凝土底座构成。梯形轨枕由预应力混凝土纵梁和钢管连接件构成,形似梯子,梯形轨枕以一定间隔的弹性支墩支撑在钢筋混凝土底座上,弹性支墩采用防振材料,提供良好的弹性,其减振效果达到10~12 dB。

与普通轨枕相比,梯形轨枕为工厂预制,由C50钢筋混凝土纵梁和钢管的横向连接杆构成,消除了枕中负弯矩。

(6)钢弹簧浮置板道床:适用于特殊减振地段,钢弹簧浮置板整体道床由浮置板道床、弹簧隔振器等组成。隔振器由箱体(浇筑在浮置板中)、螺旋钢弹簧及调节装置等组成。在浮置板钢轨外侧设置隔振器,通过钢弹簧隔振器将浮置板顶升,形成“质量—弹簧”体系。较普通整体道床,减振效果可达15 dB以上。

(7)地裂缝可调式框架板道床:西安地裂缝是一种国内比较少见的、特殊的地区性地质灾害,具有累计沉降量大兼有横向水平错动的特点。为应对这种地质变形,西安轨道交通采用了可调高的框架板整体道床。特殊工况下采用碎石道床。

(8)碎石道床:车场库外线一般地段采用碎石道床。

出入段线整体道床与碎石道床、试车线检查坑整体道床两端与碎石道床衔接处,均设置道床过渡段,即在碎石道床端采用C30钢筋混凝土板铺底,混凝土板长7.8 m,宽3.1 m。预应力枕底的道砟厚度从150 mm线性过渡到450 mm。

(9)库内整体道床:根据检修工艺要求库内整体道床有短枕式道床、墙式检查坑道床、柱式检查坑道床、直埋式道床四种。

5. 道岔

道岔是地铁运营组织调车必需的重要设备之一,由于道岔具有数量多、构造复杂、使用寿命短、限制列车速度、养护维修投入大等特点,与曲线、接头并称为轨道的三大薄弱环节。

(1)道岔类型:道岔的基本形式有三种,即线路的连接、交叉、连接与交叉的组合。按基本形式分类,地铁采用的道岔类型主要有单开道岔、单渡线、交叉渡线、复式交分道岔、三开道岔及对称道岔等。其中单开道岔是最常用、最基本的道岔类型。

(2)列车通过道岔的速度:道岔选型首先应满足列车的运行速度要求,包括道岔的直向和侧向通过速度。地铁中，正线道岔的直向容许通过速度不应小于区间设计速度。

(3) 信号对道岔的基本要求

尖轨的正确转换需要通过信号转辙机进行。道岔设计和铺设应满足信号的锁闭形式、绝缘位置、转辙设备安装空间和位置要求。

(4)正线道岔

西安轨道交通正线采用60 kg/m 钢轨 9 号道岔和 5 m 间距交叉渡线。道岔平面为较先进的相离型(f = −13 mm)，采用60AT 弹性可弯曲线尖轨，跟端为标准接头夹板连接，可弯段轨底刨切。道岔转辙器采用与国铁提速道岔相同的限位器结构。道岔一般部位扣件采用与区间一致的 DTⅥ2 型扣件，导曲线半径 200 m，侧向容许通过速度 35 km/h，道岔设两点牵引，适用于分动外锁闭。

考虑折返线高锰钢辙叉磨耗快，养护维修频繁，西安轨道交通从 5 号线起，在折返线道岔区采用合金钢辙叉。合金钢辙叉为厂制拼装式，初期辙叉表面硬度达 370 ~430 HB，大大高于高锰钢(170 ~230 HB)，耐磨性能大幅提高。

(5)车辆基地道岔

试车线采用60 kg/m 钢轨 9 号单开道岔(钢轨件同正线道岔)，其余车场线采用 50 kg/m 钢轨 7 号单开道岔及 5. 0 m 间距交叉渡线。

西安轨道交通车辆基地采用 50 kg/m 钢轨 7 号道岔，允许通过速度为直向 60 km/h、侧向 25 km/h。道岔平面采用半割线型曲线尖轨(割距 4 mm)，割线型直线辙叉(割距 12 mm)，导曲线半径 150 m，道岔转辙器采用 50AT 曲线尖轨，尖轨长 5120 mm，跟端采用间隔铁式活接头连接，采用高锰钢整铸固定型辙叉，护轨为分开式，采用 43 kg/m 钢轨制造。道岔采用碎石道床，1 号、2 号线中，单开道岔岔枕采用预应力混凝土岔枕，交叉渡线采用木枕，3 号线后全部改进为混凝土岔枕。

6. 轨道附属设备

(1)线路及信号标志：百米标、坡度标、曲线要素标、圆曲线和缓和曲线起终点标、竖曲线起终点标、控制基标、限速标、停车位置标、终点停车标、警冲标等。

为增强西安轨道交通各条地铁线路轨道标识标志的通用性，便于运营单位的统一管理及运营维护，在对西安既有轨道交通线路及国内同类工程所用轨道线路标识标志进行总结和补充，编制了新建线路轨道标识标准，对材质、安装位置等进行了详细的设计。

标志应以安装牢固、司机易见、禁止侵入建筑限界为原则。各标志的安装位置应错开管片接缝和管片连接螺栓位置，且应避开其他相关专业设备，防止被电缆线等设备遮盖。

(2)道口：车辆基地库内设置横通道，库外设置平交道口。道口结构类型主要有预制混凝土板、现浇混凝土整体道口、橡胶道口。

(3)钢轨涂油器：正线一般地段半径 $R \leqslant 500$ m 外股钢轨内侧安装钢轨涂油器，设置在各曲线迎车方向一端。

(4)车挡：车挡是设在线路尽头端的安全设备，能够对失控列车进行强制停车。正线、配线、车场线、牵出线及试车线采用液压缓冲滑动式车挡，占用线路长度为 15 m(高架线路为 25 m)。库外采用液压固定式车挡，占用线路长度 3 m。库内线采用液压固定式车挡或摩擦式车挡，占用线路长度 3 m。当线路采用全自动驾驶，库内线采用框架式固定车挡。

线路专业在线路设置时需将车挡占用线路长度考虑在线路内，轨道专业不再延长。

(5)桥上护轨：高架线半径 $R \leqslant 500$ m 曲线的缓圆点或圆缓两侧，其缓和曲线部分不小于缓和曲线长的一半并不小于 20 m，圆曲线部分 20 m 范围内下股钢轨内侧设防脱护轨；跨越城市主要道路、铁路线路及通航航道等地段及受列车意外撞击时易产生结构型破坏的高架桥地段及其以外各 20 m 范围内，在靠近双线高架桥中线侧的钢轨旁；竖曲线与缓和曲线重叠地段，在竖曲线范围内的两股钢轨内侧安装防脱护轨。应注意护轮轨安装应预留计轴安装条件，安装完成后不得侵限。

16.2.2 无缝线路

无缝线路分为温度应力式和放散温度应力式两种。温度应力式无缝线路结构简单，铺设维修方便，通常不必人工放散钢轨温度应力，目前我国城市轨道交通普遍采用温度应力式无缝线路。

影响无缝线路的主要因素包括：轨温变化幅度、轨道结构稳定性和线路条件（主要为曲线半径大小）。对高架桥，还应考虑桥梁变形对无缝线路的影响。

1. 地下线无缝线路设计

地下线轨温一般在 5 ~40 ℃范围，温差变化较小，且为整体道床，正线曲线半径也满足无缝化所要求的范围，故在隧道内进行无缝线路的锁定，强度和稳定性都可得到保障。无缝线路锁定轨温取值为(20 ±5)℃。

西安轨道交通轨道在非道岔区均焊接长轨条，在正线道岔与区间长轨条之间设置一根 25 m 定尺轨，25 m 定尺轨与道岔、区间长轨条之间采用冻结接头，以兼顾道岔养护维修的便利性及轮轨间的低动力作用。

2. 高架线无缝线路设计

高架桥上的无缝线路，除受温度力作用之外，还受桥梁变形（伸缩、挠曲）引发的纵向力作用，这种力同时又反作用于梁轨及固定支座，使桥墩台产生弹性变形，墩顶产生纵向位移。因此，既要对轨道（主要是钢轨），也要对桥梁（主要是墩台）进行强度和稳定性检算。在此基础上，通过优化桥上无缝线路结构设计，并采取必要措施，设法减小这些附加纵向力的作用，从而确保轨道和桥梁的安全使用。

城市轨道交通桥上无缝线路设计，参照国家铁路有关规定和规范《铁路无缝线路设计规范》(TB 10015—2012)、《新建铁路桥上无缝线路设计暂行规定》(铁建设函〔2003〕205 号)和《铁路轨道设计规范》(TB 10082—2017)等进行计算。西安轨道交通高架线无缝线路的几个关键参数和设备布置：

(1)扣件纵向阻力的确定及铺设原则：对于高架桥无砟轨道结构，为了减小附加伸缩力、挠曲力引起钢轨应力的增加，同时为了减小附加伸缩力、挠曲力、制动力和断轨力对桥梁墩台的影响，需降低轨道纵向阻力；但是合理的轨道纵向阻力应保证万一发生钢轨断裂时，断缝 $\lambda \leqslant 80$ mm，以确保列车运行安全。梁轨作用力较大的部位一般位于桥梁的端部，故在梁端部附近设置复合垫板，以减少钢轨伸缩的纵向阻力。

(2)高架线伸缩调节器的布置：为减小无缝线路传递的纵向力，温度跨超过 120 m 的长大连续梁桥，根据无缝线路设计需要在桥跨端部设置单向钢轨伸缩调节器。西安轨道交通 3 号线高架线在香湖湾站站后分别设有交叉渡线及单渡线，在与桥梁专业桥跨布置配合后，通过对梁轨作用力的分析计算，在道岔前后共设 7 组单向钢轨伸缩调节器。

(3)锁定轨温的确定：由于采用整体道床及抗横向力较大的弹性扣件，可以保证高架线无缝线路不存在胀轨跑道的问题。为了减小断轨事故的发生概率，降低断轨力对桥墩的影响，在计算出钢轨中和温度的基础上合理确定锁定轨温范围。西安地区室外轨温范围为 -20.6 ~65.2 ℃，经无缝线路强度和稳定性检算，确定无缝线路的设计锁定轨温为(28 ±5)℃。

3. 地面线无缝线路设计

西安轨道交通地面线（主要为试车线）铺设温度应力式无缝线路。道岔与两端各设置一根 25 m 长的缓冲轨。设计锁定轨温同高架桥地段一致为(28 ±5)℃。

16.2.3 接口设计

地铁工程是一项包含了众多不同专业的系统工程，轨道与线路、限界、车辆、行车、桥梁、结构、路基、给排水、通信、信号、牵引供电、杂散电流及车辆段等专业均有密切联系，设计过程中应特别注意相关之间的接口设计。总结西安轨道交通建设过程中需要特别注意的接口设计如下：

1. 道床排水设计

一般情况下道床水沟底坡度与线路坡度相同，利用线路坡度排水，将废水汇入区间线路最低点的废水泵房。但在地铁建设过程中，受地面条件限制，经常出现一些特殊情况导致排水路径不畅，不及时处理会引发轨道和隧道的病害。道床排水设计需重点关注的特殊部位有：废水泵房未设置在线路"V"字坡的最低点地段、减振道床两端的过渡地段、U形槽洞口地段、道岔转辙机基坑、特殊地段（人防门、防淹门、安全线处等）。

（1）废水泵房未设置在线路"V"字坡的最低点地段：在轨道排水施工图中，通过计算找到线路最低点，在线路最低与废水泵房之间做反坡，使水从线路最低点流向废水泵房。废水泵房位于曲线地段时，需要注意横沟的坡度，由曲线外股流向曲线内股，确保排水通畅。

（2）减振道床两端的过渡地段：不同减振道床地段水沟的底标高不一致（普通道床为轨面下400～450 mm，减振道床为轨面下750 mm），需要进行顺坡，结合所在地段的坡度和积水坑的位置合理设置，如遇到2‰的坡度需要先按照深水沟延伸道床，在坡度大于2‰时再做反坡。

（3）道岔转辙机基坑防排水：为保护转辙机设备，在总结既有线经验基础上，对道岔区转辙机基坑防排水进行了优化，包括在靠近侧墙的两转辙机基坑间设置小、深集水坑，当侧墙出现渗漏水时，先进入小集水坑，然后人工排水；转辙机基坑周边设置挡水凹凸台、道岔基坑上游端设置横向挡水凸台；优化排水沟的设置，尤其注意转辙机拉杆处与水沟边的混凝土厚度和做法，防止水沟的水渗入基坑；转辙机基坑、拉杆槽处、对应的道床水沟处均做防水处理，避免结构底板渗水进入基坑。

（4）特殊地段（人防门、防淹门、安全线处等）：人防门、防淹门处，轨道专业需要与相关专业对接水沟形式及水沟底标高，确定门槛和排水闸板的做法，使过水门洞处排水通畅。安全线等配线地段的排水设置方式应结合土建断面及正线排水路径，以满足排水为目的。

2. 道床过轨管线综合

正线整体道床过轨管线包括供电、消防、动力照明、FAS/BAS、通信、信号、站台门等专业管线。为避免出现错、漏、交叉等问题，汇总成过轨管线综合图，指导现场铺设。

3. 和人防专业接口

（1）人防隔断门建议避开地裂缝设防段及调坡段。

（2）人防门门槛宽度不宜大于350 mm，超过350 mm时由人防专业负责在门槛中心钢轨下加设刚度25～35 kN/mm的绝缘支撑。

（3）人防门、防淹门的门槛不得进入道岔范围，门的开启范围不得进入道岔转辙机安装区域。

4. 和建筑、结构专业接口

（1）工务用房：地下车站都设置一间工务用房，其中道岔及换乘节点车站、区间含地裂缝的车站设置工务用房面积不小于20 m^2，其余车站工务用房面积不小于15 m^2。

（2）轨道结构高度：不同减振结构的结构高度不同，高度差应有20 m过渡段，避免直接连接导致排水沟设置困难；若有竖曲线进站，应考虑竖曲线修正对结构高度的影响。

（3）废水泵房设置在高等减振和特殊减振地段时，给排水设计需特别注意排水管管底标高低于道床暗沟沟底标高。

（4）关于道岔区结构变形缝设置：正线道岔范围内不能设变形缝。

（5）地裂缝设防段相邻结构变形缝之间距离应按照2.5 m的倍数设置。

5. 和供电、信号轨连线接口

轨连线应采用塞钉法，在钢轨轨腰钻孔直径不宜大于20 mm，孔中心间距不得小于150 mm，安装前必须将连接处轨腰金属表面仔细打磨平整，以保持回流导体电缆头的良好接触，严禁在轨底打孔或焊接。

6. 轨道绝缘及杂散电流防护

地铁采用走行轨作回流轨，不可避免会产生电流泄漏，泄漏的杂散电流会对轨道结构、隧道结构产生电腐蚀，为确保杂散电流对结构的腐蚀最小，轨道采用以下几个方面的防护措施：

（1）采用60 kg/m钢轨，全线铺设长钢轨无缝线路，减少负回流系统对地泄露电阻。

（2）轨下铺设绝缘橡胶垫板，扣件与轨下基础间铺设绝缘缓冲垫板，轨枕内预埋绝缘套管，干燥条件下绝缘电阻值应达到 $1\times10^{8}\ \Omega$ 以上，确保钢轨对道床的漏电电阻不小于 15 Ω · km。

(3)结构钢筋与排流筋相结合形成杂散电流收集网，排流钢筋的设置与焊接应严格按照杂散电流专业要求进行。

7. 铺轨基地

(1)铺轨基地设置要求：根据全线的线路长度、建设工期、道床形式等综合考虑。

铺轨基地大多设置在交通便利、场地规模大、带配线、结构便于设置下料口地段。主要作业为轨排组装、钢筋加工、材料存放、办公区、配置有大型的龙门式起重机等。每个铺轨基地占用面积宜为 30 m × 200 m，下料口应设置在线路正上方(轨排井的中心线应与线路中心线对齐)，下料口最小为 30 m × 5 m，铺轨基地应与下料口连在一起。下料口位置处的结构承载能力应满足轨排存放的荷载要求。

散铺基地多利用带有盾构吊出井、吊入井或竖井的场地作为铺轨作业的场地。作业主要包含短轨排的组装、钢筋加工、铺轨辅材的吊入、工具轨的吊入、混凝土的浇筑。具有占地规模较小、作业时间较短等特点，适合于工期紧张时作业的需求。

(2)铺轨基地与散铺基地优缺点比选见表 16.2。

表 16.2 铺轨基地和散铺基地优缺点对比表

序号	对比指标	铺 轨 基 地	散 铺 基 地
1	技术可行性	采用 25 m 轨排组装，钢筋绑扎及轨道组装流水线操作，焊接接头少，平板车运输，铺轨的质量较好	采用 12.5 m 轨排或者隧道内人工散铺，铺轨的质量相对较差
2	铺轨效率	铺轨基地一般道床铺轨工效约为 100 m/d，正常情况下铺轨基地的铺轨效率远远大于散铺基地的铺轨效率	散铺基地一般道床铺轨工效约为 50 m/d；效率较低，但是可在洞通前灵活作业。现场材料无法存储，拉钢轨车只能晚上进入市内，因此仅能利用晚上下料
3	经济性	铺轨基地一般使用 6 ~ 8 个月，铺轨长度约 8 ~ 10 双线公里(4 ~ 5 个区间)，建设费用约 200 万元。铺轨基地的使用时间长，在工期正常的情况下，铺轨基地的经济性较好，但受暗挖或者盾构区间洞通的影响较大	散铺基地一般使用 1 ~ 2 个月，仅铺设 2 ~ 4 双线公里(1 ~ 2 个区间)，建设费用约 80 万元
4	安全性	铺轨基地使用大型龙门式起重机，视野开阔、条件良好，安全性好	散铺基地多采用吊车或者随车吊，场地条件也有限，吊装存在安全风险
5	下料口对结构的影响	铺轨基地下料孔较大，对结构的设计影响较大，土建结构需要对侧墙进行加固处理	散铺基地多利用盾构吊出井、吊入井及竖井或局部扩大，对结构无影响
6	标准化及文明工地	铺轨基地场地大，有利于标准化生产，便于建设文明工地	散铺基地狭小，空间有限等严重制约了标准化及文明工地的建设

(3)设置方式：

西安轨道交通铺轨基地的设置以铺轨基地为主、散铺基地为辅，铺轨工法以机械铺轨为主，人工散铺为辅。结合各条线的工程特点，铺轨基地与散铺基地相结合、机械铺轨与人工散铺相结合，合理布置、科学铺轨。铺轨基地确定时需要注意以下几点：

①铺轨基地的选取时应充分考虑涉及拆迁地段、暗挖地段及特殊地质段的盾构对工期安排的影响，避免出现铺轨基地卡脖子的问题。

②结合土建的实际施工进度，动态调整铺轨基地和散铺基地设置位置。

16.3 专项设计

16.3.1 轨道减振降噪设计

1. 正线轨道减振降噪设计

城市轨道交通在运营中所产生的振动和噪声可能会对周围环境造成不利影响，降低周边土地利用价值，应根据沿线各区段的环保要求，线路、车辆、行车、轨道、结构等多专业采取综合措施，相互配合，共同治理,使其环境不利影响最小化。

(1)相关的环评影响评价

①环境保护对象及采用的标准

一是振动、噪声敏感点:主要指集中的特殊住宅区、居民文教区(住宅、学校、幼儿园、医院、养老院、疗养院等)、混合区和商业中心区、交通干线道路两侧敏感点、铁路干线两侧敏感点。保护的标准有《城市区域环境振动标准》(GB 10070—88)、《声环境质量标准》(GB 3096—2008)和《城市轨道交通引起建筑物振动与二次辐射噪声限值及其测量方法标准》(JGJ/T 170—2009)。

二是文物保护单位:标准为《古建筑防工业振动技术规范》(GB/T 50452—2008)。

以上振动及二次结构噪声的保护范围一般为地面线和地下线的线路中心线两侧各 50 m,必要时扩大到 60 m,高架线的线路中心线两侧各 10 m。声环境保护范围一般为地面线和高架线的线路中心线两侧各 150 m。文物保护单位的振动影响评价范围以工程构筑物边界是否侵入其建设控制地带确定。如未划定建设控制地带和保护范围,评价范围为保护目标本体周围 60 m。

②环境影响评价因子(指标)

环境振动现状评价因子为昼间、夜间 Z 振级(VL_{z10});环境振动预测评价因子为列车通过时段的 Z 振级(VL_{zmax});室内二次结构噪声影响评价因子为列车通过时段内等效连续 A 声级 L_{Aeq},T_p(16 ~ 200 Hz)。文物预测评价因子为文物的结构振动速度(1 ~ 100 Hz)。

(2)沿线敏感点现场调研

减振地段和减振等级是影响轨道建设投资和运营后环境影响的重要因素,轨道设计应在《环评报告》的基础上结合各设计阶段线路平纵断面的调整、牵引速度的调整、沿线规划及敏感点的变化,协同环评单位分析线路与振动及噪声敏感点之间的变化,及时调整减振地段及等级。

(3)轨道系统分级减振措施

①减振分级:参照《环评报告》预测的振动超标情况,减振级别一般细化为 3 级,即中等减振、高等减振和特殊减振。

②中等减振轨道结构:西安轨道交通 1 号、2 号线主要采用Ⅲ型轨道减振器扣件,3 号线及后续线路采用压缩型减振扣件。压缩型减振扣件采用分离式结构,由轨下橡胶垫板、上铁垫板、中间橡胶垫板、下铁垫板和自锁机构等组成。利用两层橡胶垫板的压缩变形实现减振,橡胶垫板与铁件分离,可实现单独更换,减振效果 5 ~ 8 dB。

③高等减振和特殊减振轨道结构:具体详见本书第 16. 2. 1 节相关内容。

随着轨减振技术水平的发展,不同减振等级的减振轨道产品在不断优化、完善,可供选择的轨道产品日趋丰富。但是为保持轨道结构的弹性连续、减少维修备件种类等,每一条线路宜尽量减少减振产品的种类,从而达到最佳的技术和经济效果。

(4) 轨道系统综合减振措施

轨道系统减振主要从轨道选型、铺设无缝线路、提高轨面平顺度等措施方面以及制定严格的施工维护技术条件等方面来降低地铁运营的振动与噪声影响:

①铺设 60 kg/m 钢轨,钢轨质量和截面刚度均大于 50 kg/m 钢轨,可减小振动约 10%。

②采用较低刚度的轨道垫板,合理设置扣件的扣压方式,降低扣件节点的刚度。

③铺设跨区间无缝线路,减少钢轨接头,降低轮轨间的冲击作用,从而能有效地减振、降噪。

④对钢轨顶面不平顺要定期打磨,保持轨顶面的平顺,减小振动和噪声。

⑤小曲线地段钢轨侧面涂油,不仅可以减少钢轨磨耗,也可减少由摩擦和不均匀磨耗引起的轮轨振动和噪声。

⑥严格控制轨道施工质量,采用精测网技术,完善施工技术标准。对轨道应进行经常性的养护维修,保持轨道平顺的良好状态。

⑦严格控制轨道设备如扣件、道岔等制造公差,为铺设高质量的轨道系统打下基础。运营期间对轨

道进行经常性的养护维修,保持其良好状态。

2. 车辆基地上盖开发轨道减振降噪设计

轨道交通车辆基地占地面积大,利用上部或两侧空间进行物业开发(建筑类型有:住宅、学校、医院、商业办公、休闲娱乐、绿地等),可完善区域的城市功能,提高轨道交通和周边土地的综合效益。

车辆基地物业开发须在满足车辆基地功能的前提下进行,其振动和噪声对敏感点的影响与正线相比,具有以下特点:早上发车时间比正线早,晚上收车时间比正线晚,振动及噪声的影响时段比正线更长;上盖物业开发完全在车辆基地正上方,列车引起的振动波不经过土体的衰减,直接通过道床、立柱传递到上盖作用的平台上,影响更大;库外线曲线半径一般为 150 m,列车通过小半径曲线时产生刺耳的摩擦啸叫声;库外线接头多,道岔多,车辆通过接头、道岔“有害空间”的振动噪声明显。在我国最早进行的几个车辆基地综合开发项目中,控制车辆运营期的振动和噪声对开发的成功与否有决定性的影响。

车辆基地轨道减振降噪措施,依据上盖开发环评报告或减振降噪专项评估报告设计。各地场段主要减振措施见表 16.3。

表 16.3 各地车辆基地轨道减振降噪措施表

名 称	物业开发形态	物业开发布置	线 路	道 床 类 型	拟采取的减振措施
广州萝岗车辆段	住宅小区、配套用房	住宅位于整个车辆段上方,包括库外	试车线	有砟道床	梯形轨枕、无缝线路
			咽喉区	有砟道床	部分减振垫
			库内线	整体道床	无缝线路
深圳松岗车辆段	商品房	整个车辆段上方	出入线	整体道床	无缝线路
			试车线	有砟道床 + 减振垫	减振垫、无缝线路、弹性轨枕
			咽喉区	有砟道床 + 减振垫	部分减振垫、减振接头夹板
			库内线	整体道床	无缝线路
北京郭公庄车辆段	住宅小区	住宅位于整个车辆段上方,包括库外	试车线	有砟道床	无缝线路、库内线高弹性垫板
			咽喉区	有砟道床	道岔扣件高弹性垫板、冻结接头
			库内线	整体道床	减振扣件
上海吴中路车辆段	住宅小区	—	试车线	有砟道床	阻尼钢轨
			咽喉区	有砟道床	阻尼钢轨
			库内线	整体道床	无
西安侧坡车辆段	住宅小区	车辆段上方,包括库外线大咽喉区	咽喉区	有砟道床	上盖地段减振垫碎石道床、减振接头夹板
			库内线	整体道床	无缝线路、减振扣件

车辆基地上盖开发综合减振降噪设计基本原则如下:

(1)统筹规划:车辆基地上盖开发是一项系统工程,因统筹安排明确主次顺序。在满足车辆基地运营、检修、停车功能的前提下进行上盖开发。

(2)经济性:在满足上盖用户需求及国家标准的前提下,兼顾实用性和经济性合理设置减振降噪措施。

(3)综合措施:车辆基地内减振降噪涉及很多不同区段,同时建筑物结构形式不同、功能有别、地质条件等也不相同,因此需要从振源、传播途径、结构、上盖开发的业态等采取综合性措施。

16.3.2 地裂缝段轨道结构设计

西安地裂缝是一种国内比较少见的、特殊的地区性地质灾害。据历史记录和相关监测资料表明,西安地裂缝有垂直位移、水平张拉和水平扭动共三个方向的活动。

1. 应对特大差异沉降的轨道结构选择——可调式框架板

(1)方案研究时对碎石道床、可调式框架板轨道配合大调量扣件、钢弹簧浮置板整体道床配合大调量扣件比选。

在上述方案中,碎石道床结构便于调整线路状态,综合造价约为可调式框架板的40%、根据北京地铁一期工程的实际经验,采用卵石道砟亦可达到近30年的使用寿命,采用特级道砟使用寿命更长;此外,碎石道床施工及调整均较为简单可靠,但考虑到西安地区有多条地裂缝,为避免轨道结构的弹性频繁变化,地裂缝地段不宜大量采用碎石道床。此外,当地裂缝发生沉降而在上盘形成凹坑后,碎石道床下部积水难以排除,易成为病害点。

钢弹簧浮置板整体道床主要用于特殊减振目的,造价相当于可调式框架板的2倍以上,单纯用于地裂缝地段轨道结构高度的调整并不经济。故最后推荐采用结构简单,整体性好,调整量大,能满足地裂缝变化调整需要的可调式框架板轨道结构。

(2)可调式框架板的系统组成

可调式框架板轨道结构由预应力混凝土框架式轨道板、板下可调支座、侧向限位胶垫、钢筋混凝土挡台及混凝土基础等组成。框架板理论长度为2 500 mm,实际长度为2 460 mm,板与板之间的缝宽为40 mm,两端各设1道宽350 mm的横梁形成框架;框架板总宽度为2 100 mm,其中左右股钢轨下板宽均为600 mm;框架板厚度为160 ~ 180 mm,其顶部设1/30的横向坡,以形成轨底坡。为适应土建结构变形缝的施工误差,增加1种2 100 mm长度的框架板。

框架板一端两侧各设1个350 mm × 200 mm的限位榫,用于框架板的纵向定位及防止轨道结构爬行;每块框架板设4对扣件,在框架板预制时直接将扣件尼龙套管预埋在其中;设4个运输、安装及调整用的吊钩;框架板顶部设盖板,以方便巡道及紧急疏散行走。

框架板混凝土强度等级采用C60,沿纵向采用双层预应力配筋,上、下层预应力钢筋各为8根$\phi 6$螺旋肋预应力钢丝,横梁的弯矩很小,故采用非预应力配筋。

2. 实现500 mm调高量的调整方案

地裂缝地段的差异沉降设防标准为500 mm(100年),考虑到地裂缝的变形特性及尽量降低调高的工作量,一般情况下的零碎调整尽量在框架板上即扣件系统实现,较大的调整在框架板下实现,以尽量延长大调量的调整周期。

(1)西安轨道交通2号线框架板配套采用DTⅥ2型扣件,铁垫板下调高量可实现30 mm。此外,铁垫板可加厚20 mm,则在扣件部位可实现50 mm的调高量。1号线以后采用框架板专用扣件,可增加钢轨下10 mm的调高量,作为轨道调高时的富余量。

变形50 mm范围以内可采取扣件系统的小幅度调高方式实现调整,其中1 ~ 30 mm范围内的累计变形,通过扣件铁垫板下加设调高垫板实现调整;31 ~ 50 mm范围内的累计变形,通过更换加厚铁垫板实现调整。

(2)变形每超过50 mm时,在框架板底部加设调高垫块,板下所设厚50 mm的调高垫板及厚100 mm的调高垫块可与扣件调高量组合设置,从而实现从1 ~ 500 mm之间的连续调高。

(3)调高100 mm之后,重复1 ~ 100 mm的调高方案。101 ~ 150 mm范围内的累计变形仍通过扣件系统的调整能力来实现调整,调高垫块通过黏结剂与基础混凝土联结,同时在相邻调高垫块之间填充混凝土,以确保调高垫块的稳定性,最后将框架板侧面的基础挡台部分混凝土进行加高处理,以确保框架板的横向限位。

(4)框架板地段的排水及结构防水

对于地裂缝处产生的差异沉降,线路专业在坡度设计中已充分考虑了排水坡顺接的需要。因此,当差异沉降产生并对轨顶标高进行调整以后,采用水泥砂浆对道床排水沟进行顺坡,确保排水通畅。

对于道床伸缩缝的修补,则可采用膨胀性材料进行填充,也可采用弹性防水材料——聚合物水泥防水砂浆进行修补,确保道床表面水不渗入道床。

3. 实现81 mm水平位移的调整方案

(1)利用特殊设计的铁垫板进行轨道水平调整:当隧道结构连同框架板发生横向水平位移时,可利用特殊设计的长圆孔铁垫板进行调整。设计时将普通铁垫板的圆钉孔修改为长圆孔，设直线段57 mm，同时对应改变框架板上尼龙套管的位置。

采用长圆孔垫板时，为保证扣件抗横向力，设计采用锯齿垫块及铁垫板上对应部分设置条状锯齿形，实现有级差调整钢轨。

（2）扣件调整轨道水平的方法

假设地裂缝引起的隧道及轨道结构将向右侧单向移动，其预测最大值为 81 mm（设计值），在地裂缝漫长的变形过程中，为将钢轨调整回原来的位置，需分别按以下步骤来实现：

①轨道施工时将带长圆孔的扣件铁垫板靠右安装，即令螺旋道钉靠近长圆孔左侧。

②框架板向左侧偏移线路中心线 30 mm 安装，当地裂缝引起隧道及轨道产生向右移位（最大81 mm）时，框架板偏移最大值不会超过 51 mm，基本不影响其受力状态。

③当地裂缝引起隧道及轨道向右侧的移位小于 40 mm 时，可直接将扣件铁垫板向左侧移动即可将轨道调回原位。

④当地裂缝引起隧道及轨道向右侧的移位达到 40 mm 时，将铁垫板左右调边安装。

⑤当地裂缝引起隧道及轨道向右侧继续向右移位时（最大 81 mm），可继续将扣件铁垫板向左侧移动即可将轨道调回原位。

铁垫板采用长圆孔时，为保证扣件抗横向力水平，在长圆孔上部设置锯齿机构，并采用锯齿垫圈，当螺旋道钉拧紧后，可保证铁垫板的稳定性。

考虑到施工、养护维修的方便，结合框架板及扣件的特点，扣件铁垫板长圆孔按 -13 ~ 93 mm 的水平调整量来设计。与最大可能的水平相对位移量相比，具有一定的富余量。

4. 轴向拉伸问题处理

因为地裂缝拉伸速度非常缓慢，平均每天的拉伸量不足 0.002 9 mm，相当于 25 m 标准轨轨温变化 0.01 ℃，即使每天的拉伸量扩大 20 倍（0.06 mm），仅相当于钢轨轨温变化 2.0 ℃。因此，通过地铁列车的往复碾压，地裂缝拉伸引起钢轨伸缩力可全部释放，无需进行特殊的设防。

5. 轨道变形的监测

地裂缝处应设置永久的变形检测标记，对轨道结构建成后的地裂缝累计变形进行全过程检查和记录。运营相关部门应针对每一道地裂缝的具体情况，制定详细的监测制度，保证轨道结构的安全。

16.3.3 超大跨桥梁轨道专项设计

超大跨桥梁轨道设计，除进行常规无缝线路计算外，由于连续梁间的梁缝大，且梁体伸缩也较大，可能存在扣件间距超限问题，需通过专题科研项目，提出大梁缝的处理方案和无缝线路钢轨伸缩调节器布置方案，以保证轨道结构及行车的安全性。

目前西安轨道交通项目中，高架连续梁最长为 900 m，且为多跨连续梁相接工况，该桥温度跨度最大侧为 715 m，梁体间梁缝设计值为 600 mm，温度伸缩量为 ±230 mm。

（1）大梁缝处的扣件间距限值

① 在不同扣件间距条件下，通过计算 6 个静力学检算项目（钢轨挠度、轨头横向位移、钢轨轨头、轨底应力、扣件节点压力及扣件横向受力等）和 3 个动力学检算项目（钢轨动位移、轮轨力、车体竖向振动加速度等）的变化情况，将检算项目的各项限值作为评判标准，得到大梁缝处扣件最大间距的建议值。

② 结合高铁、城市轨道交通的使用维护经验，并考虑适当的安全裕量，大梁缝处的扣件间距最大限值取为 725 mm。

（2）大梁缝处轨道结构形式选择

大梁缝处扣件间距限值采用 725 mm 情况下，最大梁缝在 0 ~ 725 mm 间变化时，对轨道结构有不同影响：

① 最大梁缝（含温度伸缩）≤275 mm 时，采用与其他区间一致的扣件及短枕式整体道床。

② 275 mm < 最大梁缝(含温度伸缩) ≤615 mm 时,短枕式道床结构需悬出梁端 85 mm 以内,可控制在扣件间距在 725 mm 以内。

这种轨道道床结构相对简单,设计时应加强梁端道床的结构配筋,实施时严格控制施工质量。道床悬出量的确定,需要根据无砟轨道施工时机,按照桥梁结构剩余的收缩、徐变量综合判断,必须保证温度升高时,伸缩缝不顶严(瞎缝);温度下降时,轨枕间距满足设计要求。

③最大梁缝 >615 mm(含温度伸缩)时,需采用抬枕装置或跨梁缝短梁等措施,控制扣件间距在 650 mm以内。

(3)最大梁缝大于 615 mm 时轨道方案

当最大梁缝大于 615 mm 时,需要在大梁缝间增加钢轨支撑点,即通过抬枕装置实现。抬枕装置有多种型号。

抬枕装置的结构形式为:钢轨外侧增设两根钢纵梁,沿线路纵向,梁缝一侧采用固定式扣压块与轨枕连接,梁缝另一侧采用滑动式扣压块与轨枕连接。其工作原理为桥梁伸缩时纵梁在固定扣压块一侧与道床板没有相对位移,滑动式扣压块一侧两者之间发生纵向滑移。连杆设备两端与埋在混凝土道床内的轨枕连接,中心与钢枕连接,可使钢枕在桥梁伸缩时始终处于梁缝中间,保证钢枕前后支承间距相等。

西安轨道交通 14 号线的抬枕装置,在国产抬枕装置基础上,根据西安工程情况进行了优化,结构上从“7 根钢枕钢结构”优化为“1 根钢枕 +6 根混凝土枕结构,仅梁缝处 1 根钢枕外露,其余浇筑在道床混凝土中”,钢梁采用 T 形结构,采用横向双剪刀装置。抬枕装置和单向伸缩调节器配套使用,其扣件均优化为国产调节器基本轨超小阻力扣件。该抬枕装置设计伸缩量 ±300 mm,可满足 14 号线使用要求。

(4)抬枕装置的监测

为监测抬枕装置的使用状态,可安装轨道静动态远程监控系统。该系统由轨道设施静态监测子系统、轨道设施动态监测子系统两个子系统组成。主要功能为:

① 对实时轨温、环境温度、梁温、钢轨纵向力、轨道结构累积位移进行测量。

② 列车通过监测对象(抬枕装置及钢轨伸缩调节器)时,对轨道动态参数(包括轮轨力、脱轨系数、轮重减载率、振动加速度、动态位移)进行测量。

③ 轨道几何形位:对轨距、轨向偏差、三角坑、扭曲等进行测量。

16.4 轨道发展及展望

16.4.1 预制板道床

预制板道床是采用标准化设计、工厂化预制、机械化铺设的一种单元板式无砟轨道结构形式。预制板道床在高铁中有成熟的应用,典型的代表为 CRTSⅢ型板式无砟轨道。在高铁成功应用的基础上,国内城市交通也结合自身的使用条件、技术标准、环保要求等特点进行二次优化研发。

预制板式无砟道床由预制轨道板、自密实混凝土层、土工布隔离层、限位凹槽、基底和水沟等部分组成。轨道板采用工厂预制,为普通钢筋混凝土结构;自密实混凝土层厚 80 mm,强度等级为 C35,浇筑完成后与预制板结合为一块大板,板下隔离层铺设土工布;基底采用现浇钢筋混凝土,设置轨道板限位凹槽,水沟设置在轨道板两侧的基底层上。

预制钢弹簧浮置板道床由预制浮置板(采用 3 ~4 m 短板)、钢弹簧隔振器、基底、中心水沟、剪力铰等组成,与传统现浇混凝土钢弹簧浮置板轨道结构相比,除了采用预制浮置板外,不同之处在于板缝处采用方形隔振器,同时支撑两侧的预制板,另外剪力铰采用上置式。

预制板道床技术研究,可实现轨道结构重大优化升级,对推动轨道绿色建造和提升轨道技术水平具有重大作用,符合我国产业发展政策,是轨道结构技术的发展方向。

16.4.2 60 N 钢轨

60 kg/m 钢轨是我国地铁和国铁广泛采用的轨型之一。在多年的使用中,发现一些需要改进的问题,如轮轨接触光带偏向钢轨内侧,小半径曲线地段钢轨磨耗速度快等。2008 年以来,国铁集团组织铁科院等单位对国铁车轮与 60 kg/m 钢轨的轮轨廓形匹配进行了大量研究,研发了适应高速铁路并兼顾既有铁路的 60N 新廓形钢轨,2017 年 60N 钢轨纳入铁标,新建国铁线路上开始使用。

60N 钢轨与 60 kg/m 钢轨相对比做了“瘦身”,钢轨仍为沿垂直中心线对称结构,但轨顶面的圆弧进行了优化,轮轨接触光带更靠近钢轨中心线,改善了钢轨的受力性能。根据高速铁路 60N 钢轨研究成果和应用情况,60N 轨在与国铁 LM 型、S1002G 型等踏面车轮接触时的接触点基本在轨头踏面中心区域,轮轨接触应力降低,车轮等效锥度在一定轮对横移量范围内减小,从而提高了车辆运行的稳定性,大幅度减少钢轨预打磨工作量,显著降低线路维护工程量。

调研国内地铁线路,重庆地铁于 2019 年在 R250 m 曲线地段试用了 60NU71MnH(热处理)钢轨,铺设长度 435. 3 m,运营至今效果良好。

16. 4. 3 智能轨检系统

轨道是列车安全运行的基础,轨道检测是检查轨道状态、确定轨道结构是否安全的重要手段之一。早期,地铁主要是采用人工检测、静态检测掌握轨道状态。近年来,轨道智能运维方兴未艾,通过利用传感器采集系统的数据信息,借助于人工智能推理算法来监控管理和评估轨道系统的健康状态,在轨道系统发生故障之前对其进行预测并结合现有资源信息提供一系列维护保障建议或决策,是一种集故障检测、健康预测与评估及提供一系列的维护保障建议或决策于一身的综合技术。

智能轨检系统属于线路动态检测,是在列车车轮荷载作用下通过添乘仪、车载式线路检查仪、轨道检查车等设备对线路进行的检测,是我国线路检测技术发展的主要方向。

我国轨道检测技术在国内地铁中逐渐推广应用,以在运营列车上搭载检测为方向,通过数据平台实现实时检测、实时分析。搭载式轨道检测系统以搭载的方式,安装在运营列车上,主要包含轨道检测系统、弓网检测系统和定位同步系统,其中轨道检测系统包含轨道几何动态检测、钢轨轮廓及磨耗检测和线路状态巡检等子系统。

另外,智能轨道巡检机器人、断轨监测系统、道岔运行安全(远程)监测系统等智能检测手段在地铁线路应用中越来越广泛。

第 5 篇

特殊工况下的工程设计

第 17 章　西安地区地质条件综述

地质体是工程建设的载体和基础，地质体的边界条件、地质构成及工程特性直接影响工程建设的安全和工程投资。为西安城市轨道交通规划合理布局和建设提供区域工程地质条件，使轨道交通工程的建设能够与场地工程地质条件达到最优组合，本章主要针对城市的发展规划并结合区域地质特征编制。其范围东起临潼区新丰镇、西含咸阳市市区、北至高陵区、南抵秦岭山前的区域。

17.1　地质概况

西安地区地质构造中岩性、构造及地质发育史各具特点，形成了较为明显的区域内地质差异，特别是第三纪晚期活跃的新构造运动，更使得本地区地质情况复杂多样。

17.1.1　地质构造

西安位于渭河盆地的中部，地处秦岭纬向构造体系、祁吕贺“山”字形构造体系、新华夏构造体系和陇西构造体系的交会部位，各构造体系在此相互复合叠加，形成了多条断裂带，控制着渭河盆地的基底构造、地震活动、第四纪地层的沉积和地貌发育。盆地的南侧为秦岭北缘断裂，盆地北侧为北山南缘断裂，中间为渭河地堑。在巨大的拗陷中，形成了由冲积、洪积、湖积以及风积黄土组成的第四纪厚层沉积区域。西安地区活动断层及地貌分布分别如图 17.1 和图 17.2 所示。

1. 断裂

渭河盆地内形成了多个活动断裂带，其中秦岭北缘断裂、渭河断裂、陇县—岐山—马召断裂、临潼—长安断裂为西安—周至深断陷四周的边界控制性断裂；渭南—泾阳断裂、口镇—关山断裂为固市深断陷南北两侧的边界控制性断裂，活动性最强，最新活动时代也较新。此外，桃川—户县断裂、骊山山前断裂、活动性也较强，浐河断裂、皂河断裂活动性较弱。主要活动断裂的特征如下：

秦岭北缘断裂是渭河盆地南缘的控边断裂，基本沿秦岭山前展布，走向近东西，倾向北，中深部断裂倾角约 45°，浅部第四系中断裂倾角较陡，达 60°～80°。该断裂为全新世活动断裂。

渭河断裂是西安—周至深断陷的北缘控边断裂，基本沿咸阳黄土台塬的南缘展布，走向北东东，倾向南东，近地表断裂倾角较陡，达 65°～85°。该断裂活动性强，为全新世活动断裂。

陇县—岐山—马召断裂是西安—周至深断陷与宝鸡断凸的分界断裂，走向北西，倾向多北东，近地表断裂倾角较陡，达 70°～90°。该断裂为全新世活动断裂，且左旋走滑运动显著。

临潼—长安断裂是西安—周至深断陷与骊山断凸之间的控边断裂，基本沿铜仁塬、白鹿塬、少陵塬和神禾塬的西北侧塬前展布，走向北东，倾向北西，近地表断裂倾角较陡，达 65°～85°。断裂为晚更新世以来活动断裂。

渭南—泾阳断裂是渭河盆地固市深断陷南缘的控边断裂之一，走向近东西，倾向北，浅部第四系中断裂倾角较陡，达 60°～80°。该断裂活动性强，为全新世活动断裂。

口镇—关山断裂为固市深断陷北侧的控边断裂之一，基本沿三原、阎良一带北侧黄土台塬的塬前展布，走向近东西，倾向南，倾角约 60°～85°。该断裂为全新世活动断裂。

桃川—户县断裂为渭河盆地内近年发现的一条规模较大的隐伏断裂，自眉县汤浴进入渭河盆地，总体走向近北东，倾向北，断裂破碎带较宽。该断裂为晚更新世以来活动断裂。

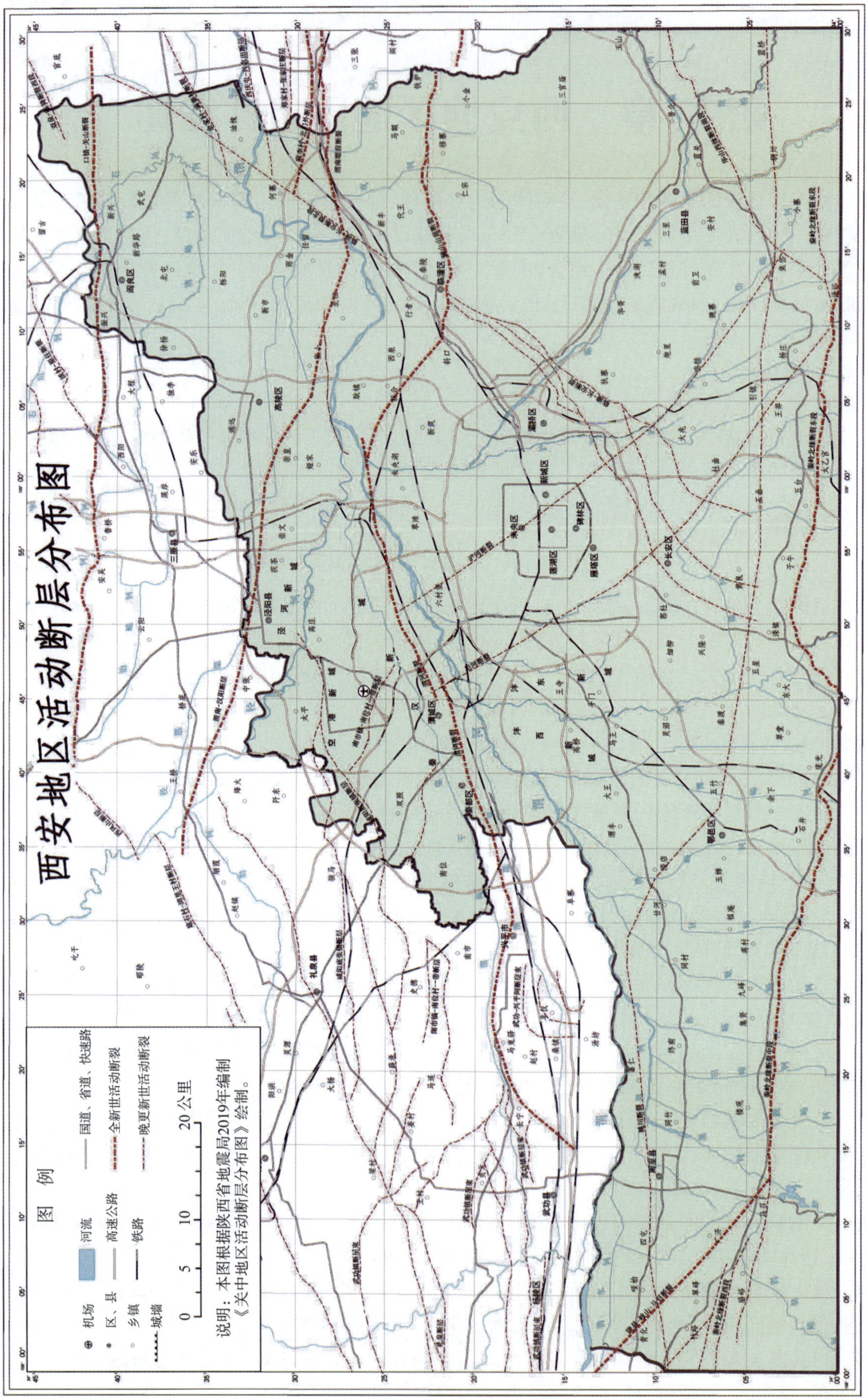

图 17.1 西安地区活动断层分布图(陕西省地震局 冯希杰提供)

骊山山前断裂是骊山断凸的北侧控边断裂，基本沿骊山山前展布，走向近东西，倾向北，倾角约55°～85°。该断裂为全新世活动断裂。

这些断裂带基本控制着渭河盆地的地形地貌、地层分布和地裂缝等地质灾害。当然，这些情况受到历朝历代人类活动的影响，特别是部分历史时段人类开采地下水、采伐森林、大规模的建设、改造自然的活动，导致部分地质灾害有加重的趋势和迹象。

2. 地震

区域范围内（西安市及外延不小于150 km范围内）历史上地震活动强烈，从公元前780年—2019年6月，共发生72次破坏性地震。其中8.0～8.9级地震1次，7.0～7.9级地震2次，6.0～6.9级地震7次，5.0～5.9级地震42次，4¾～4.9级地震20次，最大地震是1556年华县8¼级地震。这些地震大多发生在15世纪～17世纪。区域内1900年以来共发生10次4¾级以上地震，1970年后共发生3次4.8级以上地震。1970年以来区域内地震活动水平较低，以中小地震为主，最大震级为1989年12月25日山西侯马4.9级地震，渭河盆地1970年以来最大地震为1998年1月5日陕西泾阳M4.8级地震。

区域内地震活动主要集中在西安东北部地区和西安以西的周至及附近地区，秦岭山区地震活动较为分散。区内地震活动在时间上具有周期性，空间上具有分区分带性的特点。历史上对地铁工程场地有较大影响的地震约有21次，其中：影响大的地震是1556年陕西华县8¼级地震和1568年陕西西安东北6¾级地震，影响烈度最大达到Ⅸ度；其次是1487年陕西临潼、咸阳间6¼级地震，影响烈度最大达到Ⅷ度；其他地震的影响为Ⅵ～Ⅶ度。分析认为，未来50～100年对场地的影响烈度为Ⅷ度。

17.1.2 地形地貌

渭河盆地内地貌分布受基底断裂控制，盆地中部地区为渭河河谷，北部为北山山地和渭北黄土台塬，南部地带为黄土台塬、黄土丘陵与秦岭基岩中高山，地势总体南北两侧向中间呈台阶状降低，其展布方向大体平行于渭河呈带状分布。西安城市轨道交通工程涉及的地貌单元主要有山前洪积平原、黄土台塬和黄土丘陵、渭河及其支流的冲洪积平原。

山前洪积平原：分布于南部长安—户县一带秦岭山前和临潼骊山山前地带，主要由山前河流、峪口和沟口洪积扇交接而成，洪积平原宽度一般为5～8 km，地形起伏为南高北低。根据洪积扇形成年代新老，可划分为近代和Ⅰ～Ⅳ级洪积扇，近代洪积扇主要分布在秦岭山前和骊山北麓的峪口，黄土塬边及临潼一带渭河二级阶地前缘的冲沟口。

黄土台塬和黄土丘陵：地铁工程主要涉及骊山西南的铜人塬、白鹿塬、少陵塬、神禾塬，渭河以北的咸阳塬及耀县—富平黄土台塬的一小部分。它们分别向渭河盆地中央倾斜，一般高出渭河河床100～300 m。黄土台塬深切沟两侧分布有滑坡。黄土塬组成物质上部为上、中、下更新统风积成因的黄土和残积的古土壤，下部为上更新统或中、下更新统冲积、洪积、湖积的砂砾层和黏性土。

渭河及其支流冲洪积平原：冲洪积平原又可划分为河漫滩和河流的一至三级阶地。

河漫滩主要分布在渭河及其支流河床的两侧，渭河咸阳—泾河口段因渭河断裂控制和南岸沣河、皂河、浐河、灞河口向外延伸的影响，河槽侧蚀北移，形成南岸河漫滩宽阔，达1～3 km。而泾河、浐河、沣河、灞河漫滩受地形控制宽窄变化较大。一般滩面平坦。物质组成主要为全新统冲洪积的粉质黏土、砂类土和卵砾石组成。

一级阶地：分布于渭河及其支流灞河、泾河、沣河、浐河、皂河等河流的两侧，高出河床7～9 m，高程为361～396 m，渭河一级阶地分布连续，阶面平坦，宽2～7.0 km。支流涝河、皂河、浐河、沣河、泾河、灞河一级阶地呈长条状分布，阶面平坦，宽数十米至2 km。

二级阶地：渭河二级阶地在北岸从兴平—泾河口阶地平行渭河连续分布，泾河以东耿镇桥上马渡至临潼嘴头附近断续分布，从西往东，阶面高程为386～406 m，高出一级阶地10～25 m。南岸主要分布于西安市北郊、城区和灞桥、临潼一带，沿渭河基本连续。支流灞河、沣河、浐河、泾河、皂河二级阶地断续分布，支流阶面宽度0.2～2.5 km。地层具典型的二元结构，上部为新黄土、古土壤，下部为河流相中粗砂和细砂。

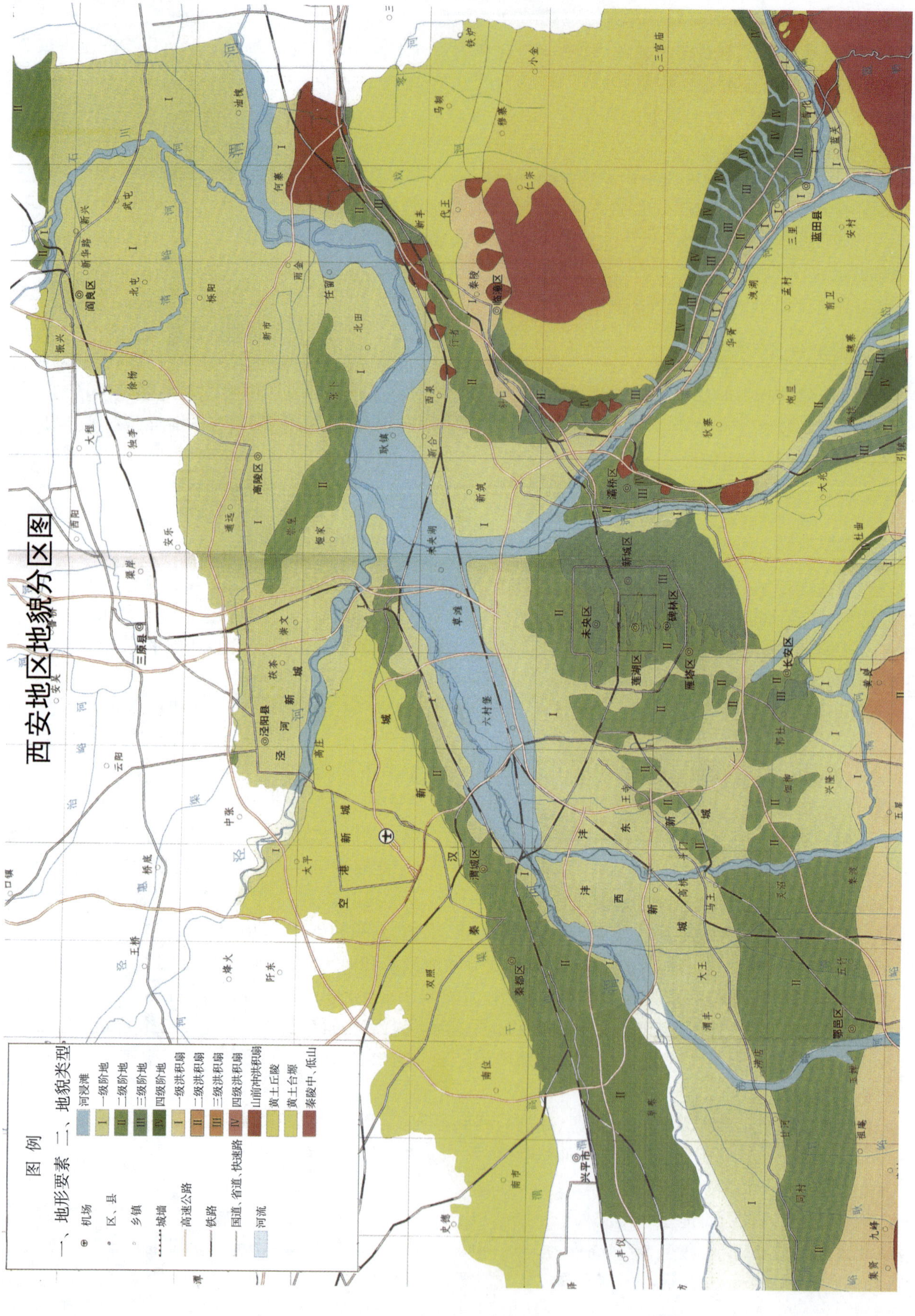

图 17.2 西安地区地貌分区图

三级阶地：主要分布在渭河北岸及支流浐河、泾河的左岸、灞河的右岸，呈条带状分布。阶面高程为410～560 m。其中渭河北岸咸阳以东三级阶地残留较小，渭河南岸西安一带，该阶地残留面积较大。阶面起伏，阶面有规律地出现丘岗洼地相间分布（也称为梁洼地貌），宽0.5～8 km，高程为430～452 m。据钻探揭露，该阶地下部地层为砂砾石层，上覆风积黄土、残积古土壤层。

17.2 地层分布与工程地质分区

轨道交通为线性工程，工程建设往往需要穿越不同的工程地质区段，搞清沿线工程地质条件是工程建设的首要问题。西安地区工程地质条件复杂，工程地质问题众多，其地层分布、工程分区以研究反映轨道交通工程建设区域内为主。其中，地层分布以位于第四系中更新统至全新统地层为主，工程地质区分以反映地基土的特性以及因其本身和环境因素而诱发的工程地质问题为主。

17.2.1 地层分布特征

西安地区第四系地层发育并广泛分布，覆盖于新近系地层之上。第四系是一套由下更新统到全新统的连续沉积，一般厚度大于300 m，西安凹陷中心大于700 m。主要成因类型有风积、洪积、冲积、冲洪积和冲湖积。西安地区工程建设主要位于第四系中更新统至全新统地层中。目前西安轨道交通已开通和在建的12条线，累计完成钻孔32 012个，合计进尺1 351 082 m；探井4 913个，合计进尺66 059 m；静探3 041个，合计进尺72 228 m；水文地质试验101处；浸水试验12处；基床系数试验33组，槽探26组；人工浅层地震44 681 m，合计15条。基本涉及区域内大部分地质分区和全新统、上更新统、中更新统和下更新统部分地层。

区内第四系各时代地层特征如下：

1. 全新统（Q_4）

（1）冲积层（Q_4^{al}）：分布于渭河及其支流的一级阶地和漫滩区，一级阶地岩性为黄土状土、砂砾石，砂夹粉质黏土薄层或透镜体，局部上覆盖粉土。顶部冲积黄土状土，常含1～2层黑垆土。漫滩区岩性为砂、砂砾石，厚十余米。

（2）洪积层（Q_4^{pl}）：分布于秦岭山前和塬边沟口。山前一级洪积扇区岩性为砂卵石、砂土。分选差，厚十余米，塬边沟口岩性为褐黄色黄土状粉土，含大小不等的次生钙质结核。

（3）冲洪积层（Q_4^{al+pl}）：分布在骊山山前、长安王曲—周至广济镇秦岭山前一级冲洪积扇区，岩性为灰黄色粉质黏土夹不稳定的薄砂、砂砾石，厚数米至十余米。

2. 上更新统（Q_3）

（1）风积层（Q_3^{eol}）：广泛分布在二～三级阶地、黄土塬、二级及以上洪积扇区的表层。岩性为褐黄色新黄土，疏松，具大孔隙，垂直节理发育，底部为一层棕红色残积古土壤层，厚度6～15 m。

（2）残积层（Q_3^{el}）：区内广泛分布，位于新黄土的底部，第一层古土壤（S_1）为上更新统的底界，埋深为10～18 m，为棕红、褐红色，团粒结构，具针状孔隙，含钙质条文和少量的钙质结核。

（3）冲积层（Q_3^{al}）：分布在河流二级阶地区。岩性变化较大，渭河二级阶地区岩性为砂，砂砾石与粉质黏土，黏质砂土互层。各支流地区为下粗上细的二元结构，下部为数米至十余米的砂卵石层，上部为含砂粉土或黏质砂土，其上覆盖新黄土。在渭河、泾河、灞河、浐河、沣河一级阶地区，它埋藏于一级阶地之下，岩性为厚层中粗砂，卵砾石，厚30～40 m。皂河一级阶地区为砂层与粉质黏土互层、砂层中含砾。

（4）洪积层（Q_3^{pl}）：分布于秦岭山前二级洪积扇区，岩性下部为砂砾卵石，大小混杂，分选差；上部为含砂粒的粉土，总厚数米至十余米。从各峪口洪积扇的顶部向外围变细，厚度变薄，其上多被新黄土覆盖。

（5）冲洪积层（Q_3^{al+pl}）：分布于皂河以西冲积扇区。岩性下部为浅灰色、浅灰黑色粉土、砂质粉土夹粉细砂或卵砾石透镜体；上部为黄土状土或新黄土，粒度南粗北细，厚度20～40 m，向北部变厚可达60～70 m，层次也增多。

3. 中更新统(Q_2)

(1)风积层(Q_2^{eol}):广泛分布于黄土塬,河流三、四级阶地,山前老洪积扇和塬前冲积扇平原区。黄土塬区中更新统地层分布于第一层古土壤(S_1)底界至第8层古土壤(S_8)底界。岩性为浅灰褐色、黄褐色老黄土,含少量钙质结核,夹棕红色残积古土壤。厚度变化较大,黄土塬区厚30~70 m,东薄西厚,冲积平原区厚60 m左右。

(2)残积层(Q_2^{el}):分布在三、四级阶地及以上,三级洪积扇及以上,黄土塬区中更新统分布第二层古土壤(S_2)至第8层古土壤(S_8)层,底界埋深为60~120 m不等。

(3)冲积层(Q_2^{al}):分布在河流三、四级阶地区,具上细下粗的二元结构,下部为河床相的中粗砂或卵砾石层,上部为褐黄色粉质黏土或黄土状粉质黏土,具明显的层理,常含砂粒,其上被黄土覆盖。

(4)洪积层(Q_2^{pl}):分布在秦岭山前至黄良镇—稻江村一线之间。岩性为浅灰、黄褐、灰白色砂砾石夹砂土,厚度变化大,数米至百余米不等。

(5)冲—洪积层(Q_2^{al+pl}):分布于黄土塬前缘以北,东泔河、兴庆池至新筑镇一线以南地区。岩性变化较大,少陵塬前为黄土状粉质黏土夹薄层砂砾、砂,与风成黄土互层,厚30~60 m。浐、灞河附近及以东地区粒度变粗,厚度增人。西部皂河附近,岩性为厚层粉质黏土夹薄层砂、砂砾石,厚度约140 m。

(6)冲—洪—湖积层($Q_2^{al+pl+l}$):分布在灞河以西冲积扇平原的北部和渭河阶地区。岩性可分上下两部分,下部为冲积、洪积、湖积层,上部为冲—洪积夹湖沼相沉积。岩性变化不大,为灰黑、灰绿、褐黄色粉质黏土与黄、灰白、浅灰色中粗砂或砂砾石互层。

4. 下更新统(Q_1)

区内大多埋藏于地下,仅在黄土塬区的沟谷中才有出露。主要成因类型有风积、洪积、冲洪积和冲湖积,由南而北厚度逐渐增大。

(1)风积层(Q_1^{eol}):出露于黄土塬边较大沟谷中,岩性为褐黄色,浅肉红色粉质黏土夹褐红色密集的退化古土壤层,富含钙质结核且多呈钙板状。总厚40~80 m不等,白鹿塬区最厚,少陵塬、神禾塬区较薄。

(2)洪积层(Q_1^{pl}):分布在秦岭山前洪积扇区,岩性以褐黄、灰、灰绿等杂色砂、砂砾、卵石及含砂砾的砂土为主,呈扇形分布。

(3)冲洪积层(Q_1^{al+pl}):分布在秦岭山前洪积扇以北至歇家寺—曲江池—高桥一线之间。受断层控制,其埋深由南往北呈阶梯状增大,厚度10~100 m不等,岩性为黄土状黏土夹砂砾石。

(4)冲—湖积层($Q_1^{al\text{-}l}$):分布在黄土塬前缘冲积扇平原和渭河阶地区。埋藏于70~120 m以下,深度为300 m的供水井均未揭穿该层。岩性为灰色、灰绿色、褐黄色粉质黏土夹砂、砂砾石。北部渭河阶地区,受渭河的影响,岩性为厚层状中粗—中细砂,间夹不等厚粉质黏土透镜体。

(5)湖积层(Q_1^{l}):主要分布于西安断陷的各凹陷中,一般埋藏在400 m以下至1 000 m之间。岩性为深灰色、灰黑色、灰绿色黏质砂土、粉土夹粉细砂,最大厚度超过600 m。

17.2.2 工程地质分区

工程地质分区是按工程地质条件和工程地质问题的一致性或相似性进行划分的。由于西安地区工程地质条件复杂,工程地质问题众多,而且有些工程地质问题如地裂缝、地面沉降涉及范围广,跨越几个地貌单元而无法作为区段划分的依据。因此,本次工程地质分区,只反映地基土的特性以及因其本身和环境因素而诱发的工程地质问题。

西安地区的工程地质条件和工程地质问题受控于地质构造和地貌。本区地貌分为冲洪积平原,黄上梁洼和黄土塬三大成因形态类型。理应依此分为三大工程地质区,但本地质分区,目的是反映轨道交通工程建设区域内主要地质条件的分布、工程特性及水文地质条件。共分为渭河冲积平原工程地质区;浐灞河冲积平原工程地质区;皂河冲洪积平原工程地质区;黄土梁洼地区和黄土塬工程地质区;塬前洪积台地工程地质区等六大工程地质区。

工程地质亚区是按土体结构的一致性或相似性进行划分的，各河流阶地反映了这一特征。因此，在冲积平原和冲洪积平原工程地质区中，按阶地划分工程地质亚区，黄土梁洼区。地层结构在北部为黄土—黏性土型，黄土中夹有其他岩性；在南部为单一黄土型。因此，分有黄土梁洼北部和黄土梁洼南部两个工程地质亚区。黄土塬工程地质区，按其基底地层的不同，分为少陵塬工程地质亚区和白鹿塬工程地质亚区。

工程地质段是按工程地质问题进行划分的。这些工程地质问题有：黄土湿陷性（又分为自重湿陷和非自重湿陷两种类型）、饱和砂土液化、饱和软黄土和厚层填土等，有些段存在两个工程地质问题重叠时，命名上突出了对工程建设影响较大的工程地质问题。

1. 渭河冲积平原工程地质区

该区位于区内的北郊和西北郊，分为渭河一、二、三级阶地三个工程地质亚区。

(1)渭河一级阶地工程地质亚区

该亚区分布在区内的北段和西北段，地形平坦，高程在379 ~ 388 m之间。土体结构类型，中部到后缘为黏性土—砂土型。潜水埋深，其中前部小于5 m，中后部5 ~ 10 m。主要地质问题是阶地中、前部饱和砂土存在有星点状液化问题。

(2)渭河二级阶地工程地质亚区

该亚区分布在区内的北段和西北段，地形平坦，高程在383 ~ 400 m之间，土体结构为黄土—砂土—砂夹黏性土类型。地下水埋深西部为5 ~ 10 m，东部为10 ~ 20 m。主要地质问题有黄土的湿陷性和饱和软黄土，西部和东部多为非自重湿陷，中部以自重湿陷性为主。饱和软黄土分布在地下水位附近，厚度4 ~ 7 m。

(3)渭河三级阶地工程地质亚区

该亚区主要分部在龙首塬—辛家庙沿线以北区段，地形微有起伏。高程在402 ~ 409 m之间，土体结构为黄土—黏性土夹砂土类型。地下水埋深10 ~ 20 m。主要工程地质问题有黄土湿陷性和局部饱和软黄土，以自重湿陷性黄土为主。

2. 浐灞河冲洪积平原工程地质区

该区位于区内的东部的灞桥和纺织城一带，各级阶地落差较大，浐灞河汇流区以上呈河谷型平原，其下河漫滩、一级阶地地形宽阔平坦。分为河漫滩、一、二、三级阶地四个工程地质亚区。

(1)浐、灞河漫滩工程地质亚区

该亚区地形低洼，高程在383 ~ 435 m，土体结构为单一的砂土—卵砾石型。上游粗、下游细。主要地质问题是工程建设时的地下水控制的问题，另外由于该区是建筑材料的主要来源地，填土问题尤为重要。

(2)浐灞河一级阶地工程地质亚区

该亚区地形平坦，阶面向河床及下游倾斜，高程在384 ~ 440 m之间，土体结构为黏性土—卵砾石土型。地下水埋深小于5 m。区内工程地质条件简单。

(3)浐灞河二级阶地工程地质亚区

该亚区地形起伏较大，阶面向河床倾斜，高程在405 ~ 438 m之间，土体结构为黄土—卵砾土型。地下水位埋深5 ~ 10 m。主要的地质问题为黄土的湿陷性问题。

(4)浐灞河三级阶地工程地质亚区

该亚区分布在浐河东岸纺织城和浐河西岸。地势较高，浐河东岸高程在430 ~ 440 m之间，浐河西岸在405 ~ 445 m之间，阶面向下游倾斜，微有起伏。土体结构为黄土—卵砾石型。地下水埋深15 ~ 30 m。主要地质问题是黄土的湿陷性，该亚区黄土的湿陷性强、湿陷量大、湿陷等级高、湿陷土层的厚度大。

3. 皂河冲洪积平原工程地质区

该区位于区内的西部和西南部一带，地形低平，残留有二、三级阶地。该区分为一、二、三级阶地三个工程地质亚区。

（1）皂河一级冲洪积阶地区

该区主要分布在区内的中西部一带，地势低平，呈南高北低，高程在386～420 m之间，土体结构为两个主河槽段为黏性土与砂层互层。主河槽之间及两侧为黏性土夹薄层砂层。地下水埋深，中部及北部15～30 m，东南部为15～20 m。主要地质问题为两河槽段的饱和砂土具星点状液化和两河槽间的黄土状土具轻微湿陷性。

（2）皂河二级冲洪积阶地区

该区地形平坦，略高于一级阶地，高程393～427 m之间，南高北低。地下水埋深北部10～20 m，南部15～30 m。土体结构为黄土—黏性土夹砂层型。主要工程地质问题有黄土湿陷和饱和软黄土。

（3）皂河三级冲洪积阶地区

该区分布在皂河冲洪积平原的东部和中部，地形平坦，高程在396～420 m。地下水埋深10～25 m。土体结构为黄土—黏性土夹砂层型。主要工程地质问题有黄土湿陷和饱和软黄土。

4. 黄土梁洼工程地质区

该亚区主要分布在区内的中部的新开门—东三爻以北至龙首塬的广大地区，地形上呈梁洼相间，地势为东南高、西北低，高程在406～507 m之间。按照土体结构和地形该区划分为北部和南部两个工程地质亚区。

（1）黄土梁洼北部工程地质亚区

该亚区北起龙首塬，南至三爻村，包括北关、老城区、东郊及城南的广大地区。地形上呈梁洼相间，总体地形南高北低，高程在406～452 m之间。地下水埋深南部10～20 m、中部北部为5～15 m，局部洼地地下水位埋深小于5 m。土体结构为：南部黄土梁上为单一的黄土型，洼地为黄土夹粉质黏土型；北部为黄土—粉质黏土型。该区主要的工程地质问题有：发育有14条地裂缝，地面沉降，饱和软黄土、黄土的湿陷性，黄土湿陷性梁区湿陷性强，洼地湿陷性弱，区内的东南部湿陷性强，湿陷等级高，湿陷土层厚度大。

（2）黄土梁洼南部工程地质亚区

该亚区主要分布在西影路—新开门一带，地形呈梁岗与洼地相间，波状起伏，高程在450～507 m之间。地下水埋深大于25 m，局部水位埋深5～15 m。土体为单一黄土型。主要地质问题为黄土湿陷性、饱和软黄土、地裂缝和长安—临潼断裂。

5. 黄土塬工程地质区

黄土塬分布在区内的东部、东南部和南部地区。少陵塬工程地质亚区主要分布在浐河以西缪家寨—曲江池以南，地势高，坡度大，高程在474～507 m之间，地下水位埋深大于30 m。神禾塬工程地质亚区分布于长安区潏河以南，地势高，坡度大，高程在440～650 m之间，地下水位埋深大于25 m。黄土塬区土体均为单一的黄土型。主要工程地质问题为长安—临潼断裂，黄土的湿陷性问题，塬边发育有冲沟、坍塌等地质灾害。

6. 塬前洪积台地工程地质区

塬前洪积台地主要分布在区内的东部田王—临潼一线的南部。地形南高北低，地形起伏大，沟谷切割。自北向南依次为一、二、三级洪积台地。本次区内仅涉及一、二级洪积台地。

一级洪积台地是在二级洪积扇群的基础上，经过山区洪流侵蚀、堆积和黄土覆盖而成，与二级洪积台地陡坎相接，其高度相差数米至十余米，地势东南高西北低，为扇形缓坡面，高程约460～500 m，地下水位埋深15～25 m。

二级洪积台地是在大面积的一级洪积扇群形成以后，经过流水侵蚀切割和黄土堆积覆盖而成。地表以明显的陡坎与三级黄土台塬相接，其高差南小北大（数米至20余米）。地势东南高西北低，为一扇形缓坡面，北部现有扇状弧形陡坡，高程约620～650 m。塬面上分布有大致呈东西走向的侵蚀构造凹地。地下水位埋深大于25 m。洪积台地为黄土—黏土夹砂卵石型。主要的工程地质问题为表层黄土状土的高压缩性，黄土的湿陷性问题。

各工程地质分区的工程特性详见表17.1。

表17.1 西安工程地质分区简表

工程地质区	工程地质亚区		工程地质段		土体结构	地下水埋深（m）	工程地质特征及评价
	名称	代号	名称	代号			
Ⅰ渭河冲积平原工程地质区	渭河一级阶地工程地质亚区	I_1	星点状轻微到中等液化土层工程地质段	I_1^1	单一砂土型	<5	表层有很薄的黏性土，其下为中、粗砂、砾砂。σ_0 = 160～280 kPa，土质不均，存在星点状的轻微～中等液化，液化地层作为地基时应进行地基处理，基坑及地下工程施工时易产生涌水涌砂
			非液化土层工程地质段	I_1^2	黏性土—砂土型	5～10	上部黏性土一般不具湿陷性。其下部砂土为非液化土，黏性土σ_0 = 130～180 kPa，砂土σ_0 = 180～250 kPa，工程地质条件良好
	渭河二级阶地工程地质亚区	I_2	自重湿陷性黄土地段	I_2^1	黄土—砂土—砂土夹黏性土型	10～20	上部黄土厚12～17 m，具自重湿陷性，湿陷系数δ_s = 0.015～0.165，自重湿陷系数δ_{zs} = 0.015～0.109；湿陷土层深度5.0～14.8 m，湿陷等级Ⅱ～Ⅲ级、σ_0 = 120～150 kPa，工程性能差。中部为厚层中细砂，厚12～15 m，σ_0 = 200～300 kPa。下部黏性土σ_0 = 150～250 kPa，工程性能好。其湿陷性黄土做车站、区间结构及建筑地基时，需处理湿陷或采用桩基
			非自重湿陷性黄土地段	I_2^2		10～20	上部黄土厚10～18 m，具非自重湿陷性，湿陷系数δ_s = 0.015～0.156，湿陷性土层深度5.0～16.0 m，湿陷等级Ⅰ～Ⅱ级。中部为中砂与粉质黏土互层，中砂，中密～密实，潮湿～饱和。工程地质条件较好，适于城市建设非自重Ⅱ级湿陷性黄土地基必须进行处理或采用桩基
			饱和软黄土地段	I_2^3		3～8	上部黄土层（古土壤之上）存在饱和软黄土，主要分布在地下水位附近，埋深1.5～12.0 m，厚2.5～6.0 m，饱和软黄土为软塑、高压缩、承载力低，σ_0 = 80～100 kPa，其工程性能较差。下部为中～密实的中粗砂与粉质黏土层，工程性能好。饱和软黄土地基须进行处理或采用桩基，基坑及区间隧道易坍塌，须进行处理，降水时地面沉降量大
	渭河三级阶地工程地质亚区	I_3	自重湿陷性黄土工程地质段	I_3^1	黄土—黏性土夹砾砂土型	10～20	上部黄土厚25 m左右，黄土为新黄土（S_1古土壤之上）、老黄土层。具自重湿陷性，湿陷系数δ_s = 0.016～0.108，自重湿陷系数δ_{sz} = 0.015～0.089，湿陷性土层深度7.8～15.5 m，湿陷等级Ⅱ～Ⅲ级，承载力σ_0 = 120～180 kPa，工程性能差。下部黏性土和中砂层工程性能较好，σ_0 = 200～300 kPa，自重湿陷性黄土作为地下车站主体及附属结构地基须进行处理或高架工程采用桩基，区间隧道多采用避让的工程措施
			非自重湿陷性黄土工程地质段	I_3^2			黄土（新黄土、老黄土）为非自重湿陷性，湿陷系数δ_s = 0.02～0.062，湿陷性土层深度7.5～17.9 m，湿陷等级多为Ⅱ级，局部为Ⅰ级，承载力σ_0 = 130～180 kPa。总体工程地质条件较好，以非自重Ⅱ级湿陷性黄土作建构物地基时，须进行处理
			饱和软黄土工程地质段	I_3^3			饱和软黄土主要分布在地下水位附近、地下水位抬升段及管道渗漏段，为新黄土浸水饱和，其承载能力降低、工程特性变差。埋深多6.0～13.0 m，厚度1～3.5 m，其承载力σ_0 = 80～110 kPa。工程地质条件差，饱和软黄土作建筑地基，须进行处理，作为隧道围岩等级低、易坍塌

续上表

工程地质区	工程地质亚区 名称	工程地质亚区 代号	工程地质段 名称	工程地质段 代号	土体结构	地下水埋深（m）	工程地质特征及评价
Ⅱ浐灞河冲积平原工程地质区	浐灞河漫滩工程地质亚区	Ⅱ$_0$	洪水淹没建筑砂砾产地工程地质段	Ⅱ$_0^1$	砂土—圆砾型	<5	地势低洼，洪水淹没区，不宜建筑。地层主要为砂、砾砂圆砾、卵石土。存在星点状的轻微到中等液化，工程地质条件较好。砂、砾等建筑材料丰富距市区近，为理想建筑材料产地。地铁工程区间隧道穿越易产生突水、涌水，大颗粒、高石英含量的卵砾石层问题，明挖法施工降水易产生涌砂、坑壁易坍塌的问题
	浐灞河一级阶地工程地质亚区	Ⅱ$_1$	非湿陷黄土状土工程地质段	Ⅱ$_1^1$	黏性土—圆砾型		上部黄土状土和粉质黏土，黄土状土具轻微湿陷性 $\delta_s=0.016\sim0.132$，湿陷等级Ⅰ级非自重湿陷，$\sigma_0=120\sim170$ kPa，总体工程地质条件较好，适宜轨道交通工程建设
	浐灞二级阶地工程地质亚区	Ⅱ$_2$	自重湿陷性黄土工程地质段	Ⅱ$_2^1$	黄土—圆砾型	10~20	上部为风积新黄土，下部冲积砂类土、粉质黏土、卵石土等。新黄土具自重湿陷性，湿陷系数 $\delta_s=0.000\sim0.083$，自重湿陷系数 $\delta_{sz}=0.000\sim0.134$，湿陷性土层深度3~15.2 m，湿陷等级Ⅲ~Ⅳ级，$\sigma_0=120\sim150$ kPa；粉质黏土，可塑，$\sigma_0=170\sim200$ kPa；粗砂，饱和，密实，$\sigma_0=250\sim300$ kPa；卵石土，磨圆度一般，粒径20~40 mm，最大90 mm，粗砂充填约30%，饱和，密实，$\sigma_0=400\sim450$ kPa。场地工程地质条件较好。车站附属地基需做湿陷性地基处理，隧道围岩分级为Ⅵ级
	浐灞河三级阶地工程地质亚区	Ⅱ$_3$	自重湿陷性黄土工程地质段	Ⅱ$_3^1$		>20	上部黄土25~30 m，具自重湿陷性，湿陷系数 $\delta_s=0.005\sim0.179$，$\delta_{zs}=0.000\sim0.135$，湿陷性土层深度10~24 m。湿陷等级Ⅲ~Ⅳ级，承载力 $\sigma_0=120\sim170$ kPa。下部冲积层有薄层黏性土，其下为卵砾石，密实，承载力高。浐河东岸地形坡度大，阶地阶面窄，对城市建设多有不便。总体工程地质条件差，湿陷性黄土作建筑地基必须进行处理或采用桩基础
			非自重湿陷性黄土工程地质段	Ⅱ$_3^2$			地层条件基本同于Ⅱ$_3^1$，黄土为非自重湿陷性黄土，湿陷系数 $\delta_s=0.031\sim0.127$，湿陷性土层深度5.5~13.0 m，湿陷等级Ⅱ级，承载力 $\sigma_0=120\sim170$ kPa，总体工程地质条件较好，适于城市建设。对于湿陷性黄土地基，须进行处理
Ⅲ皂河冲洪积平原工程地质区	皂河一级阶地工程地质亚区	Ⅲ$_1$	星点状轻微—中等液化土层工程地质段	Ⅲ$_1^1$	黏性土—砂土互层型	5~10	砂土，松散—中密，$\sigma_0=110\sim200$ kPa，局部中砂具有轻微—中等液化，液化指数多数小于5。黄土状土、粉质黏土，$\sigma_0=130\sim170$ kPa。工程地质条件较好，砂层富水，对深基坑工程施工不利，区间隧道盾构法施工时砂层石英含量高且含砾
			非湿陷黄土状土工程地质段	Ⅲ$_1^2$	黏性土—黏性土与砂土互层型		上部黄土状土较厚，黄土状土具轻微湿陷，$\delta_s=0.015\sim0.089$，湿陷深度3.0~7.0 m，湿陷等级多为Ⅰ级，局部为Ⅱ级，$\sigma_0=140\sim160$ kPa；下部砂土，中密~密实，承载力 $\sigma_0=180\sim250$ kPa。饱和砂土不具液化性。工程地质条件好，适宜轨道交通工程建设
	皂河二级阶地工程地质亚区	Ⅲ$_2$	自重湿陷性黄土工程地质段	Ⅲ$_2^1$	黄土—黏性土夹砂土型	5~10	上部黄土厚8~15 m，自重湿陷性，$\delta_s=0.016\sim0.138$，自重湿陷系数 $\delta_{zs}=0.016\sim0.081$，湿陷深度4.0~10 m，湿陷等级Ⅱ~Ⅲ级，承载力 $\sigma_0=130\sim170$ kPa，工程地质条件差。下部主要为可塑~硬塑的粉质黏土与密实的中砂互层，工程地质条件较好。本亚区主要分布在区内的西部，呈不连续分布。自重湿陷性黄土作建筑地基必须进行处理或采用桩基础

续上表

工程地质区	工程地质亚区		工程地质段		土体结构	地下水埋深（m）	工程地质特征及评价
	名称	代号	名称	代号			
Ⅲ皂河冲洪积平原工程地质区	皂河二级阶地工程地质亚区	III_2	非自重湿陷性黄土工程地质段	III_2^2	黄土—黏性土夹砂土型	5~10	地质条件基本同III_2^1,唯有黄土具非自重湿陷性,湿陷系数δ_s=0.015~0.108,湿陷土层深度2.5~9.0 m。湿陷等级一般为Ⅰ级,局部为Ⅱ级,承载力σ_0=130~170 kPa。总体工程地质条件较好。Ⅱ级湿陷性黄土作地基必须进行处理
			饱和软黄土工程地质段	III_2^3			地质条件基本同于III_2^1,唯有古土壤层之上存在饱和软黄土,厚度1.8~4.5 m,埋深3~8 m,σ_0=90~120 kPa。总体工程地质条件较差。饱和软黄土作地基土应视建筑条件进行处理,隧道围岩分级为Ⅵ级
	皂河三级阶地工程地质亚区	III_3	自重湿陷性黄土工程地质段	III_3^1	黄土—黏性土夹砂土型	10~20,局部<10	上部为新黄土、老黄土,厚约13~22 m,自重湿陷性,δ_s=0.015~0.084,湿陷系数δ_{zs}=0.016~0.116,湿陷厚度9.0.0~16.2 m,σ_0=120~180 kPa;下部为冲积粉质黏土,σ_0=150~200 kPa;中砂,厚1~3 m大多以透镜体存在于粉质黏土层中,中密—密实,饱和。黄土湿陷性为本段的主要工程地质问题。隧道围岩分级Ⅴ~Ⅵ级为主
			非自重湿陷性黄土工程地质段	III_3^2		5~10	上部为新黄土、老黄土,厚约13~22 m,湿陷系数δs=0.015~0.068,湿陷土层深度2.5~9.0 m场地为非自重湿陷性场地,湿陷等级以Ⅱ级为主,局部为Ⅰ级轻微,σ_0=120~190 kPa。下部为冲积粉质黏、粉土、细砂、中砂及粗砂等。场地工程地质条件较好。Ⅱ级非自重湿陷场地作为地基时需处理,基坑工程防止砂层透镜体涌砂
Ⅳ黄土梁洼工程地质区	黄土梁洼工程地质亚区	IV_1	自重湿陷性黄土工程地质段	IV_1^1	黄土—黏性土型局部梁上为单一黄土型	10~20	黄土厚25~60 m,黄土具自重湿陷性,自重湿陷系数δ_{zs}=0.015~0.159,δ_s=0.015~0.155,湿陷深度8.0~18.0,湿陷等级Ⅱ~Ⅲ级,σ_0=130~170 kPa。第一层古土壤及以下老黄土、粉质黏土工程性能好,上部黄土工程性能差。自重湿陷性黄土不能作天然地基使用,必须进行处理或采用桩基
			非自重湿陷性黄土工程地质段	IV_1^2	黄土—黏性土型,局部梁上为单一黄土型	10~20局部5~10	地层条件基本同IV_1段,新黄土为非自重湿陷性黄土,δ_s=0.015~0.157,湿陷深度3.0~12.5,湿陷等级Ⅰ~Ⅱ级,新黄土承载力σ_0=120~170 kPa。第一层古土壤及以下老黄土、粉质黏土工程性能好。总体工程地质条件较好。Ⅱ级湿陷性黄土作地基时,必须进行处理
			厚层杂填土、饱和软黄土工程地质段	IV_1^3	黄土—黏性土型	5~10部分地段<5	上部填土厚几米到十余米,厚度变化大,填土与第一层古土壤之间存在饱和软黄土,局部地形稍高,黄土亦存在湿陷性。黄土工程性能差。第一层古土壤及以下黄土,粉质黏土工程性能较好。杂填土,饱和软黄土,不宜作天然地基使用,必须进行处理或采用桩基
Ⅴ黄土塬工程地质区	少陵塬工程地质亚区	V_1	非自重湿陷性黄土工程地质段	V_1^1	黄土型	>25	揭露的黄土厚度65 m,黄土具非自重湿陷性,δ_s=0.015~0.084,湿陷等级Ⅱ级,湿陷土层厚度5.0~16.0 m,承载力σ_0=120~180 kPa,长安—临潼断裂通过该区。区内地形起伏较大,工程地质条件较好。隧道围岩分级为Ⅳ~Ⅴ级
	神禾塬工程地质亚区	V_2	非自重湿陷性黄土工程地质段	V_2^1	黄土型	>25	黄土层厚度在轨道交通揭露60 m深度范围内,尚未揭穿,δ_s=0.015~0.068,非自重Ⅱ级场地,湿陷土层厚度15~25 m。承载力σ_0=140~180 kPa。区内地形起伏大,工程地质条件好,适宜轨道交通工程建设,围岩分级为Ⅳ~Ⅴ级

续上表

工程地质区	工程地质亚区		工程地质段		土体结构	地下水埋深（m）	工程地质特征及评价
	名称	代号	名称	代号			
Ⅵ塬前洪积台地工程地质区	塬前一级洪积台地工程地质亚区	Ⅵ$_1$	重湿陷性黄土工程地质段	Ⅵ$_1^1$	黄土—黏性土夹卵石土型	15～25	表层分布有新近堆积的高压缩性的黄土状土，下部风积黄土层、古土壤层夹有大量的钙质结核层，底部为冲洪积的卵石层、粉质黏土层。黄土为自重Ⅲ～Ⅳ级湿陷性黄土场地，湿陷土层厚度10～15 m。承载力σ_0 = 140～200 kPa。隧道围岩分级为Ⅴ级。车站附属工程地基需进行地基处理
	塬前二级洪积台地工程地质亚区	Ⅵ$_2$	自重湿陷性黄土工程地质段	Ⅵ$_2^1$	黄土—黏性土夹卵石土型	>25	上部黄土15～20 m，具自重湿陷性，δ_{zs} = 0.015～0.105，湿陷性土层深度13～25 m。湿陷等级Ⅲ～Ⅳ级，承载力σ_0 = 130～200 kPa。下部冲洪积层有薄层黏性土，其下为卵砾石，密实，承载力高。地形坡度大，塬面窄，对城市建设多有不便。总体工程地质条件差，湿陷性黄土作建筑地基必须进行处理或采用桩基础。隧道围岩分级为Ⅳ～Ⅴ级

17.3 水文地质

西安轨道交通建设在城区范围内，多采用地下线的敷设模式，其工程建设过程中应当考虑地下水对工程施工的影响。西安市地下水以潜水和承压水为主，地下水埋深随地层岩性变化而深度不等，其中，承压水埋深大于100 m，远超轨道交通工程建设深度，西安轨道交通工程建设中地下水主要以潜水为主。

17.3.1 地下水赋存与分布

根据地下水其埋藏条件、地层岩性、水力性质及各地层的渗透性，含水层分为潜水和承压含水岩组。区内潜水含水岩组的底板埋深为30～80 m，黄土塬区黄土层潜水含水段底板深度无明显界限，一般以下更新统黄土为界。承压水含水岩组按照埋深分为浅层承压含水岩组和深层承压含水岩组，浅层承压含水岩组底板埋深110～180 m，大于120 m的含水岩组为深层含水岩组。潜水含水岩组为地铁工程建设中的主要含水岩组层，承压含水岩组仅在高架工程的部分桩基中涉及浅层承压含水岩组，故本章节不做分述。

1. 潜水含水岩组特性

区内潜水含水岩组分布广泛，水位埋深一般随地势升高而增大，潜水面形状与区域地形起伏一致。渗透性随含水层粒度变细，不透水层或弱透水层增多而减弱，在河谷阶地、冲洪积扇等粗颗粒层厚度较大且分选性较好地段，渗透快、径流条件好。含水岩组的富水性与其渗透性变化规律一致，地表水体附近及汇水洼地段含水岩组的富水性较好。地下水的水化学环境在西安南部比较简单，矿化度低，水质较好；北部及市郊地段潜水由于受到不同程度的污染，水质较差。潜水含水岩组的成因类型分述如下：

冲积层孔隙潜水：分布于渭河及支流漫滩及阶地区。含水岩组由全新统、上更新统、中更新统上部等冲积层组成。岩性以砂、圆砾为主部分地段含少量卵石，在沣、渭、泾河主支流交汇部位及支流河床地带含水层颗粒粗，为粗砂、砾石含零星卵石或砂卵石层，远离河床的漫滩后缘砂砾石层变薄，粉质黏土增多。渭河一级阶地后缘西自斗门—王寺—杨官寨—草滩镇一带为大厚度的砂砾石层，西部含卵石，为上更新世一全新世早中期粗粒相堆积，一级阶地后缘以北粒度反而变细粉质黏土夹层增多，类似河床心滩堆积。

冲积层孔隙潜水水位埋深：漫滩区0.5～5.0 m，一级阶地区3.5～15.0 m，二级阶地区10.0～25.0 m，浐河二级阶地及其他支流高阶地区地下水位埋深大于30 m。

冲、洪积层为主的孔隙潜水：分布于渭河一、二级阶地以南至黄土塬、洪积扇之间的广大地区，含水层厚度随地貌部位变化较大。东部浐灞河及以东主要以粗砂、砾砂、卵砾石为主，厚度约40 m，由2～3层组成。等驾坡—含元殿一线以西至郭杜、王寺之间,以薄层中砂、砾砂含圆砾、黄土状土为主,砂层一般不稳定,厚度约18.0 m;城内冲、洪积含水层主要分布于小寨—东门一线以北,以南仅限于梁间凹地,颗粒自浐河向西由粗变细。潏河冲、洪积含水层为砂、卵砾石,呈近南北向及北西向展布,单层及总厚度较小;沣河以东为薄而稳定的3~4层细砂,厚约20~25 m,斗门—王寺一带较厚、颗粒亦粗,总厚达30~50 m。各地段含水特征与岩性,补给条件密切相关。灞河以东渗透性最好,西郊一、二级冲、洪积层及浐河一带次之。

冲、洪积层孔隙潜水水位埋深:城区10.0~15.0 m,城区北部8.0~15.0 m,泾河;城区南部15.0~18.0 m,因湖水渗漏,兴庆公园一带地下水埋深5.0~10.0 m,曲江南湖一带近年来地下水位抬升明显,水位埋深10 m左右;西郊地区地下水埋深6.0~15.0 m;灞河以西水位埋深17.0~30.0 m,灞河以东,田王—豁口段埋深大于25 m。

洪积层为主的孔隙潜水:洪积层主要分布在区内的南部及东部白鹿塬、铜仁塬塬前一带,在秦岭山前洪积扇、潏河上游、滈河以西及沣河以东分布较广,扇后缘多为粗粒卵石层且厚度较大,前缘及扇间变细,单层变薄,总厚20~60 m。含水层为砂,卵砾石层。粉质黏土呈透镜体在各段分布,变化较大。洪积层孔隙潜水位埋深,秦岭山前埋深多小于10 m,沣滈河河间埋深10.0~15.0 m,潏河上游5.0~10.0 m,东部白鹿塬、铜仁塬塬前一带地下水位埋深18.0~35.0 m。

风积黄土层孔隙潜水:分布于区内的黄土塬、黄土残塬地带及河流的高阶地区。主要含水层为中更新统黄土及古土壤层和下更新统老黄土层,厚10~60 m,黄土较疏松,具大孔隙、次生管孔和垂直裂隙发育,是潜水的主要含水层段,古土壤具团粒粒间裂隙具有一定的富水性,但古土壤底部多为钙质结核层,透水性差。因此在剖面上可见到多层含水结构,如区内灞河以东深切沟谷塬边可见有泉水或渗水出现。

黄土塬区潜水位埋藏深度受微地貌控制较大,塬中心部位尤其是塬面凹地因集水范围汇水条件好、水位埋藏最浅,为相对富水地段;在塬边及黄土丘陵区因地形破碎,汇水,补给条件差,排泄条件好,水位埋深较大,黄土层较致密,故富水性差。

地下水位的变化主要受降水、水文与人为开采等因素影响,在不同地段和不同时间段,变化规律不尽相同。潜水流场在区域上多年变化甚微。但局部地段由于受人为因素干扰较大,如长期超量开采的影响,使潜水位下降,形成一定范围的降落漏斗,随着西安市限采地下水政策的施行,地下水位呈现出逐渐抬升的态势。兴庆湖、芙蓉湖、曲江南湖为代表的地表水体入渗,对周边环境的影响较大,导致周边地下水位抬升5~15 m。昆明湖及近期在建的人工地表水体,也可能存在类似的渗漏问题,目前尚未表现出来。

2. 含水层的渗透性

地质勘察时,开展了水文地质试验和降水试验专项工作。完成了水文地质试验和注水试验58组,降水试验专项一处,涵盖了区内不同的水文地质单元,对地铁工程地下水控制方案的制定,施工降水设计起到了指导作用。对不同地貌单元抽水试验结果分析,综合各含水层层序、颗粒的粗细、渗透路径、补给边界等条件,各区段的水文地质试验参数汇总表17.2。

表17.2 渗透系数汇总表

地貌单元	实测值			
	水位降深(m)	井深(m)	渗透系数(m/d)	影响半径(m)
渭河漫滩	5.1~7.0	30~45	30.0~60.0	70~260
渭河一级阶地	5.7~10.5	45~60	17.9~30.7	150~220
渭河二级阶地	3.0~12.5	30~45	9.0~17.9	86~140
渭河三级阶地	3.2~8.5	30~50	8.65~14.5	65~110
黄土梁洼区	5.3~11.0	30~50	3.8~15.7	70~135
皂河阶地	2.5~13.6	25~45	5.53~10.5	85~138
浐灞河阶地	4.5~9.5	25~40	8.07~17.2	75~160
浐灞河漫滩	5.3~7.4	30~45	35.7~112.0	180~240
泾河一级阶地	3.5~9.0	35~45	19.0~25.0	130~210

17.3.2 潜水补给、径流、排泄

大气降水是区内的主要补给来源之一，区内降水较充沛，地势开阔，地形坡度平缓，表层岩性疏松，利于降水通过包气带渗入补给；南部秦岭山前冲洪积层地下水自南向北径流，渭河、灞河、浐河、沣河、泾河及区内季节性河流等地表水体的渗漏对区内地下水进行补给。城市建成区大部地面已硬化，大气降水多以径流的形式排泄，入渗补给地下水量有限，城区地下水以侧向径流补给为主。

区内潜水位总体呈南高北低，地下水径流总体流向由南向北或东南向西北。局部地段由于受到地形控制或水源地的影响，地下水流向与区域流向略有差异。黄土塬区潜水呈穹丘状放射性流向塬边。沣河水源地、浐灞河水源地、西北郊水源地向开采漏斗中心流动。

地下水排泄以人工开采或侧向径流为主，蒸发排泄为辅。人工开采是区内的主要排泄方式，其开采量丰水年少，枯水年多；塬区、阶地开采地下水主要以灌溉和生产生活用水为主，傍河水源地区多为城市集中供水。蒸发排泄仅发生在渭河及其主流漫滩低阶地区的水位埋深小于4.5 m的区段。

地下水年动态变化与降雨、蒸发、地表径流、土体渗透性、灌溉、地表水体、人工开采等因素密切相关。不同地段和不同时间段，地下水的变化规律不尽相同。多年来区内地下水动态变化观测显示，7～9月份地下水位处于低水位期，地下水水位埋深最大；每年12月至来年3月份处于高水位期，地下水水位埋深最浅，但各地貌单元因水文条件和周边环境条件等的差异年内变幅不同，河流漫滩及一级阶地区地下水年变化1.5～2.5 m，二、三级阶地区年变化1.0～2.0 m，黄土塬及河流高阶地区年变化小于1.0 m。

17.3.3 抗浮设防水位和内涝水位

抗浮设防水位、内涝水位是轨道交通地下工程建设中两个重要的设计指标，抗浮设防水位对地下工程结构安全和工程投资影响较大，而内涝可能对地铁工程的建设和正常运营造成危害，甚至造成灾害。

地下结构会受到地下水浮力的作用，处理不当会导致地下室底板隆起、地下建（构）物整体上浮，进而导致梁柱开裂、底板破坏甚至引起建（构）筑物的倾斜，造成经济损失甚至危害人民的生命财产安全。

《岩土工程勘察规范（2009年版）》（GB 50021—2001）、《建筑地基基础设计规范》（GB 50007—2011）、《高层建筑岩土工程勘察标准》（JGJ/T 72—2017）和《建筑工程抗浮技术标准》（JGJ 476—2019）等提出对地下工程开展抗浮设计的要求，并对场地抗浮设防水位的确定做了相应的规定：当有长期水位观测资料时，可采用实测历史最高水位；无长期观测资料时，可采用丰水期最高稳定水位（不含上层滞水），或按勘察期实测高水位结合地形、地貌、地下水补给、排泄条件等综合因素确定；当承压水与潜水有水力联系时，应实测承压水水头水位并考虑其对抗浮设防水位的影响确定抗浮水位。

西安从首条地铁线路开始对每条线路都开展了抗浮设防水位专项研究工作。经过10多年的研究和工程实践建立和完善了西安轨道交通抗浮设防水位的确定原则。以西安地区地下水的长期观测资料和城市发展速度为前提，认为1963～1965年间西安地区地下潜水基本处于天然状态，补径排条件受外界影响较小，为有地下水观测历史记录以来的高水位期。之后随着城市生产、生活、工业用水的激增，地下水呈逐年下降直至1983～1984年度地下水位有了明显回升，其主要原因为1983年是西安地区有气象记录以来持续降水最长的一年，长时间的大气降水补给地下水。地下水监测资料显示1984年是1965年后地下水的一个历史高水位年。西安轨道交通工程抗浮设防水位的确定一般以1965年或1984年的地下水位作为研究抗浮水位的基础，结合城市规划和工程的重要性综合确定。

内涝是一定范围内的强降雨或连续性降雨超过城市雨水设施消纳能力，导致一定范围的地面产生积水的现象，积水水位的高度即内涝水位，内涝水位是地下工程出露点防护设计的基础。内涝水位与城市建设和市政排水系统关系密切，轨道交通工程在三期建设规划线路中采用以容积法为基础、结合降雨概率统计预测防内涝水位。但这种预测方法、计算模型在西安地区是首次采用，尚不完善，预测的结果较为保守，在后续的地铁工程建设中需不断地完善。

17.4 西安轨道交通主要特殊地质问题

西安轨道交通工程建设中主要不良地质作用有:地裂缝、活动断裂、饱和砂土液化、人为坑洞、地面沉降、有害气体、泥石流;特殊性岩土包括:湿陷性黄土、人工填土、新近堆积土。其中地裂缝、湿陷性黄土在本章中有专节论述不再赘述。下面主要对砂土液化、人为坑洞、地面沉降、人工填土、新近堆积土在西安轨道交通工程建设中的地质问题进行分析:

砂土液化是西安地区一个重要的工程地质问题,饱和可液化砂土主要分布在渭河一级阶地中部到前缘,皂河、沣河、泾河中、下游一级阶地主河槽及其两侧和城内古河道上,浐灞河下游一级阶地上,液化土层多为星点状分布,其液化等级属轻微到中等液化。由于砂土的液化使地层承载力丧失,强度指标降低,影响地基基础和桩基的承载力。

对工程影响较大的坑洞主要分布在城市市郊一带的采砂、取土坑,坑洞规模大、回填复垦后位置隐蔽、回填物质成分杂乱,多为建筑垃圾与生活垃圾,夹杂有工业废渣。回填土为成分杂、颗粒粗、大孔隙、高压缩、低承载力、均匀性差,坑内回填的生活垃圾可能产生有害气体,对地铁工程的线路方案、施工工法选择和工程造价影响较大。

地面沉降主要分布在西安市、咸阳市市区,受新构造运动控制和抽取深层地下水影响,其分布和发展具有区域性和阶段性。其危害主要表现为地面不均匀沉降,导致建(构)筑物的倾斜、变形,地铁结构的开裂、渗水。近年政府采取限制开采地下水使得市区内地下水位抬升,地面沉降发展趋缓。

人工填土包括杂填土和素填土,杂填土主要由砖瓦碎块、混凝土块等建筑垃圾、生活垃圾、砂类土及黏土包裹体组成,部分地段的杂填土中含有工业废料。杂填土色杂、大孔隙、高压缩性、大小混杂极不均匀。素填土主要由黏性土、碎石、砂质、粉土质土的一种或多种成分组成,部分含少量砖瓦碎屑。素填土一般具大孔隙、高压缩性、均匀性差,承载力低的特征。

新近堆积土,形成年代短、胶结作用差、前期固结压力低、土质疏松、厚度变化大、层位不稳,具有高压缩性、均匀性差、低承载力的特点。

在地铁工程建设中除上述不良地质与特殊岩土问题外,以下地质问题也应引起高度重视:

分布在 Q_3 古土壤以下 Q_2 上部的老黄土,厚度一般超过 6 m,深度可到 17 ~ 26 m,局部深度更深,孔隙比较小,大孔结构已经退化。与 Q_3 新黄土不同,湿陷程度不强,湿陷性土分布连续性差,湿陷指标的空间分布随机性强。位于水位以下含水率高,强度较低,未扰动时工程性质较好,承载力较高,扰动后多呈软塑状、强度降低,工程性质变差。

地下水渗流产生的涌水、涌砂,高石英含量密实的砂卵砾石层、饱和软黄土及软塑地层区施工降水引起的局部地面沉降量大等地质问题对地铁工程建设产生较大影响。

近年来,国家对自然环境保护的高度关注,环境条件得到了极大改善,特别是近些年来西安地区年降水量逐年增加,水环境大幅改变引起岩土体的性质发生变化,带来的次生地质灾害如山洪、泥石流、内涝、滑坡等现象时有发生。

第 18 章　湿陷性黄土地段工程设计

18.1　西安地区湿陷性黄土工程特性

西安地区位于我国黄土分布的主要区，区内黄土分布广、地层全、分布连续。不同的沉积环境，使黄土在沉积厚度、地层特征和物理力学性质上表现出明显的差异和变化，不同的工程特性对工程建设和工程投资影响较大，区内湿陷性黄土和饱和软黄土尤为突出。

18.1.1　湿陷性黄土的类型、分布及特征

黄土是干旱、半干旱气候条件下，陆相沉积的黄褐、褐黄、灰黄、棕黄或棕红色的一种特殊性土，具有大孔隙、垂直节理发育，天然状态下，含水率低，遇水易崩解、剥蚀，易湿陷的特性。

西安地区黄土更新世开始堆积，历经整个第四纪地质时期，直至现在尚未完全结束，黄土地层具有连续分布、规律性强、厚度大、古土壤层清晰的特点。区内与地铁建设工程最为密切的黄土是中更新世和更新世黄土，以及全新世黄土。一般称全新世黄土和晚更新世黄土为新黄土(其中全新世为黄土状土，晚更新世为马兰黄土)，中更新世和下更新世黄土为老黄土(中更新世黄土为离石黄土，下更新世黄土为午城黄土)。西安地区的全新世黄土状土，晚更新世新黄土，中更新世老黄土一般具有湿陷性，下更新世老黄土一般无湿陷性。

湿陷性是黄土最大的特性，即土体在自重压力或土的附加压力与自重压力共同作用下受水浸湿时产生大量的附加下沉现象。黄土湿陷性可划分为自重湿陷和非自重湿陷。

区内黄土场地分布有非自重湿陷和自重湿陷两个场地类型，按照湿陷量的大小区内湿陷性黄土划分为六个湿陷等级，湿陷类型及湿陷等级按照表 18.1 进行划分。

表 18.1　黄土湿陷类型及等级划分表

场地湿陷类型	地基湿陷等级			
自重湿陷场地	Ⅰ(轻微)	Ⅱ(中等)	Ⅲ(严重)	Ⅳ(很严重)
非自重湿陷场地	Ⅰ(轻微)		Ⅱ(中等)	

非自重Ⅰ～Ⅱ级湿陷性黄土场地，主要分布在区内的河流一级阶地、黄土梁洼的洼区及杜陵塬、神禾塬一带。

自重湿陷性黄土场地主要分布在河流的二、三级阶地，黄土梁洼区、白鹿塬、铜仁塬、咸阳塬等地势较高地区。

在河流一级阶地的古河槽区和城区东北梁洼区的低洼地段等，因水位埋藏浅，填土厚度大及受人为因素的影响，部分地段黄土的湿陷性变弱或消失。区内湿陷性黄土的分布及湿陷特征见表 18.2。

表 18.2　区内黄土湿陷特征表

地貌单元	湿陷系数		湿陷量(cm)		湿陷下界深度(m)	湿陷类型	湿陷等级	说明
	δ_s	δ_{zs}	Δ_s	Δ_{zs}				
渭河一级阶地	0.016～0.085		<5.00～21.80		3.0～6.5	非自重	Ⅰ	一般均不具湿陷性，个别点具轻微湿陷

续上表

地貌单元	湿陷系数 δ_s	湿陷系数 δ_{zs}	湿陷量(cm) Δ_s	湿陷量(cm) Δ_{zs}	湿陷下界深度(m)	湿陷类型	湿陷等级	说明
渭河二级阶地	0.015 ~ 0.159	0.015 ~ 0.109	14.03 ~ 99.07	7.90 ~ 33.76	5.0 ~ 8.0,局部12.5	自重	Ⅱ ~ Ⅲ	以非自重Ⅱ级为主,自重Ⅱ ~ Ⅲ级次之,非自重Ⅰ级局部分布
渭河二级阶地						非自重	Ⅰ ~ Ⅱ	
渭河三级阶地 南岸	0.016 ~ 0.098	0.015 ~ 0.085	24.23 ~ 71.98	9.10 ~ 12.53	6.5 ~ 12.0	自重	Ⅱ ~ Ⅲ	以自重Ⅱ ~ Ⅲ级为主,阶地东段位非自重Ⅱ级
渭河三级阶地 南岸						非自重	Ⅱ	
渭河三级阶地 北岸	0.015 ~ 0.132	0.015 ~ 0.089	48.7 ~ 82.7	8.8 ~ 17.5	7.5 ~ 13.0	自重	Ⅱ ~ Ⅲ,局部Ⅳ	咸阳市区北部斜坡前缘,马家堡一带为Ⅳ级
渭河三级阶地 北岸	0.015 ~ 0.097		35.0 ~ 64.5		7.0 ~ 11.0	非自重	Ⅱ	渭河北岸咸阳市区中西部
浐灞河一级阶地	0.016 ~ 0.132		6.90 ~ 46.29		4.7 ~ 7.0,局部10.0	非自重	Ⅰ	以非自重Ⅰ为主,局部地段可达Ⅱ级
浐灞河二级阶地	0.016 ~ 0.109	0.016 ~ 0.084	19.60 ~ 81.93	13.02 ~ 123.28	12.5 ~ 24.0	自重	Ⅱ ~ Ⅲ	主要分布在浐河东岸,局部有非自重Ⅱ分布
浐灞河三级阶地	0.015 ~ 0.170	0.015 ~ 0.125	30.45 ~ 118.34	7.22 ~ 48.86	12.0 ~ 25.0	自重	Ⅲ ~ Ⅳ	自重Ⅲ ~ Ⅳ为主分布
皂河一级阶地	0.015 ~ 0.089		5.00 ~ 59.40		局部大于17.0	非自重	Ⅰ	非自重Ⅰ为主局部地段可达Ⅱ湿陷,在古河道附近一般不具湿陷性
皂河二级阶地	0.015 ~ 0.138	0.016 ~ 0.081	5.25 ~ 68.54	12.21 ~ 17.57	3.0 ~ 7.0	自重	Ⅱ ~ Ⅲ	非自重Ⅰ级为主,Ⅱ级零星分布,自重湿陷仅见于大白杨、市土产仓库一带有分布,局部位非湿陷性场地
皂河二级阶地						非自重	Ⅰ ~ Ⅱ	
皂河三级阶地	0.015 ~ 0.199	0.015 ~ 0.082	5.10 ~ 97.03	9.03 ~ 10.60	3.0 ~ 7.0	自重	Ⅱ ~ Ⅲ	非自重Ⅰ ~ Ⅱ为主,城南市农机管理站一带有自重Ⅲ级分布
皂河三级阶地						非自重	Ⅰ ~ Ⅱ	
泾河一级阶地	0.015 ~ 0.126		4.3 ~ 82.07		2.0 ~ 6.0	非自重	Ⅰ ~ Ⅱ	非自重Ⅰ级为主,Ⅱ级零星分布,绳刘村南分布
泾河二级阶地	0.015 ~ 0.155	0.015 ~ 0.058	17.7 ~ 80.2	32.0 ~ 52.7	10.5 ~ 15.0	自重	Ⅱ ~ Ⅲ级,局部Ⅳ	自重Ⅱ ~ Ⅲ级为主,泾河以北冲积平原
梁洼区	0.015 ~ 0.155	0.015 ~ 0.159	5.40 ~ 113.82	7.00 ~ 37.50	3.5 ~ 9.5	自重	Ⅱ ~ Ⅲ	非自重Ⅰ ~ Ⅱ级为主,分布在自重湿陷主要分布在该区东、南段,西南段局部分布,省体育场、黄河厂子校有自重Ⅳ级分布、城区东北较大范围无湿陷
梁洼区						非自重	Ⅰ ~ Ⅱ	
少陵塬	0.015 ~ 0.063		19.51 ~ 35.30		3.5 ~ 11.0	非自重	Ⅰ ~ Ⅱ	该区以非自重湿陷为主
白鹿塬	0.015 ~ 0.156	0.015 ~ 0.128	31.90 ~ 89.10	10.57 ~ 21.19	15 ~ 30	自重	Ⅱ ~ Ⅲ	该区自重湿陷场地为主
塬前洪积台地	0.001 ~ 0.107	0.015 ~ 0.095	61.0 ~ 128.7	7.6 ~ 53.7	10.5 ~ 31.0	自重	Ⅲ ~ Ⅳ	该区自重Ⅲ ~ Ⅳ湿陷场地为主
咸阳塬	0.015 ~ 0.133	0.015 ~ 0.094	60.0 ~ 83.9	18.0 ~ 50.2	10.6 ~ 17.8	自重	Ⅲ ~ Ⅳ	咸阳塬塬边斜坡

西安轨道交通在大厚度湿陷性黄土场地开展了12处现场浸水试验,主要分布在城市的北部、东部和南部自重湿陷性黄土场地,湿陷等级高、湿陷土层厚度大的地段。通过现场浸水试验对场地的湿陷类型、湿陷等级和湿陷土层的厚度进一步确认和验证,并结合室内试验对湿陷量计算值的修正系数进行确定。

18.1.2 饱和软黄土的工程特性

饱和软黄土主要是由地下水位上涨、大孔隙湿陷性黄土上覆压力不足,湿陷过程未充分发生而形成。

饱和软黄土主要为第一层古土壤以上晚更新世黄土和全新世黄土状土形成，其特性为：饱和度 $S_r>85\%$，呈流塑或近于流塑状态，液性指数 $I_L \geqslant 0.90$；高压缩性或近于高压缩性土，压缩系数 $a_{1\text{-}2} \geqslant 0.40\ \text{MPa}^{-1}$；承载力特征值 $f_{ak}<130\ \text{kPa}$。

西安地区饱和软黄土主要分布在黄土梁洼区的洼部，河流二、三级阶地区如图 18.1 所示。饱和软黄土埋深 5.5～13.0 m，局部地段较深，厚度一般为 0.5～6.5 m，局部大于 8 m，有时呈透镜体分布。其中兴庆公园周边饱和软黄土最为典型，兴庆湖自 1959 年建成蓄水，湖水渗漏致使兴庆湖周地区潜水位大面积上升，使得原以湿陷为主要特征的高孔隙比、非饱和的湿陷性黄土由于自下而上的浸润—增湿—饱和作用，导致黄土的工程特性发生改变，呈软塑～流塑状态，承载力低，压缩性高，强度低。软黄土的工程特性指标见表 18.3。

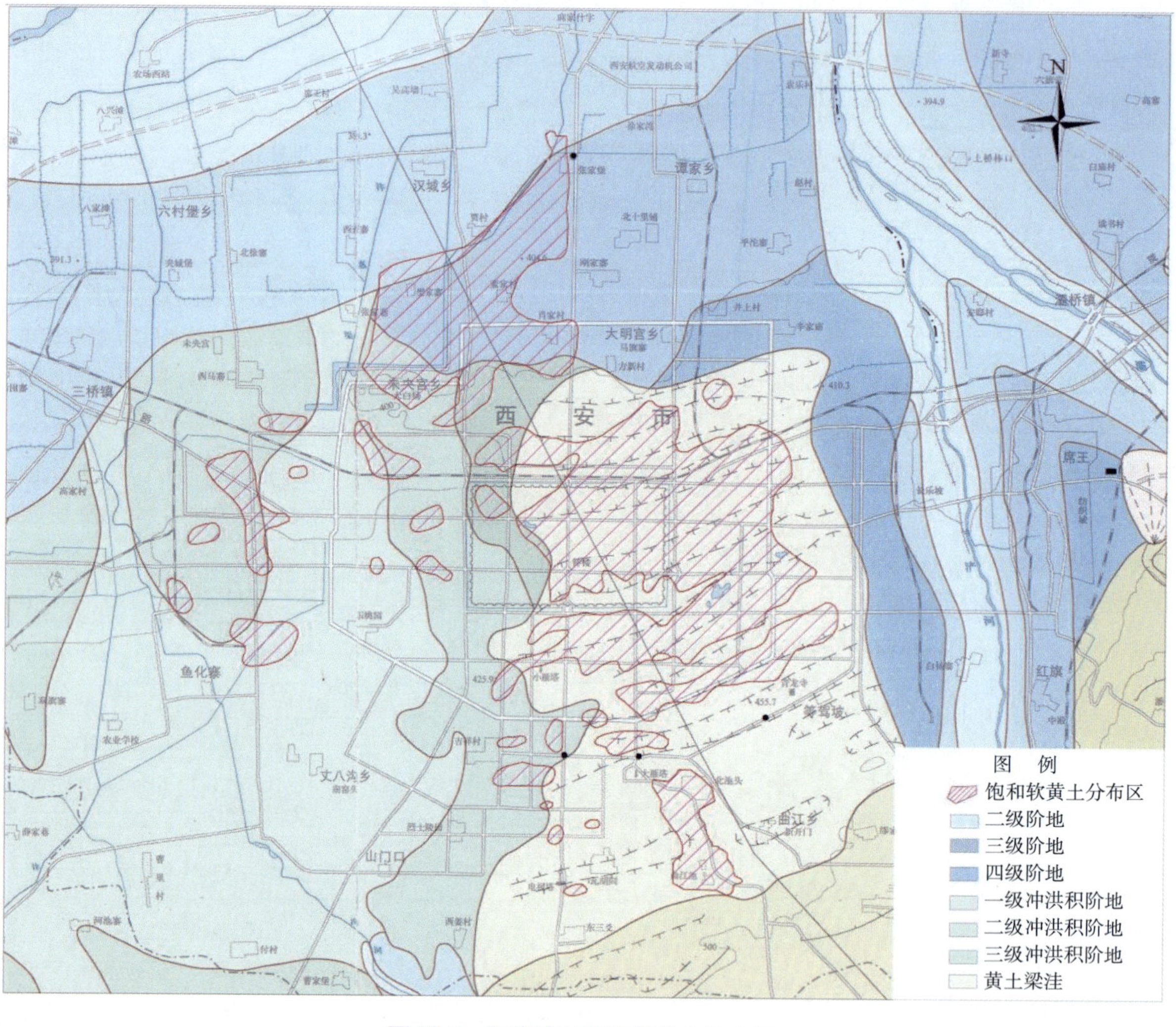

图 18.1　西安地区饱和软黄土分布图

表 18.3　饱和软黄土工程特性指标表

天然含水率 w(%)	28～34	静止侧压力系数 K_0		0.44～0.55
天然密度 ρ(g/cm³)	1.75～1.86	无侧限抗压强度 q_u(kPa)		40～68
干密度 ρ_d(g/cm³)	1.32～1.43	泊松比 ν		0.30～0.35
饱和度 S_r(%)	80.2～95.2	渗透系数 k(m/d)		3.0～5.0
孔隙比 e	0.862～1.136	基床系数(MPa/m)	K_x(水平)	25～30
液限 w_L(%)	28.6～31.7		K_v(垂直)	30～35

续上表

塑限 w_p(%)		17.2~17.9	桩的极限侧阻力标准值(kPa)		25~35
塑性指数 I_P		11.2~12.5	桩的极限端阻力标准值(kPa)		300
液性指数 I_L		0.90~1.19	挡土墙基底的摩擦系数 μ		0.18~0.20
压缩系数 a_{1-2}(MPa^{-1})		0.42~0.78	土体与锚固体极限摩阻力标准值(kPa)		15~35
压缩模量 E_{s1-2}(MPa)		3.33~5.60	地基土承载力特征值(kPa)		90~100
快剪	黏聚力 c(kPa)	19~20	标贯	标贯实测击数(击)	3~7
	内摩擦角 φ(°)	14.0~17.5	双桥静力触探	变形模量 E_0(MPa)	6.7~14.8
饱和快剪	黏聚力 c(kPa)	9~14		比贯入阻力 q_c(MPa)	0.79~1.10
	内摩擦角 φ(°)	12.6~17.0	高压固结	回弹指数 C_s	0.009~0.016
固结快剪	黏聚力 c(kPa)	21~24		压缩指数 C_c	0.181~0.461
	内摩擦角 φ(°)	17.5~21.2		超固结比 OCR	1.207~2.30
三轴压缩 UU	黏聚力 c(kPa)	24~33	扁铲侧胀试验	静止侧压力系数 K_0	0.34~0.53
	内摩擦角 φ(°)	8.0~10.0		不排水抗剪强度 C_u(kPa)	17.63~20
三轴压缩 CU	黏聚力 c(kPa)	30~35		水平基床系数(MPa/m)	10.56~24.6
	内摩擦角 φ(°)	17.0~24.0	旁压试验	旁压模量 E_m(MPa/m)	1.7~2.8
	黏聚力 c'(kPa)	22~27		剪切模量 E_0(MPa)	0.65~1.02
	内摩擦角 φ'(°)	21.0~26.0		基床系数 E_x(MPa/m)	23.7~34.2

18.1.3 西安轨道交通湿陷性黄土的评价体系

湿陷性黄土地区进行地铁工程建设，工程对沉降量、不均匀沉降的敏感程度以及工程所处的水环境等与湿陷性黄土场地的湿陷类型、地基湿陷等级、湿陷土层分布特点密切相关。黄土湿陷性评价以室内压缩试验、现场静荷载试验和现场试坑浸水试验为基础，其中室内压缩试验应用广泛。在西安轨道交通工程建设中，黄土湿陷性的评价从第一期建设规划至第三期建设规划的建设，试验方法由单一室内试验发展为现场试坑浸水试验与室内试验相结合的试验体系，湿陷评价基本上由原来的“最大湿陷量”评价体系逐步向“实际可能发生湿陷量”的评价体系过渡。

1. 西安轨道交通黄土湿陷性评价体系的发展

西安市第一期建设规划的三条线路，依据《湿陷性黄土地区建筑规范》(GB 50025—2004)的规定进行黄土的湿陷性评价。在湿陷性评价方面，室内试验按照完全浸水饱和，试验压力按照最大压力考虑的最大湿陷评价体系，这两个引起黄土湿陷的核心因素都按最不利条件考虑，最终致使评价的湿陷量达到最大，地基土的湿陷等级高。这种按照建筑物类别结合地基土湿陷等级确定的地基方案解决了一期工程建设中的湿陷性黄土的问题。

随着一期建设规划线路的建设，各参建单位逐渐认识到地铁工程的荷载性质、基础的埋置深度及浸水概率与工业与民用建筑工程的不同；《湿陷性黄土地区建筑规范》(GB 50025—2004)中的湿陷性评价方法是基于建筑工程的，对于深埋的城市轨道交通工程中的车站及区间隧道，采用现行规范的湿陷性评价方法是否合理一直存疑。如为解决某站及相邻区间大厚度、强湿陷问题，将三层车站压低为四层站，使地铁结构基底坐落在非湿陷性土层上，解决了车站及其两侧 1 300 m 范围内的地基湿陷问题；某明挖区间，在长度 1 021 m，宽度平均 11 m 的范围内采用 300 mm 水泥土挤密桩加固湿陷性黄土地基，解决了大厚度、强湿陷地基的处理问题。工程建设中虽然解决了地基的湿陷问题，但这种评价方法、处理方案是否合理、经济、高效成为下一个阶段西安轨道交通建设者们探讨的一个重要问题。

第二期建设规划项目中，湿陷性黄土的地基处理问题表现得尤为突出，4 号线南段，5 号、6 号线浐河阶地区以及 9 号线田王段黄土台塬区线路均穿越了大厚度湿陷黄土，湿陷土层厚度大于 25 m，范围广、线路长。为此，每条线都开展了湿陷性黄土地基处理的科研工作。按照《湿陷性黄土地区建筑规范》

(GB 50025—2004)中室内试验方法进行湿陷性评价,对全线进行评价,再根据评价结果选择大厚度、高等级湿陷性黄土地段开展现场试坑浸水试验,以浸水试验结果确定场地湿陷类型和湿陷土层的底界,并对不同层位湿陷量计算的修正系数进行了研究。本轮建设规划的4号、5号、6号、9号线四条线路,均进行了现场试坑浸水试验,试验结果确定4号线南段为非自重场地,其余三条线路试坑浸水代表段为自重湿陷场地,5号线黄渠头黄土梁洼区段湿陷底界为晚更新世(Q_3)地层,浐河阶地及田王台塬区湿陷底界位于中更世地层中。室内试验与现场浸水试验相结合的评价方法基本解决了第二期规划线路城市外围长段落、大厚度湿陷性黄土地基处理问题。但湿陷性评价仍未能结合轨道交通基底荷载、深埋的特点;对于厚度大、长度较短、湿陷等级高、环境条件复杂地段的湿陷性评价仍采用《湿陷性黄土地区建筑规范》(GB 50025—2004)进行评价,如9号线某站位于灞河三级阶地确定的湿陷土层厚度大于30 m;同时在洪庆站按照基底实际压力进行了湿陷性对比试验和评价,试验结果显示车站基底为非自重场地,可见两种评价方法的评价结果相反,引起的车站地基方案和投资的差别较大。

第三期建设规划线路湿陷性评价,在总结前两轮地铁建设黄土湿陷性评价得失的基础上,明确了场地的湿陷性质是土体本质的、自然的属性,自重湿陷量是在上覆土的饱和自重压力下发生的湿陷量,从地面开始评价。湿陷量计算值则是在接近基底下地基土实际应力下发生的可能湿陷量,评价从基底开始。可见“自重湿陷”和“非自重湿陷”,实际上是在特定压力(上覆土饱和自重压力)下是否湿陷,其本质是压力问题。基础下地基土是否湿陷和其实际应力状态相关性最大。本轮规划线路在第二轮建设规划湿陷性评价的基础上,结合工程特点按照场地覆土饱和自重压力进行湿陷试验和评价,以自重湿陷的底界作为车站和区间结构的湿陷土层的底界,符合地下车站、区间结构基底荷载远较该深度的土体的饱和自重小的特征,评价的结果增大了工程的安全性。三期规划中所有车站工程的基底不存在地基的湿陷处理问题,仅有部分区间结构位于湿陷土层中,需进行地基处理。即使这样地下车站、区间湿陷性评价还未完全按照工程实际荷载、埋深特点进行的湿陷评价,下一步需结合区间隧道的受力特点,分析不同结构基底的荷载分布特征,为区间结构按照实际荷载评价湿陷性创造条件。

2. 地铁工程黄土湿陷性评价体系

随着城市轨道交通工程的快速发展,《湿陷性黄土地区建筑标准》(GB 50025—2018)中采用的最大湿陷势的评价体系,在大厚度湿陷性黄土地区地铁地下工程的湿陷性评价存在的问题越来越受到人们的关注。主要体现在场地的湿陷类型、地下工程试验压力的确定、深层黄土湿陷下限的确定、工程所容许的剩余湿陷量。经过前期工程建设的实践,西安轨道交通建立了一套大厚度黄土的湿陷性评价体系,地铁车站由最大湿陷势的评价体系转变为可能湿陷势的评价体系。

(1)湿陷性评价工作流程

西安轨道交通湿陷性黄土地区岩土工程勘察,应严格执行湿陷性评价工作流程框图的流程,如图18.2所示。

(2)湿陷的评价方法

湿陷性评价方法如图18.3所示。室内试验、现场试坑浸水试验的方法按照《湿陷性黄土地区建筑标准》(GB 50025—2018)的要求执行。

室内试验湿陷系数的试验压力:地面工程按照土样深度和基底压力确定;车站工程以结构实际基底压力作为试验压力;隧道工程按照上覆土层的饱和自重压力作为试验压力。

湿陷系数测定:测定湿陷系数与压力、深度的变化关系。

湿陷起始压力:作为评价黄土的湿陷性和湿陷敏感性的重要指标,测定湿陷起始压力随深度的变化规律。

湿陷下限深度:地面工程湿陷底界分为自重湿陷底界和湿陷底界;地下工程(地铁车站、区间),湿陷的底界为自重湿陷底界。

(3)黄土湿陷性评价

黄土湿陷性评价以《湿陷性黄土地区建筑标准》(GB 50025—2018)作为评价的基本依据,湿陷系数

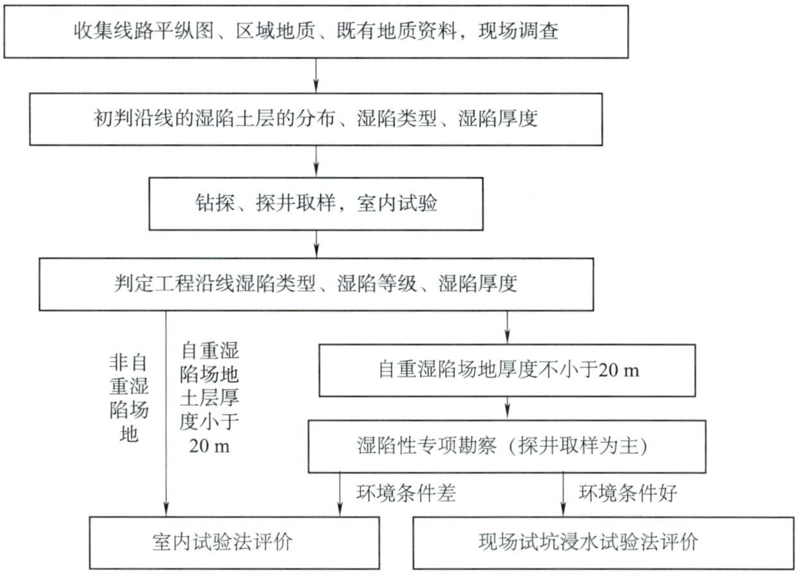

图 18.2　湿陷性评价工作流程

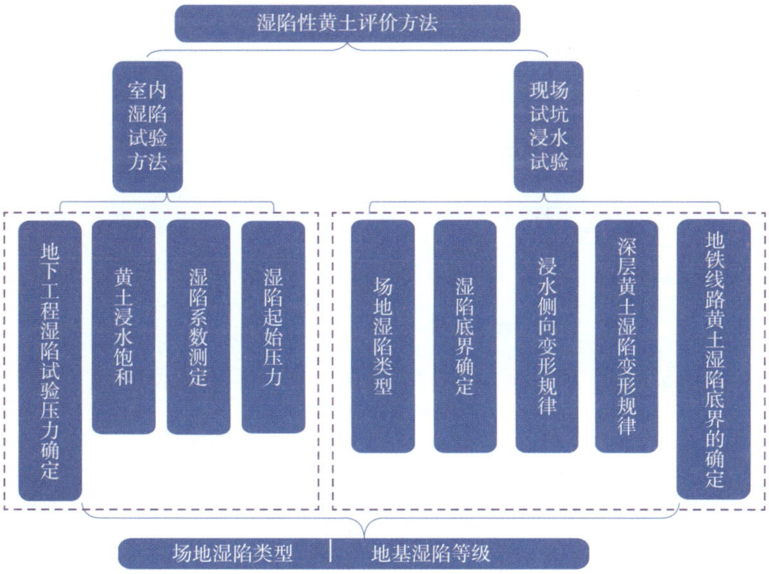

图 18.3　湿陷性评价方法

0.015 作为判定黄土湿陷性的界限值,湿陷系数值小于 0.015 时,为非湿陷性黄土;湿陷系数值等于或大于 0.015 时,为湿陷性黄土。

以自重湿陷量的实测值 Δ'_{zs} 或计算值 Δ_{zs} 等于 70 mm 作为判定场地自重湿陷与非自重湿陷场地类型的界限值,小于 70 mm 判定为非自重场地,大于等于 70 mm 判定为自重场地。

湿陷性黄土场地自重湿陷量和黄土地基的湿陷量计算值按照《湿陷性黄土地区建筑标准》(GB 50025—2018)的相关公式计算。地下工程湿陷量计算不考虑地基浸水概率的影响,湿陷等级的判定按《湿陷性黄土地区建筑标准》(GB 50025—2018)执行。

3. 现场试坑浸水试验成果

西安轨道交通针对大厚度湿陷场地共完成了 12 组现场试坑浸水试验,科学的评价了大厚度湿陷性黄土的湿陷问题,为地铁线路方案选择及湿陷性土层的地基处理提供了客观的基础资料,节约了工程投资、保证了施工工期。现场试坑浸水试验与室内试验成果对比见表 18.4。

18.1.4 湿陷性黄土对地铁工程建设的影响

湿陷性黄土对地铁工程的影响主要体现在黄土浸水后的湿陷影响，主要体现在以下几个方面：

地下车站、隧道工程位于湿陷性黄土地基上，特别是自重湿陷性黄土地基上时，地基湿陷变形可使车站或区间隧道产生不均匀沉降，影响地铁结构及行车安全。

地下车站、竖井等深基坑围护结构外侧湿陷黄土浸水湿陷后，作用于围护结构上的主动土压力增加，土体抗剪强度降低，易产生基坑坍塌或超量变形；周边建筑物变形加大，出现过量的沉降或裂缝等危害。

隧道工程全部或部分位于湿陷性黄土层中时，黄土不均匀浸水后湿陷变形，增大了围岩压力，不均匀浸水可形成不均匀的围岩压力，隧道在动荷载的作用下易产生变位。

高架工程：黄土浸水湿陷、饱和软黄土抽水水位降低和饱和软黄土区桩基施工产生的超孔隙水压力消散，土体重新固结，引起桩基产生负摩阻力。对于摩擦桩，负摩阻力会引起附加下沉，当建(构)筑物的部分基础或同一基础中部分桩基发生负摩阻力，将出现不均匀沉降，导致上部结构损坏。

对采用浅基础的附属建(构)筑物，如出入口、地面风亭等，黄土地基湿陷变形可使建(构)筑物产生不均匀沉降，导致墙体开裂影响正常使用，甚至危及人身安全。

表18.4 试坑浸水试验与室内试验成果对比表

项目名称	场地名称	试验直径(m)	自重湿陷量(mm)		自重湿陷深度(m)		修正系数β'_0	湿陷类型	代表区段
			计算值	实测值	实测	室内			
4号线	羊角村	25	182	8(抬升)	—	23	—	非自重	杜陵塬
	高望堆村	25	112	4(抬升)	—	23	—	非自重	杜陵塬
5号线	黄渠头	20	193	74.10	9.5	19.5	Q_3:0.9	自重	雁翔路—长鸣路段黄土梁洼区
	月登阁	25	603	208.7	20	27	Q_3:0.9；Q_2:0.1	自重	长鸣路—月登阁段浐河三级阶地
8号线	月幸路	30	447	92.8	12.0	29.5	Q_3:0.9；Q_2:0.4	自重	等驾坡村—南三环段浐河三级阶地
机场线	布里村	25	300	380.5	10.6	18.5	Q_3:1.04	自重	西安机场以南的黄土塬
	摆旗寨	20	400	4.0	—	17.5	0	非自重	渭河二级阶地区
6号线	田家湾	20	304	285.4	11.3	17.5	Q_3:0.9	自重	咸宁路东段沿线的浐河三级阶地
2号线南延	西安财院新校区	30	107	39(抬升)	—	30	—	非自重	神禾塬
2号线二期	神禾三路与常宁路十字东南角	30	413	32.0	—	32.9	—	非自重	神禾塬
临潼线(9号线)	芷阳五路—芷阳广场区间南	20	302	52.3	21	19.5	Q_3:0.5；Q_2:0.5	场地不均匀，自重场地	灞河以东铜仁塬塬前洪积台塬
	田洪北街	20	168.3	107.6	19	19	Q_4:0.9；Q_3:0.6；Q_2:0.5	自重	灞河以东铜仁塬塬前洪积台塬

18.2 湿陷性黄土处理关键技术

黄土的湿陷变形具有突变性、非连续性和不可逆性，对工程建设危害十分严重。面对湿陷性黄土这一世界级技术难题，西安轨道交通在十余年的工程建设中，通过科研攻关与技术总结，对湿陷性黄土有了深刻的认识，提出了适用于西安轨道交通工程的湿陷性黄土评价方法，并制定了相应的处理原则和工程措施，取得了多项技术创新与突破。

18.2.1 主要技术难点及科研成果

湿陷性黄土对地铁工程的影响主要表现为基坑稳定、隧道围岩稳定、地基处理三大问题。为确保基坑稳定,应做好施工期间防排水,明挖放坡部分外扩开挖,当采用围护桩时可不外扩,但应穿透湿陷性黄土层。为确保隧道围岩稳定,可通过加强矿山法隧道超前支护、提高支护刚度或者采用盾构掘进加以解决。对于湿陷性黄土地基处理问题,虽然目前发布了《湿陷性黄土地区建筑标准》(GB 50025—2018)、《铁路特殊路基设计规范》(TB 10035—2018)、《铁路黄土隧道技术规范》(Q/CR 9511—2014)、《公路路基设计规范》(JTG D30—2015)、《城市道路路基设计规范》(CJJ 194—2013)等相关规范(标准),但是各规范对地铁的地下结构适应性较差(表18.5),同时,国内可类比的工程经验不多,地基处理问题已成为湿陷性黄土地区地下工程面临的最大难题。因此,结合西安地区地铁工程特点并参考相关规范,西安轨道交通制定适合的湿陷性黄土地基处理的原则及方法,为工程建设提供有力的技术支撑。

表18.5 湿陷性黄土地基处理技术规范(标准)统计表

规范名称	处理措施	适用范围	处理深度	与地铁工程的适用性
《湿陷性黄土地区建筑标准》(GB 50025—2018)	垫层法	地下水位以上,局部或整片处理	1~3 m	主要适用于工业与民用建筑,不适用于地铁地下工程
	强夯法	地下水位以上,$S_r \leq 60\%$的湿陷性黄土,局部或整片处理	3~12 m	
	挤密法	地下水位以上,$S_r \leq 65\%$的湿陷性黄土	5~15 m	
	预浸水法	自重湿陷性黄土场地,地基湿陷等级为Ⅲ级或Ⅳ级,可消除地面以内6 m的湿陷性	6 m以上,尚须采用垫层或其他方法处理	
	其他方法	经试验研究或工程实践证明行之有效	—	
《铁路特殊路基设计规范》(TB 10035—2018)	换填垫层法	地下水位以上	1~3 m	地铁路基工程可参照本规范
	强夯法	地下水位以上,$S_r \leq 60\%$的湿陷性黄土	3~7 m	
	挤密法	地下水位以上,$S_r \leq 65\%$的湿陷性黄土	5~15 m	
《铁路黄土隧道技术规范》(Q/CR 9511—2014)	换填法	洞门端、挡、翼墙地基,明洞地基,隧道地基	0.5~3 m	铁路隧道与地铁区间隧道在埋深、断面大小、建设环境、工后沉降要求等方面的差异,决定了本规范应用于地铁工程具有局限性
	挤密桩法	明洞地基、隧道地基	3~20 m	
	混凝土灌注桩	洞门端、挡、翼墙及明洞地基	15 m以上	
《公路路基设计规范》(JTG D30—2015)	换填垫层法	地下水位以上,局部或整片处理	1~3 m	公路、城市道路对湿陷性黄土场地的处理深度普遍较小,工后沉降要求相对较低,发生病害后可修复性强。地铁路基工程工后沉降要求较高,发生病害后影响运营安全及乘坐舒适度,参考应用的价值有限
	冲击碾压	饱和度$S_r \leq 60\%$的Ⅰ~Ⅱ级非自重、Ⅰ级自重湿陷性黄土	0.5~1 m,最大1.5 m	
	强夯法	地下水位以上,饱和度$S_r \leq 60\%$的湿陷性黄土	3~6 m,最大8 m	
	挤密法(灰土、碎石挤密桩)	地下水位以上,饱和度$S_r \leq 60\%$的湿陷性黄土	5~12 m,最大15 m	
	桩基础	用于处理桥涵、挡土墙等构造物基础	≤30 m	
《城市道路路基设计规范》(CJJ 194—2013)	应按照《湿陷性黄土地区建筑标准》(GB 50025—2018)规定进行处理,当采用强夯法时,应评估其对周边沉降和环境的影响			

作为国内首个在湿陷性黄土地层中修建地铁的城市,在建设过程中,西安轨道交通进行了积极和卓有成效的探索,开展了一系列科技攻关,见表18.6。

表 18.6 湿陷性黄土地基处理科研项目统计表

科研项目名称	参与单位	完成时间
西安地铁降水研究	陕西工程勘察研究院、中铁第一勘察设计院集团有限公司、中铁三局集团有限公司	2009 年
西安地铁黄土地层浅埋暗挖大断面工程设计与施工技术研究	中铁隧道勘测设计院有限公司	2010 年
黄土地层及全断面砂质地层土压平衡盾构掘进技术研究	中铁一局集团有限公司	2011 年
黄土地区浅埋暗挖地铁隧道修筑关键技术研究	长安大学	2011 年
地铁四号线南段穿越大厚度湿陷性黄土应对措施调研报告	西安市地下铁道有限责任公司、广州地铁设计研究院有限公司、中铁第五勘察设计院集团有限公司	2012 年
西安地铁工程穿越湿陷性黄土工程特性及应对措施研究	西安市地下铁道有限责任公司、机械工业勘察设计研究院、广州地铁设计研究院有限公司、中铁第五勘察设计院集团有限公司、西安理工大学	2013 年
西安地铁临潼线、五号线穿越大厚度湿陷性黄土地基处理原则与措施研究	中铁第五勘察设计院集团有限公司、西安理工大学	2014 年
黄土地铁隧道近距离下穿既有地铁构筑物安全控制技术研究	长安大学	2017 年
西安地铁八号线湿陷性黄土地基处理专题研究	中铁第一勘察设计院集团有限公司、长安大学	2019 年

通过现场试验、室内试验、数值分析、理论与实践相结合等多种方法，深入认识了地层湿陷变形发展的可能性和规律，分析了地铁结构适应变形能力，取得了多项成果，主要体现在以下方面。

(1)首次考虑了黄土沉积时代和湿陷土不连续分布效应，提出自重湿陷量计算经验公式，有助于进一步提高湿陷性黄土评价的准度。明确了西安轨道交通工程黄土地基湿陷性评价方法，即初勘阶段湿陷性黄土自重湿陷量计算可采用规范法和经验公式进行评价，详勘阶段通过现场试坑浸水试验确定。

(2)采用数值模拟得出隧道开挖后(卸荷)地基压缩应力均小于原同一深度位置处自重应力，且隧道跨度越大，卸荷效应越显著，并确定了西安湿陷性黄土地区地铁主体结构工后容许沉降控制标准建议值为 20 mm。

(3)提出并不断完善西安轨道交通湿陷性黄土地基处理原则。从 2 号线、1 号线、3 号线建设时根据地勘中湿陷性黄土等级进行地基处理或者采用线路绕避，到 4 号线南段建设时根据现场浸水试验结果实现了不处理或者少处理。图 18.4 所示为西安轨道交通已运营线路应对湿陷性黄土的主要应对策略。

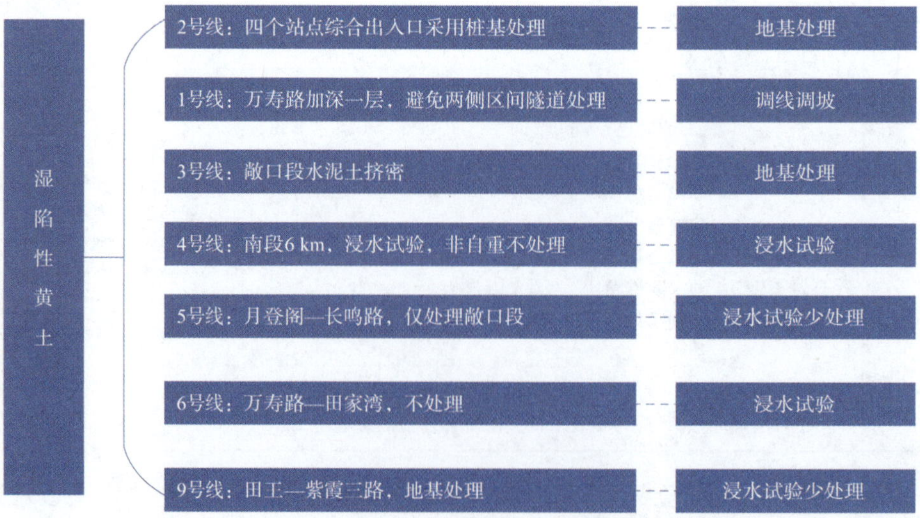

图 18.4 西安轨道交通湿陷性黄土地基处理应对策略

(4)基于地铁地下工程基底受力特征、地层条件以及浸水条件,提出地下工程湿陷性黄土地基处理判断流程(图 18.5)和五步判别步骤,具体步骤如下:

第一步:湿陷性黄土场地类型的判断。

判断场地是否为自重,如果是非自重,可不处理。

第二步:结构底板以下是否有湿陷土层的判断。

如果为自重湿陷性黄土场地,对比结构底板与湿陷底界的关系,若结构底板以下无湿陷性黄土,可不处理。

第三步:基底压力是否大于湿陷起始压力的判断。

如果是自重湿陷性黄土场地,且结构底板以下存在湿陷性黄土,应对比湿陷起始压力与基底压力之间的关系,如果湿陷起始压力大于基底压力,可不处理。

第四步:湿陷量是否大于结构允许沉陷量的判断。

如果是自重湿陷性黄土场地,且结构底板以下仍存在湿陷性黄土,湿陷起始压力小于基底压力,应根据基底压力在湿陷曲线上查找湿陷系数,重新计算湿陷量。确定实际湿陷量与结构允许变形(或者剩余湿陷量)之间的关系,判定是否需要处理,若实际湿陷量大于结构允许变形,考虑调线调坡。

第五步:为满足地铁线路的要求,当地形起伏较大,无法通过调线调坡解决或者过度调线调坡造成地铁功能受损严重或经济代价巨大时,应采取专门针对湿陷性的地基处理措施。

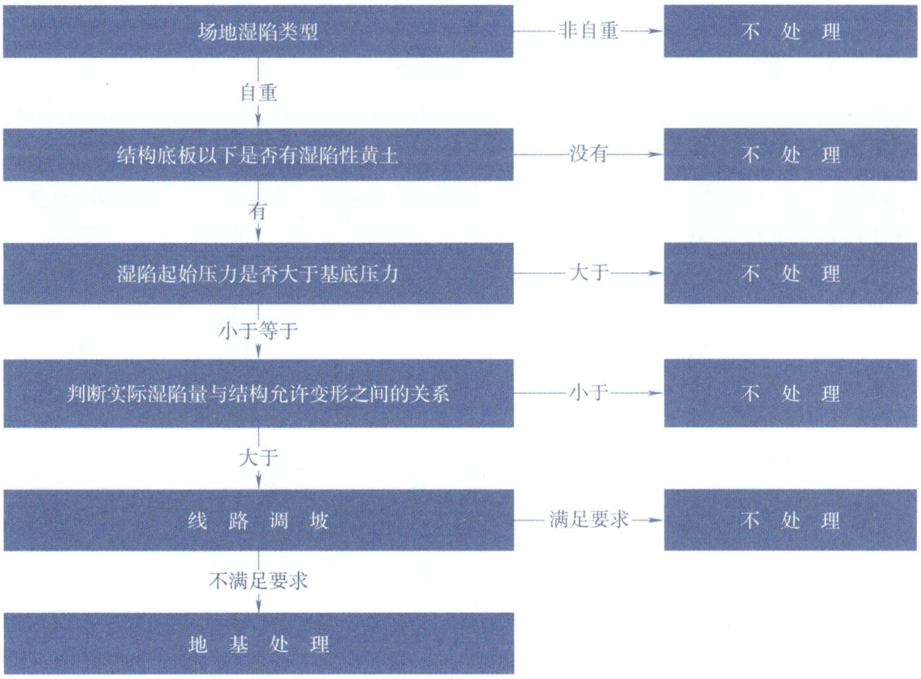

图 18.5 地下工程湿陷性黄土地基处理判断流程图

18.2.2 处理原则

1. 总体原则

本着“技术先进、经济合理、绿色环保”的思路,结合相关科研成果和工程实践,西安轨道交通湿陷性黄土地基处理的总体原则如下:

(1)结合地铁工程的特点采用先进的工艺工法;

(2)满足运营需求,控制投资规模,采取合理的沉降控制标准;

(3)应选用绿色环保的工程措施与材料以减少对城市环境的影响。

2. 地下工程处理原则

(1)对非自重湿陷场地内的地下工程,可不采取针对湿陷性黄土的地基处理措施。但考虑到地铁工程的重要性,为避免后期运营振动或管道渗漏的影响,可在明挖结构基底设置一定厚度的垫层处理,或在暗挖和盾构隧道圆心以下预留注浆孔,以便必要时对土层进行注浆加固。

(2)对自重湿陷场地内的地下工程,如果结构基底以下无湿陷性黄土,可不采取针对湿陷性黄土的地基处理措施。若结构基底以下存在自重湿陷性黄土,且其剩余湿陷量大于地铁隧道工程允许变形量,在经济合理的前提下,可通过调整线路埋深及坡度,尽量避让自重湿陷性黄土地层或减小处理厚度,以降低工程实施难度。

(3)对仍不满足上述要求的,则需要采用相应工程措施进行处理,并做好防排水措施。对深度15 m以内的湿陷黄土地层,应完全消除基础以下黄土层湿陷性。对深度15 m以上的湿陷黄土地层,应按照满足工程允许变形量要求,消除地基以下一定厚度黄土层湿陷性。基础处理时应优先考虑地表加固措施。

3. 地面工程地基处理原则

对于正线路基、桥梁及场段等工程,可参照《湿陷性黄土地区建筑标准》(GB 50025—2018),消除地基的全部湿陷量或采用桩基础穿透全部湿陷性黄土层,将基础设置在非湿陷性黄土层上。

4. 附属结构地基处理原则

车站出入口和风道等附属结构,可参照《湿陷性黄土地区建筑标准》(GB 50025—2018),按乙类或丙类建筑考虑,采用垫层法或挤密法进行地基处理。

18.2.3 综合处理技术

黄土湿陷性地基处理,应遵循“地基处理为主,防水措施与结构措施相结合”的思路。西安轨道交通湿陷性黄土地基处理的主要措施有垫层法、强夯法、挤密法、孔内强夯(DDC桩)、桩基础法、注浆加固法、旋喷桩、深层搅拌桩及微型桩法等多种方法,应结合具体工程的特点及周边环境等因素,选取适合的地基处理措施。各种处理措施的特点具体如下:

1. 地基处理措施

(1)垫层法

垫层法是一种浅层处理湿陷性黄土地基的传统方法,包括素土垫层和灰土垫层等。它先将基础下的湿陷性黄土部分或全部挖除,然后用素土或灰土分层夯实做成垫层,以消除地基的部分或全部湿陷量,减小地基的压缩变形。

垫层法适用于地下水位以上的土层,可处理的湿陷性黄土层厚度一般为1~3 m。该方法目前在湿陷性黄土地区使用较为广泛,具有因地制宜、就地取材和施工简便等优点。实践证明,经过回填压实处理的黄土地基湿陷速率和湿陷量可大大减少。

(2)强夯法

强夯法(又称动力固结法)是利用起重设备将重锤(一般采用2.5~3.0 t重锤)起吊到一定高度后(落距一般为4.0~4.5 m),使重锤自由落下,对黄土地基进行强力夯击,以消除其湿陷性,减小其压缩变形。

强夯法适用于地下水位以上,饱和度$S_r \leqslant 60\%$的湿陷性黄土地基,可处理的深度为3~12 m。强夯法施工的噪声及振动易对周边环境产生影响,不宜在环境敏感区域使用。

(3)挤密法

挤密法是利用沉管、爆破、冲击、夯扩等方法,在湿陷性黄土地基中施作挤密填料孔,再用素土、灰土或水泥土分层回填夯实,以加固湿陷性黄土地基的方法。挤密法处理后,桩与其周围土体共同组成复合地基承受上部荷载。一般情况下,挤密桩按等边三角形布置。

挤密法适用于地下水位以上,饱和度$S_r \leqslant 65\%$的湿陷性黄土地基,可处理的湿陷性黄土层厚度为5~15 m。

(4)孔内强夯(DDC 桩)

孔内强夯挤密法(也称 DDC 桩)是通过机具成孔,再向孔内填充材料,用高动能夯锤,分段进行冲、砸、挤压、夯击,使地基土侧向挤压变形,从而达到加固地基土的目的。孔内深层强夯加固的灰土桩体,由于采用高动能的高压夯击和动态的冲、砸、挤压、夯击,使桩体十分密实,同时桩周地基土在受到侧向强挤压应力后,地基土的孔隙比得到改善,从而使桩与桩间土之间形成一个密实的复合体,使复合地基承载力得到显著提高。

孔内强夯法作为一种主动加固地基的方法,将大量的无机固体垃圾作为一种满足工程技术要求的材料,具有其他地基处理方法不可比拟的技术优点,是一种简单、经济、快速、高效的地基加固技术。其处理深度大,一般处理深度为 20 m,最深可达 30 m。

孔内强夯属于强夯法的一种,不宜在环境敏感区域使用,因其设备庞大,不适合在狭小空间使用。

(5)注浆加固法

将水泥浆或化学浆液注入地基土层中,增强土体强度,降低渗透性,适用于地基的局部加固处理。常用的浆液主要有水泥浆液、硅化浆液和碱液。

(6)旋喷桩法

旋喷桩法是把注浆管钻入土层后,使用高压射流破坏地基土,使浆液与土体充分搅拌形成固结体,以达到改善土体的目的,其加固深度可达 30 ~ 40 m。

(7)深层搅拌桩

深层搅拌桩是将水泥掺入黏土后,与黏土中的水分发生水解和水化反应,进而与具有一定活性的黏土颗粒反应生成不溶于水的稳定的结晶化合物,这些新生成的化合物在水中或空气中发生凝硬反应,使水泥有一定的强度,形成复合地基,从而使地基土达到承载的要求。

深层搅拌桩应用比较广泛,可用于处理含水量较高、湿陷性较弱的黄土。它具有施工简便快捷、无振动、不挤土、低噪声等特点。

(8)微型桩法

微型桩一般是指桩径不大于 300 mm、长细比大于 30、桩长不大于 30 m 的灌注桩。桩体主要由压力灌注的水泥(砂)浆或细石混凝土与加筋材组成,依据其受力需求加筋材可为钢筋、钢棒、钢管或型钢等。微型桩布置灵活,可根据工程需要做成垂直或倾斜的,可单根布置或成束设置,适用于场地狭窄、净空低矮的工程现场。

微型桩处理形成的复合地基具有承载力高、沉降量小、加固效果好的优点。该方法施工时噪声和振动小,对基础和地基土几乎不产生附加应力,地层适应性强。

(9)桩基础法

桩基础既是一种基础形式也是一种地基处理措施,是在地基中有规则的布置灌注桩或钢筋混凝土桩,桩底穿透湿陷性土层的同时也可以提高地基承载能力。采用桩基础处理湿陷性黄土地基时,需要考虑湿陷性黄土地层的负摩阻力。

2. 防水措施

(1)防止雨水、生产生活用水的渗漏,对防护范围内的地下管道增设检漏管沟和检漏井,提高防水地面、排水沟、检漏管沟和检漏井等设施的材料标准,如增设可靠的防水层、采用钢筋混凝土排水沟等。

(2)对于道路和管线尚未施工的地段,可协调规划管理部门及管线设计施工单位,提高管线和路面的设计等级。对于道路和管线已建成地段,在地铁施工前应对其进行排查检修,对入渗可能性进行仔细分析,必要时采取注浆加固或帷幕注浆等工程措施。

(3)对于明挖区间和车站,需要回填一定深度的土来做覆盖层,可考虑提高回填土的密实度,或者单独做一层或多层隔水层,阻断入渗路径。施工时,应尽量避开雨季和冬季,缩短基坑暴露时间,并采取相应的措施防止施工用水和雨水流入基坑。

(4)建议规划部门对地表水体严格控制,尽量不要在大厚度湿陷性黄土区域设置地表水系或人工湖。当确有规划时,应严格论证地表水体的防渗方案,避免对地铁工程地基造成影响。

3. 结构措施

(1)结构应尽量放在连续均匀地基上,地基土的压缩性和湿陷性变化不宜过大,以减小或调整结构的不均匀沉降。

(2)可适当加大结构尺寸和配筋率,提高结构整体刚度,沿车站纵向不设缝,以抵御差异沉降。

4. 运营维护措施

(1)应加强结构沉降观测与地下水位监测,并加强数据分析,若有异常应及时处置,以策安全。

(2)加强对保护范围内的防水地面、排水沟、市政管线等设施设备的检查,若发现裂缝、渗漏,应及时进行修补与加固处理。

(3)地铁结构建成后,应禁止在地铁通过区段修建大型人工地表水体,若必须设置,须严格论证地表水体的防渗方案,并提高防渗标准。

(4)在地铁保护区范围内增添或改变用水设施时,应通过地铁运营部门的审批,并提高防渗标准。

(5)加强对地铁保护区的执法和巡检,避免在保护范围内出现诸如填方、桩基等外部附加荷载影响地铁结构安全。

5. 典型案例

(1)案例一——明挖车站

某地下三层明挖车站采用双柱三跨三层矩形框架结构,车站长度165.2 m,标准段宽度22.9 m,顶板覆土厚度约3 m,主体基坑开挖深度25.9~26.18 m,基坑采用围护桩与钢管内支撑的支护结构形式。站址区属于自重湿陷性黄土场地,地基湿陷等级为Ⅳ级,湿陷性土层厚度17~31 m,底板以下剩余湿陷性土层最大厚度约5 m,须对车站进行湿陷性地基处理。

适合大厚度湿陷性黄土地基处理的有桩基础法和挤密法,但由于湿陷性黄土负摩阻力的影响,当采用桩基处理时会增加桩长,加大投资,因此对本车站地基处理选用挤密法。考虑到在基坑开挖后进行地基挤密处理,施工设备与支撑体系存在干扰,施工振动还可能对基坑稳定带来隐患,故选择在基坑开挖之前进行地表处理。由于灰土挤密桩处理深度有限,经专题研究论证后,选取孔内强夯挤密法(DDC桩)作为本站的处理措施。

DDC桩按照正三角形进行平面布置,桩间距1 000 mm,桩底穿透湿陷性黄土层1 m,成孔直径400 mm,孔内采用2∶8灰土夯填,夯扩后桩体直径不小于550 mm。桩顶高出设计标高500 mm,桩头挖凿后在桩顶铺设300 mm厚2∶8灰土褥垫层。

现场利用螺旋钻机成孔,采用2 t柱状重锤分层夯击填料,先施作靠近基坑边缘处的3排桩,成孔和回填夯实间隔施工以减少相互干扰。施工时仅按网格状选对基坑周边及中间局部区域的桩顶采用素土夯填至地表,防止上部土体发生偏载或侧向变形。

经检测,处理后桩间土平均挤密系数不小于0.93,灰土褥垫层压实系数不低于0.95,复合地基承载力特征值不小于200 kPa,各项指标均满足设计要求,地基处理效果良好。

(2)案例二——暗挖区间隧道

某暗挖区间隧址区为自重湿陷性黄土场地,湿陷性土层厚17.4~31.3 m,隧道轨面以上埋深23~25 m,局部段落隧道底部有0~3 m厚的湿陷性土层,须采取措施完全消除基础以下黄土层湿陷性。

由于本区间线路沿主干路敷设,地面管线建(构)筑物较多,地表加固条件相对较差,故选择洞内处理。综合基底剩余湿陷性黄土层的厚度和洞内施工条件等因素,经技术、经济比选,确定了地基处理方案,即对隧道底湿陷性土层厚度小于1 m段落采用灰土换填处理,对其余段落采用微型桩进入非湿陷性土层1 m控制。

微型桩在隧道底垂直打设,其平面按照矩形布置,桩径、桩间距等参数根据隧道断面形式设计为表18.7的两种类型。

表 18.7 微型桩参数表

断面形式	桩径(mm)	纵向间距(mm)	横向间距(mm)	横向根数
断面 A(标准断面)	300	750	750	6
断面 B(扩大断面)	200	500	500	8

为提高微型桩的刚度,桩身内放置由 3 根 ϕ16 螺纹钢筋组成的钢筋笼。桩体采用水泥浆灌注,浆液水灰比 0.4 ~ 0.55,灌注时压力控制在 0.3 ~ 0.5 MPa,以便同步对桩间土体进行注浆加固。

为减少对隧道支护稳定影响,按"先封闭仰拱、后打设微型桩"的顺序施工,在隧道初期支护仰拱施作时预留直径 350 mm 套管,为随后的微型桩钻孔施工提供方便。

(3)案例三——盾构区间隧道

某盾构区间隧址区为自重湿陷性场地,湿陷性土层厚度 5.5 ~ 29 m,隧道轨面以上埋深 23 ~ 27 m,段落隧道底部有 0 ~ 3.5 m 厚的湿陷性土层,须采取措施完全消除基础以下黄土层湿陷性。

考虑到盾构隧道为单层管片衬砌,采用洞内处理会破坏管片结构和防水,同时由于隧道空间狭小,施工难度大,经综合比选,本区间隧道湿陷性采用地表旋喷桩进行处理。旋喷桩处理范围为隧道圆心以下轮廓外 2 m 以内土体,其深度为隧道盾构最大跨至基底湿陷性黄土底界线下 1 m。

旋喷桩按梅花形布置,桩径 800 mm、间距 600 mm,采用二重管法施工,加固体无侧限抗压强度不小于 0.8 MPa,渗透系数不大于 1×10^{-6} cm/s。

经过十余年的探索与工程实践,西安轨道交通对湿陷性黄土有了系统的认识,初步建立了湿陷性黄土的评价体系和处理措施,并逐步得到应用。但湿陷性黄土地区的地下工程问题是个长期的课题,随着工程建设的发展,尚需持续深入研究。

(1)为确保后续建设有据可依,应开展系统性的研究,尽快制定相应的设计导则或地方标准。尤其是地铁出入口湿陷性黄土处理体量较大,占比较高,在后续线路建设过程中要有效控制。

(2)结合实际需要,进一步开展新技术、新工艺、新设备的研究,如低净空静力挤密设备。

(3)加强对穿越湿陷性黄土的地铁线路工后沉降和地下水位进行长期监测,并对监测数据进行分析解读,以对湿陷性黄土形成更充分的认识。

18.3 饱和软黄土处理关键技术

18.3.1 饱和软黄土工程风险

典型的饱和软黄土兼具软土及黄土大孔隙双重性质,表现为饱水软弱性和失水大变形两大显著特征,其工程风险是基于饱和软黄土特殊的物理力学性质。

1. 对工程自身风险影响

饱和软黄土含水率高,呈软、流塑状态。当隧道采用暗挖法施工时,在未采取其他工程措施的情况下,位于该地层中的隧道拱部在开挖过程中极易发生坍塌、冒顶等工程风险,地面产生大的变形,造成不良的社会影响;当隧道或车站采用明挖法施工时,围护结构桩基在钻孔过程中遇饱和软黄土时易缩孔、塌孔,造成工期延误,桩基质量难以保证。

饱和软黄土地基承载能力差,其标准值多介于 80 ~ 100 kPa 之间,远小于一般结构物对地基承载力的要求。当结构主体底面置于该层土体时,结构将产生较大的竖向变形,且变形量难以控制,工程安全性、稳定性、耐久性均无法保证。

2. 对邻近工程风险影响

饱和软黄土的含水率相对较大,多在 28% ~ 34% 之间。常规施工应确保在无水条件下进行,当采取降水措施时,土体必然在降水和扰动的过程中发生破坏,进而压缩固结,以降水井为中心产生地面变形,易造成相邻建(构)筑物的沉降,特别是对浅基础的多层建筑,影响较大,环境风险高。

18.3.2 饱和软黄土处理原则

对于饱和软黄土地层，工程建设需兼顾自身风险控制与环境风险控制，根据建筑物特征、邻近建筑及地下管线情况、工程地质及水文地质状况，进行充分的技术经济比选，确定饱和软黄土处理方案，并根据现场施工及监测情况等指导设计和施工。

1. 方案设计阶段

区间结构优先避让，减少工程措施。对于饱和软黄土地层，地铁区间结构布置应尽量避开该地层，当置于该层土体以下时，结构上部应留有一定厚度的隔离土层，避免隧道开挖时掌子面失稳及拱顶塌方。置于该层土体以上时，注意地基承载力及软弱下卧层的验算。

防患未然，充分掌握周边规划发展。地下水位上升且长期浸泡会导致湿陷性黄土转化为饱和软黄土，应考虑由于新建水体下渗，局部地区地下水水位上升等因素导致地层土体物理力学性质的变化，进而影响已建成地下建(构)筑物结构安全。因此，在方案设计阶段，应充分考虑建设区域内未来生态环境的变化情况。

2. 工程实施阶段

平衡自身与环境风险，以工程造价为考量。已有研究结果表明：降水是处理饱和软黄土的重要手段，场地条件开阔，周边建(构)筑物相对分散，且距离降水井有一定的安全距离时，采用降水方案可一劳永逸的解决饱和软黄土问题。当降水方案对周边建(构)筑物影响较大，环境风险难以控制或超过可接受范围时，可采用止水方案或止水加固方案。也可比选后，几种方案综合选用。

应以止水方案为主，或止水+降水方案的联合应用。

以控制地面变形为主，以其他工程措施为辅。饱和软黄土地层施工，其最大的难点就是施工过程中地面变形的控制问题，应优先选择地面变形小的施工工法，对于区间结构，在条件允许的情况下可尽量采用盾构法施工。对于车站主体结构及其附属结构，可增大结构的整体刚度以应对不均匀沉降带来的威胁。

18.3.3 饱和软黄土处理技术

当地铁工程无法绕避饱和软黄土地层，且饱和软黄土作为其下卧层时，应采用地基处理措施，或者采用桩基础直接穿透该层饱和软黄土，具体的操作方法可参照相关规范执行。本节主要阐述饱和软黄土处理中常用的降水技术、止水技术以及止水加固技术。

1. 明挖基坑及暗挖隧道降水技术

在地铁深基坑施工中通常采用大口径深井降水、降压。深基坑内潜水位降低可提升土体稳定和强度，避免基坑发生变形。土体含水量降低后，会消除潜在的危险因素，保证土方开挖的有效开展，可有效防止基坑突涌风险。此外，降水技术相对于止水技术、注浆加固有更好的经济性。因此，在条件允许的情况下，应该优先采用。

采用明挖基坑及暗挖隧道降水技术，一般需要遵循以下技术要求：

(1)地面管井坑外降水前，应论证长期大降深、大涌水量降水对周边地面沉降的影响，必要时在坑外设卸压井，以降低基坑外侧水压。

(2)为确保疏干效果，提高土体自稳能力，在基坑开挖前1~2个月开始降水，基坑开挖及地下结构的施工期，地下水位保持在基坑底部以下1 m。

(3)管井降水施工应考虑成井工艺、砾料及滤水管对降水井效率的影响，穿越饱和软黄土时，建议成井采用加水反压方式，避免该段缩孔严重，影响成井质量。

(4)降水时宜慢降缓降，按从浅至深、逐级落泵或隔井降水等方法，控制降水强度及降深，减小不均匀沉降并防止过快沉降，同时避免二次降水。变形难以满足要求时，可对邻近建(构)筑物进行基础预防性加固处理或采取针对性地下水回灌措施。

(5)设置观测井，密切监视观测井水位；在降水影响范围内的建(构)筑物四周设置沉降变形观测点，密切监视基坑周围建（构）筑物的变形并提前做好应急预案。

工程案例：

某区间沿线道路两侧建筑物密集，地下管线众多，采用浅埋暗挖法施工。区间线间距 13.0 ~ 17.2 m，隧道洞顶覆土 12.1 ~ 18.2 m。区间共设竖井两处：1 号竖井平面内净空尺寸 7.9 m × 4.6 m，井深 29.195 m；2 号竖井平面内净空尺寸 7.9 m × 4.6 m，井深 28.192 m。施工竖井通道轴线与区间隧道垂直交叉。施工竖井及部分横通道使用完毕后进行回填。

该区间场地地貌单元属黄土梁洼。场地内地层由上到下分别为：素填土、新黄土（水上）、饱和软黄土、古土壤、老黄土（水下）（软）、古土壤（水下）、老黄土（水下）、古土壤（水下）。详细勘察期间场地地下潜水位稳定埋深 5.30 ~ 11.60 m，相应高程 430.11 ~ 435.49 m，区间地下潜水位埋深整体呈东高西低之势。

综合考虑地下水联系、地质情况及周边环境情况，在区间及竖井均采用降水的方案。降水井成孔直径 700 mm，滤水管采用质量合格的无砂混凝土管，内径不小于 400 mm，壁厚不小于 50 mm，孔隙率不小于 15%。滤料采用含泥量不大于 5% 的天然圆砾，圆砾粒径 5 ~ 10 mm，井底设沉淀管长度 2.0 m。1 号竖井及横通道总涌水量为 1 200 m^3，共设置降水井 23 口；2 号竖井及横通道总涌水量为 1 600 m^3，共设置降水井 28 口。

采用该降水技术将水位降至底板以下，能够满足施工的要求，邻近建筑物虽有沉降发生，但沉降变形处于允许的范围之内。因此，在应用该降水技术时，需要加强对降水影响范围内建（构）筑物的现状调查以及必不可少的沉降观测。

2. 明挖基坑止水技术

明挖基坑当地面降水困难或地面周边环境变形无法满足要求时，可考虑基坑止水方案。明挖基坑止水方式一般有旋喷桩、深层搅拌桩等止水帷幕以及地下连续墙等，具体选择时需要结合基坑深度、饱和软黄土层厚度、周边环境等因素综合比选确定。根据经验，西安地区地下一层或两层地铁站基坑通常采用止水帷幕，如旋喷桩、搅拌桩等；地下三层地铁站或者当止水帷幕不适合时，多采用地下连续墙方案。

采用旋喷桩或深层搅拌桩作止水帷幕时，一般需要遵循以下技术要求：

· 基坑支护止水方案需结合基坑内降水方案，止水帷幕需伸入相对隔水层。

· 充分考虑不同土层中旋喷桩或深层搅拌桩的规格及咬合量，保证止水帷幕不渗漏。

· 合理选择止水帷幕深度与坑内降水井深度。止水帷幕的插入深度越大，地下水绕流距离越长，基坑周围地下水降低得越少，止水效果越好，对周边的环境影响越小，但工程造价相应大幅增加。坑内降水井深度不应大于止水帷幕深度，避免造成止水帷幕失效。

· 降水期间可根据基坑内外观测井中水位情况判断帷幕施工质量，并提前做好施工应急预案。

（1）工程案例——搅拌桩止水

西安轨道交通某车站为地下两层单跨（局部双跨）箱型框架结构，车站总长度约 223.5 m，标准段宽 18.90 m，站位中心里程处顶板覆土厚度 3.3 ~ 3.6 m。车站主体结构采用明挖法施工，两端设盾构始发井。

该车站场地地势东高西低，属黄土梁洼区。场地自上而下为素填土、饱和软黄土、古土壤、老黄土（软）、粉质黏土。其中饱和软黄土全场地均匀分布，层厚 7.40 ~ 9.60 m，层底深度 9.90 ~ 11.40 m，灵敏度 S_t = 2.3，属中灵敏度。场地地下水属潜水类型，稳定水位埋深 2.80 ~ 3.60 m，水位年变幅 2 m 左右。车站距离兴庆湖最近距离约 100 m。兴庆湖属人工湖，湖水面积约 150 亩，湖底为天然土，未做防渗处理，湖底淤积层厚 0.5 ~ 1.0 m，湖水深度 1.0 ~ 2.5 m，兴庆湖湖水与地下水联系紧密，蓄水 50 余年来已对周边一定范围造成地下水位抬升。

综合考虑地下水联系、地质情况及周边环境情况，车站基坑选择围护桩 + 内支撑支护方案，围护桩标准段采用 ϕ1 000 mm@1 300 mm 钻孔灌注桩。围护桩外侧设置一排 ϕ800 mm 搅拌桩止水帷幕，插入基底深度约 10 m，基坑内降水。车站基坑内沿纵向布置两排降水井共 39 口，间距约 13 m。为了观测水位降落情况，基坑内布置观测井 5 口（两端头 2 口，中间 3 口），基坑外布置观测井 16 口，后期封井时可作为减压井使用。

现场基坑开挖时，未发现帷幕大量渗漏水现象，坑内降水对坑外水头影响很小，围护结构变形及地表沉降满足设计要求。搅拌桩止水方案合理可行，止水效果好，对周边地层控制好。围护桩及基坑支护现场如图 18.6 所示。

图 18.6 围护桩及基坑支护现场状况

(2)工程案例——地下连续墙止水

西安轨道交通某车站为地下三层单柱双跨(盾构井段为双柱三跨)箱型框架结构,车站主体长154 m,标准段宽 20.9 m,车站顶板覆土约 3 m,底板埋深 23.5 ~24.9 m。车站主体结构采用明挖法施工,周边建筑物密集,管线众多。

该车站场地地势东高西低,地貌单元属黄土梁洼区。场地自上而下为人工填土、具湿陷性的新黄土、饱和软黄土、古土壤、老黄土、粉质黏土以及中砂透镜体薄夹层。场地地面下 55 m 深度内各地层均连续分布,且成层厚度较均匀。钻探揭露的场地地下水属潜水类型,稳定水位埋深 7.20 ~8.10 m,水位年变幅 2 m 左右。车站距离兴庆湖最近约 700 m。兴庆湖属人工湖,湖水面积约 150 亩,湖底为天然土,未做防渗处理,湖底淤积层厚 0.5 ~1.0 m,湖水深度 1.0 ~2.5 m,兴庆湖湖水与地下水联系紧密,蓄水 50 余年来已对周边一定范围造成地下水位抬升。

综合考虑地下水联系、地质情况及周边环境情况,基坑围护结构采用地下连续墙 + 内支撑支护体系,坑内降水。地下连续墙厚 1 m,插入深度 13.5 ~15.13 m,插入比 0.53 ~0.64。支撑采用一道混凝土支撑和三道钢支撑,基坑中部设置一排临时立柱和连系梁。现场施工情况如图 18.7 所示。基坑内共布设降水井 30 口,直径 700 mm,间距 10.0 ~11.5 m,井深 38 m。为了掌握基坑水位变化,在基坑周边和内部设置观测孔 16 个。观测孔采用 ϕ50 ~110 mm PVC 管,深度 30 m。

图 18.7 车站地下连续墙现场施工情况

现场基坑开挖过程中未出现渗漏水现象,地下连续墙止水方案合理可行,止水效果好,对周边地层控制好。

3. 暗挖隧道止水加固技术

暗挖隧道地面降水困难或地面周边环境变形无法满足要求时,可采用洞内止水或地面注浆止水方案。考虑到地铁隧道穿越城市街道和房屋，地面加固条件受限，多采用洞内止水加固。

采用暗挖隧道洞内止水加固，一般需要遵循以下技术要求：

(1)止水加固前，应进行现场注浆加固工艺性试验，以确定注浆方式、注浆材料、注浆压力等参数。注浆材料的选择需考虑止水及加固围岩双重作用，可采用全断面注浆或洞周帷幕注浆，加固范围应经济合理。

(2)针对饱和软黄土与其他土层之间的层间渗水问题，应在隧道开挖前进行洛阳铲超前地质探测。掌子面渗水时，可采用小导管先导水后注浆处理。

(3)受新黄土中较发育的垂直裂隙影响，暗挖隧道拱顶饱和软黄土施工时，易出现拱顶、掌子面及侧壁土体滑塌现象，应采用注浆小导管或管棚等进行超前预支护；开挖时应按照小断面、分台阶开挖，并加强初支、快速封闭、及时施作二衬，确保安全。

(4)注浆止水要密切关注注浆效果，避免后期补偿注浆导致的初支变形，必要时可采用超前斜射井点进行辅助排水。

工程案例：

西安轨道交通某区间穿越地裂缝段采用矿山法施工，左线矿山法长度约215 m，右线矿山法长度约230 m，左右线间距15 m。矿山法区间为马蹄形盾构空推断面，采用CRD法开挖，开挖断面尺寸为8.6 m×8.82 m。施工竖井为临时竖井，采用倒挂井壁法施工，竖井内净空6.5 m×5 m，初支厚度400 mm，井深约28.7 m。区间下穿某人行天桥桩基，左线与天桥桩基最小距离约3.1 m，右线与天桥桩基最小距离约3.2 m，周边建筑物密集，环境复杂。

详勘报告揭露该区域饱和软黄土厚度为2.7～14.6 m，根据地质纵剖面及横剖面揭示，区间右线隧道拱顶范围饱和软黄土最大厚度约12.5 m，地下水位埋深约5.1～7.3 m。

结合专家意见以及既有经验，并综合考虑施工的经济性以及安全性，该区间左线隧道下穿人行天桥及相邻区域采用WSS全断面深孔注浆堵水并加固地层，注浆段长度约140.8 m，其余区段采用降水方案。区间右线及竖井采用降水方案未采用注浆。注浆加固段及降水井平面布置示意如图18.8所示。

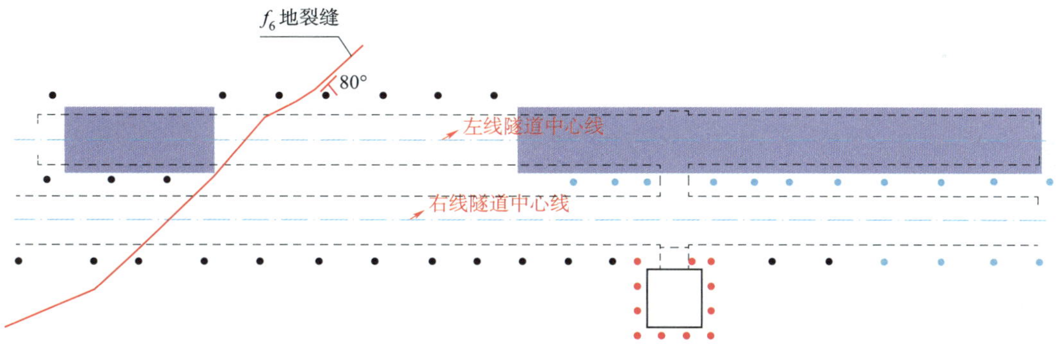

图18.8　注浆加固段及降水井平面布置示意图

实际施工过程中，对全断面注浆的范围进行了一些优化，从结果来看，该方案达到了预期的效果，是暗挖隧道止水加固一次有益的尝试。

在西安轨道交通工程实践中，建设者们已经发现饱和软黄土的特殊性，降水引起沉降可达数百毫米，开挖施工难度较大，有必要系统性、前瞻性地开展系列研究工作。

(1)应紧扣制约工程建设的重大难题和黄土力学理论前沿，研究饱和软黄土的微观结构、物理力学性质及失水过程大变形机理，系统地揭示其孕育和演化规律，建立饱和软黄土失水强度、变形计算方法。

(2)深入研究有关饱和软黄土地层中隧道、基坑等工程特性，并根据已积累饱和软黄土地层降水、基坑开挖、隧道开挖、盾构掘进等大量工程实际的监测成果，开展多条线降水影响评估和饱和软黄土专题研究工作，为后续线路设计施工提供科学依据。

第19章　西安地裂缝段工程设计

地裂缝是严重影响人民生活、生产建设的主要地质灾害之一，广泛分布于全国各地。已出现地裂缝的城市有西安、大同、保定、石家庄、天津、淄博等，其中以西安最为典型和严重。自1959年零星发现地裂缝以来，在西安市现已发现的具有一定长度规模的地裂缝达14条，给轨道交通等城市建设出了道难题。因此，正确地认识地裂缝并以合理的方式进行城市轨道交通的规划和建设，成为一代又一代轨道人需要思考的课题。

19.1　西安地裂缝概况

地裂缝的本质是深部构造活动向地表延伸的断裂活动之痕迹，人类无法阻止其活动。通过研究地裂缝的形成原因、分布范围及分布特征等基本特性，有利于人们在充分认识地裂缝的基础上选择更加合理的方式进行基础设施的建设。

19.1.1　西安地裂缝成因及分布

西安地裂缝是一种典型的地质灾害，其发育特征之典型、分布范围之广泛、活动强度之剧烈、致灾程度之严重实属少见。西安地裂缝大规模群发并导致建（构）筑物受损始于20世纪70年代唐山大地震之后，随后，先后有十余家科研院所及高校对西安地裂缝开展了程度不同的研究工作，直至今日，有关西安地裂缝的相关研究仍在进行。40多年的研究取得了大量成果，基本查明了西安地裂缝的成因机理、分布特征。

1. 西安地裂缝的成因机理

西安地裂缝最早的成因争论始于20世纪80年代初，最初的主导观点是"水成说"，即过量抽取地下水导致地面大面积沉降，进而引发地表破裂。其主要事实依据是：①地裂缝主要分布在承压水下降漏斗和地面下沉区内；②地裂缝活动峰值期恰好在地下水过量开采之后；③地裂缝活动速率远远大于一般常见的断层活动速率，垂直和水平张裂年平均位移分别超过2.5 cm和1.0 cm，最大垂直运动年位移量可达4.4 cm，平均高出断层活动速率一个数量级。"水成说"也承认西安地区有NEE和NE向的构造断裂存在，但认为其对地裂缝的形成只起到有限的控制作用。然而，随着研究工作的不断深入，"水成说"不能很好解释几个事实：①据开挖剖面显示，地表5 m以内的地层垂直错距为0.1～0.2 m，而10 m以下的老地层中的垂直断距竟达2 m多；②地下水过量开采是1970年开始的，而地裂缝近代活动却始于1959年，且在一些地段还发现于20世纪初或更早的地裂缝活动形迹；③地裂缝的优势方向与大区域的构造应力场相吻合，且不随地下水的下降漏斗和沉降中心而改变，并且地裂缝活动都为南盘下降、北盘上升。因此，越来越多的学者认为西安地裂缝以构造成因为主，形成了"构造说"，即地裂缝是由基底伸展断裂系在横向拉张应力场作用下形成的，并同时叠加了地下水开采的影响。其代表性的观点有张家明（1990年）的断块掀斜成因论，刘国昌（1984年）的隐伏断层蠕动成因论，王兰生（1994年）的构造重力扩展成因论，彭建兵（1992年）的主伸展断裂伸展活动成因论，李永善（1986年、1992年）、吴嘉毅等（1990年）的基底断裂活动成因论。虽然概化的成因模式各有所不同，但共同点是构造成因为主，与盆地拉张环境下的临潼—长安断裂的伸展活动有直接关系。

实际上，西安地裂缝的成因与区域地质构造格局密切相关，西安处于渭河盆地的大环境中，西安市发生的地裂缝灾害仅仅是地表现象，其形成的根本机理还在深部，包括深部的上地幔、下地壳活动，中间的新生代基底构造格局，以及上部巨厚的第四系沉积层特性等，只有这些因素均有利于地裂缝的孕育、发生、发展，才能形成现今这样规模宏大、致灾严重的地裂缝灾害。因此，研究西安地裂缝成因机理必然要同时考虑整个盆地的地质和构造背景以及西安地区自身的特点和影响因素，同时从内外动力地质作用两个方面及其耦合作用效应来进行。

在渭河盆地，近年来陕西省地震局在西安地区做了高精度深地震反射、折射和宽角反射/折射探测工作，探测结果显示西安地区深部构造具有如下特征：

地壳分异明显：根据华北和本区地震测深剖面及分层结构，渭河盆地西安附近地壳一般可分为上、中、下地壳，底界为莫霍面。上地壳起伏变化大，在西安呈隆起状态，基底顶面之上的盖层速度结构基本上是由一个强速度梯度层所组成，从速度结构图可以看出基底顶面横向起伏比较明显。

地幔隆起明显：宽角反射/折射剖面 P 波速度结构图显示，西安西北的鄂尔多斯地台地壳厚度大，为 42～43 km；西安所在的渭河盆地处莫霍面显著上隆，最浅处为 32 km，莫霍面和结晶基底呈镜像，秦岭山地莫霍面埋深 37 km 左右。

地壳断裂发育、地壳结构破碎：西安市活断层探测深地震反射剖面则显示（图 19.1），剖面经过地区的中上地壳结构破碎，断裂构造非常发育，图中的剖面上存在 11 条特征明显的断裂，这些断裂均止于 13 km深度左右的上地壳底界。该图还显示，剖面中部可能存在莫霍面错断，沿着这个错动带，上地幔高密度热物质可能侵入到下地壳，为中上地壳高速低导层的热活动提供了热源动力。

居里等温面上拱：本区居里面向上隆起，深度在 20 km 左右，而两侧山地埋深达 35 km，差异明显。对比居里面等深度图与浅层地温梯度图、1 000 m 及 2 000 m 深等温线图（王钧等，1983 年），可以看出深部热活动对浅层地温分布具有控制作用。这一结果与深地震反射剖面图（图 19.1）中的 Moho 反射带间断，形成地幔高温物质的上涌和岩浆侵入通道，为中上地壳物质提供了热源动力的推论是一致的。

上地幔上隆的效应之一便是使地壳减薄，主要通过三个途径引起：重力均衡作用引起地壳变薄；上地幔的上拱力作用于地壳底部，使地壳隆起弯曲派生水平侧向拉应力，使地壳水平拉伸而变薄；地幔上隆使岩石圈被加热软化，形成类似于塑性的固态流动，热物质沿原有深大断裂上升形成岩墙或上涌柱，使下地壳拉伸扩散，并拖曳上部地壳拉伸减薄。

显然，由地幔上隆诱发的地壳减薄，为本区破裂下陷创造了前提，加之甘青块体向渭河地区的东向推挤作用，使本区上地壳内形成南北向的引张应力场。南北向的拉张，与地幔上隆产生的侧向拖曳力一起，拖着岩石圈和下地壳进一步增加了它们的重力的不稳定性，使之顺软流圈顶面倾斜方向发生近南北向的对称蠕动，最终使本区上地壳伸展并沿破裂面拉张开裂。

因此，西安地区的深部构造格局可概化为上地幔上隆、中地壳流展、上地壳拉张的三层楼模型，如图 19.2(a)所示。上地壳伸展、破裂拉张导致渭河断陷新生代基底及新生代盖层整体稳定性变差，造成盆地被不同方向、不同规模的断裂所分割，进而塑造出渭河盆地的断层交错、断块交织、断隆和断陷此起彼伏且相互剪切的特殊构造格局。在渭河断陷盆地基底（含盖层结构）复杂、破碎的格局中，孕育形成了临潼—长安断裂带上盘一组低序次断裂[图 19.2(b)、(c)]，在区域南北向拉张构造控制下，这组断裂长期缓慢蠕动，造就了西安特有的梁洼地貌（地裂缝均分布于黄土梁南侧陡坡处），如图 19.3 所示。

渭河断陷盆地内第四系发育并广泛分布，覆盖于新近系之上，其地层基本继承了新近系的沉积格局，第四系沉积相分布明显受断层和大的地貌单元制约。盆地内第四系是一套由下更新统到全新统的连续沉积，一般厚度大于 300 m，西安凹陷中心大于 700 m。主要成因类型有风积、洪积、冲积、冲洪积和冲湖积等。盆地内第四系巨厚粉质黏土夹砂层，特别是早更新世中晚期的冲湖积地层为主要承压水开采段的顶部弱透水层，开采后直接释水压缩固结，为地面沉降的发生提供了有利的地层条件。

在过量抽汲地下水的情况下，含水砂层的水头降低，砂层与黏性土层原有的水力平衡状态被破坏。在新的水力梯度作用下，黏性土层中的孔隙水压力逐渐降低，一部分原来由孔隙水承担的上覆荷重转移

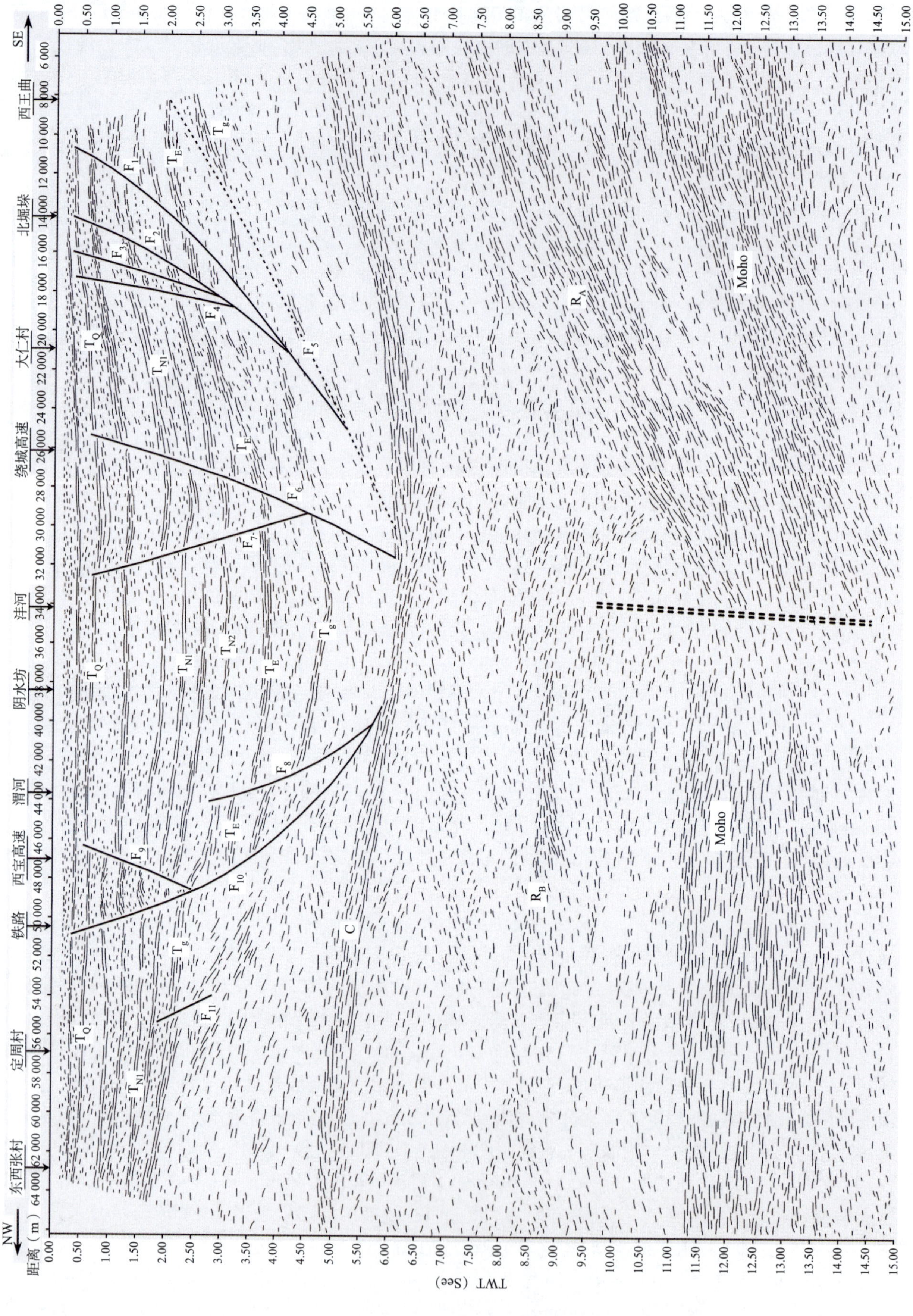

图 19.1 西安市活断层探测深地震反射剖面图(陕西省地震局,2007)

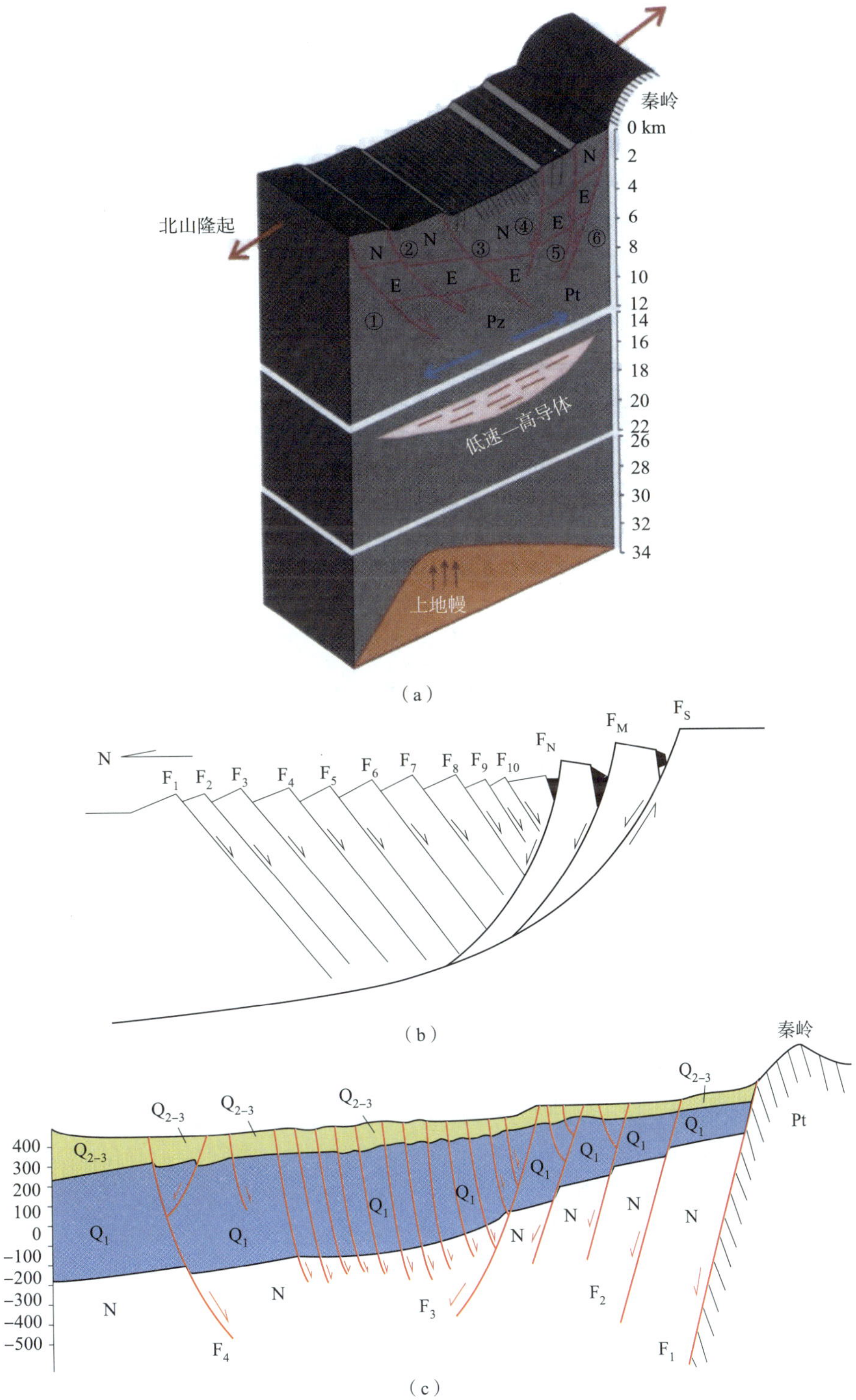

图 19.2　西安地裂缝成因构造示意图(彭建兵,2012)

到黏土颗粒组成的骨架上,有效应力增加,造成土层压密。这种形式的变形大部分是不可逆的,属于塑性变形,是产生永久性地面沉降的主要原因,此外抽水过程中井孔附近的粉细砂粒被抽走也可造成地面沉降。

地面沉降对地裂缝的影响作用是通过地裂缝(包括下伏断层)两侧黄土梁与洼地之间由于地层结构差异而引起的差异释水压密固结,使得断层上下两盘的垂直下沉变形不同步,两盘产生相对位移,从而引

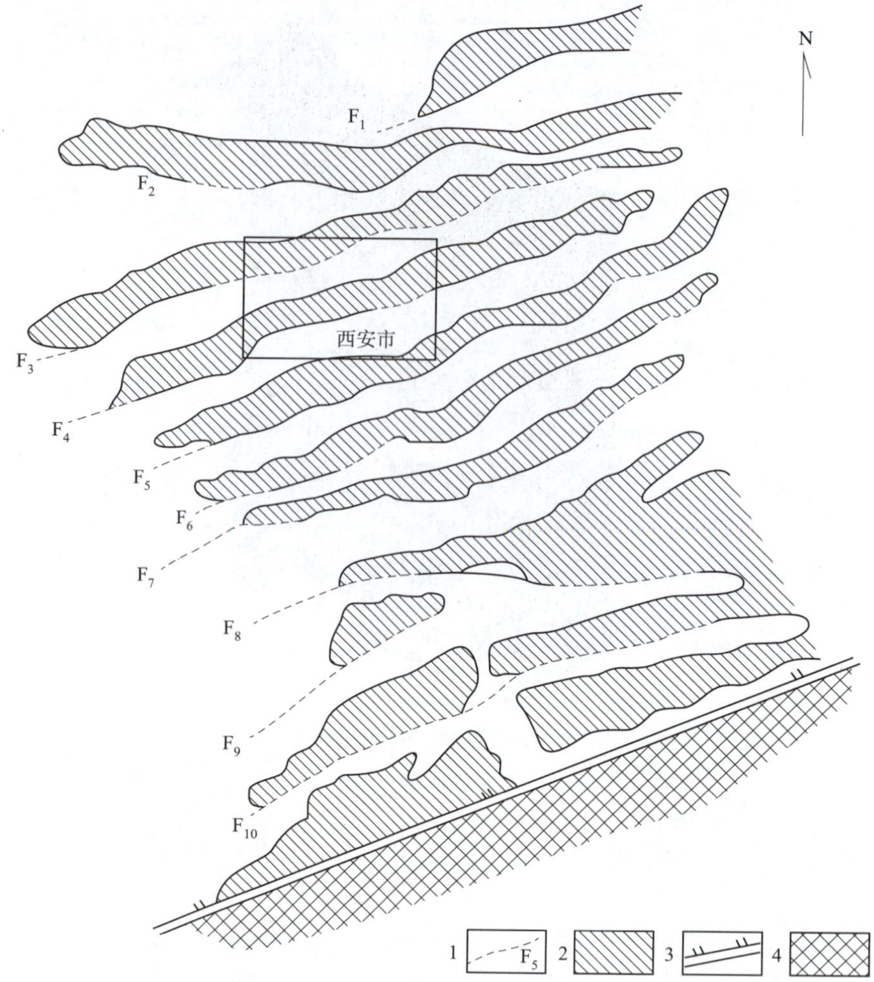

图 19.3 西安地裂缝及黄土梁分布示意图(张家明,1990 年)

起地裂缝超常活动。

由上述分析可见,西安地裂缝是在特殊的深部构造背景下,多级伸展破裂系统为地裂缝的形成提供了初始破裂条件及边界条件。临潼—长安断裂带上盘一组低序次断裂的长期缓慢蠕动奠定了西安地裂缝的构造基础,而盆地内广布的巨厚第四系冲湖积粉土与砂互层为西安地裂缝的发育提供了介质条件,构造的蠕动与近代过量抽取地下水的相互叠加,造成了西安地裂缝在地表的大规模爆发。因此,西安地裂缝的成因机理为区域引张环境下的断层伸展活动与过量抽取地下承压水的耦合。

2. 西安地裂缝的分布

20 世纪 50 年代西安市出现地裂缝活动以来,随着研究工作的不断深入,西安地裂缝的分布范围呈现出不断地向外扩展的态势。结合西安地裂缝的最新勘察、研究成果,现阶段确定的西安地裂缝共有 14 条(自北向南编号依次为 $f_1 \sim f_{14}$)和 4 条次生地裂缝(f'_5、f'_6、f'_9 和 f'_{11}),分布面积约 250 km^2,地裂缝长度约 160 余公里,其中地表出露 70 余公里,单条地表出露最长约 13 km。地裂缝向东西两侧延伸扩展,东过灞河,西过绕城高速(图 19.4),西安地裂缝分布特征见表 19.1。西安轨道交通工程自 2006 年开始建设至 2020 年间,地铁建设管理部门完成了西安轨道交通已建和在建 10 条线路的地裂缝专项勘察工作,查明地铁线路穿越地裂缝共计 128 次,其中西安地裂缝 122 次,长安地裂缝 6 次。

表 19.1 西安地裂缝分布特征表

编号	名 称	长度(km)	总体走向	走向变化	发育带宽度(m)	出露状态	总体形态
f_1	辛家庙地裂缝	9.7	NE75°	NE60°～NW285°	15	西段出露,东段隐伏	波状
f_2	红庙破—米家岩地裂缝	15.0	NE70°～NE85°	NE40°～NW300°	40～60	两端隐伏,中间出露	波状
f_3	北石桥—劳动公园—官亭西地裂缝	8.6	NE65°～NE75°	NE35°～NW295°	15～45	西段出露,东段部分隐伏	折线状
f_4	丈八路—幸福北路地裂缝	13.6	NE70°	NE40°～NW310°	22～55	西段隐伏,中段出露,东段隐伏	波状
f_5	丈八路—和平门—灞桥热电厂	15.8	NE70°	NE40°～NW295°	55～110	西端隐伏,其余出露	波状
f_6	丈八路—草场坡—纺渭路地裂缝	17.3	NE65°～NE75°	NE60°～NW295°	35～70	西端隐伏,其余出露	波状
f_7	北岭—小寨—国棉四厂地裂缝	21.8	NE65°～NE75°	NE30°～NW290°	55	两端隐伏,中间出露	波状
f_8	石羊村—大雁塔—新兴南路地裂缝	25.4	NE75°～NE85°	NE40°～NW285°	30	两端隐伏,中间出露	折线状
f_9	齐王村—陕师大—大唐芙蓉园地裂缝	7.2	NE75°	NE45°～NE80°	30～140	西段隐伏,东段出露	波状
f_{10}	西姜村—射击场—长鸣路地裂缝	11.8	NE70°	NE45°～NE80°	10～20	断续出露	波状
f_{11}	南寨子—交警总队—南窑村西地裂缝	2.5	NE55°	NE20°～NE60°	10	西段隐伏,东段断续出露	波状
f_{12}	三森家居—东三爻—雁南四路地裂缝	3.2	NE55°	NE50°～NE60°	10～20	断续出露	波状
f_{13}	雁鸣小区—新开门地裂缝	3	NE65°	NE60°～NE80°	10～20	断续出露	波状
f_{14}	下塔坡村—长安路地裂缝	2	NE40°	NE40°	20	断续出露	波状

19.1.2 西安地裂缝特征及危害

西安地裂缝是一种城市地质灾害,其平面分布、地下空间展布,活动性、致灾过程和方式均具有较强的规律性。查清这些特性并掌握地裂缝的活动规律可为下一步应对地裂缝灾害及地裂缝的工程处理措施提供理论依据。

1. 西安地裂缝的平面分布特征

14 条西安地裂缝的平面展布具有鲜明的构造属性,表现出明显的定向性、成带性和似等间距性。

14 条西安地裂缝的总体走向均为 NEE 向,具有明显的总体走向一致性的特点,但不同地段的地裂缝走向有所变化。根据西安地裂缝平面分布图,对不同走向的地裂缝段分别按走向和长度进行统计,并以10°范围为划分区间,将统计结果进行区间分组,最终绘出西安地裂缝走向玫瑰花图(图 19.5)和统计表(表 19.2)。

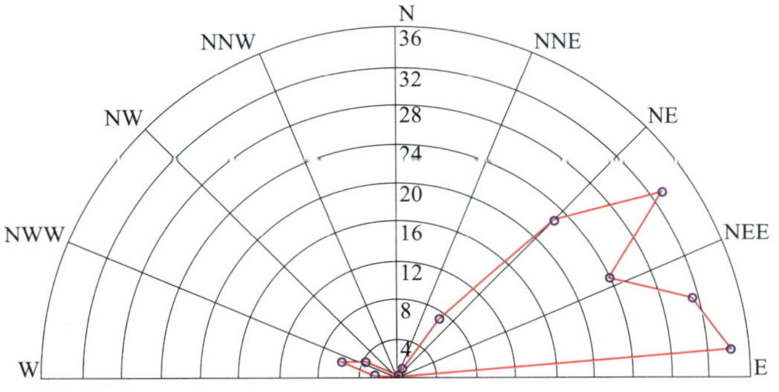

图 19.5 西安地裂缝走向玫瑰花统计图

表 19.2　西安地裂缝走向统计表

走　　向	NE15°	NE25°	NE35°	NE45°	NE55°	NE65°
长度(km)	0.4	0.9	7.3	21.6	33.1	23.8
走　　向	NE75°	NE85°	NW275°	NW285°	NW295°	NW305°
长度(km)	31.3	34.5	2.4	6.0	3.7	0.3

由表 19.2 可以看出，西安地裂缝走向延伸的优势方向为 NE85°，长度 34.5 km，占总长度的 18.7%；NE55°，长度 33.1 km，占总长度的 17.9%；NE75°，长度 31.3 km，占总长度的 17.9%；NE65°，长度 23.8 km，占总长度的 14.3%；NE45°，长度 21.6 km，占总长度的 13.6%。NE、NEE 方向的地裂缝与临潼—长安断裂带的走向一致，表明西安地裂缝的走向分布与断裂构造的发育与展布密切相关，具有明显的继承性和一致性。

西安地裂缝的平面分布总体上还具有平行似等间距分布的特点。从图 19.6 可以明显看出，f_1 ~ f_9 地裂缝总体呈 NE 向延伸，各条地裂缝之间的距离为 1 000 ~ 1 500 m；f_{10} ~ f_{14} 地裂缝似等间距分布的特点也非常明显，但裂缝间间距较小，一般为 200 ~ 500 m。西安地裂缝的平面分布的等间距分布特性可能源于西安地区先存构造的平行等间距性。

西安地裂缝的发育、展布与地形地貌关系密切。西安市主要位于临潼—长安断裂上盘黄土塬前缘湖积、洪积台地区，区域构造位置为渭河盆地中部两个次一级构造单元——西安断陷和骊山断隆交接部位的西北侧，发育有独特的黄土梁洼地貌，其构造特征明显。

十余条黄土梁和洼地呈 NEE 向平行展布，单条黄土梁长 6 ~ 11 km，平均宽度 600 m，各黄土梁之间以 800 ~ 1 500 m 间距相间排列（图 19.6）。地裂缝都伴随着黄土梁南侧陡坡发育，紧随着黄土梁洼的走向转变而变化，并沿黄土梁走向继续向两端延伸。

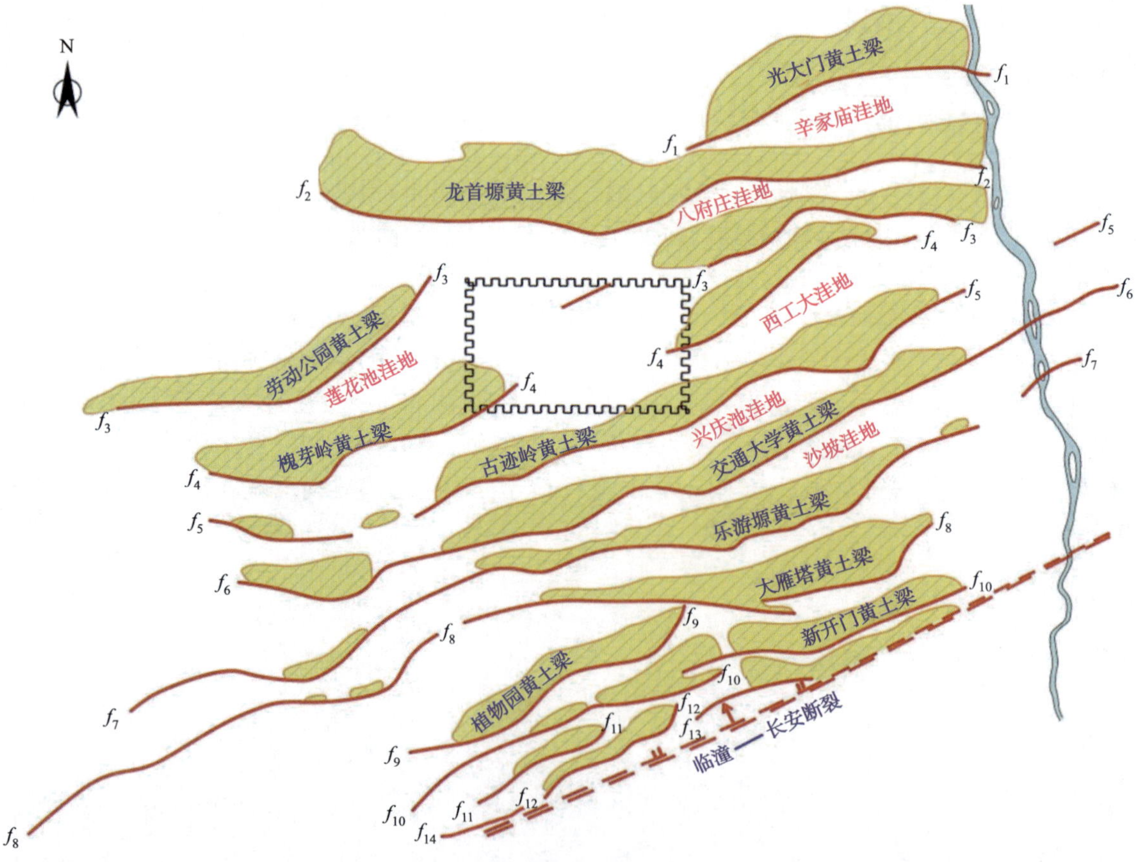

图 19.6　西安地裂缝与黄土梁洼地貌关系图（彭建兵，2012 年）

黄土梁和洼地的剖面形态不对称。黄土梁南高北低，南陡北缓；洼地北深南浅，两者组成簸箕形盆地和“南仰北俯”的断块形式的盆岭地貌，这与骊山断隆的强烈隆起相适应。从南部的三兆公墓到北边的光大门，其高程从 509 m 下降到 413 m，高差达 96 m。洼地底部的高程，自南而北也逐渐降低，具有与黄土梁相似的特征。

据人工地震和钻孔资料，每条黄土梁南侧陡坡下，均对应发育着一条南倾南降的隐伏正断层。它们是发育在临潼—长安断裂上盘的正断层组，其断距随时间积累而加大，因而黄土梁与洼地的地层结构有显著差异，人工地震证实洼地反射层位比黄土梁多，表明洼地比黄土梁接受了更多的沉积。

西安地裂缝不同地段组合形态不同，有追踪式、雁列式、侧列再现等，其中雁列构造是西安地裂缝最常见的一种破裂组合形态，不同等级的裂缝都是以雁列形式组合在一起的。出露形态呈锯齿状和串珠状延伸，总体分布形态有波状和折线状。

2. 地裂缝地下空间展布特征

多年的钻探、槽探等勘探工作获得了大量有关地裂缝钻探剖面、探槽剖面和天然露头剖面，根据地裂缝在这些剖面上的形态特征，地裂缝的浅部剖面组合形态划分为阶梯形、“y”字形、侧羽形三种。但在西安地裂缝带中，剖面上的破裂组合形态十分复杂，几种组合形态经常在同一条地裂缝带的不同部位出现。在垂直于地裂缝的铅垂剖面内，地裂缝呈现基本一致的形态，断面南倾近直立、地表裂缝均为张性，张开裂缝平均宽度为 2 cm，向下逐渐闭合，裂隙中一般无填充物，地裂缝的裂面上可见明显的擦痕。

西安轨道交通利用人工地震反射波勘探手段，对城市外围的地裂缝空白区首次采用大吨位可控震源车进行勘探，勘探深度大于 1 000 m，勘探剖面清晰揭示了第四系内地裂缝的构造特征（图 19.7），同时采用钻探的手段对物探的结果进行验证，结合多年的勘探成果获得西安地区深层工程地质剖面（图 19.8）。勘探结果表明地裂缝具有如下特征：

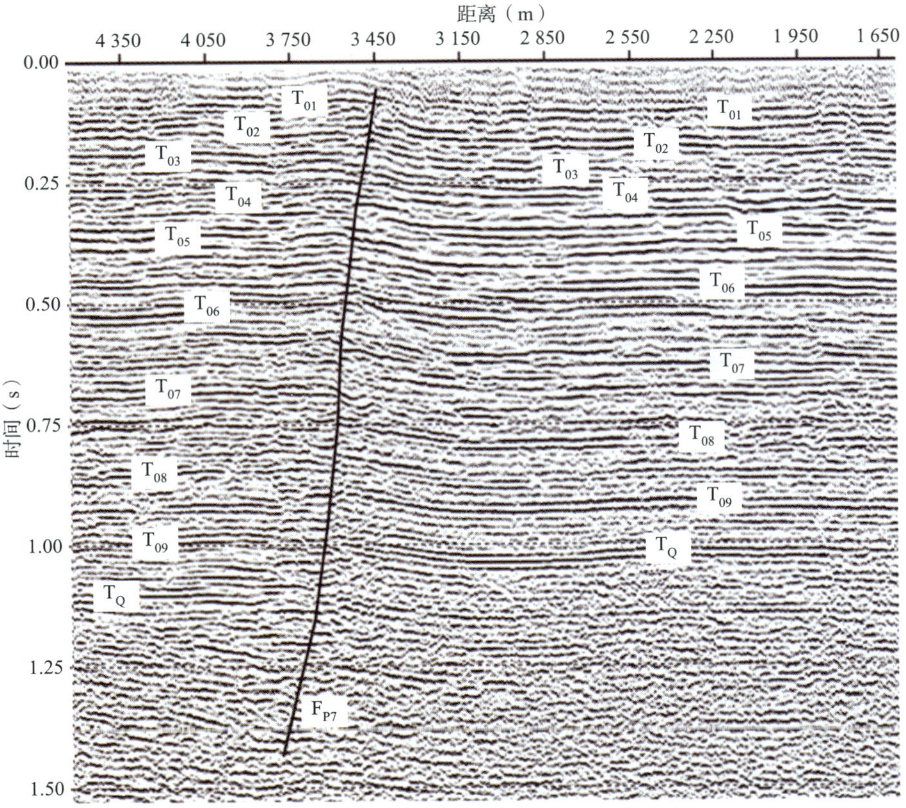

图 19.7 地铁 6 号线人工地震勘探剖面图

西安地裂缝剖面形态地表表现为南侧相对下沉的阶梯或凹槽形态；地裂缝（除次级裂缝外）剖面形态呈现出两侧地层错断，上盘（东南盘）相对下降的正断层形态，地裂缝的断距随深度增大，年代越老的地层错距越大。

地裂缝在地表浅层呈高角度倾滑正断层的剖面形态。在地表附近，裂缝面近直立，倾角在76°~86°之间，裂缝为张性，平均宽度为3~5 cm，向下倾角加大，裂缝逐渐闭合。

次级裂缝在平面上一般与主裂缝平行，剖面深部次级裂缝多表现为与主裂缝相连或尖灭，而主裂缝大多与下伏的临潼—长安断裂相交，深度达第三系地层中。主裂缝北侧的次级裂缝倾向多与主裂缝倾向相同，其位移量和延伸深度明显小于主裂缝。主裂缝南侧的次级裂缝绝大多数为北倾，与主裂缝倾向相反，倾角在58°~78°之间，且具上陡下缓的“铲”状形态。

3. 西安地裂缝活动特征

据地表监测资料，西安地裂缝具有三维运动的特征，即垂向位移、水平拉张和水平扭动3个方向的活动。据1998年前地裂缝监测资料，垂向位移最为强烈，活动速率为5~30 mm/年，最大为50 mm/年；水平拉张为2~10 mm/年；水平扭动量最小为1~2 mm/年。

地裂缝活动速率在时间、空间、强度上具有明显的差异性。2001~2006年西安市东南郊一带活动速率一般在0.23~24.36 mm/年，西北郊一带活动速率一般在0.11~7.7 mm/年之间。同一条地裂缝不同地段活动强度也有差异，总体呈东强西弱，南强北弱。

地裂缝活动存在周期性。大周期与地震活动有较好的对应关系，完整的大周期为400~780年，中周期为20~24年，短周期与承压水位动态基本一致，约3~4个月。

地裂缝目前的活动强度明显受人类活动因素影响。如西安电子城地区自20世纪80年代末，随着各类企业的大规模迁入，地裂缝活动迅速增强，成为当时地裂缝活动最为剧烈的地区。目前西安城区和郊区结合部外来人口聚集，用水量急剧增加，城中村自备井地下水开采量增加。如穿越该处的地裂缝f_4、f_{10}、f_{11}、f_{12}活动明显加剧，成为西安市目前地裂缝活动较为剧烈的地区。西安东郊地区（纺织城），也因地下水的大量开采，导致地裂缝活动加剧。

1994年以后，随着黑河引水工程投入使用，西安市开始实行限制开采地下水的政策，关闭了大部分地下水开采井，地下水位有所恢复，随之地裂缝活动出现了逐渐减弱的趋势。但随着城市建设的向外扩展，城乡结合部位的地下水的超采以及地表荷载的逐年增加，使地裂缝活动增强，同时在长安区也发现了类似的地裂缝。目前，随着政府对城中村的改造以及城区自备井的封存和地下水回灌等措施的逐步实施，城区的地裂缝大多已活动趋缓，有的甚至不活动，但仍存在少数现阶段活动较强的地裂缝。

西安轨道交通对运营的1号、2号、3号、4号线跨地裂缝段的隧道结构进行了长期的监测，自运营至目前4条地铁线路地裂缝段隧道结构拱顶沉降观测累积值及基于累计值的变形速率如下：

1号线沿线各地裂缝段隧道结构拱顶的监测数据较为稳定，观测累积值为−8.4~−4.6 mm，年平均变化速率为−1.2~−0.5 mm/年。

2号线地裂缝段隧道结构拱顶的监测结果相较于1号线总沉降量稍偏大，观测累积值−10.6~+3.6 mm，年平均变形速率−1.2~+0.4 mm/年。其活动性呈现南郊比北郊活跃，与西安地裂缝活动的南强北弱特点相一致。

3号线地裂缝监测资料显示鱼化寨区域附近隧道结构变形较为严重，拱顶沉降累积值及年平均变化速率较大，反映出该处地裂缝f_4及f_{4-1}活动性强，目前活动速率较大；而靠近东郊的f_3、f_4、f_5和f_6地裂缝段目前活动性较弱。

4号线地裂缝段的拱顶沉降观测显示，f_3地裂缝段隧道结构变形较大，分析其主要受西安火车站改造建设的影响。其余各地裂缝段隧道结构拱顶的监测数据较为稳定，观测累积值为−1.8~+2.4 mm，年平均变化速率为−1.4~−0.7 mm/年。

从运营线路的监测资料反映西安地裂缝活动性总体趋缓，活动性仍然表现为南部强北部弱；城区弱城郊强的特点，市郊部分地段无序开采地下水和城市建设的快速发展导致穿过该区段的地裂缝活动性加强，如西郊鱼化寨f_4、f_{4-1}地裂缝。随着政府对开采地下水的限制政策的不断落实，地下水位逐步抬升，地裂缝的活动性得到有效控制且大为减弱，有利于地铁工程的建设。

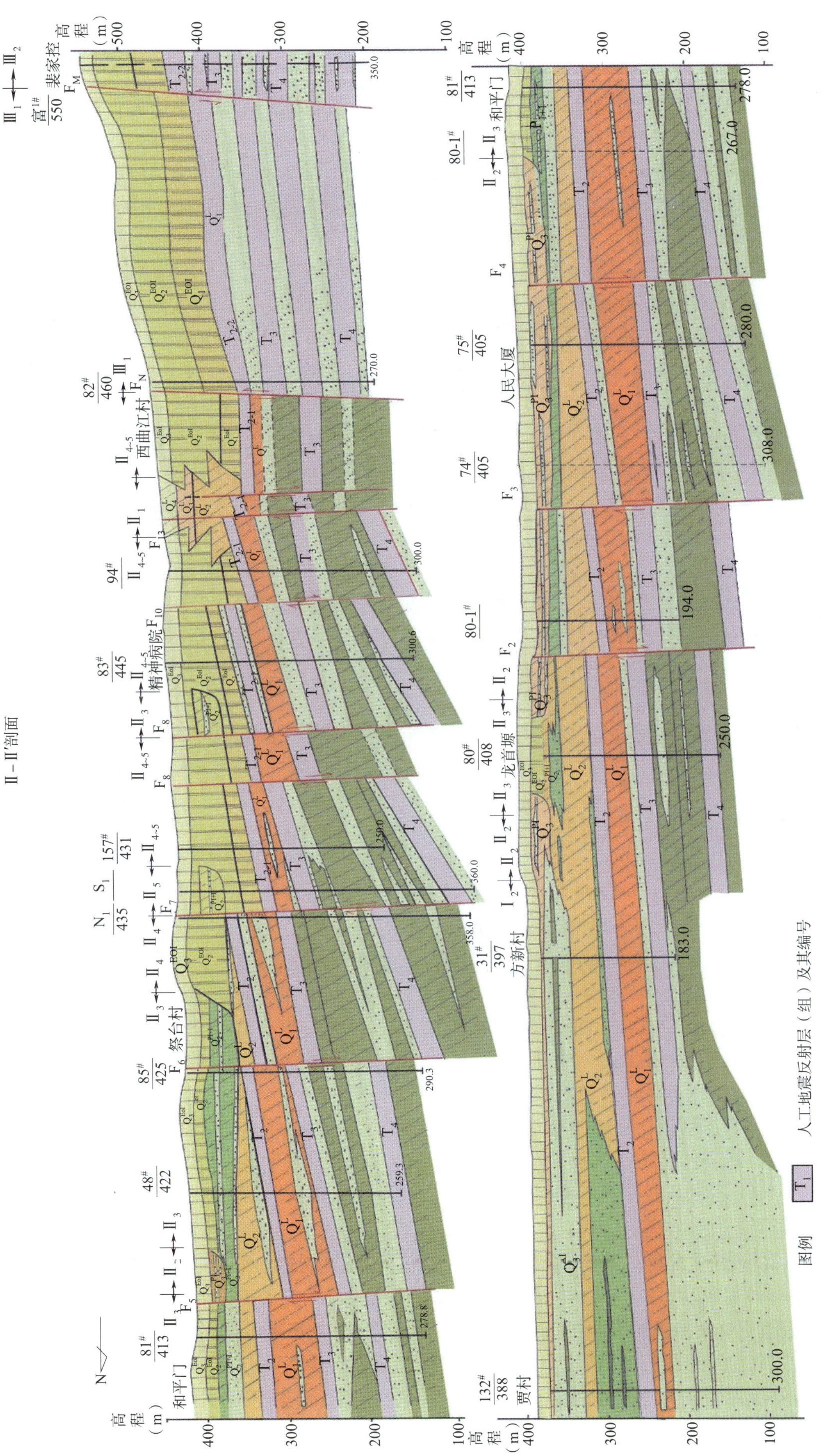

图 19.8 西安地区深层工程地质剖面图(单位:m)

4. 地裂缝带的工程特征

对于地铁、管线等线状工程无法避让必须穿越地裂缝带时，应查明地裂缝的位置及地裂缝带内外的岩土物理力学性质和工程特性，提供设计、施工必需的岩土参数。为此，地铁工程开展了地裂缝的专项勘察并对地裂缝带内外的岩土进行了试验对比，地裂缝带的岩土特性具有如下特征：

地裂缝的活动对场地土的物理力学性质有明显影响，地表下 6.0 m、平面宽度 10.0 m 范围内影响最为显著。表现为地裂缝南盘地层的含水率、压缩系数增高，抗剪强度指标明显降低，相应的地基承载力也降低。

静力触探、旁压试验、波速试验等现场原位测试结果表明，地裂缝变形带与未扰动地层相比相应各项指标变化明显，与土工试验指标所反映的差异一致。

地裂缝变形带的物理力学性质相对较差，主要是由于变形带内裂缝及裂隙增多，并使地表水下渗所致。地表 6 m 以下变形带土体裂缝趋于闭合，同时受地表水影响减弱，从而使变形带内外岩土物理力学性质差异变小。

地裂缝带的富水性、渗透性与地裂缝带内含水层的岩性关系密切，砂类土较黏性土层的富水性和渗透性强，地裂缝带内外砂类土的渗透性及富水性基本一致，而黏性土的渗透性地裂缝带内较带外弱。地裂缝在地下水的运移过程中多表现为阻滞地下水的运移，表现为地裂缝上下盘的地下水出现高差，一般水位差 0.6 ~4.7 m，个别点高差达 7.0 m。

5. 地裂缝灾害特征

地裂缝灾害表现在对土体、地下工程设施和地面建筑物的破坏上，西安地裂缝的灾害作用是在地裂缝缓慢倾滑或走滑蠕动位错过程中逐渐产生的，因此地裂缝灾害与地震、滑坡等其他地质灾害不同，其具有以下灾害特征：

（1）三维空间的有限性

地裂缝灾害的三维空间有限性，主要是指地裂缝致灾范围仅限于地裂缝带的影响空间之内，对远离地裂缝带的外围地段和更深处不具辐射作用。在地裂缝带范围内，横向上主裂缝向两侧致灾程度快速减弱，且上盘重于下盘；垂直方向上，主裂缝自地表向下灾害作用强度递减；沿地裂缝走向其灾害作用强弱不平衡，一般其转折段和错列部位相对为重。地裂缝带（含影响带）内建筑物上可以分布着几条至十几条裂缝。

（2）成灾过程的缓变性和累进性

地裂缝成灾过程是渐变的，由能量积累到释放有较长的时间过程，所以建筑物破坏是逐渐发生的，不具突发性，破坏过程快则数月多则几年。地裂缝发生的时间越短破坏宽度越小，随着时间的推移，其影响宽度逐渐加大，其上建筑物裂缝不断加宽，最后导致破坏。致灾作用伴随地裂缝显露之后，随时间增长逐年加重，平面上沿地裂缝走向向两端不断扩展，在剖面上灾害作用自下而上逐渐加强，累积破坏效应集中于基础与上部结构接合部位的地表浅部十几米范围内。

（3）灾害过程常具有周期性变化

由于地裂缝活动受区域构造应力活动、区域构造运动及人类活动的影响，因此在时间域上往往表现为一定周期性。当区域构造应力活动强烈，或人类过量抽汲地下水时，地裂缝活动随之加剧，致灾作用增强；反之则减弱。

（4）破坏特征

各类建（构）筑物受地裂缝影响和破坏的基本类型归纳为以下几种：

各种不同类型的建筑物在地裂缝通过的地方，普遍出现张裂变形，裂缝呈楔形，上宽下窄，裂缝东南盘下沉明显，有时还可以见到东南盘向东移动的现象。

地面和路面上在地裂缝通过处，大多呈锯齿状张裂，裂缝东南盘下沉，形成北高南低的陡坎。少数地面和路面由于地裂缝两边的差异升降，明显地呈坡状向南倾斜，在坡度较大的区段局部开裂。地表水对地裂缝活动影响表现为沿地裂缝走向形成串珠状陷坑、裂缝局部增宽，裂缝两边的差异沉降增大，对地面的影响宽度增加。

地裂缝通过处，地下设施遭受破坏，混凝土管道和金属管往往被拉断，并上下错开；防空洞上拱、洞底部常常裂开，裂缝的东南盘下沉，在上拱处有时可以发现南盘东移现象。

19.2 西安地裂缝勘察及对地铁工程的影响

经过对西安地裂缝成因、分布及其特征的仔细分析，我们可以发现地裂缝分布范围广，在西安城市轨道交通建设中是无法回避的问题，它对地铁的选线、车站布置、工期和投资、甚至运营都有重要影响，西安的轨道交通建设的过程也是对地裂缝不断深入认识的一个过程。

19.2.1 西安地裂缝勘察与判定

地裂缝勘察是工程规划、项目建设实施前的一项重要工作，通过地裂缝勘察查明工程场地及周围地裂缝的分布、产状、活动规律及活动特点，包括活动年代、活动速率、地裂缝宽度和岩土特性等，为项目的规划、设计、施工提供基础资料。而地铁工程不同于一般的民建项目必须穿越地裂缝，因而地裂缝勘察工作在地铁工程中尤为重要。

结合西安轨道交通自建设以来地裂缝勘察工作的经验，地裂缝的专项勘察工作的开展在工程可行性研究阶段，详细勘察阶段根据场地条件开展必要的补充勘察工作。

地铁工程地裂缝勘察以《西安地裂缝场地勘察与工程设计规程》为依据进行。提出在城区内采用以调查、收集资料、钻探验证为主的勘察方法；城区外围依据调查、资料收集及地裂缝的出露情况开展地裂缝勘察工作，资料丰富、有出露的地裂缝采用钻探、探槽验证为主的勘察方法，对于缺乏资料，属于地裂缝空白区的首先采用浅层地震勘探与钻探、槽探等多种勘探手段结合的方法进行勘察。

经过10余线路地裂缝专项勘察工作的实践，西安轨道交通形成的这一套勘察方法较好地解决了地铁线路穿越地裂缝的位置、活动性及地裂缝带内的岩土工程特性的问题，保证了地裂缝段的工程设计和施工工作的顺利开展。

19.2.2 西安地裂缝对地铁工程的影响

西安地裂缝灾害源于过量抽汲地下水造成的不均匀地面沉降，对于大多数的建(构)筑物和工程的影响体现在跨地裂缝带的结构受损，如房屋开裂、厂房倾斜、桥梁变形、水管错断等。对于线状工程，除了跨裂缝带部位的损毁外，大范围的地面沉降也可造成工程灾害，如道路桥梁变形积水、下水管道排水不畅、污水外溢，供气、供水管道拉张断裂，水管渗漏导致地面塌陷等。西安地裂缝的破坏力主要源于地下深部，单一的工程加固措施无法解决根本性问题且收效甚微，因此对于地裂缝灾害的应对措施主要是合理避让。

西安轨道交通为线状工程，无法绕避必须穿越，其对地铁工程可能造成的影响主要表现在以下几个方面：

1. 西安地裂缝对地铁线路的影响

(1)影响地铁线路平面和车站站位的选择和布置。

(2)造成地铁线路设计轨道坡度改变，影响轨道的平顺性，从而降低列车运行舒适性，引发轨道局部下沉甚至威胁到运营安全。

(3)影响施工工法的选择、造成施工工期延长和工程投资增大。

2. 西安地裂缝对地铁结构的影响

(1)地裂缝带的地层破碎、含水率高、透水性强，对工程施工产生影响。

(2)地裂缝两侧错动导致地铁隧道结构开裂，严重影响地铁工程的安全性。

(3)地铁隧道多位于地下水位以下，隧道结构开裂会造成隧道防水失效，导致地下水渗入地铁隧道内。

(4)地裂缝的错动活动通过衬砌传递到隧道内部,不仅使隧道的断面净空量减小,导致跨地裂缝段的轨道、接触网、管线等设施产生变形,影响地铁运营安全。

3. 西安地裂缝对地铁运营的影响

(1)区域沉降引起的隧道坡度变化会影响隧道内排水功能,间接影响地铁运营。

(2)当上下盘错动较大时,隧道衬砌、路基、桥梁结构均发生较大变形或者破坏,导致轨道结构产生破坏,影响列车运行。

西安轨道交通工程自建设以来,每条线路前期都对西安地裂缝开展专项勘察和设防研究、运营后进行运营期间的长期监测工作。地铁2号线运营近十年的时间,2号线穿越的14条西安地裂缝已积累了近十年的监测资料和运营数据,同时随着政府对开采地下水的严控措施的实施,原来活动性较强的地裂缝发展近些年来表现为基本趋于稳定。另外前期专项研究时部分地裂缝具有地裂缝的特征但未表现出活动性,甚至于所在的区域的地裂缝都未表现出活动性,如西安的东南方向雁翔路至长鸣路一带,西郊、西南郊科技路以南的高新区。但出于百年工程安全性考虑,均做了设防的工程措施。可进一步研究后续地铁工程建设中可区别对待地裂缝对工程影响的应对措施、工法选择。如对自20世纪60年代以来发现的具有地裂缝的特征但尚未活动过的地裂缝可不考虑设防措施;对于曾经活动过的地裂缝近年来表现为活动性减弱甚至于不再活动的地裂缝可减弱设防措施或不考虑设防等。

19.3 西安地裂缝段工程处理关键技术

几十年的工程经验积累,让我们对地裂缝的处理有了一个基本的认识,并总结出一套适合西安地区的处理原则,以及针对不同工程类型的处理措施。通过设计施工过程中的不断修正,实现了理论与实践的较好融合呼应。在实践中我们也总结出一套地下水的控制措施,可以有效地保障长期的运营安全。

19.3.1 西安地裂缝段工程处理原则

1. 地裂缝活动性判定

根据《西安地裂缝场地勘察与工程设计规程》(DBJ 61-T182—2021)规定,在西安地裂缝场地进行建设,对现今仍在活动,或未来可能活动的地裂缝,除线状工程外,应采取以避让为主的综合措施;对现今不活动并且未来也不可能活动的地裂缝,可不采取避让措施。地铁穿越或跨越不活动地裂缝时,可不采取应对地裂缝活动的结构设防措施,进入地裂缝破碎带的结构地基应按不均匀地基处理。

西安地裂缝场地勘察应进行地裂缝活动性评价。同时满足以下四个条件的地裂缝场地,可评价为不活动地裂缝场地:

(1)现今场地地裂缝已经不活动且未来也不可能活动。其判定标准应为场地及附近地区的地面沉降速率不大于10 mm/年或地裂缝活动速率不大于1 mm/年,且趋于收敛。

(2)城市供水管网已到达建设场地。

(3)场地及附近地区的城中村已完成拆迁,或城中村没有开采埋深80 ~ 350 m的承压水。

(4)场地及附近地区不存在允许开采埋深80 ~ 350 m承压水的单位和城市供水水源地。

2. 地裂缝活动速率分析及活动性分级

根据现有的监测技术和研究程度,应从以下几个方面综合判断确定西安地裂缝的活动性:历史地裂缝活动资料的综合分析;历史地面沉降资料与地裂缝活动的对比分析;现今地面沉降与地裂缝活动的对比分析;现今地裂缝活动的长期监测资料。

(1)历史活动性分级

根据陕西省地矿局第一水文地质工程地质队"西安地裂缝研究综合报告",西安地裂缝按照活动速率分为A、B、C和D四级,见表19.3。

表 19.3 西安地裂缝活动速率分级

分 级	A	B	C	D
活动速率 v(mm/年)	$v>30$	$15<v\leqslant30$	$5<v\leqslant15$	$v\leqslant5$

可根据此分级分析沿线地裂缝的活动速率,从而为判定其现今活动等级提供基础条件。

(2)现今活动性分级

根据《西安地铁盾构法隧道穿越地裂缝应对措施研究》课题成果,地裂缝活动程度、现状,结合现场调查及与线路交会处周边地表、建筑物变形开裂情况,考虑周边开发程度和地裂缝活动的分段性,将地裂缝的活动分为四级,分级原则如下:

①活动性强(Ⅰ级):年平均活动速率 >5.0 mm/年,地表出露、拟建线路交会处地表或建筑物有明显变形破损现象、开发程度低者。

②活动性中等(Ⅱ级):年平均活动速率 1.0 ~ 5.0 mm/年,局部出露、交会处隐伏但在拟建线路两侧 500 m 以内有变形破坏现象、周边开发程度一般。

③活动性较弱(Ⅲ级):年平均活动速率 1.0 ~ 2.0 mm/年,隐伏、在拟建线路两侧 500 m 以内基本无变形破坏现象、周边开发程度较好。

④活动性弱(Ⅳ级):年平均活动速率≤1.0 mm/年,隐伏、在拟建线路 500 m 以内无变形迹象且周边开发程度较好。

(3)地裂缝未来活动趋势

根据西安市地裂缝历年活动速率监测资料,可推断西安地裂缝的形成发展大致经历了如下几个阶段:

①A 阶段(发生阶段):地裂缝活动的开始阶段,其特征是活动速率较小。

②B 阶段(加速发展阶段):地裂缝活动强烈,其活动速率快速增大。

③C 阶段(成熟阶段):地裂缝活动的成熟阶段,地裂缝活动速度达到顶点,维持在高位波动状态。

④D 阶段(减速阶段):由于限制承压水的开采,西安地裂缝的活动速度急剧减小。

⑤E 阶段(稳定阶段):地裂缝活动速度很小,逐渐趋于稳定。

由图 19.9 可知,目前地裂缝基本处于 E(稳定)阶段。

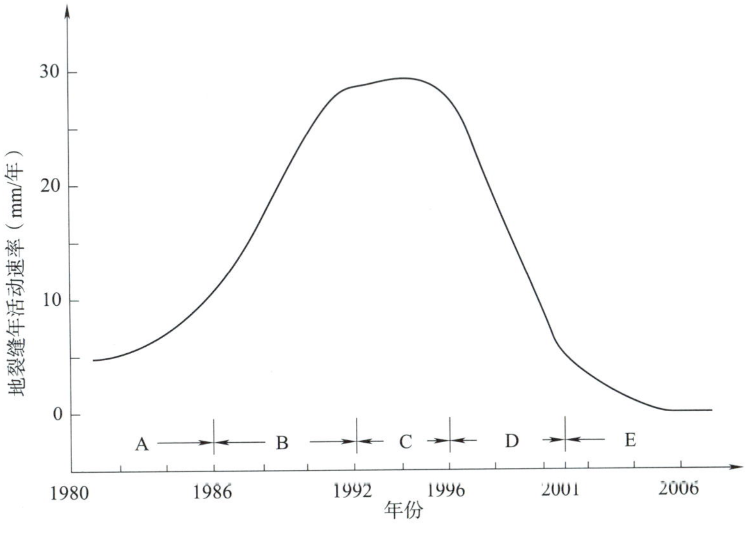

图 19.9 西安地裂缝发展阶段划分(以 f_6 地裂缝为例)

根据《西安地铁盾构法隧道穿越地裂缝应对措施研究》课题成果,地裂缝错动会使隧道结构受损或开裂破坏,严重影响地铁工程的正常运营,尤其是处于地裂缝附近一定范围内隧道衬砌结构受损严重,结构往往发生受剪破坏(正交)或扭剪破坏(斜交)。常规盾构隧道能够承受的地裂缝极限位错量约为

20 cm，在位错量为30 cm时则出现明显破坏，即当位错量 $s\leqslant 10$ cm 的地裂缝地段可以考虑采用常规盾构、结合注浆加固等辅助相应措施通过，位错量 $s=10\sim 20$ cm 时，应采用特殊盾构 + 辅助应对措施通过，而位错量 $s>20$ cm 的地裂缝地段不能采用常规盾构通过，建议采取暗挖隧道通过。

3. 地裂缝段工程处理原则

（1）总体原则

①线路走向与地裂缝走向基本一致时，线路平面宜置于相对稳定的下盘。线路位于上盘时，最小避让距离应符合《西安地裂缝场地勘察与工程设计规程》（DBJ 61-T182—2021）相关规定。

②线路走向与地裂缝相交时，应尽量采用大角度穿越，最小穿越角度不应小于30°。

根据大型模型试验和数值模拟计算结果，分析认为线路小角度穿越地裂缝带时受力较复杂，地铁结构的变形破坏模式主要表现为扭剪—拉张破坏。根据《地铁隧道近距离平行和小角度穿越活动地裂缝带的性状及防治措施研究》表明，在线路与地裂缝相交角度为20°时，结构变形破坏特征显示斜交裂缝整体式马蹄形隧道衬砌结构发生了扭转、弯曲、剪切变形破坏。纵向裂缝为扭转变形破坏；环向裂缝为弯曲或剪切变形破坏；衬砌内表面环向上剪应力近似呈同向表明结构有扭转变形发生。

③线路走向与地裂缝相交时，结构设计应考虑隧道产生的垂直位移、横向位移和轴向位移。

（2）矿山法隧道过地裂缝处理原则

西安轨道交通矿山法隧道穿越地裂缝的结构措施的基本原则是“分段处理、柔性接头、衬切加强、预留净空、道床可调、加强监测、先结构后防水”。

①分段处理、柔性接头

为使隧道结构适应地裂缝的变形，隧道穿越地裂缝宜采取分段处理，每段隧道结构接头应采用柔性接头。柔性接头承受地裂缝变形，使相邻衬砌管段减小变形和次生应力，确保结构强度安全；结构多留沉降缝，释放错动产生的变形；并在底板预设注浆、填料孔，以便充填基底的掏空部分。

根据《西安地裂缝对地铁工程的危害及防治措施研究》研究成果，斜交穿越地裂缝带的隧道衬砌结构分缝原则为：

a. 斜交角度 $\theta\leqslant 45°$时，跨地裂缝地段隧道段长度取15 m。

b. 斜交角度 $\theta>45°$时，跨地裂缝地段隧道段长度取20 m。

其他位于主变形区的分段隧道长度取10 m，微变形区分段隧道长度取15 ~ 20 m 均可。

②衬砌加强、预留净空

考虑到地铁沿线地裂缝在地铁设计使用期（100年）内设计值基本不超过300 mm，为了防止隧道建筑限界入侵，保证隧道净空和行车安全，隧道穿越地裂缝变形区必须局部扩大断面预留净空。同时，采用复合式衬砌局部（主要为接头部位）加强以确保结构强度，在地裂缝地段隧道必须预留足够的净空，需要预留轨道、接触网等的调整高度，地裂缝错动后仍能通过线路调坡来保证行车。

③道床可调

道床设置需要能够灵活地适应地裂缝活动导致的结构偶然或长期累积的错位，而不至于影响列车正常运营。

④加强监测

必须采取切实有效的监控量测措施，以根据监测情况及时采取针对性措施防止可能出现的地裂缝活动导致的不良地质灾害。在施工和运营期间，均应加强地裂缝段的变形监控量测。

⑤先结构后防水

隧道分段设缝后，结构应力释放，受力明显减小，但防水压力相应增加，因此接头应加强防水，并应遵循“以防为主、多道设防、防排结合、可修便修”的原则。

（3）盾构法隧道过地裂缝处理原则

根据《西安地铁盾构法隧道穿越地裂缝应对措施研究》课题成果，地裂缝作用下的盾构隧道主要发生以垂直位错导致的管片受剪（或扭剪）的破坏。因此，考虑应对管片衬砌开裂破坏的思路主要为“抵抗变形”和“适应变形”，即以防为主、分级应对、综合治理、能修便修。也就是说在地裂缝活动量较小时，主要应以结构衬砌自身的强度配合相应的辅助措施共同来抵抗地裂缝地层变形产生的位错；而在地裂缝位错稍大时，已无法靠上述措施抵抗时，则应考虑为管片变形提供一定的预留量，使其能够适应地裂缝带来的变形而不会过早开裂。

(4)桥梁及场段过地裂缝处理原则

地铁桥梁跨越或穿越活动地裂缝时，应根据工程规模及重要性、地裂缝活动性强弱及场地的特点，针对性的确定避让的原则和设防措施，需要避让时，避让距离宜按表19.4的规定取值。

表19.4 建筑物最小避让距离 单位：m

建筑类别	下 盘	上 盘
四类建筑	可以不避让地裂缝布置	
三类建筑	$4+\Delta k$	$8+\Delta k$
二类建筑	$8+\Delta k$	$12+\Delta k$
一类建筑	$12+\Delta k$	$18+\Delta k$
特殊类建筑	$16+\Delta k$	$24+\Delta k$

注：1. 避让距离是基础底面外缘(桩基础为桩端外缘)至地裂缝的最短水平间距，计算时地裂缝倾角统一采用80°。

2. 基础的任何部分都不能进入地裂缝破碎带(上盘6 m + Δk、下盘4 m + Δk)。

3. 各类地裂缝场地的勘探精度修正值 Δk 按《西安地裂缝场地勘察与工程设计规程》(DBJ 61-T182—2021)附录D选用。

4. 建筑物的分类规定见《西安地裂缝场地勘察与工程设计规程》(DBJ 61-T182—2021)附录A。

地铁场段建(构)筑物跨越或穿越活动地裂缝时，应根据建筑物的重要性类别、建筑结构形式和地裂缝的活动性确定是否避让，需要避让时，避让距离宜按表19.4的规定取值。对于柱网间距不大的轻型全钢框架结构、轻型全钢门式刚架结构建筑，设置可调节柱脚时，可以跨活动地裂缝布置，但应加强对柱脚的垂直位移监测并根据地裂缝活动量及时调整。

(5)地铁结构过活动断裂处理原则

地铁结构穿越活动断裂时，如果是非全新世活动断裂，可忽略发震断裂错动对地铁的影响，地铁结构无需考虑设防；对于全新世活动断裂，应根据活动速率计算设计使用期100年内其蠕滑活动产生的累积位移量，按地裂缝处理原则及措施进行设防处理。

19.3.2 区间穿越地裂缝段工程处理措施

1. 矿山法隧道穿越地裂缝段工程处理措施

地铁隧道穿越活动地裂缝带可能发生变形或破坏，出现一系列地铁工程病害。因此采取有效的防治措施才能避免病害的发生。地铁隧道通过地裂缝段采取的处理措施原则是“防”与“放”相结合，以结构适应地裂缝变形为主，“分段处理、柔性接头、衬砌加强、预留净空、道床可调、加强监测、先结构后防水”，在线路调坡和道床可调的整体方案框架下做好结构与防水处理措施，确保地铁通过地裂缝的设计、施工、运营的长期安全。“防”就是扩大断面和局部衬砌加强，而“放”就是分段设缝加柔性接头，跨地裂缝地段采用分段结构进行设计，采用柔性接头进行处理。

(1)过地裂缝段隧道采用扩大结构断面的方式，预留变形净空，使地铁在运营期间内，仍可通过线路调坡的手段确保在地裂缝错动后的行车安全。

①隧道断面垂直位移预留量

西安轨道交通工程的设计使用期为100年，地铁设计应考虑未来100年内西安地裂缝活动可能产生的最大垂直位移量(即结构高度方向预留量或内净空)，以确保地铁的正常安全运行。

根据前面地裂缝活动特征及趋势分析，大部分地裂缝目前活动速率较小，大致为1~5 mm/年。结合各条地裂缝活动速率、地表形变以及未来活动趋势情况分析，在地铁设计使用期(100年)内各场地地裂缝最大垂直位移量设计建议值一般小于300 mm。

②隧道断面抗裂预留位移量

根据相关研究发现，地铁隧道无论是整体式衬砌还是柔性衬砌（盾构隧道），当地裂缝位错量达到一定值时必将开裂破坏和剪切破坏，隧道结构需要采取分段设缝方式通过地裂缝带。当地铁隧道（分段设缝）与地裂缝斜交时，地裂缝垂直位错作用必然会导致地铁隧道产生横向（或水平向）位移和轴向（拉伸）位移，而且在地铁设计使用期 100 年内，其值不容忽视，对隧道结构的变形破坏及其内部轨道变形产生一定影响。因此，在采取分段设缝的地铁隧道与地裂缝斜交时必须考虑地裂缝位错作用下地铁隧道的最大水平位移量和轴向位移。

从空间上来看，由于西安地裂缝的倾角一般较大（≥75°），当地铁隧道与地裂缝正交时，地裂缝的活动会导致分段隧道结构产生两个方向的位移运动即垂直方向和轴向位移；当地铁隧道与地裂缝斜交时，由于受斜交夹角的影响，地裂缝的活动会导致分段隧道结构产生三维空间位移运动，即产生垂直方向、横向和轴向三向位移分量，从而引起相邻分段隧道结构竖直向和横向彼此错位以及轴向拉伸变形，如图 19.10 所示，图中 ab 为垂直位移量，ab'为轴向位移量，ac（即 Δx）为横向位移量。这反映到隧道结构上，斜交条件下分段隧道将产生明显的三向位移引起其内部净空减小，严重影响列车行车安全，故分段隧道三维空间预留位移量（或称预留内净空量）是地铁隧道穿越地裂缝带结构抗裂设防极其重要的参数之一。

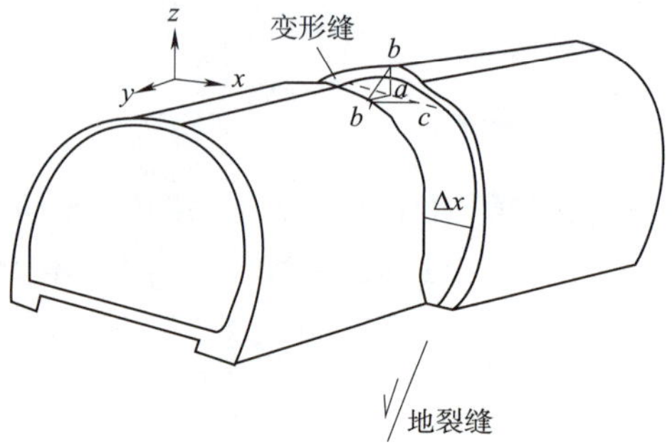

（a）立体图

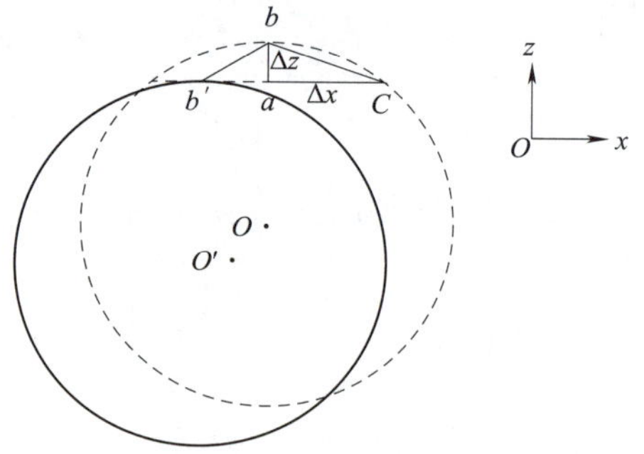

（b）横断面投影图

图 19.10　地裂缝活动作用下分段隧道位错变形示意图（黄强兵，2009）

图 19.11 所示为地铁隧道与地裂缝活动三维空间示意图，其中 $\overrightarrow{AD}$ 为地裂缝走向，$ABCD$ 为地裂缝破裂面，β 为地裂缝（带或面）的倾角，θ 为分段隧道轴向与地裂缝的夹角，$\overrightarrow{MN}$ 和 $\overrightarrow{EF}$ 分别为隧道与地裂缝正交和斜交条件时的隧道轴线方向，地铁隧道与地裂缝交会于 a 点。为了适应 M 地裂缝的大变形和保证

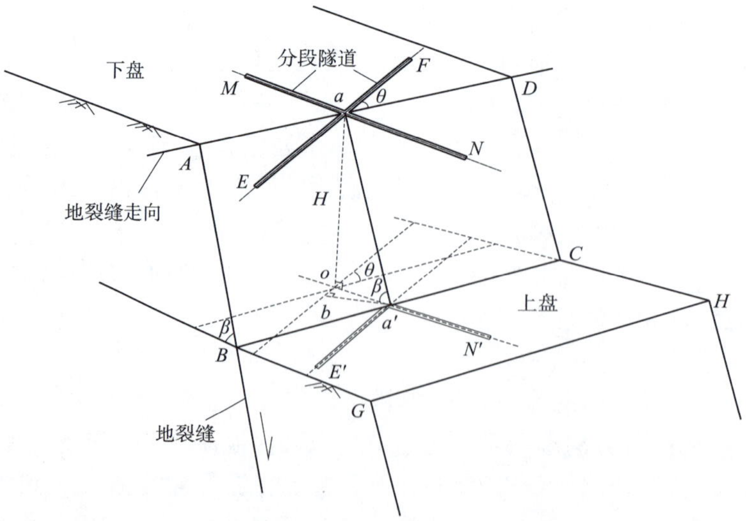

图 19.11　地裂缝活动作用下分段式隧道三维空间运动位移模式图（黄强兵，2009）

结构安全,分段隧道变形缝即设在 a 点位置以适应地裂缝的变形,与地裂缝正交和斜交隧道均被分为两段即 aM、aN 和 aE、aFV,当地裂缝从 a 运动到 a' 时,其垂直位错量为 H,O 点为 a 点的投影,而 $a'N'$ 和 $a'E'$ 则分别是分段隧道 aN 和 aE 在平面 $BCHG$ 上的投影。通过空间几何关系可得:

a. 地铁隧道水平(横向)位移量 $a'b$

$$a'b = oa' \cdot \sin(90° - \theta) = \frac{H}{\tan\beta}\cos\theta \tag{19.1}$$

b. 地铁隧道轴向拉伸位移量 ob

$$ob = oa' \cdot \cos(90° - \theta) = \frac{H}{\tan\beta}\sin\theta \tag{19.2}$$

将地裂缝与地铁斜交角度 θ、地裂缝倾角 β(统一按照 80°取值)以及地裂缝最大垂直位错量 H,代入式(19.1)和式(19.2)可得地铁穿越地裂缝场地交会处地铁隧道结构的最大水平位移量和轴向位移量。

③结构纵向设防长度

考虑到地铁工程为百年大计工程以及地裂缝活动对隧道结构纵向的影响效应,对地裂缝活动大型物理模型试验和对应数值模拟得到的地裂缝影响区范围的上、下盘考虑一定的安全系数,得到地铁隧道设计时地裂缝的影响区范围。

根据相关研究成果,在地裂缝带地铁隧道采用分段设特殊变形缝后,分段隧道纵向设防长度将随隧道轴线方向与地裂缝带之间的夹角 θ 的变化而变化,即地铁隧道纵向设防长度 L 为地裂缝与分段隧道轴线方向夹角 θ 的函数,其表达式为

$$L = c \cdot f(\theta) \tag{19.3}$$

式中 c——某一常数(这里指的是地裂缝影响区宽度);

θ——地裂缝与隧道轴线间的夹角;

L——纵向设防长度。

分段隧道与地裂缝斜交平面展布如图 19.12 所示。

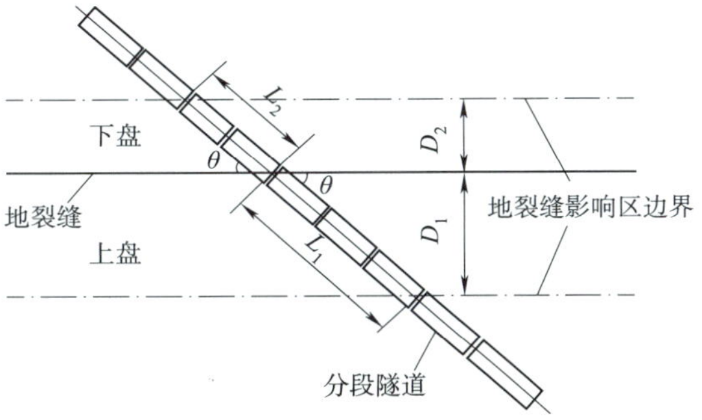

图 19.12 地铁分段隧道与地裂缝斜交平面展布图

隧道沿纵向设防长度为

$$L = L_1 + L_2 = \frac{D_1}{\sin\theta} + \frac{D_2}{\sin\theta} = (D_1 + D_2)/\sin\theta = D/\sin\theta \tag{19.4}$$

式中 D_1——上盘影响区宽度;

D_2——下盘影响区宽度;

L——隧道纵向设防长度,其中上盘 L_1、下盘 L_2;

θ——地铁隧道与地裂缝的夹角。

将地裂缝影响区宽度和地铁与地裂缝的相交夹角代入上式,可得地铁在各条地裂缝处的设防长度理论计算值。

④线路调整坡段长度

当地裂缝上盘发生垂直位移量 A_{max} 时，应从地裂缝处开始向上盘方向调坡，调整的坡段长度如图 19.13 所示，也可根据公式（19.5）来计算。

$$L = A_{max}/(i_1 - i_0) \tag{19.5}$$

式中 L——纵坡调整长度；

A_{max}——地裂缝垂直位移量；

i_1——调整后纵坡；

i_0——原设计纵坡。

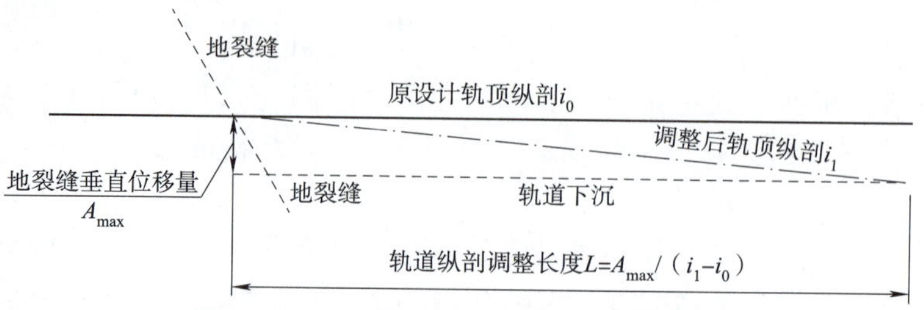

图 19.13 地裂缝上盘调坡段长度示意图

（2）地铁通过地裂缝段隧道设防段，采取柔性接头进行处理，即采用分段设置特殊变形缝的结构设计。特殊变形缝在地裂缝活动时可适应其错动变形，释放错动产生的变形。

根据相关研究成果，斜交条件下地铁分段隧道与地裂缝的平面投影关系，变形缝设置模式和分段长度优化计算模式大致归纳为以下两种模式：

模式一：对缝设置模式，即分段隧道中有两段隧道骑跨于地裂缝上［图 19.14（a）］。

模式二：骑缝（或悬臂）设置模式，即分段隧道中仅一段隧道骑跨于地裂缝上［图 19.14（b）］。

分段设缝模式如图 19.14 所示，从地裂缝位置处开始，上盘分段隧道编号为 L_{1-i}，下盘分段隧道编号为 L_{2-i}；分段隧道轴线与地裂缝斜交夹角为 θ。

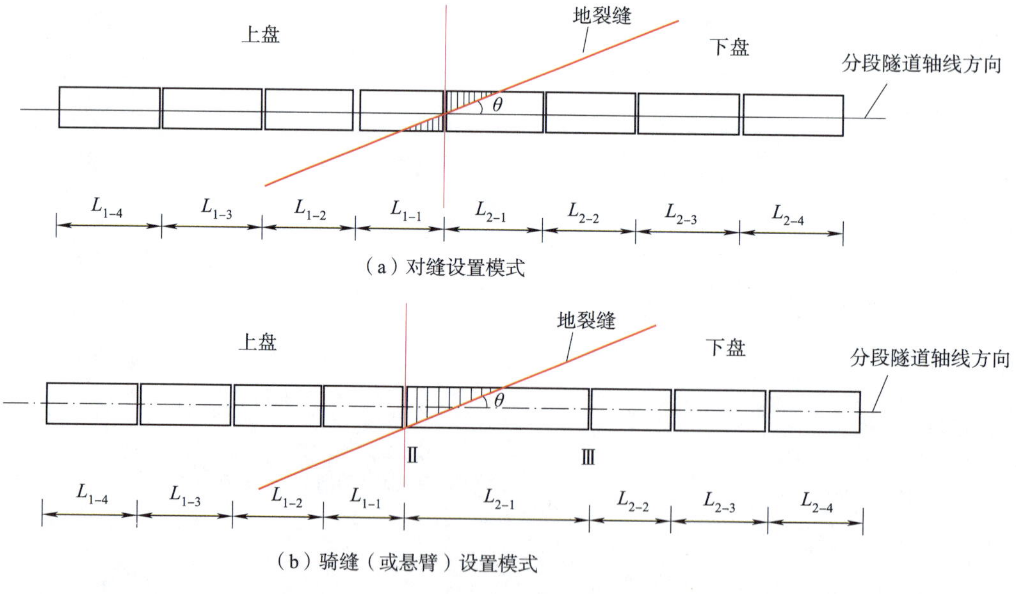

图 19.14 分段隧道与地裂缝平面展布示意图

根据《西安地裂缝对地铁工程的危害及防治措施研究》研究成果，斜交穿越地裂缝带的隧道衬砌结构分缝原则为：

①斜交角度 $\theta \leqslant 45°$ 时，采用对缝式设缝模式，跨地裂缝地段隧道段长度取 15 m，即图 19.14（a）中 L_{1-1} 和 L_{2-1} 均取 15 m。

②斜交角度 $\theta>45°$时，采用骑缝式或悬臂式设缝模式，跨地裂缝地段隧道段长度取 20 m，即图 19.14(b)中 L_{2-1}取 20 m。

其他位于主变形区的分段隧道长度取 10 m，微变形区分段隧道长度取 15 ~ 20 m 均可。

(3) 在特殊变形缝处采用特殊的防水措施，设置“且”形与 U 形止水带适应地裂缝的错动变形，防止错动变形对防水措施的破坏。

①特殊变形缝间距宜为 10 ~ 20 m，特殊变形缝宽度为 100 mm。

②特殊变形缝处除附加外包“加强”防水层外设置两道止水线(图 19.15)：特殊变形缝外侧设置“且”形止水带，形成一道封闭的防水线；特殊变形缝内侧设置 U 形止水带，形成第二道封闭的防水线。

③初期支护内侧的纵向连接钢筋应断开，并采取初期支护开槽、钢筋切口防腐处理。

(4)采用可调式道床。地裂缝段轨道结构设计方案采用了可调式框架板轨道，使轨道能满足地裂缝变形调整的要求。

目前西安轨道交通地裂缝设防段与调线调坡段一般铺设可调式框架板，轨道通过在框架板下填充混凝土垫块来实现轨面上调，最大上调量可达 500 mm，该种轨道结构称为上调式轨道。上调式轨道结构调线调坡段均位于地裂缝上盘一侧(南侧)。

(5)供电接触网采用锚段关节可调吊柱悬挂方案。

为了缩小地裂缝活动后对架空刚性接触网的影响范围及调整工作量，根据各结构断面预留的调整量，接触网单独设置便于调整和安装的独立锚段跨越地裂缝，该锚段与两边相邻的锚段通过锚段关节实现电气连接，同时接触网采用可双向调整的增高断面悬挂安装形式。

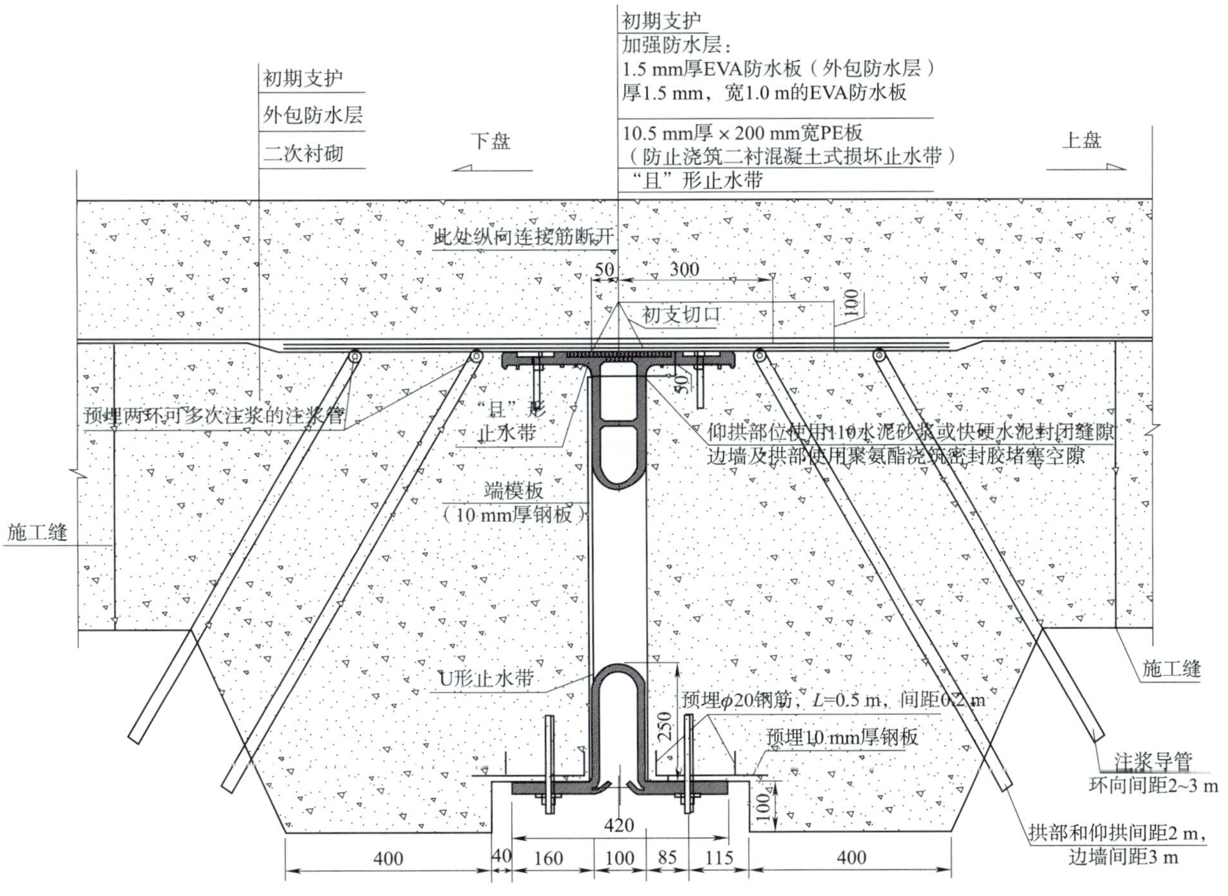

特殊变形缝处防水详图

图 19.15

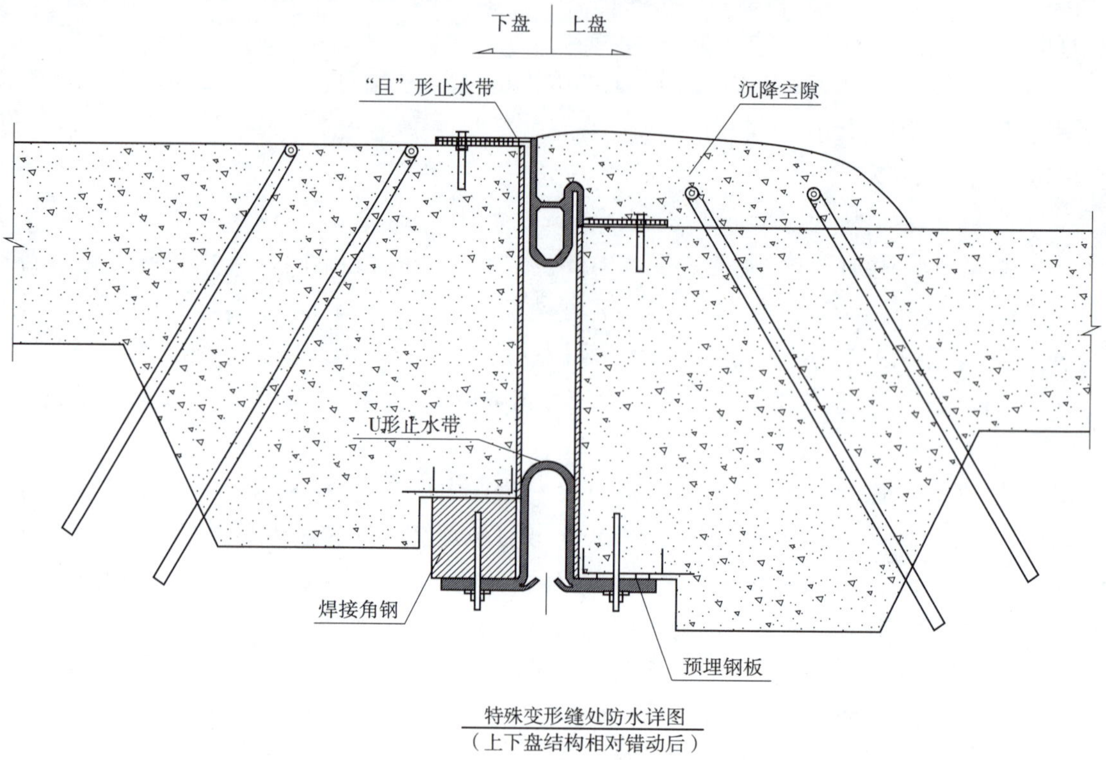

图 19.15 特殊变形缝处防水详图(单位:mm)

地裂缝设防处的架空地线采用软铜绞线,并根据地裂缝顺线路方向的变化预留足够延伸量。

2. 盾构法隧道穿越地裂缝段工程处理措施

从已建成的西安轨道交通运营线路来看,地铁隧道穿越地裂缝地段均采取的是"分段设缝、扩大断面、衬砌加强和加强防水"等设计措施,成功开创了地裂缝区域修建城市轨道交通的先河。随着西安轨道交通规划线路的不断增加,如果在所有地铁线路与地裂缝带相交的地段均采用浅埋暗挖隧道或者明挖隧道通过,结构上采取分段设缝、扩大断面,将又面临着施工成本高、工期长和风险大等问题,对于地裂缝活动较弱甚至目前不活动的地段能否直接采用盾构法穿越的研究具有十分重要的意义。为此西安轨道集团开展了"西安地铁盾构法隧道穿越地裂缝应对措施研究"科研项目研究,目前该科研已完成结题,其成果已在西安地铁 8 号线运用。

该课题以西安轨道交通 8 号线 26 次穿越城区地裂缝场地为研究工程背景,在资料收集、野外调查及已有成果的基础上,通过室内大型物理模型试验和大量数值模拟计算,结合理论力学解析,提出了西安地裂缝活动性分级标准,开展了地裂缝活动对地铁盾构隧道影响机制研究,对地铁盾构隧道穿越地裂缝的适宜性进行了评价,并提出了盾构穿越地裂缝带的分级应对措施。

1)西安地裂缝活动性分级标准

通过分析收集到的部分地裂缝资料,以及地铁沿线地裂缝的野外调查、线路附近出露情况和周边开发程度,结合对已运营线路地裂缝段的活动情况监测资料分析,提出了西安地裂缝活动性分级标准,将地裂缝活动性分为 4 个等级,即活动性强(Ⅰ级)、活动性中等(Ⅱ级)、活动性较弱(Ⅲ级)、活动性弱(Ⅳ级),其中活动性较弱(Ⅲ级)和活动性弱(Ⅳ级)的地裂缝场地可考虑采用盾构通过。

2)不同场地类别地裂缝对地铁盾构隧道的影响

基于多工况有限元数值模拟,确定了不同类别地裂缝场地的地裂缝影响宽度或范围:上盘为 18 ~ 20 m、下盘为 14 ~ 15 m;当隧道埋深越浅、与地裂缝相交角度越大,结构整体受影响程度越小,纵向受影响范围越短。

3)地裂缝错动对地铁盾构隧道影响的物理模型试验

开展了盾构隧道以不同角度(30°、45°、60°、75°、90°五种工况)穿越地裂缝的大型物理模型试验，揭示了地裂缝错动作用下盾构隧道的变形破坏模式。当盾构隧道与地裂缝正交时，结构受到剪切破坏；当盾构隧道与地裂缝斜交时，结构则受到扭剪破坏，但水平扭动程度很弱，仍以剪切破坏为主。

确定了盾构隧道纵向受影响范围即斜交30°时，纵向影响范围为上盘5环、下盘5环；斜交45°时，纵向影响范围为上盘8环、下盘5环；斜交60°时，纵向影响范围为上盘3环、下盘3环；斜交75°时，纵向影响范围为上盘5环、下盘4环；正交90°时，纵向影响范围为上盘4环、下盘6环。

基于多工况大型物理模型试验和对应的数值模拟计算，揭示了地裂缝活动对地铁盾构隧道影响的力学机制，确定了盾构能够承受的地裂缝极限位错量即临界值为20 cm。当地裂缝位错量 $s \leqslant 10$ cm 时，管片衬砌基本是安全的；当地裂缝位错量 s 为 10～20 cm 时，管片衬砌则出现部分破坏，需要采取一定的应对措施；而当位错量达到 $s=30$ cm 时，管环错动影响内部限界，接头螺栓部位及附近衬砌发生明显破坏，已影响到结构安全。

4)地裂缝错动时盾构隧道脱空区范围

从模型试验开挖情况来看，由于隧道自身的刚度导致其自身竖向位移小于土体的竖向位移，在盾构隧道在地裂缝上盘一侧底部均有不同范围的脱空区，且越靠近地裂缝脱空程度越大。通过研究脱空区宽度与地裂缝位错量以及相交角度之间的关系，地裂缝错动作用下盾构隧道产生的脱空区最大值出现在地裂缝上盘一侧，且随着地裂缝错动量的增加而增加，脱空区的宽度也随着地裂缝的错动量增加而增加。当地裂缝错动量 $s=2$ cm，脱空区范围约1.9 m；当地裂缝错动量 $s=20$ cm 时，脱空区约为3.2 m，可以看出随地裂缝活动量的增加脱空区范围变化不大。

图19.16给出了当地裂缝错动量 $s=20$ cm 时对应的各角度脱空区的宽度变化曲线。当盾构隧道与地裂缝相交为小角度20°时，脱空区最大约为12 cm；当盾构隧道与地裂缝相交角度处于30°～90°之间时，脱空区高度随着相交角度增加而增加，但增加的幅度很小，上述曲线表现出了脱空区范围在局部角度范围内基本相近的现象。因此，考虑到地铁工程设计中一般不允许出现小角度穿越地裂缝情况(排除 $\theta=$ 20°工况)，对于上述相交角度($\theta \geqslant 30°$)对应的脱空区范围基本可划分为3个范围，即：

①当相交角度 θ 为65°～90°时，脱空区可以按照上盘约3.2 m考虑。

②当相交角度 θ 为45°～64°时，脱空区可以按照上盘约4.3 m考虑。

③当相交角度 θ 为30°～44°时，脱空区可以按照上盘约5.8 m考虑。

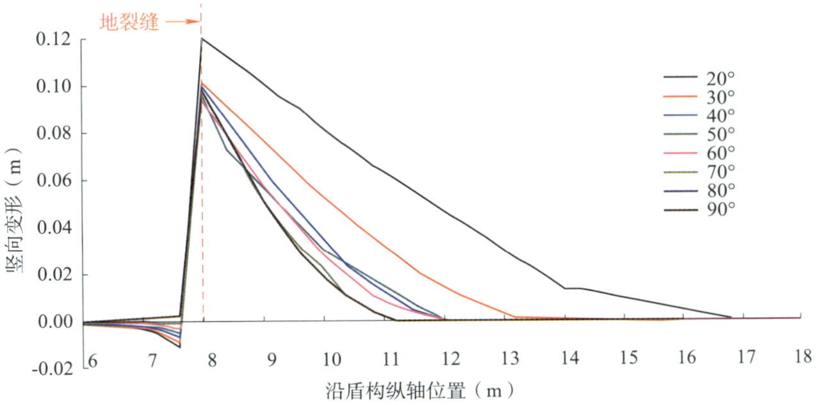

图19.16 不同相交角度盾构拱底脱空区沿纵向变化曲线

5)穿越地裂缝盾构隧道工程对策

地裂缝作用下的盾构隧道主要发生以垂直位错导致的管片受剪(或扭剪)的破坏，因此，考虑应对管片衬砌开裂破坏的思路主要为“抵抗变形”和“适应变形”，即以防为主、分级应对、综合治理、能修便修。也就是说在地裂缝活动量较小时，主要应以结构衬砌自身的强度配合相应的辅助措施共同来抵抗地裂缝地层变形产生的位错；而在地裂缝位错稍大时，已无法靠上述措施抵抗时，则应考虑为管片变形提供一定的预留量,使其能够适应地裂缝带来的变形而不会过早开裂。鉴于此,常规盾构管片能够承受的地裂缝极限位错量约为 $s=20$ cm。

目前,西安轨道交通暗挖隧道穿越地裂缝场地时的应对思路主要为两种,一种是超挖(局部扩大断面),另一种则是分段设缝并采用铰接(柔性接头),且设计上一般会组合使用并配合相应的辅助措施,如围岩注浆加固、衬砌加强等。但考虑到盾构在开挖过程中难以做到局部扩大断面(盾构机尺寸无法更改),因此超挖这一思路基本不考虑;而盾构管片间的连接可视为一种铰接,自身能够适应一定的变形,针对这一思路以及相应的辅助措施,并考虑上述地裂缝活动量的范围,提出了如下应对措施。

(1)活动性弱(Ⅳ级)地裂缝场地应对方案

对于活动性弱(Ⅳ级)的地裂缝场地,目前地裂缝隐伏、活动弱或基本不活动,未来地铁设计使用期100年内位错量不超过100 mm。若保持现状则未来不会出现进一步活动的情况,在预测垂直位错量不大情况下,则可考虑以盾构管片衬砌自身来“抵抗”变形或“适应”变形,此时地铁盾构隧道穿越该类地裂缝场地时有两种方案:通缝拼装和错缝拼装(图19.17)。

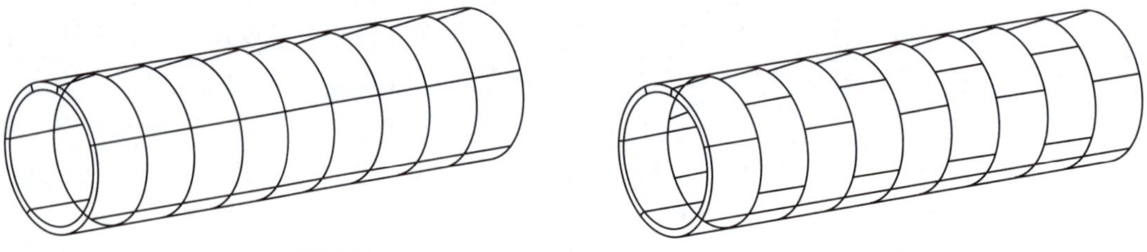

(a)通缝隧道　　(b)错缝隧道

图19.17　两种拼装方式

通缝隧道更易变形,也更易适应地裂缝错动带来的地层变形;错缝隧道由于刚度较大,依靠衬砌自身能够抵抗变形。两种方案在地裂缝位错量很小时均可采用,但实际上为了尽可能控制衬砌环的变形,更多的是建议采用错缝拼装来进行“抵抗”。此外,出于安全考虑,需要相应的辅助措施配合,在采用盾构隧道穿越上述活动微弱的地裂缝场地时进行衬砌加强和注浆加固等。

此外,可以考虑将常规混凝土管片替换为新材料的管片(如钢纤维管片,即SFRC管片,下同),在混凝土中掺入适量钢纤维,来增加管片材料的抗拉强度(由于地裂缝错动影响环间张开或受压,尤其是受拉导致螺栓附近破坏,而常规的混凝土管片在受拉时极易发生破坏)。采用提高抗拉强度的SFRC管片不仅可以适应小幅度错动导致的变形,而且也能够保证结构不会过早开裂破坏。

(2)活动性较弱(Ⅲ级)地裂缝场地应对方案

对于地裂缝活动性较弱(Ⅲ级)的场地,未来地铁设计使用期100年内地裂缝活动量预测值约为10～20 cm时,在这种活动性下地裂缝会导致常规混凝土管片已出现部分开裂(主要表现为接头螺栓受拉导致附近管片开裂),无法仅依靠管片结构自身来“抵抗”地裂缝错动带来的变形。因此根据前述提到的铰接思路,应重点注意接头部位的防护,增加结构刚度,在借鉴一些穿越断层的盾构管片结构研究成果后,提出了以下两种方案:

①增加接头数量或改变接头形式+采用二次衬砌或布设暗梁

地裂缝错动首先导致环间螺栓受拉,进而造成附近混凝土开裂破坏。因此首先考虑在一定程度上增加环间接头的螺栓数量来增加盾构隧道结构纵向刚度,控制结构的变形;其次考虑改变接头形式,将常规固定的螺栓接头改为可小范围滑移式接头,即对环间接头预留一定的变形量,并在管片衬砌内外侧加入辅助的抗拉螺栓,地裂缝错动时允许其进行滑动变形,使管环整体发生变形从而防止接头附近的管片发生开裂和环间张开。在地裂缝位错量较小时主要以其结构纵向刚度进行“抵抗”变形,随着位错量增大,允许环间螺栓发生滑动来使结构“适应”变形。

需要注意的是,由于盾构隧道的内部空间限制,在螺栓滑动使环间发生错动变形时,为了防止建筑限界侵入影响接触网或道床变化过大影响列车爬坡等,螺栓的竖向滑动变形量应控制在较小范围,且结构纵向环间在竖向变形上应存在一定的过渡段，使之逐步变形而避免两环之间位错量过大导致管片发生破坏。

当地裂缝错动导致管片开裂及防水失效时，仅靠初期支护则无法满足地铁运营条件，在初期支护内侧浇筑二衬作为对初期支护的加固并防止隧道变形，同时起到防水、防腐蚀等作用。但由于二衬的采用会增加断面的直径和材料用量，无疑会带来成本上的压力，且当二衬发生开裂时则很难进行修补。此外，根据课题组研究成果来看，二衬越厚，应力和变形越小，但厚度超过 300 mm 后再增加厚度时效果明显减弱，考虑到盾构隧道内部空间限制，二衬的厚度设置有限。因此，在采用二次衬砌时不宜过厚，并应保证在地裂缝活动时二衬不发生开裂。

根据模型试验结果来看，地裂缝错动下单个管片的完整度相对较好，主要为环间发生错动破坏，因此接缝处对于隧道结构整体而言为薄弱区。通过在拱底管片上方的道床内部设置横向钢筋与纵向加强筋，沿隧道纵向形成暗梁结构，以此增强管环与管环之间的整体性与盾构隧道的纵向刚度，从而能够抵抗一定程度的地裂缝活动引起的地层不均匀沉降。

②采用特殊管片盾构

考虑更换管片材料，选择比混凝土力学性能更优异的新材料如钢管片、钢纤维管片、混杂纤维管片等，不仅能够发挥高弹模、高密度纤维的多向约束作用，还可发挥低弹模、低密度纤维的阻裂作用，从而作为地裂缝环境下盾构隧道结构抗错断的有效措施。

a. 钢管片：相比混凝土管片有更高的强度和延性、更低的重量而易于组合使用，管片因为刚度低也能适应地裂缝的位错变形，由于其属于延性破坏的特点，塑性变形能也强于混凝土管片；但由于消耗金属量较大而造价昂贵，且耐腐蚀性较弱需要进行特殊处理；此外，由于相比混凝土管片易变形的特点，在变形较大区段如何控制结构不发生过大变形也需要充分验证。考虑到经济因素，在地裂缝地段使用钢管片时数量有限，无法过多采用。

b. 钢纤维管片：在普通混凝土中随机分布短钢纤维所形成，与混凝土管片相比其抗拉、抗弯、抗剪和抗冲击强度提高，韧性增强，耐疲劳和抗爆裂性能提高；抗冻、耐热、耐腐蚀等性能明显改善，造价虽高于混凝土管片但低于钢管片。在上海地区 M6 地铁线建设的 50 m 钢纤维混凝土管片试验段表明了该种管片工作状况良好、安全可靠，因此在建设成本有限的条件下可以考虑以此替代部分钢管片。

c. 混杂纤维管片：用高弹模的钢纤维与低弹模的聚丙烯纤维混杂，取代普通管片中的部分或全部钢筋，能够提高开裂的应力水平，改善应变能及延展性，阻止裂纹扩展或改变其前进方向。此外，崔光耀等人（2019）采用模型试验分别对以素混凝土、钢纤维混凝土、钢—玄武岩混杂纤维混凝土和钢—聚丙烯混杂纤维混凝土为材料的隧道衬砌抗错断性能进行了研究，发现在相同的条件下混杂纤维混凝土衬砌抗错断效果优于钢纤维混凝土衬砌。其中钢—聚丙烯混杂纤维混凝土隧道衬砌的抗错断安全性最高，且目前在北京地铁 10 号线“北土城站—芍药居站”的盾构区间已尝试应用混杂纤维混凝土管片技术。由于处于地裂缝地段的盾构隧道主要面临着结构抗错断问题，相比钢管片和钢纤维管片，选择造价低于钢管片的钢—聚丙烯混杂纤维混凝土作为穿越地裂缝区段的盾构隧道管片不失为一种可靠方案。

需要说明的是，上述的管片替代方案仅为了考虑衬砌管环自身的安全性，而为了吸收地裂缝活动引起的地层不均匀沉降，可借鉴暗挖隧道穿越地裂缝时的“分段设缝、柔性连接”思想，盾构隧道穿越地裂缝时也可以考虑在纵断方向上采用柔性结构，如图 19.18 所示。可在地裂缝处钢管片衬砌的连接部位设置防水橡胶与耐力棒组成的柔性管片；另外，在变形量较小时，也可采用相对造价更低的橡胶与钢板组成的叠合弹性垫圈，将其安装在环间接头螺栓上代替。

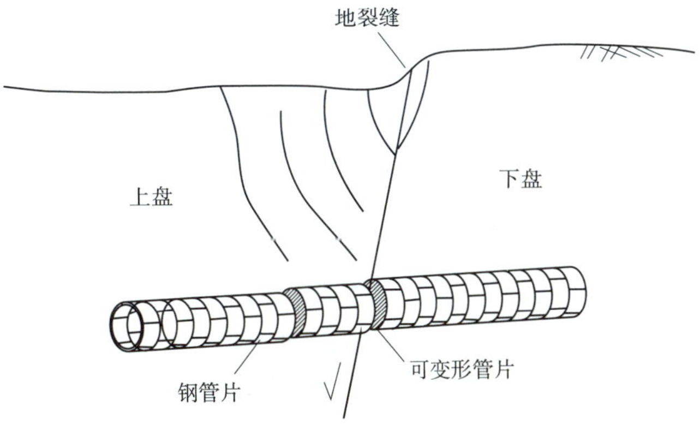

图 19.18 跨地裂缝纵向结构柔性化连接

19.3.3 地裂缝区域地铁车站及场段工程处理措施

1. 地铁车站及场段工程跨越不活动地裂缝

根据《西安地裂缝场地勘察与工程设计规程》(DBJ 61-T182—2021)规定,地铁穿越或跨越不活动地裂缝时,可不采取应对地裂缝活动的结构设防措施,进入地裂缝破碎带的结构地基应按不均匀地基处理。

不活动的地裂缝对地铁结构的影响主要表现在地裂缝破碎带对工程地基的不利影响,如地表积水渗入地裂缝破碎带造成地基土的流失或地基土承载力的减小、黄土的湿陷、桩基侧阻力的减小,以及在车站基坑开挖时出现边坡坍塌等现象。针对不同的工程结构应采取有效的地基处理措施(土体换填、注浆加固地基、桩周注浆等)和合理工法(明挖、盖挖或暗挖等),预防地裂缝破碎带造成的危害。

2. 地铁车站及场段工程跨越活动地裂缝

(1)最小避让距离

根据《西安地裂缝场地勘察与工程设计规程》(DBJ 61-T182—2021)规定,地铁穿越或跨越活动地裂缝时,应采取相应的避让或能适应地裂缝变形的设防措施,相应的避让和设防措施宜根据工程的规模、重要性和场地地裂缝的活动性综合考虑,最小避让距离按表 19.4 规定。

地铁车站结构按特殊类建筑考虑,场段内各单体建筑物避让地裂缝距离根据建筑高度、建筑跨度及重要性类别按表选用。

(2)地面建筑物适应变形的主要措施

在建筑物的工程设计时,为防止地裂缝活动对拟建建筑物的破坏,应采取相应的措施增强地裂缝邻近建筑物适应不均匀沉降或抵抗不均匀沉降的能力,采取防水措施或地基处理措施,避免水浸入地裂缝产生次生灾害,在地裂缝破碎带范围内,不得采用用水量较大的地基处理方法。

活动地裂缝场地,邻近地裂缝的建筑应采取措施增加基础和结构的整体刚度和强度,如在地裂缝影响区内的砌体建筑,应在每层楼盖和屋盖处及基础设置钢筋混凝土现浇圈梁,门窗洞口应采用钢筋混凝土过梁;在地裂缝邻近区内的建筑宜采用钢筋混凝土双向条基、筏基或箱基等整体刚度较大的基础,建筑物长边宜平行地裂缝布置。在个别特殊情况,如地裂缝两侧的两幢建筑之间要设一连接体,该连接体允许跨地裂缝布置,但建筑物的基础在地裂缝两侧的位置应满足最小避让距离的要求,连接体的设计应轻型、梁柱铰接可调。当建筑物倾斜过大时可以采用注浆方式,保证建筑的倾斜指标不超规范要求。

19.3.4 长期运营稳定控制措施

1. 地下水开采控制

大量研究表明,水在地裂缝的形成和发展中具有非常关键的作用。很多地方的地裂缝出现就是在农田灌溉,暴雨和过度抽取地下水的过程中显现出来的,其中农田灌溉和暴雨是外因,地裂缝露头被地表耕植土覆盖,在强烈地表径流冲刷下开启、重新裸露。地裂缝形成的更为重要原因是抽取地下水,使得深层土体水土压力发生变化,产生贯通至地面的地裂缝现象。

地下水开采作用下地裂缝的形成机理主要有 5 种:①渗透变形机理;②土层失水收缩变形机理;③渗透力拖曳作用机理;④差异沉降变形机理;⑤刚性折裂机理。

由于抽汲地下水产生的不均匀地面沉降是造成地裂缝活动加剧的直接原因,所以在地裂缝场地应严格控制承压水的开采。地裂缝和地面沉降的快速发展与长期超采地下水,导致地下水位大幅下降密不可分,合理限制地下水开采范围、开采层次和开采量是控制地面沉降、减缓地裂缝发生的根本措施。在有可能产生地裂缝或地面沉降的区域内,应严格控制承压水的开采,禁止违规凿井。

一般可以根据当地开采地下水历史和现状采取有利的地下水采控措施:

(1)在现状基础上减小开采量,地裂缝发育地区自备井全部封闭。

地下水超采是造成地面沉降的主要原因,减小地下水尤其是承压水的开采量,是控制地面沉降最为直接和有效的方式之一。

在有可能诱发地裂缝活动的区域内，应严格控制埋深80~350 m承压水的开采，禁止违规凿井。开采埋深80~350 m承压水产生的不均匀地面沉降是造成西安地裂缝活动的主要原因，所以应严格执行《西安市地下水资源管理条例》，严禁违规凿井，这是治理西安地裂缝灾害的最重要措施。

(2)在沉降中心处定期开展地下水人工回灌。

人工回灌指利用工程设施将地表水注入地下含水层，以增加地下水储量的措施。由于地面沉降主要为过量抽取地下水引起的，采用人工补水，可以使上部易压缩的黏性土层大量充水、孔隙水位回升、孔隙水压力增大、黏性土发生膨胀，反映在地面上就是地面不沉或地面回升。用于控制地面沉降的地下水人工回灌不是仅仅将地表水或其他水体灌入到地表以下，而是要采用打深井的方法将水质符合要求的水灌入到承压含水层中，一般地下水回灌所采用的坑道、洼地或者古河道不适宜控制地面沉降的回灌。

(3)调整开采层位，在浅层取水。

西安市城区主要开采的是100~300 m的承压水，主要原因是潜水已经遭到破坏，仅适合灌溉、绿化和工业用水。当长期抽取地下水时，其降落漏斗必定会向四周、上下发展，并影响到补给边界和排泄边界，然而地下水系统的补给，排泄基本上都是在地表浅层。当开采深部承压含水层，该层的水头降深向深部发展以改变补给量、排泄量时，每通过一黏土层，由于其渗透系数很小，便会产生一个很大的水头损失，累积的水头损失很大，这就是在深部承压水层开采地下水导致水头大幅度降低的原因。如果各土层的压缩系数不是过小，则每层的压缩量积累起来就会导致明显的沉降。

因此将开采层位上移，设置在浅部含水层，抬升承压含水层的水位对减小和减缓地面沉降速率有明显的作用，是控制地面沉降的一个有效措施。

(4)调整开采井平面布局和开采时间，“丰停枯采”

对于城区开采自备井，不全部封停，可选取井结构及运行状况良好的一部分井作为应急自备源井。干旱年来临时，启动应急井，作为补充水源，平水年停采。

2. 长期跟踪监测

鉴于地裂缝的复杂性，建立完善的地裂缝长期监测预警系统和数据库是十分必要的。只有通过对监测数据的分析才能较好地掌握地裂缝的发展变化、各因素对地裂缝活动的影响以及预测未来的发展趋势。同时，对于位于地裂缝带附近的各类建筑结构，应定期进行检查，必要时可安装些简易的监测预警设备，当发现地基有不均匀变形时，及时对地基进行注浆加固或采取其他加固措施，防止变形的进一步扩大。定期对管沟内的管道以及地裂缝附近的管道进行巡检，特别是对各管道的接头处进行重点检查，将会取得事半功倍的效果。

(1)地铁隧道衬砌变形监测

跨地裂缝地段修建的地铁，不管是明挖法施工的闭合框架结构、浅埋暗挖法施工的马蹄形断面结构，还是盾构法施工的管片结构，当地裂缝活动变形到一定程度后，在地裂缝两侧(上下盘)产生很大的位错量，地铁结构在跨地裂缝局部地段将会产生脱空现象，从而导致地铁隧道衬砌变形，危及地铁安全运营。预警方案包括如下两个方面：

①在跨地裂缝上、下盘处，用扁铁做成抱箍(或其他固定方式)固定在地铁隧道衬砌的外围，抱箍上焊接一钢筋做的测杆使其与地面水平，并在地面做好醒目标记作为测点(上、下盘的地铁隧道衬砌各布设一个，共两个测点)，对其进行长期地面高精度(精度达0.01 mm)的水准测量。当地裂缝活动时，测点也将产生垂直位移量，根据所测位移量进行实时准确、快速预警，该方法是抱箍式地表精密水准测量方法。

此外还可以通过在地铁隧道衬砌内壁(即隧道内)顶部布设钢条，类似于建筑物沉降和倾斜观测，可根据钢条的变形进行判断和预警。

②在跨地裂缝地段地铁隧道底部与土层接触处沿地铁纵向埋设一排压力盒，可根据地铁隧道与土层的接触压力的变化情况判断地铁隧道底部是否脱空，从而进行间接式预警。

(2)地铁轨道变形监测

当地裂缝活动加剧，地铁隧道衬砌结构的变形增大到一定程度后，会引起地铁隧道内整体式道床变形，从而导致地铁轨道变形。考虑到地铁轨道允许变形量很小（约几毫米），因此，要求监测仪器设备精度高，性能稳定。可在地铁跨地裂缝地段将轨道分段，每段两端下设混凝土支墩，固定在整体式道床上，使轨道与道床分离，每段两端混凝土支墩处的轨道与道床之间布设伸长计测量轨道与道床之间的相对变形或位移，根据伸长计的测量值的大小（即轨道变形量）进行监测。

西安轨道交通穿越地裂缝技术经过十多年的不断完善、验证，目前已经形成一整套的地裂缝处理技术，并已在西安轨道交通1～6号线进行成功应用。从目前地面沉降、隧道变形监测结果看，隧道结构能够比较好地适应地裂缝缓慢变形，通过调整轨道扣件等方式，满足线路平顺和行车安全要求。

随着地裂缝勘察和监测手段不断丰富，对地裂缝变形和预测等方面研究也在不断地深入，地铁穿越地裂缝技术也在不断发展完善。结合最新的《西安地裂缝场地勘察与工程设计规程》（DBJ 61-T182—2021）及《西安地铁盾构法隧道穿越地裂缝应对措施研究》科研成果，对地裂缝按照变形量和活动性进行细化分级，按活动性强弱分级处理对待。对活动性较弱等级地裂缝，采用盾构法直接通过，并采用辅助措施增强隧道结构抵抗地层变形能力，研究成果已在西安轨道交通三期线路中进行试点应用，下一步结合运营监测验证技术成果可靠性。

对于百年预测变形量较大的地裂缝，目前正在进行大直径盾构＋二衬等处理方式的技术研究，计划在后期线路择机试点应用，进一步丰富和完善西安轨道交通穿越地裂缝技术。

第 20 章　文物保护关键技术

西安是著名的“十三朝古都”，也是蜚誉全球的历史文化名城，拥有众多不可再生的古建筑、遗址、地下文物。面对“处处是宝”的西安城，如何处理好地铁建设与文物保护的关系，成为地铁建设必须面对的空前挑战。面对挑战，地铁建设者迎难而上，主动与文物保护部门加强沟通和协作，通过科技攻关，采用平面避让、加大埋深、隔离保护、特殊减振和长期监测等措施，研发了成套文物保护关键技术；建立了考古勘探、规划设计、施工组织、运营维护等全过程保护体系。西安轨道交通有四条线路进入西安城墙，其中 2 号线和 6 号线在钟楼交会(图 20.1)。目前，2 号线成功穿越城墙南门、北门和钟楼，1 号线成功穿越城墙玉祥门、朝阳门；4 号线成功穿越城墙和平门；2 号、1 号和 4 号线分别于 2011 年 9 月 16 日、2013 年 9 月 16 日、2018 年 12 月 26 日开通运营。经长期监测，钟楼和城墙南北门、玉祥门、朝阳门、和平门各处文物安全完好，各项测量数据好于预期，前期专题研究提出的控制标准科学合理，设计中采用的文物保护措施合理有效。西安轨道交通成功“洞穿”千年古都，不但将西安古城区与周边现代化街区连接起来，促进西安古代文明与现代文明交相辉映，还为其他文物集中的城市发展轨道交通提供了示范和借鉴。

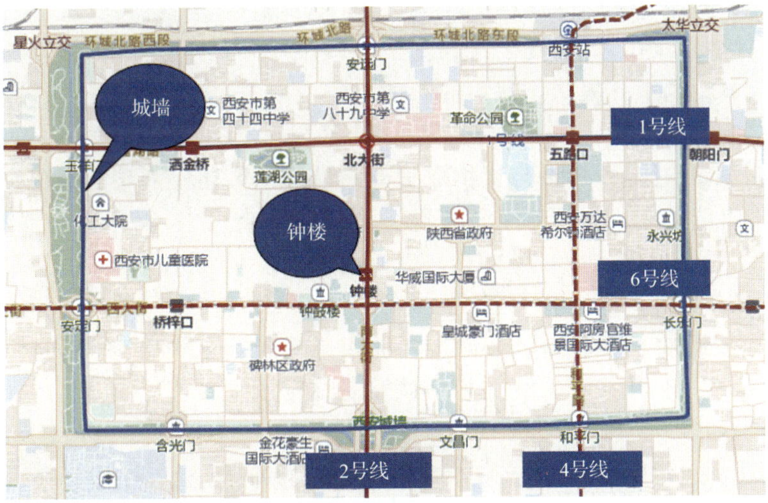

图 20.1　西安轨道交通通过城墙、钟楼平面示意图

20.1　西安轨道交通文物保护概况

20.1.1　西安市文物概况

陕西省文物资源丰富，密度、数量、等级均居全国首位，是中华民族悠久文明的见证和民族精神的象征。悠久的历史和古老文明，使陕西成为得天独厚、独具特色的文物大省，文物资源具有完整性、丰富性、至高性的特点。根据第三次全国不可移动文物普查成果统计，陕西省目前共有各类不可移动文物 49 058 处，其中近一半集中分布于以西安市为核心的关中城市圈范围内。

西安市是著名的历史文化名城，世界十大古都之一，丝绸之路的起点。文物和古遗址数量多、分布广，保护等级高。著名的遗址类文物有汉长安城遗址、西汉帝陵、阿房宫遗址、秦始皇陵及兵马俑坑、隋大兴唐长安城遗址(包括青龙寺遗址)、大明宫遗址等；著名的古建筑包括大雁塔、小雁塔、城墙、钟鼓楼、西安事变旧址、八路军西安办事处旧址等。据统计,西安市有2处(6个点)世界文化遗产,58处全国重点文物保护单位。民间流传"中国历史100年看上海,1 000年看北京,5 000年中国历史看西安"的说法,西安深厚的历史沉淀和文化底蕴,使得全世界的游客纷沓而至,赞不绝口。

党的十八大以来,习近平总书记高度重视文物保护工作,从留住文化根脉、守住民族之魂的战略高度作出一系列重要指示和全面部署,并且身体力行,频频实地考察。2015年,习近平总书记先后两次莅临西安城墙考察调研。习近平总书记指出,西安城墙是世界级的宝贝,一定要保护传承好。党的十九大将"加强文物保护利用和文化遗产保护传承"作为坚定文化自信的一个部分写进报告中。正如习近平总书记所言,"没有文明的继承和发展,没有文化的弘扬和繁荣,就没有中国梦的实现",只有保护和传承好文化遗产,才能让中华民族薪火相传。

由于经济社会的发展,城市建设与文物保护之间的矛盾频繁地出现。在中国近年来的城市建设中,特别是大中型城市中,地铁成为解决城市交通问题最为有效的手段。大规模的地铁建设在历史文化名城中如何考虑文物保护单位或重要历史建筑的保护,如何尊重这些具有重要历史、文化、艺术和社会价值的文化遗产是许多城市需要面对和解决的问题。在西安轨道交通先行建设的6条线路中,1号、2号、4号、6号线均途径重要的文物保护单位,其中包括全国重点文物保护单位西安城墙和钟楼。如何平衡修建地铁和保护文物的问题,做到地铁建设、运营与文物保护的协调发展,既是西安轨道交通必须解决的难题,也是履行文物保护责任的重要体现。

20.1.2 西安轨道交通文物保护原则

在西安轨道交通规划建设中,始终提高文物保护的政治站位,把文物和古遗址的保护作为首要问题研究解决,一直遵循以下原则来开展文物保护的各项工作。

1. 与文物部门紧密沟通协作原则

鉴于国内个别城市出现过地铁建设与文物保护部门沟通协调比较困难的情况,西安轨道集团主动了解西安市文物概况,并邀请文物相关部门来公司进行调研。一直以来,国家文物局和省市文物局非常支持西安轨道交通建设,也高度关注地铁建设中的文物保护问题,并提出了具体要求和指导意见。在各方主管部门的高度重视和大力支持下,我们立足于西安文物特点和现状,广泛沟通,与文物部门共同组织攻关,研究地铁建设和文物保护的共同建设、共同发展的指导思想和工作思路,制定了《西安城市轨道交通文物保护规划》,为西安市地铁建设与文物保护协调发展奠定了坚实基础。

2. 依法合规进行文物保护原则

在西安市地铁规划及建设中,始终把文物保护作为最重要的问题来研究解决,依法合规开展各个阶段的工作。这不仅是地铁建设的刚性需求,也是保护和传承文化遗产的责任体现。以"既有利于经济建设,又有利于文物保护"为指导思想,绝不以对文物产生影响为代价,满足文化遗产保护的完整性原则和真实性原则。在线网规划时,首先考虑尽量避开重要遗址和古建筑,原则上文物保护范围禁止线路穿越,禁止设站;同时兼顾客流与文物保护的协调。做到确保遗址的完整性,不影响历史文化名城的风貌;穿越古遗迹的深度要适宜,绝不伤及遗址主体;同时在工程设计和施工中应用科学合理的保护措施,确保古建筑和古遗址的安全,最大限度的保护文物遗址环境。在程序上,严格执行文物保护报审程序,依法履行文物保护责任。

3. 地铁建设与文物保护协调发展原则

近年来,城市建设与文物保护之间的矛盾频繁地出现,当两者之间发生矛盾时,文物往往被迫给城市建设让路。西安的地铁建设在以文物保护为刚性需求的原则指导下,确定了地铁建设与文物保护协调发展的思路,形成了地铁建设是保护历史名城有力举措的理念。线路规划时涉及文物数量越少越好,对地下大遗址采取"避",地面的古建筑则采取"绕"。遵循与重要文物"近而不进"的原则,西安轨道交通将西安古城区与周边现代化街区连接起来,方便了广大游客的出行,促进西安丰富文物资源的活化和利用。同时,大运量的地铁可以有效减少地面车辆振动和尾气对文物的影响,为文物的长期保护提供更好的环境。沿线进行文物考古勘探和发掘，不仅为地铁的选线和车站设计提供了依据，而且为西安地区古墓葬及古遗址的研究提供了新的实物资料，对进一步发掘西安的历史文化价值起到重要的作用。

4. 科学系统开展文物保护工作原则

与文物本体有直接关系的，通过科学研究、精准施策，确保地铁建设和运营中文物的安全。在西安轨道交通先行建设的6条线路中，1号、2号、4号、6号线均途经不同的文物保护单位。其中包括，2号线下穿城墙南门、北门，绕穿西安钟楼；1号线下穿西安城墙朝阳门和玉祥门；4号线下穿城墙和平门，绕行西京招待所；6号线下穿城墙东门、西门，绕穿西安钟楼。上述古建筑均属全国重点文物保护单位，古建筑经历多年的风雨沧桑，自身的结构安全状况和现代建筑不可同日而语。地铁建设施工引起的地面变形以及长期运营振动是否会对古建筑造成损伤，如何确保古建筑的安全，这些问题是西安轨道交通建设的难点和重点。在具体的实施中，确保文物本体安全和保护工作的有效性，充分了解和掌握地铁沿线周边文物分布现状、本体特征和既有病害。在此基础上，通过专题研究、科技攻关，采用平面避让、加大埋深、隔离保护、特殊减振和长期监测等措施，形成了成套文物保护关键技术，将地铁建设和运营对文物的影响降至最低。

5. 地铁建设运营全过程文物保护原则

地铁的建设一般要经过线网规划、建设规划、工可研究、工程实施等阶段，经历的时间较长，程序复杂。就文物保护来说，不同的阶段要解决的问题和方法也不同。例如，在规划阶段通过文物影响专项评估，结合文物保护和工程可行性，规划合理的线位，遴选出地铁建设和运营可能会产生一定影响的重要文物，作为下一阶段专题研究和保护的对象。根据规划阶段的成果，工可阶段对重点文物进行专题研究，预测分析施工及运营产生的影响，提出有效的保护措施和控制标准，作为工程设计和实施的依据。在工程实施中，进一步制定详细的保护实施方案和应急预案，严格执行各项保护措施，通过监测实时反映影响区域的沉降，确保施工过程中文物的安然无恙。在长期的运营过程中，对重点文物建立了长期监测的机制，掌握文物长期的安全健康状况；同时也通过长期监测数据，验证和校核前期的科研成果，为类似项目提供解决方案。成功的实施经验表明，必须用系统思维来统筹地铁建设运营全过程中文物保护问题，强化西安轨道集团内部的统一管理和工作推进，环环相扣，及时总结和完善文物保护的经验和教训，逐步形成具有西安轨道交通特色的文物保护体系。

20.1.3 地铁文物保护体系

一直以来，在国家文物局、陕西省文物局的指导下，西安市政府及有关部门高度重视文物保护工作，西安轨道交通建设形成有一只强有力的文物保护团队，在从专题研究、专家指导、考古勘探、保护方案、施工组织、运营安排、长期监测方面都开展了大量的工作。在文物保护工作原则框架下，经过15年不断地研究、实践，形成了完善的西安轨道交通文物保护体系（图20.2），为类似城市的地铁建设提供了成熟的借鉴经验，在全国范围内起到了示范作用，先后有10多个城市的地铁建设单位到西安轨道集团调研学习，为行业发展做出了重要贡献。

1. 西安轨道交通建设中文物保护报审流程体系

根据《中华人民共和国文物保护法》有关条款规定："文物保护单位的保护范围内不得进行其他建设工程或者爆破、钻探、挖掘等作业。但是，因特殊情况需要在文物保护单位的保护范围内进行其他建设工程或者爆破、钻探、挖掘等作业的，必须保证文物保护单位的安全，并经核定公布该文物保护单位的人民政府批准，在批准前应当征得上一级人民政府文物行政部门同意；在全国重点文物保护单位的保护范围内进行其他建设工程或者爆破、钻探、挖掘等作业的，必须经省、自治区、直辖市人民政府批准，在批准前应当征得国务院文物行政部门同意。在文物保护单位的建设控制地带内进行建设工程，不得破坏文物保护单位的历史风貌；工程设计方案应当根据文物保护单位的级别，经相应的文物行政部门同意后，报城乡建设规划部门批准。"

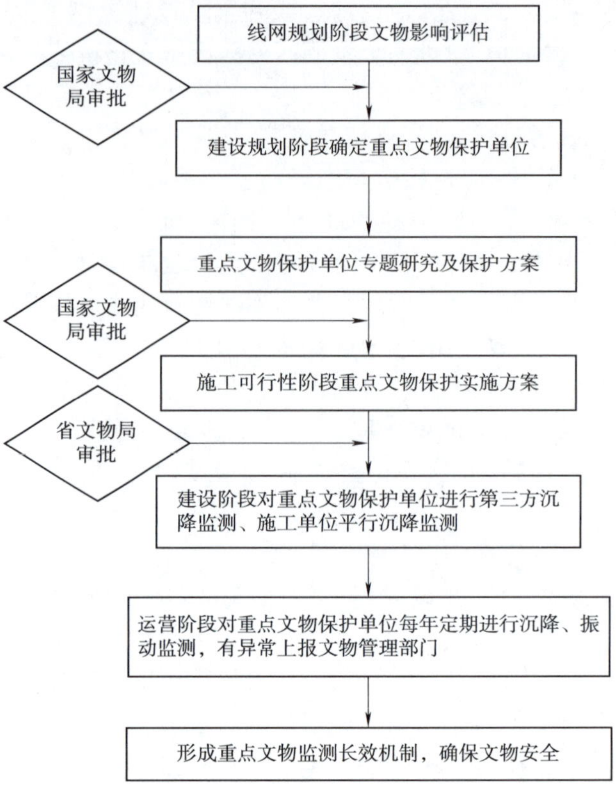

图 20.2　西安轨道交通文物保护体系流程图

西安轨道交通建设过程中严格执行文物保护法的各项规定，依法履行文物保护的职责。2006 年元月，国家文物局批复了《西安市城市快速轨道交通线网 1 号、2 号线项目规划中文物保护的事宜》，原则同意 1 号、2 号线建设项目；2007 年 2 月，国家文物局批复了 2 号线通过钟楼及城墙文物保护方案；2008 年 6 月，陕西省文物局批复了地铁 2 号线穿越钟楼、城墙南门及北门区段文物保护施工图设计方案，地铁 2 号线通过沿线重点文物的方案付诸实施。在西安轨道交通二期建设中，2012 年 9 月国家文物局组织召开了关于西安轨道交通 4 号、5 号、6 号线选线方案的专家审查会；2013 年 2 月，批复了 4 号、5 号线选线方案，并对 6 号线的选线方案指明了方向。2015 年 4 月，国家文物局批复了 4 号线穿越西安城墙和平门文物保护方案；同年 6 月，国家文物局批复了 6 号线选线方案；2018 年 10 月，陕西省文物局批复了 6 号线二期工程涉及西安钟楼、城墙长乐门和安定门、钟楼邮局、新华书店等文物保护单位相关方案。至此到今，西安各线路只要涉及重要文物保护单位的，在规划、工可和实施阶段，均严格按照文物保护法的要求，履行相关的报审程序，确保地铁建设的合法合规。

2. 专题研究、科研攻关体系

对西安轨道交通工程来说，文物单体保护主要体现在两个方面：一是控制建设过程中施工引起的不均匀沉降对文物本体和周边环境造成破坏；二是控制运营过程中振动对文物本体的损伤。这两个问题表现的时间虽然不同，但都必须要在建设前精心研究，制定科学合理的保护方案。国家文物在“关于《西安市城市快速轨道交通二号线通过钟楼及城墙文物保护方案》的批复”（文物保函〔2007〕99 号）中明确要求：要开展地铁建设中盾构施工变形对城墙和钟楼的影响研究及地铁长期运营振动对城墙和钟楼的影响研究及监测工作，确保文物安全。

为了确保地铁建设过程中文物的安全，落实国家文物局、省市文物局关于地铁建设对文物保护的批复意见，自 2007 年以来，西安轨道集团公司委托全国知名的科研院所、高校、设计单位对文物保护方案展开多项专项研究。通过实地调查、理论分析、数值模拟、现场测试、工程监测等全范围、全过程、多方法的细致研究，提出了安全控制标准和若干工程措施，形成了一大批原创性的科研成果。完成专题报告 20 余份,召开专家评审或咨询会10余次,获得了文物保护和工程建设领域专家组的一致好评。经过工程实践表明,前期专题研究报告提出的文物沉降控制指标符合工程实际。施工保护方案采取的保护措施合理有效。经多次监测,沉降和振动控制效果好于预期,满足《古建筑防工业振动技术规范》(GB/T 50452—2008)和国家文物局的相关规定。钟楼、城墙、城门均完好无损。

西安轨道交通建设重视文物保护的科技创新工作,多年来形成的文物保护关键技术不仅为工程的顺利推进提供了科学严谨的技术支撑,而且对行业的科技发展起到了重要的引领作用。

3. 地铁建设不同阶段中文物保护措施体系

经过反复研究和实践,我们确立了在地铁规划、设计、施工及运营过程中确保文物安全的思路和体系。

(1)线网规划阶段的文物保护措施

在地铁线网规划时,首先考虑尽量避开重要遗址和古建筑,同时兼顾客流与文物保护的协调。做到确保遗址的完整性,不影响历史文化名城的风貌;穿越古遗迹的深度要适宜,绝不伤及遗址主体,同时在工程设计和施工中确保古建筑和古遗址的安全。

西安市地铁线位,基本上都避开了周秦汉历代古都遗址及城区、近郊等文物保护单位,如周丰镐遗址、秦阿房宫遗址、秦始皇陵及兵马俑坑、汉长安城、唐大明宫,大雁塔、小雁塔、碑林、清真寺等;也避开了北院门等古城历史街区。西安轨道交通1~6号线线位与重要遗址的避让关系如图20.3所示。

(2)线路设计阶段的文物保护措施

在线位设计时,专门委托文物部门,对地铁沿线进行文物调研和普探,了解线路沿线文物分布情况,确定地下文化层埋深。同时在线路平纵断面设计以及施工工法选择等方面进行了深入研究,从技术角度保证文物的安全。

西安轨道交通线路的规划继承延续了隋唐以来的西安城市棋盘式格局和主要城市轴线,基本上避开了历代古遗址及文物保护单位,线位的规划是合理的。1号、2号、4号线、6号线要从明城墙下和钟鼓楼周边穿越,线位地下部分深度一般在10 m以下,按照古代城墙筑造的习惯和现有护城河的深度(10~12 m),地铁隧道将不会伤及遗址主体。

(3)对重点文物的保护措施

对于具体线位所涉及的重点文物的保护,我们与文物部门一起组成专题组,进行重点研究,制定相关施工沉降及运营振动的控制标准,编制专门的保护方案,采取综合的保护措施,确保文物的长期安全。如2号线过钟楼、南北门,1号线过玉祥门、朝阳门等,4号线过和平门,6号线过东西门、钟楼等。

(4)对施工期间出现的未探明的文物的保护方案

为了防止施工过程中遇到个别未探明文物的遗漏,建立文物保护紧急预案,文物部门技术人员进驻工地,若发现文物,按照紧急预案,及时发掘清理。

(5)地铁运营过程中的文物保护措施

在建设过程中考虑了文物的保护,同时也考虑了运营过程中文物的保护,制定运营期相关技术措施,建立重点文物的变形和振动长期监测体系,以确保运营过程中文物的长期安全。

20.2 文物保护专项设计

20.2.1 考古勘探及发掘

各条线均开展考古调查、勘探和必要的考古发掘,明确地下遗存分布情况,如有发现及时上报文物主管部门。根据地铁文物保护规划的原则和地铁建设的特殊情况,地铁项目的考古勘探对于停车场、车辆段以及地面以上线路部分等范围进行全面勘探;对于下穿的线路部分,主要在各站点出入口等开挖区域进行文物勘探。对于在地下10~20 m以下深度进行的盾构区域(这一深度基本不见有文物古迹埋藏),由于其上多为正在使用的城市道路或建筑物等已无法进行考古勘探,因而也没有纳入西安轨道交通项目考古勘探的工作范围。

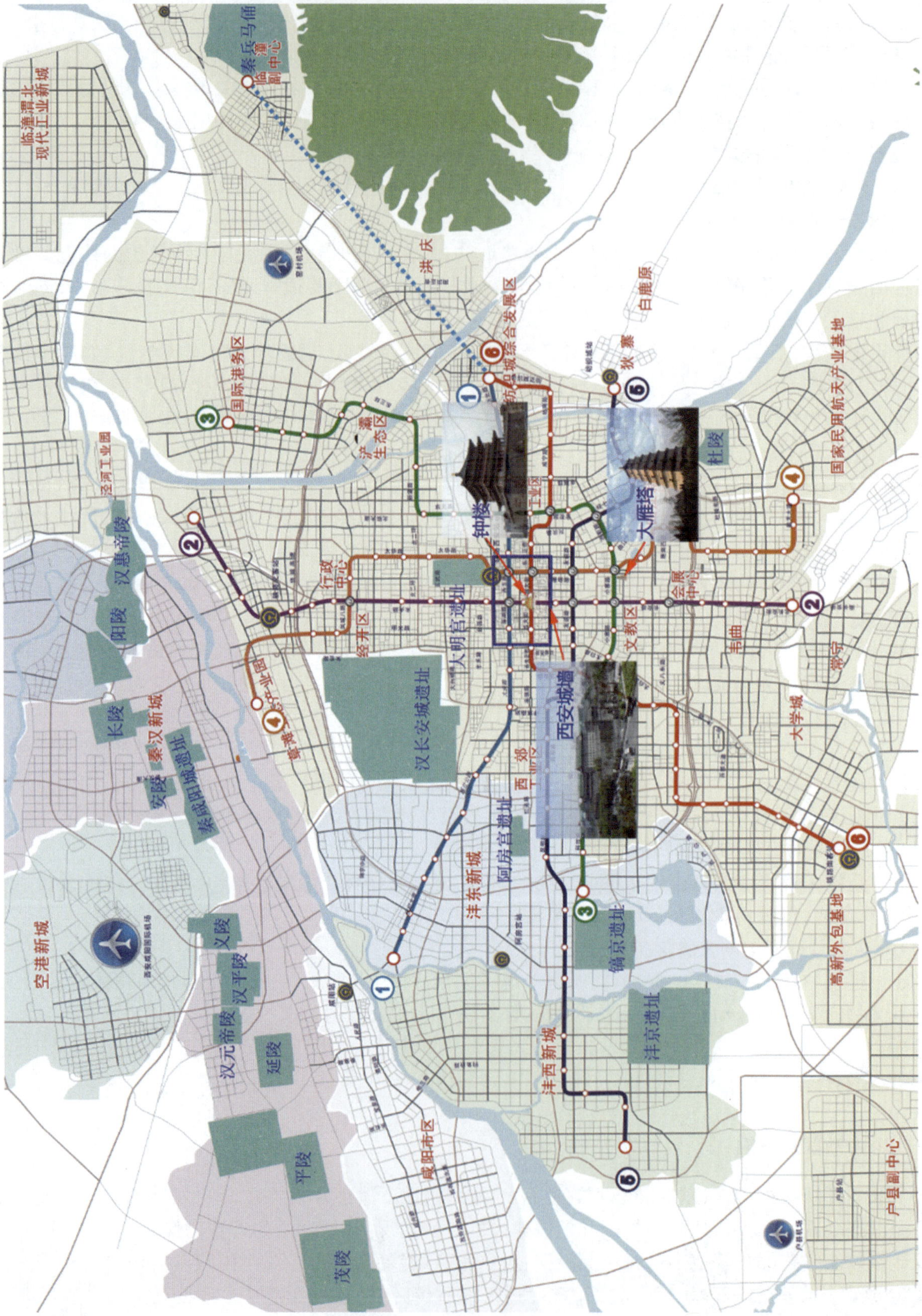

图 20.3　西安轨道交通线位与重要遗址的平面避让示意图

1. 勘探流程

本着既有利于文物保护，又利于基本建设的原则，在地铁项目地面施工范围内进行考古调查和勘探。根据2016年最新出台的《考古勘探工作规范(修改稿)》，考古勘探，采用1 m×1 m梅花孔布法，使用洛阳铲、人工铲探的方法进行勘探；对于重点区域如文物保护单位周边以及古墓分布密集区，还应增加勘探密度，进行重点勘探。基本探清该区域地下文物古迹的分布、文化内涵等基本情况，为建设施工和文物保护提供基本的考古资料，同时为下一步的考古发掘工作提供基础资料。具体的勘探流程如下：

(1)建设单位提供项目平面图及勘探面积汇总(车辆段、停车场等占地面积以及线路各站点开挖围挡区域的面积等)。

(2)考古单位根据勘探地域及面积进行勘探方案编制和费用预算，签订考古勘探合同。

(3)建设单位将地面障碍物(垃圾、植被、建筑物及硬结地面等)清除后，西安市考古院依据合同委托的勘探区域和勘探面积开始组织施工。

(4)现场勘探完工后，西安市考古院组织验收。

(5)在整个线路站点勘探完成后，出具报告书，如因项目审批需要，也可针对个别停车场、车辆段和重要站点出具勘探报告。

(6)根据勘探报告成果，对于未发现古代遗迹的项目，由建设单位负责现场的安全保卫工作，并及时报请文物行政主管部门，履行报批程序。如勘探发现存有古遗迹的项目，需要配合项目建设进行考古发掘的，告知建设方委托具有考古发掘资质的单位按程序进行考古发掘。

2. 发掘流程

勘探完工后，根据提交的考古勘探报告，如发现古遗址、古墓葬等古代文化遗存需要进行考古发掘的，按要求及时进行考古发掘工作。严格按照国家文物局颁布的《田野考古工作规程》进行发掘。如发现有古代遗址，主要采用探方、探沟法发掘，探方规格为10 m×10 m或5 m×5 m；探沟规格为2 m×5 m等。对于古代墓葬，一般采取先发掘墓道、再发掘墓室，采取大揭顶的方法发掘；如遇壁画墓、特大型墓葬或形制独特的古墓葬时则需单独制定文物保护和考古发掘方案，经专家论证比选后再进行发掘。在科学发掘、准确记录、提取资料的同时，做好现场文物保护工作，确保文物安全和人身安全。对于涉及重要考古发现除做好现场的文物保护外，还要加强运用文物考古地理信息系统采集详细精确的地理坐标信息。具体的挖掘流程如下：

(1)根据《勘探报告书》，制定发掘方案及预算。

(2)由发掘项目负责人申请国家文物局《考古发掘执照》。

(3)发掘方案制定完成后，联系建设单位签订发掘协议。

(4)组建考古发掘工作队，严格依照国家文物局颁布的《田野考古工作规程》进行发掘工作。

(5)发掘结束后，由专家组验收，验收完成出具《考古发掘报告书》。

20.2.2 文物本体现状评估

由于文物建筑建造年代、营造方法、形制特点和保存状况各不相同，针对不同的文物建筑的保护方案应该是“把诊问脉、对症下药”。地铁施工前均需先进行重点文物本体现状评估，在此工作基础上制定出有效的保护方案。

陕西省文化遗产研究院在2008年地铁2号线建设前对钟楼本体现状评估的基础上，2014年再次对钟楼开展了本体现状勘测评估工作。第二次评估得出钟楼结构安全，承重结构材质良好，受力正常，未发现新的结构变形。根据《古建筑木结构维护与加固技术规范》(GB 50165—1992)的规定，并结合钟楼的实际情况确定，此建筑结构可靠性鉴定为“Ⅱ类”建筑，地铁2号线运营以来钟楼本体结构稳定。

机械工业勘察设计研究院有限公司采用三维激光扫描、地质雷达、应力波结合必要的钻探等综合手段(工作现场如图20.4所示)，探测出文物建筑地基及结构存在的病害和缺陷，对文物建筑进行综合安全分区，为后期文物保护设计、施工和日常维护提供第一手资料。

（a）西安城墙地质雷达无损探测

（b）西安城墙振动测试

图 20.4 文物本体现状评估研究工作现场

20.2.3 施工变形对文物影响预测评估

建设过程文物保护问题主要考虑工程施工引起的不均匀沉降对文物本体和环境的影响，西安轨道集团组织有关科研、设计、施工单位从变形控制标准、预测评估和实际监测等三个方面进行了深入研究。

1. 沉降变形控制标准

（1）确定依据

①国内外相关控制标准

收集国内外对于类似城墙建筑材料的建筑物沉降变形控制标准（对于土、砖砌体等材料的建筑物以差异沉降为沉降变形控制标准），并收集已建地铁在穿越类似建筑物时的沉降变形控制标准，同时注意到各标准相应土层性质。

国家标准《建筑地基基础设计规范》（GB 50007—2011）规定：对于砌体承重结构应由局部倾斜值控制，在中、低压缩性土层中，局部倾斜控制值为 0.002；在高压缩性土层中，局部倾斜控制值为 0.003。加拿大《岩土工程手册》规定：对于砖石结构住宅，连续结构的最大倾斜控制值为 0.003。日本建筑学会《建筑基础结构设计规范》规定：对于混凝土结构，最大差异沉降控制值为 20 mm。

②地基变形对文物建筑影响的有限元仿真分析

建立有限元数值仿真模型，将隧道—地基—建筑物作为同一个分析系统纳入模型中，研究文物建筑在地铁掘进中地表发生不同量值的“沉降槽”时其变形和应力状态，进而推得文物建筑所承受的屈曲状态，计算推测文物建筑（即夯筑土和外包砖砌体结构体）达到极限状态时对应的沉降槽曲线特征，该沉降槽所测得的最大沉降量就是模型估算出的文物建筑在盾构施工中沉降变形极限值。城墙和钟楼保护范围内地表沉降必须保证在该沉降变形极限值范围内，并考虑到城墙和钟楼的重要文物价值，提出具较高安全储备的沉降变形控制标准。

③现有沉降裂缝发育调查资料

西安城墙和钟楼经过 600 多年的风风雨雨，外包砖砌体和内部夯筑土存在沉降裂缝，调查城墙砌体沉降裂缝发育处局部倾斜实测值，总结实测值与裂缝等级间的相对规律。因裂缝处墙体经历了各种历史变革后，现实测得到的局部倾斜值具有一定误差，但是总体趋势规律是可以参考的，是城墙和钟楼实际发生裂缝的倾斜证据，可作为确定沉降变形控制标准的经验参考。

（2）西安轨道交通穿越文物段沉降变形控制标准

①下穿段控制标准

盾构施工过程中在城墙穿越段地表最大沉降量控制在 −15 ~ +5 mm（“ + ”表示升高，“ − ”表示下沉），局部倾斜不超过 0.001。

②绕行段控制标准

钟楼变形量控制在 −5 ~ +5 mm，局部倾斜不超过 0.0005。

2. 利用数值仿真分析进行预测评估，优化设计方案

（1）建立的沉降计算模型

①模型利用有限元程序进行计算，地层采用实体单元，运用 Mohr- Coulomb 材料模拟；管片采用 shell 单元，衬砌材料按线弹性材料考虑；土体采用 Mohr- Coulomb 屈服准则。

②模型四周边界采用滚轴约束，下表面采用固定约束，上表面采用自由约束。

③根据试验段实测沉降资料修正模型参数，使模型尽可能地符合城墙和钟楼实际情况。

④利用对称性，建立城墙区段半整体模型，具体如图 20. 5、图 20. 6 所示。

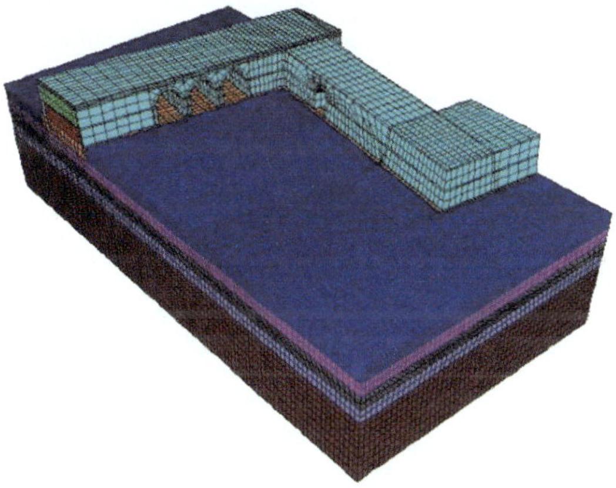

图 20.5 南门区段城墙模型示意图

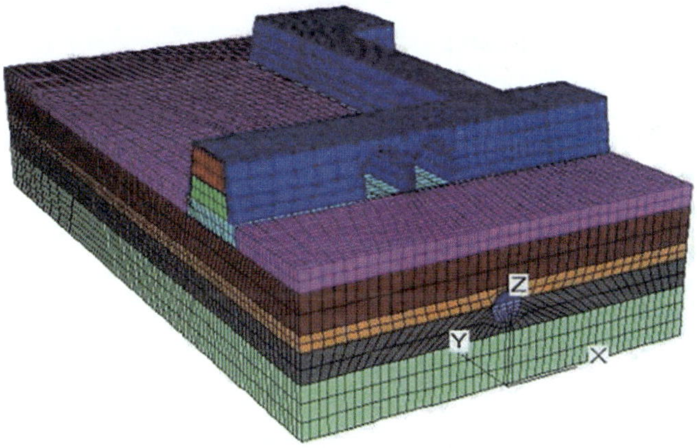

图 20.6 北门区段城墙模型示意图

⑤根据工况要求，对地基加固设计进行科学模拟，反映地基加固前后沉降规律变化。

（2）用模型云图直观反映盾构施工过程中文物建筑各处沉降变形、应力变化规律，科学、直观，并可动态掌握整个盾构掘进全过程沉降云图，从而预测未来施工过程文物建筑变形情况，为盾构的掘进提出建议。

（3）各工况设置符合设计要求，可评价加固设计方案效果，提出设计优化建议。

3. 施工期间实际监测验证

西安轨道集团委托第三监测单位对每一处重点文物进行专项监测（监测现状如图 20. 7 所示），实时掌握盾构施工期间文物的变形数据，及时应对异常情况，确保文物万无一失。同时，将监测结果与前期理论计算结果进行对比，评估理论计算结果的科学性和准确性，用实测结果去校正计算模型参数，为后续类似情况提供预测依据。经比较分析，实际监测结果与理论计算值沉降槽规律基本一致，预测值偏大于实测值。充分表明，前期的预测评估是科学可靠的，施工期间该区域是安全的。

图 20. 7 城墙南门区段监测实景

20.2.4 运营振动对文物影响预测评估

地铁运行产生的振动对文物建筑的动力影响是一个非常复杂的课题,涉及轨道交通工程、岩土工程、结构工程和环境工程等多个学科,与机车参数、地铁的运行速度、轨道结构形式、隧道的结构形式、传播土层的工程地质条件、传播距离、基础埋置形式及建筑物自身的动力特性等诸多因素有关。2007 年 10 月开始,西安轨道集团先后组织了机械工业勘察设计研究院有限公司、北京交通大学等科研单位对西安轨道交通 2 号线穿越永宁门、安远门及绕行钟楼,地铁 1 号线穿越朝阳门、玉祥门,地铁 4 号线穿越和平门,地铁 6 号线穿越长乐门、安定门,地铁 2 号线、6 号线绕穿钟楼分别进行了专题研究,通过仿真数值计算的方法,模拟了不同工况下地铁运营引起文物建筑的振动响应,并根据实际运营振动监测数据不断优化数值模型,综合评估不同避让距离、运行速度、轨道形式和隔振方法等因素对文物建筑振动响应的影响,为地铁减振设计和文物建筑长期保护提供了科学依据。

1. 古建筑振动控制标准

对国内外关于古建筑振动容许标准进行全面的调研,结合国内外标准情况,2 号线评估根据国家文物局在“关于《西安市城市快速轨道交通二号线通过钟楼及城墙文物保护方案》(陕文物字〔2006〕266 号)的批复”(文物保函〔2007〕99 号)中要求:“因地铁振动引起的钟楼、城墙(地面)的垂直振动速度允许最大值建议控制在 0.15 ~0.20 mm/s”的要求,对城墙和钟楼产生的振动响应计算结果进行评估。2008 年,国家标准《古建筑放工业振动技术规范》(GB/T 50452—2008)已经颁布实施,1 号线之后的运营振动评估根据该规范的具体要求执行。

2. 地铁运营振动对文物影响数值模拟计算

通过振源的动力学计算得到的钢弹簧浮置板式道床和普通道床的振动响应,分析振源特征,作为下一个整体模型计算的振动源输入条件,建立隧道 + 地层 + 文物建筑的整体三维模型,模拟不同轨道、减隔振措施、单双线运行、不同车速等工况下,引起文物建筑各处的振动响应值,并通过运营后的振动监测校核和优化数值模型,为类似情况的减隔振设计提供科学依据。

(1)车辆—轨道—浮置板动力学仿真计算模型的建立

简单的浮置板模型可视为由浮置板的质量、弹簧刚度和阻尼系数组成的单自由度振动系统,但是实际上车辆、轨道和浮置板是一个耦合的振动系统,所以,有必要对系统整体进行动力分析。在轮轨系统建模时,对机车车辆系统和轨道结构子系统的种种简化,或多或少会导致模型功能的损失或(和)分析精度的降低。因此,理想的模型应充分考虑各种影响因素,尽可能完整地反映轮轨系统本质,从而使模型具有精度高、功能强的特点,同时又不能使模型过分复杂,以便于计算模型的实施。根据多年来国内外车辆动力学和轨道动力学的研究成果,采用连续分布参数轨道模型而不用简化的等效集总参数轨道模型,更适合复杂问题的定量分析。

已有的研究成果表明,地铁运行速度、轨道减振设计及轨道不平顺是影响振动源计算的主要因素。研究根据不同的运行速度和减振措施共进行 12 种工况的计算,计算工况全面考虑了地铁实际运行中的各种因素对振动源的影响。考虑古城墙及钟楼的振动影响范围,计算中设置了 10 块浮置板,共计 250 m 长浮置板,200 对隔振器,列车全长为 117.12 m。为保证列车在运行到浮置板轨道前列车在普通线路上的充分振动和列车离开最后一个隔振器,因此在浮置板轨道两端分别增加了一段普通线路,计算线路全长为 632.5 m。

通过建立车辆—轨道—浮置板动力学仿真模型,输入地铁车辆、轨道、等参数,得出了不同工况下作用在置板隔振弹簧下的仰拱反力时程曲线和频谱曲线。初步设计的浮置板轨道相对于普通整体道床的仰拱反力减小 35%。该计算结果可作为下一步整体动力计算的输入条件。

(2)建立的三维动力计算模型科学、合理

①采用有限元分析软件建立隧道 + 地层 + 城墙(钟楼)的整体模型计算。地层 + 隧道(包括盾构管片和仰拱) + 城墙(钟楼)整体三维模型,采用实体六面体单元。靠近隧道和防空洞部分网格加密,随着

距离的增加,网格尺寸逐渐加大。在有限元模型四周及底部采用无限元作为边界。钟楼及南门区段城墙模型分别如图 20. 8、图 20. 9 所示。

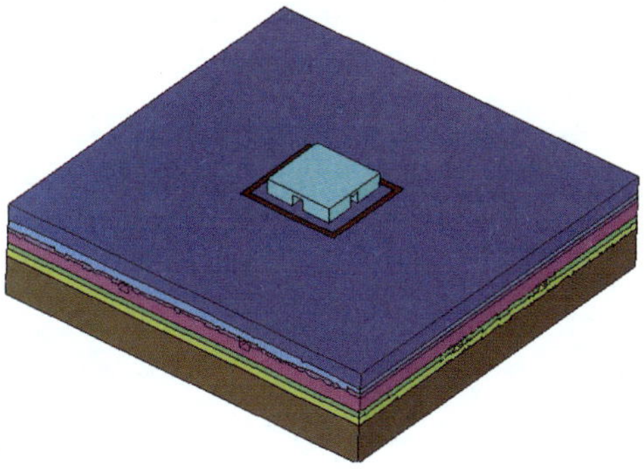

图 20. 8 钟楼模型示意图

图 20. 9 南门区段城墙模型示意图

②城墙上城楼和钟楼木结构比较复杂,考虑到本次计算模型单元数目庞大,为提高计算效率,考虑先将城楼折算成作用在柱子上的集中荷载,作用在城墙上。对“地层 + 隧道(包括盾构管片和仰拱) + 城墙(钟楼)”模型进行整体动力计算,得出城楼处城墙顶面或钟楼台基顶面处的动力响应。

③整体有限元的计算工况中考虑将来列车单线和双向运行,列车速度从低到高分别为 40 km/h、60 km/h、70 km/h 和 80 km/h,考虑了轨道不平顺的因素(±2 mm 和 ±4 mm),钟楼模型计算中有钟楼台基设置围护桩的工况。计算工况全面,模拟了地铁运行中可能出现的各种情况和最不利情况,在保证城墙和钟楼长期安全前提下,为地铁隔振设计和运行方案的优化提供理论支撑。

④计算结果表述方法科学、直观,便于对城墙和钟楼振动影响的评估。用振动速度伪彩图直观反映地铁运行通过城墙和钟楼引起的振动响应的量值和变化规律,表现形式科学、直观,典型的速度伪彩图如图 20. 10 和图 20. 11 所示,既能反映地铁通过城墙和钟楼发生的振动响应最大值,又便于与通车后实际振动监测结果相对比。

研究结果表明,地铁线路采用两侧绕行、加大地铁埋深,采用钢弹簧整体浮置板减振道床,设计运行速度下地铁运行对城墙和钟楼产生的振动影响满足国家文物局和国家规范的限值要求,并提出降低运行速度、保持轨道平顺值和错时运行等运营优化建议,尽可能降低地铁运行产生的振动影响。由于动力有限元模型计算的复杂性和多元性,提出地铁运营后对城墙和钟楼进行系统的振动监测,验证本专题模型计算的合理性和科学性,并为今后类似研究提供宝贵的参考依据和经验。

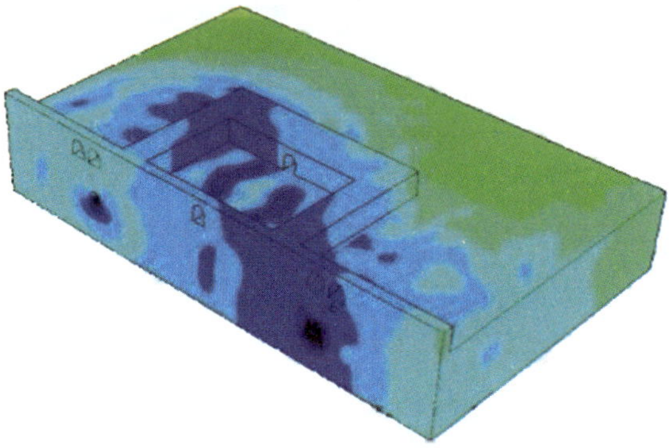

图 20. 10 北门城墙纵断面 z 方向速度伪彩图

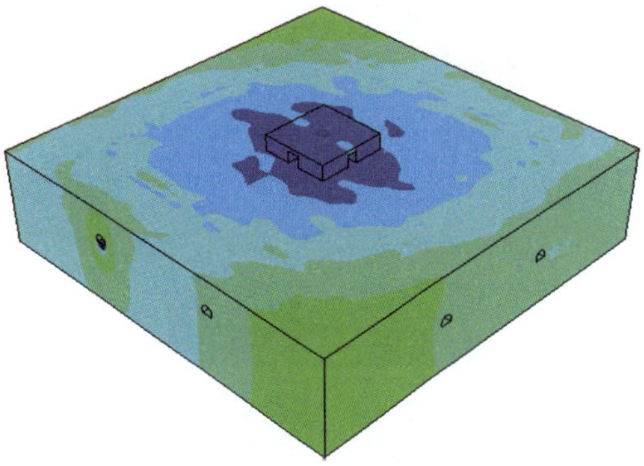

图 20. 11 钟楼地基台基 z 方向速度伪彩图

(3)运营后实际监测验证

地铁 2 号线自 2011 年 9 月通车运行后,为了深入研究地铁 2 号线运行对钟楼、城墙的综合影响,进行了多种工况的振动监测和验证。为了保证监测数据的真实性和可靠性,邀请了《古建筑防工业振动技术规范》(GB/T 50452—2008)主编单位中国五洲工程设计院与机械工业勘察设计研究院共同平行完成。监测工况包括路面交通＋地铁运行(单线和双向交会)综合工况、地铁单独运行工况(单线和双向交会)、单独路面交通(无地铁)工况。特别是为了研究地铁单独运行对钟楼和城墙产生的振动响应,在凌晨2:00～4:00,路面交通最稀少的时候,西安轨道集团在上、下行线专门调度了两辆电客车以不同时速匀速多次通过了钟楼、南门和北门。通过以上监测工作表明,测试结果均满足国家文物局要求和《古建筑防工业振动技术规范》(GB/T 50452—2008)的容许振动标准。钟楼两家平行监测单位的测试数据基本一致,监测数据真实可靠。将实际监测的结果与前期理论计算结果进行对比,评估理论计算结果的科学性和准确性,用实测结果去校正动力计算模型参数,可为今后类似的研究项目提供依据。经比较分析,实际监测结果与理论计算值规律高度吻合,误差在合理的范围之内。

20.2.5 文物保护专项方案

1. 工程加固措施设计理念

(1)空间避让设计

西安轨道交通在穿越文物段,线路设计上尽量远离钟楼台基、城墙等重要文物建筑的变形敏感区。线路在经过钟楼时采取了双绕的线路方案,通过城墙南门、北门从两侧的卷门下通过尽量减轻振动对文物本体的影响;线路尽量加大埋深,避开"文化层"。通过以上平面和剖面上的优化,加大安全距离,以尽可能降低施工变形和运行振动对文物的影响。

(2)通过文物保护区隧道工法选择对环境影响最小、沉降控制最有效的盾构法施工。

(3)预先对钟楼、城墙等重要文物建筑采取隔离桩和预留化学注浆加固处理地基的条件,以便施工中在监测触发预警时及时注浆,减少施工及运营过程中对文物建筑的影响。

(4)对门洞段城墙外皮进行围蔽处理,并用型钢支撑门拱洞作为保护措施。

(5)轨道采取无缝线路,道床采用减振效果最好、国际最先进的钢弹簧浮置板减振道床,减少地铁运营期间对文物的影响。

2. 工程加固措施的确定

西安轨道交通绕行钟楼和穿越城墙时,采用了以下工程措施:

(1)绕行钟楼段。在钟楼台基周边打设隔离桩进行地基加固。

(2)下穿安远门、永宁门段。在隧道平行瓮城段沿瓮城外周打设隔离桩;门洞基础下方预埋袖阀管,跟踪注浆;门洞内侧设置型钢拱架支撑。

(3)下穿玉祥门、朝阳门、和平门段。门洞基础下方预埋袖阀管,跟踪注浆。在门洞内侧增加设置型钢拱架支撑的保护措施。

3. 施工组织

(1)盾构穿绕文物前,对盾构机及后配套设备进行一次系统完整的检查、维修和保养,确保盾构机能够连续作业。

(2)盾构机穿绕文物时,注意控制土压力及掘进速度,保持平稳推进。加强同步注浆,二(多)次补浆须连续进行,做好注浆量和注浆压力双控制。控制盾构姿态,确保管片平面、盾尾间隙。

(3)盾构下穿期间,加强监测频率,及时掌握和通报监测数据。

(4)安全部门设专人对重要文物进行24 h巡查,发现异常情况时,及时上报,启动相关应急预案。

20.2.6 文物保护专项监测

1. 施工期间文物变形监测

为了准确掌握地铁施工期间重点文物变形情况,西安轨道集团针对每一处文物制定了专门的监测方案。对照变形预警值和限值对文物安全进行及时分析和研判,对施工进行信息化指导,确保施工期间文物安全。施工期间监测内容为沉降观测、地下水位观测、墙体裂缝观测、水平位移观测等。监测的周期包括施工前、施工中和施工后，如果在任何阶段监测值异常甚至超过变形限值，应立即停止施工，采取临时文物保护措施，研究产生异常原因。施工阶段沉降监测数据表明，城墙各区段沉降变形量范围为 -11.76 ~ +3.31 mm，钟楼沉降变形量范围为 -3.28 ~ +2.33 mm。施工阶段监测数据均满足沉降控制标准的要求，即：城墙最大沉降量控制在 -15 ~ +5 mm，局部倾斜不超过 0.001；钟楼变形量控制在 -5 ~ +5 mm，局部倾斜不超过 0.000 5。

2. 运营期间文物长期监测

根据国家文物局和省文物局的指示精神、要求，西安轨道集团委托专业单位对地铁运营后城墙及钟楼重点文物保护单位进行了振动、沉降监测，每年定期执行，遇到异常情况随时加密监测频率，目前已经形成对重点文物长期监测机制，确保真实掌握地铁运营给重点文物带来的影响，指导重点文物的保护工作。

振动监测工作：早在地铁 2 号线建设之初 2007 年开始，开展钟楼及城墙的振动监测工作。自 2016 年起已形成监测频率为一年两次的长期监测机制，钟楼先后已完成 11 次监测工作，城墙永宁门、安远门区段已完成 8 次振动监测工作，城墙和平门区段已完成 5 次振动监测工作，城墙朝阳门、玉祥门各完成 2 次。

隧道内振动监测结果：钢弹簧浮置板道床相比普通道床，隧道壁振动加速度幅值明显减少。表明钢弹簧浮置板道床对减小隧道壁、土体及隧道上方敏感建筑物的振动响应有显著效果。

文物本体振动监测结果：历次监测结果表明，地铁运行 + 路面交通综合工况、地铁停运后路面交通工况下，钟楼和城墙的振动响应值均满足国家文物局要求和《古建筑防工业振动技术规范》(GB/T 50452—2008)的容许振动标准，即因地铁振动引起的钟楼、城墙垂直振动速度允许最大值控制在 0.20 mm/s，木结构水平振动控制速度允许值 0.20 mm/s。

沉降监测工作：自 2016 年以来持续开展了城墙永宁门、安远门、朝阳门、玉祥门、和平门的沉降监测工作，至 2019 年底共完成了 6 次。运营阶段监测数据表明，城墙沉降速率缓慢。

20.3 西安轨道交通建设中重点文物保护技术示范

20.3.1 西安轨道交通下穿城墙技术示范

1. 西安城墙南门简介

西安城墙始建于隋、唐(距今 1 400 余年)，是在隋、唐长安城皇城的基础上，明代洪武三年(距今 650 年)又进行向东向北拓建而成，是我国现存历史最悠久、规模最宏大、保存最完整的城垣建筑，1961 年被国务院公布为第一批全国重点文物保护单位。全长 13.74 km，底部宽 16 ~ 18 m，顶部宽 12 ~ 14 m，城墙本体为“砖表土芯”结构。城墙东西南北各有一座城门，东曰长乐门，南曰永宁门，西曰安定门，北曰安远门。南门墙顶建有城楼、箭楼、闸楼。箭楼与城楼之间构成长方形护卫城门的小城——“瓮城”，城墙南门照片如图 20.12 所示。

2. 专题研究

根据《西安市城市快速轨道交通二号线通过钟楼及城墙文物保护方案》的批复(文物保函〔2007〕99 号)的要求，2007 年西安轨道集团委托了专业单位对 2 号线穿越南门区段的盾构施工沉降影响和运行振动影响开展了专题研究。课题组通过实地勘查、理论分析、数值模拟、现场测试等全范围、全过程、多方法的细致研究，形成了《西安城墙南门、北门地铁二号线穿越区段安全评估及西安轨道交通二号线施工沉降与运行振动对城墙影响研究成果报告》，于 2008 年通过了文物、建设专家组的评审会，为下一步的文物保护方案设计提供了科学依据。

3. 保护设计方案

(1)空间避让设计

平面避让：2 号线穿越西安城墙的南门区段，其左右线分别从南门瓮城东西两侧的城门洞下绕行通过，绕行线路曲线半径为 350 m，线路平面尽量远离城墙的变形敏感区。

图 20.12 西安城墙永宁门(南门)

线路纵断面尽量加大埋深,南门区段轨顶标高为 384.7 m(即轨顶埋深约为地表下 20.0 ~ 23.6 m,地下隧道顶埋深约为 17.4 ~ 18.5 m)。2 号线穿越城墙南门的平面示意如图 20.13 所示,剖面示意如图 20.14 所示。

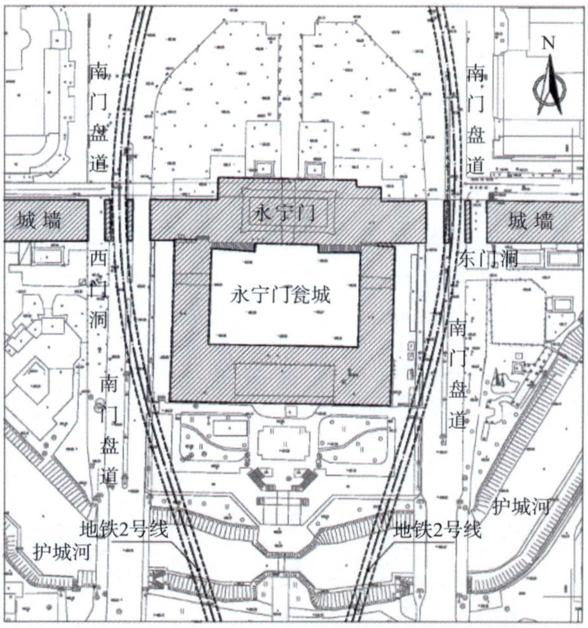

图 20.13 2 号线穿越南门平面示意图

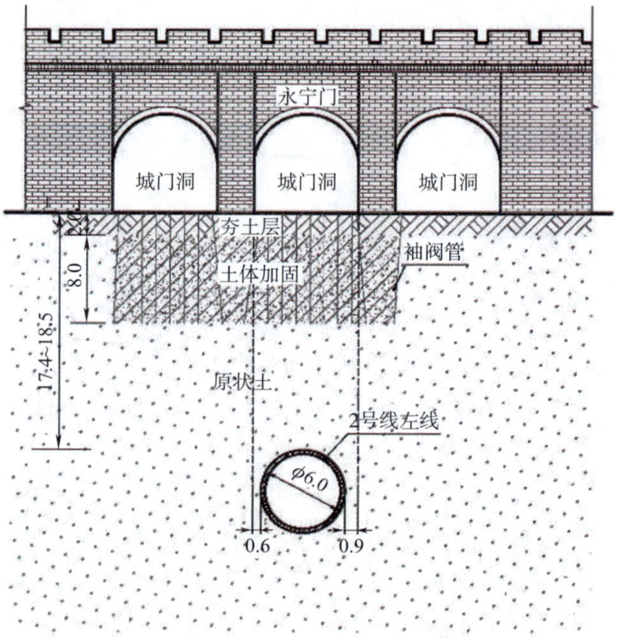

图 20.14 穿越区段加固剖面示意图(单位:m)

(2)加固设计

隔离桩设计:为确保盾构施工过程城墙南门东西两侧距离地铁线较近瓮城墙体的安全,在瓮城两侧距离 5 m 的位置均设置直径 1 m 的钻孔灌注桩,间距 1.4 m,桩长至隧道底 2 m,桩顶设置冠梁。

地基加固:门洞和隧道之间采用了袖阀管注浆加固,加固深度 3 ~ 11 m,有效提高了地基强度和抵抗变形能力。

围蔽加固:施工前,提前对左右两侧城门洞内部进行了围蔽安全防护,架设了钢拱架,现场施工图如图 20.15 所示。

图 20.15 城墙门洞内架设钢拱架施工图

(3)轨道减振设计

为尽量减低运行振动对城墙的影响,地铁通过城墙影响区段采用了世界上最先进的减振技术——钢弹簧浮置板道床,后期监测结果显示,减振效果显著。

4. 监测验证

(1)盾构施工期间的监测:根据专题研究结果,本区段施工期间沉降的限值是 -15 ~ +5 mm("+"表示隆起,"-"表示下沉),预警值为 -12 ~ +4 mm。在盾构施工期间,第三方监测单位对南门设置的沉降观测点进行了监测,施工期间南门区段沉降范围为 -7.78 ~ +3.31 mm,该区段城墙病害没有新的发展。这充分说明,过南门区段的保护方案是可行的,施工过程是可控的。

(2)运营期间的监测:在 2 号线通车运行后,专业监测单位开展了多次沉降和振动的监测工作,自 2016 年起已形成监测频率为一年两次的长期监测机制。截至 2019 年底,南门区段完成了 8 次振动监测,6 次沉降监测。南门共布置了 8 个振动监测点,100 个沉降监测点。历次振动监测结果数据均满足文物保护的相关规范和国家文物局有关批复文件的要求。位于隧道左右线边界两侧 2 倍洞径范围内的沉降监测点沉降速率缓慢。

20.3.2 西安轨道交通绕行钟楼技术示范

1. 西安钟楼简介

钟楼位于西安市的中心,东西南北四条大街的交会处,是西安标志性建筑物。钟楼因楼上悬挂景云钟而得名,始建于明洪武十七年(1384 年),1996 年 11 月 20 日国务院公布钟楼为全国重点文物保护单位。钟楼是明代典型的重檐三滴水四角攒尖木结构建筑,由台基、楼身主体和攒顶三部分构成。从下而上依次为台基基座和楼体两部分。其中台基为正方形,总高 8.5 m,每边长 35.5 m,由砖石砌成,砖表土芯。钟楼楼体建于台基之上,楼身主体为两层木结构,高 27.58 m,平面呈正方形,重檐三层,屋顶覆以绿琉璃瓦,钟楼金顶为金铂薄顶。钟楼主体结构重量主要由中心 4 根、周围 12 根木柱承担。柱下端通过柱脚石搁在砖土基础上,上端各自延伸到屋顶处。木柱之间由梁连接,梁与柱为榫接。

钟楼同时位于西安市东西向、南北向中轴线上,钟楼盘道所连接的东、南、西、北四条大街均为繁华地段,因此交通流量较大。钟楼现状及路面交通如图 20.16 所示。

2. 专题研究

根据《西安市城市快速轨道交通 2 号线通过钟楼及城墙文物保护方案》的批复(文物保函〔2007〕99 号)的要求,2007 年西安轨道集团委托了专业单位对 2 号线绕行西安钟楼的盾构施工沉降影响和运行振动影响开展了专题研究。通过对城墙南门区段专题研究相同的研究思路和方法,形成了《西安地铁二号

图 20.16　钟楼现状及路面交通

线盾构施工沉降与运行振动对钟楼影响安全评估报告》,于 2008 年通过了文物、建设专家组的评审会,为地铁 2 号线绕行钟楼文物保护方案设计提供了科学依据。

关于地铁 6 号线的选线方案存在进城和沿环城南路的争议,方案迟迟不能落地。地铁 2 号线和 6 号线在钟楼形成交会,两条地铁线路和路面交通振动叠加,是否会对钟楼结构长期安全有影响是文物行政部门和专家关心的问题。对此,在 2 号线过钟楼的保护方案中综合考虑了 6 号线的情况,比如隔振桩的深度超过了预计的 6 号线隧道埋深。根据国家文物局文件精神,西安轨道集团组织专业单位对钟楼长期监测、本体健康评估和振动专项影响评估等方面着重开展工作,组织国内各行业知名专家对专题成果进行审查。以上成果表明:2 号线运行以来钟楼振动测试结果满足国家文物局要求和国家标准容许振动标准,地铁运行引起钟楼的振动远小于地面交通引起的振动;相比 2008 年钟楼本体现状评估情况,2014 年评估结果认为钟楼结构安全,2 号线运营以来钟楼本体结构稳定;在实测基础上,对 2 号线、6 号线联合运营引起的钟楼振动模型进行预测计算,最不利运行工况下并叠加路面交通振动,引起的钟楼振动响应可满足规范限值要求。可以预测,在城市公交客流激增的形势下,地铁 6 号线开通运营后,可大幅度减少地面公交车辆,降低钟楼、城墙等文物受到的综合交通振动。历时 3 年,国家文物局于 2015 年 6 月批复同意西安轨道交通 6 号线选线方案,对 6 号线的建设具有重大的意义。

3. 保护设计方案

(1)空间避让设计

平面避让:在线路平面设计上尽量远离钟楼基座的变形敏感区。地铁 2 号线中心距钟楼基座水平距离超过 15 m,绕行段线路曲线半径 600 m。为了尽量减少 6 号线运行于 2 号线振动叠加的影响,拟建的地铁 6 号线线路尽量远离钟楼。6 号线中心距钟楼基座水平距离超过 23 m。6 号线平面绕避方案虽然增加了与 2 号线的换乘距离,但对钟楼保护是有利的。

加大埋深:线路纵断面尽量加大埋深,地铁 2 号线隧道拱顶埋深介于 12.5 ~ 16 m(钟楼中轴线南北各 100 m 范围)。地铁 6 号线隧道拱顶埋深介于 24.4 ~ 25.5 m(钟楼中轴线东西各 100 m 范围)。

地铁 2 号线绕行钟楼的相对位置关系如图 20.17、图 20.18 所示。

(2)加固设计

隔离桩设计:在钟楼基座外围 8 m 左右设一圈隔离桩,桩径 1 m,间距 1.3 m,桩长深入 2 号线隧道底 10 m,对后期建设的 6 号线也起到隔离作用,桩顶设置冠梁。后期监测证明,隔离桩不仅将盾构施工期间的最大沉降量降低到 3.28 mm,而且对后期地铁运行和路面交通振动产生了显著的隔振作用(经监测,围护桩的隔振效果达到 40% 以上)。

(3)轨道减振设计

为尽量降低运行振动对钟楼的影响,地铁绕行钟楼影响区段采用钢弹簧浮置板道床。后期监测结果显示,与普通道床相比各向振动速度幅值可减少70%以上,减振效果显著。

(4)施工工法优化

采用土压平衡盾构法施工,深入研究渣土改良技术,严格控制掘进参数,建立动态风险保护体系。

(5)地下连续墙

6号线实施时钟楼站围护结构选用机械化程度高、整体性及抗渗性优良、止水效果较好的连续墙+内支撑止水方案,靠近文物地段内支撑均采用刚度较大的钢筋混凝土支撑,严格控制周边建(构)筑物变形。

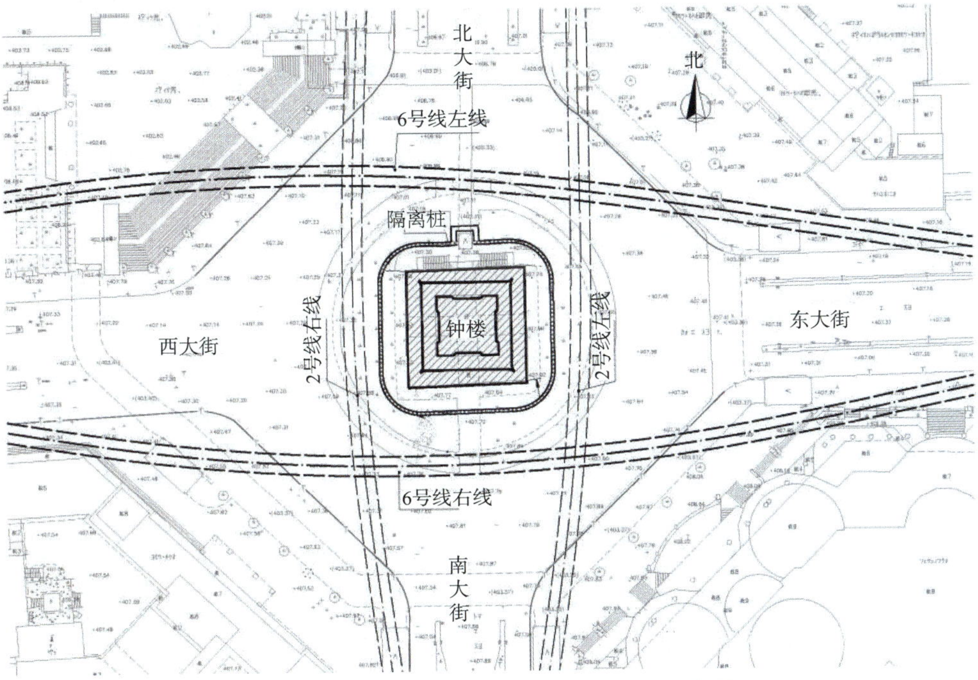

图20.17　2号线、6号线绕行钟楼平面示意图

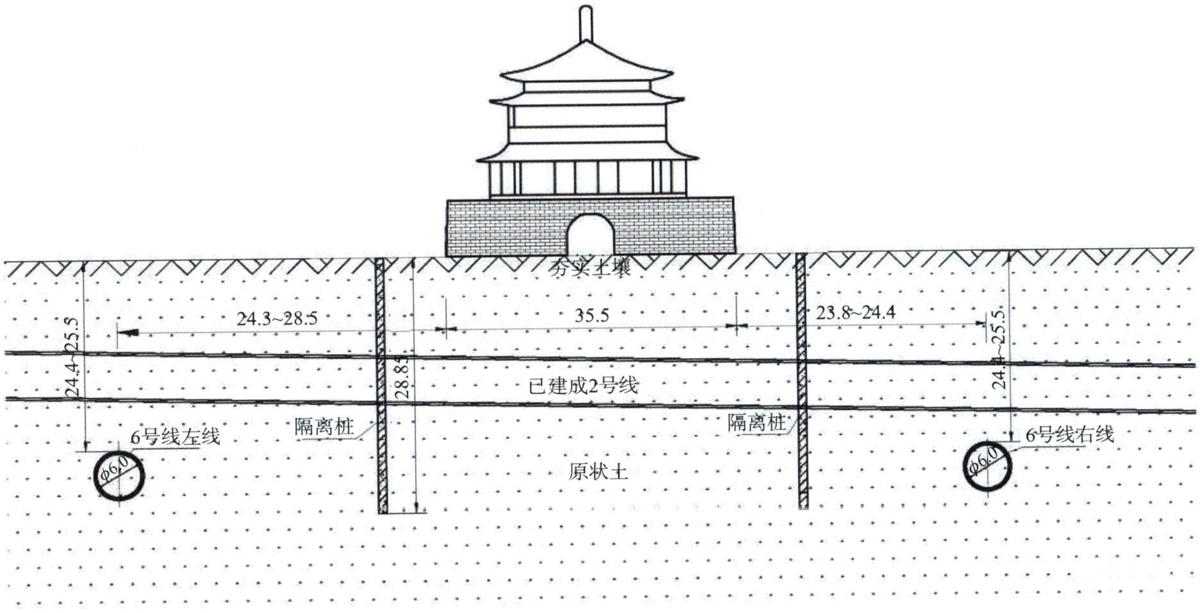

图20.18　2号、6号线绕行钟楼剖面示意图(单位:m)

4. 监测验证

(1)盾构施工期间的监测:本区段施工期间沉降的限值是−5~+5 mm("+"表示隆起,"−"表示下

沉），预警值为 -4 ~ +4 mm。在 2 号线盾构施工期间，钟楼区段最大沉降范围为 -3.28 ~ +2.33 mm，钟楼安全无恙。这充分说明，过钟楼区段的保护方案是可行的，尤其是围绕钟楼基座设置的隔离桩，有效降低了盾构施工引起的变形对钟楼基础的影响。

（2）运营期间的监测：在 2 号线通车运行后，专业监测单位对钟楼开展了多次振动的监测工作，自 2016 年起已形成监测频率为一年两次的长期监测机制。截至 2019 年底，钟楼完成了 11 次振动监测，共布置了 10 个振动监测点。历次振动监测数据均满足文物保护的相关规范和国家文物局有关批复文件的要求。

保护文物功在当代，利在千秋！西安在多年的实际工作中充分尊重文物、心存敬畏如履薄冰；主动保护文物，科学施策一丝不苟。实践证明我们通过严谨、细致、科学、系统的工作，准确掌握地铁建设中文物保护的难点和重点，对症下药，在工程措施有效得当的基础上确保了重点文物的万无一失，真正做到城市建设和文物保护的协调发展，在全国和行业起到了示范引领作用。党的十九大强调，要加强文物保护利用和文化遗产保护传承，推动中华优秀传统文化创造性转化、创新性发展，增强文化自信。文物保护永远在路上。西安轨道集团将始终保持文物保护的战略定位，在今后的建设和运营中将一以贯之文物保护与城市协调发展的理念，为西安的文化遗产传承和国家中心城市建设贡献地铁力量。

第 6 篇

车辆与车辆基地

第21章 车 辆

车辆作为城市轨道交通系统的重要组成部分，是城市轨道交通工程最重要的设备，也是集成多学科技术于一体的复杂机电产品。车辆应满足容量大、安全、快速、美观和节能的要求，并具有先进性、可靠性和实用性。

21.1 城市轨道交通车辆

城市轨道交通车辆主要包括地铁车辆、市域快轨车辆、轻轨车辆、单轨车辆、有轨电车、中低速磁浮交通系统车辆及自动导向轨道系统车辆等。

21.1.1 地铁车辆

地铁车辆是承担单向运能2.5万~7.0万人次/h高大运量的车辆类型，国内车型主要包括A型车、B型车以及L_b型车、A_s型车、A_h型车等，其主要技术规格见表21.1。

表21.1 地铁车辆各类车型主要技术规格

项目名称			A型车	B型车	L_b型车
车辆驱动特征			钢轮/钢轨		钢轮/钢轨
			旋转电机		直线电机
车轴数量			四轴		四轴
车辆轴重(t)			≤17*	≤15*	≤13
车厢基本长度(m)	单司机室车厢		23.6(24.4)	19(19.55)	17.2
	无司机室车厢		22.0(22.8)	19(19.55)	16.84
车辆基本宽度(m)			3.0	2.8	2.8
车辆高度(m)	受流器车	有空调	3.8		≤3.625
		无空调	3.6		—
	受电弓车(落弓高度)		3.81		3.560
	受电弓工作高度		3.9~5.6		—
车内净高(m)			2.10~2.15		≥2.10
地板面高(车门处)(m)			1.13	1.10	0.93
转向架中心距(m)			15.7	12.6	11.14
固定轴距(m)			2.2~2.5	2.2~2.3	1.9~2.0
车轮直径(mm)			ϕ840		ϕ660~ϕ730
每侧车门数(个)			5	4	3
车门宽度(m)			1.3~1.4		1.4
车门高度(m)			≥1.8		1.86
定员	单司机室车厢		310(超员432)	230(超员327)	2117
	其中：座席		56	36	28
	无司机室车厢		310(超员432)	250(超员352)	242
	其中：座席		56	46	32

续上表

项 目 名 称	A 型车	B 型车	L_b 型车
车辆最高速度(km/h)	80、100		90
启动平均加速度(m/s^2)(0~35 km/h)	0.83~1.0		0.95~1.0
常用制动减速度(m/s^2)	1.0		≥1.0
紧急制动减速度(m/s^2)	1.2		≥1.3

* 由于全自动驾驶技术及其他检测技术的发展,地铁列车轴重有所增加,依据系列化中国标准地铁 A、B 型地铁列车技术规格书,A 型车轴重≤17 t,B 型车轴重≤15 t。

L_b 型车是使用直线电机的列车,代表车型为广州地铁 4 号、5 号、6 号线列车及北京地铁首都机场线列车,目前国内新建地铁线路普遍采用 A、B 型地铁列车。

A_s 型车是在标准 A/B 型车的基础上,为适应重庆山地城市坡道多、转弯半径小、车站埋深大等实际情况,通过优化车辆参数和动力配置研制出的一种新车型,具备爬坡能力强、小曲线通过能力好、运量大等特点。车体最大宽度 3 m,最高运行速度 100 km/h。重庆地铁 4 号、5 号、10 号线、环线等采用 As 型车。

A_h 型车是杭州地铁集合了 A 型、B 型车的特点,为更好地应对高峰期的大客流需求,超宽鼓形车体结构,车宽 3.08 m,最高运行速度为 80 km/h,具有强度高、车体轻、能耗低等特点,能够实现出色的运营效率。杭州地铁 5 号、6 号线采用 A_h 型车。

另外,鼓形车指的是地板为普通车宽,车腰部要加宽 0.08 m 的列车。比如鼓形 A 车,就是地板宽 3 m,腰部宽 3.08 m 的 A 型车。

21.1.2 市域快轨车辆

市域快轨车辆是指运用于市域范围,服务于城市与郊区、中心城市与卫星城、重点城镇间等市域交通客流,具有通勤客运服务功能的中、长距离的大运量城市轨道交通车辆,速度等级覆盖 120~160 km/h,主要车型分为市域 A 型、市域 B 型以及市域 D 型,其主要技术规格见表 21.2。

表 21.2 市域快轨车辆各类车型主要技术规格

车辆类型规格参数		市域 A 型		市域 B 型		市域 D 型
供电制式		AC 25 kV	DC 1 500 V	AC 25 kV	DC 1 500 V	AC 25 kV
车体基本长度(m)	无司机室车辆	22.00		19.00		22.00
	单司机室车辆	22.00+Δ		19.00+Δ		22.00+Δ
车体基本宽度(m)		3.00		2.80		3.30
车辆落弓高度(m)		≤4.45	3.81~3.85	≤4.45	3.81~3.85	≤4.64
受电弓工作高度(m)		5.0~5.8	4.2~5.5	5.0~5.8	4.2~5.5	5.15~5.8
车辆总高(m)		≤3.925		≤3.925		≤4.125
车内净高(m)		≥2.10				≥2.10
地板面高(m)		1.13		1.10		1.26 或 1.28
固定轴距(m)		2.50		2.20~2.30		2.50
转向架中心距(m)		15.70		12.60		15.70
每侧车门数(对)		2~5		2~4		2~4
车门宽度(m)		1.3 或 1.4		1.3 或 1.4		1.3 或 1.4
车轮直径(mm)		840 或 860		840		860 或 840
轴重(t)		≤17		≤15		≤17
最高运行速度(km/h)		120~160	120~140	120~160	120~140	120~160

注:Δ 为司机室加长量。

目前国内已开通运营的市域快轨线路中：成都地铁 17 号、18 号线，车型为市域 A 型；温州市域铁路 S1 线，车型为市域 D 型。

21.1.3 轻轨车辆

轻轨车辆一般指承担单向运能 1.0 万 ~3.0 万人次/h 中运量的车辆类型，大多采用 2 ~4 节编组，列车主要车辆类型为 C 型车，其主要技术规格见表 21.3。

表 21.3 轻轨车辆主要技术规格

项目名称		C 型 车
车辆驱动特征		钢轮/钢轨
		旋转电机
车轴数量		四轴
车辆轴重(t)		≤14
车厢基本长度(m)	单司机室车厢	19.49
	无司机室车厢	19.44
车辆基本宽度(m)		2.6
车辆高度(m)	受电弓车(落弓高度)	3.81
	受电弓工作高度	3.99 ~6.45
车内净高(m)		≥2.10
地板面高(车门处)(m)		1.14
转向架中心距(m)		12.6
固定轴距(m)		12.0
车轮直径(mm)		ϕ770 ~ ϕ840
车门数(每侧)(个)		4
车门宽度(m)		1.3 ~1.4
车门高度(m)		≥1.8
定员	单司机室车厢	200
	无司机室车厢	218
车辆最高速度(km/h)		80
启动平均加速度(m/s^2)(0 ~30 km/h)		≥0.9
常用制动减速度(m/s^2)		≥1.0
紧急制动减速度(m/s^2)		≥1.3

目前国内轻轨车辆一般用在单向运能 1.0 万 ~2.5 万人次/h 运量的线路上，如上海地铁 5 号、6 号、8 号线及长春地铁 3 号、4 号、8 号线等。

21.1.4 单轨车辆

单轨车辆按照走行模式和结构，主要分为两类：悬挂式单轨车辆和跨座式单轨车辆。

悬挂式单轨列车悬挂在轨道之下，适用于高峰小时单向断面客流量在 0.5 万 ~2 万人次以下的交通线上。德国、日本有应用实例，国内尚未应用。

跨座式单轨列车跨座在路轨之上，适用于高峰小时单向运能 1.0 万 ~3.0 万人次/h 的中运量轨道交通系统，采用胶轮走行，其特点是爬坡能力强、转弯半径小、噪声低，其主要技术规格见表 21.4。

表 21.4 单轨车辆主要技术规格

项目名称	车辆种类		备注
	M_c 车或 T_c 车	M 车或 T 车	
轨道梁断面尺寸(m)	0.850×1.500(宽×高)		
额定电压(V)	DC 1500		
车钩连接面间长度(m)	15.500	14.600	
车体长度(m)	14.800	13.900	
车顶距轨道梁顶面高度(m)	3.840		空调装置顶面
车辆总高度(m)	5.300		
车体宽度(m)	2.900		
车辆最大宽度(m)	2.980		车门踏板处
客室地板面距轨道梁顶面高度(m)	1.130		
车钩中心距轨道梁顶面高度(mm)	760		
每辆车每侧客车门数(对)	2		
客室门有效开度(m)	≥1.3		
客室门洞高度(m)	≥1.82		
座席人数(人)	32	36	
定员人数(人)	151	165	6 人/m^2
超员人数(人)	211	230	9 人/m^2
车辆自重(t)	≤28.6	≤27.6	
轴重(t)	≤11		
设计最高速度(km/h)	88		
最高运行速度(km/h)	80		
启动加速度(m/s^2)	≥0.83		
紧急制动减速度(m/s^2)	≥1.25		
常用制动减速度(m/s^2)	≥1.1		最高制动位

国内已建成或在建跨座式单轨的城市有重庆、银川、柳州、芜湖等。

21.1.5 有轨电车

现代有轨电车是适用于高峰小时单向运能0.6万~1.0万人次/h的低运量轨道交通系统,其主要技术规格见表21.5。

表 21.5 现代有轨电车主要技术规格

序号	名称		70% 低地板	100% 低地板
1	车辆基本长度(mm)		≤30 000	≤38 000
2	车辆宽度(mm)		2 650 或 2 400	
3	车辆高度(mm)		≤3 700	
4	车内客室通道净高(mm)		高地板区≥2 000	≥2 100
5	客室通道地板面高度(mm)		低地板区≤350	≤350
6	客室侧门口宽度(mm)	双开门	1 300	
		单开门	—	800
7	客室侧门口高度(mm)		≥1 850	
8	转向架固定轴距(mm)		≤1 900	

续上表

序号	名　　称		70% 低地板	100% 低地板
9	车轮直径(mm)		760	680
10	车钩高度( )mm		≤680	
11	受电弓工作高度(m)		3 900 ~ 5 900	
12	轴重(t)		≤11.5	≤12.5
13	载员(人)	定员(站立密度 6 人/m^2)	基本模块≥240	
14		超员(站立密度 8 人/m^2)	超员基本模块≥300	
15	车辆最高运行速度(km/h)		70	
16	最大坡度(‰)		60	

注:1. 采用车载储能设备的有轨电车高度不大于 3 850 mm。
2. 70% 低地板车辆基本模块 3 模块,100% 低地板车辆基本模块 3、4、5 模块。

现代有轨电车主要有两种轮轨制式:钢轮钢轨式和胶轮导轨式。供电制式可分为两种:架空接触网供电和无接触网供电系统。根据转向架制式的不同,地板面可分为高地板、70% 低地板和 100% 低地板。

截至 2021 年 6 月 25 日,国内已有长春、沈阳、大连、北京、天津、青岛、南京、苏州、淮安、上海、武汉、广州、深圳、珠海、成都、佛山、天水、三亚、抚顺、嘉兴 20 座城市开通运营了有轨电车线路。

21.1.6　其他轨道交通车辆

1. 中低速磁浮列车

中低速磁浮列车是利用电磁力抵消地球引力,通过自动控制手段使车体与轨道之间保持一定的间隙(悬浮间隙约为 1 cm),使列车悬浮在轨道上运行。中低速磁悬浮交通是时速 120 km 以下的磁浮交通,是低噪声无碳交通,它虽属于轨道交通但具备与传统轮轨轨道交通不同的特点和优势。车辆长约 16 m,宽 2.8 m,高 3.7 m,单向运能 1.0 万 ~3.0 万人次/h,代表车型为长沙磁浮快线、北京地铁 S1 线等。

2. 自动导向轨道系统车辆

自动导向轨道系统是一种沿着特制的导向装置行驶,车辆运行和车站可以采用计算机进行控制,能实现全自动化和无人驾驶,自动导向轨道系统适用于城市机场线和城市客流相对集中的点对点运输线路,在必要时可以采取中间少停靠站的方式运营。车辆长约 13 m,宽 3 m,代表车型为广州地铁 APM 线、上海地铁浦江线列车等。

3. 其他轨道交通车辆

另外还有窄轨车辆、伞形齿轮直立汽缸式车辆、齿轨车辆等特殊形式的轨道交通车辆。

21.2　车辆采购需求分析

车辆采购需遵循技术先进性、合理性、可操作性、经济性、适用性的原则,走标准化、系列化、模块化、智能化、自主化、简统化之路,结合国内轨道交通车辆的技术特点,综合考虑不同地域环境影响的各种要求。

21.2.1　总体要求

为降低地铁工程建设成本,在满足车辆性能的条件下,车辆国产化率应不低于 70%,牵引系统的国产化率应不低于 40%,车辆主要结构设计寿命按 30 年执行。

目前,国内开通运营的地铁车辆国产化率实际均已远超 70%,甚至达到 100% 国产化率,现正向 100% 自主化发展。

21.2.2　各系统组成及技术要求

1. 车体

车体的使用寿命不低于30年。

车体结构进行轻量化设计，采用整体承载铝合金（或不锈钢）模块化结构或全焊接或部分铆接结构，底架、侧墙、端墙及车顶均承受荷载。车体主结构为大断面挤压铝型材中空结构（或薄壁筒形钢结构）。

车体主结构材料可选用铝合金或不锈钢，两种材料各有优缺点，均能满足城市轨道交通车辆要求。随着环保型水性油漆及贴膜技术的发展，铝合金车体在环保方面的缺点得以弥补。车体材料的选用要站在线网的角度进行选择，便于车体维修的资源共享。

在首尾车底架两端设有防爬装置。两列AW0的列车在相对速度为15～25 km/h之间相撞时，列车两端底架端部能量吸收装置吸收车钩缓冲器无法吸收的剩余能量，最大限度保护司机和旅客乘车安全。

2. 转向架及其辅助

转向架采用无摇枕结构，二系悬挂形式，低合金钢板焊接构架，电机采用全悬挂形式。

转向架包括动车转向架和拖车转向架，由构架、轮对、轴箱、驱动装置、基础制动装置、一系悬挂、二系悬挂、牵引装置、转向架空气管路、转向架电气线路、高度调节装置、轮缘润滑装置（选配）、ATC天线安装、被动式障碍物探测装置（选配）等组成。

转向架构架、轴箱体等主要结构件（不含橡胶关节部件）的使用寿命不低于30年。

3. 车端连接

车端连接包括：列车与列车间的机械连接、空气管路连接、电气车钩连接（可选配），车辆与车辆间的机械连接、空气管路连接、电气连接、贯通道连接。

车端连接系统在确保连接安全、可靠的同时，兼顾联挂和分解的简易方便。

4. 车钩及缓冲装置

列车两端设置半自动车钩（可选配全自动车钩），列车单元内部车辆之间设置半永久车钩，列车单元之间设置半永久车钩（可选配半自动车钩）。

车钩设计时考虑整体车钩、电钩的互换性。

车钩用于传递车辆之间的纵向作用力，其强度能满足列车的各种运用工况，包括坡道救援与其他恶劣工况（如突然施加紧急制动）叠加时，救援列车与被救援列车（被救援列车所有制动缓解）间所产生的作用力。列车连挂速度为3～5 km/h。

5. 贯通道

头车后端和其他车辆两端设置贯通道。贯通道设计时考虑整体、子部件的互换性。

当连挂时，贯通道能够在两节车之间形成一个可靠动作、安全无阻碍的乘客通道，并能在任何运行条行下保持整列车的连接。

6. 牵引系统

牵引系统是由避雷器、主熔断器（可选择配置）、隔离接地开关、高速断路器、充放电电路、线路电抗器、滤波电容、逆变单元、斩波单元、牵引控制单元、各类传感器、制动电阻/过压吸收电阻、牵引电机、接地装置、等效的连接电缆等构成的系统。

牵引系统具备牵引功能、电制动功能、转矩特性输出及控制功能、防后溜功能、保护功能、速度及轮径校验、故障诊断、存储及上传等功能。

牵引系统支持车辆自动驾驶及人工驾驶，满足车辆相关牵引、制动、救援及故障运行等性能要求。

受流系统主要由受电弓或受流器组成。受电弓或受流器从接触网或第三轨集取电流，并将电流传送到车辆电气系统，给列车牵引辅助系统提供电源。

受电弓滑板材料主要经历了纯金属滑板、粉末冶金滑板、纯碳滑板、浸金属碳滑板等发展过程，而近年来，又出现了一些新的受电弓滑板潜在应用材料如Ti_3SiC_2、碳—金属纤维、碳纤维强化的碳复合材料等可供选择。

7. 辅助电气

辅助电气主要由辅助逆变器、充电机、蓄电池组等设备组成。辅助逆变器用于将直流高压转换为交流及直流电压,为车辆交流及直流负载供电,主要为列车客室空调机组、通风装置、空压机、照明等交流负载提供三相和单相交流电源。充电机用于将直流(或交流)高压转换为直流电压,为车辆直流负载供电,主要为车辆控制、照明、蓄电池等负载提供直流电源。

蓄电池作为车辆的重要部件之一,在列车无网压时,蓄电池能够为车辆提供应急电源,保证列车内部紧急照明、外部照明、紧急通风、车载安全设备、广播、显示屏、通信系统等工作至少45 min,并保证列车开关一次车门,在网压恢复时能保证辅助电源启动及应急升弓。除此之外,蓄电池还给应急牵引(可选择配置)和休眠设备提供直流电源。

蓄电池是环保、阻燃、防爆产品且必须满足相关的标准要求。由于钛酸锂的高安全性、高稳定性、长寿命和绿色环保的特点,钛酸锂电池逐渐成为一种新的选择。

8. 网络及辅助监控系统

网络及辅助监控系统主要包括列车控制与监视系统、走行部车载故障诊断系统、车载无线传输系统、烟火报警系统、弓网视频监测系统、障碍物监测系统。

各系统的功能分述如下:

(1)列车控制与监视系统:系统集列车控制、监视、诊断等于一体,采用分布式控制方式,通过列车网络实现对列车的控制。

(2)走行部车载故障诊断系统:采集走行部轴端、齿轮箱、电机等轴承信息,并进行实时解析,实现对异常工况的预警、报警,确保走行部的安全运行。

(3)车载无线传输系统:获取车辆系统信息,并通过无线传输的方式,实现列车数据的实时落地,同时确保信息传输过程及车辆控制网络的安全。

(4)烟火报警系统:通过复合探测器进行烟火检测,由烟火报警控制主机实现整车复合烟火探测器的管理和报警信息上传;车下关键设备箱设置感温电缆,感温电缆状态信号由列车控制与监视系统采集并处理。

(5)弓网视频监测系统:在线监测列车受电弓、接触网在车辆运行过程中的状态,可对拉弧、硬点、弓体完整度等参数进行监测分析,保证车辆的运行安全。

(6)障碍物监测系统:完成列车运行中对前方障碍物的检测识别及防护功能,能够在信号控制系统故障的情况下保持独立探测、预警及防护的能力。

随着轨道交通应用以太网技术的日趋成熟,形成以工业以太网为主的列车车辆总线网络,满足市场不断提升的需求。

9. 供风及制动系统

供风及制动系统主要由制动控制系统、基础制动装置、风源系统等组成。

制动控制系统采用架控控制方式,制动力控制按照整列进行分配;基础制动采用踏面制动;风源系统采用螺杆式、活塞式或无油式空气压缩机和双塔干燥器。

制动系统按照"故障导向安全"的原则进行设计。

制动时优先采用电制动,电制动力不足时空气制动按总制动力的要求补充不足的制动力。

电制动与空气制动能协调配合并平滑转换,常用制动充分利用电制动功能并具有冲击限制。电制动时优先采用再生制动。

制动系统具有常用制动、快速制动、紧急制动、停放制动、保持制动、车轮滑行保护、监测、诊断和故障记录等功能。

制动系统采用冗余设计,实现网络接口冗余,网络、硬线指令冗余,单元内网冗余,主控制动控制冗余。

为了减轻车体重量,降低运营能耗,车辆制动电阻可设置于地面或用其他形式的再生吸能装置所代替，车辆上仅设置过压保护制动电阻。

10. 旅客信息

乘客信息系统由列车广播系统、乘客信息显示系统、视频监控系统组成，系统总线环形千兆以太网络，各子系统间及终端设备（扬声器除外）均采用全数字以太网通信，系统具有结构简单、功能性强、可靠性高的特点。

乘客信息系统设备主要包括司机室控制主机、客室控制主机、广播控制盒、扬声器、显示器、摄像机、紧急报警器、视频分析服务器等，用于实现列车广播、OCC 广播、司机对讲、乘客紧急报警、运行方向和开门侧及站点信息播报、噪声监测、媒体信息播放、摄像机监控视频存储、显示、回放、上传、下载、拥挤度分析、遗留物检测、司机疲劳驾驶分析等功能。

乘客信息系统具有冗余设计，提高了系统的可靠性。

在列车两端各设置一套司机室控制主机，当主端司机室控制主机故障时，从端热备的司机室控制主机可自动接管当前的工作，以保证乘客信息系统正常工作。

系统除了以太网总线外，设置了模拟音频备用总线，在以太网总线故障时通过音频备用总线进行列车广播。

11. 空调系统

每节车厢须配置独立的空调系统。

空调系统主要设备包括空调机组、废排装置、风道、空调控制装置、客室及司机室采暖装置、司机室送风单元等设备。

空调系统设计具有安全可靠、环保节能、易于维护等特点。空调系统进行模块化简统设计，保证零部件的通用性和互换性。空调系统设计有利于保养与维修，最大限度地减小维修工作量、降低维修成本，各主要零部件寿命及检修周期尽可能与车辆检修周期对应。空调系统的设计达到效率最高而能耗最小，低振动和低噪声，从而获得良好的舒适性。

制冷能力：在当地夏季制冷采暖计算温湿度条件下，室内及司机室温度不高于 28 ℃，相对湿度不高于 65%。

制热能力：在当地冬季采暖计算温度条件下，保证客室内温度不低于 10 ℃，司机室温度不低于 14 ℃。

新风量：司机室人均新风量不低于 30 m^3/h，客室人均新风量不低于 10 m^3/h。

送风量：每辆车送风量不低于 10 000 m^3/h。

紧急通风量：每辆车送风量不低于 4 000 m^3/h。

12. 车门系统

客室侧门标准配置为电动塞拉门，电动内藏移门为可选配置。

侧门系统具有良好的安全可靠性，具有集控开关门、重关门、开关门缓冲、障碍检测、故障隔离、车内紧急解锁、车外解锁、故障指示诊断和记录、零速保护、车门旁路、车门关闭锁闭检测等功能。

每辆车每侧设置 5 套（B 型车为 4 套）客室侧门，车门净开宽度 1 400 mm，净开高度不低于 1 860 mm。

13. 车内设施

车辆内的总体布局、装饰具有现代美学观点，色调协调、明快，具有现代气息。

车内设施充分考虑人体工程学设计，考虑老弱病残孕乘客的乘车方便性，设法提高车辆的乘坐舒适性。

车内提供各种安全警示标识及服务性标识，标识齐全、美观，为乘客及车辆操作、维护人员提供必要的警示和提示。

沿客室两侧侧墙设置纵向座椅，座椅的形状设计符合人体工程学的要求，并具有良好的防滑和可清洁性能。

车内用锁具及钥匙进行分级管理，车门、柜门、检查门等部件用锁具统一，以减少钥匙的种类。

车辆内装饰与车体之间的空隙填充隔音隔热材料，针对车辆不同的噪声区域分别进行降噪方案设计，对于需要重点防控的区域采取重点控制。

客室内照明灯具平行纵向布置于车辆顶部两侧，便于检修拆卸。应急照明采用整体降低照度的方式，与正常照明采用统一光源。车内照明灯具的选型充分考虑在车辆上使用的工作环境和方便维修，耐振动、耐冲击和防潮、防尘。

21.2.3 全自动驾驶车辆要求

全自动驾驶车辆还应增加以下设备设施：

(1)司机室布局应满足FAO的需求。设置开放式驾驶室(可设置临时司机隔离区装置)，采用小型化驾驶台、内藏处理。司机操作台设可拆卸防护罩，并具有锁闭功能，以防止非专业人员的误动作。

(2)采用具有冗余的列车总线控制方式，TCMS具备头尾设备冗余控制功能。

车辆牵引/制动应快速响应，牵引力/制动力指令值(司机控制器或信号系统设备产生)的传输双通道冗余结构。

(3)为满足全自动运行功能需求，在司机室区域外侧增加车辆启动提示灯，司机室前端区域增加FAO模式指示灯和RM模式指示灯。

(4)列车前端和尾端配有机械式障碍物探测装置，这种压力敏感装置可以探测障碍物。一旦探测到障碍物，列车触发紧急制动，同时将信息通过TCMS发送至OCC。探测装置亦可采用红外线、雷达、摄像头等多种方式实现。

(5)列车客室内设置紧急手柄，用于乘客应急使用。每节客室至少设置1个紧急手柄。

(6)车辆控制回路增加自动唤醒模块、人工唤醒备用回路、增加唤醒继电器、列车供电接触器等模块。车辆控制电路应采用冗余设计，对关键安全电路进行可靠性分析，降低电路故障对列车运行的影响。

(7)广播系统应采用内部总线控制的模块化冗余结构，内部总线也应冗余。每个模块均具备自检功能，单个模块故障不应造成广播系统的功能失效。

(8)车辆蓄电池容量应满足列车连续休眠多天的供电时间(具体时间根据工程要求设置)。蓄电池应确保端电压足以满足列车正常唤醒和列车所有设备的正常启动，并能投入运营；同时应考虑运营中紧急情况下满足45 min以上的用电需求。

21.2.4 智能运维需求

车辆智能运维系统作为车辆的可选配置，依托列车控制与管理网和车地通信网络，车载无线传输主机实现整车及关键部件运行状态数据采集、数据融合、数据转发，并通过综合承载通道或其他车地通道将车辆数据传输到地面，可供地面运维平台分析和展示。

1. 总体要求

参与智能运维的车载子系统需接入列车以太网，车载智能部件应支持100/1 000 M以太网接口。

通过车载无线传输主机采集整车及关键部件运行状态信息，采集数据包括：列车整车状态信息，包括列车速度、供电状态、运行里程、时钟、列车载重等。

列车关键硬线监测信息：旁路开关状态、重要列车线状态。

子系统状态信息、故障信息、预警信息：包括不限于牵引、制动、辅助电源、走行部、车门、空调等。

综合承载为智能运维提供正线车地无线传输通道，至少应提供1 Mbit/s上传带宽。库内提供至少50 Mbit/s上传带宽。

在正线或库内运行时，车载无线传输系统通过车地无线传输通道将车载状态和故障数据传输到地面智能运维平台，支持丢失数据重发、网络重联机制，保证数据传输连续性及完整性。

2. 牵引、辅助系统

牵引、辅助系统主要由牵引逆变器、辅助逆变器、蓄电池充电机与牵引电机这四大关键子系统构成。

每套牵引系统配备一台牵引控制机箱、每套辅助系统配备一台辅助控制机箱。由于控制需要,每台 TCU 机箱已经采集了其所控制的牵引系统的相关状态信息,包括电压、电流、速度、温度信息,每台 SIV 机箱也采集了其所控制的辅助系统的相关状态信息。通过功能集成于 TCU 或单独设置的故障预测与健康管理(PHM)单元实现诊断及预警功能。

根据零部件重要性程度及故障发生频次,选取牵引系统中的 IGBT、线路接触器、支撑电容、传感器、冷却风机、控制单元基板和牵引电机七种部件进行状态监测和安全评估。

(1)牵引电机

通过提取电机温度异常的特征,当特征与故障特征具有吻合的趋势时,提示电机温度出现异常,应进行电机检查或更换。

(2)电容器

通过提取电容器性能退化特征信息,根据合理的临界阈值对性能退化进行预测,提示现场检查或更换。

(3)传感器

通过监测电机温度,提取电机温度传感器特征,根据合理的阈值对健康状态进行评估,提示现场检修或更换。

通过监测电网电压,提取网压传感器特征信息,根据合理的阈值对健康状态进行评估,提示现场检修或更换。

通过监测中间电流,提取电流传感器特征信息,根据合理的阈值对健康状态进行评估,提示现场检修或更换。

(4)接触器

通过监测接触器状态、中间电流等数据,提取接触器健康状态特征值,根据合理的阈值对健康状态进行评估,提示现场检测或检修。

(5)冷却风机

通过提取风机健康状态特征值,根据合理的阈值对健康状态进行评估,提示现场检测或检修。

(6)IGBT

通过提取 IGBT 模块状态及变流器滤网堵塞特征值,根据合理的阈值对健康状态进行评估,提示现场检测或检修。

(7)控制单元基板

通过监测牵引控制单元基板的温度、运行时间等数据,根据合理的阈值对健康状态进行评估,提示现场检测或检修。

3. 制动系统

制动系统采用微机控制直通式电空制动系统,采用架控方式,每辆车都配有两套电空制动控制装置。制动网络单元内部通过内网进行通信,制动网络单元之间可通过以太网等方式通信。

制动系统故障预测与健康管理功能集成于电子制动控制单元(EBCU)中,经过数据处理后整合相关实时数据经无线传输至地面智能运维平台进行分析。

制动系统智能运维主要功能要求如下:

常用/紧急制动施加/缓解响应时间、整车气密性、空气制动能力、滑行状态、风源供风能力、减速度等系统性能故障预警。

实现制动控制高速开关阀、紧急预控回路、压力传感器相关的故障预警功能。

基于速度实现速度传感器故障预警。

基于油温信号(选配)、空气质量信号(选配)等特征,实现空压机故障预警。

根据制动次数,结合基础制动自身疲劳动作寿命实现故障预警。

根据制动缸压力、速度等特征实现热容量故障预警(选配)。

根据停放缸压力、充排气时间等特征实现停放制动故障预警。

地面智能运维平台根据车载采集数据和现场获取的维修信息、故障预警等信息，完成制动系统部件健康状态评估，输出健康状态评估结论。

4. 车门系统

车门系统主要由门控单元和执行机构组成。智能门控器采集车门智能运维所需的各种运行参数，传输至车载无线传输主机并通过车地无线通道落地，由地面车门分析系统对比该车门的历史数据以及大数据分析，判断车门是否工作于亚健康状态，并给出未来可能出现的故障以及可能引起问题的部件位置和检修范围。

车门系统提供地面分析软件集成于地面智能运维平台，不额外提供服务器，具体项目在设计阶段确定。

车门智能运维主要功能要求如下：

(1)尺寸异常预警

对中尺寸异常：通过电机曲线状态，阻力变化情况，结合数据挖掘等综合判断两门页相对于车的位置偏差超过某一阈值。

V 形尺寸异常：通过电机曲线状态，阻力变化情况，结合数据挖掘等综合判断两门页 V 形尺寸超出设定范围。

(2)缓冲头磨损或止挡磨损

通过监测电机电压、电流、门位置或转速信号，结合数据挖掘等综合判断缓冲头磨损或止挡磨损，提示现场检修或更换。

(3)阻力异常

全程阻力异常：通过监测开关门时间、电流、电压、转速信号，综合判断车门全程阻力异常。

上/下滑道异常：通过监测电机电压、电流、门位置或转速信号，结合数据挖掘等综合判断上/下滑道异常。

(4)开/关门时间异常

通过记录开/关门过程的开始时间与结束时间，当时长超过预警值时，提示开/关门时间异常。

5. 空调系统

客室空调机组安装于车厢的顶部，每辆车安装 2 台独立的机组单元，空调系统主要部件有压缩机、通风机、冷凝风机、电加热器(如有)、蒸发器、冷凝器、变频器、电磁阀、新风阀、回风阀等。

空调系统智能运维功能要求如下：

(1)温湿度监测

对车辆空调进行温度、湿度等实时检测，具有故障自动诊断功能和远程状态监测。

(2)空调压缩机、通风机、冷凝风机状态监测及寿命评估

系统通过安装电流传感器、电压传感器等来监测空调压缩机、风机的工作电流、工作电压等变化情况，进行风机电机轴承、压缩机寿命评估。

(3)空调滤网脏堵

通过加装压差传感器，检测滤网前后压差大小，判断滤网当前的脏堵程度，并以此作为更换或清洗滤网周期的依据。

(4)空调制冷量偏低、制冷剂泄露

通过监测空调高压压力、低压压力，来判断空调制冷量偏低、制冷剂泄露等情况。

6. 走行部系统

走行部监测系统通过安装布置在走行部转向架上的传感器网络，监测轴箱轴承、齿轮箱轴承和牵引电机轴承的温度、振动和冲击三个物理量。通过诊断系统对采集到的数据进行综合分析处理，对走行部状态进行评估。

走行部系统智能运维功能要求如下：

（1）故障诊断功能

车载系统通过复合传感器提取被监测对象的冲击、振动、温度信息，实时监测车辆走行部的运行状态。

在线实时监测对象：轴箱轴承、电机轴承、齿轮箱轴承、齿轮箱齿轮、轮对踏面。

轴承诊断范围：轴承外环、内环及滚动体滚动工作面剥离、擦伤、裂纹、断裂、电蚀，轴承保持架裂纹、断裂、形变。

齿轮诊断范围：裂纹、断齿、崩角、偏磨、剥离、胶合。

踏面诊断范围：踏面剥离、擦伤、多边形、失圆、内部缺陷。

轨道诊断范围：钢轨波磨。

（2）趋势分析功能

根据车载系统保存的多种特征量趋势数据，对诊断对象故障的发展轨迹与规律进行全方位分析，提升诊断的准确率。

轴承、齿轮、踏面趋势数据内容包含冲击趋势、振动趋势、温度趋势。

轨道趋势数据内容包含轮轨振动趋势。

（3）安全评估功能

通过安全评估模型，对诊断对象的安全状态进行评估，给出安全评估等级和维修建议，准确指导列车的运用维修。

安全评估对象包含轴箱轴承、电机轴承、齿轮箱轴承、齿轮、轮对踏面、轨道。

（4）剩余使用里程预测

基于数学模型、故障发展规律统计模型、人工智能模型实现对诊断对象的剩余运营里程预测，准确指导现场开展备品备件、维修计划等工作。

预测对象包含轴箱轴承、电机轴承、齿轮箱轴承、齿轮、轮对踏面。

7. 弓网系统

弓网视频监测系统集成了红外热成像模块、高清视频摄像模块、离线燃弧测量模块、几何参数测量模块、振动补偿装置、接触线磨耗测量模块（选配）、压力硬点检测模块（选配）、接触网零部件巡视模块（选配），实时、在线、高精度非接触式检测接触网几何参数、弓网燃弧参数、弓网温度、弓网状态监视等功能。

实现对以下项点的故障诊断功能：燃弧故障、拉出值故障、导出值故障、接触网存在硬点，受电弓羊角变形或缺失，滑板温度过高，接触网异物入侵。

8. 蓄电池系统

通过蓄电池监控系统监测蓄电池内阻、温度、电压及电流等波形的变化趋势，分析充放电过程，对蓄电池荷电状态、容量、退化特征分析，实现蓄电池状态监测、故障预警、异常定位和基于状态的维护。

蓄电池监控系统智能运维功能要求如下：

（1）蓄电池荷电状态（SOC）

通过监测电池端电压、充放电电流及内阻，当 SOC 值低于一定值时，蓄电池监控系统发出报警。

（2）蓄电池健康状态（SOH）

通过监测标称电压、现电压、内阻，当 SOH 值低于一定值时，意味着电池使用性能的下降，提示更换或报废。

9. TCMS 系统

列车控制与管理系统各挂网部件需具备故障自诊断功能，网络交换机需具备以太网络环回检测，防风暴抑制及检测、以太网络链路通断智能检测等功能。

TCMS 系统智能运维功能要求预测设备工作状态，即：通过对 TCMS 网络上各设备生命信号的变化规律进行统计，若检测到心跳信号变化异常，如乱跳、卡滞等，给予相应的预警提示。

10. 逻辑控制单元(LCU)

逻辑控制单元主要实现各类开关、按钮、继电器状态等信号的采集，需具备采样输入输出电路自诊断、主备冗余智能切换等功能。

LCU 系统智能运维功能要求如下：

(1)输入电路自诊断

周期比对冗余双方采集的输入信号，若不一致，则触发输入通道自检，通过自检序列定位最小可维护单元故障点。自检数据和实际输入数据不相匹配的一组判定为故障。

(2)输出电路自诊断

每块 IO 板卡的输出通道均具备反馈采集功能，通过实时判断冗余双方输出指令及反馈状态的一致性来定位最小可维护单元故障点。

(3)主备冗余智能切换

系统内部采用双冗余总线设计，正常工作时网络数据会同时发送到两路总线。当任意一路总线异常时，触发冗余切换，故障板卡降备，正常板卡升为主用。

11. PIS 系统

乘客信息系统通过采集设备健康状态、功放电路的电压电流信号等数据，实现部件状态监视和故障诊断。

PIS 系统智能运维功能要求如下：

(1)硬盘健康状态监测

通过监测 PIS 系统存储硬盘检测分析状态，确定硬盘驱动器的健康完好状况。当硬盘状态不良时，及时给用户警告，报告潜在的问题，提示需要更换硬盘，以免出现数据丢失。

(2)扬声器异常

通过监测功放设备电压、电流等信号，并与正常范围比较，如超过设定范围，判断扬声器故障或线路接触不良，更换扬声器或检查线路。

(3)电池寿命预测(如有)

根据设备运行时间进行总运行时间计算，与预设寿命比较，在电池寿命到达预警值时，进行更换提示。

12. 烟火报警系统

客室每侧的侧顶板安装 1 个烟温复合探测器，每个电气柜安装 1 个烟温复合探测器实时采集电气柜内烟雾浓度和温度变化值，每个 Tc 车安装 1 台烟火报警控制器，收集各探测器工作状态。

烟火报警系统智能运维功能要求如下：

探测器具备污染度自诊断功能，探测器设置烟雾本底值阈值，当本底值超过此阈值时，探测器发出污染度报警，提示用户维护探测器。结合历史污染度的变化情况，评估给出烟火报警探测器下一次维护的时机。

13. 试验

智能运维系统至少进行车载数据和车地数据通信的型式试验和例行试验。

21.3 新技术应用及展望

随着城市轨道交通事业的蓬勃发展，运营的可靠性、检修维护的便捷性等要求不断提高，从车辆自身出发，不断提升车辆可靠性和对外部环境的适应性，从而缓解运营压力，是车辆新技术不断前进的动力。

21.3.1 列车健康管理系统

列车健康管理系统是一种对列车故障信息收集汇总并加以分析的数据系统总称，其由车载移动云平台、无线局域网(WLAN)数据转储系统和地面大数据中心组成。其工作原理是通过无线传输将车上的故障信息、记录文件等下载到地面大数据中心进行管理与分析，最终实现故障预警功能。真正意义的列车健康管理能实现列车状态信息在线监控，重要故障及时下传到地面数据中心，实现检修维护人员对司乘人员的操作指导等功能，同时在故障分析方面，检修人员在地面大数据中心能方便地查询到相关信息，进而对故障进行系统性分析。技术人员根据故障诊断、故障预警和寿命预测，进行检修维护的计划安排，制定维修处理方案，为后续的检修维护提供数据和技术支持。

21.3.2 列车轻量化技术

列车轻量化技术就是通过新材料、结构优化、系统升级等技术手段对车辆进行减重，碳纤维车体可较同类地铁金属车体减重约35%，对提高运载能力、降低能源消耗、降低全寿命周期成本、减少线路损害等具有重大意义。车体疲劳、模态、耐腐蚀、隔声隔热、尺寸精度和外观质量等断面均优于传统金属车体，对提高车辆安全性、使用寿命、乘坐舒适度等具有重大贡献。对车体、内装、客室设备、车钩、空调、门、转向架等部件结构进行全面优化升级改造，使用玻璃纤维、碳纤维、铝镁合金、高强度钢板等多种新材料代替普通材料，对牵引、辅助系统、空调等系统进行全面升级，系统融合，减少系统组件等，也可减轻车辆重量。

21.3.3 “人文化”车辆环境服务

“人文化”车辆环境服务。新冠肺炎疫情的爆发，对公共交通工具的疫情防控提出要求。车辆系统采取手段提升疫情防控水平，采用全新风的送风模式，安装具有一定杀毒杀菌功能的空气净化装置。在空调机组回风口设阀门，可以在必要时实现切断回风通道，即采用新风经空调机组制冷或加热处理送入车内，多余污浊空气经过排风装置排出车外。采用全新风的送风模式，避免可能带有新冠病毒的空气通过回风再次送入客室。

21.3.4 “智能化”地铁车辆

地铁车辆智能化技术是以全息化列车状态感知和动态数字化运行环境为基础，以信息智能化处理与交互为支撑，具有自检测、自诊断、自决策能力。通过对地铁车辆走行部、车门、牵引/辅助、网络等直接影响行车安全的关键系统设备的运营状态进行实时数据采集，并通过“车—地”多通道无线传输网将数据传输到地面数据中心，结合专家诊断系统故障模型对比分析，从而给出系统预警和报警信息，为车辆运营管理人员提供直观的车辆实时数据，为实现车辆“状态修”提供可行的参考方案。

21.3.5 列车灵活编组运营技术

列车灵活编组运营技术就是根据运营线路全日和全年的不同客流变化情况，高峰小时或旅游旺季开行大编组列车，平峰期或旅游淡季开行小编组列车，在满足运能需求的前提下，既保证列车满载率，同时又能提高服务水平，还可在一定程度上节省运营成本。列车灵活编组运营技术与列车编组、列车控制、安全门系统、信号系统控制、运营管理等密切相关。列车灵活编组运营对客流变化较大的城市轨道交通市域旅游线路具有重要意义。

21.3.6 永磁牵引系统

相比交流异步牵引系统，永磁同步牵引系统具有高功率密度、高效率、高功率因数和低噪声、轻量化等显著优势。永磁牵引系统应用于轨道交通车辆牵引，可以提高牵引功率、节能降耗、减少维护量、降低全寿命周期成本。在节能方面，永磁牵引系统的平均节能率超过30%。在降噪方面，永磁牵引系统噪声更小,低速段更为明显,其中 0 ~ 1 900 r/min 平均降低 5.5 dB(A),可有效提升乘客的舒适度。在轻量化方面,永磁电机比异步电机轻了 110 kg,可有效减少空间占比和能耗比。永磁牵引系统目前被业界公认是轨道交通车辆牵引系统下一代新技术的发展方向。

21.3.7 基于以太网技术的列车网络控制

随着最终用户对列车网络控制系统性能要求的提高,乘客信息传输、在线视频监控和远程数据服务等功能需要列车网络控制系统具有较高的实时性和较好的可维护性,并能将列车实时数据传输到远程控制中心进行监控和维护,现有列车网络应用的现场总线无法满足上述要求,随着轨道交通应用以太网技术的日趋成熟,吸引越来越多的厂商致力于开发高效、高扩展性及高智能的以太网系列产品,使以太网能够全面替代现有的车辆总线,形成以工业以太网为主的列车车辆总线网络,以满足市场不断提升的需求。

21.3.8 列车振动、噪声主动控制技术

振动、噪声主动控制是近年来迅速发展起来的振动、噪声控制方法。振动主动控制是指在振动控制过程中,根据所检测到的振动信号,应用一定的控制策略,经过实时计算,进而驱动作动器对控制目标施加一定的影响,达到抑制或消除振动的目的。主动降噪的原理并不复杂,在收集噪声声波信息之后,计算出方向声波,播放,抵消外接噪声即可。主动降噪难点在于其中涉及算法、处理器、内部电路的设计,并且和实际环境采样有密切关系。城市轨道交通车辆在运营中不可避免地要产生振动、噪声,对司机、乘客以及周边的行人、居民产生或多或少的影响,有针对性的寻求降低、衰减振动、噪声的措施和途径,对现存的振动、噪声进行防护,最大限度地降低对人体造成的影响,特别是司机室降噪,改善司机作业环境。

第22章　车辆基地规划及工艺设计

车辆基地一般由车辆段、综合维修中心、材料总库和职工技术培训中心等组成。其规划及工艺设计涵盖了车辆基地功能定位、规划与选址、规模与资源共享、总图与分间图工艺设计、设备选型等。

22.1　车辆基地的功能与分类

车辆基地是地铁运营的后方保障基地，由多种功能组成，其功能与分类应站在线网层次进行研究，充分考虑各线车辆基地的建设时序与资源共享，确定车辆基地的功能定位与分类。

22.1.1　车辆基地的功能

车辆基地一般包括车辆段（停车场）、综合维修中心、物资总库、培训中心和其他生产、生活、办公等配套设施。其功能一般包括：

（1）车辆停放及日常保养功能：车辆的停放和管理，司乘人员每日出、退勤前的技术交接，车辆的日常保养及一般性临时故障处理等。

（2）车辆检修功能：依据车辆的检修周期，定期完成对车辆的计划性修理。

（3）列车救援功能：列车发生事故（如脱轨、颠覆）或接触网（接触轨）中断供电时，能迅速出动救援设备起复车辆，或将列车牵引至邻近车站或车辆段，并排除线路故障，恢复行车秩序。

（4）设备维修功能：对各系统，包括供电、环控、通信、信号、给排水、自动扶梯等机电设备，以及房屋建筑、轨道、隧道、桥涵、车站等建筑物进行巡检、维护保养和在线检修工作。

（5）材料供应功能：负责各系统在运营过程中所需各种材料、设备器材、备品备件、劳保用品以及其他物资的采购、储存、保管和供应工作。

（6）职工培训功能：负责组织和管理职工的技术教育和培训工作。

（7）轨道交通线网要求的其他功能。

22.1.2　车辆基地的分类

根据车辆基地车辆修程不同，车辆基地分为大、架修车辆基地，定修车辆基地和停车场。

22.2　车辆基地规划与选址

车辆基地的规划与选址对工程投资及后期线路运营有着重大的影响。做好规划与选址工作，既可以节省工程投资，便于运营服务，也方便职工生活。车辆基地规划与选址主要工作在线网规划阶段完成，并在建设规划阶段落实。

22.2.1　车辆基地规划

（1）车辆基地规划应贯彻节约、集约用地的方针，布局应坚持资源共享的原则。

（2）车辆基地规划应统筹确定车辆基地的功能、规模和布局。

（3）车辆基地应结合线路特征、用地条件和沿线土地使用功能统一规划布局，合理确定车辆基地选址。同一层次线网的车辆制式宜保持一致,不同线路相互邻近的车辆基地宜统一选址。

(4)车辆基地用地范围宜避开工程地质及水文地质不良地段,用地位置应靠近线路,并应有利于与城市道路连接及出入线布置,出入线长度不宜超过1.5 km,用地面积应满足功能和布置的要求,为远景发展预留弹性。

(5)线网中相同车型线路的车辆大修和架修应统筹规划,集中设置综合维修基地,通过配置必要的联络线实现多线共用一个综合维修基地。一个综合维修基地服务的线路规模宜为80~120 km。

(6)一条城市轨道交通线路应设一处车辆段,当车辆段至线路另一端起终点距离普线超过20 km,快线超过30 km时,宜增设停车场;对于超长线路宜设置一处车辆段和多处停车场,每处车辆段或停车场的停车规模不宜超过60列。

(7)车辆段应设试车线,其长度应满足列车调试运行性能试验要求,当用地长度不足时,试车线长度可按中速运行试验要求确定。大、架修车辆基地试车线应按满足列车调试运行性能试验要求设置。

22.2.2 车辆基地选址

车辆基地选址应符合下列要求:

(1)用地应与城市总体规划协调一致,符合城市土地利用规划,选址不得占用基本农田。

(2)应有良好的接轨条件。

(3)用地面积应满足功能和布置的要求,并应具有远期发展余地。

(4)应具有良好的自然排水条件。

(5)应便于城市电力、给排水及各种管线的引入和城市道路的连接。

(6)宜避开工程地质和水文地质不良的地段。

西安地铁车辆基地选址一般遇到的不良工程地质是地裂缝,选址时应尽量避开。无法避开时,应根据现行标准《建筑抗震设计规范》(GB 50011)等相关规定,做好建(构)筑物的避让及补强工作。

车辆基地选址遇到遗址、遗迹时,应避开。

22.3 车辆基地设计原则与内容

车辆基地设计时,应根据线路技术特征,综合考虑轨道交通线网中车辆基地的布局,以及既有和在建车辆基地的能力,确定本次设计车辆基地的功能和在城市线网中的作用。在充分利用所选段址的地形地貌和周围环境的基础上,以确保修车质量和生产安全、满足工艺要求为前提,以努力提高作业效率、改善劳动条件、节省基建投资、降低生产成本、获取最佳综合效益为目的。

22.3.1 车辆基地设计原则

(1)确定车辆基地的定位。根据线网规划及线路建设时序确定其为大、架修车辆基地,定修车辆基地或停车场。

(2)车辆基地设计,应贯彻节约用地、节约能源和资源的方针。

(3)车辆基地的选址应有规划审查意见。

(4)明确车辆检修制度及检修作业方式。现阶段检修制度一般采用预防性计划修;检修作业方式采用以互换修为主,现车修为辅的检修作业方式。

(5)车辆基地的设计考虑初期、近期、远期相结合,车辆配置按初期运营需要配备;主要设备、设施按近期规模设计;按远期规模统一规划。

(6)车辆基地的站场股道、房屋建筑和机电设备等按近期生产需要设计;用地范围按远期规模确定。

(7)出入段场线及咽喉的布置,应满足出入段能力的需要,并尽量缩短列车出入段时的空走距离。

(8)股道的配置应满足各种生产功能的要求,力求布置顺畅,避免车辆在段内迂回运行或互相干扰,尽量缩短列车在段内的空走距离。

(9)房屋及设备的布置应根据检修作业和生产性质,按系统布置,同类房屋尽量合建,并综合考虑防火、道路、管道敷设及绿化、环保等要求,力求布置齐整、紧凑、合理,为安全作业、文明生产创造条件。

(10)车辆基地设计应有完善的消防设施。总平面布置,房屋设计和材料、设备的选用等应符合现行标准《建筑设计防火规范》(GB 50016)的有关规定。

(11)技术教育和培训工作由线网性培训中心承担,一个地铁系统应只设一个培训中心,需要时经论证可对培训中心补强或增设第二培训中心。

(12)车辆基地的设计应符合现行标准《地铁设计规范》(GB 50157)和其他有关标准的要求。各专业的设计,除应符合招标技术要求外,还应符合本线使用的车辆限界要求,以及有关技术标准。

(13)车辆基地设计应对所产生的废气、废液、废渣和噪声等进行综合治理,并应符合国家现行相关标准的规定。环境保护设施应与主体工程同时设计、同时施工、同时投产。

(14)车辆基地设计,应遵循技术成熟、安全可靠、综合技术先进、经济实用的原则。

(15)综合基地的设计,不考虑设备和系统的大、中修,只考虑小修及在线维护、保养、巡检、更换性维修及事故抢修。

(16)总图设计应与周围环境相协调,并能满足地铁系统功能要求。

(17)系统和机电设备选型,应采用满足功能要求、技术经济合理的成熟产品,并应考虑标准化、系列化和立足于国内生产。

(18)车辆基地设计涉及既有河道、水利设施,又有道路、规划道路及重要管线迁改时,应取得水利、水务及市政相关部门的认可,相关迁改设施应与本工程同时施工。

(19)车辆基地设计应积极采用新技术、新工艺、新材料、新设备,积极推行车辆运用检修设备的国产化,有选择地引进国外先进技术和关键设备。设备机具宜采用国家标准系列产品,专用设备宜采用标准设备或技术成熟的非标设备,其中涉及人身、行车安全的,须经过有关部门的鉴定批准方可使用。

(20)车辆基地应具有外来物资、设备及新车进入的运输条件,有条件时应设连接国家铁路专用线;车辆基地内应有运输、消防道路,并应有不少于两个与外界道路相连通的出入口。运输道路、消防道路与线路设有平交道时,应在道口前安装安全警示标识及限高、限载标识牌。

(21)车辆基地需进行物业开发时,应明确开发内容、性质和规模。总平面布置应在保证车辆基地功能和规模的基础上,对车辆基地的各项设备、设施与物业开发的内容进行统一规划,并应结合车辆基地内外道路的合理衔接及相关市政配套设施的规划,进行技术经济比较和效益分析。

22.3.2 车辆基地设计内容

(1)车辆基地红线范围内原有道路、水系改造设计。

(2)车辆基地(不含供电、通信、信号、AFC等系统的维修车间)的工艺设计。

(3)车辆基地范围内房屋建筑、室外构筑物设计,以及预埋件和预留孔洞设计。

(4)车辆基地范围内的站场线路(不含轨道)、路基(含软土地基处理)、道路、站场土石方、桥涵(含出入段线桥),以及给排水和水消防系统等的工程设计。

(5)车辆基地范围内的生产、生活、办公房屋通风及空调系统工程设计。

(6)车辆基地范围内的低压配电(动力和照明)系统工程设计。

(7)车辆基地围墙范围内的绿化规划设计。

(8)车辆基地的管线综合设计,特殊电缆沟、电缆井的结构设计。

(9)车辆基地项目的工程筹划设计及概算。

(10)负责与相关专业的接口设计及协调配合。

(11)车辆基地设计不包括系统部分的工程设计,即不包括通信系统、信号系统、主变电所系统、供电系统(与低压配电的接口以动力变压器0.4 kV低压端子为界)、自动售检票系统、轨道系统、设备监控系统、FAS与门禁系统的设计,也不包括行车组织、限界白蚁防治等专业的设计。

22.4 车辆基地规模与资源共享

车辆基地规模的确定,是车辆基地设计的核心。合理的确定与分配车辆基地规模是保障后期运营的充分条件;车辆基地资源共享,应是线网层次的专题。应对车辆选型、车辆维修资源、列车救援资源、线网工程车辆、线网机加工设备及培训中心资源等方面进行研究,充分利用既有社会资源,节约工程投资。

22.4.1 车辆基地规模

车辆基地规模包括车辆基地规模计算和车辆基地规模分析与确定。

1. 车辆基地规模计算

(1)运用车数确定

运用车数根据客流预测、线路长度、最高行车密度和最小行车间隔、车型选择及列车编组、列车交路、旅行速度、列车折返时间等确定。

(2)备用车数确定

备用车主要是指在轨道交通列车发生临时故障时,作为储备列车投入正线使用的车辆,其数量的确定要考虑每日列车发生故障的概率和当列车发生故障时能尽快地调整运行图恢复正常运营秩序等因素,一般按运用车数的10%确定。

(3)检修车数确定

检修车是指因检修需要而退出正常运营的车辆,其数量由轨道交通列车的检修修程、检修周期和列车的走行公里等因素,综合考虑检修制度及检修作业方式确定。

①车辆检修制度

车辆检修根据目的不同主要分为两大类:预防性维修和故障维修。

(a)预防性维修

预防性维修是在故障率没有超过事先确定的指标之前,为了限制故障的产生而对设备采取的维修措施。

预防性维修的计划是根据车辆制造者所提供的基础信息来确定的,但同时它也必须与设备当时的运转情况相适应。如果系统的可靠性比较高,那么维修的周期可以相对延长,反之则要相对缩短维修周期。具体可以分为以下两种形式:

计划修:根据事先确定的计划,当达到事先确定的时间周期或者车辆运行公里数时,对相关设备进行的检查和处理。目前地铁车辆计划修主要包括日检修、双周检、半年检、年检、架修、大修等修程。

状态修:在对设备进行检测的基础上,一旦某一参数超过了事先确定的限定警戒值,则需要介入维修;根据参数的变化趋势情况对设备进行检修,同样也是在对设备进行检测的基础上进行。

状态修是预知维修发展的高级阶段。它是一种以设备技术状态为基础的预防维修方式。它根据设备的日常点检、定期检查、连续监测和故障诊断提供信息,经过统计分析和数据处理,来判断设备的劣化程度,或由维修人员根据参数的变化趋势或幅值变化做出判断、并在故障之前有计划地进行适当的修理。

状态修是针对车辆现状进行必要的维修。与计划修相比,状态修没有明确和固定的检修计划,每次修理的作业范围和工作量都是随机的。发现车辆部件有故障就进行修理。这种检修制度要求管理人员、维修人员都应具有较高的素质,维修手段也具有极高的科技含量,相比于计划修,状态修的工作量和修车成本大大降低。状态修是检修体制的一种改革,是检修体制的发展方向。

(b)故障维修

故障维修是在某个部件出现故障之后所采取的维修方式,即临修。

故障维修的工作负荷一般是无法预计和评价的,总是由使用者(运营者)发现故障之后报告,展开维修。故障维修可以是彻底维修,也可以是临时性的维修,设备在临时维修之后仍然可以投入运营,并等待彻底维修。在这些不同维修程序结束后,设备恢复可使用状态后投入正常运营。在故障维修中,目前通过换件快速处理故障,维修一般是在各线车辆段或停车场进行。

②车辆检修修程及内容

检修修程和周期应按配置车型确定。城市或市域A、B型车辆修程宜分为列检、双周检、三月检、定修、架修和大修,市域D型车辆修程宜分为一、二、三、四、五级修。

大修:对车辆包括车体在内进行全面的分解、检查及整修,结合技术改造对部分系统进行全面的更换,对车辆各系统进行全面检测、调试和试验。

架修:对车辆重要部件,特别是走行部进行分解,全面检查、修理,并更换部分部件,对车辆各系统进行全面检测、调试及试验。

定修:主要进行车辆的各系统状态检查、检测,各部件全面检查、清洁、润滑,以及部分部件的修理和列车的调试。

三月检:主要进行车辆的重点部件及系统状态检查,部件清洁、润滑,更换磨耗件。

双周检:主要对易损件和磨耗件进行检查,部分部件清洁、润滑。

列检:主要对与列车行车安全相关的部分进行日常性技术检查。

③车辆检修作业方式

车辆的检修作业方式主要有现车修和互换修两种。

现车修是将待修车辆的零部件,经过修理消除其缺陷后,仍安装在原车上。这种作业方式,除报废零部件需更换外,其他零部件均需等待修理后,装回原车。其优点是可以减少零部件储备的数量,缺点是常因等待零部件的检修而延长了库停时间。

互换修是指将待修车上需要修理或报废的零部件,用备用零部件或已修好的零部件更换,替换下来需要修理的零部件,经修理、测试合格后,作为备品再装在下批待修车辆上。其优点是最大限度地缩短停修时间,提高了列车利用率及修车质量。缺点是要求有足够多的备用零部件。

国内目前的实际情况是:从提高修车质量、提升列车运用率出发,采用以零部件互换修为主,部分零部件现车修为辅的车辆检修作业方式,在条件具备时,逐步扩大互换修的范围。

④车辆检修修程和检修周期

设计时,城市轨道交通车辆检修和检修周期一般参照《地铁设计规范》(GB 50157—2013),见表22.1。市域轨道交通车辆检修和检修周期一般参照《市域快速轨道交通设计规范》(T/CCES 2—2017),见表22.2和表22.3。

表22.1 城市轨道交通车辆检修修程和检修周期

类　别	检修修程	日常维修和定期检修周期指标		检修时间(d)
		走行里程(万km)	时间间隔	
定期检修	大修	120	10年	35
	架修	60	5年	20
	定修	15	1.25年	7
日常维修	三月检	3	3月	2
	双周检	0.5	0.5月	0.5
	列检	—	1d或2d	—

表 22.2 市域轨道交通 A/B 型车辆检修修程和检修周期

类 别	检修修程	日常维修和定期检修周期指标		检修时间(d)
		走行里程(万 km)	时间间隔	
定期检修	大修	120 ~ 150	8 ~ 10 年	35
	架修	60 ~ 75	4 ~ 5 年	20
	定修	15 ~ 20	1 ~ 1.25 年	8
日常维修	三月检	3 ~ 4	3 月	2
	双周检	0.5 ~ 0.6	0.5 月	0.5
	列检	—	1 d 或 2 d	—

表 22.3 市域轨道交通 D 型车辆检修修程和检修周期

类 别	检修修程	日常维修和定期检修周期指标		检修时间(d)
		走行里程(万 km)	时间间隔	
定期检修	五级修	180 ~ 240	12 年	45
	四级修	90 ~ 120	6 年	35
	三级修	45 ~ 60	3 年	15
日常维修	二级修	15 ~ 20	1 年	8 h
	一级修	0.15	2 d	2 h

注:1. 表中检修时间按部件互换修确定。
2. 设计中检修周期,应采用年走行里程指标。
3. 可行性研究报告阶段可采用时间间隔指标。

⑤检修车数确定

按走行公里或时间间隔,计算各级检修修程的检修占车数求和,即为检修车数。

检修车数一般不计算双周检检修占车,因为双周检检修时间为 0.5 d,可考虑利用早高峰下线、晚高峰上线的时间段进行检修,节省投资。

(4)配属车的确定

城市轨道交通配属车辆由运用车、备用车和检修车三部分组成。

(5)车辆基地规模计算

车辆基地规模的大小是由车辆检修工作量决定的,车辆各种修程的检修工作量可由下列两种办法计算。

①检修循环系数计算法

检修循环系数计算法是一种粗略计算方法,适用于初步设计之前的阶段,可由下列公式计算:

$$N = N_p \times b \tag{22.1}$$

式中 N——各修程的检修工作量,列;

N_p——全线运用车数;

b——各修程的检修循环系数,根据检修周期 t 求得。

$$b = 1/t \tag{22.2}$$

式中 t——各修程的检修周期。

②列车走行公里计算法

采用列车年走行公里的计算办法可以得到较为精确的结果,通常用于初步设计阶段,各修程检修工作量计算如下:

大修: $$N_{大} = S/L_{大} \tag{22.3}$$

架修: $$N_{架} = S/L_{架} - N_{大} \tag{22.4}$$

定修: $$N_{定} = S/L_{定} - N_{大} - N_{架} \tag{22.5}$$

三月检：$$N_{月}=S/L_{月}-N_{大}-N_{架}-N_{定} \tag{22.6}$$

双周检：$$N_{周}=S/L_{周}-N_{大}-N_{架}-N_{定}-N_{月} \tag{22.7}$$

式中 S——全年列车走行公里，km；

$L_{大}$，$L_{架}$，$L_{定}$，$L_{月}$，$L_{周}$——各修程的定检走行里程，km。

2. 车辆基地规模分析与确定

根据车辆基地规模计算数据，综合考虑线网规划和建设时序、本线及既有车辆基地利用率等情况进行综合分析，主要包含以下几方面。

(1)大、架修规模：一般大、架修能力是线网综合考虑，依据线网规划及资源共享并结合建设时序确定。如本线是大、架修车辆基地，需考虑负责的其他线路的大、架修规模以及建设时序等情况，也应考虑既有大、架修车辆基地的利用率，综合确定本次大、架修规模与建设时序，确保近期规模合理，远期预留充分。

(2)定修规模：车辆基地定修规模仅考虑本线能力，当设计近期、远期定修规模相差不大时，建议一次建成。

(3)周月检规模：按设计近期规模建设，预留远期条件。

(4)停车列检规模：按设计近期规模建设，预留远期条件。

22.4.2 车辆基地资源共享

车辆基地资源共享内容主要包括车辆选型资源共享、车辆维修资源共享、列车救援资源共享、线网综合维修资源共享、线网工程车辆资源共享、线网机加工设备资源共享、多基地共址时资源共享及培训中心资源共享等。

1. 车辆选型资源共享

(1)车辆选型资源共享

车辆选型应综合考虑整个城市线网的规划和协调，适应城市的线路特征、地理及自然环境的要求，符合城市的特点，尽可能保持一致，实现线网资源的共享。

(2)车辆配置共享研究

车辆配置共享研究涉及列车编组、受电电压与受流方式、车体材料，以及车门选型、牵引传动系统、制动系统、辅助电源系统和转向架系统。

①列车编组

目前国内外列车编组常见的有3辆、4辆、6辆、8辆，编组数量受服务水平与客流的影响，各线不能一概而论，但尽可能的一致或全线网列车编组控制在不超过2种，对综合基地资源共享中的工艺方案设计具有优势，有利于车辆基地工艺布局和车辆基地实现资源共享。

②受电电压与受流方式

我国城市轨道交通系统车辆供电电压分为DC 750 V和DC 1 500 V两个电压等级。DC 1 500 V电压在轮轨系统中为接触网或第三接触轨受流时采用，DC 750 V电压大多数在轮轨系统中为第三接触轨受流时采用。两种供电制式的车辆、牵引供电系统、区间隧道几何尺寸及车站布置等各方面均有所不同。西安地铁采用DC 1500 V供电。

从车辆资源共享的角度考虑，城市轨道交通宜采用相同的受电电压、相同的受流方式，便于车辆转线、转场、统一调配，也便于车辆基地车辆维修实现资源共享。

③车体材料

目前车体结构材料的选择，基本上均从车体轻量化考虑，采用铝合金和不锈钢两种。两种材料各有优势，均能满足城市轨道交通的车型要求。

随着科技的发展，车体材料对车辆维修资源共享的影响越来越小，铝合金车体和不锈钢车体维修最大区别在于油漆要求，不锈钢车体不需喷漆，但铝合金车体必须喷漆。随着贴膜技术的发展，铝合金车体可用贴膜代替油漆。但相同的车体材料更便于统一维修模式，提高维修设备利用率。

④车门、牵引、制动、辅助电源和转向架等系统

地铁车辆的车门主要有内藏式滑动门、外挂式滑动门和塞拉门三种形式。

目前国内外地铁车辆牵引传动技术均采用 VVVF 交流传动。

城市轨道交通车辆都将电阻制动、再生制动和空气制动合起来使用。制动系统采用电制动(再生/电阻制动)与空气制动协调配合。最新地铁车辆已取消车上笨重的制动电阻,在变电所增加能量回馈吸收装置,节约能源。

辅助电源系统为静止逆变器和蓄电池等。

转向架分为两种结构相似的动车转向架和拖车转向架,均为无摇枕转向架。

采用统一的车门、牵引、制动、辅助电源、转向架等系统,便于互换维修,降低配件存量,利于车辆资源、维修资源、物资资源共享。

2. 车辆维修资源共享

实现车辆基地资源共享主要集中大、架修车辆段,无论从计划修还是状态修均可实现大、架修的资源共享。作业方式中现车修可最大限度地从检修设备中实现资源共享;换件修更多地从车辆选型中考虑资源共享,其修理设备也可更好实现共享,大型设备由于使用率低,应全线网统一考虑。

大、架修车辆基地在网上布局及选址应根据城市轨道交通线网规划,结合城市轨道交通建设规划,达到片区效应,提高段场利用效率。城市轨道交通大、架修车辆基地设施投资和用地较多,如果每条线都设置大、架修车辆基地会造成大修、架修设备利用率过低。根据国内外运营经验,一条线设置一个大、架修车辆基地,其大、架修设施利用率在 30% ~ 50% ,因此大、架修车辆基地设施宜多线资源共享。

由于城市轨道交通建成初期车辆配属较少,车辆需要维修的工作量较小,车辆段大、架修设施的利用率往往偏低,因此初期大、架修工作量较少的线路可以缓建车辆段大、架修设施,利用其他线路已有的大、架修车辆段,这样可避免车辆段的集中建设造成的投资过大,同时也可提高已建车辆段大、架修设施的利用率。

大、架修车辆基地设施的共用,必然带来列车空驶或跨线运行,造成运营成本增加和对其他线路的干扰,不能一味追求大、架修车辆基地设施的共享利用。

3. 列车救援资源共享

城市轨道交通建设初期,由于线路长度短、线路分散,车辆基地设计时救援设备均按照全套配置。随着线网规模的增大,每个车辆基地均配置全套的救援设备就造成投资重复且设备利用率极低。这时应在线网层建立救援设施,实现列车救援资源共享。线网救援设施中配备救援起复设备、扶正设备、救援汽车等大型设备,各车辆基地仅配置少量抢险工具。线网中车辆紧急事故处理,主要从以下几方面来实现:

(1)针对线网中各条线路车型,线路特点的不同,编制《车辆故障处理指南》。大部分的车辆故障都是可以通过《车辆故障处理指南》来进行快速处理的,对运营的影响也较小。

(2)定期添置保养救援设备及车辆,使得救援设备保持良好的状态。随着线网规模的扩大,需要配置适量的各种型号救援设备。

(3)人员的培训和救援演练。随着线网规模的扩大,需要大量的车辆维修人员,同时这些人也担负着车辆救援的任务,从线网的角度来说,在很多方面都可以实现资源共享,对于车辆救援则需要每个检修员工都要具备车辆救援的能力,需要进行大量的人员培训和救援演练。

(4)线网中的救援组织基本与维修组织一致,在各条线路的检修员工自然也是救援队员,在车辆出现严重事故时由该条线路的检修员工就近实施救援。

4. 线网综合维修资源共享

综合维修中心是地铁系统的重要组成部分,是西安市轨道交通线网工务、建筑、供电、机电、通信、信号、自动售检票、屏蔽门、防灾报警监控、通风空调等系统的运用维修基地和管理机构。综合维修中心一般与车辆段合设于车辆基地内,属于车辆基地组成的一部分。

优质高效的硬件设备是确保地铁正常运营工作的前提条件。地铁开通之后,随着运营工作的逐步推

进，设备的维修保养工作将是需要运营商重点解决的问题，它直接影响地铁建设效益的发挥，也是地铁保持安全、快速、畅通、舒适、整洁运营的必需措施。

(1)维修中心主要工作范围如下：

①承担所辖线路沿线隧道、线路和桥梁等设施的检查、保养和维修工作。

②承担所辖线路车站建筑和地面建筑的保养维修工作。

③承担所辖线路变电所、接触网、供电线路和设备的运行管理、检查、保养和维修工作。

④承担所辖线路的空调、通风、水泵、电机、自动电扶梯等机电系统及设备的运行管理、检查和保养和维修工作。

⑤承担所辖线路通信、信号、自动售检票、防灾报警等自动化系统的运行管理、检查、保养和维修工作。

地铁设备综合维修从工作内容上可分为检查检测、保养维护、故障维修、完善性维修(包括设备小、中、大修)，从功能上可分为机电设备维修、电子设备维修、供电设备维修、工务设备维修等。

(2)线网设备维修管理分类

将各系统的设备，按其运行状况对运营安全、服务水准、运营成本或行车组织秩序等方面产生的影响程度，划分成不同的类别，分别对其采取合理的维修政策，采用恰当的检测周期和深度，并适时调整，是实现控制维修成本的根本手段。轨道交通设备按影响程度一般可分为四类设备：

①Ⅰ类设备

其运行精度、性能变化或故障停修时，对运营安全、服务水准或行车组织秩序等方面产生重大影响，且没有备用的设备，如接触网、转辙机、主变压器、数据传输网络等。

②Ⅱ类设备

其运行精度、性能变化或故障停修时，对运营安全、服务水准、运营成本或行车组织秩序等方面产生较大影响，但可以通过启动备用设备或降级运行来减轻、消除影响，如区间排水设备、屏蔽门、车站防排烟、AFC、BAS、CCTV 等。

③Ⅲ类设备

其运行精度、性能变化或故障停修时，对运营安全、服务水准、运营成本或行车组织秩序等方面影响不大，可以通过降级运行来消除或减轻影响，如环控设备、扶梯、FAS 系统等。

④Ⅳ类设备

其运行精度、性能变化或故障停修时，对运营安全、服务水准、运营成本或行车组织秩序等方面无直接影响，如车站内给排水等。

(3)线网设备维修等级

线网设备维修一般可分为以下维修等级：

①设备检查及检测

设备检查及检测的周期、频率、深度是否合理，影响设备运行的好坏，应采取动态管理，视系统设备的稳定性适时做出调整。

②设备小修

设备小修为维持性修理，对设备进行局部检查、清洗及调整，修复或更换磨损及不能维持使用到下一次修理的零部件。

③设备中修

设备中修为消除各设备总成技术状态不平衡所进行的一种平衡性修理，以保证设备在大修期间具有良好的技术状况和使用性能。

④设备大修

设备大修为恢复性修理，全面解体检查、修复和更换零件，大修后的设备要全面恢复和达到出厂时的性能和标准。

(4)线网综合维修资源共享

城市轨道交通线网设备种类繁多,对于部分关键设备或社会化不易解决的设备,应通过集中设置综合维修基地的模式集中修理,主要承担各系统设备的中修和大修任务,日常维修和小修由各线综合维修中心负责。维修基地主要可分为电子设备检修基地、机电设备检修基地、供电设备检修基地和工务检修基地,实现资源共享。

①电子设备检修基地

电子设备检修基地的核心是电子板的检修,由于地铁车辆及机电设备种类繁多,设备自动化水平越来越高,电子板的检修工作量也会逐年增加。随着时间的推移,部分厂家转型或停产,出现无配件供应的情况。而设备电子板种类多、单件数量少,为每种电子板均配属试验检修设备,经济效益较差,很难找到合适的厂家承担此项工作。故线网应考虑立足于独立解决电子板维修问题,在线网内规划电子检修基地位置。

由于线路板等电子设备一般重量较轻,体积不大,运输方便,其基地选择较为灵活。而电子设备需要在线网形成一定规模后才具备集中检修的效益。因此,可考虑在新规划的车辆大、架修基地中预留设立线网性电子设备维修基地的场地条件。

②机电设备检修基地

轨道交通机电系统设备如电扶梯、屏蔽门、风机、水泵等设备的中修和大修一般考虑外委。但由于远期西安地铁线网规模宏大,线网应具备部分设备及部件大中修的自修或委托修的检修场地和条件。考虑到各机电系统中的继电器数量较大,种类繁多,且继电器质量对各机电系统运营影响较大,因此建议继电器采用自修模式,在线网中统一规划继电器检修车间。而机电系统中的机加工设备,可考虑与线网中车辆段的机加工设备共享。

由于机电设备种类和数量均较多,其检修场地不宜过小,并宜设在运输条件较好的车辆段。同样机电设备需要在线网形成一定规模后才具备集中检修的效益,因此,可考虑在新规划的车辆大、架修基地中预留设立线网性机电设备维修基地的场地条件。

③供电设备检修基地

轨道交通供电系统变压器中修和大修一般考虑外委,线网内供电维修基地主要是负责开关柜、电缆、接触网的局部大修作业,作业形式以更换部件为主。由于地铁线路中每条线都会设置功能较为齐备的供电车间以保障各线的电力供应,且大中修以外委修和现场更换为主,因此供电设备的检修基地建议按管理中心和技术中心的功能设置。

④工务检修基地

工务检修基地主要承担轨道、隧道、桥梁、车站建筑、车辆段建筑等的大中修。轨道交通系统大型机械(如轨道车、磨轨车等)的检修一般考虑外委,线网工务基地主要负责轨道检修作业。西安地铁线网车型单一,车辆限界无太大差别,因此大型工务设备应在线网中统一考虑。

5. 线网工程车辆资源共享

(1)工程车的分类

地铁工程车主要包括地铁列车、运输车辆及无动力轨道车辆的牵引、调车、隧道内、车辆段内事故车辆救援牵引作业的车辆;供电设备施工、维修的牵引动力车辆;接触网上部设备在停电状态下的安装、维修及日常检查、保养车辆;地铁工程维修、地铁正线货物运输车辆等。地铁工程车主要有调机、平板车、汽车、公铁两用车、轨网检测车、钢轨打磨车、隧道清洗车等。

(2)工程车的检修制度

目前各城市地铁广泛使用的工程车仍以内燃机车为主、蓄电池机车为辅,因此,工程车检修制度沿用大铁内燃机的检修制度,实行计划检修制,主要分为日常保养、月检、年检、小修、中修、大修等修程。

(3)线网工程车辆资源共享

工程车辆资源共享分两个层面,一是工程车辆检修资源共享,二是工程车辆配置资源共享。

①工程车辆检修资源共享

由于工程车的检修制度与地铁电客车的检修制度有所差别:其养护维修与电客车是分开在不同的场地,安排专门的班组负责实施。

各城市地铁对工程车的维修主要是自主承担小修及以下修程的检修任务。而内燃机车的中修、大修由于专业性强,技术力量要求高,场地占用大,且修理时污染大,一般是委托附近国铁的机务段进行,充分利用大铁路的社会化资源。

从工程车的维修的特点来看,小修及以下修程的检修任务由地铁自行承担是合适的,也有利于保障工程车在地铁运营中的正常使用需求。对于工程车的中修和大修,目前主要有两种维修模式:

一种是委托大铁路机务段、车辆段进行。一般大铁路机务段、车辆段对工程车有成熟的大、中修设备、场地和技术力量,能够充分保证车辆大、中修的检修质量,也能够节省地铁在工程车检修方面的投入。其受制因素主要是附近大铁机务段、车辆段的检修能力和检修意愿,另外在远期地铁线网形成规模后,工程车辆大大增加,外委的任务量增加后,难以控制修理计划。

另一种维修模式是地铁自主成立工程车检修基地进行线网工程车的大、中修。该方式可以充分利用地铁车辆大、架修的检修资源进行工程车零部件的大、中修。同时,可以自主灵活地安排线网工程车修理计划,保证线网工程车的使用需求。由于该方式需要部分专业设备技术力量的准备和积累,以及场地的配置,需要在线网中逐步进行统筹规划。

综合分析,对于工程车的大、中修,建议线网形成初期,配置相应的检修场地,以合作维修模式为主;在线网建设过程中逐步培养技术力量、积累相关经验,最终实现工程车辆大、中修的自主集中修理。

②工程车辆配置资源共享

对用于日常巡检维修的大型工程车辆,如轨网检测车、钢轨打磨车、隧道清洗车等。由于其投资巨大且使用频次低,由线网统一配置,提高使用效率。一般按3条或4条地铁线路设置一套,或每一大、架修车辆基地设置一套。

6. 线网机加工设备资源共享

就地铁线网机加工的发展规律而言,一般初期的机加工需求并不大,且使用也比较零散,可考虑以各车辆基地机加工间为依托,配置普通的车床、钻床、锯床、焊机等小型设备,初步形成一定规模的小型机加工中心,以满足初期机加工的制作需求。

近期在线网运营形成一定规模之后,应考虑在某一处车辆基地集中设置一个机加工中心,集中各线的机加工设备进行整合,并利用新线建设补充少量新型机加工设备,逐步形成一个专业化的机加工制造工厂,对线网各类不锈钢工件,如车站铁马、乘客座椅、各类宣传栏、警告标识牌及办公用具等;车辆、设备设施用非标零部件,如各类转接头、非金属类垫板、不规则形状机械部件等;线路用轨道带坡度垫板;工艺装备设计制作提供配套零部件等提供自主制造生产的能力。缩减非标工件、量少零部件的采购周期,时机成熟时还可对外承接机加工业务。

7. 多基地共址时资源共享

当两个及以上车辆基地共址建设时,应根据用地条件、建设时序等综合考虑其资源共享。一般分为生产设施资源共享、辅助生产设施资源共享和生活设施资源共享。

(1)生产设施资源共享

①大、架修设施资源共享属线网层次,不属于多基地共址资源共享考虑范围。

②定、临修设施可统一考虑,减少检修工装配置,实现资源共享。

(2)辅助生产设施资源共享

易燃品库、危废品存放间、蓄电池间、污水处理站、混合变电所等统一考虑,实现资源共享。

(3)生活设施资源共享

锅炉房、食堂、浴室、门卫、乘务员公寓等可统一建设,实现资源共享。

8. 培训中心资源共享

培训中心应负责组织和管理职工的技术教育和培训工作,一个地铁系统应只设一个培训中心,需要时经论证可对培训中心补强或增设第二培训中心。

培训中心宜设于车辆基地内,对职工的实作操作培训宜利用车辆基地的既有设施,生活设施利用车辆基地的设施。

22.5 车辆基地总图布置

车辆基地总图是车辆基地设计的重心,合理的总图布置可便捷运营使用的、节省工程投资及运营费用。

22.5.1 平面设计

车辆段(含停车场,下同)是地铁检修基地中最重要和占地面积最大的部分,其布局形式不仅在很大程度上决定了整个基地的布局,同时对整个基地的设置也有决定性的影响。出入线是连接地铁检修基地和正线列车运行的通路,其设置的合理与否,对车辆段(含停车场)的布置形式、车辆运用的方便程度以及车辆段乃至整个基地的占地规模,都有重要的影响。

1. 地铁车辆段类型

根据基地内车辆段线路布置和使用条件,地铁车辆段的类型可以大致分为两类:

(1)尽端式

根据车辆段内部运用部分停车列检库和检修部分修理库的排列形式,又可以分为两种形式:

①并列平行式

并列平行式是将检修部分修理库与运用部分停车列检库并列平行设置,所有线路咽喉呈扇形向一个方向与出入段线连接,并列平行式车辆段的典型布置如图22.1所示。

并列平行式布置类型的优点是车辆段整体布局较为紧凑,段内调车方便快捷,段内铺轨量较小。但由于咽喉区集中布置,造成咽喉区庞大,试车线与出入段线之间形成夹心地,未能有效地利用占地面积。

②错开倒装式

错开倒装式是将检修部分修理库与运用部分停车列检库的咽喉逆向设置,利用段内调车线将两部分连接。错开倒装式车辆段布置如图22.2所示。

错开倒装式布置的优点是分解了咽喉区,可有效地利用占地面积,缩小车辆段用地宽度,充分有效利用试车线与出入段线之间用地。缺点是由于检修部分与运用部分倒装布置,运用列车进出检修库需走"之"字形,增加了调车工作量,且铺轨工程量较大。

(2)贯通式

车辆段运用部分停车列检库的两端均设置咽喉区并通过出入段线与正线相连,称为贯通式车辆段,其典型布置如图22.3所示。

贯通式的车辆段运用部分停车列检库由于两端均设有咽喉区,使得列车的出入段作业十分方便。缺点是需要的占地规模较大,对车辆段用地有一定的要求,且铺轨工程量大。

以上两种布置形式均能够满足车辆段使用要求,在车辆段设置研究设计时应依据车辆基地用地情况灵活采用。

2. 车辆基地平面设计时考虑因素

(1)车辆基地设计应包括车辆段(含停车场)、综合维修中心、物资总库、培训中心,以及其他生产、生活、办公等配套设施。

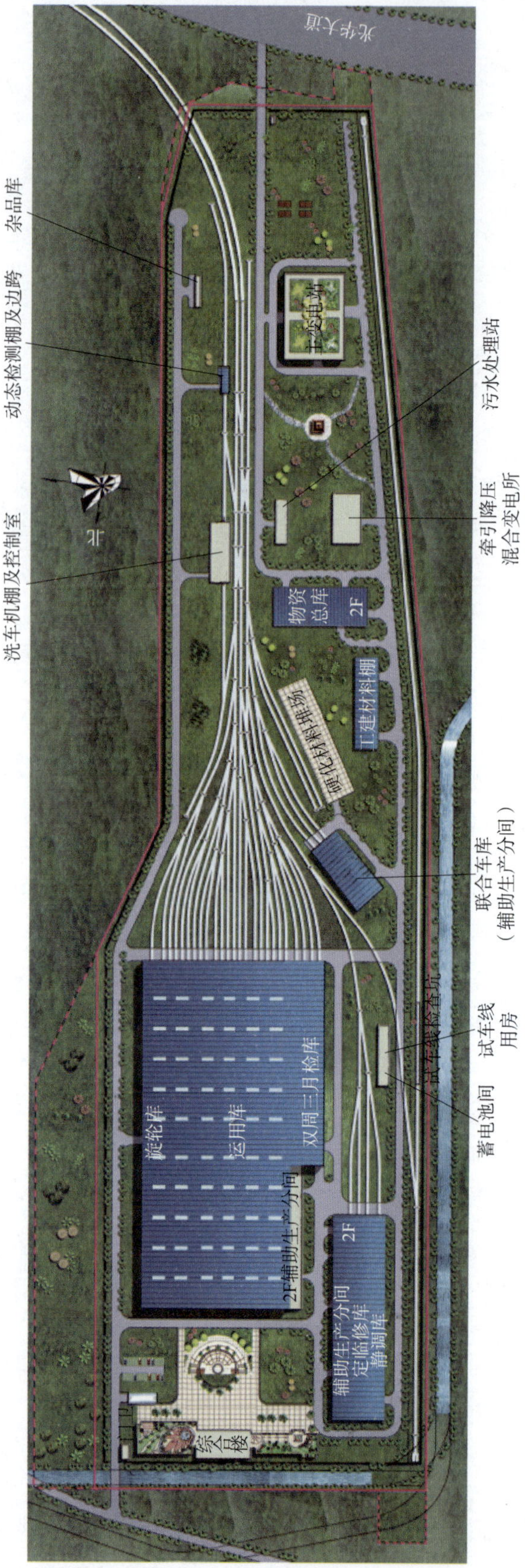

图 22.1 并列平行式车辆段布置图

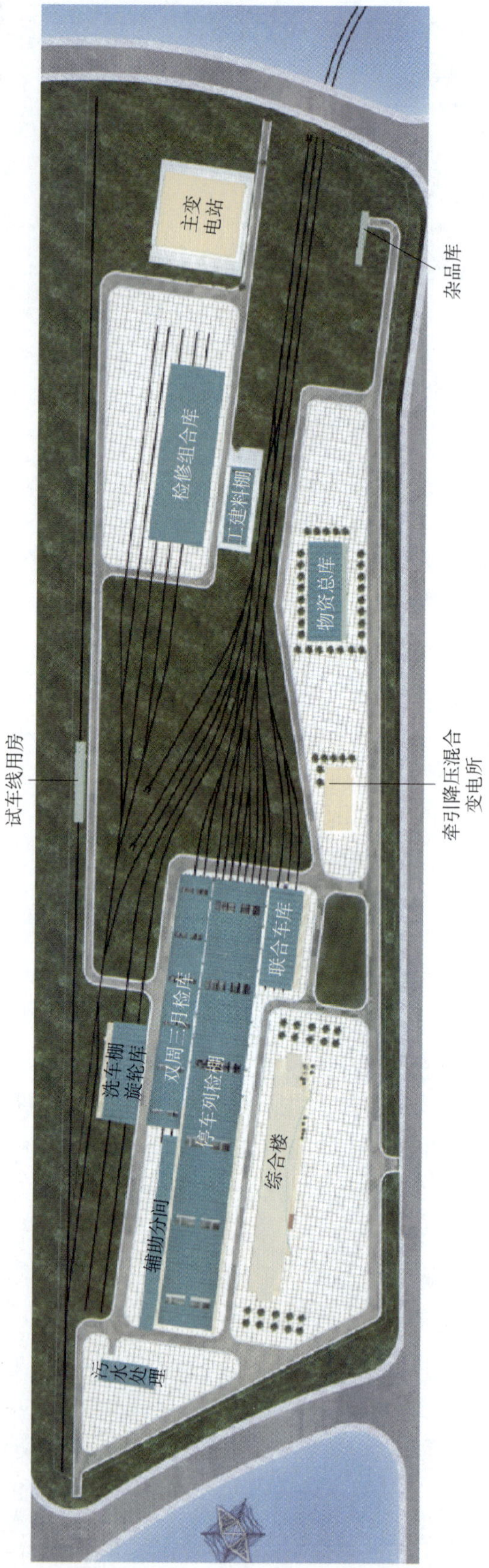

图 22.2 错开倒装式车辆段布置图

图 22.3 贯通式车辆段布置图

(2)车辆基地设计应贯彻节约用地、节约能源和资源的方针。车辆基地的总平面布置应以车辆段为主体,根据地形条件综合考虑维修中心、物资总库及其他配套设施的功能作业要求。车辆基地占地面积指标见表22.4。

表22.4 车辆基地占地面积指标表

单位:m^2/车

车　型	A、B	Lb
车辆基地(厂架修、设备维修)	1 000	900
车辆段(定修级)	900	750
停车场	600	500

注:表中数值用于实施后的用地,作业规划用地还应适当留有余地。

(3)试车线设置宜靠近检修库侧,避免调车作业切割出入段线。试车线长度应满足列车高速运行性能试验要求。因用地长度不足,试车线长度可按中速(50 km/h)运行试验,完成车辆动力运行试验,在正线指定地段完成高速运行性能和有关信号的试验。

(4)新车卸车场宜与材料堆放场合设,以提高场地利用率;卸车线直线长度应大于2节车辆长度+5 m,便于卸车后的车辆连挂。

(5)平板车存放线数量不宜小于2条,便于调车作业。

(6)洗车机布置应优先选用贯通式洗车方式,提高工作效率。因受地形限制无法布置贯通式洗车时,可采用尽端式洗车或"八"字形往复式洗车方式。

(7)总图布置时,应充分考虑职工通勤需求。

(8)动力设施(锅炉房、变电所等)宜靠近负荷中心或主要用户。

(9)厂区通道宽度除应符合防火、安全与卫生间距外,还应符合以下要求:

①应符合各种工程管线的布置要求。

②应符合绿化布置的要求。

③应符合施工、安装与检修的要求。

④应符合竖向设计的要求。

⑤应符合预留发展用地的要求。

(10)停车列检的规模预留有库侧和库后两种方式,为降低信号系统扩建难度,宜采用库后预留方式。

(11)污水处理站的布置应符合下列规定:

①应布置在厂区全年最小频率风向的上风侧。

②宜位于厂区地下水流向的下游,且地势较低的地段。

③宜靠近工厂污水排出口或城市污水处理厂。

(12)车辆基地应根据线路及车辆基地地形条件,尽可能设置车辆转向功能。

(13)车辆基地为增加物业开发土地或减少城市占地,可考虑设置双层或地下车辆基地,地下及双层设施原则上宜为停车列检库。

3. 出入线基本类型

(1)在进行出入段线研究时,一般考虑以下条件:

①出入线的接轨方式应保证列车进出段的方便快捷,尽可能减少对正线运营的影响。

②出入线应在车站接轨,并宜选在线路的终点站或折返站。

③根据车辆基地的位置和接轨条件,必要时也可按"八"字形两站接轨。

④出入线布置的方向应有利于车辆段内部线路的布置及占地的合理使用。

⑤车辆段和规模大于12列位的停车场,出入线应按双线双向运行设计,并应避免切割正线。

⑥出入段线设计,应根据行车和信号的要求,留有必要的信号转换作业长度。

⑦出入线应保证一定的长度,保证足够的爬坡段。

⑧出入线与地铁正线和城市通路相交时，应采用立交方式，并尽可能避免区间出岔。

⑨出入线的设置应尽可能降低工程造价，减小工程难度。

(2)出入线布置形式

在进行车辆段出入线设置时，大致有以下几种情况：

根据连接车辆段的形式不同，可以分为尽头式车辆段出入线和通过式车辆段出入线；根据与地铁车站连接的出入线条数不同，可分为单出入线和双出入线；根据出入线在地铁车站接轨位置的不同，可分为站前出入线和站后出入线等。

"八"字形接轨出入线布置形式是较为理想的车辆基地出入线布置形式，设计成该形式，首先是车辆基地选址与线路垂直，且与相邻两车站距离适中。它不仅与两个地铁站相连，方便了地铁列车的出入段，并且车辆基地出入线刚好构成了"八"字线，形成了列车必要的掉头条件，给运营带来了极大的方便。"八"字线的布置形式，便于运用列车掉头，减少轮缘偏磨，为车辆基地节省了灯泡线或者三角线，在较大程度上节省了车辆段的用地。

站后接轨出入线布置形式最为常用。接轨站一般是终点站，也可以是中间站。采用该形式出入线的车辆基地，一般均按尽端式布置。

贯通式车辆基地接轨出入线布置形式较为理想，其特点是车辆基地选址与线路平行，且距相邻两车站距离适中。它与两个地铁站相连，方便了地铁列车的出入段，基地内也极易形成贯通式洗车，给运营带来了极大的方便。贯通式车辆基地内运用库按一线三列位布置，形成双咽喉，对车辆基地用地长度要求较高，在用地满足的条件下，车辆基地内试车线长度一般能满足高速试车要求。贯通式车辆基地无法利用出入线实现列车调头功能，需根据用地条件设灯泡线或三角线实现列车调头功能。

22.5.2 竖向设计

车辆基地竖向设计是对厂区用地范围的自然地形、车辆各生产、办公区建、构筑物进行垂直方向的高程设计。车辆段竖向设计既要满足使用要求，又要求满足经济、安全和景观等方面要求。合理的竖向设计可减少工程投资，降低检修人员的劳动强度，方便物料运输，提高工作效率，降低洪涝风险。竖向设计作为车辆段总图设计的一个重要环节，应与总平面布置同时考虑配合进行。车辆基地竖向设计应考虑的影响因素如图22.4所示。

车辆基地竖向设计应考虑以下因素：

1. 车辆基地范围及周边百年洪水位

车辆基地对整条地铁线路的正常运营非常重要，其场坪高程的确定依据《地铁设计规范》(GB 50157—2013)第22.10.3条"需结合百年洪水位、波浪爬高值和安全高之和"。

2. 车辆基地用地范围内土石方量

车辆基地占地面积较大，一般大、架修段在35万~50万 m^2，定修段在20万~35万 m^2，停车场在10万~20万 m^2，在城市用地紧张的情况下，车辆基地的选址往往处于城市边缘或自然用地条件较差地段。用地很难满足建(构)筑物的布置要求，填(挖)方工程量较大。在设计过程中必须进行场地的竖向设计，充分利用和合理改造自然地形，合理选择场坪高程，使之满足车辆段的使用功能要求。

故在竖向设计时应当力求减少土石方，降低土石方工程投资。在设计中充分分析车辆段用地地形图及地质条件，并做好土方平衡设计。车辆基地场坪设计高程的确定，直接关系场地平整土方工程量及所确定的建(构)筑物、轨道、道路竖向布置高程合理与否。

在满足用地范围内百年洪水位要求的条件下，必须通过土石方计算确定，并反复调整、优化，以最终确定场地设计高程，达到节省土方量、方便施工、降低工程投资的效果，并符合城市控制性规划要求。

3. 车辆基地接轨站高程

车辆基地接轨站高程直接影响车辆段出入段线坡度、长度，进而对车辆基地竖向设计有一定影响。

如接轨站为高架站，场坪高程应在百年洪水位的基础上，结合土石方平衡可适当抬高，以便减小出入

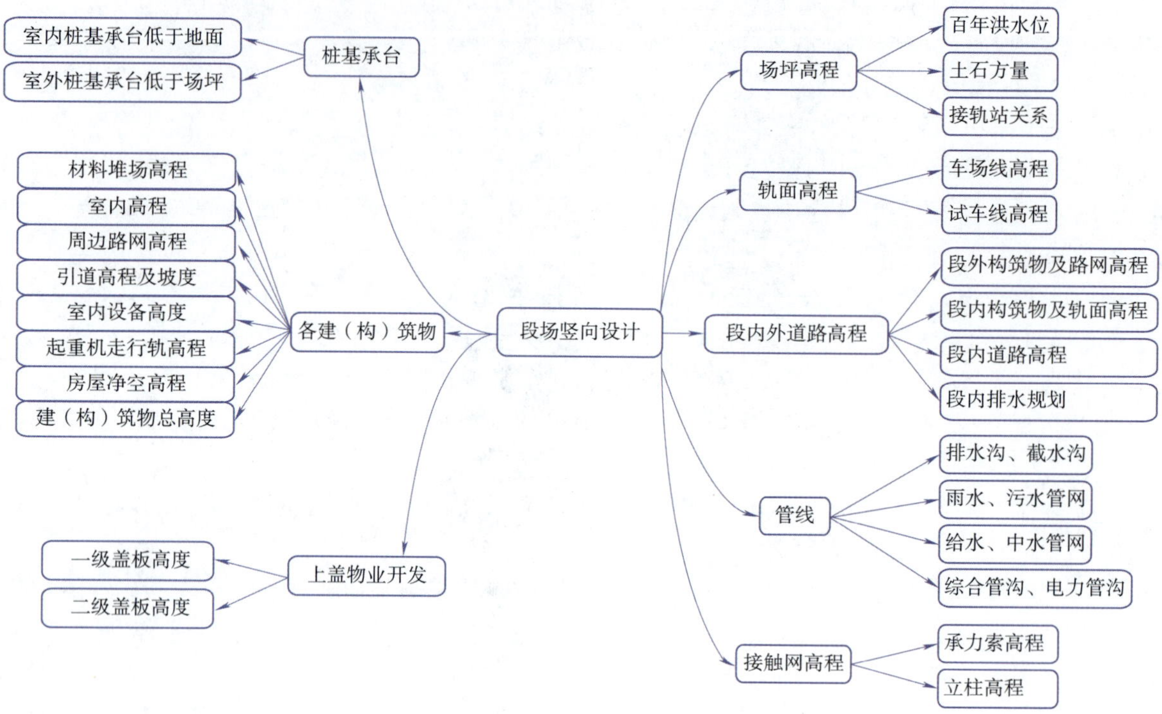

图 22.4 车辆基地竖向设计应考虑的影响因素图

段线坡度(以便不大于35%)和长度,降低了车辆上正线的空走距离,提高发车效率,如图 22.5 所示。

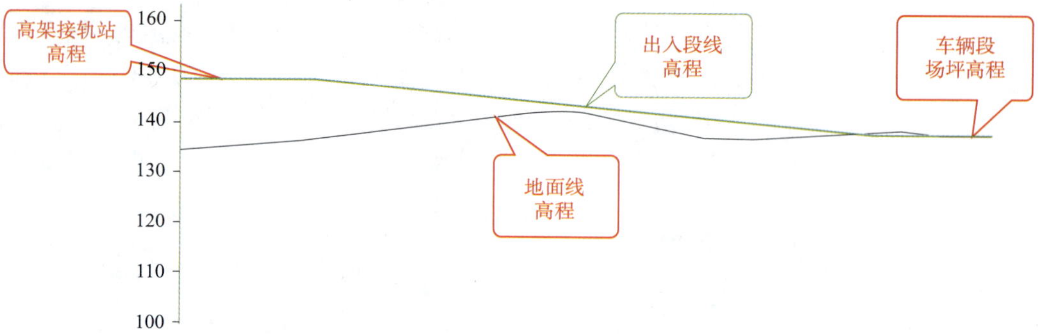

图 22.5 高架接轨站与车辆段场坪高程关系示意图

如接轨站为地下站,车辆基地场坪高程应在百年洪水位的基础上,结合土石方平衡可适当小幅度降低,可减小出入段线坡度和长度,如图 22.6 所示。

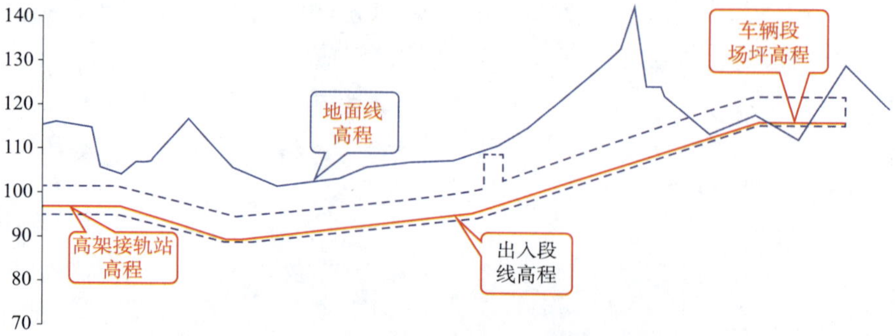

图 22.6 地下接轨站与车辆段场坪高程关系示意图

4. 车辆基地内轨面高程

根据轨道专业设计要求，段内不同区域的轨道结构高度不同，车辆基地轨道高度详见表22.5，断面图如图22.7～图22.11所示。

表22.5 车辆基地轨道高度表

序号	地 段 类 型	轨道结构高度（mm）	备 注
1	出入线和试车线路基段碎石道床（双层道砟）	840	非渗水土路基
2	库外线碎石道床（单层道砟）	620	
3	车辆段出入段线桥、试车线铁路桥混凝土碎石道床	690	渗水土路基
4	库内线一般短枕式整体道床	500	
5	库内线壁式检查坑整体道床	500	
6	库内线立柱式检查坑整体道床	190	仅含钢轨、扣件的高度；立柱由结构专业设计，其中塑料套管预埋需满足精度要求

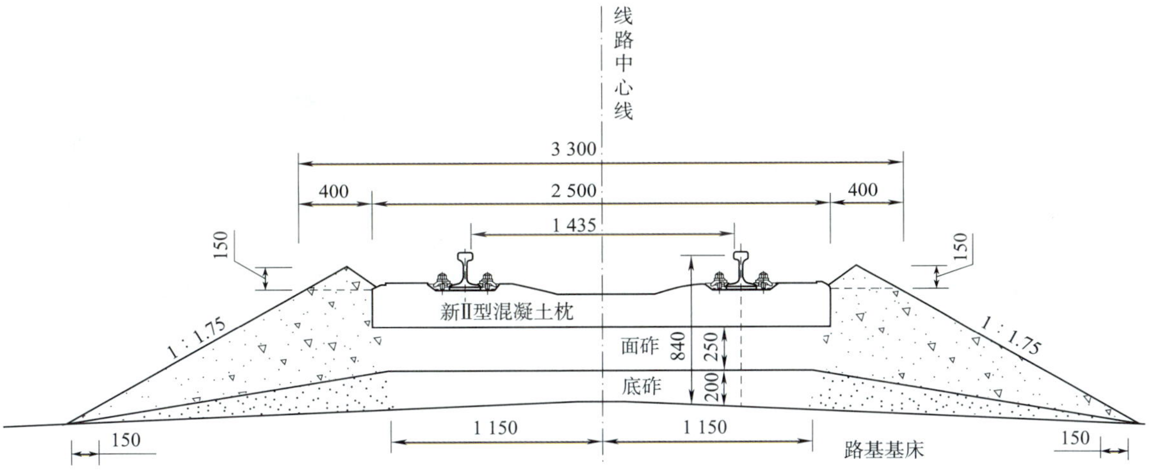

图22.7 车辆基地出入段线、试车线混凝土碎石道床结构高度断面图（单位：mm）

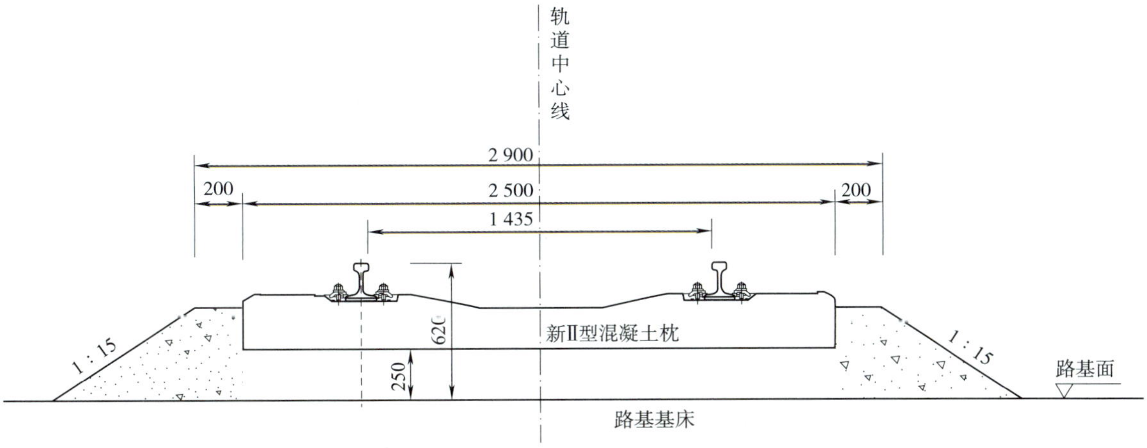

图22.8 车辆基地库外线路混凝土碎石道床结构高度断面图（单位：mm）

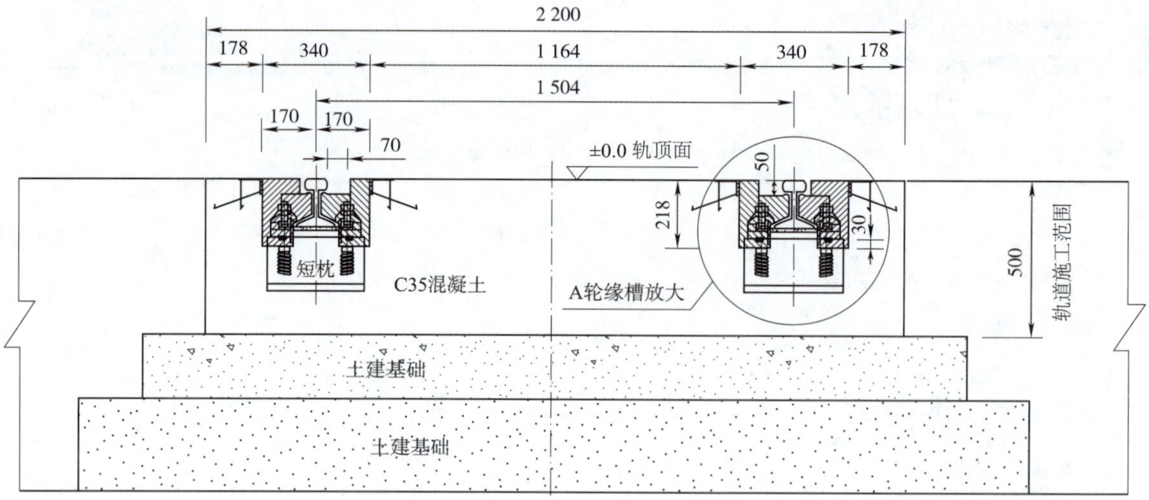

图 22.9　车辆基地库内一般短轨枕式整体道床结构高度断面图(单位:mm)

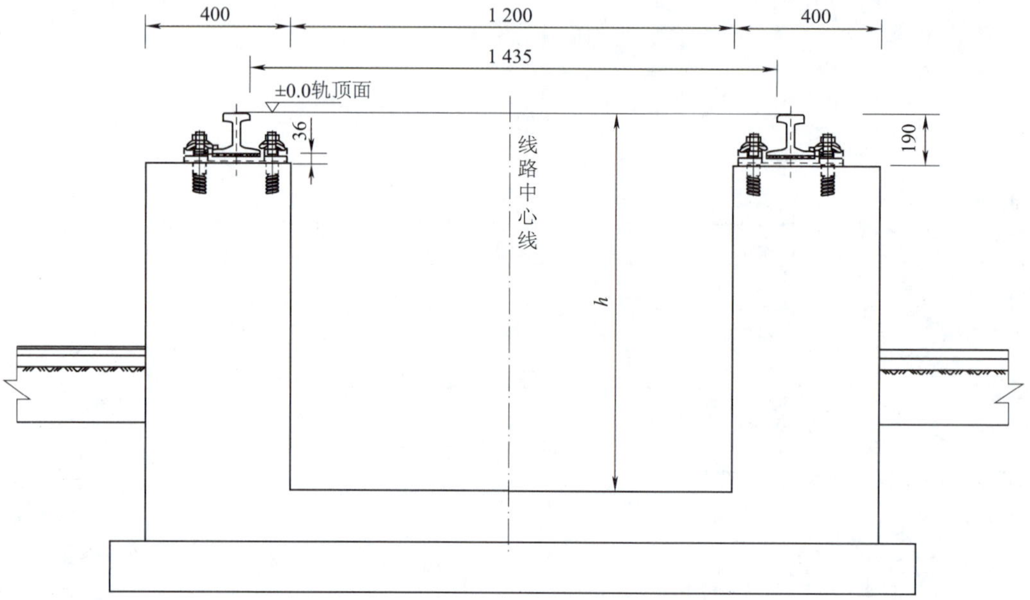

图 22.10　车辆基地库内柱式检查坑整体道床结构高度断面图(单位:mm)

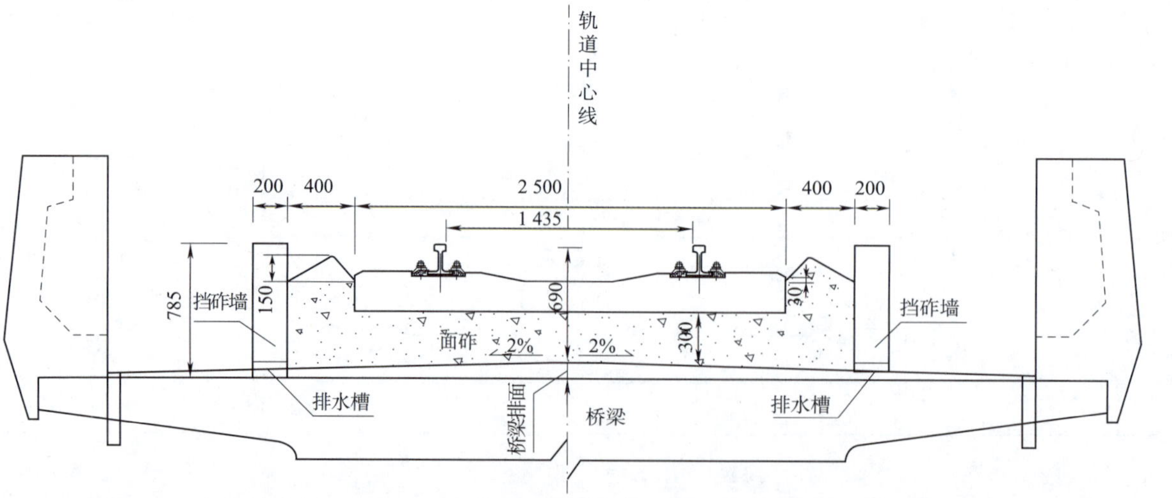

图 22.11　车辆基地出入段线桥、试车线铁路桥混凝土枕碎石道床结构高度断面图(单位:mm)

5. 车辆基地道路竖向设计

道路高程的连接应有较好的技术条件，车辆基地出入口道路路面高程，宜高于基地外道路路面高程，连接平顺。当基地内场坪高程高差较大时，基地内运输通道及消防通道应满足相关道路运输设计规范要求（含道路净空要求）。同时应结合排水组织规划顺坡，便于道路雨水收集。

与轨道相交部分的道路，竖向高程即为轨顶高程。由于轨顶高程往往高于室外道路高程，因此，需在平交道与室外道路设置衔接的缓坡（3%～5%），避免出现陡起陡落的情况。若一段道路多处与轨道相交，则可以考虑将整条道路高程调整与轨顶面平齐，避免出现连续的起伏路面。

6. 车辆基地管网竖向设计

车辆基地竖向设计应充分考虑场坪排水及防洪要求，合理划分车辆段内场坪汇水区域和设置排水系统，使场区内地表水以最快、最短路径排出。

因雨水管、污水管管径较大，且为重力流管线，故其竖向设计非常重要，其他管线（给水管、中水管、消防管、燃气管等压力管线）应避让敷设。

综合管沟和供电电缆沟竖向设计应结合路由地表高程，避免埋深太深，导致工程费用偏高。一般其检修口、通风口等高出地面 200 mm 即可，设置于绿化带中，如图 22.12 所示。

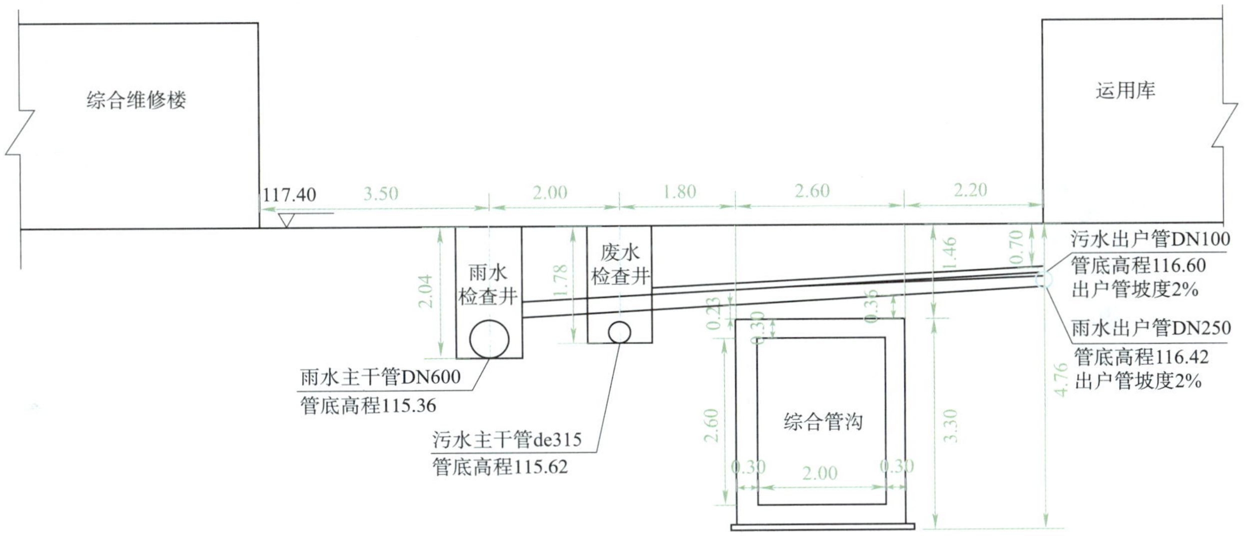

图 22.12 车辆段各管线构筑物竖向关系图（单位：m）

7. 车辆基地接触网竖向设计

接触网高度根据车辆运维检修工艺等相关要求高度不同，出入段线、试车线、库外线处接触网高度为距轨面 5.0 m，洗车线、周月检线处接触网高度不小于 5.3 m。停车列检棚接触网高度不小于 5.0 m，吹扫线、静调线其接触网高度不小于 5.4 m。

8. 桩基承台面竖向设计

车辆段内桩基承台面竖向设计对后期运营维保、检修影响较大。一般要求各桩基承台面不能高于地面，否则影响地面通行，如图 22.13 和图 22.14 所示。

9. 各建筑屋竖向设计

各建筑高程与轨道相关的房屋，站场专业根据工艺检修设计要求，结合建筑轴线将房屋用地范围的场地平整为统一高程的平地（注：此高程为建筑室外场地设计高程）。建筑用地范围外的部分，结合整个场地的排水，设计室内外高差，找坡将雨水引入站场排水系统。

此类房屋一般为车辆检修厂房，轨道连接入建筑内部，室内正负零高程即为轨顶高程，室内外高差一般为 150～450 mm。

图 22.13 库内信号灯基础承台影响检修人员通行

图 22.14 室外立柱基础承台影响人员、车辆通行

与轨道没有直接关系的房屋，如生活办公房屋、室外变电所、给水加压站、污水处理厂等，场坪高程设计可不做特殊考虑，仅结合场地排水设计，找坡将雨水引入站场排水系统。因此，房屋的室外高程根据房屋定位的不同，往往是一个变化值。

当建筑长边与场地找坡方向垂直时，可根据站场断面图来确定建筑的是室外高程。

当建筑长边与场地找坡方向平行时，可选取建筑长边方向的中点，所对应的站场断面场坪高程作为建筑室外高程。这种高程的选取，是挖土填土相对平衡的方法，但需避免局部场地高程抬起过高，对站场排水沟找坡及其他设计造成影响。

对于较为集中的建筑群体布置，则需根据实际情况，局部调整场地高程，在满足场地整体找坡排水的同时，组织好小范围的道路、室内外高差。

10. 上盖物业开发竖向设计

对于上盖物业开发车辆基地，其竖向设计更为复杂，难度更大，需与车辆检修工艺、平面布置、物业开发模式、消防设计等紧密结合。其首层盖板高度设计的合理性不仅对盖下车辆段通风、采光、机电设备选型、设备管线的布置安装、后续运营的使用具有较大的影响，而且对车辆段工程造价有一定的影响。经调研，目前上盖物业开发车辆基地首层盖板高度设计需考虑以下因素：

（1）车辆及工艺设备设施

目前，我国应用的地铁车辆主要有 A 型车、B 型车、L 型车三种类型，由于车型不同，车辆的主要技术参数也不尽相同。如 A 型、B 型车最大高度（含受电弓工作高度）3 980 ~ 5 800 mm，L 型车其最大高度 3 800 ~ 5 200 mm。车辆高度作为库房高度设计的重要影响因素，其进一步影响工艺检修设备、接触网、设备管线、灯具、喷淋等布置，进而影响首层盖板高度。

车辆段内运用库、检修库、调机及工程车库等主要生产设施，根据所配置的工艺设备设施不同，各库房的工艺要求净高也不尽相同。根据地铁车辆检修工艺的需求，运用库、检修库、调机及工程车库库房高度设计时，起重机、固定式架车机与检修作业平台的空间高度要求是制约库房高度的主要因素。具体影响关系如图 22.15 所示。

（2）机电设备管线

非物业开发车辆段机电设备管线层布置较为简单，各库房的机电设备管线层主要包含低压配电、接触网、FAS、通信、信号等专业的设备管线，设备管线布置较为灵活、容易。而上盖物业开发车辆段各库房内除了上述的机电设备管线层外，还涉及通风、排烟设备、水喷淋、虹吸管道等，管线繁多且复杂，需要对各种管线布置做统筹规划设计，使设备管线层与库房构建筑物之间在平面及竖向布置上相互协调，以保证有效的空间利用率、外观美观性，降低建设成本。

（3）结构

地铁车辆段上盖物业开发结构形式大致分为两种：结构转换开发模式和剪力墙落地开发模式。结构

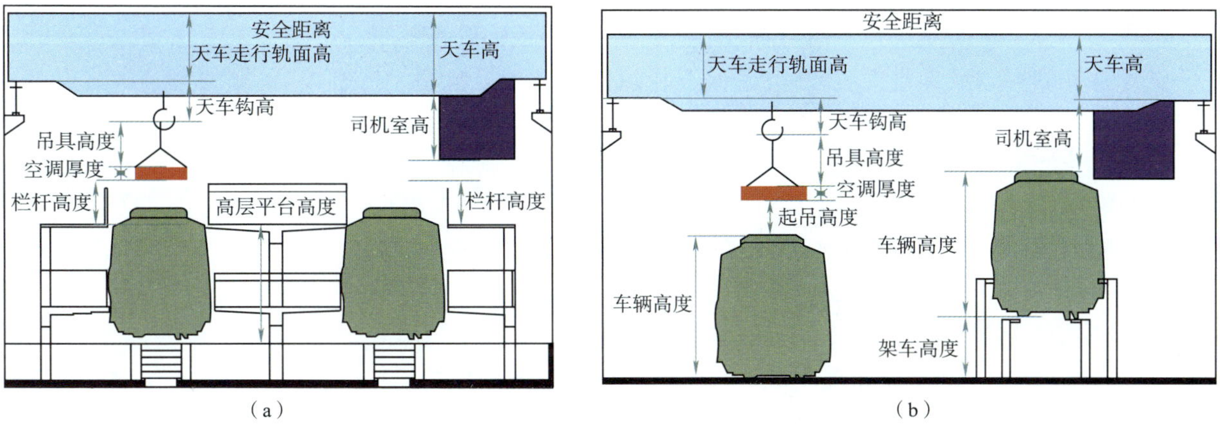

图 22.15 车辆段库内工艺设备竖向设计对库房高度的影响

转换开发模式:柱网及剪力墙落地数量较少、车辆基地占地相对较少、对盖下车辆段影响较低,盖下车辆段通风、采光效果相对较好,但其柱截面尺寸较大,承台及桩基础较大,土建综合造价较高,物业开发多以多层或小高层为主。剪力墙落地开发模式:柱网及剪力墙落地数量较多、车辆基地占地相对较大、盖下车辆基地通风、采光效果相对较差,但柱截面尺寸较小,承台及桩基础较小,土建综合造价较低,物业开发多以小高层或高层为主。

对于带有上盖物业开发的车辆段,结构梁板的厚度取决于盖下车辆段库内每跨股道布置数量、结构梁承载力及经济性等条件限制,对于结构转换开发模式一般每跨布置 2 股道为宜,对于剪力墙落地开发模式一般每跨布置 3 股道为宜,以使结构梁板设计尺寸较为经济合理,咽喉区较窄,车辆段占地较少。

综合所述,竖向设计与总平面布置及周边规划密不可分,在工程设计时必须兼顾总平面和竖向的使用功能要求,统一考虑和处理好车辆段工艺要求与建设过程中的各种矛盾,才能保证车辆段建设与使用的合理性、经济性。做好车辆段的竖向设计,对于降低工程成本、加快建设进度具有重要意义。

22.6 车辆基地主要工艺设备

车辆基地工艺设备是实现车辆基地功能的前提,是正常运营的服务保障。根据车辆基地功能的不同,工艺设备主要有车辆段工艺设备、综合维修工艺设备、物资库工艺设备、培训中心工艺设备和列车救援工艺设备等。

22.6.1 车辆段主要设备

1. 车辆运用整备设施主要设备

车辆段运用整备设施主要有停车列检库、双周/三月检库、列车清洗库,以及必要的办公、生活房屋和设施。

停车列检库是列车日常保养设施,负责列车入段后的清扫、消毒、技术检查等工作。配置的主要设备有列检智能机器人、出乘派班管理系统、列检作业综合管理系统、出入库接近声光报警系统、滤网吹扫设备、DCC 管理计算机等。

双周/三月检库也是列车日常保养设施,负责列车双周检和三月检的检修。配置的主要设备有三层作业平台、静调电源设备、移动式空压机等。

洗车库是列车进行外部清洗的设施,配置的主要设备是列车外皮清洗机,由端洗设备、侧洗设备、水处理设备和控制设备组成。

2. 车辆检修设施主要设备

车辆检修设施包括大、架修库,定修库,临修库,不落轮旋轮库,吹扫库,联合车库,静调库和辅助生产房屋及设施。

大、架修库主要工作是进行车体分解、组装、车体外皮油漆等，配置的主要设备有起重机、固定式架车机、公铁两用车、移车台、钩缓拆装设备、车钩拆装设备、升降平台、车门拆装设备、车窗玻璃拆装设备、运输设备等。

定修库一般与临修库合设成定、临修库，主要进行车体年检和列车故障临时修理工作。配置的主要设备有起重机、固定式架车机、三层作业平台、静调电源设备等。

不落轮旋轮库是旋轮设施，主要工作是进行在线旋轮。配置的主要设备是不落轮旋轮车床。

吹扫库主要是对列车定修、大修、架修之前的列车底部吹扫、顶部吹扫。配置的主要设备有列车智能吹扫设备、三层作业平台等。

联合车库由调机库与工程车库组成，主要设备有调机、钢轨打磨车、隧道清洗车、轨网检测车、接触网放线车、平板车等。

静调库主要是对列车检修后的静态调试，主要设备有随车配套的静调设备、静调电源、三层作业平台、限界检查装置等。

辅助生产设施主要有转向架检修、轮对检修、电机检修、簧类、阀类检修、钩缓检修、空调检修、门窗座椅检修、电器检修、空压机、受电弓检修、蓄电池等。配置的主要设备如下：

(1)转向架检修流水线，包括起重设备、升降设备、清洗设备、探伤设备、除锈设备、静载、动载设备等。

(2)轮对检修流水线，包括起重设备、分解组装设备、探伤设备、车轮车床、跑合设备、除锈设备等。

(3)电机检修主要设备有电机性能试验台、综合检测设备、除尘设备、起重设备等。

(4)簧类、阀类检修主要设备有空气弹簧分解组装台、试验台、起重设备、超声波清洗设备、阀类综合试验台、制动软管试验台等。

(5)钩缓检修主要设备有车钩分解组装台、缓冲器拆装翻转架、密接式车钩试验台、起重设备等。

(6)空调检修主要设备有清洗烘干设备、风机性能试验台、动平衡试验台、抽真空设备、冷媒加注回收设备等。

(7)门窗座椅检修主要设备有张紧力检测仪、车门试验台、起重机、清洗机等。

(8)电器检修主要设备有高速断路器试验台、逆变器测试装置、综合电器试验台、起重机等。

(9)空压机检修主要设备有空压机试验台、起重机等。

(10)油压减振器检修主要设备有油压减振器试验台、单柱式校正压装压力机等。

(11)受电弓检修主要设备有受电弓检修台、受电弓试验台、碳滑板切割打磨装置、便携式受电弓测试仪等。

(12)蓄电池检修主要设备有防爆起重机、自动恒流充放电机、充电台、加液机、搬运设备等。

(13)另外还需配置机加工设备、列车轨旁综合检测设备等。列车轨旁综合检测设备一般由受电弓检测设备、轮对尺寸检测设备、轮对擦伤检测设备、车体360度检测设备、热成像设备等组成。

22.6.2 综合维修中心主要设备

综合维修中心由工建车间、机电车间、供电车间、通号车间、自动化车间组成。综合维修中心应满足全线线路、路基、轨道、桥梁、涵洞、隧道、房屋建筑和道路等设施的维修和保养，以及供电、通信、信号、机电、自动化设备的维修和检修工作的需要。配置的主要设备是可移动工器具、救援汽车和救援设备等。

22.6.3 物资总库主要设备

物资总库承担地铁系统材料、配件、设备和机具及劳保用品等物资的采购、存放、发放任务和管理工作。物资总库宜设在大、架修车辆基地内，在定修车辆基地内设置物资分库或材料库。配置的主要设备有起重机、立体仓储设备、搬运设备等。

22.6.4 培训中心主要设备

培训中心配置的主要设备有司机模拟驾驶系统、全自动驾驶实训系统、观摩实训系统、站台站厅实训系统、OCC 调度中心实训系统、车站值班员实训系统、全自动驾驶列车检修培训系统等。

在以上所列设备中，有些设备与土建关系密切，应提前招标，确保后期设计时，与之配套。主要设备有起重设备、洗车机、轨旁检测设备、旋轮设备、司机模拟驾驶系统、立体仓储系统、架落车设备、作业平台、移车台等。

22.7 车辆基地设计实践与认识

截至 2021 年 8 月，西安轨道交通已投入运营了 1 号、2 号、3 号、4 号、5 号、6 号、9 号、14 号线，共计 8 条线路。与之配套的车辆基地有 12 座同期建成投产，尚有 4 座车辆基地正在建设中。正在建设的线路有 8 号、10 号、15 号、16 号线，与之配套的 6 座车辆基地正在建设中。建成及在建车辆基地情况详见表 22.6。

表 22.6 建成及在建车辆基地一览表

序号	线路	名 称	性 质	规 模	占地(总用地/功能用地)(万 m^2)	总建筑面积(m^2)	附 注
1	1 号线	西咸车辆基地	定修段	定修 1 列位、周月检 3 列位、停车列检 32 列位	27.50/18.6	72 482	2013 年 9 月一期投产，2019 年二期投产
2		灞河车辆基地	停车场	周月检 2 列位、停车列检 20 列位(预留 10 列位)	9.30/7.96	25 897	2013 年 9 月一期投产，2019 年二期投产
3		珠泉路车辆基地	停车场	周月检 2 列位，预留 3 列位；停车列检 16 列位，预留 8 列位	13.74/13.47	32 000	建设中
4	2 号线	渭河车辆基地	大、架修段	大修和架修 2 列位(预留 4 列位)、定修 1 列位、周月检 3 列位、停车列检 18 列位(预留 8 列位)	33.45/33.45	101 344	2011 年 9 月投产，目前预留工程正在实施
5		潏河车辆基地	停车场	周月检 2 列位、停车列检 26 列位(目前正在改扩建，扩建规模为周月检 3 列位，停车列检 19 列位)	12.5/12.5	32 810	2014 年 9 月投产，目前扩建工程正在实施
6	3 号线	港务区车辆基地	定修段	定修 2 列位、周月检 4 列位、停车列检 40 列位	27.05/23.6	86 420	2016 年 11 月投产
7		鱼化寨车辆基地	停车场	周月检 2 列位、停车列检 28 列位	15.72/10.6	39 868	2016 年 11 月投产
8	4 号线	航天城车辆基地	大、架修段	大修和架修近期 2 列位、远期 7 列位，定修 2 列位，周月检 4 列位，停车列检 30 列位	40.72/33.9	101 175	2018 年 12 月投产
9		草滩车辆基地	停车场	周月检 2 列位、停车列检近远期 30 列位	16.43/15.02	35 923	2018 年 12 月投产
10	5 号线	和平车辆基地	定修段	定修 2 列位、临修 1 列位、周月检 4 列位、停车列检 34 列位	29.52/25.62	84 129	物业开发，2020 年 12 月投产，盖板面积 129 270 m^2
11		雁鸣湖车辆基地	停车场	周月检 2 列位、停车列检 20 列位、远期预留 8 列位	17.4/12.01	43 056	物业开发，建设中，盖板面积 93 521 m^2
12		西江渡车辆基地	停车场	周月检 1 列位、停车列检 20 列位	18.51/10.23	36 303	2020 年 12 月投产

续上表

序号	线路	名 称	性 质	规 模	占地(总用地/功能用地)(万 m^2)	总建筑面积(m^2)	附 注
13	6 号线	侧坡车辆基地	定修段	定修 2 列位,周月检 4 列位,停车列检 46 列位(预留 6 列位)	37/24.8	170 241	物业开发,2020 年投产
14		纺织城车辆基地	停车场	周月检 2 列位、停车列检 26 列位	12.9/8.94	74 600	建设中
15	8 号线	长鸣路车辆基地	定修段	定、临修 3 列位,周月检 7 列位,停车列检 60 列位	49.7/37.5	197 730	物业开发,建设中,面积含控制中心
16		环园中路车辆基地	停车场	周月检 2 列位、停车列检 30 列位	25.9/17.4	92 794	与 10 号线停车场合建,地下停车场,物业开发
17	9 号线	香王车辆基地	定修段	定修 1 列位、周月检 4 列位、停车列检 29 列位	29.87/29.87	76 192	2021 年投产
18	10 号线	高陵车辆基地	大、架修段	大、架修 4 列位,定、临修 3 列位,周月检 3 列位,停车列检 36 列位	35.77/35.77	151 789	建设中
19		环园中路车辆基地	停车场	周月检 2 列位、停车列检 16 列位	与 8 号线合建	与 8 号线合建	建设中
20	14 号线	艺术中心车辆基地	定修段	定修 2 列位、周月检 4 列位、停车列检 30 列位(预留 8 列位)	32.38/25.29	81 021	2019 年 9 月投产
		陆港车辆基地	停车场	周月检 3 列位、停车列检 24 列位	13.61/10.41	56 367	2021 年 7 月投产,物业开发
21	15 号线	细柳车辆基地	大、架修段	大、架修 4 列位,定修 2 列位,周月检 3 列位,停车列检 28 列位	42.95/35.97	15 5816	物业开发,建设中,盖板面积 200 998 m^2
22	16 号线	沙河滩车辆基地	大、架修段	大、架修 3 列位(预留 3 列位),定修 1 列位,周月检 4 列位,停车列检 16 列位(预留 16 列位)	29.32/29.32	105 127	物业开发,建设中,盖板面积 213 527 m^2

22.7.1 前期建设车辆基地实践

西安轨道交通第一轮建设规划 2004 年编制,2007 年西安轨道交通第一条线路 2 号线渭河车辆段开始建设。截至目前,建成与正在建设的车辆基地共计 22 座。

1. 2 号线车辆基地

2 号线车辆基地有 2 座,分别是渭河车辆段与滈河停车场。渭河车辆段定位大、架修车辆基地,负责 1 号、2 号、3 号线车辆的大、架修工作,是西安轨道交通线网首座车辆基地,如图 22.16 所示。渭河车辆基地设施功能较为齐全,不仅具有车辆段与综合基地的常规功能,还具有三角换向线、综合性练兵线、临时小站台等功能。2 号线车辆基地主要车间面积统计见表 22.7。

表 22.7 2 号线车辆基地主要车间面积统计表

序号	名 称	运用库(m^2)	检修库(m^2)	工程车库(m^2)	物资总库(m^2)	综合楼(m^2)	试车线长度(m)
1	渭河车辆段	28 546.6	34 099.8	2 335.96	与运用库合建	32 822.02	1 365
2	滈河停车场	24 974.18	—	—	—	5 493	—

渭河车辆段设大、架修 2 列位(预留 4 列位),定修 1 列位,临修 1 列位,周月检 3 列位,停车列检 18 列位(预留 8 列位)。目前,渭河车辆段在 2 号线二期中,正在改扩建预留的大、架修列位和停车列检列位。接轨于北客站,出入段线长度约 1 090 m,总占地 33.45 万 m^2,总建筑面积 101 344 m^2。

图 22.16 渭河车辆段总图

滈河停车场设周月检 2 列位、停车列检 26 列位。目前,滈河停车场在 2 号线二期中,正在改扩建,扩建周月检 3 列位,停车列检 19 列位。接轨于韦曲南站,出入场线长度约 1 376 m,总占地面积 12.5 万 m^2,总建筑面积 32 810 m^2。

2. 1 号线车辆基地

1 号线车辆基地有 3 座,分别是西咸车辆段、灞河停车场、珠泉路停车场。珠泉路停车场属 1 号线三期项目,目前正在建设中。西咸车辆段定位定修段,为典型尽端式车辆段,采用尽端式洗车;综合楼布置在运用库尾端,检修库南侧,方便职工生活;是西安轨道交通第一次设置轮对受电弓地面检测设备。1 号线车辆基地主要车间面积统计见表 22.8。

表 22.8 1 号线车辆基地主要车间面积统计表

序号	名　　称	运用库(m^2)	检修库(m^2)	工程车库(m^2)	物资总库(m^2)	综合楼(m^2)	试车线长度(m)
1	西咸车辆段	32 726.08	7 506.8	1 672.56	4 209.9	23 937	1 345
2	灞河停车场	19 399.97	—	—	—	4 383.45	—
3	珠泉路停车场	16 723.60	—	—	—	10 199.76	—

西咸车辆段设定修 1 列位、临修 1 列位、周月检 3 列位、停车列检 18 列位(预留 8 列位)。接轨于后卫寨站,出入段线长度约 957 m,总占地 27.5 万 m^2,总建筑面积 72 482 m^2,布置总图如图 22.17 所示。

灞河停车场设周月检 2 列位、停车列检 20 列位(预留 10 列位)。接轨于纺织城站,出入场线长度约 576 m,总占地面积 9.3 万 m^2,总建筑面积 25 897 m^2。灞河车辆基地与正在建设的 6 号线纺织城车辆基地共址。

珠泉路停车场属 1 号线三期工程,目前正在建设中。设周月检 2 列位,预留 3 列位,停车列检 16 列位,预留 8 列位。接轨于秦都站,出入线长度 1 270 m,总占地面积 13.74 万 m^2,总建筑面积 32 000 m^2。

3. 3 号线车辆基地

3 号线车辆基地有 2 座,分别是港务区车辆段和鱼化寨停车场,其主要车间面积统计见表 22.9。

港务区车辆段定位定修段,其出入线紧邻试车线布置,减少了出入线与试车线的三角地,在临修线上采用了固定式架车机检修工艺,首次采用带气压自动翻板的钢结构检修作业平台,首次在车辆段内预留了中水回用系统。车辆段受马兰新村回迁影响,用地长度不足,运用库只能斜向布置。

鱼化寨停车场设周月检 2 列位、停车列检 28 列位。接轨于鱼化寨站,出入场线长度约 1 400 m,总占

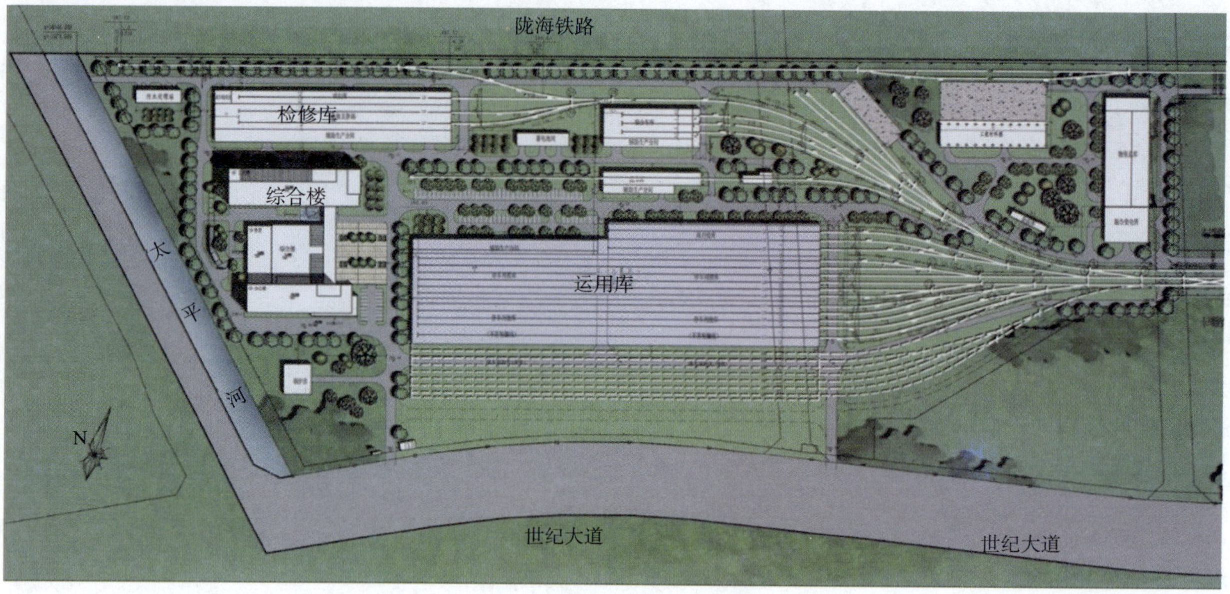

图 22.17 西咸车辆段总图

地面积 15.72 万 m^2，总建筑面积 39 868 m^2，布置总图如图 22.18 所示。鱼化寨停车场是西安轨道交通首次进行上盖开发的车辆基地。

表 22.9 3 号线车辆基地主要车间面积统计表

序号	名 称	运用库(m^2)	检修库(m^2)	工程车库(m^2)	物资总库(m^2)	综合楼(m^2)	试车线长度(m)
1	港务区车辆段	40 196.43	10 720.46	1 676.2	2 651.88	3 228.47	1 130
2	鱼化寨停车场	31 113.47	—	—	—	5 849.86	—

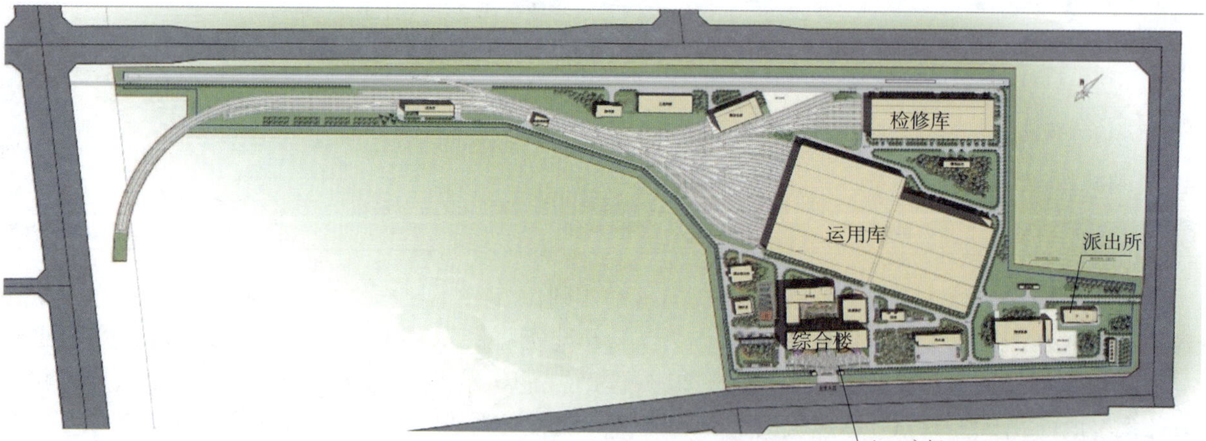

图 22.18 港务区车辆段总图

4. 4 号线车辆基地

4 号线车辆基地有 2 座，分别是航天城车辆段和草滩停车场，总停车规模 60 列位、检修规模 17 列位，是西安轨道交通线网一次建成规模最大的场段。航天城车辆段为线网大、架修车辆段，负责 4 号、5 号、6 号、9 号线车辆的大、架修工作，段内预留有线网物流中心、线网综合维修中心、线网轮对检修中心，航天城车辆段采用尽端式布置方案，"八"字形往复洗车工艺。设计中采用了定位 + 流水的双 U 形大、架修工艺，区间列车检测，空气源热泵等多项新技术，车辆段大、架修库建成后，西安轨道集团与中车长春轨道客车股份有限公司合作将大、架修改成新车组装车间。4 号线车辆基地主要车间面积统计见表 22.10。

表 22.10　4 号线车辆基地主要车间面积统计表

序号	名　　称	运用库(m^2)	检修库(m^2)	工程车库(m^2)	物资总库(m^2)	综合楼(m^2)	试车线长度(m)
1	航天城车辆段	31 829. 24	32 458. 1	2 112. 35	—	21 739. 88	1 219
2	草滩停车场	22 894. 72	—	—	—	5 659. 3	—

航天城车辆段设大修和架修近期 2 列位、远期 7 列位，定修 2 列位，临修 1 列位，周月检 4 列位，停车列检 30 列位。接轨于航天东路站，出入段线长度约 1 551 m，总占地 40. 72 万 m^2，总建筑面积 101 175 m^2。航天城车辆段物资总库设于段内的线网物流中心，布置总图如图 22.19 所示。

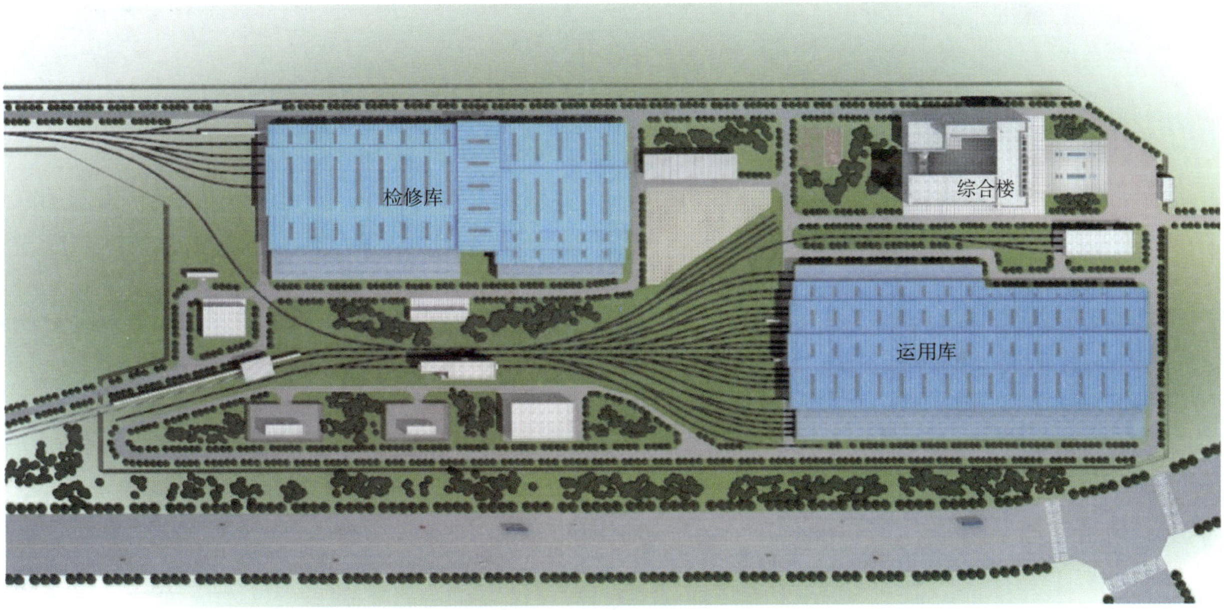

图 22.19　航天城车辆段总图

草滩停车场设周月检 2 列位、停车列检 30 列位。接轨于北客站站，出入场线长度约 2 142 m，总占地面积 16. 43 万 m^2，总建筑面积 35 923 m^2。

5. 5 号线车辆基地

5 号线车辆基地有 3 座，分别为和平车辆段、雁鸣湖停车场、西江渡停车场。和平车辆段定位定修段，为尽端式车辆段，是西安轨道交通首批建成并开通的上盖开发车辆段，首次采用了 5 线跨、4 线跨大跨度框架结构上盖开发方案，首次在地铁工程设计中采用了型钢混凝土 + 钢板剪力墙结构，为后续国内其他车辆基地上盖开发提供了借鉴和参考；首次实现了上盖物业开发盖板与市政上跨路同步建成。雁鸣湖停车场是西安线网建成的第一个两段共址、上盖开发车辆基地，同时实现了上盖物业开发盖板与市政上跨路同步建成；其次解决了地下防空洞、地下弹药库、地下大面积古墓、f_{10}隐伏断裂地裂缝、Ⅳ级湿陷性黄土（湿陷图层厚度 20 ~ 25 m）等不良地质条件下的地基处理方案。5 号线车辆基地主要车间面积统计见表 22.11。

表 22.11　5 号线车辆基地主要车间面积统计表

序号	名　　称	运用库(m^2)	检修库(m^2)	工程车库(m^2)	物资总库(m^2)	综合楼(m^2)	试车线长度(m)
1	和平车辆段	45 978. 57	10 813. 49	与检修库合建	与运用库合建	27 327. 41	1 065
2	雁鸣湖停车场	30 069. 13	—	—	—	11 429. 68	—
3	西江渡停车场	18 867. 05	—	—	—	12195. 90	—

和平车辆段设定修2列位、临修1列位、周月检4列位、停车列检34列位。接轨于阿房宫南站，出入段线长度约1 470 m，总占地29.52万m^2，总建筑面积84 129 m^2，布置总图如图22.20所示。

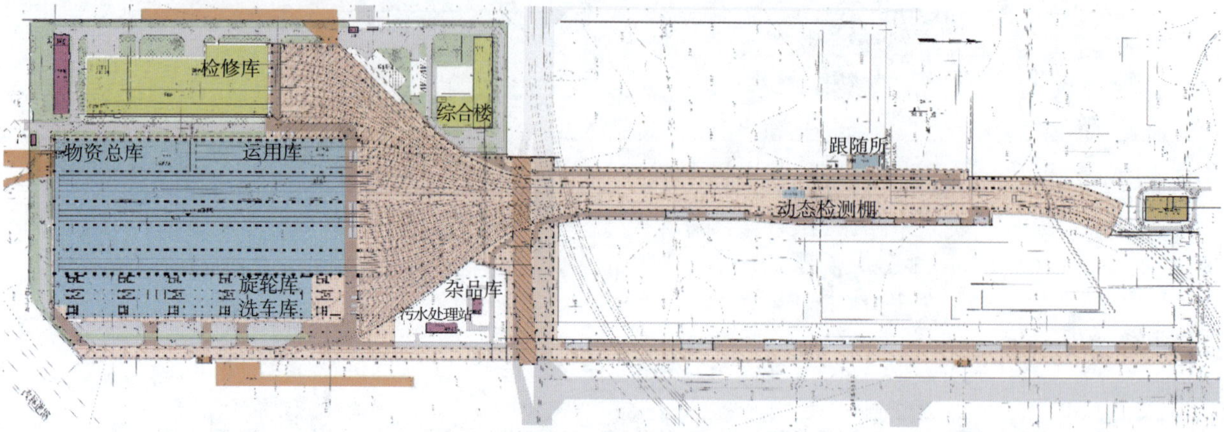

图22.20 和平车辆段总图

雁鸣湖停车场设周月检2列位、停车列检20列位(远期预留8列位)。接轨于马腾空站，出入场线长度约860 m，总占地面积17.4万m^2，总建筑面积43 056 m^2。雁鸣湖停车场与正在建设的8号线长鸣路车辆段共址。

西江渡停车场设周月检1列位，停车列检20列位。接轨于创新港站，出入线长度951 m，总占地面积18.51万m^2，总建筑面积36 303 m^2。

6. 6号线车辆基地

6号线车辆基地共2座，分别是纺织城停车场和侧坡车辆段。纺织城停车场为6号线二期项目，目前正在建设中；侧坡车辆段定位定修段，为尽端式车辆段，与5号线同为第一批上盖开发试点车辆段，是目前西安市轨道交通线网中总建筑规模最大、人防建筑面积最大、工程投资最大的车辆基地。侧坡车辆段地块西侧发现了一处客省庄时期的大型聚落遗址，咽喉区、试车线等工程需从遗址区穿越，为将来同类工程提供了经验。6号线车辆基地主要车间面积统计见表22.12。

表22.12 6号线车辆基地主要车间面积统计表

序号	名　称	运用库(m^2)	检修库(m^2)	工程车库(m^2)	物资总库(m^2)	综合楼(m^2)	试车线长度(m)
1	侧坡车辆段	48 597.6	28 183 (含物资总库)	2 318	3 996	34 161	1 000(未建)
2	纺织城停车场	33 730	—	—	—	8 548	—

侧坡车辆段设定修2列位、临修1列位、周月检4列位、停车列检46列位(预留6列位)。接轨于国际医学中心站，出入段线长度约1 244 m，总占地37万m^2，总建筑面积170 241 m^2，布置总图如图22.21所示。

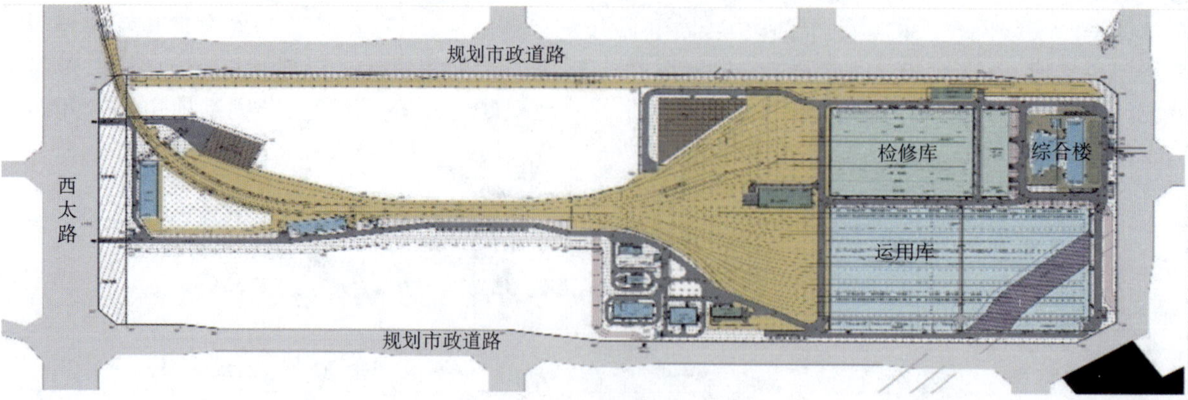

图22.21 侧坡车辆段总图

纺织城停车场设周月检 2 列位、停车列检 26 列位。接轨于纺织城站，出入场线长度约 516. 7 m，总占地面积 12. 9 万 m^2，总建筑面积 74 600 m^2。

7. 8 号线车辆基地

8 号线车辆基地有 2 座，分别是长鸣路车辆段和环园中路停车场，目前均在建设中。环园中路停车场与 10 号线停车场合建，为地下停车场，上部开发。长鸣路车辆段定位定修段，考虑到建设时序的不确定性，预留了架修条件，该段为尽端式车辆段，停车列检规模达到 60 列位，出入线采用“八”字接轨方式。与5 号线雁鸣湖停车场共址，同步物业开发。8 号线车辆基地主要车间面积统计见表 22. 13。

表 22. 13 8 号线车辆基地主要车间面积统计表

序号	名　称	运用库(m^2)	检修库(m^2)	工程车库(m^2)	物资总库(m^2)	综合楼(m^2)	试车线长度(m)
1	长鸣路车辆段	104 662	25 100 预留	3 097	5 310	80 297	1 090
2	环园中路停车场	40 618. 68	—	—	—	15 177. 44	—

长鸣路车辆段设定、临修 3 列位，周月检 7 列位，停车列检 60 列位。接轨于东月路站和新植物园站，出入段线长度分别约为 1 535 m、1 556 m，总占地 49. 7 万 m^2，总建筑面积 197 730 m^2，布置总图如图 22. 22 所示。

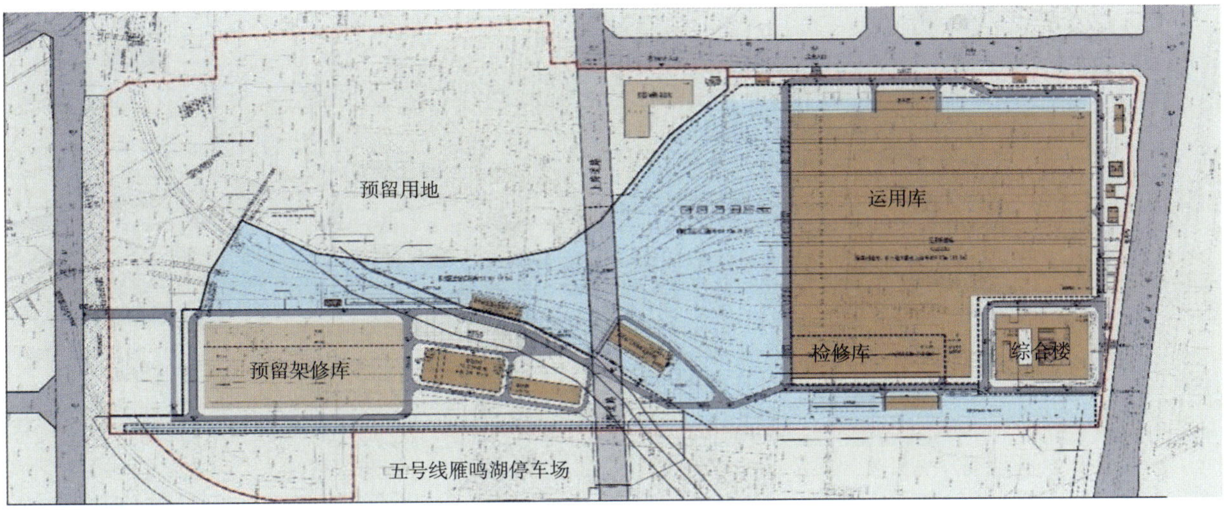

图 22. 22　长鸣路车辆段总图

环园中路停车场是 8 号线与 10 号线共址的车辆基地，设周月检 2 列位、停车列检 30 列位。接轨于杨家庄站和堡子村站，出入场线长度分别约 2 250 m、2 094 m，总占地面积 25. 9 万 m^2，总建筑面积 92 794 m^2，布置总图如图 22. 23 所示。

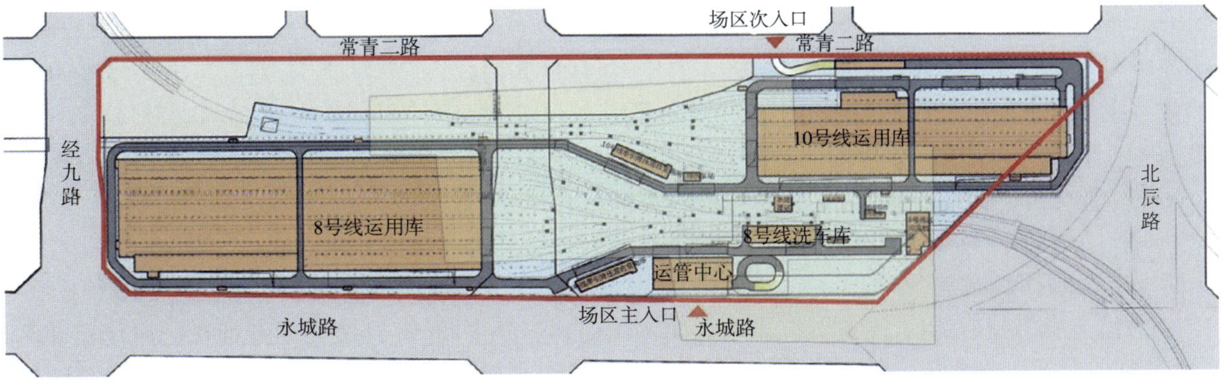

图 22. 23　环园中路停车场总图

8. 9 号线车辆基地

9 号线车辆基有 1 座，为香王车辆段，定位定修段，该段为尽端式车辆段，是西安轨道交通第一个 3P 建设的车辆段。香王车辆段是第一个污水不外排车辆段。9 号线车辆基地主要车间面积统计见表 22.14。

表 22.14　9 号线车辆基地主要车间面积统计表

名　称	运用库(m^2)	检修库(m^2)	工程车库(m^2)	物资总库(m^2)	综合楼(m^2)	试车线长度(m)
香王车辆段	30 404.7	9 814	3 905.97 （含洗车旋轮）	4 273.9 （含工建料棚）	26 372.42	1 170

香王车辆段设定修 1 列位、临修 1 列位、周月检 4 列位、停车列检 29 列位。接轨于香王站，出入段线长度约 770 m，总占地 29.87 万 m^2，总建筑面积 76 192 m^2，布置总图如图 22.24 所示。

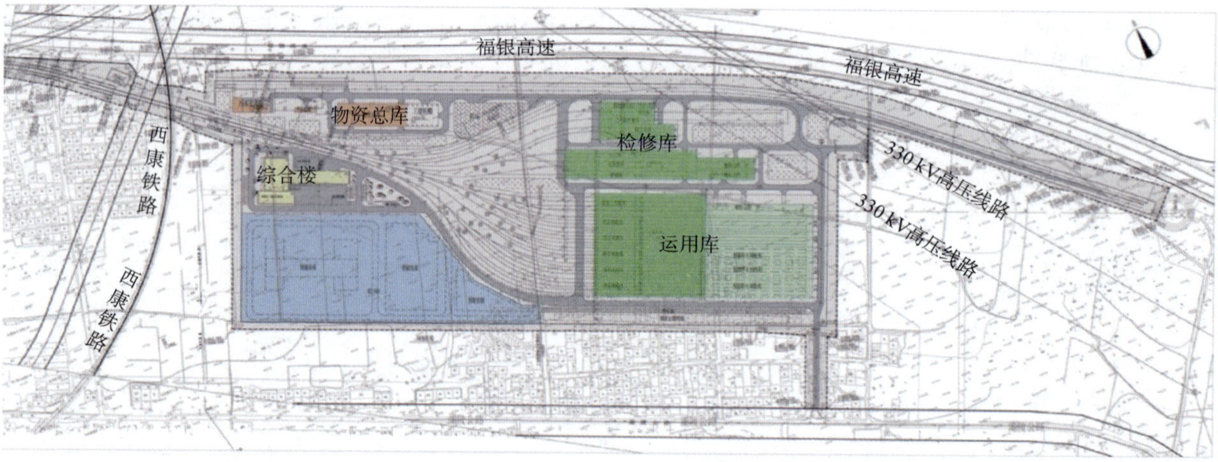

图 22.24　香王车辆段总图

9. 10 号线车辆基地

10 号线车辆基地有 2 座，分别为高陵车辆段和环园中路停车场。高陵车辆段定位大、架修车辆段，负责 10 号、14 号、13 号线车辆的大、架修工作，目前正在建设中。10 号线车辆基地主要车间面积统计见表 22.15。

表 22.15　10 号线车辆基地主要车间面积统计表

序号	名　称	运用库(m^2)	检修库(m^2)	工程车库(m^2)	物资总库(m^2)	综合楼(m^2)	试车线长度(m)
1	高陵车辆段	45 715.9	56 219.52	2 769.07	7 389.76	22 549	1 052
2	环园中路停车场	23 195.85	—	—	—	15 177.44	—

高陵车辆段设大、架修 4 列位，定、临修 3 列位，周月检 3 列位，停车列检 36 列位。出入线采用“八”字接轨方案，分别接轨于榆楚西站和榆楚站，出入段线长度分别约为 900 m、903 m，总占地 35.77 万 m^2，总建筑面积 151 789 m^2，布置总图如图 22.25 所示。

环园中路停车场是 10 号线与 8 号线共址的车辆基地，设周月检 2 列位、停车列检 16 列位。接轨于团结村站，出入场线长度约 1 130 m，总占地面积 25.9 万 m^2，总建筑面积 92 794 m^2。

10. 14 号线车辆基地

14 号线车辆基地有 2 座，分别为艺术中心车辆段和陆港停车场，14 号线先期开通机场机场至北客站段，由陕西省交通厅按城际建设，后纳入 14 号线，与之同期建成投产的艺术中心车辆段定位定修段。14 号线车辆基地主要车间面积统计见表 22.16。

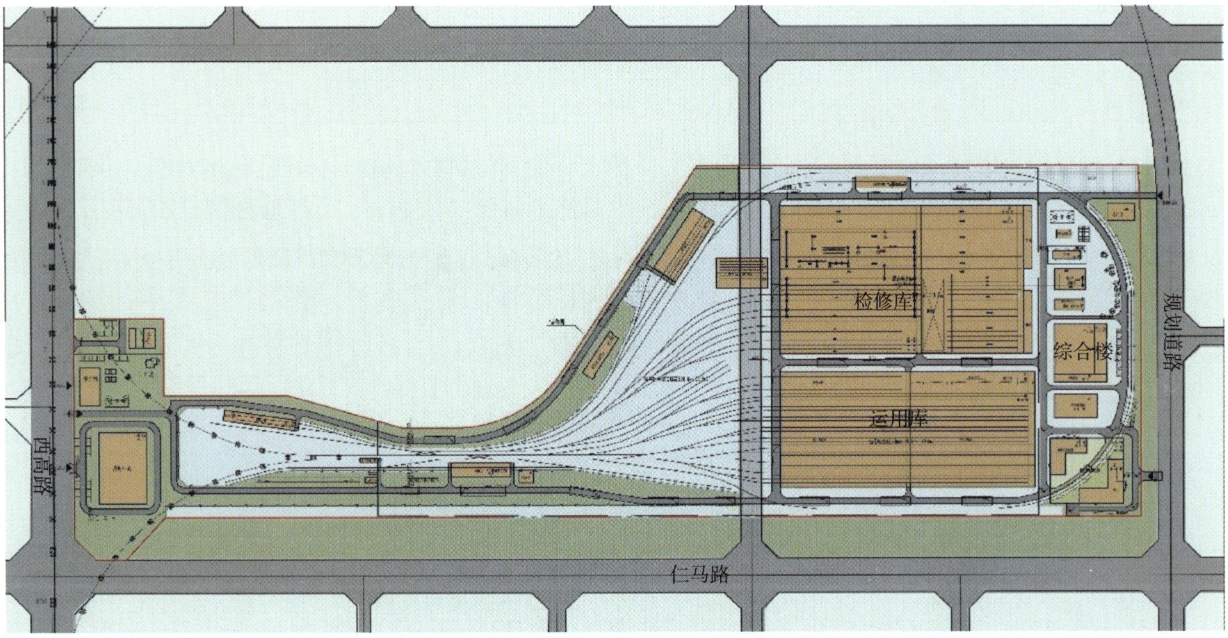

图 22.25 高陵车辆段总图

表 22.16 14 号线车辆基地主要车间面积统计表

序号	名　称	运用库(m^2)	检修库(m^2)	工程车库(m^2)	物资总库(m^2)	综合楼(m^2)	试车线长度(m)
1	艺术中心车辆段	26 001.94	13 656.48	1 585.43	4 433.28	18 500	1 100
2	陆港停车场	35 445.4	—	882.49	—	15 161.24	—

艺术中心车辆段设定修 2 列位、临修 1 列位、周月检 4 列位、停车列检 30 列位(预留 8 列位)。接轨于艺术中心站，出入段线长度约 950 m，总占地 32.38 万 m^2，总建筑面积 81 021 m^2，布置总图如图 22.26 所示。

陆港停车场设周月检 3 列位、停车列检 24 列位。接轨于港务大道站，出入场线长度约 1 040 m，总占地面积 13.61 万 m^2，总建筑面积 56 367 m^2。

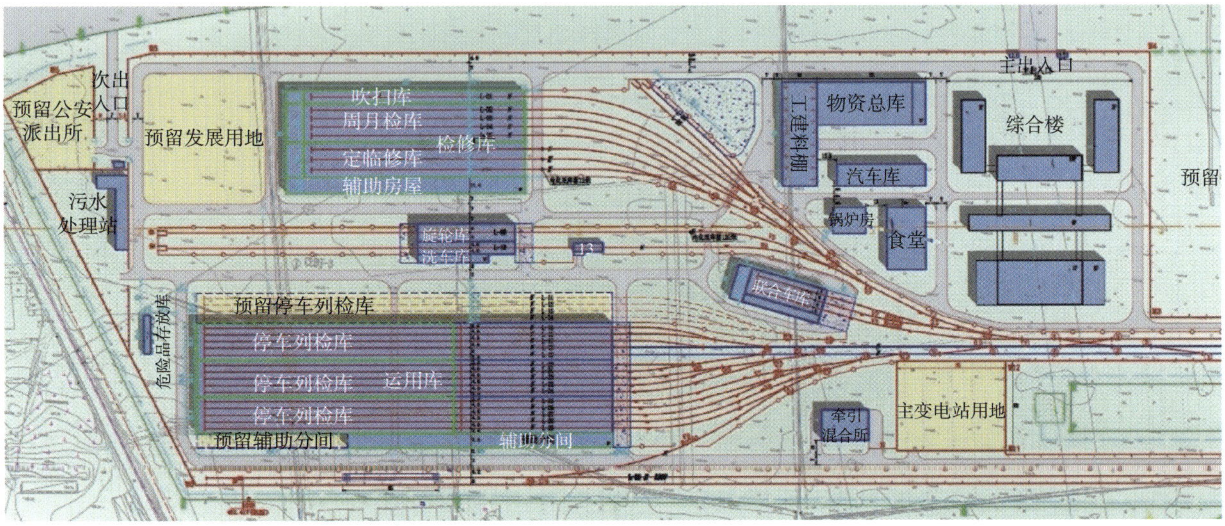

图 22.26 艺术中心车辆段总图

11. 15 号线车辆基地

15 号线车辆基地有 1 座，为细柳车辆段，定位大、架修车辆段，负责 7 号、15 号线车辆的大、架修工作，目前正在建设中。15 号线车辆基地主要车间面积统计见表 22.17。

表 22.17 15 号线车辆基地主要车间面积统计表

名 称	运用库(m^2)	检修库(m^2)	工程车库(m^2)	物资总库(m^2)	综合楼(m^2)	试车线长度(m)
细柳车辆段	57 162	53 004	2 502	3 679	31 965	1 200

细柳车辆段设大修和架修 4 列位、定修 2 列位、临修 1 列位、周月检 3 列位、停车列检 28 列位。接轨于经三十八路站，出入段线长度约 1 200 m，总占地 42.95 万 m^2，总建筑面积 155 816 m^2，布置总图如图 22.27 所示。

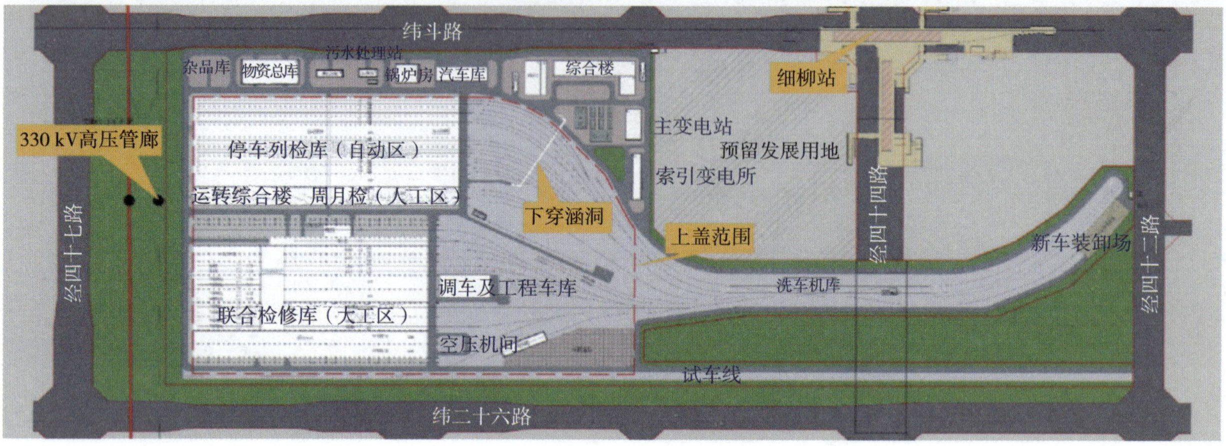

图 22.27 细柳车辆段总图

12. 16 号车辆基地

16 号线车辆基地有 1 座，为沙河滩车辆段，定位大、架修车辆段，负责 16 号、17 号、18 号、19 号线车辆的大、架修工作。沙河滩车辆段是西安轨道交通三期规划建设最靠前的车辆段，是西安轨道交通首条按全自动运行设计的车辆段，同时是西安轨道交通第一个考虑上盖物业开发的大、架修车辆段。沙河滩车辆段设计采用了绿色建筑、干热岩采暖、海绵城市等新技术，目前正在施工中。16 号线车辆基地主要车间面积统计见表 22.18。

表 22.18 16 号线车辆基地主要车间面积统计表

名 称	运用库(m^2)	检修库(m^2)	工程车库(m^2)	物资总库(m^2)	综合楼(m^2)	试车线长度(m)
沙河滩车辆段	28 840.24	32 295.51	3 292.24	2 588.76	20 166.25	1 167.4

沙河滩车辆段设大修和架修 3 列位(预留 3 列位)、定修 1 列位、临修 1 列位、周月检 4 列位、停车列检 16 列位(预留 16 列位)。接轨于能源三路站，出入段线长度约 1 615 m，总占地 29.3 万 m^2，总建筑面积 105 127 m^2，布置总图如图 22.28 所示。

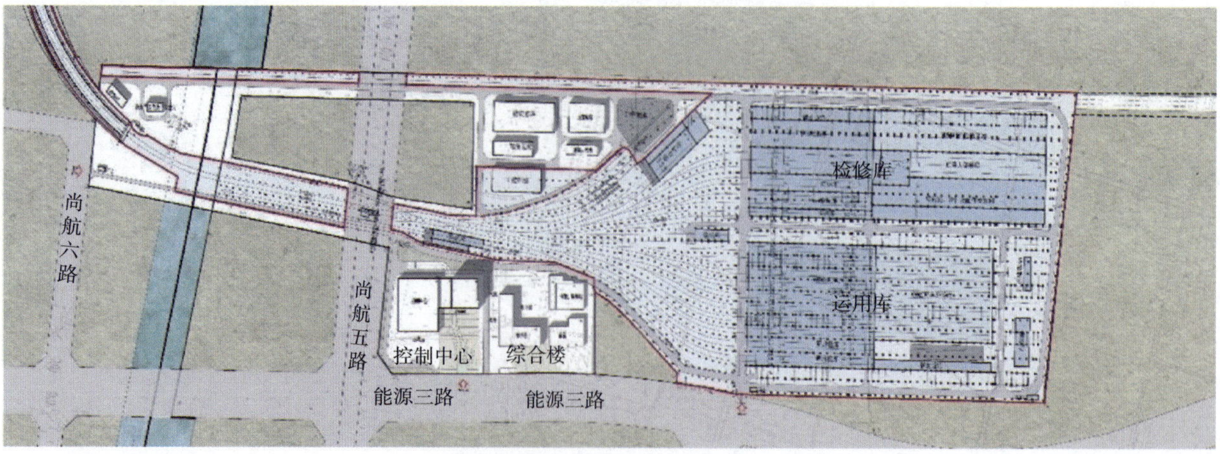

图 22.28 沙河滩车辆段总图

22.7.2 车辆基地设计认识

随着西安轨道交通多条线路的开通运营，配套的车辆基地落地投产，对车辆基地设计的复杂性、多样性认识逐渐增强。回顾整个设计、配合施工过程，从规划、选址、可研、报规、初设、施工图、报建、招标、施工、验收等各方面全方位介入，对车辆基地设计实践与认识有了新的提高。

1. 规划设计阶段，落实大宗用地，完善资源共享研究

线网规划阶段结合线网资源共享研究完成车辆基地规划，在建设规划阶段落实车辆基地选址，可研阶段取得规划选址意见书，初步设计阶段落实规划定点，开展征地拆迁等工作。

2. 充分认识车辆基地的重要性，其对运营影响巨大

车辆基地是运营的核心，一个好的车辆基地设计能最大限度满足运营需求。在符合城市总体规划的条件下，车辆基地设计应在用地范围、建设标准、功能完善等方面充分考虑运营需求，建设成高标准的车辆基地。

车辆基地是运营的基础，在建设初期就应开工建设，应在线路通车前建成，提前量需保证运营人员培训、试练、列车入场、试验等所需时间，保障线路顺利开通运营。

3. 上盖物业开发的车辆基地应统筹协调考虑，统筹设计、施工，同步推进

西安轨道交通 5 号线和平车辆段和 6 号线侧坡车辆段，初步设计及第一版施工图均按无开发设计，施工图基本完成后，西安轨道集团落实市政府提高土地利用率要求，提出上盖物业要求。由于建成通车时间已定，在有限的设计周期内，进行了上盖方案规划设计、详细设计、下部方案调整初步设计、施工图设计，还包括消防性能化设计等，统筹协调考虑，保证了线路顺利开通运营。

4. 减少对城市交通影响

车辆基地占地大，对城市交通有一定影响，设计时充分考虑规划道路上跨或下穿车辆基地咽喉，避免或减少对城市交通的影响。

5. 及时开展关键设备的招标

关键设备是指与土建关系密切的设备，如：起重机、地坑式架车机、洗车机、不落轮旋床、轮对受电弓动态检测设备、作业平台等。关键设备如未能及时招标，无法进行设计联络，导致无法进行精细化设计，影响土建施工进度。

6. 加强车辆基地建设接口管理

车辆基地设计接口复杂，涉及多专业联合设计，除车辆基地本体多专业外，还与通信、信号、供电、轨道等各系统有接口。一个专业发生变化，将影响多专业产生变更。专业设计变化难以避免，接口管理要做到将变化及时传递到受影响的每一个专业。

7. 及时确定车辆段主要建筑外立面装修方案

车辆基地外立面效果历来是大家关注的重点，反复修改，难以最终确定，给设计工期带来压力。建筑外立面设计还应注意对改扩建的影响，车辆基地设计按近期实施工程，按远期预留发展条件，近期的外立面装修方案，不应影响远期的改扩建。

22.8 车辆基地新技术应用及展望

2018 年 12 月，新型基础设施建设（简称“新基建”）首次出现在中央经济工作会议中。2020 年 4 月 20 日，国家发改委在新闻发布会上首次明确了新型基础设施的范围，同时为轨道交通行业发展指明方向，即应用互联网、大数据、人工智能等技术，实现转型升级，形成融合型的基础设施。

与此同时，中国城市轨道交通协会发布了《中国城市轨道交通智慧城轨发展纲要》，该纲要指出，“以发展智能化自主化建设智慧城轨为主线，助推交通强国建设”为工作思路，奉行“交通强国、城轨担当”使命感，推进智慧城轨建设。

经分析，车辆基地新技术应用可考虑内容如图 22. 29 所示。

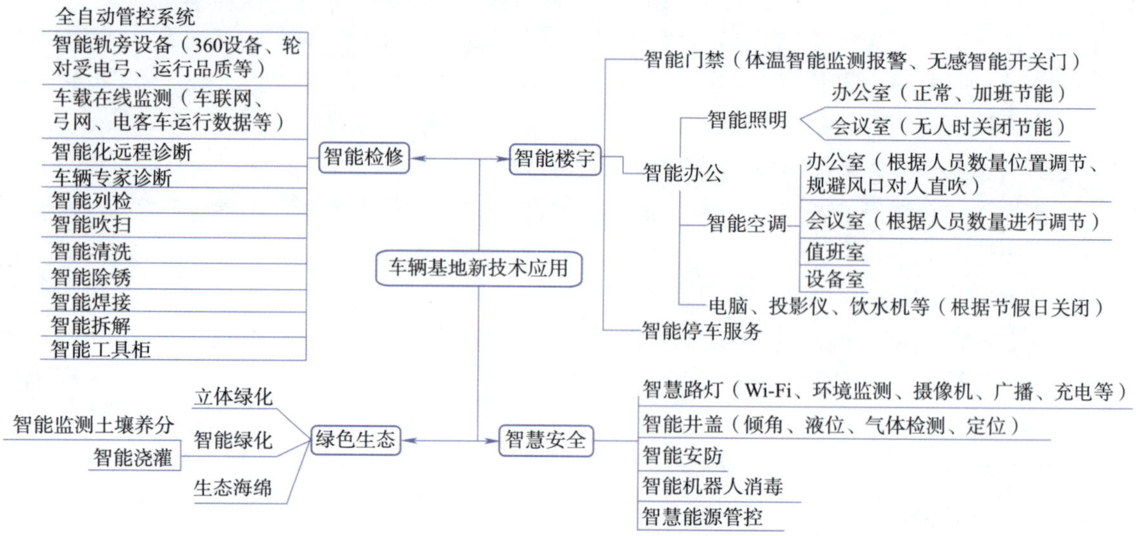

图 22. 29 车辆基地新技术应用思维导图

22. 8. 1 智能运维总体思路

1. 检测设备代替人工

通过在轨旁安装检测设备、采用智能检修设备，代替人工检测，节省人力成本同时通过检测设备的并行作业，提高检修效率。

2. 部件全寿命周期跟踪管理

通过车载设备的监测，跟踪关键部件的状态和性能变化情况；通过离散的日常检测，对比跟踪检测项点的变化过程和失效形式。

3. 业务综合管控与安全保障

通过物联网技术将作业过程中的设备进行逻辑关联，包括库门、安全作业平台门禁/接地/供断电、不落轮旋床、牵引车、智能仓库、物料配送装置、周界安防系统等，同时进行人员跟踪、列车定位跟踪、异常入侵跟踪，保障检修业务的顺利执行和提供绝对的安全保障。

4. 设备智能化远程控制

通过列车和设备的升级改造，建立监控平台与设备作业的连接控制关系，逐步形成通过监控平台直接下达和控制调车与设备作业执行，包括车辆运行远程控制、库门远程控制、远程供断电控制、远程接地控制、不落轮旋床/洗车机作业控制等，最终形成物理层自动化、智能化作业管控。

22. 8. 2 智能运维技术方案

车辆段智能运维总体系统包括四个部分，分别为智能感知系统、服役安全保障系统/大数据平台及 AI、业务执行装置及系统、应用系统，如图 22. 30 所示。

智能感知系统：整个系统的前提，用于监测和检测列车相关状态数据，分别识别并感知列车环境、设备、人员，并通过车载集成采集主机，实现故障实时预警报警和车地数据传输。

服役安全保障系统/大数据平台及 AI：整个系统核心技术手段，用于实现设备健康管理和维保决策支撑，实现手段包括状态跟踪、模拟仿真、机理分析、统计分析、模式识别、效能分析；大数据平台及 AI 首先用存储、管理和整合运维过程所产生的大量数据，然后通过 AI 技术挖掘价值信息。（说明：本系统依托国家工程实验室车辆平台建设，进一步进行深化和扩展研究，将成果转化为产业化应用。）

业务执行装置及系统：用于整个调车业务、检修业务、资源管理业务的执行和控制，同时提供状态数据用于整个业务过程执行监管控。

应用系统：整个系统外在价值体现形式，用于指导业务系统计划、执行、监管等，主要覆盖检修生产指挥、维修作业、资源配送等。

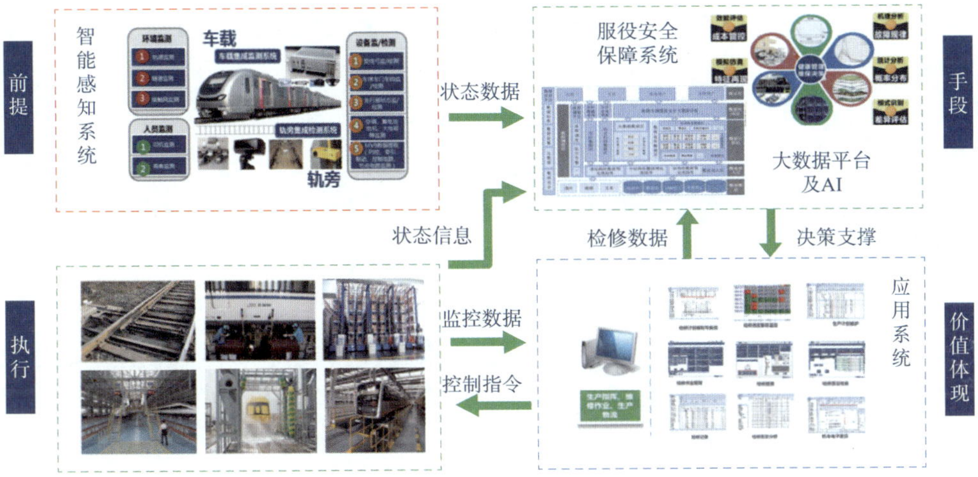

图 22.30 车辆段智能运维总体系统图

第 23 章　车辆基地建筑及空间综合开发利用

23.1　建筑设计

23.1.1　设计原则

1. 以规划、景观、建筑三位一体的整体化规划设计原则

在满足车辆基地工艺要求的前提下，充分运用规划、景观、建筑三位一体的整体化规划设计手法，强调生态和环境优先的理念，充分利用独特的自然条件，营造绿色生态化办公建筑和具有西安特色的山水园林环境，体现人与自然、建筑与自然的和谐交融。

2. 功能分区明确，分区内建筑集中布置

总平面设计结合工艺站场布局，将厂区划分为办公区和生产区。办公区紧邻主入口，对外联系方便。房屋尽可能集中布置，集约用地。生产区布置在次入口附近，结合管线综合、规整用地、工艺生产布置顺畅的原则，合理布置生产辅助房屋。

3. 提升办公区重点建筑的景观质量

综合办公楼布置在距离主入口较近处，楼前设置绿化广场和小品景观，形成视觉焦点，精心塑造建筑外部空间节点，使职工在步行时能从不同角度感受景观的细节与内涵，提升办公场所环境。

4. 构建生产房屋的合理空间序列

根据生产工艺需求，对不同的生产建筑进行平面功能设计，构建合理的水平、垂直交通流线以及使用空间，充分表现空间的使用属性，使空间的使用归属感与舒适性得以体现，空间序列清晰明了。

5. 考虑场区及建筑的绿色节能，减少建筑能耗

场区内办公及生产建筑均应考虑绿色节能，适应当地的气候条件，改善建筑室内的生产环境，节约能源，保护环境，做好“三废”处理。

6. 建筑造型与当地特色和谐统一

场区建筑立面风格力求简洁大气，彰显地铁建筑特征，符合轨道交通建筑的特点；建筑造型力求新颖、美观，充分体现现代建筑的特点，使其与地方特色形成和谐统一。

7. 新技术、新材料的应用

合理利用新材料、新技术，增加建筑的科技技术含量，做到安全经济，实用美观。

23.1.2　主要单体设计要点

地铁车辆基地是保证地铁正常运营的后勤基地，是保证城市轨道交通系统车辆安全运行和提高效率的重要组成部分，从功能上讲是地铁列车的检修、停放和综合维修基地。车辆基地内建筑用房按照功能分为生产及生产辅助用房和办公用房两个类型。其中生产及生产辅助用房主要有运用库、检修库、物资总库、调机车库、工程车库、不落轮旋库、洗车库、工建料棚、轮对动态检测棚、污水处理站、锅炉房、跟随所、杂品库等，办公用房主要有综合楼、培训楼、门卫房等。

场区内生产建筑为工艺生产而服务，其特点与工业建筑类似，内部空间使用需求、构造和外形完全不同于常规房屋建筑，其对功能、灵活性及经济适用性等方面的要求非常高。一个优秀的工业建筑，除必须达到安装设备、日常使用便捷等生产要求外，还必须为生产营造一个良好的劳动空间环境。场区内办公建筑是为整个场区乃至整条线路提供检修服务等功能需求，各工种及设备用房需求较多，需统筹协调整

个用房之间的关系，便于内部人员使用。这些需求均在很大程度上取决于建筑的平面功能、空间组合以及造型等建筑设计手段。

设计要点分析如下：

1. 运用库、检修库、工程车库、洗车库等生产用房

运用库、检修库、工程车库、洗车库等生产厂房多为单层或两层建筑。库区按照使用功能主要分为停放、检修、抢修、洗车等功能生产库区区域及辅助生产办公区域两部分。两部分空间各自独立、相互联系。

运用库生产库区主要承担地铁列车的日常停放、运用、例行检查及内部清洁工作，占地较大。检修库生产库区主要承担地铁列车的大修和架修、定修、临修、吹扫以及静调等工作，功能复杂，内部使用空间净高要求高。工程车库主要承担地铁抢修车辆的停放、抢修等工作，其内部使用空间要求相对较高。洗车库主要承担地铁列车的清洗，功能单一，内部空间设备及室内防水等级要求较高。其余的生产库区根据各线的具体定位配置相应的生产用房。

辅助生产办公区主要为列车检修、维护、乘务员派班等工区人员办公空间以及部分设备用房。办公人员使用房间及设备用房房间应尽量分别集中布置。人员使用房间布置应注重方便与库区空间连通的便捷性，方便库内人员使用。同时，应注重库内人员办公房间室内的采光、通风等物理环境，提高办公人员的舒适性。

2. 物资总库、工建料棚、杂品库等生产物品存放用房

物资总库、工建料棚、杂品库多为单层建筑。物资总库主要承担地铁系统材料、配件、设备和机具及劳保用品等物资的采购、存放、发放任务和管理工作，内部仓储区使用空间净高较高。工建料棚主要为地铁车辆基地内的大件物料存放空间，一般为半开敞空间。杂品库等生产存放用房，主要为氧气、氮气、溶剂型液体等生产用危险物品的存放空间，火灾危险性等级较高，需考虑建筑内部空间存储物品的防爆、泄爆，内部空间的装修标准，以保证生产物资及人员的安全。其余生产物品存放用房应按照车辆基地定位及使用单位的需求，进行配置。

3. 综合楼

(1)功能分区设计

综合楼一般由办公用房、综合维修中心、信号用房、食堂、司机公寓、多功能会议中心及地下车库等组成。

办公用房应按照运营部门组织架构及人员设置需求确定建筑规模。

综合维修中心一般由工建车间、机电车间、供电车间、通号车间和自动化车间组成。根据各车间专业需求确定建筑功能与空间布置，主要专业有供电、轨道、工务、电扶梯、接触网、通信、信号、AFC、FAS/BAS等专业。平面布局应根据车间使用及运营管理需求，车间用房尽量分层集中布置。

食堂由餐厅及厨房操作间、办公等人员用房组成。食堂的规模由车辆基地最大当班人数确定，餐厅桌椅摆放空间应满足人员同时就餐的需求。

司机公寓主要为司乘人员休息使用，应设置单独的出入口及功能分区，确保流线合理，使用便捷。司机公寓参考旅馆建筑房间布局，其疏散路径应独立成系统，不与其他功能分区疏散路径交叉。

多功能会议中心内部空间设计中，注意大空间对外联系使用的便捷性以及密集人员疏散的需求，空间规模根据使用人数确定。

地下车库为综合楼办公人员提供停车需求，停车数量按照车位配比要求进行地下空间的设计。

(2)交通设计

综合楼一般为多层或高层建筑。其交通设计主要分为水平交通和垂直交通体系。

综合楼各层水平交通空间是人员集中之处，特别是首层入口、门厅、大堂、电梯厅是人员集结分流的转换场所，是内部交通的关键部位，要保证高峰时间人员出入顺畅，不出现堵塞和过分拥挤，必须位置合适，入口特征明确，外部环境和朝向良好，人流车流进出便利，面积应能容纳高峰时间人流汇集和通行，保证发生紧急情况时，能安全、快捷疏散人员。入口、门厅等重要空间可以超出交通的最低要求，而创造与

大楼相匹配的空间。

综合楼垂直交通系统，布置在综合楼的核心位置，与门厅、大堂直接联系，也是水、电、通信、空调等设施集中布置的地方。在设计过程中，其位置、大小和各部分之间的关系是建筑设计的关键，决定建筑的使用质量和经济合理程度。

（3）地下室设计

地下室主要为停车区域及设备用房区域，停车区域参照汽车库设计防火规范的有关要求，设备用房区域参照现行标准《建筑设计防火规范》（GB 50016）的有关要求。

汽车库一般采用垂直式停车位，按照紧凑布置、交通便捷的原则设计。柱网间距净宽不小于 7.5 m。

汽车库室内任一点至最近人员安全出口的疏散距离不应大于 45 m，当设置自动灭火系统时，其距离不应大于 60 m。对于单层或设置在建筑首层的汽车库，室内任一点至室外最近出口的疏散距离不应大于 60 m。

（4）人防设计

综合楼属于车辆基地办公人员集中办公场所，需考虑人员掩蔽防护需求，按照现行标准《人民防空地下室设计规范》（GB 50038）以及当地人防部门有关规定，按该楼最大当班人数设置人防工程。车辆基地内不再考虑其他人防工程。

4. 培训中心

培训中心宜单独设置。教室、实验室、图书室、阅览室，以及教职工办公和生活用房应分区设置、使用便捷。司机模拟驾驶装置及其他系统模拟设施应独立设置。

23.1.3 结构设计

（1）车辆基地应采用现行国家及地方工程勘察设计有关标准，必须满足工程建设标准强制性条文的规定。

（2）应考虑车辆基地规划、建筑立面、工期、工程地质和水文地质条件、周边环境影响，通过对技术、经济、环境影响等综合评价，合理选择结构形式和施工方法。

（3）结构设计应安全可靠、技术先进、经济合理，并符合强度、刚度、耐久性的要求，所选用构件宜优先考虑采用当地产品。

（4）地面车辆基地各建（构）筑物主体结构设计使用年限为 50 年，耐久性使用年限为 50 年。控制中心和地下车辆基地主体结构设计使用年限为 100 年。

（5）车辆基地各建筑基础设计以地质勘察资料为依据，基础设计等级、基础形式应根据各建筑及地质实际情况确定。

23.1.4 设备系统设计

1. 给水、排水消防设计

（1）给水系统应包括生产、生活和消防给水系统。排水系统由雨水、生产废水、生活污水系统组成，排水按雨污分流设计。

（2）给水工程设施要安全可靠，要保证各用水点对水量、水质和水压的要求。

（3）排水系统工程应能及时排除段内各车间和办公室产生的污（废）水，污（废）水的排放应满足现行国家和地方标准的要求。

（4）设计中与城市给排水管道接驳，应分别与当地自来水公司和市政管理部门协商，并应协助业主取得书面协议。污水排放标准达到当地和国家环境保护标准的要求。

（5）按现行消防标准的要求设置完善的消防系统。

（6）按现行消防标准的要求设置必要的自动喷水灭火系统。自动喷水灭火系统的设计应符合现行标准《自动喷水灭火系统设计规范》（GB 50084）的要求。

(7)按现行标准《建筑灭火器配置设计规范》(GB 50140)规定在相关房屋中配置手提式灭火器。

2. 通风空调、采暖设计

(1)对于检修厂房,应考虑利用侧墙开窗,采取自然通风方式通风。若自然通风达不到要求时应设机械通风。库内空气环境条件应满足现行标准《工业企业设计卫生标准》(GBZ 1)、《民用建筑供暖通风与空气调节设计规范》(GB 50736)和《工业建筑供暖通风与空气调节设计规范》(GB 50019)要求。

(2)办公楼、公寓等房屋以及有空调要求的工艺用房设置空调设施。考虑夏季供冷、冬季采暖,工艺设备用房和办公管理用房的通风空调系统分开设置,工艺设备用房的空调系统考虑备用。

(3)工艺设备用房通风空调系统正常运行时,能为工艺设备用房提供合适的温度、湿度、空气含尘浓度等运行条件;火灾时能迅速转到预先设定的火灾运行模式。

(4)采暖热源的选择,根据段址周围的资源情况、环境保护、能源效率等要求,经过经济分析比较确定。

3. 动力照明

(1)低压配电与照明设备容量按远期最大负荷设计。低压配电与照明的设计应安全可靠、经济适用、技术先进、操作方便并具有一定的灵活性。

(2)自变压器二次侧至用电设备之间的低压配电级数不超过三级。

(3)动力配电系统采用以放射式为主、树干式为辅的配电方式。

(4)车辆基地内建筑物均设防雷保护,各建筑物的防雷等级及防雷措施根据建筑物性质,经计算后确定。

23.1.5 设计实践和认识

(1)轨道交通1号、2号、3号、4号线建设受限于当时西安经济发展情况,车辆基地均采用平面建筑布局+预留白地开发条件的设计思路。车辆基地内各建筑分区域集中布置,方便运营各部门使用;充分利用场区内部空间,提升绿化景观;坚持现代简洁建筑立面风格,形成比较统一的西安地铁车辆基地办公建筑形象。

(2)轨道交通5号、6号、8号、10号、14号、15号、16号线的上盖开发车辆基地设计,统筹考虑了盖上开发方案与盖下设计方案。总平面布置及各单体平面布置,结合物业开发开展一体化设计,保证了使用功能和规模需求。今后车辆基地应结合周边地形条件,总平面布置时需研究向竖向发展,库区上下叠加组合方式、库区与办公上下组合方式、库区与上盖物业开发组合方式,以提高城市土地利用效率,但必须满足生产工艺及使用要求。

(3)当盖上物业开发与盖下车辆基地不同步实施时,结构需统筹设计,下部充分考虑上部建筑的荷载,同时还应考虑后期盖上物业开发工程实施的施工荷载等,做好预留结构的保护。

(4)盖上物业、盖下车辆基地应设置独立的人行和汽车出入口,考虑到盖上、盖下的分期实施,当盖下车辆基地投入使用时,应考虑盖上的施工便道,施工便道不应影响盖下车辆基地的运营使用。盖上、盖下的人员疏散出口应各自独立、互不干扰,盖上物业的人员疏散通路不应经过基地设施范围进行疏散。

(5)车辆基地结构设计转换层设置在盖板以上,应盖上盖下整体设计。转换层可采用梁式、桁架式、空腹桁架式、箱形和板式转换层。物业开发结构柱、剪力墙等需要落地时,应以不影响盖下工艺间距要求为前提,确保各通道的尺寸要求。车辆基地咽喉区上盖一般以景观或者低层建筑为主,不宜进行高强度开发,避免物业开发立柱尺寸过大,遮挡司机视线,咽喉区立柱宜采用圆形柱。

(6)目前国内大多数城市正在积极实施车辆基地上盖物业开发,大家都在努力探索设计理论和建设评价方法的创新,着力解决结构、环境、交通、市政、绿化、消防等问题。西安轨道集团正全力将车辆基地建设拓展到多层次、多空间的一体化开发,打造高品质的城市空间。

23.2　空间综合开发利用

23.2.1　设计原则与标准

(1)贯彻集约利用土地的原则,从提高工艺水平、优化结构选型等方面对车辆基地进行规模控制。

(2)上盖建筑与车辆基地应一体化设计。板地作为上盖建筑与车辆基地之间竖向叠加的分界面,上、下方功能应合理布局,相互独立,互不干扰。

(3)上盖建筑应确保车辆基地功能定位、工艺需求的实现,并满足车辆基地总图布置、车辆运营、检修工艺、最小净空及限界等要求。同时应结合车辆基地内外道路的合理接驳及相关市政配套设施的规划,进行技术经济比较和效益分析。

(4)车辆基地设计应以实现段内作业及收发车作业等功能最优为前提,统筹考虑上盖开发需求;上盖开发及盖下车辆基地设计应保证车辆基地工作人员的办公及生活条件。

(5)盖板柱网与线路设计统筹考虑,满足限界要求。

(6)合理安排各类建筑布局,为盖下车辆基地提供良好的采光、通风条件,保证基地内作业人员身体健康和环境质量。

(7)车辆基地上盖开发应符合城市总体规划、土地利用规划、环境功能区划、水源地保护规划等相关规划,选址合理,开发有度,避免产生显著环境影响。

23.2.2　主要设计要点

1. 建筑设计

(1)车辆基地应做到车辆基地功能区与上盖开发区的消防、交通、管理等各自独立,互不干扰。

(2)车辆基地上盖板地敞口处的设置,应满足消防排烟及火灾扑救等防灾需求,但不宜在轨行区上方开口,以避免平时坠落物对轨道及接触网等设施的不利影响。

(3)车辆基地内应适当考虑绿化,盖板敞口区应尽量结合上盖景观进行隐蔽处理。

(4)车辆基地的建筑立面风格,应考虑与上盖开发建筑立面的整体协调性。

(5)上盖开发应保证车辆基地功能需求、设计规模的实现,并满足车辆基地总图布置、车辆运营、检修工艺、最小净空及限界等要求。

(6)上盖开发应与车辆基地及相邻站点同步设计同步建设。当分步实施时,车辆基地上盖区屋顶应做好屋面防水、保温层等构造措施,保证盖体下方正常使用。

(7)上盖夹层小汽车库结构宜与车辆基地同步建设,以避免后期上盖建设对车辆基地的影响及产生大量废弃工程。

(8)上盖开发建筑设计中应充分考虑上盖绿化的覆土深度、排水要求,确保植物正常生长,同时盖板边缘下方大库外侧立面应考虑临街的景观处理,或通过临街落地开发等形式进行遮挡。

2. 消防设计

(1)上盖开发车辆基地的消防设计,应统筹考虑板地上、下部分的功能,且上、下部分各自独立、互不影响,物业开发与车辆基地的火灾报警控制中心应相互连通,保证火灾时实现信息互通,但各自对本区域消防系统进行控制。

(2)盖板耐火极限满足3 h。

(3)将车辆基地内按照不小于消防车道面积的25%上方开敞的消防车道作为人员疏散的准安全区,库区内的人员可以先疏散至消防车道,然后经过消防车道疏散至室外。

(4)板地上、下部不应设置甲、乙类火灾危险性的生产区域及存储甲、乙类物品的库房区域。

(5)不得设置盖下通往盖上建筑内部的洞口和井道等,由于工艺要求必须连通的电缆管道,其井壁的耐火极限不应低于3 h,且需在每层楼板的穿管处进行防火封堵,井道上检修门应采用甲级防火门。

(6)对于现行规范及标准中未明确的内容,应考虑进行特殊消防设计,通过消防安全评估和专家论证会的形式,确认消防设计的可行性。

3. 结构设计

(1)盖下车辆基地的结构设计宜与上盖建筑同步进行,应考虑上盖建筑的荷载、结构布置等因素,并宜避免形成抗震超限结构。

(2)车辆基地的结构形式应兼顾车辆基地的正常使用功能及上盖建筑的特点进行综合考虑,优先考虑框架结构或框剪结构形式,必要时也可采用减隔振结构形式。选用框剪结构形式时,其剪力墙布置应在总平面图、站场设计时提前考虑。上盖建筑与车辆基地竖向构件宜上下连续贯通,当上部竖向构件无法贯通落地时,可利用板地或上盖平台设置结构转换层。

(3)车辆基地对应上盖建筑的抗震设防类别宜为标准设防类,也可为重点设防类,不应为特殊设防类。盖下车辆基地的抗震设防类别不应低于对应上盖建筑的抗震设防类别。

(4)车辆基地对应上盖建筑宜均衡布置,其单体建筑的平面形状及竖向布置宜规则,并与下部车辆基地结构布置相协调。上盖建筑不宜采用严重不规则的建筑形体。

(5)上盖建筑宜与下部车辆基地同步建设。不能同步建设时,车辆基地应充分考虑上盖建筑开发方案进行结构预留,并作为上盖建筑开发用地出让前置条件。

(6)结构伸缩缝的最大间距可较《混凝土结构设计规范》(GB 50010—2010)要求适当放松,但不宜大于200 m,并应根据车辆基地工艺、上盖建筑布置、结构平面规则性、伸缩缝间距等因素确定。结构顶板的温度作用应按综合温差计算。综合温差包括季节温差、混凝土收缩当量温差。

(7)车辆基地盖板的顶梁、板应满足3 h耐火极限要求;当无其他可靠依据时,可采用结构抗火有限元计算分析方法,确定其混凝土保护层厚度,并根据受力程度进行划区域计算。

(8)应根据当地的水文地质特点,进行车辆基地地基基础形式设计。上盖开发的咽喉区基础形式一般可选桩基础,具体桩型应综合考虑成桩工艺、经济性、施工工期及环境保护等因素。

(9)盖下结构材料的选用,宜采用高强度混凝土,高强度钢筋、钢材。

4. 通风空调与供暖设计

(1)车辆基地及上盖开发区应各自独立设置通风空调及供暖系统。

(2)热源结合项目周边能源情况综合考虑,上盖开发的车辆基地应优先采用市政供热。

(3)板地上、下的通风、空调及相应管线等,应分别设置在各自的空间内。如必须设置在另一方空间内时,应设置相应的安全防范措施和独立的检修通道。

(4)板地上建筑的设备管廊或管沟宜采用自然通风的建筑形式。当无法采用时,应设置机械通风。

5. 给排水设计

(1)车辆基地板地上、下应采用独立水源,分别从市政给水管道接出,并设置计量水表。

(2)板地上建筑市政给水引入管处的计量水表应设置在开发范围内。

(3)板地上、下应分别设置独立的排水系统。

(4)为便于管理,为板地上服务的给水、雨水、污水管道不应进入板地下运营管理区域,必要时可设置高架管沟、埋地管沟,连接板地上下的通道、板地上的设备管廊应有排水措施。

(5)板地上方的排水集水坑,其板底面不应低于板地梁底。

(6)板地上下不同步实施时,应考虑过渡期雨水排放的临时措施,过渡期屋面雨水的降雨重现期按现行标准《地铁设计规范》(GB 50157)执行。

6. 动力照明设计

(1)上盖开发车辆基地,板上、板下变配电系统应按照互不干扰、相互独立的原则进行设计,且上盖开发所需电气用房均应在盖上设置。

(2)上盖开发车辆基地,消防设计应以上盖盖板为界限,采用两套独立的消防设施,板上消防配电系统参照现行标准《建筑设计防火规范》(GB 50016);板下消防配电系统执行现行标准《建筑设计防火规范》(GB 50016)和《地铁设计防火标准》(GB 51298)。

(3)上盖开发车辆基地,由于盖板下自然采光条件有限,可通过设置自然光引导、人工照明进行照度补充,照度标准参考现行标准《建筑照明设计标准》(GB 50034)、《城市轨道交通照明》(GB/T 16275)等相关标准。

(4)上盖开发车辆基地,盖下车辆基地电气设计应考虑同步实施盖板的兼容性及开发建设时序,为盖上物业开发预留防雷、接地引下条件。板上物业开发不与车辆基地同步实施时,应考虑上盖的临时防雷措施。

(5)上盖开发车辆基地,室外电气管线敷设可采用电缆管沟(隧道)、过轨穿管及电缆桥架相结合的方式。

7. 环保设计

(1)上盖开发车辆基地项目应编制环境影响评价报告书,并且设计施工中应遵照环评报告的相关要求执行。

(2)轨道交通车辆行驶时对上盖开发的住宅、学校等敏感建筑的影响应符合现行标准《城市轨道交通(地下段)列车运行引起的住宅室内振动与结构噪声限值及测量方法》(DB 31/T470)、《城市轨道交通引起建筑物振动与二次辐射噪声限值及其测量方法标准》(JGJ/T 170)的规定,其他设备对敏感建筑的影响应符合现行标准《工业企业厂界环境噪声排放标准》(GB 12348)的规定。

(3)上盖开发区域环境质量执行《环境空气质量标准》(GB 3095—2012)二级,声环境质量执行标准和振动标准应根据声环境功能区划确定,若所在区域尚未划定声功能区划,则原则执行《声环境质量标准》(GB 3096—2008)2类和《城市区域环境振动标准》(GB 10070—88)混合区标准类别。

(4)上盖开发的环境保护措施应综合考虑车辆基地车辆进出噪声、振动影响及基地日常作业产生的环境影响(生活污水和生产废水、大气、设备噪声等)。在开展振动与噪声专项测试或评估的基础上,制定可行的减振降噪设计,首先应针对车辆基地(除轨道交通车辆以外)采取减振降噪等源头控制措施。

(5)车辆基地采取轨道减振措施仍不能达到相应标准要求时,上盖开发需根据实际条件采取减振沟、连续排桩等传播途径减振措施,或盖板基础减振、上盖建筑基础减振。

23.2.3 设计实践和认识

随着我国经济的高速发展,城市化进程不断加快,在城市土地日益紧张的今天,有效利用车辆基地其上部空间,将厂房与民用建筑在保证各自使用功能的前提下有机结合,对集约用地、发展经济、确保社会和环境和谐可持续发展具有积极促进作用。2018年西安市政府对轨道交通建设提出:转变观念,创新思路,借鉴先进经验,树立"轨道交通引领城市发展"的理念,打破单一建设轨道交通的思维,加大车辆基地综合开发力度,最大限度发挥地铁项目带动城市发展的良好效应。基于对上述指示和要求的落实,西安于2019年对轨道交通5号、6号线已开工的车辆基地进行了上盖综合开发首次试点,对第三期建设规划中各线车辆基地均实施上盖开发。现将上盖开发车辆基地设计认识总结如下:

(1)建设规划阶段。业主单位投资发展部门应结合西安市国土空间规划和相关专项规划,以及城市未来房地产发展趋势,综合分析车辆基地与交通系统关系,以及用地权属、道路交通、公共设施配套、开发强度、经济效益等,参与编制《轨道交通沿线用地调整规划》,明确上盖开发意向。原则上车辆基地应位于轨道影响区范围内,业主单位建设部门应在后续规划设计过程中,保持该车辆基地与轨道交通站点之间便利、安全、高品质的步行联系,保障其开发建设与轨道交通建设及运营形成合力。

(2)工程可行性研究阶段。业主单位投资发展部门应以《轨道交通沿线用地调整规划》为依据,积极参与编制《城市轨道交通沿线的综合开发规划》,针对拟实施车辆基地上盖开发的项目同步开展项目建议书(立项)和工程可行性研究的编制报审,并将此项目批复情况纳入所在轨道线路工程可研报告中一并上报、审批。

(3)初步设计阶段。业主单位土地拓展及投资发展部门应依据项目可研批复文件与轨道交通建设联动土地供应、盖板上下一体化设计,设计深度、互提资料等满足盖下轨道本体工程初步设计要求,确保轨道工程依规审批、有序推进。

(4)施工图设计阶段。尽早完善土地出让程序,确定开发主体单位,为顺利开展施工图设计创造条件。

第 7 篇

设备系统

第 24 章　通用机电设备

通用机电设备包括通风空调及供暖、给排水及消防、电扶梯、站台门，为乘客提供较为舒适的候车环境，以及安全、便捷的服务设施。

24.1　通风空调及供暖

通风空调及供暖系统是轨道交通工程中的重要系统之一，其主要功能是为轨道交通运营创造一个与之相适应的环境，为人员提供必需的安全卫生条件，为列车及设备的正常运行和事故运行提供必要的通风换气及排烟需要。通风空调及供暖系统设计始终贯彻“安全、可靠、经济、适用”的指导思想，“以人为本”的理念进行设计标准、设计原则和设计方案的制定。在西安轨道交通首条线路（2 号线）建设之初，结合西安地区气候特点、地层土壤温度，经过技术、经济、安全、节能、舒适等多方面综合因素专题研究分析比选后，确定西安轨道交通地下车站站台边缘设置全高封闭站台门，通风空调及供暖系统按此进行标准制定和系统设计。

24.1.1　系统构成及功能

通风空调及供暖系统主要包括车站、地下区间隧道和地面建筑（车辆基地、控制中心、主变电所等）的通风空调及供暖系统。车站通风空调及供暖系统包括站厅、站台公共区通风空调及供暖系统（简称大系统）、设备管理用房通风空调及供暖系统（简称小系统）、车站空调水系统（简称水系统）。地下区间隧道通风系统包括车站轨道排热系统和区间隧道活塞/机械通风系统。地面建筑通风空调及供暖包括：车辆基地（含车辆段、停车场）内的供暖热源及供暖室外热网系统、各生产（生活）办公房屋或库（厂）房等单体建筑的通风空调及供暖系统；控制中心的通风空调及供暖系统、供暖热源及供暖室外热网系统；主变电所的通风空调及供暖系统。

1. 地下车站通风空调及供暖系统

车站公共区环境温度根据国家标准《地铁设计规范》（GB 50157—2013）及西安气象参数，确定站厅不超过 30 ℃、站台不超过 28 ℃，相对湿度控制在 40% ~ 70% 范围内。车站设备管理用房区域各房间环境温度、湿度及通风换气次数按国家标准《地铁设计规范》（GB 50157—2013）中的要求设计。地下车站站厅、站台公共区域不设供暖系统，人员办公房间设电暖器局部供暖。

列车车厢内空调由车载空调提供，车厢内温度一般控制在 27 ℃左右，各运营线路车厢内夏季实际设定标准为：“强冷”车厢温度 22 ~ 25 ℃、“弱冷”车厢温度 25 ~ 28 ℃。

车站公共区空调季节每位乘客每小时供应新鲜空气量不低于 20 m^3/h（除 1 号、2 号、3 号线按当时规范设计为 12.6 m^3/h 外），设备管理用房区域人员新风量按每人每小时供应新鲜空气量不低于 30 m^3/h 设计。

车站针对火灾贯彻“预防为主、防消结合”的方针，按一条线路、一座换乘车站及其相邻区间同一时间只发生一处火灾考虑。连续长度大于一列列车长度的地下区间和全封闭车道、地下车站的站厅和站台、连续长度超过 60 m 的地下通道和出入口通道、设备区长度大于 20 m 的内走道、同一防火分区内设备管理用房总面积超过 200 m^2 或面积超过 50 m^2 且经常有人停留的单个房间均应设置排烟设施。

（1）公共区通风空调系统

公共区夏季空调热湿负荷计算包括乘客及工作人员的人体散热和散湿负荷、照明及广告灯箱和导向标识的散热负荷、电气设备(自动扶梯、垂直电梯、安检设备、自动售检票设备、站台门等)的发热负荷、出入口渗透室外空气带入的热湿负荷、站台门渗透隧道内空气带入的热负荷及站台门导热传入公共区的热负荷、送入车站的室外空气(新风)带入的热湿负荷、公共区围护结构传入周围土壤的散热负荷和围护结构产湿负荷。

公共区空调采用全空气双风机一次回风系统,采用上送上回的气流组织方式,组合式空气处理机组、回排风机和新风机等设备分别集中布置在车站左右两端的环控机房内,送风管、回排风管及风口均布置在吊顶上方,一般站厅公共区设置两支送风管和两支回排风管、站台公共区设置一支送风管和一支回排风管,送风口采用双层百叶风口、回排风口采用单层百叶风口,风口均匀布置在公共区域内。

组合式空气处理机组的送风机及空调回排风机均配变频电机,采用变频调节控制技术,实现按所需风量运行,降低风机长期运行电耗。为满足公共区空气品质,保证人员健康卫生要求,在组合式空气处理机组设过滤器及静电杀菌消毒净化装置。回排风机入口总干管上和组合式空气处理机组内设消声器,以保证设备运行噪声传至环控机房内不超过90 dB(A)、传至车站公共区时不超过70 dB(A)。

站厅公共区内每个防烟分区的允许建筑面积不应大于2 000 m^2,当超过时需进行防烟分区划分。站厅或站台公共区火灾时的排烟量根据一个防烟分区的建筑面积按60 $m^3/(m^2 \cdot h)$进行计算。站厅与站台公共区共用排烟风机(与空调回排风机独立配置),排烟风机安装在站厅层的专用机房内,排烟风机容量按同时排除站厅、站台的烟量进行设备选型。

出入口通道连续长度(从公共区交界处至室外出入口暗埋段)大于60 m时,设风机盘管进行空调降温,同时设独立排烟系统。车站内部连通通道的连续长度大于60 m时,设风机盘管或集中空调送风系统进行空调降温,同时设独立排烟系统。

在夏季空调季节当室外空气焓值大于空调回风焓值时,由小新风机按所需最小新风量提供新风,小新风工况运行;当室外空气焓值小于空调回风焓值,且室外空气温度大于空调回风温度时,小新风机停止运转,通过全新风管路连通室外新风,按运行所需风量引入室外新风,全新风工况运行。在非空调季正常运行时,关停冷水机组、水泵等全部水系统设备,组合式空气处理机组和回排风机同时或交替运转,对车站公共区进行通风换气,以保证车站内部的通风换气需要。大系统正常运行时,送风机和回排风机随着需求变化进行变频调节运行。

车站火灾时,空调水系统的全部设备立即停止运行,大系统按控制指令通过设备、阀门切换,转入火灾排烟工况运行。当站厅公共区火灾时,站厅层排烟系统进行排烟,站厅送风系统及站台送排风系统均关闭,由出入口自然渗透引入新风作为排烟补风,乘客迎着新风经出入口向室外地面疏散。当站台公共区火灾时,站台层排烟系统进行排烟,站台送风系统及站厅送排风系统均关闭,由车站出入口自然渗透引入新风经楼扶梯口向下流至站台公共区作为站台排烟补风,乘客迎着新风通过楼梯上至站厅公共区经出入口向室外地面疏散。还应保证在连通站台至站厅的楼扶梯口部形成不低于1.5 m/s的向下气流速度。

(2)设备管理区通风空调系统

夏季空调负荷计算包括房间内电气设备及照明的发热负荷、围护结构传热的散热负荷和围护结构产湿负荷、房间内送进的室外空气(新风)带入的热负荷和湿负荷、人员散热散湿负荷。

系统划分原则:服务于车站控制室、站长室、站务室、会议交接班室、备用间、值班室等人员办公类或管理辅助用房划分为一个系统,独立设置一套全空气定风量一次回风空调系统;服务于通信设备室、信号设备室、综合监控设备室、通风空调电控室、站台门控制室、变电所控制室等弱电电气设备用房划分为一个系统,独立设置一套全空气定风量一次回风空调系统;服务于400 V开关柜室、35 kV开关柜室、直流开关柜室、整流变压器室等强电电气设备用房划分为一个系统,独立设置一套全空气定风量一次回风空调系统;服务于环控机房、冷水机房等通风房间,独立设置一套机械送风及排风系统;服务于卫生间、盥洗间、污水泵房、废水泵房、消防泵房等排风房间,独立设置一套机械排风系统,由门洞或房间隔墙上嵌墙安装的百叶风口自然进风。

每套空调系统均设置一台柜式空气处理机组(机组入口配置过滤网)、一台回排风机和一台小新风机,所有设备均集中布置于车站两端的环控机房内。空调房间采用上送上回的气流组织方式,人员房间送风口采用散流器、其他送风口采用双层百叶风口、排风口采用单层百叶风口。基于节能及运行灵活性考虑,在3号线的车控室、通信设备室、通信电源室、信号设备室、信号电源室、综合监控设备室、变电所控制室等24 h连续运行的重要电气用房,按夜间运行空调负荷设置备用的多联式空调系统,新建线路根据运营需求也可设置多联式空调系统。

对于设备区内长度超过20 m的封闭内走道,同一防火分区内设备管理用房总面积超过200 m^2或面积超过50 m^2且经常有人停留的单个房间均设置相应的机械排烟设施。

对设有气体灭火保护的设备房间,在进出房间的支管上设置电动防烟防火阀。当发生火灾事故时,关闭该房间所在的空调通风系统设备及进出该房间的支风管上的电动防烟防火阀,开始进行灭火剂喷洒,待灭火结束后,再打开进出该房间的支风管上的电动防火阀及排风机排除废气。

正常运行时,空调通风系统的运行模式与车站大系统相同,夏季空调季节分为小新风、全新风运行模式,非空调季节采用机械通风方式运行;机械通风系统则全年按照换气次数进行通风换气,以保证房间内空气环境和空气品质。车站设备管理用房区域内任何一部位发生火灾需要排烟时,根据着火位置启动相应的排烟系统及排烟补风系统,并启动楼梯间及前室的加压送风系统,非火灾区域的通风空调系统均停止运行,同时车站空调水系统的全部设备立即停止运行。

(3)空调水系统

车站大、小系统空调冷源设备合用,均由设于空调负荷集中一端的冷水机房内的螺杆式冷水机组提供,通过分集水器分别接入各空气处理机组设备。空调冷冻水供水温度7 ℃、回水温度12 ℃,空调冷却水供水温度30 ℃、回水温度35 ℃。冷冻水泵、冷却水泵、冷却塔的数量与冷水机组数量相匹配,并一一对应设置,不考虑设置备用水泵或者冷却塔。3号线空调水系统采用定压补水装置,气压罐、补水泵及水箱均设于冷水机房内,其余线路均采用高位膨胀水箱定压补水,膨胀水箱设于室外地面冷却塔附近。

1号、2号、3号及14号线西段(原机场城际线)采用预留冷冻水泵变频条件(2号线的会展中心站为冷冻水泵变频运行的试点应用车站),4号线及后续线路均采用冷冻水泵变频的一次泵变流量空调水系统。空气处理机组回水管上设电动二通调节阀,根据空调负荷变化进行冷冻水流量调节,同时在分集水器间设压差旁通调节阀以保证系统安全平稳运转。1号线、2号线、3号线及14号线西段(原机场城际线)采用空调水系统群控系统以实现空调水系统的节能运行控制,车站BAS系统实现空调风系统的节能运行控制。4号线及后续线路由综合监控系统实现车站空调水系统与风系统的联动节能运行控制,以实现节能运行。

鉴于冷却塔占地较大,受室外地面条件限制,在3号线鱼化寨站和太白南路站进行了蒸发冷凝螺杆式冷水机组的试点应用,为后续线路提供建设经验。

2. 地面和高架车站通风空调及供暖系统

(1)公共区通风空调系统

高架车站站厅和站台公共区设置有效面积不小于地面面积5%的开口,实现自然通风。结合西安气候特征,3号线高架车站站台公共区运营后期改造增设可移动式直接蒸发冷气机,进行降温改善局部环境温度;5号线高架车站站厅和站台公共区均采用直接蒸发冷气机,以改善高架站内的候车环境温度。高架车站的站台层设置空调候车室并配置多联机空调,以满足特殊人群的候车需要。

设置不小于地面面积5%的开口,并在站台车站轨道区域顶部的穹顶上均匀开设电动排烟窗,有效保证了当车站公共区发生火灾时的自然排烟,高架车站不再设机械排烟设施。

(2)设备管理区通风空调系统

车站控制室、站长室、通信设备室、信号设备室、综合监控设备室等管理办公设备房间设置多联机空调系统和机械通风或自然通风相结合的系统,采用通风或空调按需运转的节能运行策略,以保证各房间内环境温度及空气品质要求,同时在无可开启外窗的内区人员办公房间设全热交换空调新风系统,以保证夏季多联机空调运行时办公房间新风需要。

400 V 开关柜室、35 kV 开关柜室、直流开关柜室、整流变压器室等强电设备房间采用机械排风、自然进风的通风方式，排风量按排除余热计算。设备区长度超过 20 m 的封闭内走道设机械排烟设施，当发生火灾时，开启排烟风机进行排烟，由门、窗缝隙等进行渗透补风。

3. 区间隧道通风系统

区间隧道通风系统包括车站轨道排热系统和区间隧道通风系统。车站轨道排热系统服务于站台门外轨道区域，由设于车站两端（一般在站厅层）排热风道里的一台排热风机及连锁电动风阀、对内对外土建风道消声器和站台板下土建排热风道、轨道顶部土建排热风道构成，每端排热系统各负担上、下行线一半轨道区域的余热排除。区间隧道通风系统分别由设于车站两端（一般在站厅层）的区间隧道通风机房的两台事故风机及连锁电动风阀、活塞通风电动风阀、对内对外金属外壳消声器和土建风道构成。连接区间隧道的前后两座车站每端的隧道通风系统共同负担本区间隧道内的正常工况活塞自然通风换气和事故工况的事故通风与排烟。

（1）轨道排热系统

轨道排热系统主要以保证列车停靠车站后的余热排除及车站轨道区域的火灾事故排烟，设两台风量 40 m^3/s 的变频轴流风机，以满足初期、近期、远期正常运行的排热需要。同时在轨行区轨道正上方设置土建排热风道及插板阀排热风口，分别对应每节车辆的首尾端空调冷凝器排风扇；在站台板下设置土建排热风道及格栅排热风口，分别对应列车制动散热部位。轨顶土建排热风道上设置电动风阀和排烟防火阀，阀门安装在风道接入排热小室的隔墙处，站台板下排热风道上设置电动风阀和防烟防火阀，阀门安装在风道接入排热小室的地面孔洞上。当列车制动回馈效率达到 80% 以上或列车制动电阻独立设于车辆外部时，可取消站台板下排热风道，仅设置轨顶排热风道。已运营的 9 号线和在建的 8 号线、10 号线、15 号线及 16 号线均取消了站台板下排热风道。

正常运行时，根据轨道区域设置的温度传感器监测站台门外轨道区隧道环境空气温度以控制排热风机的开启变频运行。当站台轨道区域发生火灾或者列车发生火灾停靠在车站轨道区域时，执行车站轨道区排烟模式，即开启两台排热风机工频运转、关闭站台板下排热风道上电动风阀，同时开启车站两端的隧道事故风机参与辅助排烟。站台公共区火灾时，开启两端的排热风机及连通站台公共区的辅助排烟管集中辅助排烟。

（2）区间隧道通风系统

区间隧道通风正常运行时采用活塞通风。车站站台边缘设置全高封闭站台门，区间隧道内部夏季日平均空气温度不应高于 40 ℃；区间隧道内部冬季平均空气温度不应高于当地地层的自然温度（结合西安气象资料、地质勘察监测结果，按 11.5 ℃进行冬季隧道内部平均空气温度控制），但空气温度不应低于 5 ℃；区间隧道内每位乘客的新风供应量不应少于 12.6 m^3/h。连续长度大于一列列车长度的地下区间和全封闭车道应设置排烟设施；当采用纵向通风时，区间断面的排烟风速不应小于 2 m/s，不得大于 11 m/s；当列车阻塞停靠在区间时，隧道通风还应控制列车顶部最不利点的隧道空气温度低于 45 ℃，正线区间的通风排烟方向应与乘客疏散方向相反。

双活塞风井是在区间隧道两端对应每一条隧道均设置一条直通室外的活塞风道、风阀及风亭，即每座车站两端室外地面上共设四座活塞风亭。单活塞风井是在区间隧道两端对应列车进入区间的一侧设置一条直通室外的活塞风道、风阀及风亭，即每座车站两端室外地面上共设两座活塞风亭。活塞风道布置应顺畅、土建式风道弯头不宜多于 3 个，双活塞风井的风道及风亭有效过风净面积不小于 16 m^2，单活塞风井的风道及风亭有效过风净面积不小于 20 m^2，活塞通风电动风阀有效过风面积不小于 16 m^2，活塞风道的总长度从隧道中心线算起应不大于 40 m。双活塞风井可更有效地保证区间隧道的活塞通风效应和换气次数，但室外地面占地比单活塞风井多一倍，2 号线以单活塞风井为主，1 号线采用单、双活塞风井灵活布置的方案。经 2 号线区间环境监测研究，以及行业内对双活塞风井的安全可靠通风优势的再认识，后续线路均以双活塞风井为主。

区间隧道通风机房与活塞风道结合设置，机房内布置一台（双活塞风井）或两台（单活塞风井）大型轴流可逆转事故风机，单台风机风量为60 m^3/s、全压约1 000 Pa，可在耐温280 ℃时连续有效工作1 h；对应每台事故风机设与其开关连锁的电动风阀，风阀有效过风面积不小于8.4 m^2。

正常运行时，由列车运行产生的活塞风对区间进行通风换气。当列车在区间运行因故障而停止时间超过4 min仍未再恢复运行时，则由控制中心按已设定好的列车阻塞模式，下发启动风机、风阀运转进行区间隧道阻塞通风，并监视设备运转状态。阻塞通风时，行车方向前方车站端的事故风机正转由区间隧道向室外排风，行车方向后方车站端的事故风机反转由室外向隧道内送入新鲜空气。当列车在区间发生火灾而无法及时停靠在车站站台时，则由控制中心按已设定好的区间隧道火灾模式，启动风机、风阀运转进行区间隧道排烟，并监视设备运转状态。火灾排烟时，根据列车着火位置，按车头火灾、车中火灾、车尾火灾不同而开启相应的事故风机，以保证人员迎着新风方向疏散和区间断面排烟风速不小于2 m/s的要求。当事故风机在阻塞或火灾工况模式下运行过程中出现故障，为保证事故通风排烟的需要，采用只报警不停止风机运转的方式，以保证阻塞或火灾工况模式下的区间隧道通风换气和排烟的需要。

4. 地面建筑通风空调及供暖系统

主要包括车辆基地、控制中心和主变电所等建筑的通风空调及供暖系统。主要由室内通风空调及供暖系统、室内建筑防排烟系统、供暖热源和供暖室外热网构成。根据各场所的不同需求而设置相应的通风空调及供暖系统，控制各生产、生活办公房屋和设备房间或库（厂）房单体建筑的环境温、湿度在规定标准范围内，以满足工作人员的生理及心理条件要求和电气设备的正常运转需要。正常运行时，各系统为各区域内设备正常运转提供相应的环境需要，以及工作人员提供较为舒适的工作环境；当发生火灾时，通过着火区域对应的专用或兼用防排烟风机将烟气迅速排除，为人员安全疏散创造良好的条件。

（1）通风空调

车辆基地内的检修库、运用库、洗车库、物资总库等生产作业库区，不设置空调系统，采用屋顶自然通风百叶窗和屋顶风机通风，对于上盖开发的车辆基地内生产作业库区采用机械通风系统全面通风换气，每小时的换气次数不小于1.5次。与生产作业库区相邻的设备管理用房等辅助边跨房屋、综合办公大楼、门卫、污水处理站、变电所等房屋建筑根据室内环境要求而采用机械通风、多联机空调系统、分体空调、机房专用空调等。

控制中心办公大楼内包括控制中心设备用房、调度大厅、办公用房等，其中办公用房及各线网管室、ACC软件开发室等C级机房采用多联机空调系统+新风换气机系统，空调室外机均设置于大楼屋面；各线综合设备室、TCC设备室等B级机房采用机房专用空调系统加机械通风，专用空调室外机均设置于屋面，考虑轨道交通线路逐步接入分期实施特点及西安市的自然气候条件等相关因素，空调系统采用自然双冷源冷却系统的机房专用精密空调系统，室内地板下送风，主机及泵房设置顶层的水泵房内，并按$N+1$方式设置冗余。控制中心调度大厅的空调系统采用一次回风全空气空调系统，冷源为屋顶式热泵型空调机组设于屋面，气流组织为上送上回方式，送风口采用能够满足射程要求的高诱导比线型风口，大厅分区域设置组合式空调机组及排风机，当过渡季节加大新风量时，开启排风机排风并保证大厅正压要求。渭河车辆段控制中心采用末端变风量的中央空调系统，空调冷源由设于地下室动力中心的两台高效螺杆式水冷冷水机组提供，热源由换热站提供，冷水供回水温度7/12 ℃、热水供回水温度60/50 ℃，双管制闭式水系统。组合式空调机组夏季供冷风、冬季供热风，工艺辅助用房内区房间采用压力无关型定风量调节器恒定送风量、外区房间采用变风量末端装置或带热水加热器的并联式风机动力箱控制室温，由室内温控器调节变风量调节器的开度大小，满足室内负荷不断变化下的室温。

主变电所房屋包括变压器室、110 kV GIS室、35 kV SVG室、二次设备室、电缆夹层等电气设备房间及气体灭火钢瓶间、保安室、办公及值班室、卫生间等生活房屋，其中变压器室、110 kV GIS室等电气设备房间采用顶部机械排风、底部自然进风的方式进行排除余热保证房间环境温度（由设于房间内的温控器控制风机的启停运转），二次设备室、保安室、办公及值班室等环境温度要求较高的房间，采用多联机空调系统，气体灭火钢瓶间、卫生间等生活房屋采用轴流风机进行通风换气。

(2)供暖

车辆基地内的检修库、运用库、洗车库等生产作业库区冬季库内应满足不低于14 ℃的环境温度,采用散热器供暖和暖风机辅助供暖相结合的方式,并在运用库大门口处设置热风幕减少列车进出开启大门时大量冷风的侵入,各库区内的散热器供暖至少保证库内不低于5 ℃的值班供暖温度。与生产作业库区相邻的设备管理用房等辅助边跨房屋、综合办公大楼、门卫、污水处理站等房屋建筑采用散热器供暖。

控制中心热源一般由车辆段内的锅炉房或换热站负担,供回水温度按80/65 ℃考虑,在入户井内设热计量装置,根据运维管理模式,设远程热计量装置。办公室采用新型散热器采暖系统,采用上供下回采暖系统,房间散热器分支管处设置三通调节阀。控制大厅、门厅等高大空间内考虑采用低温热水地板辐射采暖系统。供回水温度为50/45 ℃,换热站一般设在地下一层。

主变电所的电气设备用房为高散热量房间,冬季也需进行通风换气,以排除余热保证房间环境温度。生活房屋采用多联机空调供暖,以保证冬季房间环境温度要求,卫生间等未设置多联机空调房间采用电暖器供暖。

(3)防排烟

车辆基地内无上盖物业开发的检修库、运用库、洗车库等生产作业库区采用屋顶自然排烟;设有上盖物业开发的生产作业库区独立设置排烟风机机械排烟,与生产作业库区相邻的辅助边跨各设备管理用房及走道、综合办公大楼等建筑,当不满足自然排烟要求时设置机械排烟系统,对于有气灭保护的设备用房设置气体灭火后的事故通风。当上盖物业开发盖板延伸至正线隧道洞口范围时,则在出入段线洞口附近处上盖盖板与正线隧道断开至少13 m形成独立的防火排烟体系。

控制中心办公大楼等建筑,当不满足自然排烟要求时设机械排烟系统。地下室、柴油发电机房单独设置排烟系统,不具备自然排烟条件的楼梯间、前室及合用前室均设置独立的机械加压送风系统,控制中心调度大厅及通道设置独立的排烟系统,设置排烟系统的场所或部位应采用挡烟垂壁、结构梁及隔墙等划分防烟分区。综合监控设备室、通信机房、信号机房、自动售检票机房、电源室等无人值守的重要电气房间设置气体灭火保护,并设气灭后的事故通风。

具备自然通风及排烟的楼梯间、疏散内走道采用自然通风或自然排烟,位于地下且无自然排烟条件的疏散走道设置机械排烟系统。

24.1.2 实践与创新

1. 设计实践

(1)蒸发式冷凝冷水机组

蒸发式冷凝冷水机组在结构形式上是将水冷冷凝器的换热器部件置于冷却设备内,将冷却塔和冷水机组冷凝器设备合二为一的整体结构设备集成冷却系统,直接利用水的蒸发带走气态制冷剂的冷凝热,省去了从冷凝器到冷却塔传递用的冷却水泵和管路。相对于传统螺杆式水冷冷水机组而言,其最大优势在于取消冷却塔和冷却水系统,水泵输送能耗最大化降低。通过3号线《蒸发冷凝冷水机组试点应用专题研究报告》的分析,解决好蒸发冷凝冷水机组的自然进风与冷凝排风、循环冷却水水质、设备整体吊装运输的前提下,并结合西安气候条件,蒸发冷凝冷水机组具有良好应用的优势。

3号线鱼化寨站和太白南路站对蒸发式冷凝冷水机组的试点应用,将蒸发冷凝冷水机组设于地下风道旁的独立机房内,分别对每台机组配置单独的变频风机(风量90 000 m^3/h)。排风直接通过排风道排至室外,通过金属风管及风阀连接新风道设置机房的自然进风口,保证进排风气流不短路,并控制机组进风口风速不超过2 m/s。设置循环冷却水处理和自来水补水软化处理装置,土建设计阶段按包容的设备规格预留吊装孔,由车站风亭、风道吊装运输,实现机组整体搬运至机房内就位安装。经过连续几年的实际运行,整体运转平稳,制冷能力满足空调负荷需要,机组运行效果良好。

继3号线鱼化寨站、太白南路站试点后,陆续在5号线文艺路站,6号线大唐西市站、桥梓口站、广济街站,9 号线田王站、洪庆站均已成功应用蒸发冷凝冷水机组,在建线 1 号线三期秦都站,8 号线寒窑站、曲江池西站、市图书馆站,16 号线上林路站也相继采用了蒸发式冷凝冷水机组技术。

(2)蒸发式冷气机

蒸发式冷气机是采用直接蒸发冷却技术,利用空气与雾化的水直接接触进行热湿交换蒸发吸热来冷却空气的一种空气处理设备。对于干湿球温度差越大的地区,蒸发冷却效果越好,机组的空气降温处理能力越强。西安夏季通风室外计算干球温度 30.7 ℃、湿球温度 23.3 ℃,温差达 7.4 ℃,具备良好的气候条件。

高架车站尤其站台层处于半封闭的彩钢或玻璃幕墙围合空间内,夏季在太阳直射下,内部温度极高,候车乘客舒适感差,在站台候车区内设置蒸发式冷气机进行局部空气降温处理,可使得乘客在等候乘车时有一个稍舒适的感觉(由室外至进站到候车得到稍舒适的环境),较好改善站务人员工作环境,提升运营服务水平。经技术经济分析研究,在高架车站站台公共区采用蒸发式冷气机的直接蒸发冷却方式技术上合理可行,初投资和运营费用增加较少的情况下,有效改善公共区环境舒适度。

3 号线的高架车站运营后由运营分公司进行技术改造,在高架车站站台增设蒸发式冷气机。5 号线的高架车站、14 号线东段双寨站地面换乘大厅,均采用了蒸发式冷气机对站内环境温度进行改善提升。

(3)综合节能控制系统

通风空调系统作为轨道交通重要且耗能较大(有统计表明,占轨道交通用电负荷的 30% ~ 60%)的系统之一,系统设计节能、运行节能十分重要。虽主要耗能设备(风机、水泵、冷水机组)均采用一级能效产品设备,但系统运行能耗是否最低,运行效果是否最优需要稳定可靠、合理精准的控制系统和控制策略。

1 号、2 号、3 号及 14 号线西段线(原机场城际线)采用了空调水系统群控系统。空调水系统群控系统是将通风空调系统中能耗最大的子系统内各关键设备(冷水机组、冷冻水泵、冷却水泵、冷却塔、水处理)通过能耗最低、系统运行最平稳的算法与控制策略进行运行控制,来实现空调水系统的低耗能运行。车站 BAS 系统控制空调风系统的节能运行控制。

运营后对 2 号线市图书馆站、钟楼站、纬一街站进行风水联动系统节能改造,改造后节能效果明显。故在 4 号线、5 号线、6 号线及 9 号线和后续新建线路均采用风水联动控制系统,由综合监控系统根据车站环境温度、空调负荷变化同时控制空调风系统的风机设备(变频运行调节运行风量)、末端空调设备的电动二通阀(开度调节控制系统水流量)及空调水系统的冷水机组等各设备,实现整个车站空调通风系统设备在平稳运行的同时耗能最低。

综合节能控制系统是通过末端传感器及设备运行,采集设备运行数据进行积累分析,建立独有的模型数据库,再辅以成熟的技术手段控制设备变频调速及水阀开度调节,实现空调系统真正意义上的变温差、变压差、变流量、变频率运行,使控制系统和受控设备具有高度的跟随性和应变能力,对受控环境、设备的参数动态识别,自适应地调整运行参数,以获得最佳的节能控制效果。节能控制系统综合考虑风系统和水系统的运行效率,对各个环节的控制进行协调管理。8 号线设计采用综合节能控制系统。

(4)车辆基地热源

车辆基地采暖热源优先采用市政集中热源、清洁供暖方式。在车辆基地内设置换热站(由市政负责实施),轨道交通用户按需使用并缴费。但具体建设过程中车辆基地周边无条件利用市政热源时,需自建燃气锅炉房。结合《陕西省锅炉大气污染物排放标准》(DB 61/1226—2018)要求新建燃气锅炉氮氧化物排放浓度低于 50 mg/m^3、《西咸新区中深层地热能无干扰供暖清洁能源技术推广工作方案》和《西咸新区中深层地热能无干扰供暖等清洁能源技术推广管理办法(试行)》的要求“新区符合条件的新建建筑全部采用中深层地热能无干扰供热,因特殊原因,无法采用中深层地热能无干扰供热的项目应报新区规划建设部门批准”。根据环保政策要求,从锅炉系统热效率、安全可靠性出发,结合新建车辆基地均考虑上盖开发,为减少锅炉房对上盖开发环境影响等因素,西安轨道交通自建锅炉时拟采用低氮冷凝(模块)锅炉、西咸新区拟采用中深层地热能无干扰供暖技术。

根据车辆基地周边市政供热情况确定,结合省市相关节能环保政策,经技术经济比选,已运营线路采用市政热源的有渭河车辆段、鱼化寨停车场、草滩停车场、阿房宫车辆段;采用自建燃气锅炉房的有西咸车辆段、浐河停车场、港务区车辆段、航天城车辆段、艺术中心车辆段;采用自建低氮冷凝常压锅炉的有侧坡车辆段、纺织城停车场;采用供热公司代建代管低氮冷凝常压锅炉的有雁鸣湖停车场、香王车辆段、骏马村停车场;采用能源公司代建代管干热岩供暖的有创新港停车场。其中侧坡车辆段是西安轨道交通首次自建低氮冷凝常压锅炉供暖,系统运行稳定,供暖效果良好;创新港停车场是首次采用干热岩供暖技术,末端采用风机盘管供暖,节能效果明显。

(5)地下车站站台火灾排烟模式控制

当站台公共区火灾时,站台层排烟系统进行排烟,由车站出入口自然渗透引入新风经楼扶梯口向下流至站台公共区作为站台排烟补风,乘客迎着新风通过楼梯上至站厅公共区经出入口向室外地面疏散。为保证站台公共区火灾时楼扶梯口部形成不低于1.5 m/s的向下气流速度,1号、2号线打开整列滑动门并开启车站两端的排热风机和隧道事故风机共同辅助排烟;3号、4号线采用开启中间两道和每端各一道滑动门并开启车站两端的排热风机和隧道事故风机共同辅助排烟。在《地铁设计防火标准》(GB 51298—2018)的颁布实施后,5号、6号、9号及14号线东段站台火灾时不开启站台门,采用开启车站两端的排热风机,通过连通站台公共区的辅助排烟管集中辅助排烟;5号、14号线东段在楼梯口上方设置送风口,由专用补风机送风;6号线一期在楼梯口下部设置诱导风机从楼梯口向下诱导送风;9号线在楼梯两侧设置电动挡烟垂帘,火灾时电动挡烟垂帘下降封堵楼梯两侧三角区域,减小通风截面,实际放烟测试均能保证楼梯口向下风速要求,结合其他城市设置方式,在不影响装修效果的情况下,楼梯口两侧设置电动挡烟垂帘更易实施。

2. 技术创新

(1)可控风口站台门系统

西安轨道交通从建设首条线(西安轨道交通2号线)起,就对可控风口站台门系统技术进行了研究。该技术从节能的角度出发,利用站台门上部空间设置电动百叶风口,实现非空调季节车站公共区与车站隧道的自然通风。在空调季节,关闭电动百叶风口,将站台与车站隧道分隔,以减少车站通风空调系统冷负荷损耗。在非空调季节,打开电动百叶风口,活塞风可通过该百叶风口进入车站公共区,通过出入口进行通风换气,以此来减少车站通风空调设备运行时间,节省运行能耗。当站台发生火灾时,可打开电动百叶风口,利用轨道排热风机、隧道事故风机辅助站台排烟。当隧道火灾时,可关闭电动风口,封闭站台门系统进行隧道事故通风。该技术在节能上有一定优势,但限于当时行业发展水平,研究分析后没有采用。随着行业技术的发展,目前国内已有多个城市轨道交通线路采用可控风口站台门系统技术,西安轨道交通也一直追踪该技术发展,结合西安环境特点,待成熟后可考虑在后续线路上应用。

(2)蒸发冷凝直膨式空调系统

蒸发冷凝直膨式空调系统是采用蒸发冷凝技术和直膨空调技术,实现制冷系统的冷凝侧直接高效散热(蒸发式冷凝器)、蒸发侧直接高效供冷(直膨式空调机组)的一种节能环保、简洁可靠的空调系统。蒸发冷凝技术的应用,可代替传统系统的冷却塔及冷却水泵,直膨技术的应用可代替空调水系统输送环节,化繁为简,高效可靠。

蒸发冷直膨式空调系统通常根据压缩机设置位置分为蒸发式冷凝压缩机组+蒸发送风机组、蒸发式冷凝器+蒸发压缩送风机组、蒸发式冷凝器+压缩机组+蒸发送风机组三类,分别如图24.1(a)~(c)所示,可按不同功能分别布置在排风道、空调机房等位置,安装灵活。

第一类:蒸发冷凝器与压缩机一体化设置,适用于蒸发冷机房与空调机房距离近的车站。

第二类:蒸发器与压缩机一体化设置,适用于蒸发冷凝器置于排风井下方的车站。

第三类:压缩机独立设置,可置于空调机房或单独设置压缩机房,蒸发冷凝器可置于排风井,也可置于排风道采用旋转开启式结构,系统设计灵活,适用于各种类型的车站。10号线红旗站试点采用第三类蒸发冷直膨式空调系统,在排风道内设置旋转开启式蒸发冷凝器,建议根据试点情况,总结经验后在新线推广应用。

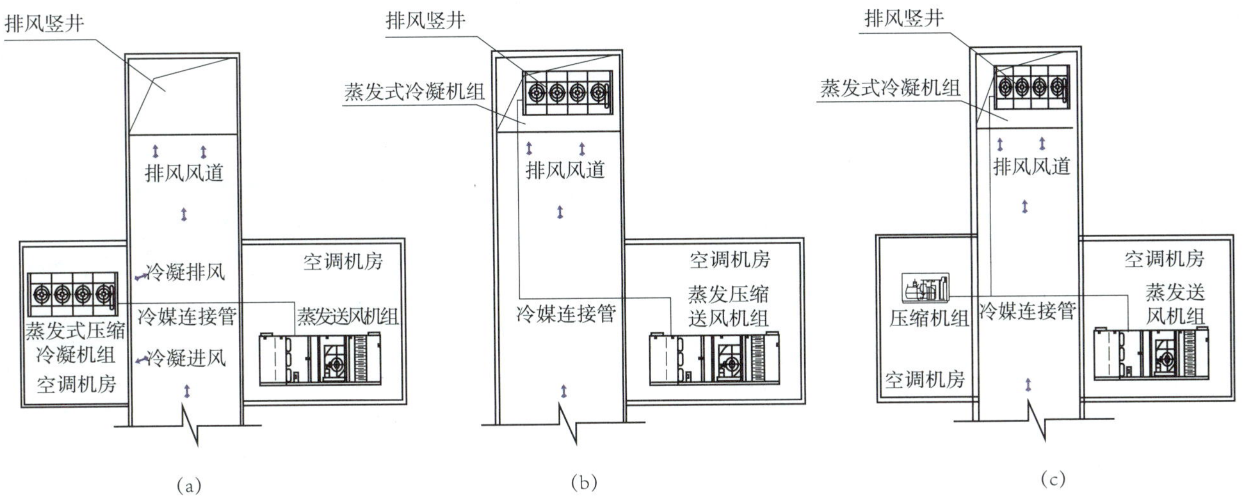

图 24.1　蒸发冷直膨式空调系统

(3)装配式高效节能机房

装配式高效节能机房是空调冷源集成系统,以满足用户的需求为根本出发点,以全生命周期运行能耗最低为目标,以实时响应空调系统运营策略最优为核心,集成计算机软硬件、数据库技术、网络通信技术以及不同供应商空调设备组合,实现产品的自主运营、关联控制、在线监测、远程管理。采用 BIM 模型二次深化设计优化管道、弯头等部件减小系统阻力,将传感器、阀门准确定位在系统管路上,并对模型进行精准拆解为工厂预制构件,对构建进行二维码编码,经工厂预制、性能检测、模块运输、现场装配、交付的智能机电一体化的系统技术。

系统以最优匹配为核心,设备配置和控制策略与其设计、负荷特性和设备运行结合起来,保证设备的最优匹配采用按需主动控制、关联控制、最佳效率曲线、滚动优化控制策略,保证设备的最优运行采用全变频控制技术,实现主要耗电设备协同关联高效运行,综合节能率一般可达 20% ~50%。

5 号线文艺路、边家村、黄雁村、南稍门站,14 号线东段新寺站施工采用装配式机房,采用 BIM 技术优化管线路径,对冷水机房内的综合管线进行优化设计,把各专业的管线路径敷设合理优化,减少不必要的弯头、管道阻力,使施工后的管路实际水损更趋向于设计的管路水损。建议后续新线研究在装配式机房基础上以全生命周期运行能耗优化控制系统,实现装配式高效机房的应用。

24.2　给排水及消防

西安自古“八水绕长安”,城市周边水源丰富。自 20 世纪 90 年代黑河引水工程建成后,曲江水厂成为西安市供水主力,可承担一半以上的城市供水,西安目前单日供水量可达 198 万 t。城区内供水管网体系相对完整。但随着城市规模的扩大发展,合理调配水源供水,提高城市管网的配水能力,扩大供水区域,尽快实现城市配水管网对市区周边区域的覆盖,已成为古城西安供水管理的重点。

西安城市建成区域排水管网存在雨污合流情况,新区建设基本采取雨污分流排放。目前西安市日处理污水能力约为 260 万 t,日平均处理污水约为 190 万 t。污水经过处理达标后,可就近排放到河道,最终流入渭河。西安城市还处理部分工业废水及部分雨水,处理后水质介于自来水(上水)与排入管网内污水(下水)之间,称之为“再生水”或“中水”。中水已广泛用于工业冷却、道路冲洗、建筑施工、市政杂用、园林绿化、景观补水、清洗车辆、厕所冲洗等。城市轨道交通建设利用市政给排水资源。

24.2.1　系统构成及功能

轨道交通给排水及消防系统包括车站、区间、车辆基地、控制中心、主变电所的给水系统、排水系统、市政接驳系统、气体灭火系统及建筑灭火器配置。给水系统包括生产生活给水系统、中水系统、消防给水系统。排水系统包括污水系统、废水系统、雨水系统。车站、车辆基地、主变电所、控制中心等需考虑与市政的给排水接驳。

市政接驳系统包括市政给水接驳系统和市政排水接驳系统。给水排水接驳系统尽量采用市政既有设施就近接驳。排水接驳系统采用分流制排放,废水及雨水排入市政雨水系统,污水排入市政污水系统。轨道交通给排水市政接驳设计必须结合周边市政给排水管线的分布情况,充分落实接驳点的接驳能力。尤其地下车站排水接驳点较多,更应充分调研周围市政排水管的干、支管分布情况,逐个分析排水管线受水能力,尽量优化室内排水干管管路,减少室外重力流排水接驳管路的敷设长度,确定合适的排放点,最大限度化解接驳风险。

轨道交通线网拉大了城市的骨架,也促进了市政道路及市政给排水建设发展。部分车辆基地、线路起终点附近车站短期内存在市政给排水接驳困难,需要统筹考虑过渡期和永久性给排水接驳方案。过渡期方案应可行、可靠、经济,宜最大化实现与永久性给排水接驳方案的资源共享。

1. 车站

车站给排水系统包括给水系统、中水系统、排水系统。应尽可能由不同的市政自来水管或自来水环状管网上引入两根供水管用于车站给水。有条件的车站可利用市政中水系统,无条件时,室外预留中水水表井及中水管道接口。排水接驳系统采用分流制,污水必须接入市政污水系统,废水及雨水排入市政雨水系统。市政接驳条件受限时,部分废水可以接入污水系统进行外排。对于周边无市政污水和雨水系统的车站,宜优先通过规划解决。如规划建设时序不能满足接驳要求时,允许采取过渡方案,可在接驳困难车站设置大号化粪池,定期将生活污水抽吸外运。车站废水优先考虑结合农业灌溉及市政绿化用水,排放仍有困难时可设置室外废水调蓄池,定期抽吸外运。

(1)给水系统

给水系统宜从车站两端道路市政给水管网上分别接入一条管径不小于 DN200 的引入管,经水表井后接出一路给水用于车站生产、生活用水。市政水压一般能满足地下车站生产、生活用水需要,但不一定能满足所有地面、高架站生产、生活用水,当车站存在市政供水水压不足时,可在生产、生活给水系统增设无负压供水设备。

生产、生活给水系统采取防止水质污染措施,给水进水管一般在地下风道内设置倒流防止器阀组(内设闸阀、Y 形过滤器、倒流防止器、可曲挠橡胶接头、闸阀)后进入车站。倒流防止器阀组宜选择低阻力型,以减少室内管路水压损失。生产、生活用水主要是饮用水、盥洗水、厕所用水、清扫用水及循环冷却、冷冻水补水等。车站内设公共卫生间、茶水间,车站公共区站厅层、站台层的两端各设一只冲洗给水栓箱,内设一只 DN25 的冲洗给水栓,设备区环控机房、冷水机房、消防泵房、主废水泵房、污水泵房(包括全、半真空、密闭提升装置等的设备间等)设置洗手池,部分车站还需考虑车站周边绿化用水。

当市政给水管网水量不能满足车站消防用水量,或者周边城市自来水管网为枝状管网时,应设消防水池和消防泵房;当市政给水管网水量满足车站消防用水量,但水压不满足车站消防压力要求时,车站应设消防泵房,消防时可从市政管网直接加压。地下车站消防泵房一般设置在离地面最近的站厅层或设备层。站内消火栓系统形成水平成环、竖向成环的环状给水管网。消防环状给水管网被阀门分成若干独立段,当某段损坏时,停止使用的消火栓在一层中不应超过 5 个(双栓消火栓宜按两个消火栓计算)。站台层的消防干管可敷设在站台板下,消火栓立管设置尽量利用附属风道。高排(排气阀)低泄(泄水阀)设置便于操作,泄水点设置要考虑废水收集、排放路由通畅。车站一般设单口单阀消火栓箱,仅在站台层公共区可设置双口双阀消火栓箱(双栓),人行通道内消火栓间距不大于 20 m,风道内不设消火栓箱,车站消火栓宜与灭火器共箱设置。

室内消火栓系统兼顾室外消防,室外消火栓系统给水管道在车站内形成环网,经出入口接至室外消火栓,室外消火栓距出入口的距离不宜小于 5 m,且不宜大于 40 m。如该范围内有市政消火栓可利用时,可不再设置室外消火栓。在车站两端地面风亭附近各设置 1 座 DN100 消防水泵接合器,距接合器 15 ~

40 m 内，设置与消防水泵接合器供水量相当的室外消火栓，室外消火栓距路边距离不应大于 2 m，距房屋外墙不小于 5 m。

（2）中水系统

车站内设员工卫生间及公共卫生间，有条件利用中水的车站，中水系统可提供卫生间大便器、小便器冲洗用水，可由车站附近道路的市政中水管网接出一根 DN50 的引入管将中水引入车站。引入管上要设置水表井，水表井内设置相应阀门和水表。当地面或高架车站市政中水压力不足时，系统可设置中水加压设备。

（3）排水系统

排水系统主要由废水系统和污水系统组成，其中废水包括清扫废水、消防废水、结构渗漏水、雨水等，污水主要是车站工作人员及乘客的生活污水。排水点布设结合车站结构分散设置，采取就近排放原则。

地下车站结构渗漏水、凝结水、车站清扫废水及消防废水由地漏及横截沟收集，汇至道床纵向排水沟后汇入车站废水泵房集水池和出入口集水井内。车站站厅层地漏设置间距不大于 40 m，站台层地漏设置间距不大于 50 m，设备用房根据需要设置地漏。消防泵房、环控机房等设备房内排水明沟沟顶尽量与室内地坪平接，水沟侧壁不要高出室内地坪。车站线路最低处设置废水泵房，主要排除结构渗漏水、凝结水、车站清扫废水及消防废水等。废水泵房一般设潜污泵 2 台，平时互为备用，事故消防时 2 台同时使用，废水泵设置反冲洗装置。车站废水引出车站后，经室外压力检查井后排入附近道路上的市政雨水管道。废水池内设超低报警水位、停泵水位、一泵水位、二泵水位、超高报警水位等 5 个水位。车站在出入口扶楼梯底部、矮风井底部、车站电缆夹层等局部低位设置集水井，各设置潜污泵 2 台，一用一备，液位监控信息（包括启停、报警等液位信息）不少于 3 个。车站设置污水提升装置，主要排除卫生间粪便污水和车站的生活污水，各类污水均通过污水提升装置收集并提升至车站外压力检查井，消能后排入市政污水管网，或消能后流经化粪池排入市政污水管网。

高架站卫生间一般位于地面以上，污水可采用重力流方式排放。污水由重力排水管道收集后排至室外污水检查井，经化粪池处理后就近排入市政污水管道。高架车站室内地面以上的凝结水、清扫废水及消防废水由地漏收集，直接重力排放到室外排水检查井。车站站厅层、站台层公共区冲洗水栓附近设置地漏。无法重力排放到室外排水检查井的废水收集到局部集水井，通过潜污泵提升至室外压力检查井后，排入市政雨水管道。高架车站屋面排水管道的排水设计重现期按 10 年一遇暴雨强度计算，屋面雨水工程与溢流设施的总排水能力不应小于 50 年重现期的雨水量。屋面雨水采用外排水形式，根据建筑雨水斗位置设置雨水立管，室外地面雨水采用有组织收集，沿道路设置雨水口，雨废水通过重力流排至市政雨水管网。

（4）给排水及消防设备控制方式

消防水泵由 FAS 控制，当工作泵发生故障时，能自动切换开启备用泵，可实现控制柜机械应急启动、泵房内手动控制、车站控制室遥控启动、出水管上压力开关控制。消防泵控制柜能对消防主泵进行定期自动巡检，并能将巡检结果反馈给电控柜、车控室和控制中心。

地下车站主废水泵房一般设潜污泵 2 台，平时互为备用，事故消防时 2 台同时使用。车站各局部集水井一般设置潜污泵 2 台，一用一备。主废水系统和局部废水系统潜污泵控制箱采用一控二的方式，水泵通过控制箱实现液位自动控制和现场手动控制两种控制方式，并可接受 BAS 系统远程监控。

当污水提升装置为密闭提升装置时，采用“双集水箱、双泵配置”。污水提升装置自带现场控制装置，可接受 BAS 系统远程监控。在污水泵房内设集水坑，并宜配置固定式潜污泵，用于排除检修、清洗时的污水，该潜污泵控制宜纳入 BAS 系统远程监控。

电动阀门由本站及前后系统相关车站的车控室集中监控。防灾时为集中控制，平时可以集中控制和就地控制，并可手动开关。阀门平时为常开，BAS 系统可显示阀门的启闭状态。

西安地处寒冷地区，车站及区间的风道、车站出入口、出入段线附近的消防管道、车站风道及出入口的生产、生活给水管道需考虑管道保温，设置了管道防冻电保温系统（电伴热）。该系统具有自动控制、事故报警、各个回路工作状态巡检、运行数据自动存储和调用功能，可远程显示系统启停状态、超高温故障、超低温故障、断缆故障、温度传感器故障。

(5)气体灭火系统

地下车站通信设备室、通信电源室、信号设备室、信号电源室、公安通信设备室、民用通信设备室、综合监控设备室、变电所(含控制室)、35 kV 开关柜室、0.4 kV 开关柜室、DC 1 500 V 开关柜室、整流变压器室、屏蔽门设备室、通风空调电控室、AFC 设备室、应急照明电源室等设备用房设 IG541 气体灭火系统。瓶头阀、选择阀、启动管路是该系统的关键部件,系统设备成熟、可靠、经济合理、易于维护管理。气体灭火系统均考虑防止误喷措施,气体灭火控制系统可实现车站控制室远程自动、气灭防护区现场紧急启停按钮手动、气瓶间的机械应急启动功能。

2. 区间

地下区间隧道消防用水由相邻车站提供。由车站两端分别向每条地下区间隧道引入一条 DN150 消防给水干管,车站和区间隧道的消防管网相连。区间隧道消防给水管按每隔 5 个消火栓布置一个检修蝶阀,在系统最低点设泄水阀,在系统最高处设排气阀。区间隧道设单口消火栓箱,箱体采用卷帘式,箱内含水龙带及水枪。消火栓栓口的静水压力不应超过 1.0 MPa,消火栓栓口处出水压力超过 0.5 MPa 时,采用减压稳压消火栓。出入段线洞口一般设置有雨水泵站,雨水泵站内设潜污泵 3 台,平时两用一备,强暴雨时 3 台同时使用。区间排水系统主要排除结构渗漏水和消防废水,区间排水与车站排水统筹考虑。在地下站两站之间的区间线路低点,设置区间废水泵房。区间废水泵房内设潜污泵 2 台,平时互为备用,事故消防时同时使用。废水泵设置反冲洗装置。废水泵房集水池的有效容积按不小于最大一台排水泵 15 ~ 20 min 的出水量设计。区间废水一般在区间废水泵房顶出直接排至地面检查井,就近接入市政雨水管道排放。

高架区间排水按有组织排水设计,在高架区间按照桥墩的间距设置雨水斗,区间雨废水流入雨水斗后通过重力流排放至市政雨水管网。

3. 车辆基地

给排水及消防包括车辆基地内室外及各建筑物室内的生活给水系统、生活热水给水系统、生产给水系统、消火栓给水系统、自动喷水灭火系统、生活污水排水系统、生产废水排水系统、雨水排水系统及气体灭火系统。

(1) 给水系统

给水系统设计应满足车辆基地生产、生活和消防对水量、水质和水压的要求。用水宜采用城市自来水。尽可能自两条市政给水干管上各引入一根进水管,并在车辆基地内形成环状布置。无两根进水管引入条件时,车辆基地内设置消防泵房及消防水池,并布置单独成环的消防管网。室内消防系统、生产、生活给水系统分别独立设置。生产、生活给水系统尽可能利用市政给水管网压力直接供水,在不能满足用水点压力时,可采用变频无负压自动增压给水设备供水。

车辆基地消防按同一时间发生一次火灾考虑。消防系统包括室内外消火栓灭火系统及自动喷水灭火系统。室外消防系统火灾延续时间 3 h。消火栓沿道路设置,间距不超过 120 m,距路边不大于 2 m,其出口水压不小于 0.3 MPa。室内消火栓系统在车辆基地内形成环状管网,供各建筑室内消防使用。综合办公楼、运用库、检修库、洗车库、联合车库、锅炉房等设置室内消火栓系统。综合办公楼室内消火栓用水量为 30 L/s,运用库、检修库、联合车库、洗车库的室内消火栓用水量按 10 L/s 计,火灾延续时间为 2 h。消火栓数量超过 10 个的建筑,室内消防给水设两条进水管,室内管道环状布置。综合办公楼设置湿式自动喷水灭火系统,地下停车库火灾危险等级按中危险级 Ⅱ 级设计,其余场所火灾危险等级按轻危险级设计,火灾延续时间 1.0 h。消火栓和自喷系统火灾初期 10 min 消防用水量由设在综合楼屋顶水箱间的消防水箱供给。室外设消防水池,通过水泵提升加压提供后续消防用水。

车辆基地有上盖物业开发时,上盖物业开发部分与盖下给排水及消防各系统均独立设置,互不影响。盖下室外消火栓间距不大于 120 m,咽喉区消火栓间距不大于 50 m。建筑面积大于 6 000 m^2 的地下、下沉式和盖上设置了其他功能建筑的停车库、列检库、联合检修库及其以上单体建筑的辅跨用房要设置自动喷水等自动灭火系统。可燃和难燃物品的高架仓库或高层库房也要设置自动喷水等自动灭火系统。当厂房最大净空高度超过 12 m 必须设置自动灭火系统时，可设计为自动跟踪定位射流灭火系统。

综合楼公寓集中热水一般采用太阳能为主要热源，空气源热泵为辅助热源的集中热水供应系统，集热板及机房设于公寓屋顶。联合检修库辅跨、运用库辅跨集中浴室，可采用空气源热泵为主要热源，电加热为辅助热源的集中热水供应系统。蓄电池检修间、工程车库淋浴室用水量较小，可采用容积式电热水器进行热水供应。

(2)排水系统

排水系统按雨水、生活污水、生产废水分流设计，采用各自独立的收集系统，分质处理。雨水设计重现期 5 年，地面集水时间 5 min。大型库区屋面雨水排水采用虹吸雨水排水系统。有上盖开发时，屋面雨水由上盖开发统一考虑，但车辆基地设计应考虑建设期及开发过渡区屋面雨水排放。雨水经排水沟、屋面虹吸雨水排水系统及路面雨水口收集后，进入雨水排水管道，就近排入市政雨水管道。

生活污水经化粪池、小型隔油池等处理构筑物预处理后，汇集进入污水处理站进行处理，经一体化污水处理设备处理至水质达标。生产废水经隔油沉淀池预处理后，进入污水处理站进行处理，水质达标后与处理后的生活污水一起就近排入市政污水管道。

(3)气体灭火系统

车辆基地的通信设备室、通信电源室、信号设备室、信号电源室、变电所控制室、计算机数据中心、蓄电池室等设气体灭火系统。具有自动、手动和机械应急启动三种控制方式。一般情况下应使用手动控制，在无人值班的情况下可以转换为自动控制，当自动控制和手动控制因维修等情况不能执行时，可采用机械应急手动控制。

主变电所有全地下、半地下、地面几种形式。除设置消火栓系统以外，全地下、半地下主变电所在地下部分的主要设备房间还设置有气体灭火系统。控制中心的控制大厅历来为消防设计及后期消防检测验收重点，大厅内消防一般采用预作用系统、自动跟踪定位射流灭火系统等，近年也有国内轨道交通工程设置高压细水雾替代预作用系统。

24.2.2 实践与创新

给排水设计成熟，实践与创新主要围绕西安轨道交通给排水消防及气体灭火系统变化，结合精细化设计进行介绍。

1. 设计实践

(1)给排水消防系统

给排水系统设计首先要重视系统接驳，接驳条件对给排水系统方案的稳定性影响很大。尤其是排水接驳，应重点考虑。其次，结合运营需求，优化设备系统。系统中取(用)水点布点数量、水量、压力设计要满足日常生产、生活及事故状态下的使用。废水排水点布点应满足事故、系统测试、检修等的排放要求。系统管路布置合理，在满足系统功能的基础上选择节能、环保设备及材料。既有线给排水设备用房存在面积偏小、检修空间不足的情况，对于给排水设备房间位置、面积、层高、门宽等要求，在初设阶段就要和建筑专业进行充分沟通，进行合理设计。消防泵房排水、自喷管路末端泄水也要从运营的角度系统设计。

4 号线执行《消防给水及消火栓系统技术规范》(GB 50974—2014)，其地下车站室外消防用水量相比 1 号线一期、2 号线一期、3 号线一期要求更高，按不小于 30 L/s 考虑，消火栓系统管网规模增加，车站室外消防能力得到进一步加强。消防泵在自动启动、手动启动的基础上，增加机械应急启动功能。结合国内生产情况及生产标准，在消防控制柜旁边增加了机械应急启动装置。设置有消防水池的站点要实现消防水池全液位信息就地显示。三期线路 8 号、10 号、15 号线结合地下站取消站台板下风道的便利条件，将站台层消火栓系统主干管敷设于站台板下面，以节省站台公共区吊顶内的有限空间。地下相邻车站及区间消火栓系统成环设计需考虑两站高差影响，当两站高程差较大(大于 20 m)时，需考虑对低高程站点消防设备带来的压力影响。如果成环的消火栓系统常高压超过了低高程站点消防稳压罐的定压值，会引起该站点消防增压稳压设备的频繁泄水。处理时除了适当调整此站点消防稳压罐的定压值外，必要时，还需采取区间断环措施。为方便消防救援人员取水，西安轨道交通在地下区间设计有带卷帘门的消火栓箱。为确保设备不受活塞风影响并威胁到运营安全，三期线路要求区间消火栓箱加设双重锁定措施。各线均要求地下车站在满足总商业面积（小于 100 m^2）和单个商业面积（小于 50 m^2）的情况下才可设置零星商业，在零星商业用房内需设置简易自动喷淋系统。

考虑环控机房滤网清洗、冷水机房蒸发、冷凝器等大型设备清洗维护方便，三期线路设计要求在环控机房、冷水机房内应各增设一个给水龙头，一套 25 m 软管卷盘，并在环控机房设置工业级不锈钢冲洗水池，以方便运营检修维护冲洗使用。

（2）气体灭火系统

1 号线一期、2 号线一期出现过气瓶间面积过小，设备难以摆放，检修空间不足的情况。3 号线一期以后，气灭控制系统将钢瓶控制分盘（气体灭火控制器）设置在气灭防护区外，气瓶间因空间狭小设备难以摆放问题得到缓解，但仍存在气瓶间检修空间不足的问题。启动钢瓶、选择阀挂牌与 FAS 及气灭控制系统图形工作站中的防护区名称必须相统一，各站点防护区名称应具有唯一性，在施工图中应对气灭防护区进行统一命名。给排水系统设计要在施工图设计前与建筑设计沟通好气瓶间位置、面积大小，防护区设备房名称等，以方便施工、调试、运营维护管理。

1 号线一期、2 号线一期、3 号线一期气体灭火系统启动方式为通过电爆来启动瓶头阀上阀体，所需启动电流低。在轨道交通地下电磁环境中，该启动方式稳定性差，易造成误启动，随着国内电磁阀生产技术的发展，系统采用电磁阀启动方式，启动电流可控制在 1 ~ 1.5 A，该方式的可靠性已优于电爆启动，在行业内已有广泛应用。自 4 号线起，设计明确气体灭火系统采用电磁阀启动，不允许再采用电爆启动方式。1 号线一期、2 号线一期、3 号线一期气灭防护区泄压装置选用电动型，内设电器模块及元器件，还设有压差探测器，构造复杂，引起故障点较多，运行后导致整体故障率高。在 4 号线建设时，机械泄压装置市场已经成熟，结构简单，系统可靠。经过技术、经济比选论证后，采用机械式泄压装置。相比电动型泄压装置，其设计简单、采购成本低、安装调试方便、系统运行可靠，运营维护成本低，维护更方便。5 号线一期及 6 号线一期，均采用机械式泄压装置。

1 号线北大街站曾经出现气灭防护区管线与汇集管接管顺序未按照施工图纸安装，导致气灭管网与气灭控制系统对应关系上的错误，引起返工及气灭控制程序的相应调整。此后要求施工单位严格按照气灭管网系统施工图中的接管顺序施工，3 号线一期、4 号线、5 号线一期、6 号线一期实施中再未出现过此类问题。结合 4 号线及 1 号线二期初期运营评审要求，气动管路不应绑扎在汇集管或主管道上，自 5 号线一期及 6 号线一期起，对气动管路敷设要求采用支架固定方式。考虑地下车站、主变电所等电磁环境对系统稳定性及安全操作可能产生不良影响，自 5 号线一期及 6 号线一期开始，设计已对钢瓶架接地提出明确要求。

（3）管道保温、材质、阀门等

地下车站风道及出入口的消防管道、生产生活给水管道采用电伴热保温。区间消防管在穿越地裂缝时在结构处理段内变形缝处设置不锈钢软管。给排水管道穿越轨道下方时应尽可能采用非金属绝缘管材，当必须采用金属管材时，应采用不锈钢管，并在穿越部位两侧设置绝缘法兰。管道与轨道之间应保持一定的距离（50 mm 以上）。沿区间敷设的金属管道，当采用金属支托架时管道与支墩或支架之间设置绝缘垫片进行绝缘处理。为满足防火要求，5 号线一期、6 号线一期及在建线路地下车站区间排水管统一采用铸铁管排水，不再采用塑料排水管。

生产、生活给水系统小于等于 DN50 阀门均采用铜截止阀，大于 DN50 阀门采用铜闸阀。消火栓系统和自喷系统除消防泵房进、出水管上采用明杆闸阀外，其余均采用对夹式蝶阀，止回阀采用静音止回阀。排水系统阀门采用闸阀，止回阀采用球形污水止回阀。所有进出轨道交通内部的给水管、消防水管、压力排水管等进出人防工事内侧设防爆波闸阀，防爆波闸阀设在便于操作处，并应用色漆明显标志。

2. 技术创新

（1）污水提升装置

早期西安轨道交通采用传统的污水提升系统。污废水通过重力流汇入污水池后，经污水泵提升排至室外。污水泵房及污水池设置在站台层，很难避免臭气产生、蚊蝇滋生。污水泵长期浸泡在污水里，设备检修需打开池上盖板提出水泵，容易给环境和卫生带来问题，影响工作人员身心健康。

当时上海、无锡、广州 APM 线已使用了真空排污系统，西安接合国内使用，为改善地下车站环境质量，在 1 号线客流较大的五路口站、康复路站、通化门站和三层车站卫生间较多的长乐坡站、半坡站试点采用真空排污系统。

真空排污系统包括全真空及半真空排污系统。

全真空卫生间排污系统是由真空机组、真空大便器、中间收集装置（用来暂存洗手盆、拖布池、小便器、地漏等传统重力污废水的设备）、控制系统及真空排污管道组成完全密闭的负压系统。系统运转时，在连接真空便器和污水收集系统的排污真空管路及机组增容罐中产生真空，将抽吸污物、污水加压提升至市政污水井或化粪池中。

全真空排污系统为完全密闭负压系统，在改善工作环境上有优势。大便器节水优势明显，设备可干式检修，较为方便。排水管路可实现向上提升，最大可达 3.5 m，不需设置污水池。但全真空排水系统的缺点也很明显。系统采用真空大便器及全管路真空系统，造价较高。施工工艺要求高，管路连接密封要求高，容易出现返工。真空隔膜阀为橡胶制品，平均寿命为 6 年，使用寿命短，维护成本高。该系统多用于飞机、铁路客车等环境，应对轨道交通大客流时，真空隔膜阀容易堵塞，系统维护量比传统污水提升系统还要大，系统可靠性并不高。

半真空排污系统由全真空系统衍生而来。对卫生洁具没有特殊要求，系统采购成本有所降低，施工难度也有所降低。半真空系统对隔膜控制阀多次改良，并按一用一备形式设置，系统堵塞问题得到了较大幅度缓解。在应对轨道交通大客流时，系统可靠性优于全真空排污系统，系统维护量远少于全真空排水系统。3 号线一期、4 号线、5 号线一期、6 号线、14 号线东段均采用半真空排污系统。

目前国内轨道交通新线多采用半真空排污系统和污水密闭提升系统，污水密闭提升系统在轨道交通行业新线应用有逐年提升的趋势。密闭提升系统不需要设置污水池，系统设置密闭式集水箱、粉碎装置、大通道排污泵、切割泵、进水管道阀门组件、出水管道阀门组件、液位控制器、底座、电气控制箱及其附件。系统将含有杂质的废水、污水由排水管路接入集水箱，集水箱内设有液位传感器，当集水箱污废水达到设定液位可自动控制污水泵启动排污，将污水连同杂物经污水排出口输送至市政污水井或化粪池中；当液位降低到设定值时污水泵自动停止运行，依此实现无污染密闭提升。该系统立足可靠性及可维护性，同全、半真空系统一样，主设备也是与污水分离，方便检修，在污水提升前可实现对提升污水的两次切割，将污水中的生活垃圾彻底粉碎成约 8 mm 及以下的颗粒，在水泵运行时随污水直接排放出去，不会对水泵造成堵塞。相比半真空密闭提升系统，系统简单，技术成熟，且采购成本略有下降，系统堵塞问题得到了较好的解决。系统运行维护相对也较少，在轨道交通行业上的应用日趋广泛。2 号线二期、1 号线三期、10 号线一期、15 号线一期、8 号线均采用污水密闭提升装置。

（2）自动灭火系统

国内轨道交通行业气体灭火系统多采用 IG541 气体灭火系统，系统在设计、施工、运营维护上技术成熟。但该系统药剂瓶储存压力长年高达 15 MPa，存在安全管理风险。气瓶维修更换需要拆除后返厂或拉到检修点进行。气瓶探伤检测需要放气后进行，检测完成后再充气运到现场进行组装，维护繁琐，维护成本高。

高压细水雾系统在国外应用较广，国内在上海、广州、苏州、天津等轨道交通工程中尝试使用高压细水雾系统。尤其广州已确定在多条新建线路上采用。该系统采用临时高压系统，以水作为灭火剂，药剂成本低。一些设备检修工作可在现场进行，维护成本较低。但该系统推广一是受到规范上的约束，二是在轨道交通地下设备用房灭火是否适用的疑虑也尚未消除，目前行业内褒贬不一。对高压细水雾系统在轨道交通行业的应用，国内多数城市目前仍处于跟踪观望状态。但对于在局部区域，如控制中心大厅、主变电所等的应用，各地均有放松。如兰州轨道交通 1 号线地下主变电所设置高压细水雾系统。西安轨道交通 4 号线控制大厅采用了预作用系统，显然不会排斥在同区域采用高压细水雾系统。相对于在控制大厅设计自动跟踪定位射流灭火系统和预作用系统，高压细水雾系统明显具有对设备及控制大屏水渍损害最小的优势。

(3)智慧运维和节水节能

为满足西安轨道交通智能运维的新需求,三期及后续线路需要采集更多的给排水设备运行及故障种类信息,以实现对设备的多方位在线监测。因此,给排水设计中将加强对设备信息种类及数量的要求。如消防水泵控制除采集事故监控信息及日常自动巡检功能信息外,还可采集消防水池全液位信息。区间废水泵控制柜须集成区间废水池液位显示装置,车控室或消防值班室可远程接收消防水池或区间废水池实时液位信息。车站消火栓箱内消火栓按钮交由 FAS 系统设计,以便 FAS 系统随时掌握各消火栓箱位置信息。在给水主干管上加装智能水表,以便于监测水系统运行及系统泄露情况,并依此远程判断区间给水管是否存在爆管,是否影响正常行车运营。

在系统节能方面,给水及消防尽量利用市政水压,并采用低阻力倒流防止器,减少给水系统局部阻力,须设置补水补压设备时,生产、生活水压供水设备基本采用无负压供水设备,车站消防给水多采用消防增压稳压装置。排水系统利用节能坡,在线路低点设置区间废水泵房,排水沟坡向尽量与车站坡向相同,最大限度减少反坡。合理设计中水系统,节省城市有限给水资源,卫生洁具、便器等采用节水型产品。车辆基地集中热水优先采用太阳能集中热水系统。

24.3 自动扶梯及电梯

为适应轨道交通的大客流乘载需求,自动扶梯均设计为公共交通重载型。车站电梯用作无障碍设施和便民通道,一般选用无机房电梯。车辆基地电梯主要作为基地人员的工作电梯使用,一般选用有机房电梯。

24.3.1 系统构成及功能

1. 自动扶梯

自动扶梯是一种带有循环运动梯级,用于向上或向下倾斜运输乘客的固定电力驱动设备。作为轨道交通的主要乘降工具,自动扶梯可以连续运送乘客,可将乘客迅速送入站台或送至地面。自动扶梯主要设置在站内和出入口,是轨道交通系统的一个重要组成部分。

自动扶梯选用公共交通型重载扶梯,分为室内型扶梯和室外型扶梯,站内及与物业结合的出入口选用室内型扶梯,地下车站室外出入口或高架车站可采用室外型扶梯。室外型扶梯设计需考虑防雨雪、防沙尘、抗老化、防冻等多方面,技术应成熟可靠。自动扶梯的名义速度为 0.65 m/s 和 0.5 m/s,上下行可逆,维修速度为 0.10~0.15 m/s 之间的一个速度,节能速度与维修速度相同。倾斜角度一般为 30°,当一次提升高度超 20 m 时,可适当减小倾斜角度,如采用 27.3°等。水平梯级上、下各四块,水平长度不小于 1.6 m,梯级名义宽度 1 000 mm。自动扶梯控制采用微机控制,故障分类显示,车控室可监视自动扶梯的运行情况,如上行、下行、事故停梯种类和地点、左右扶手带运行异常、出入口踏板防盗等多种状态。正常情况下只能就地起动和停车,特殊情况下,还可按压安装在车站控制室综合监控系统 IBP(综合后备盘)上的停止按钮,使扶梯停止工作。每台扶梯在 IBP 盘上宜单独设停止按钮,实行分散控制。对所有自动扶梯的起动宜在就地进行。

自动扶梯应设有工作制动器和辅助制动器。工作制动器动作可使扶梯平稳减速停车。在扶梯速度超过名义速度 1.15 倍之前,工作制动器动作。当扶梯超速至 1.3 倍时,附加制动器动作使扶梯停止。工作制动器设有制动器松闸监测装置,制动器未完全打开时,扶梯不能起动。

当自动扶梯的电源断相或错相保护装置、电机过载或短路保护装置、接地故障保护、自动扶梯超速保护、驱动链保护装置、梯级链保护装置、梯级塌陷保护、梯级运行安全装置、裙板安全保护、扶手带保护装置、扶手带速度监控装置、扶手带入口保护、意外逆转保护装置、梳齿板安全开关、急停开关等安全保护中有一种触发动作,自动扶梯将立即断电制动停车。若扶梯处于节能速度运行时,当有乘客逆向进入扶梯时，扶梯会发出声音报警。自动扶梯在0℃以下工作时，需增加加热器等防冻设计，保证扶梯能安全可靠地工作。

驱动主机须运行平稳、传动效率高、低噪声、维修工作量小、寿命高。系统节能通过变频器实现。当无乘客运行一段时间后，扶梯能自动转入节能速度。当有乘客搭乘扶梯时，扶梯会自动加速至运行速度。一般在扶梯上、下水平段距梳齿板1.5 m左右处设置判断有无乘客的传感器。减速机采用效率高、噪声小、传动平稳的齿轮传动。电动机为自带冷却风扇、额定转差率小的封闭式鼠笼型感应电动机，应为六极电动机，绝缘等级F，外壳保护等级不小于IP54，露天扶梯不小于IP55，能在55 ℃的环境温度下连续工作。在主机与主驱动轴之间可采用链条或齿轮传动，当采用链条传动时，至少为双排链，其安全系数应不小于8。梯级链张紧装置应采用链轮张紧结构。

扶手带表面硬度合理，采用黑色阻燃材料，应有去静电装置，滑动层（内衬）应采用合成纤维。扶手带弯曲半径不应太小，驱动链安全系数不应小于5。在最不利的环境条件能正常工作，雨天室外自动扶梯不会出现打滑现象。

桁架用型钢制造，室内型自动扶梯桁架底部全封以4～5 mm厚的镀锌钢板，钢板接缝处应有防渗油的处理措施。安装在出入口的自动扶梯桁架上、下水平段的底部封以4～5 mm厚的镀锌钢板，倾斜段的底部安装热镀锌钢网，网孔大约25 mm×75 mm，钢网可在桁架外部拆卸。所有扶梯在上、下梯头水平段桁架范围设置网格保护，网格可拆装，网格孔洞不大于25 mm×25 mm，不锈钢材质。出入口自动扶梯桁架的上下水平段均开有排水孔，下部设油水分离器。

自动扶梯通过双油路供油系统对驱动链和梯级链分别供油，驱动链和梯级链的润滑系统，应能独立调节油量和润滑时间。

2. 电梯

车站电梯选用无机房电梯，它是各车站无障碍通道设计的组成部分，是具有残疾人服务功能的客梯。车站电梯分为通透式电梯和普通电梯两种，通透式电梯采用钢井架做支撑结构，玻璃井道，具有四面通透功能，电梯轿厢门和层门是透明的。普通电梯采用土建结构井道，电梯轿厢门和层门是不透明的。额定载重量约1 000 kg（13人），提升速度为1 m/s，电梯采用永磁同步无齿曳引机驱动，变频调速。采用微机控制，有故障自动诊断系统。正常工作时，运行速度与额定速度的允许偏差为±5%，平层精确度为±5 mm。运行中轿厢内噪声不超过55 dB(A)，开关门过程噪声不超过65 dB(A)，电梯井道噪声不超过75 dB(A)。

电梯安全装置应满足现行标准《电梯制造与安装安全规范》（GB 7588）规定的安全装置外，还应有应急照明和通风功能、安全停靠、门光幕保护、过载保护、五方通话、警铃等安全保护功能。当电梯在运行中发生电源掉电或中途停电时，应急照明和通风功能自动启动，照明和通风时间不小于1 h。当电梯故障停止在非停靠位置时，可自动进行故障诊断并慢速运行至最近层后，开门疏散乘客。在轿门上采用红外线光幕作为关门安全保护。电梯应有灵敏的称重装置，当荷载达到110%时，电梯会发出声、光警示，不能关门及运行，直至荷载降至合适为止。车站电梯可实现轿厢内、轿顶、轿底、控制柜和车控室五方通话。当按下轿厢内的警铃开关，安装在井道的警铃鸣响。轿厢内设置摄像头，可实现控制室远程监视。电梯具有自动平层、自动开关门、顺向截停、层站召唤、轿厢内层站登记等运行控制操作功能。当发生火灾时，电梯接受车站火灾联动系统指令，能自动行驶至基站，开门后停运，直至火灾指令去除。电梯在没有内外呼叫的情况下，在停靠15 min后（此时间可调），可自动关闭轿厢内的照明及通风。作为无障碍设施，电梯轿厢内安装有供残疾人判别方位的镜子，轿厢内设主副操纵箱，操纵箱上的按钮均带有盲文，设有警铃按钮和对讲机，对讲机可方便与车站控制室值班人员取得联系。副操纵箱上按钮离地高度0.90～1.10 m，以适合坐轮椅者使用。

有机房乘客电梯额定载重为1 000 kg，客货两用梯额定载重一般为1 600 kg（结合使用情况可选额定载重1 350 kg），额定速度为1.5 m/s，采用中分双扇门（变频门机）的开门方式、一侧开门或贯通开门，有机房电梯采用 VVVF 驱动控制。整机技术性能、安全装置种类的要求同车站无机房电梯。

3. 其他

对于无法设置室外电梯的车站，无障碍设施可采用轮椅爬楼机或升降机。轮椅爬楼机设备是一种利用履带结构，能在楼梯上运行的设备，有手动轮椅、手动/电动轮椅两种类型，最大可承载 230 kg。爬楼机平台斜度可根据楼梯角度调整，橡胶履带设计，底部设有万向轮，运行时始终抓牢台阶凸缘，有可伸缩的斜坡方便轮椅上下，可实现在轨道交通任何一个出入口帮助残疾人进出车站，充电后可再次使用。轮椅升降机固定安装在车站出入口楼梯一侧，包括钢导管、升降机平台、转盘、牵引索、驱动系统（电机及驱动齿轮箱等）、超速安全保护装置、呼叫中心等机构，通过自动操作或客服人员手动遥控操作来运输轮椅上下楼梯。轮椅爬楼机不用现场安装，使用不受出入口条件限制，服务便捷，在 5 号线一期、14 号线东段中均有设计。

24.3.2 实践与创新

1. 设计实践

自动扶梯和电梯与土建设计关系密切，涉及设备运输通道、土建预留孔洞位置、大小；预埋吊钩的数量、位置及荷载等，要在土建施工图中得到准确体现。对于换乘站后施作部分，一定要预留好站内起吊、运输、安装等条件。

（1）节能方面

早、晚高峰时段，自动扶梯运输强度最大。平峰时段，客流较小，自动扶梯部分时间处于空载运行。若一直处于工频运行，不但加速扶梯内各运动件的机械磨耗，而且电耗大。若扶梯在空载情况下，其运行速度能自动降到较低水平，这样既能减少扶梯空载运行时的能耗，也能有效减少扶梯各运动件的机械磨耗，延长设备使用寿命。变频运行可解决自动扶梯调速问题，自动扶梯均选择全变频控制公共交通重载型扶梯。车站电梯选用永磁同步无齿轮曳引机配置永磁同步电机，无减速机构，与传统的曳引机相比，机械系统效率大幅度提高，节能效果明显。

（2）参数确定

自动扶梯主机、主轴、附加制动器、梯级、主驱动链、梯级链、导轨、扶手带等部件容易出现故障。电机故障包括轴承问题、电机异响、异常振动等，也是多发故障。现行规范没有对额定荷载做出要求，业内普遍按 60 kg/梯级计算电机功率，而英国和香港要求为 120 kg/梯级，美国标准更高。因此国内电机低配情况极为普遍。即使在同等功率下，为了降低成本，厂家喜欢采用 4 级电机而不是 6 级电机，这样电机安全系数和寿命就没有可靠保障，因此设计参数的准确就变得尤为关键。地下空间潮湿，自动扶梯必须有很强的耐腐蚀能力。轨道交通空间狭小，自动扶梯更换困难，行业对自动扶梯的使用寿命也提出了很高的要求。部分上行自动扶梯参与安全疏散，参与疏散的自动扶梯用电负荷等级须为一级。行车间隔小，客流量大，自动扶梯必须具有很强且持续的承载能力。4 号线行政中心站站内一处扶梯，试运行时曾出现过自动停梯现象。后经大客流测试才发现问题出在变频控制上。以上情况均需要设计结合轨道交通行业特点，分析常见故障情况，合理确定自动扶梯主要部件设计参数。

自 4 号线以来，出入口扶梯增加了上下行的要求，对于已建成的 1 号线一、二期，2 号线一期，3 号线一期也将进行上下行提升改造。随着自动扶梯使用量的进一步加大，西安轨道交通必将更加重视自动扶梯设计的安全性和可靠性。

2. 技术创新

各线自动扶梯日常检查主要采取人工方式进行，部分扶梯在大修之前已处于病态运行而未被发现，存在一定安全运行隐患。5 号线一期汉城路站、6 号线一期郭杜西站、14 号线东段双寨站及奥体中心站进行智慧车站试点，增加自动扶梯智能运维功能。通过对主要部件的实时振动加速度、噪声等进行频谱分析，对扶手带和环境温度实时监测，并结合自动扶梯运行状态、故障状态的实时监控数据，以及已有的运行故障大数据，以预测与健康管理理论为支撑，利用网络技术和深度学习算法研究故障预警趋势，建立电扶梯智能监测系统及健康管理系统，从而改"定期维修"为"状态修"，力求减少事故发生，降低自动扶梯寿命周期内维修成本。该系统可接入云平台与其他系统交互，提供智能诊断系统基础数据，支持智能运维应用扩展。自动扶梯与电梯系统的使用管理以车站为主，车站控制室值班人员负责自动扶梯与电梯系统的正常运行和停止，并通过视频、ISCS 监控界面等监视自动扶梯与电梯系统的运行状态。为配合实现智慧车站功能，实现全自动车站场景联动，车站自动扶梯远程自动启停及调速控制功能可通过 BAS 接入综合运管平台，并纳入车站场景化运营联动模式。

广州地铁在自动扶梯自身智能运管上已做了许多尝试性的工作，将所有运行线路上的电扶梯进行信息收集、上传至自动扶梯云端监测系统，实现了线网级的自动扶梯实时监测。目前，轨道交通行业已展开广泛研究，也在探求自动扶梯智能运维的最佳方式。

24.4 站 台 门

站台门系统有全高封闭式站台门、全高非封闭式站台门、半高站台门几种形式。

24.4.1 系统构成及功能

1. 全高站台门

全高站台门可防止乘客或物件掉落进站台，减小噪声及活塞风对站台候车乘客影响，改善候车环境，根据形式可分为全高封闭站台门和全高非封闭站台门。分析西安气候环境及服务标准，综合考虑技术、安全、经济、舒适性等多方面因素，西安轨道交通地下车站设计全高封闭站台门。

(1)系统构成

全高站台门由门机、门体、电源、控制、站台绝缘几个部分组成。

门机可拖动滑动门进行开门、关门等运动。门机安装在顶箱内，包括门机梁、电机、减速器和传动装置、门锁、导轨、行程开关，以及门机相关的附件(如电源开关、接线端子等)。一道滑动门的两扇门共用一套门机和一套门控单元(DCU)。电机采用直流永磁电机，电机的外壳保护等级不小于 IP54，自带测速装置，结合运营线路使用情况，电机功率不宜小于 200 W。电机通过弹性联轴器与减速器连接，减速器可采用蜗轮蜗杆减速器或斜齿轮减速器，电机及减速器必须能够满足连续运营 100 万次，运营频率至少 5 周期/min。

门体由承重结构、预埋件、门槛、顶箱、滑动门、固定门、应急门和端门组成。顶箱设在站台顶梁下，其上端与站台顶部的结构底梁相连，下端通过门槛与站台板结构层相接，这些部件的组合将站台公共区与隧道行车区域隔离开来。

站台门系统用电负荷为一级，车站低压配电系统通过电源自动切换箱提供两路三相 380 V 电源，无漏电保护装置。UPS 作为独立的一个系统进行配置。电源应包括驱动电源和控制电源，驱动电源包括后备电源、配电柜。控制电源由 UPS、监控模块、绝缘监测模块及馈电单元构成，其配电柜包括 UPS 主机及蓄电池组，UPS 及蓄电池应独立于驱动电源。驱动电源和控制电源的故障信息和状态信息可在站台门监控系统中进行监视。电源系统的时钟应与站台门系统的时钟显示保持同步。

控制系统主要由中央控制盘(PSC)、监控主机、逻辑控制单元、门控单元(DCU)、就地控制盘(PSL)、控制局域网络、监视、故障报警装置，以及网间通信协议转换器、通信介质及通信接口模块组成。PSC 为整个控制系统的主设备，可监视每个门控单元(DCU)的状态。DCU 对门单元的执行机构进行控制，可以采集门单元每个传感器所处状态，判断门体所处位置。局域网络为总线型，采用开放式、标准通信协议。

站台门上部与站台顶梁结合处、下部与车站站台板结合处、站台侧的地板进行绝缘处理，所有门体外露金属表面应进行绝缘处理，站台门端门设备区侧 1.5 m 宽、3 m 高的设备房墙体进行绝缘处理。绝缘安装及地板敷设对地绝缘电阻值不小于 0.5 MΩ。站台门门体结构与走行轨连接，使站台门与车辆处于同一电位。

(2)布置安装

站台门以有效站台中心线为基准向站台两端对称布置。全高封闭站台门结构总高度(从预埋件顶至门槛底部)约 3 500 mm，纵向组合总长度需结合车辆总长度进行确定。当采用 B 型 6 节编组车辆时，其纵向组合总长度为 113 060 mm，每侧站台滑动门数量为 24 道(48 扇)，每侧站台固定门数量为 36 扇，每侧站台应急门数量为 6 道(12 扇)。当采用 A 型 6 节编组车辆时，其纵向组合总长度约为 136 800 mm，每侧站台滑动门数量为 30 道(60 扇)，每侧站台固定门数量为 48 扇，每侧站台应急门数量为 6 道(12 扇)。端门净开度不小于 1 100 mm。站台门系统 PSC、蓄电池组、配电柜及 UPS 等设置在站台门设备室。就地控制盘(PSL)设置在站台设备区站务人员或司机方便操作的地方，采用壁挂安装。在车站控制室设置站台门系统设备状态监视及故障报警终端设备。在每侧站台门两端与设备房外墙之间设置端门。

(3)控制方式

全高封闭站台门系统可实现系统级控制、站台级控制和手动操作三级控制方式，同时还有 IBP 盘紧急开门及单道门单元维修控制功能。手动操作控制优先级最高、系统级控制优先级最低。系统级控制是在正常运行模式下由信号系统对站台门进行开门/关门控制的控制方式。站台级控制是在系统级控制因故障失效，由列车驾驶员或站务人员在就地控制盘(PSL)上进行操作控制，站台级控制还可以实现 ASD/EED 与信号系统的互锁解除，强制发出闭锁信息，使列车尽快离站出发。手动操作是通过机械手段进行对单个门单元的解锁，可独立于各种控制方式。当控制系统故障、个别控制回路故障，或站台门的传动装置等机械部件发生故障时，站台工作人员用钥匙或乘客手动操作开门把手打开滑动门。单道门单元的维修控制功能实现是在站台门门机内设置维修开关控制装置，当将单道门的三位开关按钮转换至维修状态时，可以通过此开关进行开关门控制。事故状态下，可以从车控室 IBP 盘发送打开站台门的命令，此控制为最高控制级别。

通过控制局域网，可以在中央接口盘及门控单元上进行集中或单独软件下载、参数修改、故障及状态的查询等。在中央接口盘内可对就地控制盘、电源、控制局域网、电机以及每个 DCU 的状态进行实时监视。通过与综合监控系统间的接口，可以将站台设备、设备房设备的状态信息、故障信息等上传至综合监控系统。

(4)运行管理

有列车停靠站台时，ATC 发送“开门”命令经信号系统信道传送到站台门系统单元控制器(PEDC)，经 PEDC 处理后的开门命令发送到门控单元(DCU)，站台门开始打开。当站台门处于全开状态时，“开门”及“允许”命令保持，站台门保持全开状态。当列车要驶离站台时，信号系统发送“关门”命令，开门命令同时消失，站台门关门至锁闭状态。在关闭过程中，“关门”命令一直保持。站台门关好以后，通过 PEDC 向信号系统发送“关闭并锁紧”的关键信号，信号系统收到站台门的“关闭并锁紧”信号后，可以控制列车发车。当列车离站后且没有列车停靠站台时，信号系统一直保持“关门”命令，站台门保持关闭且锁紧状态。车站控制室控制站台门开启需在人工确认后方可操作。

系统级控制失效导致站台门没有打开，站务人员可以操作就地控制盘(PSL)打开/关闭站台门。列车到站，当系统级及就地级控制均打不开站台门时，站务人员可以在站台侧用钥匙手动打开站台门或轨道侧乘客可以用手动操作把手打开站台门。系统故障导致在列车发车或列车进站时，站台门无法进行锁闭或信号系统收不到锁闭信息，此时需要人工进行干预。站务人员可以操作 PSL 进行站台门系统与信号系统的互锁解除。

站台门与列车关门运营模式有三种：同时关闭、车门早于站台门关闭、车门晚于站台门关闭，可以根据安全运营需求确定二者之间的关闭时序。站台门的管理以车站管理为主，站台门设备运营状态由综合监控系统进行监视，站台门运营状态及历史故障等可通过车站综合监控系统送达中央级计算机。车站值班人员只对车站出现的站台门故障进行安全性处理，遇到技术故障交由站台门专业维修人员解决。

2. 半高站台门

半高站台门设置于高架或地面车站的站台边缘，防止乘客或物件掉落进站台轨道区域，起安全隔离作用。半高站台门除基本参数及门体和门机的个别部件与全高封闭站台门有所区别外，系统功能、运行模式以及布置和安装等与全高封闭站台门完全相同，以下仅就区别之处予以说明。

半高站台门总高度为1 500 mm。当采用B型6节编组的车辆时，每侧站台的滑动门数量为24道(48扇)、固定门数量为22扇、应急门数量为6道、端门2套(两端各1套)每侧固定侧盒数量为48个。半高站台门的门机安装在固定侧盒内，每扇滑动门设置一套驱动设备，每单元采用一套或两套DCU来控制。半高站台门的门体包括梁柱结构、滑动门、固定门、应急门、端门、门锁、门槛、绝缘件和固定侧盒等，其中固定侧盒设置在滑动门侧边，每扇滑动门配置一套固定侧盒，布置在站台边缘。

24.4.2 实践与创新

1. 设计实践

站台门作为安全设备，要求土建设计严谨、施工精细，与装修、通风空调、给排水、低压配电、其他弱电系统做好配合，尤其注意不要将给排水管线平行布设于站台门管线上方。站台门系统要注意做好细节设计。站台门前上盖板与钢结构土建要采取独立绝缘设计，防止出现接触打火现象。后盖板螺钉设计要便于站台侧的检查及紧固。维护盖板能自动关闭并锁紧。在滑动门上设置门槛灯带及安全挡板，以防止乘客进入该间隙。在应急门上门轴增加微调结构，以方便门体调校。左右应急门灯分开设置、独立显示，以便快速查找故障部位。站台门门槛表面进行喷油绝缘，以起到二次绝缘作用。站台门导向从丝印变为贴膜工艺已成为行业趋势，从4号线起，后续线路基本采用了贴膜工艺。在曲线站(如4号线大唐芙蓉园和行政中心曲线站)设置激光探测，以提高站台门与列车间隙障碍探测精度。

2. 技术创新

站台门系统技术成熟，国内许多厂家通过自主研发或与国外厂家联合开发，已掌握了站台门系统的核心技术，具备独立提供站台门系统的能力。

结合全自动驾驶的特点和运营需求，对三期8号线、10号线一期、15号线一期站台门系统进行控制方案优化，控制系统要实现对单道站台门滑动门的控制。提高对DCU、PSC为主的核心子系统及关键零部件选配标准，增强关键部件的可靠性，并针对每个主要子系统分配相对应的RAMS目标，以达到站台门系统SIL2的安全等级要求，确保整个系统功能的实现。

在站台公共区端部及站台中部适当位置各设置1套就地控制盘(PSL)，同侧站台PSL相互互锁，满足列车值班人员和站台工作人员操作。全自动驾驶模式下新增站台门与车门的故障对位隔离功能，通过站台门系统与信号系统之间的通信接口实现。当有车门故障隔离时，信号系统提供故障车门的编号等信息给站台门系统，实现对应位置站台门滑动门隔离不开启。当站台门滑动门故障时，站台门系统提供故障滑动门编号等信息给信号系统，后续到站列车对应位置车门不开启。车辆对应隔离车门上方的动态地图LCD显示器上显示此门不开信息，同时点亮车门隔离红色指示灯。单个站台门增加故障显示功能，可提示乘客绕行，同时借助站台广播通知乘客绕行。在车辆驶出有故障站台门的车站后，车载信号撤销发送给车辆的车站站台门故障信息。

站台门与列车间隙障碍物探测报警系统由光源发射器、光束接收器、报警装置等组成。曲线站台探测报警系统设置数量需满足站台门范围内所有区域的探测要求。系统应把一侧站台所有的探测信号汇总成为一个探测信号。同时探测装置必须具有旁路功能，设置旁路开关以及独立的声光报警装置。间隙探测装置安全等级为SIL2级及以上。间隙探测信号能接入信号系统或站台门系统。

目前站台门采用传统维护模式，发生站台门故障后现场通过电话逐级汇报，最终将现场故障传递给维保人员，维保人员得到故障信息后赶往现场处理，处理完毕后回复控制中心。后续新线可考虑通过智慧运维平台提升维护管理水平，着力探索并提升系统在智慧管理、预测性维护方面的潜能。

第25章　供　　电

城市轨道交通供电系统担负着城轨运行所需电能的供应与传输，是轨道交通安全、可靠运行的重要保证。设计单位在全面了解国内外轨道交通供电系统的技术发展趋向基础上，详细论证和比较各种可行方案，确保设计成果的先进性，针对工程的特点，开展个性化设计，注重新技术、新产品、新工艺的应用。在设计供电系统时，西安轨道交通始终把安全放在第一位，充分研究分析供电系统各种可能的事故及灾害情况，采取合理的保护措施，保证旅客和工作人员的人身安全。通过分析供电系统各种运行方式下的潮流分布，合理分配供电负荷，优化供电资源的利用；通过分析供电系统的结构和运行方式，优化系统继电保护配置，快速、准确排除系统故障，在最短时间内，恢复轨道交通的正常供电。

25.1　系统构成

轨道交通供电系统由外部电源、主变电所（或电源开闭所）、中压网络、牵引供电系统、动力照明系统、电力监控系统、杂散电流腐蚀防护系统、供电车间等组成。其中外部电源、主变电所、中压网络负责整个系统电源组成与分配；牵引供电系统负责提供列车牵引电源，包括牵引变电所直流牵引设备及牵引网；动力照明系统负责提供全线机电设备、照明用电等。

25.1.1　系统方案

1. 供电方式

轨道交通供电中压环网电压等级一般由外部电源供电方式确定。北京和天津的地铁中压供电网络采用了10 kV电压等级，上海地铁1号线的中压供电网络中牵引供电网络采用33 kV电压等级、动力照明供电网络采用交流10 kV电压等级，广州地铁1号线的中压供电网络采用了交流33 kV电压等级。上海、广州地铁采用过交流33 kV电压等级有其特殊历史原因，其他城市很少采用。总的来说，目前国内以交流35 kV集中供电居多，分散供电方式多采用交流10 kV。

西安地区电网网架以330 kV变电所为中心，形成110 kV枢纽变电所辐射状供电或者小环网供电方式，全网分区分片运行，互为备用，这为西安轨道交通外电源的就近引入提供了可靠保障。西安地区电网对轨道交通供电的电压有110 kV、35 kV、10 kV可选，经过比选西安轨道交通供电系统均采用35 kV中压环网集中供电方式，如图25.1所示。

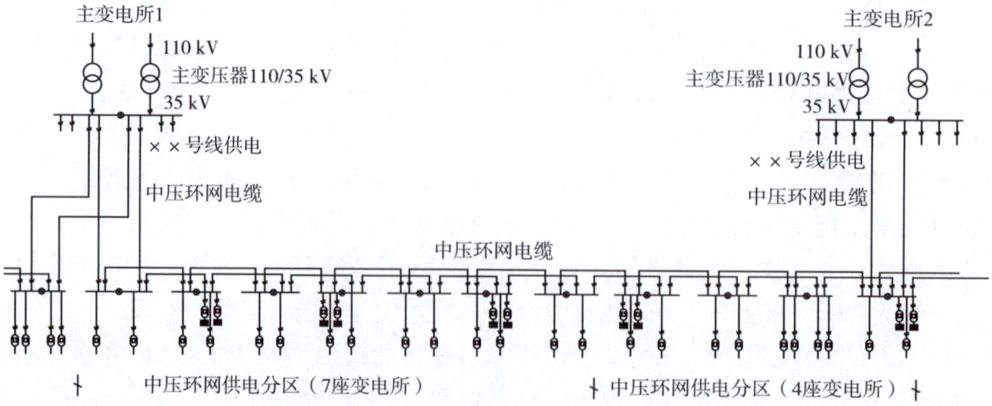

图25.1　集中供电交流系统图

轨道交通采用集中供电方式，主变电所接受电力系统提供的110 kV高压电源，经主变压器降压至35 kV中压电源，并经轨道交通35 kV集中供电系统网络将电能分配到各车站和车辆基地内变电所。轨道交通中压网络采用国内常规的牵引动力照明混合网络架构方式，牵引系统与动力照明系统共用中压供电网络。

牵引变电所将35 kV中压电源降压至适合于整流器进线电压，整流器的功能是将交流电整流成适合于电力机车牵引用的直流电。将牵引变电所的电能提供给接触网，并能满足供电系统双边供电及越区供电要求，保证在正常状态及故障状态下向接触网持续供电。降压变电所将35 kV中压电源降压至400 V低压电源，供场段、车站动力照明用电。

当主变电所为多个供电分区供电时，需要通过设置电源开闭所来扩展35 kV馈出间隔，西安早期线路由于共享关系较为简单，开闭所一般设置在主变电所内。在多年运营过程中，建设单位不断总结经验，考虑到西安地区主所（开闭所）均为共享主变电所，共享线路一般为3条，为明确管理界面，新线的开闭所设置在电源接入的车站内，与车站变电所合建。

2. 中压环网供电分区及环网开关保护配置应用

中压供电网络在正常运行方式下，应尽量保持各供电分区内负荷均衡。在故障运行方式下，最大供电距离能满足供电系统的工作需要。

轨道交通采用35 kV中压环网集中供电，多座变电所环串为一个供电分区，环网进出线设置差动保护作为主保护，过流保护作为后备保护。采用传统的电流保护模式，过电流保护在定值和时限上都要有所配合，主变电所向线路供电的分区变电所越多，其过电流的动作时间就越长，而实际主变电所的定值要和上级变电所配合，过流动作时限要在一定范围之内。轨道交通主变电所向正线变电所供电的环网馈线开关过流保护延时为一般不超过1.5 s，供电分区所有变电所环网馈线开关过流保护动作是按时间级差来实现保护的选择性，级差一般为0.25 s以上时保护装置之间才能有效配合。基于当时的技术条件，西安轨道交通1～3号线1个供电分区一般设置不超过4座变电所。

随着西安轨道交通线网的发展，在多条线路支援供电区段，大量的区间环网电缆引起疏散平台设置、施工敷设及运营维护的诸多不便等问题逐步凸显。同时，在继电保护技术快速发展和中压环网电缆可靠性不断提高的基础上，环网大分区供电方式逐步成为轨道交通供电系统中压环网接线方式的发展方向。供电方式采用环网大分区供电方式，存在传统的“线路差动主保护＋后备过电流保护”配置方案，后备过流保护的时限无法满足选择性要求的问题。数字通信过电流保护是在原过电流保护装置基础上开发出来的，具有原过电流保护装置的所有基本功能，数字通信过电流保护可有效解决传统过电流保护级差配合困难的问题，是对传统“差动保护＋过电流保护”方案的进一步优化。西安轨道交通自4号线后中压环网采用大分区供电方式不仅从根本上解决了中压开关后备保护的选择性问题，同时简化了供电系统运行方式，减少环网电缆降低了供电系统工程投资。

3. 中压系统运行方式

（1）正常运行方式

在正常运行方式下，两台主变压器同时分列运行，负担各自供电分区的牵引负荷和动力照明负荷；主变电所的35 kV侧采用单母线分段接线并设常开母联开关，馈出35 kV中压电源给沿线的牵引变电所和降压变电所供电。每个供电分区均由两路电源同时为供电范围内的全部负荷供电，各变电所两个进线开关处于合闸状态，母线分段开关、应急联络开关均处于分闸状态。牵引变电所两套整流机组并联运行，接触网纵向联络隔离开关打开，相邻两座牵引变电所构成双边供电方式，共同向供电范围内的列车供电。

（2）故障运行方式

当主变电所一台主变压器故障解列时，投入交流35 kV侧母联开关，由另一台主变压器担负该主变电所供电范围内的负荷，该主变压器能满足该所供电范围内高峰小时牵引负荷和动力照明一、二级负荷需求；当出现主变电所整所解列时，合闸环网应急联络开关，由相邻的主变电所通过中压环网电缆越区供电，此时满足负担供电分区高峰小时的牵引负荷及动力照明一、二级负荷需求；当供电分区中的任一路电缆故障时,分闸由该电缆线路提供电源的上下级变电所相应的出、进线开关,合闸出线变电所母线分段开关,由另一路电缆为供电范围内的牵引负荷及全部动力照明负荷供电。

(3)牵引系统运行方式

正常运行方式下,正线牵引网双边供电;当一座牵引变电所解列时,由相邻的牵引变电所越区供电;车辆基地内牵引变电所解列时,由正线邻近的牵引变电所越区供电,正线牵引变电所解列时,不考虑车辆基地内牵引变电所向正线越区供电。

25.1.2 牵引供电制式

牵引网供电制式主要指电流制、电压等级及馈电方式。供电制式直接影响到车辆、土建、限界等其他系统专业方案的确定,也影响供电系统外部电源供电方式、中压环网等级、牵引变电所分布等主要技术原则的制定,因此城市轨道交通供电制式应尽早研究比选确定。

目前国内外城市轨道交通供电电压在 DC 600 V ~ 3 000 V 之间,早期受电力电子设备制造耐压水平限制,一般采用 DC 750 V 低电压供电,国内北京地铁线路选用 DC 750 V 第三轨供电。随设备耐压水平提升,且运量要求不断加大,供电电压逐步提至 DC 1500 V,有的甚至 DC 3 000 V。我国国家标准《城市轨道交通直流牵引供电系统》(GB/T 10411—2005)规定牵引网供电直流 DC 750 和直流 DC 1 500 V 两种电压制式可选。

车辆采用直流 1 500 V 电压等级相比直流 750 V 具有电气设备体积小,占用车辆空间少,电压等级高,同功率回路电流小,线路材料用量少,相应车体轻等优势,缺点是电气设备绝缘耐压等级高,研究期整车造价稍贵 2% ~ 3%,但长期运营费用减少,车辆加速、制动性能比较好,操控性好。供电质量及能耗,通过合理布置变电所,两种电压的供电质量基本相同,车辆功率同等的情况下,因损耗与电流的平方成正比,运行损耗直流 750 V 较直流 1 500 V 高出不少,对运营用电成本不可忽视。因直流 750 V 牵引电压供电范围较小,牵引电流大,将造成牵引变电所数量增加,加大工程投资。直流 1 500 V 相比直流 750 V 电压等级高、绝缘距离更大,同功率情况下电流减少很多,减少杂散电流腐蚀防护的措施,更有利于保护主体工程结构免受电腐蚀。从技术成熟度、在本地区的适应性等宏观层面研究,从载流量、授流稳定性、施工的难易程度、使用寿命、安全可靠性、运营维护便利性、长期运营效益等具体技术经济因素对比分析,制定了西安轨道交通已运营及在建线路均采用直流 1 500 V 牵引供电制式的基本原则,较好地实现了全网供电制式一致、设备检修设施共享的目标。

25.2 变电所

25.2.1 分类、布点及主接线

1. 分类

根据用电服务对象性质的不同,变电所可分为牵引变电所(主要为牵引供电系统服务)和降压变电所(主要为动力照明系统服务),同一地点的牵引变电所与降压变电所合建为牵引降压混合变电所。

牵引变电所通过整流机组把中压交流 35 kV 交流电源降压整流为直流 1 500 V 电源,提供轨道交通车辆的牵引动力电源。降压变电所通过变压器把交流 35 kV 中压电源降压至交流 400 V 低压电源,提供轨道交通机电设备动力电源和照明电源。

2. 布点

牵引变电所布点方案根据牵引系统电压制式、机车特性、线路条件、站位规划及运量、运行组织、运营要求等工程的特点,并考虑线路功率损失、牵引网电压水平、再生能量回馈、杂散电流等因素,通过牵引供电计算确定。

牵引变电所尽量设置在车站,方便运营维护,须满足远期高峰小时列车运行的要求,充分考虑初期、近期、远期工程的衔接,线路端头牵引变电所的设置考虑和远期延伸相结合,牵引变电所设备容量选择

时，全线只考虑有任意一座牵引变电所解列的情况，牵引整流机组的负荷特性满足现行标准《地铁设计规范》（GB 50157）的规定；牵引网额定电压为直流 1 500 V，牵引网最高、最低电压满足现行标准《地铁设计规范》（GB 50157）的规定。

西安轨道交通已开通运营线路均采用 B 型车，在建线路大部分采用 B 型车，平均牵引间距较为合理，同时对于杂散电流腐蚀敏感段，采取适当缩小牵引间距，减少牵引网有效电流的方式从源头上抑制杂散电流。

3. 主接线

变电所 35 kV 侧采用单母线分段接线方式，母联设置断路器，每段母线设置一路进线，向该母线供电。根据供电系统的要求设出线，以构成环网，向相邻车站变电所供电。正常运行时，两路 35 kV 进线电源分别向所接 35 kV 母线供电，两段母线分列运行，母联断路器断开。当一路 35 kV 电源故障时，进线断路器分闸，母联自投，由另一路 35 kV 电源变电所供电。每座牵引变电所设置两套整流机组，均接于同一段 35 kV 母线上，第三期建设规划线路由于采用中压能馈型再生能量吸收装置，能馈机组与牵引整流机组接于同一段 35 kV 母线。每段母线设置一路 35 kV 配电变压器馈线开关，两台 35/0.4 kV 配电变压器分列运行。

一般在低压负荷比较大且分布不均匀的车站，设置中间风井的长大区间，通过经济技术比选，一般考虑设置跟随所式降压变电所，跟随所电源就近取自车站变电所 35 kV 母线；有延伸需求的末端车站、有明确物业开发需求的车站变电所均预留 2 面 35 kV 馈出开关柜土建空间。

25.2.2 设备选型

1. 环境条件

西安地区环境属暖温带半湿润大陆性季风气候，春季干旱，夏季炎热，秋季潮湿多雨，冬季寒冷干燥。环境温度：−21.2 ~ +43.4 ℃（室外），−5 ~ +40 ℃（室内）。相对湿度：日平均值≤95%，月平均值≤90%（25 ℃），有凝露情况发生。海拔高度不超过 1 000 m。污秽等级户内为Ⅳ级。

2. 主要设备

轨道交通供电系统设备选型充分考虑工程本身的特点，对变电所内的设备，为了节约用地和布置紧凑，尽量选用小型化设备，同时为了防火，尽量选用阻燃型设备。设备运行除适应以上环境条件外，还考虑了设备安装调试阶段的防尘防潮。设备房顶部渗水及设备上方空调冷凝水不可避免，对有外壳保护的设备考虑了防滴水措施。

交流 35 kV 开关柜：采用全封闭 SF_6 气体绝缘组合电器型（GIS），铝合金外壳或铠装式金属封闭结构，设备占地面积小，适合轨道交通设备用房面积紧张的工程特点。西安轨道交通 1 号和 2 号线跟随式降压变电所交流 35 kV 隔离电器选用交流 35 kV 负荷开关柜，负荷开关选型为手动操作，无法远程操作，同时负荷开关特性决定其无法分断短路电流，同时增加了运营维护的备品备件种类。经与交流 35 kV GIS 开关柜比较已无价格上的优势，且交流 35 kV GIS 开关柜断路器能实现远方控制及加装保护装置后可实现故障切除，因此后续线路均采用了与变电所一致的交流 35 kV GIS 开关柜。

直流 1 500 V 开关柜：采用户内型，金属封闭式结构，由一系列标准化单元组成。西安轨道交通 2 号线，馈线柜配置手车式断路器，进线柜配置电动隔离开关，负极柜配置手动隔离开关。为便于运营电调管理，后续线路的 1 500 V 直流进线柜、馈线柜均配置手车式断路器，负极柜配置电动隔离开关。

牵引整流机组：采用单台牵引变压器为六相 12 脉波整流变压器，每座牵引变电所两台牵引变压器并联运行等效成 24 脉波整流变压器，整流变压器的设计与整流器相匹配，构成整流机组。两套 12 脉波的整流机组匹配成一套交流 35 kV/直流 1 500 V 等效 24 脉波整流机组，有利于提高电力整流效率，降低电力损耗，减少谐波。选择整流机组容量时，按远期进行考虑，设备一次建成。

35/0.4 kV 配电变压器：采用环氧树脂浇铸干式变压器。配电变压器容量选择依据的是机电设备动力和照明计算总负荷结果，然而根据运营统计信息，实际运营过程中，有些配电变压器负荷率只达到 20% ~ 30%。配电变压器容量选择过大，不仅直接增加了设备投资，而且长期运行累积加大供电系统损耗，造成浪费。后续线路配电变压器经济容量除了考虑计算负荷（设备负荷容量、需用系数及同时系数），还应综合考虑年最大负载损耗时间、变压器造价、变压器类型及最佳自然负载系数等因素后确定。

接触网可视化接地系统：在城市轨道交通接触网线路检修过程中，需要在相应作业区间装设临时接地线，保证检修人员的安全。在传统的操作方式下，检修人员在检修时携带接地线和验电器到达现场，人工验电、放电，确认无电后再人工挂接地线，检修完成后，还需再拆除接地线，这个过程需要占用较长的夜间有效施工时间，需要专业的接挂地线人员，另外还存在漏挂、错挂地线及漏拆地线的重大安全隐患。具体来说，主要存在以下方面的问题：

（1）挂接地线之前，没有进行强制验电，存在带电挂接地线的可能。

（2）OCC 电调无法掌握全线接触网接地情况，存在带接地线送电的隐患。

（3）所有验电、挂接地线作业完全依赖于人工，任务繁重，作业时间长，工作效率较低，严重挤压了正常检修作业时间。

为解决以上问题，西安轨道交通 8 号、10 号、15 号线采用接触网可视化接地系统。

3. 节能型设备

（1）非晶合金变压器

城市轨道交通是电网的用电大户，除了机车牵引用电和照明、机电设备用电外，供电系统损耗也会消耗掉一部分电能。系统损耗主要包括线路损耗和变压器损耗，变压器的损耗又包括负载损耗和空载损耗。变压器的损耗在轨道交通总用电量中占据了一定的比例。

非晶合金变压器最主要的特点就是节能效果明显。车站动力负荷大小与车站机电设备工况有关，一般配电变压器都按照车站机电设备最大工况进行容量选择。然而实际情况是车站运营的一天里有很大一部分时间的动力照明负荷率较低，因此空载损耗尤为突出，从而造成整个系统损耗率较高。采用非晶合金变压器将可以较好地解决这一问题，降低空载损耗，对比非晶合金和硅钢片铁芯变压器，非晶合金 SCBH15-1000/35 空载损耗 0. 75 kW，硅钢片 SCB13-1 000/35 空载损耗 1. 94 kW。经过技术经济比较，西安轨道交通 10 号线采用非晶合金变压器。

（2）再生制动能量吸收装置

节能减排已成为我国的基本国策，建设低碳型交通基础设施、推广应用低碳型交通运输装备是城市轨道交通建设者的责任。城市轨道交通由于站间距比较短，列车起动、制动频繁，考虑各种车型、编组、站间距、发车间隔等差异，列车电制动时产生的再生能量可达到牵引能量的 30% 以上，充分利用列车制动再生能量将节约大量电能，经济效益可观。

再生制动能量吸收技术发展方向主要有车载电阻耗能式吸收、逆变回馈式吸收、超级电容储能式吸收及飞轮储能式吸收等。其中车载电阻耗能式吸收方式由于其结构简单可靠等优点应用最为广泛，近年国内能量回馈式逐渐应用较多，能量存储式应用相对较少。

经比选，西安轨道交通 8 号、9 号、10 号、15 号线选用中压逆变能馈吸收装置。中压逆变能馈吸收装置有以下问题还有待研究解决：

①中压能馈装置开通正向功能时与牵引整流机组之间的协调关系。

②中压能馈装置逆变的中压电源作为第 3 路电源与变电所的正常双路进线电源之间的配合关系，这其中既包括了逆变电源与正常电源之间的并网问题，也包括了正常电源失压时逆变电源的影响问题。

③中压能馈装置的逆变中压电源与城市电网之间的配合关系。

4. 供电智能运维系统

随着西安轨道交通建设规模的不断扩大，线网运营后设备设施维修组织管理难度加大、故障传导性和扩散性上升、维护人员效率降低等问题逐渐显现，轨道交通运营部门急需更为高效可靠的运维方式。轨道交通行业对供电智能运维系统应用还处于探索阶段，广州、深圳等城市也有试点应用案例，但结合自身需求，包含数据采集、边缘计算、平台搭建管理也各自不同。

西安轨道交通 10 号线设置的供电智能运维系统由感知层、网络通信层和系统平台构成。感知层设备包括集中监测单元、传感器设备、智能巡检设备等，通过编制巡检任务，定时启动智能巡检机器人和高清球机进行全站巡视，利用图像识别技术获取设备运行数据，生成巡视报告，能正确反映设备的运行状态及完成信息传递。网络通信层包括交换机、通信光缆、通信辅助设备等，为设备与系统平台之间提供通信服务。系统平台包括变电所终端和后台终端。变电所终端具有基础数据处理和存储功能，可实时显示本所内监测数据信息。后台终端可实现所有设备的运行监视，对采集数据集中处理、存储、分析和展示，智能告警，以及对设备技术状态、检修计划、检修作业过程、日常养护等流程管控功能，同时作为子系统预留接入运营智能运维平台条件。

25.3 牵引网

牵引网由接触网和回流网构成，接触网形式按安装位置分为接触轨或架空接触网，走行轨兼作回流。目前国内车辆（80～120 km/h）采用直流 1 500 V 架空刚性接触网或直流 1 500 V 接触轨的技术成熟。从全寿命周期考虑，两种供电方式的经济性能基本相当。直流 1 500 V 接触轨系统优势是运营维护量小，不影响高架线路景观，但其安全防护问题仍然是广泛关注的热点之一。广州、深圳等城市也积累了一整套直流 1 500 V 接触轨系统运营经验，通过安全管理来解决人身安全防护问题。统计包含广州在内的国内大部分城市近期在建及线网规划，接触网选择直流 1 500 V 架空接触网供电形式是发展趋势。经综合适应性、安全性、经济性等方面比较，西安轨道交通建设一开始便采用直流 1 500 V 架空接触网供电方式，其中地下线路采用直流 1 500 V 刚性架空接触网，场段、高架线路的采用直流 1 500 V 柔性架空接触网。

25.3.1 接触网设计实践与创新

1. 地裂缝接触网设计

西安市轨道交通建设范围内存在典型地裂缝地质现象，其活动造成的土建结构错位严重威胁轨道交通结构安全。而供电设施均以土建结构为安装附着基础，所以必须要采取相应措施，消除结构错位对供电系统设施安装可靠性的影响。特别是接触网系统是保证弓网受流的关键系统，其无备用性及结构、功能上的特殊性，若发生故障就会导致运输中断，引起严重后果。在轨道交通建设过程中，在轨道系统、土建结构采取相应措施基础上，供电系统对地裂缝段接触网安装，研究制定了针对性措施，极大地保证了轨道交通安全可靠的运行。

地裂缝段接触网设计采用独立小锚段，利用锚段关节将地裂缝段和正常段接触网实现机械隔离。如果与正常段采用直接连接的方式，结构错位将造成接触网构件的应力损伤及破坏，扩大接触网事故范围。为了防止上述问题的发生，采用独立小锚段后，由于地裂缝段和正常段接触网相互独立、互不影响，使得地裂缝段接触网基础构件可以随地裂缝的活动自适应变化，避免了在地裂缝活动时造成区段接触网结构破坏，其布置方案如图 25.2 所示。

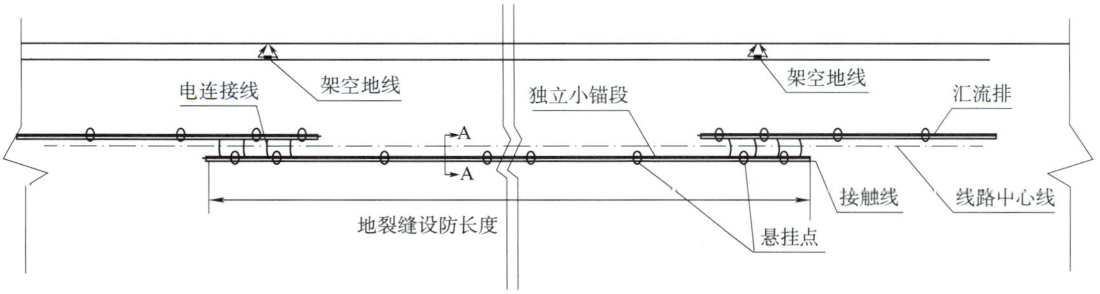

图 25.2 接触网独立小锚段通过地裂缝设防段布置方案

为满足地裂段隧道整体变化后将接触网导高调整的需要，考虑将接触网吊柱设计为在一定范围内可调整高度的安装形式，具备粗略调整和精细调整两方面功能，以保证任何情况下都能调整至设计要求导高精度。

2. 架空刚性接触网类“之”字布置

为减少架空刚性接触网拉出值按正弦波方式布置带来受电弓碳滑板不均匀磨耗问题，自西安轨道交通3号线起，架空刚性接触网拉出值采用了类“之”字布置方式。类“之”字布置中，在拉出值最大、最小处以外区域均按等斜率方式布置，受电弓以某一速度滑过时，碳滑板上A、B不同位置与接触线接触滑动距离 $S_1=S_2$，即受电弓碳滑板各位置的磨损程度相同，减缓了受电弓不均匀磨损。受电弓与接触线相对位置关系如图25.3所示。

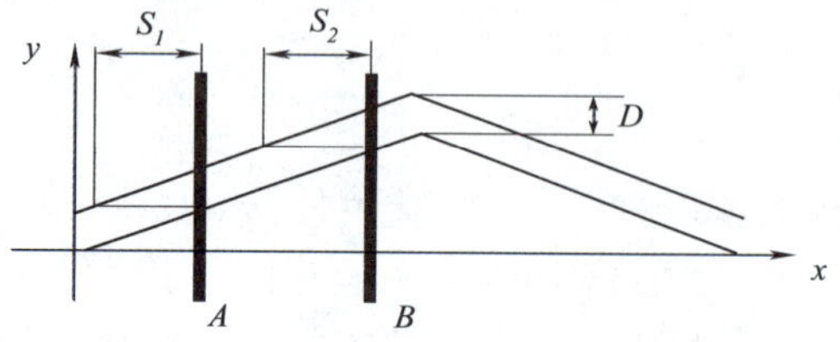

图25.3 受电弓与接触线相对位置关系

3. 高架段弹簧补偿装置

西安轨道交通3号线高架线，受沿线景观、桥梁布置、声屏障安装等因素影响，采用弹簧补偿装置，系统解决了张力差和补偿量计算、连接附件结构和安装曲线等问题。

4. 接触网特殊区段技术方案

西安轨道交通工程中已实施的刚性接触网通过人防门、防淹门时，主要采用可拆卸式一体化汇流排、可断式一体化汇流排以及独立小锚段两种方案，可拆卸式一体化汇流排已在广州地铁、上海地铁、成都地铁等多条地铁中应用，该种方案在人防启动时，需要人工操作拆卸，操作时间较长，但后续恢复供电的工程量小；可断式一体化汇流排通过防淹门方式已在西安轨道交通1号线、杭州地铁、上海地铁等多条地铁中应用，人防启动时直接断掉一体化汇流排，响应时间短，后续恢复供电需重新安装独立小锚段范围内的接触网工程。该设置方案与人防专业的要求须匹配，结合工程情况选取。

5. 车辆基地库前单导设置和接触网分束对应

在2号线建设中，按当时行业内普遍做法，没有严格区分回流与接触网馈电的一致性，出现了非检修作业股道张挂地线时钢轨打火的情况，经分析试验，后续线路制定了接触网馈电与钢轨回流严格对应的方案，并对应配置单向导通装置，避免不同检修作业区域回流干扰的问题。

25.3.2 杂散电流防护

1. 杂散电流防护总体思路

轨道交通线路有地下地上区段，地下土建结构施工有盾构法、明挖法、暗挖法，车辆基地自5号线后上盖物业开发。针对不同的轨道道床和土建结构设计杂散电流防排措施。

明挖法、暗挖法和矿山法施工区间，轨道采用整体道床，走行轨采用绝缘法安装，走行轨对地过渡电阻不小于15 kΩ·m。隧道内底板钢筋与整体道床内钢筋应无任何电气上连通。结构钢筋通过焊接构成电气连通的低阻抗回路，并在结构伸缩缝或沉降缝两侧引出的连接端子，以截面不小于95 mm^2 软电缆相互连接成连续的网络。

盾构区间结构钢筋采用隔离法进行杂散电流防护，相邻盾构管片钢筋不进行电气连接，盾构管片间进行绝缘处理，同时必须保证管片间防水材料有良好的电气绝缘性能。

将地下车站钢筋焊接成连通等电位体，车站底板、中板、顶板通过横、纵两向结构钢筋连接，形成法拉第笼，以达到防止杂散电流扩散要求。

高架区间桥梁应和桥墩电气隔离，并且与梁上道床内结构钢筋非电气连接。利用高架桥梁结构钢筋的可靠电气连接，建立杂散电流监测网。

无上盖物业车辆基地防护，与正线相比，车辆基地是杂散电流防护薄弱环节。运用库、检修库内线路较库外线路防护条件更差，是车辆基地的薄弱环节。另外，由于车辆基地内车速较低，牵引电流较小，杂散电流泄漏水平较低。这样，车辆基地杂散电流防护从钢轨回流着手，并考虑降低钢轨电位的措施。

因上盖物业主体结构在轨道之间，主体结构受杂散电流腐蚀的可能性较大，为保护上盖物业及车辆基地建筑本体安全，道床的结构应与上盖主体结构相分离，对上盖主体结构做绝缘处理及防腐蚀保护；利用整体道床结构钢筋设置排流网；设置监测系统，对道床结构钢筋及主体结构钢筋进行监测；洗车库因环境潮湿，杂散泄漏可能性大，在车库两端钢轨设置钢轨绝缘节，并设置单向导通装置。

2. 设计实践与创新

(1)采用埋入式杂散端子

在轨道交通领域首次采用新型埋入式防迷流端子新技术，既确保电气联结可靠性，又可防盗、减少施工难度。

杂散端子包括连接端子、测量端子和排流端子。杂散端子一般采用铜排，可以防锈蚀并增强导电性，为便于杂散端子用电缆连接，其伸出混凝土结构面需 75 mm 左右。在西安轨道交通 2 号线工程施工中，出现了引出端子大量多次被盗的情况，还有些引出端子被专业施工机械破坏。该种端子被大量多次破坏，致使供电系统施工难以进行，甚至于不能对该项工程按进度验收。

为防止此类问题发生，在西安轨道交通 1 号线道床、隧道和桥梁施工中，首次将杂散端子进行了改进完善。将原引出端子做成整体器件埋入混凝土结构中，即埋入式杂散端子。埋入式杂散端子由铜端子和圆钢采用放热焊接后组成，供货时提供的是整体器件。整体器件铜端子表面及螺栓孔洞应具有尼龙或塑料螺栓保护措施，防止土建施工时其他杂质覆盖铜端子表面，或进入螺栓孔洞而影响其导电及连接，螺栓孔便于电缆连接。埋入式杂散端子上表面与结构壁平齐，无伸出部分，所以这种端子不易被盗，也不易被其他施工机械损伤。截至目前，现场未发现端子被盗现象。

(2)回流连接

西安轨道交通牵引供电方式是通过直流 1 500 V 架空接触网向机车送电，并利用走行轨把牵引电流返回牵引变电所。回流电缆与钢轨的连接是供电系统不可缺少的重要环节，均回流电缆与钢轨连接安装质量，不但使得轨道交通直流牵引供电系统回流不畅、打火，严重时可能造成轨道烧伤、跳闸等设备故障。

放热焊连接方式的优点是在钢轨上的焊接面积较小，电缆与钢轨的连接牢固可靠，单根电缆焊接的连接稳定可靠，过渡电阻小，且结合面无腐蚀。缺点是对焊接工艺及施工环境要求高，国内出现过焊接脱落及钢轨损伤现象。西安轨道交通 1 号线一期、2 号线一期及南延段、3 号线的均回流电缆与钢轨采用放热焊连接。采用低温钎焊回流线排技术，能保证良好的接触及足够的载流面积，接触电阻低。温冷钎焊接技术焊接温度小于 400 ℃，焊接后钢轨金相组织不会发生变化或产生硬损伤，连接可靠、稳定，在无防护钉状态下，均回流线排的抗拉强度大于 50 MPa，具有良好的耐候、防腐能力。西安轨道交通自 4 号线后采用此连接技术。

膨胀式电气连接塞钉接触原理为压接，其缺点：由于钻孔与塞钉是锥形接触，接触电阻值不易达标，容易造成连接处发热烧损。西安轨道交通 2 号线一期及南延段工程、1 号线一期轨缝电连接采用此种连接方式。膨胀式电气连接胀钉的主要原理为压接，其缺点：存在松动、锈蚀等问题，需要运营人员定期进行防松防腐维护。单面胀钉、双面胀钉在西安轨道交通均有应用，双面胀钉能很好地解决电缆连接空间不足的问题。西安轨道交通 3 ~ 6 号线、1 号线二期轨缝电连接采用此种连接方式。

25.4 动力照明

25.4.1 动力配电系统

1. 系统概述

动力配电系统又称为低压配电系统，一般指交流不高于 1 000 V、频率 50 Hz，直流不高于 1 500 V 的配电系统。动力配电系统设计遵循安全用电、可靠供电、节约用电、经济合理、技术先进、运维方便的设计理念。城市轨道交通动力配电系统一般采用0.4 kV等级，即设备额定电压为AC 220 V相电压或AC 380 V线电压。负荷额定电流不大于60 A时，可采用220 V单相供电；额定电流大于60 A时，宜采用220/380 V三相四线制供电，三相负荷宜平衡。特殊场所如电缆通道安全特低电压照明采用交流36 V，疏散指示照明采用直流24 V。正常运行情况下，用电设备端电压偏差允许值（以额定电压的百分数表示）应符合：动力设备、一般照明 -5% ~ +5%；区间照明 -10% ~ +5%；大电机起动时，降压变电所低压母线电压降不大于10%。

动力配电系统设计遵循的基本原则主要有：系统容量按远期最大负荷设计；采用220/380 V三相四线制配电方式，接地采用TN-S系统，局部采用TT等系统；动力照明设备配电采用以放射式为主、树干式为辅的配电方式；自变压器二次侧至车站用电设备的配电级数不超过三级；消防负荷配电自成体系；民用通信、商铺、广告照明等均在配电箱设有功电度表计费，商业用电独立自成系统；贯彻实施国家有关节能和环境保护的政策，在设计中采用节能效果好的设备和采取必要的环境保护措施；设备选型立足于国产化。

动力配电系统城市轨道交通车站各类负荷服务的系统，具有接口众多、需求众多的特点，其设计上存在以下难点：一是设计范围广。由于负荷众多、点位分散，加上建筑形式各异，开展电气设计同时还要兼顾部分设备控制设计，因此多专业配合和多样化需求是常态。二是设计配合多。主要表现在与土建沟、槽、管、洞的预埋预留，与供电系统的上下级保护整定配合，与机电设备的配电位置、电源要求、控制工艺，与弱电系统的配电位置、接地要求、自动控制接口等配合，与供电及综合管线系统的供电路径、线路敷设配合等。三是负荷需求多。由于车站形式多样，致使动力配电系统设计方案、电气设备用房布置、配电设备选型、线路敷设路径、机电设备自动控制等方面差异较大。四是选型需求多。动力设备种类多，包括0.4 kV开关柜、通风空调电控柜、配电箱、接地箱、按钮箱、灯具、插座、开关到电缆、电线、接线盒、钢管、槽钢、桥架等。在不同设备、不同供应商间达到性能可靠、风格统一、标准可控、方便运维是设计追求的目标。五是时序配合难。由于设计接口多，土建、通信、信号、通风空调、电伴热、挡烟垂帘、卷帘门等不同阶段专业设计时序与低压专业不匹配，会造成较多反复。

2. 负荷分级及供电方式

电力负荷根据不同用途、重要性和对供电可靠性的要求，以及中断供电对人身安全、经济上所造成损失的影响程度进行等级区分，一般分为三级。《地铁设计规范》（GB 50157—2013）给出了详细的各级负荷包含的子系统，这里不再赘述。

对于各级负荷的供电方式主要有：一级负荷采用双电源双回线路供电，互为备用。对于一级负荷中特别重要负荷，除由两路电源供电以外，还应增设应急电源（主要是针对计算机类负荷的UPS，以及针对非计算机负荷的EPS），并严禁其他负荷接入。二级负荷采用双电源单回线路专线供电。三级负荷采用单电源单回线路供电，当系统中只有一个电源工作时可切除三级负荷。

3. 系统构成与布置

低压配电与照明系统由35/0.4 kV降压变电所低压配电开关柜、通风空调电控柜、各种配电箱和控制箱、电线电缆、电缆桥架、保护管、照明灯具，以及防雷、接地、过电压保护系统、电气火灾监控系统、消防设备电源监控系统、能源管理系统等共同组成。根据各负荷分布的特点，划分不同的供电分区，设置相应的降压变电所、通风空调电控、配电室、电缆井等设备用房。

（1）变电所

变电所位置选择应与车站建筑设计密切配合，尽量减少土建工程量，当条件允许时，可设置地面变电所或采用箱式变电所形式，参见第25.2节。

（2）通风空调电控室

地下车站一般在通风空调机房附近设置通风空调电控室，负责通风空调机房内用电设备、阀门的配电及控制；地下车站单独设置冷冻站的，在其附近设置冷冻站电控室，负责冷冻水泵、冷却水泵、冷却塔、阀门的配电及控制,其中冷水机组由变电所低压母线直接配电。地上车站一般在通风空调机房内设置通风空调配电箱,负责通风空调用电设备的配电及控制。

(3)照明配电室

在地下站的站厅层、站台层两端分别设置照明配电室、地上站结合车站建筑规模和形式设置照明配电室,照明配电室内设消防电源小动力箱,一、二级负荷小动力箱,三级负荷小动力箱,照明总配电箱,区间照明配电箱,负责车站及相邻半个区间的照明及小动力负荷的配电及控制。

(4)其他配电

专用通信、民用通信、公安通信、信号、AFC、电梯、自动扶梯、站台门、废水泵、区间维修等负荷由变电所直接接引电源供电。

4. 设计接口

动力配电上承供电系统,下与弱电设备系统、BAS 系统、FAS 系统、通风空调系统、给排水系统、建筑、装修、结构、综合管线、人防等多个系统存在复杂的接口关系,完成相关负荷的动力、接地和部分控制功能。

对通风空调设备,一般通过环控电控室对通风空调设备集中配电及控制,环控电控室低压母线分一、二、三级母线段;与风机连锁的通断阀与对应风机共用配电及控制回路;对于消防专用风机,需按照现行标准《地铁设计防火标准》(GB 51298),在环控电控室集中配电;冷水机组等大容量负荷由降压变电所低压母线直接放射式配电。

对给排水设备,消防泵、喷淋泵带双电源切换装置;车站主废水泵、污水泵根据负荷等级由降压变电所低压母线配电;电伴热、潜水泵、局部雨水泵等小负荷设备可根据负荷等级从就近配电箱配电。

对电梯、自动扶梯,按区域由变电所低压母线单独配电。

对弱电系统,综合监控、通信、信号、自动售检票、安全门等系统用电负荷采用 UPS 配电,UPS 电源由降压变电所两段低压一、二级负荷母线接引。

对区间动力设备,区间风机、区间主排水泵、区间雨水泵设备就近设双电源切换箱。

对商业用电,应自成体系,单独计量。小规模商业设置商业用电专用配电箱,由降压变电所单电源配电;大规模商业应设置单独的商业用变电所。

对其他负荷,如维修电源、风阀、区间射流风机等,应根据实际情况选择合理的配电方式。

5. 设计实践与创新

(1)负荷精准匹配解决配电变压器负载率低问题

城市轨道交通车站动力配电变压器的负载率普遍偏低,主变电所的主变容量选择偏大,系统长期处于非经济运行状态。这是因为在低压负荷计算中,需要系数和同时系数的选取与系统的运行模式密切相关。城市轨道交通车站各类用电负荷有着自己本身的特殊性,不能简单套用其他工业用电中的经验系数。城市轨道交通在低压配电系统设计时,可以针对各类运营场景具体分析,制定出符合各类场景需求的需要系数、同时系数等,选择合理的变压器容量,提升系统运作效率。

(2)低压密集型母线供电

在用电设备多、容量大且相对集中的区域采用密集型母线供电。车辆基地综合楼、检修库用电设备多、容量大且相对集中,经对负荷分布特点、负荷性质的分析,在此类区域采用密集型母线槽与电缆供电相结合的配线方式,相较于传统纯电缆方式,可节约大量电缆,减少工程投资,且母线槽和电缆相结合的配线方式具有供电可靠性高、外观美观、施工及检修等优点。西安轨道交通线网中已广泛采用了密集型母线。

(3)设置电气火灾监控系统

我国电气火灾占火灾总数的 25%,电气线路和设备发热部位产生异常高温如果超过最高允许温升,它将加速绝缘老化甚至造成绝缘损坏或者直接引燃周围的可燃物,是最危险的引火源。电气火灾监控探测系统利用剩余电流探测器探测电气系统中的剩余电流并与设定的剩余电流报警值相比较,超过时,发出报警信号并输出至监控设备。测温式电气火灾监控探测器、线型感温火灾探测器的设置以探测电气系统异常时发热为基本原则，将温度测量值与设定的温度报警值相比较，超过时发出报警信号并输出至监控设备。西安轨道交通先后采用了在系统末端照明配电箱、小动力配电箱导线馈电处设置剩余电流式电气火灾监控系统，以及在低压配电柜馈电处设置的电气火灾监控系统。

(4)设置消防设备电源监控系统

消防设备电源监控系统通过传感器对消防设备的主电源和备用电源进行实时检测，从而判断电源设备是否有过压、欠压、过流、断路、短路以及缺相等故障。当故障发生时能快速在监控器上显示并记录故障的部位、类型和时间，发出声光报警信号，从而有效保证了火灾发生时消防联动系统的可靠性。西安轨道交通对消防电源状态较为重视，结合 FAS 专业设计有消防电源监测功能，2018 年开始设置了专门的消防电源监控系统。

25.4.2　照明配电系统

1. 照明系统设置

照明设计主要任务是保证电光源能正常、安全、可靠且经济的工作。车站、地下区间、车辆段、停车场、控制中心设置正常照明和应急照明，高架区间设置正常照明和景观照明。车站正常照明包括车站公共区工作照明、节电照明、设备管理用房照明、安全特低电压照明等。应急照明包括备用照明和疏散照明，备用照明采用集中电源装置 EPS 供电，疏散照明采用集中电源集中控制型消防应急照明和疏散指示系统。

2. 照明配电

照明配电一般具有以下特点：

(1)车站公共区工作照明、节电照明电源引自变电所两段母线，采用交叉配电的方式向灯具供电，工作照明、节电照明各占 50% 的负荷。

(2)设备管理用房照明由车站照明总配电箱引出一路电源进行供电。

(3)车站广告照明电源由变电所母线引出一路电源进行供电。

(4)地下区间工作照明配电箱电源引自车站变电所两段母线，就地切换后进行配电。

3. 车站照度

照度是从被照物体的角度对光的一种描述，是单位被照物体表面所接收光通量的大小，其单位是 lx。通常认为被照物体表面单位面积内所接收光通量的大小称为该物体表面的照度，一般照度值的大小可以说明物体可以被看清的程度。轨道交通车站作为公共区域，参照《城市轨道交通照明》(GB/T 16275—2008)、《建筑照明设计标准》(GB 50034—2013)，照度参考值见表 25.1。

表 25.1　车站照度典型值

序　号	场　所	平均照度(lx)	应急照度(lx)
1	站厅(地下)	200	≥5
2	站台(地下)	150	≥5
3	站厅(地面)	150	≥5
4	站台(地面)	100	≥5
5	出入口、通道、楼梯	150	≥5

4. 照明控制

对车站公共区正常照明、出入口正常照明、标志照明、广告照明、区间正常照明等一般由 BAS 系统根据时间表采用集中控制；应急电源配电回路具有由火灾报警系统集中强启或两路市电电源均故障后自启动的应急照明功能；地下车站公共区应急照明、区间应急照明为长明灯；地上建筑应急照明受 FAS 系统控制，当应急照明兼做正常照明时，受 BAS 和 FAS 系统双重控制；一般房屋工作照明采用就地控制方式。

由于照明能耗约占车站能耗的 20% 左右，且灯具具有工作寿命，所以无论从能耗还是设备维护角度考虑，对照明系统采用有效的控制是降本增效的有效手段之一。西安轨道交通自 4 号线开始在建设期已全面使用 LED 灯具。除了采用节能型的 LED 灯具，近年来，发展出了可根据场景、自然光、人流密度、视觉舒适度等多种因素，对相应区域灯具进行适应性调节的智能照明控制系统，该系统可在确保照明需求的前提下，降低能耗、灯具损耗和轨道交通运营成本，是未来照明控制的发展方向。

5. 设计实践与创新

(1)景观(夜景)照明设计

夜景照明设计遵循“以人为本、绿色照明”的设计理念，采用点、线、面结合的照明方式，根据周围环境光及车站建筑、桥梁本身的特点，达到功能性亮化的效果及桥梁夜间的立体层次感，同时渲染出周围环境特有的氛围；整体效果给人舒适、自然、亮丽与柔和相结合的视觉效果。

西安轨道交通自 3 号线开始在高架车站、高架区间设置夜景照明。以车站点为珍珠，以连接桥区间为丝，犹如一条明亮的珍珠项链；车站主要为白色，连接桥呈现为金黄色，点与线遥相呼应，衔接为一条整体光带，恰如月光下的丝绸之路，再现盛唐时期丝绸之路的辉煌。

(2)设置消防应急照明和疏散指示系统

消防应急照明和疏散指示系统在发生火灾时，能够以外部信息为依据，根据预设的避烟避险疏散方案，进行疏散路径优化调整，为建筑内的人员疏散提供更安全、准确、迅速的疏散指引。

西安轨道交通首条线路就设置了 EPS 装置，在 1 号线设置了区间可改变方向的疏散指示灯。自 3 号线开始，在车站、地下区间、车辆段、停车场、控制中心设置集中电源集中控制型消防应急照明和疏散指示系统，系统由应急照明控制器、应急照明集中电源、消防应急照明灯具、消防应急标志灯具、通信网络等组成。每座车站在车站控制室内设置一台应急照明控制器，应急照明集中电源、分配电装置安装在照明配电室内。在车站设置集中控制型疏散照明灯及疏散指示灯；在地下区间隧道疏散平台侧每隔 10 m 设置集中控制型双向标志灯，区间联络通道入口门上方设置集中控制型安全出口标志灯；区间每隔 10 m 设置疏散照明灯。正常工况下，疏散指示标志灯为长明灯，车站的疏散照明灯为熄灭状态，地下区间的疏散照明灯可控制开关；火灾工况下或线路通信故障的情况下应急照明灯具自动点亮。

25.4.3 电能质量

电能质量问题涉及电力系统中发输变配用各个环节的相互匹配，在设计阶段应充分考虑系统可能出现的各类工况并加以防治和弥补，同时布置合理的控制调节手段供运营阶段根据工况投用，将系统扰动维持在允许范围。

1. 电能质量分类

理想的电能质量是恒定频率、恒定幅值的正弦波形电压与连续供电。电能质量主要是指电压质量，即电压幅值、频率和波形的质量；其主要内容包括电压偏差、频率偏差、三相电压不平衡、电压波动与闪变、电压暂降与短时电压中断、供电中断、波形畸变、暂时和瞬态过电压等。电能质量问题可能对用户尤其是敏感用户造成巨大损失。

2. 谐波问题及抑制手段

电力系统中由于许多非线性电气设备的投入运行，其电压、电流波形实际上不是完全的正弦波形，而是不同程度畸变的非正弦波。对周期性交流量进行傅里叶级数分解，得到的频率与工频相同的分量称为基波，得到的频率为基波频率大于 1 整数倍的分量称为谐波，得到的频率不等于基波频率整数倍的分量称为间谐波。《电能质量　公用电网谐波》(GB/T 14549—93)对谐波含量限值进行了规定，其中 220/380 V 等级电网电压总谐波畸变率不应超过 5%。城市轨道交通中的整流机组、照明设备、变频器和软启动器、EPS 和 UPS、各类计算机负荷等都是谐波源，谐波含量过高可能对电气元件产生谐振、电机和变压器的发热和附加损耗、电容器过电压、配电线路 N 线附加损耗、断路器灭弧能力下降、加速设备老化等危害，对各专业用电设备、邻近通信设备、测量和计量仪表、电气保护装置等也会产生一定影响和干扰。一般需要根据系统参数进行匹配设计和设备选型。

西安轨道交通在低压系统中采用了有源滤波器(Active Power Filter,APF)作为低压谐波源的抑制手段,它可以从补偿对象中检测出谐波电流,由补偿装置产生一个与该谐波电流大小相等而极性相反的补偿电流与其相抵消,以减小谐波含量,提高系统的供电质量,兼作无功补偿,保证设备运行的可靠和安全。根据已有经验,有源滤波容量按配电变压器容量最大负载率15%选择,实际使用效果良好。

25.4.4 其他

1. 动力照明系统的节能设计

节约能源是我国基本国策,是指加强用能管理,采取技术上可行、经济上合理以及环境和社会可以承受的措施,从能源生产到消费的各个环节,降低消耗、减少损失和污染物排放、制止浪费,有效、合理地利用能源。

(1)系统设计措施

动力照明配电系统设计应采取有效的节能措施,设计中一般考虑的主要节能措施如下:

①进行合理的负荷计算,按电源条件、负荷特点合理确定变电所(站、室)的位置、电压等级,以及系统的结线方式。

②降低线路损耗,选择合理的导体截面积、材质、经济电流密度等。

③用多芯电缆、导线穿管和封闭式母线槽,各相、N、PE导体在同一电缆或套管,降低电抗等。

④提高综合功率因数以及降低谐波含量。

⑤合理选择电动机的台数和负载率、按需要配置无功功率补偿及谐波抑制装置。

⑥降低变压器损耗,选用非晶合金铁芯变压器、立体卷铁芯结构变压器、新型硅橡胶浇筑包封干式变压器,以及选用合适的变压器容量和负载率等。

⑦降低电机类设备能耗,如风机、泵类、空调等耗能设备根据需要采用变频调速、软启装置等电子节能技术。

⑧提高照明系统能效,室内外照明灯具根据功能分区和不同使用要求,合理选用和配置控制装置,灵活方便的开启及关断部分照明灯具,节约用电。

⑨照明设计中选用节能型综合照明和“绿色”光源,在技术经济合理的情况下,对动力和照明设备按需控制。

(2)集中能效管理

能效管理系统通过对轨道交通整体和局部实时能耗数据的采集、监视,进行数据分类、趋势分析、指标追踪,提供报警信息,输出日报、月报、年报等,为企业提供能源设计、运行、维护、使用的全生命周期的管理建议和方案,从而实现能效管理水平的提升。西安轨道交通自3号线开始了部分低压回路能源管理试点。

2020年底开通的西安轨道交通5号、6号、9号线,以及目前正在建设的三期线路,均在全线设置了能效管理系统,在控制中心或综合楼设置了能效管理系统主站,在每座车站、车辆段(混合所、运用库、检修库、综合楼)、停车场(混合所、运用库、综合楼)、控制中心、区间所、主变电所设置能效管理系统子站,采用应用管理层、网络通信层和现场设备层的网络分布结构,用于监测、分析本线各种水、气、电等能源使用情况,实现线路级用电负荷的节能管理。

2. 智能低压系统

智能低压属于低压配电系统与智能化技术结合的创新系统,主要为解决低压电气设备的监视和控制而设计。

(1)系统功能特点

传统的低压系统功能单一,通常以点对点的方式与上位监控系统连接,其大量的控制电缆造成现场接线和调试工作量大,日后难以维护;设备控制采用继电器接触器控制,分离的电气元件多,接线复杂,可靠性差。

智能低压系统主要由通信网络和具有算术逻辑运算、存储、记忆、通信等功能的智能电气元件组成，具有自愈、预测、安全、集成、优化、交互、协同特性，可以实现对供配电回路或设备的计量、软起动、变频、控制、保护、监视、故障诊断、故障报警和预报警等功能，以及对电机的各种保护，如过载、堵转、三相不平衡、过热、短路等，而且易于实现在火灾时电机过载故障只动作于信号不动作于跳闸。而传统的系统通常只有过载、短路保护。智能元件主要包括智能仪表、变频器、软启动器、电机保护控制模块、小型 PLC（可编程逻辑控制器）或智能 I/O 等。并通过通信接口与 BAS（环境与设备监控系统）、PSCADA（电力监控系统）产生联络，上传监视结果，接受控制命令，简化接线。由于系统功能提高和控制接线的简化，提高了系统可靠性和自动化程度，大大缩短了系统的安装调试时间，同时提高了系统的可维护性。城市轨道交通智能低压系统按负荷类型，主要分为 0.4 kV 智能低压控制系统和通风空调智能电控系统。

（2）0.4 kV 智能低压控制系统

0.4 kV 智能低压控制系统，主要实现了 0.4 kV 等级的低压电气设备运行的监视、控制、保护功能。可接收并执行电力监控系统下发的命令，并将相关信息上传至电力监控系统，简化了设计接口。其主要功能包括：一是信息上传。智能断路器的保护功能及保护信息均上传至综合监控，包括进线、母联断路器长延时过负荷保护、短延时短路保护、瞬时短路保护、接地故障保护及进线失压保护等信息。二是遥信。进线、母联断路器的合/分状态、断路器投入和测试位置、各馈出回路开关合/分状态等开关量信号均上传至综合监控系统。三是遥控。进线、母联断路器的合/分操作有电气联锁，进线、母联、至通风空调电控室、车辆基地变电所至各大型建筑物总进线馈线开关设电动操作机构，非消防负荷馈线开关设分励脱扣机构。智能断路器可接受来自综合监控系统的指令，对进线开关、母联开关、至通风空调电控室、车辆基地变电所至各大型建筑物总进线馈线开关进行遥控合/分操作。四是遥测。进线、母联、馈线回路遥测量可就地显示同时上传电力监控系统。五是母联开关自投。当一台变压器故障或检修时、两路进线开关中有一路失压跳闸，切除三级负荷时，母联开关可自投。

（3）通风空调智能电控系统

通风空调智能电控系统主要实现通风空调相关设备的运行监视、控制、保护。可接收并执行 BAS 下发的命令，并将设备的运行状态信息上传至 BAS，简化了设计接口，主要功能包括：一是可通过终端监视各种参数，也可对总线设备如电机保护控制模块进行单独的参数设定。二是可自动采集风机、风阀设备的运行状态、故障信息、控制方式及电机运行参数，同时具有故障报警信息监视功能，并与 BAS 互通。三是可对组合式风阀、电动风阀、连续调节型风阀实现控制。四是可根据 BAS 启停命令完成各类风机的本体控制、保护与监测。五是可完成风机与风阀的联动逻辑控制。六是具有模式控制能力，即根据 BAS 下发的模式命令，控制模式内各风机设备的启动/停止、风阀设备的开启/关闭。七是电机保护控制模块可对风机回路进线控制。八是软起动器能实现风机类设备的起动和控制功能，有正反转控制要求的电器元件还应保证设备连续两次启动后继续运行（正转起动—自由停车—反转启动—连续运行）。九是变频器能实现风机、水泵类设备的变频启动和控制功能。

（4）设计实践与创新

西安轨道交通自首条线路即开始了智能低压系统构建的探索，先期主要是在通风空调智能电控系统中采用了智能低压系统。通风空调电控系统主要负责接受和分配 0.4 kV 系统的电能，向车站及区间通风空调用电设备提供电源，并实现通风空调设备的监测与控制。这时，智能低压系统就作为 BAS 系统底层控制单元，通过现场总线与 BAS 系统联网通信。智能低压系统设置在每个车站通风空调电控室内的通风空调电控柜中，由智能低压 PLC 系统及智能低压单元组成。智能低压 PLC 系统用于完成智能低压单元的网络规划与参数设定；同时负责与 BAS 系统的通信，实现各智能低压单元的设备运行数据、运行状态的数据上传及 BAS 命令转发，完成设备的相关监控功能。智能低压单元作为设备层控制元件，接收智能低压 PLC 系统的命令完成风机、风阀等末端通风设备的启停、开关、复位等操作、控制与监测功能。采用智能低压控制系统后，BAS 系统与各环控电控内的二次控制电缆将由 BAS 系统与网关之间的通信线代替,减少了电缆数量,方便了施工和运营管理。

而后随着应用的逐步成熟,逐步推广到 0.4 kV 开关柜,实现了 0.4 kV 监视、控制、保护的智能化,简化了系统结构、提升了系统的智能化程度和可靠性。

随着技术发展,智能低压系统也顺势发展,其层次化结构化的设计,不仅可实现对车站设备的监测和控制,还可以接口方式接入智慧车站的在线监测设备负荷数据、振动参数、环境数据、报警信息,并能实现快速故障诊断和处理,产生健康管理、决策支持等高级应用,以支持低压配电系统相关设备的智能运维。智能低压系统用于消除设备的安全隐患,扫除人工运维盲区,减少故障发生率,延长重要负荷设备使用寿命。通过大数据分析对用电设备进行合理的调度和有效的监控,合理使用电能,提高效益。

线路级智能低压系统架构如图 25.4 所示。其以工业互联网思路,在车站节点实现了对车站设备的有效管控,同时作为智慧车站的组成部分,与其他智能运维系统共同支撑线网智能运维框架。

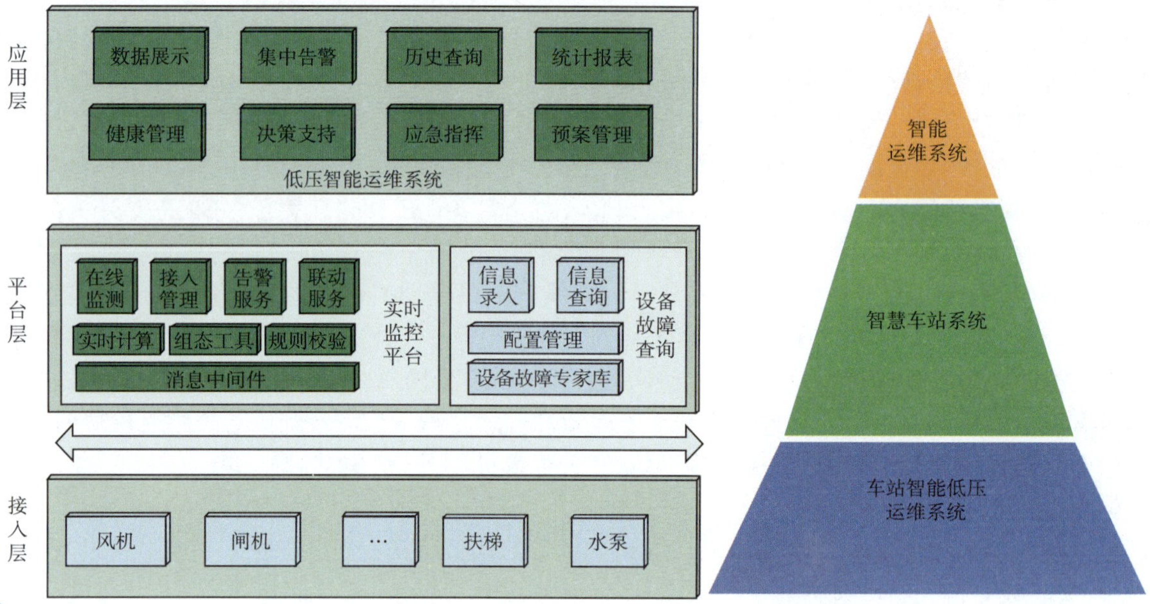

图 25.4 线路级智能低压系统及其所属关系示意图

25.5 供电系统展望

通过数条轨道交通线路建设,西安城轨已进入网络化运营阶段,如何总结提升供电系统建设经验和如何将环保、节能理念在后续建设过程中得到落实,是西安轨道交通应当重点思考的问题。将来的建设过程中,拟从总结提升、新技术应用、技术储备等方面进行研究。

1. 新型牵引整流、再生能量利用研究

近几年,国内设备厂商和轨道交通公司在再生能量利用方面做了一定的工作,逆变回馈型、电阻型在其他城市均有应用,西安轨道交通从 9 号线开始,均设置了中压逆变回馈型再生利用装置。

再生能量吸收装置核心为 IGBT 元件,具备双向变流的能力;在西安轨道交通已经应用 IGBT 逆变技术的前提下,研究其正向整流功能的应用,协调与原整流机机组之间的关系应是下一阶段研究的重点方向,也契合《交通强国建设纲要》中关于交通行业对双向变流技术应用的总体要求。

2. 供电设备智能运维研究

多元融合智能感知技术的应用为设备监测提供的信息基础,针对不同的数据特性研发相应的分析方法实现数据的全量智能分析;多元融合智能感知技术的应用,可以做到对设备的实时针对,提前发现设备隐患,提供维修建议,提高设备可靠性,并且故障时能快速定位故障原因,压缩故障延时,提升城市轨道交通运营效率。多元融合智能感知技术产生了海量的信息，已具有大数据的特征。通过大数据技术对运营维护数据元进行分析，发现长期性的、全生命周期的、规模性的、多维度的设备运行规律，为产品设计、采购决策、库存决策、人员培训、设备改造、维护决策、大中修决策提供建议。通过大数据技术建立的设备故障模型需要具备自学习功能，设备故障模型的自学习功能，是通过机器学习算法将历史故障案例自动提炼知识模型，从而使得设备故障诊断及预警分析更具备扩展性。

西安轨道交通10号线一期工程供电系统智能运维系统，部署了较为完整功能架构和系统平台，但应用范围较小，涉及子专业不全，可在10号线的基础上，进一步研究该技术的深度和应用范围，如接触网“6C”技术的应用，主变电所智能运维技术的应用，运维系统与BIM、GIS技术的深度融合、与云平台及线网运维平台的融合等，逐步形成供电系统的智能运维总体框架结构，并与更高层次的平台融合接入。

3. 地裂缝段结构杂散防护方法研究

地裂缝是西安特有的地质现象，为确保城市轨道交通的安全运行，地下地裂缝区段道床形式均设置为碎石道床，虽从结构角度适应了地裂缝活动的影响，但对杂散电流防护而言，此区段为薄弱环节，考虑城市轨道交通的结构安全，应对地下段碎石道床杂散防护方案做专项研究。

4. 轨道交通运行对邻近油气管道电磁干扰研究

近些年广州、深圳等不少城市轨道交通运营方接到油气管道管理部门投诉，表达轨道交通运行电磁干扰对油气管道安全运行造成影响，甚至申诉到市政府层面要求解决。目前因缺少轨道交通和油气管道部门间协调机构，双方规范标准互补衔接存在空白等因素，现实中轨道交通运营方均在模糊处理。但随着国家法规化进程的完善，两部门间现实的电磁干扰问题必将摆上相关部门议事日程，应尽早开展研究。

5.“碳达峰、碳中和”背景下的轨道交通能量综合利用

针对轨道交通节能、智能的要求，以及国家“碳达峰、碳中和”的方针要求，轨道交通供电系统专业应尽早开展相关研究，对于供电设备的耗能以及碳指标进行分类研究，研究设备设计标准和相关策略，同时研究轨道交通电气量控制、转移及高效利用技术；研制适配于轨道交通的电气量控制及储存、可再生能源储存及利用的电力装备；从设备选型的源头，以及能量传输的中间环节等多方面部署相应的研究工作。

6. 绿色供电设备的应用研究

目前轨道交通主变压器等设备用绝缘油大部分采用矿物油，虽然经济性相对较好，但是矿物油难以自然降解，一旦事故泄漏将对环境造成较大影响，不利于环境保护的要求。有必要开展采用植物绝缘油等绿色供电材料的应用研究。结合太阳能等辅助能源综合利用，对轨道交通的环保节能开展综合性研究。

第 26 章　通信及公共安全

26.1　系统构成

城市轨道交通是一个多系统相互融合、支撑的复杂有机体，通信系统是这个复杂有机体的中枢神经，是保障行车安全，提高运营效率和现代化管理不可缺少的系统。正常情况下应保证列车安全高效运营、为乘客提供服务，异常情况下迅速转变为防灾救援和事故处理的指挥通信系统。通信系统由专用通信、乘客信息、公安通信及民用通信四个系统组成。

专用通信系统是轨道交通中与运营息息相关的最重要的通信系统，是运营指挥、企业管理、乘客服务和传递各种信息的网络平台。专用通信服务范围包括控制中心、车站、车辆基地及沿线。

乘客信息系统(简称 PIS)是轨道交通以人为本设计理念的具体体现，是一个综合计算机网络和电子媒体技术的综合服务性系统，是一个多媒体资讯发布、播控与管理的平台。

公安通信系统是为确保轨道交通运营安全和公安业务正常开展必不可缺的通信系统。不仅满足公安轨道交通分局范围内公安部门的通信指挥、监视和信息共享需求，又满足全国公安一张网的要求。鉴于公安通信系统的保密性和安全性，在轨道交通范围内宜采用相对独立的网络。

民用通信系统通过引入及覆盖系统将移动信号引入地下空间，为用户提供移动通信服务。西安轨道交通民用通信系统自 2 号线后均为运营商出资建设，本文不再阐述。运营商应建立与专用通信物理相互独立的通信网，满足轨道交通民用通信的需求。民用和公安通信系统应与专用通信系统同步建设、同期开通。

公共安全系统按照《城市轨道交通公共安全防范系统工程技术规范》(GB 51151—2016)的定义，把在轨道交通公共安全防范中发挥重要作用的周界报警系统、安检系统、电子巡更等系统纳入。

26.2　专用通信

专用通信系统主要由传输系统、无线通信系统、公务电话系统、专用电话系统、视频监视系统、广播系统、时钟系统、办公自动化系统、通信电源及接地系统、集中告警系统、视频会议系统等子系统组成。

26.2.1　传输系统

1. 传输系统概述

作为城市轨道交通通信系统主体的传输系统是确保列车安全、高效运营的必备工具，是基于光纤的宽带综合业务数字传输网，为各业务信息提供多种可靠、冗余、可重构、灵活带宽的传输通道，同时为综合监控(ISCS，含 FAS、BAS)等自组网提供光纤通道。轨道交通线路传输系统一般组成多个自愈保护环，采用隔站跨接方式组环，从物理路由和逻辑上提供保护通道，分别相切于控制中心。除满足线路自身运营、管理对通信传输需求外，预留延伸线及上层线网中心接入条件。传输设备的重要部件(主控、交叉、时钟、电源及交直流转换模块)均具有冗余备份保护及故障切换功能。

2. 传输系统选型、组网、带宽分析

(1)传输系统选型及组网

根据传输技术应用情况及发展，适用于城市轨道交通的传输技术有 OTN(光传送网)、MSTP(多业务传送平台)、RPR(弹性分组环)、IP 技术、PTN(分组传送网)和增强型 MSTP。

西安轨道交通专用通信传输系统型号、带宽及组网见表 26.1。系统选型完成了从 MSTP(内嵌 RPR)+PCM 接入设备、增强型 MSTP 到 OTN(光传送网络)制式转变，并在积极跟踪 PTN 技术。组网方式由四纤 2.5 G 双向复用段环到两纤 100G 双向保护环，在保证基本 TDM 业务的同时，满足了大带宽数据业务的需求，适配组播业务承载与保护，提升了环网自愈保护和多业务接入能力。实现了技术先进、备件通用和接口统一，提高了轨道交通线网运营的可靠性和维护便利性。

表 26.1　西安轨道交通线路传输系统现状表

线　路	组　网　方　式	说　　明	设计带宽需求估算	目前实际使用带宽
2 号线一期	MSTP(内嵌 RPR)四纤 2.5 G 双向复用段环	有效带宽 2.5 G	1.6 Gbit/s	2.42 Gbit/s
1 号线一期	MSTP(内嵌 RPR) 两纤 10G 双向复用段环	有效带宽 5 G	4.5 Gbit/s	2.7 Gbit/s
3 号线	两纤 10 G 双向复用段环	有效带宽 5 G	4.5 Gbit/s	4.1 Gbit/s
1 号线二期	增强型 MSTP 双平面结构两纤 20 G 双向复用段环	SDH 2.5 G，以太网 17.5 G 最大升级为 40 G	4.5 Gbit/s	
4 号线	增强型 MSTP(MPLS-TP 环网)两纤 20G 双向保护环		6.7 Gbit/s	
5 号线	OTN 光传送网络 MPLS-TP + SNCP 二纤 40 G 双向保护环	40 Gbit/s 带宽，可扩容至 100 Gbit/s	4.33 Gbit/s	
6 号线一期			4.39 Gbit/s	
9 号线			3.05 Gbit/s	
14 号线			6.35 Gbit/s	
2 号线二期，8 号、10 号、15 号线	OTN 光传送网络 两纤 100G 双向保护环	100 Gbit/s 带宽	45.3 Gbit/s	

(2)传输系统选型和带宽设计

①充分考虑新技术应用和业务增长的需要，考虑延伸线接入条件和技术更迭的影响，避免出现瓶颈。西安轨道交通 2 号线开通后，由于视频监视要求不断提升，OA、视频会议、智慧安检、扫码和人脸过闸等新业务不断接入，对传输系统带宽需求增长迅速。

②传输系统应具有强大、完善维护管理功能，全面监视节点模块和用户接口工作状态，具备完善性能监测、远程复位操作、系统配置、告警分析和专家诊断功能，为状态修提供支撑。通过网管性能监测开展状态修和维修模式优化，可明显提升通信系统的检修效率。

③城市轨道交通进入线网建设和运营阶段后，系统接入、改造、大修等工作会越来越多。传输系统设备应具备业务平滑升级演进的能力，根据需要可通过扩容 license 等多种方式扩容带宽。应从设备制式差异、时间跨度影响(既有线大修与延伸线接入时间)、新技术应用前景、线网统筹规划等角度，综合考虑延伸线与既有线和控制中心，骨干网与线路系统间设备选型、带宽预留和接入方式。

3. 光缆、骨干传输网及上层网规划

(1)骨干传输网和上层网规划

线网骨干传输系统作为线网各控制中心互联互通的骨干传输网络，实现对多线路业务流量的骨干承载，为线路业务终端与线网级应用系统、云平台和测试平台间提供互联通道。《中国城市轨道交通智慧城轨发展纲要》中明确要求智慧城轨构建超大容量、全分布式组网、智能流量分配的新一代有线承载网，支撑云平台、大数据等应用，提供智能通信网络。

线网级超大容量高速传输网络规划和设计，应从骨干网的需求变化、传输制式选择、系统容量分析、传输节点选择和配置、容量配置、系统保护方案、波道分配方案、线路资源分析、后续建设方案等方面进行统筹，以解决线网层面新增业务对大容量传输资源的需求。一是解决线网既有光纤资源短缺的问题；二是解决线网层面既有业务对传输资源的需求，提供备用通道；三是解决线网层级新变化下对骨干传输网络统一规划的需要。西安轨道集团目前已开展骨干传输网建设，并结合自身特点正在进行线网级超大容量高速传输网络规划相关研究。

应开展通信系统上层网的综合规划研究，规划各线路专用、公安传输系统方案，规划设计上层传输网方案，规划线路至控制中心的光缆及各控制中心之间的光缆方案，规划研究数据承载网的组网方案，避免一线一网一建和后期改造，减少建设投资，提高通信资源的使用效率和实现通信系统功能的最大化。

(2)线路光缆和骨干光缆网建设

光缆网是百年工程，轨道交通路由是不可或缺的社会资源。新技术应用需求不断增加，日后线路改造倒切需要大量的光纤，线路运行后再次敷设光缆的难度大、成本高。

西安轨道交通前期线路专用通信敷设光缆芯数为本线路64芯，并为其他线路预留到OCC 32芯。如2号线车辆段64芯(OCC至信号楼至综合楼)、OCC至小寨128芯(1号线为65至96芯、2号线为1至64芯、3号线为97至128芯)，小寨至停车场64芯。由于后期新业务不断接入，预留光纤较为紧张。3号线后按照144芯标准敷设。后续线路应单独敷设专用、公安、民用和PIS通信线路光缆，其中专用、公安芯数不少于144芯，PIS不少于48芯。备用光缆在非换乘站通号电缆间直熔，在换乘站敷设至先建线路的通号电缆间内盘留，盘留长度不小于15 m。

建设城市轨道交通骨干光缆线路网，是为了满足城市轨道交通新建、在建、已建线路通过骨干光缆环网接入控制中心的需求。骨干光缆环网的建设，应资源共享和统筹安排，满足各线路接入控制中心路由安全合理、距离最短、光衰耗最小、光纤资源易管理的目的。骨干光缆网容量应按远景线网规划设计，并预留部分设计余量。参考前期线路设计方案，将各线路接入控制中心的光纤数量定为不少于144芯。对于环线线路，由于与多个线路有换乘关系，可多敷设预留光缆，便于后续线路及线网的使用。

26.2.2 无线通信系统

1. 无线通信系统概述

无线通信系统为固定和移动用户、移动和移动用户之间的语音和数据信息交换提供可靠通信手段。一般根据运营组织、管理和指挥的需要在控制中心设置行车调度台、环控(防灾)调度台、维修调度台、总调度台，在车辆基地设置远端调度台和固定台(行车调度、防灾调度、维修调度、车辆段/停车场调度子系统)。根据全自动运行需求，在列车客室配置紧急电话，通过专用无线通信系统提供的通道实现控制中心调度员对列车的应急广播以及与列车乘客的紧急呼叫对讲。无线调度台应具备同步录音功能，与NCC建立接口，可实现远程调取功能。

2. 无线通信系统制式

目前数字集群系统技术主要存在的制式包括iDen、Gota(Global Open Trunking)、GT800、TETRA、TEDS技术(前述均属于窄带无线数字集群技术)和TD-LTE宽带无线数字集群。西安轨道交通采用了兼容性好、频谱利用率高、保密功能强、产品选择余地大的TETRA无线数字集群系统。在3号线建设试验段进行了TD-LTE宽带无线数字集群系统的测试和验证，实现了可视语音集群调度、宽带无线数据传输、无线视频监视、集中网管等功能。

3. 无线通信系统组网及覆盖

在组网方案选择上，可采用多基站中区制光纤直放站方案或多基站小区制方案。多基站小区制方案频率利用率高，扩展功能较好，功能较完善(实现车站与司机之间的组呼)。

区间射频场强的覆盖可采用天线覆盖方式或漏泄电缆覆盖方式。漏泄电缆对电磁波传播和辐射进行严密控制，便于控制越区切换、降低同频干扰。车站站厅、侧式站台采用吸顶天线实现射频场强覆盖，岛式站台可采用吸顶天线进行补盲。车辆基地(车辆段/停车场)采用屋顶天线或铁塔天线，车辆基地地下区域采用吸顶低廓天线进行场强覆盖。

西安轨道交通线网均采用多基站小区方案组网，基站通过有线传输通道采用星型网与控制中心集群交换机相连，区间采用漏泄电缆，站厅、侧式站台采用吸顶天线，车辆基地采用屋顶天线或铁塔天线实现射频场强覆盖，对长大区间在漏泄电缆中间增加光纤直放站对射频信号放大，形成一个有线、无线相结合的 800 MHz TETRA 数字集群通信网。无线覆盖分布系统充分考虑了公安无线集群系统，采用两套系统共用覆盖分布方案，大大减少了工程投资。

无线通信系统应依据城市轨道交通线网运营人员生产组织架构和生产需求，制定统一的线网手持台配置标准，统筹规划统一的无线分组方案。应加强车站设备区、出入口、主变电所等区域信号补盲，满足运营实际需求。应提前做好无线系统线网设备规划，换乘站实现系统平台级互联互通，满足运营生产服务和应急需要。

4. 无线通信频谱规划

(1)无线通信频谱规划应重视无线电台(站)对其他无线电通信系统可能产生的影响，在配置预选台站频率时应避开超过最大允许干扰值的各频点、频段一定带宽。为设计合适的切换，必须优化站点之间的射频覆盖重叠，考虑列车速度及切换时间要求，向呼叫切换提供足够的重叠，使移动台能够正常切换而不会影响性能。频点可根据实际情况调整，具体频率应以无线电管理机构的批复为准。

(2)无线通信频谱规划应从线网和运营需求开展总体规划和相关频点申请，特别是加强与频谱管理部门的沟通，避免因同频干扰和越区切换引起异常后进行的改频。同时对车辆基地等无线业务量较大的台站增加额外频点(如 3 载频)，满足运营实际使用需求。

西安轨道交通目前无线通信系统频谱按照 10 对频点进行规划，见表 26.2。车辆基地为 3 载频(满足业务需要)，车站为 2 载频，车辆基地和车站按照 A(F1/F2)→B(F3/F4)→C(F5/F6)频点方式依次循环，后期换乘站采用频点 D(F7/F8)。以北客站为例，2 号线北客站采用频率 A，4 号线北客站采用频率 D，渭河车辆段采用频率 D + F4。后期针对新线路及多站换乘，又申请了 10 对新频点，满足线网运营需求。

表 26.2 西安轨道交通无线频点现状表

序 号	频 点	
A	F1:820.912 5 MHz/865.912 5 MHz	F2:820.662 5 MHz/865.662 5 MHz
B	F3:820.862 5 MHz/865.862 5 MHz	F4:820.612 5 MHz/865.612 5 MHz
C	F5:820.812 5 MHz/865.812 5 MHz	F6:820.562 5 MHz/865.562 5 MHz
D	F7:820.712 5 MHz/865.712V5 MHz	F8:820.962 5 MHz/865.962 5 MHz
E	F9:预留	F10:预留

5. 无线通信 MSO 设计与规划

(1)无线通信系统是保障轨道交通日常运营和处理突发事件的重要通信手段，故障弱化功能除无线设备需包含“单站集群”和“直通对讲”设备功能配置外，应对无线控制及电源模块采用双冗余配置，无线二次开发 CAD 主备服务器具备热备份功能，无线系统与控制中心设备的有线传输通道进行冗余配置。

(2)无线集群通信系统作为轨道交通运营调度的关键系统，系统设计将直接决定系统的可靠性。结合骨干传输网、NCC 和全自动线路建设和规划，应对线网的无线集群交换控制中心进行统筹设置和容灾备份。集群交换控制中心(MSO)作用是控制、交换、鉴权、信道动态分配、监视通话状态，提供与交换、ATS、时钟接口功能，是无线系统的核心。一旦发生异常，将给行车组织带来重大影响。目前集群交换控制中心备份方式主要有异地冗余热备份(具备热切换功能的 IGR 无线系统)、单中心双机温备份、异地双机温备、交换节点异地同步配置等方式。结合运营实际、行业应用和技术发展，宜采用异地冗余热备份实现容灾备份。

(3)控制中心设备除满足本线功能需求外，还应预留本控制中心后续线路的接入条件以实现多线路之间系统的互联互通、资源共享。全自动线路应在主、备控制中心分别设置集群交换控制中心设备，实现异地灾备。

西安轨道交通 1 号、2 号、3 号、5 号线采用单中心控制交换机(1 号、3 号线共用 MSO)，主要通过主服务器内核心板卡双配方式提高可靠性。目前 4 号线、6 号线已经采用了 IGR 异地冗余交换机配置，实现了容灾备份，无线通信系统可靠性大大提高。

26.2.3 公务电话系统

1. 公务电话系统概述

公务电话系统主要用于轨道交通内部各部门之间的电话联系，为运营、管理、维修等部门的工作人员提供服务，可向轨道交通用户提供语音、数据、传真、可视图文等通信业务。在专用电话系统出现重大故障时，公务电话系统可以作为应急通信手段。西安轨道交通公务电话系统在车站、中央均设置了录音设备，交换机关键机架、单板采用主备或负荷分担冗余方式，提高了可靠性。

2. 公务电话系统选型

西安轨道交通1号、2号、3号线公务电话系统使用程控交换机接入固话，自4号线起，已全部使用软交换接入固话。相比程控交换，软交换应用扩展和组网方式灵活，满足公务电话系统接入终端丰富、多媒体业务功能强大、布线便捷的要求。从技术发展、功能需求、线网规划及维护备件等方面考虑，公务电话系统宜采用软交换技术组网。

3. 公务电话系统编号及软交换中心规划

(1)统筹规划线网公务电话号码使用规则。根据轨道交通线网公务电话系统的运营使用需求，统筹考虑线网、线路的规划，建立统一的线网公务电话号码使用规则及编号方案，确保后续新建线路公务电话号码资源规划合理、规范。

(2)合理分配控制中心、车辆基地、车站号码资源。结合目前西安轨道交通各线路公务电话使用情况综合考虑，后期公务电话号码可分配如下：控制中心号码资源不小于1 000个，车辆段号码资源不小于800个，停车场分配号码不小于100个，正线车站号码资源不小于50个，其他新建楼宇按规划情况进行号码分配。配置需根据运营机构及定员设置适当增减。

(3)应提前确认与市话网的出局字头。根据当地市话位数编码，采取市话7位，轨道交通5位；市话8位，轨道交通6位的编号方案，便于后期公务电话号码出局功能的整体实现。结合线网规划做好出局通道的分担或互备，避免因出局通道异常引起较大影响。

(4)统筹公务电话系统线网软交换中心跨线互备规划，在目前区域中心互备基础上，提前进行线网级软交换中心互备规划；进行线网录音系统规划，实现资源共享和提高可靠性。

26.2.4 专用电话系统

1. 专用电话系统概述

专用电话系统是调度员和车站、车辆基地(车辆段/停车场)值班员指挥列车运行和下达调度命令的重要通信工具，是为列车运营、电力供应、日常维修、环控救护提供指挥手段的专用通信系统。专用电话系统由调度电话、车站(车辆基地)内直通电话、站间行车电话、区间轨旁电话、录音设备组成，要求系统高度安全可靠，操作便捷。一般在站台端墙门公共区两端设置应急固定电话，采用按键可接通车控室行车电话，提升应急和服务能力。

西安轨道交通调度管理在不断优化中，如完善维修专业二级调度设置，减少信息报送环节。增加信息调度，确保各控制中心与线网中心的通信。应根据列车运行组织、生产架构和业务管理、指挥的需要，建立合理的专用电话等级设置。

2. 专用电话系统组网

专用和公务电话适用于轨道交通组网方式有如下几种：专用与公务电话系统完全分设方案、专用与公务电话完全合设方案(调度电话利用公务电话交换机中功能模块实现)、专用与公务电话部分合设方案(站、段、场内直通、轨旁、站间行车电话纳入公务电话系统统一组网)。部分合设方案充分利用交换机的功能，构成简单，但需额外设置PCM设备。考虑到调度电话的重要性、特殊性，西安轨道交通线路后期均采用专用与公务电话系统完全分设方案，采用成熟可靠稳定的数字程控交换机。

西安轨道交通1号、2号、3号线专用电话系统在控制中心和车辆段分别设立主备2套数字交换机，车站、停车场采取公专合一方式设立交换机，分别与控制中心、车辆段采取星型网络方式进行组网。后续4号、5号、6号线因专用电话采取独立的程控交换技术进行建设，在控制中心设立主系统，车辆段、停车场、车站设立分系统采取环形网络方式进行组网，每2个或3个站点与控制中心形成独立自愈功能的数字环，主系统通过2 Mbit/s数字接口与分系统分段首尾相接，形成封闭的数字通道环。可保证任何单点传输通道中断，专用电话系统仍可正常工作，提升了系统可靠性。因专用电话系统为列车运营、电力供应、日常维修、环控救护提供有线通信，根据西安轨道交通各线路专用电话使用情况，可为控制中心分配号码资源100个，车辆段号码100个，停车场号码50个，车站号码20个。合理分配专用电话号码，提高资源利用率。

26.2.5 视频监视系统

1. 视频监视系统概述

视频监视系统是城市轨道交通维护和保证运输安全的重要手段。随着智慧城轨建设的推进，西安轨道交通视频监视系统的应用效能正在快速提升。基于视频智能分析的智慧安检、远程巡检、单兵系统、大客流预警、行为识别、人员管理、智慧调度、全自动应急场景的应用都在西安轨道交通不断扩展。该系统已经成为轨道交通安全、服务、应急以及智能系统场景应用的重要手段。

2. 视频监视系统技术方案

西安轨道交通视频监视系统技术在不断创新，功能得到全面提升。已经从最初1号、2号线的“模拟前端＋模拟矩阵＋数字传输”、3号线的“模拟前端＋全数字编码”方案发展到后续线路的“全数字高清平台”。视频图像的分辨率从最初的720×576发展到1 920×1 080；视频图像的编码格式也从最初的MPEG-4发展到最新的H. 264、H. 265格式，大量节省存储空间和带宽占用，详见表26.3。

随着《中华人民共和国反恐怖主义法》的颁布实施以及提升服务、安全和管理的需要，西安轨道交通各线路车站的摄像机点位数量明显增加且录像存储时长均按照反恐法规定时长进行存储。随着云计算、云存储等一系列新技术的不断发展，在西安轨道交通三期规划中将新建云平台数据中心，三期新建线路及既有线的视频图像将全部接入该平台，实现云平台集中存储90 d，车站存储7 d，实现资源整合和技术创新。

表26.3 西安轨道交通视频监视系统现状表

线路	组网方式	存储方式	录像存储时长	平均每站摄像机点位数量(个)	备注
1号线一期	模拟采集＋数字传输	车站分布式IP SAN	12 d×24 h	36	公安存储90 d×24 h
1号线二期	模拟采集＋数字传输	车站分布式IP SAN	15 d×24 h	74	公安存储90 d×24 h
2号线一期	模拟采集＋数字传输	车站分布式IP SAN	15 d×24 h	48	公安存储90 d×24 h
2号线二期	高清采集＋数字传输	车站分布式IP SAN	15 d×24 h	不少于130	公安存储90 d×24 h
3号线	模拟采集＋数字传输	车站分布式IP SAN	15 d×24 h	67	公安存储90 d×24 h
4号线	高清采集＋数字传输	车站分布式IP SAN	15 d×24 h	76	公安存储90 d×24 h
5号线	高清采集＋数字传输	车站分布式IP SAN	15 d×24 h	115	公安存储90 d×24 h
6号线一期	高清采集＋数字传输	车站分布式IP SAN	15 d×24 h	118	公安存储90 d×24 h
9号线	高清采集＋数字传输	车站分布式IP SAN	15 d×24 h	115	公安存储90 d×24 h
14号线	高清采集＋数字传输	车站分布式IP SAN	90 d×24 h	117～150	公专合一
8号、10号、15号线	高清采集＋数字传输	车站＋云存储	90 d×24 h	不少于150	公专合一

西安轨道交通集团在5号、6号线及后续线路智慧车站建设中，车站视频监视系统采用视频分析硬件设备＋软件方式实现视频分析功能，并集成在智慧车站综合运管平台（ISCS-SOM）上。视频分析设备支持自动扶梯运行状态分析、旅客异常行为分析、车站客流密度分析、遗留物品监测分析、异常事件实时

提示等功能,提升了服务质量和应急处置能力。

3. 视频监视系统设计

随着《中国城市轨道交通智慧城轨发展纲要》的发布,除满足现行标准《地铁设计规范》(GB 50157)外,还需结合西安轨道交通云平台、全自动运行、智慧安检、人脸过闸、智能运维等系统建设统筹考虑:

(1)在全自动运行、提升服务和安全管理的背景下,充分掌握实际需求,统筹考虑视频监视系统的摄像机点位设置,保证所有公共区域实现视频监视无死角覆盖。结合智慧车站和全自动线路建设,应通过视频分析功能,提供智能化、人性化的不同智能场景应用。

(2)视频监视系统站厅、出入口通道的摄像机点位布置宜与智慧安检、人脸过闸专业的预检摄像机点位相结合。

(3)视频系统应满足交通运输部办公厅印发《城市轨道交通初期运营前安全评估技术规范 第1部分:地铁和轻轨》的通知中对换乘站换乘区域进行视频调看功能的要求。

(4)后期线路、既有线改造的视频系统均采用公专合设方案,由专用视频系统负责车站内前端并对图像存储,公安视频系统通过站内交换机间互联实现监控功能。派出所及分局的视频系统可由公安通信系统单独建设。

26.2.6 广播系统

1. 系统概述

广播系统主要用于城市轨道交通控制中心调度员和车站值班员向乘客通告列车运行,以及安全、向导、防灾等服务信息,向工作人员发布作业命令和通知,发生灾害时可兼做救灾广播。广播系统在轨道交通日常服务、施工管理、应急处置中发挥了较大作用。西安轨道交通广播系统除2号线采用模拟语音广播技术组网和模拟功放外,后续线路采用数字语音广播技术组网和数字功放,便于系统互联、功耗小,可靠性高。

2. 广播系统设计

结合运营实际和提升安全管理的需要,广播系统设计还应考虑:

(1)全自动运行线路隧道区间设计应统筹考虑设置区间广播扬声器的必要性、区间扬声器的设置密度。除2号、3号、4号线外,西安轨道交通后续线路均在上下行站台距离端墙门20 m处各设置1个扬声器,区间内未设置隧道内广播,见表26.4。考虑到全自动运行发生灾害时的应急处置、引导乘客区间疏散的需要,三期规划全自动线路均应设置区间广播。

表26.4 西安轨道交通区间广播现状表

线　　路	隧道广播安装情况
1号线一期	无隧道广播
1号线二期	上下行站台距离端墙门20 m处各设置1个扬声器
2号、4号线	隧道间隔100～120 m安装一个号筒扬声器,采用壁挂安装
3号线	高架区间无广播终端,隧道间隔100～120 m设置扬声器
5号、6号、9号、14号线	上下行站台距离端墙门20 m处各设置1个扬声器

(2)广播分区的划分及功率放大器的配置应根据车站的特点和运营需要合理配置。车站广播可分为若干区域:上行站台广播区、下行站台广播区、站厅广播区、办公用房广播区、出入口广播区等。如为换乘站,需增加换乘通道广播区。如车站出入口通道较长或换乘站站厅较大,可根据情况增设1个或2个广播分区。广播分区的合理划分,有利于运营管理和服务。

(3)换乘车站预留换乘站接口,用于与换乘线路的控制指令转换和音频传输,实现互联互控功能。如换乘线路为既有线路,则该接口控制器负责与该线路的互控协议转换。如换乘线路为规划线路,该接口控制器作预留。

(4)网管应能对预录音文件远程录入、更换、删除、覆盖。增加广播音量分时段定时调节功能,高峰、正常、低峰运营各时段音量可通过网管设置。支持预录制语音文件可由 PC 机和广播控制盒直接输入文字,智能转换为语音流广播。

26.2.7 时钟系统

1. 系统概述

时钟系统是为控制中心调度员、车站值班员或与行车相关的各部门工作人员及乘客提供统一标准时间信息的设备。同时它还为轨道交通其他系统设备(ATS、AFC、ISCS、SCADA 等)提供统一的时间信号,使各系统定时设备与本系统同步。

目前时钟系统的中心母钟与二级子钟之间信号传输有 NTP 协议和 RS-422 接口的窄带传输通道两种方案。NTP 协议具有网管速度更快、校时更加准确和其他专业的接口简单的优点。西安轨道交通时钟传输通道由 1 号、2 号、3 号线的 RS-422 接口逐步转化为后续线路 NTP 接口的方式。

2. 线网时钟规划及需求

(1)考虑到后续运营需求,车辆基地及正线乘务派班室、线路两端换乘室、车站会议室、变电所控制室宜设置子钟。

(2)相关服务器、显示终端、服务等设备增加授时信号,具备统一校时功能。

(3)开展线网级时钟规划设计,为线网提供统一的时间基准。线网时钟源为各线一级母钟进行校时,各线一级母钟接入 NCC 时钟源,为行车指挥、列车运行、设备管理提供时间基准,确保重要控制系统协调同步。

26.2.8 电源系统及接地

1. 电源及接地系统概述

电源系统为通信子系统设备提供高质量、高可靠的电源供应,保证在主电源故障(中断或发生超限波动)的情况下,通信系统设备在规定的时间内仍能正常工作,等待主电源恢复正常。通信接地系统是为了确保人身、通信设备安全和通信设备正常工作,防止通信电源系统引入串杂音、强电干扰和雷害,确保整个通信系统安全。电源系统是西安轨道交通通信系统建设和维护的重点。

2. 通信系统电源系统方案

目前轨道交通通信电源系统主要有以下方案:

(1)UPS 电源 + 直流高频开关电源供电方式:高频开关电源给传输、无线基站、电话交换机等设备提供 -48 V 直流电源;UPS 给其他通信设备供电。高频与 UPS 分别配备蓄电池组。优点是集中设置直流开关电源,负荷分担,可靠性高,功效高,避免了 -48 V 整流器分设,使得集中监控开关电源运行功能得以实现。缺点是两套设备、增加维护,机房占用面积较大。

(2)交流不间断电源(UPS)供电方式:由 UPS 系统向各通信设备提供 220 V 交流电源,直流电源由各通信设备的整流装置产生。优点是设备简单、便于维护、蓄电池单一、容量较大。缺点是整流装置分散设置,可靠性相对高频开关电源低。

目前西安轨道交通 2 号线采用 UPS 电源 + 高频开关电源供电方式。后续线路也由 1 号、3 号线的单 UPS 供电方式(进行了双 UPS 改造,避免因 UPS 电源切换单元、主控单元失效引起的失电情况发生)提升为采用控制中心 1 + 1 并机 UPS、车站单 UPS 电源供电方式,大大提高了系统可靠性。

3. 电源系统设计

结合建设实际和运营需求,电源系统设计还应考虑:

(1)通信电源系统应具备蓄电池在线监控管理功能,中心网管实时监控全线所有单体蓄电池的电压、电流、内阻、温度、电量等内容。电源监控系统应具备标准时间信号接口。利用蓄电池在线监控及时发现处理故障、减轻检修强度效果明显。

(2)UPS 设备应具备旁路切换(检修)功能,便于日常检修维护的开展。

(3)核实机房面积和设备布置时应统筹考虑,避免出现通信电源室 UPS、蓄电池架安装后检修空间不足和散热不良的情况。

(4)加强专业间统筹,UPS、电源屏、配电箱间各级空开容量应严格符合相关规范和设计要求,避免出现因空开容量设置不合理导致的保护失效。

(5)核算 UPS、蓄电池容量时应在符合国标的基础上,充分考虑各系统设备近期、远期实际使用功耗,合理预留容量,避免预留过大。

26.2.9　其他

1. 集中告警系统

集中告警系统对通信各子系统进行集中管理,将各系统的运行状态集中反映到网管终端设备上,使维护人员及时、准确掌握通信系统的运行状况和故障信息,便于分析处理。西安轨道交通集中告警系统目前均采用分设方式。集中告警系统应结合轨道交通运营生产架构的不断优化、线网运营需要及智能运维发展,不断完善方案和提升功能。特别是加强智能分析和专家诊断功能,为通信线网智能运维平台构建打好基础。

2. 办公自动化及信息化系统

办公自动化系统能为轨道交通客运营销、经营管理提供服务,借助于相应的软硬件系统能够实现人力资源管理、设备管理、财务管理、办公自动化、门户网站等功能。由中心数据、车站、车辆基地数据网络设备、以太网络数据通道以及相应的软件组成。在车站、车辆基地依据管理用房实际面积和业务应用,进行综合布线。

西安轨道交通在控制中心、车辆基地、车站等位置选定的区域内,利用 Wi-Fi 网络,实现运营区域的无线办公网络覆盖并使用统一的无线控制设备(AC)进行集中管理。

西安轨道交通结合管理和生产实际,信息化前期建设以“需求驱动”构建了实用的信息化系统,目前正在依托云平台与大数据、移动互联网、信息安全、人工智能,以“数据驱动”积极推进基础环境层、基础应用层、生产管理层、综合管理层 4 个层级的信息化建设。后续线路办公自动化在控制中心设置线路汇聚交换机,接入云平台,在车辆基地及车站设置交换机、综合布线系统。

目前信息化项目主要有:钉钉办公平台、综合办公系统(OA)、施工调度管理系统、TPM 运行图编制系统、安全管理系统、车站管理系统、培训管理系统、车辆架大修管理系统、物资管理系统、票务管理系统、薪酬管理系统、合同管理系统、设备(资产)管理系统、智慧后勤工作平台、乘务派班系统、车辆维修管理系统、经营资源管理平台、运营档案管理系统、财务管理系统、能源管理系统等。

3. 视频会议系统

视频会议系统的总体设计框架要全局考虑,与线网管理及组织架构情况配套,按照网络拓扑结构进行系统设计。设计时要对各条线路的视频会议系统设备进行统筹考虑,先建系统要充分考虑后续线路扩容,避免造成设备配置低等问题;后续线路设计要结合先建成的系统,实现线网视频会议系统互联互通。应规划研究轨道交通线网视频会议系统方案。

视频会议系统宜与公务电话软交换系统互联,满足软交换系统带视频功能的终端(如 IP 电话、软终端等)可作为视频会议终端发起或参与视频会议。

4. 专用通信线路

专用通信线路包括主干光缆(传输、FAS、OA 等)、区间电缆(站间及轨旁通信使用)、漏泄同轴电缆以及车站、车辆基地(车辆段/停车场)地区光电缆等。在隧道区段,干线光缆、电缆采用电缆托架架挂;进入地面及高架区段采用电缆托架或槽道方式敷设;车辆基地光电缆采用管道或槽道方式敷设;漏泄同轴电缆挂设在行车方向右侧上方隧道壁上;进入地面及高架区段,需与土建结合,协商确定敷设方式,如采用挂设在挡板侧壁上等方式,敷设方式应便于后期维护或设置爬梯等辅助维护手段。西安轨道交通集团在设计阶段对通信设备房和车控室各专业线缆进行了整体规划，分层分槽敷设，避免了线缆过多引起的交错。

5. 安全等保

信息安全等级保护一般指信息系统安全等级保护，是指对国家安全、法人和其他组织及公民的专有信息和公开信息，以及存储、传输、处理这些信息的信息系统分等级实行安全保护，对信息系统中使用的信息安全产品实行按等级管理，对信息系统中发生的信息安全事件分等级响应、处置的综合性工作。依据信息系统等级保护定级要求，视频监视系统、乘客信息系统按照二级划分安全域，并对不同的安全域分别实行防护。在云平台上部署的系统，可由平台统一相应的防护。

26.3 乘客信息

乘客信息系统在正常情况下，提供列车时间信息、政府公告、出行参考、广告等实时多媒体信息；在火灾、阻塞及恐怖袭击等非正常情况下，提供动态紧急疏散提示。车载设备通过无线传输实时或预录接收信息，经处理后在列车客室 LCD 显示屏上进行音视频播放，引导乘客。采集运营中列车客室内旅客乘车情况在司机室记录、显示并实时上传至运营中心，作为安全管理部门决策支持的信息。通过设置在司机室的摄像机对司机行车进行监视。乘客信息系统主要包括信息发布、信息查询两种模式，从结构上分为控制中心子系统、车站子系统、车辆段/停车场子系统、车载子系统及传输网络子系统。

26.3.1 控制中心子系统

控制中心子系统通过接口采集外部信息流，经编辑、处理，生成内部信息，按既定规则或版式播出，以达到向乘客传递信息的目的。结合西安轨道交通建设和运营情况，还需考虑如下方面：

(1)控制中心子系统的核心是软件架构和专业接口，需加强专业统筹和设计联络，明确播控等软件架构和稳定性要求，加强 PIS 与 ISCS、ATS、广播、车辆、时钟等专业接口规范和测试要求，避免因软件稳定性和接口问题，引起的功能异常和不断调试升级。

(2)统筹规划编播中心的建设，并建立传媒总编播室、线网中心、客服中心的网络信息通道，便于 PIS 系统视频信息、文字信息的统一下发和管理。

(3)统筹 PIS 直播视频源的接入，为线路提供稳定可靠的直播视频源。播放控制软件具备录播、直播的定时和实时切换功能。

(4)PIS 系统在控制中心、车站的服务器和工作站由云平台提供计算和存储资源。

26.3.2 车站子系统

车站子系统负责从控制中心接收发布的内容信息，通过播放控制器对本线路车站所有 LCD 显示终端、LED 显示终端及 LED 墙屏播放信息，并进行统一的控制和管理，同时转接和发送车载信息。

西安轨道交通集团在智慧车站建设中增加了车站 PIS 屏的布点部署，将目前悬挂导向、贴附类为主的导向系统部分更新为 LED 电子导向牌，实现更丰富的信息发布和应对客流调整的手段。站厅及出入口新增各类显示屏，可显示注意事项、车站信息、紧急信息、客流密度、气象信息、行车信息及车站视频等。可根据客流及运营调度管理需要在车控室通过综合监控综合运管平台直接进行信息编辑并发布。结合西安轨道交通建设和运营情况，还需考虑如下方面：

(1)充分结合“智慧车站”与导向系统建设需求，将 PIS 车站子系统室外设备接入“智慧车站”系统，便于设备服务功能的充分提升。在换乘站的换乘节点处、大客流车站客流集中处或出入口设置 LED 电子导向屏或 LCD 拼接显示屏，LCD/LED 具备前端播放控制和显示功能，具备 USB 接口，可实现更新文件功能，且有外部保护锁。

(2)高架车站 LCD 终端等设备应结合室外使用环境和安装情况，做好设备防风、防雨、防高温的设备指标要求，要保证视频亮度、色彩的良好显示，避免使用中出现异常。吊杆、LCD、LED 安装要考虑后期便于维护，同时安装位置要与导向、摄像头统筹，避免遮挡。

(3)结合线网建设要求，制作车站 PIS 视频显示设备的播放版式，做到线网 PIS 版式的统一化管理。站台 LCD 屏应具备显示拥挤度和到站信息等功能。

(4)站厅、站台、出入口 LCD、LED 数据线连接方式避免采用级联、串联方式，减轻因线路问题造成的故障影响。优化对光电转换设备的指标要求，减少因光电转换设备性能下降引起的设备故障。

26.3.3 车辆段/停车场子系统

车辆基地(车辆段/停车场)设备主要负责从控制中心接收数据，并在列车停靠在车辆基地的时间内利用移动宽带传输网络设备向列车车载设备传送数据，同时收集车载 PIS 的状态信息，能够自动测试和管理车载 PIS 设备。要确保车库及出入段线 PIS 无线网络的完全覆盖和功能要求，满足车载视频远程下载和宣传、广告等多媒体业务远程上传的实际需要，降低人为拷贝工作量。可在车辆基地增加维护终端，具备远程连接控制功能便于车载远程故障处理。预留新增 AP 接口，满足车库扩建后新设 AP 的接入需求。

26.3.4 车载子系统

车载设备主要通过移动宽带传输网络设备负责接收发布信息内容，利用 LCD 播放控制器进行解码后，在本列车的所有 LCD 显示屏上实时播放。同时车载设备还通过移动宽带传输网络通道将车上监视图像传递到 OCC。车载子系统包括车载显示系统和车载视频监视系统。结合西安轨道交通建设和运营情况，还需考虑如下方面：

(1)结合公安部反恐防范工作要求，进行车载监控视频的 90 d 存储设置。同时结合 5G 技术及“智慧云”技术，做好车载监控视频的高效、便捷、安全管理。

(2)在车厢视频设备选型时，车厢 LCD 设备应具备板载视频/图像播放功能，确保在车载播放控制器设备故障或网络中断的情况下，车厢 LCD 屏仍能播放车载备播视频。

(3)为确保车载存储设备的稳定运行，车载存储设备使用固态硬盘，可同时做首尾司机室的冗余存储。车载设备宜具备延长断电功能，相关 UPS 需求可纳入车辆系统统筹考虑，避免出现单体电池频繁更换和异常情况的发生。

26.3.5 网络(有线/无线)子系统

目前城市轨道交通各线路均利用专用通信传输网络进行 PIS 有线组网，在控制中心采用全冗余的核心交换机组网，在车站和车辆基地，均采用以太网交换机的方式组网。

车站设移动宽带传输网的网络交换机，通过通信传输网络与本线 OCC 联结，同时该网络交换机点对点与本站所属区间的 AP 基站相连接，成为移动宽带传输网络交换的节点，组成车站移动宽带传输网。

PIS 系统的难点在于车地无线传输部分。车地移动宽带视频传输网络应在列车高速情况下，在列车与地面之间具有实时双向宽带视频数据传输的能力，车地移动网络须具备同一传送内容的断点续传功能。根据西安轨道交通各线路 PIS 车地无线使用情况，考虑到直播补包、播表发送、控制信令及运营信息下发、回传等需求，移动宽带传输的有效带宽不低于 150 Mbit/s。

目前，较成熟的无线通信系统主要有基于 IEEE802.11 系列无线局域网技术、LTE 技术等。西安轨道交通 1 号、2 号、3 号、5 号、6 号线采用 WLAN 技术进行 PIS 无线系统组网，使用向无线频率管理部门申请的 5.8G 频段，一定程度避免了公共频段易干扰的问题。4 号、9 号、14 号线采用 PIS 与信号综合承载的 LTE 方案。考虑到 LTE 线网级应用同频干扰问题、LTE 专用频率申请带宽限制、WLAN 技术不断发展和实际需求，三期规划线路 PIS 系统车地无线通信系统采用了 WLAN 技术方案。今后西安轨道交通将结合后续线路车地无线实施情况、应用需求及 5G、WLAN、LTE 等技术的不断发展，确保无线网络的先进性、可靠性和实用性。

26.4 公安通信

公安通信系统由公安无线通信、公安视频监视、公安传输、公安专用电话、公安计算机网络、公安通信电源、公安视频会议和警务督察管理系统组成，构成一个可靠性高、易扩充、价格合理、组网灵活、与线网及公安轨道交通分局互通的专用通信网。

26.4.1 无线通信系统

公安无线通信系统是地面无线公安通信系统、地面消防无线通信系统在城市轨道交通内的延伸，是一个相对独立的无线集群通信网。它能与地面无线公安通信、地面消防无线通信及各线路公安无线通信系统互联互通，满足轨道交通公安/消防地下与地面、地下与地下警务人员之间通过车站警务室的固定台、公安轨道交通分局的调度台、在车站和沿线范围内值勤民警手持台不间断的通信联络，实现市局指挥中心和公安轨道交通分局对现场的指挥调度通信。

西安市公安无线通信系统地面网络正在从350 MHz MPT1327模拟集群通信系统向350 MHz数字集群PDT + LTE宽窄带融合系统过渡。应在西安轨道交通换乘站以适当方式预留公安11.4 GHz LTE设备的接入条件，满足与市局在建无线数字集群宽窄带（PDT + LTE）系统联网融合和互联互通的要求。同时要考虑到消防局划归应急管理部门后对消防无线系统的制式选择、网络架构、技术参数标准的规范，进一步明确无线引入系统架构及相互关系后，进行优化设计。

西安轨道交通1号、2号线公安无线通信系统原为350 MHz MPT1327模拟集群通信系统，现已改造为数字集群系统。3号、4号、5号、6号、9号、14号线为350 MHz PDT数字集群，兼容MPT1327模拟集群和消防常规的系统。在中心设置系统交换节点、联席调度系统、系统网管等设备。各车站集群基站采用有线方式接入各线路系统交换控制中心，车站设置五信道的公安350M数字集群（PDT）基站（兼容既有模拟集群），其中独立的三信道单独给消防部门使用，并接入消防部门中心设备。区间隧道及高架采用与专用通信TETRA系统合用漏缆的方式实现射频场强覆盖，在车站公共区域采用吸顶天线实现场强覆盖。与市公安局系统的联网方式以有线链路方式为主，无线链路作为备用。

26.4.2 视频监视系统

1. 公安视频监视系统概述

公安视频监视系统是维护轨道交通正常运营管理秩序的重要手段，公安人员通过摄像机对轨道交通各车站重要区域旅客流动及治安情况进行实时监控，及时发现、取证和打击违法犯罪行为。

公安视频监视系统由警务站、派出所和中心三级组成。公安轨道交通分局将线路监控图像接入到市公安局建设的视频监视系统及图像信息数据库。轨道交通分局中心视频监视系统通过接口设备从PIS系统接收运行列车监视图像，实现公安对在线列车车载图像的监视。专用视频监视系统向公安监视提供专用摄像机的视频信号，提供给公安选择调看运营摄像机图像，并实现统一存储。

西安轨道交通公安视频监视系统由1号、2号线的模拟矩阵 + 数字传输组网到3号线数字摄像机 + 全数字编码（接入专用视频），在3号线实现了公安视频监视系统的全数字高清。视频码流从MPEG2、MPEG4提升到H.264、H.265。视频存储时间车站由24 h × 15 d提升到24 h × 90 d，车载视频存储由18 h × 7 d提升到18 h × 90 d。采用IP存储区域网络（IP SAN）存储方式，由轨道交通分局和车站两级分布存储模式进行存储。数字视频系统具有资源共享、组网简单、易扩容的优点，便于后期根据公安需求进行优化扩容。西安轨道交通集团在车载视频存储扩容中试点了5G车站转储技术。

2. 公安视频监视系统技术方案

公安和专用视频监视系统资源共享可采用：仅与公安视频监视系统共用前端摄像机、前端摄像机和视频存储控制设备均与公安视频监视系统共用两种方式。

目前西安轨道交通均采用系统管理简单,实施难度小的共用前端方式。由于公安摄像机主要根据运营摄像机监视区域进行补盲,14号线等线路已采用公安专用视频深度融合方式,出于对资源共享、节约投资、方便使用等多方面考虑,后续线路与专用视频监视系统共享前端和视频管理平台的方式进行深度整合。

西安轨道交通公安视频监视系统具备人脸识别和行为分析功能。全线具备越界、滞留、客流突变等异常行为分析,每站8~12路。从4号线开始采用人脸识别摄像机,安装在车站进站闸机入口处和换乘车站换乘分界点,一般按1台摄像机兼顾2.5台闸机的比例进行配置,能够将采集的人脸图片、数据上传至中心比对和存储。因其他部门主导建设的"雪亮工程"("全域覆盖、全网共享、全时可用、全程可控"的公共安全视频监控联网工程)已逐步引入轨道交通各线路,可在后续轨道交通视频监视系统中与相关工程统筹建设人脸识别功能。

应充分考虑公安及运营监视需求,结合专用视频系统共享,进行准确合理的摄像机布点,尽量避免后期改造。应预留不少于10%的备用端口(含容量),用于扩容使用。摄像机的外观及布置尽可能合理,避免与PIS屏、导向等存在遮挡情况。

统筹公安通信线网视频平台及视频安全边界设备。目前各线单独设置视频平台,各线路视频监视信息在公安轨道交通分局与市公安局的交换机连接,实现视频图像上传市公安局,各线图像解码后接入视频矩阵,实现视频图像在公安轨道交通分局上墙。为实现公安轨道交通分局对各线路视频监视,以及市公安局对轨道交通的视频监视,各线路视频监视系统接入公安轨道交通分局,通过公安轨道交通分局上联市公安局。可在分局建设线网视频平台,线网视频平台设备包含核心交换机、存储设备、服务器、网管、监控终端等设备。在分局建设统一的视频安全边界,满足后续线路视频接入市局的边界隔离需求。

26.4.3 公安传输系统

公安传输网络承载的业务主要以TDM、宽带数据(IP数据)为主,主要为警用集群无线调度指挥系统、公安视频监视和公安数据网络等子系统提供传输通道。综合考虑轨道交通公安通信的三级管理机构及其视频监视系统采用的高清方案,西安轨道交通公安传输系统也由2号线的2.5 G MSTP(双向复用段保护环)提升到后续线路采用不小于20 G的增强型MSTP或OTN组建传输网络。

应统筹规划轨道交通公安通信上层传输网的建设,规划研究设备系统架构的优化方案,避免一线一网一建。西安轨道交通后续线路公安通信系统可在公安轨道交通分局、相应控制中心、灾备中心及派出所设置一套公安骨干网传输,满足公专合设方案下公安对专用视频系统、公安跨线路视频的调用和警务督察等业务需求。

26.4.4 其他

1. 公安电话系统

轨道交通公安电话系统为公安轨道交通分局值班员与各车站警务值班员、派出所值班员之间提供电话联络,它是整个公安电话的一部分,轨道交通公安人员应能与市公安部门进行通话联络。西安轨道交通公安电话技术方案采用VOIP电话方式,由2号线的程控交换系统转为后续软交换方案。

2. 警务监督管理系统

警务监督管理系统是西安市公安信息化建设的重点项目之一。依托现有公安信息网络、公安监控系统平台及警务综合信息平台,建立起一个集警风监督、纪律规范、案件督办于一体的信息管理系统。警务监督管理系统一般包括警务视频监视系统、语音对讲系统和电话录音管理系统。督察用户通过警务督察管理系统可以实时看到现场视频并监听到音频,实现现场纠违。

3. 公安数据网络系统

公安数据网络系统可以实现轨道交通公安办公自动化,实行资源共享;查核犯罪嫌疑人、车辆的确切身份及相关资料;防范、处理突发事件,保证轨道交通运营安全。可在分局建设统一的数据安全边界,满足后续数据接入市局的边界隔离需求。

4. 公安视频会议系统

为提高警务人员办公效率和指挥调度能力，建立公安视频会议系统，为公安分局办公人员和各派出所办公人员提供视频会议服务。同时通过公安轨道交通分局与市公安视频会议系统互联互通。

5. 电源及接地系统

电源系统为公安通信设备提供高质量、高可靠的电源供应，保证在主电源中断或发生超限波动的情况下，通信设备在规定的时间内仍能正常工作，等待主电源恢复正常。接地系统用于确保人身、通信设备安全和通信设备的正常工作，防止通信电源系统引入串杂音、强电干扰和雷害，确保整个通信系统安全。

6. 安全等保

根据《中华人民共和国网络安全法》《信息安全等级保护管理办法》等规定，公安视频监视系统、公安无线通信系统、公安数据网络系统、公安电话系统等应符合相关定级级别要求，能够具备对已知、未知恶意代码、病毒入侵、黑客入侵防护的能力。能够对网络流量、网络行为进行分析，实现对网络攻击，特别是未知的新型网络攻击的检测和分析，满足网络数据审计功能要求。

26.5 公共安全

26.5.1 周界报警

周界报警系统用于监视非法闯入并提供相应报警，该系统安装在车辆基地周围的围墙上，当有人翻越围墙时，能够在监控终端上显示报警信号，并显示报警事件发生的位置。系统主要由前端采集设备、报警主机、管理服务器及终端等设备组成。

目前周界报警主要有主动红外触发报警、脉冲电子围栏报警、振动电缆报警等方式。西安轨道交通车辆基地周界安防系统围墙采用铁条栅栏，结合红外触发和视频监视进行设防。振动电缆需依附于软性围栏敷设；主动红外触发报警方式受外界影响(杂草树木、温度、飞鸟、光线、雨雪等)较大、误报警率较高；脉冲电子围栏以“阻挡为主、报警为辅”，相较于主动红外触发报警，其具有不受地形和环境限制、安全性高等优点，在各类场所周界报警中已得到广泛应用。

前期西安轨道交通线路主要采用红外报警方案，近期及改造线路多采用脉冲电子围栏方案。设计时应根据车辆基地的现场情况采用切合实际的方案。

26.5.2 门禁

门禁系统是实现员工进出管理的自动化系统，通过门禁可实现自动识别员工身份、自动根据设定开启门锁、自动采集数据、自动统计产生报表等功能，并可通过系统设定实现人员权限、区域管理和时间控制等功能，是轨道交通运营安全管理的重要手段。

根据《地铁设计规范》(GB 50157—2013)规定：“地铁设计安全的重要设施的通道门、系统和设备用房门及管理用房门应设门禁”，另外还规定了门禁系统功能要求、安全等级和监控对象、系统接口等。

结合西安轨道交通对后续线路建设的总体要求及整体部署，门禁系统除满足《地铁设计规范》(GB 50157—2013)外，还需结合云平台、大数据、全自动运行系统等统筹考虑设计工作，在原有通用设计原则的基础上，需考虑如下方面：

(1)在全自动运行系统下，统筹考虑安全等级及监控对象，有人区和无人区隔离门应考虑设置双向门禁，应与隔离门附近视频监视系统联动，宜与信号系统安全防护开关联动。

(2)采用云平台方案后，集中设置的数据中心安全等级应考虑提升，进入控制中心云平台相关区域应设置双向读卡器，相关信息设备、管理及配电用房应设置门禁。

(3)门禁系统应实现线网统一授权管理，并按照业务系统级别确定系统接入位置，线路门禁系统应接入线路门禁网络，如业务涉及多线路或线网，此时门禁系统考虑安全管理风险，应直接接入线网授权管理。

(4)宜依托云平台、大数据平台建设,考虑云架构下的线网门禁系统,规划线网门禁系统未来接入能力,并结合云平台资源整合,优化系统整体功能。

26.5.3　安　　检

出于对城市轨道交通治安管理和反恐形势严峻的考虑,为确保轨道交通线路及站点治安稳定和防恐反恐工作的落实,轨道交通既有线路站内设置安检系统,并按照“逢包必检、液体必检”的思路,由安检员开展安全检查工作,主要体现在行李、包裹等使用固定式“X光安检仪”进行逐一检查,防止危险品进入。同时使用液体检查仪对液体进行检查,防止可燃液体进入,另外手持金属探测仪对人进行抽检。

西安轨道交通集团率先在行业内开展了智慧安检的创新与推广,以解决“人物同检”矛盾和安检事后管理的突出问题。传统安检依赖于人为判断,对安检人员责任心和判图水平提出了较高要求,若安检员疲劳可能造成漏检情况发生。随着西安轨道交通线网规模的不断扩大,大客流下安检与客流组织的矛盾凸显,既要保证安检的可靠性,又要提高安检效率,从而降低对客流的影响。通过在西安轨道交通2号线智慧安检的试点,实现了通过金属探测门对人进行检查,通过智能判图设备与固定式“X光安检仪”联动,后台对“X光安检仪”图片进行识别、判断、预警,对可疑物品推送至现场开包台由现场安检员人工查看,做到人机结合,提高安检效率。另外还增加了人脸识别、隔栏递物等视频分析功能,提高筛查及安全防范的准确性。目前西安轨道交通集团已在运营线路推广实施智慧安检。

西安轨道交通智慧安检系统架构可划分为线网中心(预留)、区域级、集中站或车站级、现场级四个层次。

(1)区域级应用主要包括“区域级安检指挥中心”“区域级安检管理办公室”“区域级安检数据中心”,实现对该区域管辖站点的安检业务实时监督和调度指挥、下发安检策略、管理中心级业务所需设施的功能。

(2)集中站或车站是集中判图及安检监控的中心。一个集中站可以涵盖某几个车站。

(3)现场级应用在轨道交通站内各个安检点,具备智慧检物、智慧检人、安检信息化、安检监控功能,是智慧安检的执行场所。

随着智慧城轨的不断推进和后续线路的加快建设,西安轨道交通集团不断尝试将新技术、新理念融入智慧安检中。研究规划建设渭河安检区域中心和航天城安检区域中心,采用远程判图、高阶数据处理、智能分析等多维技术手段,实现区域集中行为分析、结构化分析、人像比对、乘客事件档案等功能。提升高效线网联动,建成线网安防平台,与监控、报警和应急指挥等其他专业系统有效联动响应,形成事前预防和事后处置相衔接的综合安防机制。推进票检一体化,以“实名制免检、针对性安检”为基础,基于乘客信用和线网级信息互联,绑定核验人员安检信息,在保障乘客无感过闸同时,优化通行效率及数据管理机制,逐步实现特定场景下的安检支付一体化。加强多方安检互信,在交通枢纽区域,推动安检前端技术的提升、安检范围内的自信和多边管理的安检互信互通。建立起与西安轨道交通客流特点相适应的安防体系,全面提升运营安检能力和服务水平。

26.5.4　电子巡更

电子巡更系统是实现监督管理巡逻人员是否按规定路线,在规定时间内,巡逻了规定数量巡逻地点的有效的、科学的、技防与人防相协调一致的系统。其主要特点可提高巡逻工作人员的责任心、积极性,及时消除隐患,防患于未然。

巡更系统主要有分离线式巡更系统和在线巡更两种。随着信息化技术的提高,近几年市场出现了一些基于巡更点在线实时上传的产品,主要区别在于产品实时性的提高,可以做到实时关注巡视人员的位置及下个巡更位置,读卡信息实时回传管理中心,管理者实时查看。对于传统设备来说,它的安装比较困难,需要布线,而且在传输上也会受到环境以及距离的影响,造成了应用领域相对狭窄。国内和国外企业已逐渐摒弃布线巡更的方式,采用离线巡更,移动采集,可以不受周边环境的影响,但无法实现在线巡更的实时性。

城市轨道交通目前主要在车辆基地等占地较大区域设置离线式电子巡更。离线巡更系统由巡更器(数据采集器)、巡更点(信息标识器)、数据下载器、管理软件构成,并纳入安防集成平台。巡更主要设置在楼道、围墙及主要建筑外区域,巡更路线可根据需要灵活调整,满足安全巡更管理需求,其具有投资小、巡更点更改灵活等特点,是巡更系统在行业内主流方案。

随着信息化安全管理水平的提高,结合行业及在线巡更系统与离线巡更系统优缺点,可考虑研究基于无线的离线巡更点+在线巡更棒相结合的方案,数据通过实时回传至监控中心,实时掌握巡更人员巡更位置,解决在线与离线巡更的缺点。

26.6 实践与展望

26.6.1 通信及公共安全系统实践

自2011年西安轨道交通2号线开通以来,西安迎来了轨道交通大发展的10年,实现了8线运营和7线共建,客运强度位居全国前列,进入到轨道交通线网运营和建设的新阶段。线网运营下客运服务、行车组织、调度指挥、设备维保、应急管理的压力持续加大,高故障传导率、超负荷运转对设备提出了更高需求。这都要求通信系统设计、建设和维护发生根本变革。

1. 通信系统全面迅猛发展,支撑了线网运营安全和服务不断提升

通信技术的迅猛发展,带来了西安轨道交通通信系统可靠性、稳定性、灵活性、系统性、先进性、功能性和系统架构的全面持续提升,强有力地支撑了轨道交通企业线网运营和智慧化转型。

西安轨道交通通信系统紧跟前沿技术,功能不断提升,设计创新立足线网规划和运营需求,不断优化和完善。传输系统完成了从MSTP到OTN制式的转变,固定带宽、分组业务向综合业务、高带宽演进,满足了突飞猛进的业务需求;车地无线通信系统实现了技术迭代和优中选优,带宽提升、延迟降低,业务服务质量得到不断提高;TD-LTE在信号DCS系统中全面应用,为信号系统稳定及三期规划全自动运行系统提供基础支撑;视频监视系统实现高清化、全光网化,并在向移动化、智能化、集约化和云化转变;时钟系统从单一GPS,向北斗、格洛纳斯多元化演进,时间精度、稳度提升明显,安全授时有保障;公务交换系统完成升级换代,从程控交换演变到数字化软交换,满足了线网组网和使用的灵活性;专用交换系统由星形组网向环型组网过渡;电源系统实现了双UPS配置优化;无线交换控制系统实现异地冗余互备,提升了系统可靠性;通信系统的不断完善以及强大的网管功能,提升了检修效率和维修方式,实现了通信系统维修模式的变革;视频分析、人脸识别、5G等通信技术促进了西安轨道交通智慧安检、智慧车站、智能运维、智慧服务中创新场景的落地。这一切都为西安轨道交通安全运行、高效管理、架构优化和服务质量不断提升打下了坚实基础。

2. 技术验证与创新,推动智慧城轨建设发展

西安轨道交通结合运营需求和通信技术发展,进行了前瞻性的行业验证、课题研究和技术创新。在西安轨道交通3号线搭建环境,开展技术试点,为TD-LTE多媒体集群调度系统在轨道交通相关规范的制定、互联互通和应用打下良好的基础;在4号线进行了PIS与信号系统LTE综合承载的系统应用,验证了系统可靠性,取得了良好效果;在既有线路车载视频扩容改造中进行了5G毫米波车站转储的试点,利用运营商5G虚拟专网实现了列车运维信息的实时下传和分析;在既有线改造和扩容中,充分利用新技术,提升服务和维护便利性。如实现了PIS系统对电客车乘客拥挤度和空调冷弱的显示,指引乘客合埋乘车;在智慧车站建设中,实现了智能视频分析功能、无线网络接入和车站PIS系统导向、发布功能强化;完成智慧安检试点并首先在行业内广泛应用,取得了良好的社会效益;参加了国家重点研发计划“端边云融合群智感知计算平台及应用示范”项目,试点系统感知平台;广泛参与智慧城轨相关规范和国标、地标、专利的制定和编写,形成创新成果。一系列的通信系统提升和新技术验证为线网运营下西安轨道交通智慧化转型提供了基础能力。

3. 系统设计规划为线网化建设和运营打好基础

西安轨道交通集团结合建设和运营需求,开展了通信系统线网规划研究和建设工作。结合建设和运营实际,形成了统一的线网无线通信频谱规划、分组原则、终端配置原则,推进了 MSO 线网冗余备份;交换系统形成了线网编号规则,开展了线网软交换平台、线网集中录音系统的前期研究工作;梳理、完善了通信系统网管监控及智能维护的需求,初步形成了通信智能运维的需求标准;门禁系统实现了线网统一授权管理;形成了西安轨道交通信息化发展规划,结合管理和生产实际,依托云平台与大数据、信息安全、人工智能,不断推进信息化建设;进行了骨干光缆网、骨干传输网建设,结合西安轨道交通 NCC、区域 OCC、云平台主备中心的设置规划,开展骨干网的研究;开展了云平台建设规划、智慧车站建设规划和试点、智慧安防建设规划和试点;初步形成了符合线网需求和发展的通信各系统技术方案。这一切都为西安轨道交通进入到线网建设和运营新阶段,实现资源集约和功能最大化打好了基础。

26.6.2 通信及公共安全系统展望

历史已经证明,行业革命往往由通信技术和设计创新拉开序幕。通信系统线网规划将实现资源共享和功能的最大化。同时通信系统又是智慧城轨智能系统落地的重要方向,更是一种可以用场景来定义的能力。通信技术和设计的革新将为线网运营下西安轨道交通智慧化转型提供基础能力。西安轨道交通通信系统在智慧城轨建设的作用除了对轨道交通各个系统实现功能优化完善外,更重要的是以需求为牵引,进一步实现各类创新场景的落地,并最终推动设备和管理架构体系的革新。

1. 通信系统赋能技术创新和智慧城轨建设

(1)通信技术推进轨道交通系统功能优化完善

随着西安轨道交通智能运维、云平台、大数据和全自动系统的发展和应用,对无线、有线通信传输的低时延、大带宽提出了新的需求。5G、Wi-Fi6、OTN 等通信技术可以很好地进行优化完善。目前兄弟轨道交通企业通过 5G 核心网 + MEC 进行了 CBTC、车地大数据、智能运维、智慧车站的全业务承载测试,验证了 5G 独立组网基本可以满足轨道交通业务的需求。西安轨道交通将对轨道交通环境下车地无线通信、运维海量数据采集、乘客大带宽优质服务等需求进行分析研究,开展利用运营商 5G 切片技术和边缘计算,开展车辆智能运维等重点场景的 5G 应用试点,并根据试点效果进一步完善方案,逐步对落后的无线传输系统进行改造,适应业务需求和技术发展。西安轨道交通还将紧跟 5G + 技术发展,特别是加强 5G + 在运营管理、客流组织、客服机器人、出行辅助、远程运维、培训指导方面的发展和应用。

智能运维是线网运营智慧化转型的核心要素,西安轨道交通将研究制定通信系统智能运维策略,通过补强各子系统网管,对动态数据实现进一步的实时采集和分析,通信专业将在集中告警和综合网管的基础上实现各子系统维护管理信息的共享和分析,满足通信系统设备运行状态的自动化在线监测、智能诊断、故障定位、隐患预警等需求。不断推进通信智能运维系统试点和建设,结合已经完成的通信智能运维研究成果和实施经验,实现通信设备状态修的目标。

(2)通信系统给轨道交通的创新场景赋能

轨道交通创新场景对通信视频技术有天然的诉求。智能视频分析系统能对指定区域设置的摄像机采集的图像进行智能视频分析,同时与综合运管平台等进行系统联动实现客流计数、自动告警、视频巡检等主要功能。

在智慧车站建设中,视频分析系统通过构建成熟稳定的分析模型和持续迭代的分析算法,全面支持乘客异常行为检测(包括但不限于摔倒、逃票、隔栏递物、徘徊、入侵、扶梯逆行)、拥挤度检测、客流计数或密度监控、可疑物品遗留检测等应用,并通过线路或线网综合运管平台进行告警联动,实现线网服务、安全、状态等异常情况的智能分析报警。在主动式障碍物监测中视频分析与雷达系统结合,将会推动全自动运行系统更加安全、高效的运行。在线网智慧客流系统中将通过智能视频分析实现列车、车站内客流实时监测与大客流预警分析,反馈车站实现客流引导,实现线网级客流管理。

通过构建高清化、移动化、智能化,基于云架构、大数据、5G + 的智能识别、智能分析、智能感知的西安轨道交通智能视频系统，将实现以通信视频技术为载体的各类创新场景的落地。

(3)通信技术将带来设备和管理架构的革新

智能运维是轨道交通发展的核心要素，将带来轨道交通维护模式和生产组织方式的变化。西安轨道交通集团进行了智能运维专项研究，提出了13481[一个平台，三大功能(在线监测、故障诊断、数据分析)，四个领域(管理、维保、服务、应急)，八个专业(车辆、信号、通信、机电、轨道、供电、结构、票务)，统一使用]的目标。建立线网级(多专业高度集成)的智能运维平台是落实智能运维的关键。智能运维平台要成为线网设备功能管控的大脑，需要强大的云计算和存储能力，各类传感器的实时监控，大数据的前端处理、后端分析，不同专业数据间实时关联共享，不同层次业务的网络互联，智慧融合的架构体系，而5G具备所有相关特性，能支撑线网智能运维平台架构的革新。相同的还有基于5G + 物联网架构的AFC系统架构、正在验证的基于云平台的信号系统云化架构。西安轨道交通将重点关注、研究前沿通信技术带来的一系列设备系统架构的变革，并提前做好新线建设、运营管理和生产组织相应优化变革的准备。

2. 系统规划设计实现线网资源共享

西安轨道交通将研究规划用于进行媒体发布、信息下达、设备监控等业务的轨道交通线网集中播控平台。实现编播中心与线网PIS系统信息的互联互通和广泛应用，不断强化运营信息管理水平，增强线网应急指令发布能力。还将研究规划线网统一的综合安防平台，接入线网安检设备、安检区域监测及被检物品信息多级联网的统一管理平台，实现后台远程监控、警企联动处置、安检大数据分析的集成管理。

通过分析骨干网承载业务的特点及需求，结合当前骨干承载网技术发展和西安轨道交通新一轮线网规划，对骨干网的技术制式、系统容量、网络拓扑、节点设计进行分析，研究适应新技术、创新场景带来的海量信息承载需求、分布式组网、智能流量分配的骨干网组网方案。配合云平台建设智慧城轨新技术的应用，建设适应西安轨道交通线网架构规划和需求的骨干网络。

通过开展轨道交通通信网综合规划研究，避免一线一网一建、后期改造。技术方案规划充分考虑既有线改造接入可实施性，充分考虑系统中心可靠性和灾备方案。通过规划，制定通信系统中各子系统资源共享方案，实现线网通信系统互联互通，减少建设投资；制定适合西安轨道交通通信系统发展的各线路通信子系统、容灾备份方案、上层网方案，从而指导后续线路通信系统建设方案以及通信上层网设计，提高通信资源的使用效率和实现通信系统功能最大化，满足西安轨道交通高质量建设、快速发展和运营服务不断提升的需要。

第27章 信 号

城市轨道交通列车自动控制(ATC)系统主要有三种制式:固定闭塞、准移动闭塞和移动闭塞。

西安轨道交通建设从2011年开通运营的2号线到2021年开通的14号线等8条线路,均采用了主流的基于通信的移动闭塞ATC系统(CBTC)。随着轨道交通领域无人驾驶技术的逐渐成熟,西安在三期规划的8号、10号、15号线上全面推广更为先进的无人驾驶全自动运行系统。

27.1 系统构成及功能

信号系统主要由正线列车自动控制(ATC)系统和车辆基地(车辆段/停车场)信号系统构成。

正线信号系统为基于无线通信的移动闭塞ATC系统,由列车自动监控(ATS)子系统、列车自动防护(ATP)子系统、列车自动驾驶(ATO)子系统、计算机联锁(CI)子系统、数据通信(DCS)子系统、维护监测子系统、培训子系统等组成。各子系统间相互通信,通过地面控制与车上控制结合,现地控制与中央控制结合,构成一个以安全设备为基础,集行车指挥、运行调整、列车驾驶自动化以及维护监测支持等功能为一体的列车自动控制系统。正线信号系统采用区域控制模式,将正线部分根据车站数量和线路长度划分为多个控制区域,在每个控区的设备集中站设置ATS、ATP/ATO及联锁室内设备。车辆基地单独设置联锁设备,控制段内列车作业。

车辆基地信号设备主要包括计算机联锁设备、微机监测设备及ATS分机设备,负责列车出入段作业以及段内调车作业的安全。

27.1.1 列车自动监控(ATS)

ATS子系统负责管理、监督、协调、控制列车的运行,由控制中心、车站、车辆基地设备组成,在ATP、ATO及联锁子系统的支持下完成对全线列车运行的自动管理和监控。系统具有中央和本地两级控制,可将因异常情况或设备故障而产生的不良影响降至最低。通常情况下控制中心ATS控制全线,当控制中心ATS发生故障,系统切换至本地车站设置的ATS。

ATS子系统主要具备的功能有列车识别号跟踪和显示、列车运行图编制及管理、运行图调整、进路控制、监视和报警、操作与数据记录、培训和运行模拟等。

27.1.2 列车自动防护(ATP)

ATP子系统负责保证列车运行安全和提高运输效率,由车载设备和地面设备组成。系统符合故障—安全的原则,并具有自检和自诊断能力。

ATP子系统主要具备的功能有列车间隔控制和超速防护、列车定位和测速、列车完整性监测、紧急制动、临时限速管理、车门/站台门开闭安全监督、非正常移动防护、不同驾驶模式下列车防护、轮径校正等功能。

27.1.3 列车自动运行(ATO)

ATO子系统在ATP的安全防护下根据ATS的指令实现列车的自动驾驶,负责列车车速的调整和列车运行的自动控制,主要完成列车启动、牵引、巡航、惰行和制动的操作,实现列车的站间运行、车站的定点停车、折返控制等。系统控制重点在于列车的准点运行、舒适度和精确度,有利于行车效率的提升、列车节能、提高旅客乘坐的舒适度和减轻司机的劳动强度。

ATO 子系统主要具备的功能有自动速度控制、车站精确停车、区间运行时分控制、车门/站台门控制、实现节能运行、ATO 或无人驾驶自动折返等。

27.1.4 计算机联锁(CI)子系统

计算机联锁(CI)子系统是保证列车运行安全,实现轨道区段、道岔、信号机之间的正确联锁的安全设备,符合故障—安全原则,确保行车、折返、出入段及转线等作业的安全。

计算机联锁(CI)子系统主要具备的功能有按正确的联锁关系、运行计划及列车位置,自动设定、建立、解锁列车进路,有一定的自动排列进路的功能;对列车进路、敌对进路、延续进路、超限区段及侧翼道岔进行防护;在现地工作站上对联锁集中站控制范围内的道岔实行单独操纵、单独锁闭及对列车开放信号,对道岔、信号机、轨道区段等信号控制元素实施封锁等;利用现地工作站进行轨道和道岔区段的临时限速等 ATP 命令的操作,并给出状态表示;向 ATP 提供信号状态、列车进路设置情况、保护区段的建立、轨道区段的临时限速及区间运行方向等条件;与 ATS 系统结合,实现车站和中央两级控制,根据运营要求实现自动和人工两种控制模式办理进路等。

27.1.5 数据通信(DCS)子系统

数据传输子系统主要由轨旁数据接入网络、骨干传输网络、车载数据网络和车地通信网构成。

轨旁数据接入网络提供各轨旁子系统(区域控制器、联锁、ATS 等)和轨旁设备(轨旁 AP 等)接入数据通信子系统的接口。

骨干传输网络采用具有自愈功能的双环拓扑结构,当单个设备故障时,不会导致与任何网络设备的通信丢失。

车载数据通信网络分别由车头驾驶室网络部分及车尾驾驶室网络部分组成,其中车头和车尾驾驶室网络部分分别由车载无线网络单元、车载天线、车载网络交换机和车载 CBTC 系统设备组成。

车地双向通信网络是沟通车载数据通信网络与轨旁数据通信网络的渠道,实现车地之间的双向通信。

27.1.6 维护监测子系统

维护监测子系统作为信号系统的设备状态监测和维护辅助工具,主要用于维护信息的采集,帮助维修调度人员对故障设备进行定位,管理维修作业。调度员可借助信号维护监测子系统制定计划与安排维修工作,达到比传统人工方式更加有效的效果。

维护监测子系统由传输网络、维修中心设备、车站级的监测信息采集机及维护终端等构成。

27.1.7 培训子系统

培训子系统有完整的 ATC 模拟系统软件,能实现与正线站场情况一致的培训模拟,能对 ATC 系统进行功能演示,用于培训在日常和紧急情况下如何操作系统,培训信号维修人员熟悉并掌握 ATP/ATO 子系统、联锁子系统的功能及发现和处理故障的能力,考核维修人员的技术水平,对车站级值班员及列车驾驶员也具有一定的培训功能。

培训设备能体现中央各种 ATS 设备的工作状态、正线区段内一个设备集中区(联锁控制区)内的主要设备工作状态及一套 ATC 车载系统的工作状态,并使培训系统设备的工作状况最大限度接近 ATC 系统实际工作状况。

27.2 设计实践及展望

27.2.1 设计实践

1. 车辆段、停车场信号配置方案

西安轨道交通已运营线路车辆段/停车场设置与正线独立的计算机联锁系统设备，列车占用/空闲检测设备采用50 Hz单轨条式相敏轨道电路方案，试车线设置车辆段联锁设备及信号试车正线信号配套设备。

三期规划建设的8号、10号、15号线由于采用了全自动运行系统方案，车辆段/停车场按与正线一致的信号系统设备进行配置，车场内无线设备全覆盖，增设轨旁ATP/ATO主机、应答器等设备，列车占用/空闲检测设备采用与正线一致的计轴设备。车场根据不同的列车作业需求，划分为全自动区域及非全自动区域。列车在全自动区域具备CBTC级别下的ATP/ATO功能以及ATS监控功能，CBTC级别的列车由信号系统防护列车运行安全，并能够以ATO/ATP模式自动完成进出场/段的运行。ATS设备按默认下载的运行图或派班计划自动排列进路。在此方案中，系统可根据最优曲线自动控制列车运行，提高了列车出入库效率。

2. 车地无线通信方案

西安轨道交通早期线路1号、2号、3号线均采用了当时国内普遍应用的传统WLAN技术方案。基于802.11系列协议的WLAN技术由于具有安装简便、容易维护、扩展灵活、经济节约、频段使用自由、标准开放等特点被广泛应用于轨道交通列车控制系统车地无线传输方案。但是由于2.4G频段属于开放频段，极易受到干扰，因此给轨道交通安全运营带来了隐患。

随着移动互联网的爆发，运营商Wi-Fi成为CBTC系统不可回避的强干扰源，使轨道交通列车运行电磁环境限值超出CBTC系统安全标准，不可避免地出现了同频干扰，车地无线传输发生丢包率和误码率的增加，导致车地无线通信中断，从而造成非预期性停车的事故。针对信号系统采用WLAN技术存在安全隐患的问题，《工业和信息化部关于重新发布1 785 ~ 1 805 MHz频段无线接入系统频率使用事宜的通知》(工信部无〔2015〕65号)明确指出1 785 ~ 1 805 MHz频段可用于城市轨道交通行业专用通信，解决了车地通信迫切需要的专用频率问题。

TD-LTE技术成熟后，西安及时引进，成为国内第一批采用LTE技术实现信号系统车地无线信息传输的城市。相比于传统的WLAN技术，基于TD-LTE技术的宽带移动系统采用了专用频段(1 785 ~ 1 805 MHz)，避免了WLAN方案下列车控制信息在车地无线传输过程中被同频的设备干扰而影响行车安全，区间传输中继距离也较WLAN方案更大(1.0 km以上)，而且很好地解决了列车高速移动下数据丢包率大、信息保密性差、带宽速率低等问题。

西安轨道交通基于TD-LTE技术的车地无线传输具体实施方案有两种：

(1)综合承载信号CBTC、车载PIS、车载CCTV业务方案

西安轨道交通4号、9号、14号线采用了TD-LTE综合承载信号CBTC、车载PIS、车载CCTV及列车监测信息的方案。综合承载网络由通信专业负责按照A/B双网冗余方案建设，A/B网相互独立，并行工作。申请使用的频段带宽为全地下线路20 M、含有高架的线路15 M，其中A网(10 M或15 M)承载信号CBTC、车载PIS、车载CCTV及列车监测信息业务，B网(5 M)负责承载信号CBTC业务及车辆关键状态信息。

(2)仅承载信号CBTC业务方案

考虑到TD-LTE网络综合承载视频业务带来的带宽不足问题，西安轨道交通5号、6号线采用了TD-LTE仅承载信号CBTC业务及车辆关键状态信息的方案。TD-LTE网络由信号专业负责按照A/B双网冗余方案建设，A/B网相互独立，并行工作。申请使用的频段带宽为10 M，其中A网(5 M)承载信号CBTC业

务,B 网(5 M)承载信号 CBTC 业务及车辆关键状态信息。

西安轨道交通 5 号线由于存在较长的高架区间,且高架区间漏缆安装空间有限,因此全线采用了信号 TD-LTE 网络与通信专用(公安)合用漏缆方案,若采用信号 TD-LTE 网络单独敷设 2 根漏缆方案,则高架区段通信信号共需敷设 6 根漏缆。此方案不仅节省了安装空间,也节省了漏缆及安装费用。

3. 双 UPS 双母线信号电源方案

根据信号系统供电要求,为保证信号系统设备稳定、可靠、连续地运行,工程设计中均配置专用智能电源设备,同时配置 UPS、蓄电池以及稳压器等。西安轨道交通 UPS 配置方案有单 UPS 和双 UPS 双母线两种方案。

单 UPS 方案工作原理如图 27.1 所示,两路输入市电经电源屏内切换单元后,输出一路可用电给 UPS 主路,由 UPS 滤波和稳压,再经电源屏内交流模块、变压器或直流模块处理后,给所有负载(不含转辙机)供电,转辙机直连至电源屏内切换单元后端。UPS 主路正常工作时,给蓄电池进行充电,若外电断路或 UPS 内整流单元故障,则 UPS 逆变控制器启动,由蓄电池给所有负载(不含转辙机)供电。

双 UPS 双母线方案工作原理如图 27.2 所示,两路输入市电分别经电源屏 1 和电源屏 2 内切换单元后,各输出一路可用电给 UPS1 和 UPS2 主路,由 UPS 滤波和稳压,再经电源屏内交流模块、变压器或直流模块处理后,给所有负载(不含转辙机)供电,转辙机直连至电源屏内第二套切换单元后端。当其中一台 UPS 出现故障时,该条母线输出断电,仅影响双电源的一路输入和单电源的一个供电模块供电,另一系供电不受影响,仍可保证后端负载正常输出。

信号 UPS 电源设备为信号系统持续不间断工作提供了可靠的保障,与单 UPS 方案相比,双 UPS 双母线方案通过增加冗余度的方式提升了信号电源的可靠性,保障了信号系统稳定、连续地运行。西安轨道交通从 4 号线开始,正线设备集中站、车辆基地和控制中心信号电源采用双 UPS 双母线配置,非集中站、维修/培训中心、试车线和停车列检库车载工区信号电源组网采用单 UPS 电源方案配置。已经运营的 1 号、2 号、3 号线计划在大修期改造时也采用双 UPS 双母线方案。

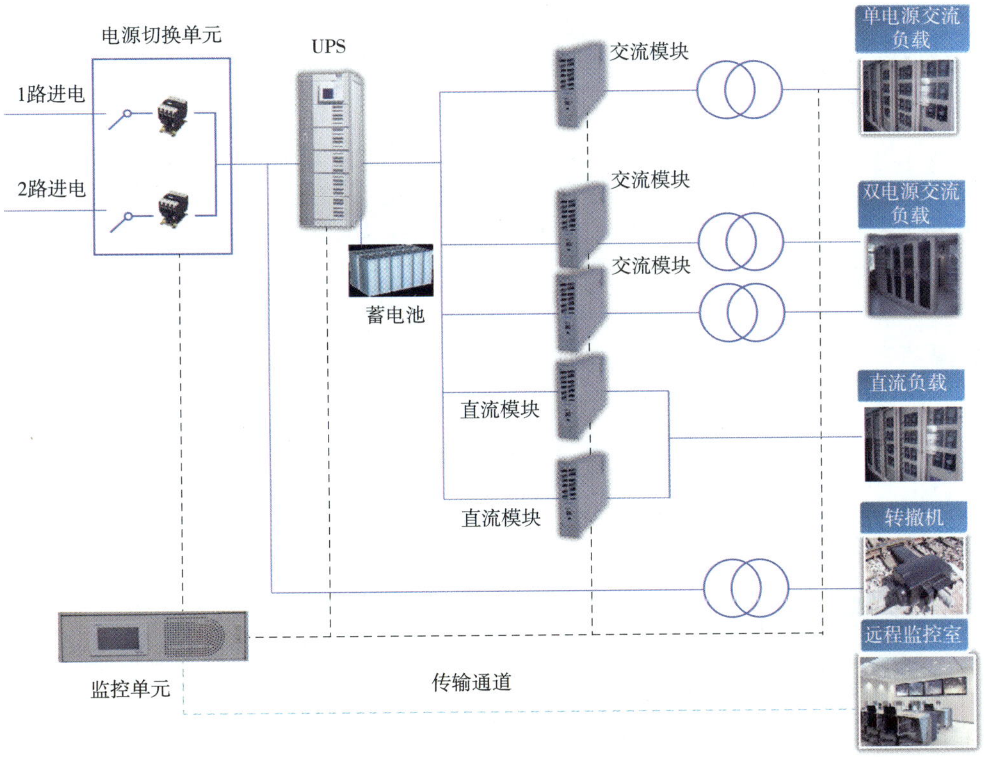

图 27.1 单 UPS 信号电源示意图

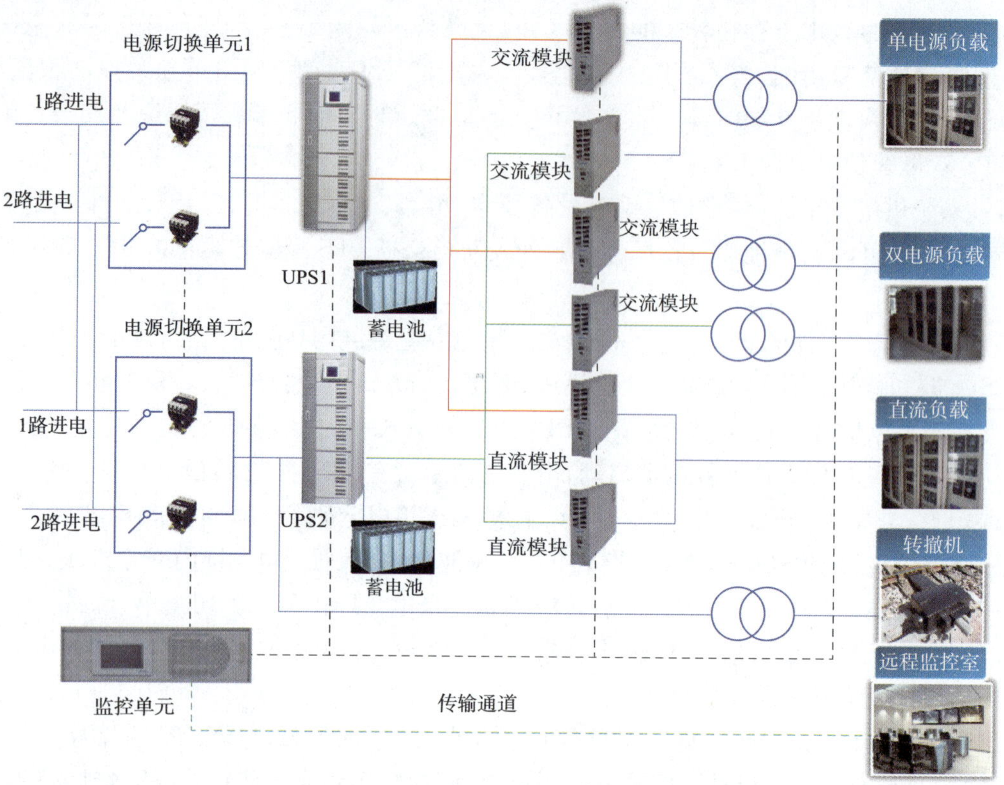

图 27.2 双 UPS 双母线信号电源示意图

4. 综合维护监测系统

西安轨道交通从 2 号线开始，正线及车辆基地配置信号综合维护监测系统，充分利用通信及信息资源，实时采集信号设备运行状态及故障报警信息，形成对信号相关设备的远程监测，减少运营人员维护工作量，缩短故障处理时间，提高电务技术装备和维修管理水平，为计划修向状态修转变提供基础条件。

5. 电加热道岔融雪系统

西安轨道交通从 3 号线开始，根据运营部门的需求在高架区段及车辆基地咽喉区露天段设置电加热道岔融雪系统，进一步避免了严寒天气对轨道交通运营造成的影响及安全隐患，提高了道岔及道岔转辙设备在冰雪恶劣天气下正常工作的能力，同时减少了道岔清雪人工清扫工作量和上道作业风险。

6. 道岔缺口监测系统

西安轨道交通从 2 号线开始，在车辆基地所有道岔开始设置道岔缺口监测系统，实时监测道岔缺口位置，及时、准确预告超标状况，报警信息纳入信号维护监测系统进行集中报警。

从 4 号线开始，西安轨道交通在正线及车辆基地所有道岔均设置道岔缺口监测系统，采用视频图像方式采集缺口数据来分析缺口状态，给出预警、报警信息。报警采用视频图像方式直观、准确，误报率低，为运营维护提供了便利条件。

27.2.2 西安信号 ATS 系统入云方案

借助于三期规划线路建设期间云平台和大数据平台的同步实施，在建的全自动运行线路 8 号、10 号、15 号线 ATS 子系统中心级设备采取入云方案，充分发挥信息化资源共享创新技术和优势，推动西安轨道交通数字化转型和智慧化提升。

传统模式下的信号系统 ATS 为中心和车站两级架构，采用自建双网冗余组网方式，使用服务器、工控机、工作站等方式承载列车运行监控业务。作为城轨交通领域的核心系统，ATS 在进行云平台承载前，需进行充分的分析评估，确保系统安全可靠的前提下充分发挥云平台的技术和管理优势。

经分析ATS子系统的架构、功能和对云平台的性能及容量需求，ATS系统设备计划入云方案见表27.1。

表27.1 信号ATS子系统设备入云方案

序号	设备名称	部署地点	部署方式	备 注
1	调度长工作站	控制中心	传统架构	
2	调度员工作站	控制中心	传统架构	
3	运行图显示工作站	控制中心	云桌面	云平台承载
4	时刻表/运行图编辑工作站	控制中心	云桌面	云平台承载
5	大屏接口计算机	控制中心	传统架构	
6	网关计算机	控制中心	传统架构	
7	应用服务器	控制中心	虚拟机	云平台承载
8	数据库服务器	控制中心	独立裸金属	云平台承载
9	通信前置机	控制中心	虚拟机	云平台承载
10	ATS维护工作站	控制中心	传统架构	
11	ATS车站分机	车站及段场	传统架构	
12	现地控制工作站	车站及段场	传统架构	
13	ATS监控工作站	车站及段场	传统架构	
14	ATS监视工作站	车站及段场	传统架构	
15	派班工作站	车站及段场	传统架构	

27.2.3 西安全自动运行系统方案

全自动运行系统涉及信号、车辆、综合监控、通信和站台门等系统，项目实施难度大、周期长，对设计、施工、调试和运营维护水平要求较高。

2018年，西安轨道集团组织开展了全自动运行系统专题研究工作，形成了《西安地铁全自动运行系统专题研究》报告，对全自动运行模式下的运营管理模式、运营场景需求、系统设计、土建设计、建设模式进行了全过程研究，研究确定三期规划建设的8号、10号、15号线采用全自动运行系统，自动化等级按GoA 4级建设，开通初期按GoA 3+级(有人值守下列车自动运行DTO)模式载客运营，待各方面条件成熟后采用GoA 4级(无人值守下列车自动运行UTO)模式载客运营。在全自动运行系统建设同时引入全电子联锁技术，以减少轨旁设备及运营维护工作量，也为大数据平台及智能运维的建设提供数据支撑。

1. 全自动运行系统自动化等级

轨道交通自动化等级共分为5个等级，分别是GoA 0、GoA 1、GoA 2、GoA 3+、GoA 4，不同自动化等级功能详见表27.2。

GoA 0：无ATP防护，目视下的人工驾驶。

GoA 1：ATP防护下的人工驾驶。

GoA 2：半自动化列车运行STO。

GoA 3+：有人值守下列车自动运行DTO。

GoA 4：无人值守下列车自动运行UTO。

表 27.2 轨道交通不同自动化等级功能表

列车运行基本功能		目视下列车运行	非自动列车运行(NTO)	半自动列车运行(STO)	有人值守下列车自动运行(DTO)	无人值守下列车自动运行(UTO)
		GoA 0	GoA 1	GoA 2	GoA 3 +	GoA 4
确保列车运行安全	进路安全	人工(道岔和轨道区段由系统控制)	系统	系统	系统	系统
	列车安全间隔	人工	系统	系统	系统	系统
	运行速度监督	人工	人工	系统	系统	系统
列车驾驶	控制牵引和制动	人工	人工	系统	系统	系统
监视轨道	防止碰撞障碍物或轨道上的人员	人工	人工	人工	人工或系统	系统
监视乘客上下车	控制车门	人工	人工	人工	系统	系统
	防止站台门和车门对乘客伤害	人工	人工	人工	系统	系统
	安全发车	人工	人工	人工	系统	系统
列车运营	列车投入/退出运营	人工	人工	人工	系统	系统
	监视列车状态	人工	人工	人工	系统	系统
紧急状态的检测与运行处置	紧急呼叫、紧急操作装置	人工	人工	人工	系统	系统
	火灾监控及系统联动	人工	人工	人工	系统	系统
	车门、站台门状态丢失处理	人工	人工	人工	系统	系统
	车门、站台门对位隔离	人工	人工	人工	系统	系统
	救援	人工	人工	人工	人工	人工和/或系统

注:“系统”表示由系统自动完成或经中心确认后联动完成的功能;“人工”表示由运营工作人员完成的功能;“或”表示 FAO 系统具备两种处理方式,处理方式可选;“和”表示该功能需要人工和系统共同配合完成。

2. 全自动运行列车驾驶模式

全自动运行系统中的列车驾驶模式分为全自动运行模式、自动驾驶模式、自动防护下的人工驾驶模式、限制人工驾驶模式、非限制人工驾驶模式、蠕动模式、远程限制运行模式,其中全自动运行模式和蠕动模式为全自动运行系统的特有模式。

全自动运行模式(Fully Automatic Train Operating Mode,FAM):FAM 模式是在连续式通信控制级别下由 ATP 子系统保证列车运行安全、ATO 子系统实现在自动化区域内列车全自动运行的模式。系统自动实现列车唤醒/休眠、库内发车、段/场自动化区域内运行、站台停站、站台发车、区间运行、站台清客、折返、回库、洗车等作业。

蠕动模式(Creep Automatic Mode, CAM):CAM 模式为列车在 FAM 模式运行时车辆网络检测到故障、车辆网络与信号车载设备通信故障、信号设备检测到列车多次超速情况下的自动运行模式。该模式由车载信号系统向中心系统申请,中心调度人员确认后启动。

自动驾驶模式(Automatic Train Operating Mode, AM):AM 模式为 ATP 子系统保证列车的运行安全,ATO 子系统实现列车在区间自动运行的模式。

自动防护下的人工驾驶模式(Coded Train Operating Mode, CM):CM 模式为 ATP 子系统实现列车自动防护并监控人工驾驶运行的模式。ATP 子系统确定列车运行的最大允许速度,司机按推荐速度驾驶列车运行。

限制人工驾驶模式(Restricted Train Operating Mode, RM):RM 模式为车载 ATP 限制列车在某一固定的速度下,由司机根据调度命令和地面信号显示驾驶列车运行的模式。列车运行的安全由联锁设备、ATP 车载设备、调度人员和司机共同保证。

非限制人工驾驶模式(Emergency Unrestricted Train Operating Mode, EUM):EUM 模式为信号车载设备处于切除状态下由司机根据调度命令和地面信号的显示驾驶列车运行的模式。列车运行的安全由联锁设备、调度人员和司机共同保证。

远程限制运行模式(Remote Restricted Train Operating Mode, RRM):RRM 模式是指在全自动运行模式下,列车在运营过程中发生某些设备故障必须降级至 RRM 模式运行时,中心调度人员能对指定区域内的列车进行设置远程 RRM 指令,列车根据该指令,可在限速条件下完成自动定位功能,降低对运营的影响。通过采用 RRM 模式,系统可在满足条件后自动升级为 FAM 模式恢复运营。

27.2.4 设计创新展望

2021 年,西安轨道集团发布了《西安智慧城轨发展纲要(2021 ~ 2035 年)》,在智能运行体系规划方面对全自动运行系统的持续创新和功能升级进行了展望。为了进一步完善全自动运行系统的功能,逐步提高智能化运行水平,在三期规划建设线路全自动运行系统和全电子联锁技术应用基础上,研究采用互联互通、列车主动式障碍物检测、虚拟编组、智能行车调度、智能 ATO 和"四网(国铁干线、城际铁路、市域快线和市区城轨)融合"等技术对全自动运行系统进行持续创新和升级。西安轨道交通在全自动运行系统功能进行迭代升级的同时,对车辆基地综合自动化管理、车—车通信技术、云联锁/云列控 +5 G 技术等新技术的研发进展和成熟度及国内外工程应用情况进行跟踪研究。除全自动运行系统外,其他涉及的技术如下:

1. 全电子联锁

目前,轨道交通行业普遍使用的联锁系统是基于继电器驱采接口的计算机联锁系统,在工程项目应用中,需要大量组合柜用于安装相关的继电电路,现场继电器柜数量多、配线复杂、施工强度大、施工周期长、后期维护技术要求高、对信号设备室的面积需求大,已经阻碍了信号技术的发展。信号系统中继电器的大量应用也阻碍了城轨信号系统的数字化和智能化发展。全电子联锁技术可减少轨旁信号设备数量,具有占地面积小、施工配线少、维护简单、故障诊断能力强等特点。全电子联锁技术的应用可使列车运行控制系统走向统一化、简洁化、电子化。

2. 信号系统互联互通

城市轨道交通基于通信的列车运行控制系统(CBTC)互联互通是指装备不同信号厂家车载设备的列车可以在装备不同信号厂家轨旁设备的一条轨道交通线路内或多条轨道交通线路上无缝互通、安全可靠运营。CBTC 系统车载设备和轨旁设备根据运行和管辖范围的不同,分别存储互联互通相关线路范围的电子地图,以便有跨线路运行计划的列车能在连续式列车控制级别、点式列车控制级别和联锁控制级别下实现跨线运行。

3. 列车主动式障碍物检测

在全自动无人驾驶系统 UTO 模式中,障碍物识别技术是保障列车全自动运行的关键技术之一。车辆上加装的主动探测识别系统可以替代传统司机的值守,从而让列车的运行更智能化、自动化,同时也更安全。列车主动式障碍物检测技术融合了图像识别、激光雷达识别、超声波识别和红外识别等技术,同时辅以线路数据库及地理信息系统(Geographic Information System, GIS),通过建立统一平台、数据融合、优化策略和学习算法,使列车拥有"眼睛"和"耳朵",为全自动无人驾驶系统安全行车提供保障。

4. 虚拟编组

虚拟编组(Virtual Coupling)是近年来提出的一个新理念,它使用无线通信代替机械联挂,实现不同型号列车的虚拟编组。列车虚拟编组后,行车间隔极大缩短,能够很大程度上提高线路的运输能力。应用虚拟编组技术,列车可在动态中解编和组编,按需组成不同编组车队,实现客流—车流精准耦合,通过更高效的列车控制手段以及精细的运营调度方式,减少能量损耗和排放。

5. 智能行车调度

智能行车调度系统以行车为核心,能够在列车出现晚点、客流发生突发性变化以及有各种故障和灾害等非正常情况时，快速合理地确定调度方案，及时处理各种异常情况，最大限度地消除突发问题对线路运营所造成的影响，在不降低列车运行安全系数的前提下实现列车流对乘客流的均衡吸纳，并最大限度地提高列车运能利用率。

6. 智能ATO

智能ATO是在现有ATO系统基础上引入了人工智能技术，从效率、节能、舒适性等方面综合提升列车的智能化水平，优化列车驾驶性能和适应性，实现列车的最佳化运行控制。实现列车最佳化运行的过程十分复杂，需要考虑到列车自身参数、状态，线路参数、状态及控制中心与车站的命令等多种因素。为得到一个准确、有效、节能的推荐速度曲线，需要ATO系统在不同的线路条件和运行状况下综合各种条件及环境，采取多样、合理及智能化的运行控制策略。

7. 城际与城轨列控系统融合

信号列控系统作为城际铁路和城市轨道交通线路中最为关键的行车控制系统，不同制式的系统间无法实现互联互通和互相兼容已严重制约着“四网融合”的发展，更无法满足超大规模城市“城际＋城轨”的一体化运营需求及城际网与城轨网的资源和设施共享。城际与城轨列控系统融合技术探索对城际铁路C2＋ATO系统和城轨CBTC系统在功能设计和系统架构等方面的融合，以满足城际铁路与城市轨道交通线路列控系统互联互通和跨线运营的需求，推动“四网融合”技术实质性进展。

8. 车辆基地综合自动化管理

车辆基地综合自动化管理的总体目标是将车辆基地已有的进路控制、车辆管理、信息管理、决策管理等集成为一体，通过建立车辆基地统一的综合信息管理与控制平台，完成计划自动编制与调整、计划自动执行与进路控制、作业过程自动控制，实现作业管理和控制结合、线路调度与车场调度一体化、运输管理与决策支持智能化，以提高车辆基地作业能力与效率，保证运输安全生产，使车辆基地信息管理和生产过程全面自动化。

9. 车—车通信技术

车—车通信技术是将既有的车—地无线通信系统扩展至列车之间，前后追踪列车直接交互数据，把一部分由地面设备实现的功能转移到车载设备，实现列控系统的功能再分配，从而减少地面设备，优化系统结构。列车自主识别前后列车的位置关系，自主确定行车许可，可以实现列车之间的直接通信，使后行列车可以连续、直接获得前方列车速度和位置，从而减少或取消地面设备。

10. 基于云联锁/云列控＋5G技术的信号系统

基于云联锁/云列控＋5G技术的信号系统解决方案主要以5G作为通信平台，将信号系统（应用软件和硬件资源）作为一种服务模式（将实体硬件设备虚拟化）运营在云服务器和工作站上，可实现无人驾驶及多种运行模式、根据运营计划实现自动唤醒和休眠、根据运营需求灵活更改运营计划、灵活处理各种突发事件等全自动运行系统的功能。该方案基于云服务器架构，将信号系统的联锁、列控、ATS和无线通信等子系统的硬件设备高度集中在一个设备存放点，轨旁控制设备仅设有目标控制器，以大规模减少轨旁硬件设备，进而减少维护工作量和节省投资。

第 28 章　自动售检票

随着计算机软件、精密机电设备、系统集成、互联网金融等技术的发展，我国城市轨道交通自动售检票（AFC）系统近年来大致经历了从无到有、国产化发展、跨越式创新三个阶段，当前 AFC 系统产品形式多种多样，基本上已发展到国际先进的技术水平，可以满足人民日益多元化的出行需求和线网化建设运营的管理需要。AFC 系统设备作为面向乘客自助服务的窗口，为乘客提供便捷、安全、多元的票务服务是系统建设的根本目标，也是 AFC 系统技术发展的主要趋势。同时作为互联收费系统，AFC 系统呈现出明显的网络化管理特征，在多线路运营、大客流管理复杂条件下，AFC 系统的可靠性、稳定性、适应性成为城市轨道交通网络化发展水平的重要体现。

28.1　票制、政策和运作模式

28.1.1　票制票价及票务政策

城市轨道交通票价的制定属于政府定价范畴，各城市票价水平兼顾轨道交通公益属性、企业经营需求、政府财政负担、社会整体利益等因素，采用适宜的轨道交通价格策略。常见票制分类包括里程计价制、区间计价制、一票制等，目前国内 90% 以上城市轨道交通采用里程计价制，部分城市由于交通制式及运营主体不同，采用多种票制。

西安轨道交通实行一人一票制，开通初期采用"区间计价制"的计费方式，2016 年 11 月 8 日 3 号线开通当日，票制调整为"递远递减"的"里程计价制"。14 号线西段（原机场城际线）开通初期采用独立的"里程计价制"，2021 年 6 月 29 日 14 号线东段贯通运营当日机场线调整为与西安轨道交通同网同价。

票务政策主要规定了政策适应范围、基本票价、优惠政策、发票规定、车票种类及使用规则、乘客事务处理规则、乘车时限等与乘客乘坐轨道交通相关的票务信息，相关政策一般根据新线开通、新票种发行等业务调整进行适应性更新。

28.1.2　票务运作模式

票务管理主要分为车票管理和收益管理，按照中心、车站两级模式管理。

中心车票管理工作内容包括车票的采购、入库、生产、清洗、配发、回收、销毁、借用、领用出库以及跨中心车票调配等。中心收益管理工作内容包括统计分析、票款及备用金管理、交易对账、长短款管理、报表审核、票务违章审核等。

车站根据票务规章制度做好车票管理各项工作，包括车票售卖、配送、回收、交接、调票、盘点等。车站根据票务规章制度做好收益管理各项工作，包括现金安全使用、设备补币、钱箱回收、硬币清点、票款结算解行、零钞兑换、报表填写、发票管理、票务稽查等。

28.2　系统构成

自动售检票系统是基于计算机、通信、网络、自动控制等技术，实现轨道交通售票、检票、计费、收费、统计、清分、管理等全过程的自动化系统。

西安轨道交通 AFC 系统架构主要由清分系统、线路中央 AFC 系统、车站 AFC 系统、车站终端设备和车票五个逻辑层组成，系统各层级软硬件按照规则要求协同实现票制及票务政策规定，如图 28.1 所示。

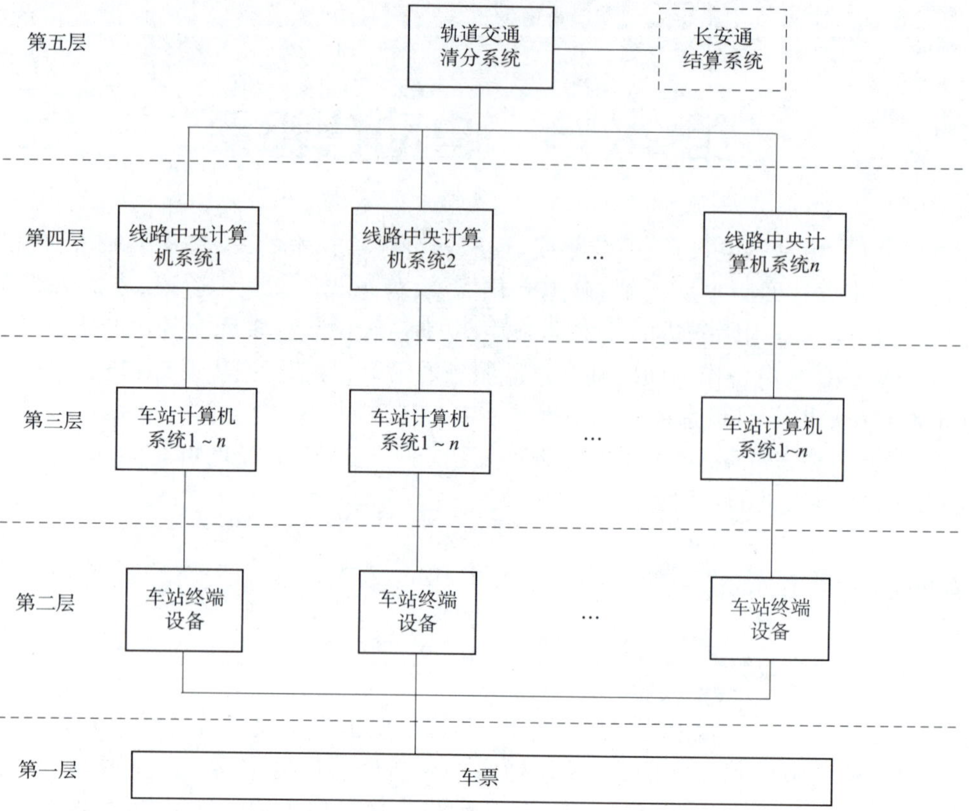

图 28.1 AFC 系统网络结构图

28.2.1 清分系统

ACC 系统承担着线网清分清算、车票管理、运营管理、规则制定等主要职责，同时负责连接城市一卡通清分系统，承担轨道交通系统对接一卡通的数据统计发布、清算对账功能，是轨道交通 AFC 系统的最上层核心管理系统。

1. 西安轨道交通清分系统概述

早期西安轨道交通通过配置小清分系统实现 1 号、2 号线票务清分管理，为满足更大规模路网 AFC 系统的统一管理和运营清分需求，与 3 号线同期设计的 ACC 系统于 2016 年 6 月正式上线，系统设置于浐河控制中心。近期系统硬件按日数据处理能力达到客流 800 万人次配置，满足 9 条线(1～6 号线、9 号线及其延长线 + 后续 2 条线路)的接入和清分需要，远期规划满足西安市轨道交通全线网 18 条线、540 个车站、1 350 万客流规模的接入需求。

ACC 系统功能模块主要由清分结算系统、密钥管理系统、数据管理系统、设备管理系统、票务管理系统、票卡处理系统、报表管理系统、网络管理系统、软件开发与测试系统、安全认证系统、访问控制系统、决策支持系统、在线查询系统等子系统组成。

2. 系统主要功能

(1) ACC 承担着轨道交通线网票务清分管理职能，能实现清分规则的管理、收集系统产生的交易数据，并按规则完成收益和客流的准确及时清分和对账工作。同时作为与"长安通"结算中心的交互接口，实现西安轨道交通与城市一卡通之间的收益统计和结算对账。

(2) 统一管理车票的功能，能够完成票卡业务管理、跟踪、库管、调配和黑名单管理功能，其中票卡业务管理主要包括初始化、编码、预赋值、挂失、注销等。

(3) 具备运营管理功能，负责统一 AFC 系统内部各种系统运行、清分参数、黑名单参数，实现运营管理模式、客流监控、报表统计查询、日志管理、用户权限、时钟同步等主要功能。

(4)具备安全密钥管理功能,每个终端设备在处理实体票卡交易时须使用特定的安全认证模块(Security Authentication Module,SAM 卡),使其数据存储、处理都达到有安全性要求,SAM 卡由线网清分系统管理配发认证。

(5)能接入设计范围内新建线路、新增车站 AFC 线路系统,系统功能、性能不受影响。

3. 票务清分规则

路网乘客出行的有效路径和客流分配的比例是轨道交通票务清分的基础数据和重要依据,国内外轨道交通的清分规则包括最短路径法、最少换乘法、最短时间法、最优路径法、多路径概率选择法等。算法和参数设置的正确与否直接关系到各运营主体收益分配的合理性,其取值应尽量符合线网运营规律和乘客出行特征,西安轨道交通对于具有完整 OD(Origin Destination)信息的数据目前采用的是多路径概率选择法,对于单边及行政收费的收益和客流数据按照商定协议进行比例清分。

多路径概率选择法是指在有效改进最短路径法基础上引入出行影响因素和路径选择概率的一种“非平衡分配模型”,影响清分的参数包括乘车时间、乘车距离、换乘时间、线路舒适度等,当新线试运行或影响出行参数变化较大时,由清分系统管理部门组织对清分算法和参数进行修订。

28.2.2 线路/车站计算机系统

1. 线路中央计算机系统

线路中央计算机(Line Center,LC)系统位于 AFC 系统的第四层,一般设置在控制中心,主要完成对全线车站计算机系统以及车站售检票设备的监控、系统运作、票务收益和客流统计工作,并实现线路 AFC 系统数据的集中采集、存储、统计及管理功能。同时与 ACC 完成清分对账,向 ACC 系统提供数据或接收 ACC 指令参数。LC 系统通常都具有线路延伸段的扩展条件和软硬件接口。

LC 系统主要软件功能包括票务管理、收益管理、运营管理、参数管理、维修管理、软件管理、数据管理、系统管理、安全管理和报表管理等。硬件配置由数据库服务器、通信服务器、工作站、网络设备、防火墙、磁盘阵列、打印机、不间断电源(UPS)等组成。

2. 车站计算机系统

车站计算机(Station Center,SC)系统位于 AFC 系统的第三层,设置于车站,SC 是车站售检票设备监视、控制、管理的中心,同时又起着 LC 与车站售检票终端设备之间信息的发送和接收的作用。

SC 硬件配置主要由车站计算机服务器、车站设备监控工作站、票务管理工作站、网络设备、打印机、UPS 等组成。

28.2.3 车站终端设备

车站终端设备位于 AFC 系统的第二层,主要包括自动检票机、自动售票机、车站票务处理机、自动验票机等。

1. 自动检票机

自动检票机(Automatic Gate Machine,AGM)也称闸机,分为进站 AGM、出站 AGM 和双向 AGM,一般安装在站厅层用于隔离车站付费区与非付费区,乘客通过 AGM 进入或离开付费区,可满足轨道交通线路换乘的需求。同时 AGM 应支持系统降级服务模式,能根据系统设置实现日期免检、车费免检、进出站免检、紧急放行等降级模式。西安轨道交通 AGM 通道的理论通行效率为 40 人/min,实际通行效率约为 20 人/min,设计阶段根据客流预测数据配置 AGM,一般情况下各车站还配置了宽通道闸机。

AGM 主要部件包括主控单元、传感器、读写器、回收模块、扇门模块、IO 控制器、通行指示单元、电源、机箱等,西安轨道交通目前多数车站 AGM 采用剪式扇门,5 号、6 号线智慧车站试点采用了拍打式扇门。AGM 的维护维修一般会根据乘客过闸的习惯对设备各模块动作次数进行统计,综合考虑时间因素和使用频次对各模块进行预防性维修,保证设备的运行状态。

2. 自动售票机

自动售票机(Ticket Vending Machine,TVM)设置于非付费区,具有模拟显示线路、储值票充值、发售单程票、找零和招援等功能,西安轨道交通 TVM 购票充值支持硬币、纸币现金和电子支付两种方式。多元化过闸功能上线后,TVM 单程票购买的需求急剧下降、单程票占总出行量比例约 5%,既有线车站采用设备循环关停的方式降低能耗,各站日常开启的 TVM 占比本站设备数量 30%~50%;对于新建线路一般通过预测客流数据、单程票比例结合应急需求等因素核减 TVM 的配置数量,目前新线标准车站配备全功能 TVM 数量约为 4 台、互联网售票机 2 台,较既有线标准站核减 50% 售票终端。

TVM 主要部件包括主控单元、纸币模块、纸币找零模块、硬币模块、硬币回收箱、车票处理模块、打印单元、电源模块、显示器、触摸屏、状态显示等。

3. 车站票务处理机

车站票务处理机(Booking Office machine,BOM)设置于付费区和非付费区之间的客服中心内,由票务人员操作。车站工作人员通过票务处理机按照规则对车票进行发售、查询分析、无效更新、充值、替换、退款、交易查询及收款记录等处理工作,是具有较全面的票务事务处理功能的综合业务设备。目前 BOM 设备正在逐渐升级为无人化操作,由乘客自助完成相应的票务处理业务。

BOM 主要部件包含主控单元、操作显示器、乘客显示器、外置读写器、车票发售模块、操作及输入设备、单据打印机、不间断电源和网络设备等。

4. 其他终端设备

(1)自动验票机

自动验票机(Ticket Checking Machine,TCM)设置于非付费区,供乘客对车票进行查询,可读取轨道交通单程票和长安通卡的交易数据。早期 1 号、2 号、3 号线 TCM 基本按照每站 1 台或 2 台的标准配置,4 号线之后的线路车站未配置 TCM,相关功能均集成在其他设备中统一实现。

(2)便携式验票机

主要供车站站务员或稽查人员进行移动化查验车票使用,可读取和处理轨道交通单程票和长安通卡的交易数据。

(3)长安通自助售卡充值机

西安长安通支付有限责任公司在重点车站设立了长安通自助售卡充值机,设备具有乘客自助购买长安通卡、自助办理长安通卡充值的功能,支持现金、银行卡、微信、支付宝支付。

28.2.4　车票

车票位于 AFC 系统的最底层,是记录乘客乘车信息的媒体,用于城市轨道交通系统出行扣费,并能实现不出站换乘的乘车凭证。西安轨道集团根据运营需求发行的票卡包括单程票、电子车票、计次卡、日票,以及定值票、应急纸票、员工票、出站票、测试票、公务票、特殊票卡等。根据票务政策支持使用的票卡包括长安通公司发行的普通储值卡、学生卡、老人卡、爱心卡、交通一卡通等。实体票卡统一采用非接触式 IC 卡,符合 ISO14443 TYPE A 标准,其中储值票、计次票、员工票等均采用标准型非接触式 IC 卡,单程票、出站票、日票、测试票等采用标准薄型非接触式 IC 卡。

28.3　设计创新与实践

为响应国家交通强国战略、践行“城市综合服务运营商和市民生活方式提供商”的服务理念,西安轨道集团提出以人为本的票务服务目标,对各种智慧化票务服务进行了一定的探索和实践。

28.3.1　二维码购票

早期深圳、广州等线网规模和客运量较大的先行城市,为解决单程票流失、零钞兑换压力、购票排队时间长等问题，以互联网支付技术应用为契机，联合部分厂家和互联网企业探索出了“线上购票+线下取票”的业务模式，为轨道交通“AFC系统互联网+”打开新思路，奠定了坚实的实践基础。2016年互联网购票模式如雨后春笋般遍地开花，包括西安轨道集团在内的多数轨道交通公司迅速试点上线了互联网购票机，二维码支付购票成为当时的主流。试点阶段西安轨道集团在三条线18个车站共安装了29台互联网购票机，单日高峰售票量超1万张，满足了当时乘客手机支付购票的服务需求。

相比传统自动售票机售票、人工售卖预制票方式，扫码购票是一种更加便捷、高效、智能的服务模式。主要优势体现在：减少现金交易，缓解零钞供应压力和兑零工作量；提前自助购票，缩短现场排队时间，提供优质售票服务；降低TVM设备负荷，减少故障频率、降低维修成本、提高系统可靠度。

由于扫码购票仅实现了支付电子化，未能彻底解决出行全流程的矛盾和需求，因此作为过渡方案该模式被无票出行的扫码过闸迅速替代。2020年1月西安轨道交通全部TVM均已开放扫码购票的功能，由于其使用率极低，目前只是作为票务体系中补充和辅助的服务方式。

28.3.2 扫码过闸

1. 项目概述

2017年根据西安市政府与阿里巴巴战略合作协议，西安轨道集团大力发展新型支付技术，制定工作方案、实施目标及实施计划等，开展扫码过闸项目的开发建设及相关测试工作，2018年1月1日扫码过闸发布会成功召开。发布会标志着西安轨道交通全线网上线扫码过闸功能，全国率先实现了官方App和支付宝两个渠道的非现金、无票化、双离线出行模式，且后续陆续上线了官方App微信和银联支付渠道、微信乘车码、BOM电子化票务事务处理、交通部标准自发码等多元化新型票务服务功能。

截至2020年底，中国已有三十多个轨道交通城市，通过自建官方App或利用外部App作为票务服务入口，实现了轨道交通无票化的二维码扫码过闸，为乘客提供更加优质的品牌化服务。多数官方App还具备运营信息查询、线上服务咨询、周边商业推广、爱心预约、拥挤度查询、站内导航等特色拓展服务功能。西安轨道交通扫码过闸功能上线后迅速受到了市民乘客的广泛肯定和使用，单程票使用率从早期的约20%下降至现阶段的不足5%，储值票使用率从早期的超70%下降到现阶段的约20%，当前二维码日均出行量140万人次，占总出行量的65%。扫码过闸功能的广泛应用对于塑造城市科技化形象、轨道交通票务低成本运作、乘客高效化出行等方面具有里程碑式的重要意义。

2. 系统架构设计

在原有传统AFC系统的架构上，如图28.2所示，扫码过闸系统通过在闸机上增加扫码器、安装SDK软件，升级BOM、ACC等各层级设备系统的软件功能，新建多元化支付平台、App客户端后台，打通系统与第三方支付平台接口等改造实施方案，最终在不影响原有系统功能及性能的基础上实现了扫码过闸及相应电子票的票务处理。

多元化平台是西安轨道交通AFC系统、手机用户、第三方支付系统之间的桥梁，部署于阿里云上，实现了ACC、手机App、多元化支付渠道之间的对接。为ACC系统实现交易数据交换、参数同步、资金对账、资金划拨功能，为手机用户实现二维码发码、资金代扣功能，为支付渠道实现多种渠道的对账、异常处理、资金划拨等功能。

3. 关键创新

（1）多渠道接入方式，可支持“西安地铁”App、支付宝App、微信乘车码、银联云闪付App等拉码入口，分别提供支付宝、微信和银行卡绑定支付的方式。

（2）系统支持闸机和手机双离线模式，即正常情况下采用在线模式，在闸机、手机网络异常的情况下可降级为闸机、手机离线扫码过闸操作。

（3）闸机端增加了扫码器和扫码SDK，与多元化支付平台联动，全国率先实现了全线网支持扫描手

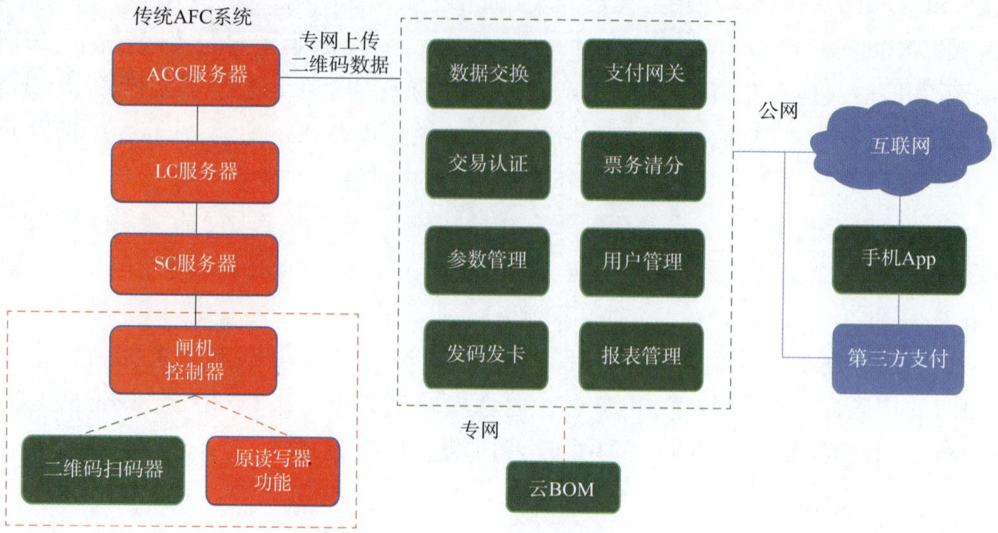

图 28.2 扫码过闸技术架构图

机二维码进、出站过闸的功能。BOM 终端实施了软硬件改造,支持二维码扫码读取、查询、补登和电子化支付等操作,可以有效减少票务收入损失、准确统计客流数据。

(4)系统采用了本地前置平台和云上多元化支付平台相结合的后台布署方案,本地前置平台承担实时性要求较高的本地业务功能,多元化支付平台承担支付和 App 支持等功能。

(5)在乘客乘车行程中,为避免同一用户的二维码重复使用,系统采用了闸机本机防复制、线网防复制和行程控制机制进行验证,同时支持乘客进出站使用不同的支付方式,跨渠道交易融对扣费。

(6)采用了定制化的进、出站交易匹配融对规则,一方面保证融对结果与真实情况吻合度较高,另一方面对于设备离线导致的交易延迟上传匹配具有更高的可靠性。

28.3.3 刷脸识别技术应用

1. 项目概述

近年来人脸识别技术的发展突飞猛进,作为生物识别的重要载体,人脸识别支付功能融合轨道交通票务系统的应用最为广泛。它基于人类面部特征采集后进行身份识别和关联账户匹配扣费,减少了扫码过闸对手机终端的依赖,目前已有十多座城市轨道交通不同范围内上线了人脸识别支付功能,其中哈尔滨地铁启用的戴口罩人脸识别系统,完全实现了乘客出行非接触轻松过闸,有效降低了疫情期间交叉感染的风险。此外部分轨道交通也尝试了其他途径的“生物识别 + 信用支付”模式,如深圳地铁推出特殊人群指静脉认证、上海地铁试点了语音购票、北京地铁自主研发了闸机掌静脉扫描功能等,目前多处于尝试试点阶段暂未广泛实施。西安轨道交通全线网刷脸乘车功能于 2020 年 1 月正式上线,刷脸出行的日均客运量不足 3 万人次,占比总客运量的不足 2%,在 5 号、6 号线智慧车站试点中引入了语音购票、语音咨询、人员掌静脉身份验证等多种识别技术。

2. 系统架构设计

西安轨道交通刷脸过闸系统初期按照 1 号、2 号、3 号、4 号线两进两出 500 万人脸底库建设,后期具备扩展到全线网 1000 万人脸底库的刷脸过闸能力。后端新建了互联网票务平台(ITP),主要功能模块包含刷脸预筛系统、用户系统、脸库系统、票务系统、监控系统、比对系统、发码系统等子系统,如图 28.3 所示。前端刷脸过闸比对由闸机终端安装的刷脸 PAD 发起,直接到新建中心级的刷脸比对平台进行交易比对,需要 PAD 与平台的网络连接正常,不支持离线比对。PAD 比对通过后,将交易发送给闸机,闸机按照二维码过闸流程完成开门放行。

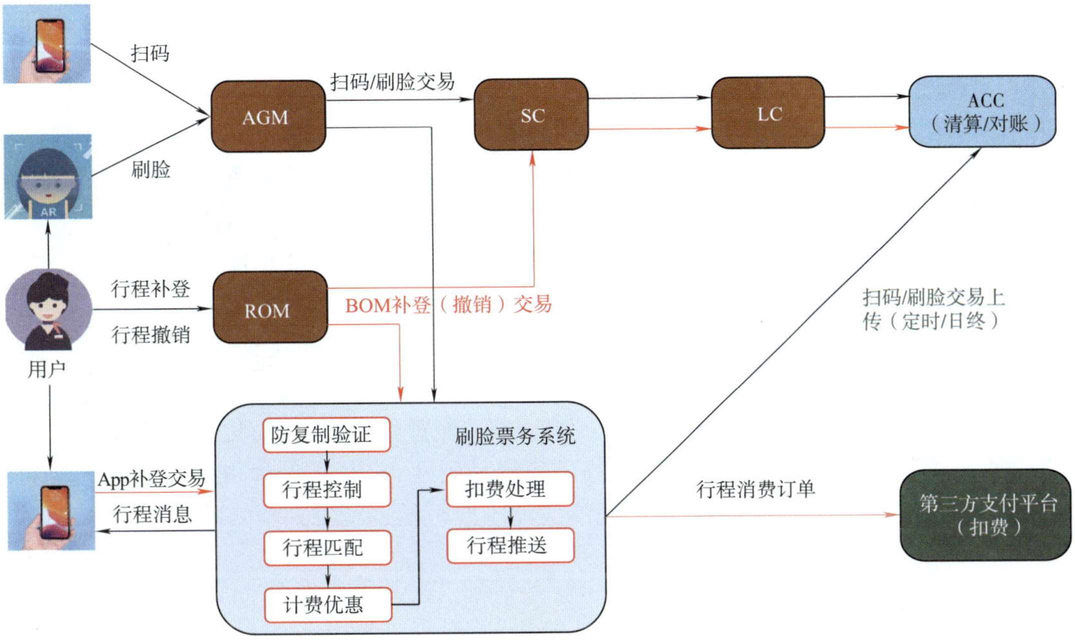

图 28.3　刷脸乘车技术支付系统架构图

3.　关键创新

(1)结合图形数据处理技术,通过获取闸机 PAD 上双目摄像头的视频流,采用业界领先的人脸算法进行 AI 识别活体检测,对抓取的人脸图像进行质量控制,并向刷脸比对系统上送比对请求,其比对方式为 $1:N$。

(2)提前预筛提高人脸比对效率和精度,通过安装在进站口的预筛摄像头获取已开通刷脸乘车的乘客信息,利用乘客进站时间完成预筛比对,缩小动态进站库的对比数量,即大库缩小库,将 N 控制在 10 万以内,确保大客流情况下比对的准确性和速度。

(3)"智惠行"App 支持脸码互通混合使用,实名认证的人脸和二维码绑定同一支付账户,乘客进出站可根据需要选择刷脸通行或扫码通行,无需手动切换或人工干预,后台自动进行行程控制、匹配、扣费等。

(4)无接触的刷脸乘车模式无需手机、实体卡和现金,便捷高效、安全可靠,是二维码过闸模式的升级体验,给乘客带来科技感十足的全新乘车体验。

28.3.4　其他创新实践

1. 全国交通一卡通

加强区域化轨道交通票务系统、轨道与公交等外部系统互联互通,实现跨运营主体、跨城市、跨区域的一体化协同出行,是近年来业内发展的诉求和社会公众的心声。国家交通运输部于 2013 年启动全国交通一卡通互联互通工作,现已初步实现了全国范围内两百多座城市的跨区域、跨省域、跨交通方式的互联互通。西安轨道交通全国交通一卡通功能于 2017 年 12 月 30 日正式上线,参照规范实现了统一政策、统一标准、统一密码、统一业务规则,所有 AGM 终端均可接受全国交通一卡通卡支付,目前持交通一卡通出行的日均客运量约 7.5 万人次、占比总客运量约 3.5%。

轨道交通行业内二维码电子支付互联互通方面,异地乘客跨城出行实现一码走遍全国轨道交通的需求成为行业关注的问题。2019 年 3 月 15 日,中城协在无锡宣布"城轨易行"平台正式启动,轨道交通出行迈进了跨城互联互通的新时代,该平台现累计支持十余座城市城轨二维码支付系统的互联互通,有力推动了全国城市轨道交通票务系统的进一步联合、打通城市边界。上海地铁 2018 年 6 月最先行动,"Metro 大都会"已陆续与长三角城市、兰州、厦门、北京、广州等外省城市实现"一码通行",目前累计互通十多座城市,成功为长三角交通一体化战略的推行、跨省地区的通达合作奠定交通基础。

2. 多线路中央计算机系统

传统方式每条线独立设置 LC 系统,其功能定位、系统配置、运营管理等基本一致,一定程度增加了中心级设备的采购、建设、维护和保管费用,提高了房屋、电力和人力成本,因此北京、广州、南京等轨道交通公司前期已陆续建设了多线路合设 AFC 系统线路中心,采用共用多线路中央计算机系统(Multiple Line Center,MLC)统一接口 ACC,实现轨道交通多线路网络化运营需求。MLC 系统基于统一的 AFC 接口标准进行建设,它将原本分散在各条线路中的管理及维护工作职能整合,使票务管理更加安全、高效,降低了系统建设及运营维护成本。

结合建设时序和区域控制中心的定位,从资源共享、节约投资和方便运营等角度考虑,西安轨道集团在航天城控制中心实现了 5 号、6 号线合设线路计算机系统,即多线路中央计算机系统 MLC 已于 2020 年 12 月正式投入运营。整合建设 MLC 具有系统运营能力强、配置集中高效、简化外系统接口、投资少、人力资源投入少、便于后期维护等诸多明显优势,提高了系统易用性、数据安全性,缩短故障处理时间,保证了业务运营的连续性,后期在同期建设条件下的新线设计阶段可根据资源共享实际需求考虑建设多线路共用 MLC 系统。

3. 智慧客服中心

智慧客服中心是人工智能、语音识别等多种技术和运营需求融合的必然产品,乘客可以自助操作完成车票充值、分析、更新、补票、信息查询、语音交互等服务处理,5 号、6 号线智慧客服中心已全线投用。14 号线实施过程中同步建设了线路级客服坐席,线网级客服坐席系统研究工作目前正在推进中,届时西安轨道交通客服中心将会利用智能语音、虚拟客服、音视频对讲等技术手段全面承载热线电话、官方媒体、现场咨询等客服业务。

同时西安轨道交通在 5 号、6 号线智慧车站还尝试应用了乘客智能咨询终端、语音购票、智慧边门、移动票务处理终端、乘客自助终端等多样化产品,将语音等识别技术作为身份验证的核心技术,逐步应用于票务服务场景。与人工服务相比,自助服务具有操作便捷、响应速度快节省时间、降低运营工作人员工作量等重要作用。

28.3.5 AFC 系统建设展望

随着技术的变迁和需求的延展,轨道交通票务管理从人工处理到 TVM 自助服务、从扫码购票到电子二维码乘车、再到刷脸出行的推广应用,央行研究发行的数字货币也呼之欲出,轨道交通票务服务和管理模式的多元化正在进一步增强。历经自动化、主动化后,西安轨道交通自动售检票系统现已初步实现了无感支付、互联互通、App 综合信息服务、多制式生物识别等智能化应用,结合行业经验、技术发展和人民出行需求,可以预测系统入云以及为乘客提供个性、精准、可靠、高效的票务信息服务,将会是下一代 AFC 系统的发展趋势和演进方向。因此西安轨道交通三期 AFC 系统的研究重点将是依托人工智能、大数据、云平台、边缘计算、区块链等先进技术,进一步加强行业协作融合、深化服务、扩展应用。

1. AFC 系统架构扁平化

后续新建线路 AFC 系统建设将借助系统云化的发展机遇,适应智慧城轨发展规划和设计理念,实现高效节约、虚拟共享、负载均衡的创新型 AFC 网络架构。系统建设将以云平台为基础环境,整合、计算、存储网络和安全资源,对 ACC 系统、MLC 系统、LC 系统、SC 系统和互联网票务平台进行灵活部署,最大限度地利用和发挥数据中心资源。对新建线路 AFC 系统西安轨道交通将采用扁平化架构优化设计,把 ACC、MLC 等应用软件集成部署在云平台上,形成 ACLC 系统、车站云节点、终端设备、车票的四层架构体系,信息安全由云平台统一考虑部署。相较传统技术,该方案能够节省建设投资,达到简化系统架构、云端灵活部署、资源集约共享的应用目标。

2. 集中式云清分中心

西安轨道集团近年的 AFC 系统互联网 + 整体规划正在逐步推进落实,不同阶段实施的互联网购票、扫码过闸、BOM 小额支付、刷脸过闸等轨道交通票务互联网业务，目前尚分散部署在不同云服务器上，管理接口多、接入能力有限、新技术场景需求等问题不断涌现。因此有必要对既有 ACC 清分系统进行扩容改造、对互联网业务进行云端集中整合，有效规划整合互联网票务和清分业务，实现票务业务数据的统一管理将是西安轨道集团下一阶段需要研究的重点工作。根据目前系统现状和建设规划，可初步设想云清分中心将配合云平台同期建设实施，将 ACC 清分中心、多元化支付平台、BOM 小额支付平台等中央系统上云整合，通过互联网与公有云 App 平台、第三方支付平台连接，完成与传统票务业务的业务统一管理、数据统一清分。

同时未来 ACLC 中心将要面临多个运营主体、多种票价制式、实名非实名并存的复杂需求，定制化建立公正准确的清分模型规则是构建权威 ACC 系统的关键，须通过软件迭代、算法模型重构、运营清分参数修订等配套方式，才能实现多主体间的互联互通、客流票款数据精准清分的复杂功能需求。

3. 充分挖掘数据价值

将票务出行数据引申联动到安检系统、乘车体验、应急指挥、多平台服务资讯、接驳交通、周边配套等外部平台系统上，实现票务监视手段丰富、数据集约共享、流程贯通联动、信息精准匹配、资源统一调度的乘客服务平台。在实名制票检一体化、乘客精准画像、商业资源开发、行业联动赋能等方面重点发力，进一步挖掘发挥海量数据的应用价值，探索精准触达乘客个性化服务，满足西安市民的美好出行愿望。

4. 推行二维码互联互通

运用互联网技术携手推动城市轨道交通融合发展及票务共享，对于促进区域轨道交通融合共通起到了积极的作用。基于国家区域化协作、西安城市圈发展相关政策、跨城市出行客流的需求，西安轨道交通与相关城市轨道交通的官方 App 扫码互通将成为趋势。2021 年 9 月西安与成都、郑州等城市轨道交通已实现了 App 扫码功能互通，乘客使用一个 App 即可完成互通城市的跨区域出行支付，后续西安轨道集团将会积极协商推动与更多城市的互联互通。

5. 行业协作进一步增强

票务系统智慧化是轨道交通票务系统发展的必由之路，也是票务管理的价值体现，面对智慧城轨加速升级的重要变局，自动售检票产业机遇与挑战并存。一方面 AFC 集成商、设备商、设计单位、业主单位要增强机遇意识和风险意识，利用已有经验优势积极探索新技术的应用，创造更多的业务场景主动创新。另一方面要敞开胸怀拥抱变化，把握科技趋势和用户需求，联合科学崛起型企业深度合作，乘势而上重塑竞争新优势，用需求驱动加速技术转化和成果落地。尽管短时间票务管理可能仍然不会发生颠覆性变化，但全产业都应该从现在开始分析智能技术的潜在影响，做好准备迎接智慧时代的机遇和挑战。

第 29 章　综合监控与智慧车站

综合监控系统(Integrated Supervision & Control System,ISCS)是一个高度集成的综合自动化监控系统,通过集成轨道交通多个自动化系统,形成统一的监控管理平台,实现对主要机电设备的集中监控和管理,以及对列车运行情况和客流统计数据的监视,最终实现各相关系统之间的信息共享和协调联动。通过综合监控系统的统一用户界面,运营管理人员能够更加方便、有效地监控管理整条线路的运行情况,实现轨道交通高效运营。同时,综合监控系统作为可靠数据源,将集成和互联的所有子系统的信息统一上传至更高一级的生产管理系统。

智慧车站是采用人工智能、大数据、物联网等技术,基于车站构建的具备智慧管控、智慧服务、智慧运维等功能,实现状态感知、数据管控、自动诊断、业务闭环和持续进化五个基本特征的管理系统。智慧车站契合智慧城轨在车站领域发展方向,催生了城轨车站的质量变革、效率变革、动力变革,对保障运营安全、提升管理效率、降低运营成本、丰富乘客出行体验等方面发挥了重要作用。

29.1　系统集成与互联

综合监控系统(ISCS)集成的子系统包括电力监控系统(PSCADA)、火灾自动报警系统(FAS)、环境与设备监控系统(BAS)、门禁系统(ACS)、站台门系统(PSD)、防淹门系统(FG)、电气火灾监控系统、智能疏散指示系统及消防电源监控系统等,通过网络把以上各系统集成起来,完成对全线各集成系统的中央级监控功能和车站级监控功能。

综合监控系统与信号系统(SIG)、自动售检票系统(AFC)、视频监视系统(CCTV)、广播系统(PA)、乘客信息显示系统(PIS)、通信集中告警系统(TEL/ALARM)及时钟系统(CLK)等互联,实现信息的互通与集中。

系统集成及互联关系见表 29.1。

表 29.1　系统集成及互联关系表

系　统　名　称	车站级集成	车站级互联	中央级集成	中央级互联
变电所综合自动化(PSCADA)	√		√	
环境与设备监控系统(BAS)	√		√	
火灾自动报警系统(FAS)	√		√	
门禁系统(ACS)	√			√
站台门(PSD)	√		√	
电气火灾监控系统	√		√	
防淹门系统(FG)	√		√	
消防电源监控系统	√		√	
智能疏散指示系统	√		√	
信号系统(SIG)				√
自动售检票系统(AFC)				√
乘客信息显示系统(PIS)				√

续上表

系统名称	车站级集成	车站级互联	中央级集成	中央级互联
广播系统(PA)		√		√
闭路电视监视系统(CCTV)		√		√
车载信息系统(TIS)				√
通信集中告警系统(TEL/ALARM)				√
时钟系统(CLK)				√
办公自动化系统(OA)				√
安检系统		√(预留)		√(预留)

29.1.1 综合监控

1. 系统构成及功能

综合监控系统整体架构采用两级管理、三级控制的分层分布式结构。两级管理分别是中央级管理和车站级管理,三级控制分别是中央级控制、车站级控制和现场级控制。系统由中央级、车站级(包括车辆段及停车场)和其他辅助子系统(如培训管理、维修管理、软件测试平台和网络管理等系统)等多个部分组成。车站级综合监控系统与中央级综合监控系统通过综合监控系统骨干网联结,从而形成一个有机的整体。综合监控系统整体层次划分示意如图 29.1 所示。

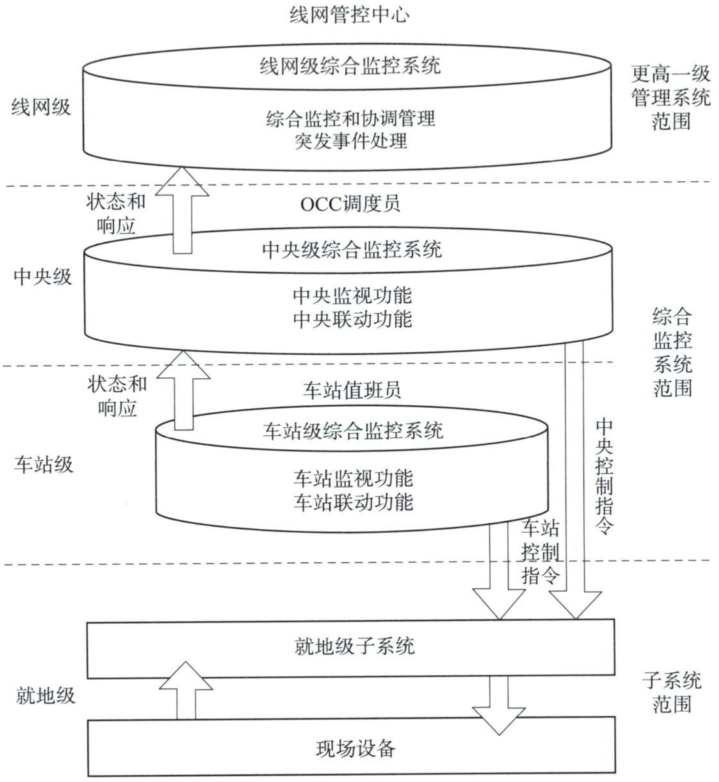

图 29.1 综合监控系统整体层次划分示意图

(1)中央级综合监控系统

中央级综合监控系统通过全线的综合监控系统骨干网络将车站级监控网的监控信息传送到中央,并在中央与多个系统进行互联,从而实现对相关接入系统的集中监控功能。

中央级综合监控系统对全线重要监控对象的状态、性能等数据进行实时收集及处理，通过各种调度员工作站和中央大屏幕以图形、表格和文本的形式显示出来，供调度人员参考和使用，根据一定的逻辑关系自动或由调度员人工向分布在各站点的被监控对象或系统发送模式控制、程序控制、时间表控制和点动控制等相关控制命令，从而实现对全线各机电设备的集中监控。

(2)车站级综合监控系统

车站级综合监控系统包括线路各车站、车辆段、停车场的车站级综合监控系统，主变电所就近接入相邻车站的车站级综合监控系统。

车站级综合监控系统通过分布在站点范围内的站级局域网络，将各有关机电系统集成在一起，并与车站 CCTV、PA 和 PIS 等系统互联。系统对管辖范围内各监控对象的状态、性能等数据进行实时收集，通过车站操作员工作站以图形、表格和文本的形式显示出来，供车站、车辆段或停车场值班人员参考和使用，并可根据一定的逻辑关系自动或由调度员人工向被监控对象或系统发送模式控制、程序控制和点动控制等相关控制命令。

在正常模式时，控制命令主要由中央级综合监控系统下达，车站级综合监控系统以设备状态监视为主。在紧急情况下，控制中心调度员可根据具体情况向车站级综合监控系统下放控制权限，从而使车站级综合监控系统在授权范围内对车站设备进行控制。当恢复正常工作模式后，控制中心调度员可收回已授权车站的控制权。

(3)现场级

现场级子系统或设备由 PSCADA、BAS、FAS、PSD、ACS 等系统的控制层、设备层组成，位于各监控对象附近，起接口转换，信息采集、传送、汇聚，命令接受、执行和反馈作用，对下直接连接各种智能监控对象和非智能监控对象，对上连接车站级综合监控系统。

(4)全自动运行模式下 ISCS 新增功能

综合监控系统实现了全线路的资源共享和信息互通，可为运营管理提供强大的功能，主要表现在实现了被集成子系统的主要功能及对互联子系统的监控功能；能够按照系统工作模式实现必要的联动功能及紧急后备操作功能；而且具有控制中心大屏幕显示功能及系统维修、培训、网管等系统高级管理功能。

在三期建设线路 8 号、10 号、15 号线全自动运行模式下，ISCS 新增的功能有：对车辆信息进行监视，对车载设备远程设置和控制；OCC 对车辆内广播的控制，对车辆段视频监控(CCTV)设备联动控制，对车辆段广播(PA)设备联动控制，在应急情况下远程手动控制列车门开启，对区间广播的联动控制等；此外还增加了 UTO 联动场景并提高了 ISCS 系统可靠性。

(5)智慧车站模式下 ISCS 新增功能

西安轨道交通在 5 号、6 号线建设过程中各选取一个站作为智慧车站的试点工程，在 14 号线建设时全线车站均按智慧车站模式建设。智慧车站模式下综合运管平台 ISCS-SOM 利用 ISCS 既有的硬件和数据接口，通过对传统 ISCS 软件的加强统一实现车站的客运管理、设备运管和乘客服务，新增功能主要有：综合看板(数据可视化)功能，智能视频分析功能，电扶梯、卷帘门远控功能，车站场景联动功能，精准化客流实时采集及分析功能，人员管理功能，智慧安防功能，智慧水务功能，能源管理功能，通风空调节能控制功能，车站管家功能及单兵无线设备等。

(6)综合联调

综合监控系统与轨道交通相关自动化系统均有接口，因此被普遍认为是线路通车运营前综合联调的牵头协调系统。综合联调开始前综合监控系统需完成车站级计算机、骨干网络及与各系统设备接口的调试，并完成所有系统的“端对端测试”联调。同时，综合监控系统与各系统之间的接口功能需与设计要求相符且符合运营要求。

2. 设计实践

(1)一体化车控室

综合监控系统作为自动化系统的“管家”专业，车控室采用一体化方案设计和实施解决了布局不一、空间利用率不高等工艺设计和布局方面的问题。该方案以运营便捷、高效为主导思想，集行车、消防、办公、照明、低压、通风等专业设备于一体，打造出美观、时尚、人机和谐的车控室，有效提升了车控室空间利用率和运营人员工作环境。车控室采用一体化方案效果如图 29.2 所示。

图 29.2　车控室采用一体化方案效果图

(2)多系统数据融合

综合监控系统是轨道交通众多自动化系统数据融合和多专业协调联动的平台，实现了各相关集成和互联系统的信息共享。在多系统数据融合方案设计过程中，从自动化系统的网络、系统结构、软件体系、数据库结构以及子系统接口技术、运营管理模式、运营实际需求、节能环保、人性化服务和操作等多方面统筹考虑，充分利用综合监控各集成互联子系统上传的数据信息，最大限度地发挥这些数据融合的作用，促进了城市轨道交通高效率运营。

(3)实现消防电源、防火门监控功能

《火灾自动报警系统设计规范》(GB 50116—2013)要求消防控制室内设置消防电源监控器等设备或具有相应功能的组合设备以及对疏散通道上防火门应进行监控。在综合监控系统实际设计方案中，为满足规范要求，相关信息点由 FAS、BAS、ACS 负责采集并统一上传至 ISCS，由 ISCS 制作独立的“消防电源监控界面”及“防火门监控界面”来实现相关功能。

29.1.2　环境与设备监控

环境与设备监控系统(BAS)主要实现对地下车站、区间隧道内各种正常运营保障设施(包括通风空调设备、给排水设备、照明设备、自动扶梯、电梯等)和事故紧急防救灾设施(水消防系统、防排烟系统、应急照明系统等)的集中监控与管理，为乘客营造良好的环境、降低能源消耗、节省人力、提高管理水平，在火灾事故或区间阻塞状态下，自动控制相关设备转入灾害模式运行，及时救灾，从而保障人身安全。

1. 系统构成

环境与设备监控系统由中央级系统、车站级(包括各车站、车辆段、停车场)系统、现场控制级系统、维修测试系统、培训管理系统等组成。BAS 控制器通过两个独立的 10/100M 以太网接口直接与 ISCS 的交换机相连，集成在 ISCS 中，不存在全线单独的传输网络。为满足 BAS 的维修管理要求，BAS 利用 ISCS 网络设备的 VLAN 功能划分逻辑上相对独立的虚拟网络通道，组建 BAS 全线维修网络。BAS 在各车站、车辆段、停车场的通风空调电控室(或综合监控设备室)配备 PLC 控制器。ISCS 在各车站设置的工作站实现 BAS 的车站级功能。在控制中心由综合监控系统设置操作员工作站完成 BAS 中央级功能，实现 BAS 中央级在综合监控系统中的集成。

2. 系统功能

BAS 中央级监控功能由 ISCS 负责实现，主要完成监视全线车站、车辆段、停车场的通风空调系统、给排水系统、配电照明系统、电/扶梯等；完成区间隧道通风系统设备进行正常模式控制及事故灾害模式控制(含阻塞模式)，并可对隧道通风设备点动控制；根据轨道交通运行环境及车站其他系统的监控要求，可修改和增加控制模式时间表内容,并可修改环境参数预设值。

BAS 车站级监控功能由 ISCS 负责实现,主要完成对车站及所辖区间隧道通风空调系统、防排烟系统、给排水系统、空调水系统、电/扶梯、照明设备、应急照明电源装置等设备或系统的运行状态监视及报警,完成监视和记录车站典型区域的温度、湿度、二氧化碳浓度等环境参数,实现对监控设备模式控制、点动控制,修改参数预设值等。

BAS 现场级监控功能主要表现在通过对环境参数的检测并进行统计分析,控制通风空调设备优化运行,提高轨道交通整体环境的舒适度,并降低能源消耗;接收 FAS 的车站火灾信息,控制通风空调、电/扶梯、照明、应急照明等设备执行车站防烟、排烟模式;根据中央级 BAS 指令控制隧道风机,执行隧道防排烟模式、阻塞通风模式等。

3. 设计实践

(1)BAS 对通风空调的调节

西安轨道交通早期线路 1 号、2 号、3 号线均设置群控系统,用作对通风空调水系统的控制,从 4 号线开始,通风空调系统(包括风系统、水系统)采用由 BAS 全局负责通风空调系统的调解及节能控制策略。依据轨道交通线路的负荷及能耗特点,BAS 需要实现的功能有:满足通风空调系统的工艺设计对环境温湿度及二氧化碳浓度等环境要求;满足通风空调系统的工艺设计对水系统的连锁控制要求;满足通风空调系统的工艺设计对大系统、小系统、隧道系统、水系统在正常工况以及灾害工况下的各项模式控制要求。

(2)节能控制策略

BAS 在公共区、管理及设备用房设置温度、湿度、二氧化碳浓度检测设备,在水系统管路上设置水温、压差、压力、流量等变送器。通过检测设备和变送器所测参数以及相关计算,BAS 采取切实可行的节能控制策略,自动将通风空调系统调控在最佳运行状态。

29.1.3 火灾自动报警与气灭控制

火灾自动报警系统(含气体灭火控制系统)按中央、车站两级调度管理,中央、车站、就地三级监控的方式设置,对轨道交通线路全线及各相关建筑进行火灾探测、报警和控制,负责实现火灾探测、向车站控制室及线路运营控制中心发出火灾警报、报告火灾区域、与环境与设备监控系统、综合监控系统配合或独立实现消防设备的联动控制。

1. 系统构成

火灾自动报警系统(Fire Alarm System, FAS)由中央级系统、车站级(包括各车站、车辆段、停车场)系统、现场控制级系统、维修管理系统、培训测试平台等组成。

FAS 在各车站控制室及车辆段、停车场的消防控制室配备火灾报警控制盘,火灾报警控制盘通过网关提供的两个独立 10/100 M 以太网接口直接与 ISCS 的交换机相连,集成在 ISCS 中。为满足 FAS 的维修管理要求,设置 FAS 专用工作站作为维修工作站,利用 ISCS 网络设备的 VLAN 功能划分逻辑上相对独立的虚拟网络通道,组建 FAS 全线维修网络。ISCS 在控制中心及各车站设置的操作员工作站实现 FAS 中央级及车站级功能,实现 FAS 中央级和车站级系统在综合监控系统中的集成。

2. 系统功能

FAS 中央级主要实现的功能有:接收由车站级 FAS 传送的各探测点的火灾报警信息,发出声光报警信号,火灾时控制中心工作站自动弹出火灾报警区域的平面图,显示火灾报警信息框,进行火灾信息数据储存和管理;通过闭路电视系统切换装置和显示终端或消防通信系统,确认火灾灾情,并向消防部门通报灾情。根据火灾发生的实际情况选择预定的解决方案,向车控室及其他消防控制室发出消防救灾指令和安全疏散命令;接收、显示并储存全线主要火灾报警设备、消防设备的运行状态;存储事件记录和操作人员的各项操作记录,具备历史档案管理功能。

FAS 车站级工作站主要实现接收、存储、打印辖区火灾报警信息,火灾时工作站自动弹出火灾报警区域的平面图,显示具体报警部位;同时接收、显示、储存辖区 FAS 设备及消防设备和气体灭火系统的相关设备的状态,实现故障报警,并向综合监控系统转发辖区 FAS 设备、消防设备的状态,自动生成报警信息、设备状态信息的报表。火灾报警控制盘实现对相关消防设备的自动控制,接受辖区 FAS 现场设备、气体灭火系统发来的火灾报警信息,发出声光报警,以自动和人工两种方式确认火灾,生成火灾模式指令并向 BAS 发出火灾模式指令,向车站级工作站发送火灾信息;同时接收并转发 FAS 现场设备及消防水泵、防火阀、防烟防火阀、电动防烟防火阀、气体灭火系统控制盘的状态,实现故障报警。

FAS 现场级设备由点式火灾探测器、手动报警按钮、消火栓按钮、输入输出模块、警铃、消防壁挂电话、缆式线型定温探测器控制器、吸气式烟雾探测器、气体灭火控制器、声光报警器、放气指示灯、手自动转换开关、手自动状态显示灯、紧急启停按钮等组成。

3. 火灾情况下的消防联动

火灾探测、报警、联动控制一整套消防动作是由综合监控系统、火灾自动报警系统、环境与设备监控系统三个系统共同协调完成的。

FAS 负责自动探测并确认火灾,同时将火灾信息发送至 ISCS 和 BAS。ISCS 可在车站控制室(或消防控制室)、控制中心(OCC)大厅的调度工作站上报警。

FAS 负责联动专用消防设备,包括联动防火卷帘门下降、电梯归首、电动开窗机打开、消防水泵开启、电动防烟防火阀开启或关闭、切除非消防电源、EPS 照明强启、紧急释放门禁、紧急释放 AFC 闸机、与换乘车站或相邻物业互通火灾信息等。

ISCS 接收 FAS 火灾确认信息后,负责联动广播系统转为消防广播、联动视频监控系统切换火灾区域画面、联动乘客信息系统显示紧急疏散信息、联动区间智能疏散系统点亮疏散方向的指示灯、联动信号系统告知车辆前方车站火灾信息,用于执行相关的行车预案等。

BAS 接收 FAS 火灾确认信息后,负责联动通风空调系统的防排烟通风设备,包括排烟风机、回排风机、送风机、隧道风机、空调机组等设备。按通风空调工艺(模式表)要求执行相应的火灾模式。

紧急后备控制:车站由 ISCS 设置 IBP 盘,在中央监控设备功能丧失、车站 HMI 发生故障或者紧急状况时,站务人员手动完成车站关键设备的监控与操作作业的需要。IBP 盘为 ISCS、SIG、BAS、AFC、FAS、PSD、ACS、消防水泵等提供应急及后备操作手段。

火灾自动报警系统消防联动过程如图 29.3 所示。

4. 设计实践

(1)小面积保护区域火灾确认方案优化

轨道交通工程范围内有部分面积很小的房间,根据规范只需设置 1 个探测器,但是小面积房间内发生火灾时又因不能满足两点确认火灾的原则而无法做到自动确认火灾。因此,在设计过程中通过在任一房间内至少设置两个探测器的方案使得两点报警自动确认火灾的原则适用于任何房间,既满足了规范也适应了实际应用场景的需求。

(2)不独立设置防火门监控系统

根据《火灾自动报警系统设计规范》(GB 50116—2013)的相关要求,FAS 需对建筑内疏散通道上的防火门进行监视和控制。此规范颁布后,国内大部分市政工程的 FAS 系统均设置了一套独立的"防火门监控系统",专门对防火门进行监控,再通过数据接口将信息上传至 FAS。

西安轨道交通 FAS 系统在设计时,本着严守规范、合理选型的设计思路,对此方案进行了深入的研究。疏散通道防火门存在三种类型,第一类是车站内各设备用房、主要通道上的常闭防火门,这类防火门设置门禁系统,已经由门禁系统对防火门的开启、关闭和故障信息进行采集;第二类是区间联络通道的常闭防火门,由 FAS 就地模块箱的监视模块采集其开闭信息;第三类是火灾需要联动的常开防火门,也可由 FAS 就地模块箱的监视、控制模块连接其防火门控制箱,类似于 FAS 与防火卷帘的接口。因此,通过 FAS 和门禁系统就满足了规范中针对防火门的监控要求,不需再独立设置防火门监控子系统,有效降低了系统复杂度,提高安全可靠性的同时也降低了工程造价。

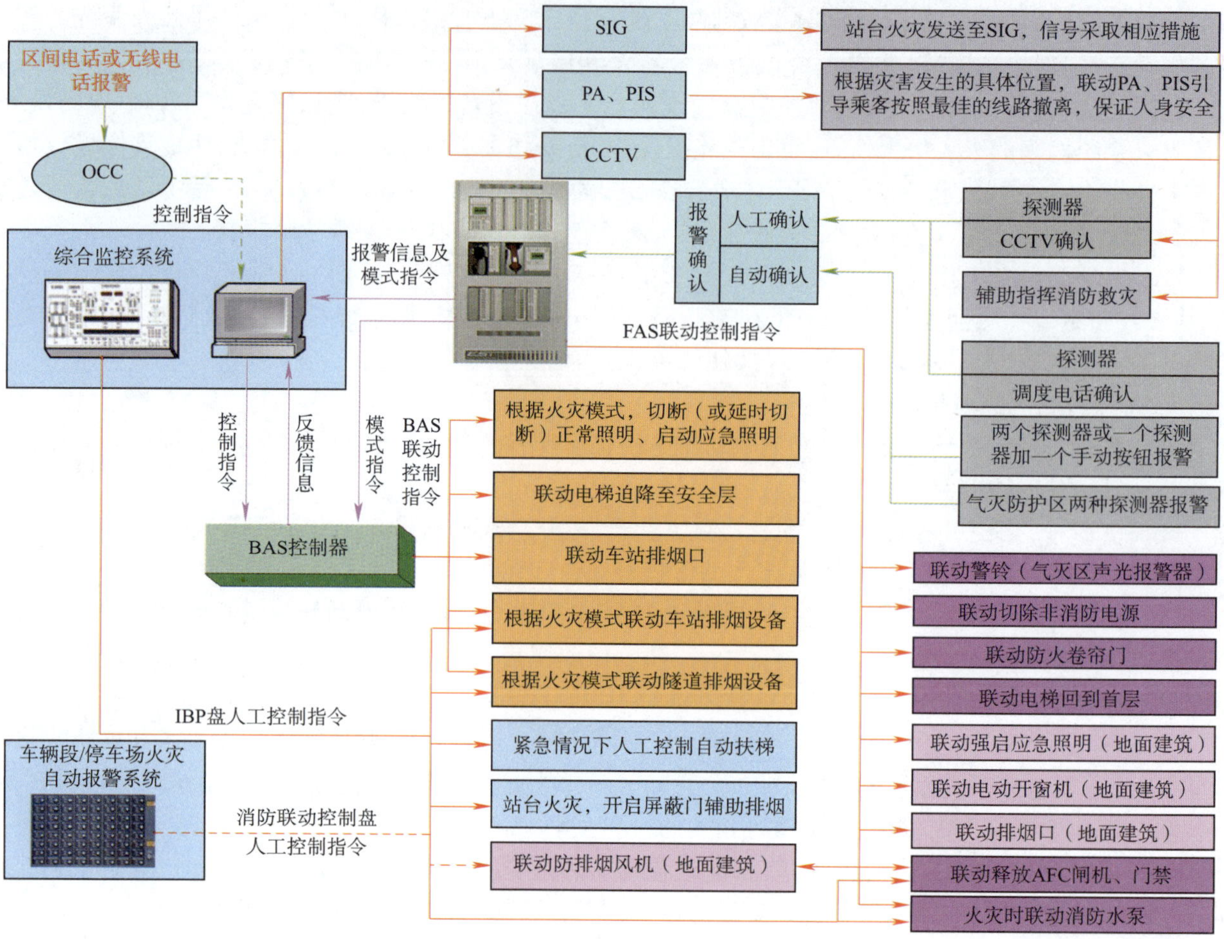

图 29.3 火灾自动报警系统消防联动过程

(3)公共区声光报警器与广播交替报警

根据《火灾自动报警系统设计规范》(GB 50116—2013)的相关要求，需要在车站公共区设置声光报警器，但是公共区已设置了正常与火灾情况下兼用的广播系统，因此设计过程中研究增加了火灾情况下声光报警器与广播进行轮播的功能，避免了广播系统与声光报警器同时启动时的互相干扰，更有利于引导人员疏散。

(4)非消防电源切断

西安轨道交通 1 号、2 号线 FAS 与低压配电系统在非消防电源切断接口设计中，仅考虑了 FAS 切断非消防电源控制的输出信号，没有考虑非消防电源切断后的反馈信号。从 3 号线开始，优化后的 FAS 与低压配电系统在非消防电源切断接口设计中同时考虑了 FAS 切断非消防电源的控制输出和切断后的反馈信号。但在 3 号线调试过程中，发现切非信号的反馈端子对地有交流 20 ~ 50 V 的感应电压，后经过对电缆线路的屏蔽处理，感应电压降至 20 V 左右。为防止电缆线路的感应电压对 FAS 设备的影响，4 号线及以后线路均在 FAS 接收切非信号的输入模块前端增加 AC 220 V 继电器，如图 29.4 所示。

29.1.4 电力监控

城市轨道交通电力监控系统(Power Supervisory Control And Data Acquisition System，PSCADA)主要用于控制中心对供电系统的集中管理和调度、实时控制和数据采集。目前其设计一般要满足《城市轨道交通电力监控系统通用技术要求》(NB/T 42013—2013) 及其他相关电力调度、远动、自动化等相关要求。

1. 系统构成

早期的变电所有人值守，通过就地报警信息，由人工通过调度电话和值班员联络管控。随着自动控制系统的进步，变电所无人化时代的到来，电力监控系统逐步形成了独立的系统。又随着城市轨道交通

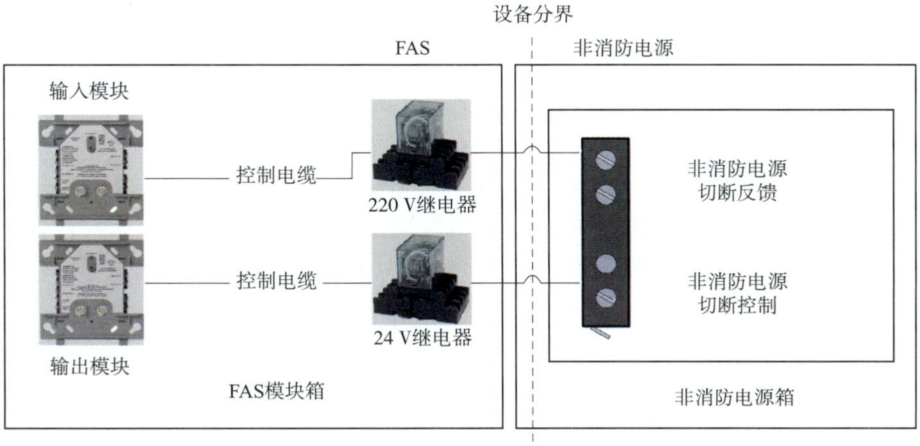

图 29.4　FAS 非消防电源切断接口示意图

各系统融合趋势的发展，电力监控由独立设置发展为与综合监控系统融合。

(1)系统架构

西安轨道交通电力监控系统一般按线路设置，由设置在控制中心综合监控系统电力调度子系统(主站系统)、设置在各变电所内的综合自动化系统(子站系统)以及用于数据传输的专用数据通信通道构成。同时一般在车辆段供电车间设置电力监控复示终端，并在场段设置接触网隔离开关监控单元，典型系统架构如图 29.5 所示。

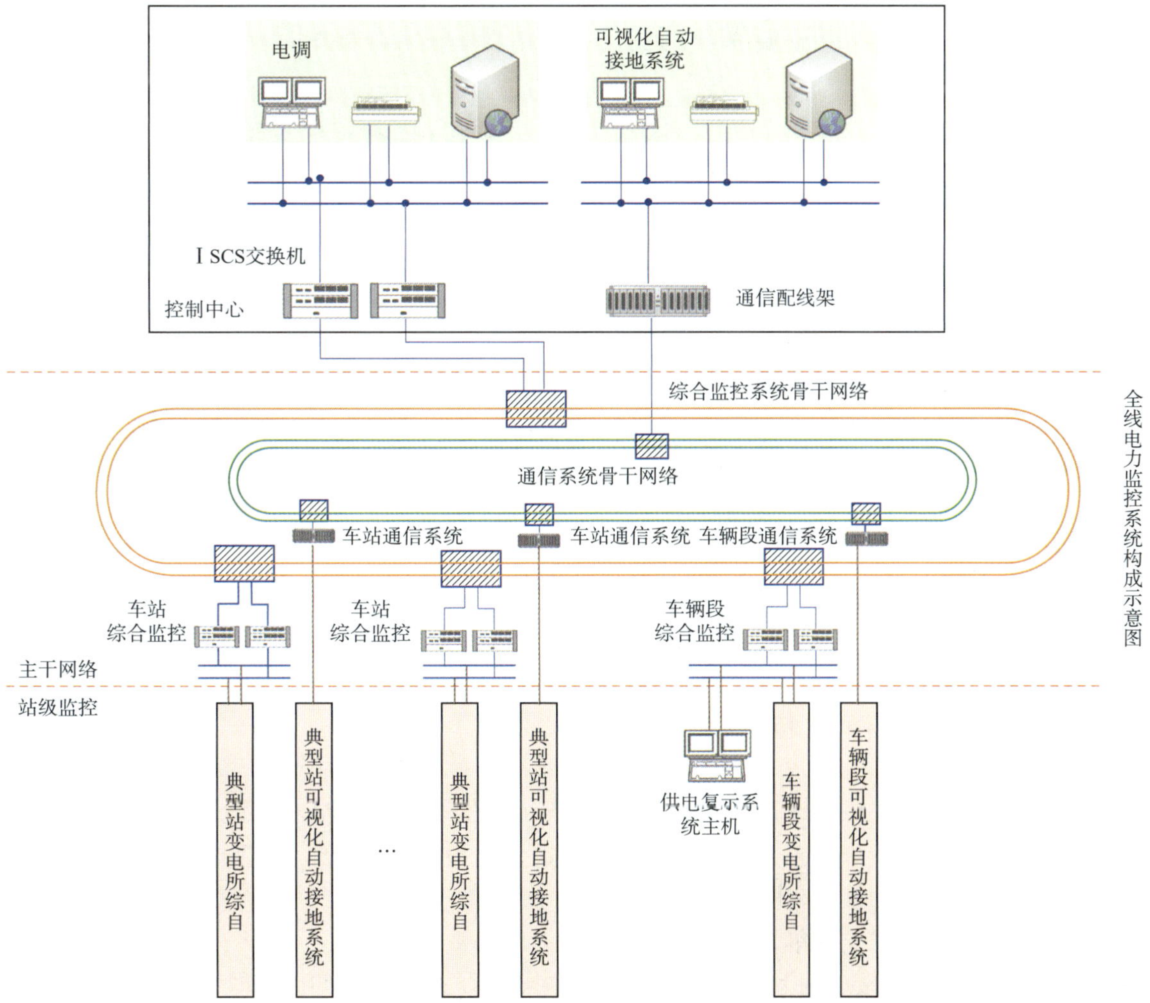

图 29.5　电力监控系统构成示意图

①综合监控系统电力调度子系统(控制中心主站系统)构成

主站集成在综合监控系统中,PSCADA 作为其子系统,与其他系统合用控制中心主站系统,由综合监控系统统一配置。综合监控系统采用便于扩展、升级的模块化的分层分布式系统结构,系统采用控制中心、站段两级管理,控制中心、站段、现场监控网络的三层控制结构。

②变电所综合自动化系统(站级子站系统)构成

变电所综合自动化系统一般设在主变电所、牵引降压混合所、降压变电所,采用分层分布式布置,主要由站级管理层设备、所内现场通信网络、间隔设备层单元组成,完成对变电所及其供电范围内供电设备的保护、控制、信号、测量及自动装置、远程通信等功能,如图 29.6 所示。

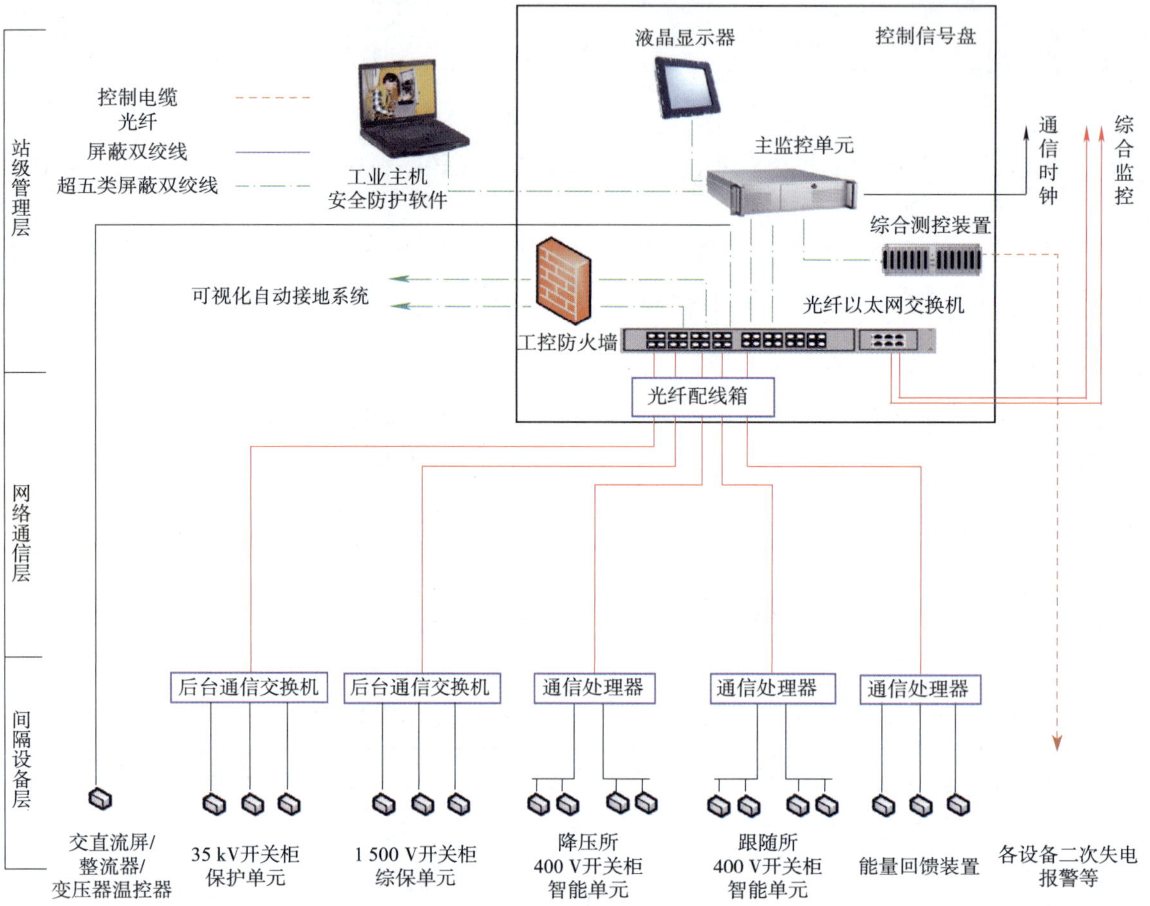

图 29.6 变电所综合自动化系统(站级子站系统)示意图

③通信通道

电力监控系统的通信通道一般利用综合通信系统提供的通道,通道的拓扑结构采用冗余结构配置方式,并能实现对主、备通道的手动及自动切换。为防止网络报文在不同节点之间的互相干扰和网络风暴的发生,各节点与主干通信网的连接均采用路由器方式。

④供电车间复示终端

供电车间复示终端系统一般设置在供电检修车间,用于供电检修人员对供电系统的实时监视,并可以通过此系统获取相关的检修信息,如开关跳闸次数、设备类型、设备生产厂家等。供电车间复示终端系统不具备对供电系统设备的控制权限。

⑤场段接触网隔离开关监控单元

鉴于车辆段、停车场内接触网上网隔离开关及联络隔离开关众多,相互逻辑闭锁关系比较复杂。如果均通过牵引所内控制信号屏实现,那么控制信号屏上连接的硬接线控制电缆将会很多,一方面施工不便，有的隔离开关距离变电所可能很远，另一方面也给将来维护检修带来麻烦，针对这种情况，考虑在车辆段、停车场内设置接触网隔离开关监控子单元，每个监控单元控制其中5～7个隔离开关（包括单向导通装置，接触网手动、电动隔离开关），监控单元设置PLC，各监控单元之间通过光纤与变电所内控制信号屏形成通信环网，实现各开关之间的逻辑闭锁控制。

（2）主要设计原则

电力监控系统作为综合监控系统的一部分，也有其自身的设计原则。一是系统采用计算机型监控装置，采用交换式以太网结构。二是系统满足可靠性、可维护性、可扩展性的要求，并具有故障诊断、在线修改等功能。三是被控子站为变电所综合自动化系统。全线主变电所、牵引降压混合变电所、降压变电所、跟随式降压变电所按无人值守设计，其中主变电所预留有人值守的条件，均设置变电所综合自动化系统。四是电力监控系统在车辆段供电车间调度室、车场调度室以及停车场供电工区调度室、车场调度室宜配置供电复示系统，方便供电系统的集中维保。五是通信通道一般采用城市轨道交通通信系统提供的综合承载通道，通道分主用和备用，主备通道间能实现手动及自动切换。六是变电所综合自动化系统配置与控制中心主站通信的冗余通信接口，同时配置与外接便携式计算机（维护终端）的接口。七是系统具有或预留与其他系统的接口功能。八是系统设备选型立足于国产化。

（3）关键设计环节

①电力调度功能的确定

在中央级的综合监控系统集成了众多弱电系统，系统功能繁杂，各子系统的功能尽量简洁实用。务必在保证基本的四遥功能前提下，合理设置电力调度功能。

②四遥对象表的确定

四遥信息，即遥控、遥信、遥测、遥调信息是电力监控系统的主业。系统信息设置过多，使得任何一个故障由上百条信息反映，致使电力调度员目不暇接，严重降低了工作和事故分析处理的效率。因此，在设计过程中各方需要深入探讨，合理确定信息点表规模。

2. 系统功能

电力监控系统主要可对城轨供电系统主变电所、牵引变电所、降压变电所等不同类别变电所、接触网等一次电力设备运行情况进行分层远程实时监视和控制，保障系统的正常运行，实现对各种设备的控制、信息采集、数据分析处理、统计报表、事故报警、历史数据查询等功能。

（1）遥控

系统遥控功能，即在电力调度中心对接入系统的任何一个可遥控的对象进行合、分遥控。

（2）遥信

控制中心从变电所自动化系统采集各种遥信信息，包括位置遥信和保护遥信。位置遥信分为单位置遥信和双位置遥信，保护遥信为单位置遥信。位置遥信包括各种断路器、隔离开关、接触器等设备的合、分状态，开关手车的工作、试验位置状态，温度检测设备的过限与否等。保护遥信包括各类保护动作、重合闸动作的启动、出口、失败等。

（3）遥测

电力监控系统应具有完善的遥测量处理功能：具有变电所各种电气量的采集功能，可完成各种数据格式的转换；具有多种计算功能；具有多种统计功能；具有超量程检查功能；具有零点嵌位（近零死区的处理功能），遥测信号的传送死区处理；具有电度表满刻度及换表处理功能。

（4）遥调

远方设定及调整所控设备的工作参数、标准参数等。如有载调压变压器抽头的升、降调节等。

此外，电力监控一般还应具有报警、保护装置/设备的远方复归、保护定值组管理、保护投退、供电系统控制闭锁、人工置数、模拟操作、闭锁/解锁、挂牌、系统远程维护、SOE（重要运行事件）记录、故障录波读取、统计报表、分级管理权限等功能。

3. 设计实践与展望

随着技术发展,电力监控及其相关自动化系统也在根据需求不断产生新的功能和新的表现形式。

(1)可视化接地系统及其发展

可视化自动接地系统由中央管理层、站级管理层、现场设备层、网络通信层组成。基于人工接地管理措施,实现一个程序化、网络化、可视化、标准化的安全保障体系,使得接地操作更加安全、高效、低成本。通过可视化防误操作、地线管理、工作票、操作票几大子系统来实现供电各专业及业务流的安全管理与安全保障。相信随着技术发展,可视化接地系统也会逐步与综合监控、电力监控、视频等相关系统相融合,实现更大范围的设备和功能集成。

(2)电力监控更多功能的集成

随着业务需求的发展和各轨道公司精细化管理要求的提升,电力监控系统在未来将拥有更多的功能集成。一是与EMS能源(能效)管理系统深度集成。通过电力监控系统完成分类分项电能数据的采集、分析、预测等。二是与电力智能运维系统的集成。通过三维界面、智能巡检机器人、弓网监测、可视化接地、环境系统、视频监控等技术的应用,以及简化平台,提升功能的诉求,电力监控系统可发展成为同时支撑电力运行和维保的统一平台。三是更多高级功能的集成。如通过PSCADA平台的仿真子平台,开展基于实际数据的在线和离线分析,包括状态估计、节能评估等在线计算,或基于某时间断面的牵引供电能力计算、交直流时空潮流计算、短路计算、调度方案模式、运行能力分析(裕度、极限等)、预想故障分析等高级功能。

(3)电力监控的智慧化升级

基于云平台和大数据平台,以及机器学习、知识图谱、知识抽取、知识管理、知识推理、人机对话等人工智能技术,电力监控系统在将来将大大提升其智慧化功能,从而真正替代人工自主完成电力计划检修许可、故障抢修指挥等工作。变成集虚拟调度、智能搜索、抢修指挥专家等功能集于一身的虚拟电力调度员,使得城轨供电系统实时可感知、可视化、可分析、可预测、可评估,在非正常和应急情况下,通过电网拓扑的可靠评价,进行运行模式的自动倒切、灵活负荷调配、抢修指挥、辅助决策等功能,达到“零漏监”“零误判”,实现供电系统的安全、稳定、可控、可调。

(4)电力监控网络化应用

随着城市轨道交通线网规模的不断扩大,多层次、多制式轨道交通形式的出现,共享上级电源、跨线运营、互联互通等新的要求也会对电力监控系统产生一定的影响和冲击;同时高密度行车带来的多变高负荷以及多行车安全的考量,行电分离的弊端也应该避免,故电力监控与行车信号系统互联也应被适时提上日程。可以预测,届时随着综合监控系统集成度的不断提升,适应多制式系统融合、多线系统融合、行电融合的网络化新型电力监控系统将成为未来技术攻克的方向。

29.2 智慧车站

29.2.1 智慧城轨趋势及路线

“智慧城轨”是当今城轨行业最热门的词汇之一,引领着城轨从单一的交通工具向多领域、广覆盖、多功能方向发展,带动着国家相关行业、地方、企业共同为之奋斗。从一定意义上理解,建设智慧城轨和建设高质量的城轨可以画等号。

1. 发展背景

历史上,我们已走过了以蒸汽机为首的第一次工业革命,人类进入动力时代;走过了以电力技术为首的第二次工业革命,人类进入电气时代;走过了以原子能和计算机为首的第三次工业革命,人类进入信息时代;目前,我们正在经历以云计算、大数据、人工智能、工业互联网、5G、区块链等为代表的新技术引领的第四次工业革命,人类正在跨入智慧时代。

智慧技术正重构着人类社会既有的生产和生活方式。经过二十多年的高速发展,中国已建成世界上最为庞大的城轨交通网络。目前,国内各大城市城轨建设已逐渐进入后半场,进入既要管理好运营好庞大的“存量”网络,又要规划好建设好新型“增量”网络的发展阶段。新时期要落实交通强国战略要求,同时又要提升乘客服务体验、增强企业运作效率、走高质量发展道路。要应对上述挑战,需要我们紧紧抓住新一轮智慧技术对传统行业赋智、赋能的时代机遇,适时应务、顺势而为,大力推动城轨交通数字化、网络化、信息化、智慧化建设,构建覆盖生产、服务、维保、建造、管理全方位的智慧城轨系统,实现城轨交通发展从量变到质变的历史性跨越。

为全面推进行业智慧城轨建设,2020 年 3 月,中国城市轨道交通协会发布了《中国城市轨道交通智慧城轨发展纲要》,是行业多年智慧技术实践的客观总结,也是对未来智慧城轨前进方向的集中预测,从行业云端对智慧城轨的发展战略、建设目标、重点任务、实施路径等进行了统筹规划和顶层设计,为城轨行业的智慧发展指明了方向。

《中国城市轨道交通智慧城轨发展纲要》是框架和蓝图,但是对于具体的城市来说,发展目标、理念,经济基础不一,需求各异,智慧城轨如何建设,先建什么再建什么,建设到什么程度,一系列的问题往往只有其自身才能回答。2021 年,西安市已建成了 8 条线路、261 km 里程的轨道交通网络,预计“十四五”规划末期西安城轨交通运营里程将超 400 km。进入新发展阶段,西安城轨在支撑交通与城市现代化,服务于国家中心城市建设,满足市民多样化出行需求,实现高质量发展的过程中肩负着更大的责任。

2. 发展目标

西安城轨也紧跟新技术发展潮流,依照线网可持续发展要求、新线路高强度建设要求、城轨网络化运营需求以及全面智慧化赋能的需求,以智慧城轨建设为抓手,综合运用新理念、新技术,努力构建一套具有西安特点的城轨发展新模式,实现企业“优服务、提效能、降成本、强保障”的根本宗旨。

西安智慧城轨在《西安智慧城轨发展计划与实施意见》(“十个一”实施计划)指导下,以关中平原城市群核心区轨道交通线网建设、运营以及多元化开发为载体,围绕西安智慧城市建设目标以及企业创新发展的使命要求,以项目化方式大力推进生产、服务、建设、管理各业务系统的智慧化升级,完成企业的数字化转型,线网整体智慧化程度达到国内先进水平。

3. 体系框架

在《中国城市轨道交通智慧城轨发展纲要》整体框架下,西安智慧城轨以城轨建设、运营单位的四大核心业务为导向,通过新兴信息技术的研究与应用,构建“12411”智慧城轨体系架构(图 29.7),打造基于先进技术赋能的轨道交通新模式。“12411”体系架构用一张西安智慧城轨发展蓝图覆盖区域内全部智慧城轨系统,以云平台、大数据平台两个平台为支撑底座,承载智慧服务、智能运行、智能运维、智慧管理四大核心业务,通过技术标准体系、网络安全体系的建设,实现各业务的全息感知、互联融合、智能诊断及主动决策,提升服务水平、提高运行效率、降低运营成本、提升管理效能,形成安全、便捷、高效、绿色、经济的新一代智慧城轨体系。

4. 发展规划

根据西安智慧城轨发展的总体蓝图,以项目化推进为抓手,在深入分析西安轨道交通发展现状,分层剖析关键需求与痛点基础上,按照“重点突破,先行试点,形成标准,全面推广”的原则,循序渐进开展智慧城轨项目建设,推动西安轨道交通智慧化智能化稳步提升。西安智慧城轨发展总体来说分为四个阶段:

2021 年为策划、研究及试点阶段。通过一系列重点研究项目、重点智慧化功能场景的试点实施,为全面实现智慧城轨打下基础。

2022 ~ 2025 年为智慧化初级阶段。以西安城轨三期建设规划线路为依托,推动云平台、大数据平台、BIM 基础平台、全自动运行、智慧车站、智能运维等一批项目实施并建成网络安全体系,实现三期建设规划线路重点功能场景的智慧化,基本形成西安智慧城轨雏形,形成智慧城轨 V1.0。

2026 ~ 2030 年为智慧化中级阶段。全面推进四期建设规划线路的智慧化建设。促进新线和既有线在线网层面的功能融合,实现市域线路的互联互通和基于线网的多业务系统智慧化;持续丰富完善各业

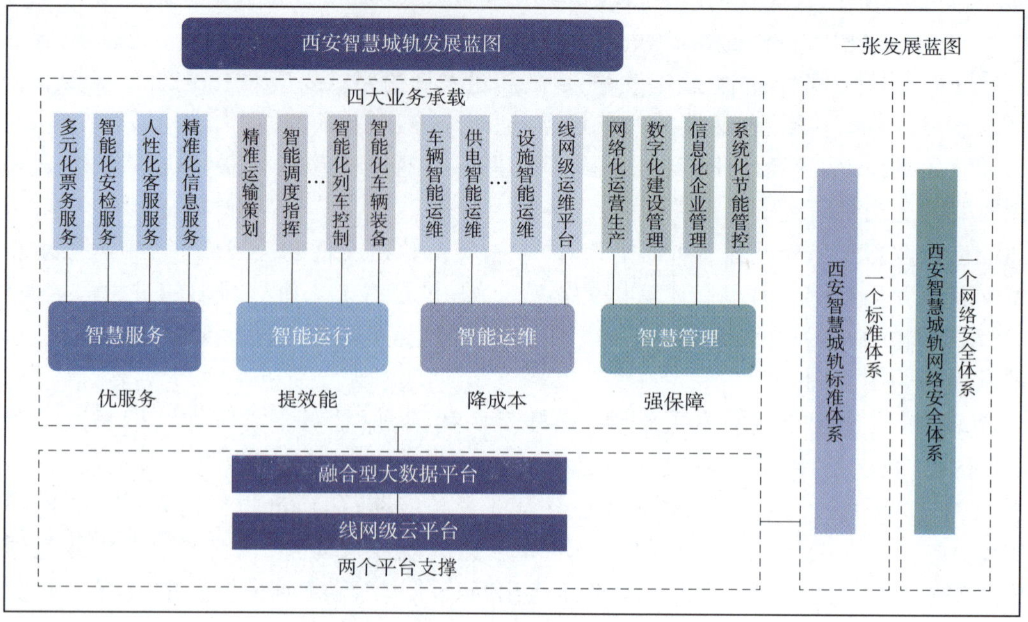

图 29.7 西安智慧城轨体系架构

务系统智慧化功能，提升智慧化程度；对于部分发展成熟的技术结合大修对既有线路进行智慧化改造；深入总结前期智慧化成果，制定相应的建设标准。四期建设规划线路部分业务系统的智慧化达到国内先进水平，形成智慧城轨 V2.0。

2031～2035 年为智慧化高级阶段。通过五期建设规划线路，持续提升线网智慧化等级，打通不同系统间数据，深度融合各系统信息，协同接驳多种交通方式，使轨道交通与其他交通系统高效协作、互联互通；基本实现西安轨道交通全方位、全系统的智慧化，线网整体的智慧化程度达到国内先进水平，部分系统达到国内领先水平，形成智慧城轨 V3.0。

29.2.2 智慧车站诞生及现状

由于起步较早，智慧车站是智慧城轨发展过程中，推进得相对完备的智慧化项目。车站是城轨运营管理体系中的最基本单元，是服务于城市和市民的直接窗口，是一个城市的门户和标签，也是城轨建设及运营管理水平高低的主要体现。在国家向高质量发展转型的浪潮下，各种信息技术逐步融入城轨车站的数字化、智慧化转型过程，以精准化服务、精细化管理、多元化体验为理念构建的智慧车站应运而生，促进了城轨车站的质量变革、效率变革、动力变革。智慧车站的诞生，提升了城轨车站的管理效率、服务水平及乘客体验。

1. 需求导向

在以高速发展为目标的过去，传统车站主要以功能性视角建设和运营来满足乘客的基本乘降需求。传统的城轨车站中，设置了多个相互独立的系统设备，作为乘客服务的一般手段和车站工作人员业务的辅助工具，这些系统的运行多处于半自动化状态，各项事务均需要人工不间断、不定时、高频次的干预，因此车站除了必备的系统设备外，采用了大量的人员参与运行管控，逐步形成了劳动密集型的运作模式。随着城轨交通线网的不断扩大、线路增多、车站的数量与日俱增，设备维护巡检、施工管控、各类记录、信息公告等日常工作仍以人工处置为主。对车站配套设备的建设和维护所需的资金和人力，越来越与车站个性化高服务质量、安全化高可靠运作、智能化低成本维护的运营原则背道而驰，效率和成本方面的劣势逐步显现。

随着国家交通强国、新基建等战略规划的出台，建设智慧社会、智慧城市等目标的逐步落地，在城市轨道车站推行舒适、便捷、高效的智慧车站已成为行业共识。可以说当前无论是技术发展水平还是城轨自身的客观需求，均足以推动智慧技术与轨道交通业务深度融合，支撑城轨车站的智慧化转型。智慧车站在多方位感知、多方向互联、全方位分析、智慧化预测、精准化控制等方面，可以在一定程度上保障运营安全、提升管理效率、降低运营成本、丰富乘客出行体验，体现出“绿色、现代、智慧”的特点。

2. 功能范围

经过几年时间的探索，行业内对于智慧车站的体系化构建基本形成共识。智慧车站拟采用人机高度协作的方式，承担“运行状态全方位精准感知、运行趋势智能化分析预判、信息指令一体化主动推送、运行规则拟人化自动进化”的城市轨道交通系统服务节点功能，体现“面向乘客的全方位体验、面向设备的全自动运行、面向运营的辅助性决策、面向事件的共治式联动”的运作效果，实现车站管理由“单站管理”逐步转向为“区域化管理”，由“分散管理”逐步转向为“集中管理”，由“半自动化方式”逐步转向为“全自动方式”方向转变。线网形成集成化车站设备管理及移动化站务运作模式，客运组织方面实现自适应的联动功能。此外，智慧车站作为智慧城轨的一部分，还与智能调度系统、全自动运行系统、智能运维系统以及线网云平台存在千丝万缕的联系，为其他上层智慧发挥好前端数据采集与边缘节点的作用，是智慧城轨体系不可分割的一部分。

3. 发展现状

国内多个城市开展了智慧车站的相关研究，上海、广州、深圳、重庆、郑州等多家城市轨道交通已建立了智慧车站的试点站，尝试各类智慧化功能。

上海地铁智慧车站建设较早，惠南、汉中路、新江湾城、诸光路以及顾村公园五座智慧车站均试点了不同的智慧化内容，如移动支付、智慧客流引导、可编辑的车站运营场景预案、智慧公安、智慧消防、智慧盲人导乘、基于无人驾驶运营场景的设备业务闭环、基于 Wi-Fi 嗅探的客流监测等功能点均部署在不同的试点车站。

广州地铁以 AI + 大数据技术助力，在广州塔、天河智慧城建成两个智慧车站示范工程，主要包括智慧安检、语音服务、智能客服中心、智慧门匾等系统解决方案，并探索票检二合一模式，实现“一个平台 + 四组应用(综合信息发布、智能客流引导、智慧安防、智慧站务)”。

全国首个 5G + AI 智慧枢纽体验区在深圳地铁福田交通枢纽开启，主要包括智慧工地、无人机巡检、无感乘车、安保机器人、用户感知系统等。

2020 年 3 月，中国城市轨道交通协会发布了《中国城市轨道交通智慧城轨发展纲要》，为城轨智慧化发展勾勒了下个 15 年的发展蓝图。作为八大体系的首个体系——智慧乘客服务体系，围绕提升乘客服务体验，通过打造智慧车站来构建智慧城轨的基本单元。

29.2.3 智慧车站探索与实践

1. 功能试点

西安轨道集团紧跟时代步伐，是国内最早尝试智慧车站的城市之一，在车站智慧化的道路上不断砥砺前行。

2018 年 1 月 1 日，西安轨道集团率先在全线网开通了二维码扫码进站功能，是全国第一座实现全网二维码电子支付的城市。接着以面向“乘客服务、客运组织、设备管理、站务管理”为目标导向，在线网范围内开展了多项智慧化服务的尝试，包括开通线网人脸识别乘车功能、智慧安检全功能试点、自助票务处理、线网列车拥挤度显示等。

2019 年，西安轨道交通针对既有的小寨、大唐芙蓉园两个车站，对车站运作急需的智能客服、智能电子导向以及综合运管平台中的一键开关站、应急场景联动等功能进行了改造试点，取得初步经验。

2020 年，在新建设开通的 5 号、6 号线各选取了 1 个站点开展了更为丰富全功能智慧车站试点。以面向客运管理、面向设备运管、面向乘客服务的 3 个维度为核心设计相关功能，如图 29.8 所示。相对于普通车站的车站设备半自动、客运服务依赖人工、人员管控制度化，智慧车站最终目标为车站态势全感知、客运服务智能化、人员管控精细化，作为试点车站实现了智慧车站的部分内容。

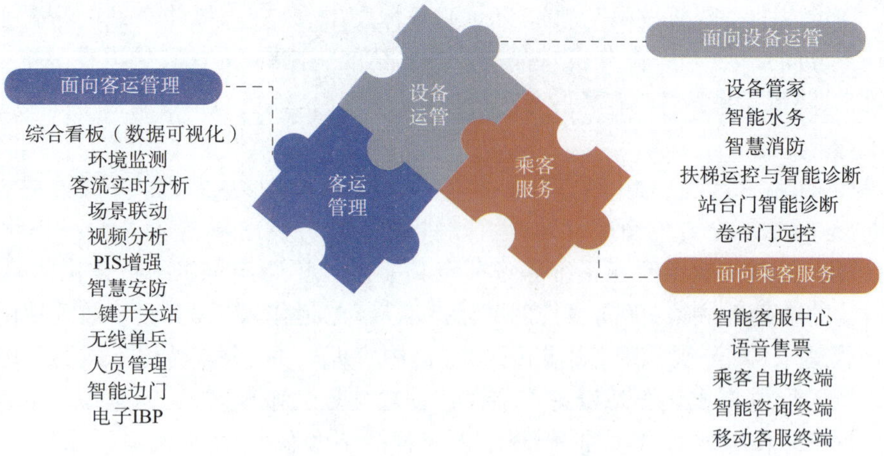

图 29.8 西安轨道交通 5 号、6 号线智慧车站试点功能构成示意图

2. 功能实践

(1)国内首条全功能智慧轨道交通线

在前述技术积累基础上，14 号线在西安轨道交通首次全线设置智慧车站，紧密围绕第十四届全运会这一举国瞩目的运动赛事，通过采用 AI 人工智能、轻量化 BIM、5 G 等技术，与西安轨道交通线网中心(NCC)、人脸识别数据中心、语音识别呼叫中心进行了业务与数据整合，构建了国内首条全线路智慧车站，实现了智慧车站的批量推广应用。14 号线智慧车站着眼于充分“提升乘客服务的智能与便捷”“提升运营管理的高效与集约”“提升设备维修的稳定与可靠”，以科技促服务，以服务迎赛事。智慧车站将以更加智能化的乘客服务，提供更高标准的科技服务，向全国人民展示西安作为国内科技高地的良好形象。

14 号线智慧车站总体上围绕“一个平台、两级管理、三个服务”为目标构建。

“一个平台”指综合运管平台。平台利用智能传感器、智能视频分析、移动计算、大数据分析等新技术，实现车站工况的三维可视化，向中心调度、车站运营、客运服务、设备综合维修等各级运营人员提供化繁为简的、管家式、场景化的操作界面。

“两级管理”指车站级、线路级两级管理。车站级综合运管平台通过感知层、执行层及应用层功能模块，打造车站智能化运行与运营管理系统，具备运行状态全方位精准感知、运行趋势智能化分析预判、信息指令一体化主动推送、运行规则拟人化自动进化功能。线路级综合运管平台具有异构复杂数据的采集、存储、处理和大数据挖掘、分析的功能，采用可靠、先进的人工智能技术对本线路所有运营数据进行持续的分析、学习。持续优化智能调度、决策支持功能的 RAMS 指标。

“三个服务”指：一是服务于运营。为运营管理提供精细化、高效化的智能应用；二是服务于维保。为维护人员提供实时、全面的设备维护数据、维修方案；三是服务于乘客。为乘客提供增值、增质的人性化、精准化服务。

围绕运营场景化的流程设置车站的智慧功能，实现对运营管理、乘客服务、设备维保业务需求的全覆盖，如图 29.9 所示。

(2)综合运管平台

作为国内首条整线车站采用高程度智慧化技术的轨道交通线路，14 号线通过采用工业互联网架构，形成了集智慧乘客服务、智慧运营管理和智慧设备运维三大智慧功能的线路级管理群组，充分体现了智慧车站的节点作用，线路综合运管系统架构如图 29.10 所示。

(3)智能客服中心与增强的乘客导乘系统

14 号线率先构建线路级的智能客服中心，通过多终端接入、知识库、智能语音 + 人工客服辅助，实现传统客服中心的智慧化升级，从而提升客户体验、降低客服人员劳动强度、提升服务质量，智能客服中心功能架构如图 29.11 所示。随着西安城轨云平台的建设，也将逐步搭建覆盖西安城轨全线网的智能客服

图 29.9 基于车站场景流程的智慧化功能设置

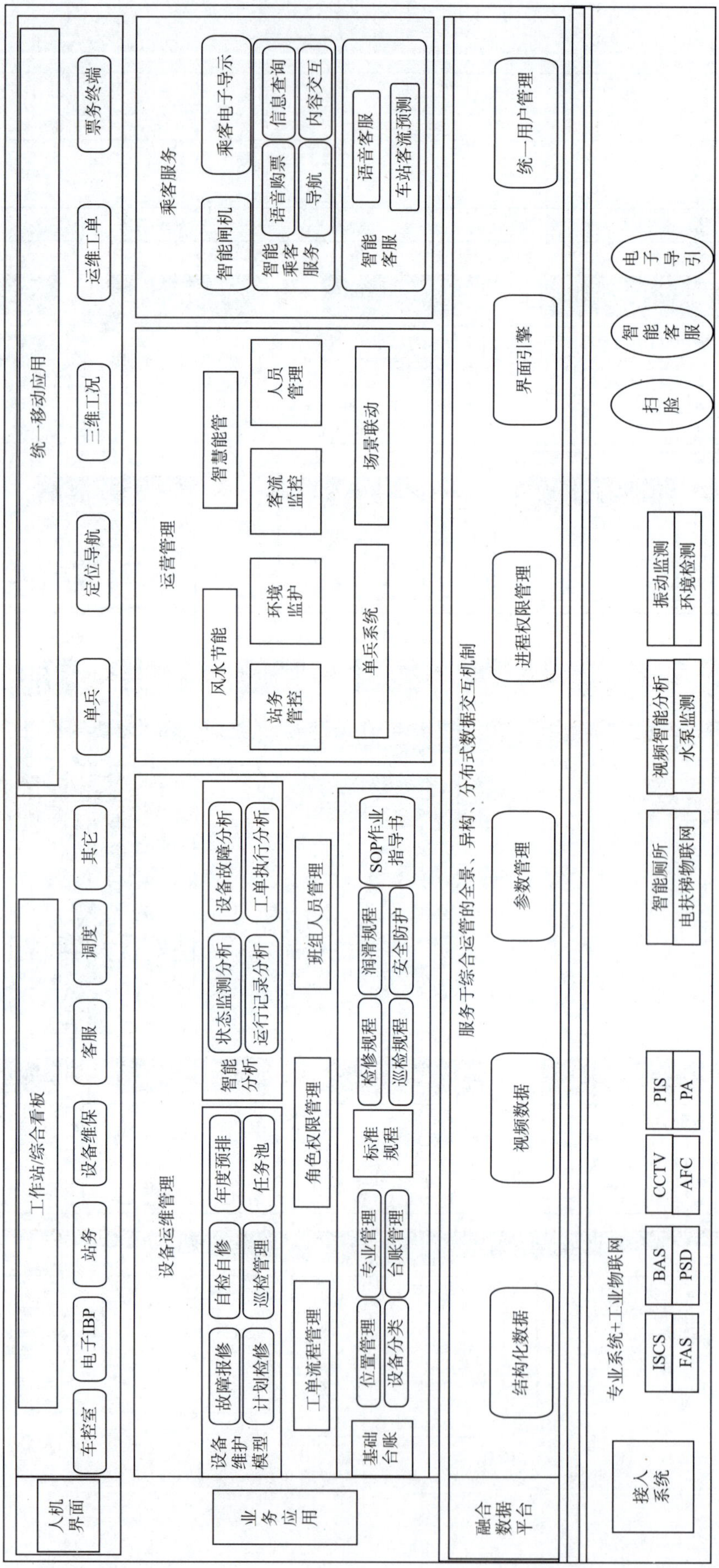

图 29.10 线路级智慧车站综合运管功能体系架构

中心,而西安线网智能客服中心将首先实现14号线的全线接入,而后拓展到线网内其他车站。

14号线设置了出入口导向电子触摸屏,方便乘客查询站点周边信息、站内导航、购票、充值以及查询其他信息,为乘客提供更好的导乘服务,也提升了车站的科技感。在双寨和奥体中心站站台首次设置了嵌入站台门的电子显示屏,显示列车到发信息、车厢拥挤度和温度,不仅方便乘客观看及选择车厢,也优化了站台空间,提升了乘车体验。

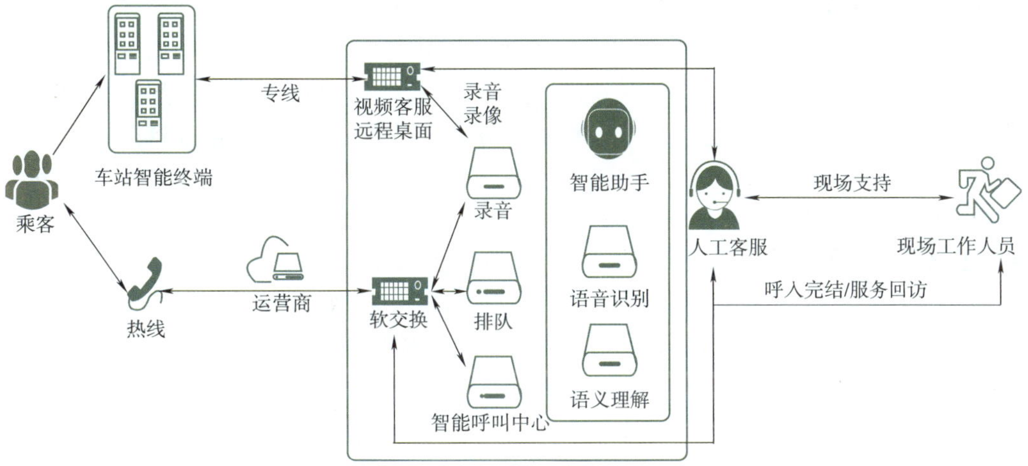

图29.11 智能客服中心功能架构

3. 功能提升

西安轨道交通在车站的智慧化探索方面已取得了一些成就,但同时也应该清楚认识智慧车站技术是随着时间推移和技术发展不断迭代的,需要时刻关注变化条件下的服务需求、管理需求和维保需求。通过探索和研究,在可见的将来,我们认为智慧车站会在以下方面实现功能的进一步提升:

(1)车站各类信息展示可进一步优化,实现多端无缝衔接。

(2)探索5G在室内定位、单兵作战、AR维保支持等方面的高阶应用。

(3)探索票检一体应用,降低运营成本、提升通行效率。

(4)继续深化各类车站设备的健康管理,为车站各专业设备系统实现状态修提供支持。

(5)车控室通过引入坐席管理,以进一步整合和简化各系统终端,提升运管效率,如图29.12所示。

(6)智慧车站应实现更广范围的业务打通,如打通施工管理、委外管理、安全管理、OA等系统,使得业务流程完整闭环、运维流转多向顺畅、安全监管实时高效。

(7)智慧车站引入中台和边缘云技术,有效分担云平台计算压力,实现云边协同。

(8)智慧车站与BIM技术打通和融合,实现数字孪生。

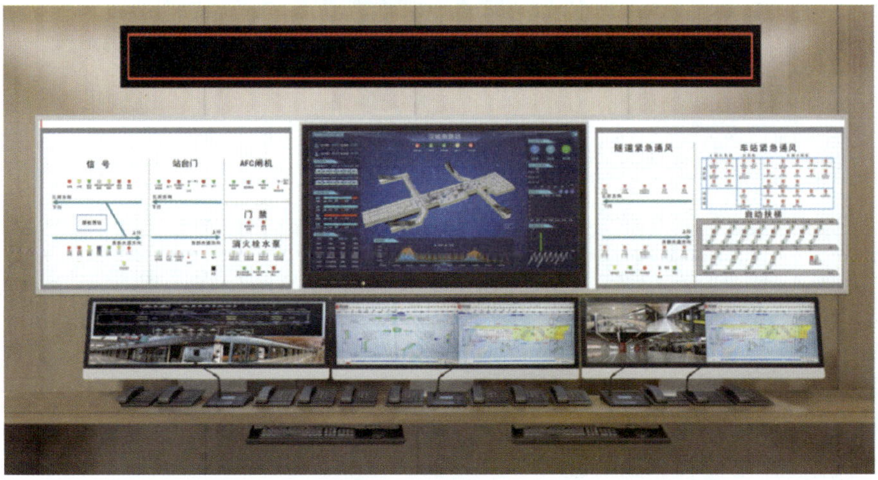

图29.12 车控室坐席管理

4. 展望

智慧车站采用人机高度协作的方式,实现运行状态全方位精准感知、运行趋势智能化分析预判、信息指令一体化主动推送、运行规则拟人化自动进化。智慧车站实施后,可对城市轨道交通的运营管理效率、运营安全将会有显著的提升,并可极大提升管理的信息化水平和管理效率。

目前国内各城市轨道交通的关注焦点仍然是运营安全、效率和质量,但已从传统模式转向与新兴技术融合,开始着眼通过各种智能化技术手段提升网络化运营效率,智慧车站建设可以有力提升轨道交通信息化水平,推进智慧交通建设,实现城市可持续发展。通过智慧车站施行,为轨道交通车站发展提出了新的改革方向,形成了以车站为核心的组织方式,有效提升车站管理效率,缩短应急响应时间,降低运营管理成本。但距离实现真正意义上的“智慧”,仍然还有很长的路要走,除了打破目前各系统数据互联互通的壁垒,更符合车站少人化和无人化趋势的业务流程、更深程度的多元感知、更高层次的逻辑分析和自主决策都需要时间来进一步沉淀和优化。

《中国城市轨道交通智慧城轨发展纲要》作为今后城市轨道交通建设和改造的纲领性文件,有着重大和深远的意义。智慧车站作为智慧城轨的重要组成单元,有着举足轻重的作用。智慧车站下一阶段的发展方向为:一是乘客服务智能化进一步升级,语音问询、信息服务、动态引导等服务功能更加齐全;智能售检票实现多样生物识别、无感支付及实名制的普遍采用,实现跨城市畅行;二是车站全息感知、自动运行、全景监控、自主服务及与周边商业、公共服务设施的一体化信息共享和联动应用进一步成熟;三是车站的自动开关站、环境调控智慧可靠,车站智能公共突发事件应急响应管控体系初步建立,与线网应急指挥中心的协调联动顺畅高效。

西安轨道交通将以行业纲领为指导,通过智慧车站的试点、推广和实践运行,逐步形成适应西安特色的智慧车站标准,以指导后续智慧车站的设计和运营。西安轨道交通的智慧车站发展拟分三个阶段进行:一是初级阶段,在5号、6号、14号线开展智慧车站试点应用和推广,形成智慧车站分级标准和下阶段的建设标准;二是中级阶段,在8号、10号、15号线等第三轮新线建设中对智慧车站内涵和外延进行进一步的扩充和推广,同时对已开通线路车站择站进行智慧化升级改造;三是高级阶段,经过进一步的探索,在远期规划线路中,实现《中国城市轨道交通智慧城轨发展纲要》提及的大多数技术,形成智慧车站的高级版本。

第 8 篇

控制（指挥）中心和主变电所

第 30 章　控制(指挥)中心

为确保轨道交通列车安全、可靠和高效地运行,对运营过程实施全面的集中监控和管理,城市轨道交通需设置运营控制中心。控制中心是确保轨道交通列车安全、正点、可靠和高效运行的基本保障设施,调度人员通过各种现代化通信与控制手段对轨道交通的运营过程实施全面的集中监控和管理,为运营生产创造良好的条件,为乘客提供优质的乘车服务,并对设备的运行实施监控管理确保其正常运行。线网(应急)指挥中心是在轨道交通建设达到一定规模的情况下设置的线网层面的管理指挥机构,对整个线网乘客服务区域、列车及设备设施进行监视;对属于城市轨道交通线网层面、跨线使用的资源,以及涉及安全的系统和设备设施进行重点监视。

30.1　功能定位及设置模式

30.1.1　功能定位

控制中心是指挥和调度工作的场所,也是轨道交通机电系统中央级设备的布置场所,作为运营管理机构所在地及全线所有信息的集散地和交换枢纽,是调度指挥的监控中心和事件处理的指挥中心。控制中心的调度人员通过设置在中央控制室的调度电话、调度工作站及中央大屏幕,实现对全线路所有运行车辆、供变电设备、重要机电设备进行总的监视、控制和指挥调度,对车站、区间及全线相关建筑进行环境和火灾情况的监视,对全线运营和抢险工作进行调度指挥,对全线运行的全过程进行监控和管理,主要功能概括为:对列车运行的指挥监控、对系统设备运行的监控、设备维修管理、乘客调度以及应急指挥和信息发布等功能。

线网(应急)指挥中心主要对线网运行进行总体的组织、指挥、协调和指导,对线网内、外信息进行协调和管理;负责各区域(或线路)OCC 的协调和管理、线网正常运营组织的协调和管理、跨线生产作业组织的协调和管理、维修管理、技术管理、运营安全和应急指挥等工作;对大型故障、事件和事故状态下的城市轨道交通线网运营进行组织和指挥及运营服务信息的发布,与城市轨道交通线网外部各相关单位和部门,如医疗救助、消防局、供电局、公安局、安全局、气象局、地震局等联系。

30.1.2　模式分类

控制中心设置模式一般按照物理位置布局方式划分为分散式、集中式和区域式三种。

1. 分散式控制中心

每一条线路的控制中心在该线路的沿线附近或车辆段内单独建设,全面负责该线的运营管理,不与其他控制中心共享建筑设施。该模式的优点是线路控制中心分散,突发事件对线网的影响小,后续线路控制中心的建设不会对既有线路的运营产生干扰,不存在大规模的土建预留,可避免房建规模过大造成的浪费和系统形式变化太大带来风险。其不足之处是不利于资源共享,在每条线路建设初期都要考虑本线路控制中心的选址和用地,增加建设难度和总体投资。

2. 集中式控制中心

每条线路的控制中心与线网控制中心合建一处,即将每条线路的控制中心全部集中到一起,并在线路控制中心基础上建设线网控制中心。各线的日常监控管理均在该中心进行,控制大厅合建,通过空间上的集中及共享大屏幕等措施实现线网各线路相关信息共享,实现统一指挥调度。该模式的优点是各线路集中办公，便于统一指挥、集中调度，还可以减少控制中心的数量，减少占地面积。其不足之处是线路控制中心过于集中，一旦遇有突发事件将会导致全线网的轨道交通运输受到影响。由于线路建设工期不一致，后建线路的设备安装对已运营线路有一定的干扰。由于线网建设时间跨度大，后建线路预留空间时会有很长时间的空间闲置。

3. 区域式控制中心

按照相关相近的原则，以区域划分或以建设规划顺序划分，将几条线路中心进行部分集中设置，各线路运营独立管理，这样在线网中可能存在几个区域集中的控制中心，线网控制中心一般与其中一个区域控制中心合建。该模式集中了分散式控制中心和集中式控制中心的部分优点，有利于实现物理空间、人员与物力、管理体制与信息管理等方面的资源共享。

30.1.3　模式选择原则

控制中心建设模式选择一般需要考虑线网规模、建设时序及组织管理模式等几个因素。

线网规模整体较小、线网内各线路建设时序较近或按专业进行集中运维管理的城市适合选择集中式控制中心模式。目前，该模式被赋予了两层含义，一种是控制中心物理位置层面的集中，另一种是物理位置及运维管理两个层面的集中，因此被普遍认为是行业的发展趋势。一些规模较大的城市在线网规模稳定后选择了新建集中式控制中心，这样可以充分发挥控制中心物理位置集中后节约土地资源的优势，也便于控制中心层面的人力及设施资源共享，同时可根据实际运维需求选择按专业进行集中运维管理。但是，近年各城市普遍建设的全自动运行线路由于各系统间的紧密程度而不适合按专业进行集中运维管理，因此，目前选择集中式控制中心模式的城市也没有将全自动运行线路纳入集中式控制中心进行统一的控制和管理。

线网前期规模较小、整体规模不确定或不断变化、建设时序较长的城市更适合选择区域式控制中心模式，这样更有利于前期线路的建设和按线路进行运维管理，同时也避免了集中式大规模控制中心的长期低利用率及设备和管理房屋的闲置浪费。

分散式控制中心在国内早期建设的线路上应用较多，一般是线路较少且较为分散、建设管理有多个主体的城市适合此种模式。

30.1.4　西安轨道交通控制中心模式

西安早期规划了6条线路的线网规模，且建设时序较长，建设规模不确定性较大，后续又经过了几轮的规划扩充，因此在建设初期选择了区域式控制中心建设模式及按线路进行运营维护维修的组织管理模式，既克服了分散式控制中心资源共享不足的缺点，实现了若干条线路控制中心在土建、信息上的共享，又能从西安市线网建设时序的实际出发，避免了线网建设初期即建集中式控制中心带来的房建规模过大造成的浪费，以及将来各设备系统形式的变化带来的不能适应的风险。为了满足部分线网级系统的应用需求，在初期建设的区域运营控制中心同时赋予了其清分、制票、信息、编播、办公、管理、培训等功能。

由于区域式控制中心模式只能解决部分线路的信息共享问题，当线网继续扩展成网络化规模后，需建设覆盖线网级的指挥中心实现全线网的协调、管理和指挥。

30.1.5　西安轨道交通线网（应急）指挥中心

西安线网（应急）指挥中心是西安市轨道交通实现网络化运营的协调指挥管理机构，管辖全西安市轨道交通线网。NCC作为西安轨道交通线网指挥中枢，主要包括线网应急指挥平台系统、突发事件指挥管理系统、大屏可视化系统、KVM、调度电话系统、统计分析平台、运营辅助决策等七大系统，主要实现应急指挥、统筹管理、协同运作功能，同时对行车、设备、能耗、服务等“大数据”开展深入统计与分析，达到快速决策、高效指挥的效果，缓解城市轨道交通压力，推动城市轨道交通管理水平迈上新的台阶。

30.2 工艺要求及建筑设计

30.2.1 规划选址

1. 规划选址原则

控制中心宜结合车辆段工程同步进行建设，所在地宜为所管辖线路的大、架修基地地块内，以便于运营组织抢修及工程建设。控制中心规模应满足线路调度指挥、线路延伸拆解等功能需求，并考虑可能存在的变化及一定的预留，以便未来灵活调整。

控制中心的规划选址既要满足城市整体发展规划，符合城市规划布局的总体要求，也要满足轨道交通线网规划的要求，体现可持续发展规划思想，超前规划并具有适当的扩建余地。

控制中心的位置宜选择在靠近城市道路干线、靠近轨道交通车站、邻近监控管理对象的中心地带，方便与城市其他线路连接，并可兼顾多条线路的场所，尽可能选择在换乘车站，并尽量利用车站的上部空间，缩短与线路的距离，降低工程和管线及运营管理费用，便于在紧急情况下组织事故抢修及事件的处理。

控制中心周围环境应较为清净，应利用有利的地形和环境，避开有毒、腐蚀、易燃、易爆等气源和污染源，避开公路和铁路等噪声和振动源。

另外，控制中心建筑总体布局宜结合环境设置，主要出入口可直接通向道路。内部建筑外空间设计结合本地特色，包含停车场、绿茵绿化，充分体现“以人为本”的劳逸结合的氛围。控制中心分配基于满足功能单元、合理衔接为原则，便于沟通、开展工作；建筑剖面上，除满足人类工程基本要求，设备基本安装层高的要求的同时，应将提高空间的使用率、合理性作为重要条件。

线网（应急）指挥中心的选址除应考虑控制中心的各种因素和条件外，还应考虑靠近运营管理机构及线网内被监管线路，这样有利于各所辖线路信息线缆的接入。

2. 西安轨道交通控制（指挥）中心建设及规划

目前，西安结合线网规划及线路建设时序，已建成两座区域式和一座分散式控制中心，分别是位于2号线车辆段内的渭河运营控制中心、4号线车辆段内的航天城控制中心和尚稷路站东侧的14号线控制中心，另外已建成线网（应急）指挥中心并投入使用。

2011年，在渭河车辆段内修建的渭河控制中心投运，承担西安轨道交通1号、2号、3号线控制指挥工作，同时具备线网清分中心功能。

2018年，在航天城车辆段内修建的航天城控制中心投运，承担西安轨道交通4号、5号、6号、9号线控制指挥工作，并预留两条线路接入条件，同时具备清分灾备中心和区域制票中心功能。

2019年，在尚稷路站东侧修建的14号线西段（原机场城际线）控制中心投运，此控制中心在2021年6月14号线东段与西段贯通运营后划为14号线控制中心。

2019年，线网（应急）指挥中心建成投运，位于2号线渭河车辆段内，按前三轮建设规划的14条线的接入能力进行设计，并具备远期接入23条线的扩展能力。目前，NCC具备线网（应急）指挥、线网门禁授权、线网编播中心、线网AFC测试中心、线网制票中心、线网客服中心、线网人脸识别数据中心等多种线网级功能。

2019年，《西安市城市轨道交通第三期建设规划（2019—2024年）》获国家发改委批复，建设规划内包含两座控制中心，分别为设置于8号线长鸣路车辆段内的控制中心及设置于10号线高陵车辆段内的控制中心。

根据新线网规划的阶段性成果，西安轨道集团为进一步提升线网资源共享和组织协调能力，在保持既有区域式控制中心建设模式基础上，综合考虑各线路特点、建设时序、驾驶模式等，将不同线路控制中心进行优化整合。优化方案充分考虑全自动线路的特点、市域线路之间互联互通及集中管理的需求，将规划的市域线路和市区全自动线路分别集中于不同的区域控制中心。全线网整体形成4个区域控制中心（OCC）+1个线网（应急）指挥中心共同承担各线路运行控制调度及线网应急指挥协调的格局。

30.2.2 工艺要求

1. 对建筑布局的要求

控制中心用房需根据其功能定位的相关性集中布置、单独设置出入口和上下通道(包括电梯和消防通道),保证其独立性,满足控制中心安全性、可靠性的要求。控制中心用房包括运营操作区、运营管理区、系统设备区、维修区及辅助设备区等。各区域之间相对独立,又有机连接,以方便运营调度和管理。不同区域之间需根据授权进入,同时便于灾害情况下人员的逃生。

运营操作区是控制中心的核心区,应具有高度的安全性和可靠性,需考虑配置先进的保安设施。中央控制室作为独立的安全分隔区,附近应设置调度人员的工作生活休息配套用房,并考虑设置生活厕所等。运营操作区设置中央控制室、运营指挥室、参观演示室、打印室、运行图编辑室等辅助用房。中央控制室设置综合显示屏和各岗位调度台,设备系统中与行调、电调、环调、信息调度相关的调度工作站布置在中央控制室内各调度台上。打印室、运行图编辑室、中央大屏幕设备室等靠近中央控制室布置。

运营管理区根据生产和生活的需要,设置必要办公、管理和生活设施。运营管理区与运营操作区宜同层设置。

系统设备区包括各线路系统设备用房和线网级系统设备用房。各线路系统设备用房主要包括系统设备室(信号设备室、通信设备室、综合监控设备室、AFC 系统设备室、门禁系统设备室或综合弱电设备室)以及配套 UPS 电源室、配线间、气瓶室等。系统设备区设置在运营操作区的下方。系统设备用房布置应考虑与中央控制室之间管线连接的便利。设备房集中设置配线间,配线间直接与走道相邻,以方便各类弱电缆线的横向敷设与走线。设备区各层之间通过强、弱电电缆井上下连通。设备层所有缆线通过架空地板经电缆井进入中央控制室,实现系统后台设备与控制室前台设备的连接。设备区布置应考虑各线建设时期的差别,减少后期建设线路对已运营线路的影响。

维修区主要包括各系统的调试、维修测试、备品备件及工器具室,满足更换性维修或小修以下的维修要求。一般各系统分设各自的维修室,维修区宜设置在系统设备区附近,尽量与各系统设备室同层。各系统的维护管理用房在条件允许时,可与相应的系统设备用房同层,也可设置在单独的楼层。根据建筑条件、资源共享原则和线路建设时序,线路各系统的维修管理用房可适度整合,多线合用。

辅助设备区主要包括维持大楼正常、高效运转的辅助设备,如供电和低压配电系统、通风空调系统、水消防系统、自动灭火系统、楼宇智能化系统等辅助系统设备的用房区域。

线网(应急)指挥中心的工艺除考虑与控制中心运营操作区、运营管理区、系统设备区、维修区及辅助设备区等一致的要求外,还需要考虑设置在 NCC 的线网级系统如线网培训中心、线网测试中心、线网制票中心、线网客服中心及线网编播中心等的需求。

2. 全自动运行线路的调度工艺要求

西安轨道交通第三轮建设规划线路 8 号、10 号、15 号线以及未来远景规划线路全部采用全自动运行模式,长鸣路控制中心是西安首座承载全自动运行线路的控制中心。

全自动列车运行模式(UTO)与半自动列车运行模式(STO)的一个主要区别是:原本司机做的事情全部转移到控制中心 OCC 来进行,原本车辆段、停车场信号楼行车值班员、DCC 场调的大部分工作内容也全部转移到控制中心 OCC 来进行。因此针对 UTO 全自动运行模式,控制中心应根据新模式下运营生产和管理的需要,增设相应的调度席位和调度工作站,或者在原调度席位上增加工作范围和职责。

西安轨道交通在 2019 年完成了《西安地铁全自动运行专题研究》项目,对全自动运行模式下 OCC 所须承担的基本工作职责以及与各调度席位的对应关系进行了研究和梳理,见表 30.1。

表 30.1　全自动运行模式下 OCC 调度席位及职责

序　号	OCC 工作内容	调　度　席　位
1	列车出入场段的监视	行调/车辆调度
2	行车管理和协调	行调/总调
3	行车调度和监控	行调
4	列车内部的监控	行调
5	列车内部的通话	行调/乘客调度
6	协调指挥行车事故的处置	行调/总调/乘客调度
7	车站管理和协调	乘客调度
8	客运调度和车站监控	乘客调度
9	站台电话监听	乘客调度
10	车站常规机电设备监控和管理	设备调(电环调)
11	车站防灾设备的监控和报警	设备调(电环调)
12	供电系统监控和调度	设备调(电环调)
13	车站机电设备维修管理	维调
14	车辆设备维修管理	维调/车辆维调
15	维修作业计划	维调/车辆维调

全自动列车运行模式下车辆段、停车场的列车出入库均为无人值守，原信号楼的信号值班员岗位的工作职责须纳入 OCC 完成，因此 OCC 须增设车辆调度来负责列车出入场段的监视，或者车辆调度与行调席位整合，由行调席位完成场段车辆调度的工作。同时，场段原 DCC 负责的车辆维修作业也移至 OCC 完成，包括车辆设备维修管理和车辆维修作业计划等，OCC 需要增设车辆维调席位或与原管辖车站机电设备的维调席位整合。该模式下须由 OCC 的调度人员负责与列车上乘客的通话等信息交互工作以及突发事件下的车站客运协调指挥，因此需要增加乘客调度席位。由于乘客调度的工作强度较小，将总调或值班主任助理兼做乘客调度或信息调度。

30.2.3　建筑设计

1. 建筑功能定位

重要性——根据功能定位，控制中心是轨道交通系统运营管理的指挥中心，并按照线网规划及资源共享方案与线网级系统结合设置，是全网最为重要的建筑之一。

工艺性——控制中心属于工艺性建筑，建筑功能复杂，对工艺的技术合理性要求高，应充分梳理工艺要求，对建筑功能进行合理分区，对建筑流线进行反复验证，从而实现三个层次的高度契合：各分区自身功能需求与平面的契合、各功能分区之间衔接关系的契合以及功能分区与建筑体型的契合。

舒适性——控制中心除工艺设备用房外，还设置了大量的运管办公用房。在建筑功能布局、空间营造和建筑设备选型方面应体现“以人为本”的设计理念，优化办公部分的空间尺度和建筑环境，构筑舒适、高效的硬件条件。

标志性——建筑造型设计应充分突显其重要的功能定位，通过对形体、表皮和构造三个层次的推敲打磨，彰显其大气稳重且具有科技感的建筑气质，契合企业文化特征，呼应所处区位的建筑风貌定位，使其成为该区域代表轨道交通的标志性建筑。

绿色可持续性——控制中心建筑规模较大，为贯彻落实《国家新型城镇化规划(2014—2020)》、《国务院办公厅关于转发发展改革委住房城乡建设部绿色建筑行动方案的通知》(国办发〔2013〕1 号)、《国务院办公厅关于印发 2014—2015 年节能减排低碳发展行动方案的通知》(国办发〔2014〕23 号)有关要求，政府投资公益性建筑和大型公共建筑建设中需全面推进绿色建筑行动，按照国家定立绿色节能建筑的星级目标，打造全周期绿色建筑。

2. 基本原则及标准

控制中心应符合所处区位的城市规划相关要求，应处理好用地与城市之间的衔接关系。

控制中心设计应从场地、建筑、防灾、景观等方面进行分析研究，处理好与场段之间的关系，避免冲突矛盾，做到协调统一。

根据控制中心的功能定位，建筑方案应优先考虑其工艺系统需求，合理排布建筑平面和空间，实现设施设备布置集约可靠，运营管理高效便捷。

针对不同使用功能合理组织各种流线，各组成部分分区清晰合理。

建筑造型方案应符合轨道交通控制中心的功能定位和区域规划的城市风貌，与周边建筑协调，风格统一。

建筑类型为一类建筑，耐火等级为一级，设计使用年限为100年，工艺部分建筑层高不低于5.1 m，综合办公部分建筑层高不低于4.2 m，地下室部分建筑层高不低于5.4 m，地下室防水等级一级，屋面防水等级一级；人防等级为常六核六，二等人员掩蔽，绿建等级不低于二星。

3. 总平面设计

控制中心与场段关系——控制中心根据线网规划及资源共享进行选址建设，一般设置于轨道交通车辆段内，以达到集约利用土地和便于运营管理的目的。

控制中心与场段运管中心综合楼关系——控制中心为线网级工程，而场段内的运管中心综合楼为线路级工程，从管辖层级上控制中心更高，不从属于所处场段的线路，因此，保证控制中心运营的独立性是基本需求。从集约用地、集中管理以及综合开发等需求出发，两者合建逐渐成为设计建设趋势，但仍需要从建筑体块、平面布局、竖向布局、入口设置及门禁管理等方面保证控制中心运营的独立性。

控制中心与市政道路的关系——控制中心从运营及消防需求考虑，应设置独立且与市政道路相接的场地出入口，出入口的数量不应少于一处，可按需进行人车分流管理，车行道宽度应满足消防车限界要求，出入口位置可根据场地形态、楼宇体块、建筑形象等因素综合考虑。控制中心场地从内涝防治要求考虑宜高于市政道路。

控制中心与场地的关系——控制中心大楼的建筑主立面及主入口宜朝向场地主出入口，有利于展示建筑形象。次入口应结合场段布局，便于两者之间人员往来通行。后勤物资及垃圾废弃物清理入口应设置于建筑背立面一侧，尽量与主次出入口不同向、不同边设置。地下车库车辆进出口应结合大楼、场内道路、景观绿化及人车分流需求设置。控制中心大楼因场地面积、建筑规模、容积率、建筑密度和绿化率的限制要求，常为高层建筑，甚至为超高层建筑，需要在楼宇周围设置环形消防车道及消防扑救登高场地。

4. 功能布局及平面

(1)功能组成

控制中心是以工艺为核心的多功能综合性建筑，其主要的功能一般由控制调度大厅、各线工艺设备用房(按线成套成组)、运营分中心办公用房部分、餐厨后勤用房部分组成，还有按照线网规划和资源共享设置的清分中心、云平台中心、灾备中心等部分用房。

(2)功能需求

主要工艺设备、监控管理功能包括控制调度大厅、清分中心、云平台数据中心、各线工艺设备用房等，以无人房间为主，对采光要求较低。

运营办公功能包括各个部门办公室、食堂、员工活动室等有人房间，对自然采光通风有较高要求。

(3)功能布局

控制调度大厅根据其工艺特性及运营需求，一般采用无柱的通高大空间，因此常设置于大楼顶层。中央控制室工艺主要是指中央大屏幕和调度台的布局，也是控制中心工艺布置的核心内容。

中央大屏幕及调度台的布置与中央控制室的土建规模以及线路的自动化等级、管理与操作模式等有关，存在较多方案。针对多条线路合设的中央控制室布局方案，一般有按线路划分、按专业划分以及统一整合布置划分三种方案。

各线工艺设备用房应紧邻控制调度大厅设置，一般设置于控制调度大厅的下方，以便于线缆布设和运营维护。

餐厨后勤用房设置与否需根据控制中心是否独立建设、是否与场段餐厅食堂邻近等因素综合确定。控制中心餐厅厨房等相关后勤用房独立建设的话一般设置于控制中心的首层。

运营中心办公用房一般集中设置，与控制中心工艺部分分离，可采用竖向分层法或平面分区法设置，并进行门禁管理，防止无关人员进入控制中心工艺部分。

清分中心、云平台、灾备中心以无人设备用房为主，设备发热量较大，应注意通风空调系统的设置，配套的运营办公用房与设备用房部分同层同区设置。

5. 防火设计

控制中心作为多功能综合性建筑，建筑类型为一类建筑，耐火等级为一级，在设计时应根据各类不同功能进行相对应的建筑设计和防火设计。其中，工艺部分按照《地铁设计规范》(GB 50157—2013)、《地铁设计防火标准》(GB 51298—2018)及《建筑设计防火规范》(GB 50016—2014)设计，采用A类不燃材料；综合办公部分和地下室按照《建筑设计防火规范》(GB 50016—2014)设计。

控制调度大厅的消防问题较为特殊，在满足人员安全疏散口的数量及距离的要求下，还应根据控制调度大厅的特性选择合理的灭火系统，常见的自动喷淋灭火系统因大厅内的电气设备众多不宜采用，但常用于电气设备房间的气体灭火系统因大厅内工作人员较多也无法采用。根据西安多座控制中心的实施经验，目前灭火系统采用喷淋预作用系统+消火栓+灭火器的组合方案。

30.3 设计实践与创新

30.3.1 中央控制室工艺方案

为了便于集中统一指挥和各系统之间的相互协调，中央控制室按照两级调度管理、三层布置格局考虑，分别为显示层、操作层和指挥层。操作层集中设置了行调、电调、环调的调度台，指挥层设置了值班主任调度台、值班主任助理调度台。控制中心中央控制室调度台布置方式如图30.1所示。

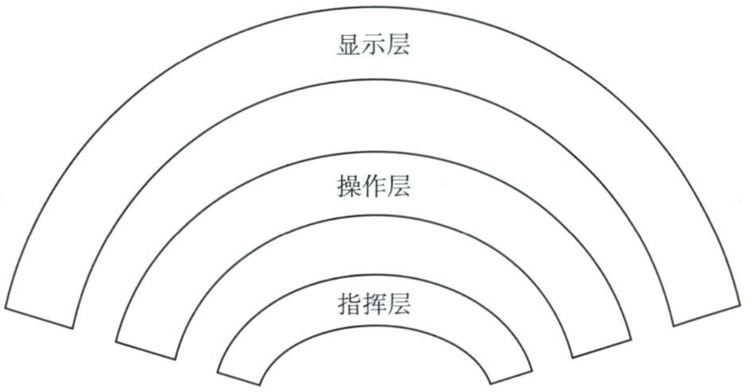

图30.1 中央控制室调度台布置方式示意图

针对多条线路合设的中央控制室布局方案，一般有按专业划分、按线路划分和按每两条线专业调度集中划分三种调度区域划分方案。

方案一：按专业划分调度区域

不同线路同一专业的调度台集中布置在一起，通常分为行车调度区和设备调度区，即各线路行调统一布置在一个区域，各线路环调、电调统一布置在各自区域，根据专业将中央控制室大屏幕划分为行调、设备调度（电力和环境）两个部分，每个部分根据线路数量再做等分布置。该方案特点是各专业集中布置，对于管理模式相同的线路有利于精简调度人员，便于实现线网专业集中控制管理，线路间同专业协调配合容易实现；但由于中央大屏幕根据专业需求进行非等分划分，因而会导致大厅布置不够整齐、美观。而且在线网建设初期，因运营线路较少，会显得整个控制中心大厅各调度台之间布置分散，不便于单线路间不同专业的协调工作。另外,在后续线路建设时,会对运营线路产生一定的干扰。此布置方案适合路网线路基本建设完成,中央控制室一次性建成的集中式控制中心模式。按专业划分调度区域的方式又可以分为两种:一种是划分为行调和设备调度(含电调和环调)两个部分,调度台布置方式是行调和设备调度分两侧设置,如图 30.2 所示;另外一种是划分为行调、电调和环调三部分,调度台布置方式是以行车调度为中心,电调和环调分别设置在行调两侧,如图 30.3 所示。

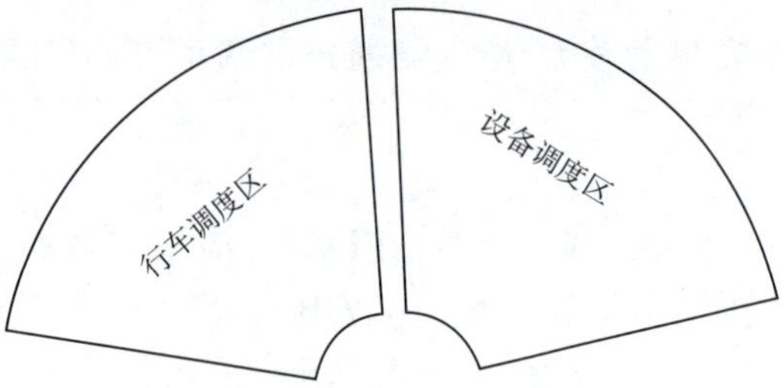

图 30.2 调度台按专业划分示意图
(分两部分)

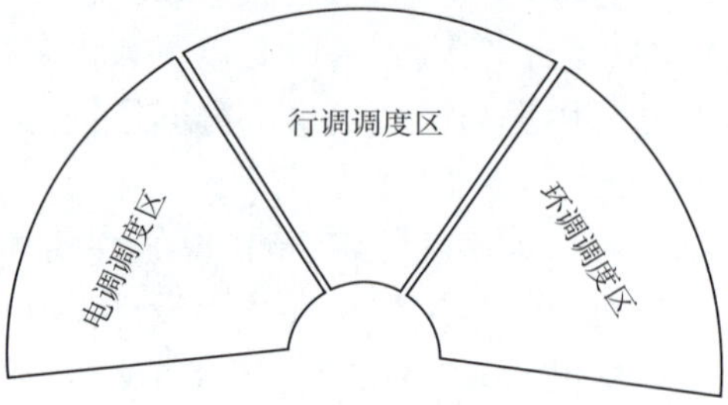

图 30.3 调度台按专业划分示意图
(分三部分)

方案二:按线路划分调度区域

以线路为单位,将中央控制室划分为数个相对独立的区域,每个区域对应一条线路,同一条线路的行调、环调和电调的调度台集中布置在一起,调度台以线路为单位排列。该方案的优点是各功能块等距离布置,整个大厅的布置整齐、便于线路内各专业间的交流和协调。由于各线采用独立单元块布置,后续线路建设时对运营线路的影响小,便于中央大屏幕和调度台的扩展,也便于控制中心分期实施。该方案的缺点是不便于同一专业调度人员之间的交流和相互替代,不利于实现人力资源共享。另外,各线路调度区域的位置分配按建设时间先后顺序安排,最先建成的线路排在中间位置,后续线路按照时序一左一右的顺序靠近中间位置,可使整个中央控制室布置紧凑有序。

方案三:按每两条线专业调度集中划分调度区域

以每两条线路为单位,将中央控制室划分为数个相对独立的区域,建设时序相近及关系密切的两条线路合并在一个调度区域。每两条线路行调统一布置在一个区域,环调、电调统一布置在同一区域,根据专业将中央控制室大屏幕划分为行调、设备调度(电力和环控)两个部分。该方案吸收了方案一和方案二的优点,有效避免了方案一和方案二的不足,使得整个中央控制室的布置较为整齐。由于每两条线采用独立单元块布置,后续线路建设时,对已运营线路的影响范围相对较小,便于大屏幕和调度台的扩展及控制中心所辖线路的分期实施。由于每两条线各专业调度集中,便于同一专业调度人员之间的交流和相互替代,可以实现人力资源共享。

西安初期建设的渭河控制中心采用了调度区域按线路划分的方案,区域划分明确,便于初期建设线路按规划分期实施且干扰较小,同时方便了同一条线路调度员之间的交流。二期规划建设的航天城控制中心和三期规划建设的长鸣路控制中心均采用了按每两条线专业调度集中划分调度区域的方案,如图 30.4 所示。

30.3.2 大屏幕工艺方案

中央大屏幕系统主要用于动态显示全线列车的运行情况、信号设备状态、实时客流信息、各变电所开关位置及接触网带电状态、全线火灾报警设备状态及报警信息、通风空调及各种机电设备状态、动态显示视频监控画面等内容。

西安初期建设的 1 号、2 号线大屏幕采用了 67 英寸、灯泡光源、3 行 9 列布置的 DLP 显示屏方案。经过多年的发展,同时具有 LED 和 DLP 优点的 LED 光源的 DLP 显示屏应运而生。LED 光源具有效率高、寿命长的特点,省去了灯泡耗材的投入,降低了使用成本。另外,LED 光源的 DLP 显示屏色彩表现力更

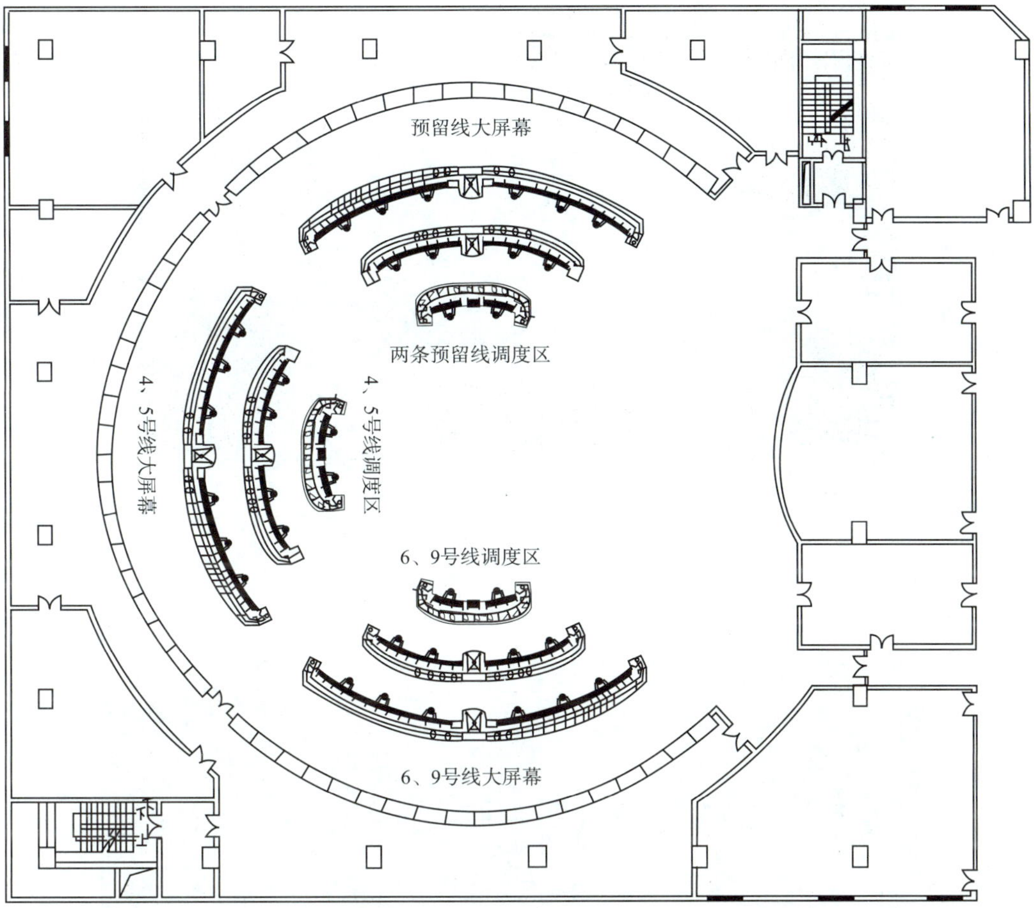

图 30.4 调度台按每两条线路划分的调度大厅布置示意图

强，绿色环保，稳定性高，比传统的 DLP 显示屏更适合使用在城市轨道交通调度指挥领域中。因此，后续建设的 3 号线采用了 67 英寸、LED 光源、3 行 9 列布置的 DLP 显示屏方案，4 号、5 号、6 号、9 号线均采用了 70 英寸、LED 光源、3 行 9 列布置的 DLP 显示屏方案，14 号线西段采用了 70 英寸、LED 光源、3 行 11 列布置的 DLP 显示屏方案。

30.3.3 桌面云与坐席管理系统融合方案

目前，西安三期规划建设的长鸣路控制中心正在研究桌面云与坐席管理系统融合方案，该方案能够对接控制中心的所有业务系统，将控制中心调度台下的云桌面瘦客户端进行融合配置，将云桌面瘦客户的视频信号、USB 键盘鼠标信号、USB 数据信号、音频信号接入坐席管理系统，可以实现坐席管理系统和各个专业虚拟化业务系统的无缝融合，从而简化云桌面瘦客户端的部署，提升调控效率。用一套桌面云与坐席管理系统融合方案即可实现各虚拟化业务系统的一人多机、一屏多机、一屏多画、KVM 切换、可视化操作、权限管理、多席位协同、场景化联动等功能。

30.3.4 线网（应急）指挥中心

1. 总平面设计

西安轨道交通线网（应急）指挥中心位于西安市未央区尚稷路南侧，与 2 号线渭河车辆段合并选址，设置独立场地，采用围墙与场段隔离。线网（应急）指挥中心因选址深入车辆段内，为了与市政道路相连，专门建设一座上跨立交的桥跨越段内股道和车行道，以及一处下穿出入段线的下穿涵洞。楼体四周设置消防环道，如图 30.5 和图 30.6 所示。

图 30.5 线网(应急)指挥中心

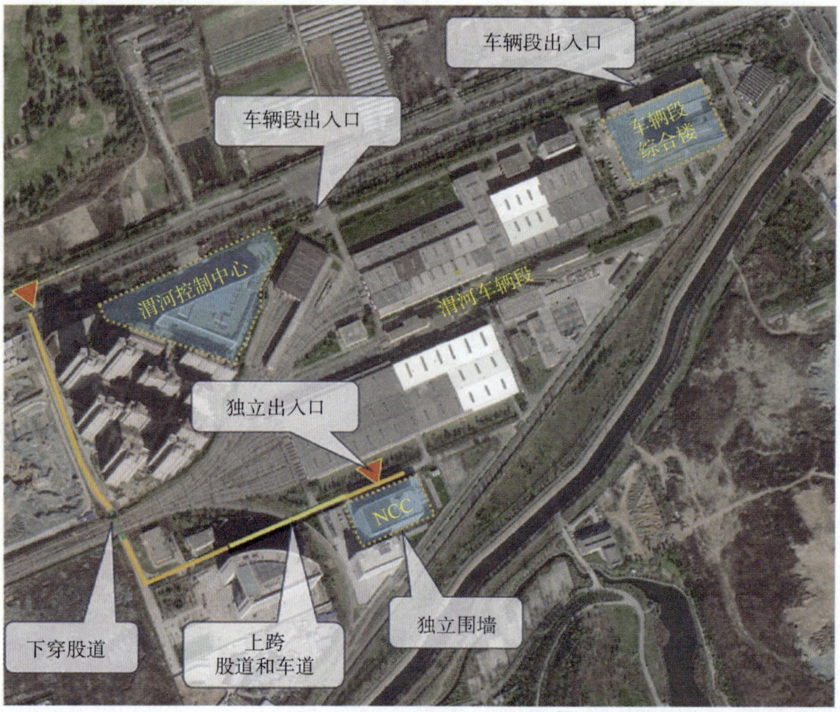

图 30.6 线网(应急)指挥中心与场段关系图

线网(应急)指挥中心基地形状整体呈梯形,主体建筑采用了一大一小的两个高低体块穿插构成。其中主楼为地上 5 层,裙楼为地上 2 层,总建筑面积为 13 887.61 m^2,建筑高度 23.85 m。主入口设置于楼体北侧。

2. 平面功能布局

线网(应急)指挥中心设置有中央控制室、测试中心、线网中央级设备用房、制票中心、变电所、厨房餐厅等功能性用房。建筑采用竖向分层、平面分区的组合布局方案划分各个功能分区。中心首层设置客服中心、线网支票中心和餐厅厨房,二层设置线网自动售检票应用及测试实验室、编播中心预留用房,三层设置线网中央级设备用房,地上中央控制室为两层通高,设置于顶层。

3. 设计特点

线网(应急)指挥中心建筑体量不大,布局紧凑,兼顾了工艺需求和人员办公日常需求。用地选址深入车辆段内,对外交通不便捷。

30.3.5 渭河控制中心

1. 总平面布局

渭河控制中心位于西安市未央区尚稷路南侧,与轨道交通 2 号线渭河车辆段合并选址。渭河控制中心设置独立场地,采用围墙与场段隔离,中心场地与市政道路直接相连,设置有独立的出入口。楼体四周设置消防环道,如图 30.7 和图 30.8 所示。

图 30.7 渭河控制中心

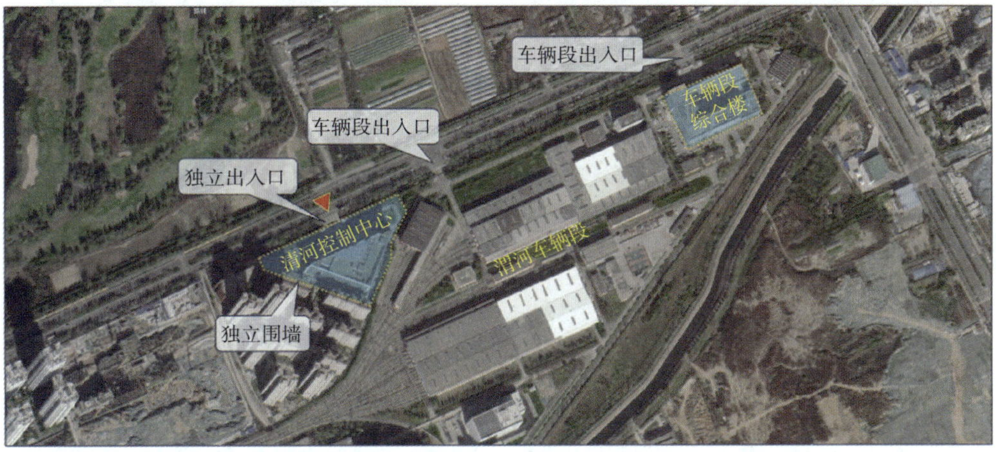

图 30.8 渭河控制中心与场段关系图

渭河控制中心基地形状为直角三角形,主体建筑与场地契合,为地上六层、地下一层建筑。总建筑面积为 26111 m^2,建筑高度 30.7 m,其中办公部分 8142 m^2,生产调度部分 11977 m^2,辅助功能部分 5992 m^2。

2. 平面功能布局

渭河控制中心主入口位于三角形斜边中部,以东西两侧形体进行功能分区。其中控制调度大厅采用了两层通高方案设置于东翼顶层空间,运营办公用房与各线工艺用房平面分区采用了“平面分区”布局,各线工艺设备用房设置在主楼的东翼,位于控制调度大厅的正下方,而运营中心办公用房设置在主楼的西翼。西翼首层按控制中心定员设置了独立的食堂和配套用房。

3. 设计特点

渭河控制中心三角形形体与基地的契合度较高，左右两个形体分别布置办公与生产调度功能，分区较为合理。建筑造型稳重典雅，标志性突出。办公与生产调度形体同层布置导致办公空间层高较高，没有充分利用层高优势。办公室设置在北侧夹角空间，采光较差。

30.3.6 航天城控制中心

1. 总平面布局

航天城控制中心位于西安市长安区轨道交通4号线航天基地车辆段内，控制中心采用与场段独立设计方案，两者选址用地之间用围墙隔离。航天城控制中心场地可与市政道路直接相连，楼体四周设置消防环道。航天城控制中心及其与场段关系图分别如图30.9、图30.10所示。

图30.9 航天城控制中心

图30.10 航天城控制中心与场段关系图

航天城控制中心用地整体呈长方形，主体大楼平面为矩形，地下一层、地上九层，建筑高度44.7 m，总建筑面积约35 773 m^2。控制中心大楼周边设置消防环道，建筑主入口设置于大楼南侧，次入口和地下车库入口设置于大楼北侧，在大楼西侧设置地面停车场。

2. 平面功能布局

航天城控制中心大楼为矩形平面，楼梯中部设置采光井。建筑整体采用了竖向分层划分功能的布局方案，控制调度大厅采用两层通高方案设置于大楼顶层，各线工艺设备用房设置在控制大厅的下方，运营办公用房设置于工艺用房的下方，首层设置清分中心。

3. 设计特点

航天城控制中心设备层分区明确，每两条线路设备房为方便管理合用一层，且与控制大厅上下对应。中心体量进深较大，由于办公空间与设备上下布置，办公区部分房间只能向采光较差的中庭开窗，自然通风较差。

第 31 章　主变电所与外部电源

主变电所和外部电源作为城市轨道交通各系统设备的动力来源,具有十分重要的地位。在线网规划阶段,就应开展主变电所和外部电源资源共享研究,结合线路走向、车辆选型、地方电网资源配置等情况,确定外部电源供电方式及电压等级,初步确定线网主变电所的位置,为集约高效地利用城市公共电网资源和土地资源奠定基础;在建设规划阶段,应编制配套外部电源规划专题研究,并获得地方电力部门的认可;在可行性研究阶段,应对外部电源、主变电所或电源开闭所的设置、主接线形式进行研究,合理选择主变容量以及无功补偿措施;在初步设计阶段,应完善主变电所系统方案和设备参数,同时编制完成外部电源接入方案,并通过当地供电部门审查和批准。

31. 1　主变电所

31. 1. 1　主变电所的规划及设置

1. 轨道交通供电基本要求

轨道交通作为人员密集的公共基础设施,一旦出现影响运营的故障,将造成巨大社会影响,而主变电所作为列车牵引、车站动力照明的电能来源,对保证轨道交通的可靠运行起着举足轻重的作用,为此,《地铁设计规范》(GB 50157—2013)对电源可靠性规定如下:

(1) 供电系统中的各类变电所应有双重电源。每个进线电源的容量应满足变电所一、二级负荷的要求。

(2)主变电所、电源开闭所进线电源应至少有一个为专线电源。

(3)为变电所供电的两个电源可来自上级不同的变电所,也可来自上级同一变电所的不同母线。

轨道交通采用何种供电方式、供电运行模式,均以上述要求为约束条件,同时结合城市电网的构成、分布进行方案研究。轨道交通外部电源的引入方式,一般可分为集中式供电和分散式供电,详见表 31. 1。

集中式供电是由轨道交通自建的牵引变电所及降压变电所供电的外部供电方式。在一条城市轨道交通线路沿线需要集中配置若干座轨道交通专用的主变电所,每个主变电所由城市电网提供两路独立可靠的电源,电源进线电压一般为 110 kV,由主变电所降压变为适当的中压后,集中向城市轨道交通沿线的牵引变电所和降压变电所提供中压电源。

分散式供电是指城市轨道交通沿线分散引入城市中压电源,直接(或通过电源开闭所间接)为牵引变电所及降压变电所供电的外部供电方式。分散式供电要保证每座牵引变电所和降压变电所均获得双路电源,客观要求城市轨道交通沿线有足够的电源引入点及备用容量。

根据西安市城市电网现状,为确保的供电可靠性,西安轨道交通采用建设主变电所的集中供电方式,进线采用 110 kV 电压等级。

2. 主变电所设置原则

主变电所的设置是轨道交通线网规划的重要组成部分。其规划和设置直接影响轨道交通网络中主变电所工程投资和运行经济效益,在线网规划和建设规划阶段应当对主变电所进行规划和布置。主变电所应按以下原则布置:

表 31.1 集中式和分散式供电方式比较表

供电方式	集中式供电	分散式供电
城市电源引入方式	一般每座主变电所需要引入两路独立的 110 kV 等级外电源	沿轨道交通线路引入多路城市电网中压电源,一般为 10 kV、35 kV 等级
供电可靠性	可靠性较高。 (1)轨道交通供电系统设有专用 110 kV 电源和专用的 110 kV 变电所,受外界因素影响较少。 (2)110 kV 电网为高压输电电网,电气设备的绝缘等级、制造水平、继电保护配置等要求都比较高,线路故障率相对较低。 (3)城轨供电系统相对独立,与城市电网接口少,每座主变电所与城市电网仅有两处 110 kV 接口,系统接线简单,故障率低。 (4)主变电所间或者每座主变电所的两回进线间可以相互支援	可靠性较低。 (1)同时受 110 kV 和 10 kV(或者 35 kV)电网故障的影响,受外界因素影响较多。 (2)10 kV(或者 35 kV)电网引起故障的因素较多,故障率较 110 kV 电网要高。 (3)轨道交通供电系统与城市电网有很多的电源接口,故障/检修时转电操作复杂,事故概率大
供电质量	供电质量好。 (1)外电源电压等级高、输电容量大、系统短路容量大、抗干扰能力强、电网电压波动小。 (2)主变电所采用 110 kV/35 kV 有载自动调压变压器能够自动调整电压	供电质量较好。 10 kV(或者 35 kV)城市电网为用户端网络,用户较多,系统网压波动较大,负荷性质和大小变化较大
中压网络电压	不受城市电网限制,可根据负荷自行选择,一般为 35 kV	一般与城市外电源同等级,为 10 kV(或者 35 kV)
对城市电网的影响	(1)110 kV 电网允许接入的牵引整流负荷较大,采取一定的滤波措施后,谐波造成的影响易满足电网的要求。 (2)牵引整流负荷经过两次以上的变压器隔离后,已经大大减少了对电力系统其他用户的影响。 (3)牵引整流负荷对 110 kV 电网的干扰相对小	(1)牵引整流机组产生的高次谐波直接接入 10 kV(或者 35 kV)用户网,对电网中其他用户的影响较大;若采取措施减小影响,需要增加投资。 (2)牵引整流负荷造成的电压波动和闪变对 10 kV(或者 35 kV)中压电网的干扰较大
主变电所资源共享	城轨线路间可共享主变电所,也可以与城市电网合建	对于中压网络资源丰富地区,可节省单独建设主变电所费用
实施难易程度	(1)仅涉及城市电网的个别地区变电所增容改造,工程量小,涉及面小,外部电源的建设接口较少 (2)在城市内部进行主变电所的选址难度大	涉及城市电网中较多数量的增容改造或者新建,工程量大,涉及面广,报批手续繁琐复杂,外部电源的建设相对难以实施
系统投资成本	(1)需要新建轨道交通专用主变电所,一次性投资较大。 (2)从线网角度规划主变电所的设置,系统投资可以得到有效控制。 (3)若主变电所设置的规划先行,主变电所的用地和出线间隔及路径得到有效的事先控制,主变电所的一次投资成本可以大大降低	需要对既有的地区主变电所进行增容改造,外部电源的路径较多,投资分项多且杂。但是一般而言,城市轨道交通供电系统一次性投资成本相对较低
运营管理	(1)与城市电网的接口少,轨道交通供电系统自成系统,调度和运营管理方便。 (2)输电线路损耗低,运营成本低	(1)与城市电网的接口多,调度和运营管理环节多,故障和检修情况下调度很不方便。 (2)线路损耗大,运营成本高

(1)规划的城市轨道交通供电系统的主变电所能够保证向轨道交通的各用电设备安全可靠供电。

(2)主变电所规划应综合考虑各条线路负荷特点,合理确定线路主变电所的位置和数量。

(3)主变电所规划应以城市轨道交通线网规划为基础,综合考虑城市轨道交通线路走向、线路关系、建设时序,对主变电所资源共享进行充分研究,以整体线网观念去布局设置。

(4)主变电所的用地一般控制在 2 500 ~ 3 000 m^2,避免设在建筑物密集的区域,减少拆迁,便于落实站址;当地面无主变电所设置条件时,可以设置地下主变电所,但须满足使用功能和消防安全等要求。

(5)主变设置应符合城市规划用地布局、环境保护、防内涝、消防安全和城市景观要求,避开易燃易爆区和严重污秽区、具有适宜的地质、地形和地貌条件(如避开断层、塌陷区等)。周围环境宜无明显污秽,同时应考虑与周围环境、邻近设施的相互影响。

31.1.2 主变电所电力系统方案

主变电所电力系统主要包括 110 kV 侧主接线、35 kV 侧主接线、主变压器、无功补偿、电力远动系统等。

1. 110 kV 侧主接线选择

目前国内轨道交通主变电所 110 kV 侧主要采用线路—变压器组、内桥接线和单母分段环进环出三种接线方式，如图 31.1 所示。

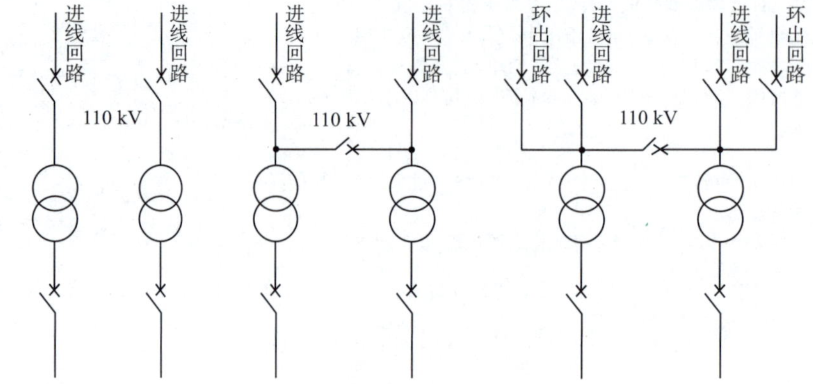

（a）线路—变压器组　（b）内桥接线　（c）单母分段环进环出

图 31.1　主变电所高压侧主接线形式

三种接线方式对比见表 31.2。

表 31.2　主变电所高压侧常用的三种主接线方式对比

主接线形式		线路—变压器组	内　桥	单母分段环进环出
运行方式	正常	正常运行方式下，两线路各带一台主变压器	在正常运行方式下，桥联断路器打开，类似于线路—变压器组接线，两路线路各带一台主变压器。因线路侧装有断路器，线路的投入和切除十分方便	在正常运行方式下，110 kV 引进进线的同时，设置 110 kV 出线，对轨道交通而言，类似于内桥接线，两路线路各带一台主变压器
	异常	（1）一台主变或一条线路故障退出运行时，由另一组线路—变压器组承担本主变电所范围内的全部一、二级用电负荷，对相邻主变电所无影响。 （2）如主变压器一、二级负荷的负载率较高，当主变或线路发生故障时，可以通过相邻主变电所联络来转移部分负荷，实现相互支援	当送电线路发生故障时，只需断开故障线路的断路器，不影响另一回路正常运行。需要时也可以合上桥联断路器，由一路进线带两台主变压器	类似于内桥
优点		接线最简单、设备最少	可靠性高	可靠性高，环出 110 kV 出线可作为馈线间隔资源，供轨道交通自身其他线路或供电部门使用
缺点		一条线路故障或检修时，对应的变压器停运。 一台变压器故障或检修时，对应的线路停运。 运行方式不够灵活，负荷转移需通过中压侧或相邻主变电所	变压器的切除和投入较复杂，需动作两台断路器，桥断路器检修时，两个回路需要解列运行	类似于内桥，容易造成责任不清，管理界面不清晰

续上表

主接线形式	线路—变压器组	内　桥	单母分段环进环出
适用范围	一台主变压器退出时，另一台主变压器能承担本主变电所供电范围内的全部一、二级负荷，适用于城市电网比较可靠、成熟地区	对于电源线路较长、故障率较高的情况	电源线路有穿越功率时，外部电源条件薄弱时
应用情况	应用广泛	应用较多	轨道交通采用较少

通过对三种主接线形式的分析，根据西安地区电网特点，对于共享主变电所建议采用内桥接线，对于仅为一条线路供电的主变电所，推荐采用线路变压器组。

西安供电公司要求在建或规划主变电所原则上近期采用内桥接线，远期采用单母线分段接线，且110 kV 母线每段各预留出线开关一回。在具体的实践中，本着稳妥的原则，建设中主要以地方电网提供专用线路为主，在特别困难情况下，引接自身预留馈出间隔。目前仅西安轨道交通 3 号线博文路一路110 kV 引自西安轨道交通 2 号线会展中心主变电所馈出间隔。

2. 35 kV 侧主接线方案

主变电所 35 kV 侧采用单母线分段接线形式，设置母线分段开关，如图 31.2 所示。

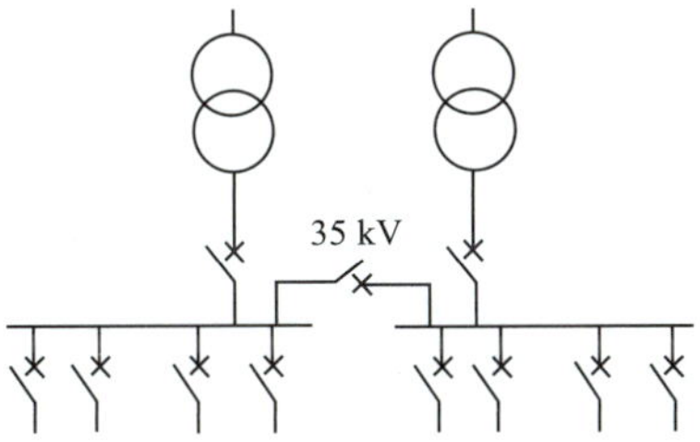

图 31.2　主变电所中压侧单母线分段主接线

正常情况下，两段母线分列运行，牵引变电所和降压变电所可以从不同母线取得中压电源。当一路高压进线失电或一台主变压器退出后，通过中压母线分段开关备自投，由另一台主压器承担本主变电所范围内的全部一、二级用电负荷，根据供电系统负荷变动情况，确定是否切除三级负荷。当一段中压母线故障时，通过闭合母联开关，由主变电所的另一段中压母线继续供电。

3. 主变压器

主变容量应结合工程负荷、轨道交通资源共享、运行方式、建设及运营成本等综合考虑确定。轨道交通网络化建设已是普遍情况，主变容量的选择在满足本线工程负荷的前提下，应结合轨道交通主变资源共享的相关原则或上位文件，进行资源共享设计，主变容量应以线网规划容量为基础条件进行核算。主变压器容量应能满足“N-1 准则”。正常运行时，两台主变压器共同承担本站供电范围内的用电负荷。当一台主变压器退出运行时，另一台主变压器应能承担供电范围内的一、二级负荷。根据《地铁设计规范》(GB 50157—2013)，按近期、远期两种情况，分别计算各种运行方式下的用电负荷，并按照资源共享设计要求，考虑共享线路的负荷，形成主变负荷计算成果，作为容量选择的依据。

主变压器各侧阻抗值的选择必须从电力系统稳定、潮流方向、功率分配、继电保护短路电流、设备短路电流分断能力、系统内的调压手段等方面进行综合考虑。

主变分接头应根据电网电压水平选择，主变采用有载调压变压器。实际工程中主变压器分接头范围一般选择[(110 ±8) ×1.25%]kV。其主分接头位置则根据城网的潮流计算来确定。

西安地区既有及在建的主变电所的主变压器均采用户内安装，冷却方式采用油浸自冷(ONAN)。

西安轨道交通主变电所 110 kV 侧一般采用间隙接地，35 kV 侧均采用中性点经小电阻接地方式，接地电阻按照满足电力部门对于单相接地电流限值要求选取。

4. 无功补偿

轨道交通电缆线路长，负荷波动性大，无功的补偿也是轨道交通供电系统的重点问题之一。轨道交通无功功率的来源主要有三部分组成：外部电源部分、中压系统部分、低压系统部分。

外部电源和中压系统无功产生的原因类似，在线路开通初期或夜间停运后，主变电所负荷较小，末端负载消耗的感性无功也较小，轨道交通高压、中压供电网络系统均为电缆线路，线路上的电缆充电功率是构成中压系统、外部电源系统无功功率的主体。轨道交通内低压配电系统大量使用铠装电缆，其分布电容也会对功率因数有一定的影响。

由于产生无功的源头是分布在整个供电网络中的，因此，对无功功率的补偿就形成了集中式补偿与分散式补偿两种无功补偿方式，见表31.3。

表31.3　无功补偿方案比较

无功补偿方案	集中式补偿	分散式补偿
补偿方式	在110 kV主变电所安装无功补偿设备集中治理	在每个35 kV牵引所、降压所和跟随所都进行动态无功补偿
补偿效果	良好	良好
成本	低	高

轨道行业一般采用集中补偿方式，即在主变电所35 kV测进行补偿。

5. 电力远动

主变电所是连接地方电网的接口，系统通信专指为满足电力系统的设计习惯，与地方调度部门通信的系统。一般至少包含语音业务（调度电话等）、数据业务（系统继电保护和安全自动装置数据、调度自动化数据、管理信息数据等）。数据业务依靠综合数据通信网，也就是电力企业进行行政业务管理的内部数据网络支撑，与互联网（信息外网）物理隔离。电力综合数据通信网为网状拓扑结构，变电所综合数据通信网应遵循灵活接入原则，就近接入综合数据通信网的汇聚点。西安地区传输网架以SDH技术为基础，在结构上分为主干传输环网和接入环网两大层面。

31.1.3　主变电所工程设计

1. 主变电所建筑

城市轨道交通主变电所按照建筑形式分为地面式、半地下式和全地下式三种，设置形式的选择是根据主变选址位置周边的现状及规划条件决定的。

当场地受控条件较少时首选采用地面式主变，可有效地降低土建投资及运营成本，便于消防救援，防洪防涝措施简单可靠。

当场地工程条件受限，或用地规划为城市绿地，对选址位置的景观要求较高时，可采用半地下或全地下主变，全地下主变要设置出地面的疏散口和风亭等设施。

由于输送电力的特殊性，主变电所往往位于城市干道的主要位置，应设置围合封闭措施，场地宜设置两处出入口与市政道路衔接，便于管理运营和消防扑救。主变电所如果与周围其他建筑距离很近或者贴邻合建时，主变电所的运行不能影响其他建筑物的使用，应考虑防火消防间距、交通的组织、采光、通风及噪声建筑物理因素。

主变电所生产用房主要有主变压器室、散热器室、110 kV GIS室，35（10）kV配电装置室、电抗器室、无功补偿室、站用变室、二次设备室、蓄电池室、消防控制室等。辅助用房设有安全工具间、资料室、卫生间、警卫室等。

主变电所建筑造型应与环境的融合，并注意节能环保和噪声控制。

2. 主变电所结构

主变电所建筑结构择优选用规则的形体，其抗侧力构件的平面布置规则对称，侧向刚度沿竖向均匀变化,竖向抗侧力构件的截面尺寸和材料强度自下而上逐渐减小,避免侧向刚度和承载力的突变。主变电所地下部分采用钢筋混凝土框架剪力墙结构,地上部分可采用现浇钢筋混凝土框架结构或装配式钢框架结构。

结构楼面荷载的取值根据实际的工艺、设备、运输等条件确定。运输通道按运输的最重设备计算。当电缆层电缆系吊在上层楼板下或在楼板板面活动地板内布置电缆时,楼面荷载应计入电缆荷载重。

主变电所宜建造在密实、均匀、稳定的地基上,当处于湿陷性黄土、软弱土等不利地段时应采取相应的措施,如进行地基处理或采用桩基等。基础形式的选择应根据工程地质和水文地质条件、建筑物特点及其作用在地基上的荷载大小和性质、施工条件等因素综合考虑确定。

3. 主变电所辅助系统

主变电所为独立区域,需要设置通风空调、给排水辅助系统。

变电所常用通风方式有自然通风和机械通风。应根据变电所的特点灵活设计,注重节能。主变电所尤其是地下式主变电所,需根据设备散热量以及易产生特殊气体的房间(GIS 室、蓄电池室等)设计合适的通风系统。对于散热量大的变压器室、SVG 室、电抗器室等应着重复核算通风能力。

对于空调和采暖,由于主变电所在城市范围内分布较广,不太容易采用集中式系统供冷或供暖,需要灵活设计。对场段内的主变电所与场段供暖结合考虑,对于独立构筑物,一般对人员经常活动的房间(如继电器室、会议室、机动用房、更衣室、卫生间等)设置变频多联空调系统或设置辐射式电暖器。

一般主变的生活用水和消防用水分网设置。给水系统水源应根据站址附近供水条件,经技术、经济比较后确定,宜优先选用已建供水管网供水。生活污水、事故排油、生产废水和站区雨水宜采用分流制。生活污水应处理达标后复用或定期清理。生活污水可排入城市污水系统统一进行处理。

变电所内应设置事故油坑和事故油池,以接收事故时变压器等设备的漏油和可能产生的含油污水。事故油坑、事故油池的容积需保证事故时废油和含油废水不污染环境。

消防是事关安全的头等大事。一般在建筑设计时,对建筑防火间距、耐火等级、消防疏散要求、防火和防烟分区设置、疏散标识设置都有明确的设计。主变电所场区内设置环形消防车道,地下部分的设备房均采用了 FAS 火灾自动报警系统和 GCS 气体灭火控制系统以及全气体自动灭火系统,其他消防用水引自邻近消防管网,并补充布设推车式干粉灭火器、手提式 CO_2 灭火器、手提式干粉灭火器等消防设施以满足不同火灾情况的需求。

设置于非场段独立区域的主变电所,一般还配置有安防相关的子系统,包括门禁、图像监视子系统(视频摄像系统)、电子围栏、红外对射报警器、光纤周界报警器等,以确保主变电所区域与周边的隔离和安全。

4. 环境影响

主变电所电磁辐射固定污染源主要为主变电所中对环境产生持续电磁辐射的部分固定设备,主要为 110/35 kV 高压变电系统的线路及相关设备,如变压器、开关及母线等。该系统电压高、电流大,且持续向周围空间辐射电磁波,但因其频率为 50 Hz 及其谐波,故辐射强度较弱,衰减较快。

西安轨道交通主变电所的 110 kV 进线一般采用电缆方式,有很好的屏蔽作用,主变电所的高压设备均布置于室内,高压电缆在地面的电场强度最大值 0.114 kV/m(仅为标准限值的 2.9%),磁感应强度最大为 0.000 23 mT(仅为标准限值的 0.23%),不会危害附近居民的身体健康。

西安轨道交通主变电所选址时一般距电磁环境敏感点距离较远,经多次测试,在已投入运营的主变电所围墙外 1 m 处测得电磁辐射水平均满足要求。

主变电所的进出电缆设于地下,并应布设在远离敏感点的一侧,埋设深度尽量加深,并对电缆进行良好的屏蔽和滤波,对主要设备采取有效的接地和电磁屏蔽。

为消除主变电所附近居民的顾虑,根据《电磁环境控制限值》(GB 8702—2014)和《地铁设计规范》(GB 50157—2013)要求,结合环境影响评价结论,主变电所距离居民区、学校、医院等敏感点控制在 30 m 以上，困难情况下不低于15 m。工程建设前，建设单位应与主变电所附近民众、相关单位进行充分沟通，消除、解决民众的疑虑和提出的问题，体现工程建设与社会的和谐。

31.2 外部电源

城市轨道交通外部电源，是指从国家电网获取电能，经由自建供电线路，将电能传输至城市轨道交通的110 kV 主变电所的电力传输系统。由城市轨道交通110 kV 主变电所降至35 kV，传输至城市轨道交通正线的各终端降压站，向各种用电设备源源不断地供给能量。

31.2.1 外部电源的基本要求

城市轨道交通工程外部电源的设计，一般结合城网架空线走廊或电缆通道进行。外部电源设计的一般原则要求如下：

（1）根据《地铁设计规范》（GB 50157—2013）的要求，两路外部电源可来自上级不同的变电所，也可来自上级同一变电所的不同母线，且其中至少有一回为专线电源。

（2）所有外部电源应就近从城网引至电源变电所（变电所或开闭所）。

（3）电源线路在城区宜采用电缆线路引入，在郊区可采用架空线路引入。

（4）对于电缆线路，引至同一电源变电所的两回电源线路应敷设在不同的电缆通路或同通路的不同支架和管道内；电缆形式及导线截面积的计算应根据所处环境温度、敷设方式下的载流量等确定；电缆金属外护套的感应电压应满足《电力工程电缆设计标准》（GB 50217—2018）的相关要求，并应满足防蚁、防火要求。

（5）电缆（架空线）导体的输送容量，应根据各种运行方式下的负荷情况确定。工程设计应考虑当地气象条件，技术条件应满足运行要求，同时应满足防雷、防震要求。

31.2.2 轨道交通外部电源工程

外部电源接入工程主要包括高压廊道建设、地方电网侧间隔扩建、电缆工程、系统继电保护及安全自动保护、系统自动化、系统通信工程。

高压廊道在市区一般采用电缆隧道，断面尺寸满足供电单位及城市轨道交通运营需求，在郊外可采用架空线路，当穿越重要道路时可采用顶管施工，穿越河流时可采用下穿或电缆廊桥。地方电网侧间隔扩建包括地方330 kV 或110 kV 变电所的110 kV 出线间隔改扩建工程：外部电源电缆一般采用单芯（铜芯）交联电力电缆，截面根据负荷计算确定；外部电源系统继电保护及安全自动装置，以110 kV 系统为例（各个城市不同），一般包括110 kV 线路保护及其重合闸、110 kV 母线保护、110 kV 故障录波装置、备用电源自动投切装置等；系统调度自动化包括远动装置、电能量计量系统、电能质量在线监测装置、数据网接入及二次安全防护设备；通信系统一般采用光纤通信，城市轨道交通主变电所建成后应同时接受轨道交通调度中心和地方电调的调管系统通信设计应满足西安地区电网地调对电力调度电话、通信调度电话、生产管理电话、调度自动化、继电保护对通道的配置要求。

31.2.3 西安电网区域特点

我国城市电网的电压等级一般以500 kV、220 kV 为输电电压等级，以110 kV 为高压配电电压等级，以35 kV、20 kV、10 kV 为中压配电电压等级，以0.4 kV 为低压配电电压等级。

西北地区与全国其他地区不同，采用的750 kV、330 kV 输电电压等级，由于330 kV 变电所投资大、占地大、对环境影响大，加上西安地区经济原因，建成的330 kV 变电所较少。2020 年底，西安地区共运行35～330 kV 变电所278 座，主变总计625 台，总容量34 818.58 MV · A。西安供电公司管辖变电所173 座，主变总计390 台，总容量28 842.75 MV · A。其中330 kV 变电所16 座，主变46 台，容量14 520 MV · A，分别是新盛、河寨、南郊、上苑、长乐、东郊、草滩、北郊、聂刘、代王、星城、滈河、玄武、古骆、训善、奥体中心变电所。

就电源点来说，其他城市的 220 kV 变电所数量远多于西安地区 330 kV 变电所数量。据不完全统计，截至 2020 年底，济南拥有 220 kV 变电所 46 座、青岛 40 座、深圳 50 座、郑州 46 座、石家庄 54 座。可以看出，相对于其他城市，西安地区外部电源条件较差，可用于轨道交通的专用外部电源间隔紧张。同时，早期建成变电所已基本没有出线间隔，新建成变电所大部分位于郊区，引入电源需修建长距离电缆沟道。

31.2.4 西安轨道交通外部电源工程特点

轨道交通主变电所与外电源线路设置是一个构成简单，而建设极其复杂的工程。城市电网架构越不完善，则城市轨道交通外电源建设成本越高。西安地区电力系统的现状和构成，造成了西安轨道交通外部电源建设的困难，主要表现在：

(1)由于西安地区既有 330 kV 变电所站点少，新建周期长，变电所的出线间隔紧张，难以满足快速发展的城市轨道交通用电需求。

(2)由于市区 330 kV 变电所建成时间长，剩余间隔紧张，因此城市轨道交通外电源只能取自城区外围新建变电所，不能就近取电，造成城市轨道交通外电源线路较长。在一些电力设施较好的城市，作外电源方案时通常仅研究本区电力现状和规划，而在西安，却需要在更广的区域范围选点。

(3)外部电源工程投资大，实施困难，由于西安地区的电力沟道布局不尽完善，绝大部分城市轨道交通外电源沟道需要新建，而且为了统一利用路径资源，新修沟道断面净尺寸统一为 2 m × 2 m。由于外部电源长度较长，造成线路需跨越河流、道路，部分地段涉及拆迁的情况较多，投资巨大，工程实施困难。

31.2.5 西安轨道交通外部电源规划

2009 年，西安轨道集团编制了《西安地铁 1 至 6 号线外部电源规划》。2019 年，为配合西安市轨道交通第三期建设规划，西安轨道集团编制了《西安市地铁第三期建设规划(2018 ~ 2024)外部电源系统规划》，并通过了供电部门的审批。在规划编制过程中，编制单位以西安轨道交通最新线网规划、建设规划为需求，对西安地区电网既有资源进行了摸底，对西安地区电网的规划和实施进度进行了梳理。同电力部门就轨道交通供电需求的特点、安全可靠性、运行方案、电力调度方式进行了深入的沟通，达成了一致的意见。该规划确定了西安轨道交通 22 个变电所、44 个外电源回路的外电源方案，保证了西安轨道交通外部电源工程的实施。

31.3 实践与展望

西安作为西北地区最早建设轨道交通的城市，在主变电所和外部电源规划设计方面吸取和借鉴了先进城市的经验，同时，根据西安地区自身的特点，进行了不断地摸索和总结，有经验教训，也取得了一些的成果。随着轨道交通向多层次、多制式、网络化、信息化方向发展，必须总结经验，展望未来，努力创新，使规划设计工作向前发展。

31.3.1 主变电所资源共享研究

随着城市轨道交通建设的网络化发展，原来各条线路独自考虑建设主变电所的模式，已不能满足轨道交通网络化建设的要求。必须从线网高度，对轨道交通供电系统进行统一规划、统筹考虑，设置较为合理的共享主变电所布置方案，达到电力资源的合理利用、综合配置、高效使用和保护环境的目的。

1. 主变电所共享的基本原则

(1)各线路主变电所共享设计应遵照线网规划及其配套的专题研究成果开展。

(2)主变电所资源共享应在满足城市轨道交通电力需求的基础上综合全线网统筹考虑方案，与总体规划协调。

(3)城市轨道交通主变电所的布局规划应与城市轨道交通近远期建设规划相匹配。同时,供电系统应与城市电力变配电系统相互协调、共同规划建设。

(4)主变电所避免共享主变容量过大,接线复杂、故障影响范围加大,确保运行可靠,一座主变电所供应不宜超过3条轨道交通线路。

(5)主变电所资源共享应充分考虑本线及共享线路的无功功率,统筹设置无功补偿。

2. 西安轨道交通主变电所资源共享成果

西安轨道交通从建设初期已认识到主变资源共享的重要性,对西安轨道交通线网主变电所及外电源的设置进行了系统性的研究。2009年依据西安市首期线网规划编制了《西安市轨道交通主变电所分布研究》,覆盖范围包括西安轨道交通1~6号线的主变电所及外电源。研究内容包括主变电所布点设计原则、站址选择、变压器容量选择、主变电所资源共享。2014年~2017年,依据《西安市城市轨道交通线网规划(修编)》和《西安市快速轨道交通建设规划(2012—2018年)》,编制了《线网主变电所及其外部电源共享专题研究》及其修编版本。

关中城市群都市区城市轨道交通986 km规模的线网需要设置约60座主变电所,依托《线网主变电所资源共享专题研究》进行共享设计后,所需建设主变电所数量减少到34座。优化减少主变电所约20座,减少投资约20亿元。在西安轨道交通多年的建设实践中,对共享主变电所的建设以及运营管理积累了较为丰富的经验。

3. 共享主变电所设计经验总结

通过多年的研究,西安轨道交通对共享主变电所的设计总结出以下设计经验:

(1)按照统一布点规划建设的共享主变电所,其土建结构、配套的通风、给排水、动力照明、消防等相关设施的建设,按照最终规模一次建成的原则实施。

(2)共享主变电所110 kV进线电缆、110 kV开关、35 kV开关、继电保护、电力监控系统、电力调度管理系统等电气设备按照“最终规模、预留接口”的原则实施。

(3)建设时序相近的城市轨道交通线路,共享主变电所的主变压器安装容量按照共享规模实施。

(4)建设时序相差较大的城市轨道交通线路,共享主变电所主变压器的近期安装容量选择应按照共享线路的建设年度,分阶段进行经济、技术比较后确定。

(5)在后期接入新线路时,应按接入后总负荷、运行情况对主变电所容量、补偿能力、电压降、热负荷等进行重新校核,必要时增容或进行设备更新。

(6)共享主变电所电力调度管理按照“先建先管”的基本原则实施,即先建线路的电力监控系统负责共享主变电所内110 kV供电设备和相关中压供电设备的监视和控制。后建线路的电力调度系统可采集共享主变电所内110 kV供电设备和相关中压供电设备的相关信息。

(7)共享主变电所维保,可按照“先营为主”的原则实施,对共享主变电所的维保管理纳入到与其城市轨道交通线路同步投入运营的线路中。也可按照“成本优先”的原则,按照节省人力、节省备件等原则,分配设备维保权责。

(8)110 kV进线侧设置电力部门的专用计量装置,即共享主变电所的电费由该线路运营管理主体单位统一缴纳。当共享主变电所通过中压侧向不同城市轨道交通线路供电时,共享主变电所中压侧在各自设置必要的计量装置,用于内部分线路的核算,即后续建设的城市轨道交通线路的供电电源引自共享主变电所时,其供电系统的用电电费由该城市轨道交通线路运营主体单位与管理共享主变电所的运营管理主体单位进行核算。

31.3.2 变压器绕组星—星接线形式的实践

一般配电系统考虑到抑制三次谐波的需要,降压变压器的绕组接线形式基本为星—三角形式,需要连接接地变压器形成中性点,供保护等设备接入需要,这就造成接线形式复杂,故障点增多。西安轨道交通在建设过程中,认真分析轨道交通谐波含量,从首条线路开始,实践了星—星接线形式变压器在轨道交通中的应用。通过数条线路的实践证明,轨道交通谐波含量远小于国标要求,采用星—星接线形式变压器,接线简洁,运行可靠。

31.3.3 主变电所 35 kV 侧共享功能方案实践与研究

主变电所共享,需要从供电的能力、可靠性、灵活性等方面,对能实现共享功能的主接线形式进行研究,可适用的接线方式主要有三种,分别是单母线分段混接、低压侧"T"接和开闭所方案,如图 31.3 所示。

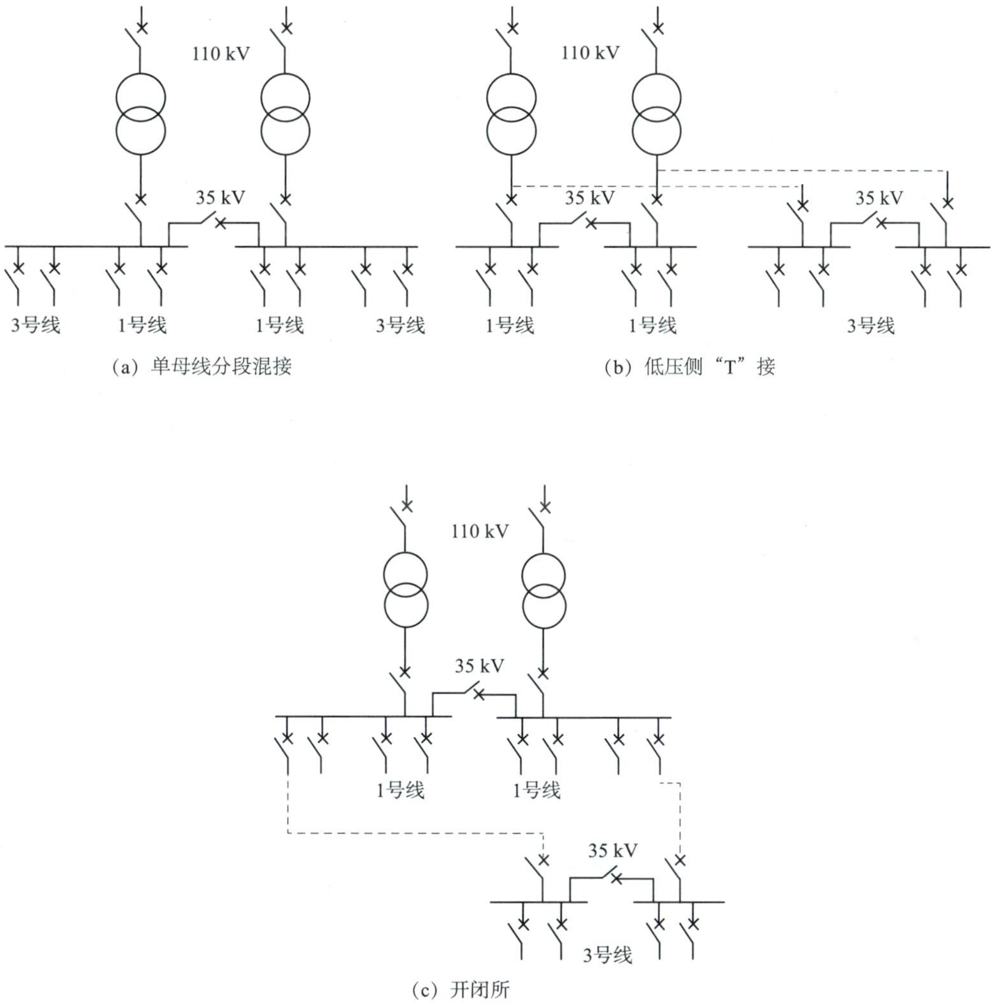

图 31.3 主变电所 35 kV 侧接线方式

单母线分段接线形式,多条线路共用同一段 35 kV 母线。接线形式结构非常简单,适用于馈线数量不多且相对稳定、线路的建设时序基本相近的轨道交通线路共享主变电所。但存在线路之间故障互相影响、事故范围容易扩大的缺点。优点是主变压器差动保护和馈出电缆差动保护可分别设置,继电保护相对简单,开关柜室可以合建,占地最少。

主变压器低压侧"T"接接线方式。两条线路的两段 35 kV 母线回路分别直接"T"接到主变压器的低压端,35 kV 开关柜室可以分为两间设置。此种接线形式,结构简单,两条线路的 35 kV 母线分开设置,相互干扰小,适用于主变电所位于两条线路的交会处,且两条线路的建设时间相差较长的共享主变电所的 35 kV 接线形式。但若两条线全部建成后,主变压器差动保护根据不同的运行方式需要有数套差动保护定值。目前通用的差动保护装置,内置的定值套数一般为 3 条,运行方式变化时,倒切定值复杂,主变电所必须全所停电，两条线路的供电都受影响。为减少电缆故障而使主变差动动作，35 kV 开关柜室宜设置在主变电所。若设置在正线车站，电缆较长，发生电缆事故的概率更大，势必影响变压器差动保护跳闸，引起事故范围扩大。

在主变电所设置一级 35 kV 母线，采用单母线分段接线形式；在主变电所或者轨道交通线路的合适位置设置开闭所，开闭所的 35 kV 母线采用单母线分段接线形式，各条线路每个供电分区直接引自各自的开闭所 35 kV 母线。各条线主变电所互相支援操作灵活。此种 35 kV 接线形式，主变差动和线路差动分别设置，继电保护相对简单，线路之间故障的相互影响较少，虽然 35 kV 开关的数量有所增加，但开闭所的设置，使各供电分区可以从开闭所接引，减少了主变电所至各供电分区间 35 kV 中压电缆的数量，减少了电缆廊道的体积，降低了土建造价。

通过以上比较，从供电灵活性考虑，西安轨道交通在设计中建议优先选用开闭所方式、馈线数量不多且相对稳定、线路的建设时序基本相近的主变电所，可根据实际情况，采用“T”接接线方式，尽量避免采用混接方式。

31.3.4 SVG＋电抗器方案的研究和实践

西安地区城市电网资源紧张，且与其他城市相比，没有 220 kV 电压等级主变，外部电源只能 330 kV 主变或者 110 kV 侧引入，条件受限，造成西安轨道交通各条线路外部电源电缆长度普遍较长，电缆线路的充电无功较大，对于补偿量的需求较大。

按照集中补偿的思路，行业内一般选取 SVG 或电抗器作为补偿设备，其中 SVG 为动态补偿，电抗器为固定式补偿（可设置抽头）。西安轨道交通从第一条线开始，一直对主变电所无功补偿方案进行优化研究，经过长时间测试，方案研究论证和经济技术比选，掌握了一套较为有效的补偿方案，对于计量点设于供电局电源出线点侧，因外部电源线路无功功率在轨道交通的补偿范围内，采用 SVG＋并联电抗器的组合方式；当计量点置在城市轨道交通主变高压进线关口处时，外部电源电缆消耗的有功、无功按比例在供用电协议中约定，轨道交通补偿无需承担这部分无功治理，选用 SVG 补偿方案。为增加补偿的灵活性，电抗器应增加抽头。SVG 的容量和补偿挡位的设置应充分考虑运营初期、近期、远期负荷的变化，同时对后期新增线路、延长线路造成的负荷变化要有充分的考虑和预留。为提高 SVG 这类大功率 IGBT 设备的设备本体散热，目前建设的线路均采用了水冷型散热，对设备房间通风空调系统的相关参数进行了调整，取得了较好的效果。

31.3.5 城轨用电计价方式研究与实践

电费是轨道交通运营的主要成本之一，由于轨道交通用电量巨大，因此不同计价方式对实际电费会产生相当的影响。近年来，西安轨道交通针对供电部门电费政策和城市轨道交通实际运营情况进行了系统的分析和长时间测算比较，取得了最优的电价方案，大幅度节省了电费支出。

1. 目录电价及分类

物价部门对不同类别、不同电压等级用户规定的用电价格一般列成目录，即目录电价，一般分为居民生活用电、农业生产用电、工商业及其他用电三大类，城市轨道交通一般执行工商业电价。工商业电价又可分为大工业生产用电和一般工商业及其他用电。大工业生产用电电价又称为两部制电价，由基本电价[以企业受电容量（kV·A）或客户最大需量（kW）计算]和电度电价（一般施行峰谷分时电价）构成。一般工商业电价一般仅包含电度电价，如图 31.4 所示。

2. 电度电价的影响因素

根据负荷周期变化，每 24 h 可划为高峰、平段、低谷三个时段分别计价，即峰谷分时电价。一般以平段电价为基础，高峰时段加价约 50%，低谷时段减价约 50%，西安供电公司现行峰谷分时规定如下：

（1）峰（8:00～11:30，18:30～23:00）；

（2）平（7:00～8:00，11:30～18:30）；

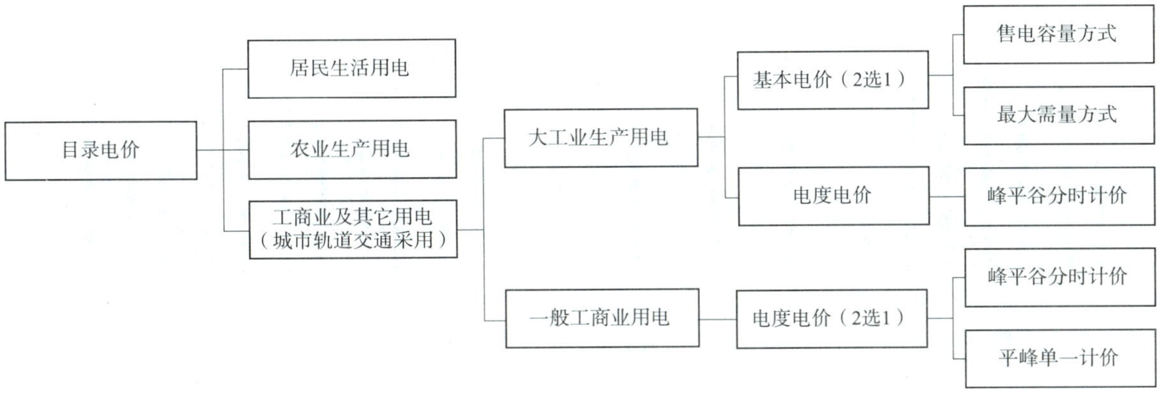

图 31.4　目录电价及其分类

（3）谷（23：00～7：00）。

为促使电网不接受用户倒送的无功功率，电网公司鼓励用户购置和投用无功补偿装置对自身功率因数进行补偿调整，就地平衡，为此设置了功率因数考核指标，以量化手段衡量用户的用电水平，即会产生功率因数调整电费（参与功率因数调整电量的电费×功率因数调整系数）。根据《功率因数调整电费办法》功率因数考核分为0.9、0.85、0.8三个挡位，西安轨道集团的考核档位为0.85。

3. 电价的计算和选择

西安轨道交通共四种计价方式可供选择，分别为一般工商业无峰谷、一般工商业峰平谷、大工业容量、大工业最大需量，计算方法见表31.4。

表 31.4　四种计价方式的计算方法

计价方式	计算表达式	参数说明
计价方式一（一般工商业，无峰谷）	$y=k_1x$	y 为电费；x 为实际电量；k_1 为电度单价
计价方式二（大工业两部制最大需量方式）	$y=k_2x+B_2$	y 为电费；x 为实际电量；k_2 为电度电价，与峰谷分时单价和电量比例相关；B_2 为需量电费，对主变电所为固定费用
计价方式三（一般工商业，峰平谷）	$y=k_3x$	y 为电费；x 为用电量；k_3 为计价方式三的电度电价，与峰谷分时单价和电量比例相关。 此方式与计价方式一区别为电价按峰平谷的不同电度和电价分别计算和累加。与计价方式二、四的区别在于少了固定费用（需量费用或容量费用），但是电度电价单价略高于大工业电度电价单价
计价方式四（大工业两部制容量方式）	$y=k_4x+B_4$	y 为电费；x 为实际电量；k_4 为电度电价，与峰谷分时单价和电量比例相关；B_4 为容量电费，对主变电所为固定费用

影响电价的主要因素包括主变容量、主变需量比例、目录电价水平和峰谷分时用电比例。轨道交通运营单位可根据上述因素测算和比选后申请选择适合的计价方式。

4种计价方式，最高和最低之间相差30%～50%，以1×10^8 kW·h/（年·线），电价0.7元/（kW·h）计算，选择合适的计价方式，每条线每年大致可以节省2 100万元电费成本。西安轨道集团经过长时间测算比较，根据4种计价方式计算结果（图31.5），选择了一般工商业用电平峰单一计价方式。

用户最终电价除了以上几种因素综合考量外，还可以利用一些政策，比如参加电力直接交易，以市场价格的方式获取进一步的电价优惠。

31.3.6　下一步研究重点

随着西安轨道交通向多制式、网络化化方向发展，主变电所和外部电源的规划设计也面临着新的问题，需要进行系统深入的研究。

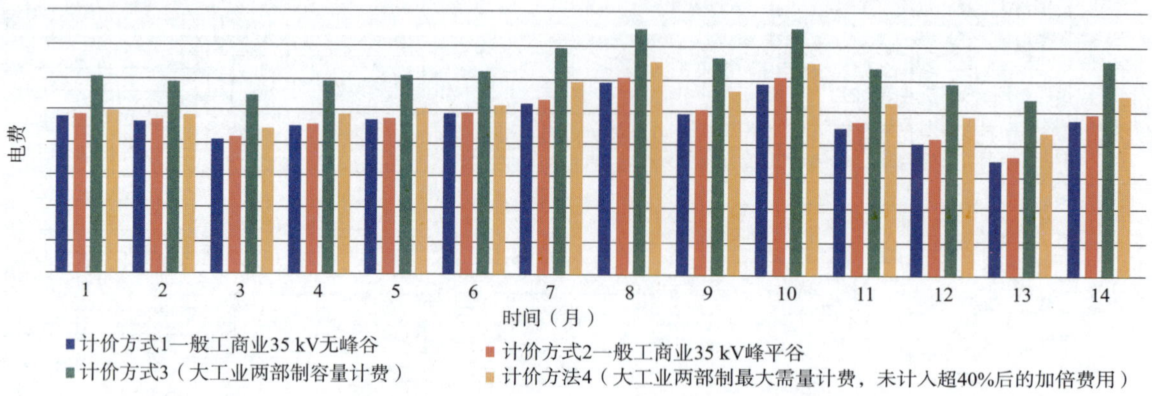

图 31.5　根据实际用电情况进行四种计价方式的比较

1. 110 kV 主变与 25 kV 牵引变共享研究

随着西安轨道交通向多制式轨道交通发展，25 kV 交流牵引变电所作为市域快线牵引供电制式将逐渐进入西安轨道系统，并与 1 500 V 直流牵引线路共同构成轨道交通网。由于两种变电所均为 110 kV 进线，从节约资源的角度，将来有必要修建 110 kV 主变与 25 kV 牵引共享变电所，这种变电所的主接线形式、运行方式等问题需要进行系统的研究。

2. 主变电所变压器容量研究

城市轨道交通主变电所出于安全性可靠要求，城市轨道交通主变压器留有较大的备用余量，造成变压器利用率较低，空载损耗率较高。随着变电所共享，形式多样化，运营方式复杂性的增加，有必要针对各种运营工况，进行系统性研究，在保证安全的前提下合理确定变电所容量，提高变压器利用率。

3. 分阶段重新定义主变站功能

网络化运营至一定阶段后，应重新定义具体线路主变电所功能，针对具体线路，其所涉及的主变电所功能定位与建设之初相比，从线网整体的角度，可能有更优化的功能定位，建议从主供、支援后备、辅助增强等功能层次定义每条线路主变电所功能，将有利于网络层面容量分配控制、运行方式灵活调整。

4. 外部电源规划应重视规划衔接

外部电源规划与城市轨道交通规划、城市电网建设规划、城市规划相关，在编制外电源规划时，供电部门往往将处于规划阶段的地方变电所作为城市轨道交通外电源引出点。由于城市电网和轨道交通建设不同步，致使原外电源规划方案无法落实的情况经常出现。按照城市规划法的要求，高压廊道的线位，须经过市属规划部门的审批方能确定。由于接入方案的制订、批复周期较长，规划廊道周围环境易发生变化，有时需反复勘查，另选路径，重新报批。

因此，在工程前期，必须特别重视规划衔接工作，同时考虑到上述因素，以及外部电源工程建设过程中的不确定因素，在前期编制城市轨道交通外电源方案时，可将规划地方变电所作为推荐方案，将接入既有变电所方案作为备用方案，一次审批通过。当推荐方案无法实施时自动转入备用方案，不再重新研究报批。

5. 外部电源电缆通道共享

电缆通道资源属于市政工程中较为稀缺的资源之一。在东部发达地区，电缆沟道作为城市配套设施，通常由市政部门统一规划建设，轨道交通和其他用户提出使用需求，缴纳一定的使用费，只有在特殊情况自主修建电缆沟道，建成后也需作为公共资源。

西安地区近年来成立了专门的综合管廊公司，并在管廊规划中征求轨道公司意见，为一些轨道交通外电源预留了线位，较好地解决轨道交通外部电源建设难题。在后续轨道交通建设中，将外部电源的整体规划（含廊道）与城市综合管廊的规划和建设结合，集约利用资源，减少不必要的征拆，简化廊道建设审批手续，可极大地缩短外部电源工程的建设周期，节省工程投资，解决城市轨道交通工程建设的瓶颈问题。

第 9 篇

工程筹划与工程概算

第 32 章　工程筹划

工程筹划是在符合有关技术法规的条件下，围绕工期对各阶段工作进行全方位筹划与管理，以确保工程工期、质量、安全、投资等诸多目标的顺利实现，具有战略部署和战术安排的双重作用。

工程筹划应立足于全局，结合项目的特点、周边环境、社会效益等客观条件，对各种施工组织方案进行技术、经济比选，科学合理地确定总工期和关键节点工期，找到推进项目的关键路线以及存在的重难点，提出相应的保障措施，做到有的放矢。

按照编制阶段的不同，工程筹划可分为设计阶段工程筹划和建设阶段工程筹划两类。其中，设计阶段工程筹划在可行性研究阶段和初步设计阶段由设计单位编制；建设阶段的工程筹划则由建设单位基于初步设计的工程筹划，依据更为明晰的建设条件编制。工程筹划在设计阶段和建设阶段的编制内容不尽相同，其深度随着项目不断推进而逐步加深。由于初步设计的工程筹划具有承前启后的作用，本篇中以初步设计阶段的工程筹划为代表阐述设计阶段的工程筹划。

32.1　工程筹划的主要内容

工程项目在进行建设规划和可行性研究时，技术方案尚未稳定，工程筹划主要是参考既有同类项目的工期，并根据初步的工程经济分析，对包含设计工作在内的项目总工期进行安排。初步设计阶段的工程筹划，则主要是根据已确定的工程技术方案，结合对工程经济深入的分析比较，对项目推进的各个时段进行工期安排，它是项目设计阶段内容最为全面、最为深入的工程筹划。

在建设阶段，工程筹划编制的主要依据是初步设计文件。因初步设计文件已经批复，工程的总工期、外部条件及前期工程条件进一步明晰，工程筹划根据指令性要求以及征地拆迁、管线迁改、交通疏解等条件进行编制。

32.1.1　设计阶段工程筹划的主要内容

初步设计阶段工程筹划作为设计文件的组成部分，是项目的重要指导性文件。它是为了贯彻建设单位对项目实施的总体意图，通过对项目的总体性规划分析，研究工程方案的整体进度安排情况，从组织、工期、边界条件、关键路径以及保障措施等方面，寻找出最优的方案，系统合理地安排工程推进时间。

住房和城乡建设部印发《城市轨道交通工程设计文件编制深度规定的通知》（建质〔2013〕160 号），对于城市轨道交通工程阶段性设计文件的编制内容进行了规定。其中，初步设计阶段工程筹划主要内容分为两部分：一是全线工程筹划设计，二是单项工程、系统工程筹划设计。

1. 全线工程筹划设计主要内容有 14 条，具体如下：

（1）全线工程概况和工程特点。

（2）工程建设管理组织机构：说明工程建设管理机构的核心目标和职能，划分相应分管职能部门。

（3）全线工程设计进度计划：包括初步设计阶段、施工设计阶段以及装修设计阶段。根据管理部门需要可增加招标图设计阶段的进度计划。

（4）施工前期准备：阐述全线征地拆迁、全线交通疏解和管线迁改原则，统计全线的征地拆迁数量，重点车站交通疏解组织（局部区域交通疏解方案说明）等。

（5）总工期计划和年度进度计划。

（6）工程建设阶段划分和主要进度指标：阶段划分可分为施工前期准备阶段、土建工程建设阶段（含车站工程、区间工程以及车辆段和控制中心工程)、轨道工程建设阶段、设备安装调试阶段以及设备系统联合调试试运行阶段。

工程主要进度指标应包括车站、区间土建工程的进度指标,道岔安装工期、铺轨速度,变电所安装工期、单系统安装工期、单系统调试工期以及设备联合调试工期,试运行工期。

控制节点时间安排:针对全线洞通、轨通、电通、系统设备联合调试、空载试运行及开通试运营等关键节点时间进行论述。

(7)主要施工方法及工程措施:针对性论述施工方法和工程技术措施;大型临时设施设置方案,如制存梁场、铺轨基地等设置方案。全线关键性工期控制的车站或区间工筹分析和对策。

(8)施工用地指标。

(9)地上、地下管线原则性处理意见。

(10)工程合同分割与招投标。

(11)全线工程筹划进度图表:按照施工前期准备阶段、车站工程、区间工程、轨道工程、供电工程、设备安装调试阶段以及设备联合调试试运行编制全线工程筹划进度计划图表。

(12)全线主要工程数量统计:初步统计全线征地拆迁数量、土石方数量、管线迁改数量、大型施工机具配置数量、交通疏解临时设施数量、混凝土方量、钢筋数量、大型机电设备数量等各方面对全线工程数量。

(13)其他有关内容:阐述试运营的目的、计划以及作用。

(14)图纸:全线盾构推进示意图,全线标段划分示意图,全线工程进度计划时程图。

2. 单项工程、系统工程筹划设计主要内容有9条,具体如下:

(1)工程概况和工程特点:根据工程周边用地、现状交通、现状及规划市政管线、工程规模以及总体工期进度安排等方面编制本工程的工程概况及特点。

(2)工程设计进度计划:涵盖初步设计、招标设计以及施工设计。

(3)施工进度计划和进度指标:包括施工前期准备,分项土建工程工期等。

(4)施工临时用地的布置:主要描述占用临时用地的土地性质、土地权属,占用时间和面积。

(5)施工期间交通组织:描述所占市政交通的情况、周边公交站点的分布及影响情况,施工期间交通组织情况及所需时间等。

(6)地上、地下管线处理意见及保护措施:说明市政管线的迁改及保护处理方案。

(7)施工进度横道图:包含单项工程的前期工程准备计划,土建工程计划,相邻工程配合情况等。

(8)其他有关内容:施工期间的环保要求措施、土渣处理、噪声、外水源、电源的落实方案等。

(9)图纸:施工场地及交通疏解平面示意图,管线改移平面示意图,工期进度计划示意图。

32.1.2 建设阶段工程筹划的主要内容

建设阶段的工程筹划是工程的总体进度控制性计划,是为了贯彻落实开通试运营目标,对招标、施工、调试、验收、试运行及试运营等工作的推进实施进行统筹安排。该阶段工程筹划不应简单看作是单纯的工程进度规划,而应理解为在符合有关技术法规的条件下,满足建设单位对工期、投资、安全、质量、社会效益的总体要求,对项目的前期工程、工期控制、重难点工程以及保障措施等主要建设管理工作的全方位筹划。

住房和城乡建设部《城市轨道交通工程安全质量管理暂行办法》(建质〔2010〕5号)明确要求:建设单位在施工招标前,应当组织专家对施工工期和造价进行论证,论证时应充分考虑工程的复杂程度及其周边环境拆除、迁移等对施工工期和造价的影响。

1. 建设阶段的工程筹划是工程实施过程中的纲领性计划,主要内容包括但不限于以下内容:

(1)编制的原则。

(2)编制的依据。

(3)工程概况。

(4)建设总工期目标。

(5)阶段性工期节点计划。

(6)工期筹划安排。

(7)边界条件。

(8)重难点工程。

(9)关键工作和关键路线。

(10)技术和组织保障措施。

(11)筹划方案示意图。

(12)重难点工程数量表。

2. 建设阶段工程筹划的内容是制定分项计划、年度实施计划等后续工程实施性计划的依据和基础。

(1)分项计划是以工程筹划为依据,以各项准备工作为基础,对一些重要具体工程的实施作出部署和安排,可分为工程前期、土建主体、车辆基地工程、铺轨和外部电源、附属工程、设备安装和装修,以及联调和试运行等分项计划。

(2)年度实施计划是以分项计划为基础,对线路年度工作进行的详细计划安排。线路年度计划编制时,应明确年度总体目标,并提出关键路线、关键节点、重难点工程年度节点工期目标,制定明确的季度和月度实施计划。

32.1.3 工程筹划与实施计划的关系

关于工程筹划与实施计划,很多工程从业人员容易混淆二者的概念和作用,认为工程筹划就是实施计划。实际上,工程筹划与实施计划在编制意义、编制阶段、编制层次、编制主体、编制深度等方面都有所不同。工程筹划是具有指导性、控制性的,其主要作用之一是指导编制后续的设计、施工等实施性计划,而实施计划是执行层面的计划。

1. 编制意义的不同

工程筹划在于贯彻建设单位对项目的建设理念以及对工期、投资、社会效益的总体要求,对工程建设管理的全方位筹划。实施计划在于紧密结合工程实际,对工程的推进实施工作编制具体的月度、年度计划。

2. 编制阶段的延续

在设计阶段的可行性研究和初步设计工作中,应分阶段编制工程筹划。实施计划是根据批复的设计文件,在项目的建设阶段编制的。

3. 编制层次的递进

工程筹划是指导性、总体性、跨年度的筹划。实施计划是为了落实工程筹划,具有实施性、具体性、年度的计划。

4. 编制主体站位不同

设计阶段的工程筹划由设计单位组织编制,建设阶段的工程筹划由建设单位参照设计阶段工程筹划编制。实施计划由建设单位、施工单位在建设阶段根据工程筹划编制,用于具体工程施工进度管理的计划。

5. 编制内容逐步深入

工程筹划编制内容相对较为宏观,主要是以单位工程为单元,对项目的组织、各类边界条件、专业工序的转换衔接等内容进行分析,统筹编制的工程总体推进筹划。实施计划编制内容相对较为具体,主要是根据工程筹划中相应单位工程的筹划内容,以分部工程或分项工程为单元,按照轻重缓急,结合年度实施总体目标的要求,统筹编制的实施性计划。

32.2 工程筹划的编制与调整

城市轨道交通项目工程筹划的编制应遵循“服从总体、确保重点、综合平衡、合理搭接”的原则，做到全面筹划、统一安排，使项目建设中的各个环节主要工作能够做到环环相扣，相互密切配合与协同，指导项目有序推进。

1. 工程筹划的编制

（1）编制依据

主要包括项目审批文件、项目设计文件、项目合同文件、建设地区基础资料、类似工程项目的资料和经验等。

（2）编制步骤

工程筹划的编制步骤可分为4个阶段18个步骤，具体见表32.1。其中，前3个阶段共16个步骤为具体编制阶段，第4个阶段共2个步骤为编制的分析总结阶段。

表32.1 工程筹划编制步骤

阶　段	步　骤	
	序号	名　称
阶段一：准备	1	了解建设意图和相关指令性要求
	2	收集和熟悉编制工程筹划所需的有关资料和图纸，有关的标准、规范和法律
	3	进行项目特点和建设条件的调查研究
	4	熟悉工程主要工种工程量
	5	分析前期工程等综合边界条件
阶段二：分析参数	6	了解、掌握各主要工序或专业持续时间和搭接时间
	7	分析其他工序或专业参数
阶段三：编制工筹计划	8	确定建设总体部署、总工期
	9	拟订筹划方案
	10	编制阶段性节点计划
	11	编制具体工期计划、前期工作计划
	12	确定关键工作
	13	提出关键节点路线
	14	制定各类保障措施
	15	确定工筹筹划
	16	控制与调整
阶段四：收尾	17	分析
	18	总结

工程筹划是对项目总体的筹划部署，主要涉及施工组织的合理衔接，因此应注意以下几点：

①在满足总工期要求的前提下，分期分批组织施工。

②安排施工顺序时，还应注意在建工程施工互不影响，如装修和设备安装的交叉作业、车站施工与盾构过站及二次始发等。

③要关注季节影响，把不利于某季节施工的工程，提前到该季节来临之前或推迟到该季节之后施工，如冬季混凝土施工或雨季土方开挖等。

④应尽量采用预制化和机械化方法，尽量减少现场进行手工作业，如盾构机选型、高架预制梁等。

2. 工程筹划的调整

工程筹划要通过提升编制的科学性，提高执行力和采取各种合理保障措施来保证实施，尽可能不作调整。

工程筹划调整通常有两个原因，一是编制的原工程筹划不太切合实际，二是受客观条件影响，工程筹划不得不做适当调整。如遇到以上情况确需调整的，应当按照原编制审批程序报批。

工程筹划动态调整后，首先，要相应对实施性计划进行调整，其工期计划不得突破工程筹划；其次，要高度关注调整后的工期，持续跟踪、反馈执行落实情况；最后，还要注意对调整工作进行总结，在后续工程实施过程中，尽可能规避或者弱化产生调整的原因，提高工程管理水平。

32.3 工程筹划编制要点

要科学合理地制定工程筹划，指导工程项目有序实施，就得抓住工程筹划编制的要点。通常情况下，其要点包括夯实工程筹划基础，确定合理建设周期，抓住关键路线，交叉施工、有序衔接，明晰工序转换条件，安全质量为本，保障建设环境，制定保障措施等八个方面。

1. 夯实工程筹划的基础

工程筹划是指导项目实施的纲领性文件，为保证其科学性，必须从熟悉技术方案、关注前期工作、重视行政审批、确定建管模式和统筹上盖开发等五个方面深入研究分析，以夯实编制的基础。

(1)熟悉技术方案

在工程筹划编制前，要熟悉设计思路、意图，深入了解工程技术、工程经济的情况，充分理解技术方案对于工期的影响。在技术方案可靠、适用、经济合理的基础上，对于不同工程筹划方案进行认真分析比较，做到科学组织、合理安排，以确保阶段性工期及总工期目标的实现。

对于控制工期的重大工程，应分析现状条件下有无优化技术方案的可能性，以确保目标的按期推进。

(2)关注前期工作

初步设计阶段必须高度重视前期工作，并进行深入的调研，通过技术经济分析，明确前期工作的原则、指标、数量及难易程度，提出科学合理的筹划方案。主要工作内容包括：施工临时用地的原则和指标，全线征地拆迁、管线迁改、绿化迁移和交通疏解的原则，统计全线前期工程数量，重要工点交通疏解方案说明等，临时供电供水等实施条件落实。

在编制工程筹划时，一是要将这些情况作为重要因素予以考虑，对于难度大、工程量大的工作要重点分析，明确工程的边界条件，在工期和资源调配方面给予重点关注；二是在初步设计基本稳定的情况下，要积极与产权单位对接，提前介入，尽早启动征地拆迁、管线迁改、绿化移植、交通疏解等工作；三是在建设阶段，随着与产权单位的不断深入对接，针对重点、难点征地拆迁等工作要动态跟踪分析，制定专项工作方案，细化完善工作安排，为工程的有序实施创造有利条件。

(3)重视行政审批

近年来，各级政府对于行政审批的合法合规性要求越来越严，在编制工程筹划时应予以足够的重视。编制过程中要充分考虑各项行政审批、手续办理的因素，明确工作安排，特别是项目立项审批、选址意见书、规划定点，土地规划许可、工程规划许可、文勘、人防、环评、施工许可以及交通疏解、绿化迁移审批等，都需要作为工程推进的前置条件予以考虑，并预留好合理时间；同时，要制定分项计划或专项的工作方案，明确工作要素、流程、条件等，并统筹好各方资源，安排相应的工作时间。

(4)确定建管模式

建管模式对工程筹划有一定影响。前几年多采用平行发包多个施工单位的模式，而近年较多采用大标段施工总承包模式。

平行发包的模式因施工单位多，施工协调工作量大，工作效率低等问题，不利于工期保障。而对于采用前期＋土建＋站后工程的大标段模式，通常施工总承包方会加大人、财、物的投入，内部协调力度大，有利于管线迁改、土建、站后施工的协作配合，可提高工序衔接或交叉施工的效率，有利于工期的保障。

（5）统筹上盖开发

考虑到轨道交通未来的可持续发展，上盖开发成为众多轨道公司关注推动的一个方向。在编制工程筹划时，对于有上盖开发的城市轨道交通项目来说，要统筹考虑工程建设和上盖开发的关系，在确保城市轨道交通项目总工期目标的基础上，对可能影响工期的上盖开发工程进行细致周密的策划。

通常在项目规划时就应考虑上盖开发的范围、强度、业态等要素，并在可行性研究和初步设计阶段不断地深入研究上盖开发结合地铁建设的方案，尽早征求政府关于土地规划综合开发利用的意见，达到一体推进项目建设的目的。

2. 确定合理的建设周期

确定工程建设周期一般包括明确建设总工期、阶段性节点目标以及特殊的工程要求等内容。

（1）建设总工期

建设总工期直接影响到项目的效益，是编制工程筹划的关键环节。要做到合理确定建设总工期，一是要对技术方案进行工程经济分析，并以此为基础，确定合理的理论工期；二是要听取并执行上级指令性意见；三是要根据线路的综合特性筹划总工期；四是要参考既有同类线路的总工期。这四个方面通常要统筹考虑，确保建设总工期不但最优而且可行。

一般情况下，可综合城市轨道交通建设管理水平、工程项目的规模以及复杂程度等因素，参照下列要求初步确定建设总工期：

对首次开展城市轨道交通建设的城市，若线路长且技术复杂，总工期可按5年半左右考虑。

对新开展城市轨道交通建设的常规线路，或者虽然不是新开展但线路长且技术比较复杂的项目，总工期可按5年左右考虑。

对有建设经验的、常规的城市轨道交通线路，总工期可按4年半左右考虑。

对线路较短、技术较为简单的线路，有经验的城市轨道交通项目，总工期可按4年左右考虑。

对既有线路的延伸线，或者是线路短、前期工程量比较小的高架线路或外延线路，总工期可按3年半左右考虑。

（2）阶段性工程节点

阶段性工程节点应在满足建设总工期的前提下合理制定，主要包括开工日期、洞通、轨通、电通、车通及试运行日期等。所有的阶段性工程节点按照重要程度可分为三级（表32.2），各节点等级的具体情况如下：

开工、开通试运营为一级节点，应以此为关键点安排工期，除非出现意外情况或是不可抗力，否则不予调整。

全线“洞通”“长轨通”“电通”为二级节点，应按此节点进行总体筹划、调控，一旦确定不能轻易调整。

其他为三级节点，属于着力保障的节点，在工程筹划执行过程中要重点关注，通过类比、分析、检查、调控等方法加强控制。

表32.2 工程节点表

节点属性	节点等级	工程节点
阶段性工程节点	一级节点	开工日期
		开通试运营日期
	二级节点	全线实现“洞通”日期
		全线实现“长轨通”日期
		全线实现“电通”日期

续上表

节点属性	节点等级	工程节点
阶段性工程节点	三级节点	重要工点开工日期
		全线车站封顶日期
		所有车站具备安装装修条件日期
		车辆基地工程开工及移交运营日期
		车辆基地具备接车条件的日期
		完成装修与设备安装及单机调试日期
		完成综合联调日期
		开始试运行日期

(3)特殊的工程要求

城市轨道交通项目需要与市政工程、铁路、机场等互联互通,达到功能互补、快速换乘的目的,就会存在与这些交通系统结合建设的情况。当出现这种情况时,枢纽工程通常会对换乘车站或邻近区间提出特殊的工程要求。为此,需要结合交通枢纽的具体情况,制定有针对性的工程筹划,通常采取确保项目一级和二级节点目标,满足全线开通试运营目标,对局部工程采取提前、延期安排或者甩项。

若地铁某个区间无法按合理工期贯通,影响长轨通甚至电通等节点的实现,从而影响全线的综合联调时,就对特定条件下的工期安排提出了要求。对此则可采用"空间换时间"的理念,在工程筹划中提前筹划,利用已完工的局部区段对信号、车辆等系统开展综合联调,在该区间贯通后再全线拉通调试,从而保证总工期的实现。

3. 突出重点,抓住关键路线

关键路线是全部由关键工作组成的、总工期最长的工作路线。在编制工程筹划时,应围绕这关键路线重点开展工作。

(1)关键工作的确定

一般情况下,城市轨道交通项目的关键工作可能会存在以下特点:

①项目位于重要地段。

②工程体量大、地质条件不好。

③工程前期条件复杂。

④技术难度大或专业化施工程度高。

⑤安全风险大、社会关注度高。

⑥有上盖开发或结合建设的情况。

⑦通过敏感性分析,不确定因素发生变化时对工期影响较大。

要说明的是,对于敏感性分析,首先要通过分析找出敏感因素;其次要确定工期对其变化的承受能力。承受能力较差的,可视为关键工作。在工程筹划中,要针对这些敏感因素提前准备,制定出应变对策,达到减少工期风险的目的。

例如,在地铁车站和车辆基地的市政接驳工作实施过程中,水、暖、气的接入工作往往受制于接入的管线路由、产权单位的组织实施力量等因素,工期不受控,有可能需要很长的协调和实施时间。如不及早安排,就可能会对综合联调造成影响。因此,在工程筹划里,对类似的工作要进行敏感性分析,当确定为敏感因素且对工期影响较大时,这类关键工作就要早安排、早启动,要留够充分的协调时间和施工工期,各方面的资源投入也要加大,确保按期实施,以减少对其他工序的影响。

(2)关键路线的选择和控制

在工程筹划中,关键路线的选择和控制步骤如下:

第一步,要分析并找到项目的关键工作,重点关注具有上述特点的工程,特别是一些工程综合条件复杂的重点或难点的车站、区间、车辆基地。

第二步，按照关键工作的逻辑关系，统筹组成关键路线，并对工期进行计算安排。

第三步，要高度重视关键路径的工期，在工程技术、经济、资源投入和组织方面提出保障措施。

值得注意的是，在一个项目的工程筹划里，可能有一条或几条关键路线，有较多关键路线的项目具有更高的工期风险；项目在实施过程中，关键路线也有可能转移，发生变化。

在项目具体实施过程中，建设管理者有时会着力推进容易出形象进度、迅速产生投资的工程，而忽视了项目关键路线上的重难点工作。先施工相对易施工的工程，造成的后果往往是耽误了难干的“硬骨头”工程的工期，导致关键路线上的工期矛盾越来越突出。因此，建设管理者首先要集中资源，创造条件，解决关键线路上的重难点工作，并根据条件变化的情况，动态调整关键路线，对可能发生的新问题加以分析、解决。

4. 交叉施工、有序衔接

城市轨道交通项目程规模大、专业种类多，往往会存在交叉施工或平行施工的情况，工程筹划要提前谋划，科学、合理的安排工点、工序、专业之间的衔接转换，根据工程的特点，有针对性地提出交叉施工或平行施工的意见，合理安排工期，这些都是工程管理者和设计人员工程经验的体现。

例如，对于城市轨道交通工程，全线盾构施工对整个工程的进度、投资起到关键性的控制作用。因此，在工程筹划中的盾构工法设计里，要最大限度发挥盾构机的潜力，合理安排盾构始发、过站、调头、接收，提前安排好车站和区间工点之间的衔接。

对于工序之间，比如车站封顶后要及时恢复路面，需提前就恢复路面工作与有关市政部门进行沟通、协调，在工程筹划时就要在车站封顶前安排相应的协调时间，做到无缝衔接路面恢复工作，待车站封顶后立即开始土方回填、恢复路面，尽快提供良好的出行环境。

地下工程轨行区空间有限，且有工程车通行，施工时间受到严格限制，而且区间施工单位较多、涉及专业较广，特别是给排水、消防以及弱电和强电专业（牵引供电系统、通信系统、信号系统、接触网系统等），会同时在轨行区里施工，交叉作业非常频繁。因此，在工程筹划时，就要充分考虑不同专业在轨行区交叉施工的问题，确定阶段性工期控制点，合理的组织交叉施工，减少间歇，加快进度。而在铺设轨道时，就可筹划考虑设置不同的铺轨基地或者组织进行散铺，在不同的车站或区间同时开展平行作业，提高作业效率。

5. 明晰工作转换条件，做好接口管理

接口是指各工点、各专业、各工序之间的相互关联和影响，及其在工期和空间上的相互关系。通过加强接口管理的筹划，让各方清楚工点、工序、专业之间的转换条件是什么。前面的工作要知道后面接口工作是什么，它的转换条件、目的是什么，而后面工作也要清楚前置工作条件，提前筹划做好充分的施工准备。

（1）接口分类

工程接口可按照工序交接、场地交接、工作条件交接、设备房间、设计、技术、材料和设备供货等划分。

（2）接口范围

接口管理的范围包括但不限于综合进度协调管理、安全文明施工管理、工作面协调管理等。特别要提出的是，对于换乘车站的施工，要注意与既有已运营车站的接口管理。

（3）管理重点

接口管理的重点是明晰接口转换的条件。在工程筹划时，在安排工点、工序、专业的各项工作工期的同时，还要提出接口转换的主要条件，预留条件达成的时间。接口管理也可以编写计划书，一是制定接口清单，二是制定管理工作转换条件的表单，三是说明管理流程，四是明确节点时间。

例如，盾构始发时，要提前考虑好配套设备的场地、盾构机轨道基础和渣土吊运等接口条件；盾构过站时，车站就要提前筹划好端头加固、弧形导台施工、贯通测量、导轨安装等作业顺序，这些都应作为盾构过站、二次始发的接口条件，在筹划里予以明确。

再比如，地铁“洞通”是铺轨工序顺利开展的基础，进而达到长轨通、电通，为综合联调创造条件。因此，编制工程筹划时，在盾构区间贯通后，进入铺轨工序前，要预留施工联络通道、拆除临时轨道、打扫清洗区间的时间，而这些都是“洞通”向“长轨通”转换的接口条件，通常需要3~4个月的时间完成。再有，有时会将电通的接口条件“轨通”，错误地理解为短轨通甚至是单向轨通而加以强调，实际上短轨通或单项轨通无法为电通和综合联调提供条件，并没有起到相应的轨通目的。因此，相对于“短轨通”，在工程筹划中应强调将“长轨通”作为“电通”接口条件。

6. 安全为先，质量为本

要制定科学、合理的工程筹划，做到安全质量与工期并重，尽早解决关键线路上的重难点问题，规避后期因工期紧张造成安全质量事故的发生。

工程项目的进度目标和安全质量目标既有矛盾的一面，也有统一的一面，它们之间的关系是对立统一的关系。过度地缩短工期会影响安全质量目标的实现，安全出了问题就谈不上工期的保障，质量出了问题就要返工，也会影响工期，这是两者之间关系矛盾的一面；但通过合理、有效的工程筹划，在有序推进工程进度的同时也能保障工程安全质量，这也是两者之间关系统一的一面。

工程筹划的主要目的就是统筹安排各工点、各工序和各专业之间的工期，有序推进工程实施，严禁因抢工期而造成安全质量隐患。因此，首先，编制工程筹划时要有安全质量的意识，每一部分的基本工期都要科学合理，尤其要总结既有线路工期安排出现的问题，充分考虑安全质量因素，既不偏松也不偏紧，更不能设计成极限工期；其次，在执行工程筹划时要严格控制工期，避免前松后紧，埋下安全质量隐患。

例如，城市轨道交通项目土建工程迟迟不能完工的情况，就会对装修和机电设备安装造成较大影响，而设备的安装质量问题是影响轨道交通工程长期运营安全的主要因素之一。当极限压缩装修和设备安装的工期甚至进行抢工时，就会为后续的行车留下严重的安全质量隐患。因此，对于装修和设备设施安装调试的工期安排，要充分考虑安全质量因素，科学合理安排基本的工期。

7. 积极协调，保障建设环境

城市轨道交通项目能否顺利推进，建设环境是重要的影响因素之一。也就是说，要将保障建设环境作为工程筹划能否实现的基础条件。比如说渣土清运、前期工程对车站、区间等土建工程的影响就非常大，需要做大量的协调工作。

在编制和执行工程筹划时，一是制定工程工期不能理想化，要提前考虑这些协调工作因素；二是这些协调工作作为保障建设环境的重要手段，在工程筹划中要合理考虑协调占用的时间；三是在实际工作开展时要积极协调，把协调工作日常化。

保障建设环境的协调工作，要注意以下几个方面：

(1)制定相应的工作管理办法，在工作机制、工作流程以及工作要求等方面制度化，做到有章可循。

(2)协调工作要日常化，要提前梳理、提前协调、动态跟踪、销号管理。

(3)总结工作经验，尽可能对一些规章制度无法处置的突发工作有预见性。

8. 梳理问题，制定保障措施

工程筹划的保障措施是对工程能否按期实现工期目标的有力保证。对工程筹划中的工期安排，都要梳理、分析出对工期可能造成较大影响的重点、难点问题，对于这些问题需要制定采取有针对性的措施，以保障筹划按期实施。相关要求包括如下几个方面：

(1)保障措施的内容

其内容包括但不限于：

①参建各方的组织保障。

②施工组织管理的科学、合理性。

③技术方案、施工水平等措施。

④人力、物力、财力等方面投入。

⑤解决征地拆迁、管线迁改等前期工程的方式方法。

(2)制定保障措施的程序

①梳理影响工程筹划的问题，特别要深入分析关键路线上各项工作的影响因素。

②通过现场调研、技术分析或者敏感性分析等方式，对影响因素重要程度加以甄别。

③明确保障原则，对重要问题制定针对性保障措施。

(3)保障措施的落实

①高度重视客观或外界的影响因素，这些问题往往更难以解决。

②要从组织措施、管理措施、经济措施和技术措施等方面进行保障。

③对于关键路线工期的保障措施，要严密跟踪落实情况。

32.4　西安轨道交通工程筹划体系和指标

西安轨道集团不断提高对工程筹划工作的重视和认识程度，通过总结既有线路的推进实施情况，积极探索工程筹划编制内容的系统性、合理性，建立了层次分明的编制和管理体系，采用合理、统一的工期进度指标，对后续工程筹划的编制和计划的执行起到指导作用。

1. 建立了行之有效的计划管理体系

西安轨道集团不断总结既往的工作经验教训，设立专门的建设管理部门，建章立制，建立行之有效的计划管理体系，在纷繁复杂的管理工作中做到做事有章法、遇事有办法，有序推进各项工作。

(1)建立组织体系

明确集团建设管理部门负责统筹建设工程的管理工作，其职责之一即是进行工程筹划管理，并建立了集团、各子(分)公司、现场管理的三级管理体系。

(2)建章立制，出台管理办法

出台了相应的管理办法，将工程筹划管理制度化，明确了工程筹划编制部门、编制时间以及相关编制要求，制定了部门编制、专家审查、集团审定的审批程序；同时，明确了工程筹划的动态调整的条件和程序。

(3)明确工程筹划、分项计划、年度实施计划的层级体系

在工程计划管理的基础上，进一步明确了“工程筹划为纲领性文件，分项计划、年度实施计划为实施性计划”的层级体系，其内容不断细化、深入。

(4)建立了巡检、通报、督办、考核的工作机制

建立了月度巡查的机制，根据检查情况进行通报，对执行落实情况进行过程控制，并根据规定进行督办、考核。

2. 总结出符合实际的工程筹划的进度指标

在工程筹划编制的过程中，合理的进度指标作为工期筹划的标准，有利于筹划方案的设计和比较。在实施过程中，这些进度指标可以作为检查实际进度的标准，通过对出现的偏差情况进行分析，找出计划执行过程中的具体问题或困难，有针对性地采取补救措施或调整原计划后再付诸实施，对建设各阶段的工作内容、工作程序、持续时间进行筹划和控制。

根据西安轨道交通项目的实际建设情况，结合行业建设经验，对各类工程建设数据进行采集、整理，运用数理统计的方法对采集到的数据进行分析、计算、归纳、总结，编制了西安轨道交通工程控制性节点进度参考指标和工程建设进度参考指标。其中，对具有不同综合特性的线路制定了总工期参考指标，按照大多数的常规线路(4 年半或 5 年总工期)对阶段性节点制定了参考指标，并根据实际建设情况制定了各工序进度参考指标，具体情况见表 32.3 ~ 表 32.5。

表 32.3　城市轨道交通工程总工期参考指标

序号	线路特性	参考总工期
1	首次开展城市轨道交通建设，建设管理经验少，项目线路长且技术非常复杂的线路	5 年半
2	新开展城市轨道交通建设的常规线路，或者虽然不是新开展但线路长且技术比较复杂的轨道交通线路	5 年

续上表

序号	线路特性	参考总工期
3	有建设经验的、常规的城市轨道交通线路	4 年半
4	线路较短、技术较为简单的线路,有经验的城市轨道交通线路	4 年
5	既有线路的延伸线,或者是线路短、前期工程量比较小的高架线路或外延线路	3 年半

表 32.4 城市轨道交通工程阶段性节点进度参考指标

节点名称	参考指标	备 注
开工建设 ~ 全线洞通	36 ~ 38 个月	总工期 53 ~ 59 个月
全线洞通 ~ 全线长轨通	4 ~ 5 个月	
全线长轨通 ~ 开通试运营	13 ~ 16 个月	
开工建设 ~ 车站围护结构开始施工	3 ~ 6 个月	
开工建设 ~ 车站具备安装装修条件	26 ~ 30 个月	
开工建设 ~ 所有车站主体结构封顶	30 ~ 32 个月	
所有车站主体结构封顶 ~ 所有车站具备安装装修条件	4 ~ 5 个月	
所有车站具备装修条件 ~ 完成安装装修及单调	9 ~ 12 个月	
全线长轨通 ~ 电通	3 ~ 4 个月	
电通 ~ 完成单调	3 ~ 4 个月	
完成单调 ~ 完成综合联调	3 个月	
完成综合联调 ~ 空载试运行	0.5 个月	
空载试运行 ~ 开通试运营	3 个月	
首列车具备接车条件 ~ 开通试运营	14 个月	
车辆段交付 ~ 开通试运营	12 ~ 13 个月	

注:1. 开工建设:指一般工程开工,不含试验段。
2. 全线洞通:指人工暗挖区间二衬完成,盾构区间管片安装完成。
3. 全线长轨通:指长轨通并且具备移交条件。
4. 电通:指全线接触网带电。
5. 基本完成单系统调试:指完成车站通风空调、给排水、低压动照、气灭、火灾自动报警以及全线弱电、供电、机电等系统设备的调试,不含系统接口调试。
6. 车辆段交付:指车辆段具备接车条件、运用库具备停车条件、试车线具备试车条件,基本达到运营入驻条件。

表 32.5 城市轨道交通工程建设进度参考指标

序号	项目	工程名称		进度指标	备 注
1	车站	明挖	地下 2 层车站	13 ~ 16 个月	含围护结构、土方开挖及主体结构
2			地下 3 层车站	15 ~ 18 个月	
3		半铺盖	地下 2 层车站	18 ~ 22 个月	
4			地下 3 层车站	20 ~ 24 个月	
5		暗挖	2 层暗挖车站	28 ~ 32 个月	含竖井、土方开挖及主体结构
6		高架	地上 3 层高架车站	18 ~ 22 个月	含下部结构、上部结构及钢结构

续上表

序号	项目	工程名称			进度指标	备注
7	区间	明挖	地下明挖区间		12～16 个月	含围护结构、土方开挖及主体结构
8		暗挖	竖井及横通道		4～6 个月	单线
9			初支	CRD 工法	15 m/月	
				台阶法	30 m/月	
				双侧壁导坑法	8 m/月	
				中洞法	8 m/月	
10			二衬	CRD 工法	25 m/月	
				台阶法	50 m/月	
				双侧壁导坑法	15 m/月	
				中洞法	15 m/月	
11			区间人防门		2 个月	
12		盾构	始发/吊出井		5～6 个月	单线
13			端头加固		2 个月	
14			正洞掘进		250～300 m/月	
15			过站		1 个月	
16			转场及下井拼装始发		2 个月	
17			联络通道		2～3 个月	带泵房的 3 个月
18	轨道	地下整体道床			1 300～1 600 m/(月・作业面)	轨道工程
19		钢弹簧浮置板道床			6 m/(作业面・d)	
20		短轨铺设			1 200～1 500 m/(月・作业面)	
21		长轨焊接			200～250 m/d	
22	车辆基地	地基处理、桩基～单体建筑主体结构完成			24 个月	
23		装饰装修			6 个月	
24		设备安装及单调			4 个月	

第 33 章　工程概算

城市轨道交通工程设计概算是初步设计文件的重要组成部分，是全面反映建设项目的全部费用、投资规模和投资构成的主要文件，应符合城市轨道交通工程建设和工程造价的管理要求。经批复的初步设计概算，是合理确定和有效控制城市轨道交通工程投资、编制建设项目投资计划、考核建设项目投资效果的主要依据。

初步设计概算总投资应控制在批准的可行性研究报告投资估算允许范围内。可行性研究估算与初步设计概算的工程费用、工程建设其他费用、专项资金三类费用的计列标准一致，只是预备费的计列标准不同。本章主要以初步设计概算为论述对象，兼顾可行性研究估算。

初步设计概算在编制和评审时，若遇法律法规和政策文件变化，应以调整后的法律法规和政策文件为依据，进行编制及评审。

本章主要阐述西安新建城市轨道交通工程初步设计概算的组成、编制办法、费用组成及内容、费用标准、计算方法及程序等，改建、扩建城市轨道交通工程及城市轻轨和市域快轨可参照执行。

33.1　概算文件组成

西安轨道交通工程设计概算文件，依据住房和城乡建设部、国家发展改革委建标〔2017〕89 号《关于印发〈城市轨道交通工程设计概算编制办法〉的通知》（以下简称“建标〔2017〕89 号文”），结合编制期陕西省、西安市基本建设有关法律法规、政策文件和建设市场价格，并参考以往线路概算水平、概算执行及财务决算经验进行编制。

西安轨道交通工程初步设计概算文件由总概算文件和分册概算文件组成。

33.1.1　总概算文件

总概算文件由封面、扉页、签署页、目录、编制说明、总概算表、综合概算表、概算与估算对照表、项目信息及主要工程数量表、投资分劈汇总表（同步实施综合概算表）、附件等组成。

1. 编制说明

（1）工程概况：包括建设规模、工程总量、线路起讫点及里程、线路敷设方式（包括地下线、地面线以及高架线长度及所占比例）；车站、区间、车辆基地、主变电所、运营控制中心的分布状况；重点工程介绍；车辆及主要设备的配置情况；同步建设或共用工程以及改造工程等情况。

（2）编制范围：包括项目总概算编制范围及建筑安装工程费、设备购置费、工程建设其他费用、预备费、车辆购置费、建设期贷款利息和铺底流动资金。不包括沿线物业开发的费用和同步实施但应由其他项目分担的费用。

（3）编制单元：明确概算编制单元的划分与界面。

（4）编制依据：列明概算编制的依据文件，一般包括国家相关规范、标准，本项目可行性研究批复文件，初步设计文件，陕西省、西安市有关计价管理办法及依据，有关合同、协议、资料等。

（5）采用定额：明确概算采用的各类定额及配套取费标准。

（6）价格确定：明确概算编制人工、材料、施工机械单价及设备购置费的取定依据或来源。

（7）工程建设其他费用计算方法及依据。

（8）预备费（基本预备费和价差预备费）计算方法及依据。

(9)专项费用(建设期贷款利息、车辆购置费和铺底流动资金)计算方法及依据。

(10)概算总额及技术经济指标。

(11)其他有关说明:

①与本工程同步实施工程(包括换乘车站,共线区间,共用主变电所、运营控制中心、车辆基地等)及物业开发投资分劈原则及概算(含工程费、工程建设其他费用、预备费、建设期贷款利息等),以及其他需说明的问题。

②对概算编制过程中需要特别说明的内容加以阐述,如概算编制中未落实的内容(如下穿铁路配合费等),以及其他与概算有关但不能在概算表中反映的事项和其他需要说明的问题。

2. 总概算表

此表是以综合概算表为基础,按表33.1"概算文件总表及编制单元划分基本规定"的"章"为对象汇总编制,反映整个建设项目的投资规模、费用构成及技术经济指标的总投资费用表格。

3. 综合概算表

此表是以分册综合概算表为基础,按表33.1"概算文件总表及编制单元划分基本规定"的"章、节"为对象汇总编制,反映整个建设项目的投资规模、费用构成及技术经济指标的总投资费用表格。

4. 概算与可研估算、概算与建规估算对照表

此表是反映概算与估算的总额及技术经济指标增减的对照表格。

5. 其他相关表格

包括项目主要信息及主要工程数量表,人工、主要材料及主要施工机械汇总表,投资分劈汇总表等。

6. 附件

需要补充的与概算有关但未在概算表格中反映的事项,包括有关文件、会议纪要、公文及有关分析计算资料等。

33.1.2 分册概算文件

分册概算文件由封面、扉页、签署页、编制说明、分册综合概算表、建筑工程、安装工程、设备购置费单项概算表、补充单价分析表、工程概况及主要工程数量表、人工、材料、施工机械汇总表、投资分劈表、附件等组成。

(1)分册综合概算表:是以"章、节"为对象编制,具体反映建设项目每一个编制单元建筑物群体工程范围内或每一个专业系统工程范围内的工程费用及其构成的表格。

(2)建筑工程单项概算表:是反映每一个编制单元中的土建、装饰工程计价依据和工程费用构成的表格。

(3)安装工程单项概算表:是反映每一个编制单元中的安装工程计价依据和工程费用构成的表格。

(4)设备购置费单项概算表:是反映每一个编制单元中的设备购置数量和费用构成的表格。

(5)补充单价分析表:是对建筑、安装工程单项概算因计价依据缺项或采用新技术、新工艺、新材料、新设备需补充的单价进行人工、材料、施工机械价格和数量分析的表格。

(6)工程概况及主要工程数量表:是反映每一个编制单元工程概况及主要工程数量等内容的表格。

(7)人工、材料、施工机械汇总表:是反映每一个编制单元人工、主要材料及施工机械数量和单价的表格。

33.2 概算文件编制办法

33.2.1 概算编制层级

概算文件分为总概算文件和分册概算文件2个层级。

1. 总概算文件

总概算文件是反映整个建设项目的投资规模和投资构成的文件,由综合概算表和总概算表及说明等

组成。

2. 分册概算文件

分册概算文件是具体反映建设项目一个单元建筑物群体工程范围内，或一个专业系统工程范围内，第一部分工程费用及其构成的文件，由单项概算表、分册综合概算表及说明等组成。

(1)单项概算是详细反映各类别工程、设备及设备安装的费用构成，根据分册概算文件编制单元范围内划分的各专业工程，结合建设项目具体情况，按照本章所述内容及采用定额的相关规定进行编制。

(2)分册综合概算是在分册编制单元范围内，按表33.1《概算文件总表及编制单元划分基本规定》的顺序，将单项概算按章、节进行汇总编制。

33.2.2 概算章节及编制单元划分

根据建标〔2017〕89号文，结合西安轨道交通建设项目的特点、管理需要及实际情况，西安轨道交通建设项目概算文件划分为19章，共38节。

概算编制单元划分基本规定如下：

1. 车站工程

全线每座车站为一个分册概算编制单元，每个单元包括土建结构(含人防)、建筑装饰、附属设施以及设备系统预留孔洞、沟、槽、安装预埋件的工程费用。其中土建结构包括车站及车站两端折返线、停车线、渡线、存车线的主体结构、附属结构、施工监测、降水、建(构)筑物加固保护等的工程费用；附属设施包括导向标识、站内外附属设施(包括站前广场、自行车停车场、环保绿化、隔离设施及其他配套建筑)、交通接驳和其他应列入车站的工程费用。分地下车站、高架车站、地面车站、其他房屋四节，按不同车站编制汇总。

车站工程概算编制单元中不包括：

(1)动力与照明，通风、空调与供暖，给水与排水、消防，气体灭火工程费用。

以上费用包含在各系统专业概算中。

(2)车站物业开发、换乘车站同步实施但应由其他项目分担的费用。

以上费用单独编制概算，并在概算编制说明中明确。换乘车站同步实施工程，按不同线路分别编制概算，或在概算编制说明中明确分摊原则并附分摊表格。

2. 区间工程

全线每相邻两座车站之间的区间为一个分册概算编制单元，全线联络线为一个分册概算编制单元，车辆基地的每个出入线为一个分册概算编制单元。每个单元包括区间正线和其他土建工程(包括区间人防、防淹门、主变电所出线电缆通道、疏散平台、声屏障等)，以及环保绿化、景观、隔离设施和设备系统预留孔洞及预埋件等工程费用。分地下区间、高架区间、地面区间、特殊线段区间四节，按不同区间编制汇总。

3. 轨道工程

全线轨道工程为一个分册概算编制单元，包括正线、辅助线(折返线、停车线、渡线、存车线等)、出入段线、联络线、车辆基地库内(外)线、线路有关工程、线路备料和铺轨基地等的工程费用。分正线、车辆基地、线路有关工程三节，按新建、改建两部分编制汇总。

4. 通信系统

全线通信系统为一个分册概算编制单元，包括正线、车辆基地及运营控制中心的设备及安装工程费用。分专用通信系统[含乘客信息系统(PIS)]、公安通信系统、民用通信引入系统(若有)三部分，按不同子系统，编制汇总为一节。

5. 信号系统

全线信号系统为一个分册概算编制单元，包括正线、运营控制中心、车辆基地、试车线、车载设备、维修与培训中心等的设备及安装工程费用。分正线、运营控制中心、车辆段、停车场、试车线、车载设备、维修与培训中心、其他八部分，编制汇总为一节。

6. 供电系统

全线供电系统共分八节,包括主变电所、变电所、环网电缆(含通道)、牵引网(接触轨)、动力与照明、电力监控系统(SCADA)、杂散电流防护与接地及供电车间等的工程费用。供电系统具体编制单元划分如下:

(1)全线每座主变电所为一个分册概算编制单元,包括主变电所的房屋建筑与装饰、电力进线(含通道)、变电设备及安装等的工程费用。分主变电所、电力进线、其他三部分,按不同主变电所分别编制,汇总为一节。

(2)全线每座车站及相邻区间的动力与照明为一个分册概算编制单元,包括各车站及相邻区间的发电、配电、变电设备、灯具设备及安装等的工程费用。按不同车站及相邻区间分别编制,汇总为一节。

(3)全线变电所、环网电缆(含通道)、牵引网(接触轨)、电力监控(SCADA)、杂散电流防护与接地系统、供电车间为一个分册概算编制单元。

①变电所包括牵引所、降压所、开闭所、混合所、跟随所,按不同变电所编制,汇总为一节。

②环网电缆(含通道)包括环网电缆、通道电缆两部分,编制汇总为一节。

③牵引网(接触轨)包括架空接触网、接触轨两部分,编制汇总为一节。

④电力监控(SCADA)包括车站、运营控制中心、车辆基地的设备及安装工程费用,编制汇总为一节。

⑤杂散电流防护与接地系统包括正线、车辆基地的设备及安装工程费用。分杂散电流防护、接地系统两部分,编制汇总为一节。

⑥供电车间包括其设备及安装工程费用,编制汇总为一节。

7. 综合监控(ISCS)系统

全线综合监控系统(ISCS)为一个分册概算编制单元,包括车站、运营控制中心、车辆基地等综合监控系统的设备及安装工程费用。分车站、运营控制中心、车辆段、停车场四部分,编制汇总为一节。

8. 火灾自动报警(FAS)及环境与设备监控系统(BAS)

全线火灾自动报警系统(FAS)为一个分册概算编制单元;环境与设备监控系统(BAS)为一个分册概算编制单元。包括车站、运营控制中心、车辆基地、主变电所、变电所等火灾自动报警及环境与设备监控的设备及安装工程费用。分火灾自动报警、环境与设备监控两节,按车站、运营控制中心、车辆段、停车场、主变电所、变电所六部分,编制汇总。

9. 安防与门禁系统(ACS)

全线安防(含安检)系统与门禁系统(ACS)为一个分册概算编制单元,包括车站、运营控制中心、车辆基地、主变电所、变电所等安防(含安检)系统与门禁系统的设备及安装工程费用。分安防系统、门禁系统两部分,按车站、运营控制中心、车辆段、停车场、主变电所、变电所编制汇总为一节。

10. 通风、空调与供暖

全线每座车站及相邻区间的通风、空调与供暖系统为一个分册概算编制单元,包括各车站及区间的通风、空调、供暖与综合支吊架和抗震支吊架等的设备及安装工程费用。分车站、区间、综合支吊架和抗震支吊架三部分,按不同车站及相邻区间分别编制,汇总为一节。(注:不含主变电所、运营控制中心、车辆基地的通风、空调与供暖。)

11. 给水与排水、消防

全线每座车站及相邻区间的给水与排水、消防系统为一个分册概算编制单元;全线气体灭火系统为一个分册概算编制单元,包括各车站及区间给水与排水、消防系统和气体灭火系统的设备及安装工程费用。分给水与排水、消防系统,气体灭火系统两节,按不同车站及相邻区间分别编制汇总。(注:不含主变电所、运营控制中心、车辆基地的给水与排水、消防,气体灭火。)

12. 自动售检票系统(AFC)

全线自动售检票系统(AFC)为一个分册概算编制单元,包括车站、运营控制中心等自动售检票系统的设备及安装工程费用。按车站、运营控制中心、清分系统(若有)三部分,编制汇总为一节。

13. 站内客运设备、站台门

全线站内客运设备、站台门为一个分册概算编制单元，包括车站自动扶梯和自动人行道、电梯、轮椅升降机、站台门。分站内客运设备和站台门两节，按不同设备，编制汇总。（注：不包括运营控制中心、车辆基地等房屋电梯工程，此费用列入相应房屋建筑设备及安装工程费用中。）

14. 运营控制中心（OCC）

运营控制中心（OCC）为一个分册概算编制单元，包括运营控制中心的房屋建筑与装饰，室内动力与照明，通风、空调与供暖，给水与排水、消防，电梯，楼宇自动化等的设备及安装工程，以及室外道路、围墙、景观、绿化等的工程费用。分房屋和附属工程两部分，按不同工程内容编制汇总为一节。

15. 车辆基地

车辆段与停车场各为一个分册概算编制单元，包括场段内的土石方、地基处理、桥涵、房屋建（构）筑物、道路、围墙、绿化等工程，室内动力与照明，通风、空调与供暖，给水与排水、消防，电梯，工艺设备等设备及安装工程，以及室外水、电、供暖、燃气管沟等的工程费用。分车辆段和停车场两部分，按生产及办公房屋、工艺设备、附属工程，编制汇总为一节。

16. 人防

全线人防工程为一个分册概算编制单元，包括各设防地下车站、地下区间内所有人防、防淹防护的设备及安装工程费用。分人防门、防淹门和其他三部分，按平战结合，以车站和区间分别编制，汇总为一节。

人防段的土建工程费用，计入相应的车站和区间。

17. 前期工程

全线前期工程为一个分册概算编制单元，包括全线范围的土地征用及补偿费、临时占地费、建（构）筑物拆迁补偿费（房屋补偿费、商业补偿费、构筑物补偿费）、树木及绿化赔偿费、道路恢复费、道路破复费、管线迁改费、交通疏解费、场地准备费等。按车站、区间、主变电所、运营控制中心、车辆段、停车场分别编制，汇总为一节。

前期工程费中包括前期工程涉及的规划、勘察、设计、监理、评估等相关咨询服务费用，按不同专业实际所需计列。

以上基本规定，在具体的概算编制过程中，可根据建设项目实际需要，进行补充或削减，也可将几个编制单元合并，但所有的调整情况应在编制说明中予以明确。

各章节具体内容及编制单元划分见表33.1。

表33.1　概算文件总表及编制单元划分基本规定

序号	编制单元名称	内　　容	对应章节	说　　明
一	车站	车站和车站两端折返线、停车线、渡线、存车线的主体结构、附属结构、施工监测、降水、建（构）筑物加固保护等；附属设施包括标识导向、站内外附属设施（包括站前广场、自行车停车场、环保绿化、隔离设施及其他配套建筑）、交通接驳和应列入车站的其他工程费用。 不包括车站物业开发及换乘车站同步实施但应由其他项目分担的费用	第一章 第1节 地下车站 第2节 高架车站 第3节 地面车站 第4节 其他房屋	（1）车站和区间的分界点在结构分界处。 （2）高架车站如采用“桥建分建”，则车站里程桩号内的高架桥梁结构费用亦属于车站编制单元范畴。区间和车站的建筑分界点在结构分界处
二	区间	区间正线和其他土建工程（包括区间人防、防淹门、主变电所出线电缆通道、疏散平台、声屏障等），以及环保绿化、隔离设施和设备系统预留孔洞及预埋件等工程费用	第二章 第5节 地下区间 第6节 高架区间 第7节 地面区间 第8节 特殊线段区间	（1）每个区间不同工法分别编制汇总。 （2）出入段线和正线区间或车站的分界点在结构分界处

续上表

序号	编制单元名称		内　容	对应章节	说　明
三	轨道		正线、辅助线（折返线、停车线、渡线、存车线）、车辆基地库内外线、出入段线、联络线、线路有关工程、线路备料和铺轨基地等工程费用	第三章 第9节 正线 第10节 车辆基地 第11节 线路有关工程	出入段线轨道和正线轨道分界点在正线出岔点或里程分界点
四	通信		正线、运营控制中心、车辆基地的专用通信系统、公安通信系统、民用通信引入系统设备及安装工程费用	第四章 第12节 通信	正线、运营控制中心、车辆基地分别编制后汇总
五	信号		正线、运营控制中心、车辆段、停车场、试车线、车载设备、维修与培训中心的信号系统设备及安装工程费用	第五章 第13节 信号	正线、运营控制中心、车辆段、停车场、试车线、车载设备、维修与培训中心分别编制汇总
六	供电	主变电所	主变电所的房屋建筑与装饰、电力进线（含通道）、变电设备及安装等工程费用	第六章 第14节 主变电所	主变电所出线通道电缆费用纳入环网电缆工程项下
		变电所	各座牵引变电所、混合变电所、开闭所、降压所、跟随所的设备及安装等工程费用	第六章 第15节 变电所	不同变电所分别编制汇总
		环网电缆	环网电缆的设备及安装工程费用，含独立的通道电缆	第六章 第16节 环网电缆	含主变电所馈出线电缆及牵引变电所或降压变电所间的环网电缆及线路差动保护光缆及联跳电缆
		牵引网（接触轨）	架空接触网或接触轨的设备及安装工程费用	第六章 第17节 牵引网（接触轨）	出入段线牵引网和正线分界点在正线出岔点或里程分界点
		动力与照明	各车站、区间动力与照明等设备及安装工程费用	第六章 第18节 动力与照明	含发电、配电、变电设备、灯具等，车站、区间分别编制汇总
		电力监控SCADA	电力监控系统（SCADA）的设备及安装工程费用	第六章 第19节 电力监控	车站、运营控制中心、车辆基地分别编制汇总
		杂散电流防护与接地	杂散电流防护与接地的设备及安装工程费用	第六章 第20节 杂散电流防护与接地	车站、运营控制中心、车辆基地分别编制汇总
		供电车间及其他系统	供电车间、车站不间断电源（UPS）系统整合、再生制动能量利用系统、电能质量管理系统、光伏发电系统、供电生产管理系统等的设备及安装工程费用	第六章 第21节 供电车间及其他系统	按不同系统类型分别编制汇总
七	综合监控（ISCS）		综合监控系统的设备及安装工程（不包括独立设备系统）费用	第七章 第22节 综合监控	正线、运营控制中心、车辆基地分别编制汇总
八	火灾自动报警、环境与设备监控	火灾自动报警（FAS）	火灾自动报警系统（FAS）的设备及安装工程费用	第八章 第23节 火灾自动报警	正线、运营控制中心、车辆段、停车场、主变电所、变电所分别编制汇总
		环境与设备监控（BAS）	环境与设备监控系统（BAS）的设备及安装工程费用	第八章 第24节 环境与设备监控	车站、运营控制中心、车辆段、停车场分别编制汇总
九	安防与门禁		车站、运营控制中心、车辆基地、主变电所、变电所等安防与门禁的设备及安装工程费用	第九章 第25节 安防与门禁	车站、运营控制中心、车辆段、停车场、主变电所、变电所分别编制汇总
十	通风、空调与供暖		各车站、区间的通风、空调与供暖，以及综合支吊架和抗震支吊架等设备及安装工程费用	第十章 第26节 通风、空调与供暖	(1)各车站、区间、综合支吊架和抗震支吊架分别编制汇总 (2)综合支吊架和抗震支吊架包括动力与照明，通风、空调与供暖，给水与排水、消防等共用支吊架

续上表

序号	编制单元名称		内　　容	对应章节	说　　明
十一	给水与排水、消防	给水与排水、消防	各车站、区间的给水与排水、消防设备及安装工程费用	第十一章 第27节 给水与排水、消防	车站、区间分别编制汇总
		气体灭火	气体灭火设备及安装工程费用	第十一章 第28节 气体灭火	车站、区间分别编制汇总
十二	自动售检票（AFC）		自动售检票系统（AFC）的设备及安装工程费用	第十二章 第29节 自动售检票	车站、运营控制中心分别编制汇总
十三	站内客运设备、站台门	站内客运设备	各车站自动扶梯和自动人行道、轮椅升降机、电梯的设备及安装工程费用（包括控制系统和机械系统）	第十三章 第30节 站内客运设备	各车站根据提升高度和工况要求分别编制汇总
		站台门	各车站站台门的设备及安装工程费用（包括控制系统和机械系统）	第十三章 第31节 站台门	根据各车站情况，统计并区分固定门、活动门和门机数量
十四	运营控制中心		运营控制中心房屋建筑与装饰，室内动力与照明，给水与排水、消防，通风、空调与供暖，电梯，楼宇自动化等设备及安装工程，以及室外道路、围墙、景观、绿化等附属工程费用	第十四章 第32节 运营控制中心	按不同专业分别编制汇总
十五	车辆基地		车辆段和停车场的房屋建筑与装饰、道路、桥涵等土建工程，以及动力与照明，通风、空调与供暖，给水与排水、消防，电梯，工艺设备，附属工程等工程费用（风水电含室外部分）	第十五章 第33节 车辆基地	（1）车辆段、停车场分别编制。 （2）按不同专业分别编制汇总
十六	人防		地下车站、地下区间人防防护设备及其配套设施的制作加工、安装等工程费用	第十六章 第34节 人防	（1）因人防要求发生的土建费用，列入相应车站或区间编制单元；防护门及门框根据各车站、区间情况，分别编制后汇总。 （2）含防淹门
十七	工程建设其他费用	前期工程费	土地征用及补偿费、临时占地费、建（构）筑物拆迁补偿费（房屋补偿费、商业补偿费、构筑物补偿费）、树木及绿化赔偿费、道路恢复费、道路破复费、管线迁改费、交通疏解费、场地准备费等	第十七章 第35节 前期工程费	各车站、区间、运营控制中心、主变电所、车辆段、停车场分别计列汇总
		其他费用	其他费用	第十七章 第36节 其他费用	按表33.2内容计列汇总
十八	预备费		基本预备费 价差预备费	第十八章 第37节 预备费	按表33.2内容计列汇总
十九	专项费用		车辆购置费 建设期贷款利息 铺底流动资金	第十九章 第38节 专项费用	按表33.2内容计列汇总

注：1. 总体设计单位可根据建设项目特点，对上表缺项的工程增补分册概算编制单元；也可依据设计分工和建设管理需要，将上表中若干分册概算编制单元合并为一个分册概算编制单元，或对编制单元做少量调整，但都必须在编制单元划分中予以说明。

2. 房屋建筑按车站、主变电所、运营控制中心、车辆段、停车场分别编制。

33.2.3 概算编制依据

初步设计概算一般采用定额法和指标法相结合进行编制，根据初步设计图纸，可以算量的，采用定额法编制；因深度不够，无法算量的，采用指标法编制。以下主要说明采用定额法编制的编制依据。

1. 一般依据

（1）国家、省、市相关部门、行业颁发的相关标准、规范、文件等。

（2）可行性研究报告批复文件、规定及评审意见等。

(3)初步设计文件及其技术、接口要求、规定、图纸、工程数量及评审意见等。

(4)有关合同、协议书、委托书等。

(5)本章相关规定。

(6)其他有关政策文件及技术经济资料。

2. 采用定额

(1)地下车站、地下区间土建工程,主要采用《西安市城市轨道交通工程价目表》(2008 年出版,共一册)。

(2)轨道、通信、信号、供电(不含主变电所变电工程)、综合监控、火灾自动报警、环境与设备监控、安防及门禁、通风、空调与供暖、给水与排水、消防、自动售检票、站内客运设备、站台门、工艺设备、人防等,主要采用《西安市城市轨道交通安装工程价目表》(2011 年出版,共六册)。

(3)高架车站、地面车站、车辆段房屋、控制中心土建工程,主要采用《陕西省建筑装饰工程消耗量定额 2009 价目表》(2010 年出版,共一册)、《陕西省建设工程消耗量定额补充定额(2004)》(2010 年出版,共一册)。

(4)高架车站、地面车站、车辆段房屋、控制中心安装工程,主要采用《陕西省安装工程 2009 价目表》(2010 年出版,共十四册)。

(5)路基、U 形槽、桥涵、车辆段、停车场场区软基处理、土石方、道路及其他附属工程等,主要采用《陕西省市政工程消耗量定额 2009 价目表》(2010 年出版,共一册)。

(6)主变电所、送电线路建筑、安装工程及设备主要采用《电力建设工程预算定额(2018 年版)》。

(7)上述定额有新版本的,采用最新版;定额子目不足时,采用相近定额或国内类似工程定额。

(8)工程量计算规则执行相应定额的有关规定。

3. 人工、材料、施工机械台班、设备价格确定

人工单价,执行陕西省、西安市编制期文件规定;材料价格执行《陕西工程造价管理信息(信息价)》编制期价,信息价中没有的,参考市场价或有关部门、行业发布的指导价;施工机械台班价格依据编制期《陕西省建设工程施工机械台班价目表》分析计算;设备价格编制期与材料价格一致。

4. 工程建设其他费、预备费、专项费用

此类费用按表 33.3 执行。

33.2.4 同步建设或共用工程费用分摊

同步建设或共用工程一般包括换乘车站(换乘通道、共用节点、共用主体结构、共用机电设备)、共线区间和机电设备、共用主变电所、运营管理房屋、车辆基地等。费用如需分摊,有明确协议的按相关协议分摊,无协议的根据工程项目特点、分期建设情况、同期建设范围等因素,按以下基本原则分摊。分摊费用为全费用投资(包括工程费用、工程建设其他费用、预备费和建设期贷款利息等)。

1. 车站、区间

(1)采用"十"字形、T 形、L 形换乘的车站,节点处(含纳入车站设计的联络线)需同步建设的工程费用,当两线车站同期建设时按线路均摊;当两线车站分期建设时,列入先期建设线路。

(2)采用同台或平行换乘的车站,需同步建设的共用结构及设备,当两线车站同期建设时按线路均摊;当两线车站分期建设时,列入先期建设线路。

(3)采用通道换乘的车站,换乘通道工程费用按各线设计范围,分别计列。

(4)两线共用区间需同期建设的共用结构及设备,当两线同期建设时按线路均摊;当两线分期建设时,列入先期建设线路。

(5)车站、区间涉及物业开发需同步实施的项目,因物业开发增加的费用,由物业开发项目承担,并单独编制概算。

(6)独立设计的联络线,费用列入对其进行设计和建设的项目。

2. 主变电所

主变电所通常按多线共用配置。主变电所为多线共用的,同期建设的按各线路均摊;分期建设的,列

入先期建设线路，后期线路仅计列自身接入费用和扩容费用。

3. 运营管理房屋

运营控制中心、清分中心和网络指挥中心等运营管理房屋通常按多线共用配置。当其作为独立项目设计和建设时，费用不分摊；反之，费用视情况由先期建设的各线路分摊，后期建设线路仅计列自身接入费用和扩容费用。

4. 车辆基地

多线共用的车辆基地，共用的结构及工艺设备费用，同期建设的按线路均摊；分期建设的，列入先期建设线路，后期建设线路仅计列扩建和增加的工艺设备费用。

设置物业开发上盖的车辆基地，因物业开发增加的费用，由物业开发项目承担，并单独编制概算；公益性设施则无需分摊。

33.3 概算费用组成及内容

建设项目概算总投资，是指为完成工程项目建设并达到使用要求或生产条件，从筹建到竣工验收以及试运行结束的整个建设期内预计或实际投入的全部费用总和。按组成内容划分为四部分：第一部分工程费用，包括建筑工程费、安装工程费、设备购置费；第二部分工程建设其他费用，包括前期工程费、与项目建设有关的其他费用、与试运行有关的其他费用；第三部分预备费，包括基本预备费、价差预备费；第四部分专项费用，包括车辆购置费、建设期贷款利息和铺底流动资金。

各部分费用具体内容见表33.2。

表33.2 建设项目概算总投资费用组成及内容

费用组成	具体内容	
第一部分 工程费用	建筑工程费	建筑工程费
	安装工程费	安装工程费
	设备购置费	设备购置费
第二部分 工程建设其他费用	前期工程费	土地征用及补偿费
		临时占地费
		建(构)筑物拆迁补偿费
		树木及绿化赔偿费
		道路恢复费
		道路破复费
		管线迁改费
		交通疏解费
		场地准备费
	与项目建设有关的其他费用	项目建设管理费
		建设工程监理与相关服务费
		招标代理服务费
		招标交易服务费
		前期工作费
		研究试验费
		勘察设计费
		咨询费
		引进技术和设备其他费
		专利及专有技术使用费

续上表

费用组成	具体内容	
第二部分 工程建设其他费用	与项目建设有关的其他费用	工程保险费
		特殊设备安全监督检验费
		安全生产保障费
		配合辅助工程费
		其他
	与试运行有关的其他费用	综合联调及试运行费
		生产准备及开办费
第三部分 预备费	基本预备费	
	价差预备费(一般不计列)	
第四部分 专项费用	车辆购置费(含车辆监造费)	
	建设期贷款利息	
	铺底流动资金	

33.4 概算费用标准、计算方法及计算程序

33.4.1 概算费用标准、计算方法

1. 建筑安装工程费

(1)人工费

$$人工费 = \sum(定额人工消耗量 \times 人工单价)$$

人工单价采用陕西省、西安市工程造价管理部门发布的编制期人工单价。

(2)材料费

$$材料费 = \sum(定额材料消耗量 \times 材料单价)$$

材料单价采用陕西省造价管理部门发布的编制期信息价,信息价未发布的,采用市场询价或有关部门、行业发布的指导价。

(3)施工机械使用费

$$施工机械使用费 = \sum(施工机械台班使用量 \times 施工机械台班单价)$$

施工机械台班单价采用编制期《陕西省建设工程机械台班单价》及有关规定计算。

(4)措施费、管理费、利润、规费、税金

按照编制期陕西省、西安市相关建设工程计价依据、办法、文件和相应价目表的取费标准计算。

2. 设备购置费

(1)设备原价(单价)

设备原价(单价)应根据生产厂家或供应商的询价、报价、合同价或采用一定的计算方法并结合概算文件编制期的价格水平综合确定;也可按其成本构成或相关技术参数估算。

设备原价(单价)均采用到工地价格,不再计列运杂费。

(2)备品备件购置费

对传统管理模式的建设项目,若设备购置费不包含备品备件费时,备品备件购置费需单独计列并汇入设备购置费中。

对非传统管理模式(如 PPP、BT 或 EPC 等)的建设项目,备品备件需视资产归属情况,汇入设备购置费中计列或单独计列。

备品备件费 = 设备原价(不含软件费) × 备品备件购置费费率,或按业主(运营单位)要求据实计列。

3. 工程建设其他费

根据费用性质,工程建设其他费用可分为三大类:前期工程费、与项目建设有关的其他费及与试运行有关的其他费,具体费用标准和计算方法见表33.3。

4. 预备费

(1)基本预备费

可行性研究估算按第一部分工程费用与第二部分工程建设其他费用之和的10%计列,初步设计概算按第一部分工程费用与第二部分工程建设其他费用之和的5%计列。

(2)价差预备费

现行城市轨道交通估算或概算一般不计列价差预备费。

5. 专项费用

(1)车辆购置费(含车辆监造费)

按设计确定的初期车辆配置数量及车辆市场价格信息计列。

(2)建设期贷款利息

建设期贷款利息 = $\sum$(年初付息贷款本金累计 + 本年度付息贷款额 ÷2) × 年利率。

③铺底流动资金

按设计确定的初期车辆配置数量 × 10 万元/辆计列。

33.4.2 概算总费用计算程序

概算总费用计算程序见表33.3。

表33.3 概算总费用计算程序

编号	费用组成	计算依据及方法
1	第一部分 工程费用	1.1 +1.2
1.1	建筑安装工程费	按33.4.1建筑安装工程费规定计列
1.2	设备购置费	按33.4.2设备购置费规定计列
2	第二部分 工程建设其他费用	2.1 +2.2 +2.3
2.1	前期费用	2.1.1 +2.1.2 +…2.1.9
2.1.1	土地征用及补偿费	按陕西省、西安市相关政府部门颁布的有关规定、标准计列
2.1.2	临时占地费	按陕西省、西安市相关政府部门颁布的有关规定、标准计列
2.1.3	建(构)筑物拆迁补偿费	按陕西省、西安市相关政府部门颁布的有关规定、标准或相关定稿计算计列
2.1.4	树木及绿化赔偿费	以实际调查数量为准,根据绿化定额或各区(县)规定、标准计列
2.1.5	道路恢复费	按400元/m^{2}计列
2.1.6	道路破复费	按450元/m^{2}计列
2.1.7	管线迁改费	结合现场实际,按照管线迁改方案,根据市政定额或相关行业规定计列
2.1.8	交通疏解费	按400元/m^{2}计列
2.1.9	场地准备费	工程费用 × 费率(1.0% ~2.0%)
2.2	与项目建设有关的其他费用	2.2.1 +2.2.2 +… +2.2.16
2.2.1	项目建设管理费	(工程费用 + 管线迁改费) × 费率(2.0% ~2.5%)
2.2.2	建设工程监理费	工程费用 × 费率(1.6% ~1.8%)
2.2.3	招标代理服务费	工程费用 × 费率(0.2%)
2.2.4	招标交易服务费	按陕西省、西安市交易服务费收费标准及相关文件依据计列
2.2.5	前期工作费	2.2.5.1 +2.2.5.2 +… +2.2.5.10
2.2.5.1	可行性研究费	根据相关合同或参照建标〔2017〕89号文计列

续上表

编 号	费 用 组 成	计 算 依 据 及 方 法
2.2.5.2	环境影响评价费	根据相关合同或参照建标〔2017〕89 号文计列
2.2.5.3	客流预测报告编制费	根据相关合同或参照建标〔2017〕89 号文计列
2.2.5.4	地震安全性评价费	根据相关合同或陕西省、西安市相关规定计列
2.2.5.5	地质灾害危险性评估费	根据相关合同或陕西省、西安市相关规定计列
2.2.5.6	节能评估费	根据相关合同或参照建标〔2017〕89 号文计列
2.2.5.7	社会稳定风险评估费	根据相关合同或参照建标〔2017〕89 号文计列
2.2.5.8	防洪评价费	根据相关合同或陕西省、西安市相关规定计列
2.2.5.9	文物勘探及保护费	根据相关合同或陕西省、西安市相关规定计列
2.2.5.10	其他前期工作费用	根据相关合同或行业平均价格计列
2.2.6	研究试验费	根据具体研究试验内容和要求估算计列
2.2.7	勘察设计费	2.2.7.1 +2.2.7.2
2.2.7.1	勘察费	工程费用×费率(0.6%~0.8%)
2.2.7.2	设计费(含 BIM、技术服务费、总体总包等)	工程费用×费率(3.5%~3.7%)
2.2.8	咨询费	2.2.8.1 +2.2.8.2
2.2.8.1	设计咨询费	工程费用×费率(0.3%~0.4%)
2.2.8.2	造价咨询费	工程费用×费率(0.3%~0.4%)
2.2.9	引进技术和设备其他费	引进设备总额×费率(1.0%~1.5%)
2.2.10	专利及专有技术使用费	按专利使用协议或合同计列
2.2.11	工程保险费	工程费用×费率(0.4%~0.7%)
2.2.12	特殊设备安全监督检验费	按陕西省、西安市安全监察部门有关规定、标准计列
2.2.13	安全生产保障费	建筑安装工程费×费率(0.8%~1.0%)
2.2.14	配合辅助工程费	按编制单元划分,独立编制全费用概算
2.2.15	专项验收费	根据相关合同或按陕西省、西安市相关行业标准、规定计列
2.2.16	其他	依据实际,按归属行业或陕西省、西安市相关管理部门规定计列
2.3	与试运行有关的其他费用	2.3.1 +2.3.2
2.3.1	综合联调及试运行费	2.3.1.1 +2.3.1.2
2.3.1.1	综合联调费	(设备购置费+车辆购置费)×费率(1.0%~1.50%)
2.3.1.2	试运行费	正线公里数×试运行期(3 个月)×10 万元(与既有线联调或换乘站多的线路按 4~6 个月计列)
2.3.2	生产准备及开办费	2.3.2.1 +2.3.2.2 +2.3.2.3
2.3.2.1	生产职工培训费	设计定员人数×60%×30 000 元
2.3.2.2	生产办公和生活家具用具购置费	设计定员人数×9 000 元
2.3.2.3	工器具购置费	设计定员人数×4 500 元
3	第三部分　预备费	3.1 +3.2
3.1	基本预备费	按照(工程费用+工程建设其他费用)×费率 5% 计列
3.2	价差预备费	城市轨道交通工程一般不计列
4	第四部分　专项费用	4.1 +4.2 +4.3
4.1	车辆购置费	按设计确定的初期车辆配置数量及车辆市场价格信息计列
4.2	建设期贷款利息	根据不同的资金来源及建设期投资比例计算
4.3	铺底流动资金	按设计确定的初期车辆配置数量,每辆 10 万元计列
5	建设项目总概算	1 +2 +3 +4

33.5 概算执行与思考

33.5.1 概算执行与反思

我国政府投资的建设项目总体规模较大、工期较长、投资巨大，从工程初步设计概算编制到工程实施完成，历时数年，期间由于政策调整、物价变动、施工条件、工程筹划等变化，大多都会引起工程费用上涨。近些年，政府投资项目发生超概的现象并不少见，对项目管理、工程进度、竣工决算和审计造成诸多影响。特别是轨道交通工程，规模大、时间跨度长、专业多、技术要求高、施工方法繁复、参建单位多，且建设地点多在市区，拆迁量大，周边管线、建(构)筑物复杂，交通疏解困难，诸多不可预见因素，都可能引起工程费用增加。纵观全国轨道交通建设工程，竣工结算超概现象屡有发生。

西安轨道集团高度重视概算编制和概算执行工作，坚持实行建设项目全过程投资管控，每条线路分可行性研究、初步设计、招标、项目实施、竣工结算、财务决算几个阶段进行投资控制，其中可研估算、初设概算、最高投标限价都经过集团内审和专家评审；项目实施过程中，从最高投标限价到项目结算，无论是施工图预算还是设计变更、现场签证，西安市财政投资评审中心都全过程跟踪监管，这些措施都为概算编制和概算执行提供了有力的保障。从目前已建成开通的 8 条线路来看，效果显著，成绩斐然。

然而随着西安轨道交通工程建设的不断推进，概算执行问题也日渐显现，特别是近几年开建的线路，出现了施工图预算紧逼同比概算，甚至个别单位工程预算超出同比概算的现象。这使得概算执行工作日渐艰难，也促使我们对概算编制与执行进行反思，寻求应对方法及控制措施。

因为设计深度及工程管理实际需求等原因，西安轨道交通工程设计一般分初步设计和施工图设计两个阶段。招标图设计作为施工图设计的子阶段，是初步设计与施工图设计的过渡，在一定程度上解决了因初步设计深度不够无法满足招标要求的问题，对推进工程建设、缓解工期压力起到了很大的促进作用。但由于招标图设计深度、精度均未达到施工要求，致使施工图与招标图仍有不同程度的变化。这些不足，首先导致某些投标文件可能出现有针对性的不平衡报价；其次在项目实施过程中，设计变更、现场签证也时有发生。这些因素都为概算执行留下了隐患，增加了难度。为了有效解决上述问题，就需要进一步深化各个设计阶段的设计精度，并提高概预算的准确度。

在初步设计阶段，确定合理的技术标准和施工方案，并据此编制既经济适用又具有一定前瞻性的概算，是概算执行的基础。在概算费用组成中，除了投资巨大的建筑安装工程费外，前期工程和设备购置 2 类费用，不仅投资占比较大，而且弹性空间很大，极容易引起项目投资变化，因而需要引起足够的重视；对建设期材料、人工价格变化风险的预判与合理筹划，是概算执行和投资控制的主要内容和重点；而在招标图和施工图设计阶段，遵循初步设计思路，控制不必要的工程量放大，是设计和建设管理的重中之重。

1. 精细化前期工程调研

征地拆迁、管线迁改、交通疏解等前期工程，一直以来都是建设单位掌控最差、变数最多、最有可能超概的部分，也是需要进行投资管控的主要部分，因此在初步设计阶段，设计和概算人员要根据工程建设实际需要，加强与相关部门和产权单位的联系，结合线站位选址、施工方案、结构形式等，制定相对稳定的征地拆迁、管线迁改、交通疏解等设计方案，准确调研全线前期工程所需投资，并适当预估建设期的可能上涨，尽量减少后期变更或费用变化引起的投资失控。

2. 合理确定机电系统功能，及时做好供货市场调研

机电系统虽然在整个城市轨道交通建设项目中，所占投资比例不是很大，但却关乎运营的平稳性、安全性及后续维修养护问题，因而是城市轨道交通的主要组成与核心部分。其特殊性还在于，施工时间更靠后，最终的用户需求书与初步设计时间的跨度更长。因此，在初步设计阶段要注重统一规划、一次性设计，坚持近期与远期相结合、分期实施及资源共享的原则，合理确定机电系统功能，并配置与之匹配的设备系统；设备的选型既要考虑技术的先进性、适用性和系统的平衡性，也要在满足功能的条件下，根据市场询价，并预留一定价格空间，经济适用地确定设备购置费。

3. 统筹考虑价格变化，合理筹划风险调控

纵观西安轨道交通概算执行情况，导致工程建设费用增加的主要因素，除了图纸变化，最主要的就是人工、材料价格上涨。正常情况下，一条线路从初步设计到建成通车，一般需要 6 年左右，这期间受国家政策、市场自我调节等因素影响，建设工程人工、材料价格都有不同程度的上涨。近几年，西安轨道交通的建筑工程，材料调差费用超过合同金额的 10%，对概算执行造成了很大的困扰。为应对这种情况，后续编制设计概算时，在充分进行市场调研的基础上，还需要充分考虑建设期材料价格上涨对项目投资的影响。关于人工价格调整，在理论上来讲，不应单纯地一味提高人工工日单价，而是应该统筹考虑不同时期的定额人工消耗量水平和管理水平，根据生产力发展和客观实际，在不断完善建设工程定额消耗量和取费标准的前提下，合理确定人工价格。

4. 强化设计管理，确保工程经济适用、可控

遵照批复的初步设计方案开展设计，精细化确定各类建设工程的建造标准、工程数量，严格管控变更设计和现场签证，强化限额设计，确保各分部分项工程招标图和施工图预算控制在同比概算范围内，这是概算执行的有力保障。这方面，无论是设计院还是建设单位，都需要进一步制定相应的管理制度，加强管控措施。

33.5.2 概算编制趋势与应对

2020 年，《住房和城乡建设部办公厅关于印发工程造价改革工作方案的通知》（建办标〔2020〕38 号）中明确："优化概算定额、估算指标编制发布和动态管理，取消最高投标限价按定额计价的规定，逐步停止发布预算定额。"意味着建设单位对最高投标限价的编制，不能再依靠预算定额，而是需要"根据工程造价数据库、造价指标指数和市场价格信息等编制和确定最高投标限价。"无论是工程造价数据库还是造价指标指数，其重要来源，无疑都是初步设计概算。建办标〔2020〕38 号文的颁发，凸显了设计概算在项目全过程造价控制、管理以及考核中的重要指导作用。

在这样的背景下，编制高标准的初步设计概算，并不仅仅只是依赖概算定额、估算指标就可以完成的，因为概算定额和指标只能体现行业的平均生产力和管理水平，要实际反映西安轨道交通工程的造价水平，就必须参考西安市轨道交通以往各线路概算、预算、结算、决算等不同阶段的各类指标。这就要求我们必须建立西安轨道交通工程造价数据库，重视数据积累，对以往线路的各类技术、经济数据进行整理、归集，并不断完善、更新。

西安轨道集团一直重视并不断提高概算执行和造价管控水平，自 2011 年 1 号线一期安装装修工程开始，所有使用概算内资金的项目均纳入了"全过程造价管理系统"，每个建设项目，从招标、合同签订、合同执行、中间支付直至最后的结算、概算归集，所有数据都收集进入该管理系统的数据库，进行全过程投资管控和数据管理，不仅为完成结算、概算回归、指标分析等工作奠定了基础，也可以按照不同需要生成各种统计台账和经济指标，为概算、最高投标限价的编制提供参考依据。

下一步，西安轨道集团将建立云平台，将初步设计概算、最高投标限价、施工图预算、工程结算、财务决算、概算回归等项目建设不同阶段的各种经济指标统一管理，利用大数据、人工智能等信息化技术，为编制投资估算指标和概算指标夯实基础，为概算编制、概算执行和考核建设项目投资效果提供重要依据，也为政府有关部门加强城市轨道交通工程建设宏观调控和项目投资控制提供有力保障。

33.5.3 部分综合参考指标

因设计深度原因，一般初步设计概算编制时，部分项目采用综合指标列入。为统一标准，根据西安已运营或在建城市轨道交通工程既有资料，分析确定了部分综合参考指标（表 33.4）。在西安轨道交通工程后续线路概算编制中，一般项目可以参考使用；时间间隔长的项目或重大项目，可根据项目实际及概算编制期的人工、材料市场价格等，重新分析指标；如遇特殊项目，则单独编制详细单项概算，相应调整表中各项综合指标。

表 33.4 部分综合参考指标

项目		综合指标	工作内容	工程量计算说明
1. 车站内部装饰	(1)地下站公共区及出入口	2 000 元/m^2	包括顶棚、墙面、柱面、地面装饰,门窗工程(含防火门窗),二次砌筑,灯箱及易损件费用	(1)按“面积”计算 (2)车站公共区、出入口、换乘通道按水平投影面积参照公共区指标计算;轨行区、风道风井按水平投影面积参照轨行区指标计算;站台板下夹层管理用房按使用面积参照设备用房指标计算
	(2)地下站设备区及管理用房	800 元/m^2		
	(3)地下站轨行区	200 元/m^2		
	(4)高架站、地面站公共区及出入口	1 500 元/m^2		
	(5)高架站、地面站设备区及管理用房	800 元/m^2		
	(6)有特殊文化艺术装修的车站	150 万/站	车站文化墙等费用	(1)按“站”计算 (2)只在需要设置的车站才计列
2. 地下站出入口地面建筑、风亭等(包括结构、装饰)	(1)出入口地面建筑	55 万元/座	除出入口结构工程外,还包括地面建(构)筑物的砌体、出入口平台、钢结构屋面雨棚、管理卷帘、防淹槽及装饰装修等	按“座”“组”计算
	(2)紧急疏散口地面建筑	18 万元/座	除结构工程外,还包括地面建(构)筑物的砌体、出入口平台、屋面和雨棚、疏散门及装饰装修等	
	(3)低风亭	20 万元/组	除风亭结构工程外,还包括地面建(构)筑物的砌体、栏杆、防护网、绿篱、钢结构格栅及雨棚、装饰装修等	
	(4)高风亭	40 万元/组		
3. 车站附属设施	(1)地下站标志导向、路引系统(含贴附式导向等)	100 万元/站	包含导向标识、路引系统的标识标牌等制作安装	按“站”计算
	(2)高架、地面站标志导向、路引系统(含贴附式导向等)	60 万元/站		
	(3)站内附属设施	18 万元/站	座椅、环卫设施、小陈列品、栏杆、局部绿化等	
	(4)站前广场	300 元/m^2	包含车站外地坪的硬化、铺装等	按“投影面积”计算
4. 施工监测	(1)地下明挖车站	80 元/m^2	包含施工期间施工单位布点及监测,不含第三方监测	(1)地下车站、地下车辆基地按“建筑面积”计算 (2)盾构、明挖及暗挖区间按“正线长度”计算
	(2)地下暗挖车站	120 元/m^2		
	(3)盾构区间	600 元/双延米		
	(4)明挖区间	800 元/双延米		
	(5)暗挖区间	1200 元/双延米		
5. 疏散平台	(1)地下区间疏散平台	2 400 元/双延米	包含疏散平台支架、面板、扶手、爬梯及固件螺栓等成品购买及安装	按“双延米”计算
	(2)高架区间疏散平台	2 200 元/双延米		
6. 声屏障(新建)		1 500 元/m^2	声屏障预埋件、立柱、隔音板等所有制作安装内容	按“展开面积”计算
7. 铺轨基地		150 万元/处	包含铺轨基地的建筑、结构、安装工程	按“处”计算
8. 车站防火封堵		15 万元/站	包含人防、动力照明、通风空调、给排水及消防等所有防火防堵	按“站”计算
9. 地面冷却塔		15 万元/处	包含基础及围栏	按“处”计算

续上表

项目		综合指标	工作内容	工程量计算说明
10. 综合支吊架及抗震支吊架	(1)地下车站	130万/站	包括动力与照明,通风、空调与供暖,给水与排水、消防等共用支吊架;计入通风空调系统,其余系统不再计列	按“站”计算
	(2)高架车站	80万/站		
11. 盾构机辅助费用(φ≤7 000 mm)	(1)盾构进出场、转场	50万元/(台·次)	盾构进出场、转场	按“台·次”计算
	(2)盾构过站	40万元/(台·次)	盾构过站	
12. 钢板桩、钢支撑、钢围檩租赁费		270元/(t·月)	钢板桩、钢支撑、钢围檩等租赁费	按“t·月”计算
13. 井点降水		根据降水方案计算。 降水时间:明挖区间、明挖车站主体按6个月计算,明挖车站附属按3个月计算		按“根·d”计算

第 10 篇

设计管理

城市轨道交通项目是一项复杂的系统工程,涉及二十余个专业,技术难度大,专业协调要求高。因此,设计工作需要大量的设计人员甚至多家设计单位共同合作才能优质高效地完成设计任务,这就要求必须高度重视设计管理工作,才能取得事半功倍的效果。

设计管理不仅仅是设计单位自身的工作,也是建设单位管理的重要组成部分。设计管理由设计单位项目管理、建设单位设计管理和政策审批监管三部分构成,由于政策审批监管一般面向建设单位,因此,将这部分管理并入建设单位设计管理范畴。

第 34 章　建设单位的设计管理

建设单位的设计管理要取得良好效果，一定要建立系统高效的管理体系，不断探索科学的管理方法，突出工作重点，强化管理原则，以质量和服务为核心，以规范可控为准则管理勘察设计工作。

34.1　设计管理体系

34.1.1　设计管理部门的职责

设计管理部门的职责主要包括组织、协调、指导、决策及日常管理五个方面，体现在管理与服务两个维度，组织、协调与指导重在服务，决策与日常管理重在管理。

组织主要包括组织各参与单位和相关人员完善报审程序，完成技术审查与技术论证，制定设计工作实施计划，定期召开各层级设计工作例会等方面。

协调主要指与政府各部门的协调、与各区县开发区的协调、与中央驻地单位及省属单位的协调、与市属国有企业的协调及与建设单位内部各部门的协调五个方面。原则上同一项目各设计单位的协调及专业之间的协调是设计单位项目管理的内容，设计单位与各系统厂商的协调，建设单位只在设计单位自行协调没有取得良好效果的前提下介入。特别需要强调的是所有协调工作中建设单位只是牵头组织，而不是代替设计单位的相关工作。

指导主要体现在可研开展初期的业主需求书和初设开展初期的技术指导书上，是建设单位意见的集中体现。轨道交通项目技术复杂，投资巨大，各地情况千差万别，如果没有建设单位的指导意见，只让设计单位按规范进行设计是不太可能拿出一个优秀设计的。一个优秀的设计需要建设单位与设计人员的反复互动，但需要强调的是设计单位与设计人员要对设计文件承担法律责任，建设单位不能强求设计单位去执行一些不合理甚至错误的技术方案。

决策是建设单位的权力，也是建设单位的职责，一定要避免怕承担责任不决策的现象，避免不作为不适时决策的现象，也要避免不执行规则不尊重科学乱决策的现象。重大决策要按计划按制度进行，要进行专家论证，广泛征询意见。决策会议应出会议纪要，不能个人拍脑袋口头决策。

日常管理主要体现在人员履约考核、进度执行考核、现场服务、合同签订与变更、设计费支付、质量控制、风险评估等各个方面。

经过多年的建设管理经验积累，西安轨道交通已经建立起系统高效的管理体系，其中设计管理主要为建设分公司、总工办、合约法务部、技术中心等部门，各部门根据部门职责及相关管理办法开展日常管理工作。

1. 建设分公司

建设分公司是建设单位设计管理责任主体及归口管理单位，依据《设计管理办法》《变更设计管理办法》《考核办法》《公司技术管理办法》等开展设计管理工作。主要承担项目前期研究、工程设计、计划合约、技术管理、项目推进、安全质量等建设管理工作的具体实施，完成集团公司年度下达的各项建设任务。

2. 总工办

总工办是技术管理责任主体单位，负责集团公司技术管理的日常工作，依据《变更设计管理办法》《公司技术管理办法》开展设计管理工作。工作内容主要包括对项目的初步设计中间方案专题研讨，对工可、初设成果进行初审；依据变更设计办法，对一类变更审查；从集团公司层面对设计工作进行巡检。主要负责技术管理、科研管理、科技档案管理、节能管理、新线规划等工作，承担集团公司技术委员会办公室日常工作。

3. 合约法务部

合同法务部主要负责法律事务、合约管理以及投资控制等。依据《合同管理办法》《投资控制办法》负责招投标和合同投资控制管理工作。

4. 技术中心

技术中心依据《公司技术管理办法》,编制业主需求书、项目初步设计技术指导书,经集团公司审查后下发设计单位执行。协助总工办开展各阶段项目设计的审查工作。主要承担建设、运营、资源经营等的相关技术研究、开发、应用、交流等工作,完成集团公司年度下达的各项工作任务。

34. 1. 2 设计管理的主要内容

设计管理的内容主要包括设计质量控制、安全风险管控、投资控制、工期控制及合同履约五个方面。

设计质量控制是设计管理的核心内容,重点要从技术的先进性与前瞻性、技术标准的合理性、重大方案的科学性、各专业各部门技术的协调性及工程的经济性五个方面开展,建设单位的设计质量控制与设计单位的质量控制要有区别,各有侧重点,前者重在程序与宏观层面,后者强调技术方案的合理性与可实施性。

轨道交通项目的安全风险不仅体现在施工与运营方面,也体现在设计环节,设计引起的安全隐患往往会是重大安全隐患,因此一定要对重大设计方案进行风险评估,分级处置,从源头上降低项目的安全风险,要将安全风险管控作为设计管理的重要内容纳入设计管理的全过程。

要实现轨道交通的可持续发展,就一定要在开源和节流两个方面下功夫。建设阶段的节流设计是一个决定性因素,一条轨道交通线路的投资控制百分之九十取决于设计。设计阶段对投资的控制一方面要从科学、合理、经济的角度出发去开展工程设计和编制工程概算,并将概算作为刚性约束指标去严格控制;另一方面要在设计过程中从技术、设备、节能、定员等方面为后期运营控制成本。

设计的工期控制要做好四个方面的工作:一是制定一个科学合理的计划,合理的设计周期是保障设计质量的基础;二是严格管理,采取一切措施在保证质量的前提下按计划推进;三是在情况发生变化时及时对计划进行动态调整;四是梳理影响工期的所有问题,及时协调解决相关问题、适时决策是计划执行的根本保证。计划的动态调整一定要慎重,不能把调整当常态。

合同履约管理要以合同为基础,首先,要高度重视合同文本的编制与审核,工作要公平、合理、可控、易操作;其次,在履约过程中重在人员数量、质量及稳定性管控,这是工期和质量控制的基础;第三,及时合理地支付设计费是建设单位的义务,也是设计质量与工期控制的重要影响因素。

34. 1. 3 设计管理的基本流程

项目的设计管理包括可行性研究、初步设计、施工图设计、现场服务及总结归档五个阶段,西安轨道交通相关设计工作一般工作流程按下面顺序进行。

1. 可行性研究

· 可行性研究及各专题编制单位招标
· 签订可行性研究及各专题编制合同
· 编制并下发业主需求书
· 中间专题研讨
· 可研文件公司审查
· 各专题评审
· 按程序上报可行性研究
· 可行性研究评估
· 可研报告按评估意见修改完善

· 可研报告批复

2. 初步设计

· 设计招标
· 签订设计合同
· 编制下发设计计划与技术指导书
· 稳定并验收边界条件
· 设计方案专题研讨
· 编制初设文件
· 初设文件公司审查
· 按程序上报初设文件
· 初步设计审查
· 按初设意见修改完善设计文件
· 初步设计批复

3. 施工图

· 办理规划定点等相关手续
· 编制招标设计文件并配合施工招标
· 编制并下放施工图供图计划
· 编制设备用户需求书
· 开展设计联络
· 分期完成各部分施工图
· 施工图交底

4. 现场服务

· 现场服务
· 变更设计

5. 总结归档

· 成果归档
· 技术总结

有些工作根据工作需要可同时开展,特殊情况下也可以交织进行。

34.1.4 设计管理的相关办法

经过十余年的工作积淀,西安轨道交通设计管理日趋成熟,管理水平不断提高,形成了一系列行之有效的管理办法,主要有《计划管理办法》《技术管理办法》《周边环境调查管理办法》《勘察管理办法》《设计管理办法》《设计变更管理办法》《设备变更管理办法》《工程测量管理办法》《监测管理办法》《参建单位考评管理办法》等。

其中主要的几项管理办法有:

《计划管理办法》充分发挥计划管理在工程建设中的作用,科学合理地推进轨道交通建设,使西安轨道交通工程计划的制定、执行、考核管理工作规范化、标准化、制度化。

《技术管理办法》依据国家、地方相关法律法规、政府有关文件要求及西安轨道集团公司有关管理规定编制,明确管理职责,规范工作流程和决策程序,保证技术管理决策的科学性和合理性,提升了集团公司技术水平和技术管理水平。

《设计管理办法》规范了西安轨道交通工程设计管理工作,明确参与各方的工作职责,完善管理程序,确保轨道交通工程设计安全可靠、功能合理、进度可控、经济适用、技术先进。

《设计变更管理办法》结合集团公司工程建设管理实际,依据国家、地方和行业有关规定制定,规范了西安轨道集团工程设计变更管理工作,有效推进项目实施,完善施工现场管理。

《参建单位考评管理办法》根据相关法律法规以及合同管理有关办法,结合集团公司建设分公司实际情况制定,充分发挥了各参建单位在项目建设中的管理作用,规范管理行为,约束项目管理人员到岗履职。

34.2 设计管理的指导思想与工作要点

要做好设计管理工作,首先要有正确的指导思想,同时要从大量的细节工作中梳理提炼出工作重点,做到以点带面,纲举目张,才能提高工作效率,取得良好的工作效果。

34.2.1 指导原则

通过对西安轨道集团公司十五年设计管理的经验教训进行总结,并吸收消化全国其他城市轨道交通设计管理的先进经验,提炼出轨道交通项目设计管理的五个方面指导原则。

一是规范化运行原则。设计管理工作一定要有章可循,制定合理高效的管理办法,并严格按照管理办法明确的职责、流程等开展各项工作。

二是系统化运作原则。建立设计管理体系,统筹考虑安全、质量、投资控制等方面的目标,不能顾此失彼。

三是前瞻性和创新性并举的原则。不仅在技术上要有前瞻性与创造性,不能花几百亿元建一条崭新而落后的线路,同时管理工作也要有前瞻性,以免因工作没有预见性而手忙脚乱,工作被动,也影响到设计质量。

四是质量为先原则。一个轨道交通项目,投资大都在百亿元以上,是影响重大的百年工程,设计是工程成败的关键,一定要树立质量为先的思想。

五是为运营服务的原则。全国各轨道公司建设与运营部门立场不同,看问题观点也不同,而设计和技术管理部门则要站在科学和历史的角度,负责任地开展工作,有意识地统一各方意见,逐步加强各方的理解,使大家的目标更趋一致。

34.2.2 工作要点

要做好设计管理工作,工作要点在于管理队伍建设、管理手段及制度建立、综合协调及和谐发展等方面,主要做好以下工作:

第一,要组建一支技术水平高、管理能力强、工作作风严谨的设计管理队伍。这支队伍既要有质的要求,又要有量的保证,否则很难高质量完成任务。各轨道公司不用把管理队伍人员数量太多看作是公司的负担。当后续项目减少或建设项目基本完成之后,可将此设计管理队伍转移到运营管理和经营开发中,依然是非常宝贵的财富。

第二,要不断强化服务与管理并重的意识。管理和服务哪项落后了,都对设计工作有很大影响,但相对于管理,更应该关注服务缺失或弱化。在管理方面,需要关注其合规性、合理性、前瞻性、精细化及其取得的效果,真正做到以目标为导向,以问题为导向,以效果为导向。

第三,设计管理要人性化,要尊重知识,尊重人才,尊重设计单位和设计人员,有听取不同意见的习惯与胸怀,才能听到真话,才能取得真经。建设管理部门不尊重人才,实行错误的管理手段,也可能会在工程质量、工期、投资等方面付出惨重代价。“知之者不如好之者,好之者不如乐之者。”如果因不当管理使设计人员产生逆反心理,失去工作热情,就不可能设计出好的作品。

第四,设计管理要有力度,人性化管理不是简单的人文关怀,而是针对人性去管理,制定有针对性的约束办法,对于人员不到位、工作失误、设计质量不高等现象一定要按照合同约定严格处罚,但处罚要有理有据,有章可循,要以理服人,不能随意处罚或超限处罚。

第五，要建立不同层次的例会制度，让设计单位各层级人员参与到项目管理之中，定期召开设计工作座谈会，加强沟通理解，形成工作合力，不断改进工作方法，提高工作效果。

第六，要建立并强化建设管理单位的需求和技术指导书环节，使设计单位站在更高的角度去看问题，需求与技术的结合会让设计方案更加合理。当然，需求书是指导意见，不是刚性要求，要允许设计单位提出合理的不同意见，不同观点的碰撞非常有利于提高设计工作。

第七，要高度重视综合协调工作，把它当作设计管理工作的重要内容和日常工作，而且要不断总结探索协调工作的方法，提高工作效果。

第八，要督促设计单位认真开展边界条件落实工作，设置专门的工作环节，对其进度与成果进行核查验收，并将这项工作与综合协调结合起来，重难点问题需要设计管理者组织和协助。

第九，要强化投资控制，将这一理念贯穿到初步设计以及变更设计全过程，既要控制投资总额，又要科学合理地编制各部分概算。特别要注意的是投资控制不仅仅是概预算专业的事，要从设计思想、技术标准和工程方案做起，才会有较好效果。

第十，要从城市设计的角度出发，充分考虑项目设计与城市设计的融合，加强对出入口和风亭等的优化设计，应特别需要改善与提高。

第十一，要系统全面地考虑问题，所有点上的问题一定要从网的角度，从线的功能定位与标准上找依据，没有网的概念就设计不好一条线，其点的设计合理性就更有待商榷。

第十二，要重视与上盖物业的统筹推进和一体化设计，落实 TOD 发展理念，克服部门壁垒，提前谋划，主动协调，建立常态化协调沟通机制。

34.3 现场服务与设计变更管理

现场服务、变更设计与设计总结都是设计工作的重要组成部分，对工程建设具有非常重要的作用，一定要严格管理，务求实效。

34.3.1 现场服务管理

现场服务是设计工作的延续和重要阶段，是让施工单位正确贯彻设计意图的重要平台，是发现问题、解决问题、促进工程顺利推进的抓手，也是完善设计的最后环节。要做好设计现场服务工作，应重点强化以下几个方面的工作：

一是高度重视并组织好施工交底工作，把这当作主要的工作环节而不能流于形式；

二是建立健全现场服务管理办法，组建由原设计人员组成的现场服务工作队，形成日常与例会相结合的管理模式；

三是要强化现场服务的职责及其独立性，不能让其与施工、监理形成利益共同体；

四是要从公司层面加强技术巡检，确保合理的设计得以落实；

五是对人员随着工程的推进进行调整和加强，并对人员到位情况及工作效果进行严格考核；

六是要建立应急工作的机制与预案，对主要风险源要进行定期研判。

34.3.2 变更设计管理

变更设计是指在工程实施过程中，根据情况对已交付的施工图内容进行的修改与完善，是设计的组成内容，也是完善设计的最后环节。设计单位经研究有较原设计更科学的设计方案或发现原设计不合理甚至错误时可提出变更；在边界条件变化原设计无法实施或不太合理时也要提出变更；施工单位和监理单位也可从方便施工、减小工程风险、有利工程进度方面提出变更，或因工程出现意外情况不得不改变原设计时提出变更；建设单位也可从新技术利用、保证安全、有利工程进度等方面提出变更。

变更设计一般分为主动变更和被动变更两种类型，主动变更一定是技术经济综合比较后更优的方案,而被动变更是由于受各种客观因素的限制不一定是较原设计更合理的方案,有时是一种不得已的补救措施。

变更设计一定要明确五个方面的问题。一是为什么变,变更理由一定要充分,不能为方便施工、赶工、节省投资等而损害使用功能,原则上也不能为方便施工、赶工等增加较大工程投资;二是如何变,变更后的方案一定是在新的边界条件下最优最合理的方案;三是变更后的效果一定要明确,对效果的评价一定要客观、准确,能定量的一定要定量;四是对投资的增减要准确,并作为是否变更的重要依据;五是对后续工程及各相关系统有何影响,这是很重要的方面,也是容易忽略的地方。

要制定科学高效的《变更设计管理办法》,分类分级管理,既保证技术的合理性,又兼顾工作效率。一定要强化《变更设计管理办法》的刚性属性,杜绝不履行审批程序的变更和先实施后审批的现象。要通过对变更设计的规范管理杜绝个人及单位通过变更设计谋利,所有的变更设计一定要依据《变更设计管理办法》规定的程序由会议决定,并必须有会议纪要。

鼓励合理的变更设计,禁止不合理的变更设计,按管理办法开展变更设计,在规定的时间内完成变更设计是变更设计的总原则和总要求。

34.3.3 设计总结

从编制可行性研究到通车运营,轨道交通项目的设计工作一般要历时七年左右,设计文件三千多册,专题研究上百项,专题研讨会不计其数。时间跨度长,内容广泛,系统复杂,加之实施期间的意外情况,非常有必要进行系统全面的技术总结。

轨道交通项目的技术总结是建设单位提高技术与管理水平的重要举措,是指导运营及后续更新改造的指导性基础性文件,也是设计单位提高技术水平,强化人才成长的重要抓手,建设单位与设计单位都有需求也有必要认真完成这项工作。技术总结不只是成绩单,不仅要总结经验,更要汲取教训,提出后续项目改进的方向才能达到预期的目标。

技术总结由建设单位组织,设计单位承担,施工、监理、供应商共同参与完成,一般在通车运营后开展,一年内完成,并利用技术总结成果有条件时对试运营项目进行完善整改。

34.4 设计管理的提升

设计管理工作看似简单,要取得良好效果却很不容易,对管理者的技术能力、管理能力、执行力、工作思路及工作作风都有较高的要求。设计管理工作容易在计划管理、技术决策、边界条件落实及综合协调方面出现问题,需要重点关注,重点研究。

34.4.1 计划管理

计划管理是设计管理的重要内容,不但直接影响设计进度,影响项目的顺利推进,同时对设计质量和工程投资也从不同的角度有着较大影响。

首先,要根据行业内的同类项目基本工期,本项目的具体情况及工期要求制定科学合理的设计周期。在制定设计周期时一定要抓住重点:一是设计周期与施工周期均有其客观要求,不可以无限压缩;二是设计周期是科学推算出来的,不是某个人随意定的;三是一定要认识到设计周期与工程工期的辩证关系,压缩一个月设计时间,可能会因为影响到设计质量而影响到半年更大的施工工期,得不偿失;四是一定要认识到设计周期与项目质量和工程投资的关系,一条轨道交通线路的设计费为几亿元,如压缩设计周期影响设计质量,仅全线多拆几栋房子,付出的代价就超过了设计费。

其次,在确定设计周期后,要制定一个科学细致的实施计划。否则,虽然设计周期是合理的,但各阶段时间分配不合理,各工序流程逻辑关系混乱,仍然不会有好的效果。在制定实施计划时要注意几个方面的问题:一是要细致全面,不能把审查上报等环节遗漏;二是要重视逻辑关系,不要造成各工序安排不当所致的窝工现象；三是按照设计周期预留5%～10%的备用时间，以应对意外情况；四是各工序各环节时间安排要与工作量和工作难度相匹配。

再者，要做好对实施计划与设计周期的动态管理。在设计工作实施计划推进的过程中，受各种客观因素变化的影响，需要对实施计划进行动态调整，计划推进过程中部分阶段或工序的提前或推后时也需要对后续计划进行调整。计划的动态调整要遵循几个原则：一是能不调整就不调整，可利用预备时间消化的可以不调整；二是调整计划与编制计划均要系统考虑相关问题；三是调整计划要认真研究，按一定程序进行。

最后，要提高计划的执行力。在实施计划中，要认真分析影响计划落实的影响因素和存在问题，有针对性地提出解决问题的方案和保证计划顺利推进的相关措施；同时要强化考核，按合同约定进行约束，提高计划的执行力；另外管理者加强过程管控，早发现问题尽快解决才不造成较大延误。

34.4.2 技术决策

技术决策是设计管理的重要组成部分，是质量管控、风险管控及投资控制的重要抓手。

首先，要防止出现不作为的现象。有相当一部分设计管理者不重视这方面工作，把重点都放在招标、工期管理和上报审批等环节，认为技术是设计单位自己的事。一定要认识到技术决策与技术审查程序，本身就是对设计单位的约束和压力，有了约束和压力，设计单位才会在人力、物力、精力上加大投入，才能取得良好效果；也要认识到设计单位与建设管理单位信息量不同，站的角度不同，观点自然不同，不同观点的碰撞才能形成科学的技术方案。

其次，要防止出现慢作为的现象。设计周期与实施计划确定后，各阶段各工序各环节的时间也就确定了，如果设计管理者因怕承担责任或因其他原因不适时决策，不能及时确定技术标准、技术路线、重大方案，会严重影响计划的顺利实施。

第三，要避免乱作为的情况出现。要制定建设单位的技术管理办法，规范技术决策的程序、层级、内容等，使技术决策有章可循，有序开展。

设计工作管理者要特别注意三个方面的问题：一是所有技术决策都要按层次在自己的权利范围内开展，不能超限决策；二是所有的技术决策都要会议决定，集体决策，并留存会议纪要，不能个人决策，不能无痕迹的口头决策；三是设计单位和设计人员对设计文件负法律责任，设计管理者不能强迫设计单位和设计人员按自己的要求落实他们不认可的技术方案，特别是施工图和变更设计。

34.4.3 边界条件的落实

一个优秀的轨道交通项目设计者只有高超的技术水平是远远不够的，还必须具有精品意识、先进的思维方式、科学的工作方法和严谨的工作作风。一个科学合理的技术方案只有高超的技术是做不出来的，必须要通过科学的工作方法，严谨的工作作风，严格落实边界条件，在此基础上，在精品意识的指导下，主动听取多方意见，博采众长，才能拿出一个科学合理的方案。在工作实施中，我们对设计者的方案提出质疑时，他们往往辩解说方案是经过专家论证认可的，但我们一定要认识到这不一定是专家的水平不高，而是因为专家也是根据落实的边界条件来评审方案，如果落实的边界条件发生了变化，方案的基础就发生了变化，其合理性当然就有待商榷。

边界条件有现状边界条件、技术边界条件和规划边界条件等刚性边界条件，也有相关部门、相关单位甚至上级部门指导意见等社会边界条件。设计人员在实际工作中往往容易犯四个方面的错误：一是重视刚性边界条件而忽视社会边界条件；二是将社会边界条件当刚性边界条件不加分析地无条件执行；三是将相关单位某个人意见当作单位意见，将其纳入社会边界条件在设计中去考虑；四是将边界条件的落实简单理解为收集资料和征求意见，其实后续的分析、研究、理解以及与方案的结合才是更加有价值的工作内容。

边界条件的落实对工程方案的优劣具有举足轻重的作用，设计管理者一定要高度重视，在计划编制时要安排一定的时间，在工作流程上要设置验收边界条件的环节，这是质量控制、风险管控与投资控制的基础。

34.4.4 综合协调

综合协调是设计管理者的重要职责和日常工作内容，这项工作的效果直接影响到设计工期和工程工期，也影响到设计质量和投资控制。

要做好设计管理中的综合协调工作。首先要明确责任，强化意识，不能因畏难情绪和工作难度而置之不理，也不能敷衍了事，对这项工作大打折扣；其次既要明确一般轨道交通项目共性的协调事项，也要梳理本项目个性的协调事项，进行计划和销号管理，才能统筹推进，不遗漏，不拖延，有力推进设计工作；三是要明确协调工作中的责任与分工，哪些是建设管理单位为主体协调的，哪些是设计单位去协调的；四是对设计单位协调的，设计管理者要跟踪核实，不能一放了之；五是协调工作一定要以目标为导向，不能流于形式，要充分认识到协调工作的重要性、复杂性和困难程度，要在思想上、时间上、精力上做好打硬仗打持久战的准备；六要有系统思维的意识，不要为了协调一个问题，盲目答应不合理的条件，给后续工作带来很多困难，甚至解决了一个协调问题，引发了更多需要协调解决的问题。

34.4.5 投资控制方面

投资控制作为建设单位的主要职能之一，要在建设项目的全过程认真贯彻这一理念；设计单位在设计过程中加强落实，注重设计方案的经济合理性、工程量与费率的准确性、变更设计投资的合规性等。在设计施工、验收全过程依据《投资控制管理办法》相关内容进行投资控制。注重设计单位的设计文件质量。

建设分公司技术管理中心负责组织设计单位编制工程可行性研究估算、初步设计概算；合约法务部牵头负责对估算和概算进行审查并对执行情况进行监控；总体总包或设计总承包及咨询单位，在确保工程安全质量的基础上，应尽可能优化设计方案，提出控制工程造价的具体要求、标准及措施；工点设计单位应在保证功能，满足相关规范及标准条件下，严格按有关批复意见进行设计；与批复文件方案和投资变化较大时，应按相关管理办法办理。

第 35 章　设计单位的设计管理

35.1　设计管理模式

城市轨道交通项目设计工作界面复杂、协调面广、专业系统复杂且接口多、设计服务周期长等诸多因素,突显出设计管理工作的难度与重要性。通过多年国内城市轨道交通建设发展,结合城市建设项目规模、项目自身特点以及建设单位设计管理需求,项目设计管理模式主要有三种,即设计总体总包管理模式、设计总承包管理模式和勘察设计总承包管理模式。

35.1.1　设计总体总包管理模式

建设单位在项目前期准备工作中首先根据自身设计工作管理需求,研究确定要采用此种管理模式,随后通过招投标选择设计总体总包单位,将土建和系统设计工作划分为多个单项设计单位或工点设计单位并分别进行招标,由建设单位(或设计监理或设计咨询)和设计总体总包单位同时对各单项设计单位实施管理与协调。可概括为一种双轨制的纵向管理体制,单项设计单位和建设单位、设计总体总包单位为三方合同关系(图 35.1)。

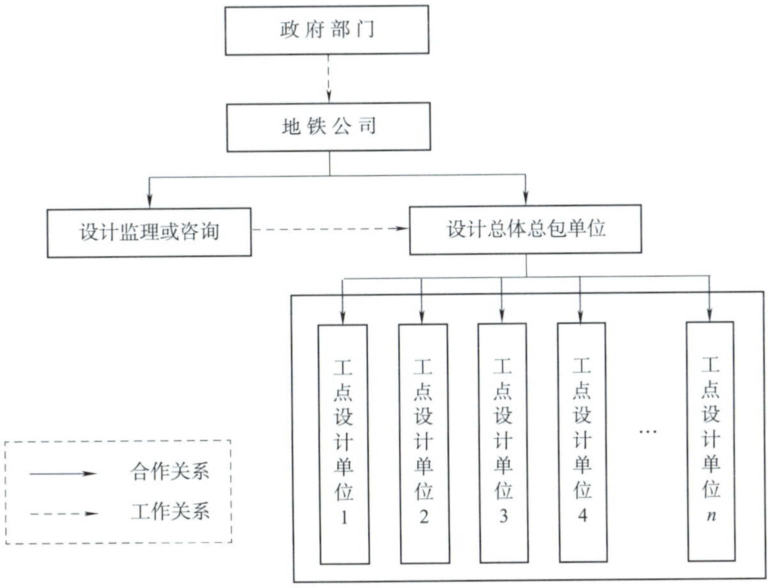

图 35.1　设计总体总包管理模式组织系统

设计总体总包单位对设计工作三大目标控制和设计成果负总责。一是设计质量方面,负责督导单项设计单位贯彻执行设计总体单位下达的各技术标准、专业接口要求、编制办法等,通过方案讨论、设计例会、月检巡检等方式加强设计质量管理和控制;二是设计进度控制方面,负责制定项目设计进度推进计划,检查和督促单项设计单位按进度计划开展、完成设计,并结合进度计划对单项设计单位设计费进行签证报送;三是投资控制方面,根据项目重点、难点及特点负责投资分解和投资控制工作,对超出投资指标的单项设计,检查并要求进行技术方案优化,确保项目投资满足相关规定要求。

设计总体总包管理模式的特点,一是建设单位可对所有招标来的设计单位进行全方位的设计管理,同时也授权设计总体总包单位对各单项设计单位进行技术与总包管理;二是强化设计总体总包单位的统筹协调能力,对各单项设计单位的技术协调、专业衔接、标准与系统的统一等;三是能充分发挥各单项设计单位的技术能力与优势。

35.1.2 设计总承包管理模式

建设单位通过招标选择一家实力强、经验丰富、专业齐全的大型综合性设计单位进行设计总承包,设计总承包单位对项目设计全过程和设计成果实施全方位的管理与控制,同时可根据自身的需求对个别设计任务进行分包,但对所有设计成果负总责。

设计总承包管理模式的特点,一是可体现设计单位的综合设计与管理水平,可实现设计企业的利润最大化,能有效促进设计单位把得力的、最优质的设计与管理资源整合并投入到本项目中;二是个别行业要求资质高的设计工作可进行市场分包,分包设计单位与设计总承包单位是一种委托合同关系,为总承包单位负责;三是形成"小业主,大社会"的设计管理模式,作为一种典型的金字塔管理结构,有效简化了建设单位的管理程序、降低了管理强度,使建设单位可集中精力抓好工程的全面筹划、融资、建设及外部协调等工作。

35.1.3 勘察设计总承包管理模式

建设单位将勘察及设计工作统一进行打包,通过招标选择一家实力强、专业齐全、经验丰富的大型综合性勘察设计单位(图35.2)。

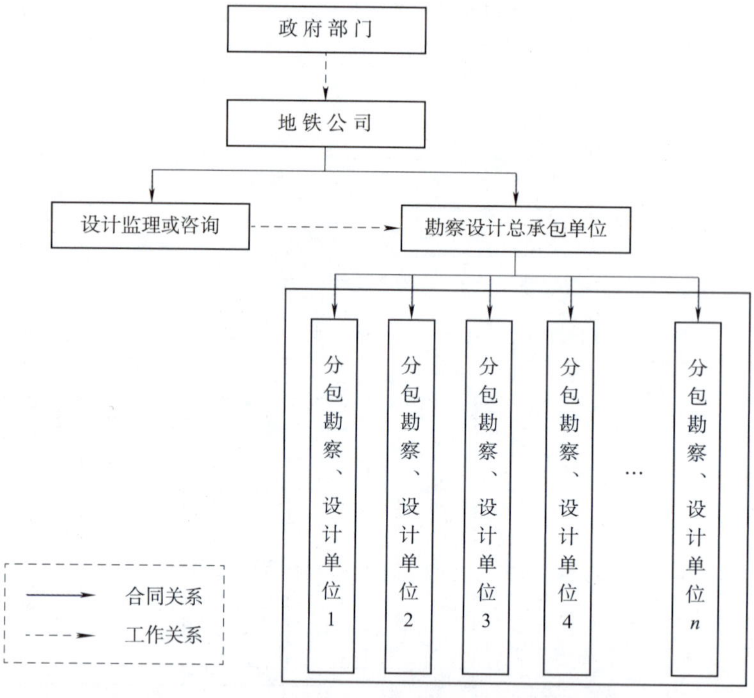

图35.2 勘察设计总承包管理模式组织系统图

勘察设计总承包管理模式的特点主要是在设计总承包模式的基础上,进一步简化了建设单位对项目勘察工作的内外协调、任务发放、资料验收、计划与质量管控等工作,强化勘察设计一体化的主体管理责任。

35.1.4 西安轨道交通设计管理模式

迄今为止,上述三种城市轨道交通设计管理模式在西安市均被采用,其中1号线(一、二、三期)、2号线、3号线、4号线、5号线一期、6号线、8号线(临潼线)、8号线、10号线一期、15号线一期等项目均采用设计总体总包模式,2号线二期、14号线采用了设计总承包模式,5号线二期及16号线采用了勘察设计总承包模式。总体来看,西安市已建和在建轨道交通项目设计主要是以设计总体总包管理模式为主,这与国内大多城市前期设计工作管理模式基本类似。近期西安市对设计总承包和勘察设计总承包管理模式进行了很好的尝试,随着后续建设项目的增多,将重点针对设计总承包模式进行进一步完善和提高,在个别线路进一步尝试勘察设计总承包管理模式。

35.2 项目管理的主要内容

三种设计管理模式内容大部分相同,也有各自的特点与适应性,鉴于西安前期项目根据自身管理情况主要以总体总包管理模式为主,下面主要以设计总体总包管理模式为例进行论述。

项目管理主要包括计划管理、合同管理、协调管理与工作机制、报建管理、信息管理等内容。

35.2.1 计划管理

1. 主要内容

城市轨道交通是一项特大型的综合性系统工程,设计文件的科学性、合理性受到设计周期的影响。因此要在建设单位确定的周期基础上,结合国内当前工作程序、内容和深度要求,实际经验和调查分析,为保证工作时间和产品质量编制科学、合理的计划。

计划管理是贯穿设计总包管理全过程的关键环节,根据项目总体工程筹划安排,为项目勘测、设计建立一个合理且实操性强的进度计划,计划要以建设单位提出的工程建设周期为基础,其科学性、合理性受限于基础资料的翔实与完善程度,并结合实施风险适当留有弹性。主要内容有:

(1)制定包括综合设计进度、分段、分项及分系统设计进度计划,并报请建设单位设计主管部门审定。

(2)对审定批准的设计计划实施全过程监控,关键节点工期应重点控制。

(3)按节点计划要求对各项设计单位的资源配备情况及设计保障措施进行检查、管理。

(4)根据工作过程中的有关内外环境控制因素对设计计划进行实时分析与调整,报请建设单位设计管理部门审定批准。

2. 计划管理程序

为保证计划管理按时高效执行,必须建立完善的工作流程。

(1)计划制定

根据事前项目规划建设“工程总策划”,编制全线“轨道交通工程总体总包设计总计划”,审定后下发各参建设计单位。根据项目进展情况,编制“年度设计计划”“季度设计计划”“月度设计计划”,重点时段可细化为“周计划”。

(2)进度控制

根据相关进度计划制定定期与不定期巡检制度,对设计进展情况进行现场检查并考核,同时对进度计划执行情况进行分析和评估,形成“设计月报”“设计周报”。对关键设计节点(如设计阶段审查、专项审查等),必要时可采取集中方案讨论、集中设计办公等措施。

(3)计划调整

由于建设单位内部主管变化或外部客观原因,需及时分析并调整相关阶段“设计计划”。若某单项设计单位原因需调整设计计划时,须结合对项目总体计划推进的影响程度,采用 Project 软件进行工序接口评估分析,报请建设单位同意方可调整。

(4)计划管理的重点及对策

依据“工程总策划”,计划管理一是要具有实际性和可操作性;二是要抓好全过程跟踪;三是要强化工作衔接与协调;四是要注重进度通报工作;五是要维护计划的严肃性;六是关键设计节点要做到“抓铁留痕”。

35.2.2 合同管理

1. 主要内容

通过合同条文明确建设单位、总包管理单位和各工点设计单位的各自职责。负责跟踪、掌握各设计单位合同履行情况并向建设单位汇报，对执行合同不好或存在偏差及其他不良的单项设计单位提出处理及整改意见，根据合同约定及工作进展情况进行各单位设计费的请款。

2. 工作重点与流程

一是按合同约定捋清楚设计单位为项目设计配置的人力资源情况，并据此进行工作检查与考核，确保拟定的优质设计资源能用于项目生产；二是定期统计各项设计任务完成的额度和质量情况；三是根据设计工作范围及内容调整情况，按相关管理要求组织补充合同的签订，并纳入原合同管理程序；四是定期检查，及时协调、通报、处理合同执行过程中发生的问题；五是建立设计合同管理台账，同时按合同执行进度实时更新，后按年度成册归档。

3. 合同款支付管理

(1)设计费支付管理

根据"年度设计进度计划"编制设计费年度使用计划，由总体总包单位依据设计合同规定分阶段负责设计费支付管理工作。

(2)设计变更费支付管理

根据建设单位变更设计管理办法等管理文件要求，原则每半年进行一次设计变更费用结算，各工点设计单位报送设计变更费用申请和相关材料，经总体总包单位审核后报建设单位结算。

(3)合同款结算管理

总体总包单位根据各工点设计单位的合同执行情况以及合同执行完毕的有关证明，审批并报送设计费的结算申请；设计费结算完毕后，合同终止并归档。

35.2.3 协调管理与工作机制

1. 内外部协调管理的重要性

城市轨道交通项目涉及近40个专业，总包管理内外部协调是保障多专业、多工点协调统一有效开展设计的关键，相对于内外部技术接口而言，总包管理内外部协调是从制度和流程上控制技术接口的制度化、规范化和信息化的保障措施。

总包管理综合协调要求在项目设计全过程中对外部接口的时机和管理要有充分的把控。在优化设计方案、推进设计工作的同时，做好与政府相关部门及工程涉及的有关产权单位的技术与管理流程的协调工作。

协调管理需要周密细致的项目管理能力，应建立高效、精干、稳定的管理团队和良好的信息沟通渠道，明确协调工作机制，充分调动可利用的资源，有效协调内外部管理接口，理顺流程和关系，按计划逐一落实各项工期控制关键点要求，确实保证项目建设管理目标。

与建设单位应建立总包管理例会、月报、半年和全年总结等制度，充分理解建设方意图并贯彻落实；与政府部门应建立顺畅的快速协调流程，有效协调解决好轨道交通与规划或在建市政工程之间的关系；与轨道交通主管单位建立项目设计审查标准流程，确保各设计阶段及各专项审查计划得以顺利落实；与规划审批部门协商制定规划报建绿色通道，加快规划报建速度，可有力配合工程的实施；与工点设计单位建立总体总包例会、巡检、会签等制度，确保及时协调解决各分包工点设计中存在的问题，从制度上保障设计的顺利推进。

2. 内外部协调对象及主要内容

内外部协调重点在于完善管理制度和流程，建立信息顺畅的沟通渠道。

(1)外部协调

根据轨道交通工程建设的特点，各设计阶段涉及的外部协调部门主要包括市发改委、财政局、审计局、自然资源与规划局、住建局、交通局、环境保护局、卫生局、水利局、园林管理局、公安局、市政管理局、人民防空办公室、安全生产监督管理局、供电局、气象局、拆迁部门等，沿线用地范围内所在区级政府部门和相关单位等，项目建设单位。总包管理各协调小组包含对外的计划管理、报建管理、信息管理、合同管理、后勤管理等。

(2)内部协调

内部协调包括轨道交通项目内部及总包组对分包单位的协调，其协调的对象与内容主要有：协商制定综合考核管理办法，据此进行阶段性考核评分，阶段性设计费用支付申请及台账管理；协商制定计划管理流程及按审定的流程检查计划执行情况，包括控制计划、分包计划、计划调整和进度控制等；协商制定各类报建文件内部立案技术、复合性审查流程及报建手册；协商制定各类函件收发文处理流程，文件交付和归档管理流程；根据生产计划及繁忙程度协调人力资源、生产设备使用及其维护等。

3. 协调管理的重点

内外部协调中除按总包管理流程工作外，需重点加强三个方面的协调管理及解决好五个问题。

(1)加强三方面管理

①目标化管理

首先建立目标化管理体系，据此建立有效的绩效考核系统，将绩效考核与目标管理进行一体化管理，制定整个工程总体最终目标；然后将这一目标按年度、季度、月度和具体事件这样一个目标体系层层分解，各岗位均围绕目标的实现承担相应的责任，直到目标完成。

②强化计划协调管理

计划管理是在阶段目标确定的情况下，围绕需要内外部协调的具体目标而制定的实现各阶段目标的详细策划而不仅仅是时间计划，包括达成目标的具体标志、具体指标、由谁来做和怎样做等。

③外部协调重点跟踪管理

与政府主管部门和公共事业部门协调管理是工程顺利推进的重中之重。鉴于外部协调工作的特殊性、重要性和复杂性，应就该协调与报建事项独立编制实施计划，理顺并建立报建的“绿色通道”，明确责任部门和人员以便追踪检查。

(2)解决好五个问题

一是解决好遵守程序与灵活性的关系问题，二是解决好“等、靠、要”等不主动协调的思想认识问题，三是解决好不确定性问题，四是解决好遇到瓶颈问题就立刻避开或上交的问题，五是解决好“一忙就乱”问题。

35.2.4 报建管理

轨道交通工程报建的类别主要包括规划、消防、人防、给排水、航道、水利、环保部门等。

1. 设计报建工作的意义

设计报建工作在城市轨道交通工程设计中具有非常重要的作用。一是工程项目一般都是城市基础设计建设中投资最大、周期最长、建设环境复杂的，一旦建成则不可更改，尤其对城市交通及社会经济发展起着举足轻重的作用，必须进行严格的建设流程审批。二是报建过程也是稳定设计边界条件、优化设计方案的过程。通过与规划、国土、建设、环保、交通、公安、消防、供电、供水、电信等公用事业职能部门建立良好的、密切的联系通道，形成有效的沟通机制，可保证设计条件输入与设计成果输出的顺利进行。三是依法合规审批，也是保证轨道交通工程设计与施工合法性的基础，是保证工程能否顺利进行的前提条件。

2. 报建工作组织体系及主要内容

(1)认真有效做好项目报建工作，总包管理必须完善组织机构设置，责任落实到人，与建设单位、工点设计单位共同构建强有力的报建班底，同时加强对报建人员的报建培训，充分掌握本地部门审批机构的工作程序，提高工作效率。

(2)结合设计总体计划及关键时间节点,制定切实可行的报建计划,报建计划应纳入全线统一的计划管理。由于报建工作受控因素较多,动态调整与及时反馈至关重要。要严格报建文件的质量要求,提高报建效率。注重和加强与报建审批部门的交流,不断优化报建程序。

(3)初步设计阶段主要报建内容

用地规划许可证办理:车站、区间、控制中心、车辆段、停车场、出入口、风亭等总平面布置图,在红线图上绘制地上、地下用地范围图,提供用地说明材料,用地勘测。

管线迁改报建:结合管线迁改设计、交通疏解设计,与规划部门共同研究确定管线迁改方案。

征地拆迁前期工作:摸清使用地块的产权单位、使用状况、拆迁量等。

临时用地审批:临时施工场地用地图。

消防、人防预审:形成消防、人防专卷文件。

(4)施工图设计阶段主要内容

建设工程规划许可证的办理:车站、区间、控制中心、车辆段、停车场、出入口、风亭等总平面布置图,供规划、市政、消防、人防、园林、环保等部门的审查,会签;消防专册等专项审查图纸;地质勘察报告及不良地质资料;重点景观控制区效果图;其他资料及建审制式表格。施工许可证的办理,其他专项报建审批。

35.2.5 信息管理

信息管理的目的是规范建设项目设计管理过程中的信息传递,保证信息传递的有效性、统一性和可追溯性,便于电子化检索,提高设计管理工作效率。

信息管理一般分为设计管理信息和设计成果两大类:设计管理信息是指建设单位、总体总包单位、设计咨询以及各工点设计单位在项目生产设计任务过程中所传递的信息,是过程信息,涵盖设计管理全过程,包括合同、质量、进度、投资等各方面,其内容最终反映在设计成果中;设计成果是指设计活动的最终成果,是管理信息的最终有效信息体现,主要包括设计说明、设计图纸和技术总结等。

1. 设计信息管理

(1)为保证设计信息传递的有效性和可追溯性,全部设计信息应采用书面形式。

(2)纸质载体信息应确保相关责任人及单位印章齐全并有效。各相关单位对收发的各类信息应分类编号、登记、阅办,并督办、跟踪执行情况,尤其应重视信息要求的及时性、时效性,完成后汇总、归档。为保证信息的及时性,可与电子网络信息同时启用。

2. 设计成果管理

(1)正式设计成果应建立编码原则,一般在《文件编制统一规定》中有明确体现。

(2)设计成果文件主要有初步设计图、招标设计图、施工图、其他文件(包括初步设计说明书、总体设计、施工图概算等资料)。

(3)成果文件应签署齐全,相关出图印章齐全有效。最终按照归档要求完成成果文件归档。

3. 电子文件管理

(1)两类信息中纸质文件与电子文件同时提供并必须一一对应。

(2)对于归档电子文件应明确详细的格式、命名、刻录、签署等要求。

4. 信息保密管理

各单位信息管理相关人员必须学习并严格执行有关保密规定,切实做好各项信息管理文件的保密工作。

35.3 设计质量管理

主要从设计人员组成、工作机制、宏观技术把控、边界条件把控、技术管理和投资控制等方面开展设计质量管理工作。

35.3.1 项目组人员组成与职责

优质高效地完成一个项目的设计生产任务，必须有一个优质的、稳定的、相互支持配合的人力资源团队组成项目设计总体组。总体组的综合设计经验、技术水平、业务素质、协调能力等要素对项目设计质量的高低有着举足轻重的影响。总体组主要由设计总体、设计副总体、设计总包、工点设计项目负责人组成。

1. 设计总体主要职责

设计总体是项目设计的总负责人，是设计灵魂所在，对项目设计的特点、重点、难点有深入和独特的见解，具有良好的沟通协调能力和团队领导力、创新力，能把控项目设计的功能定位，研究确定项目的主要技术标准，指导专业间的衔接接口，对全线设计进度、质量、安全和投资负总责，对设计文件的总体性、完整性、统一性和方案合理性负总责。

2. 设计副总体主要职责

设计副总体能积极有效配合设计总体的工作，在总体和总包日常管理下开展设计工作，对所负责专业的进度、质量、安全和投资负总体责任。负责相关专业设计的技术创新、科研、专题研究，制定设计技术标准，编制相关通用图、标准图以及内外部专业接口协调，负责设计文件的组织、协调、审查以及施工技术交底、配合施工、系统调试和工程验收、文件归档、专业技术总结。

3. 设计总包主要职责

设计总包对落实总体技术方案和完成各阶段总体工作目标的日常管理工作负总责，负责各设计阶段进度控制、合同管理、计划管理、信息管理和组织协调。总包工作要勤于检查、积极跟踪、动态管理，尤其要与总体、副总体积极沟通和及时反馈设计情况，并随时对设计管理中出现的问题提出建设性的建议，有效落实建设单位与设计总体的决策。根据设计考核管理办法，对各设计单位各设计阶段的人员配置、履约、设计进度、信息管理、设计质量等方面进行考核。负责工作会议纪要以及编写月、季、年度计划执行情况书面报告。

4. 工点设计负责人主要职责

工点设计负责人落实建设单位、设计总体与总包的工作要求，对所承担的任务进行统筹计划和安排，确保人力和物力到位，对单项设计进度、质量和投资控制负总责。及时协调解决各专业间的工作矛盾以及设计与施工中出现的问题。全面负责单项设计成果的完整性、先进性、统一性、合规性和合理性。

35.3.2 工作机制

总体总包单位主要组织协调各设计单位有序开展工作，客观、公正地行使技术管理权，负责对设计“三控两管一协调”的管理工作，负责全线工程设计的总体性、完整性、统一性、经济合理性和技术先进性，保证将总体设计原则贯穿于工程实施全过程。总体总包质量管理流程是保证和提高质量的关键性措施，应坚持按程序控制各环节，使影响质量的因素时刻处于受控状态。既要加强事前指导，又要强化过程控制，同时建立设计单位、总体总包、咨询单位和建设单位“四级”会审制度。

工点设计单位接受建设单位和总体总包单位的技术质量管理和协调，遵从总体设计原则与技术标准，在总体技术方案框架下，进一步梳理、细化各种设计边界条件，以功能、安全、先进、经济、实用为前提，做好方案比选及落地实施性研究，最终完成高质量的设计图纸。同时严格按照本单位的质量管理体系加强过程质量与最终成果质量的管控，对所承担的工点设计或系统设计全面负责。

咨询单位应协助建设单位针对项目重点、特点及难点问题抓好方案研究的过程控制，紧抓并弄懂、吃透关键技术问题，结合建设单位的想法与思路，从设计技术层面做好沟通、理解与方案把控，为建设单位决策提供客观、科学、合理可行的技术建议。

建设单位总工程师办公室或技术委员会要把控设计文件的成果审查，结合建设实际中的经验教训，以及征地拆迁、管线迁改、交通疏导、物业开发与接建、设备采购与谈判、投资控制、政府有关部门的意见建议等，从宏观至微观对设计文件做进一步检查、把控与完善。

35.3.3 宏观技术认识与解读

1. 认真贯彻落实国家相关政策、规范及要求

在建设单位的领导下，设计单位应积极主动适应轨道交通建设的新政策、新形势、新要求，不断梳理现行有效的法律法规、技术标准、规范及相关管理制度、办法，强化设计人员依法合规开展设计工作的理念，履行设计单位在工程建设中的安全、质量责任和义务。严格执行国家、省级政府批复的工程项目建设范围、功能定位、主要技术标准、重大建设方案、投资估算及资金筹措、建设工期，严格落实各阶段审批意见，对于涉及工程安全方面的内容，要认真分析对待，应慎之又慎。确有重大原因调整时，必须履行相关规定与程序。

住房和建设部于2013年颁布了各阶段设计文件编制深度规定，设计中务必认真贯彻执行，紧抓每个阶段需要解决的重大技术问题，达到和完成阶段性设计目标。特别强调在工程实施阶段，要认真做好施工现场技术交底工作，确保建设、监理、施工等单位正确理解设计意图和设计标准，配合施工人员应经验丰富且要深入现场，以把好最后一道设计关，使设计成果顺利落地并能根据现场条件变化适时调整做好设计变更，设计变更应明确依据与原因，严格按变更设计管理办法执行。

2. 加强构建城市综合立体交通体系

交通一体化是城市客运交通的发展趋势，在城市轨道交通规划设计中，应积极响应城市综合交通规划及其相关要求，体现和落实城市轨道交通与其他交通方式融合发展的理念。

分析明确城市轨道交通与国家铁路、民航、长途客运以及城市常规公交与慢行系统的功能定位、交通需求、出行特征，通过交通衔接与协调使轨道交通与各种交通方式形成一个有机融合的综合交通系统。其中与铁路枢纽、航空港口及长途客运主要加强交通枢纽的功能及交通衔接与便捷换乘；与常规公交的综合协调是城市客运系统一体化发展的重要内容，协调性主要体现在轨道交通网络构架与规模、建设规划时序以及相应的公交线路优化调整布局、运输能力的衔接匹配、便捷换乘等，其目标就是要充分发挥轨道交通在公共交通中的骨干作用以及常规公交的辅助协调作用，全面提高公共交通的整体效益。

在以都市圈核心区轨道交通网络化规划中，要加强推进干线铁路、城际铁路、市域(郊)铁路、城市轨道交通“多网融合”的研究，合理划分、利用通道资源，优化不同圈层、不同功能项目的技术标准、运管模式、建设时序、资源共享与互联互通，提高经济效益与社会效益。实现网络一体化、设施一体化、票务一体化和管理一体化等“四位一体”的轨道交通一体化发展目标。

3. 注重与城市规划设计相融合

城市轨道交通规划设计应依据城市规划，支撑城市规划，超前城市规划，最终回归城市规划。线网规划在宏观层面与城市现状和规划发展相适应，线网构架与规模符合城市国土空间发展规划要求，符合城市各区域、组团的功能定位与发展，符合综合交通规划对各种交通方式的定位与需求。

在轨道交通项目研究与设计中首先要处理好轨道交通与城市发展及土地利用的先导关系，研究项目的功能属性是客流追随型(SOD)抑或规划引导型(TOD)，或者两种形式兼顾，以明确项目的功能定位，从而确定相关主要技术标准以及线站位布设原则。

中心城区轨道交通规划设计应强化城市设计的理念，轨道交通不仅是城市交通基础设施工程，更是一座城市的大型动脉建筑体，与城市各项功能融为一体。站点设计既要考虑沿线城市交通枢纽节点、大型客流集散点，更要能体现出城市区域功能的发挥，以交通功能促进城市发展。要协调好站点周边道路交通设施与建筑群体、公共开敞空间的关系，细化车站客流组织与人性化设计，加强行人过街及厕所资源共享等。

4. 注重网络资源共享的设计理念

资源共享研究是城市轨道交通网络化发展的关键环节。线网资源共享研究既要考虑线网各层次线

路的功能与技术标准，还要考虑规划线路建设时序，同时兼顾运营管理与网络区域划分，已达到集约节约利用城市土地资源，综合有效利用网络设施设备资源，节约建设与运营成本，降低运营能耗，提高轨道交通整体效率、效益和可持续发展。

基于线网层面开展城市轨道建设资源共享研究主要包括车辆段与综合基地、主变电所与供电系统、控制中心、信号系统规划、通信系统规划、换乘站以及有助于线网互联互通联络线等方面，同时要注意各资源共享板块之间的协调与关联性研究，从运营管理角度完善网络资源的集约与融合。

5. 重视 TOD 及上盖物业开发的设计理念

重视 TOD 及上盖物业开发的设计理念，有效推进城市轨道交通可持续发展，需要充分发挥城市轨道交通在城市规划发展与交通体系中的作用，将轨道交通与城市综合体功能充分有效地结合，实现以车站为中心连接周围城市功能的站城一体化开发模式。通过站城一体化设计，打破一味强化车站本身功能的设计思维，从区域发展、城市更新、竖向设计等方面入手，实现城市空间紧凑发展，有效利用城市空间资源，有效提升城市基础设施和公共空间的使用效率，构建全新的城市空间结构，形成多功能复合化的轨道交通车站，提升综合物业开发的强度与力度。

根据物业开发用地与轨道交通的关系，物业开发模式主要有：上盖物业，在满足轨道交通运行要求的条件下，增加物业空间以达到充分利用城市空间的一种物业开发模式，包括场段上盖物业开发、车站上盖物业开发；车站周边用地开发，通过利用轨道交通建设拆迁用地和配套用地、弃用和闲置土地的权属转移、城市旧区改造等方式进行物业开发与土地综合利用；车站综合开发，车站及区间因工程方案设计因素可利用地下空间进行商业、服务业开发。

6. 加强智慧城轨等新技术的设计理念

智慧化是科技发展的必然，是城市轨道交通高质量发展的重要支撑。在轨道交通总体进入建设与运营并重的高质量发展时期，规划设计应围绕轨道交通智慧化的发展重点与方向创新性开展工作。

西安智慧城轨发展将结合新兴技术的创新应用，通过“四步走”战略的实施，使建设、运营、管理和技术装备的智慧化程度总体达到全国先进水平。第一阶段（2021 年）为策划、研究及试点阶段。第二阶段（2022—2025 年）策划和推动全自动运行、云平台建设、BIM 基础平台应用等一批项目的实施，制定一批智慧化改造技术规范，开展智慧城轨关键技术科研攻关。到 2025 年基本形成西安智慧城轨雏形。第三阶段（2026—2030 年）实现西安轨道交通基于线网的多业务系统智慧化，丰富完善各业务系统智慧化功能场景，提升各板块智慧化程度，形成可复制推广的经验和标准，出台完备的配套政策与规范，建立相应企业标准体系，包含技术标准和管理标准，到 2030 年部分业务系统的智慧化达到国内先进水平。第四阶段（2031—2035 年）通过建设和既有线路大修，持续提升线网智慧化等级，打通不同系统间数据，使轨道交通与其他交通系统高效协作、互联互通。基本实现西安轨道交通全方位、全系统的智慧化，线网整体的智慧化程度达到国内先进水平，部分系统达到国内领先水平。目前，西安轨道交通在扫码过闸、人脸支付、智慧车站、智能车辆等技术的落地与推广方面敢于“第一个吃螃蟹”，均取得显著的使用效果。

35.3.4 边界条件梳理与确定

设计边界条件是影响设计方案、使用功能以及工程投资等至关重要的因素，对各种边界条件处理原则与把控的不同，则会形成不同的设计方案与设计成果，引起较大的设计质量差别，这种质量差别既宏观又重大，甚至在没有认真分析反思的情况下，又具有一定的隐蔽性。设计方案的成败、质量的高低，务必将边界条件的梳理与确定置于极其重要的地位。通常来讲，边界条件大致可分为现状边界条件、规划边界条件、社会边界条件、技术边界条件四种。

1. 现状边界条件

现状边界条件主要指工程项目现场各类控制条件，包括征地拆迁、交通导改、树木移植三大项。具体有：地下各类管径的雨污水、给水、热力、燃气、电力、通信、广播电视、工业八大类 20 余种管线及其附属设施，以及各类综合管廊；既有道路宽度、车道数量及通行能力与饱和度；地面树木及绿化的重要性与数量；

道路周边建(构)筑物情况;铁路、公路、河道、市政桥梁、高压电力廊道等重大设施情况。

2. 规划边界条件

规划边界条件主要影响线站位方案、工程建设的规划控制条件,主要包括国土空间规划、片区控制性详细规划、周边建(构)筑物相关规划设计、市政道路网规划及红线宽度、道路下各种管线横断面布置规划、线路沿线车站及场段选址等用地规划与用地性质情况等。

3. 社会边界条件

社会边界条件是指对设计方案有影响的各种社会因素,主要有《社会稳定风险分析与评估报告》中提出的重大风险因素及其风险控制措施,《环境影响评价报告》中有关项目在规划、建设、运营中沿线城市规划、环境敏感点、生态红线与文物保护等方面对设计方案的要求,公共安全及运营安全提出的措施建议,城市政府及有关部门对主要线路工程方案、车站设置、大宗用地选址等的要求与建议,项目在规划建设公示中社会舆情对方案的合理化诉求与建议。这些社会边界条件往往直接影响工程项目的顺利推进以及最后的运营验收,设计中应积极协调、落实以及认真响应反馈。

4. 技术边界条件

技术边界条件是指设计过程中应严格遵循国家相关政策、规定、管理办法等,严格执行国家、行业及地方的相关设计标准、规范、规定、导则等。首先,项目整体设计方案中功能定位、技术标准、工程规模与投资等应符合和响应各种上位规划成果,如城市国土空间规划、综合交通规划、轨道交通线网规划、轨道交通建设规划及相关批复要求等;其次,主要设计原则、技术标准、系统制式、车辆选型与编组、运输能力等应与项目功能定位相一致;第三,各专业、各系统在各阶段具体设计中应满足相关设计标准及规范要求;第四,落实总体组下发的各类设计技术指导文件,保证设计文件质量的统一性、协调性与完整性。第五,把握新时代轨道交通发展趋势,深入研究新材料、新工艺,不断提高设计方案的创新性。

设计工作开展之前,应对上述各类边界条件进行逐一摸排,结合本地通常市政工程建设相关控制条件的协调经验,对影响方案研究的控制条件与程度进行分类分级,对工程设计方案有影响、制约、稳定与落地实施的边界条件逐类逐项进行判识、分析和比较,同时也要根据这些条件随着城市规划发展的变化而不断对设计方案进行调整优化。对设计边界条件认识与处理方式的不同,所推荐设计方案的协调难度、实施风险、经济性、合理性也会有所不同,甚至使用功能也会有所差异。因此要提高设计质量,拿出优秀的设计方案,务必要花大量的时间与精力加强对边界条件的摸排、梳理和研究确定。

35.3.5 技术管理

1. 技术指导文件管理

技术指导文件是技术管理的基本文件,是各专业统一设计原则、技术标准,有计划、协调一致地开展各项设计工作的基础。分为两大类,即设计总体单位下发的技术指导文件和项目组内完成的设计策划书。主要内容有设计策划书、设计文件编制统一规定、技术要求、概算编制统一规定、技术接口文件、系统对土建的技术要求、设计参考图或通用图等。

2. 技术接口管理

技术接口是指导、检查和验证各子系统设计的完整性、安全性、可靠性、合理性和经济性的重要文件,是保持系统的总体完整性和协调一致性,降低工程造价、提高运营效益的重要保证。设计界面划分规定主要有车站、区间、场段界面划分,车站与其他单项设计工作界面等。

35.3.6 投资控制

规划设计是处理技术方案与工程投资的关键环节。一般来讲,在前期规划及初步设计阶段,影响项目投资的可能性为75%~95%;在施工图设计阶段,影响项目投资的可能性为5%~25%。显然,项目投资控制的关键在于施工以前的投资决策和设计阶段;而在项目作出投资决策后,抓好控制项目投资的关键就在于工程方案设计。

1. 要强化投资控制的理念与意识

城市轨道交通投资额度巨大，设计方案的优劣及其对应的工程投资的高低与设计单位密切相关。因此如何调动和发挥设计单位、设计人员的积极性与能动性，使其真正能站在设计优秀作品、维护建设单位利益的立场上，在保证工程质量和使用功能的前提下，不断优化工程方案，不断进行工程经济比选，以推荐出安全、合理、经济的工程方案。这就要求在设计中从思想上时刻树立投资控制的理念与意识，树立效益观念，激发设计单位做到对投资的主动控制、主动作为，为此建设单位不仅要做好设计管理与方案审查，还应保证合理的工程咨询费用，并给予设计单位充分的尊重和权力，维护设计单位客观、合理、经济的设计方案，不可主观臆断要求更改。

2. 要组建高水平的设计团队，提高工程经济人员业务素质

高水平的设计团队是产生高质量设计方案的基础。轨道交通项目复杂，设计工作涉及专业多、人员需求量大，要经过长时间的资料收集和方案比选优化，最终能否拿出安全可靠、经济合理、符合价值工程的设计产品，取决于设计团队的综合技术水平、业务能力和团结协作精神。工程方案最终需要通过工程经济专业人员形成投资总额与经济指标分析，因此工程经济设计者的专业素质、道德素质和综合能力素质直接决定了项目投资的合理性、准确性。

3. 加强工程规模与方案的经济合理性研究

轨道交通建设静态投资比重最大的为土建工程投资，约占总投资的35%～40%；其次为工程建设其他费用（主要是征地拆迁、管线迁改等前期费用），约占总投资的20%；车辆购置费约占总投资的10%；供电、通信、信号灯其他机电设备约占总投资的25%。车辆及设备系统相对来说有一定市场规律，市场采购受设计方案影响不大。因此，土建工程对投资的控制重在规模的控制和技术方案的经济合理性，需要进行标准化研究、边界条件比选研究、施工工法优化研究、限额设计等方面来控制投资，其中不同方案会引起征地拆迁、管线迁改数量有较大变化，不进行深入的综合比选，会对投资产生较大影响，甚至颠覆推荐方案。

4. 施工招标设计要严格控制在概算范围内

施工招标设计应严格按照初步设计及批复意见开展，维持工程规模、标准、方案的严肃性和延续性。施工招标设计通常包含在施工图设计中，作为建设单位采购工程施工单位使用。对于建设单位来说，该阶段主要工程规模与方案已基本确定，施工招标设计的关键就是工程数量以及造价。在此之前的初步设计批复后，工程概算总额即作为法规性内容予以确定，根据有关政府投资条例或管理办法，施工决算原则不允许突破初设概算，也就是说在施工招标设计中，务必认真细致理清工程量清单，严密把控开项与定额指标，作为施工前的关键阶段以控制好工程投资。

5. 要严控变更设计和现场签证工作

设计施工配合是设计工作现场落地的最后一道关口，允许根据现场的一些建设环境、地质条件、设备接口与安装条件等的变化进行设计变更或现场签证，这也是整个设计工作的一部分。但必须根据变更设计管理办法，对变更设计的原因、方案与措施、投资增减等进行严格论证，严格控制变更设计的分类及费用处理，保证工程质量、使用功能、安全可靠和工程进度，控制工程投资。

35.3.7 技术创新

十余年来，西安轨道交通设计高度重视技术创新工作，9号、14号线应用了BIM技术，8号线应用了全自动驾驶、智慧城轨、云平台等先进技术，行政中心站引入了绿色建筑理念和装配式建筑概念开展客流仿真模拟，通风空调选用高效节能的轴流风机、混流风机等节能设计等。近年来，西安轨道交通在扫码过闸、人脸支付、智慧车站、智能车辆等技术的落地与推广方面取得了不错的成效，但是全网设施设备整体智慧化程度不高，智慧城轨建设尚处于起步阶段，亟需顶层设计、统筹规划和系统推进。

西安轨道交通在支撑交通与城市现代化、服务于国家中心城市建设、满足市民多样化出行需求、实现高质量发展的过程中肩负着更大的责任。西安轨道集团将按照《中国城市轨道交通智慧城轨发展纲

要》,以智慧城轨建设为抓手,综合运用新的思想、理念和技术,紧跟行业热点和发展趋势,大力建设智慧城轨系统,构建一套具有西安特点的城轨发展新模式,实现"提效能、降成本、优服务、强保障"的城轨智慧化发展目标。

为了深入推进技术创新工作,西安轨道交通将从五个方面加强技术创新管理:一是加强技术创新工作的认识和意识,引导参建各方高度重视技术创新工作;二是健全技术创新工作机制、体制,优化技术创新环境,推动日常技术工作融入技术创新工作机制、体制;三是明确技术创新主体,建立技术创新工作平台,推动技术创新工作落到实处;四是加大技术创新资金投入,做实资金保障;五是加强人才队伍培养,打造高端人才团队。

35.4 设计咨询管理

西安轨道交通建设参考国内外先进的工程设计管理模式,适时引入多级咨询管理体制,争取设计质量的最优化以及建设进度的高效化。

设计咨询是由建设单位公开招标确定的项目设计咨询单位,根据工程不同的标段划分,分别承担设计总体咨询和工点咨询(施工图强审)任务,协助建设单位进行设计过程管理。设计咨询工作过程中的主要参与方为建设单位、总体咨询单位、工点咨询单位、总体单位和工点设计单位等。多级咨询管理中的总体咨询单位主要代表建设单位,根据建设单位批准的设计工作计划及要求,执行合同所要求的"三控二管一协调"工作,向建设单位提交有深度的建设性意见,对全线设计的总体性、时效性和经济性负责,以及对工点间技术接口正确性进行咨询审查与协调。而工点咨询(施工图强审)代表政府主管部门对工点设计进行审查与确认,在主要设计阶段成果审查前,对工点设计单位的文件进行咨询审查并提供相应的预审报告素材。

我国的轨道交通建设客观上要求从以前的基本由政府来确定和管理,转向由政府部门进行宏观控制和指导服务,具体工作由建设项目的投资单位和建设单位来负责,而这些单位管理职能的最大限度地发挥有赖于依法建立独立的机构提供工程建设管理的全过程咨询服务。市场经济和全球经济一体化趋势将使工程建设的分工更加精细,社会资源有效利用原则决定了建设项目全过程咨询服务的需求将会不断增长。在有限的资源下,有效的建设管理可避免资源浪费。因此项目咨询单位在工程建设的各个重要环节、重大技术方案论证、关键科研课题研究等方面提供有效的技术咨询,将是对社会资源的良好使用。

参 考 文 献

[1]申嵋.城市轨道交通客流预测系统设计与实现[D].成都:西南交通大学,2017.

[2]覃本煊.城市轨道交通客流预测技术研究[D].武汉:武汉理工大学,2009.

[3]孙松伟.城市轨道交通客流预测模型及方法研究[D].成都:西南交通大学,2008.

[4]李志瑶.基于活动的出行需求预测模型研究[D].长春:吉林大学,2006.

[5]于颢晨.城市轨道交通客流预测研究[D].北京:北京交通大学,2017.

[6]辛文慧.铁路客运枢纽市内交通需求预测方法研究[D].武汉:武汉理工大学,2010.

[7]施泉,吴中,毛荣昌.轨道交通客流预测四阶段法的改进[J].城市轨道交通研究,2006,9(9):44-47.

[8]陈大伟,肖为周,李旭宏,等.迭代反馈约束下的城市轨道交通客流预测分析[J].华南理工大学学报(自然科学版),2011,39(8):99-103.

[9]裴剑平,康文峰,朱洁.城市交通规划模型新方法探究[J].交通企业管理,2013,28(6):41-43.

[10]中华人民共和国住房和城乡建设部,中华人民共和国国家质量监督检验检疫总局.城市轨道交通客流预测规范:GB/T 51150—2016[S].北京:中国建筑工业出版社,2017.

[11]沈景炎.城市轨道交通客流预测内容和应用[J].城市交通,2008,6(6):9-15,20.

[12]毛保华.城市轨道交通规划与设计[M].3版.北京:人民交通出版社股份有限公司,2020.

[13]中华人民共和国建设部,中华人民共和国国家发展和改革委员会.城市轨道交通工程项目建设标准:建标104—2008[S].北京:中国计划出版社,2008.

[14]徐瑞华,李侠,陈菁菁.市域快速轨道交通线路列车运行交路研究[J].城市轨道交通研究,2006,9(5):36-39.

[15]陈福贵.城市轨道交通快慢车理论[M].成都:西南交通大学出版社,2019.

[16]蒋丽华.现代有轨电车车站配线设计要点分析[J].城市轨道交通研究,2018,21(12):135-137,141.

[17]翟会超.新时期城市轨道交通的发展[D].成都:西南交通大学,2013.

[18]中国城市轨道交通协会.城市轨道交通分类:T/CAMET 00001—2020[S].北京:中国铁道出版社有限公司,2020.

[19]丁川,吴纲立,林姚宇.美国TOD理念发展背景及历程解析[J].城市规划,2015,39(5):89-96.

[20]张昊,张忠国.美国阿灵顿城市轨道交通发展模式的分析与借鉴[J].国际城市规划,2011(2):80-84.

[21]刘泉.TOD地区规划圈层结构划分的影响要素[J].国际城市规划,2017,32(5):72-79.

[22]李晨.城市轨道交通车站建筑的人性化设计[J].中外企业家,2019(32):216.

[23]寇振宇.公共建筑设计中人性化设计的策略[J].工程建设与设计,2019(11):69-71.

[24]张子龙.我国地铁消防安全问题及对策[J].武警学院学报,2015,31(12):51-54.

[25]苑军,孙意.城市地铁消防设计问题初探[J].消防科学与技术,2003,22(4):302-302.

[26]李欣,顾宇.城市地铁消防设计初探[J].中国消防,2007(20):50-51.

[27]施仲衡.地下铁道设计与施工[M].西安:陕西科学技术出版社,2006.

[28]中华人民共和国住房和城乡建设部.建筑工程抗浮技术标准:JGJ 476—2019[S].北京:中国建筑工业出版社,2020.

[29]罗富荣,汪玉华,郝志宏.地铁车站洞桩法设计与施工关键技术[M].北京:中国铁道出版社,2015.

[30]中华人民共和国住房和城乡建设部,国家市场监督管理总局.地下结构抗震设计标准:GB/T

51336—2018 [S]. 北京:中国建筑工业出版社,2019.
[31]陈瑞敏,郭佳奇,徐平. 基于不同计算方法的地铁车站结构抗震性能分析[J]. 城市轨道交通研究,2021,24(3):47-50,55.
[32]中华人民共和国住房和城乡建设部,中华人民共和国国家质量监督检验检疫总局. 地下工程防水技术规范:GB 50108—2008 [S]. 北京:中国计划出版社,2009.
[33]邵莹. 地铁明挖车站防水工程质量控制分析[J]. 铁道建筑技术,2012(5):104-106.
[34]中华人民共和国住房和城乡建设部,中华人民共和国国家质量监督检验检疫总局. 城市轨道交通地下工程建设风险管理规范:GB 50652—2011[S]. 北京:中国建筑工业出版社,2011.
[35]中国建筑标准设计研究院. 城市轨道交通土建重点施工工艺:矿山法(20T107-2)[M]. 北京:中国计划出版社,2020.
[36]北京市轨道交通建设管理有限公司,北京市轨道交通设计研究院有限公司. 北京市轨道交通土建工程平顶直墙暗挖隧道设计导则[R]. 2015.
[37]洪开荣,等. 盾构与掘进关键技术[M]. 北京:人民交通出版社股份有限公司,2018.
[38]陈馈,洪开荣,吴学松. 盾构施工技术[M]. 北京:人民交通出版社,2009.
[39]竺维彬,张志良,林志元,等. 广州市轨道交通土建工程工法应用与创新[M]. 北京:人民交通出版社,2013.
[40]朱丹,王占生. 苏州轨道交通1号线工程设计总结[M]. 北京:人民交通出版社股份有限公司,2015.
[41]刘乐天,陈铁鹏,武同乐,等. 轨道交通特殊桥梁选型研究[J]. 都市快轨交通,2013,26(4):24-28.
[42]王东亮. 城市群运输通道内高等级道路与轨道交通共线线形设计研究[D]. 西安:长安大学,2018.
[43]中华人民共和国住房和城乡建设部. 城市道路与轨道交通合建桥梁设计规范:CJJ 242—2016[S]. 北京:中国建筑工业出版社,2017.
[44]李绍富. 城市轨道交通桥梁声屏障设计[J]. 工程技术(文摘版),2016(1):54-55.
[45]田文将. 城市轨道交通高架桥墩帽预制装配施工关键技术及应用研究[J]. 工程建设与设计,2018(23):189-193.
[46]陕西震兴地震工程有限公司. 西安地铁16号线一期工程场地地震安全性评价报告[R]. 2020.
[47]西安市城市规划管理局,西安市勘察测绘院. 西安城市工程地质图集[M]. 西安:西安地图出版社,1998.
[48]西安市勘察测绘院. 西安市地下水动态综合研究(2012年)[R]. 2013.
[49]西安市地下铁道有限责任公司,机械工业勘察设计研究院,广州地铁设计研究院有限公司,等. 西安地铁工程穿越湿陷性黄土工程特性及应对措施研究[R]. 2013.
[50]中铁第五勘察设计院集团有限公司,西安理工大学. 西安地铁临潼线、五号线穿越大厚度湿陷性黄土地基处理原则与措施研究[R]. 2014.
[51]彭建兵,等. 西安地裂缝灾害[M]. 北京:科学出版社,2012.
[52]李永善,李金正,卞菊梅,等. 西安地裂缝[M]. 北京:地震出版社,1986.
[53]长安大学工程设计研究院. 西安市城市快速轨道交通二号线详细勘察阶段沿线地裂缝勘察报告[R]. 2007.
[54]机械工业勘察设计院,中铁第一勘察设计院集团有限公司. 西安地铁穿越地裂缝段地裂缝与地下水的关系研究[R]. 2010.
[55]陕西省住房和城乡建设厅,陕西省市场监督管理局. 西安地裂缝场地勘察与工程设计规程:DBJ 61/T 182—2021[S]. 北京:中国建筑工业出版社,2021.
[56]西安市轨道交通集团有限公司,中铁第一勘察设计院集团有限公司,长安大学. 西安地铁盾构法隧道穿越地裂缝应对措施研究[R]. 2021.
[57]长安大学. 西安市地铁八号线工程地裂缝及断裂设防专题研究[R]. 2019.

[58]机械工业勘察设计研究院.西安城墙南门、北门地铁二号线穿越区段安全评估及西安地铁二号线施工沉降与运行振动对城墙影响研究成果报告[R].2008.
[59]机械工业勘察设计研究院.西安地铁二号线盾构施工沉降与运行振动对钟楼影响安全评估报告[R].2008.
[60]机械工业勘察设计研究院.西安地铁二号线盾构施工钟楼、城墙(南门、北门)沉降变形监测报告[R].2008.
[61]机械工业勘察设计研究院.西安地铁一号线施工第三方监测报告[R].2013.
[62]机械工业勘察设计研究院有限公司.西安地铁穿越或绕行全国重点文物保护单位振动及沉降监测(2016年度)报告[R].2016.
[63]机械工业勘察设计研究院有限公司.西安地铁穿越或绕行全国重点文物保护单位振动及沉降监测(2017~2019年度)报告[R].2019.
[64]国家市场监督管理总局,中国国家标准化管理委员会.城市轨道交通市域快线120 km/h~160 km/h车辆通用技术条件:GB/T 37532—2019 [S].北京:中国标准出版社,2019.
[65]上海地铁第一运营有限公司.上海城市电车莘闵线车辆技术规格[R].2003.
[66]中华人民共和国住房和城乡建设部,中华人民共和国国家质量监督检验检疫总局.跨座式单轨交通设计规范:GB 50458—2008 [S].北京:中国建筑工业出版社,2009.
[67]中华人民共和国住房和城乡建设部.城市有轨电车工程设计标准:CJJ/T 295—2019 [S].北京:中国建筑工业出版社,2020.
[68]中国土木工程学会.市域快速轨道交通设计规范:T/CCES 2-2017[S].北京:中国建筑工业出版社,2017.
[69]中华人民共和国住房和城乡建设部.城市轨道交通车辆基地工程技术标准:CJJ/T 306—2020[S].北京:中国建筑工业出版社,2020.
[70]中华人民共和国住房和城乡建设部,中华人民共和国国家质量监督检验检疫总局.工业企业总平面设计规范:GB 50187 [S].北京:中国计划出版社,2012.
[71]中华人民共和国住房和城乡建设部,中华人民共和国国家质量监督检验检疫总局.城市轨道交通技术规范:GB 50490—2009[S].北京:中国建筑工业出版社,2009.
[72]中华人民共和国住房和城乡建设部,国家市场监督管理总局.城市轨道交通线网规划标准:GB/T 50546—2018 [S].北京:中国建筑工业出版社,2018.
[73]上海市住房和城乡建设管理委员会.城市轨道交通上盖建筑设计标准:DG/TJ 08-2263-2018[S].上海:同济大学出版社,2018.
[74]广州市地下铁道总公司.广州市轨道交通新线工程设计技术标准[S].2012.
[75]北京市规划和自然资源委员会,北京市市场监督管理局.城市轨道交通车辆基地上盖综合利用工程设计防火标准:DB11/ 1762—2020[S].2020.
[76]江苏省市场监督管理局,江苏省住房和城乡建设厅.江苏省城市轨道交通工程设计标准:DB 32/T 3700—2019[S].2019.
[77]中华人民共和国住房和城乡建设部,国家市场监督管理总局.城市轨道交通通风空气调节与供暖设计标准[S].北京:中国建筑工业出版社,2019.
[78]西安市市场监督管理局.轨道交通上盖车辆基地消防设计技术指南[S].2021
[79]中华人民共和国住房和城乡建设部,中华人民共和国国家质量监督检验检疫总局.地铁设计规范:GB 50157—2013[S].北京:中国建筑工业出版社,2014.
[80]于松伟,杨兴山,韩连祥,等.城市轨道交通供电系统设计原理与应用[M].成都:西南交通大学出版社,2008.
[81]中华人民共和国国家质量监督检验检疫总局,中国国家标准化管理委员会.城市轨道交通照明:

GB/T 16275—2008 [S]. 北京:中国标准出版社,2009.
[82] 中华人民共和国住房和城乡建设部,中华人民共和国国家质量监督检验检疫总局. 建筑照明设计标准:GB 50034—2013[S]. 北京:中国建筑工业出版社,2014.
[83] 中国城市轨道交通协会. 中国城市轨道交通全自动运行系统技术指南(试行)[R]. 2019.
[84] 西安市轨道交通集团有限公司. 西安智慧城轨发展纲要(2021—2035 年)[R]. 2021.
[85] 西安市轨道交通集团有限公司. 西安地铁人脸识别乘车系统投资建设以及运营维护项目合同书[R]. 2019.
[86] 国家能源局. 城市轨道交通电力监控系统通用技术要求:NB/T 42013—2013 [S]. 北京:中国电力出版社,2014.
[87] 中国城市轨道交通协会. 中国城市轨道交通智慧轨道发展纲要[R]. 2020.
[88] 广州地铁设计研究院有限公司. 线网主变电所及其外部电源共享专题研究[R]. 2017.
[89] 住房城乡建设部. 城市轨道交通工程设计文件编制深度规定[M]. 北京:中国建筑工业出版社,2014.
[90] 丛培经. 工程项目管理[M]. 5 版. 北京:中国建筑工业出版社,2017.
[91] 重庆市住房和城乡建设委员会,重庆市发展和改革委员会,重庆市财政局. 重庆市城市轨道交通工程设计概算编制办法:CQGSBF-GD—2021 [S]. 北京:中国建材工业出版社,2021.
[92] 住房和城乡建设部标准定额研究所,中铁第五勘察设计院集团有限公司. 城市轨道交通工程设计概算编制办法[M]. 北京:中国计划出版社,2017.